세계현대사

세계현대사

펴낸곳 서울대학교출판문화원
펴낸이 오연천
저 자 오인석

초판 1쇄 인쇄 2014년 4월 25일
초판 1쇄 발행 2014년 4월 30일

출판등록 제15-3호
주소 서울특별시 관악구 관악로 1 우편번호 151-742
대표전화 02-880-5252 팩스 02-888-4148
마케팅팀(판매상담) 02-889-4424, 02-880-7995
이메일 snubook@snu.ac.kr
홈페이지 www.snupress.com
영문홈페이지 eng.snupress.com

ISBN 978-89-521-1473-0 03900

세계 현대사

오인석 지음

서울대학교출판문화원

머리말

과거 두 차례에 걸친 세계대전은 전 지구적 규모로 확산한 전쟁으로 현대사회를 형성하는 기점(起點)이 되었다. 이 전쟁은 동양과 서양 세계, 그리고 제3세계에 이르기까지 모든 인적·물적 자원을 전쟁에 동원함으로써 명실공히 세계대전이 되었다. 따라서 현대사회의 참모습을 서술하기 위해서는 동양 현대사나 서양 현대사, 한국 현대사와 같은 칸막이가 있는 서술만으로는 불가능하다는 것이 저자의 생각이다. 본서에서는, 아직 우리나라에서는 출간된 바 없는 유럽과 미국, 중국, 일본, 중동, 남아메리카, 아프리카 등 전 지구 지역을 포괄하는 글로벌한 현대 역사를 서술하고자 했다. 바꿔 말하면 세계사적 문맥 속에서 전 지구적 규모의 현대 세계의 역사를 서술하고자 한 것이다.

저자는 1970년부터 퇴임할 때까지 30여 년간 서울대학교 서양사과에서 '서양 현대사'를 강의했다. 강의를 통해 느끼게 된 것은 현대사회의 참모습은 서양 현대사라는 칸막이 시각만으로는 파악할 수 없다는 점이었다. 왜냐하면, 현대 세계는 동서양뿐 아니라 중동, 남아메리카, 아프리카 등 글로벌한 시야에서 접근해야 하기 때문이다. 이러한 이유가 정년퇴임 이후 10여 년이 지난 오늘날 일종의 버킷리스트로 이 책을 쓰게 된 소이이다. 그러나 복잡다기한 현대사의 모습을 망라(網羅)해서 서술한다는 건 불가능한 일일 뿐만 아니라 불필요한 것이기도 하다. 그리하여 저자는 중요한 것과 중요하지 않은 사실(史實)을 구별해서 선택적으로 서술해 보고자 했다. 그리고 이런 종류의 개설서가 흔히 범하기 쉬운 무미건조한 사실의 단순한 나열을 지양하고, 가능한 한 내레이티브한 삽화를 기술함으로써 좀 더 알기 쉽고 현장감 있는 역사 서술을 하고자 했다. 말하자면 역사는 현학적인 서술을 벗어나 무엇보다 재미가 있어야 한다는 것이 저자의 신념이기도 하다.

본서의 전체적 흐름은 크게 5개의 단락으로 구성되었다.

첫 번째 단락은 제1차 세계대전을 기점으로 현대사회가 형성되는 과정을 서술했다. 제1차 세계대전은 과거 지역적 범위에 국한되었던 전쟁을 벗어난 세계적 규모의 전쟁이었다는 것을 특징으로 하고 있다. 총력적 성격을 띤 전쟁을 통해 전후방을 불문하고 국민 전체가 전쟁에 동원되었을 뿐 아니라 제국주의 국가에 의해 식민지로 편성되었던 식민지의 군대마저 전쟁에 동원된 글로벌한 전쟁이었던 것이다. 그리하여 이 전쟁을 통해 현대사회가 성립되는 계기가 되었다.

두 번째 단락은 간전기(間戰期)의 세계를 살펴보았다. 이 시대의 특징 중 두드러진 것은 전체주의의 대두였다. 대전 중에 발생한 러시아혁명으로 레닌이 집권했고, 그 체제를 계승한 스탈린은 독재정치를 폈다. 독일에서는 패전 이후 민주적인 바이마르공화국이 성립했으나 가혹한 베르사유체제의 전쟁 보상 규정으로 촉발된 국민의 불만을 업고 히틀러의 독재체제가 성립했다. 이탈리아에서는 무솔리니의 파쇼 독재체제가 성립했다.

세 번째 단락은 제2차 세계대전을 다루었다. 제2차 세계대전이 발발하자 유럽에서는 히틀러의 침략에 맞서 연합군과의 전쟁이 벌어졌고, 일본의 진주만 기습을 계기로 미일전쟁('태평양전쟁')이 발발했다. 전쟁 중에 나치의 비(非)인륜적 유대인 절멸 정책이 발생했으며, 일본군은 미일전쟁 중 많은 한국인을 전쟁에 동원했다. 한국 소녀를 징집하여 종군 위안부로 삼았으며, 중국 등지에서도 잔혹한 전쟁범죄(남경학살, 부녀자 강간 등)를 저질러 전쟁의 깊은 상처를 주었다.

네 번째 단락은 제2차 세계대전 후의 현대의 역사를 서술했다. 서양사에서는 현대사를 흔히 '동(同)시대사(Contemporary History)'라고 부르고 있다. 하지만 일본과 중국을 비롯한 동양사의 서술은 '근현대사(近現代史)'라고 하여 근대 후기와 현대의 구분을 합쳐서 서술하고 있다. 그것은 세계대전의 발발 이후를 현대사로 보는, 역사 발전의 단계 구분이 비(非)유럽 세계에서는 뚜렷하게 두드러지지 않는다는 사실에 기인한다고 생각된다. 세계대전 이전 동양과 중동, 아프리카, 남아메리카의 여러 나라 대부분이 서구 열강의 식민지체제에 속해 있었다. 따라서 이들 여러 나라에서 현대사의 구별이 이루어지는 획기적인 시점은 이들 나라가 식민지체제에서 벗어나 독립하게 되는 제2차 세계대전의 종전 이후라고 말할 수 있다. 이 시점부터 비(非)서구의 역사가 세계사 속에 편성되었으며, 이 지역들이야말로 세계사에서 주역을 담당하게 된다. 따라서 본 단락은 1945년 이후의 비서구 지역의 역사에 특히 관심을 두고 서술했다. 즉 중동의 현대사와 1960년대 '아프리카의 해'에 독립을 달성한 아프리카의 역사를 살펴보았다. 동아시아에서는 패전한 이후 일본의 역사와 국공내전(國共內戰)에 승리한 모택동(毛澤東)의 중화인민공화국의 역사를 중심으로 서술했다.

다음으로는 우리나라의 현대사를 세계사적 시야에서 살펴보고자 했다. 특히 우리의 현재와 가장 가까운 동시대의 역사 교육은 미래 세대의 가치관을 형성하는 데 중요한 기능을 한다. 이제까지 한국 현대사 교육은 폐쇄적인 민족주의 교육에 머물러 있다는 문제점이 있었다. 서양사학자들은 국사학계가 전담했던 현대사 연구를 반성하여 현대사 연구를 국사적 차원이 아니라 세계사적 차원에서 조망해야 제대로 이해할 수 있다고 주장하기에 이르렀다. 우리 현대사는 전후 미국과 소련이 주도했던 세계 정치의 흐름에 깊은 영향을 받아왔다. 따라서 한국 현대사를 올바르게 서술하기 위해서는 일국사적 시야에서 벗어나 세계사적 문맥에서 비교 검토해야 할 것이다.

마지막 단락은 구미 여러 나라 현대사의 추이를 살펴보았다. 이 단락에서 다루는 내용은 주로 전후 소련의 새로운 변화와 전후 세계에서 패권을 장악했던 미국의 역할을 검토하는 것이다. 1953년 소련에서 스탈린이 사망하자 고르바초프가 등장하여 페레스트로이카와 글라스노스트, 신사고(新思考)의 외교정책으로 냉전이 종식되고, 소련의 위성국가(衛星國家)화되었던 동유럽 국가들이 민주화하는 일대 정치적 변혁을 가져오게 되었다.

한편 전후 미국은 영국의 패권이 끝나고 미국이 부상하는 현상, 즉 '팍스 브리타니카'에서 '팍스 아메리카나'라는 국제질서가 재편됨에 따라 '세계의 경찰'을 자임한 군사대국이 되어 세계 구석구석의 분규에 개입함으로써 국력을 소모했다. 베트남전쟁에 개입하여 쇠퇴하는 과정을 밟기도 했다. 그 뒤 미국은 9·11 테러 사건이 일어난 후 중동의 이라크와 아프간과의 전쟁에 깊이 끌려 들어가게 되었다. 한편 전후 미국은 경제적으로는 브레턴우즈 체제를 통해 세계통화의 기축이 된 달러를 가지고 세계경제를 제패했다. 하지만 대외적으로 증대하는 군비 부담과 대내적으로 서브프레임 모기지로 인해 미국 경제는 심하게 퇴조하는 현상을 자초했다. 한편 미 제국주의의 '뒷마당(後庭)'이었던 라틴아메리카는 전후 미국의 먼로주의적 제국주의 정책에 대항하여 독립을 쟁취했다. 소련의 해빙 이후 동서로 분단되었던 '독일 통일'의 과정은 극적이며 중요한 국면이다. 유럽 현대사에서 중요한 국면일 뿐 아니라 오늘날까지 남북이 분단된 우리의 현실에 비추어 본서에서는 그 과정을 자세하게 다루었다. 전후 상대적으로 쇠퇴한 유럽 활성화를 위한 과제 해결에 따른 유럽통합 운동이 프랑스를 중심으로 제기되었다. 프랑스의 장 모네는 최초로 유럽통합 운동을 제안했다. 그 결과 유럽석탄강철공동체(ECSC)에서 시작해서 유럽경제공동체(EEC), 나아가 정치적 내용을 포함하는 유럽공동체(EC), 유럽의 통일을 지향한 유럽연합(EU), 그리고 최종적으로 유럽 존 국가의 공통화폐로 유로(Euro)가 통용되는 유럽통합 과정을 살펴보았다.

본서를 저술하는 데 도움을 주신 여러분에게 진심으로 감사한다. 특히 서울대학교 서양사학과의 주경철 교수와 조교, 강사 여러분이 졸고를 꼼꼼하게 읽고 교정, 윤문해 주신 것은 결코 잊을 수 없다. 나의 아내와 두 남매가 이 원고를 작성하는 데 많은 도움을 주었음에 고마움을 느낀다. 본서는 서울대학교 명예교수 연구동에서 작성했다. 동료 명예교수들이 베풀어 준 친절한 가르침과 도움에 감사드린다.

끝으로 인명과 지명의 표기는 가능한 한 '편수자료'에 따랐다. 그러나 세부적인 내용은 아직 우리나라에서 정설이 없는 경우가 허다한 것이 사실이다. 혹여 오류가 있으면 전적으로 저자의 책임이다. 중국의 인명과 지명은 편수지침에는 현재의 발음으로 표기하기로 되어 있으나 편의상 한자음으로 표기하기로 했다. 다만 한자를 괄호에 넣어 독자의 이해를 돕기로 했다. 일본의 인명은 가능한 한 일본인의 발음대로 표기했다.

2014년 4월

관악산 기슭 명예교수 연구동에서

오인석

차례

제2부 간전기(間戰期)의 세계

제3부 제2차 세계대전

제5부 제2차 세계대전 후의 아시아

제6부 현대 남북 아메리카와 동서 유럽

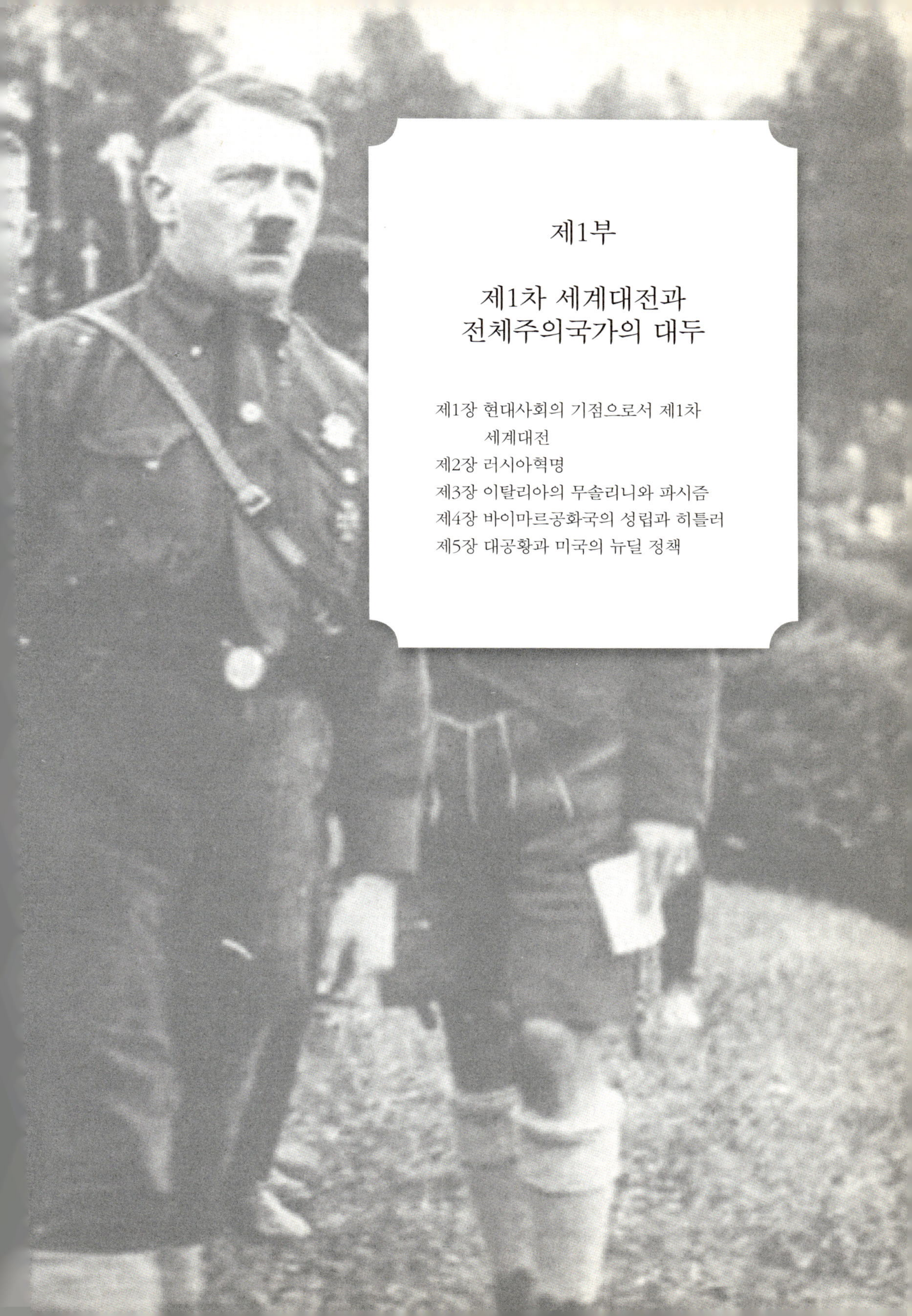

제1부

제1차 세계대전과 전체주의국가의 대두

제1장

현대사회의 기점(起點)으로서 제1차 세계대전

1. 세계대전

세계대전의 발발

1914년 6월 화창한 여름날 오후였다. 역사가 아놀드 토인비가 빈의 유명한 커피점 테라스에서 커피를 마시고 있을 때 오스트리아의 황태자를 사라예보에서 암살했다는 호외가 거리에 뿌려졌다. 그는 역사가 특유의 불길한 예감으로 이 기사를 읽었다고 뒷날 술회했다. 대부분 유럽의 젊은이들은 거의 예외 없이 토인비가 공포심과 말세적 절망감으로 받아들였던 이 전쟁에 용감하게 출전했다. 이 전쟁에서 독일 젊은이들은 반더포겔 행사에 필수품이었던 기타를 버리고 겁도 없이 소총을 움켜쥐었다. 에른스트 융거 등 독일의 젊은 작가들은 1914년 8월 세계대전 출전의 '성스러운 순간'을 축복했으며, 프랑스의 샤를로 페기는 자신이 '간절한 열망'을 품고 전쟁터로 떠난다고 기록을 남겼으나 곧 전선에서 전사했다. 줄리앙 그렌펠은 『전장으로 향하다』라는 책에서 "싸울 의지가 없으면, 죽은 사람과 같다. 싸움터에서 쓰러지는 것이야말로 자랑스러운 일이다."라고 썼다.

나폴레옹전쟁 후 1814~1815년 빈회의에서 체결된 강화조약은 프랑스혁명 이전의 제도, 즉 왕권신수설에 기초한 크고 작은 군주국들을 가능한 한 다시 부흥시키는 것으로, 그리하여 유럽의 과거와 같은 국경선을 결정하고 안정화하는 것을 목표로 했다. 그로부터 99년간 유럽에 큰 전쟁이 없었던 것을 생각하면 안전장치는 유효하게 작동했다고 볼 수 있다.

1914년 전쟁은 빈회의 이후 100년에 걸친 평화를 무너뜨리는 것이었는바, 그때까지 19세기에 일어났던 특정 국가 간에 벌어졌던 전투들은 세계적인 규모로 확대되지 않았으나 이 모든 것이 1914년에 바뀌었다. 제1차 세계대전은 모든 유럽 주요 열강들을 전쟁에 끌어들였다. 더욱 중요한 것은 미국이 "유럽 문제에 말려들지 마라"는 조지 워싱턴의 경고를 지키지 못하고 미국 군인을 유럽에 파병함으로써 전쟁에 새로운 양상을 결정지었다는 것이다. 게다가 유럽 제국주의 열강들의 식민지 군대, 이를테면 인도군 등이 본국의 요구로 참전하는 등 세계적 규모의 참전이 이루어졌다. 바야흐로 제1차 세계대전을 계기로 세계사(世界史)라는 개념이 과거 어느 시대보다 명확한 의미가 있게 된 것이다. 과거에는 세계의 어느 지역에서 중대한 사건이 일어나도 다른 지역에는 큰 영향을 주지 않았다. 그러나 세계대전으로 세계 각국은 한꺼번에 전쟁에 휩쓸림으로써 세계 6대륙의 운명이 오늘날처럼 직접적인 영향하에 밀접하게 결합하게 되었다. 그러한 의미에서 세계대전은 이를 기점으로 현대사회가 구체적 모습을 띠고 출현하는 계기가 되었다.

전쟁의 상처

세계대전의 참혹상은 결코 예전에는 상상할 수 없었던 것이다. 1916년 베르덩 요새를 돌파하려던 독일의 공격으로 양측에서 80만 명 이상의 전사자가 발생했다. 솜 강 공세에서는 42만 명의 영국군이 죽었는데, 그중 6만 명은 첫 전투에서 전사했다. 프랑스인들은 징병 연령의 국민 중 20%를 잃었으며, 그

밖에 전쟁포로와 영구 장애인들을 포함하면 상처 없이 전쟁을 겪은 프랑스 군인은 3분의 1을 넘지 않을 것이다. 영국 군인들이 전쟁에서 살아남을 승산도 거의 비슷했다. 노블레스 오블리주를 미덕으로 삼았던 영국 상류층의 희생도 거의 한 세대를 잃을 정도로 심각했다. 문벌 좋은 남자로서 모범을 보여야 할 장교가 될 운명이던 상류계급 영국의 젊은이들은 자기 부하보다 선두에 서서 싸움터로 나갔고, 그 결과 맨 먼저 쓰러졌다. 1914년 영국군에 복무한 25세 미만의 옥스퍼드대학, 케임브리지대학 학생 중 4분의 1이 전사했다. 전쟁 중에 프랑스는 160만 명, 영국은 80만 명, 독일은 180만 명, 미국은 11만 6,000명의 전사자가 발생했다. 이처럼 미국의 전사자가 유럽의 전사자보다 적었던 것은 유럽의 군대가 초기에 주로 서부전선에서 싸웠기 때문이다. 이는 서부전선이 얼마나 비참했나를 보여주는 방증이기도 했다.

서부전선에 형성된 참호전은 공격보다 수비에 유리했던 전투 방식이었는데, 이에 수백만 명의 군인이 긴 터널과 모래주머니로 막은 참호를 사이에 두고 대치했다. 때때로 지휘관들은 이러한 교착 상태를 타개하려 했고, 이는 예외 없이 참혹한 결과로 이어졌다. 공격하기 위해서는 여러 날 때로는 몇 주에 걸친 포격 후 적진의 저항력을 약화시키는 것이 우선이었다. 적이 잠잠해지면 철조망을 친 참호를 뛰어넘어 포탄이 떨어져 생긴 구멍이나 황폐한 나무 그루터기, 버려진 시체 뒤에 몸을 숨겨 총탄을 피하다가, '지뢰지대'를 지나 자신들을 닥치는 대로 쓰러뜨리는 기관총 세례 속으로 뛰어들었다. 그렇게 그들은 죽어갔다.

서부전선에서 전투에 대한 공포는 전쟁 초기의 낭만적인 전쟁 찬양 여론에 찬물을 끼얹었다. 그렇기에 1918년 오스발트 슈펭글러의 『서구의 몰락』이 전쟁의 종결과 같은 시기에 출판되었을 때 놀라울 정도의 갈채를 받았던 것이다. 영국에서는 조셉 콘래드가 전쟁에 대한 페시미즘을 작품에 반영하여 『우두머리』(1904), 『비밀 정보원』(1907), 『서유럽의 눈』(1911), 『승리』(1915) 등 충격적인 반전소설을 차례로 발표했다. 이는 소설 형식을 빌린 절망적인 정치설법으로, 그들은 전쟁으로 인한 인간의 곤경을 돌이킬 수 없는 것으로 파악했다.

즉 전쟁은 인간의 사악함을 여지없이 드러냈을 뿐 아무런 해결책을 찾을 수 없다고 단정한다. 전쟁이 시작되었을 무렵 콘래드 류의 회의적인 태도는 앵글로-색슨의 지식인들에게는 두드러진 현상이 아니었다. 일부 사람들에게는 전쟁 자체가 일종의 인류 발전이라고 간주하기조차 했다. H. G. 웰스는 전쟁 개시에 즈음해서 『전쟁을 끝내기 위한 전쟁』이라는 현학적인 제목의 책을 낸 바 있다. 그러나 전쟁이 끝났을 때에는 빅토리아시대 영국인이 생각하던 것과 같은 전쟁에 대한 맹목적인 지지는 어디론가 사라졌다.

전쟁을 통해 자행된 악업의 피해가 매우 심했으며, 그로 인해 상상을 초월한 도덕적 퇴폐가 컸다는 사실은 영국 국방장관 시절 윈스턴 처칠의 다음과 같은 메모에 잘 표현되어 있다.

> 모든 시대의 모든 잔학성이 한 곳에 집중되었다. 군대뿐 아니라 국민이 모두 그 소용돌이 속으로 휘몰려갔다. 교육이 월등히 높은 나라들조차 당연히 자신의 존재 자체가 위험에 처해 있다고 생각했다. 국민이나 정부도 승전에 일조할 수 있다면 수단을 가리지 않았다. 독일은 지옥문의 선두에 섰던 당사자로서 당연히 테러 행위의 선두에 섰다. 그러나 독일의 공격 대상이 되었던 나라들도 필사적이 되었고, 마침내 복수심에 사로잡혀 점차 똑같은 행위로 치달았다. 인륜을 벗어나고 국제법을 벗어난 한쪽 상대국의 행위는 다른 상대국의 더 큰 보복을 가져왔다. 일시적인 정전이나 사령관들의 회담도 상호 간에 적대 상태를 완화하기에는 미흡했다. 부상자들은 전쟁터에 방치되었고, 전사자들은 흙 속에 묻혀 썩어 갔다. 상선이나 중립국 선박도 공해상에서 격침되어 승무원들은 배와 함께 격침되거나 헤엄치다 기력이 떨어져 죽었다. 연령이나 성별과 관계없이 상대국 국민을 굶겨 죽이기 위한 모든 수단이 취해졌다. 도시와 역사적 건조물은 포격으로 거의 파괴되었고, 폭탄은 무차별하게 투하되었다. 각종 독가스가 병사들을 질식시키거나 혹은 피부를 그을렸고, 가차 없이 화염 방사기용 액체가 그들 몸에 방사되었다. 공군 병사들은 공중에서 불덩이가 되어 떨어져 죽거나 아니면 깊은 바다의 심연 속에서 종종 죽음을 맞이했다. 군대의 전력 보강을 위해 각국 성년 남자 전원이 동원되었다. 유럽과 아시아, 아프리

> 카의 적지 않은 지역이 거대한 전쟁터로 변했고, 여러 해에 걸친 전투 결과 군대뿐 아니라 국가 자체가 파멸해 버렸다.

처칠의 지적대로 위에 열거된 잔학 행위는 개인이라면 어떤 악당도 범할 수 없는 범죄 행위였다. 그러나 애국심이나 정의감이란 이름으로 그러한 범죄 행위가 자행되었다. 아무리 악인이라도 개인의 범죄 능력에는 한계가 있는 법이다. 그러나 아무리 선한 국가라도 그 파괴 능력은 국가라는 단위가 큰 만큼 커질 수밖에 없다. 더구나 그것이 명백한 개인의 악의가 아니라 국가에 대한 불타오르는 애국심과 정의감에서 기인한 것이라면 더욱 냉혹해질 수밖에 없었으며, 그 능력은 무한한 것일 수밖에 없었다. 우드로 윌슨은 1916년 평화조약을 내걸고 대통령에 당선되었을 때 이렇게 경고했다. "국민은 일단 전쟁에 휩쓸리면, 자비심 같은 것은 깨끗하게 잊어버리고 만다. … 가차 없는 잔학성이 국민 생활 구석구석에 침투할 것이다."

2. 총력전(總力戰) 체제

프랑스의 신성연합

우리는 현대전이 모든 시민에게 영향을 미치고, 그들 대부분 전쟁 수행을 위해 동원된다는 것, 그리고 현대전에 쓰인 새로운 무기를, 그것도 상상할 수 없는 양을 생산하기 위해서는 경제체제 전체를 전시경제(戰時經濟)로 전환해야 한다는 것을 당연시한다. 그리고 현대전은 이루 말할 수 없는 파괴를 낳고 그 전쟁에 말려든 나라들의 생활을 온통 지배하고 변화시킨다는 것을 당연시한다. 고도의 단계로 들어선 자본주의 시대에 발생한 20세기 현대전은 전선에서의 전투력뿐 아니라 후방 국민에 의한 군수 생산력의 총동원으로 결집되는 이른바 총력전의 성격을 띠는 것이 특징이다. 그러나 실상 이러한 현대전의 성격은 1914년 제1차 세계대전 이후에야 비로소 시작된 것이다. 나폴레옹 전쟁 후 1814~1815년 빈회의에서 체결된 강화조약은 정통주의 원칙에 근거하여 프랑스혁명 이전의 크고 작은 군주들을 가능한 한 부흥하는 것을 목표로 했다. 1914년 이전에도 왕조전쟁, 종교전쟁 등 여러 차례에 걸친 전쟁이 발발했다. 구체적으로는 세력균형, 왕조 간의 결혼을 통한 영토분쟁, 공통된 행동규범에 따른 군주 사이 또는 귀족 사이의 암묵적 양해, 정통적 계승자에 의한 영토세습 등이 구세계의 전쟁 배경이었다. 이러한 전쟁들은 보통 국지전으로 대체로 단기간에 마무리되었다.

제1차 세계대전이 개막되자 참전국의 시민이 열광적인 태도로 전쟁을 환영해 마지않았던 것은 잘 알려진 사실이다. 그들에게 전쟁이란 평범한 일상에서 벗어나 경험하는 흥분과 자극이 넘치는 것이었으며, 조국을 위해 싸운다는 것은 숭고한 이념이었던 것이다. 그리하여 애국적 희생, 용감성과 같은 가치가 강조되어 사회 각층의 대립은 일시적으로 망각되고 국가라는 통일적인 심볼하에 모든 시민이 협력하게 되었다. 애국주의의 큰 물결에 휩싸여 사회주의 정당을 포함한 여러 정당 간의 화해와 협력이 이루어져 프랑스의 신성연합(神聖聯合), 독일의 성내평화(城內平和)가 실현되었다. 프랑스와 독일에서 전형적으로 나타난 이러한 거국일치(擧國一致)의 실현은 전쟁을 치르기 위해 각국 국회에 의한 행정부에 비상권한의 이양이라는 형태로 이루어졌다.

프랑스에서는 1914년 8월 4일 하원이 토의 없이 일련의 비상입법을 가결했다. 그 결과 의회는 정부에 출판의 자유를 정지할 수 있는 권한을 위임한바 정부는 무제한 계엄령 체제를 실시하게 되었으며, 재무성은 입법부의 동의 없이 국채를 발행하고 정부령에 의해 프랑스 은행으로부터 차입금 형태로 특별재원을 빼낼 수 있는 권한을 갖게 되었다. 그리고 이들 입법이 가결된 후 의회는 정부에 소집권을 위임하고 무기한 휴회에 들어감으로써 실제로 군 총사령부를 중심으로 하는 정부가 강력한 권한을 갖게 되었다. 8월 26일 르네 비비아니 수상은 내각을 고쳐 사회주의자 2명을 포함하는 거국일치 내각을 의회의 동의 없이 조각했다. 이른바 '신성연합'이 성립된 것이다. 이에 정부는 '준

독재(準獨裁)'라고 할 수 있는 광범한 특별권한을 획득함으로써 지난날의 입헌적 보장은 한때 정지되었다. 이에 대한 의회로부터 반대의 목소리는 거의 들리지 않았다. 그 이유는 이전까지의 경우에 비추어 전쟁이 단기로 끝날 것이라고 예상했기 때문이다. 그러나 단기전의 예상이 빗나가고 정부의 장기전 준비가 허술하다는 게 폭로되자 정부의 전쟁 지도에 대한 비판이 일어나고 의회 권력의 부분적 부활이 전개되었다.

프랑스에서는 전쟁이 장기화함에 따라 1915년 12월에 탄약을 비롯한 군수물자의 부족을 비판하는 여론이 크게 일어났다. 장기화한 전쟁을 원만하게 이끌기 위해서는 군수물자를 증산하는 것이 필수적이었고, 재정의 뒷받침이 성립되기 위해서는 의회의 협찬이 필요해졌다. 하지만 프랑스에서 의회의 부활이 뚜렷해진 것은 1916년에 들어 베르덩전투에서 패한 이후였다. 의회는 전쟁 지도에 대한 감독권을 요구했고, 6월에는 양원이 '비밀위원회'를 요구했다. 1916년 말 프랑스가 솜 전투와 루마니아전에서 패전한 후 브리앙 내각은 총사령부의 개편과 내각 개조를 약속했으며 그 결과 총사령관 J. 조프르가 물러났다.

프랑스 정부는 전시하에 시민 생활을 보호하기 위해 1915년 가을부터 밀, 밀가루, 석탄 등을 국가통제 아래에 두었다. 식량생산이 감소하여 농산물 가격이 상승하고 생활이 궁핍해져 불만은 있었지만, 출정 병사의 수당이 지급되었기 때문에 프랑스 국민의 전쟁 반대 움직임은 적어도 1917년까지는 일어나지 않았다. 1917년 말부터 식량배급제가 시행되었다. 프랑스 사회당도 1915년까지는 애국주의와 전쟁협력 방침을 지지하여 노동자의 파업도 미미한 정도였다. 그러나 1916년에 들어서는 사회당과 노동총연맹 속에 비판적 소수파가 대두하여 다수파의 '승리의 평화', '독일 군국주의 타도'라는 슬로건에 반대하여 '타협의 평화'를 부르짖기 시작했고, 파업 건수도 다시 상승했다.

1917년 11월에 조르주 클레망소(Georges Clemenceau) 내각이 성립되었다. 그는 개전 이래 여러 내각이 당면했던 불안정한 교체와 우유부단한 전쟁 지도를 용서 없이 비판했다. 그는 하원에서 418표 대 65표라는 압도적 지지하에 권력의 자리에 올랐다. 76세의 클레망소는 강력한 전쟁 지도를 목표로 하여 과거 정부의 결단성 없는 정책을 맹렬히 비판했다. 그리하여 독일에 타협적인 사회당 G. G. T.(프랑스 노동 총동맹) 간부들과 가이요(J. Caillaux)는 반목할 수밖에 없었다. 클레망소 내각은 취임하자마자 타협적 평화주의자라 지목된 전임 수상 가이요를 소추할 것을 의회에 요청했다. 그 근거는 명확한 것은 아니었으나 그것이 목표로 한 것은 전쟁의 정력적인 수행을 위해서는 전(前) 수상도 용서할 수 없다는 결의를 과시하기 위한 것이었다. 가이요는 투옥되었고 1920년 유죄가 선고되었다. 개전 이후 3년간 계속 내무상을 맡았던 마르비도 반전적 경향의 유화주의자라는 이유로 국외로 추방되었다. 파괴활동분자의 리스트(악명 높은 '카르네 B')가 작성되어 가차 없이 숙청이 이루어졌다. 그리하여 심각해진 국민의 불만은 클레망소의 강력하고 단호한 전쟁 지도를 통한 '승리의 평화'라는 약속으로 그 폭발이 저지되었다.

독일의 '성내평화'

독일은 1914년 전쟁이 발발하자 대전 직전까지 제국주의 전쟁 반대를 외쳤던 사회민주당마저 제국의회에서 전쟁공채에 찬성했다. 현실적으로 전쟁에 직면했을 때 국민 사이에 애국주의적 광풍이 일어났으며, 따라서 독일의 여러 정당은 전쟁에 모든 힘을 집중하기 위해 상호 대립이나 제국의회와 정부 간에 대립을 단념하고 '성내평화(城內平和)'를 실현했다. 또한, 전쟁 과정에서 군부의 발언권이 커지게 되었다. 동부전선에서 힌덴부르크(Hindenburg)와 루덴도르프(Rudendorf)가 거느린 독일군이 초전에서 대승했다. 그 뒤 전국이 교착화하자 이들 두 장군의 명성을 신화화하여 1916년 8월 힌덴부르크를 참모총장에 루덴도르프를 병참총감에 임명하여 교착화 국면의 타개를 획책했다. 이들이 독일군을 통솔하는 프로이센의 참모본부였다. 전시에는 이 기구가 최고군사지도국으로 기능했는데, 명목상으로는 힌덴부르크가 주재했으나 실제는 루덴도르프가 힌덴부르크의 이름으로 그것을 운영했다. 군의 통수권을 위한 루덴도르프의 독재는 점차 일반 정무와 외교에 이르기까지 확대되어 1916년 11월 점령 지역 폴란드로부터 폴란드인 부대를 편성하기 위해 폴란드 독립을 추진할 것을 최고통수부에서 주장했다. 이에 대해 재상 베트만-홀베그는 러시아와의 강화를 곤란하게 한다는 이유로 태도를 보류하라고 주장했으나 결국 통수부의 의도가 관철되었다. 1917년 2월에는 영국의 보급 차단을 위한 무제한 잠수함 작전이 단행되었는데, 여기서도 최고통수부와 제국재상이 대립했으나 결국 군부의 주장이 관철되었다.

내정 문제로는 1916년 12월 조국봉사법의 제정을 둘러싼 대립이 있었다. 최고통수부 측의 안(案)은 징병과 강제 노동력의 징집 연령을 16세로 낮추어 병력을 크게 증강하고, 산업의 재편성을 동반한 증산체제와 강제노동을 확립하는 것을 목표로 했다. 그런데 국회 심의를 거치는 동안 이 안은 사회민주당의 주장인 노동자의 집회결사 등의 기본적 권리의 보장이라는 부대조건을 포함하여 통과되었다. 이에 최고통수부는 이러한 사태를 가져온 재상 베트만-홀베그의 경질을 요구했다. 이러한 상황에서 대전 전부터 문제가 되었던 프로이센 3급 선거법 개정의 문제가 다시 부상했다. 정부는 이에 평등 선거제를 내용으로 하는 조칙을 발포했다. 여기에 크게 반발한 최고통수부는 드디어 재상의 경질을 결심하게 되었다. 그리고 1917년 7월에 재상의 경질이 단행되었다. 이러한 사태의 진전은 군 통수권뿐 아니라 외교권, 재상 임면권마저 루덴도르프가 장악하게 되었다는 것을 의미했다. 그리하여 루덴도르프의 독재체제가 성립되었다.

그런데 루덴도르프의 독재는 전쟁의 승리를 위해서만 허용된 것이었는데, 시간이 지나면서 전국(戰局)이 바람직하지 않게 전개됨에 따라 그 위신이 흔들리기 시작했다. 그러자 '성내평화'의 이름으로 정쟁을 단념하고 있었던 여러 정당과 의회가 움직이기 시작했다. 1917년 7월 19일 제국의회는 사회민주당, 중앙당, 진보인민당의 각 의원단에 의한 합동위원회 토의를 통해 강화결의를 하게 되었다. 이 토의에서 정부와 루덴도르프 군부의 전쟁정책을 비판하는 의회 다수파의 의사가 크게 표출되었으며, 이 합동위원회를 통해 강화 문제뿐 아니라 의원내각제를 포함하는 개혁이 독일에서 성립되었다.

영국의 전시 내각

영국의 경우, 8월 8일 하원에서 '국토방위법(Defense of the Realm Act)'이 가결되었다. 그 내용은 전쟁 수행을 위해 필요한 모든 권한을 국왕에 부여하는 것이었다. 즉 국왕은 '국토의 안전과 방위를 확보하기 위하여'라는 이유로 출판의 자유를 제한하며, 민간인도 군법회의에 회부할 수 있게 되었다. 적국(敵國)에 협력하는 자는 사형에 처할 수도 있게 되었다. 전쟁이 장기화함에 따라 등화관제, 영업시간 제한, 식량통제 등 여러 규제가 이 국토방위법으로 이루어졌다. 아스퀴스(Asquith)의 자유당 내각을 중심으로 보수당과 노동당 인사를 모두 포함하여 입각시키는 거국내각이 출범하게 되었다. 그 배경은 전쟁이 장기화함에 따라 탄약 부족 등 군수품의 보급을 원활하게 하기 위해서였다. 이 거국내각에서 군수성(軍需省)이 신설되었는데 그 자리에 재무상 로이드 조지를 겸임시켰다. 로이드 조지는 군수품을 생산하던 민간 공장을 직할로 흡수하여 실업가를 등용하여 물적·인적 자원의 총동원 체제를 확립했다. 그리하여 영국의 군수품 생산이 비약적으로 증대하게 되었다.

솜 전투로 영국군 전사자가 40만이 넘자 그 충격으로 아스퀴스를 대신하는 강력한 전쟁 지도자를 요구하는 여론이 발생했다. 정당 간부들의 리더십에 맡기는 전통적인 재상의 교대가 아닌 평의원들과 신문 여론이 초당적으로 움직여 군수상 로이드 조지가 추천되었다. 그는 1916년 12월 7일 국왕에 의해 수상으로 임명되었다. 그리하여 이례적인 프로세스에 의해 로이드 조지 내각이 성립되었다. 로이드 조지 내각은 연일 회의를 열어 효율적인 전쟁 지도를 시행했다. 전쟁 지도의 중심적인 기구로서 과거 느슨한 전쟁위원회(War Committee) 대신 각 정당 대표 5명(후에 7명)으로 구성된 전시 내각(War Cabinet)을 설립했고,

이에 의해 강력한 전쟁 지도가 행해졌다. 그것은 행정부 각각 기구를 초월하여 상호 간 기능 분담 없이 "시간과 에너지의 모든 것을 전쟁이라는 중심적 과제에 바친다."라는 계획으로 획책되었다. 따라서 전쟁 수행에서 의회의 영향력이 크게 저하되어 로이드 조지마저 의회에 참석하지 않았다. 노동, 식량, 해운, 연금 등 4성과 국민병역, 과학공업연구, 식량생산 등 3국이 신설되었으며, 국민병역성, 재건성이 신설되었다. 신설 각 성의 장관으로는 정치경험이 없는 실업가들이 임명되어 정치적 고려보다 CEO로서 전시하의 국가통제를 강화하기에 이르렀다. 로이드 조지를 지지하는 이들 신흥 실업가들은 기성지배층(Establishment)들을 혐오하는 전형적인 벼락출세자로서 그들의 권위는 다만 그들이 달성한 업적에만 기초를 두었다.

미국의 전시통제 정책

미국은 제1차 세계대전이 유럽 문제에 의해 발발한 것이고, 실제로 중요한 전투 무대가 유럽이었기 때문에 개전 초에는 미국의 전통적 외교정책이었던 고립정책에 의해 직접적 참전을 회피했다. 그러나 윌슨 대통령의 친영적(親英的) 정치 성향 때문에 영국을 돕기 위한 막대한 군수물자를 생산함으로써 전시경제적 활성화를 도모하게 되었다. 대륙에 비해 다소 늦기는 했으나 윌슨은 열성적으로 전시협력 체제를 추진했다. 전임 대통령 테오도어 루즈벨트의 '뉴내셔널리즘' 정책을 비판하여 '뉴프리덤' 정책을 슬로건으로 내걸고 대외팽창보다 내정개혁을 앞세웠던 윌슨도 전시하에 결국 전쟁의 수행에 적극 개입하지 않을 수 없게 되었다. 예를 들면, 식량관리청은 '휘발유 없는 일요일제'를 도입하여 국가적인 연료 절약 정책을 시행했으며, 전시노동정책위원회는 노동쟁의에 개입했다. 그리고 허버트 후버를 장관으로 하는 식량관리청은 식량 가격을 통제하고, 해운국은 1918년 7월 100척에 이르는 새로운 선박을 진수시켰다.

이러한 일련의 전시통제 정책 주요 추진기구는 산업위원회로서 이 기구는 우선으로 셔먼 트러스트를 폐지하여 전시하의 협조조합주의를 실현했다. 이러한 정책은 후대의 국가개입주의, 특히 루즈벨트의 뉴딜 정책으로 발전되었다. 전시협력체제는 사회적인 억압으로도 발전했다. 이 시기에 인권을 침해할 수 있는 간첩행위금지법(1917), 선동금지법(1918) 등 통제적인 법률이 새롭게 제정되어 엄격하게 적용되었다. 미국의 사회주의자 유진 뎁스는 반전 연설을 한 이유로 10년 형에 처했으며, 또 징병제에 반대했다는 이유로 40년 형에 처하기도 했다. 전시하에 미국에서도 개인적 자유뿐 아니라 신성시되던 사유재산제마저 위태로워졌다.

러시아의 통제 정책

러시아와 일본의 경우, 양국은 자본주의적 발전이 서유럽의 열강에 비해 지체되었으나 선진국 경제를 따라잡기 위해 급속한 공업화를 추진했다. 특히 러시아에서 경제 전반에 걸친 국가의 관리는 무시할 수 없는 사회적 현실이 되고 있었다. 국가는 유전, 금광, 탄광, 철도망의 3분의 2를 소유하고 있었으며, 수천 개의 국영공장을 소유하고 있었다. 민간 소유라 할지라도 러시아의 산업은 국가보조금에 의존하고 있거나 혹은 공영 부문과 상호 의존 관계에 있었다. 재무부와 은행이 밀접하게 연결되어 관료가 은행의 중역회의에 참가하는 정도였다. 정부는 신용조합이나 저축은행을 통제했으며, 철도 재정을 책임지고 관리했다. 그리고 외교정책에 필요한 자금 수요를 조달하는 등 국가의 경제적 권한은 절대적이었다. 또한, 무역부는 민간무역을 감독하며 가격, 이윤, 자원 이용, 화물 운임을 통제함과 동시에 모든 주식회사의 중역회의에 관리를 보냈다. 그리하여 대전 직전의 러시아는 국가재정이 튼튼하여 독일의 주목을 받게 되었으며, 더 나아가 경계심을 불러일으켰다. 러시아의 경제력과 군사력의 급격한 발전에 대한 공포감이 독일을 1914년 전쟁으로 몰고 간 최대의 원인이라는 주장도 있다.

전시하의 준독재(準獨裁)

총력전 체제가 현대국가 체제를 형성하는 데 어떤 영향을 주었는가를 살펴보기로 하자. 전쟁이 끝나자 과거 전통적인 국가의 모습이 크게 변한 데 주목한 사람이 많다. 세계대전이 끝난 후 과거 국가의 모습은 이전과는 달라졌다. 과연 1914년 7월 이전으로 역사의 시계를 되돌리는 것이 가능했을까?

유럽은 그전에도 두 번에 걸쳐 길고 격렬한 전쟁을 치른 후 평화를 강구했던 경험이 있다. 종교전쟁 후 1648년의 베스트팔렌회의와 나폴레옹전쟁 후 빈 강화회의가 그것이다. 두 강화회의는 모두 전쟁 이전 유럽의 정통적 국가상과 세력균형을 유지하는 것을 목표로 했다. 그리고 그 시도는 나름의 성공을 거두었다. 빈회의 후 99년간 전쟁이 더는 발생하지 않았다는 점에서 강화회의의 안전장치는 유효하게 작용했다고 할 수 있다. 그러나 1914년 이후 세계의 모습은 다시 그 이전으로 돌아가지 못했다.

먼저 세계대전은 군대의 모습을 바꾸었다. 과거 전통적인 왕조전쟁을 수행했던 군대는 용병제(傭兵制)를 기초로 했다. 나폴레옹전쟁을 수행한 군대는 초기 총력전의 양상을 띠고 있었음에도 귀족이 중심이 된 장교와 농민이 중심이 된 병사로 구분되는 신분적 측면이 강했다. 그런 점에서 징병제(徵兵制)를 기초로 한 대전하에서 군대의 모습과는 구별되었다. 징병제는 군대를 비약적으로 증대시켰고 대규모 전선을 구축하게 했으며 장기화 양상을 띠었다. 이런 상황에서 교전국은 물론이거니와 일부 중립국들의 정부는 '준독재(準獨裁)'라 할 수 있는 광범한 특별권한을 획득함으로써 과거의 입헌적 보장의 많은 부분은 일시 정지되었는데, 이에 대한 각 나라 의회로부터의 반대 목소리는 전쟁 초기 애국주의 물결에 묻혀 묵살되었다. 전쟁이 장기화함에 따라 정부의 전쟁 지도에 대한 비판이 나타나게 되고 의회 권력의 부분적 부활이 이루어졌다. 그러나 전쟁을 겪는 중에 국가의 역할은 크게 높아졌다. 전쟁 상태의 종결과 함께 전시의 국가적 통제기구들이 상당히 소멸하기는 했으나 국가에 의한 억압적 통제와 간섭이 모두 퇴보한 것은 아니었다. 전쟁을 통해 현대국가는 눈부신 속도로 변용했는데, 국가는 단순히 적국을 공격하기 위해서뿐 아니라 자국민을 억압하기 위해서도 권력을 제한 없이 확대할 수 있다는 것을 증명했다. 이러한 경향은 대전 이후에 발생한 히틀러와 무솔리니의 전체주의 체제와 소련의 스탈린 공산 독재체제 등 현대의 전체주의로 이어졌다.

경제적으로는 이미 살펴본 대로 전쟁의 시작과 함께 각 교전국은 앞을 다투어 다른 나라의 전시 경제의 운영과 통제 방법을 모방했다. 자본가계급은 전시 경제체제를 통해 막대한 이익을 얻었을 뿐 아니라 애국심에 고무되어 국가 개입에 이의를 제기하지 않았다. 그 결과 경제면에 대한 국가의 개입은 질적, 양적으로 확대되었고 전후에도 완전히 옛날로 돌아갈 수는 없었다.

3. 제1차 세계대전의 종결

미국의 참전

1914년 8월 제1차 세계대전이 시작되자 윌슨 대통령은 즉시 유럽 전쟁에 대해 중립을 선언하고, 국민에게도 중립을 지킬 것을 호소했다. 당시 미국의 인구는 9,000만 명을 조금 넘고 있었는데, 그 3분의 1은 외국 태생이거나 외국 태생의 부모를 가진 미국인이었다. 윌슨을 비롯한 정부 요인들의 많은 사람이 친영파라 할지라도 교전국 어느 쪽에 가담한다면 국민 내부에 적대 관계를 맺어올 위험이 충분히 있었다. 이를테면 독일계 이민은 물론 독일에 호의를 지니게 되며, 아일랜드계 이민은 영국에 대해 강한 적대감을 지니게 마련이었다. 하지만 이들은 전체적으로 보면 소수파에 지나지 않았으며, 여론은 압도적으로 중립을 지지하고 있었다. 게다가 사회주의자와 퀘이커교도들의 반전론도 제기되고 있었다. 이 중립정책은 무역을 유리하게 했고, 1913년 이래 불황의 그림자가 짙게 드리웠던 미국의 경제에 활황을 일으키는 계기가 되었다. 대전 개시 직후 윌슨 대통령은 무기와 탄약을 지금까지의 수출금지 리스트에서 제외하고 자유로운 수출을 인정했다. 나아가 교전국 은행가에 대한 융자 활동도 허락했다. 이 조치는 협상국 측에 유리하게 작용했고, 미국에는 갑작스러운 수출붐이 일어났다. 그리하여 영국과 프랑스는 미국으로부터 거액의 융자와 무기를 받아들임으로써 전쟁을 계속할 수 있었다.

이처럼 미국과 협상국 간에 긴밀한 유대 관계로 사소한 문제는 미국과 유럽 사이에 심각한 갈등을 일으키지 않았다. 이를테면 영국이 해상권의 우위를 확보하기 위해 취한 해상 봉쇄에 대해 윌슨이 되풀이해 항의했을 뿐 그 때문에 대영 관계가 악화하는 일은 없었다. 이에 반해 독일의 잠수함 작전을 비롯한 일련의 사건을 미국 여론의 주도층인 동부의 친영파들은 비판적으로 선전했고, 이 전쟁을 민주주의와 군국주의의 싸움이라 규정함에 따라 1916년 이후에는 미국에 급속한 참전을 지지하는 여론이 확산되었다.

미국의 윌슨은 1914년 5월 국제적 긴장을 완화하려 측근인 민주당 하우스 대령을 유럽에 파견하여 영국과 독일 간의 화해공작을 시도한 바 있었다. 대전이 개시된 이후에도 빠른 평화를 회복하기 위해 일찍이 1915년에는 다시 하우스 대령을 특사로서 영·독·불 3국에 방문시켜 강화 조건을 타진시켰다. 윌슨과 하우스의 구상은 독일과 러시아의 군국주의를 억제하고 또한 해상 우월권을 지닌 영국에 대해서는 '공해의 자유'를 주장하여 미국의 이상과 현실이 영향력을 발휘할 수 있도록 평화로운 자유주의적 세계질서를 창출하고자 한 것이었다. 그러나 미국의 중립 정책을 깨트리게 된 결정적 계기가 된 것은 1917년 1월 31일 독일 군부에 의해 단행된 무제한 잠수함 작전이었다. 미국의 여론은 과거 루시테이니아 호 사건에서 124명의 무고한 미국 시민이 희생되었을 때부터 독일에 적대적이었다. 그럼에도 윌슨은 중립 평화 노선을 견지하고자 했다. 그러나 독일 측이 중립국 상선을 포함하는 무제한 잠수함 작전을 개시하자 더는 인내할 수 없었다. 윌슨은 바로 독일과의 국교단절을 선언했다. 그리고 우선 국내에 아직도 남아있던 참전 반대의 여론을 고려하여 무장중립(상선을 무장하는 것)의 권한만 의회에 요구했다. 그런데 무장중립 선언을 발표하기 직전 독일이 캘리포니아 등 구 멕시코령 탈환을 조건으로 멕시코를 동맹국 측에 참전시키려 한다는 정보를 입수하게 되었다. 2월 28일에 격노한 윌슨이 '침멜만 전보 사건'을 폭로했고, 이는 참전 의사가 없었던 서부 사람들에게 강한 충격을 주게 되었다. 그리하여 하원에서 곧바로 무장상선법이 가결되었다.

1917년 3월이 되자 연합국 측에 러시아에 혁명(2월 혁명)이 일어나 차리즘의 러시아 전제가 붕괴하고 사회주의국가가 탄생했다는 소식이 전해졌다. 그리하여 대전은 민주주의 대 전제주의라는 선명한 싸움으로 단순화되었다. 참전의 명분을 얻은 윌슨은 참전을 진언한 보좌관 하우스와 국무장관 랜싱의 의견에 동의하여 4월 2일 밤 드디어 세계평화와 민주주의 안전을 위해 참전한다는 선전교서를 의회에서 발표했다. 선전포고는 4월 4일 상하 양원에서 가결되었고, 4월 6일 미국의 참전이 이루어졌다.

전쟁 중 윌슨의 외교정책

전쟁 중 윌슨의 외교정책 성격에 대해서는 시대와 이념에 따라 여러 가지 논의가 전개되었다. 즉 윌슨의 외교 의미를 미국의 자유주의 사상의 틀 속에서 20세기 세계적 대응으로 보는 견해(Hartz)가 있는가 하면, 윌슨을 미국적 '문호개방적 제국주의'의 전형으로, 즉 식민지 건설에서 지체된 미국이 제국주의의 선발국과 동등한 위치를 차지하려는 미국형 제국주의의 전형적 이데올로기로 보는 견해(William) 또는 윌슨 외교의 의의를 당시 세계의 정치적 상황, 특히 볼셰비키혁명 이후 유럽의 정치상황의 문맥에서 보려는 주장(Mayer) 등이 있었다.

1914년 8월 제1차 세계대전이 발발한 이후 독일과의 국교를 단절한 1917

년 2월까지 2년 반에 걸친 미국 중립주의 변용을 살펴보면 그 첫째는 친영(親英)적 중립이었고, 둘째는 적극적 중립이었다. 친영적 중립은 윌슨이 영국의 정치와 문화에 경의와 친근함을 평소 가지고 있었다는 사실에 근거하고 있었다고 할 것이다. 윌슨은 영국이나 미국이 같은 앵글로-색슨 민족이며, 같은 문화적 전통이 있다고 생각했으며, 또한 두 나라는 국제정치상으로도 비슷한 의회주의적 이상을 공유한다고 생각했다. 반면 그는 독일에 대해 그 나라 전통의 군국주의적 경향에 불신을 품고 있었다. 따라서 영국을 중심으로 한 연합군의 전쟁 목적은 정당한 방위전쟁이며, 독일은 미국에 잠재적 위협이 되는 침략 국가로 인식했다.

한편으론 유럽 여러 나라가 전쟁에 휩쓸리고 더욱이 전쟁이 장기화함에 따라 윌슨은 미국민에게 미국의 중립이 지니는 적극적 의의를 주장했는데, 전쟁에 참여하지 않은 서양 유일의 대국으로서 책임을 강조했다. 1914년 말 교서에서 그는 미국이 '평화와 협조의 챔피언'이라는 점을 강조, 중립을 지키고 그리하여 평화 회복에 공헌하는 것이 미국의 사명이라고 주장했다. 그는 유럽의 '구식 외교(Old Diplomacy)'가 유럽 열강들이 패권을 장악하기 위한 세력균형 정책에 중점을 둔 것을 비판하여 '새로운 외교(New Diplomacy)'를 주장했다. 그것은 미국이 평화 실현에서도 자유주의적 원칙에 기초한 공정한 국제질서를 수립하는 데 리더십을 장악하여 전후 세계정치에서도 헤게모니(패권)를 획득하고자 한 것이다. '새로운 외교' 정책을 실현하기 위해서는 중립을 파기하고 참전함으로써 전쟁의 종결에 이어지는 강화에서 헤게모니를 장악할 필요가 있다고 생각했다. 이러한 미국의 '새로운 외교'의 내용은 1918년 1월 윌슨이 의회에서 발표한 〈14개 조〉에 나타나 있다.

〈14개 조〉의 분석에 앞서 윌슨을 위시한 당시 미국의 전쟁에 대한 인식이 어떠했는가를 살펴보기로 하자. 전쟁이 장기화함에 따라 미국의 여론은 세계에서 경제적으로 발달한 문명국들이 사투하며 서로 파괴하는 현상을 충격적으로 받아들였으며, 동시에 미국과 유럽 사이에 인식의 차이를 다시금 상기했다. 미국은 최초의 국면에서 전쟁에 휩쓸리지 않았다. 그 이유는 앞에서 논한 바처럼 유럽의 '구식 외교' 대한 비판에서였다. 미국의 전쟁에 대한 인식을 살펴보면 평화를 지키기 위해서라면 유럽적인 권력 정치적 길은 결코 미국으로서 갈 길이 아니라는 것이었다. 대전의 원인이 세력균형이 깨어졌기 때문이 아니라 당초에 세력 균형적 발상법 자체가 전쟁의 가능성을 내포하고 있었다는 것이다. 따라서 전쟁 없는 국제사회를 구축하기 위해서는 미국이나 유럽 모두가 새로운 방식의 세계질서를 구축하지 않으면 안 된다는 주장이 제기되었다. 이것이 이른바 '새로운 외교'였다.

자유주의적 원칙에 기초한 '새로운 외교'는 참전을 통해 경제와 군사 양면에서 연합군의 지주가 된 미국이 평화의 실현에서도 세계의 리더십을 장악하고자 한 시도로서 1918년 발표한 윌슨의 〈14개 조〉로 표명되었다. 이 연설은 몇 가지 목적이 있었다. 그것은 볼셰비키의 평화공세에 대항할 수 있는 공정한 강화의 여러 원칙과 평화로운 신국제질서의 구상을 발표함으로써 연합국 내에 진보적 세력의 전쟁협력을 확보하는 것, 그리고 윌슨의 국제적 지도력을 높여 전쟁 후 각각 배당의 몫을 노리는 연합국들의 움직임을 견제하는 것, 적국(敵國) 내 민주세력과 소수민족에 강화에의 희망을 강화시키는 것, 볼셰비키 정권과의 전열을 유지하는 것 등이다.

윌슨의 〈14개 조〉는 (1) 비밀외교의 배격, (2) 공해 자유의 원칙 확립, (3) 국제간의 경제 장벽의 제거와 모든 나라 내부에서 통상 조건의 평등화, (4) 국제협정에 의한 군비의 대폭적 축소, (5) 식민지 문제의 적정한 처리, (6) 러시아 자결권의 존중, (7) 벨기에의 원상회복, (8) 프랑스에 의한 알자스 로렌의 회복, (9) 민족 분포에 기초한 이탈리아 국경의 조정, (10) 오스트리아-헝가리의 제 국민에 대한 자치적 발전의 기회 제공, (11) 발칸제국의 원상회복, (12) 터키제국의 터키인 지역의 보존과 타민족에의 자치적 발전의 기회제공, (13) 폴란드의 독립, (14) 평화와 안정을 유지하기 위한 국제적 협력기구의 설립 등이었다. 이들 〈14개 조〉는 (1)에서 (5)까지, 그리고 (14)조는 새로운 국제질서의 구상을 주장한 것이었으며, (6)에서 (13)조는 당시 유럽의 개별적 문제에 대해 민족자결의 원칙을 적용한 강화 조건을 주장한 것이었다. (1)조는 미국이 전쟁 중 연합국 사이에 맺은 비밀조약에 구속되지 않는다는 것을 명시했다.

제1차 세계대전으로 독일의 호엔촐레른 왕조를 비롯하여 오스트리아의 합스부르크 왕조, 그리고 러시아의 로마노프 왕조 등 유럽의 정통 3제국이 1년 사이에 모두 소멸하고 말았다. 이러한 왕과 토지 귀족이 지배하는 제국의 해체는 그때까지 여러 세기에 걸쳐 권위적으로 하나로 통합되었던 이질적 민족들을 뿔뿔이 갈라놓았다. 봉건왕조의 몰락으로 민족들이 각각 독립되고 그로 인해 민족국가 설립을 향한 내셔널리즘 운동이 맹렬히 일어나게 되었다. 특히 러시아의 유럽 변경, 그리고 동유럽 지역에는 복수민족들이 뒤섞여 거주했으며, 군주제야말로 이들 다민족 사회를 통일하는 유일한 통치체제였다.

군주제가 사라지자 민족국가의 형성과 함께 '민족자결(民族自決)'이라는 새로운 유행어가 등장하게 되었으며, 그것은 주민투표에 의한 민족의 선택에 따라 국경선을 다시 그으려는 것이었다. 그러나 영국, 프랑스, 러시아는 전쟁 동안 상호 간에 각종 밀약을 맺었을 뿐 아니라 다른 나라도 가담하도록 유혹했다. 그 내용은 민족자결의 원칙과는 상반되는 것이었다. 1917년 3월 프랑스는 라인란트 지배에 대한 러시아의 승인을 얻는 대신 러시아에 폴란드를 지배할 자유를 인정한 비밀조약을 맺었다. 1916년 사이크스-피코 협정을 통해 영국과 프랑스는 터키로부터 아랍 지역을 빼앗아 서로 나누는 것을 약속했다. 그 외에도 이탈리아는 1915년 4월 런던 비밀조약에 따라 독일어권인 티롤인과 달마티아 지방의 세르비아인과 크로티아인 등 수백만 명의 지배권을 넘겨받게 되었다. 루마니아는 1916년 비밀조약에 따라 트란실바니아 전체와 티미소아라의 바나트 지방 대부분과 부코비나를 할양받았는데, 그 지역은 대부분 루마니아어 사용권이 아니었다. 일본은 비밀조약으로 1917년 2월 그때까지 독일의 상업 이권 지역에 속했던 중국의 산동반도(山東半島)를 손에 넣었다. 이들이 전시에 맺어졌던 악명 높은 비밀조약이었다.

이러한 자의적 비밀조약은 인종이나 언어권과는 관계가 없었고 사실상 상호 모순되는 것이었다. 필사적인 전쟁이 전개된 마지막 2년 동안 영국과 프랑스는 전쟁을 유리하게 수행하기 위해서는 양도할 수 있는 면적을 훨씬 초과하는 토지소유권 증서를 무모하게 남발했다. 전쟁이 끝난 후에는 아무리 가혹한 강화 조건을 부과하더라도 그 권리 증서를 모두 청산하는 것은 불가능했다. 실제로 지급이 유예된 보증수표 가운데 일부는 부도가 나서 시끄러운 문제가 되었다.

윌슨 대통령이 전후 처리에서 가장 중요한 사항으로 비밀조약의 폐기를 거론한 것은 이와 같은 사정이 있었다. 윌슨 대통령은 〈14개 조〉의 많은 조항에서 구래의 국제질서에 대신하는 새로운 국제질서의 윤곽을 민족자결주의로 설정하려 했다. 따라서 민족자결주의는 윌슨의 〈14개 조〉의 중심을 이루고 있다 할 수 있다. 민족자결주의는 그 후 제국주의에 지배를 받던 식민지의 내셔널리즘 운동에 크게 영향을 주었다. 우리나라의 3·1 운동 발생에도 그것이 직접적인 도화선이 되었다. 하지만 윌슨의 민족자결 이념은 애초부터 동유럽 및 남유럽 등 유럽 중심의 발상이었으므로 아시아, 아프리카 민족에는 그 적용에 한계가 있었다.

한편 민족자결주의에는 러시아혁명의 영향이 크게 작용했다. 제정 러시아에서 차르 체제가 붕괴하고, 연합국이 합스부르크에 제기한 단독 강화 요구가 거부되자 영국과 프랑스도 내셔널리즘을 지지하는 방향으로 선회했다. 연합국은 이제 후진 지역의 운명을 마음대로 좌지우지할 수 없음을 통감하게 되었다. 1917년 10월 레닌을 비롯한 볼셰비키가 러시아 정권을 장악했다. 그들은 차르 시대의 외교문서를 입수하여 서방 언론에 넘겨주어 그 내용이 〈맨체스터 가디언〉 지에 실리기 시작했다. 볼셰비키는 모든 민족에게 자결권을 약속하며 유럽 전역에 공산주의 혁명을 일으키기 위한 적극적 선전을 전개해 나가기 시작했다. 혁명을 성공하게 한 소비에트 정권의 외무위원 트로츠키는 1917년 11월 페트로그라드 주재 연합국 대사들에게 모든 전선에서 즉시 휴전, 무병합(無併合), 무배상(無倍償)을 조건으로 강화교섭의 즉시 개시를 제안했다.

동시에 그들은 중립국들을 통해 이 제안을 독일과 오스트리아 측에도 전달했다. 연합국의 정부들은 소비에트 정권의 강화 제안을 거부했으나 국민의 염전(厭戰) 기분의 대두를 무시하기 어려워졌다. 특히 러시아혁명의 영향으로 국내 사회주의 세력들이 화평을 요구하는 주장이 점점 더 높아졌다. 1918년 1월 8일 영국 로이드 조지의 연설 며칠 뒤 미국 대통령 윌슨의 교서는 각각 소비에트 정권과는 다른 입장에서 전쟁 후 새로운 질서의 기본적 구상을 나타내고자 한 것이다. 윌슨은 자칫 탈락할 수도 있었던 동유럽, 발칸, 중동에 관한 관여를 〈14개 조〉에 명시함으로써 이들 국가를 연합국 진영에 끌어들이고자 했다.

러시아가 혁명으로 전쟁에서 벗어나 동부전선에서 유리한 전세를 맞이하게 된 독일은 영국 총리의 연설이나 윌슨 〈14개 조〉에도 냉담했다. 윌슨의 제안은 독일의 입장에서 '앵글로-색슨의 세계 지배'의 조건으로 받아들여졌다. 1918년 3월 브레스트-리토프스크 조약이 성립함으로써 윌슨은 군사적 승리로만 독일의 제국주의와 군국주의를 타도할 수 있다는 마지막 선택이 남아있게 되었다.

4. 독일의 패전과 휴전 교섭

독일의 패전

1917년 중반에 이르자 중유럽 동맹국들의 전쟁 수행 능력이 현저히 떨어지고 있었다. 합스부르크제국은 구심적 존재였던 프란츠 요셉 사후에 즉위한 젊은 칼 1세가 제국의 해체를 미연에 방지하기 위해 비밀리에 연합국 측과 강화교섭을 시작했다. 제국 내에서는 슬라브인들의 민족운동이 활발해졌고 체코인이나 남슬라브인의 망명 정치가들이 런던과 파리 등지에서 독립을 위한 공작을 열심히 추진하고 있었다. 칼 1세 측에서도 자유로운 민족국가로 재편성함으로써 합스부르크제국의 존속을 지키려 했다.

독일에서는 이미 사회민주당 좌파의 반전 활동이 활발히 전개되고 있었다. 수상 베트만 홀베그의 의사에 반해 강행된 무제한 잠수함 작전에도 영국을 굴복시키지 못했을 뿐 아니라 오히려 미국의 참전을 유발한 실책을 초래했다. 4월에 결성된 급진적 독립사회민주당은 의회 내에서 전쟁 종결을 위한 움직임을 이끄는 한편 베를린 금속노동자에 영향을 가진 '혁명적 오프로이테'(혁명을 지향하는 그룹 지도자)와 연대하여 노동 대중들에게 전쟁 비판과 자본가 타도 운동을 확산했다.

7월 정부가 전시 국채 발행을 위해 제국의회를 소집하게 되었다. 중앙당 지도자 엘즈베르거가 그의 병합주의적 평소의 소신을 뒤집고 조기 강화의 실현을 호소했다. 그 반향은 커서 다수파 사회민주당과 진보인민당도 이에 동조하여 '승리의 평화'가 아니고 '타협의 평화'를 요구하는 강화 결의가 제국의회에서 가결되었다. 이것을 '7월 위기'라 지칭한다. 루덴도르프 등 군 수뇌는 이에 크게 반발하여 황제에 반대하는 의견을 직소했는데, 베트만-홀베그 수상은 황제의 어려운 처지를 생각하여 스스로 사직하고 그 후임을 식량상이었던 미할리우스에게 물려주었다. 그러나 그도 4개월 만에 퇴진했다. 이렇듯 '7월 위기'는 오히려 루덴도르프의 독재체제를 강화하는 결과를 가져왔다.

그 당시 이미 국민 생활은 파탄에 처하고 있어 공업도시에서는 빵이나 감자가 결핍했으며, 무를 먹으며 굶주림을 달래는 사람도 나타났다. 그리하여 많은 도시에서 1917~1919년에 걸쳐 대중 파업이 발생했다. 그럼에도 카프 등 극단적 우익 '독일 조국당'은 '승리의 평화'를 계속 주장했다. 이들 병합주의자는 소련의 정부 대표와의 브레스트-리토프스크에서의 강화교섭에서도 노골적인 영토 확장을 요구했는데, 트로츠키가 교섭을 중단하자 독일군은 무력공격을 재개하여 우크라이나까지 점령했다. 결국, 1918년 3월 3일 독일에 유리한 브레스트-리토프스크 강화조약이 조인되었다. 그러나 이 조약에 의해 획득한 점령지를 지배하기 위해 동부전선에 100만 이상의 대병력을 주둔시킴으로써 서부전선의 병력을 약화시키는 결과를 가져왔다. 그리하여 그때까지 이어져 온 러시아혁명에 의한 동부전선의 부담 경감이라는 독일의 '천금(千金)의 은혜'는 사라졌다.

1918년 여름까지 독일의 일반 민중은 물론 제국의 수뇌부조차 패전의 가능성을 예견하지 못했다. 독일의 신문들은 여전히 최후의 승리를 위해 온갖 어려움을 참아내야 한다고 주장하고 있었다. 독일군의 최후 서부 대공세가 실패하고 미국군이 프랑스에 도착하여 패배의 가능성이 거의 커진 1918년에도 지도자들은 그것을 인정하려 하지 않았다. 그러나 8월과 9월에 이르러 독일에 불리한 여러 사건이 계속해 일어났다. 서부전선에서 연합군이 잇따라 공세로 돌아섰다. 독일군은 춘계 공세에서 획득한 전선을 상실하고 퇴각이 불가피해졌다.

9월 13일 오스트리아가 다급한 구원을 요청했다. 9월 15일 연합군은 발칸전선을 돌파했다. 9월 27일에 불가리아가 항복했다. 같은 날 서부의 연합군은 넓은 전선에 걸쳐 힌덴부르크 전선을 공격했다. 그것은 독일군의 최후 방위선이었다. 베를린의 국회의원들은 불길한 예감을 지니고 있었으나, 그럼에도 종국이 가까웠다는 것은 생각지 못하고 정부를 바꾸어 진지하게 '화해의 평화'를 추구할 때가 왔다는 정도로 인식하고 있었다. 그러나 전황을 누구보다 잘 파악하고 있었던 루덴도르프를 비롯한 군 수뇌는 전쟁을 속행해도 희망이 없다는 것을 드디어 최고회의에서 선언하게 되었다.

루덴도르프는 지난해 가을부터 중앙당 우파 헤르트링 내각을 개편할 결심을 하고 있었다. 9월 28일 아침 루덴도르프는 베를린의 연락 장교 폰 빈더필드 대령을 통해 수상 헤르트링 백작에게 육군 최고사령부는 '정부를 개조하거나 또는 더욱 넓은 기반 위에 정부를 확충할 필요가 있게 되었다.'라는 견해를 처음으로 전했다. '더욱 넓은 기반'이라는 의미는 '의회주의의 기반'이라는 말과 동의어였다. 그것은 이제까지의 최고사령부 정치적 견해가 돌연 반대로 변했다는 것을 의미했다. 그것은 정부를 중앙당 우파로부터 의회 다수파인 사회민주당으로 구성한다는 의미였다. 이러한 구상을 한 루덴도르프는 오후 늦게야 명목상 상관인 힌덴부르크에게 자신의 의도를 통고할 필요를 느꼈다. 그는 회상록 속에서 다음과 같이 쓰고 있다.

> 9월 28일 오후 6시, 나는 일층 밑에 원수의 방으로 내려갔다. 나는 화평과 휴전

제의에 관한 내 생각을 원수에게 제시했다. … '즉시에 분명히 또한 각오하고 행동하는 게, 오늘날의 우리의 임무입니다.'라고. 원수는 감동하여 나의 말에 귀를 기울였다. 원수 자신도 지난밤 같은 생각을 했다고 대답했다. … 원수와 나는 굳은 악수로 헤어졌다. 그것은 사랑하는 사람을 매장해 버리고, 그 뒤 인생의 고락을 함께하려는 남자들의 악수와 같았다.

루덴도르프는 독재적으로 당시 모든 정치적 문제를 결정하고 있었다. 카이저에게는 그날 저녁 힌덴부르크를 통해 상소가 되었다. 카이저의 반응은 어떠했을까. 왕의 기록보좌관 뉴만은 "9월 29일 저녁, 카이저의 측근들 분위기는 조용한 체념이 지배적이었다. 하지만 그것은 루덴도르프 장군에 대한 분명한 불만을 포함하고 있었다."라고 했다. 그리하여 제2제국의 권력자들은 1918년 9월 29일 조용히 무력하게 항복하고 말았다.

휴전 교섭

10월 3일 자유주의적 귀족인 바덴공(Max von Baden)을 수상으로 하고 여러 정당으로 구성된 새로운 내각이 성립되었다. 이때 입각한 각료들은 군부의 '승리의 평화'에 반대하여 '타협의 평화'를 주장한 사회민주당의 샤이데만과 7월 '평화결의'의 선두에 섰던 중앙당의 지도자 엘츠베르거 등 '타협의 평화'를 주창한 사람들로 구성되었다. 이것은 윌슨 대통령의 〈14개 조〉를 수용하여 관대한 강화조건을 이루기 위해 독일제국의 의회주의적 개조를 착수했다는 것을 미국에 보여주려는 의도였다. 한편으로는 항복의 책임을 이 자유주의자에게 씌움으로써 군의 위신을 상처 없이 지키려는 책략이기도 했다.

윌슨의 평화 제의는 당시 독일이 처한 상황에 비추어 볼 때 반드시 불리한 것만은 아니었다. 윌슨의 〈14개 조〉의 선언은 전체적으로 볼 때 독일이 그것을 통해 국가체제의 해체를 면하고, 기본적으로 영토와 세력권을 원래대로 보존하기 위한 보증이 될 수 있다고 생각했던 것이다. 전쟁에서 패한 독일이 전쟁보상을 면할 수 있으리라고 간주했던 것이다. 공해상의 자유를 주장한 〈14개 조〉의 제2항은 영국의 독일에 대한 해상 봉쇄의 해제도 포함되는 것이므로 그 이상의 것도 기대할 수 있었다. 따라서 윌슨의 〈14개 조〉는 당시의 상황에서 독일로서는 그 정도 이상을 바랄 수 없을 정도로 관대한 것이기도 했다.

그리하여 10월 4일 수상 막스는 윌슨에게 그의 선언을 기초로 한 휴전 교섭을 제안했다. 사흘 후에는 오스트리아도 독일을 뒤따랐다. 윌슨의 회답은 10월 8일부터 23일까지 세 번에 걸친 통첩으로 전달되었다. 그의 첫 번째 통첩은 독일군이 점령지로부터 철수하라고 요구했다. 두 번째 통첩은 무제한 잠수함 작전의 중지를 요구했다. 세 번째 통첩은 거의 노골적으로 황제(카이저)의 퇴위를 요구했다. 루덴도르프는 제1차 통첩에 동의를 표했다. 하지만 제2차 통첩 후부터 동의를 철회하고 제1차의 동의 회답에 대해 일체의 책임을 지지 않겠다고 선언했다. 제3차 통첩 후에 그는 정부의 반응을 기다리지 않은 채 독단적으로 군 명령을 냈는데 그 속에서 그는 이 통첩은 승인할 수 없으며, 그것은 "우리 군인으로서는 전력을 다하여 저항을 계속하라는 도발에 지나지 않는다."라고 했다.

이때에 예기치 않은 일이 발생했다. 성격적으로 온건하며 원래부터 전투적이라 할 수 없던 수상 막스는 저항을 시작했다. 그는 황제에게 선택을 요구했다. "루덴도르프는 사임해야 합니다. 그렇지 않으면 제가 사임하겠습니다." 그러나 이번에 사임할 수밖에 없었던 것은 루덴도르프였다. 10월 17일 루덴도르프가 출석한 각료회의에서 막스는 "루덴도르프라는 사람을 신용할 수 없다."라고 면박했다. 그는 왕족 출신의 귀족 본능으로 루덴도르프의 표변(豹變) 앞에 불성실, 독단, 그리고 신뢰할 수 없음을 파악하고 그를 규탄했다. 다음날 황제와 알현한 자리에서 루덴도르프는 최후의 카드로 사표를 꺼내 들어 협박했으나 황제는 "그런가? 자네가 그렇게 사임하기를 원한다면 나도 별로 다른 의견은 없네."라고 하면서 사표를 수리했다. 그리하여 루덴도르프 장군의 독재는 비참한 최후를 맞이했다.

윌슨의 제3차 통첩 이후 지난 어떤 때에도 제기되지 않았던 문제, 즉 '카이저의 퇴위'냐? '혁명'이냐? 라는 소문이 항간에 급속히 번지고 있었다. 사회민주당의 노동자뿐 아니라 군주주의자들까지 그 문제를 놓고 토론하기 시작했다. 제국의 수상을 비롯하여 정치적 책임을 진 사람들 사이에서는 황제의 퇴위가 군주국을 살리는 최선일 뿐 아니라 유일의 방법이라는 생각이 대두했다. 하지만 즉시 휴전이 성립된다면 섭정 정치를 통해 군주제는 유지될 것이라고 그들은 계산했다. 한편 휴전이 '카이저 문제'로 좌절된다면 그때에는 혁명이 일어날 두려움이 있었다.

한편 병행하여 추진했던 연합국과의 휴전 교섭으로 11월 11일 파리 북방 콩피에뉴 숲에서 휴전조약이 조인되었다. 연합국을 대표하는 프랑스의 포쉬 원수가 독일의 전권대사 엘츠베르거에 제시한 전조약문은 윌슨의 구상보다 훨씬 가혹한 것이었다. 이처럼 가혹한 규정이 강화된 이유는 영국과 프랑스의 요구 때문이었다. 11월 5일에 제안된 휴전안은 〈14개 조〉에 두 가지 조건이 덧붙여졌다. 첫째로 공해의 자유 조항에는 영국이 주체적으로 해석할 수 있다는 권리를 확보했다. 그 해석이란 독일의 U보트 공격은 인권을 침해하는 행위이지만 영국이 감행한 해상봉쇄는 단순히 재산권의 침해에 불과한 것으로 허용될 수 있다는 것이다. 둘째로 연합군 측은 전쟁보상을 요구할 권리를 갖는다는 것이다. 독일은 이 두 조건을 양해하고 항복했다.

5. 베르사유 강화조약

베르사유 강화조약의 체결

동맹국 측 독일과 오스트리아가 알지 못한 것은 10월 29일 윌슨의 특사로 미국의 대표 하우스 대령이 프랑스의 클레망소와 영국의 로이드 조지를 만나

장시간 밀담했던 사실이다. 이때에 양국 수상은 윌슨 선언에 대한 모든 의문점과 유보 조건을 토론했다. 결국, 하우스 대령이 양국 수상에게 설득당해 이 밀담의 결과를 '소견(Note)' 형식의 문서로 정리하여 워싱턴의 윌슨에게 송신했다. 이 '소견'은 동맹국인 독일과 오스트리아에는 통보되지 않았음은 물론이다. 하지만 이 '소견'에 의해 동맹국 측을 위한 윌슨선언의 이점은 모두 삭제되고 말았다. 독일과 오스트리아 동맹국 양국은 베르사유조약 안에 반영된 '소견'에 강경히 반대했다. 그 내용은 오스트리아-헝가리제국의 해체, 독일의 식민지 할양, 폴란드회랑 설치를 통한 프로이센의 분할, 그리고 무거운 전쟁보상이 포함되어 있었다. 주목할 만한 것은 '소견'의 기본 바탕이 독일의 '전쟁책임'을 전제로 하고 있을 뿐만 아니라 그 결과로 승자에게는 보상을 약속했으며, 패자에게는 가혹한 '징벌적 전쟁보상'을 요구했다는 점이다. 그것은 분명히 윌슨이 애초 거부했던 점이었다. 하지만 윌슨이 그러한 '소견'의 원칙을 받아들인 것은 이상한 일이었고, 또한 그것을 독일 측에 비밀에 부친 것은 놀랄만한 일이 아닐 수 없다. 한편 독일 측도 조약에 숨겨진 몇 가지 의문점에 대해 사전에 설명을 요구하지 않은 무능함을 보였다. 윌슨은 레토릭(修辭)에 있어서는 훌륭했지만, 구체적인 조약으로서는 애매한 구상으로 양측 사이에 소통을 게으르게 한 책임이 있었다.

당초에 예상한 것은, 우선 연합국 측이 강화조약의 원안을 기초하고 그 후에 독일 측이 출석하여 실제로 교섭에 들어간다는 것이었다. 과거 빈회의가 그랬던 것처럼 그것은 국제회의의 관례이기도 했다. 그러나 막상 파리에 도착한 독일대표단은 강화조약안을 협상하는 것이 아니라 강요당하는 것에 불과하다는 사실을 알고 크게 분개했다. 이미 휴전에 합의한 후이기 때문에 딱히 할 말이 없었으나 속으로는 이것이 한편의 사기극이라고 생각했다.

1919년 5월 7일 베르사유 궁에서 열리는 회담의 의장으로 지명받은 클레망소는 이 사기극의 무대감독으로 독일에 교섭이 아닌 일방적인 명령을 강요했다. 독일의 전권대사 브로크도르프 란차우 백작은 이 회담에서 그들의 입장은 교섭의 대상이 아니라 형벌에 대한 선고를 받는 전범이라는 굴욕적 사실을 확인했다. 클레망소는 불쾌한 표정을 짓고 있는 독일 전권대표 앞에 연합국의 조약안을 제시하고, 시한을 정해 조약안을 무조건 수락할 것인지 거부할 것인지를 결정하라고 요구했다. 그러자 백작은 그 자리에 앉은 채 분노를 띤 표정으로 회답문을 읽어 나아갔다. 국제적 관례에도 없는 이러한 무례한 태도는 많은 사람을 분노케 했다.

연합국의 조약안은 미국, 영국, 프랑스, 이탈리아, 그리고 뒤늦게 참여한 일본 등 5대국의 수상과 외상으로 구성된 최고회의 '10인 위원회'가 총 60회에 달하는 회합에서 결정된 것이었다. 이 강화회의는 패전국의 희생을 강요하는 전승 열강의 이해를 주고받는 장이 되었는데, 5대국의 전후 처리에 관한 관심은 각자 다른 것이었다. 먼저 미국의 윌슨이 가장 관심을 두었던 것은 전후의 평화기구, 즉 국제연맹의 설립이었다. 프랑스의 최대 관심은 자국의 안전보장 확립이었다. 즉 이웃 나라 독일이 다시금 강국으로 부상하여 프랑스에 안전보장을 위협하지 않을까 하는 것이 최대의 관심사였다. 따라서 독일의 군사적 재건을 저지하기 위해 보복주의라 할 정도의 가혹한 요구를 독일에 제시했다.

한편 영국이 최대 관심을 기울인 것은 영제국의 보존과 확대였다. 그것에는 무엇보다 세력 균형을 추구하는 세계 외교가 중요했다. 프랑스 등이 요구한 가혹한 복수주의에 제동하는 영국의 유화정책(宥和政策)은 이러한 관점에 따른 것이었다. 이탈리아는 런던조약에서 연합군 쪽에 참전 대상으로 아드리아 동부 해안과 도데가네즈 섬 등을 회복, 할양한다는 약속된 영토를 보증할 것을 목적으로 했다. 일본은 유럽 문제에는 일절 관여하지 않은 채 중국 산동반도의 독일 이권 획득과 태평양 적도 이북의 독일 영토 할양, 미국의 이민 배척 운동에 반발하여 인종 차별 대우 철폐 등을 요구했으나 기대를 만족하게 하지는 못했다. 이상의 5대국의 관심의 차이는 러시아 문제의 처리와 전쟁 책임 문제에도 나타났고, 배상정책의 상이로 나타나서 회의 중에는 물론 전후에도 불협화음이 계속되었다.

회의는 윌슨의 주장이 받아들여져 국제연맹의 창설을 첫 번째 의제로 채택하여 그 규약을 강화조약에 포함하게 되었다. 자국의 안전보장을 국제연맹에 기대했던 프랑스는 상설 경찰군을 연맹에 둘 것을 주장했으나, 규약의 기초위원장 윌슨이 연맹을 중앙집권화하는 데 반대하여 그쪽으로 대세가 기울여짐에 따라 프랑스의 주장은 제외되었다. 하지만 미국의 상·하 양원에서는 공화당이 과반수를 차지하게 되어 미국의 연맹 가입은 전통적 외교정책이었던 먼로주의를 약화시키게 된다고 반대했다.

귀국한 윌슨은 규약 초안의 수정을 결의하여 이 수정안이 4월 28일 가결되었다. 그리하여 국제연맹규약은 베르사유조약과 그 외 동맹국과의 강화조약에 제1편으로 채택되기에 이르러 전후 베르사유체제에 기초를 형성했다. 국제평화를 유지하기 위해 집단 안전보장의 방식이 처음으로 도입된 것은 획기적이었다. 그러나 전후체제의 현실은 전승 여러 나라의 이해 조정에 기초한 현상유지 시스템에 불과할 뿐 강국에 의한 제국주의적 식민지 분할의 신장판(新裝版)이라는 성격을 벗어날 수 없었다. 전체 조약의 성격을 한마디로 표현하면 영국, 프랑스 등 승전국의 이해에 기초한 새로운 단계의 제국주의 재편성과 다름없었다. 이에 더해 더욱 중요한 것은 미국이 결국 베르사유조약의 비준을 거부했다는 사실이었다. 1920년 선거에서 윌슨의 민주당 정권이 패배함으로써 국제연맹가입이 좌절되었다.

독일 본국 영토에 대해서는 프랑스에 알자스-로렌을 반환하고, 자르 지역의 15년간 국제연맹의 관리와 그 후 주민투표에 의한 귀속 결정이 이루어졌다. 독일은 폴란드와 체코슬로바키아의 독립을 인정하고, 단치히(그다니스크)를 국제연맹 아래의 자유시로 하고 항만 사용은 폴란드의 특권을 인정하는 것과 슐레스비히의 국민투표 등을 결정했다. 이에 의해 독일 본국은 영토 면적의 13%, 인구의 10%가 줄어들게 되었다.

독일의 해외 식민지 대부분이 몰수되었다. 동아프리카가 영국과 벨기에에, 서남아프리카가 남아프리카연방에, 토고란드와 카메룬이 영국과 프랑스에, 적도 이북의 남양제도가 일본에, 그리고 이남이 오스트리아에 각각 '위임통치'로서 넘겨졌다. 산동반도의 독일의 권익은 중국이 그 회복을 주장했음에도 불구하고 일본의 주장으로 일본에 할양되었다. 이것이 중국 민족의 분격을 사서 격렬한 반(反)베르사유(반일운동과 5·4 운동) 운동을 촉발시키고 중국으로 하여금 조약체결 거부로 이어지게 했다.

세계대전의 전쟁책임은 베르사유조약 제231조에 의해 독일과 그 동맹국에 있다고 단정되었다. 그 결과 연합국의 민간과 그 재산에 끼친 모든 손해에 대해 독일이 보상할 것이 결정되었다. 배상 기한은 1921년 5월 1일까지로 결정되었는데, 총액은 당시 천문학적 숫자인 1,320억 금화 마르크였다. 이것이 독일의 재정을 압박하여 파국적 인플레이션을 일으켰으며, 그로 인해 독일 국민은 깊은 원한을 품게 했다.

독일의 전쟁책임을 묻는 영국의 주장에 다른 4개국도 찬성하여 독일 황제의 처벌과 전쟁범죄의 용의자를 연합국의 군사재판에 인도할 것을 결정했다. 하지만 황제의 망명지였던 홀란드(현재 네덜란드)가 황제의 인도를 거부했으므로 결국 독일 황제의 재판은 실현되지 못했다.

독일의 군비 제한으로 독일의 참모본부, 의무병역제도, 잠수함과 공군의 보유는 모두 금지되었다. 나아가 육군 병력은 10만 명 이하, 해군 병력은 1만 5,000명, 군함 보유량은 10만 톤으로 제한되었고, 병기, 탄약, 군용 자재의 보유량 등도 상세하게 규정되었다. 그 실행을 감독하는 국제감시위원회가 설치되었다.

라인 서안(西岸)에 관한 분규가 일어났다. 프랑스는 자국의 안전보장을 강화하기 위해 라인 자치국을 창건할 것과 연합국의 라인 서안의 점령을 강력히 요구했다. 하지만 라인란트의 분리는 민족자결주의에 위배된다고 윌슨과 로이드 조지가 반대하여 결국 라인 서안의 15년간 (연합국의) 보장점령(保障占領)이란 형태로 프랑스를 설득시켰으며, 라인 서안에 대한 독일의 군사 시설과 군대 주둔, 군사 연습의 금지가 강화조약에 포함되었다. 세르비아, 크로아티아, 슬로베니아(유고슬라비아) 왕국의 창건에 관해서도 분쟁이 일어났다. 이탈리아는 참전 보상으로 이스트리아 반도 동부의 피우메를 요구했다. 그것이 윌슨의 반대로 실현되지 않아 한때 이탈리아가 강화회의에서 탈퇴했으나 독일의 배상 지급 대상에서 제외될 것이 두려워 5월 5일에 복귀했다.

그 후에도 계속하여 파리 교외에서는 독일 이외의 중유럽 동맹국들과 독일에 각각 파리 교외 지명을 붙인 강화조약이 맺어졌다. 오스트리아와는 생제르망조약, 불가리아와는 뇌이이조약, 헝가리와는 트리아농조약, 터키와는 세브르조약이 맺어졌다. 이 조약들은 베르사유조약과 내용상으로 밀접히 관련되어 있었으며, 그 모두를 포괄하는 전체가 베르사유체제라는 전후의 국제질서가 되었다.

패전국의 희생을 전제로 하는 베르사유체제에 가장 강력히 반발한 것은 독일이었다. 1920년대를 통해 독일의 외교는 이 베르사유조약의 수정을 목적으로 추진되었다. 또한, 베르사유체제를 유지하기 위해서는 배상 문제로 인해 미국의 경제력에 의존을 심화시켰다. 따라서 미국에서 대공황이 발생한 1929년 이후 베르사유체제는 근저로부터 동요하게 되었다.

다음은 베르사유체제에 대한 각국의 평가를 살펴보고자 한다. 영국에서는 소위 '카르타고식' 강화를 강제 당한 독일에 대한 동정 여론이 높았다. 그러나 프랑스인들은 대부분이 베르사유조약이 프랑스가 받아들이기에는 지나치게 온건한 타협이며 클레망소가 너무 많은 것을 양보했다고 믿었다. 미국의 젊은 세대들은 대다수가 베르사유조약에 대해 매우 비판적이었다. 윌리엄 불리트는 윌슨에게 다음과 같은 무례한 편지를 보냈다. "우리는 고난을 겪고 있는 민족들에게 조약을 통해 다시 새로운 종속을 강요하고, 영토 분할을 강요하는 데 동의했습니다. 이제부터는 정말로 새로운 전쟁의 세기라고 할 수 있을 것입니다." 월터 리프먼은 이렇게 썼다. "내 생각에 베르사유조약은 불공평하고 악의적이기까지 하다. 이보다 무분별한 처사는 있을 수 없다." 이들 젊은 비판자들은 이후 미국에서 각각 영향력이 있는 인물이 되었다.

케인즈의 강화조약에 대한 비판

영국의 존 매이너드 케인즈에 비하면 그들의 성토는 아무것도 아니었다. 그는 케임브리지대학의 강사였으며, 전시에는 재무관리로 일했고, 재무부 관리의 자격으로 영국대표단의 일원으로 강화회의에 참석함으로써 조약에 대해 곧바로 통렬한 비판을 가할 수 있는 위치에 있었다. 케인즈는 회의를 주도하는 대부분 인사가 주로 정치적 문제에만 관심을 기울이는 것에 불만을 표현하곤 했다. 케인즈는 군사적 안전보장, 국경선의 획정, 주민의 귀속 등에는 관심이 없었다. 반면에 대부분 대표단이 무시하고 있던 사안인 유럽의 안정에 필요한 경제적 측면에는 날카로운 통찰력을 보여주었다. 지속적인 평화를 유지하기 위해서는 이 평화조약에 기초하여 신속하게 무역과 생산이 활기를 되찾고 고용이 성장해야 한다고 주장했다. 따라서 이러한 견해에서 본다면 조약은 유연하고 역동적이어야 하며 보복의 성격을 가져서는 안 된다는 것이다.

1916년 영국의 재무부 각서에 의하면 그는 1871년 보불전쟁 후 독일이 프랑스에 부과한 배상금이 양국 모두에게 막대한 손해를 끼쳤으며, 그 뒤 전 세계에 불어닥친 1870년대의 대규모 경기 후퇴의 중요 원인이 되었다고 주장했다. 따라서 베르사유조약에서 독일에 배상금을 부과하지 않았어야 하며, 부과해야 한다면 그 총액이 20억 파운드가 넘으면 안 된다고 생각했다. 그는 평화회의 준비를 위한 문서에서 "만약 독일로부터 우려내려 한다면 우선 독일이 망하는 걸 막아야 한다." 당시 모든 승전국은 저마다 얽혀 있는 전시채무 문제를 독일로부터 뜯어내는 배상금으로 해결하려고 했다. 케인즈는 오히려 영국이 채권을 포기하는 게 현명하다고 생각했다. 영국이 먼저 관대한 조처를 하게 되면 미국도 영국과 똑같은 조치를 하게 될 것이며, 영국은 유럽 국가들로부터 서류상 변제(弁濟)를 받지만, 미국 차관은 현금으로 지급해야 했으므로 채무의 상호 전체적인 면제는 영국의 이익이 될 것이란 견해였다.

케인즈는 제2차 세계대전 후 미국의 마셜 플랜(Marshall Plan)과 같은 원조 프로그램을 '유럽 회복을 위한 거대한 계획'이란 이름으로 제안했다. 케인즈는 윌슨이 미국의 자원을 활용하여 방대한 신용대출 프로그램을 시행하고, 그것으로 유럽 산업을 소생시키기를 바랐다. 그의 견해에 따르면 윌슨은 대전 후 국경선이나 국제연맹 등 정치적 문제에만 관심을 쓸 것이 아니라 미국의 식량공급 능력과 경제력을 이용하여 유럽의 재건을 도와야 할 것이며, 그것을 통해 유럽이 번영하게 되면 현재 지나치게 과거에 매달려 감정에 치우쳐 있는 국경 조정 문제도 올바르게 해결될 것으로 생각했다. 하지만 국제연맹 구상에 사로잡혀 유럽의 경제부흥 따위에는 관심이 없었던 윌슨은 케인즈의 견해를 받아들여 미국과 교섭에 나선 로이드 조지의 호소를 일축했다. 미국의 재무부도 이러한 제안을 무시했다.

베르사유조약안을 모두 읽고, 특히 배상조안을 포함하여 조약안의 규정들이 가져올 소름 끼치는 결과를 깨달았을 때 케인즈는 경악할 수밖에 없었다. 그의 표현대로 이 '빌어먹을' 조약은 경제적 파국을 가져올 것이고 또 다른 세계대전을 불러올 주문(呪文)이라 보았다. 이러한 케인즈의 예측은 1929년 대공황과 제2차 세계대전을 예견한 탁견이었다.

제2장
러시아혁명

1. 러시아혁명의 배경

차르 체제와 전쟁

제1차 세계대전 전후 서유럽 열강들 사이의 대립이 격화함에 따라 러시아 사회에도 심각한 모순이 나타났고, 그로 말미암은 위기가 초래되었다. 대전이 일어나기 전 5년간 러시아 자본주의는 제2의 호황을 경험했다. 그 호황은 외국 자본 도입의 강화를 수반하고 전쟁 수행을 위한 군수공업의 발전을 가져왔다. 서유럽의 공업 기술은 주로 서부 러시아에 침투하기 시작했다. 철도, 전신, 공장, 외국 투자, 외국 무역을 통해 러시아는 유럽 여러 나라와 긴밀히 결합하고 있었다. 1905년 차르 니콜라이 2세가 두마(러시아 국회)를 소집했을 때 러시아는 서유럽형의 정치 발전이 이루어질 듯했다. 그 후 10년간 러시아는 외견상 적어도 준(準)입헌군주국이었다. 그러나 두마는 어떤 실권도 지니지 못했고 자유주의적 입헌주의는 러시아의 토양에 뿌리를 내리지 못했다.

한편, 러시아에서의 혁명적 정세의 근원은 가혹한 차르 체제와 극도로 부패한 정치 기구, 후진적인 경제생활에 있었고, 나아가 이러한 상황 중에 발효

(醱酵)되기 시작한 1789년 프랑스혁명의 이상과 마르크스주의의 이상 속에서 혁명적 정세가 조성되었다. 이러한 발효의 최초 결실은 문화적으로도 상당히 대단한 것이었다. 그것은 문학적으로는 톨스토이나 도스토옙스키의 소설, 음악으로는 차이콥스키와 림스키 콜사코프의 음악 등이 포함되었다. 19세기 후반 러시아 문화는 유럽 문화 속에서 화려하게 전개되었다. 또 하나의 발효의 결실은 공산주의 혁명 운동이었다. 어떤 의미에서는 러시아 자본주의의 호황과 러시아 문화의 화려한 전개가 배경이 되어 1905년 혁명 이래 추진되어 온 차리즘 주도의 반혁명적·제국주의적 재편성의 노선은 애초보다 심각한 모순을 격화시키게 되었다.

러시아에서의 혁명은 전쟁과 깊은 관련이 있다. 1905년의 혁명은 1890년대 말 러시아 반체제 운동이 전쟁에서 러시아가 일본에 패배함으로써 차르 정권의 권위가 땅에 떨어지게 된 것이 그 배경이 되었다. 1914년 여름 이후 러시아는 총동원을 포고했다. 이 전쟁에서 러시아는 초기에 탄넨베르크에서 대패하고, 그 이후 부분적인 승리도 있었지만 대체로 동부전선을 유지하는 데 지나지 않았다. 군비가 불충분했고 무기, 군복, 군화가 부족하여 도망병이 속출하고, 게다가 정부와 군부가 무능하여 '전시 중 러시아 당국자가 한 것은 단지 한 가지 농촌으로부터 사람들을 뽑아낸 것뿐'이었다.

한편 황제, 특히 황후 알렉산드라는 괴승 라스프틴의 유혹에 넘어가 정부의 대신과 고관의 임면이 라스프틴의 의해 마음대로 자행되기에 이르렀다. 1916년 12월 말 그는 반대파에 의해 암살되었다. 이와 같은 지배층 사이에 음모와 투쟁은 제정의 말로를 재촉하는 것이기도 했다. 그의 암살은 황제의 측근으로부터 악인을 처단함과 동시에 라스프틴의 단독 강화의 움직임을 못마땅하게 생각한 주전파의 견제에 의한 것이었다. 사실 전쟁의 계속은 제정 자체의 위기를 의미했다. 전선에서 '도살(屠殺)'되는 불쌍한 병사들의 사기는 크게 쇠퇴했으며, 국민 전체의 전쟁에 대한 염증도 강해졌다. 무엇보다 식량과 생활필수품의 결핍으로 민중의 불만이 높아 갔다. 그들의 요구는 '평화와 빵'이었다. 그러나 전쟁은 쉽게 끝나지 않았다.

2. 2월 혁명

혁명의 발생

1917년이 되자 수도 페트로그라드의 식량 사정은 한층 심각해졌다. 3월 8일(露曆, 2월 23일) 노동자들이 작업을 멈추고 거리로 쏟아져 나왔다. 9일 전차도 서고 신문도 발간되지 않았다. 스트라이크에 참가하는 노동자는 점점 더 그 수가 늘어나고 시위 군중의 슬로건은 '평화와 빵'에서 점차 '전제정치 타도!' 등으로 과격해졌다. 하지만 이러한 운동은 지도자가 따로 있는 것이 아니라 대체로 민중 자체의 자발적인 것이었다. 11일부터 데모대가 군대와 충돌했는데, 병사 중에는 데모대를 향한 것이 아니라 하늘에 대고 공포를 쏘는 자도 있었다. 근위병들이 출동하고, 충성파 경찰이 나타나자 격렬한 충돌이 발생했다. 그것은 이미 혁명이었다. 12일 드디어 군대도 혁명세력 측에 가담하여 군중과 함께 경찰과 병기창을 약탈하고, 감옥을 습격하여 정치범들을 석방했다. 이러한 정세에서는 정부도 이미 그 기능을 잃게 되어 사태를 수습하는 기관이 필요해졌다.

국회를 중심으로 임시위원회가 성립되고, 노동자와 병사들 사이에 1905년 혁명 때처럼 소비에트(Soviets, 노병평의회)가 성립되었다. 로잔코, 미류코프 등 국회의 유력 인사들은 니콜라이 2세의 국회 정회명령을 거부하고 임시위원회를 설치한 후 권력을 스스로 장악할 방침을 결정하고, 운수성을 비롯하여 각 정부기관을 접수하고 관리들에게 국회에의 충성을 요구했다. 그러나 병사의 대표들은 국회와 상급 장교에 복종하라는 명령을 어기고 3월 14일(3월 1일) 베드로그라드 노병협의회 이름으로 유명한 '명령 1호'를 발포했다. 노병소비에트집행위원회는 정권을 장악한 국회 임시위원회에 정치 활동의 자유와 대사면, 헌법제정위원회의 조기소집 등 세 조건의 승인을 결정했다. 그리하여 3월 15일 자유주의적인 지주 리보프 공작을 수상으로 하는 신헌법이 성립하기까지 잠정적인 임시정부가 수립되었다.

2월 혁명이 발생했을 때 전선 사령부에 있던 니콜라이 2세는 오직 강경수단을 취하고자 했다. 국회의장 로잔코와의 직접 전화에서 더는 사태가 회복될 수 없다고 확인한 북부 사령관 루스키 장군은 3월 15일 아침 수도로 돌아오는 도중 부스코프와 그 외 장군, 사령관들과 함께 황제 퇴위를 강력히 설득했다. 니콜라이 2세도 동생 미하일 대공에게 제위를 물려주고 퇴위하려 했다. 하지만 미하일 대공이 제위를 사퇴했기 때문에 300년 계속된 로마노프 왕조는 중단되어 드디어 붕괴했다.

제정이 몰락할 지경에 이르렀지만 군대는 새로 조직되는 문민정부에 아무런 저항을 하지 않았고, 귀족과 부르주아, 관료들도 몰락하는 제정을 옹호하기 위해 움직이지 않았다. 연합국은 이것을 친독적인 평화파로부터 주전파로의 러시아 지배층 내의 정권교체로 파악하여 환영하고, 전쟁 계속을 조건으로 새 정부를 승인했다. 임시정부도 전쟁을 속행할 생각이었고, 5월 2일(4월 18일)에는 연합국에 최후의 승리까지 전쟁을 계속할 것을 천명했다. 임시정부는 자유주의적 부르주아와 지주를 기반으로 한 명망가(名望家) 정부의 결집으로 이루어졌으므로 대전에 관해서는 '조국방위주의'를 견지하는 입장이었다.

한편 모스크바를 비롯하여 전국의 도시와 전선의 육군부대와 함대, 후방의 수비대에도 계속 소비에트가 구성되었다. 이에 더해 차리즘의 전제권력으로부터 해방을 목적으로 한 농민혁명이 일어났으며, 또한 제국 내 피압박 소수민족의 민족혁명이 시작되었다. 차리즘의 지방통치가 붕괴하고 새로운 다종다양한 위원회가 실권을 장악했다. 페트로그라드(현재 상트페테르부르크) 소비에트 지도부는 2월 혁명을 부르주아 민주주의 혁명으로 규정했는데 그 이유는 1905년 혁명의 멘셰비키가 주체로 되어 있었기 때문이다. 1905년 혁명 당시 자신과 같은 사회주의자는 이 부르주아의 권력에 참여할 수 없다고 주장했던 볼셰비키의 대부분 지도자는 1917년 2월 혁명이 일어났을 때 레닌을 비롯하여 대부분 망명지나 유배지에 있었으므로 현장에는 부재했었다.

레닌의 귀국과 '4월 테제'

스위스에 망명하고 있던 레닌은 신문에서 러시아혁명을 알고 곧바로 귀국을 결심했다. 러시아의 망명 혁명가들을 귀국시켜 러시아 사회에 혼란을 증대하고 전쟁을 유리하게 하려고 획책한 독일 정부는 그들에게 이른바 '봉인(封印) 열차'를 제공하려 했다. 이러한 독일의 공작을 간파한 동지들의 반대 설득에도 레닌 일행은 이 열차를 타고 혁명에 참가하는 길을 택했다. 1917년 4월 8일(4월 3일), 레닌은 32명의 혁명 동지들과 함께 취리히를 떠나 러시아로 향했다. '봉인 열차'를 이용, 발트 해를 지나 스웨덴, 핀란드를 경유하여 페트로그라드 역에 도착했다. 레닌은 마중 나온 노병 소비에트 의장 치헤이제, 카메네프, 스탈린 등을 무시한 채 역전 광장으로 나가 장갑차 위로 올라가 2시간 동안 광장에 모인 대중에게 연설하기 시작했다. 연설은 새벽까지 계속되었다. 청중에게는 이러한 레닌의 혁명에 관한 광신적인 열정과 매정함, 그리고 외골수적인 태도가 무언가 불안감과 공포심을 주었다고 회고하고 있다. 그것은 아직 혁명의 진정한 모습을 자각하지 못한 대중에게는 마치 '우렛소리'처럼 들렸다.

레닌은 귀국 즉시 자신에게 동조하는 볼셰비키들에 부르주아적인 임시정부와 절연하고 노동자와 농민의 사회주의 공화국을 세울 것을 선동했다. 그리하여 혁명 후 임시정부의 '이중권력' 체제를 형성하고 있었던 두 세력 멘셰비키와 볼셰비키의 주도권 싸움이 시작되었다. 볼셰비키파도 2월 혁명이 발발한 초기에는 혁명으로 전쟁의 성격이 변했기 때문에 '조국방위주의'를 주장하여 멘셰비키와 사회혁명당(SR)의 방침에 동조했었다. 그러나 레닌은 귀국한 다음 날 '4월 테제'를 발표하여 아직도 '조국방위주의'를 지지하는 압도적 다수 민중을 설득했다. 그는 전쟁을 제국주의 전쟁으로 규정하여, 부르주아를 비롯한 지배계급의 이해만 대변하는 것이라고 주장했다. 전쟁과 2월 혁명 후 임시정부를 반대하기 위해서는 '모든 권력을 소비에트로' 결집할 것을 슬로건으로 내걸었다. 또한, 차리즘이 물러나 정치적 자유가 보장되는 현 정세에서는 이러한 활동이 가능하다고 주장하는 등 10여 조에 이르는 실현 목표와 레닌의 정치투쟁 방향을 '4월 테제'를 통해 표명했다.

1917년 러시아혁명은 '2월 혁명'이나 '10월 혁명' 모두 농민 대중이 중심이 되어 일으킨 것이었다. 1913년 러시아의 농민 수는 1억 320만 명으로 공장노동자와 광산노동자 350만 명과는 비교하지 못할 정도로 다수를 차지하고 있었다. 도시에 사는 2,500만 명의 대다수 노동자도 농민 출신이었으며, 도회지에서 일하면서 농촌에 생활 기반을 두고 있었기 때문에 급진사상이 쉽게 농민에게 전파되었다. 러시아 농민의 급진사상은 오래전부터 농민 소요의 촉발제 역할을 했다. 탐욕스러운 클라크(부농, 러시아어로 주먹이란 뜻)들은 농민들을 무지막지하게 약탈하고 토지를 몰수했다.

1905년 스톨리핀 장관이 농민반란을 달래고 또 한편으로는 도시의 식량 공급을 늘리기 위해 토지개혁을 시행했다. 이 조치는 어느 정도 긍정적 효과를 가져올 수도 있었으나 전쟁이 이러한 희망을 박살 내었다. 전쟁이 수백만 명의 농민을 병사로서 징발해 갔다. 농촌에 남아있는 사람들은 규모가 커진 군대와 전쟁 물자를 생산하는 공장노동자의 급식을 위해 더 많은 식량을 공급하게 되었다. 전쟁이 계속됨에 따라 농촌에서 식량을 쥐어짜 내려는 정부의 노력은 점점 더 가혹해졌다. 이러한 정세에서 농민, 병사들의 불만은 커질 수밖에 없었다. 때맞춰 '4월 테제'를 통해 레닌의 반전 정책이 나왔고 이는 농민 대중의 의견과 일치하는 것으로 드러났다. 케렌스키 임시정부는 전쟁의 계속을 위해 식량징집을 극대화했으며, 빈번한 농민폭동을 야기했다. 레닌은 농민에 대해서는 아무것도 몰랐으며, 따라서 어떤 분명한 농업정책도 마련하지 못했다. 그러나 농민의 염전의식과 임시정부에 대한 반항을 배경으로 볼셰비키는 처음으로 농촌에 기반을 마련하여 1917년 말에는 203개의 농촌거점에서 2,400명의 지방활동가를 거느리게 되었다.

사실 레닌은 프롤레타리아 계급의 지도자도 아니었다. 당시 러시아 내의 프롤레타리아 계급은 규모가 작았고 레닌주의를 원치도 않았다. 1913년 3월 산업노동자들이 중앙정부에 건의한 100건이 넘는 청원서에는 사회주의에 대한 언급이 전혀 없을 뿐 아니라 대부분 노동시간 단축이나 임금인상, 노동조건 개선 또는 노동자위원회에 대한 권리를 요구했다. 레닌의 목표와 조금이라도 비슷한 요구 또는 '프롤레타리아 혁명'에 대한 지지는 전혀 찾아볼 수 없었다. 그들이 말한 '노동자위원회'는 소비에트를 의미했다. 이 기구는 1905년 혁명에서 자연 발생적으로 처음 등장했다. 레닌은 처음 마르크스 문헌에 없는 소비에트에 대해 당황했었다.

2월 혁명 이후 이 기구가 다시 나타났다. 레닌은 소비에트가 자신이 증오하는 의회체제를 대체할 수 있는 수단이 될 것이라고 마음을 고쳐먹었다. 레닌은 소비에트에 자기 심복들을 침투시켜 '전위 엘리트'를 양성하기로 계획했다. 그의 유명한 '4월 테제'는 이렇게 탄생한 것이다. 그러나 임시정부는 전쟁을 계속하고 있었기 때문에 2월 혁명에서 제기된 민중의 요구 '평화와 빵'은 전혀 실현되지 않았다. 처음에는 정부에 협력했던 소비에트 내에서도 불만이 증대했다. 5월에서 6월에 걸쳐 다수 도시의 소비에트에서 소비에트의 권력수립을 요구하는 결의가 채택되어 임시정부를 불신하는 여론이 기세를 높였다. 임시정부는 연합국의 요청으로 7월 1일을 기해 육군상 케렌스키의 명령으로 독일군에 공격을 가했으나 4만 명의 희생을 내고 실패했다. 급기야 7월 16, 17일 임시정부 타도를 외치는 무장 데모가 노동자와 병사들에 의해 수도에서 일어났다(7월 사건).

케렌스키 내각

정부는 이 시위를 무력으로 진압하여 급진적 전위부대의 핵이 되어 가는 볼셰비키를 탄압하여 다수를 체포했고, 레닌은 핀란드로 도주했다. 7월 20일 리보프 내각이 무너지고, 8월 1일 케렌스키를 수반으로 하는 새 내각이 성립했다. 하지만 초가을부터 전선이 붕괴하기 시작했으며, 케렌스키는 국민통합을 통한 정치적 안정을 이루기 위해 초당적인 '국가회의'를 열었으나 아무런 성과도 없었다. 8월 말 차르파의 장군 코르닐로프가 전선을 다시 쇄신하고 군사독재체제의 수립을 목표로 9월 7일 군사반란을 일으켰으나 실패로 끝나고 말았다. 이 군사반란은 레닌에게 기회를 제공했다. 군사반란이 가져온 무질서와 혼란 속에서 레닌은 공포 분위기를 조성하여 국민을 케렌스키 정부의 유지를 위한 조치에 반대하도록 설득할 수 있었다. 군대는 자진 해산하여 도시로 몰려 왔지만 당장 필요한 빵을 구할 수는 없었다. 그들은 전쟁을 조속히 종결하고, 모든 토지를 농민에게 분배하겠다는 볼셰비키 연설가들을 대표로 뽑았다.

9월 초에는 중요 양대 소비에트인 페트로그라드와 모스크바 소비에트에서 볼셰비키 전위 당원이 다수를 차지하게 되었고, 감옥에서 풀려나온 트로츠키는 다가올 봉기의 중심지가 될 페트로그라드 소비에트의 의장이 되었다. 트로츠키는 러시아혁명의 집행인이었고, 레닌은 그 배후자로서 모든 핵심적인 사항을 결정했으며, 본질적인 '권력의지'를 제공했다. 망명지 핀란드에 잠복 중 레닌은 공상적이며 낙관적인 러시아의 미래 구상으로서 『국가와 혁명』을 저술했다. 그 책에서 그는 러시아의 새로운 혁명의 직접지도를 구상했다. 또한, 이 제국주의 시대에서 세계 전쟁은 사회주의 전야의 전쟁이며, 유럽 특히 독일의 사회주의혁명 가능성이 고양되고 있으며, 러시아에서의 소비에트혁명의 성공은 곧바로 유럽에 파급되어 혁명을 발화시켜 전쟁을 종결시킬 것이라고 쓰고 있다.

3. 10월 혁명

혁명의 과정

7월 시위에 연루되어 망명했던 레닌은 변장한 채 페트로그라드로 잠입했다. 혁명의 합법성을 부여하기 위해 기다리자는 볼셰비키 간부들의 주장과 합법성보다 기회가 있을 때 즉시 실행해야 한다는 레닌의 주장이 맞서 있던 상황에서, 레닌은 볼셰비키 중앙위원회를 열어 레닌의 무장봉기에 반대하는 제노비에프, 카메네프, 스탈린 등 볼셰비키 간부들을 장시간 설득한 끝에 10대 2의 투표 결과로 무장봉기 결정을 얻어냈다. 최초로 '정치국(Politbureau)'이 신설되어 무장봉기를 책임지게 되었다. 하지만 봉기의 준비와 실행은 페트로그라드 소비에트에 설립한 '군사혁명위원회'(위원장 트로츠키)가 맡게 되었다. 그의 지휘하에 수도를 수비하는 전 연대가 합류했다.

봉기는 11월 7일에 일어났는데, 전날 밤 정부는 군사혁명위원회 위원들의 체포 명령을 내리고, 봉기의 선동을 이유로 볼셰비키의 기관지 인쇄소를 급습했다. 트로츠키는 즉시 반격 명령을 발포했으며, 약 3만 명의 봉기부대는 봉기 첫날 아침 거의 저항 없이 기차역과 거리의 다리, 발전소, 전신국 등 중요 거점을 점령했다. 케렌스키는 그날 아침 누구에게도 눈에 띄지 않게 자동차로 수도를 탈출했다. 봉기부대는 그날 저녁부터 관청가(官廳街)에 진출하여 각료들이 숨어 있는 동궁(冬宮, 현재 에르미타주 미술관)을 오후 6시까지 완전히 포위했다. 동궁에서는 내각회의가 열리고 있었으나 수비병은 많지 않았다. 9시 45분 네바 강에 대기하고 있던 순양함 오로라 호로부터 대포 소리가 터져 나오자 그것을 신호로 동궁 공격이 시작되어 다음날 새벽 2시가 지나자 완전히 진압되었다. 그리고 케렌스키를 제외한 정부 관료 전원이 체포되었다. 그러나 봉기 당일에도 수도의 시민 생활은 평상시처럼 변하지 않았다. 거리의 모든 상점이 문을 열었고, 전차가 달리고, 극장은 사람들로 넘쳐났다. 공화국이 최초로 활동을 허가해 준 구세군도 길가에서 모금활동을 벌였다. 발레리나 카르사비나는 마린스키극장에서 공연하고 있었고, 가수 샤리아핀은 콘서트홀에서 노래를 불렀다. 대중 강연장에도 사람들이 붐볐으며, 사교계 인사들은 콩탄츠 레스토랑에 모여들었고, 부르주아들의 엄청난 액수의 도박판도 벌어졌다.

그날 오전 10시 군사혁명위원회는 러시아 시민에게 성명을 발표하여 국가권력을 혁명위원회로 집중할 것을 선언했다. 소비에트 회의는 레닌이 기초한 '노동자, 병사, 농민 여러분에게'라는 호소문을 채택하여 소비에트가 정식으로 국가권력을 장악한 것을 선언했다. 다음날 새벽에는 민주적 강화의 체결, 토지개혁의 시행, 군대의 민주화, 헌법제정회의의 소집, 식량 및 생활필수품의 공급, 러시아인 모든 민족의 자치권 보장 등을 승인했다. 그다음 날(혁명 2일)에는 레닌이 제안한 '평화에 관한 포고'와 '토지에 관한 포고'가 채택되었다. 전자는 무병합(無併合), 무배상(無賠償)의 즉시 강화(講和)를 전 교전국에 호소하는 것이었으며, 후자는 지주 토지의 즉시 무상 몰수와 모든 토지의 인민에의 이관을 결정했다.

또한, 정부의 구성에 대해서는 모든 사회주의 정당에 의한 정부를 요구하는 사회혁명당의 주장을 배제하고 '인민위원회의'라는 임시 노농정부를 제안하여 찬성 다수로 승인했다. 수상과 같은 지위의 인민위원회 의장은 레닌이 맡은 가운데 외무 인민위원 트로츠키, 민족 인민위원 스탈린 등으로 이루어진 소비에트 신정부가 여기에 성립했다. 대회는 마지막으로 중앙집행위원회 멤버를 선출한 뒤 산회했는데 11월 오후 5시였다. 이러한 일련의 과정은 '10월 혁명'이라 불려 왔지만, 사실은 볼셰비키에 의한 쿠데타적 '10월 사건'이었을 뿐이었다. 신정부(인민위원회)도 합법성이 없는 체제로서 권력 정통성의 보증이 될 수 있는 헌법제정의회의 소집까지의 과도적 임시정부이었다.

한편, 볼셰비키 지도부가 생각했던 것은 러시아혁명이 유럽 사회주의혁명의 기폭제가 되어, 유럽의 사회주의혁명이 러시아 사회주의 건설을 받쳐 줄 것이라 예상했으므로 단지 소비에트 권력의 수립만 목적으로 한 것은 아니었다. 다시 말하면 10월 혁명은 1917년 3월에 시작된 두 번째 러시아혁명(첫 번째는 1905년 혁명) 주도권을 볼셰비키가 우선 지배하여 다음으로의 새로운 단계로 발전하기 위한 자기 확인에 지나지 않았던 것이다.

레닌은 그의 『국가와 혁명』에서 사회주의혁명의 유토피아를 주장했으나, 그것은 '전시 사회주의'의 가능성을 주장했을 뿐 후발 자본주의국가인 러시아가 단독으로 사회주의로 진화한다는 것은 불가능하다고 생각했다. 따라서 그가 절박하다고 생각한 세계혁명, 실제로는 서유럽의 사회주의혁명으로 발전되어야만 역사가 사회주의로 진화할 수 있다고 레닌과 그의 혁명의 동료 트로츠키는 생각했다. 그러나 그들의 예측은 빗나갔고, 유럽의 교전국이나 발전된 자본주의국가와 민중은 그들이 기대한 대로의 반응은 나타내지 않았다. '절박한 세계혁명'이란 객관적인 실체가 없는 것으로 레닌 등 러시아의 급진주의자들이 희망차게 품었던 환상에 지나지 않았다.

소비에트 정권의 과제

성립 후 소비에트 정권의 가장 중요한 과제는 권력의 정통성을 보증할 수 있는 헌법제정을 위한 회의의 소집과 제국주의적 세계전쟁을 부인하고 강화의 즉시 실현을 요구하는 혁명외교를 추진하는 두 가지 과제였다. 새 정부는 정권을 장악한 직후 케렌스키 연립 정권이 이미 정해 놓았던 헌법제정의회 선거를 11월 25일에 실시할 것을 결정했다. 즉시 강화에 관해서는 12월 21일 연합국에 타전하여 독일과 오스트리아와의 강화체결을 제안했다. 동시에 구 임시정부가 연합국과 맺고 있었던 비밀조약을 폭로하여 제국주의 국가 간의 비밀외교를 비난했다. 그리고 연합국 측이 자신들의 즉시 강화 제안을 묵살하는 태도를 본 후 소비에트 정부는 독일군의 동부전선 사령부에 휴전을 신청함과 동시에 연합국 측이 강화 제안에 응하지 않는 것을 비난했다. 독일은 소비에트 정부가 제안한 휴전 교섭에 응했다. 소비에트와 독일의 휴전 교섭은 폴란드 동부 브레스트-리토프스크에서 시작하기로 하고, 교섭 개시일을 12월 22일로 정했다. 전투가 정지되어 즐거움에 취한 러시아 병사들은 고향을 향해 대거 참호를 떠났다.

1917년 11월 25일 케렌스키 정부에서 결정되었던 헌법제정의회의 선거가 시행되었다. 러시아 사상 최초의 보통선거였다. 그 결과는 사회혁명당(우파가 우세한 정당)이 제1당이 되어 볼셰비키를 크게 앞질렀다. 10월 혁명 이전에는 우세했던 멘셰비키와 자유파 카데트는 크게 위축되었다. 볼셰비키와 좌파 사회혁명당을 합해도 전 의원의 30%밖에 되지 않았다. 1918년 1월 18일 다브리다 궁에서 헌법제정의회가 오후 4시부터 열렸다. 볼셰비키는 모든 권력을 소비에트로 집중하려는 '근로피착취(勤勞被搾取) 인민의 권리선언' 채택을 시도했으나 부결되었다. 심야, 볼셰비키와 좌파 사회혁명당의 의원들은 퇴장하는 것처럼 속임수를 쓴 다음 밤새 국회 경비를 맡은 병사들이 피로하다는 핑계로 잔류하고 있던 의원들을 몰아내고 국회를 군대로 봉쇄했다. 그리하여 헌법제정회의는 불과 10여 시간 만에 불법적인 실력행사를 통해 해산되었다.

2월 혁명 이후 헌법제정회의의 조기 소집을 강력히 요구한 것이 볼셰비키였다. 또한 그 지도부 내에는 헌법제정회의를 옹호하고 다수파와의 협조를 원하는 의견도 있었다. 그런 볼셰비키가 의회를 무력으로 해산한 것이다. 그 배경에는 독일과의 강화교섭에서 독일 측이 요구하는 병합주의적 조건 때문이었다. 이 조건은 무병합, 무배상, 민족자결을 독일과의 강화의 대의로 삼았던 소비에트가 쉽게 받아들이기 어려운 조건이었고 여차하면 '혁명전쟁'의 이름으로 전쟁이 재개되리라는 예측이 있었기 때문이다. 병사를 재동원할 수 있는 정통한 권력으로서의 소비에트가 없이는 이 난국을 돌파할 수 없다는 것이 좌익 세력들의 논리였다. 이 논리가 설득력을 얻어서인지 실력행사에 따라 헌법제정회의가 해산되었으나 이에 항의하는 대중운동은 일어나지 않았다.

회의가 해산된 직후 1월 23일 제3회 전 러시아 노병 소비에트대회가 열렸다. 이 회의는 3일 후 열린 제3회 전 러시아 농민 소비에트대회와 합동했다. 전 러시아 노, 병, 농 소비에트대회에서 헌법제정회의에서 거부된 '근로피착취 인민의 권리선언'이 채택되어 러시아가 노동자, 병사, 농민의 공화국이라는 것이 선언되었다. 그리하여 토지의 국유화와 국유화된 토지의 농민에 분배, 은행의 국유화, 적군의 창설 등이 결정되었다.

독일과의 강화교섭은 난관에 봉착했다. 그것은 독일의 팽창주의적 관점에 따른 영토의 요구 때문이었다. 독일이 할양을 요구한 것은 폴란드 전역, 핀란드, 곡창 지대 우크라이나까지 포함되었다. 유럽 혁명의 절박성을 믿었던 협상 대표 트로츠키는 교섭의 지연을 획책했으며, 부하린은 교섭의 중지를 주장했으나 레닌은 국내 반혁명에 대비하고 소비에트 공화국을 지키기 위해서는 독일과 강화를 맺어야 한다고 주장했다. 그러나 레닌파는 소수이므로 교섭이 진척되지 않았다. 게다가 우크라이나가 독일과 강화를 맺고 그 대신 독립을 승인받게 되자 교섭 대표인 트로츠키는 교섭을 중단하고 귀국했다. 그러자 독일군은 공격을 재개하여 페트로그라드를 위협했다. 1918년 3월 3일 결국 러시아는 애초보다 더 나쁜 조건을 감수하고 독일과의 강화조약을 체결하여 세계전쟁으로부터 이탈했다. 광대한 영토 할양, 특히 곡창 지대인 우크라이나의 할양을 반대한 농민의 이익 정당 사회혁명당은 농민의 빨치산 전쟁을 선동하면서 강화조약에 반대하고 소비에트 정권으로부터 탈퇴했다.

1918년 5월 체코슬로바키아 군단의 반란이 발생했다. 이 사건은 내전(內戰)과 열강에 의한 대소 간섭전쟁을 격발시키는 계기가 되었다. 소비에트 정권의 타도를 외친 반혁명세력은 혁명정부의 적군(赤軍)에 대항하여 백군(白軍)을 구 군대장교를 중심으로 결성하여 1917년 말부터 남러시아의 돈 강 유역에서 반란을 일으켰다. 한편 연합국 측은 러시아의 전선 이탈에 따라 소비에트 정권 측에 대여했던 대량의 군수물자가 독일에 넘어가지 않을까 염려하여 간섭전쟁을 시작했다. 1918년 3월 영국군과 프랑스군이 무르만스크로, 4월 일본군과 영국군이 울라지 보스토크에 상륙했다. 러시아 국내에 주둔하고 있었던 체코슬로바키아 군단은 10월 혁명 후 울라지 보스토크에서 귀국 도중 시베리아에서 군사인민위원 트로츠키에 의해 무장해제 명령을 받게 되었다. 이에 반항하여 5월 말 무력충돌이 일어났다. 사건은 내전을 격화시키는 요인이 되었다. 연합국 측에서는 체코슬로바키아군단을 구원한다는 구실로 영국군, 프랑스군은 북쪽으로부터, 미국군과 일본군은 극동으로 침입하여 간섭전쟁에 참전했다. 간섭군은 시베리아의 옴스크에서는 흑해함대의 옛 사령관이었던 코르챠크를, 극동에서는 코싸크의 수령이었던 쎄묘노프를 지원하여 각각 반혁명 정권을 세웠다. 남러시아에서는 데니킨의 백군을 도왔다. 그러나 이들 반혁명군은 결국 모두 패배하여 간섭전쟁도 1922년 말 일본의 패배를 끝으로 모두 실패하고 말았다.

4. 소련의 정치문화

레닌의 전제정치

러시아의 구체제 통치 형태는 차르의 전제정치였다. 국토 대부분 광대한 농촌으로 구성되어 있으며, 각각 다른 전통과 문화를 가진 다민족의 복합체인 러시아를 일원적, 구심적으로 통치하는 길은 역사적으로 유래를 찾아볼 수 없는 강력한 통치 형태인 차르 체제 외에는 불가능했다. 10월 혁명으로 국가권력을 장악한 레닌의 최대 난제는 분권화로 향하는 전 러시아를 집중적으로 통치할 수 있는 시스템을 어떻게 편제할 수 있는가에 달려있었다. 여러 가지 할 일이 많은 집권 초기 레닌이 언론 관리를 최우선순위에 두었다는 점은 의미심장하다. 혁명 직전인 8월 레닌은 공개적으로 '훨씬 더 민주적'이며 '더없이 완전한' 언론의 자유를 요구했다. 임시정부 아래서 러시아 언론은 사실상 영국이나 프랑스만큼 자유로운 상태였다. 그러나 권력을 잡은 지 이틀 만에 레닌은 언론에 관한 법령을 공포하여 언론의 자유를 끝장내었다. '일시적이고 예외적인 조치'의 일부로서 '노동자와 농민 정부에 대한 공개적인 저항이나 불복종을 호소하는' '명백한 중상과 비방의 의도를 가지고 사실을 왜곡하고 대중을 선동'한다고 레닌의 포고에서 언급된 신문은 폐간되었고, 편집장들은 재판을 받게 되었다. 이 포고 다음날 페트로그라드에서는 10개 잡지가 폐간되고, 그다음 주에는 10개 신문사가 문을 닫았다. 뉴스의 관리는 볼셰비키의 기관지 〈프라우다〉와 소비에트의 기관지로 후에 인민위원회에 접수된 〈이즈베스티아〉에 모두 위탁되었다.

권력집중을 위해 소비에트 정권은 성립되자마자 국민경제의 계획적인 조정을 하기 위해 모든 기업의 재정적 측면에 대한 노동자 통제를 위한 노동자 통제령 발포와 최고국민경제회의를 설치했다. 모든 사립은행과 신용기관의 국유화 등의 법령을 공표했다. 그러나 경제체제의 개편은 사회주의 건설이란

이념을 실현하기 위해 착수한 것이 아니라 레닌 자신이 언급한 것처럼 국가자본주의를 추진하기 위한 것이었다. 즉 10월 혁명 전 레닌이 모방하려 했던 독일의 전시통제 경제를 소비에트 권력하에서 실험하려는 성질의 것으로 독재를 위한 국가독점 경제체제를 수립하려는 목적으로 이루어졌다.

11월 10일 차르 체제의 중요한 사회제도였던 악명 높은 관리등급표가 폐지되고, 가택수색이 합법화되었다. 12월에는 교회에서 관리되던 모든 학교가 혁명정부에 넘어갔다. 군대개혁을 통해 모든 군대계급이 폐지되고, 적군(赤軍)이 창설되었다. 볼셰비키적 새로운 질서의 수립과 반혁명세력의 적발과 처벌을 위해 레닌은 테러를 정당화했다. 소비에트의 권력 강화를 위해 레닌은 포고령에만 의존할 뜻이 없었다. 권력장악의 초기 단계에서 레닌이 의존하고 있던 것은 페트로그라드 평의회를 기반으로 트로츠키가 조직한 무장집단이었다. 폭력이 혁명의 본질적 요소라고 믿었던 레닌은 부득이 테러를 이용해야 할 필요가 생기면 조금도 주저하지 않았다.

테러의 정당화 이론은 두 가지 전통을 이어받고 있다. 우선 프랑스혁명 로베스피에르의 주장이 있다. "혁명에서 인민 정부의 특징은 덕(德)과 테러의 이중성에 있다. 덕 없는 테러는 파멸이고, 테러 없는 덕은 무력하다."라고 하여 그는 혁명을 성공하게 하려고 테러가 필수 불가피함을 강조했다. 한편 마르크스도 "구체제의 피비린내 나는 고통과 새로운 체제의 유혈 산고(産苦)를 줄이기 위한 유일한 수단은 혁명테러이다."라고 했다. 하지만 정통파인 독일의 마르크스주의자는 테러가 불가결하다고 인정하지 않았다. 레닌에 의해 정권 탈취를 성공한 지 1년 후 로자 룩셈부르크는 1918년 독일공산당 강령에서 "프롤레타리아혁명 수행에 테러는 필요 없다. 우리는 살인을 미워하고 혐오한다."라고 주장했다. 그가 이른바 '전위 엘리트'를 사용해서 프롤레타리아혁명을 앞당기려는 레닌의 행위를 반대한 이유는 프롤레타리아혁명의 성공을 이유로 레닌이 손쉽게 테러를 이용하게 될 것으로 생각했기 때문이었다. 더욱이 차르의 전제정치하에서 대체로 야만적이고 생명 경시의 풍조가 있는 러시아에서는 특히 그 우려가 강했다.

테러를 사용하여 탄압하는 방침은 레닌의 이데올로기에 기초한 권력의 탈취와 유지, 그리고 레닌이 만들어내고자 했던 중앙집권적 소비에트 국가 체제에 불가피한 것이었다는 사실은 의심할 여지가 없다. 더구나 러시아처럼 후진적이고 광대한 영토와 차르의 전제정치가 뿌리를 내리고 있던 정치문화에서는 어쩌면 테러는 불가피했다고 간주된다. 그러나 한편 그것은 레닌의 개성적 특징인 이상할 정도로 강렬한 권력의지의 표현이기도 했다. 실제로 1901년 레닌은 다음과 같이 경고했다.

> "우리는 원칙적으로 테러를 부정하지 않으며, 앞으로도 부정하는 일은 있을 수 없다." 또한 "우리는 사람들에게 혁명에 대해 어떤 태도를 보이느냐고 물을 것이다. 찬성하는가? 반대하는가? 만약 그들이 반대한다면 벽 앞에 세워 총살형에 처할 것이다."

정부의 수반으로서 레닌이 '총살', '총살부대', '벽 앞에 세워'와 같은 표현을 자주 사용한 것은 혁명을 위해서라면 어떠한 극단적 처방도 불사하겠다는 독특한 그의 개성을 나타내는 것이다.

레닌은 필요에 따라 반혁명 세력에 테러를 가할 수 있는 기구를 만들었다. 혁명이 성공한 후 트로츠키의 소비에트 군사혁명위원회가 모든 '반혁명 행위'를 처벌하는 기관이 되어 있었다. 이 기관은 용의자를 심문하는 특별부서를 하나 더 창설했다. 이 부서는 광적인 혁명분자였던 폴란드인 펠릭스 제르진스키가 그 책임을 지게 되었다. 1917년 12월 7일 인민위원회 법령에 따라 마침내 군사혁명위원회가 해체되었지만, 제르진스키가 맡고 있던 특별부서는 '반혁명과 사보타지'에 대처하는 '전 러시아비상위원회(CHEKA)'가 되었다. 체카 설립에 관한 법령이 공적으로 공표된 것은 그 후 10년이 지나서이며(〈프라우다〉, 1927년 12월 18일 자), 레닌이 실제로 주도했던 보안부대는 이같이 설립 당시나 그가 생존했을 때는 전혀 공인되지 않았던 진정한 의미에서의 비밀경찰이었다. 비밀기관으로서 체카가 설립되기 일주일 전 체포, 수사 건수가 급격하게 늘고 있다고 군사혁명위원회를 비난하는 목소리가 높았다. 이에 트로츠키는 다음과 같이 변명하고 있다.

> 내전 사태에서 탄압을 말라는 것은, 내전을 그냥 내버려두라는 것과 같다.

체카의 수뇌부로는 제르진스키를 우두머리로 하여 8개의 위원회가 있었다. 트로츠키는 위원직과 수석 조사관, 그리고 정보원을 요원으로 채용하고 거기에 광신자들을 끼워 넣었다. 그중에는 살인범이나 정신이상자들도 있었다. 체카의 성장 속도는 무서울 정도였는데, 설립된 지 3년 후에는 25만 명의 정보원을 두게 되었다. 그것은 차르 시대의 비밀경찰 요원의 10배가 넘는 수였다.

1918년 초까지 전국적인 스파이망이 깔리게 되었다. 그들은 지역 소비에트에 반혁명의 조직과 개인의 정보를 요구했다. 이런 요구에 따라 지역 소비에트들은 보안위원회를 설립하여 체카의 전문적인 정보원에게 반혁명 조직과 개인의 정보를 정기적으로 보고해야 했다. 그리고 체카는 처음부터 일반인과 밀고자들의 도움을 많이 받았다. 체카가 신설된 뒤 곧이어 새로운 형태의 혁명재판소 설립이 포고되었다. 이 법정은 노동자 농민정부에 반란을 계획하는 자 또는 적극 저항하거나 복종을 거부하는 자, 다른 사람에게 불복종을 사주하는 자, 사보타지 또는 물자 은닉의 죄를 범한 관리들을 심판하기 위해서였다.

혁명재판소에는 '사건의 상황과 혁명가적 양심이 명하는바'에 따라 형벌을 내릴 수 있는 권한이 부여되었다. 그리하여 탄생한 지 겨우 수주일이 지난 레닌의 새 국가는 이 포고령 하나로 법에 따른 정치를 실질적으로 정지시켜 버렸다. 차르 시대에도 오흐라나(OKHRANA)라는 비밀경찰이 있었고, 마음대로 체포할 수는 있었지만, 공판을 위해서는 피고를 법정에 넘겨야 했다. 그러나 혁명재판소에서는 체카가 비밀리에 소집된 특별 법정을 관리하고 판결을 내렸다.

체카가 출현한 지 수주일 만에 최초의 강제노동수용소가 설립되었다. '부르주아라면 남녀를 불문하고' 페트로그라드를 수호하는 데 필요한 수로를 파는 데에 동원하도록 지시한 인민위원회의 포고가 그 원조이다. 강제로 동원된 사람들을 거주시키고, 감시하기 위해 수용소가 설치되었고, 체카는 그 관리를 맡게 되었다. 이러한 강제노동수용소는 체카가 관리함에 따라 그 기능이 노동의 관리기관에서 사상범의 죄수수용소로 변질되었다. 이러한 죄수수용소는 도시의 교외에서 멀리 농촌에까지 속속 설치되었다. 이것은 후에 거대한 '수용소 군도'를 형성하는 핵이 되었다.

레닌은 전제정치 체제를 구축하기 위해 정치적으로 네 가지 목표를 두었다. 첫째, 당 외의 모든 반대세력을 매장하는 것, 둘째, 정부를 포함한 모든 권력을 당에 바치는 것, 셋째, 당내의 모든 반대세력을 제거하는 것, 그리고 넷째, 당내의 모든 권력을 레닌 자신과 레닌이 동지로서 선택한 인물에게 집중하는 것이다. 당 외의 반대세력에 대해서는 레닌이 체카를 조직함으로써 쉽게 근절시켰다. 그중 둘째와 셋째의 목표는 1918년 헌법에 따라 이루어졌다. 이 헌법은 레닌의 지시에 따라 스탈린이 기초한 것인데 "공산주의 사회로 이르는 전 단계로서의 프롤레타리아의 독재"를 내용으로 담고 있다. '프롤레타리아의 독재'를 위해 공산당의 초기 조직체인 소비에트가 1918년 초반부터 러시아를 통치하는 정치적 대표기관을 대부분 지배했다. 6개월 후인 제8회 전 러시아 소비에트대회를 마지막으로 멘셰비키와 사회혁명당 소속의 대표가 모두 쫓겨났다. 공산당이 러시아의 유일한 독재적 권력체로서 러시아를 지배하게 되었다.

당 밖으로부터 레닌 정권에 대한 마지막 도전다운 도전은 1921년 2월 28일의 크론시타트 반란이었다. 수병들은 레닌의 프롤레타리아 독재에 전면적으로 반대를 주장했다. 수병들은 진심으로 자유와 평등을 믿고 있었고, 레닌도 결국 그들의 주장을 받아들일 것이라고 순진하게 믿었다. 모든 제국 해군 장교들이 크론시타트(페트로그라드에서 27km의 가까운 거리)에서 벗어나 러시아 수도에 교두보를 구축해야 성공할 수 있다고 충고했으나 수병들은 거부했다.

만일 그렇게 했다면 수도에서 반란을 확산시켰을 뿐 아니라 전국적으로 별로 인기가 없었던 볼셰비즘에 기초한 레닌 정권은 무너졌을지도 모른다. 레닌이 결국 자유와 평등의 가치를 받아들일 것이라 믿었던 수병들은 수도로 진군하지 않았고 수병의 반란은 본토로 확산되지 못했기 때문에 레닌 정부는 재기할 수 있었다. 3월 18일 정부군은 결빙된 바다를 건너 크론시타트 요새를 급습하여 점령했다. 정부 측 설명으로는 반란을 조직하고 있는 것은 외국의 백군이며, 지휘를 맡은 것은 제정시대 장교라고 하여 처벌했다고 했으나 그것은 구실에 불과했다.

크론시타트 반란으로 레닌은 정치적으로 위기의식을 크게 느끼게 되었다. 그는 어떠한 당 외의 정치 활동도 허용할 수 없다고 결의했다. 1921년 5월 체카는 아직 남아있던 반대정당을 괴멸시키기 위해 재빨리 손을 썼다. 그해 여름 반대정당들은 러시아에서 모두 모습을 감추었다. 이와 때를 같이하여 확대되는 레닌 정권의 기구 안에서 권력을 가지려면 공산당원이어야 한다는 게 조건이 되었다. 1921년 레닌은 "여당인 우리는 '소비에트의 권위'와 '당의 권위'를 일체화시키지 않을 수 없다."라고 했다. 카메네프는 "우리는 러시아를 다스린다. 러시아를 다스릴 수 있는 것은 공산당을 통해서 뿐이다."라고 했다. 그리하여 당원은 국가의 행정조직(철도, 식량통제, 군대, 재판소 등), 노동조합, 크고 작은 공장, 심지어는 공중목욕탕이나 식당, 그밖에 후생시설, 학교, 주택위원회까지 장악하도록 지시를 받았다. 모든 분야에서 당원 자격을 갖는 것은 이제 혁명정부에서 지위를 유지하기 위한 기본요소가 되었다. 당의 통제는, 특히 중앙정부와 소비에트를 규칙상 책임지는 위치에 있던 인민위원회 자체에서 가장 철저했다.

1921~1922년에 이르면 인민위원회는 이미 그 자체의 의지를 갖춘 조직이 아니라 다른 곳(공산당)에서 나온 결정을 단지 자동으로 기록하고 도장을 찍어주는 존재가 되어 버렸다. 레닌은 이렇게 당이라고 하는 별도의 지배계급, 이른바 '새로운 계급'을 출현시키게 되었다. 당원은 당시 초기에는 50만 명에 불과했으나 최종적으로는 1,500만 명에 달했는데, 이들은 행정 권한 등의 특

권을 부여받았다. 그러나 이들 모두가 진짜 권력에 참여할 수 있는 것은 아니었다. 그것에 참가할 수 있었던 것은 극소수 측근의 전위대, 비밀 엘리트뿐이었다.

레닌은 '의회에 대해 책임을 지는 정부'를 바라지 않았고, 자신의 결정에 대해 법률적, 헌법적, 민주적인 어떤 제약이 가해지는 것도 싫어했다. 레닌은 애초부터 결정권이 극소수의 손에 맡긴 중앙집권적 당조직을 선호한다고 분명히 밝혀 두었다. 1902년 9월 레닌은 당원에게 쓴 편지에서 그것을 상세하게 서술했다. '민주집중제'에 대한 레닌의 생각은 공식적으로는 사후 10년이 지난 1934년까지 발표되지 않았지만, 단순 명쾌하게 널리 알려졌었다. "(1) 상하 모든 당 지도기관에 대한 선거원칙의 적용, (2) 당 기관이 관련 당조직에 정기적 보고를 할 의무, (3) 엄격한 당의 규율로서 다수파에 대한 소수파의 복종, (4) 상위 기관의 결정이 하위 기관 및 모든 당원에게 미치는 절대적인 구속성(拘束性)"이 그것이나 여기서 확연하게 드러나는 것은 (3)과, 특히 (4)가 (1)과 (2)를 무효화시킨다는 점이다.

실제로 레닌은 평소에 그런 모순된 수법을 자주 썼다. 규정상으로 최고기관이었던 당 대회는 1917~1924년까지 매년 개최되었으나 1918년 이후로는 사실상 지도적 역할을 하지 못했고, 소비에트대회와 마찬가지로 명목상에 지나지 않았다. 소수 엘리트로 구성된 중앙위원회가 당 대회의 권한을 계승했다. 레닌은 당내에 남아있던 민주적 사고를 제거할 때 크론슈타트 반란이 당에 일으킨 공포와 전율을 이용했다. 1918년 4월 9일 레닌은 구 관료기구를 '악'에 대처한다는 구실로 국가통제인민위원회를 설립했다. 이 위원회는 국가의 관리들을 감시했고 필요에 따라 자신들이 신뢰할 수 있는 사람으로 교체했다. 국가통제인민위원회 위원장으로 선발된 사람이 스탈린이며, 그것은 그에게 최초의 책임 있는 요직이었다. 그때부터 레닌, 트로츠키, 스탈린의 트로이카체제가 성립했다.

스탈린의 독재체제

스탈린의 자질 중 레닌이 좋아한 것은 끝없이 단조로운 일을 해내는 우수한 사무 능력이었다. 트로츠키는 과격한 활동이나 연설, 논전 등에서 뛰어났지만, 며칠이나 몇 달씩 당이나 당 기구를 움직여서 꾸준하게 일하는 의욕은 결여되어 있었다. 하지만 스탈린은 그러한 일을 질리지 않고 해냈다. 게다가 자신의 생각은 없는 것처럼 보였고, 레닌이 자신의 생각을 설명하면 곧 그대로 실행했다. 따라서 레닌은 인내심 많고 또 열성적인 스탈린에게 차례로 임무를 맡기고 세세한 관리 임무를 주었다.

1919년 봄 제8차 당 대회에서 소련의 독재체제를 완성시킨 3개 조직이 탄생했다. 그것은 6명의 멤버로 구성된 중앙위원회 사무국(事務局), 당의 일상적 운영을 관장하는 조직국(組織局), 그리고 5명의 멤버에 의해 '그때그때 당면한 문제에 관해 결정을 내리는' 정치국(政治局)이다. 3개 기관 간에 충돌 위험을 피하고자 겸무(兼務)제가 허용되었는데 레닌은 3개 조직 모두를 겸직할 뿐 아니라 실제로 중심적 리더십을 행사했다. 레닌의 심복이 된 스탈린의 이름은 정치국과 조직국 양쪽의 리스트에 올라가 있었다. 스탈린은 1919~1921년에 걸쳐 레닌의 지시와 지지하에 정권 관리들의 인사이동을 시작했다. 그 목적은 정부와 소비에트 기구를 레닌의 의지를 따르는 기관으로 구성하려는 것이었다. 이 기간에 시종일관 레닌의 앞잡이였던 스탈린에게도 차츰 신봉자가 몰려들기 시작했다.

1921년 크론시타트 반란 이후 1924년 1월 레닌이 죽기까지 레닌의 전제주의적 유토피아 사회의 건설은 레닌의 정치적 신념과 함께 스탈린의 협력과 지도가 절대적인 역할을 했다. 스탈린은 1921년 제10차 당 대회부터 두각을 나타내기 시작했다. 스탈린은 소비에트 권력의 중심핵이 된 새로운 국제국의 당 서기국에서도 대단히 활발한 활동을 벌였다. 마침내 레닌은 그토록 정성을 들여 구축해 놓은 이 비밀 제국의 소유권을 스탈린에게 넘겨주었다. 그는 스탈린을 당서기장으로 임명하고, 그의 심복인 몰로토브와 쿠이비세프를 보좌역으로 삼게 했다.

1922년 5월 25일 레닌에게 최초의 뇌내출혈 발작이 일어났다. 그 후 레닌은 생애 최후의 2년 반을 병상에 누워 분노와 좌절을 느끼면서 보냈다. 레닌은 고령인 당원의 건강을 유의하여 당 기관이 의료상의 조언으로써 휴가, 입원, 휴양 등을 명할 수 있도록 규정한 바 있었다. 스탈린은 이 규정을 이용하여 레닌을 정무활동에서 제한하려 했다. 그해 12월에는 스탈린 스스로 공식적인 레닌의 건강감시자가 되었다. 이는 레닌과 스탈린의 불화로 이어졌다. 말년에 레닌은 스탈린을 틀림없는 괴물의 출현이라 생각하고 그 대항 세력으로서 트로츠키의 영향력을 강화하는 데 필사적이었다.

1922년부터 뇌내출혈로 병상에 누워 있었던 레닌은 1924년 1월 21일 세 번째 발작을 끝으로 53세에 사망했다. 이 강력한 지도자가 죽은 후 후계자 지위를 둘러싸고 당 간부 사이에 심각한 권력투쟁이 발생했다. 레닌에 비견될 만한 혁명의 공로자는 트로츠키였지만 그는 당력(黨歷)이 짧았고, 그의 실력에 비해 당내 세력이 약했다. 트로츠키와 가장 큰 대립각을 이루고 있던 토종 당원은 당서기장 스탈린이었다. 트로츠키는 러시아 한 나라에서만 일어난 사회주의혁명은 패배한다고 했다. 왜냐하면, 혁명은 계속하여 서유럽 자본주의국가들에서, 그중에서 독일에서 일어나야 하고 그들 혁명이 성공함으로써, 즉 세계혁명이 일어나야 러시아혁명이 성공할 수 있다는 것이다. 그러나 처음에는 트로츠키와 마찬가지로 일국사회주의(一國社會主義)를 부정했던 스탈린은 객관적인 정세가 세계혁명과 먼 것을 생각하여 이론을 바꾸었다. 급속하고 대규모의 공업화와 농업집단화를 통해 러시아 일국만으로 혁명이 성공할 것이라는 견해였다. 1925년 제14회 소비에트 공산당대회에서는 스탈린파의 일국사회주의 정책을 다수가 지지했다. 1927년에는 반대파 트로츠키 쪽이 당에서 제명되었다. 그 뒤 국외로 추방된 트로츠키는 1940년 망명지 멕시코에서 암살되었다.

5. 레닌의 경제정책

레닌에 의한 러시아 공업 촉진책

레닌의 '전위 엘리트주의' 혁명이 내건 궁극적인 목적은 러시아의 공업화 속도를 높여 프롤레타리아의 승리를 앞당기는 것이었다. 사실 대전 전 러시아의 공업생산은 급속히 신장하고 있었다. 그런데 일단 레닌이 권력을 잡자 역전 현상이 생겼다. 10월 혁명 전 공업생산은 1900~1913년에는 62%가 증가했다. 1916년 말까지는 분야를 막론하고 대체로 신장 추세를 나타내고 있었다. 그러나 1917년 혁명이 발발한 후 러시아 제국이 붕괴하자 대부분 농민이 수확물의 인도를 거부했다. 레닌은 이것을 국민 대부분이 농민인 러시아에서 혁명 대중을 극대화할 수 있다는 계산에서 처음에는 기쁘게 받아들였다. 하지만 식량이 더는 도시로 유입되지 않자 농촌 출신 공업노동자의 대다수가 고향으로 돌아가기 시작했다. 결국, 레닌의 경제정책은 러시아 공업 발전의 심각한 후퇴를 가져왔다.

1918~1919년 겨울 이후 페트로그라드의 인구가 240만 명에서 150만 명으로 반 이상 줄고, 1920년까지 71.5%까지 줄어 도시 전체가 유령 도시화했다. 모스크바도 44.5% 인구가 감소했다. 러시아의 산업노동력은 대전 전의 76%로 떨어지고 있었다. 특히 숙련노동자의 감소가 심각했다. 공업생산량은 대전 전과 비교하면 겨우 12.9%밖에 안 되었다. 레닌은 전제정치의 구축방법은 잘 알고 있었으나 공산주의 주요 과제인 계획경제에 대한 비전은 잘 알지 못했다. 마르크스도 자본주의 경제를 해설하고 비판하는 데는 뛰어났지만 사회주의 경제에 대해서는 구체적인 언급이 적었다. 마르크스가 확신한 것은 생산의 모든 요소를 국가, 즉 결국 통치계급으로서의 프롤레타리아 손에 맡긴다면 '생산력은 정점에 달하고, 부(富)의 원천은 풍부하게 넘칠 것'이라는 막연한 서술뿐이었다. 프롤레타리아트 경제통제만이 자본가계급의 착취에서 벗어날

수 있는 유일한 길이라는 주장이었다.

레닌도 이 견해에 이견을 갖지 않았다. 마르크스의 논리에 의하면 국가가 계획적으로 산업경제의 운영을 맡아야 한다고 주장한다. 산업적으로 후진국에서 혁명을 강행한 경우에는 '전위 엘리트'가 프롤레타리아의 대역을 맡아야만 했다. 따라서 '모든 생산 요소'를 관리하는 것에도 '전위 엘리트'가 프롤레타리아를 대표하게 된다고 했다. 레닌은 정치적으로 중앙집권제를 지향했으며, 그것을 목적으로 중앙집권적 소비에트 통치기구를 건설했다. 산업분야에서도 레닌은 자신과 전위 엘리트가 중심이 되어 산업 전반을 통제하고 지도해야 한다고 생각했다. 이러한 극히 단순한 논리는 레닌의 '4월 테제'와 '볼셰비키는 국가권력을 쥘 것인가?' '국가와 혁명'의 밑바탕을 이루고 있었다.

이러한 논리를 기초로 1917년 12월 국가경제최고회의라는 기구가 창설되었다. 이어 3개월 후에는 주요 산업을 통제하는 기구로서 주로 산업통계를 담당하는 몇몇 독립된 관청이 설치되었다. 그리하여 소비에트 러시아는 계획경제를 확립하게 되었고, 그 형태는 이후 변하지 않고 세계 3분의 1에 달하는 공산주의 지역으로 퍼져 나아갔다. 레닌의 경제운영 관점은 통제였고, 그러므로 그가 경제정책에서 가장 관심을 보인 것은 생산성이 아니라 정치국이 결정한 경제통제 시스템이었다. 이 통제 시스템을 잘 적용하면 좋은 결과는 당연히 나온다고 생각했다. 레닌은 생산성이라든가 부(富)가 만들어지는 과정을 전혀 알지 못했다. 그에게는 통계 숫자만 있으면 되었고, 따라서 평생을 관제(官製) 보고서에 집착했다. 권력을 장악한 후 레닌이 경제 문제를 언급하는 데 가장 많이 사용한 말은 '엄밀한 경리와 통계'였다. 레닌에게 있어서 통계란 성공의 열쇠였다. 그래서 신설 관청이나 국영공장들은 엄청나게 방대한 통계자료를 작성했다. 통계자료들은 물품의 생산량과는 연관이 없는 것이 대부분이었다. 한치도 통계에 벗어나지 않는 완전한 계획경제를 실시하는 것이야말로 레닌의 유토피아적 러시아 경제의 미래상이라고 할 수 있었다.

독일의 '국가자본주의'와 레닌의 경제관

레닌의 경제관에 현실적 비전을 주었던 것은 독일의 전시생산구조였다. 그러나 독일의 전시생산구조, 이른바 '전시사회주의(戰時社會主義)' 역시 실은 당시 루덴도르프의 군사 정권이 흥미를 나타내고, 수용하려 했던 전쟁 전 러시아형의 국가자본주의라는 것은 아이러니한 일이었다. 레닌의 산업 총지휘관 제1호인 멘셰비키파 랄린도 독일의 전시사회주의적 경제의 열렬한 숭배자였다. 물론 이 독일 방식은 레닌의 중앙통제적 경제관과 합치하는 것이었다. 레닌은 독일 경제전문가들을 고용하기 시작했다. 독일의 '국가자본주의'를 사회주의를 앞당기는 '일보 앞선' 것으로 보았으며, 독일에서 경제체제가 발전한 것은 국가자본주의 영도에 의해서라고 생각했다. 그 때문에 레닌은 경제적으로 지체된 신생 러시아가 '독일의 국가자본주의'를 연구하고 '전력을 기울여 수용해야 한다'고 주장했다.

1918년부터 1921년 3월까지 시행된 일련의 정책들은 '전시사회주의'라고 불린다. 1918년 6월 28일에는 대공업의 전면적 국유화가 시작되었고 2년 후에는 국유화가 영세 공업에까지 미치게 되었다. 다만 전시사회주의라고 지칭한 이 시기에 진행된 '경제의 국가화'는 전시하의 비상사태라는 외적 상황만으로 수행된 것은 아니다. 이미 러시아는 전세기 말부터 근대자본주의적 산업사회로 성장하고 있었다. 볼셰비키 지도부는 그들이 장악한 국가에 권력집중을 강화함으로써 근대자본주의 문명을 공산주의라는 새로운 질서 속에 계승하는 데 독일의 전시사회주의를 차용했다고 볼 수 있다.

레닌은 루덴도르프의 군사 정권이 '전시사회주의'라는 미명하에 자행한 노동자 착취를 수용하고자 했다. 레닌이 모방하고 싶었던 것은 독일의 순종하는 노동자들이었다. 독일의 군사 정권은 1918년 1월 베를린의 노동자 스트라이크를 탄압하여 몇만 명이나 되는 노동자를 징집하여 '노동부대'를 편성하여 전선으로 보냄으로써 노동자를 순종시켰던 것이다. 레닌은 공장을 탈취한 노동자 소비에트가 공장을 소유 운영해야 한다는 환상을 타파하고자 했다. 노동조합에서 레닌의 대변인을 맡은 로조프스키는 다음과 같이 경고했다. "각 기업의 노동자는 그 기업이 자신의 것으로 생각해서는 안 된다", "그와 같은 규율 문란을 범하는 자는 총살형"이라고 했다.

1918년 1월에 볼셰비키 체제가 노동조합을 점령하여 정부의 관리하에 두었다. 노동조합은 '사회주의의 권력기관'이 되었고, 모든 노동자에게 있어 '노동조합에 참가하는 것은 국가에 대한 의무'가 되었다. 모든 노동자는 의무적으로 노동조합에 가입해야 했으며, 조합의 임원은 당규약에 따라 마땅히 당원이어야만 했다. 또 그들은 노동조건이나 임금인상을 주된 임무로 하는 자본주의 세계의 노동조합이 아니라 정부관리나 공장지배인과 긴밀하게 연결되어 사회주의국의 '생산량 증가'을 위해 활동하는 노동조합이었다.

1918년 4월 이후 노동조합은 '책임생산량(Norma)'의 기준을 확정하기 위한 규칙을 만드는 일에 착수했다. 이에 반항하는 자는 조합에서 제명당하고, 식량 할당을 상실했다. 스트라이크도 불법이 되었다. 거의 같은 시기에 강제수용소가 출현했다. '규율을 지키지 않는 노동자'와 무기력한 인간 등이 체카에 의해 수용소로 보내졌다. 1920년부터는 누구든 노동조합에 찍히면 도로공사, 건설작업, 손수레로 물건을 운반하기 등 강제노역에 끌려가게 되었다. 작업장을 이탈한 노동자는 '도망 노동자'로 낙인이 찍히고 '강제수용소'에 감금되었다. 그리하여 솔제니친이 고발한 이른바 '수용소 군도'가 전국적 규모로 확대되어 갔다.

1921년 봄 크론슈타트의 수병들이 봉기를 일으켰을 때 레닌의 경제정책은 사실 명백한 붕괴 상태에 있었다. 실제 공업생산은 거의 제로 상태로 떨어졌다. 도시에는 식량도 없었다. 레닌이 인정했듯이 '수백만의 제대병'들이 도적 떼로 변하는 사태가 벌어졌다. 유일하게 풍족했던 것은 조폐창의 인쇄기가 지칠 줄 모르고 쏟아내는 루블화였다. 이 때문에 화폐가치는 1917년 11월 이전의 1% 수준으로 폭락했다. 그럼에도 몇몇 볼셰비키는 이런 상황을 묵묵히 참았다. 그들 중 일부는 오히려 부르주아의 화폐제도를 무너뜨리기 위해 인플레이션을 계획적으로 만든 것이라고 큰소리를 쳤다. 지노비에프는 독일사회민주당에 “우리는 화폐의 완전한 폐지를 위해 나아가고 있습니다.”라고 말했다. 다른 의미에서 이 말은 옳았다. 소련에서 지폐는 예전의 가치를 다시는 회복하지 못했고 그 대가로 상점은 언제나 상품 부족에 시달렸다. 그것은 사회주의 시장의 특징이 되었다. 그러나 몇몇 볼셰비키의 낙관적 주장에 어쨌든 농민들은 레닌의 루블화를 거들떠보지도 않았다.

1921년 5월 레닌은 결국 손을 들었다. 더 이상 도시에서 식량을 공급받지 못한다면 레닌 체제는 붕괴할 게 뻔했다. 레닌의 ‘전시경제체제’는 ‘신경제체제(新經濟體制)’로 바뀌게 되었다. 신경제정책(NEP)이란 농민에 대한 굴복이자 물물교환에 기초한 시장경제로의 회귀였다. 농촌식량을 징발하기 위해 파견되었던 무장조직과 체카의 농촌지부 무리가 철수했다. 농민들은 곡식을 다른 생필품과 교환할 수 있었다. 소규모 공장과 작업장은 국가의 통제 없이 다시 제품을 생산할 수 있었다. 농민들은 여기서 생산된 공산품을 곡물과 맞교환했다. 농민들은 차르 체제를 무너뜨리고 레닌주의를 가능하도록 밀어주었다. 하지만 레닌은 그들에게 약속한 보상을 해 주지 못했다. 그것은 오늘날까지 갚지 못한 채 남아있다고 할 수 있다.

제3장

이탈리아의 무솔리니와 파시즘

1. '붉은 2년'과 '검은 2년'

승전국 이탈리아의 불만

이탈리아는 1918년 말 오스트리아군에 크게 승리하여 형세를 역전시켰다. 11월 3일 휴전협정을 맺고 전승국으로서 유리한 강화를 맺고자 기대했었다. 이탈리아의 참전론자와 제대병들은 승전의 열매를 기대하며 그 결과를 기대하고 있었다. 하지만 인플레이션과 생필품의 부족, 거리에 넘치는 실업자, 그리고 농민들에게 약속되었던 토지분배의 약속은 이루어지지 않았다. 외교적으로는 파리강화회의에서 이탈리아의 주장은 전승국임에도 대부분 실현되지 못했다. 오히려 참전의 대상으로 런던조약에서 이탈리아에 약속된 아드리아해 연안의 달마치아 지역은 유고슬라브에 넘겨주게 되었으며, 피우메에 대한 이탈리아 영유권 주장도 부인되었다.

오스트리아와의 상 제르만 강화조약이 조인된 직후인 1919년 9월 12일 국수주의적 시인 다눈치오와 그의 의용병이 독립도시가 된 피우메를 무력점령한 사건이 발생했다. 피우메 점령은 팽창주의적 경제계 일부와 자유주의적 반정부 비판자들의 지지하에 1년 이상 계속되었다. 또한 1919년 3월에는 밀라노에서 참전파 사회주의자 무솔리니가 제대병들을 조직하여 '전투 파쇼'를 결성했다(fascio란 이탈리아어로 묶음 束이라는 말로 그룹을 뜻함). 그런데 파쇼는 일반 당의 조직구조와는 다른 조직 원리가 있었다. 즉 당강령에 기초하여 공통의 정치 목적을 지지하는 자들을 결집하는 엄격한 조직구조를 지니는 정당과는 다르게, 파쇼 조직은 일치하는 특정 목표하에 다양한 견해를 지닌 사람들을 결속한다는 폭넓은 연합체와 같은 것이었다.

제1차 세계대전의 종결(1918년 11월)로부터 파시스트의 로마진군(1922년 10월)까지 이탈리아의 전후 4년 중 전반 2년을 '붉은 2년간'이라 칭하는데, 이 말을 빌려 표현하면 후반 2년은 '검은 2년'이라 정의할 수 있다. '붉은 2년' 간의 주역은 러시아혁명의 자극을 받아 권력의 무장 탈취와 프롤레타리아 독재의 실현을 주장한 사회당과 여기에 결집한 노동자, 농업노동자였다면 후반 2년간의 주역은 검은 셔츠를 입었던 파시스트의 무대였다.

제1차 세계대전의 결과가 이탈리아에 얼마나 불만족스러운 것이며, 이탈리아의 참전이 별 의미 없는 것이 아닌가 하는 회의는 민족주의자나 사회주의자, 또한 중간 정당들 모두의 공통된 의견이었다. 이탈리아의 제1차 세계대전의 참전은 전면적 실패로 간주되었다. 그러나 이탈리아 지배계급이 강화조약을 통해 얻은 열매는 결코 작은 것이 아니었다. 오히려 1861년 이래 이탈리아의 북방 국경에 큰 위협이 되었던 오스트리아-헝가리제국의 붕괴를 초래했다는 것은 안보 면에서 어떤 전승국 못지않은 성과였다. 그럼에도 참전은 잘못된 것이었으며, 승리는 아무런 득을 가져오지 못했다는 선전이 먹힐 수 있었던 것은 경제력이나 외교력이 연합군의 다른 나라에 비해 상대적으로 약했던 이탈리아가 전승국임에도 대전의 승리를 발판으로 세계강국으로 세계무대에 약진하지 못했기 때문이었다.

이탈리아의 사회주의 운동

이탈리아의 사회당은 전쟁 초부터 한결같이 전쟁 반대의 뜻을 견지했다. 이탈리아의 사회당은 국제적으로도 알려진 큰 정치세력으로서 전쟁과 전쟁협력자 비판을 전쟁이 끝난 후 더욱더 정력적으로 추진했다. 그러나 그것은 너무 고식적이어서 일반 병사들까지 전쟁협력자로 고발했기 때문에 광범한 제대병을 사회당으로부터 떨어져 나가게 하는 결과를 가져왔다. 세르라디 등 '과격주의자(maximalist)'라 지칭되는 사회당 주류는 권력탈취의 시도가 반동세력의 탄압을 가져올 것이라고 반대한 국회의원단과 노동조합 간부에 대항해서 프롤레타리아의 독재를 목표로 내걸었다. 하지만 그들은 목표를 향한 대중운동을 조직하기 위한 구체적인 노력은 시도하지도 않았다. 그들은 다만 '소비에트'라는 언어의 마력에 취해 있었을 뿐이었다. 그들은 농민에게 토지를, 노동자에게 공장 관리와 생산에서 벌어들인 이익의 공동 관리와 분배를, 고액소득자에 대한 소득세를, 전쟁으로 부당하게 큰돈을 벌어들인 자에 대한 처벌 등의 요구를 제시했다. 특별히 이러한 모순을 개혁하기 위해 새 헌법제정을 요구하는 대중운동을 1919년부터 격렬하게 전개했다.

이들 대중운동은 임금인상을 주장하는 노동자와 토지분배의 실행을 요구하는 농민운동으로 크게 나눌 수 있다. 사회당이 주로 노동운동을 지도했으나 1919년 1월부터 새로 결성된 가톨릭계의 인민당이 농민의 지지를 결집하기 시작했다. 11월 피우메 점령 직후 그 영향을 받은 전후 최초의 총선거에서 사회당과 인민당이 약진했다. 사회당은 러시아혁명을 모델로 하려는 볼셰비즘이 우세하여, 프롤레타리아 독재의 즉각적인 수립이 당의 방침이 되었다. 사회당계의 농민조합은 토지의 사회화라는 급진적 정책에 매달렸기 때문에 이에 공포를 느낀 중소농민들이 반대하게 되었으며, 지주층의 반동적 공세를 불러일으켰다.

북이탈리아의 밀라노나 토리노 등의 대도시 노동운동 지도세력에 사회당 외에 소비에트와 닮은 공장평의회운동을 중시하는 그람시 등 공산주의 그룹이 나타났다. 1920년 4월 밀라노와 토리노에서 금속노동자를 중심으로 격렬한 파업투쟁이 발생했다. 이 투쟁은 10일 만에 끝났으나 8월 말부터 재개되어 공장주의 공장폐쇄 전술에 노동자들은 공장점거로 대항했다. 그 후 공장점거는 노동운동의 단골 메뉴가 되어 9월 하순까지 약 1개월 동안 북이탈리아에서만 약 50만 명의 노동자가 공장검거를 통한 생산관리운동을 하게 되었다.

공장의 관리권은 공장위원회에 있었는데, 공장위원회는 이탈리아의 유명한 공산주의자 그람시에 의해 제안되어 설립되었다. 그는 공장위원회를 노동자의 완전한 대표기관으로 개편하고 이를 통해 노동자가 생산관리에 참가하며, 기술 면의 지식과 경험을 축적하여 산업의 혁명적 몰수를 목적으로 하는 기구로 구상했다. 따라서 공장관리는 완전히 공장위원회의 수중에 장악되어 자재 공급이 계속되는 한 그들 노동자의 관리하에 생산이 속행되었다. 노동자는 부분적으로 무장을 통해 공장을 파시스트로부터 지켰다. 혁명이 바로 눈앞에 닥친 듯한 정세였다. "은행가, 대기업가, 대지주들은 도살장에 끌려가는 것을 기다리는 양들처럼 공산주의 혁명의 도래를 기다리는 형국이었다."

하지만 공산주의자들은 권력탈취를 위한 투쟁을 개시하지는 못했다. 사회당과 노동조합 총동맹의 간부들은 협의를 되풀이하여 공장점거를 정치적 투쟁으로부터 구별하고자 했으며, 결국 공장점거도 공장위원회의 승인을 전제로 중지할 것을 결정했다. 9월 하순 무렵 공장점거는 해제되었다. "이 운동이 혁명으로 발전하지 못한 것은 누군가 그 길을 막았기 때문이 아니라 노동조합이 혁명을 원하지 않았기 때문이다."라는 평가가 있다. 토리노의 공산주의자 그람시도 고립될 것을 두려워하여 독자적으로 행동에 나서지 않았다. 그들은 공장점거 중 생산이 마비되고 사회적 혼란이 가중되자 관리 및 기술 인텔리겐차, 제대병, 이탈리아 전역의 농민은 물론 포강 유역의 혁명적 농업노동자에 이르기까지 이 운동이 고립되어 있다는 사실을 알게 되었다.

사회당의 주류를 대표하는 세루라데도 공장점거 해제에 대한 레닌의 비판에 대한 답변에서, 이때 만일 소비에트 이탈리아가 성립되었다면 주변 제국주의 열강의 봉쇄로 붕괴하지 않을 수 없을 것이라고 말했다. 레닌도 그 가능성을 충분히 인정했지만, 이탈리아의 봉쇄는 제국주의 국가들 안에서 혁명을 촉진할 것으로 생각했다. 이 견해가 옳은지 그른지를 떠나서 이탈리아 혁명은 그 후 권력을 탈취할 기회를 상실했다. 공장점거를 했던 이탈리아의 노동계급은 깊은 패배감에 빠졌으며, 운동은 추동력을 상실하고 '소비에트'라는 말이 지니는 마력적 반향도 사라져 갔다. 이 혁명운동이 붕괴한 후 이탈리아 중간층의 마음을 끌게 된 것은 파시스트당의 민족주의적 열광이었으며, 상처받은 민족적 자부심을 치유할 수 있는 것은 오직 '제국주의적 대국의 꿈'뿐이었다.

한편 농촌에서의 '붉은 2년'은 1920년 10월 포 평야에서의 농업쟁의로 시작되어 남부를 중심으로 한 제대병을 주체로 하는 빈농의 토지점거운동에서 그 정점에 달했다. 그 직후부터 시류(時流)는 급속히 역전했다. 그 계기가 된 것은 11월의 통일 지방선거에서 사회주의자의 승리에 대한 파시스트의 반발로서 일어났다. 이에 11월에 볼로니아 시청 습격 사건이 일어났고, 12월에는 페라라 사건이 발생했다. 그 후 파시즘은 포 평야와 토스카나 농촌 지역에서 단기간에 걸쳐 폭발적으로 발전했다. 파시스트 테러 행동을 중심으로 한 '검은 2년' 간의 실질적인 내란기가 시작된 것이다.

2. 무솔리니의 등장

무솔리니의 정치적 입장

무솔리니는 원래 사회주의자로 정치에 투신했다. 그는 대전이 발발한 직후 수개월 간 사회당 좌파 입장에서 당 기관지 〈아방띠(Abanti)〉의 지면을 통해 강력한 반전론을 전개했었다. 그런데 그는 1914년 10월에 그때까지의 반전주의 태도를 버리고 돌연 참전 주의로 전향했다. 그는 일간지 〈포포로 디탈리아(Popolo d'Italia, 이탈리아 인민)〉를 발간하여 참전론을 주창하기 시작했다. 그 때문에 중립주의를 기본 방침으로 한 사회당으로부터 제명되었다. 1919년 무솔리니는 밀라노에서 '전투 파쇼'라는 이름의 단체를 결성했다. 이 단체에 참가한 멤버의 성향은 혁명파 참전 주의에 찬동했는데, 그들은 혁명적 생디칼리스트를 중심으로 참전론의 입장을 취했다. 이탈리아의 혁명적 생디칼리스트들은 이탈리아 노동조합연합(USI)을 조직하고 있었다. 그들은 전쟁이 자본가 사회의 해체를 촉진할 것으로 생각했으며, 또한 전쟁을 통해 대중 속에 혁명적 반역심이 생겨나기를 기대했다. 그들은 대전을 혁명전쟁 수행을 위한 수단으로 생각했다. 1914년 말 이들 그룹은 혁명적 참전 행동 파쇼라는 대중조직을 결성하고 노동자들의 혁명전쟁에의 참가를 호소했다.

전쟁 중 조리티 전시내각하의 의회제국가를 비판하는 두 세력은 내셔널리스트와 생디칼리스트였다. 생디칼리스트는 노동자 조합을 기반으로 하여 생산기관을 중심으로 한 사회질서의 형성을 전망하고 있었다. 한편 내셔널리스트 간에도 생산자를 핵으로 하는 내셔널-생디칼리즘이 나타났는데 이 경우에는 자본가와 노동자의 대립을 같은 '생산자'라는 개념으로 결합하여 국민 내부에 계급 협조를 꾀하고자 했다. 무솔리니의 입장은 내셔널-생디칼리즘의 입장과 그 지향점이 일치한다 할 수 있다.

1919년 3월 참전파 사회주의자였던 무솔리니는 제대병의 조직화를 목표로 내셔널리스트와 생디칼리스트적 성격을 합친 '전투 파쇼'를 결성했다. 이 조직은 그 강령이 반(反)자본주의적이어서 자본가에 대해 엄격한 누진과세와 전시에 부당 취득한 이윤에 85%를 징세하는 등 과격한 주장을 내용으로 했다. 이것이 후에 우선회(右旋回)한 파시스트당의 전신이다. 하지만 당시에는 영웅적 다눈치오파에 밀려 그 영향력이 제한적 범위에 머물고 있었다. 무솔리니는 초기에 '전투 파쇼'의 발전이 생각처럼 지지부진할 때, 파시즘은 소수자의 운동으로 머물러 있어야 하며 도시에서 벗어나서는 안 된다고 주장했었다. 따라서 무솔리니의 '전투 파쇼' 운동은 어디까지나 도시 파시즘으로 출발했다.

농촌 파시즘 운동과 무솔리니

대중적 파시즘은 도시가 아니고 농촌으로부터 성립하기 시작했다. 중부 이탈리아 에밀리아 지방이 그 중심지였다. 이 지방은 사회당계의 농민조합과 협동조합이 노동력을 독점함으로써 이 지역 주민의 경제생활과 지방행정을 배타적으로 지배하고 있었다. 1920년 후반에는 이들 조합의 통제에 반발하여 비판여론이 조성되었다. 제대병과 대지주와 대상인의 자제 등 우익 청년들이 이러한 비판의 목소리를 대변하여 직접 행동에 나섰다. 조합에 대해 반감을 품고 보복의 기회를 엿보고 있던 지주층은 이들의 행동에 자금과 무기를 조달하는 등 적극 원조했다. 이들 행동은 차츰 조직적인 것이 되어 파시스트 제대병사와 우익 청년을 중심으로 돌격단(Squadre)이 결성되었고, 그 단원에 의한 돌격 행위가 시작되었다. 그들은 포 강 평원 일대에서 조합회의소나 사회당 사무소 또는 조합활동가나 당 간부를 차례로 습격하는 이른바 징벌원정(spedizione punitiva)을 했다. 파시스트들의 상징적 유니폼인 검은 셔츠를 입은 돌격대원들에 의한 〈검은 2년〉이 시작된 것이다.

농촌 파시즘의 대두는 무솔리니의 직접적 지도에 의한 것은 아니었다. 그는 공장점거 투쟁이 실패한 후 독자적 정책도 없이 거의 고립된 상황에 놓여 있었다. 농촌으로부터 대중적 파시즘 운동이 대두한 것은 무솔리니가 이러한 상태에 있었을 때였다. 대중운동으로서의 농촌 파시즘 성립으로 파시스트 활동은 새로운 국면을 띠게 되었다. 그러나 농촌 파시즘은 다만 대중적인 돌격주의(squadrismo)를 특징으로 할 뿐 특정한 사회적 정책이나 전망은 지니지 못했다. 그리하여 무솔리니는 이 대중적 파시즘 운동에 일정의 정치적 전망을 설정함으로써 파시즘 운동 전체에 대한 지도권을 확립하고자 했다. 그와 동시에 이 대중운동을 배경으로 '전투 파쇼'를 중앙정부 무대로 끌어올리는 것을 자신의 정치적 과제로 삼았다.

무솔리니는 그것을 목적으로 1921년 초 다른 간부들과 함께 북부, 중부 이탈리아를 순회하며 대중 유세를 시행했다. 이 유세는 '파시즘과 국가', '파시즘과 노동운동', '파시즘과 농업 문제', '파시즘의 팽창적 외교정책' 등 4개 테마를 중심으로 무솔리니와 그의 동료 이데올러거들에 의해 이루어졌다. 그 내용은 새로운 국가 창출, 새로운 생산자를 중심으로 하는 노동운동, 토지 사유화(私有化)의 부정, 그리고 무솔리니 자신의 제국주의적 외교정책의 주장 등을 토로하는 연설회였다.

이 유세를 통해 무솔리니는 대중적 파시즘 운동에 사회적 전망을 보여주고 동시에 운동 전체에 대한 지도권을 확립하고자 했다. 이러한 의도는 어느 정도 성공을 보았다고 할 수 있다. 그러나 유세를 통해 불어난 '전투 파시즘'에 대해 자생적으로 대두하기 시작한 농촌 파시즘 운동의 간부 '라스(ras, 농촌 파시즘 운동의 지도자)' 사이에 사상적·실천적 대립이 발생했다. 이들 지도자는 실질적으로 각 지역의 절대적 지배자가 되었다. 무솔리니는 이 파쇼의 창시자로서 전후에야 파시스트가 된 대부분 '라스'보다 나이도 많고 전쟁 전 사회당 때부터 정치적 경험도 많아 파시즘 운동 전체의 지도자이며 상징과도 같은 존재로 인정되었다. 그러나 볼로니아 지역의 '라스'였던 그랑디는 무솔리니와의 논쟁에서 파시즘이 1919년 밀라노에서 무솔리니에 의해 창시된 것이 아니라 1920년 볼로냐에서 탄생한 것이라고 하며 무솔리니의 권위에 도전했다. 이처럼 '라스'가 영도하는 각지의 돌격단은 무솔리니의 통제 밖에 있었으며, 각지 파쇼의 재정도 자립을 원칙으로 했으므로 자율화가 강하게 유지되었다.

농촌 파시즘은 적나라한 폭력 행동을 하나의 특징으로 하고 있다. 그들 적의 중추부인 사회당의 기반을 정면으로 돌파하여 성공적으로 파시즘을 출현시키기 위해서는 숨도 쉴 수 없을 정도의 공세를 유지할 필요가 있었다. 돌격주의의 폭력 행동을 수행하는 돌격단은 폭력 그 자체에 탐닉했다. 어느 스쿠아도리스타는 데카르트의 유명한 말을 빌려 "나는 행동한다. 고로 나는 존재한다."라고 하며 폭력을 자행했다. 무솔리니도 자신의 정치적 위치를 높여 주는 데 크게 공헌한 농촌 파시즘의 폭력을 옹호하기도 했다. 폭력을 반대파를 설득하기 위해서는 말보다 앞서는 무기라고 하여 폭력단의 행동을 반대파의 비난으로부터 옹호했다. 한편 스쿠아도리스타의 비합법적 폭력지상주의는 중앙 정계를 시야에 넣고 운동 전체를 구상하고 있던 무솔리니의 정치적 전략을 위험에 빠지게 하는 모순을 내포하고 있었다. 그의 정치적 전략은 어떠한 수단을 써서라도, 이를테면 정문이 안 되면 후문을 통해서라도 정권을 장악하고 싶은 것이었다. 정권욕을 만족하기 위해서는 보수파는 물론 진보파와도 타협할 용의가 있었다. 무솔리니는 정권장악을 위한 취각이 남다른 면이 있었고, 원칙이나 신념보다 두뇌 회전이 빨랐던 정치인이었다.

지오리티 수상은 파시즘 운동의 돌격적 행위를 질서유지의 관점에서 비판했다. 그리하여 지방지사와 군부를 통해 파시스트의 위법행위에 대해서는 엄중히 다스릴 것을 되풀이해서 지시하곤 했다. 그러나 그는 파시즘 운동의 위법행위를 단순한 법령 위반 행위로 보고 이 운동의 사회적 성격을 전혀 이해하지 못했다. 파시즘 운동은 사회주의 세력의 공격인 동시에 지오리티에 의한 의회정치에 대한 비판적 운동이기도 했다. 지오리티는 이 점을 이해하지 못하고 여러 정치세력의 균형이라는 의회주의적 관점에서 파시즘 운동의 역할을 허용하고자 했다. 그는 파시즘에 중앙정치로 진입하는 길을 열어 주면 이 세력을 안정적인 정치세력으로 길들일 수 있을 것으로 생각했다. 한편으로 파시즘 운동의 '비합법성'을 규탄하면서 다른 한편으로는 그 정치적 역할을 인정하여 내셔널 블록 속에 파시즘을 '합법화'하는 정치공작을 획책했다. 무솔리니는 이와 같은 지오리티 정치관의 도움으로 파시즘을 쉽게 중앙정치로 진입시키게 되었다.

지오리티 수상은 1920년 유고슬라브와 라팔로조약을 맺고, 달마치아를 포기하고 피우메의 독립 자유시의 승인을 약속하여 국제적 외교분쟁을 끝장냈다. 그 직후에 군대를 피우메에 파견하여 반정부 운동의 소굴이 된 다눈치오 군단을 해체했다. 그 뒤 1920년 4월 의회를 해산하고, 5월 15일 총선거를 시행했다. 이 선거에서 내셔널 블록에 편입하여 선거를 치른 무솔리니의 전투 파시즘은 35석을 당선시켜 정부 여당의 다수파에 합류하게 되었다. 그리하여 중앙 정계로 진출한 파시즘 세력은 의회정치 일각에 교두보를 형성하게 된 것이다.

파시즘이 의회 속에 등장함에 따라 전국적인 규모의 정치세력이 될 가능성을 열었다. 즉 이제까지의 반역적이고 파괴적인 운동으로부터 국가의 정책 결정 과정에 직접 개입할 수 있는 세력으로 기능할 수 있는 전망이 열린 것이었다. 그 때문에 무솔리니는 파시즘 운동의 성격을 의회 밖의 돌격주의로부터 의회정치로 전환하는 방침을 추진했다. 4월 8일부터 5월 14일까지 선거 기간 중 파시스트들은 주로 사회당에 대한 폭력행위로 100명 이상의 사망자를 냈다. 새 의회가 열리자 사회당 측은 파시스트의 폭력 행위를 조사하자는 요구를 하여 파시스트와 적대했다. 수상은 이러한 대립을 수습하기 위해 양자가 평화협정을 맺도록 조처했다. 무솔리니는 파시즘을 의회주의 세력으로 정착시키기 위해서는 이 평화협정에 조인하는 것이 필요하다고 생각했다. 8월 3일 하원의장의 입회하에 파시스트와 사회당 사이에 평화협정이 조인되었다.

그러나 이 평화협정에 관해 파시스트 지방활동가들 사이에 강력한 비판이 일어났다. 8월 17일 볼로냐에서 열린 파시스트 지방회의는 평화협정과 그것을 추진한 무솔리니를 규탄하는 궐기집회와 같은 양상을 띠었다. 반대파의 중심 멤버는 그랑디, 발보, 파리나치 등의 '라스'들로서 그들은 무솔리니가 의회 내에서 타협으로 일을 처리하는 것을 비판했다. 특히 생디칼리스트 출신의 그랑디는 무솔리니의 의회주의적 편향을 비판하고, 내셔널-생디칼리즘적 구상을 주장하며 그것에 미래사회의 기초를 구할 수 있다고 강조했다. 1919년 도시를 중심으로 했던 파시즘은 이미 극복되었고, 농촌 파시즘이 새로운 주류를 형성하게 되었다. 농촌 파시즘 운동가들은 다눈치오의 피우메 점령을 모범으로 생각했다. 라팔로조약을 체결할 때 무솔리니가 그것을 용인하여 피우메 점령을 보고도 못 본 체한 것을 예로 들어 '한 번 배반한 자는 또 배반한다.'라고 인신공격을 서슴지 않았다.

평화협정 반대파들은 9월 10일 단테 사후 600년 기념행사를 구실로 에밀리아 각지로부터 라벤나 시로의 진군(進軍)을 조직했다. 3,000명이 넘는 파시스트가 발보의 지휘하에 모여 9월 12일 라벤나 시에 도착하자마자 그 지역 사회당, 노동조합, 협동조합 등을 습격하여 파괴한 사건이 발생했다. 이 사건은 반대파 모임이 자신들의 의사를 자신의 방법으로 실행한다는 것을 공공연히 표명한 것으로, 그리고 의회주의를 반대하여 돌격주의를 관철했다는 점에서 중요한 사건이었다.

파시스트당의 결성

무솔리니는 그의 반대파 단체의 활동에 의해 어려운 상황에 부닥쳤다. 그러나 파쇼를 정당화(政黨化)함으로써 극복하고자 했다. 이미 서술한 대로 파쇼의 조직론은 엄격한 조직구조를 배제한 채 운동참가자들의 자발적인 결합을 존중하는 것이었다. 따라서 그것은 반(反)정당을 원칙으로 하는 운동조직이었다. 무솔리니는 파시즘 운동에 정당의 조직론을 끌고 들어와서 의회 밖 대중운동의 자립성 등을 중앙의 정치 지도에 종속시키는 조직구조를 만들고자 했다. '라스'를 중심으로 한 반대파의 독자적 활동을 억압하고자 했던 것이다. 그러나 돌격주의 그 자체를 억압하려 한 것이 아니라 다만 그 돌격단의 행동이 무솔리니의 정치적 의도를 방해하지 않기를 바랐던 것이다. 그리하여 전투 파쇼의 정당화 계획은 중앙지도의 권위를 확립하여 지방 지부 돌격단의 자립성을 빼앗고, 정당적 규율하에 중앙지도에의 복종의무를 확립하고자 했다. 하지만 돌격단의 폭력적·비합법적 활동은 그대로 용인했다. 따라서 무솔리니의 의도는 정권에 접근하는 방법으로 의회 안 정치활동과 의회 밖 돌격 행동의 이중 전선을 형성하여 이를 정당조직의 확립을 통해 자신의 단일지도하에 통괄하고자 했다. 무솔리니의 정당화 플랜은 '라스'들과 심각한 논쟁을 야기했으나 결국 타협이 이루어져 1921년 11월 로마에서 열린 전투 파쇼 제3회 대회에서 내셔널파시스트당(Partito Nazionale Fascista)이 결성되었다. 며칠 후 사회당과의 평화협정은 파기되었다.

파시스트당이 결성된 이후 파시스트 운동은 의회 안 활동과 의회 밖 활동이 통일되어 이제부터는 분명히 정권 탈취를 투쟁의 과제로 삼게 되었다. 파시스트당이 다른 정당과 구별되는 최대의 특징은 돌격단이라는 군사력을 두어 그것으로 의회 밖 대중운동의 핵을 삼은 것이다. 무솔리니는 당의 중앙지도부에 단일한 지도로 재편성한 돌격대를 써서 지방마다 사회당을 비롯한 반대세력을 쫓아내어 북부 이탈리아와 중부 이탈리아에서 차례로 지방자치제의 지배권을 획득해 갔다. 그와 동시에 사회당계와 인민당계의 조합조직을 파괴하여 그 대신 파시스트당의 노동조합과 농민조합을 조직했다. 1922년 초에는 이들 조합의 전국 조직으로써 전국노동협동조합연합을 만들어 서기장에 로소니가 취임했다.

파시스트당은 지방권력을 장악해 나아가 그것을 배경으로 정부에 대해 권력의 양도를 요구하기 시작했다. 이러한 파시스트의 공격에 맞서 사회당과 노동조합들은 노동동맹을 결성하여 1922년 7월 31일 심야에 총파업을 선언했다. 파시스트들은 이에 실력 대응할 것을 결정하여 결과는 파시스트의 포악한 백색 테러가 승리했다. 이 사건 이후 이탈리아를 지배하고 있는 세력은 파시스트당이라는 분위기가 팽배하여, 파시스트당의 권력 획득이 시간문제라고 간주되었다. 그리고 10월 28일 그 며칠 전 나폴리에서 열린 파시스트 대표자회의를 구실로 삼아 전국 각지에서 모인 돌격대, 검은 셔츠단의 로마진군을 배경으로 무솔리니 내각이 성립되게 된다.

로마진군과 무솔리니의 집권

10월 24일 나폴리 집회에서 극비리에 로마진군의 지령이 내려졌고, 27일 밤 4명의 당수뇌 지휘하에 약 2만 명의 파시스트 무장대가 로마진군을 강행했다. 그러나 로마진군은 당초에 계획된 쿠데타가 되지는 못했다. 파시스트의 동원이 개시되기 전 동원에 관한 첩보가 정부에 전해져 정부, 의회의 보수파들이 동요했으며, 무솔리니를 입각시켜 사전에 쿠데타를 차단하고자 결정했다. 그리하여 의회 내외에서 교섭이 개시되었다. 또한, 파시스트의 로마진군을 무력으로 저지하더라도 정치적 혼란을 수습하는 근본 문제를 해결하는 데는 역부족이라는 군부의 의향을 수용하여 국왕은 정부가 요청한 계엄령의 서명을 거부했다.

한편 무솔리니는 무장이 불충분한 파시스트 부대로는 권력을 폭력적으로 탈취할 수 없다는 것을 알고 있었다. 그리하여 그는 직접 무력행동의 선두에서 로마진군을 지휘하지 않고 전권을 4수뇌(데 벡키, 데 보노, 비앙키, 발보)에게 맡겼다. 그리고 밀라노에 머물며 실패할 때에는 곧바로 스위스로 도망할 준비를 하고 정세를 지켜보고 있었다. 정부 측의 비밀교섭 제의로 합법적 입각이 가능해지자 입각교섭이라는 무혈 해결에 중점을 두게 되었다. 무솔리니는 파시스트 군대가 로마의 경계선을 강행 돌파함으로써 발생할 수 있는 유혈 사태를 피하고자 파시스트의 로마 입성을 직전에 정지시켰다. 그리고 그 정지의 대가로 보수층의 동요를 이용하여 단순한 입각에 만족하지 않고 수상직을 요구했다. 그는 10월 30일 쿠데타가 아니라 '합법적'으로 국왕의 수반 지명을 받게 되자 대기시켜 놓은 침대열차로 로마에 도착했다.

무솔리니는 39세라는 나이에 이탈리아 최연소 수상으로 취임했다. 그러나 하원 의석 정원 535명 중 파시스트의 의석은 불과 35석에 지나지 않았고, 내셔널리스트와 파시스트에 호의적인 우파 보수세력을 합치더라도 파시즘의 지지파는 겨우 80석 내외에 불과했다. 무솔리니의 최초 정부는 필연적으로 연립정부가 될 수밖에 없었다.

내각의 구성은 무솔리니가 수상과 내상을 겸임했으나 그 외 파시스트는 3개 포스트를 차지했을 뿐이다. 보수파로는 민주파 2개, 민주사회파 1개, 자유파 1개 포스트 등이 입각했다. 육군상과 해군상에는 군인이 기용되었다. 이처럼 사회당과 공산당을 제외한 모든 당파가 입각했다. 그러나 차관은 파시스트가 18명 중 9명으로 반수를 차지하여 각 성의 실무를 담당했다. 여하튼 이 정권은 보수파와 전통적 지배층의 타협 산물이었다. 그것은 파시스트들의 로마진군이 중도에 멈추고, 보수파들의 양보에 따라 정권을 장악할 수 있었던 사정의 필연적인 결과였다. 그 때문에 초기 무솔리니 정권은 점진적 정책을 취할 수밖에 없었고, 파시즘이 독재화한 것은 1924년 6월에 돌발한 마테오티 암살 사건의 위기를 극복한 이후였다. 그런데 무솔리니를 수상으로 지명한 전통적 지배층은 사실 파시즘의 독재적 지배를 지지하기보다는 혼란한 당시 이탈리아 사회의 질서를 회복시키기 위해 이를 무솔리니 개인에 기대하고 그 정권을 지지한 것에 지나지 않았다. 그들은 질서가 회복되고 사회가 안정되면 다시금 과거의 입헌적 의회주의로 되돌아갈 것이라는 환상이 있었다.

기회를 이용하는 데 대단히 민첩하고 '비상(非常)한 취각(臭覺)'을 지녔던 무솔리니도 이들을 이용하여 수상의 자리에 올랐으나 실상 정치가로서 미래에 대한 어떤 구체적인 청사진도 가지고 있지 못했다. 다만 그 역시도 보수파들이 기대하는 질서 유지를 자신의 불안정한 정권 유지를 위한 필수조건으로 생각했다. 하지만 파시스트 군대들은 지방의 돌격대가 1922년 말 22명의 노동자와 정치활동가들을 살해한 토리노 사건처럼 파시스트 정권 수립을 계기로 여전히 무도한 테러를 자행함으로써 무솔리니를 곤경에 빠트렸다. 무솔리니는 수상에 취임한 후 비로소 로마 교외에 대기하고 있던 파시스트들의 감정을 달래 주기 위해 로마 입성을 허가하고 시가행진을 시켰다. 그러나 폭력행동이 습관화된 지방 파시스트들의 로마 체제가 시내 치안을 위협할 것이 두려워 시가행진 이후 곧바로 부대의 귀향을 명했다. 이 사실은 파시스트 돌격대에 대한 무솔리니의 깊은 불신을 나타내는 것이다. 그 때문에 무솔리니는 수상 취임 후 행동대를 손보기 시작했다. 1923년 1월 칙령으로 국방의용군을 설치하여 수상에 직속시키고, 그들로 하여금 파시스트 행동대를 대신하여 치안을 담당하게 했다. 이는 행동대의 무력 장치의 기능은 확보하면서 돌격대원의 무규율을 통제하는 일거양득의 효과를 노린 것이다.

국방의용군의 병사는 파시스트로부터 선발했으며, '병사는 의무만 알고 명령을 수행하는 즐거운 권리만 소유한다'는 엄격한 복종의 의무를 특징으로 하면서 국내 치안의 유지를 임무로 하는 의용대를 조직했다. 그리고 이 의용군의 결성과 함께 민간의 여러 형태 무장조직을 해산하고자 했다. 그 주목표는 파시스트 행동대의 해산이었다. 그러나 현실은 당장 지방돌격대의 폭력행동을 억제하기는 불가능했다. 지방 파시즘의 지도자 '라스'들은 의용군 간부의 대부분이 파시스트 당원이 아닌 구 군부대의 장교들이라는 점을 들어 의용군을 무솔리니의 사병(私兵)이라고 불신했다.

게다가 1923년 1월부터 시행된바, 파시즘의 정치적 직무와 의용군의 간부 외의 겸무를 금지하는 조치는 '라스'들이 장악하고 있던 지방권력에 관한 중대한 위협으로 느껴 격렬하게 저항하게 되었다. '라스'들은 국방의용군의 모집이 지방의 파쇼 지도부를 통해 시행되어야 한다는 규정을 이용하여 돌격대의 의용군 응모를 막아 의용군의 사병화(私兵化)를 방해하려 했다. 그들은 여전히 지방돌격대를 장악하고 있었다. 이러한 국방의용군 결성에 대한 지방 '라스'들의 완고한 저항은 그들의 자율성이 얼마나 뿌리 깊었는지를 보여주는 것이었다. 이처럼 '라스'와 그들에 의해 통솔되는 지방 파시즘의 문제는 파시즘 초기 중대한 내정 문제의 하나였으나, 이것은 파시즘의 장래라는 큰 맥락에서 논쟁의 한 부분이기도 했다.

그 후 파시즘의 진로 논쟁은 어떻게 전개되었는지 살펴보기로 하자. 무솔리니가 정권을 잡음으로써 파시즘 운동은 반체제파로부터 정권 담당자로 바뀌었으며, 파괴를 일삼던 세력에서 국가를 정상적으로 건설하는 세력으로 질적 변화를 겪게 되었다. 하지만 그 과정에서 파시즘이 목적으로 하는 방향이 불분명했으므로 내부적으로 분쟁과 대립, 논쟁이 일어났다. 논쟁 중 최대의 문제는 파시즘 내 두 세력의 대립이었다. 파시즘이 파괴로부터 건설의 단계로 이행했기 때문에 이를 더욱 적극 추진하여 이제까지 자유주의 국가에 대신할 수 있는 새로운 국가를 건설하는 데 매진하자는 파시즘의 '정상화'를 주장한 '정상화론자' 막시모 로카, 쥬세페, 봇타이 등과 전통적 지배층과의 타협에 반대하여 파시즘 혁명은 1922년 10월에 끝난 것이 아니라고 주장하며 어디까지나 파시즘 혁명의 철저화를 추구하는 '비타협주의자'의 대립이 그것이었다.

'비타협주의자'의 중심은 '라스'들이었다. 이들을 대표하는 인물은 크레모나시의 '라스'인 파리나치였다. 그는 '곤봉의 철학자'라는 별명이 나타내는 것처럼 철저한 행동파였으며, 또한 '무솔리니 이상의 파시스트'라고 칭하는 것처럼 과격파 파시스트였다. 그들은 현의 지사 등 지방행정기관과 대립하며 지방의 실권을 장악하고 지방주의를 찬양하는 슬로건으로 지방 파시스트를 동원하여 로마와 당 중앙에 대치했다. 한편 '정상화론자'들은 정권을 수립한 무솔리니 정부에 대해 더는 폭력에 의지하지 않고 파시즘 운동을 합법적으로 복귀시키는 정상화를 요구하는 등 새로운 국가건설에 적극 참여하는 데 역점을 두었다. 양자의 대립은 1923~1925년까지 계속되었다. '정상화론자' 로카와 '비타협론자' 파리나치의 대립은 국가와 당의 대립을 반영하고 있었다. 파리나치는 당을 국가기관의 상위에 두어 중앙정부의 권력을 견제하고 당내 민주주의를 실현하려 했다. 또한, 로카와의 대립에서는 특별히 돌격주의를 견지하려 했다.

정치적 입장이 애매했던 무솔리니는 이들 대립자를 교묘히 이용하고 조정하며 정세의 주도권을 유지해 갔다. 무솔리니는 당연하게 최초에는 '라스'들의 폭력 행동을 억제할 목적으로 '정상화론자'들의 입장에 섰다. 무솔리니는 "그놈은 아무것도 모른다."라고 평했던 것처럼 깊은 정치이념이 없는 폭력지상주의자 파리나치에게 뿌리 깊은 개인적 불신감이 있었다.

1924년 여름부터 정세가 크게 변했다. 5월에 실시한 총선거에서 파시스트가 유리한 선거법 개정으로 여당이 압승하자 파시스트의 선거 부정행위를 의회에서 규탄하고, 선거 그 자체의 무효를 호소한 개량파 통일사회당의 서기장 마테오티가 파시스트에 유괴되어 살해된 사건이 발생했다. 시신은 8월에 가서야 발견되었으나 유괴 직후부터 국민 전체가 그의 죽음을 의심치 않았다. 그리하여 의회의 자유주의로부터 공산당에 이르는 야당이 의회를 이탈하여 반대 블록을 결성했다. 이 사건을 통해 파시스트는 최악의 여론 악화로 최대의 위기를 맞게 되었다.

고립 무원해진 무솔리니로서 이 위기를 극복할 수 있는 무기는 '라스'가 가지고 있는 무력뿐이었다. 그리하여 그는 독으로 독을 다스리기 위해 '라스' 세력을 이용했다. 1924년 6월 16일에는 파리나치를 새 당 지도부의 일원으로 기용했으며, '라스'들의 공격 중심이던 '정상화론자'의 주장을 '자유주의'라고 매도했다. 정상화론자의 패배는 이미 시간문제에 불과했다. 1925년 초 파리나치가 당 서기장에 기용되고, 파시즘 반대파의 무력 탄압에 나서게 됨으로써 이 시기 이후에 저명한 반파시스트의 해외 망명이 활발해졌다. 하지만 파리나치 등 비타협주의자들의 승리도 일시적인 것에 불과했다. 정치적 위기극복에 성공하고 반파시스트 세력이 결정적으로 무력해진 1926년 3월, 무솔리니는 지방지사 이후 경찰과 당 지부 서기와의 권한 싸움이 격화된 이유를 들어 파리나치를 경질하고 친정체제를 정비했다. 이로써 무솔리니에게 독재체제를 확립할 기회가 도래한 것이다.

무솔리니의 독재체제

마테오티 사건 이후 무솔리니는 독재체제 확립에 들어섰다. 국방의용군을 축으로 한 폭력이 파시즘을 소생시키는 동시에 형해화(形骸化)되었으나 아직 잔존해 있던 민주주의적 요소들의 완전한 제거에 나섰다. 마테오티 암살사건에 반대한 120명의 의원이 실권한 후 하원은 완전히 그 기능이 정부 협찬기구로 전락했다. 예컨대 동년 1월 14일 단 하루 만에 정부가 요구하는 2,000건 이상의 법안을 가결하기도 했다. 이러한 의회의 정치적 가사상태(假死狀態)는 이로부터 무솔리니가 몰락한 1943년까지 계속되었다.

1926년 말까지 독재제도의 입법화가 거의 완료되었다. 1925년과 1926년에 걸쳐 파시스트적인 헌법이 차례로 제정되었는데, 그중 1925년 12월 24일에 제정된 법률이 근본적 파시스트법이라 할 수 있다. 이 법률에 따라 과거 체제의 근간이었던 의원내각제의 원리는 완전히 부정되어 국왕에게만 책임을 지는 정부수장 두체(Duce)에 결정적 권한이 집중되었다. 이 법률 제6조에는 정부수장의 동의 없이는 어떤 의안도 양원에 상정할 수 없다는 규정이 존재했다. 따라서 이것은 입법권이 행정권, 즉 정부 수장으로 완전히 종속되었음을 의미하며, 정부수장인 무솔리니는 왕에 의해서가 아니면 파면될 수 없었다. 1926년 초에는 정부에 입법권을 대폭 허용하여 입법권에 대한 행정권의 우위를 완전히 인정했다. 지방정부 구성도 크게 변했다. 전체주의국가의 구축을 위해 파시스트 정부가 특히 유의한 것은 지방자치권의 폐지였다. 1926년 2월 4일 법률은 과거의 경선제 시장(市長)을 폐지하고 칙령에 따른 임명제(포데스타제)로 변경했다. 두체의 심복인 지사(知事)의 권한은 강화되어 시(市), 정(町), 촌(村)의 수장을 그 담당하에 두었고, 자문기관에 지나지 않았던 자치체 평의회도 지사가 임명하는 평의원으로 구성되었다. 법률에 따라 정부의 정치 방침을 충실하게 수행하지 않는 국가공무원을 파면할 수 있는 권한을 정부에 부여했다. 공무원 파면권은 의회뿐 아니라 재판소의 독립성까지 상실되었다. 저널리즘에 대한 탄압은 1925년 초부터 법적 근거 없이 심하게 되풀이되어 동년 말까지 거의 모든 매스컴에 침묵이 강요되었다. 1925년 12월 31일 법률에 따라 신문, 잡지의 자주성이 법적으로 박탈되었다.

결사 활동에 관한 법률(1925년 11월 25일), 정치적 망명자의 선전 활동에 관한 법률(1926년 1월 30일), 국가방위법(1926년 11월 25일) 등은 시민권 박탈, 재산 몰수, 사형으로 반(反)파시스트를 정치적으로 억압할 목적으로 제안된 입법으로서, 특히 국가방위법으로 악명 높은 특별재판소가 설치되었다. 이들 법률에 따라 반파시즘의 정당, 결사, 조합 등이 해산되고, 의회 내 반대파는 존재했지만, 완전히 무력해졌다. 다만 공산당만은 그람시의 지도에 따라 마테오티 사건 이후 절반 정도의 당조직을 지하로 옮겼기 때문에 '당조직의 본질적인 구조를 부분적으로 살릴' 수 있었다. 1925년 11월부터 다음 해 10월까지 일어난 무솔리니의 암살 미수 사건이 이들 파쇼적 입법 제정의 구실이 되었다. 1927년에 설치된 반파시스트 검색 비밀경찰은 당의 지방 비밀경찰을 종합한 것인데, 나치의 게슈타포와 함께 정치적 목적을 노골적으로 체현한 독재의 수단이 되었다.

파시스트당의 쇄신을 위해 1926년 1월 최초의 조치가 취해졌다. 일시 정지되었던 새로운 입당이 개시된 것이다. 이에 따라 주로 남부를 중심으로 공무원이 대량 가맹했다. 공무원의 입당은 신분의 보증과 출세의 수단이라는 이

기적 타산의 결과였으나, 특히 내셔널리스트의 기반으로 파시스트 세력이 약했던 남부에서의 대량 입당은 남부지방을 파시스트화하는 데 기여했다. 이들 신(新)입당자들은 '라스'에 의해 통솔되는 스쿠아도리스타와는 질적으로 다른 세력으로 '라스'의 힘을 상대적으로 약화시켰다. 한편 당원의 확산과 증원이 이루어져 1923년 60만 명의 당원 수가 1927년 이후에는 100만 명을 넘어섰다. 당규약에 의하면 당서기장은 정부수반의 지명을 받아 조령으로 임명되었으며, 당 지부와 당서기장이 대립할 때에는 국가의 대표자로서의 당서기장의 권한이 우위가 되었다.

파시즘과 무솔리니의 독재를 완성시킨 것은 1928년 12월 9일의 파시스트 대평의회(Grand Consiglio del Fascismo)에 관한 법률이었다. 처음에는 당의 한 기관에 불과했던 대평의회는 이 법률에 따라 국가의 최고기관이 되었다. 멤버는 무솔리니 외에 로마진군의 4거두를 비롯해 국가, 당, 의용군 등 체제의 중추를 점하는 최고의 파시스트 지도자 20명으로 구성되었는데, 모두 무솔리니에 의해 지명되었다. 대평의회의 임무에는 심의와 자문의 두 가지 임무가 있었다. 심의에는 하원의원 후보자의 명부 작성, 파시스트당의 규약 제정, 정치활동과 결의의 결정, 파시스트당의 간부 임면 등이 있었으며, 자문의 임무에는 왕위 계승, 왕권과 정부수장의 권한에 대한 자문, 결원이 생길 때 왕에 제출될 정부수장과 각료의 명단 작성에 대해 자문한다고 되어 있으나 구속적인 것은 아니었다. 무솔리니가 '파시스트 혁명의 헌법'이라고 칭한 이 헌법은 국회의 기능을 대평의회에 이양하고, 정부수장이 대평의회의 의장이 되어 회의 소집권을 부여함으로써 파시스트 정권의 영구화와 무솔리니의 개인적 독재를 완성시킨 것이었다. 대평의회의 입헌화에 의해 정부와 당, 국가와 당의 이원주의가 법적으로 극복되어 당의 국가기관에의 종속이 결정적인 것이 되었다.

앞서 서술한 것처럼 '라스' 세력의 중심인물 파리나치는 이미 패퇴했다. 그는 낡은 국가를 파괴하는 데 이용되었을 뿐이었다. 그 뒤를 이어 새로운 국가를 건설한 것은 파시스트체제에 최대 이데올러거였던 로코 등이었다. 무솔리니는 1926~1929년에 걸쳐 파리나치를 대신해서 자신의 뜻대로 움직여 줄 수 있는 아우구스트 도라디를 당의 서기장으로 임명했다. 순종적인 도라디 아래서 당은 1926~1929년에 걸쳐 점차 자립성을 잃고 국가에 편입되어 갔다. 그리하여 국가지상주의가 승리하여 무솔리니의 전체주의 체제가 완성되었다.

파시스트 국가와 로마교황청과의 관계도 개선되었다. 1929년 2월 11일 피우스 11세 사이에 맺어진 라테란조약으로 정치적 화해가 이루어졌다. 이 조약에 의해 이탈리아에서 가톨릭교가 유일의 종교이며, 바티칸시에 대해 교황청이 배타적 지배권을 갖는 것이 확인되었다. 또한, 재정협정을 맺어 무솔리니 국가가 몰수한 교회 재산을 현금으로 지급했다. 그리고 정교협약을 맺어 교육, 재산, 결혼, 사제 임면, 과세 등에 대한 교회의 특권을 부여하고, 과거 정부의 반교회적 법률을 모두 폐지했다. 그러나 이탈리아의 가톨릭운동은 라테란조약 이후에도 완전히 파시즘과 융합한 것은 아니었다. 때때로 두 세력은 충돌했다. 교황 측은 1938년까지는 파시즘에 대해 상당히 호의적이어서 충돌이 일어날 때 파시즘에 양보하곤 했으나 교회가 양보할 수 없는 두 가지 경우가 있었다. 그 하나는 교회의 독립성 유지였고, 다른 하나는 가톨릭시즘의 보편주의를 파시즘의 내셔널리즘으로부터 지키는 것이었다. 후자는 국외 신자와의 관계를 위해 필요한 것이었다. 그리하여 이탈리아 파시스트체제는 스페인이나 포르투갈의 파시즘과는 상당히 다르게 교회나 개개의 성직자, 가톨릭 조직 등 어떠한 것도 파시스트체제와 일치함 없이 상대적인 독자성을 지니고 있었다.

무솔리니는 권력의 안정화와 함께 자신을 권력으로 추진했던 파쇼 대중조직의 자율성을 빼앗고 그것을 대중들을 파시즘에 연결하는 단순한 수단으로 만들어 버렸다. 그리하여 나치즘과는 달리 민족이 아닌 국가의 지상성(至上性)을 전면에 내세웠지만, 실상 국가의 지상성은 그 지도자 무솔리니의 절대성으로 변질되어 갔다. 또한, 무솔리니는 1930년대에 들어 유력하고 능력 있는 간부를 중앙에서 배제, 즉 대사(주영대사에 그랑디)나 식민지 총독(리비아 총독에 발보)으로 국외로 밀어내고 어용적 예스맨으로 자신의 주변을 채움으로써 개인 독재체제를 완성했다.

제4장

바이마르공화국의 성립과 히틀러

1. 독일혁명

11월 혁명의 발생

1918년 독일혁명 직전 10월 한 달 동안 독일의 정치정세는 극히 불안했다. 이 시기 정치무대의 주역들은 각각 다른 일에만 주의를 기울였다. 황제는 자신의 왕관 유지에만, 최고사령부는 육군의 단결에만, 재상은 휴전 교섭에만, 온건한 다수파 사회민주당의 지도부는 혁명적 열정에 휩쓸린 대중의 인내심에만 관심을 기울이고 있었다. 사회민주당 좌파와 과격 좌파들도 혁명을 선도할 역량이 있던 것이 아니었다.

10월 초 문민정부의 사면으로 풀려 나온 칼 리프크네히트를 중심으로 한 스파르타쿠스단의 국제주의적 혁명가들과 노동자들의 지도자인 혁명적 오브로이테(頭目)들이 혁명을 모의하기 위해 베를린의 비밀집회를 열었다. 토의 과정에서 그들 대부분은 아직 괴멸하지 않은 제국육군의 강력한 군사력을 경계하고 두려워했다. 혁명적 오브로이테의 한 사람인 리하르트 뮬러는 "독일의 현재 상황에 비하면 러시아의 2월 혁명은 어린애들의 놀이(Kinderspiel) 같은 것"이라는 발언으로 당시 베를린의 엄중한 경비 상태를 평가했다. 그러나 혁명 세력 대부분은 현재 민중 속에 팽배해 있는 혁명적 분위기에 불씨를 던져야 한다는 데 합의했다. 그러나 그들은 그 행동은 신중해야 하며, 단순한 '혁명놀이(Revolutionaere Spiel)'가 되어서는 안 된다고 생각했다. 거사 날짜에 대한 토의가 이루어졌다. 처음에는 11월 4일로 정했으나 준비를 위한 신중론이 우세해져 11월 11일로 변경했다. 그러나 자연 발생적인 베를린 봉기가 11월 9일에 발생했다. 혁명세력은 시기를 놓치고 말았다.

혁명세력의 등장

독일혁명은 수도 베를린이 아닌 각 지방 도시로부터 먼저 개별적으로 발생했다. 루덴도르프의 군사독재가 무너진 후 제국의회의 다수파가 갑자기 정권을 장악하게 되었다. 그것은 루덴도르프가 휴전 교섭을 군사 정권이 아닌 문민정부에 덮어씌워 독일군부의 책임을 모면하려는 간계에서 획책된 것이었다. 루덴도르프는 재상 헤르틀링을 사임시키고 막스 공에게 조각을 요구했다. 패전이라는 긴박한 상황에서 제국의회 다수파에 정권을 맡기려면 그들에게도 어느 정도의 정치적 양보를 제공할 필요가 있었다. 막스 내각은 휴전의 실현과 국내 민주화라는 당면 과제에 직면하여 1918년 10월 말 제국헌법을 개정했다. 황제의 권능을 축소함과 동시에 의회의 권한을 강화함으로써 '위로부터의 개혁'을 추진하고, 부르주아 의회제 민주주의를 실현했다. 헌법개정에서 나타난 국내 체제의 민주화는 '군주전제주의'의 제거를 요구하는 연합국 측의 휴전조건에 대해 문민정부가 황제 퇴위 문제를 회피하기 위한 노력이었다. 그러나 민주화 개혁을 성공적으로 추진하기 위해서는 당시의 혼란한 정세하에서 평화와 질서가 유지되어야 했다. 그 때문에 정부는 '볼셰비즘의 위험'에 대항하여 '밑으로부터의 혁명'을 방지하지 않으면 안 되었다.

집권 여당인 사회민주당은 다수파 사회민주당이 주류를 형성하고 있었다.

당수는 에베르트와 제2인자 샤이데만이 당을 이끌고 있었다. 수상 막스 공은 정당인은 아니었고 자유주의적 귀족으로 알려진 인물이었다. 문민정부의 '거국적 방위' 계획에 반대하는 세력에는 하제, 레데부르 등 독립파 사회민주당의 좌파 '혁명적 오브로이테'와 스파르타쿠스단(團) 등이 있었다. 독립파 사회민주당의 우파 간부들은 윌슨류의 휴전 조건에 반대하지 않았다. 그러나 스파르타쿠스는 의회주의를 반대하고 혁명을 지지하는 세력으로 독립파 사회민주당 우파를 비판하고 급진파의 노선을 걸었다. 이들 급진적 세력들은 정치범의 석방, 계엄령 등 전시하의 강제법을 폐지를 요구하고, 은행 자본과 광산의 몰수, 대토지 소유의 몰수, 농업노동자의 생산관리, 군대의 철저한 개혁 등 프롤레타리아 독재의 길을 요구하는 비합법적 전국대회를 베를린에서 개최했다. 이 회의에서는 각지에 권력기관으로 노병평의회를 만들 것을 호소하는 동시에 무장봉기를 계획했다. 그러나 앞서 서술한 대로 거사 날짜가 변경되면서 계획된 혁명은 시기를 놓쳤고, 자연 발생적인 베를린 봉기가 11월 9일에 먼저 일어났다.

수병의 반란

'자생적' 혁명의 선두를 돌파해 나간 것은 전쟁에 지쳐 있던 킬 군항에서의 수병(水兵) 반란이었다. 10월 28일 패색이 짙은 독일의 대양함대에 출격명령이 내려졌다. 군 수뇌부에서는 최후까지 남아있던 독일 해군의 전력을 과시하려 했지만, 수병들에게는 사지에 끌려가는 고통스러운 작전이었다. 그리하여 이 무모한 명령에 반대하여 킬 군항에서 수병들이 들고일어나 반란을 일으켰다. 11월 초 상륙한 수병과 킬 시의 노동자 데모가 합류하여 노병평의회(Räte)가 결성되었다. 이미 독일 국민 대중 속에는 반전의 기운이 강했는데 킬의 수병 반란은 이것을 일거에 폭발시켰다. 그리하여 혁명의 파도는 각 지방 도시로 확산해 갔다. 수도 베를린에 임시정부가 세워진 11월 10일까지 전국 100여 개 지역에서 평의회가 결성되었다. 이 평의회는 러시아 '소비에트'에 유래하는 것이었으나 반드시 계급투쟁의 조직으로 볼 수는 없었다. 처음부터 명확한 비전이 있었던 것이 아니라 '즉흥적' 또는 '타협적' 성격을 지닌 것이었다.

혁명 확산을 막기 위해서는 황제의 퇴위가 필요한 정세에 이르렀다. 수도 베를린의 정세는 전국 각지에서 발생한 혁명운동과 구세력의 설붕(雪崩) 현상이 각각 전해지는 속에서 점차 긴박해져 갔다. 11월 7일 사회민주당 간부회의에서 정부에 대해 황제의 퇴위(8일 정오까지), 정부 내 당 세력의 증강, 프로이센 정부의 즉시 개혁 요구 등을 내걸고, 이 요구가 거부되면 각료를 사퇴하겠다는 최후통첩이 제출되었다. 혁명 전야에 사회민주당은 이렇게 함으로써 수도의 민중에게 은인자중을 요구하고 봉기의 발발을 억제해 보려고 했다. 봉기 계획을 11일로 연기한 혁명파들은 8일부로 '평화, 자유, 빵'을 위해 공장이나 병영을 떠날 것을 호소하는 격문을 게재하고 있었으나, 그 격문에는 일정의 설정도 혁명의 구체적인 행동지침도 없었다. 11월 9일까지의 황제 퇴위와 휴전 성립이 가까이 다가오기는 했으나 여전히 불확실하기만 했다.

이날 베를린 가두에는 아침부터 사람들이 모였고, 또 매우 빠른 속도로 인원이 늘어가고 있었다. 피스톨이나 수류탄을 휴대한 노동자와 병사들의 모습이 보여 이미 그것은 평온한 데모는 아니었다. 발전소가 점령되고 시의 전차도 정지되었다. 질서를 유지할 목적으로 새벽부터 베를린에 출동했던 나움베르그 제4저격대마저 일부 견장과 훈장을 떼어 던지고 명령을 거부했다. 그들은 병사평의회를 만들고 데모대 쪽으로 옮겨 무기를 나누어 주었다. 정부가 신뢰했던 베를린 경비대의 전투태세도 무너져 이미 경찰은 베를린 시가에서 사라졌다. 오후에는 악명 높은 모아피드 감옥이 포위되었다. 또 중앙우편국, 벨프전보국, 제국의사당이 점거되어 적기(赤旗)가 게양되었다. 저녁 무렵에는 운터 덴 린덴 거리에서 데모대와 호위병 사이에 무력충돌이 일어났다.

아침부터 긴박한 상황에 휩쓸리고 군부에서도 버림받은 빌헬름 2세는 독일의 황제와 프로이센 국왕의 지위를 단념할 수밖에 없는 처지에 놓여 있었다. 수상 바덴 공은 정오 무렵 거의 독단으로 황제 퇴위를 포고했다. 그리고 새 공화국을 출범시키기 위해 사회민주당의 에베르트를 후계자로 지명하고 새로운 헌법제정의회 선거를 공포했다.

사회민주당의 간부인 샤이데만은 오후 2시 의회 식당에 있었다. 그는 스파르타쿠스의 칼 리프크네히트가 민중 연설을 하고 있다는 정보를 입수했다. 스파르타쿠스는 사회혁명을 목표로 하는 당파였기 때문에 여차하면 리프크네히트가 먼저 '사회주의 공화국'을 선포하지 않을까 걱정되었다. 나중에 그것이 오보라는 것이 밝혀졌지만, 샤이데만은 독단으로 의사당 발코니에 나서서 광장에 모인 군중을 향해 '민주공화국'을 선언했다. 황제가 퇴위했지만, 곧바로 공화정을 세우는 과업을 아직 생각하지 못한 수상 에베르트는 책상을 치면서 샤이데만에게 화를 내었다. 그러나 결과적으로 이 선언으로 사회민주당 정권은 민중에게 만족을 주게 되었고, 10일 베를린 노병평의회의 승인을 얻어 혁명정부로서 발족하게 되었다. 리프크네히트가 사회주의 공화국을 선언한 것은 실제로 9일 오후 4시였으나 대중의 지지는 많이 받지 못했다.

한편 전선의 벨기에령 슈파에 있던 황제 빌헬름 2세는 부대를 이끌고 독일 국내에 진격하여 혁명 진압을 제안했다. 이미 정세는 이를 불가능하게 했고, 장교단에도 버림을 받았다. 그럼에도 황제는 최후까지 그 지위에 집착했다. 그러나 베를린 정변을 전해 듣고 드디어 10일 네덜란드로 망명했다.

새 공화국 정부는 즉시 연합국과 휴전을 맺었다. 11월 11일 이른 아침, 파리 북방 꽁삐에뉴에 주차해 있던 열차, 즉 연합군 총사령관 폿슈 원수의 객차 안에서 휴전협정이 성립했다. 그리하여 4년 3개월여의 대전이 끝났다.

2. 바이마르공화국

공화국의 성립

제1차 세계대전에서의 독일 패전과 이어서 전국을 휩쓴 독일혁명의 와중에 1918년 11월 초, 독일공화국 성립이 돌발적으로 선언된 것은 이미 서술한 바 있다. 그 후 10개월에 걸쳐 독일은 폭풍에 휩쓸리며 재생의 길을 모색하게 되었다. 패전과 혁명에 대한 응급조치로서 독일의 정치문화에서는 생소한 민주주의적 재건은 '즉흥 민주주의'라고 지칭되었듯 다난한 전도가 예상되었다.

최초의 2개월은 국가제도를 둘러싼 선택의 분규가 발생했다. 킬 군항의 수병 봉기로부터 시작된 독일혁명은 러시아혁명의 소비에트 운동에 대응하는 노동자, 병사의 평의회운동으로 전개되었다. 소비에트 러시아를 본뜬 평의회의 독재에 의한 사회주의혁명을 지향하는 혁명적 오부로이테들과 스파르타쿠스는 11월 10일 베를린에서 노병평의회대회를 소집했다. 그러나 여기서 선출된 집행위원회는 사회민주당 다수파의 지도자 에베르트를 수상으로 하는 임시정부를 새 정부로서 승인했다. 즉 그들이 주장했던 평의회의 독재를 평의회 스스로 부정하고 에베르트가 지향하는 의회주의의 길을 선택한 것이다. 새 정부는 다수파 사회민주당 간부를 중심으로 구성되었다. 에베르트는 반대세력인 독립사회민주당을 새 정부 내에 끌어들이기로 결심했다. 그는 3명의 독립사회민주당원을 새 정부에 참여시켜 그들이 주장하는 사회주의 정부 수립을 위한 혁명에 재갈을 물릴 필요를 느꼈다.

신생 공화국의 가장 큰 골칫거리는 치안의 문제였다. 이 문제는 11월 10일 밤 루덴도르프의 후임으로 취임한 참모차장 그뢰너의 비밀전화로 풀렸다. 그는 이 전화에서 군대가 공화제를 지지할 것을 약속함과 동시에 평의회를 통제할 것을 보장했다. 에베르트 정부는 구 군대와 협력을 약속함으로써 보수세력들과 타협하게 되었다. 한편 노동자평의회를 지지하는 사회민주당계의 '자유노동조합'은 11월 15일 경영자연맹과 중앙노동공동체 협정을 맺게 되었다. 이 협정을 통해 경영자 측은 노동운동을 순화시킬 기회를 잡을 수 있었으며, 노동자 측은 자유노동조합을 노동자 대표의 지위를 승인받고, 단체교섭권을 확립하고, 8시간 노동제 시행 등을 인정받았다. 이상의 조건들은 과거 오랫동안 노동조합이 요구한 염원이기도 했다.

다수파 사회민주당이 주장한 의회주의 노선은 12월 19일부터 열린 전국 노병평의회대회에서 확정되었다. 사회민주당 의원이 3분의 2를 차지하는 이 대회에서 결정된 사항은 국민회의를 1919년 1월 19일에 소집할 것, 그때 평의회 집행위원회는 그 권한을 국민의회에 넘길 것 등이었다. 평의원제에 기초한 사회주의 공화국의 수립은 노병평의회 스스로에 의해 부정되었으며, 그중 병사평의회는 병사들의 제대가 진행됨에 따라 축소되었고, 결국 소멸되었다.

베를린 노병협의회로부터 국민의회 선거까지 1개월간의 격동이 대전 후 독일의 정치구도를 결정했다. 12월 말 독립사회민주당이 정부에서 탈퇴했다. 그때까지 제도적으로 독립사회민주당에 속해 있던 스파르타쿠스가 분리하여 독일공산당을 결성했다. 독일공산당은 그 지도자 로자 룩셈부르크와 칼 리프크네히트의 반대에도 창립대회에서 국민의회 선거에서 보이콧 전술을 택할 것을 결정했다. 같은 극좌파였던 혁명적 오부로이테는 스파르타쿠스의 폭동주의에 반대하여 공산당에는 합류하지 않았다.

1919년 초 베를린 경찰청장 아이히호른(독립사회민주당원)의 파면을 계기로 1월 5일부터 베를린 가두시위와 총파업 등 '스팔타쿠스의 봉기'가 일어났다. 그것은 뚜렷한 전략 없이 공산당과 오부로이테를 중심으로 한 과격분자의 지도로 일어난 봉기로서 룩셈부르크는 처음부터 반대했었다. 볼셰비즘을 극도로 두려워했던 에베르트 정부는 각료 노스케가 지휘하는 의용병을 시내에 투입하여 진압 작전을 전개했다. 노스케는 유혈이 낭자한 시가전을 통해 1월 봉기를 철저히 진압했다. 15일에는 룩셈부르크와 리프크네히트가 체포되어 연행 중에 참살되었다.

베를린 1월 봉기의 초연(硝煙)이 아직 사라지지 않은 1월 19일 예정한 대로 국민의회 선거가 시행되었다. 결과는 82.7%라는 높은 투표율로서 공산당의 기권 전술은 실패로 돌아갔다. 이 선거의 결과로 대전 말기 이래 내정개혁에서 공동보조를 취했던 사회당, 중앙당, 민주당의 3당이 과반수를 차지했다. 이는 공화국과 의회민주주의를 압도적으로 지지하는 독일 국민의 의지가 반영된 것이다. 제정(帝政)에 공명하는 대자본가들의 인민당(국민자유당의 후신), 보수당이 이름을 바꾼 국가인민당은 소수파에 머물렀고, 평의회제 국가를 주장하는 독립사회민주당의 지지도 소수에 그쳤다.

2월 6일 공화국 최초의 의회가 불온한 정세가 계속되는 베를린을 벗어나 바이마르에서 소집되었다. 의회는 에베르트를 초대 대통령으로 정식 선출했다. 사회민주당도 단독으로는 과반수에 미달했기 때문에 중앙당, 민주당의 3당 연합에 의한 바이마르 연합 정권이 성립했다. 내무장관 프로이스(민주당)가 기초한 헌법 초안을 심의하고 있을 때, 파리에서는 전승국만으로 강화조약 작성이 추진되고 있었다. 한편 국내에서는 루르 지방과 중부 독일 탄광 등에서 격렬한 파업이 일어났다. 한때 브레멘과 뮌헨에서는 평의회제 공화국이 수립되었다. 뮌헨에서는 1919년 4월, 처음에는 무정부주의자들이, 이어서 공산주의자들이 혁명을 일으켜 레테(평의회)공화국의 성립을 선언했다. 국방군과 의용군을 투입하여 각지의 총파업 운동을 제압했던 베를린 중앙정부는 뮌헨의 공산주의자 정권에도 군대를 파견하여 5월 1일 이를 괴멸시켰다. 그 후 뮌헨은 반대로 우익 단체의 소굴처럼 되었다. 그중 '독일 노동자당'이 있었다. 이 군소 정당에 입당하여 교묘한 언변으로 두각을 나타낸 인물이 바로 육군 병장 아돌프 히틀러였다.

공화국 헌법 제정에 선행한 것이 베르사유 강화조약의 조인이었다. 베르사유조약의 조인 과정과 내용은 이미 언급했다. 1919년 7월 31일 새 공화국의 헌법 초안이 약간의 수정을 거친 후 국민의회에서 통과되었다. 일반적으로 '바이마르헌법'이라 불리는 신헌법은 제1부에서 국가의 구성과 과제를, 제2부에서 독일인의 기본적 의무를 규정하여 인민주권, 여성참정권, 의원내각제를 확립하고자 했다. 나아가 인민발안(人民發案) 등 직접민주주의와 비례대표제를 도입하여 독일적 철저성을 관철했다. 기본권으로는 경제활동의 자유와 함께 노동자의 제 권리를 보장하여 노동자 대표가 참가하는 전국경제회의 설립을 규정하는 등 당시로는 진보적인 야심적 헌법이었다.

국가체제는 18개 방(邦)으로 구성된 연방제를 답습했으나 직접세의 징수는 중앙정부가 장악하는 등 중앙집권화를 강화했다. 국민의 직접선거로 선출되는 임기 7년의 대통령은 긴급명령의 형태로 독재권을 행사할 수 있는 비상대권(제48조)이 부여되었다. 이것은 의회제 민주주의가 익숙하지 않은 독일에서 예상되는 정치적 혼란을 구제하기 위해 황제에 대신하는 강력한 대통령제를 두는 것이 필요하다는 막스 웨버(당시 민주당원)의 의견이 반영된 것이다. 그러나 공화국 후기 제48조의 난발에 의해 바이마르공화국이 붕괴하기에 이른 것은 아이로니컬하다.

공화국의 정치적 동요

1920년대 초 바이마르공화국은 대단히 불안정했다. 1920년 3월 우익 의용군단이 극우정치가 카프와 리트빗치 장군을 앞세워 베를린으로 진군했다(카프반란). 이에 베를린의 공무원 노동자들이 태업을 수단으로 한 총파업으로 대항했다. 공무원은 결근하거나 출근하더라도 사무를 보지 않았다. 결국, 카프는 비서실에 혼자 남아있던 비서에게 잠겨 있는 캐비닛 문을 부수어 타자기를 꺼내도록 했다. 그리고 사임 성명을 쓰고 물러났다. 이렇게 우익 쿠데타가 실패한 후에도 노동자 측은 행정의 민주화와 사회화를 주장한 8개 항의 프로그램을 요구하며 총파업을 계속했다. 그리고 루르 공업 지대는 대부분 무장 노동자의 적군(赤軍)에게 지배되었다. 노동자 측은 정부와 지방자치단체, 그리고 정당과 협의한 후 3월 24일 빌레펠트 협정을 성립시켰다. 하지만 그 직후에 성립한 헤름만 뮬러 연립내각은 일부 노동자들이 협정에 따르지 않는다는 이유로 국방군을 투입하여 루르의 3월 투쟁을 괴멸시켰다. 한편 보수화된 바이에른에서도 카프의 반란에 호응하여 우익 귀족 폰 카르 정부가 성립했다. 이 정부는 카프 반란이 실패한 후에도 존속했으나 베를린 중앙정부는 이에 제대로 대응하지 못했다.

그해 6월에 시행된 총선거의 결과는 바이마르 연합 정권에 심각한 타격을 주게 되었다. 사회민주당은 50석을 잃어 그만큼 독립사회민주당이 의석을 늘였다. 중앙당은 분리된 바이에른 중앙당을 합치면 현상유지가 되었으나 민주당은 많은 의석을 잃었다. 그 대신 보수파인 국가인민당과 인민당이 약진하여 공화국에 대한 국민의 실망이 정권의 안정을 흔들어 놓았다. 사회민주당은 제1당이었으나 정권에서 물러나 중앙당, 민주당, 인민당의 3당을 중심으로 하는 부르주아 연합에 의해 공화국이 운영되었다. 그러나 단명한 정권(평균 7.7년)이 되풀이하여 교체되는 등 정치가 흔들렸다.

독일정부의 대외정책은 베르사유조약을 수정하는 데 치중되었다. 배상총액 1,320억 금화 마르크라는 연합군 측의 거액 최후 통고를 1921년 5월에 수락한 중앙당의 빌트 연립내각은 '이행(履行)정책'이라는 전술을 선택했다. 최초 20억 마르크의 지불을 이행하는 한편, 전후 국제질서에서 소외당하고 있던 독소 양국(독일은 패전국이므로 소외당하고, 소비에트 러시아는 볼셰비키의 확산이 두려워 소외당했다)이 외교관계를 수복하는 외교상 충격을 이용하여 서유럽 열강과의 외교관계를 정상화시키고 가혹한 베르사유조약을 수정하려 했다.

독·소 외교관계의 수복은 1921년 5월 6일 독·소 통상협정의 수립으로 시작되었다. 그 배경에는 독일의 군비 문제가 놓여 있었다. 베르사유조약에서 독일에 대한 견제를 중시했던 클레망소의 주장으로 포함되었던 독일의 군비축소 조항을 극복하기 위해 장군 제에크트가 비밀리에 소련과 군사협정을 맺었다. 1922년 4월 독일은 소련과 라팔로조약을 맺어 세계 최초로 소비에트 러시아를 승인하며 외교관계를 회복시켰다. 독일은 승전국들이 소련의 볼셰비키 확산을 두려워하여 암묵적으로 설정한 '공산주의 방역선'을 자신들이 가장 먼저 깨트림으로써 당시 국제 관계에 충격을 가하고자 했다. 한편 빌트 내각은 '이행정책' 실시 과정에서 배상액이 과도하여 실제로 독일이 그것을 감당할 능력이 없다는 것을 보여주고자 했다.

이 무렵부터 독일 경제는 급격히 하락하고 있었다. 원인은 전시공채의 발행에 있었다. 전시공채의 발행으로 인한 전시 인플레이션에 의해 대전이 끝나갈 무렵에는 마르크 가격이 반감하고 있었다. 전후 동원 해제에 따른 인플레이션이 이러한 경향을 더욱 가속화시켰다. 1921년 배상 총액의 확정과 정부의 이행정책 시행 때문에 여름 이후 독일의 인플레이션은 더욱 극적으로 진행되었다. 경기가 악화되고 있음에도 '이행정책'을 편 것은 배상금의 지급이 불가능하다는 것을 보여주려는 빌트의 의도가 깔렸었다.

경제정책의 악화를 배경으로 1921~1922년에 걸쳐 좌익과 우익이 모두 봉기와 테러 활동을 통해 공화국을 뒤흔들고 있었다. 1921년 3월 중부 독일의 공업 지역에서 코민테른의 지시에 따라 독일공산당의 모험주의적 지도에 의한 무장봉기가 있었다(3월 행동). 우익 급진파는 민주주의자로 지목된 지도자들을 차례로 테러 공격했다. 라팔로조약을 맺은 빌트 내각의 외무장관 라테나우도 그 희생이 되었다.

정부가 과세 강화와 화폐 평가의 인하로 현명하게 경제정책을 운용했다면 어느 정도 인플레이션을 억제할 수도 있었을 것이다. 그러나 이러한 의도는 인플레이션에 의해 이익을 얻고자 한 대지주와 자본가의 방해를 받았다. 인플레이션의 원인을 배상 문제에 있다고 주장한 정부의 민족주의적 선전 등이 인플레이션 해결을 지연시켰다. 인플레이션에 의해 큰 타격을 받게 된 중간층 사이에는 배외주의적 내셔널리즘 풍조가 점차 확대되어 갔다.

한편, 프랑스는 전승국이었으나 인구감소와 전쟁채권의 누적, 물가고와 생산부진 등 여러 요인으로 경제적으로 허덕였으며, 그 때문에 전후 부흥을 위해 패전국 독일의 배상에 큰 기대를 하고 있었다. 그러나 극심한 인플레이션으로 고통받고 있던 독일은 일찍이 1921년부터 지급유예를 요구하면서 그 배상 시행이 규정대로 이루어지지 못했다. 이에 프랑스는 영국과 미국의 반대에도 1923년 1월 벨기에를 충동하여 독일의 루르 지방으로 출병했다. 루르 지방은 독일 최대의 공업지대였다. 프랑스 우익적 정부의 수상 푸앵카레는 출병의 핑계를 "배상 문제는 모든 것에 우선한다."라고 주장했다. 동시에 프랑스는 이전 파리강화회의에서 주장했으나 이루지 못했던 라인 강 좌안 지역의 분리를 다시금 획책했다. 그러나 루르 지방 점령에 대해 독일 정부의 입장은 이른바 '소극적 저항'으로서, 루르 지역의 공공 공무원은 물론 일반인에게도 프랑스와의 협력을 거부할 것을 종용했다. 그 때문에 프랑스는 예기한 성과를 낼 수 없었다. 게다가 영국과 미국은 이 출병을 프랑스의 노골적인 제국주의 정책이라 하여 독일 경제를 어지럽히고 혁명적 정세를 조장하는 것이라고 비난했다.

실제로 소극적 저항(9월에 정지되었다)은 독일 경제에도 영향을 주어 인플레이션을 가속했다. 이른바 '초(超)인플레이션 시대'가 시작된 것이다. 마르크 지폐는 대폭락하여 이를테면 신문은 조간 한 부가 5만 마르크였던 것이 석간에는 10만 마르크가 되었고, 깨어진 창을 수리하는 비용이 이전에 집 한 채를 사는 비용이 들었다. 책 한 권 값이 이전에 인쇄소 전체를 사는 비용이 들었으며, 외환과 교환할 때 4시에는 3시의 수 배, 5시에는 60분 전의 수 배를 지급했다는 이야기가 전해졌다. 1923년 '초인플레이션'은 독일 경제를 완전히 마비시켰다. 가을에 이르러 독일은 정치적 생명마저 끊어질 상태에 달했다. 그리하여 루르의 소극적 저항마저 중지시킬 수밖에 없었다. 하지만 이러한 상황이 행운이 된 것도 사실이었다. 이를 계기로 배상의 채권국인 영국과 미국이 독일의 곤경을 확인하게 되었기 때문이다. 결국, 그것은 영안(案)과 도오즈안을 통한 독일 배상의 경감으로 귀결되었던 것이다.

한편 독일에서는 마르크 대신 새로운 통화의 출현이 기대를 모으게 되었다. 이 사업을 추진한 사람은 샤하트였다. 그는 통화통제위원으로 취임하여 렌텐은행을 설립했다. 이 은행이 1923년 말 발행한 은행권의 가격 단위가 렌텐마르크였다. 그것은 토지, 산림과 같은 부동산을 담보로 하여 발행한 지폐로서 1조 마르크를 1렌텐마르크로 환산하여 불환지폐를 회수했다. 이 화폐정책은 크게 성공하여 다음 해 11월 금본위제를 기초로 한 신화폐 라이히마르크가 발행될 때까지 '과도적인 진정제' 역할을 했다.

'초인플레이션'은 노동자의 임금을 실질적으로 절하시켰다. 그것은 생산비용을 낮추어 독일 상품의 외국 수출을 유리하게 했다. 그리고 당연히 노동자를 궁핍하게 했다. 그러나 인플레이션에 의해 가장 큰 타격을 받은 계층은 중산계급이었다. 독일 중산계급의 중핵을 이루는 계층은 도시를 기반으로 한 많은 숫자의 봉급생활자, 자유형 업자, 자유직 지식인 등이었다. '초인플레이션'은 도시의 중산계급을 파멸시키는 역할을 했다. 오랫동안 견실한 생활로 저축했던 돈이 인플레이션에 의해 제로에 가까운 것이 되고 말았다. 따라서 구 중산층이던 그들의 생활 수준은 노동자의 생활 수준으로 떨어졌다. 과거에 그들은 오랫동안 사회적 중추 계급으로 대중과 다른 품위 있는 생활을 유지했고, 또 그것을 긍지로 삼고 있었다. 그런데 긍지를 잃고 사회의 최하층으로 추락한 것은 그들로서는 참을 수 없는 고통이었다. 게다가 노동자들은 노동조합이라는 안전판이 있었으나, 그것도 없는 중산계급은 노동자 이하의 생활 수준으로 격하될 수도 있었기 때문에 고립무원의 상태였다.

그리하여 그들 중산계급 사이에는 이러한 격변을 가져온 사회를 저주하고, 이에 책임이 있다고 생각한 공화국과 베르사유조약을 비난하는 경향이 팽배해졌다. 바이마르공화국 말기, 선거 때마다 되풀이되는 사회당 계열의 지지율 하락과 보수정당의 득표수 증가는 이러한 중산층의 투표 성향이 변하고 있다는 것을 보여주는 것이다. 그러한 시기에 이들 몰락한 중산계급에 가장 호소력 있게 다가간 정당은 히틀러의 국가사회주의 노동자당이었다(나치당, NSDAP). 나치당은 사회주의 세력을 규탄하고, 베르사유조약을 저주했으며, 반유태주의 선전을 통해 이들 불만에 찬 중산계급을 끌어들였다.

3. 히틀러의 대두와 나치체제의 성립

히틀러의 대두

아돌프 히틀러는 1889년 독일과 오스트리아의 국경 지대, 오스트리아의 브라우나우 마을에서 태어났다. 그는 린츠에서 실업학교에 다녔으나 수학과 물리, 그리고 프랑스어에서 낙제하여 1905년 가을에 학교를 중퇴했다. 그 뒤 빈의 조형미술대학에 응시했으나 입학시험에 두 번이나 낙방했다. 그는 빈에 할 일 없이 머물면서 거리를 배회했다. 그리고 다민족국가였던 오스트리아 빈에서 생활하는 동안 '위험한 유대주의' 등 민족 문제에 눈을 뜨기 시작했다.

1910년 무렵 빈의 인구는 200만 명이었는데 그중 18만 명이 유대인이었다. 그들 대부분은 빈곤하고 혐오스러운 모습으로 방랑하는 동유럽에서 이주한 유대인들이었다. 반면 빈에 원래부터 거주하던 유대인들은 이미 빈 사회의 요직을 장악하고 있었다. 1909년 빈대학에 등록한 학생 중 4분의 1이 유대인이었으며, 법학부와 의학부에는 유대인 학생이 절대다수였다. 이로 인해 변호사와 의사의 유대인 비율이 높아져 아무리 반(反)유대인 감정을 지닌 빈 시민이라 할지라도 그들 없이는 빈에서 생활할 수 없을 정도였다.

이처럼 금융, 의료, 사법, 학술, 언론 분야에서 영향력을 가진 유대인과 동유럽에서 유입된 가난하고 이상한 모습의 유대인 부랑자, 그리고 일확천금을 꿈꾸며 서민의 돈을 빨아들이는 유대인 소유의 카지노와 매음굴 등은 빈 사회에 반(反)유대주의를 깊이 각인시켰다. 이는 감수성이 예민한 나이인 18~23세(1908~1913)에 빈에 체재하고 있던 히틀러가 반유대주의 감정을 품게 된 배경이 되었으며, 뒷날 나치 정권에 의한 유대인 대량학살의 기반이 되었다. 히틀러는 1913년 5월 말 빈 생활을 청산하고 뮌헨으로 향했다. 이 시기에 히틀러는 점차 정치 문제에 관심을 두게 되었고, 국수주의적·민족주의적 정치 성향을 보이기 시작했다. 그는 이 시기에 생계를 위해 그림을 그려 팔러 다니는 것 외에는 모든 시간을 정치 문제 연구에 투자했다고 『나의 투쟁』에서 진술하고 있다.

1914년 8월 1일 제1차 세계대전의 발발이 뮌헨에 알려졌을 때, 히틀러는 독일 민족을 위해 싸울 날이 찾아왔다고 기뻐했다. 그는 열광하며 뮌헨의 오데온 광장으로 달려가서 조국애로 가득 찬 수천 명의 외침에 동참했다. 그리고 곧 독일군에 자원입대하여 8월 16일에 바이에른 연대에 편성되었고, 12월에는 서부전선에 배치되었다. 일생 제대로 된 교육을 받지 못하고 일정한 직업이 없던 히틀러에게 입대는 최초의 살아있는 체험을 통한 교육이며 직업이었던 셈이다. 그는 뛰어난 전공(戰功)으로 입대한 지 두 달도 안 되어 철십자군 훈장을 받았다. 그 후 4년간 서부전선에서 전투에 참전했다. 전투 중 독가스에 의해 일시적인 실명을 하여 1918년 10월부터 11월 하순까지 포메른 지방의 야전병원에서 치료를 받았다. 그때 패전과 혁명, 독일 황제의 퇴위와 망명, 공화국의 성립 등 요동치는 역사의 소용돌이를 겪었다. 11월 하순 야전병원에서 퇴원한 히틀러는 뮌헨의 보병연대 본부로 귀환했다. 뮌헨은 유대인 사회주의자 쿠르트 아이스너를 수반으로 하는 바이에른 공화국이 수립되어 있었다. 유대인과 사회주의는 국수주의자 히틀러가 증오하던 대상이었다. 그는 『나의 투쟁』에 다음과 같이 기록하고 있다.

> 그들(유대인)은 한쪽 손으로는 황제와 손을 잡고 있으나, 다른 한쪽 손에는 비수를 감추고 있다. 우리는 유대인들과는 어울려 지낼 필요가 없다. 단지 엄격한 양자택일만 있을 뿐이다. 그 때문에 나는 정치가가 되기로 결심했다.

나치당의 탄생과 확산

히틀러는 뮌헨 보병부대 상관의 명령으로 독일 노동자당이라는 군소 정당을 정탐하게 되었다. 이 당은 안톤 드렉슬러가 전쟁 말기에 뮌헨에서 결성한 정당이었는데, 그는 철도공장에 기계공으로 취직하고 있던 노동자였다. 이 정당은 유대인에 대항하기 위해서는 숙련노동자와 사회 중간층이 공동전선을 수립해야 한다는 생각을 실현하려는 목적으로 설립된 정당이었다. 하지만 독일 노동자당처럼 반유대주의를 기치로 내건 정당의 출현은 그것이 최초는 아니었다. 이미 19세기 말부터 몇몇 반유대주의 정당이 존재해 왔다. 그리고 제1차 세계대전에서 독일이 패배하자 반유대주의가 일반 독일인 사이에 급속히 침투하기 시작했다. 그리하여 대전 직후의 독일에서 보수세력의 주도하에 일련의 대중적인 반유대주의적이며 민족주의적인 단체들이 출현했다. 그 대표적인 것이 독일 민족주의 공수(攻守)동맹이었다. 이 단체는 20만 명 정도의 멤버와 530개 지부를 가진 당시 독일 최대의 반유대주의 단체로 성장했다. 그 외에도 독일사회당, 독일 민족주의사회당 등이 반유대주의 정당으로 결성되었다. 대전 후 우후죽순처럼 탄생한 많은 반유대주의 단체로부터 나치당만 국가권력을 장악하게 된 원인은 무엇일까? 그것을 알기 위해서는 아돌프 히틀러라는 독특한 인물의 독특한 개성을 이해할 필요가 있다.

히틀러가 드렉슬러가 만든 독일 노동자당에 입당한 것은 이 당이 탄생한 지 몇 달이 지난 1919년 9월의 일이었다. 군 수사당국의 지시로 당을 조사하기 위해 집회에 참석했다가 토론에 휩쓸려 발언하게 되었는데, 히틀러의 현란하고 정력적인 웅변술에 당원들이 감명을 받게 되었다. 히틀러는 당수의 권유를 받아들여 입당했다. 당의 선전담당위원이 된 히틀러는 그의 연설의 재능과 당원 증원의 실적으로 곧바로 이 작은 정당에서 없어서는 안 될 존재가 되었다. 1921년에는 당 창설자 드렉슬러를 제치고 당수의 지위를 획득하기에 이르렀다. 그동안 독일 노동자당은 국가사회주의 노동자당(나치당)으로 당명을 바꾸고, 25개 조로 된 강령도 제정했다.

그 후 나치는 발상의 땅인 남부 독일의 뮌헨을 중심으로 세력을 확장하여 이들 지방에서 우익 진영들 사이에 무시할 수 없는 정당으로 성장해 갔다. 1923년에는 당원도 5만 명이 되었다. 이처럼 1920년대 초기 나치의 급속한 성장을 가능케 한 요인은 물론 히틀러의 카리스마를 지적하지 않을 수 없겠으나 그것만으로는 나치 성장의 비밀을 충분히 해명하기 어려울 것이다. 군소 정당을 성장시키는 데는 이념이 같은 당끼리 합당하는 안이한 방법이 있다. 그러나 히틀러는 그것을 완강히 거부했다. 1921년 드렉슬러 등이 나치당과 독일 사회당이 합동하는 교섭을 했을 때, 히틀러는 이에 맹렬히 반대하고 최후에는 나치당을 탈당할 것을 표명했다. 그러나 히틀러의 탈당을 두려워했던 드렉슬러가 양보하여 히틀러를 당수에 추대할 것을 조건으로 그의 복당이 이루어졌다. 그리하여 그 이후에도 히틀러는 당을 그들과 이념적으로 유사한 반유대주의 단체로부터 가능한 한 명확하게 구별하고자 했다.

나치당의 사회적 성격

히틀러가 유사한 반유대주의 단체로부터 이념적인 면에서 일선을 그은 것은 무슨 이유일까? 그의 저서인 『나의 투쟁』 속에는 "부패하고 비겁한, 부르주아 사회", "무력한 부르주아", "인텔리겐차가 지니는 불쌍한 주눅 들림"이라는 부르주아와 지식인에 대한 비난과 비판이 그의 표현 속에 집요하게 되풀이되는 것을 볼 수 있다. 그리고 이와 관련하여 주의할 것은 히틀러가 과거 또는 동시대 독일의 반유대주의적·민족주의적 운동이 성공하지 못한 것은 이들 운동의 지도가 주로 부르주아와 지식인 계층에 의해 이루어졌기 때문이라고 생각했다는 점이다. 그는 과거 민족주의 운동이 "주로 부르주아 계층이 담당했기 때문에 그 결과가 대단히 약했고 온건할 수밖에 없었다."라고 주장했다. "특히 독일에서는 지식계층이 자신들만 똘똘 뭉쳐 있어 하층계급과의 생생한 결합을 할 수 없을 정도로 경직되어 있다."라고 히틀러는 기술하고 있다.

제정기의 반유대주의 운동이나 대전 직후 등장한 같은 이념을 가진 많은 단체 등은 분명하게 부르주아지나 지식인 등 사회 상층 출신자들에 의해 지도되었던 것이 사실이다. 그것은 한때 대규모를 자랑하던 독일 민족주의 공수동맹의 경우도 예외가 아니었다. 이 단체의 일반 단원은 하급 중간층에서 충원되었다. 그러나 그 지도부는 주로 귀족, 대학교수, 대 부르주아였으며, 최소한 상층, 중간층 출신 정도로 구성되어 있었다. 이에 비하면 나치는 지도자들의 사회적 위신이 낮았고, 평민적 성격이 현저했다. 당의 최고지도자 히틀러만 보더라도 실업학교 중퇴의 학력으로 당시 독일 사회에서 위신이 높은 인물이 아니었다. 나치스는 말단의 지부 지도자에 이르기까지 출신 계층으로는 하급 중간층 정도의, 게다가 인생 과정이 순탄치 않은 사람들이 압도적으로 많았다. 그는 단지 말 뿐만 아니라 실제로 나치의 지도층을 하층 대중 출신자 중에서 중용했다. 따라서 무엇보다 나치당의 반엘리트적 성격이 반유대주의 단체와는 차이가 컸다.

이같이 당 구성에서의 대중성은 도래한 현대 대중사회에서 상당한 적합성을 띠고 있었다. 히틀러에 있어 가장 유능한 지도자의 자질은 학력이나 신분이 아니라 당 활동에서의 경쟁과 도태를 통해 결정되는 것으로서, 지도자에게 요구되는 것은 행동에의 의지와 당 활동에서의 실적뿐이었다. 실제로 나치당에서 당 활동에 의욕이 없는 사회 상층 출신자가 지도자의 지위로 올라가는 것은 불가능했다. 이러한 환경에서 출세한 나치의 지도자들은 학생, 하급 장교, 병사, 구 경찰관, 실패한 세일즈맨 등 대전 후 혼란했던 독일 사회에서 뿌리내리지 못한 민초들이었다. 그들은 이제까지 정점에 서 있던 상층계급에 반발심과 적대감을 지닌 사람들이었다.

공화국 말기 히틀러의 정치적 활동

히틀러는 이들 불만 세력을 규합하여 돌격대(Sturmabteilung, SA)라는 무장단을 설립했다. 1920년에 결성한 돌격단은 점차 나치 확산과 발전에 중요한 역할을 하게 되었다. 처음에는 집회장 정리에 동원되는 정도였으나, 11월 4일 밤 호프브로이하우스에서 있었던 나치 집회를 방해하려는 800명 정도의 사회주의 노동자를 46명의 인원으로 막아냄으로써 명성을 드높였다. 그 뒤 돌격대는 단순히 집회장을 경비하는 수준을 넘어 정치적 적대 진영에 대한 공격을 감행하기 시작했다. 고무 몽둥이, 칼, 권총, 강철 채찍 등으로 무장한 돌격대원들은 반대파의 집회를 습격하거나, 나치에게는 바람직하지 않은 연극 상연과 학술강연회를 방해했다. 심지어 거리에서 유대인들을 체포하여 시민이 보는 앞에서 두들겨 패는 등의 방식으로 그들의 용맹을 과시하곤 했다. 퇴역 장교들이 돌격대의 지휘부에 합류하면서 지도자에 대한 절대복종의 정신이 도입되는 등 돌격대는 점차 군사조직의 성격이 짙어졌다. 1922년 여름부터 그 규모가 커져 5개의 '백인대'와 자전거부대가 편성되어 나치 깃발을 휘날리며 시가행진을 펼치기도 했다. 돌격대는 프랑스군의 루르 점령을 계기로 1923년 4월부터 실탄 사격을 비롯한 본격적인 훈련을 받는 등 정치적 군사화를 시작했다.

프랑스군이 루르 지방을 점령하고 독일의 배상 지급 지체에 대한 제재로 루르에서 생산된 석탄을 프랑스로 무상으로 실어 나르자, 독일인의 저항의식이 더욱 팽배해져 극우 세력의 운동이 크게 진작되었다. 특히 보수적 정치문화가 지배적이었던 뮌헨을 비롯한 바이에른에서는 이때 나치당의 당원 증가가 2배 이상으로 급속히 확대되었다. 뮌헨의 우파 내각은 사회주의 세력이 지배하는 중앙정부와 대립하여 바이에른 내에 민간 국방단체와 극우 세력에 의존했다. 히틀러는 돌격대를 중심으로 바이에른의 유력한 무장단체인 '오버란트', '국기단'을 모아 '독일투쟁동맹'이라는 무장단체를 결성했다. 이는 당시 바이에른의 정치문화가 정당활동에 의해서가 아닌 무장단체에 의해 주도되었기 때문이다. 히틀러는 이 무장단체를 이끌고 쿠데타를 획책했다.

히틀러의 폭동과 나치당의 재건

1923년 11월 8일 히틀러는 뮌헨의 한 맥주 홀 뷔르거 브로이켈러에서 '국민혁명'을 선포했다. 그는 무솔리니의 '로마 행진'을 모방하여 시가행진을 시작했다. 그러나 바이에른 국방군이 이 행진을 공격하여 뮌헨 폭동이 진압되었고, 히틀러는 체포되어 다음 해 4월 1일 금고 5년의 판결을 받고 뮌헨 서쪽 란츠베르크 감옥에 수용되었다. 이 재판에서 히틀러는 비겁하지 않았다. 폭동에 대한 책임을 자신이 모두 뒤집어쓰려 했을 뿐만 아니라 이 사건의 보수주의적 정당성을 당당하게 밝힘으로써 보수세력의 박수를 받았다. 그리하여 폭동이 갖는 군사적 성격이 과소평가되고, 그 정치적 성격이 두드러질 수 있었다. 상스러운 사회주의 주장들이 난무하던 당시 세태를 개탄하던 보수주의자들은 히틀러의 이러한 당당한 변호를 지켜보며 그가 이상성격자가 아닌 유능한 우익 정치가라고 평가하게 되었다.

히틀러는 1924년 말 9개월 만에 형기보다 일찍 출소했다. 수감 생활 동안 히틀러는 그의 정치 신조를 압축한 『나의 투쟁』을 저술했다. 출소 후 1925년부터 히틀러는 지도자 부재 상태에서 심각하게 분열되고 약화한 나치당의 재건에 매진했다. 그는 봉기 실패에서 얻은 세 가지 교훈을 당의 재건 원칙으로 삼았다.

첫 번째는 돌격대를 필요한 때에만 제한적으로 투입하는 등 과거의 무장 폭동 노선을 합법적 노선으로 바꾸려는 것이다. 이는 폭력 수단의 투입을 전적으로 부정한 것이 아니라 나치당이 거리의 깡패가 아니라는 것을 대중에게 인식시킴으로써 대중을 나치당으로 유인하고자 했다.

두 번째는 나치당이 바이에른 지역당이라는 한계를 극복하는 것이 중요했다. 먼저 나치당은 대중의 심리에 내재해 있는 인종주의를 중요한 당의 이념으로 부각시키기 시작했다. 인종주의는 분명히 합리적인 정치이념은 아니었지만, 당시의 열악했던 사회 경제적 상황을 유대인에게 떠넘기는 것은 대중의 불만을 해결하기에 편리한 전략이었다. 나아가 풀뿌리 민중들에게는 추상적인 계급 이념보다 당장 눈에 띄는 인종적 편견이 훨씬 더 쉽게 와 닿는 것이기도 했다. 다음으로 나치당은 군소정당이라는 한계를 극복하기 위해 당원을 수적으로 더 많이 증원하고, 나치 조직도 뮌헨을 축으로 부챗살 모양으로 확산시키고자 했다. 전국에 걸쳐 지부(Gau)를 설치하고, 당 중앙 산하에 여러 하부 조직을 신설하는 등 조직을 개편했다. 지방지부는 각각 그 지방에 연고권이 있는 활동가들을 포섭하여 구성한 다음, 이후 당수 히틀러의 축복을 받게 하여 정통성을 부여했다. 이 지부는 다양한 연령층과 노동자에서 귀족에 이르는 다양한 계층이 가담하는 소우주(小宇宙)였는데, 히틀러는 이를 '민족공동체'라고 지칭했다. 중앙당 조직의 산하 조직으로는 청년을 대상으로 하는 '히틀러 청년단'(1926), 고등학생이 주요 대상인 '국가사회주의 학생동맹'(1929)이 있었다. 나치에 동조하는 사법부 인사들로 구성된 '국가사회주의 사법관동맹'을 비롯한 '국가사회주의 의사동맹', '국가사회주의 교원동맹', 문화계 인사로 구성된 '독일문화전투동맹' 등 직업별 보조 조직이 신설되었다. 특히 이 중 1930년에 창설된 농업노동자의 조직인 '농업정책기구'는 다수를 차지한 농민들을 나치세력으로 유도하는 데 크게 기여했다.

또한, 노동자를 끌어들이는 데에는 '국가사회주의노동자당'이라는 당명이 암시하는 것처럼 유사(類似) 사회주의 정책이 처음부터 제시되었다. 당내 좌파 이론가 그레고리 슈트랏사는 정통 마르크스주의자라고는 볼 수 없지만, 당내에서 허용되는 한 유사 사회주의 정책을 계속 추진해 갔다. 그는 노동자층에 침투하는 발판으로 공산당의 직장조직을 본뜬 '국가사회주의 경영세포조직(NSBO)'을 만들어 베를린, 루르, 작센 등 공업 지역에 침투시켰다. 이들 세포는 노동조합을 기피하는 전문 숙련공, 사무직원 등에 깊이 파고들었다. 한편 '자영업 중간층을 위한 전투동맹'을 조직하여 유대인 주인이 경영하는 백화점들에 대한 공격을 감행하기도 했다.

세 번째는 당의 체제를 지도자(Führer)에게 무조건 복종하는 정치기구로 조직하는 것이었다. 원래 히틀러는 당의 통솔권을 장악한 일개 지도자일 뿐이었으나 나치당이 재건된 1925년 이후 막스 베버적 의미에서 '카리스마적 지도자'로 부각하기 시작했다. 이것은 나치당이 다른 민족주의 정당들과 차별화되는 가장 큰 특징이었다. 나치당원은 카리스마적 총통에게 무조건 복종해야 했으며, 히틀러에게 대항하는 당내 파벌이 조직되어서는 안 되었다. 만일 당내에서 노선 투쟁이 일어나 히틀러의 권위가 위협을 받게 되면 그가 직접 개입하여 그의 조정으로 논쟁이 무마되는 게 보통이었다. 히틀러의 마음에 들지 않는 파벌은 가차 없이 숙청되었다. 히틀러는 자신의 강령을 바꾸기보다 자신의 강령에 반대하는 자들을 숙청했다. 그리하여 반대파는 소멸하고 나치당은 상처를 입지 않은 채 남아있을 수 있었으며, 히틀러의 권위는 흔들리지 않았다. 나치당은 히틀러의 개인적 권위로 똘똘 뭉쳐 있었다. 그것은 나치당이 의회주의를 거부하고 독재체제를 지향하는 정당이었다는 것과 궤를 같이한다.

당시 바이마르의 다당제도가 가져온 정치적 혼란과 무질서 속에서 그것을 극복할 수 있는 지도자의 강림을 기다리던 독일인에게 히틀러의 카리스마적 지도자상은 신선함을 안겨주기에 충분한 것이었다. 히틀러는 경제 사회적으로 어려움에 직면하고 있던 독일 대중들을 "가려운 데를 긁어 주는" 현란한 웅변술로 사로잡았다. 또한, 당시 새롭게 등장한 매스미디어를 적절히 활용하여 대중을 선동했다. 히틀러의 집회는 로마군대의 열병식을 보는 듯 장엄했다. 집회장에는 수많은 하켄크로이츠기가 나부끼고 있었으며, 나팔소리와 북소리가 울려 퍼지는 가운데 기계처럼 행진하는 돌격대가 연단에 올라선 총통에게 오른손을 번쩍 들고 '하일 히틀러!'를 외치곤 했다. 이러한 집회는 질서를 사랑하는 독일인들의 대중적 취향에 들어맞는 것이기도 했다.

바이마르공화국의 쇠퇴 — 허울뿐인 상대적 안정기(1924~1929)

1924~1929년까지 5년간을 '상대적 안정기'라고 부른다. '상대적'이라는 것에 강조점을 둔다면 이 표현은 적절하다. 이 기간에 슈트레제만의 눈부신 활약으로 외교 분야에서는 분명한 성과가 있었다. 경제적으로도 어느 정도 발전하고 있었고, 국내 정치도 비교적 안정되고 있었다. 하지만 그 안정의 기반은 대단히 취약했고 표피적이었다. 슈트레제만은 민주당, 인민당, 중앙당, 바이에른 인민당의 부르주아 블록에 의한 6개 내각이 교체되는 동안 외교관계 업무를 일관하게 담당했다. 그는 배상과 안전보장 문제에서 일정한 성과를 올렸다.

슈트레제만은 패전 후 방향을 상실한 독일의 외교정책을 본궤도에 올려놓은 것으로 평가된다. 그는 독일을 유럽 여러 나라와 동등한 권리를 지닌 강국으로 회복시키려고 했다. 1914년 이전 독일의 외교적 지위를 회복하려 했다. 또한, 독일의 경제적 잠재력을 기본으로 하여, 여기에 프랑스의 안전보장을 만족하는 것으로 국제사회와의 화해의 길을 모색했다. 독일은 이미 여러 번에 걸쳐 라인란트에 관한 현상유지와 상호보장조약을 수차례 제창했으나 모두 프랑스에 의해 거부되었다. 그는 1925년이 되어서야 영국의 권고로 다시 이 안전보장조약을 제기했다. 그때는 프랑스의 우익 정권이 무너져 정치정세가 전환된 배경으로 이 제안이 받아들여졌다. 10월 로카르노에서 국제회의가 열렸고, 12월에는 라인란트에 관한 상호 보장 조약을 골자로 하는 로카르노조약이 런던에서 정식으로 조인되었다. 로카르노조약은 다음 해 9월 독일의 국제연맹 가입으로 발효하여 고립상태에 있던 독일의 국제적 지위가 개선되었다. 슈트레제만의 목표는 베르사유조약의 단계적 수정에 있었다. 영국의 보수당 정권은 그 무렵 소련과 긴장 관계에 있었기 때문에 독일의 대소 접근을 방해하고 독일을 서방측으로 끌어들일 긴급한 필요성을 통감하게 되었다. 그런데 슈트레제만은 그것을 역으로 이용하여, 독일이 서방으로 기우는 것을 두려워한 소련과 1926년 4월 독소 중립조약(베를린조약)을 맺어 로카르노조약을 보완했다.

1923년 가을에는 독일의 초인플레이션이 종식되고 통화가 안정됨으로써 배상교섭을 재개할 수 있는 결정적 전제가 형성되었다. 배상 문제를 살펴보면 1924년 8월 미국의 재정가 도즈를 위원장으로 하는 도즈안이 성립했다. 그것은 강화조약에서 확정된 1,320억 금화 마르크라는 배상액이 전후 피폐한 독일 경제가 감당하기에는 너무 방대한 것이라는 평가에서 시작되었다. 미국으로서는 통화안정을 계기로 독일의 경제적 전망이 낙관적으로 돌아섬에 따라 경제 강국이 된 미국의 금융계가 공업적 가능성이 큰 독일에 주목하기 시작했기 때문이다.

도즈안은 독일 경제의 능력 범위 내에서 연부지불(年賦支拂)을 하는 방식으로 결정되었다. 도즈안은 독일에 8억 금화 마르크의 외채를 지급하고 그것으로 우선 독일 경제를 활성화시켜 5년간 연차(年次)로 배상을 지급할 것을 그 내용으로 했다. 그리고 도즈안은 5년간 잠정적인 것으로 1929년부터는 양안이 성립했다. 루르 출병이 성공하지 못하고 그 때문에 정부가 바뀌어 사회당 등의 좌파 정권이 성립한 프랑스도 이 도즈안을 인정하고 1925년 8월까지 루르에서 철병했다. 도즈안의 실시를 계기로 미국 자본이 독일에 투자되어 독일 경제의 안정화에 기여했다. 독일은 도즈안 덕택으로 배상을 지급할 수 있었고, 영국과 프랑스도 그 돈으로 전시 중의 대미부채를 갚을 수 있게 되었다. '달러의 태양'이라 불리는 미국 자본의 유럽 지배가 본격화하게 된 것이다.

1928년은 배상 문제가 새로운 국면으로 전개된 해였다. 1928년 9월 독일이 제네바국제연맹회의에서 기한 전 라인란트에서의 철병을 요구한 데 대해 영국과 프랑스가 철병을 포함하여 배상 문제의 최종적 처리를 주장했다. 그리하여 미국의 영(Young)을 단장으로 하는 재정전문가위원회가 설치되어, 1929년 6월 새로운 배상협정 영안(案)이 성립되었다. 영안은 같은 해 8월 헤이그배상회의에서 부분적 수정이 이루어진 후 승인되었다. 영안은 독일의 배상 지급 연한을 정하고(1988년까지 89년간) 먼저 37년간 연평균 20억 마르크, 그 후에는 근소한 액수로 지급하는 것을 골자로 했다. 그러나 그것마저 결국 이후 대공황이 일어난 뒤에는 실질적으로 종료되었다. 라인란트의 철병도 헤이그회의에서 결정되어 슈트레제만의 외교전략이었던 베르사유조약의 단계적 수정은 결국 성과를 보기 시작했다. 그러나 이 성과에도 슈트레제만은 헤이그배상회의에서 귀국한 후 그가 속해 있던 인민당이 실업 문제로 정부와 충돌하게 된 일로 당내의 반대파를 설득하느라 애쓰다가 과로로 인해 1929년 10월 3일 급서했다.

영안에서 제시된 새로운 배상방법은 독일정부의 입장에서건 객관적 판단에서건 독일 측에 유리한 것이었다. 그럼에도 우익 세력에게는 절호의 공격목표가 되었다. 후겐베르크가 주도권을 쥔 국가인민당이 반대운동의 선두를 장악하고 철모단, 나치당 등 극우 세력들이 '독일국민 청원전국위원회'를 조직하여 공격을 추진했다. 이 '전국위원회'가 계획한 국민투표는 실현되지 않았으나, 나치당은 군소정당이면서 이 '전국위원회'에 동등한 자격으로 참가함으로써 처음으로 우익 부르주아층의 넓은 정치적 신망을 얻게 되었다. 이 위원회의 재정적 지원으로 성대하게 개최된 뉘른베르크 당 대회에 20만 명의 지지자가 운집했고, 2만 명의 돌격대가 제복을 입고 완전무장한 채 히틀러의 사열을 받았다. 또한, 출판왕인 후겐베르크 콘체른의 협조로 무수한 팸플릿을 인쇄, 살포함으로써 나치의 선전을 전국적으로 확산할 수 있었다.

우익 세력 중 나치만 영안 반대운동의 유일한 승리자가 된 것은 1929년 가을부터 겨울 사이에 분명한 사실로 판명되었다. 왜냐하면, 영안과 공화국에 반대하는 선전이 최고조에 달한 이 시기에 나치당은 한쪽으로는 거대 국가인민당의 세력을 약화시키면서 선거에서 최대의 대약진을 성취하게 되었기 때문이다.

4. 공화국의 해체 과정

브뤼닝 내각과 슈라이허의 암약

1929년 10월에 시작된 세계공황은 배상경감을 결정한 영안에 대한 맹렬한 반대운동이 확산되고 있던 바이마르공화국에도 곧바로 파급되었다. 독일에서는 전년도에서부터 미국으로부터의 단기투자 감소가 원인이 되어 불황이 시작되었다. 여기에 세계공황의 직격은 외자 의존을 통한 경제부흥을 이룩하고자 한 불안정한 독일 경제에 큰 타격이 되어, 같은 해 9월에 130만 명이 넘었던 실업자가 한 달 만에 배로 늘었고 더욱 증가 추세를 보였다. 사회민주당 헬만 뮐러를 수반으로 한 대연합내각은 실업 문제 해결을 위한 실업보험법 문제 때문에 붕괴되었다.

1930년 3월 27일 뮐러 내각이 붕괴한 후, 의회주의 자체를 부정하는 국방군 내의 음모가(陰謀家) 슈라이허 장군은 1925년 에벨트가 사망한 후 대통령으로 피선된 힌덴부르크 대통령을 움직여 중앙당의 유력한 지도자 브뤼닝에게 조각을 위임했다. 그리하여 대통령 내각이 탄생했다. 독일공화국에서 대통령 내각으로의 전환은 미리 주의 깊게 준비된 계획의 일환이었다. 대통령 내각은 슈라이허를 비롯한 군부를 중심으로 한 구세력들에 의해 계획되었다. 그들은 군부 외에 구 관료 엘리트와 대자본가, 부르주아 우파, 농업계의 이익단체들로 구성되었는데, 모두 군주제를 동경하던 세력이었다.

브뤼닝 내각을 조종한 슈라이허 장군은 정치군인이었다. 그는 결코 표면에 나서지 않고 항상 그늘 속에 숨어 정치 조종하기를 좋아했다. 그런 의미에서 그는 음모가라고 할 수 있는 사람이었다. 하지만 단순한 음모가는 아니고 독자적 이념과 강령을 지니고 있었다. 그는 유서 깊은 융커 출신이었으며, 따라서 프로이센의 전통적인 군인 사회와 군인 정신만이 전후 독일을 혼란과 부패에서 구할 수 있다고 확신했다. 그러나 스스로 정권을 장악하여 자신의 정치적 신념을 실현하려 하지 않고, 대통령의 대권에 의해 내각을 조직하고 자신은 배후에서 그것을 조종했다. 그는 국방부 장관 아래에 신설된 국방부 본부장이라는 지위에 앉아 국가의 중요 회의에 출석하여 배후에서 암약했다. 국방부 장관 제엑트가 실각한 다음에는 비록 공식적인 것은 아니었으나 실제 국방부의 '정치적 지도자'가 되었다. 그는 시간이 지날수록 더욱 힌덴부르크 대통령의 신임을 받게 되었고, 노쇠한 대통령은 다만 그의 충고를 따를 뿐이었다. 1928년 힌덴부르크가 대통령이 되었을 때 그는 이미 77세 노년에 접어들어 있었다.

1926~1927년 슈라이허는 대통령 힌덴부르크에게 다음과 같이 제안했다. "만일 국가인민당과 우익 연립정부가 성립되지 못한다면 대통령은 정당에 묻지 말고 의회의 의도를 고려하지 않고 '스스로 신임하는 정부'를 임명해도 된다." 그리고 의회 다수파의 형성을 위해서는 "호주머니에 국회 해산권을 넣고 다니면서… 정부조직을 위한 모든 가능성을 배려할 필요가 있다"고 충고했

다. 여기에 몇 년 후 현실이 된 권위적인 대통령 내각의 구상이 나타나 있다.

바이마르헌법 제48조의 긴급권은 그 자체로만 평가한다면 위험한 조항은 아니었다. 초대 대통령 에베르트도 1923년 조각에서 위기가 닥쳐왔을 때 긴급령을 발동한 바 있었다. 또한, 제48조는 국회에서 과반수로 거부하면 성립할 수 없다는 안전판이 있었다. 그리고 이에 대한 대통령의 국회해산권도 의회정치의 정상적인 기능이 잘 유지되는 한 대통령의 독재적 정치를 초래할 수 있는 위험은 없었다. 그러나 슈라이허가 '충고'한 대로 '호주머니 속에 넣고 다니는 국회해산권'은 분명히 바이마르헌법의 기본 틀을 무너뜨리는 것이었다. 힌덴부르크는 헌법 제48조의 긴급령을 견제할 수 있는 모든 법제적 틀을 무효화시키고, 대통령의 통치권을 강화하는 방향으로 정치관례를 남긴 최초의 대통령이었다. 대통령 내각제가 성립한 것이다.

힌덴부르크 대통령은 1930년 3월 중앙당의 유능한 지도자 브뤼닝에게 새 내각의 조각을 위임했다. 브뤼닝은 의회 제1당인 사회민주당을 배제하고 그 대신 국가인민당을 입각시키는 우 편향의 내각을 성립시켰다. 실제로 브뤼닝 내각은 뒤에 성립한 파펜 내각에서 순수한 모습으로 나타난 '대통령 내각'과는 성격이 다른 중간적 통치 형태를 보여주고 있었다. 브뤼닝은 의회를 완전히 무시하는 것이 아니라 의회와 대통령 사이에 밸런스를 취하려는 정책을 시행하려 했다. 그러나 이와 같은 일종의 균형 정책이 성립할 수 있었던 것은 의회 다수파인 사회민주당의 관용 정책 때문이었다. 즉 1930년 9월 선거에서 나치당의 비약적인 의회 진출(12의석에서 107의석을 점유) 이래 사회민주당은 브뤼닝 내각의 여러 가지 인기 없는 정책, 이를테면 임금 인하, 사회보장제의 감축 등 의회를 무시하고 긴급령에 의한 강행, 재군비 추진 등에 대해 내각과 견해를 달리하면서도 한편으로는 자신들의 반대로 인해 내각에 의한 의회의 해산이라는 결과를 가져오지 않도록 배려하고자 했다.

구체적으로 사회민주당은 긴급명령이 발포되었을 때 그것을 실효시키는 결의안에 반대투표를 하거나, 정부 불신임안에 대해 반대하곤 했다. 이러한 관용적 태도로 당 내부에서 비판적인 이견이 노출되었으나, 당 집행부는 브뤼닝 내각을 무너뜨리면 그 후에 등장하는 것은 더욱 우익적인 내각일 것이며 의회가 해산하여 선거를 치르면 세를 불리는 것은 나치당과 공산당뿐일 것이라는 판단이었다. 그리하여 브뤼닝 내각에 대해 사회민주당은 최후까지 '관용정책(Tolerierungspolitik)'을 유지했다. 이리하여 브뤼닝 내각은 의회와 사회민주당을 정책결정에서 배제할 수 있었고, 헌법 제48조의 대통령 긴급명령에 의해 통치하게 되었다. 배제된 사회민주당은 관용정책이란 이유로 끝까지 브뤼닝 내각에 대해 소극적인 지지로 일관했다. 독일의 연구자는 이를 "의회에 의해 용인된 긴급명령 통치"라 했다.

브뤼닝 내각의 2년간 의회민주주의 체제의 침식은 급격하게 진행되었다. 국회의 개최일은 1932년에는 연간 13일로 감소했고, 의결된 법안도 5건으로 축소되었다. 이에 비해 대통령 긴급권으로 공포된 법률은 1930년 15건에서 1931년 44건을 거쳐 1932년에는 66건에 달했다. 의회가 권력과 영향력, 위신을 잃어가는 데 비례하여 행정부는 독립성을 강화했다. 모든 방면에 관료적 관리체제가 침투하여 국가기관의 통치가 강화되었고, 경제적으로도 유력한 산업계의 합리적 의도가 무시되리만큼 행정부가 중요한 정치적·경제적 결정을 관철하게 되었다. '모든 정책결정 과정의 대통령체제로의 흡수'라는 한 역사가의 표현은 적절한 지적이었다.

1929년 미국에서 일어난 대공황이 독일에 끼친 심각한 경제적 영향은 오히려 미국을 능가하는 것이었다. 첫 번째 요인은 독일의 농촌이 이미 몇 년 전부터 심각한 농업공황에 휘둘리고 있다는 사실에 있었다. 농업공황으로 피폐한 독일 농촌은 대공황의 영향으로 중소 농민의 정치적 급진화를 가져와 나치의 농촌에서의 대중적 기반 확립과 연결되었다. 한편 파산한 동부 엘베의 융커들은 농업 보호 관세의 유지 및 강화를 위해 국가자금에 의한 원조로서 동부구제사업을 요구하며 활발한 정치공작을 전개했다. 두 번째 요인은 그동안 상대적 안정기에서의 독일 자본주의 '안정과 번영'은 실제로 미국의 자본을 중심으로 한 외자에 크게 의존했기 때문에, 공황과 함께 그 외자의 과반을 점하고 있던 단기 자본이 대량으로 유출되고 외자 도피가 시작되었다는 사실에 있었다.

마지막 요인은 당시 독일 경제가 배상 부담으로 특별한 핸디캡을 지고 있었다는 사정이 있었다. 독일이 매년 지급해야 할 배상액은 영안에 의해 1930년 확정되었다. 이전의 도즈안보다 감소한 것이라고는 하나 그것도 독일 경제의 형편으로는 여전히 큰 부담이 아닐 수 없었다.

브뤼닝은 국가지출과 사회보장을 삭감하고 세금의 증대를 꾀한 강력한 디플레이션 정책을 시행하고자 했다. 브뤼닝 내각은 디플레이션 정책을 통해 '국가재정의 균형회복'과 '통화안정'을 목표로 했다. 브뤼닝은 1930년 '독일 구원법'을 제안했는데, 그 내용을 살펴보면 관리의 급료 절하, 각종 사회보장의 급부액 절하, 국가지출의 삭감, 사탕세와 매상세의 증세 등을 포함하고 있었다. '아사정책(餓死政策)'이라고 악명 높았던 이 법안은 사회민주당, 공산당, 국가인민당, 나치당의 반대로 의회에서 부결되었으나, 정부는 헌법 제48조에 의해 대통령이 서명하는 긴급령을 발동했다.

사회민주당의 제안으로 의회는 다수결로서 다시 긴급령을 실효시키려 했으나 브뤼닝은 의회를 해산하는 것으로 이에 대응했다. 이것은 '균형재정주의'를 실현하려는 조치로 설명되고 있으나, 실제로 사회보장의 감축과 임금수준의 인하를 통해 '유효 수요'를 한층 삭감함으로써 공황을 격화시켜 민중 생활을 더욱 어렵게 했다. 당시 케인즈 이론이 알려지기는 했으나 그 의미가 충분히 소화되지 못한 상태였다. 당시에는 공황이 '경제의 자기 정화과정'일 뿐이라고 간주되었다. 따라서 경제는 본래 자기구제력(自己救濟力)을 지닌 것으로, 공황을 당해 국가가 할 수 있는 역할은 경제에 개입하지 않고 국가 경제를 파탄시키지 않는 '균형재정주의'를 관철해야 한다고 생각했다.

한편 브뤼닝의 정책 목표에는 '외교정책의 우위'라는 기본적 관점이 있었다. 당면한 공황 대책과 배상 문제의 해결이라는 두 가지 정책 목표 중 분명히 후자를 목표로 하고 있었다. 즉 외교적 교섭에 의한 배상 지급 의무의 사실상 해결과 함께 경제정책 및 금융정책에서의 완전한 자주권의 회복이라는 배상 문제의 최종적 해결은 실질적으로 공황 극복을 위해서도 가장 확실한 길이었다. 동시에 이 정책은 나치당과 국가인민당의 배외주의적 울트라 내셔널리즘 운동을 진정시킬 수 있는 처방이기도 했다. '국가재정의 균형'과 '통화안정', '물가수준의 유지' 등 당면한 목표들은 양안에 대해 충실한 '이행'의 노력을 견지함으로써 이루어질 수 있었다. 그 완전한 '이행'이 당시 독일로서 실행되기 어렵다는 것을 증명함으로써 배상의 철회를 도모하려는 외교적 책략이기도 했다. 이행정책이 관철됨으로써 공황이 심각해질 것이고, 나치와 공산당의 진출이라는 정치적 혼란이 발생하여 독일이 배상철회 요구가 외교교섭으로서의 힘을 받을 수 있었다.

브뤼닝은 대통령의 신뢰를 잃게 되어 사임에 몰리게 되었을 때, 배상철회라는 과제가 '목표 100미터 전'(브뤼닝의 표현)에 좌절되었다고 고백했다. 이때 독일은 오스트리아 최대 은행인 '크레디트 안스탈트 은행의 파산'(1931년 5월) 이후 다른 모든 은행이 폐쇄에 이르는 금융공황이 발생했다. 그 영향이 영국, 프랑스, 미국으로 확산했으며, 7월 7일에 미 대통령 후버 모라토리엄에 의한 배상 지급의 일시 정지가 발포되었다. 프랑스의 반대로 몇 번에 걸쳐 연기되기는 했으나 배상 문제를 재검토하기 위한 국제회의, 즉 1932년 로잔회의에서 이 문제가 해결되었다.

브뤼닝 내각이 붕괴한 데에는 노쇠한 힌덴부르크 대통령 뒤에서 암약한 슈라이허 장군과의 갈등이 크게 작용했다. 슈라이허는 브뤼닝을 수상으로 임명함으로써 자신의 정치적 야심을 실현하려고 했다. 그는 군주제를 옹호하는 인물로서 공화국을 지키려는 정부 내의 중요 인물을 하나하나 제거해 갔고, 마지막에는 브뤼닝마저 제거하려 했다. 브뤼닝은 사회민주당과는 다른 정치적 견해를 갖고 있었지만, 공화국 체제 자체를 유지해야 한다는 의지를 분명히 했다. 이로 인해 슈라이허 일파와의 대립이 심화되었으며, 이 갈등은 민주적 성향인 국방부 장관 그뢰너의 해임을 계기로 본격화되었다.

힌덴부르크 대통령의 신임을 받고 있던 브뤼닝을 해임하게 된 것은 동부독일 지방의 농업경영자 융커를 둘러싼 갈등에서 시작되었다. 수년 전부터 심각한 농업공황으로 파산위기에 몰린 동엘베의 융커를 구제하기 위해 농업보호 관세를 강화하여, 외국산 곡물 수입의 금지로 곡가의 폭락을 방지하고, 국가 자금에 의한 융커 원조라는 '동부구제사업'이 진행되고 있었다. 이것은 곡가를 안정시킴으로써 브뤼닝 내각이 추구한 바 있는 디플레이션 정책과 그 궤를 같이하고 있었다. 그러나 이 정책은 국가의 자금을 공황 대책과는 관계없는 '동부구제' 정책을 위해 낭비하는 결과를 가져오게 되었다. 한편 브뤼닝은 국내 실업 문제를 해결하기 위해 채무변제가 불가능한 동부 독일 융커의 대토지를 수용하여 여기에 도시의 실업자를 이주시킨다는 '동부식민법'을 구상했다. 융커들은 이것을 '농업 볼셰비즘'이라 반대하여 브뤼닝의 파면을 요구했다.

그 자신 융커 출신으로서 노이텍의 영지에서 휴가를 보내곤 했던 힌덴부르크 대통령에게 이웃 융커들의 불만이 전달된 것은 당연한 일이었다. 이 때문에 슈라이허가 브뤼닝의 파면을 요구하자 그는 이에 순순히 응했다. 5월 말 휴가에서 돌아온 힌덴부르크 대통령은 우익내각으로 구성할 것, 노동조합 지도자와의 접촉을 중지할 것, 농업 볼셰비즘을 중지할 것 등을 요구했다. 이러한 주장은 브뤼닝 진영의 사퇴를 요구하는 것과 마찬가지였기 때문에 브뤼닝은 다음날 전 각료의 사표를 모아 내각 총사퇴를 단행했다.

파펜 내각

1932년 6월 1일 파펜 내각의 등장은 바이마르공화국 붕괴 과정이 그 정점에 달한 것을 의미했다. 의회의 전 의석 중 겨우 7%에 지나지 않는 45명(주로 국가인민당) 의원의 지지를 받아 성립된 내각이었으나, 대통령의 신임을 배경으로 의회의 해산을 되풀이하여 존속할 수 있었던 대통령 내각의 탄생은 국가 정책의 결정이 의회의 심의를 통한 국민의 컨트롤로부터 완전히 차단된 상태로 시행되었다는 점에서 특징적이라 할 수 있다. 한편 파펜 내각은 귀족 칭호를 지닌 자들을 각료로 모아놓은 남작 내각이었다. 슈라이허도 각료 명단에 모습을 드러내어 스스로 국방부 장관으로 입각했다. 국방군이 독재하는 대통령제 국가를 꿈꾸던 슈라이허는 히틀러를 길들일 생각으로 파펜 내각으로 하여금 브뤼닝에 의해 결정한 나치의 돌격대 금지령을 철폐하고, 국회를 해산하도록 했다. 이것은 이미 슈라이허와 히틀러가 밀약한 것이었다. 그 밀약에서 그들은 사회민주당을 약화시키는 데 합의했다.

이어서 슈라이허는 7월에 프로이센의 소도시 알토나에서 일어난 나치 돌격대와 공산당 무장 세력 사이에 발생한 충돌 사건을 이유로 공공 안녕질서를 회복시킨다는 구실을 내세워 대통령 명령으로 사회민주당의 프로이센 정부를 붕괴시키고, 파펜이 그 수상을 대행하는 쿠데타를 단행했다. 사회민주당은 당의 최대 진지를 빼앗기고도 이 중앙정부의 폭력적 조치를 행정재판소에 위법으로 제소하는 것 외에 다른 반격을 할 수 없었다. 공산당에게 호소한 총파업도 전체 노동자 중 600만 명이 실업 중이었고, 공산당을 '사회 파시즘'이라 규탄하던 사회민주당 측의 적대적 의사 때문에 노동자들이 날카롭게 분열하고 있는 상태에서는 성공 가능성이 거의 없었다.

1932년 선거에서 나치당과 공산당이 의석을 증가시켰고, 부르주아 정당들은 거의 괴멸했다. 히틀러는 슈라이허를 방문하여 파펜 정부에 대한 관용과 협력을 거부할 뜻을 분명히 표명함과 동시에 힌덴부르크 대통령을 회견하여 스스로 지도권을 장악할 수 있는 내각의 개혁을 요구했다. 9월 12일 국회가 소집되었으나 나치 괴링 의장의 의회 해산령은 막고, 공산당이 제출한 내각 불신임안을 압도적 다수로 가결했다. 곧 다시 실시된 총선거 직전 임금 절하를 반대하는 베를린 시전(市電), 지하철 파업에 나치와 공산당이 공동으로 투쟁했으므로 자본가들이 나치당을 원조하지 않아 200만 표가 감소되었다. 게다가 끈질기게 수상 자리를 고집하는 히틀러의 노선에 불만이 일어나고, 돌격대의 분열 등 나치에도 위험신호가 점멸했다. 한편 대통령을 둘러싼 슈라이허와 파펜 사이에는 위기관리의 방법으로 대립이 일어났다. 이러한 '권력 진공의 국면'(디트리히 부랏하의 해석)의 발생은 히틀러의 정권 참여의 길을 여는 계기가 되었다.

5. 히틀러의 권력장악

나치의 당세 확장

뮌헨 폭동 이후 감옥에 갇혔다가 출감한 히틀러는 당의 노선을 과거의 무장 폭동 노선으로부터 합법 전술로 바꾸려 했다. 당을 재건하는 데 중점을 둔 것은 선거 전략의 문제였다. 선거에서 표를 끌어모으기 위해 필수적인 것은 당의 기본 노선을 확립하는 것이었다. 나치당의 기본 노선은 반유대주의와 반자유주의, 그리고 반공산주의로 집약될 수 있다. 이러한 노선은 수미일관한 것이라기보다 상호 모순적인 것이 많았다. 하지만 외부적으로는 세계공황의 고통을 받은 독일의 서민 대중과 고루한 기성세대에 불만을 품은 젊은이들, 제국시대의 사회적 공동체가 붕괴한 데 분개하는 사람들, 대도시로부터 소외된 지방세력들 등 사회불만 세력에 직접적인 호소력을 지니게 되었다.

나치당의 호소력은 이 당이 광범한 국민 층에 기반을 둔 독일 최초의 '국민정당(Volkspartei)'이라는 점에 있었다. 나치당이 1930년 공개한 통계 자료에 의하면, 화이트칼라 노동자가 전 당원의 25.6%를 차지하고 있었으며, 농민이 14.1%, 수공업자와 상인이 9.1%, 관리자가 6.6%, 소규모 영업자와 상점주가 8.2%, 중규모의 자영업자가 3%, 교사가 1.7%였다. 그중 노동자가 차지하는 비율은 전체 당원 중 다수였음이 분명하나, 전체 인구 중 노동자가 차지하는 비율(약 45%)에 비하면 나치당에 노동자 가담률은 높지 않다고 볼 수 있다. 따라서 나치당이 표방하는 '국민정당'이라는 내용은 상당히 기만적이었다.

뮌헨 쿠데타가 실패한 후 나치당의 노선이 합법 노선으로 선회했음은 이미 살펴본 바이다. 히틀러의 주도하에 전개된 나치당 재건 운동은 당 세력의 전국적 확산 전략으로 전개되었다. 공황의 영향으로 심각해진 실업과 배상 문제의 해결 등 당시 독일이 당면한 어려운 문제를 베르사유체제 폐기를 통한 현상타파(現狀打破)라는 주장 한 방으로 해결하겠다는 나치의 선전이 민중에게 먹혔다. 나치는 합법 노선의 수단으로 선거에서 득표수 증대를 목표로 했다.

1930년 9월 14일 국회의원 선거에서는 낙관적인 나치 지도자들마저 예상 못했던 상황이 벌어졌다. 나치는 국회의원 수를 12명에서 107명으로 늘려 군소정당에서 일시에 제2정당으로 격상했다. 그것은 독일 의회 선거사상 유례 없는 정치적 지각변동이었다.

1932년 봄 힌덴부르크의 임기가 끝나 대통령선거가 실시되었다. 이 선거에 히틀러가 대통령 후보로 출마했으나 그 결과 2차 투표에서 1,860만 표 대 1,129만 표로 힌덴부르크에게 석패했다. 우파 정당 상당수는 히틀러를 지지했다. 이 선거에서 공화파의 지지를 업은 힌덴부르크가 승리함으로써 히틀러의 정권장악은 일단 차단되었다. 그러나 힌덴부르크는 하루 중 몇 시간 동안만 정상적인 활동을 할 수 있을 정도로 노쇠한 상태였다. 그 때문에 정치군인 슈라이허가 정치를 좌지우지하고 있었다. 곧이어 1932년 7월 31일 국회의원 선거에서 나치가 큰 성과를 거두었다. 절대다수에는 미치지 못했지만, 나치는 1,380만 표를 획득했고, 의원 230명을 더 확보하여 총 의석수는 608석에 달해 제1당이 되었다.

슈라이허 내각

이 선거결과에 의기양양해진 히틀러는 실권자 슈라이허를 방문하여 자신은 더는 파펜 정부를 지지하지 않겠다고 선언했다. 이에 대해 슈라이허가 히틀러나 히틀러의 대리인을 새 내각에 입각시키겠다고 제안했다. 하지만 히틀러는 이에 만족하지 않고 자신이 리더십을 발휘할 수 있는 완전한 내각을 요구했다. 8월 13일에 있었던 힌덴부르크와의 회담에서도 히틀러는 나치당 주도의 개각을 요구했다. 이에 대해 힌덴부르크는 히틀러에게 분수를 지켜 달라고 요구했다. 그는 표현은 하지 않았으나 '보헤미아의 상등병'이었던 히틀러를 속으로 경멸하고 있었던 것이 분명했다.

그리하여 히틀러의 정권 획득은 비록 실패로 돌아갔지만 동시에 파펜 내각에 히틀러를 들러리로 세우려던 슈라이허의 의도 역시 관철되지 못했다. 그 뒤 파펜 내각의 실정이 거듭되어 의회의 지지를 받지 못하자 그를 뒤에서 조정하려 했던 슈라이허는 파펜의 이용 가치가 더는 없다고 판단했다. 파펜과 슈라이허가 대립하게 되었다. 슈라이허는 힌덴부르크에게 접근하려는 파펜을 견제하고 스스로 내각을 구성하기로 했다. 슈라이허는 파펜을 실각시켰다. 거의 강제로 수상직을 사임하게 된 파펜은 슈라이허에게 원한을 갖게 되었다. 슈라이허는 스스로 전면에 나서기보다 다른 사람을 내세워 뒤에서 영향력을 행사하는 방식을 선호했으나 파펜을 제거한 후에는 더는 전면에 내세울 만한 인물을 발견하지 못했다.

스스로 정권을 맡게 된 슈라이허는 생각보다 어려운 정치상황에 직면하게 되었음을 알게 되었다. 그것을 조성한 것은 그 자신이었다. 그는 군부독재를 실현할 수 있는 수단으로서 나치를 부추겼고, 나치를 견제하려 했던 브뤼닝을 쓰러뜨렸다. 하지만 오히려 이를 통해 나치는 그가 조정할 수 없는 큰 세력으로 성장하고 말았던 것이다. 한때 그는 파펜을 앞세워 히틀러를 회유하려 했으나 실패했고, 스스로 파펜의 뒤를 이어 수상에 취임한 후에도 형세는 전혀 달라지지 않았다. 슈라이허는 히틀러를 자신의 내각 부수상으로 끌어들이고자 교섭했으나, 이미 살펴본 대로 히틀러는 이 제안을 거부했다.

정권을 담당한 슈라이허는 우익 세력의 기대와 전혀 다른 정부 성명을 발표했다. 성명에서 그는 공산주의와 마찬가지로 자본주의를 비판하고 타협 노선을 천명했다. 그리고 나치당을 분열시키는 정치공작을 시작했다. 나치당은 당명 '국가사회주의노동자당'이 암시하듯 당내에 슈트랏서를 중심으로 한 좌파가 있었다. 슈라이허는 당내 좌파와 사회민주당의 온건파를 규합하여 제3의 노선을 결성, 결국 나치당을 분열시킬 것을 획책했다. 그는 이미 슈트랏서를 충분히 설득했기 때문에 이 계획이 성공할 수 있다고 믿었다. 그러나 이는 나치당 내의 역학 관계에 대한 오판일 뿐이었다. 그는 당내 좌파 지도자인 슈트랏서가 히틀러에 대항하여 나치를 분열할 수 있는 세력이 될 수 있을 것으로 여겼다. 그러나 히틀러는 나치 재건사업을 통해 괴링, 괴벨스, 히물러 등 심복을 중심으로 강력한 지도권을 확립한 상태였다. '전부 아니면 전무'라는 히틀러의 고집 앞에서 슈트랏서가 입각을 단념하고 당무직을 사퇴함으로써 슈라이허의 나치 길들이기 구상은 실패로 끝났다.

한편 사회민주당을 공략하려는 슈라이허의 전략 역시 실패로 끝났다. 전독일 노동자동맹의 의장 라이파르트는 슈라이허의 구상에 동감하여 그와 협력할 뜻을 내비쳤으나 사회민주당 지도부는 이에 극력 반대하고 두 사람의 접촉을 금지시켰다. 그뢰너를 '민주 장군'이라 칭하는 데 비해 슈라이허는 '사회 장군'이라 불리기도 했다. 노동자의 고용창출과 임금인상을 통해 노동조합에 접근하려는 그의 계획은 대자본가를 중심으로 한 산업계가 걸림돌이라 비난했으며, 관세정책과 동부 이주계획은 융커들의 반발을 샀다. 지도적 자본가들에게는 군부와 노동자의 동맹이라는 어울리지 않는 무서운 괴물이 나타난 것으로 보였다. 공업계와 융커들은 슈라이허를 군복을 입은 사회주의자라고 의심하기도 했다.

이러한 상황에서 권위주의를 신봉하던 우파들이 마지막으로 히틀러와의 대화를 시도한 것은 극히 자연스러운 움직임이었다. 우파들은 슈라이허가 제기한 '타협정책'을 극복하기 위해 히틀러를 중심으로 우파 단결 노선을 취하려고 했다.

히틀러의 집권

슈라이허에 의해 사임이 됨으로써 원한을 갖게 된 파펜은 자신의 정적을 수상직에서 몰아내기 위해 1932년 12월 후반부터 다음 해 1월에 걸쳐 히틀러 정권을 세우기 위한 공작에 열중했다. 파펜은 1월 초 히틀러와의 회담하여 슈라이허를 타도하는 데 동의했다. 다음으로는 쿠르프 등 중공업계의 수뇌와 국가인민당 후겐베르크 등과 회담하여 새로운 정권 수립의 불가피성을 역설했다. 대통령 관저에서는 힌덴부르크의 아들인 오스카가 융커의 이해를 대변했으며, 전국농촌동맹의 간부와 함께 슈라이허를 비판하는 여론을 대통령에게 전했다. 파펜의 움직임을 파악한 슈라이허는 1933년 1월 23일 의회의 해산과 차기 선거의 무기 연기를 내용으로 하는 긴급령을 대통령에게 요청했다. 그러나 힌덴부르크는 이를 거부했고, 오히려 그에게 사표를 제출하도록 요구했다. 1월 30일 국방군 지도부에 의한 쿠데타의 소문이 퍼지는 등 공황에 가까운 상황에서 힌덴부르크는 내심 탐탁지 않았으나 히틀러에게 조각을 명령했다. 부수상으로 예정된 파펜이 경제부 장관 겸 농업, 식량부장인 국가인민당 당수 후겐베르크, 노동부 장관인 철모단의 세르테 등과 협력하여 히틀러를 견제할 수 있다고 설득했기 때문이다.

분명히 이 최초의 히틀러 정권은 나치 각료로는 히틀러 외 2명, 내무부 장관에 프릭크, 국무부 장관에 괴링뿐인 우익 연립 정권이었다. 그러나 나치는 이것을 '국민혁명'의 출발이라고 주장하고, 히틀러는 마르크스주의와 민주주의를 철저하게 파괴하겠다고 언명했다. 친나치파 장군 부론베르크를 국방부 장관에 임명한 국방군과 쿠르프 등 공업계의 수뇌들은 새 정권을 지지했다. 한편 히틀러는 선거에서의 압도적 승리라는 합법적 수단을 통해 이탈리아의 파시즘에 필적하는 '총통국가'를 수립하기 위해 즉시 국회를 해산했다.

3월 5일 총선거가 공시되자 그 후 한 달 동안 나치는 국가 권력을 총동원하여 반(反)마르크스주의, 반(反)의회주의를 주창하는 정치선전과 테러 행사에 열중했다. 이에 대항하여 그동안 반목했던 사회민주당과 공산당은 공동으로 대항하지 못하고, 더구나 80%가 실업자로 구성되었던 공산당은 프로이센 경찰이 당 본부 칼 리프크네히트하우스를 급습했으나 탄압이 두려워 대항하지 못했다.

투표일 직전인 2월 27일 밤 베를린 국회의사당 방화사건이 일어났다. 나치는 즉시 범인으로 방화광이며 정신박약자인 네덜란드인으로 공산주의자라

지목된 반 데어 룻베라는 남자를 체포했다(후에 사형됨). 이것을 계기로 나치는 공산당의 테러를 저지한다는 명목으로 민주세력에 대한 대탄압을 개시했다. 그러나 경계가 엄중했던 국회의사당이 한꺼번에 타버릴 정도의 방화 재료를 단 한 명의 방화범이 그곳까지 운반하여 점화할 수 있었을까? 나치 자신이 일체 준비를 마친 후 방화범을 투입하지 않았을까? 더욱이 당의 수뇌인 괴링의 국회의장 관저에서 의사당까지 지하도가 통하고 있다는 정황 증거가 있었기 때문에 나치의 계획적인 방화라는 것이 정설이 되고 있다. 나치는 이 사건을 공산당에 의한 국가전복사건으로 단정하고 국회의원과 공산당 간부를 체포하고자 했다. 다음날 히틀러 정부는 헌법에 따라 정해진 국민의 기본권을 모두 폐기하는 긴급령을 가결하여 독일을 사실상 계엄상태에 두었다.

3월 5일 총선거에서 투표율 88.7%라는 대단한 참여율을 보였다. 그러나 그 결과를 살펴보면 나치는 히틀러가 예상한 과반수가 되지 않았다. 나치가 얻은 의석수는 288석으로 총 의석의 44%였다. 이는 우익의 국가인민당을 합해야 겨우 반수를 넘길 수 있는 수치였다. 나치의 과격한 선전 활동에도 사회민주당과 중앙당의 득표는 타격을 받지 않았다.

새 의회는 3월 23일 돌격대와 하켄크로이츠로 덮인 포츠담의 크롤르가 극장에서 개최되었다(공산당의원 81명은 나치 돌격대의 공격으로 출석할 수 없었다). 그러나 이 의회는 히틀러가 의회정치를 영구히 배제하기 위한 최후 수순의 의식일 뿐이었다. 즉 이 의회는 정부에 무제한이라 할 수 있는 권한을 부여하는 '전권위임법(全權委任法)'을 가결하여 바이마르 민주주의 체제를 끝장내는 것을 목적으로 했기 때문이다. 이러한 헌법개정에는 의원 3분의 2 출석에 출석의원 3분의 2의 찬성이 필요한 것으로, 나치의원만으로 필요한 수를 채울 수 없었다. 이에 나치는 중앙당의 동의를 얻어 의장(괴링)의 재량권으로 무단결석인원을 '출석'으로 취급하는 의원규칙개정을 통과시키고, 노성이 진동하는 속에서 '전권위임법'을 제안하여 441표 대 94표로 이를 통과시켰다.

히틀러는 정권을 획득한 직후 마르크스주의와 민주주의의 철저한 파괴를 중앙정부와 프로이센뿐 아니라 연방주의를 지지하는 독일의 각 영방에도 확대하는 강제적 동질화정책(Gleichschaltung)을 강행했다. 각 영방의 정복은 각 영방의 나치당 조직, 돌격대, 친위대를 동원하여 밑으로부터의 기틀을 다지고, 중앙정부가 임명한 위원에게 경찰권을 장악시키며, 여러 차례에 걸친 '연방동질화법'에 의해 영방정부와 영방의회를 나치의 단독이나 연립 여당이 지배하도록 개조했다. 나아가 그 상급기관으로 영방 수상의 임면권, 영방의회의 해산권을 가지는 11명의 '국가총독'을 두었다. 다음 해 1934년 1월 30일 입법으로 영방의회의 폐지, 영방정부의 중앙정부에로의 완전종속으로 국가제도상 중앙집권화, 이른바 '국민혁명'이 완료되었다. 이들 국가개조는 공공연한 테러와 폭력을 수반했는데, 반대자들을 격리하는 강제수용소도 개설되었다. 이 시설 설치도 형식상으로는 법률에 기초한 것으로, 이러한 '통령국가'의 특징을 '조치'와 '규범'의 두 요소로 된 '이중국가'라고 불렀다.

전권위임법과 동질화법에 의해 집권적인 독재국가의 틀을 다진 나치는 1933년 중에 지배체제의 편성을 거의 완료했다. 6월까지 사회민주당을 금지하고, 다음 달까지는 인민당, 국가당(구 민주당), 중앙당이 각각 자주 해산했다. 국가인민당은 나치에 흡수되었다. 7월 14일에는 정당창설금지법이 제정되어 중앙정부와 영방의회는 나치에 합법적으로 독점되었다. 그 후 반나치즘 저항운동의 조직과 지도는, 예컨대 사회민주당 망명 집행부를 체코의 프라하로 옮긴 것처럼 국외에서 진행될 수밖에 없었다.

노동조합은 노동절 다음날 나치 돌격대의 습격을 받았고, 독일노동전선(DAF)이 설립되었다. 그 중요 임무는 나치 이데올로기의 교육이었다. 그리고 여가 활동을 통한 노동 의욕의 활성화를 꾀하여 관극, 콘서트, 단체 여행 등을 기획하여 노동자를 동원했다. 4월에는 직업관리단재건법을 만들어 공화국 지지자, 유대인 등 나치에 비협조적인 사람을 추방하여 충성스러운 관리와 교원들을 재건하고자 했다. 농업 분야에서는 과거의 농민단체를 해체하고, 1933년 9월 농업부 장관 달레를 수반으로 한 '전국식량신분단'을 조직했다. 그리고 농산물을 생산하는 농민뿐 아니라 가공업자, 유통업자들을 강제로 가입시켰다. 그들에게 '피와 토지'라는 이데올로기를 주입하여 식량의 자급자족을 위한 증산을 목표로 했다.

히틀러가 수상에 취임할 무렵 독일의 경기는 하강 국면이 끝나고 상향세가 시작되었다. 이는 나치 정권에는 행운이었으며, 600만 명으로 치솟았던 실업자 수도 점차 감소하고 있었다. 그러나 1933년 6월과 9월 두 차례에 걸친 고용 창출 계획은 경기부양을 결정적으로 밀어붙이는 결과를 낳았다. 그것은 미국의 뉴딜을 닮은 '실업자감소법'이라는 법률이었다. 총액 15억 마르크의 국가재산을 투입하여 각종 공공사업을 확대함으로써 자재와 노동력, 기업의 생산과 고용을 확대하려는 것이었다. 전국에 대규모 자동차도로(Autobahn) 건설이 법제화되었다. 나치는 이 건설사업과 히틀러의 모습을 영상화하여 크게 선전함으로써 총통국가의 미래에 대한 강력한 이미지를 국민 속에 침투시켰다. '나치 경제의 기적'이라는 신화는 이러한 교묘한 분식(粉飾)으로 이루어졌다.

나치의 유대인 박해는 나치가 국가권력을 독점한 직후부터 시작되었다. 유대인 단체가 국가에의 충성을 표명했음에도 4월 1일부터 전국에서 유대인에 대한 보이콧 캠페인을 실행했다. 하지만 외국의 신문 보도에는 독일 주부들이 유대계 상점에서 급히 생활필수품 쇼핑을 끝낸 다음 보이콧 운동에 참여했다고 이 운동을 비판했다. 히틀러는 직업관리단재건법을 제정하여 행정조직에서 모든 유대인을 추방했다. 그리하여 유대인의 생존권은 점점 더 좁아져 갔다. 하지만 마르크스주의와 유대인을 축출한다는 히틀러의 '단호한' 여러 조치는 대중에게 호소력을 갖기도 했다. 그리하여 독일인의 도덕적·정치적 감각은 마비되어 갔고, 1935년 9월에 제정된 뉴른베르크 제법 이후 인종적 반유대주의가 정치와 선전의 전면에 공공연히 등장하게 되었다.

국가권력은 독점할 수 있으나 지적(知的) 헤게모니 획득은 이룰 수 없었던 나치는 일찍부터 문화통제를 감행했다. 1933년 5월 10일 밤 베를린을 위시한 모든 대학도시 광장에서 나치 학생동맹 활동가들에 의해 분서운동(焚書運動)이 일어났다. 불온한 것으로 간주된 서적들을 모아 불 속에 던져 '화형'시키는 의식이었다. 독일 교양 층의 퇴폐도 진전되어 상당한 수의 독일 교수가 이 분서운동을 '독일정신의 순화'라고 보고 지지했다. 9월에는 문화의 동질화 기구로서 괴벨스를 수반으로 한 제국문화원이 창설되었다. 모든 문화인이 영화, 연극, 음악, 신문, 라디오, 저술, 조형예술의 7개 부문 어딘가에 강제로 가입함으로써 그 활동을 규제당했다. 그 외에도 히틀러 유겐트가 조직되어 여타의 모든 청년조직을 흡수하여 일원화를 향해 계속 확대되었다.

나치체제의 재편은 교회도 예외가 아니었다. 가톨릭교도들의 나치에 대한 불신은 전통적으로 뿌리 깊은 것이었다. 그러나 1933년 7월 20일 히틀러와 바티칸이 정교협약(政教協約)을 맺음으로써 나치 정부와 사제단 사이에 화의가 이루어졌다. 가톨릭 평신도는 일상생활에서는 불만이 그치지 않았지만, 나치에 대한 가톨릭의 저항력은 상당히 감퇴했다.

프로테스탄트 쪽에서는 특히 복음파 교회가 분열했다. 친나치파 목사들은 '독일 크리스천' 운동을 일으켜 제국총감독(Reichs-bishop)으로 뮐러를 선출하여 통일 프로테스탄트 복음파 제국 교회를 실현코자 했다. 히틀러는 뮐러를 지지하여 통일 교회가 창립되었다. 그러나 크리스천 운동에 관한 반대파가 나타났고 '목사들의 긴급동맹'이 조직되어 이에 동조하는 세력이 커지게 되었다. 히틀러는 정치적 적대 세력에 대한 철저한 박해와는 다르게 프로테스탄트 내부의 대립 격화가 체제 유지를 위해서는 바람직 않다고 판단했다. 그리고 방침을 바꾸어 교회 문제에 대해서는 나치당의 중립을 종용했다.

히틀러의 대외 정책

1920년대에 유지되었던 국제협조는 1930년대에 들어서서는 곧바로 세계공황의 폭풍에 휘말려 파탄에 직면했다. 1932년 2월에는 국제연맹 주최의 주네브 군축회의가 열렸다. 이 회의에서 브뤼닝 정권하의 독일은 베르사유조약의 수정외교 입장에서 전후 독일에 가해진 무장제한을 타파하기 위해 군비평등권(軍備平等權)을 주장했다. 이에 대해 독일의 군사적 라이벌이라 할 수 있는 프랑스가 반대하여 난관에 직면했다. 그러나 12월 11일 드디어 독일의 군비평등권을 원칙적으로 인정하는 영·미·프·이 4국 선언이 발포되어 독일이 그것을 수락했다.

1933년 1월 말 정권에 취임한 히틀러는 처음 외국에 협조적이고 평화적인 인상을 주려 했다. 2월에 재개된 쥬네브 군축회의에도 독일 대표를 출석시켰으며, 5월 17일 이른바 히틀러의 '평화연설'에서는 전쟁반대와 집단안전보장 등을 호소하기도 했다. 한편 히틀러는 국방군 장교들 앞에서 군비 확장 요구를 숨기지 않고 표명했으며, 나아가 군비평등권을 인정하지 않으면 군축회의와 국제연맹으로부터 독일이 탈퇴한다고 경고하기도 했다. 5개월 후인 1933년 10월 14일 히틀러는 국방군과 외무부 수뇌의 동의를 얻은 다음 국제사회에 경고한 대로 탈퇴를 통고하고 국제적 고립의 길을 걷기 시작했다. 이러한 조치에 대한 국민적 신뢰를 묻기 위해 1933년 11월 12일에 국민투표와 국회선거를 실행하게 되었다. 히틀러는 진두에 서서 테러를 병행하면서 선동, 선전을 통해 내셔널리즘을 자극했다. 그 결과 국민투표는 투표율 96.3%, 찬성 95.1%라는 높은 비율로 연맹 탈퇴가 신임을 받게 되었다. 또한, 정당 해체 후 국회선거에서는 나치당의 통일후보 리스트가 투표율 95.3% 중 92.2%의 동의를 얻어 히틀러의 위신을 높이는 효과를 나타내었다.

1934년 1월 히틀러는 국제적 고립화를 회피하는 정책으로서 폴란드와 불가침조약을 체결했다. 이 외교정책은 프랑스와 동유럽 여러 나라 간 협상 체제를 방해할 목적으로 구성된 것이었다. 그러나 결과적으로 폴란드와 적대하고 있던 소련과 라팔로조약 이후 우호관계에 종지부를 찍게 된 결과를 가져왔다. 그해 여름 히틀러는 독재강화 정책으로 당내 숙청을 강화했다. 숙청은 돌격대 간부로부터 시작했다. 히틀러는 돌격대장 렘을 위험인물로 간주했다. 그는 나치의 '국민혁명'을 사회주의적 '제2의 혁명'으로 철저히 밀고 갈 것을 주장했으며, 그것을 대기업과 은행을 제압함으로써 이룰 수 있다고 했다.

히틀러에게 그것은 상당히 과격한 구상이었다. 게다가 렘이 자신이 이끌고 있는 돌격대를 국방군을 대체하는 신국방군의 지위로 격상시키라고 요구해 왔을 때, 그를 제거하지 않으면 자신의 권위가 위험해지리라 판단한 히틀러는 그를 숙청해야겠다고 결단했다. 1934년 6월 30일 새벽, 히틀러는 렘을 습격 체포하여 뮌헨 교외의 교도소로 보내어 친위대 장교들에게 사살하도록 명령했다. 동시에 '반정부 분자'로 낙인 찍어 전임 수상 슈라이허와 나치의 좌파 지도자 슈트랏사도 사살했다.

숙청을 통해 대내적인 독재정치를 강화한 이후 히틀러가 취한 외교정책은 오스트리아의 합병이었다. 브뤼닝 정권의 독·오 관세동맹이 유산된 후 히틀러는 오스트리아 합병을 공공연하게 획책하기 시작했다. 그 수법은 오스트리아의 나치운동을 사주하여 반(反)나치 정책을 취하는 돌프스 정권을 타도하여 오스트리아에 나치 권력을 수립하려는 쿠데타를 도모하는 것이었다.

1934년 7월 25일 육군 제복으로 변장한 오스트리아 나치의 친위대가 빈 봉기를 사주한 다음 그 틈을 타고 돌프스를 사살했다. 그러나 즉시 진압되어 문교부 장관 슈스니크가 대통령으로부터 수상에 임명되어 쿠데타는 실패했다. 이때까지 아직은 반나치적 태도를 지니고 있던 이탈리아의 총독 무솔리니는 오스트리아 나치의 행동에 단호하게 반대하여 약 5만 명의 군대를 국경의 프랜네르 고개에 출동시켰다. 이를 본 히틀러는 오스트리아의 합병은 시기상조라고 판단하여 독일은 관여하지 않겠다는 태도를 지켰다.

오스트리아 나치의 폭동이 실패한 일주일 후 힌덴부르크 대통령이 서거했다. 이에 히틀러는 대통령제를 폐지하고 스스로 수상과 대통령을 합체한 총통(Füehrer)이라 칭하며 독재체제를 확립했다. 그는 9월의 당 대회에서 "나치 혁명은 완수되었다!"라고 선언했다. 이러한 나치운동의 힘찬 다이나미즘에 독일 국민은 도취했다.

한편 국제연맹의 관리하에 있던 자르 지방은 1935년 1월 국민투표에 따라 91%의 찬성으로 독일에 복귀했다. 3월 히틀러는 독일 공군의 재건을 선언하고 징병제의 부활과 상비군 약 50만 명으로의 증강 계획을 공표했다. 히틀러는 재군비선언을 통해 베르사유조약에 공공연히 도전했다. 3개월 후 영·독 해군협정이 런던에서 조인되었다. 그 내용을 살펴보면 베르사유조약의 제한 규정을 파기하여 독일 해군은 영국 해군의 35%까지, 그리고 금지되었던 잠수함도 45%까지 보유할 수 있게 된 것이다. 히틀러는 가까운 장래의 계획으로 영국과의 동맹을 목표로 하고 있었고, 영국은 영·독 해군협정을 통해 독일과의 유화정책을 증명하려 했다. 베르사유조약을 영국 스스로 수정하는 것을 보게 된 이탈리아는 1935년 10월에 에티오피아 침략을 개시하고(에티오피아 전쟁) 독일에 접근을 꾀했다. 한편 프랑스는 독일의 재군비선언에 대항하여 5월에 프랑스와 소련 간 상호 조약을 조인했다. 그러나 프랑스 국내 우익세력의 반대로 비준이 미루어졌고, 비준이 완료된 것은 이탈리아의 대 에티오피아 외교에 불안을 느끼게 된 다음 해인 1936년 2월이었다.

이 비준의 성립을 구실로 히틀러는 로카르노조약의 준수 의무로부터 해방되었다고 선언했다. 그리고 1936년 3월 7일 아침 비무장지대의 라인란트에 독일군을 주둔시켰다. 로카르노조약 관계 4개국(영국, 프랑스, 이탈리아, 벨기에)은 3월 19일 독일의 일방적인 조약 위반을 비난하고, 국제연맹에 의한 집단안보체제 재조직을 주장하는 4국 협정안을 작성했다. 연맹 이사회도 같은 날 독일에 대한 문책 결의안을 채택했다. 하지만 독일에 대한 문책은 이뤄지지 않았다. 이에 대해 독일은 4국 협정안에 두 차례에 걸쳐 반대했으나 영국과 프랑스는 아무런 행동도 취하지 않았고, 독일의 라인란트 점령은 사실상 용인되었다.

오히려 이탈리아는 1936년 7월 11일 독일·오스트리아 우호협정이 성립되자 양국 관계가 개선되었다고 간주했다. 5일 후인 7월 16일 스페인내전이 시작되자 독일과 함께 스페인 공화국 정부를 공격하는 프랑코 반란군 쪽에 군사원조를 함과 동시에 10월 이른바 베를린-로마 추축(樞軸)을 성립시켜 파시즘 국가끼리 결속을 다졌다.

히틀러는 정권 획득 직후부터 4년 이내에 국민을 궁핍에서 벗어나게 하겠다고 공약하고 농촌진흥, 실업구제 등 여러 경제정책을 추진했다. 이를 제1차 4개년 계획이라 칭하고, 경제상 샤하트의 주도하에 경제의 군사화를 추진했다. 군수공업의 발전은 고용 확대를 낳았고, 실업자도 흡수하여 1930년의 독일 경기는 1920년대 말 수준으로 회복되었다. 히틀러는 전시체제의 확립을 목표로 하여 1936년 후반으로부터 제2차 4개년 계획을 결정하고, 같은 해 8월, 표면적으로는 베를린 올림픽을 성대하게 연출하는 무대 뒤에서 이 계획을 극비로 추진했다. 그는 계획의 전권을 괴링에게 위임하고 9월 나치당대회에서 발표한 후 곧바로 실행했다. 4년간에 전쟁 수행을 가능케 할 수 있는 경제 체제를 기초하기 위해 군수생산에의 투자가 급속히 증가했지만, 소비재 생산은 희생되었다. 경제의 합리성 입장에서 급템포의 군사 경제화에 신중히 대응했던 샤하트를 해임하고 그 자리에 괴링을 담당시켰다.

히틀러의 전략 구상을 살펴보면, 제2차 4개년 개혁으로 이행할 때부터 볼셰비즘의 타도를 위한 전략을 수행하기 위한 극동에 관한 관심이 부상했다. 애초부터 히틀러의 일본에 관한 관심은 소련을 공통의 가상 적국(敵國)으로 보는 준군사적 성격을 띤 것이었다. 1917년 일본이 중일전쟁에 돌입하게 된 후 이탈리아가 독일 방공협정에 참가하게 되어 독-이-일 방공협정이 성립됨으로써 동서를 연결하는 국제파시즘전선(추축국의 동맹)이 성립했다. 1930년대 후반부터 일어난 에티오피아 전쟁, 스페인 내전, 중일전쟁 등으로 연속되는, 제2차 세계대전으로 확대될 위험을 지닌 지역 분쟁이 시작되었던 것이다.

제5장

대공황과 미국의 뉴딜 정책

1. 세계 경제 대공황

월가의 주식 폭락

1920년대의 미국은 영원히 번영을 구가할 듯한 경제적 번영을 이룩했다. 특히 자동차 라디오, 영화, 전기, 화학, 건축 등 이른바 '신산업(新産業)'이 발전했다. 자동차의 생산고는 1900년도에 겨우 4,000대였던 것이 1921년에는 152만 대로 급증했고, 1929년도에는 480만 대로 증가했다. 전력 사정을 살펴보면 1921년 미국 가정의 약 16%만이 전화(電化)되었으나 1929년에는 70%에 달했다. 라디오도 1929년에는 전 가정의 40%에 보급되었다. 1927년부터 유성영화가 출현했다. 뉴욕을 비롯한 대도시에 마천루가 건축된 것도 1920년대부터였다. 그리고 공화당의 전통적인 대기업 보호정책을 통해 빅 비즈니스가 번영하고 경기는 상승을 계속했다. 노동자계급의 생활 수준도 향상되고 농촌 생활도 차츰 도시화되고 있었다.

1929년 10월 21일 월요일 세계 자본주의의 중추라 할 수 있는 뉴욕 월가의 주식거래소에서 주가 폭락이 시작되었다. 일시적일 거라는 낙관을 비웃기라고 하듯이 23일에는 사태가 더욱 악화하여 대금융가들의 매수에도 그 효과가 전무했다. "우리는 멀리 떨어진 천체운동을 눈앞의 경제공황을 예언하는 것보다 훨씬 정확하게 예언할 수 있다."라고 영국의 한 신문이 한탄했다. 그리고 마침내 '암흑의 목요일' 24일이 닥쳐왔다. 주식거래소에는 구름처럼 투자자들이 몰려들고, 쉴 새 없이 걸려오는 전화에서 '팔자' 주문이 이어졌다. 이 하루 동안 약 1,300만의 주식이 팔리고, 그중에는 가격을 낮추어도 팔리지 않는 주식이 적지 않았다. 이날 자살한 투자자가 11명이라는 뉴스가 있었고, 고층 호텔에서 방을 요구하면 "쉬실 건가요? 아니면 창을 이용하실 건가요?"라고 묻는 경우가 있었다는 농담이 유행했다. 그리고 29일은 '최악의 날'로서 1,640만 주가 하루 사이에 팔렸다.

공황의 확산

1929년 세계경제 공황은 10월 미국의 주식시장의 극적 폭락으로 시작되었다. 그러나 실제로는 그 이전 1928년부터 스칸디나비아와 프랑스를 제외한 유럽의 여러 나라에서 이미 공황은 경기후퇴의 형태로 나타나고 있었다. 이와 관련된 농업공황의 양상은 그해 말부터 동유럽 캐나다, 오스트레일리아, 중남미, 아시아 제국 등에서 여러 형태로 발생하고 있었다. 그것은 자본주의 특유의 과잉생산에 기인한 순환적 경제공황으로서 자본주의가 지니는 내적 모순으로써 피할 수 없기도 했다. 동시에 이 공황은 미국의 공황 폭발로 최초로 전 세계적인 규모로 심각하게 전개되었다. 미국은 제1차 세계대전을 거치는 동안 세계 최대의 농업과 공업국이 되었다. 그 공업생산력은 자본주의 세계 전체의 거의 반을 차지했고, 금 보유량도 자본주의 세계의 보유량 전체의 6할을 점유하여 금본위제하의 세계금융을 지배했다. 1920년대의 세계적 경기상승도 사실은 미국의 호황에 따른 것이었다. 미국의 경기 순환이 세계 자본주의국 전체에 결정적 영향을 주게 된 조건은 이렇게 갖추어졌다.

미국은 제1차 세계대전을 통해 영국을 중심으로 하는 자본주의국가로부터 자본을 빌려 쓰던 채무국으로부터 전쟁의 수행을 위해 자본의 수요가 커진 유럽 여러 나라의 채권국으로 부상했다. 영국과 프랑스는 막대한 전쟁비용을 미국으로부터 빌리게 되었고, 특히 패전국 독일은 배상과 전후 복구를 위해 미국의 자금이 필요해지게 되었다.

1928년 선거전에서 공화당 대통령 후보 하버드 후버가 미국은 "빈곤에 대한 최종적 승리에 가까워졌다."라고 자랑했던 것처럼 자본주의적 기업경영과 생산성 향상이 모든 사회 문제를 해결할 수 있다는 환상이 퍼져 있었다. 뉴욕 주식시장의 대폭락으로 세계 대공황이 시작된 것은 후버의 대통령 취임으로부터 8개월도 지나지 않은 시점이었다.

'암흑의 목요일'로 유명한 10월 24일 그때까지 강세를 유지해 왔던 주가는 뉴욕증권거래소에서 갑자기 대폭락했다. 그것을 신호로 주식은 계속 폭락을 거듭했다. 그리하여 주가는 9월의 최고 가격에 비하면 평균 50%의 하락을 나타내고 주가폭락으로 발생한 금융 손실은 1926년 말까지 약 400억 달러로 추산되었다. 대공황이 도래한 것이다. 그리고 그것은 1920년대의 '영원한 번영'에 종지부를 찍었다. 이 주식시장의 패닉을 통해 자동차 생산의 급락, 과잉생산의 상황이 폭로되자 특히 설비투자의 급격한 감퇴가 일어나고 이어서 파산과 실업자의 증대, 소비력의 급격한 저하 등이 일어나서 미국은 전면적인 경제공황의 단계로 접어들게 되었다.

대공황의 중요 원인은 농업 부문에서 만성적 불황, 즉 전쟁 중 유럽 열강이 농사를 지을 수 없었기 때문에 대유럽 수출을 위한 농산물 생산 확대가 전후에 과잉생산으로 연결되었던 배경에 있었다. 공업 부문에서는 1929년 여름부터 1920년대 미국의 호황을 크게 버텨 준 주택 건설, 자동차 생산이 하락하기 시작했고, 또 하나의 공업생산의 버팀목이었던 내구 소비재의 수주액도 4월 이래 감소했다. 공업생산 전체로는 이해 이른 여름을 절정으로 하여 가을부터는 분명하게 하락이 시작되었고 그 속도도 빨라지기 시작했다. 금융부문에서도 방만한 신용정책이 지적되었다. 주식에 투자한 사람은 일부의 투자가 뿐 아니라 '영원한 번영'이라는 신화를 맹목적으로 믿었던 미국의 영세한 서민들도 있었다. 그들 사이에는 저금을 털고, 은행의 대출금을 빌려서라도 투자하여 돈을 벌겠다는 지나칠 정도로 높은 증권 투기열이 조성되었다. 이러한 투기열에 편승하여 은행의 방만 대출이 이루어졌던 것이다.

공황이 일어나자 미국의 정부와 경제계는 이의 심각성을 인식하지 못했다. 이듬해 봄이 되면 경기가 회복될 것이라고 이구동성으로 낙관적 견해를 표명했으나 경기는 나날이 후퇴를 거듭했다. 그리하여 공황은 장기에 걸쳐 전 세계로 확산되어 갔다. 그러나 전 세계가 한꺼번에 1929년부터 본격적으로 공황에 이끌려 들어간 것은 아니었다. 세계적 공황의 확산은 1930년 후반 미국이 본격적인 공황 상태에 빠지게 된 이후의 일이었다. 이때부터 전 세계 자본주의국가들은 거의 예외 없이 전대미문의 공황에 휩쓸리게 되었다.

대공황을 다음 단계로 크게 진전시킨 것은 1931년 중반부터 유럽에서 발발한 금융공황 때문이었다. 그것은 먼저 오스트리아의 은행 크레디트 안스탈드의 파산에서 시작되었다(5월 13일). 다음으로는 5월에서 6월이 걸쳐 독일이 격렬한 금융공황에 휩쓸렸다. 이것을 구출하기 위해 제출된 '후버 모라토리엄'(6월 20일)은 전채와 배상금의 1년간 유예(사실상의 정지)를 선언함으로써 그것은 1920년대의 안정기를 지탱해 준 금융상의 기둥을 해체하는 것을 의미했다. 마지막으로 영국은 1931년 9월 21일 100년 이상 통용된 금본위제를 폐지하고 이른바 관리통화제로 이행했다. 영국은 통화의 기준을 파운드에 두고 영국에 따라 금본위제를 폐지한 자치령을 비롯한 각 식민지, 그리고 포르투갈과 스칸디나비아 3국 등으로 구성된 이른바 스털링 블록이라는 통화 블록을 만들었다. 이에 대항하여 달러 블록, 프랑화 블록이 생겼다. 그리하여 국제 통화 전쟁이 개시되었다.

한편 대공황 발발 이래 시작된 선진 자본주의 여러 나라 사이의 격렬한 무역전쟁은 금본위제의 정지에 따른 화폐를 무기로 하는 수출 강행책으로 한층 격화되었다. 그것은 세계 최대의 무역국이었던 영국이 1932년 2월부터 자유무역제를 버리고 보호무역제로 전환함으로써 더욱 격렬해졌다. 같은 해 7

월과 8월에 영국은 오타와회의를 열어 영국과 각 자치령 및 남로데지아, 인도와 제국특혜관세 제도를 만들었다. 이 배타적 무역 블록의 창설은 통화 블록과 함께 세계적인 블록 경제의 시대를 열게 된 계기가 되었다. 1932년 여름부터 많은 선진 자본주의국가들은 미약했지만, 드디어 공황의 최저점을 벗어나기 시작했다. 그러나 미국은 공황의 충격을 아직 벗어나지 못했다. 공황이 진전되자 경기회복을 낙관적으로 내다보았던 후버 대통령도 연방 정부의 책임과 역할을 인식하고 적극 대책을 강구하게 되었다.

1929년에 미국 정부는 농산물시장법을 제정하여 농산물 가격의 안정을 도모했으며, 노동자와 자본가의 대표를 백악관에 조치하여 노자협조(勞資協助)를 종용했으며, 1930년 초에는 7억 달러의 자금으로 공공의 토목사업을 일으켜 실업자를 구제하려 했다. 1931년 초에는 20억 달러의 정부자금으로 부흥재정공사(Reconstruction Finance Company)를 세워 자금이 부족한 기업에 대출하여 기업 활동을 원조했다. 그러나 후버의 공황대책은 공황의 진전을 막는 데 별로 성과를 올리지 못했다. 후버 대통령은 기본적으로는 불황으로부터 호황으로의 경제의 자동적 회복력을 믿는 자유주의 경제의 신봉자였기 때문에 공황대책에도 한계가 있었다. 잉여생산으로 기인한 농업 불황을 타개하기 위한 농산물시장법을 제정하여 팔리지 않은 소맥과 면화를 현지에서 소각하거나 폐기했다. 농민의 사회적 지위도 불안정해져 자작농에서 소작농으로 전락하거나 아예 이농하는 농민의 수가 증가했다.

후버 대통령의 노자(勞資) 대립을 완화하기 위한 노자협조 종용에도 임금삭감과 노동자 해고는 계속되었고, 노동자들도 경기가 극도로 침체한 상황에서 이에 대항할 수 없는 사정이었다. 실업자 구제를 위해 방출된 자금은 경기부양에는 미흡했다. 부흥금융공사의 자금대부도 본래 의도와는 달리 공화당 정권과 관련이 있는 대기업에 집중적으로 투자되어 중소기업에는 아무런 혜택이 없었다.

미국에 불어닥친 공황은 미국 사회에 큰 상처를 남겼다. 무료급식소 앞에 늘어선 행렬의 길이는 해가 갈수록 길어지고 실업자 중에는 노점상인이나 구

두닭이로 전락하여 겨우 연명하는 사람이 수없이 늘어났다. 집에서 쫓겨난 빈민이나 도시로 밀려든 농민들은 공원이나 빈터에 판잣집을 세워 비바람을 피했다. 이 판잣집 촌을 후버촌(Hooverville)이라 했다.

1932년 미국의 대통령선거에서 공화당의 후버와 민주당의 프랭클린 루즈벨트가 입후보해서 선거를 치르게 되었다. 선거운동 중 후버와 루즈벨트는 공황대책에서 서로 입장을 달리하고 있음을 밝혔다. 후버는 경기가 회복되지 않는 이유를 국제무역 부진에 있다고 하여 전채(戰債)를 삭감하는 등 국제무역에 활기를 불어넣는 정책을 주장했다. 한편 루즈벨트는 공황이 심화하는 원인은 국내의 경제체제의 어딘가에 잘못된 점이 있기 때문이라고 진단하고, 따라서 이러한 부분을 적절히 수술할 때만 경기가 다시 회복할 수 있다고 주장했다. 요컨대 공황의 대책으로서 후버의 국제 제일주의 대 루즈벨트의 국내 제일주의가 대립한 것이다. 그러나 후버는 과거 3년간에 걸친 정책 실패의 빚을 지고 있었다. 반면 루즈벨트는 뉴욕 주지사로 몇 개의 혁신정책을 추진하여 명성을 올린 정치가로서의 이점을 지니고 있었다. 그리하여 선거의 결과는 루즈벨트의 압승으로 나타났다.

2. 루즈벨트의 뉴딜 정책

공황의 극복책

대공황이 미국에 끼친 타격은 그 여파로 나치의 독재를 출현시킨 독일의 경우처럼 격렬한 것이었다. 1929년부터 1932년에 걸쳐 공업생산의 감소율은 영국이 17%, 프랑스가 28%였다. 이에 비해 미국과 독일은 47%나 되었다. 미국의 불황은 1932년 대통령선거에서 루즈벨트가 당선된 이후에도 계속 악화 되었다. 1933년 3월 4일에 루즈벨트가 취임할 무렵에는 경제 위기가 절정에 달했다. 연방노동통계국의 추정에 의하면, 1933년의 실업자 수는 1,283만 명으로 민간 노동력의 4분의 1에 이르렀는데, 같은 해 3월의 실업자 수는 1,550만 명이라는 사상 최악의 수치를 기록했다. 경제의 신경중추에 해당하는 은행업도 붕괴하기 시작했다. 은행의 도산이 속출하자 고객들이 은행에 몰려와 예금을 빼내는 패닉 상태가 확산되었다. 1933년 2월 초 루이지애나 주가 지사의 명령으로 '은행 휴일'을 선언한 후 다른 주에서도 차례로 '은행 휴일'을 선언하여, 대통령 취임식이 열린 3월 4일에는 미국 전체 주 중 47주에서 은행이 폐쇄되었는가 하면 엄중한 제한하에서 조업하는 형편이었다.

이러한 심각한 사태에도 루즈벨트는 취임연설에서 힘차게 국민을 격려하는 말로 "우리가 두려워해야 할 것은 단지 공포심일 뿐이다."라고 확고한 신념을 피력한 후 난국에 대처하기 위한 재빠른 행동의 필요성을 강조했다. 만일 국회가 움직이지 않으며 사태가 더욱 심각해진다면 "실제로 외적이 침입해 왔을 때, 나에게 부여된 긴급 권력과 같은 정도의 강력하고 광범위한 행정권을" 요구할 작정이라고 언명했다. 동원할 수 있는 국가의 모든 권력을 가지고 행동하려는 이런 자세는 후버 전 정권과 루즈벨트의 새 정권을 명확하게 구별할 수 있는 차이점이었다. 뉴딜(새로운 정책)이 시작되었다.

뉴딜이라는 것은 루즈벨트의 민주당 정권이 세 가지 R, 즉 구제(relief), 부흥(recovery), 개혁(reform)으로 대공황에 대처하겠다는 정책이었다. 실용적인 성격의 루즈벨트는 이를 뒷받침하기 위한 특정한 경제이론은 지니지는 못했다. 정책을 입안하기 위해 등용된 브레인트러스트 사이에서도 다양한 견해가 대립하고 있었고, 법률을 제정하는 것은 의회였기 때문에 여러 이익집단으로부터의 압력이 정책결정에 영향을 주었다. 그리하여 뉴딜은 실험과 시행착오의 복잡한 과정으로 진행되었다. 따라서 루즈벨트는 후버 측으로부터 일관성이 없다는 비난을 받았다. 하지만 루즈벨트의 행동은 실제로 신속했다. 취임 다음날 그는 의회에 특별회기의 소집을 요구했다. 3월 9일부터 6월 16일까지 100일간의 회기 중에 그는 15개의 교서를 보내 중요 법안들의 제정을 촉구하고 의회도 이에 적극 대응했다. 이것이 이른바 '백일 국회'였으며, 여기서 뉴딜의 기본적 시책이 거의 제출되었다.

새 대통령의 최초 긴급과제는 은행위기의 해결이었다. 3월 5일 그는 '은행 휴일'을 선언하여 전국은행의 4일간의 폐쇄와 국외와도 거래취급 정지를 명령했다. 3월 9일 소집된 의회는 그가 제안한 긴급은행법안을 그날 중에 성립시켜 주었다. 그것은 금, 통화, 외국환에 대한 강력한 통제권을 대통령에게 부여함과 동시에 정부가 은행의 재정 상태를 조사한 것을 토대로 정부의 감독하에 건전한 은행을 재개시키고, 약체 은행은 정부자금을 투입하여 보강, 재조직하고자 하는 것이었다. 12일 대통령은 라디오를 이용한 '노변담화'를 통해 정부가 하는 일을 설명하고 '은행 휴일' 이후 재개되는 은행이 안전하다는 것을 보증했다. 효과는 기적적이었다. 다음날 열린 은행에서 예금액이 인출액을 넘어섰다.

"자본주의는 8일 만에 구제되었다."라고 브레인트러스트의 한 사람인 레이몬드 모레이가 언급했다. 그에 의하면 "은행위기를 극복한 정책은 전면적으로 보수적이다. 관습으로부터의 유일한 이탈은 그것을 실행함에서의 신속성과 대담성에 있다."라고 언급했다. 은행의 국유화라는 일부의 비판을 거부하고, 금융자본의 구세주로 나타난 루즈벨트의 행동은 뉴딜의 목적이 국가권력의 동원에 의한 자본주의 기구의 재건에 있다는 점을 분명히 제시하는 것이었다. 이러한 은행의 재건은 후버 전 정권에 의해 창설된 부흥금융공사를 통해 많은 자금을 투입함으로써 성공할 수 있었다.

새 정권의 두 번째 긴급 과제는 실업으로 고통받는 민중을 구제하는 것이었다. 먼저 3월 말 법률에 의해 민간자원보전단(CCC)을 만들었다. 18세로부터 25세의 청년 실업자를 육군성 관할 캠프에 수용하여 월 30달러를 주고 산림과 홍수 방지 등의 자연자원 보존 사업에 동원하는 것이다. 그러나 본격적 구제는 5월에 창설된 연방긴급구제국(FERA)에 의해 개시되었다. 이 기구는 주와 지방자치단체의 구제사업에 보조금을 교부하는 방식을 취했는데, 일반적 구제활동 외에도 생활이 어려운 지식인들을 직업교육에 고용하거나 대학생에게 파트타임 아르바이트를 제공하여 학업을 계속하도록 하는 등 다양한 활동을 전개했다. 11월에는 1933~1934년에 걸쳐 겨울 동안의 어려움을 극복하기 위해 민간사업국(CWA)이 설립되었다. 이 기구에는 직접으로 사업계획을 짤 수 있는 권한이 주어 1934년 3월 사업이 종료될 때까지 400만 이상의 실업자를 고용하여 여러 가지 공공시설을 건설했다.

1933년 6월에 성립된 전국산업부흥법(National Industrial Recovery Act, NIRA)을 통해 창설된 공공사업국(PWA)도 정부자금에 의한 실업자 구제의 중요한 구실을 했다. 이렇게 정부는 생활이 어려운 사람을 직접 구제하거나 실업대책사업, 공공사업을 통해 민중생활의 구제체제를 정비했는데, 이런 사업들은 정부자금을 투하하여 대중의 구매력을 높임으로써 그것이 유수효과(誘水效果)가 되어 경기회복에 기여할 것을 기대한 정책이었다.

공황 이전부터 만성적 불황에 시달렸으며 공황으로 큰 타격을 받은 농업부문에서는 농업 전문가 헨리 월레스를 농무장관으로 등용하여 대담한 정책을 추진했다. 채무에 고통받고 있던 농민에게 금융 원조를 하기 위해 긴급농지저당법, 농장신용법이 제정되었고, 농업 부흥을 위한 본격적인 프로그램으로 1933년 5월 농업조정법(AAA)가 추진되었다. 이것은 기본 농산물에 대해 생산 제한을 하고 가격을 평균가격(농업이 비교적 호황이었던 1909~1914년에서의 농산물과 다른 상품과의 가격비율을 기준으로 정해진 가격)으로 인상하는 것이다. 그 비용은 농산물 가공업자에게 부여된 특별과세로 충당되었고, 그것을 이용하여 생산제한에 동의한 농민에게 보상금을 지급하게 되었다. 이것을 추진하는 기관으로 농업조정국(AAA)이 창설되어 주군(州郡) 위원회를 매개로 해서 농민과의 계약을 맺는 작업을 했다.

루즈벨트는 종합적인 지역개발구상을 추진했다. 대표적인 기구로 테네시계곡개발공사(TVA)를 설립했다. TVA는 다목적댐 건설을 중심으로 발전, 비료 생산, 홍수 조절, 토양 보전, 식수(植樹), 운하 등 광범한 사업을 추진하여 연 7주씩 넓은 지역의 빈궁에 시달리는 주민을 고용함으로써 그들의 복지에 공헌했다. 이 사업은 '초근(草根) 민주주의'를 지탱해 준 국영기업의 모델로서 많은 기대를 집중함으로써 뉴딜의 진보적 이미지를 각인시켰다.

'백일의회' 입법 활동의 정점은 전국산업부흥법의 제정이었다. 이 법이 성립할 수 있었던 최초의 촉진제는 브락그 상원의원이 상정한 주 30시간 노동법이었다. 하지만 노동 측에만 유리한 정책이 산업부흥을 방해하지 않을까 우려한 루즈벨트는 이 법안의 성립을 막고 실업계와 협의한 후, 제너럴일렉트릭사의 제럴드 스워프와 합중국상공회의소에 의해 제창되었던 산업의 자주규제 구상을 수용한 정부안을 국회에 제출했다.

이 법은 1920년대에 크게 발전한 각 산업의 업종연합체(業種聯合體)를 중심으로 업계에 대규모 협력체제를 수립함으로써 지나친 경쟁을 방지하고, 생산을 규제하여 가격을 인상하는 것을 목표로 했다. 그리하여 디플레이션의 상황에서 기업의 이윤을 보장하는 동시에 노동자에게는 수입을 개선하여 노동자의 생활을 보장하고 그들의 구매력을 증진하게 시켜 경기를 회복하는 것을 목표로 했다. 이를 위해 업종마다 기업의 활동조건, 노동조건을 규제하는 공정경쟁 규약(코드)이 기업, 노동, 공중을 대표하는 위원회에서 작성되어 정부의 인가를 받아 법률로서 강제력을 지니게 되었다. 그것은 업종연합체에 의한 카르텔의 공인을 의미했다. 한편 노동자는 최저 노동조건의 규제와 함께 노동부 장관과 함께 아메리카노동총동맹(AFL)의 요청으로 단결권, 단체교섭권을 보장받게 되었다.

전국산업부흥법은 산업계의 카르텔화와 합리화에 정부규제와 노동자 보호를 결합하여 정부, 자본, 노동의 3자가 함께 협력함으로써 산업의 부흥을 실현하려는 것으로 제1차 세계대전 시 전시산업국(WIB)을 중심으로 하는 산업동원이 참고되었다. 이 시책을 촉진 감독하기 위해 강력하게 권한을 부여하여 설립한 것이 전국부흥청(NIRA)이었다. NIRA는 공정경쟁규약을 국민운동으로 전개하여 경쟁 없는 산업 부흥책으로 미국의 공황 탈출에 크게 공헌하게 되었다.

이상과 같은 뉴딜 정책의 전개에서 특징적인 것은 루즈벨트를 위시한 뉴딜러들이 경제적 긴급 사태를 전시하의 비상사태로 보고 대전 중의 여러 전시 정책을 모방하면서 정부통제의 강화를 통해 사태에 대처하고자 한 점이었다. 루즈벨트의 '은행 휴일' 선언도 제1차 세계대전 시의 대 적국 통상법을 이용한 것이었다. 따라서 뉴딜 초기 단계에는 거국일치적인 단결과 협조가 강조되었다. 그리하여 NIRA의 경우에 전형적으로 나타나는 것처럼 정부의 계획적 지도 아래에 여러 이해의 조화를 각 이익집단의 조직화를 강화함으로써 실현하고자 했다. 즉 뉴딜 정권은 이제까지의 정부처럼 실업계라는 단일 이익집단의 대표자로서가 아니라 여러 다양한 이익집단 사이의 조정자로서 기능하면서 사회적 대립을 완화하여 새로운 균형을 만들고자 했다. 그러한 의미에서 정부는 뉴딜 시기의 전체를 통해 교섭국가의 기능을 발휘했던 것으로 따라서 루즈벨트는 브로커로서의 최고의 정치적 자질이 풍부했던 사람이었다고 할 수 있다.

그러나 초기 뉴딜 하에서 조직노동자의 세력은 약체였고, 정부는 실업계와 가장 밀접한 협력 관계를 맺었다. 은행 위기를 해결하기 위한 '보수적' 정책이 이것을 단적으로 나타내고 있었다. NIRA의 운영에서도 대기업이 정책의 계획과 운영을 지배하고 그 힘을 이용하여 경쟁을 질식시켜 이윤을 쥐어짜게 되어 있었다. NIRA는 노동조합에도 법적 권한을 주었으나 실제로 조합이 참여할 수 있는 부분은 대단히 적었다. 이 시기에 정부는 노동쟁의에 대해서는 반드시 호의적이진 못했다. AAA에 대해서도 경작을 제한한 면적에만 보상한 것은 대농장 경영자의 이익만을 고려한 것으로 경작제한의 여유가 없었던 중소농민은 반대로 생활이 위협을 받았고, 소작인은 토지로부터 쫓겨나는 심각한 사태가 발생했다. 여러 구제사업이 시행되었으나 사회보장제도는 제정되지 않았다. 그리하여 뉴딜 초기에는 빈궁화하는 근로대중의 복지에 대한 배려는 부족했던 것이 사실이다.

뉴딜의 대담한 정책을 통해 미국 경제는 최악의 국면에서 탈출하는 데 성공했다. 그러나 1930년대 중반에 이르기까지 심각한 불황은 여전히 미 전국을 휩쓸었다. 이러한 상황 속에서 초기 뉴딜 정책이 노린 '이해(利害)의 조화'라는 체제는 급속히 붕괴되어 갔다. 반대의 목소리가 실업계를 좌지우지하던 보수파로부터 강하게 제기되었다. 최악의 사태가 지나자 실업계는 정부, 특히 NIRA에 의한 통제를 성가시게 생각하기 시작했다. 1934년 8월 듀퐁 재벌을 중심으로 하는 실업가들에 알프랫트 스미스 등의 거물 정치가들이 합세하여 미국자유연맹이 결성되었다. 그들은 전통적인 자유방임사상에 기초하여 국가 통제 확대에 반대하는 활발한 캠페인을 전개했다. 그러나 정부에 대한 커다란 위협은 좌파 측에서 제기되었다. 이러한 급진적인 움직임은 미국 경제가 바닥을 친 다음에 얼마간의 조건들이 개선되기 시작한 시점에서 오히려 그 세를 증대하기 시작했다. NIRA의 제7조에 의한 단결권, 단체교섭권의 법적 확인은 오랫동안 잠재해 있던 미국 노동계급의 전투력을 새롭게 불타오르게 했다. 그리하여 탄광노조의 존 루이스를 위시한 조합지도자들은 제7조를 방패 삼아 "대통령은 여러분의 조합 가입을 원하고 있다."라고 주장하며 대대적인 조직화 운동을 개시했다. 파업 건수는 1932년에 852건에서, 1933년에는 851건으로, 1933년에는 1,672건으로, 1934년에는 1,817건으로 늘어났고, 파업 참가 인원도 각각 1933만 명부터 114만 명, 148만 명으로 증가했다. 그리고 노동조합원 총수는 1933~1934년 1년 동안 280만 명에서 344만 명으로 늘어났다.

이러한 노동운동의 고양으로 위기를 느낀 기업가 측은 회사조합을 창설하고 때로는 폭력 행사를 통해 노동운동을 저지하려고 했다. 회사조합의 수도 1935년에는 250만 명에 이르렀다. 또한, 기업은 권총, 소총, 기관총, 가스탄 등 대량의 무기를 구매하고 무장 경호대를 고용했다. 그리하여 각지에서 노동자와 자본가 사이에 폭력적 충돌이 일어나 샌프란시스코, 미네아폴리스 등지에서는 일시적으로 사회적 동란의 양상을 띠는 폭동이 발생했다. 이처럼 기업계 측에서 NIRA 체제하에서 제7조를 위반했을 뿐 아니라 정부 측에서도 장관 존슨 등은 파업을 산업부흥을 위해 무용한 싸움이라고 하여 기업 측을 옹호했기 때문에 노동자들은 NIRA에 실망하게 되었다. 그리하여 NIRA이 목적했던 협조체제는 노자의 격돌에 의해 파탄에 직면하게 되었다.

1934년 일련의 파업 대부분이 급진적 좌익에 의해 지도되었다. 미국 사회당은 노만 토마스 지도 아래에 1932년 대통령선거에서 88만 표를 획득했다. 민주적 사회주의혁명의 프로그램을 제시하여 많은 사람의 공감을 얻은 사회당은 의복 노조를 중심으로 많은 조합 속에서 그 세력을 신장했다. 공산당도 윌리암 포스터 등의 지도하에 노동운동에 적극 가담함과 동시에 뉴딜이 독점 자본주의를 옹호, 강화하는 것이라고 공격을 전개했다.

1930년대는 '붉은 10년간'이라 하여 급진적 운동은 사회주의 세력을 뛰어넘을 정도로 광범한 정치적 활성화의 과정을 보여주었다. 농민노동당 출신의 미네소타 주지사 프로이드 올슨은 "미네소타는 분명히 좌익 주이다."라고 자만하여 1934년에는 "나는 리버럴이 아니고 라디칼이다."라고 큰소리를 쳤다. 그리하여 그는 농민과 함께 노동자들의 격렬한 투쟁을 주지사로서 지원했다. 캘리포니아에서는 유명한 소설가이며 사회주의자였던 압톤 씽크레아가 "캘리포니아의 가난을 절멸하자."라는 EPIC 운동을 개시했다. 주정부에 의한 생산협동조합을 조직하여 가난한 실업자를 구제할 것을 제창하기도 했다. 그러나 더욱 주목되는 것은 조직되지 않은 하층 민중 사이에 확산된 강한 불만을 배경으로 대담하고 때로는 기묘하기도 한 '만능약'과 같은 개혁안을 제시하여 뉴딜을 비판하는 대중선동운동이 미국 전역에 들에 불길처럼 퍼지고 있었다는 사실이다. 이를테면 라디오를 통한 설교로 열광적인 인기를 누렸던 디트로이트의 찰스 카프린 신부는 미국의 금융 엘리트와 뉴딜러를 격렬히 공격하고 이탈리아의 파시즘과 비슷한 정치체제를 주창했다. 그는 전국사회정의동맹을 조직하여 900만 명의 추종자가 있다고 호언했다. 캘리포니아 주 롱비치의 의사 프랜시스 타운젠트는 상업 거래에 부과되는 과세를 기금으로 조달되는 '순환기금'으로 60세 이상의 모든 노인에게 월 200달러의 연금을 지급하는 한편, 노인들을 모든 일에서 벗어나게 함으로써 수요를 창출할 수 있고 또한 그 수요가 청년들의 고용을 촉진하여 경기가 회복할 수 있다고 주장했다. 이 운동은 급속하게 퍼졌으며, 1934년 말에는 서부를 중심으로 2,000개의 지부가 구성되었다고 거짓 선전하기도 했다.

하지만 루즈벨트에게 실질적인 위협을 끼친 사건은 루이지니아 주지사를 거쳐 합중국 상원의원이 된 휴이 롱(Long)의 운동이었다. 루이지니아 주 북부 삼림지대의 빈농 출신이었던 그는 대자본가들을 공격하여 하층민에게 우상적 존재가 되어 주정부 내에서 완전한 독재체제를 수립했다. 나아가 그는 전국적 정치무대에서는 초기 뉴딜의 타협에 반대하는 하층 민중의 반대 목소리를 대변하는 주요 선동자가 되었다. 부의 잘못된 분배야말로 모든 사회적 궁핍에 원인이라고 생각한 그는 '부(富)를 분배하자'는 슬로건 아래 하층계급의 불만을 전국적으로 조직함으로써 대통령으로 출세하는 길을 걷고자 했다. 그는 다양한 부자의 재산을 몰수하여 그것을 민중에게 분배하여 '사람들을 모두 왕'처럼 모시겠다고 약속하고, 모든 가족에게 최저 5,000달러의 연수(年收)를 보증하고 노령연금, 공공사업 확대, 노동자 보호, 그리고 대대적인 농업정책의 필요성을 논하는 등 포퓰리즘적 정책을 주장했다. 롱은 그의 '부의 분배협회' 운동이 대자본의 지배에 대한 민중의 광범한 불만에 편승하여 전국적으로 퍼져 2만 7,000명 이상의 지부와 750만 명 이상의 지지자를 확보했다고 주장했고, 이듬해 1936년 대통령선거에서 제3당의 출현을 언명하면서 "그렇다면 우리가 나라를 석권할 것이라 생각한다."라고 호언했다.

후기 뉴딜 정책

초기 뉴딜 정책이 목표로 했던 여러 '이해(利害)의 조화'라는 이상이 깨어지고 미국은 뉴딜을 둘러싼 좌우의 대립이 격화되었다. 이제는 대중의 불만을 진정시키는 정책을 쓰지 않는 한 루즈벨트 정권은 이들 반대 세력에 압도될 수도 있으리라는 위험이 생기게 되었다. 기민한 정치가였던 루즈벨트는 이에 부분적인 정책의 수정, 이른바 '좌선회(左旋回)'로 돌아섰다. 이러한 정책수정에 촉매제가 된 것은 1934년의 중간 선거에서 민주당 개혁파 세력이 거둔 대승리였다. 이때, 뉴딜의 구제사업의 중심인물인 하리 호프킨스는 다음과 같이 말했다. "여러분, 우리들의 시간이 왔다. 우리는 원하는 모든 것을 손안에 넣지 않으면 안 된다. 노동 프로그램, 사회보장, 임금과 노동시간 규제 등 모두 다 해결하고자 한다. 지금을 놓치면 두 번 다시 기회는 안 온다."라고 했으며, 루즈벨트도 그의 주장을 받아들였다.

다음 해 1월 연두교서에서 루즈벨트는 "다음 선거에서 인민의 명령은 분명해졌다."라고 언명하면서 민중의 복지향상을 위한 광범한 여러 입법의 필요성을 역설했다. 이 '제2기 뉴딜'에서의 중요 입법 대부분은 같은 해 4~8월까지 '제2회 백일의회'에서 정력적으로 제정되었다. 그러나 최고재판소가 같은 해 5월 NIRA에 대해 위헌 판결을 내리면서 초기 뉴딜 정책의 전환 필요성은 결정적인 것이 되었다. NIRA가 입법부의 권한을 과도하게 행정부에 이양했으며, 또한 연방에 규제권한이 없는 주(州) 내부의 통상까지 규제하고 있다고 하는 것이 재판소의 의견이었다. 이에 초기 뉴딜의 기축으로서의 NIRA 체제는 최고 재판소의 일격에 의해 무너지게 되었다. 6월 초 루즈벨트는 사회보장, 노동조합, 은행, 세, 공익사업에 관한 5개의 가장 중요한 법안을 어떻게 해서든 회기 내에 성립할 수 있도록 해 달라고 의회에 요구했다.

'제2회 백일의회'에서 제정된 사회보장법은 전국적 규모의 노령보험제도와 실업보험제도(各州別로 제정됨)를 수립하고 신체장애인, 생활이 어려운 노인, 부양이 필요한 아동을 위한 공적 부조제도를 설치하여 이들을 운영하기 위한 사회보장국(SSB)을 설치하도록 했다. 이 법은 부족한 점이 아직 많이 있었으나 루즈벨트 자신이 이것을 그의 '최고의 업적'으로 본 것처럼 과거의 미국의 전통을 깨트리고 미국을 복지국가의 길을 걷도록 한 법안이었다.

그 외에도 노동자의 권익을 보호하는 와그너법, 농민의 복지를 보호하기 위한 입법들과 실업대책으로서 고용촉진국(WPA)이 창설되었다. 1935년에는 세 입법으로, 이른바 '부유세법'이 제정되었는데, 예를 들면 부자들에게 부과되는 소득세 특별부가세는 최고 75%를 인상하고자 했다. 그것은 부자들의 호주머니에 직접 영향을 주었기 때문에, 이 법안은 실업계와 보수파로부터 격렬히 반대를 받아 대폭의 수정을 면치 못했으나, 이 법은 앞서 지적한바 롱(Long)의 '부의 분배' 운동에 나타난 높아진 민중의 여론 앞에 세(稅) 구조의 민주화를 이루기 위한 루즈벨트 정부의 정치적 노력을 나타내는 것이다.

이상에서 살펴본 것처럼 후기의 '제2회 뉴딜'에서는 초기 뉴딜이 자본의 이해를 대변한 것과는 다르게 일반 민중의 복지를 강조하여, 일반 민중과 연계하여 실업계에 대항하는 정치적 자세를 견지하고자 했다.

1936년 대통령선거전에서 루즈벨트는 이러한 자세를 드라마틱하게 표명했다. 6월 민주당 지명수락연설은 '산업적 독재'와 '경제적 왕당파'에 대한 선전포고였다. 선거전의 열기 속에서 10월 31일 뉴욕의 매디슨 스퀘어 가든에서 루즈벨트는 독점적 금권세력을 격렬히 공격했다. "대결의 시기가 도래했다. 특권계급은 나에 대한 증오로 똘똘 뭉쳐 있다. 그리고 나는 그들의 증오를 환영한다."라고 연설함으로써 만장한 대중을 흥분시켰다. 노동자, 새로 이민 온 도시 민중, 농민, 흑인, 진보적 지식인들이 결집하여 그를 지지했다. 특히 중요한 것은 압도적인 조직 노동자가 그를 지지했다는 점이다. 이들이 결집한 '루즈벨트 연합'의 지지표를 얻어 그는 압도적 표를 획득하여 연임할 수 있었다.

1937년 1월 제2기 대통령 취임연설에서 루즈벨트는 여전히 "국민의 3분의 1이 충분하지 않은 주택과 의복, 영양 상태에 놓여 있다."라는 사실로 주위를 환기했다. 뉴딜이 '발전이냐, 아니냐 하는 검증'은 부자가 더욱 부자가 되는 것이 아니고 '너무나 적은 소유밖에 가지지 못한 사람들에게 우리가 얼마나 충분하게 원조를 제공할 수 있는가에 달려 있다.'라고 그는 주장했다. 1935년 이후에도 그러한 정책을 계속할 뜻을 밝혔다. 궁핍한 농민에게 융자를 위해 농장보장국(FSA)을 설치하고, 저소득층의 주택 사정을 개선하기 위해 와그너 스티갈 주택법을 제정했다.

뉴딜의 중요 입법 중 최후가 된 법은 1938년 공정임금기준법이었다. 이 법은 1시간당 최저임금을 최초 25센트로 하고 주당 최장 노동시간을 44시간으로 정하고 이를 초과하는 초과 노동근무에 대해서는 1배 반의 수당을 규정하고 또한 16세 이하 소년노동을 금지했다. 이것은 임금의 하한, 노동시간의 상한을 정한 최초의 입법이었다. 그것은 와그너법과 사회보장법과 결합하여 뉴딜 노동입법의 기본구조를 구축했다. 이 시기에 주목할 만한 현상은 영웅적인 노동운동의 대약진을 들 수 있다. 미국노동총동맹(AFL)이 숙련공 중심의 직능적 조합주의를 고수했음에 불구하고 AFL 내의 분파로서 산업별 조직화 위원회(CIO)가 조직되어 대규모의 기간산업의 일반 노동자들을 산업별로 흡수 조직하게 되어 노동조합운동의 대중화가 이루어졌다. 이러한 노동운동의 약진에는 와그너법 등의 보호입법이 큰 힘이 되었다. 그리하여 미국의 노동자 대부분 뉴딜체제와 일체감을 가지고 노동할 수 있게 되었다.

미국의 경기는 점차 회복되어 1937년 봄까지는 회복되어 가고 있었다. 그러나 1937년 10월 그때까지 회복의 징조를 보이던 경기가 갑자기 후퇴하기 시작했다. 공황 속에서 또 하나의 공황이 시작된 것이다. 그 원인으로는 정부가 공공사업 촉진 기구에 대한 자금지출을 삭감한 것, 고율의 과세로 말미암아 민간의 기업 활동이 위축되었다는 점, 그리고 전반에 걸쳐 구매력이 감소했다는 점을 지적하고 있다. 루즈벨트는 1938년 의회에 대해 실업구제자금의 지출을 늘려 구매력의 창출을 도모하려 시도했다.

제2차 세계대전의 발발과 함께 급격히 변한 국제정세의 변화는 루즈벨트의 관심을 국내로부터 국외로 돌리지 않을 수 없게 했다. 이로써 순전히 국내 정책 위주로서의 뉴딜은 준전시 내지 전시 체제로 전환하는 과정에서 본래의 성격이 점차로 변질해 갔다.

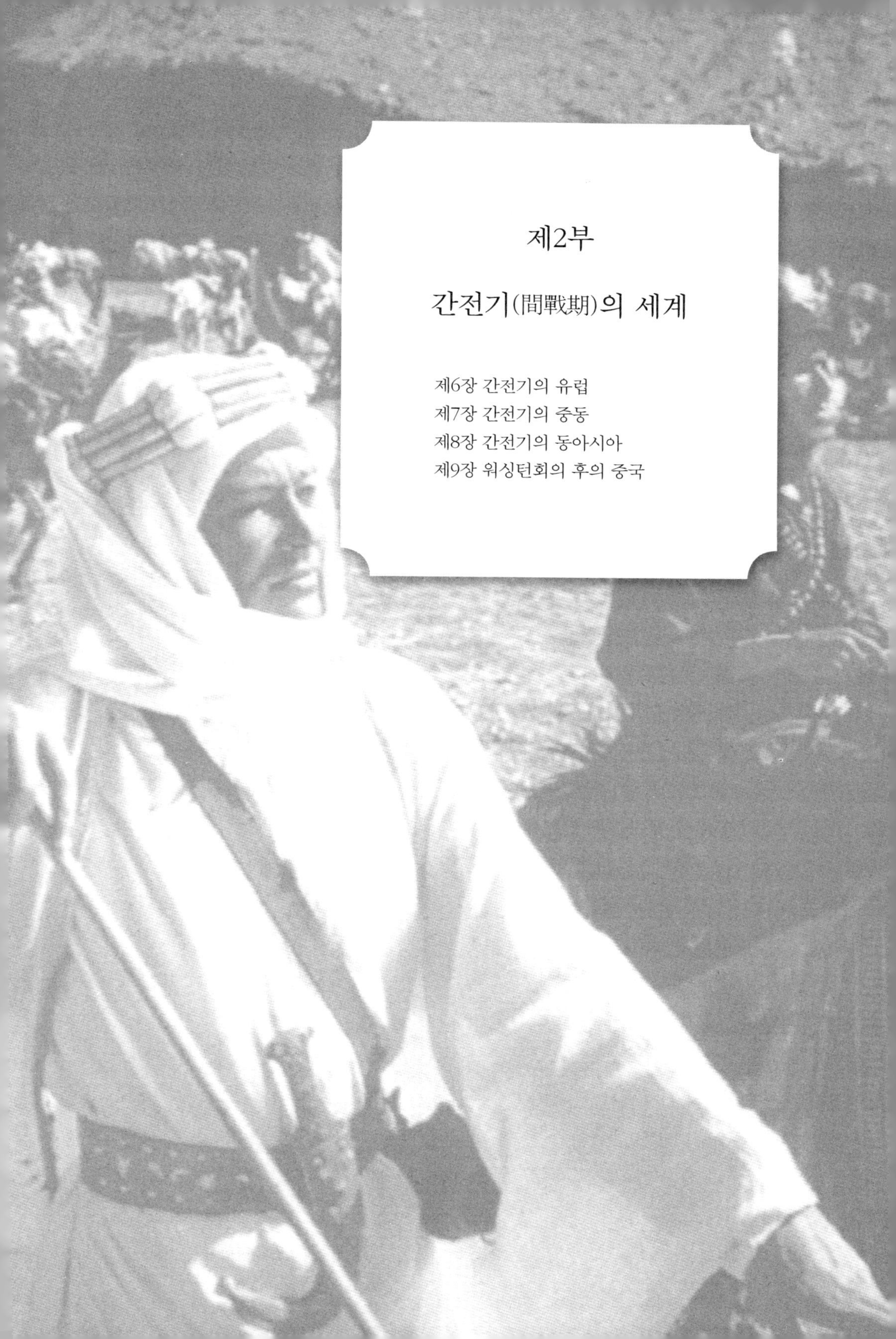

제2부

간전기(間戰期)의 세계

제6장

간전기(間戰期)의 유럽

1. 간전기의 영국

간전기 영국의 정치

제1차 세계대전이 일어나기까지 영국은 '해가 지지 않는' 식민 제국으로 군림해 왔다. '팍스 브리타니카 문명'의 우월성을 자랑하던 영제국은 대전을 통해 크게 변용(變容)되었다. 역사상 최초로 총력전이 된 제1차 세계대전은 개전 초 각국 위정자들의 예상과는 전혀 다른 전개를 보였다. 그것은 러시아혁명과 미국의 참전이 이루어짐으로써 유럽을 중심으로 한 전쟁에서 세계전쟁으로 확대되었다. 총력전을 수행하기 위한 '국민통합'으로 인해 촉발된 민중의 정치적 욕구, 민족 내셔널리즘의 폭발은 전후 유럽의 재건에도 크게 영향을 미칠 수밖에 없었다.

제1차 세계대전에의 영국의 참전 목적은 유럽의 세력 균형 유지라는 전통적 영국 외교의 원칙에 따라 유럽 대륙을 히틀러에 의한 독일 일국이 지배하도록 해서는 안 된다는 것이었다. 그것이 광대한 영국의 식민지 제국을 유지하는 데 필수적이라 간주했기 때문이기도 했다. 개전 직후 당시 수상이던 아스퀴스(자유당 소속)는 이 전쟁으로 영국의 지배를 확대하려는 것은 아니라고 명백하게 밝혔다. 그러나 실제로는 전쟁 수행을 위한 전략에 따라 아프리카, 태평양 지역, 중동 등 여러 지역에서의 적극적 군사 행동은 영국으로 하여금 전후 팽창을 위한 포석이 될 수도 있었다.

다른 한편 전쟁 수행을 위해 제국의 식민지에서 상당히 많은 인원과 물자를 동원한 대가는 비싼 것이었다. 자치령들의 전쟁 협력은 한결같은 것이 아니었다. 프랑스계의 주민이 많았던 캐나다나 홀란드계 아프리카나(보아인)가 다수였던 남아프리카 연방 등의 자치령에서는 영국에 대한 깊은 반감으로 심각한 대립이 일어났다. 전쟁 협력의 자세를 견지했던 오스트레일리아와 뉴질랜드도 전쟁을 통해 자립의식이 커지게 되었다. 이것을 경계한 영국 정부는 전후 파리강화회의에서 거의 독립국처럼 자치령 대표를 참가시켜 식민 제국의 이완을 방지하고자 했다.

파탄은 식민지에서 일어났다. 인도, 영령 아프리카 등 식민지들의 전쟁협력은 자발적인 것과는 거리가 먼 모병협력이었으며, 때로는 저항이 발생했다. 싱가포르에서는 1915년 무스림 인도 부대가 반란을 일으켰으며, 아일랜드에서도 1916년 독립을 목적으로 한 '이스터 봉기'가 일어났다. 제국지배의 수정을 요구하는 식민지 여론에 밀려 로이드 조지 정권은 대전 말기 인도의 제국으로부터의 이탈을 방지하기 위해 인도 담당상 몬타규의 성명으로 자치권을 점차로 부여하겠다는 약속을 하고, 1919년 12월에는 인도통치법을 공포하여 주 통치에 인도인의 부분적 자치권을 도입했다. 그러나 독립을 목적으로 하는 인도 민족운동을 저지하는 것은 이미 불가능해졌다. 한편 아일랜드에서는 사실상 내전이 벌어졌다. 이렇게 '해가 지지 않는 영제국'이라는 전쟁 전 영국의 제국주의 신화가 무너지게 되었다. 영국의 자치령에 대한 직접적 지배력이 이완되었으며, 식민지에서도 민족주의적 독립운동이 발생했다.

영국에서는 1918년 12월 새롭게 제정된 국민대표법에 근거하여 8년 만에 총선거가 거행되었다. 성년 남자의 보통선거와 영국 사상 처음으로 여성선거권(30세 이상)이 보증된 이 총선거에서 자유, 보수 2당의 연립 정권 지지파가 대승했다(쿠폰 선거). 이 선거의 특색은 승전과 애국열을 배경으로 한 보수당의 우세였고, 자유당의 반(反)연립파가 노동당에도 큰 차로 참패한 것, 아일랜드의 독립을 추진하려던 씬 페인당이 대승한 것이라 할 수 있다.

씬 페인당은 런던의회에 출선을 거부하고 1919년 1월 21일 더블린에 국민의회를 개설하고 이스터(부활절) 봉기에서 선언된 아일랜드 공화국을 재확인하고 영국으로부터의 독립을 선언했다. 동시에 아일랜드 의용군의 무력투쟁도 격화되어 씬 페인당의 정치적 항쟁과 합류했다. 아일랜드 국민의회는 4월 감옥에서 탈주한 데 발레라를 초대 대통령으로 선출하고 내각을 만들어 행정을 수행하는 한편, 의용군은 '아일랜드 공화국의 군(IRA)'으로 영국의 무력탄압에 대해 게릴라 전투로 대항하여 전후의 내전(아일랜드 측으로 보면 독립전쟁)은 1921년 7월 휴전이 이루어지기까지 계속되었다.

그 사이 로이드 조지 정권은 '아일랜드 통치법'을 제정하여 아일랜드의 남북 분할에 의한 아일랜드 자치를 허용했다. 이에 북부 6주는 프로테스탄트계가 인구의 대부분을 차지했기 때문에 분리해서 영국의 직할지로 남게 되었다. 1921년 12월 '아일랜드 자유국'이라는 국명의 자치령으로 아일랜드 독립이 승인된 조약이 조인되었다.

이상에서 살펴본 대로 당시 영국이 당면한 현실은 대전 전과는 다른 모습을 띠고 있었다. 그럼에도 1920년대를 통해 영국의 지도자들이 고식적으로 품고 있던 생각은 '정상 상태로의 복귀'라는 말로 상징되는 '환상'이었다.

영국이 전쟁으로 입은 물질적 손실은 다른 유럽 여러 나라에 비하면 가벼운 것이었으나 거액의 전쟁 비용을 조달하기 위해 대외 투자 주식의 약 4분의 1을 팔고 방대한 국채를 발행하고 전후 재건기를 맞이했다. 하지만 영국은 설비의 근대화가 이루어지지 못했으며, 신산업(전기, 화학공업 등)의 개발도 뒤처졌으며 외국 시장도 미국과 일본의 진출, 중국과 인도 등의 민족 산업 성장이 원인이 되어 점차 경기가 어려워졌다. 전쟁 후 약 1년간은 경제부흥을 위해 안팎으로 수요가 일어나 호황이었으나, 전통적인 수출산업(석탄, 철강, 조선, 섬유) 등이 불황에 빠지게 되었다. 1921년 불황이 최고조에 이르렀을 때 국외 수출액은 전쟁 전 1913년의 50%로 급락했다. 그리하여 약 200만 명을 고용하던 이들 주요 수출산업의 부진은 1920년대의 영국에 10% 이상의 구조적 실업을 발생시킴으로써 실업 문제가 바로 전후 영국 국내에서 최대 문제가 되었다. 게다가 대전 중 정부 차입금을 갚기 위해 1925년까지 높은 소득세가 계속 부과되었는데, 그것이 유효 수요의 창출을 억제하여 산업 회복을 지연시켰으며, 실업의 감소를 막지 못했다.

국제금융 면에서도 영국은 약체화를 면치 못했다. 영국은 대전 중 미국으로부터 총액 46억 달러의 전쟁채권을 빌리고 있었고, 그것을 상회하는 약 90억 달러를 해외 제국을 비롯한 프랑스, 러시아, 이탈리아 등 연합국에 빌려주고 있었다. 전쟁 전에는 채무국이었던 미국은 총액 103억 달러의 원조를 유럽 여러 나라에 빌려줌으로써 전후는 채권만을 지닌 세계 유일의 국가가 되었다. '시티 오브 런던'의 롬바드 거리가 더는 세계금융의 중심이 아니라 뉴욕의 월가로 중심지가 바뀌었다('시티 오브 런던'은 런던에서 금융 중심 지역으로 중앙정부로부터 자치권을 지니고 있었다).

휴전 직후 총선거에서 대승했던 로이드 조지 수상의 연립 정권 체제도 내외정책의 난관으로 1922년 10월에는 파탄에 직면했다. 보수당이 선거의 판도에서 자신이 유리하다는 것을 확인한 뒤 연립 해소를 결의했고, 그 후 로이드 조지 내각은 총사퇴하고 보나 로의 보수당 내각으로 교체되었다. 그 직후에 치른 선거에서 보수당은 대승했다. 1923년 5월 로 수상이 병으로 은퇴한 후에는 볼드윈이 수상을 이어받았다. 실업구제와 수출부진에 대한 대책으로 보호관세의 채용을 결단한 볼드윈은 민의를 묻기 위해 의회를 해산했다.

영국의 정당제도를 살펴보면 전통적으로는 보수당과 자유당의 양당 제도였다. 그러나 전후에 자유당이 분열하여 자유당과 노동당이 성립되고, 그중 노동당이 자유당을 대신하여 보수당의 대안 세력으로 떠올랐다. 노동당은 1918년 초 개인 당원의 가입을 인정하고 노동조합 중심으로부터 열린 국민정당으로의 탈피를 시도했으며, 같은 해 6월 당 대회에서 새 강령을 채택하여 볼셰비즘과는 노선을 달리한 의회주의에 입각한 점진적인 사회주의의 실현이라는 방침을 명확히 했다. 자유당은 1918년 총선거에서의 애스퀴스와 로이드 조지 사이에 있었던 갈등의 후유증을 극복하지 못했고, 전통적 노동계급의 지지를 노동당에 빼앗겼다. 게다가 전쟁은 빅토리아적 자유주의의 기틀을 무너뜨렸고, 자유당의 주된 기반이었던 비국교의 쇠퇴를 촉진했다. 이러한 어려움을 극복할 수 없었던 자유당은 다시는 집권 기회를 잡지 못한 채 쇠퇴해 갔다. 반면에 의회주의 노선으로 선회한 노동당은 노동조합의 확장된 세력을 업고 두 차례나 집권함으로써 국민에게 수권정당으로서의 면모를 보여주었다. 1923년 선거에서 노동당은 191석(득표율의 30.7%)을 얻어 제2당이 되었고, 자유당의 의석을 보태면 보수당의 의석을 크게 앞지르게 되었다. 보수당 정권이 무너지고, 자유당의 협력을 받아 1924년 1월 맥도날드를 수상으로 하는 사상 최초의 노동당 내각이 성립되었다.

영제국의 재편성도 전후 재건의 중요 과제였다. 제1차 세계대전 후 영제국의 판도에는 새로이 이라크, 요르단, 팔레스타인과 구 독일령 남서 아프리카 등이 국제연맹의 위임통치 지역이란 명목으로 보태어져서 영국은 전쟁 전보다 더 넓은 제국이 되었다. 이 광대해진 제국을, 자립화 경향이 한층 강화되는 자치령들에 대한 대응을 포함하여, 어떻게 통합하여 지배해야 하는가 하는 것이 전후 영국 정권들의 과제였다.

1925년 자치령성이 새로이 설치되었다. 다음 해 1926년 제국회의에서는 본국과 자치령들은 평등하고 독립된 커뮤니티로서 내치와 외교 어떤 면으로도 상호 간 종속함 없이 '왕관에의 충성(Crown Royality)'에 의해 통합되는 영국연방의 구성원이라고 규정한 '벨포어 정의(定義)'가 채택되었다. 그것은 1931년의 '웨스터민스트헌장'에 의해 정식으로 성문화되었다. 영제국(British Empire)으로부터 영연방(British Commonwealth of Nations)으로의 재구축이 완성된 것이다.

간전기 영국의 경제

양차 대전 동안 영국의 경제는 매우 불안했다. 제1차 세계대전 직후부터 영국의 경제는 석탄업을 중심으로 심각한 불황이 찾아왔으며, 그와 함께 파업이 빈발하여 1926년에는 영국의 역사상 유명한 9일간에 걸친 총파업이 발생했다. 또한 '굶주림의 30년대'라는 말처럼 1930년대의 대량실업이 국민 생활에 심각한 영향을 주었으며, 실업자들의 '기아 행진'을 비롯한 불온한 사회 문제를 발생시키기도 했다.

그러나 파업이나 대량실업 등 표면에 나타난 사실에만 눈을 돌려 영국 경제 깊숙이 진행되고 있던 변화를 외면해서는 안 될 것이다. 그 변화란 신구(新舊) 양쪽 산업의 교대였다. 구체적인 산업부문으로는 건설, 자동차, 화학, 전기기구, 식품, 서비스, 유통 등 비교적 새로운 산업 분야가 양차 대전을 통해 확대 경향을 보였다. 그에 비해 석탄, 철강, 조선, 섬유 등 정통 산업은 이 시대에 현저히 쇠퇴하는 과정을 겪었다. 그리고 불황에 빠지게 된 것은 후자였으며, 실업도 이들 산업에 집중적으로 나타났다. 이를테면 석탄 산업에서의 실업률은 1932년에 14.7%, 1937년에 33.9%로 높아졌으나 전기기구 산업에서의 실업률은 같은 시점에서 각 3.2%에 머물러 있었다.

그런데 전통 산업은 지역적으로 편재(偏在)하고 있었기 때문에 신구 양 산업의 교대과정은 동시에 지역 간의 격차로 나타났다. 구 산업이 지배하는 영국의 중부와 북부, 그리고 웨일즈 등은 불황에 고통받는 정도가 심했으나 신산업이 발달한 런던을 포함하는 동남부는 오히려 호황인 경우가 많았다. 그리고 이런 현상 때문에 이 시대의 영국에서는 지역 간에 막대한 인구이동을 가져왔다. 왜냐하면, 사람들은 구 산업이 지배하는 불황 지역을 벗어나 신흥산업이 번영하는 호황 지역으로 이동했기 때문이었다. 그 결과 런던을 포함하는 영국 동남부의 인구는 1921~1937년에 18% 증가했다.

산업 부문의 지역 격차가 컸기 때문에 양차 대전 간 영국의 경제적 상황을 어둡게 볼 수만은 없다. 1930년대에 관해서도 '굶주림의 30년대'라는 표현대로 모든 산업이나 지역이 똑같이 기근에 시달렸다고 생각하면 안 될 것이다. 이를테면 산업과 지역에 의해 굶주림과 빈곤에 시달렸다 해도 전체를 평균해 보면 양차 대전 간 영국인의 생활 수준은 오히려 향상되었다. 노동자의 실질임금도 1920년대로부터 1930년대에 걸쳐 착실하게 향상되었다. 그리고 의식주에 지출되는 비율은 줄고, 사치품 구매비의 지출은 늘었다. 우유, 크림, 달걀, 소프트드링크 등은 소비량이 크게 늘었으며, 1인당 단백질, 지방, 비타민 섭취량의 증가가 통계에 의해 확인되었다.

1929년 5월, 총선에서 실업 문제를 중심으로 선거 쟁점화했던 노동당이 승리하여 제2차 맥도날드 내각이 성립했다. 재무상에 스노덴, 외무상에 헨더슨 외에 전국 철도조합 출신의 실업 문제 해결을 담당하는 옥쇄 상서 토마스 등으로 구성된 내각이 성립되었다.

대공황에 직면한 제2차 노동당 정권은 내각 내에 케인즈 등 학계와 노동계를 포함한 경제자문협의회와 실업문제위원회를 설치하여 대공황에 맞섰다. 그러나 스노덴 재무상의 입장은 어디까지나 고전적 자유주의 재정학에 따름으로써 공채 발행에 의한 적극적인 공공사업의 추진을 주장하는 케인즈 등의 혁신적 이론을 배제하고, 공황을 긴축재정에 의한 디플레이션 정책으로 극복하려 했다. 실업문제위원회의 각료가 된 노동당의 젊은 경제통인 모리스도 케인즈 이론을 도입한 신경제정책을 제안했으나 스노덴, 토마스의 반대로 받아들여지지 않았다. 영국의 공황은 미국이나 독일보다 상대적으로 가벼운 것이기는 했으나 1930년대에는 생산부문보다 수출이나 무역외 수지가 격감하여 실업자가 격증하는 형태로 확대되었다. 1931년 8월에는 재정파탄을 방지하기 위해 실업수당을 10% 감축하는 긴축재정 정책을 폈다. 실업수당의 감축은 노동조합의 격렬한 반대에 직면하게 되어 내각 내에 의견이 분열되고 결국은 제2차 노동당 정권은 무너졌다.

이 정치적 위기는 같은 날 맥도날드를 수반으로 스노덴 등을 유임시키고, 기존 노동당원 외에도 보수당과 자유당의 당원들도 포함한 '거국내각'을 성립시킴으로써 극복되었다. 이 '거국내각'은 긴축 예산을 가결하고, 9월 21일에는 금본위제를 폐기하여 대공황이 가져온 경제적 위기를 극복하고자 했다.

1931년 이후 영국은 맥도날드 거국내각과 볼드윈, 체임벌린 등 보수내각이 지배했다. 맥도날드 내각은 스노덴과 교체된 보수당원 재무상 체임벌린의 노력으로 1932년 2월 수입관세법을 도입하여 19세기 이래 자유무역체제를 포기하고 보호무역체제로 전환했다. 같은 해 7월에는 캐나다의 오타와에서 자치령 여러 나라와 인도와 제국경제회의를 열어 상호에 유리한 제국경제 블록을 형성했다. 이미 서술한 바처럼 1931년 웨스트민스터 헌장에 의해 자치령들은 법률상 완전한 주권이 인정되었으며, 뒤늦게나마 1935년에는 인도통치법이 제정되어 인도의 연방제와 각주의 책임자치제가 도입되었다. 자치령과 식민지 외에 아르헨티나와 스칸디나비아를 포함해서 영국 통화 파운드로 무역 결제를 하는 스털링 블록을 형성시키는 등 보수당 내각은 공황으로부터 영국을 구출하기 위해 열심히 노력했다.

영국의 자본주의 회복은 이러한 경제적 내셔널리즘에 의한 것이라기보다 저금리와 실질소득 증대의 도움으로 하층 중류 계급 사람들이 중심이 되어 주택 건설과 신산업에 대한 국내 수요가 그 배경이 되었다. 영국의 경제는 1933년부터 공황으로부터 탈출했다. 이러한 중류 계급의 소비생활 향상은 히틀러 정권의 성립 이후에 나치 독일에 대한 경계도 작용하여 영국에서도 차츰 대두하고 있던 파시즘 운동에 제동을 걸게 되었다.

간전기 영국 사회

대륙에서 파시즘의 광기가 휘몰아치던 1930년대도 영국은 상대적으로 전반적인 안정을 유지하고 있었다. 영국 사회는 전통적 권위가 계속해서 유지되었고, 보수성이 강한 계급사회가 남아있는 정치문화를 지니고 있었다. 영국의 군주정은 대중민주주의의 발전이 가져오는 변화에 현명하게 대응함으로써 그 권위를 유지했다. "군주는 군림하나 통치하지는 않는다."라는 말이 의미하는 영국의 군주관이 그것을 대변해 주고 있다. 에드워드 8세의 로맨스로 조성된 위기에도 군주정의 본질은 별로 손상을 입지 않고 그대로 유지되었다. 사회문화적 위계질서나 계급의식도 이렇다 할 변화가 없었다. 영국군의 장교들은 대부분 상류계급에서 나왔다. 그러나 그동안 상류계급의 성격이 바뀌기는 했다. 전통적으로 상류계급은 지주(地主) 가문 출신이었으나 산업혁명 이후에 토지의 사회 경제적 중요성이 줄어듦에 따라 상공업을 통해 부를 축적한 자본가들이 상류계급으로 부상했다. 특히 제1차 세계대전 후에는 지배계급의 토지 소유자적 성격이 눈에 띄게 줄어들었다. 1920년대 말에 보수당 의원들의 출신 배경을 살펴보면, 14%만이 토지를 배경으로 하는 가문인 데 비해 32%가 실업계, 35%가 전문직 출신이었다.

교육 경력은 뚜렷한 계급 구분의 잣대가 되었다. 당시 영국의 학교 교육은 퍼블릭스쿨과 문법학교와 일반 초등학교로 나뉘어 있었다. 전체 국민의 6% 정도의 상류계층은 비싼 수업료를 내고 자신의 자녀를 이튼이나 해로우와 같은 퍼블릭스쿨에 보냈다. 이들 상류층 자제들은 앞으로 사회에 지도자가 지녀야 할 품성과 학식을 퍼블릭스쿨의 교육을 통해 배웠고, 졸업 후에는 옥스퍼드와 케임브리지대학에 진학했다. 반면 중간계급의 자녀는 그보다 못한 일반 문법학교에 다녔는데, 여기서는 언어교육과 더불어 사회생활에 필요한 실무교육으로 수학, 역사, 과학 등을 배웠다. 이들 중 약 14%만이 대학에 진학했으며 나머지는 실업계와 하급 전문직에 진출했다. 나머지 대부분 노동계급의 자녀는 14세까지 일반 초등학교에서 무상 의무교육을 받는 것으로 만족해야 했다. 이와 같은 교육체계는 세 가지 서로 다른 세계, 즉 지배계급의 세계와 실업 및 전문직의 세계, 그리고 임금노동자의 세계로 각각 사회적으로 격리시키는 벽을 쌓게 했다.

제1차 세계대전은 영국 사회의 구조를 크게 변화시켰다. 전쟁이 새로운 산업구조의 전환을 가속했으며, 그것은 당연히 사회의 계층구조에도 큰 변화를 가져왔다. 가장 두드러진 변화는 화이트칼라층의 확대였다. 어떤 통계에 의하면 1922년부터 1938년 사이에 임금노동자는 14% 증가에 그쳤으나, 화이트칼라의 수는 35%나 늘어나 전체 취업 인구 중 그들이 차지하는 비율도 22%로부터 25.5%로 상승했다고 한다. 한마디로 화이트칼라라고 하지만 그 내용은 변호사, 저널리스트, 의사 등 자유업이 있었고, 그 외에도 대기업의 관리자층에서 점원에 이르기까지 대단히 다양했다. 그리고 이 화이트칼라층 전체가 양차 대전 간 영국의 새로운 경향의 계급을 대표했다는 것은 분명한 사실이었다.

이 시대에 영국에서는 일반인들의 일상생활과 가정생활에도 큰 변화가 일어났다. 이를테면 출생률과 사망률이 저하되고, 2명의 자식을 거느린 소규모가족이 급속하게 일반화되었다. 그리하여 가정부를 고용하는 가정이 적지 않았고, 주부도 때로는 직업을 갖게 되었다. 전기다리미, 전기청소기, 라디오 등의 전기기구가 각 가정에 보급되기 시작했고, 1930년대에는 자가용 자동차의 구매도 드물지 않았다. 그 외에 영화, 여행, 축구 관전 등 레저 열이 높아진 것도 이 시대의 특징이었다. 화이트칼라층은 이러한 간전기의 영국인 일반의 생활양식의 변화를 가장 진취적으로 리드했던 것이다.

물론 제1차 세계대전 후에도 영국 사회가 일면 상당히 엄격한 계층질서를 남겨 놓고 있었다는 것은 부정하기 어렵다. 그것은 부의 분포상태를 비롯하여 영어의 악센트, 식사예법, 음주 장소에 이르기까지 사회생활의 많은 측면에서 확인할 수 있다. 원래는 계층 간의 유동성을 높일 수 있는 교육도 당시 영국에서는 오히려 계층 간의 구별을 유지하고 강화시키는 역할을 했다. 즉 퍼블릭스쿨, 그래머스쿨(문법학교), 모던데이스쿨이라는 각각 다른 교육 코스가 그것이었다.

그러나 이미 지적했듯이 화이트칼라층의 확대, 그리고 그들에 의해 리드된 생활양식의 변화가 조금씩 전통적인 계층질서를 이완시키고 있었다. 화이트칼라의 사회적 수요는 점점 커지고 있었으나 이 계층은 노동자계층보다 낮은 출산율을 보이고 있었다. 그 때문에 이 계층은 노동자층 중에서의 야심과 능력이 있는 사람으로 보충되지 않을 수 없었다. 그것은 미들클래스와 노동자계급 간의 차이를 대단치 않게 만드는 역할을 하게 되었다. 그 밖에 미들클래스 가정에서 가정부를 덜 고용하게 된 것, 미들클래스의 특징이었던 교회 출석 관습이 줄었다는 것, 나아가 노동자계급의 심야 음주 습관이 줄어들었다는 것 등 계급적 습관의 변화가 미들클래스와 노동자계급의 구별을 애매하게 만들었다. 한편 자가용 자동차가 새로운 사회적 스테이터스 심볼로서 등장함으로써 상류계급과 중간계급의 차이가 약화되었다. 나아가 과거에는 노동자계급의 전담 오락이었던 축구시합 관전이 이제 다른 계층에게도 확대된 것에도 계층 간의 차이를 엷게 하는 징후로 나타나게 되었다.

영국의 중간층과는 대조적으로 독일의 중간층은 나치당의 사회적 기반이 되어 과격한 정치운동을 통해 독일의 파시즘을 지지했다. 이 점에 관해 흔히 지적되고 있는 것은 독일에는 농민, 수공업자, 소상인 등 이른바 구 중간층이 제1차 세계대전 후에도 광범하게 존재한 데 반해 영국에서는 그와 같은 구 중간의 사회층이 훨씬 규모가 작았다는 사실이었다. 그러나 이점을 너무 지나치게 강조하는 것은 위험할 것이다. 왜냐하면, 독일에서도 영국처럼 화이트칼라층(新中間層)이 급속하게 증대하고 있었고, 또한 이 층이 나치 대두의 사회적 기반의 유력한 일각을 구성하고 있었기 때문이다. 이에 문제는 다음과 같이 제기되어야 한다. 왜 영국에서는 화이트칼라층이 독일에서처럼 과격한 정치운동으로 뛰어들지 않고 이미 살펴본 대로 새로운 사회생활에 순응하고 일상생활의 새로운 경향에 앞장서게 되었는가. 그것을 규명하기 위해서는 먼저 전쟁이 영국의 정치에 어떤 영향을 끼쳤는가를 살펴볼 필요가 있다. 여기에 눈에 띄는 것은 대전의 과정에서 로이드 조지라는 정치가의 정치적 궤적이다.

영국에서의 정치적 지도자가 되는 코스는 출신에 의해 확정되곤 했다. 그것은 명문 출신으로 구성되어 있었는데 퍼블릭스쿨을 거쳐 명문대학을 나와야 했으며, 대체로 사회적 보수성이 강했던 영국의 정치문화에서는 정치 지도층은 정치적으로는 보수당원이거나 보수주의적 성향을 띤 인사들의 전유물이었다. 로이드 조지는 웰즈 출신으로 옥스브리지의 엘리트 양성 코스를 밟지 못했다. 그러나 그는 이미 제1차 세계대전 전에 자유당 내각의 상무대신이었고 그 후에 재무대신으로 승진했다. 이러한 승진은 당시 영국의 정치문화에서는 그것 자체만으로도 대단히 파격적이기도 했다.

로이드 조지에게 더욱 큰 활약과 출세의 기회는 전쟁과 함께 찾아왔다. 대전이 발발한 시기에 애스퀴스가 이끄는 자유당 내각의 많은 각료에게는 이 새로운 전쟁에 대한 정확한 인식이 전혀 없었다. 그들은 '왕조 전쟁'의 개념에 머물러 있어, 전쟁은 장군들의 힘으로 승리를 가져올 수 있다고 믿었고 또한 전쟁을 수행하는 데 필요한 무기는 자유기업에 의해 공급할 수 있다고 생각했다. 따라서 징병제도도 채용되지 않았으며, '평상과 같은 비즈니스(Business as usual)'가 사회적 지표가 되었다.

전쟁이 장기화함에 따라 이 전쟁의 총력전으로서의 성격이 분명해짐으로써 전쟁을 수행하기 위해서는 대규모 군수품 생산의 추진과 징병제의 시행이 불가결한 것을 인식하게 되었다. 그리하여 이러한 새로운 사태의 전개에 대해 민속하게 대처할 수 있었던 인물이 로이드 조지였다. 그는 총력전을 원만히 수행하기 위해 군수 생산을 추진하는 데 큰 업적을 올렸다. 그는 신설된 군수성의 장관이 되었고, 1916년 말에는 드디어 전시 거국내각의 수상이 되었다. 그러는 동안 역사상 최초의 총력전이라는 격동 속에서 로이드 조지의 정치적 재능은 낡은 정치가들의 무능함과 대조적으로 유감없이 발휘되었다.

영국의 역사가 A. J. P. 테일러는 로이드 조지를 "최고권력에 도달한 최초의 민중의 아들"이라 했고, 그의 수상 취임을 평하기를 "그것은 정부를 바꾸는 것 이상의 것이었다. 그것은 혁명, 영국식의 혁명이었다."라고 썼다. 분명히 제1차 세계대전 중 로이드 조지의 대두는 그 한 사람의 출세 이야기라기보다 영국 정치문화 전체의 극적인 변화를 가져온 것이기도 했다. 그의 대두와 함께 영국의 정계에는 그때까지는 어떤 정치적 배경을 지니고 있지 않았던 새로운 타입의 인간이 대량으로 진출해 왔다. 그들은 전통적 엘리트와는 달리 비국교도였으며, 런던의 정계와 경제계와는 전혀 관계를 맺지 못하고 지방의 실업계에서 상승해 온 사람들이었다. 대전 중에는 선박, 노동, 식량 등의 새로운 부서의 성(省)들이 설치되었는데 이들 신설 성의 대신으로서 전시경제에 큰 활약을 한 많은 인물이 이런 유형의 신인들이었다.

로이드 조지를 포함하여 이들 새로운 정치가들은 벼락출세자의 특유한 거친 성격과 지나친 욕망을 가진 자들이 많았다. 로이드 조지는 "정권에 취임한 당시와 비교하면 대단한 돈을 모아 정권을 퇴임한 월폴 이래 최초의 부유한 수상이었고, 공공연하게 애인과 사생활을 한 그래드스톤 이래의 스캔들을 퍼트린 수상이었다."라고 테일러는 서술하고 있다. 케인즈는 그를 평하여 "고대 겔트인의 가위눌린 악마의 숲에서 우리 시대에 나타난 이 반인(半人)의 방문자"라고 쓰고 있다. 제1차 세계대전이라는 격동 속에서 발휘된 그의 정치적 재능은 이러한 거친 벼락출세자적 성격과 깊이 연관되고 있었다.

1918년 영국이 대전에서 승리한 순간은 이들 로이드 조지형 정치가들에게는 아주 행운의 시기였다. 로이드 조지는 이제는 전시체제를 성공적으로 관리하여 영국을 승리로 이끈 국민적 영웅이었으며, 그의 인기는 다른 정치가들이 도저히 겨룰 수 없을 정도로 높아졌다. 전쟁 직후 1918년 말 쿠폰선거에서는 로이드 조지를 지지하는 자유당과 보수당 후보자가 대량으로 당선되었다. 그들 대부분은 전쟁 수행 중에 발탁된 신인들이었다. 그러나 국민적 인기가 높아졌지만 '전쟁을 잘 수행한 철면피들', '이기적이고 부풀려진 상놈들'이란 동시대인 귀족 출신들의 경멸적 관찰의 시각도 존재했다.

이상에서 살펴본 로이드 조지를 중심으로 한 새로운 정치가의 대량 등장과 그들의 난폭한 정치 스타일, 독특한 벼락출세자적 분위기 등은 분명히 전쟁 중에서 전쟁 직후에 걸친 일시적인 현상이었다. 로이드 조지 자신도 1922년에는 보수적 여론의 지지를 잃고 수상직에서 사직하고 다시는 정권을 잡을 수 없었다. 그러나 간전기 영국에서 이런 벼락출세한 신흥 엘리트들과 1930년대 독일에서의 나치형의 새로운 정치가들의 대두를 비교할 때 영국에서의 공황기에는 바로 그들이 나치 시대처럼 새로운 정치의 역할을 하지 않았다는 의미에서 중요한 의미를 지닌다. 독일에서의 나치의 발생은 확실히 보수와 우익 진영의 내부에서의 엘리트 교체 문제와 깊은 관련을 지닌다. 즉 나치는 전쟁 전부터 전통적 엘리트들과 대항하면서 기성 지배체제로부터 배제되었던 소외된 불만 세력들을 주요 에너지원으로 하여 대두할 수 있었다. 하지만 간전기 영국은 이들 새로운 계층이 나치와 같은 형의 정치운동을 전개할 여지는 거의 남아있지 않았다. 왜냐하면, 이미 전쟁 중과 그 직후에 걸쳐 로이드 조지의 등장과정을 통해 사회 저변에 잠재했던 그들의 에너지를 거의 흡수해 버렸기 때문이었다.

양차 대전 간의 영국과 독일이 나아간 정치 코스의 다른 점은 물론 로이드 조지의 대두만으로 단순하게 설명될 수는 없다. 어찌하여 영국의 화이트칼라층은 독일에서처럼 나치와 같은 새로운 과격한 정치운동으로 전개되지 않았는가?

독일에서는 노동자계층은 사회민주당으로, 융커와 대기업가들은 국가인민당과 보수 부르주아 정당으로, 가톨릭교도는 중앙당으로 결집했었다. 따라서 정당과 사회 그룹 간의 대응이 대단히 선명했던 것이다. 이러한 상황에서는 특별히 대표할 수 있는 정당을 가질 수 없었던 프로테스탄트계의 중간층(화이트칼라층을 포함)은 공황 등 사회적 불황이 다가왔을 때 정치적 소외감이 깊어지게 되고 그 정치적 행동양식도 불안정한 성향을 띠기에 십상이었다. 여기에 나치와 같은 새로운 과격한 정치세력이 대두할 수 있는 조건이 있었다. 이에 대해 정당과 사회 그룹 간의 대응관계가 그처럼 엄격하지 않은 영국에서는 화이트칼라층이 독일에서처럼 강한 정치적 소외감에 빠지지 않았다. 게다가 이 나라에서는 로이드 조지에서 극적인 선례를 남긴 것처럼 중간층 내의 야심 있는 사람이 정계에 진출하여 출세하는 기회가 크게 열려 있었다. 간전기에 보수당 의원의 약 반 정도, 노동당 의원의 약 4분의 1 정도가 변호사, 저널리스트, 교사 등의 그룹에서 공급된 것만 보아도 그것이 명백했다.

이러한 사정하에서 영국의 화이트칼라층은 의회정치의 틀을 위협할 수 있는 세력이 아니라 오히려 정치 분야나 사회 분야에서 새로운 시대로 향해 조용한 혁명을 추진하는 주체가 되었다.

2. 간전기의 프랑스

간전기 프랑스의 정치와 경제

프랑스는 대전 중 공업과 농업생산의 중심지였던 북부 지방이 전장(戰場)이 되어 막대한 피해를 보았다. 동원된 병사의 전사자 수도 교전국 중 최대였기 때문에 경제개혁의 앞날은 쉽지 않았다 따라서 전쟁의 보상을 독일에 기대하는 보복감정이 정치가로부터 국민에 이르기까지 널리 퍼져있었다. 게다가 러시아혁명으로 큰 액수의 러시아채권이 회수의 전망이 없어지자 투자가들의 실망도 컸다. 프랑스가 독일로부터 배상청구에 강편 자세를 취한 이유는 그 때문이기도 했다.

프랑스에서는 1919년 11월 전후 최초의 총선거가 시행되었다. 이 선거에서 보수파와 중앙파는 미루랑, 푸앵카레, 브리앙의 지도 아래에 '국민단결'을 굳게 하여 대처한 데 비해 좌파는 분열된 채로 선거를 치렀다. 선거는 '국민단결'파의 대승으로 끝났다. 보수파의 승리는 좌익의 분열 이상 '국민단결' 측의 교묘한 반(反)좌익 선전이 먹혀들었으며, 대독 강편 정책과 '전선으로부터의 우애 정신'에 의한 국민적 공동체 의식을 강조한 것이 그 승리에 크게 영향을 미쳤다. 1920년 발족한 미루랑 우익 내각이 직면한 최대의 문제는 노동운동으로부터의 공세였다.

1919년 3월 로렌느의 광산노동자들이 반델사의 15% 임금인하에 대항해서 파업에 들어가 군대 개입을 가져왔다. 이것이 프랑스에서의 전후 첫 번째 노동공세의 시작이었다. 쟁의의 파도는 전국으로 퍼져 가서, 특히 노르 탄광에서는 폭동적 색채를 띨 정도로 심각해졌다. 파리에서는 계엄령에서도 50만 명이라는 메이데이 시위행진이 감행되어 난투와 발포가 되풀이되었다. 오랜만에 농업노동자가 각지에서 일어났으며 크게 주목을 받기도 했다. 그러한 소란은 군대에도 일어나 쟁의 진압에 출동을 거부하는 사태도 발생했으며, 외부

군인부대에서도 흑해파견 함대에서는 공산주의자에 의해 지도된 항명사건이 발생했다. 이와 같은 전국적인 노동공세의 경과로부터 당시 유일의 전국적 노동조합조직이었던 노동총동맹(CGT)의 세력은 급속하게 비약적으로 신장되어 전쟁 전인 1913년에 가맹자 94만 명에서 1919년 말에는 147만 명, 1920년 쟁의 최성기에는 240만 명으로 조직이 확대되었다.

1920년 파업운동은 1월 철도 총파업으로 시작되어 5월까지 항만, 탄광, 섬유, 조선, 금속 등의 업종으로 퍼져 나가 파업에 참여한 노동자의 수는 150만 명으로 확대되었다. 이들 총파업은 시간이 지나갈수록 정치적 요구를 전면에 건 혁명운동의 성격을 띠게 되어 가두 소요를 동반했다. 이미 1919년 중에 557건, 1920년에는 345건의 노동협약이 체결되어 노동 고용의 안정이 보장되었고, 임금도 1919년 중에 평균 20~30%가 상승했으며, 8시간 노동법이 성립되었으므로 노동운동이 이처럼 격렬해지는 경향을 내버려두면 프랑스의 전후 복구에 중대한 지장을 줄 뿐 아니라 혁명의 발화점이 되지 않을까 판단한 정부는 돌연 노동운동에 대한 탄압에 나섰다. 5월 이후에는 전쟁 진압에 군대가 출동하게 되었다. 이러한 정부의 강편탄압정책은 상당히 유효하게 작용하여, 노동공세의 에너지는 크게 수축되기 시작했다.

이러한 전후 노동운동의 동향에는 프랑스 사회주의 좌파정당의 분열이 관련되어 있었다. 전쟁 중 군사 예산에 반대한 프랑스 사회당에 코민테른이 큰 관심을 기울였고, 사회당 쪽에서도 코민테른 가맹이 당 대회의 의제가 되었다. 그러나 그것이 당내의 큰 분란을 일으켰다. 그것은 코민테른이 각국에게 사회당에 가맹할 때 볼셰비키적 혁명성과 전투성을 지녀야 한다고 요구했기 때문이다. 구체적 표현으로 '〈21개 조〉 철(鐵)의 조직 규율'을 수용하라는 요구였는데, 그 내용은 당내에 지도중추(指導中樞)를 두어 이에 모든 권력을 집중할 것과 탄압에 대응하여 비밀의 비합법조직을 설치할 것 등이었다.

사회당은 좌파와 우파가 분열하여 이념 투쟁을 전개했다. 특히 부룸은 장 조레스의 노선을 따라 자유주의적 인도주의적 사회주의자로서 자유로운 개인의 활동을 조직 원칙과 조화시키려는 입장에서 지도중추에 의한 권력집중은 독재를 가져오고 지방당 조직의 자주 활동의 기능을 빼앗는 것이라고 비난했다. 또한, 비밀지도 조직은 코민테른이 프랑스 사회당을 완전히 지배할 가능성을 가져올 것이라고 강조했다. 그러나 반대론은 점차 소수파가 되어 1919년 말에는 사회당의 코민테른 가맹이 결정되었다. 그와 함께 소수파는 분열 퇴장하고 남은 다수파는 기관지 〈유마니떼〉를 계승하고 프랑스 공산당을 창립했다. 프랑스 공산당원들은 러시아혁명의 영광을 찬양하고, 이 혁명을 프랑스혁명의 쌍생아로 수용하고자 했다. 그러나 그들 프랑스 공산당원들은 코민테른이 요구하는 러시아혁명을 직수입하고자 하지는 않았고, 다만 러시아혁명이 프랑스혁명과 유사하다는 입장에서 러시아혁명에 대한 친근감을 표시한 데 불과했다. 그 때문에 이후 러시아혁명의 실태가 알려졌을 때 그들도 환멸감과 위화감이 있을 수밖에 없었다. 러시아혁명이 시민적 자유를 기조로 한 프랑스혁명과의 애널러지를 전혀 배제할 정도로 비서구적이라는 것이 판명된 후 탈당자가 속출되어 1922년 말에는 당원이 6만 명으로 감소했다. 그리하여 프랑스의 정치문화는 점차 보수화되었다.

이러한 보수 우위는 루르 점령으로 다시금 흔들렸다. 푸앵카레의 강편 외교의 일환으로서의 루르 점령의 실패는 많은 액수의 배상금을 회득할 수 있는 희망을 상실하게 했고, 그에 다른 군사경비가 프랑스 재정을 압박했다. 그것은 프랑스 국민이 인플레의 중압을 견뎌내야 한다는 것을 의미했다. 게다가 미국에 대한 전채의 상환과 미국의 고율관세도 프랑스 경제의 앞길을 어둡게 하는 것이었다.

푸앵카레는 이에 대한 대책으로써 선거를 앞에 둔 시점에서 불리함을 무릅쓰고 증세 계획을 단행할 수밖에 없었다. 그리하여 좌익들은 푸앵카레 내각이 바로 프랑스에서의 모든 악의 근원이라는 선거 전략을 손에 넣게 되었다. 모든 악의 근원을 청소하는 목적으로 '좌익연합'이 결성되었다. 여기에 사회당을 비롯하여 공화자유당, 급진사회당, 급진 좌익이 뭉쳤다. 5월 총선거 결과 '좌익연합'은 328개의 의석을 얻었다. 이에 대해 '국민단결' 측의 의석은 228석에 머물렀다. 이 선거가 인민전선운동의 선구로 보는 견해가 있으나 '좌익연합'의 승리는 인민전선의 압도적 승리와 비교하면 종이 한 장 차이에 불과했다. 실제로 승자의 총 득표수는 패자를 미치지 못했다. 따라서 승자의 전선에는 내부 분열이 있었고, 특히 좌익급진파의 41표는 중요 심의에서 결정표의 역할을 행사하곤 했다.

총선거의 결과 푸앵카레를 대신하여 '좌파연합'의 기둥이었던 급진사회당의 에리오 내각이 성립했는데, 균형재정, 사회보장의 충실화, 전재지(戰災地)의 재건, 공무원과 공공기업 노동자의 단결권 보장 등 내정 문제가 쉽게 해결할 수 없는 난문이 산재하여 정책추진의 어려움을 노증했다. 그리하여 에리오 내각의 내정 면에서의 성과는 제로라기보다는 증세와 공채정리 등 좋거나 싫거나 필요했던 정책을 실행할 수 없었고, 재정 상태를 오히려 악화시켜 인플레이션을 조장했다. 그러나 배상 문제의 해결, 루르 철병, 국제연맹 중심의 프랑스 안전보장, 대소련 국교의 수립 등 대외정책은 이 정권에서 해결되기에 이르렀다.

1924년 8월 런던회의에서 도즈안이 수용되었고 이와 함께 루르 철병을 단행하게 되었다. 10월에는 소련과의 국교 수립을 시행했다. 이 2개의 외교조치는 모두 영국과의 협조가 동기였다. 영국과의 협조는 프랑스 외교의 최대현안이었던 프랑스 안전보장 문제와 연결되고 있었다. 그러나 안전보장 문제의 해결에도 프랑스의 발언권을 확보하기 위해서는 국내의 안정, 특히 경제 재정의 안정이 급무였던 것은 변함이 없었다. 좌파연합의 정권은 이 문제에서 실패했다. 거대한 대미채권의 상환과 재건에 필요한 비용을 거둬들이기 위해서는 증세해야 했지만, 표를 지키기 위해 증세를 피하려 했고 이에 채택할 수 있는 수단은 공채 모집밖에 없었다.

1925년에는 거액의 단기 정부채의 상환기가 닥쳐왔다. 공채를 선호했던 프랑스인들도 인플레이션의 위협하에서 공채 재모집에는 응하려 하지 않았다. 프랑스 은행으로부터의 차입도 한도가 있었고, 증세도 사회당의 반대로 채용할 수 없음이 분명했다. 1925년 4월 에리오 내각은 경제, 재정 정책으로 아무런 대책을 쓸 수 없는 무능 상태로 빠져 퇴진했다. 그 후 2년간에 좌파

연합계의 5내각이 교대로 성립했으나 사태는 개선되지 않았고 프랑화는 전쟁 전의 10분의 1로 평가절하되었다. 자본의 해외 도피가 계속되었고, 투기가 극성했다. 좌파연합의 무능이 분명해져서 1926년 7월 푸앵카레와 좌파연합도 같이 참여하는 연합내각이 수립되었다.

푸앵카레 내각은 강력한 리더십을 발휘하여 단지 유산계급뿐 아니라 농민, 그리고 중산계급, 더 나아가 노동자 일반에 이르기까지 커다란 심리적 안정감을 주게 되었다. 이에 반해 좌파연합은 프랑스 은행의 비협조와 자본의 도피라는 '금융의 벽'에 패했다기보다 그의 지지기반마저 적수에 빼앗기는 정책의 비전이 결여되었기 때문에 스스로 지도력을 빼앗기게 되었다. 푸앵카레가 채용한 증세와 화폐의 평가절하는 적어도 일시적으로는 희생과 내핍을 국민에게 강제하여 반발을 샀으나, 마침 노동운동의 퇴조 경향이 나타나 푸앵카레에게는 다행한 일이 되었다.

푸앵카레에 의한 통화의 금본위제 복귀는 프랑스로 하여금 다시금 세계 금융의 중심의 하나로의 지위를 회복시켰다. 게다가 알자스 로렌의 공업이 가동됨으로써 미국 경기의 호조라는 요소와 함께 프랑스의 20년대 후반에서의 생산과 수출을 급격하게 신장시킬 수 있었다. 확대의 페이스는 대자본에 의한 기간산업에서 특히 현저하여 이를테면 철강생산은 1913년 460만 톤에서 1927년 930만 톤으로 대폭으로 늘어났다.

이러한 경제적 확대와 함께 자본의 집중도 이루어져 특히 중화학 분야에서 트러스트가 더욱 거대화되었다. 이것은 피고용자 분포에도 영향을 주어 대기업에서 일하는 노동자의 비율이 급속하게 상승했다. 실업자가 1927년 통계에 의하면 20만이 되었으나 당시 다른 나라에 비하면 오히려 낮은 수준이었다. 이러한 경제적 양상을 '상대적 안정'이라고 부르기도 한다.

프랑스의 인민전선

프랑스의 경제적 안정을 깨트린 것은 미국에서 시작된 대공황이었다. 그러나 1929년에 프랑스에서는 침체하기는 했으나 다른 나라들에서 나타난 바처럼 과잉생산이 아직 일어나지 않았고, 공업생산의 수준은 떨어지지 않았다. 다만 수출의 감소, 그리고 수입의 증대가 나타나는 정도였다. 세계공황이 프랑스로 파급되기 시작했다. 먼저 농업 부분에 나타났는데, 농산물의 가격이 내려가 불황이 확산되기 시작했다.

에리오 내각이 배상 요구를 포기하게 된 로잔협정으로 대미 전쟁 채권의 지급 문제가 원인이 되어 1932년 물러난 후 20개월 사이에 6개의 단명 내각이 교체되었다. 이러한 프랑스 정치의 기능부전(機能不全) 현상은 의회주의를 반대하는 세력을 발호시키는 배경이 되었다. 반의회주의의 기치를 내걸고 불안정한 정치와 호전되지 않는 경제에 분노하는 민중을 조직하여 대두한 세력은 극우단체들이었다. 전쟁 전부터 활동하고 있었던 '악숑 프랑세즈(프랑스 행동)'와 '크로아 드 푀(불의 십자군)', '솔리다리테 프랑세즈(프랑스 결속)' 등 극우단체들은 나치와 같은 공격적인 반공주의적 선전활동으로 지지자들을 확대해 나가고 있었다. 한편 급진사회당과 사회당 속에서도 집행권을 강화한 권위주의 국가로의 전환을 도모하려는 사람들이 나타나게 되었고, 공산당에서도 토리오처럼 코민테른 방침에 반해서라도 사회당과의 통일전선이 필요하다고 호소하는 사람이 나타났다. 그 외에도 기술 관료들의 주도로 경제 및 사회 시스템을 재편성해야 한다는 위기극복의 구상도 나타났다.

이처럼 프랑스에서도 위기를 벗어나는 새로운 프로그램의 창출이 요구되었는데, 상황을 흔든 것은 정치 및 재계의 스캔들의 폭로였다. 1933년 12월에 보도된 사기꾼 스타비스키에 의한 한 지방 도시에서의 금융범죄가 다음 해에는 급진사회당의 각료를 포함한 정계의 유력자가 연루되었다는 것이 발각됨으로써 중대한 사건으로 발전했다. 도망 중 스타비스키가 스위스에서 주검으로 발견되어 여론이 더욱 나빠지게 되자 '악숑 프랑세즈'를 선두로 극우단체가 거리행진에 나서는 등 정부 공격을 전개했다. 1934년 1월 27일 드디어 쇼당 내각이 총사퇴하고 같은 급진사회당의 다라디에 내각으로 바뀌어 극우에 비난당했던 경시총감이 경질되었다. 이것이 계기가 되어 극우 세력의 공세는 의회로 향했다.

다라디에 내각이 의회에 신임을 요청한 1934년 2월 6일 저녁부터 극우단체들은 대중동원을 하여 파리 콩코르드광장을 메우고 하원에 돌입하고자 하는 데모대와 이를 저지하는 경찰과의 충돌이 일어났다. 다라디에 내각은 다음 날 아침 사회당의 지지로 신임을 받게 되었지만, 그날 밤의 충돌사건으로 사망자가 15명, 부상자가 약 1,500명이나 발생했다. 2월 7일 아침 다라디에 내각은 집행을 전혀 못 하게 되자, 전 대통령 도으메르크가 우익 색채가 강한 '국민통일' 내각을 조직하여 사태의 진정을 획책했다. '2월 6일 사건'은 좌파 다수파의 정부 타도 운동으로 성공했으나 극우단체들은 그 이상의 목표나 프로그램이 없었다. 오히려 이런 정치적 위기는 그 영향으로 급진사회당, 사회당, 공산당의 3당을 중심으로 하는 이른바 인민전선(Front Populaire)을 프랑스에 출현시켰다.

도으메르크 내각하에서는 외상 바르도우가 나치독일의 프랑스 포위와 평화유지를 위해 동방 로카르노체제의 실현을 위한 외교를 정력적으로 추진하여 프랑스와 러시아 사이에 우호관계가 싹트게 되었다. 그해 10월 불운하게도 바르도우가 우익에 암살되었으나, 그의 후임 외상 라발도 이 노선을 계승했기 때문에 1935년 5월에는 프랑스와 소련의 상호 원조 조약이 조인되었다. 이 사이에도 정부의 디플레이션 정책은 강행되어 경제위기와 국민 생활의 악화는 멈추지 않았다. 그러나 소련과의 외교적 접근은 프랑스 공산당과 사회당과의 관계를 개선하는 계기가 되었다. 그동안 코민테른의 지시에 맹종하던 공산당은 이데올로기를 국민 생활에 우선하여 사회당을 '사회파시즘'이라 공격했는데, 상호조약이 성립됨으로써 공산당의 노선 수정 환경을 조성했다. 반(反)파시즘 전선의 유리한 상황이 이루어진 것이다.

상호조약이 조인된 후 스탈린은 프랑스의 급진사회당의 애국주의적 국방정책을 평가함으로써 프랑스 공산당도 애국 노선에 관대해지기 시작했다. 그때까지는 애국주의는 프롤레타리아 혁명의 국제성을 부정하는 것이라고 간주하여 공산당의 반대를 받아왔다. 당시 극우 단체들의 반(反)공화주의와 반(反)의회주의의 주장과 테러는 급진주의당은 물론 사회당과 공산당에게 프랑스의 민주화에 대한 방위의식을 강화시켰다. 7월 14일 혁명기념일에는 모든 좌익의 공동 데모가 조직되었고 여당인 급진사회당도 참가한 대규모 데모대가 파리 가두를 메워 민중의 반파시즘의 의사가 표명되었다. 다음날 15일에는 3당과 그 외 공화, 자유, 인권을 지키려는 단체들도 합세하여 인민연합 전국위원회가 결성되었다('인민연합'이 '인민전선'의 공식 명칭임).

7~8월에 걸쳐 모스코바에서 코민테른 제7차 대회가 열려 65개국, 513명 대표가 모였다. 이 대회에서 프랑스경험이 존중되어 인민전선 전술이 정식으로 채택되었다. 각국의 공산당은 제6회 대회(1928)에서의 사회민주주의와 의회정치를 타도하는 방침을 바꾸어 노동자계급의 통일전선은 물론 부르주아 중간층과 동맹하여 의회제 민주주의를 옹호하는 것을 중요한 임무로 하는 전술로 전환했다. 프랑스 공산당의 인민연합 참가는 코민테른으로부터 그 정당성이 보증되고 1930년대 후반 프랑스 정치에 활력을 불어넣게 되었다.

프랑스에서는 1936년 봄에 총선거가 예정되어 있었는데, 인민연합은 총선거에 대비한 인민전선의 강령을 연두에 발표했다. 강령에서는 국민이 가장 필요로 하는 요구들을 집약하여 급진사회당, 사회당, 공산당, 3당이 합의할 수 있는 항목을 정리하여 그것을 '빵, 평화, 자유'라고 하는 간결한 슬로건으로 내걸었다. 경제적 요구로는 구매력의 회복을, 평화의 옹호에는 국제적 협력과 군축 및 군수 산업의 국유화를, 자유의 옹호에는 극우단체의 해산과 자유권의 존중을 주장한 것이다. 그러나 사회당이 주장한 국유화는 한정적으로 하고 공산당도 부르주아들이 두려워하는 혁명적 요구는 제기하지 않았다. 그것은 분명히 '전선'이라는 전투적 용어로부터는 먼 것이었으나 반파시즘의 타도와 경제적 위기 타개를 목적으로 한 획기적인 공동계획이었다.

발전하는 인민전선운동과 프랑스·소련 상호조약에 직면하여 보수주의자와 우익은 동요하기 시작하여 독일에 유화 자세를 취하는 세력이 대두했다. 비준안이 3월에 상원을 통과하자 독일은 로카르노조약을 파기하고 라인란트를 점령했는데, 프랑스는 국내 정세의 이러한 현상 때문에 당시 사로 내각은 단호한 대항 조치를 하지 못했다. 나치의 위협이 있었으나 선거운동에서 국제 문제는 놀랄 정도로 무관심했다. 총선거는 4월과 5월 두 차례 투표가 있었는데 인민전선파가 618표 중 381표를 얻어 대승했다. 그 내용을 살펴보면 급진사회당이 제2당으로 후퇴했고, 사회당이 농업공황으로 급진화한 남부 소농층의 표를 얻어 제1당으로 약진했다. 그 이상으로 약진한 당은 공산당으로 선거전에 10석에서 72석으로 의석을 늘렸다. 프랑스에서 처음으로 좌익의 사회당을 중심으로 하는 연립 정권의 출현이 확실해졌다.

인민전선파의 승리는 노동자계급에 희망과 해방감을 가져와 5~6월에 걸쳐 전국 각처에서 농성과 공장 점거와 같은 파업이 자연 발생적으로 일어났다. 축제와 같이 고양된 분위기는 노동계급에는 모든 것이 가능하다는 환상을 주었으나 기업가들에게는 위협이었고, 중산계급은 불안을 느꼈으며, 우익은 분노하게 했다. 어쨌든 인민전선 정부는 축제와 같은 흥분된 분위기 속에서 6월 5일 탄생했다. 사회당의 레온 부룸을 수반으로 하는 급진사회당과의 연립정부가 수립되었다(공산당은 입각하지 않았으나 협력을 약속했다). 새 내각은 경영자 대표들의 의뢰에 응하여 파업의 해결을 도모하여 6월 7일에는 단체협약 체결과 임금인상을 주요 내용으로 하는 디니용 협정을 노사간에 맺었다.

이어서 부룸 내각은 '프랑스의 뉴딜'이라 할 수 있는 대개혁에 뛰어들어 73일간 133개의 법률을 의회에서 성립시켰다. 먼저 단체협약법, 주 40시간 노동법, 두 주간의 유급휴가법을 제정하여 디니용 협정을 실행하고, '크로아 드 푀' 등 극우단체에 해산령을 내렸다. 경제개혁으로는 곡물 가격을 안정하기 위한 소맥국(局)을 설치하고, 금융자본을 정부에 협력시키기 위해 프랑스은행을 개조했으며, 군수산업의 국유화를 실시했고, 대규모의 공공사업과 군비 증강책을 도입했다. 구매력을 상승시키기 위해 공무원과 연금의 삭감계획을 폐지했다. 그 외에도 의무교육 연한의 1년 연장과 바캉스에 이용하는 철도운임

활인 등 다방면에 이르는 '부룸의 실험'은 지체함 없이 개혁을 단기간에 해치우는 프랑스 정치전통에 들어맞는 것이었다. 따라서 프랑스 국민은 민주제의 확충을 추진하는 인민전선 정부의 시책들을 호감을 느끼고 환영했다.

그러나 1936년 가을부터 부룸 내각은 내외적으로 곤란한 국면에 빠졌다. 구매력은 차츰 상승했음에도 불구하고 프랑스의 제품들은 국제경쟁력이 약해져 생산력이 올라가지 못해 금과 자본의 해외 유출이 계속되었다. 부룸 내각은 9월 26일 영국과 미국 양국을 따라서 프랑화의 평가절하를 채용하고 금본위제를 포기했으나 자본의 도피는 계속되었다. 또한, 7월부터 시작된 이웃나라 스페인에서 일어난 공화정과 프랑코 반란군 간의 내전은 프랑스의 인민전선에도 영향을 주어 분열을 발생시켰다. 부룸 자신은 최초에는 스페인 인민전선 정부의 요청을 받고 무기원조를 하려 했으나 급진사회당과 우익의 반대로, 그리고 영국과의 외교협조의 필요로 무기원조를 단념하고 불간섭정책을 채용했다. 그러나 이 정책은 사회당 좌파와 공산당의 반발을 받게 되었으며, 공산당은 12월 하원에서 정부에 반대표를 던졌다.

1937년 2월 부룸은 개혁의 일시적 중지를 발표하고 어려운 국면을 타개하기 위해 여러 조처를 했으나 인민전선 3당 간의 분열은 깊어 갔다. 국면 타개책의 목적으로 개최된 5월의 파리 만국박람회도 기대한 대로 성공하지 못했다. 6월 20일 푸앵카레 내각에서 써먹었던 재정상 전권위임법도 상원에서 거부되어 부룸 내각을 와해되었다. 1년 9개월 후 제2차 부룸 내각이 성립되었으나 이미 인민전선의 불은 사그라져 있었다.

3. 간전기의 스페인

간전기 스페인의 정치

간전기 스페인의 정치문화는 유럽의 여러 나라와 비교해 볼 때 대단히 분열적이고 혼돈한 상황이 전개되고 있었다. 우선 간전기의 유럽의 정치문화 중 가장 첨예한 대립각으로서 내셔널리즘과 사회주의의 대립을 들 수 있다. 내셔널리즘 운동은 쿠데타를 꿈꾸는 군부(파랑헤당, 스페인혁신당)와 가톨릭계 보수주의 정치단체(스페인독립우익협회, CEDA), 그리고 대기업가 지주 등 보수세력이 담당했다. 사회주의운동은 주로 사회당과 공산당 노동자 단체 등이 담당했다. 사회당 산하기관으로서의 노동자총동맹(UGT)은 약 150만 명의 조합원을 두고 있었고, 가톨릭계 좌파인 전국노동연합(CNT)은 아나키즘의 정치적 대중운동으로서 열악한 소작농들이 중심이 되어 북부 아스트리아스 지방에서 격렬한 농민운동을 전개했다.

다음으로는 독특한 스페인의 특징으로서 이베리아 반도 내의 민족 안에 존재한 지방적 분열 요구인바 바르셀로나를 중심으로 하는 카타로니아의 독립 자치운동과 북동의 바스크 분리운동을 통해 중앙정부에 대해 끊임없이 도전했다는 점을 들 수 있다. 이들 독립운동은 스페인 정치의 좌우대립에 개입하여 독자적인 지위를 계속 유지했다.

스페인 정치문화에서 또 하나의 특징은 가톨릭의 정치적 위상이 대단히 강했다는 데 있었다. 19세기부터 몇 차례에 걸쳐 정부가 교회 재산 몰수를 시도했음에도 불구하고 그때마다 반동현상이 나타나서 교회의 정치적 위상은 흔들리지 않았다. 결국은 20세기에도 가톨릭교회는 스페인 최대의 지주였으며, 교회는 은행과 공업에 투자하여 스페인 자본의 3분의 1을 지배하고 있었다고 평가되고 있다. 특히 교회는 교육 분야에서 강력한 영향력이 있었다. 당시 스페인 국민의 반수(半數) 정도는 문맹이었고 교육예산이 부족하여, 교회가 운영하는 학교에서 반교회적 교육을 금지했으며, 그것은 세속적 과학교육에 지장을 주었다. 또한, 교회는 정치적으로는 자유주의 사상이나 노동자운동에 부정적이었다.

스페인은 제1차 세계대전에는 참전하지 않았다. 스페인 미국전쟁에 패배한 후 아메리카 대륙에서 식민지를 상실한 스페인이 그 시기에 아프리카의 식민지 모로코를 제압하는 데 모든 힘을 기울였기 때문이었다. 중립에 의한 무역의 확대는 스페인 산업에 활기를 띠워 전쟁경기가 북부 자본가층에 혜택을 주었다. 그러나 세계대전과 러시아혁명은 아나키스트가 많았던 스페인을 흔들게 되어 1920~1930년대 스페인에 격동을 몰고 왔다.

모로코의 제압에 실패한 결과 정부와 군부의 대립이 격화하게 된 것을 배경으로 1923년 9월 카타루니아 지방 사령관 프리모 데 리베라 장군이 마드리드에서 군사 쿠데타를 일으켜 국왕 알폰소 13세의 승인을 받아 독재권을 가진 수상이 되었다. 반세기에 걸친 '1876년 헌법체제'가 폐기되고 이후 7년간, 이탈리아의 파시스트당을 본뜬 애국동맹(UP)의 지지를 받아 프리모의 권위주의 체제가 유지되었다. 프리모 정권은 아나르고 산디칼리즘의 전국노동연합(CNT)과 공산당을 해산하는 한편 사회당과 그 지도 아래에 있던 노동자총동맹(UGT)의 협력을 받게 되었다. 카타루니아 지방에 대해서는 자치를 목표로 했던 급진적 민족주의를 탄압하는 한편 보수적 정당과 조직을 보호했다. 경제에 대한 국가개입을 추진하고 그 과정에서 발생한 각종 이익단체를 행정 면에서 이용하여 국가코포라티즘적 통치를 전개했다.

스페인에 세계공황이 닥친 시기는 프리모 데 리베라의 독재체제에 대한 불만과 반항, 그리고 안다루시아의 쿠데타 미수사건 등으로 사회적 불안이 높아가던 때였다. 스페인 통화 페세타의 폭락과 재정파탄은 프리모 정권을 흔들어 국왕의 신뢰를 잃은 프리모 데 리베라는 1930년 사직했다. 그 후 장군들이 입헌군주정을 계승하고자 했으나 여의치 않았고, 프리모의 퇴진은 왕정 방위의 성채가 무너지는 상황으로 전개되었다. 1931년 4월 지방의회선거에서 공화파가 우세해졌다. 그 결과 알퐁소 13세가 망명하여 부르봉 왕조는 단절되었다. 4월 바르셀로나, 발렌시아 등 다수 도시에서 공화정이 선언되었다. 마드리드에서는 알카라 사모라를 수반으로 하는 임시정부가 성립하여 스페인의 제2공화정이 탄생했다. 6월 28일의 헌법제정의회의 선거에서는 사회당과 공화파가 우세했고, 헌법 초안이 심의된 후 12월 9일에는 독일의 바이마르헌법을 모델로 한 스페인 제2공화국헌법이 제정 공포되었다.

제2공화정 헌법은 스페인을 주권재민의 '모든 종류의 노동자 민주공화국'이라 규정했으며 전쟁의 포기, 국가와 교회의 분리, 귀족의 특권 폐지, 공익을 위한 토지 수용, 카타루니아의 자치 등을 정하고, 23세 이상의 남녀 보통 선거제의 단원제 국회를 최고기관으로 하는 의회민주주의 국체를 확정했다. 초대 대통령으로는 보수파 알카라 사모라가 선출되고, 사회당의 협력을 받아 좌파 공화주의자의 아싸냐 정권이 발족했다. 아싸냐 정권이 착수한 개혁들은 그동안 구세력에 의해 방해를 받았던 스페인 근대화를 위한 역사적 과제였기에 그것을 실현하는 데는 전통 세력으로부터의 저항이 예상되었다. 국민교육의 지배권을 고집하는 가톨릭교회는 국가와 교회의 분리를 정한 신헌법에 맹렬히 반대했다. 그러나 정부는 초등교육시설의 확충에 중점을 두어 2,550만 국민 중 32.4%가 문맹인 스페인의 현실을 변혁하려 했다.

군부는 왕정으로부터 공화정으로의 이행까지는 허용했다. 그러나 아싸냐 정권이 군사예산을 삭감하고 장교를 감축하려 하자 크게 반발하여 공화정을 타도하려는 움직임이 발생했다. 1932년 8월 세빌리아에서 산프르호 장군의 쿠데타 미수 사건이 발생하는 등 군부는 교회와 함께 공화정에 가장 적의를 보이는 세력이 되었다. 산프르 호 사건의 충격으로 그동안 국회에서 분규 중이었던 농지개혁법을 9월 성립되었다. 그러나 이 개혁으로 대토지 소유가 근본적으로 폐지되지는 않았다 무상몰수된 것은 왕실재산과 산프르 호 사건에 가담했던 일부 귀족의 영지였으며, 지주의 직접 경영지를 제외한 대영지는 유상으로 국가가 수용한다는 것이 이 개혁의 내용이었다. 이러한 철저하지 못한 개혁은 지주와 귀족들의 반대를 받게 되었고, 남부의 소작인들도 반대하여 1932년 년 말부터 33년에 걸쳐 안다르시아 등지에서 아나키즘의 영향하에 강력한 농민들의 토지점거운동으로 발전했다. 정부는 돌격 경비대를 투입하여 유혈 진압을 하게 되었으며, 결국 이 농지개혁은 거의 실현될 수 없었다.

분리주의 전통을 지니고 있었던 카타루니아 지방과 바스크 지역은 독립운동이 발생했다. 카타루니아의 독립선언에 대해서는 산프르 호 사건을 계기로 카타루니아 자치법이 국회에서 통과되었으나 가톨릭이 유력했던 바스크 지방에서는 1933년 11월 주민투표로 바스크 자치법이 성립되었음에도 정부는 그것을 인정하지 않았다. 그 후 바스크인들은 스페인독립우익협회(CEDA)에 그것의 실현을 기대하게 되었다.

아싸냐 정권은 세계공황이 몰고 온 경제적 위기를 극복할 역량이 없었다. 연립 정당이었던 사회당에서도 좌파는 이 내각에 협력을 거부하여, 특히 1933년 1월 안달루시아에서의 농민탄압으로 분열 직전으로 치달았다. 9월 사회당계 UGT의 서기장이었던 노동상 라르고 카바리에오가 아싸냐 정권에 협력을 거부함으로써 내각이 총사퇴하고 의회도 해산되었다. 1933년 11월에 실시된 총선거에서 아싸냐 정권을 지지했던 당들의 의석은 감소하고 힐 로브레스가 이끄는 CEDA를 제1당으로 하는 우익 정권이 성립되었는데 그 후 1936년까지 보수를 지향하는 이른바 '어두운 2년간'이, 1932년과 1933년 사이의 좌익 정권이 집권했던 '개혁의 2년간'에 대비해서 전개되었다. 이른바 '어두운 2년간'은 CEDA와 파랑헤당이 나치와 파시스트당을 모방하여 거리시위를 공공연히 전개하는 등 파시즘 운동을 활발히 전개하는 한편 아나키스트나 급진화된 사회당 좌파들은 사회혁명을 호소하면서 정부를 흔들어 스페인의 정치 사회운동은 양극 분해로 치달았다. 그리하여 좌익 정권이 추진했던 '개혁의 2년간'의 성과는 거의 좌절되고 말았다.

1934년 10월, 새 내각에 파시스트 CEDA 당원의 입각이 보도되자 스페인의 반파시즘 운동이 폭발적으로 일어났다. 그 거점이 된 것이 카타로니아와 마드리드, 그리고 북서부의 광산지대 아스토리아스였다. 이에 대해 정부는 전국에 계엄령을 선포하고 육군상 디에고 이달고가 특별 보좌관이었던 프랑코의 획책하에 모로코인 부대와 외인부대를 소요가 가장 격심했던 아스토리아스에 투입하여 프랑코는 잔인한 진압작전을 통해 이곳을 평정했다. 그리하여 2주간 유지되었던 아스토리아스 코뮌은 괴멸하고 좌익에 의한 '10월 투쟁'은 완전히 패배했다.

인민전선의 성립과 스페인전쟁

스페인에서 1934년 '10월 투쟁'의 실패는 파시즘의 권력장악에 직결되지 못했으며, 오히려 프랑스보다도 먼저 인민전선 정부가 실현되었다. 1935년 여름 코민테른 제7차 회의에서 인민전선 전술이 채택됨에 따라서 스페인공산당도 전술을 바꾸어 비록 약소 정당이었으나 반파시즘 세력을 총집결하는 매체(媒體)의 역할을 하게 되었다. 그리하여 스페인공산당을 중심으로 좌파 공화주의 정당과 좌파의 정당들이 인민전선을 형성하려는 움직임이 1935년 후반에 시작되었다.

우익 정권에도 동요가 계속되어 드디어 알카라 사모라 대통령은 국회를 해산하고 총선거를 할 것을 결정했다. 공산당 좌익공화당, 공화동맹, 사회당, UGT, 전국사회주의자청년동맹, 산디칼리스트당, 통일마르크스노동당(POUM) 등 인민전선파에 속한 정당들은 8항목의 인민전선 협정을 맺고 선거연합을 형성했다. 운동 중에 체포된 자의 석방을 비롯하여 국제연맹의 옹호에 이르는 여러 요구를 내건 이 강령은 민주세력들이 파시즘에 대해 일치단결할 수 있는 내용으로 혁명적 요구는 아니었음에도 보수파 장군 프랑코는 이것을 국제 공산주의 음모라고 보고 위기감을 조성했다. 또한, 왕당파와 가톨릭 및 파시스트의 우익 세력들의 연합체로 국민전선을 형성했다. 그러나 프랑코의 국민전선파는 선거에서 CEDA의 당수 힐 로브루스에게 권위주의체제의 수립을 기대하는 파가 생겨나고 정부는 중도파의 승리를 기대하는 등 통일을 보지 못하고 2월 선거에서 인민전선파에 패배했다. 2월 19일에는 다시금 좌파 공화주의자 아싸냐를 수반으로 하는 인민전선파 내각이 성립했다.

이 내각은 그 후 2개월간 정치범 석방, 해고 노동자의 복직, 파랑헤당의 비합법화, 프랑코 장군의 카나리아 섬으로 좌천 등 과감한 정책을 펴고 국회도 4월 7일 알카라 사모라 대통령을 투표로 파면하는 등 우파 척결을 단행했다. 이때부터 통치하는 인민전선 측에 내부 분열이 일어났다. 대도시 거리에서는 노동자의 데모가 넘쳐 혁명을 외치고, 데모 군중이 교회, 우익 정당과 단체 사무소를 습격하는 등 소요가 일어났다. 그들의 목표는 즉시 혁명인가? 민주주의 방어인가? 라는 쟁점을 선명히 나타냈다. 전자에는 사회당의 좌파와 아나키스트가, 후자에는 사회당의 우파와 공산당이라는 구도가 그려졌다. 국민전선 측에서 자본가들은 생산을 사보타지하고 자본을 국외에 유출하여 방위를 획책했다. 지주들은 농민이 토지를 점거하면 농지를 황폐화하여 방치하는 대항수단을 썼다. 우익과 좌익은 서로 암살, 폭행, 폭탄 테러를 되풀이하여 스페인 사회를 황량하게 만들었다.

인민전선 내부의 분열과는 반대로 야당이 된 우익세력 국민전선은 더욱 공고히 단결되었다. 군부에서는 모로코의 '아프리카파'의 군인을 중심으로 정부를 타도하여 군부 독재국가를 목적으로 하는 쿠데타가 계획되고 비합법화된 파랑헤당이 이와 연대했다. 정부는 이 계획을 미리 알고는 있었지만, 내부 분열에 흔들려 아무런 예방조치도 취하지 못했다.

1936년 7월 우익 왕당파의 거두 카르보 소테로가 암살되었다. 반정부 음모에서 민간인 지도자였던 그의 암살은 그 전날 밤 좌익군인 카스티리오의 암살에 대한 보복 테러였다. 소테로의 암살보도가 야기한 혼란을 이용하여 공화제의 타도를 지향했던 우익 반란 세력이 궐기할 것을 결정했다. 7월 17일 모로코의 수비대가 반란을 일으켰다. 다음날에는 카나리아 섬으로 좌천되었던 프랑코가 쿠데타 선언을 발표하고 모로코로 날아가 계획대로 아프리카군의 사령관이 되었다. 스페인 본토에서도 세빌리아, 바르셀로나 등 각지 병영에서 반란이 일어났다. 그러나 노동자와 시민이 재빨리 행동하여 정부로부터 무기를 입수하여 반란군과 용감히 싸워 20일에는 카디즈와 세빌리아를 제외하고는 대부분 진압되었다. 모로코의 반란군도 공군과 해군이 협력해 주지 않는 한 본토에 건너오는 것이 불가능했다. 이 반란 초기에 우익 지도자 산프르호는 부르고스로 날아오는 도중에 비행기가 추락하여 사망했고, 고데드는 바르셀로나에서 체포되었으며, 힐 로부레스는 프랑스로 도망했다. 이렇게 우익 지도자들의 퇴장은 프랑코를 혁명 지도자로 부상시키는 결과를 초래했다.

프랑코 장군은 반란을 일으킨 후 곧바로 히틀러와 무솔리니에게 연락해 원조를 요청했다. 7월 29일 독일과 이탈리아에서 보낸 비행기가 프랑코 휘하에 도착했다. 이 초기의 대(對)프랑코 원조는 프랑코가 즉각적으로 승리할 것을 예상하여 프랑코군을 본토에 수송하는 것에 한정했으나, 내전이 장기화함에 따라 독일과 이탈리아의 군사간섭은 그 규모가 점차 커졌을 뿐만 아니라 장기화하게 되었다.

이에 비해 인민전선에 대한 민주제 국가, 영국과 프랑스의 지지와 원조는 대조적이었다. 반란이 일어나자 성립된 지 얼마 안 되는 프랑스 인민전선 정부의 수상 부룸은 스페인 내전에 대한 엄정한 중립과 스페인에 대한 무기수출 금지를 각료회의에서 결정했다. 그러나 프랑스와 스페인은 당시 같은 인민전선 정부였으며, 또한 프랑스는 스페인과 지리적으로 인접한 이웃이었을 뿐 아니라 스페인의 외국 자본 중 60%를 프랑스가 차지하고 있었다. 따라서 프랑스는 스페인의 인민전선 정부가 붕괴하는 것을 방치할 수는 없었다. 프랑코의 반란 이후 곧바로 스페인의 히랄 외상이 프랑스 정부에 무기와 군수품의 공급을 요청한 것도 당연한 일이었다. 이에 대해 프랑스의 인민전선 수상 부룸도 영국을 방문하여 스페인 공화국 정부에 대한 원조를 호소했으나 역으로 영국 측의 불간섭 방침에 동조하는 결과를 낳았다. 9월 9일 프랑스 정부의 제의로 소련, 독일, 이탈리아 등 27개 국가의 불간섭위원회가 런던에서 열려 토의했으나 시간만 끌다가 끝났다. 국제연맹도 스페인 정부 제의에도 움직이지 않았다. 그러는 사이 독일과 이탈리아는 계속 스페인에 간섭하여 무기와 병력을 점차 증강했다. 이 때문에 반란군은 충분한 무기를 공급받고 있는 데 반해 정부군은 궁지에 빠졌다.

스페인 인민전선의 위기에 즈음하여 영국과 프랑스의 불간섭정책을 비판하고 스페인 정부에 대한 원조를 발표한 것은 소련이었다. 그때까지 식료품 운송이란 형태로 인민전선 정부에 원조를 제공했지만 1936년 10월부터는 본격적인 군사원조가 시작되었다. 독일과 이탈리아는 대량의 병력을 투입하면서도 프랑코의 군사작전과 정책에는 전혀 간섭하지 않았음에도 소련은 오히려 공화국 측의 작전뿐 아니라 정치 지도에도 깊이 개입했다.

소련의 군사원조는 스페인의 인민전선 측에게 물질적으로나 정신적으로 중요한 지주가 되었다. 또한, 스페인의 식료 생산 지역이 프랑코 측에 점령되었기 때문에 소련이 제공한 식량 원조는 효과가 있었다. 그러나 스페인에 대한 소련의 군사 개입은 군사기술자를 보내어 무기의 사용법과 제조법을 가르치는 형태로 이루어져, 소련군이 직접 전투에 참가하는 것은 피할 수 있었다. 소련 병사에 대신하여 코민테른과 각국 공산당과 연계된 국제의용군이 투입된 것은 스페인전쟁을 국제적 전쟁으로 성격 지우게 했다.

마드리드의 공방전이 치열하게 격화된 1936년 11월 8일 국제 의용군이 마드리드에 도착했다. 코민테른 파리지부의 뮨첸베르크 등의 지도 아래에 각국의 공산당이 모집한 국제 의용병이 스페인의 알바세테로에 집결하여 훈련을 받고, 국제여단(國際旅團)으로 편성되었던 것이다. 국제여단의 정확한 인원수는 불명확하나 1937년 1월까지 2만 명 정도였으며, 그중 약 반수가 공산당원으로 보인다. 이러한 국제여단 외에도 반파시즘 투쟁에 참가하려는 정열에 사로잡혀 스페인 땅을 밟은 당대 외국인 지식인이나 노동자 수도 많았다. 프랑스의 문인 앙드레 말로의 산문이나 어니스트 헤밍웨이 등의 많은 작품이 이러한 지식인의 활동을 다루고 있다. 헤밍웨이의 소설 「누구를 위하여 종을 울리나」는 스페인전쟁을 잘 묘사하고 있다. 국제여단은 정부군을 위해 용감하게 싸웠다. 마드리드에서는 남자들이 총동원되고 부녀자들도 무기를 들었다. 생활필수품이 부족했음에도 프랑코의 집중적 공격을 필사적으로 막아내었다. 그러나 1936년 11월에는 정부가 수도를 위험한 마드리드를 떠나 발렌시아로 옮기지 않을 수 없었다.

전국(戰局)이 정부 쪽에 불리해지자 인민전선 측의 정당들 사이에 대립이 표면화되었다. 한편에는 공산당, 공화파 부르주아지, 사회당 우파가 다른 한편에는 사회당 급진파, 아나키스트, POUM이라는 분열이 발생했다. 그들은 상호 반목했고 그들 사이에서 몇 건의 암살 사건이 일어나기도 했다. 이러한 내부분열은 바르셀로나 사건에서 절정을 이루었다. 이 사건에서 서로 반목하는 인민전선 측의 정당들이 상호 발포함으로써 시가전으로까지 전개되었다.

한편 프랑코 측에서는 내전 과정을 통해 권력의 일원화가 추진되었다. 1936년 10월 반란군은 부르고스에서 프랑코를 수석으로 하는 국민정부를 수립시켰다. 프랑코가 반란군 중에서 최고지도자가 된 데에는 반란 계획에 참가한 다른 장군들이 사망 또는 체포로 인해 사라졌다는 사정과 그가 독일과 이탈리아의 원조 획득에 성공했다는 이유가 작용하고 있다. 1937년에 프랑코는 '정당 통일령'을 발포하여 보수당인 카를로스당과 파랑헤당을 프랑코의 수하에 합당함으로써 일당 독재를 확립했다.

1939년 1월 말 천도했던 수도 바르셀로나가 함락됨으로써 마드리드도 내부적으로 스스로 자멸하여 3월 말에는 항복했다. 인민전선 정부가 붕괴한 이유는 크게 두 가지를 들 수 있다. 첫째로 국민전선 쪽으로는 이탈리아와 독일의 적극적인 지원이 있었으나, 인민전선 정부에는 그들을 지원해야 할 영국과 프랑스가 불간섭주의로 일관했기 때문이었다. 그 배경은 스페인이 적화(赤化)할 수 있지 않을까 는 두려움이 영국 측에 있었다. 소련의 공산화라는 현실 앞에서 '공산화에 대한 방역선'을 굳게 지키는 것이 당시 영국의 외교적 주요 선결 목표의 하나였다. 그리고 이 군사원조를 통해 독일과 이탈리아 양국은 더욱 긴밀히 접근하여 이른바 '베를린 로마 추축(樞軸)'이 형성되었다.

스페인전쟁은 그 종결 이후 곧 개시된 제2차 세계대전의 선구(先驅)였다. 스페인전쟁에서 대결한 두 개의 진영은 이어진 세계대전에서 대결한 양 진영을 예시했다는 점에서 세계사적 의의를 지니게 되었다.

4. 간전기의 평화 모색과 좌절

로카르노조약을 통한 평화의 모색

제1차 세계대전은 인류가 체험했던 가장 비참한 전쟁의 경험으로써 전후에 이러한 전쟁이 다시는 일어나서는 안 되겠다는 전 인류적인 콘센서스가 이루어질 수가 있었다. 동맹국과 연합국 사이에는 1919년 베르사유조약을 비롯하여 5년간에 걸쳐 휴전조약이 맺어졌고, 1921년에는 워싱턴회의가 열려 태평양에 이해관계를 지닌 열강이 극동에서의 현상유지(status quo)를 탄탄한 기초 위에 유지하려는 것을 목적으로 일련의 조약들을 맺는 워싱턴 체제가 이루어졌다.

한편 1923년 루르 점령으로 악화한 유럽의 정치적 분위기는 1924년에 접어들면서 해빙의 징조를 보이기 시작했다. 새롭게 제기된 평화의 조짐은 배상 문제를 완화한 1924년의 런던협정과 독일이 최종적으로, 그리고 자발적으로 알자스-로트링겐의 회수를 포기한 1925년의 로카르노조약에서 찾을 수 있다. 로카르노조약의 교섭은 독일의 외상 슈트레제만의 제안으로 비롯되었다. 그러나 로카르노조약의 성공이 슈트레제만 한 사람의 수완으로 이루어졌다고 보기는 어렵다. 당시 연합국 측의 정치가들도 그 나름대로 공헌한바 두드러진 인물로는 영국의 맥도날드, 체임벌린과 프랑스의 외상 브리앙이 있었다.

슈트레제만은 1930년대 독일 패전 이후 참상으로부터 탈출하기 위해 유럽에서 평화조약을 체결할 것을 정책으로 내걸고 정권에 참여했다. 물론 그것은 그가 프랑스와 같은 평화조약 해석을 받아들인다든가 프랑스의 요구를 감수하겠다는 의미는 아니었다. 그가 죽은 후 남긴 개인 문서의 공개로 알려진 것이지만, 슈트레제만은 오히려 가장 극단적인 내셔널리스트로서 베르사유조약에 의한 독일의 제재(制裁) 전체를 무력화시키고자 결심했다. 공개적인 협박이나 저항이 아닌 평화적 교섭을 통해 배상 문제, 군비 제한, 라인란트 점령,

폴란드와의 국경 문제 수정 등 평화조약의 수정이란 문제를 체결하겠다고 결심했다. 그는 1925년 1월 독일 주재 영국대사를 통해 영국 정부에 독일이 동부 국경에서 이 지방에 이해를 지닌 유럽 열강과 교섭을 통해 양보하겠으며, 프랑스에 대한 전쟁을 포기한다는 것을 천명했다. 1925년 10월 스위스의 마죠르 호반의 작은 마을 로카르노에서 유럽의 여러 나라 간에 중유럽 안전보장에 관한 7개의 조약이 맺어졌다. 그중 중요한 것은 독일과 벨기에, 프랑스, 영국, 이탈리아 간에 맺어진 상호보장조약으로 그 내용은 (1) 독일, 벨기에 사이, 독일과 프랑스 사이의 국경에 대한, 불가침, 그리고 라인란트의 비무장을 확인한다. (2) 체결국 간의 분쟁은 평화적 수단에 의해 해결한다고 규정했는데, 이 조약만을 지목하여 로카르노조약이라 칭하는 경우가 많다.

로카르노조약의 체결로 대전 후 배상 문제와 루르 점령을 둘러싼 국제적 암운으로 혼미해 있던 유럽에 다시금 국제협조 정신이 조성되었다. 로카르노조약은 유럽에 평화와 희망의 한 시기를 가져왔다. 예상보다는 한참 뒤늦었지만, 독일의 국제연맹 가입이 인정받게 되었으며, 슈트레제만, 체임벌린, 브리앙 등 유화주의자들이 제네바에 모습을 나타내어 유럽 열강의 평화를 지향하는 외교적 콘서트가 본무대에 올랐다. 국제 문제는 이제 무기의 잡음이 아니라 토론과 화합으로 해결되어야 했다. 하지만 독일의 서부 국경의 현상유지는 분명히 약속되었으나 동부 국경에 대해서는 애매했다. 사후에 공개된 문서에 의하면 슈트레제만은 단치히의 폴란드회랑을 회복하는 문제와 실레지아 국경의 재조정 주장 등 상당한 공세적 특징이 있다. 로카르노체제 이후에도 국제 문제의 해결 중심은 여전히 국제연맹의 활동으로 좌우되었다.

국제연맹의 역할

국제연맹은 간전기를 통해 국제 평화와 질서를 유지하고 확보하는 데 중심적 역할을 담당했다. 국제연맹은 전례를 볼 수 없을 정도로 정밀하고 세계적이라

할 수 있는 국제기구였으나 진정한 글로벌한 조직으로서는 불완전했고, 그것이 연맹의 치명적 결함에 하나였다. 소련은 처음부터 제외되었고, 독일도 그러했다. 미국은 의회의 반대로 스스로 가맹하지 않았다. 이처럼 대국들이 3개국이나 가맹하지 않았다는 것은 연맹을 치명적으로 약체화시켰다. 연맹이 효력을 발휘할 수 있으려면 주로 영국과 프랑스의 협력이 있어야만 했다. 독일은 1926년 가맹이 허락되었으나, 일본이 1933년 탈퇴하여 연맹은 더욱 약체화되었다. 1934년 소련이 가맹했을 때에는 독일은 이미 탈퇴한 후였다. 미국의 불참이 물론 문제이기도 했으나 유럽의 열강이 동시에 회원국으로 동참했던 적은 한 번도 없었다. 다만 미국은 연맹에 가입하지는 않았지만, 연맹의 전문적 활동에 참가했고, 국제노동기구에도 가맹했다. 하지만 연맹 그 자체는 진정한 의미에서 세계기구의 역할을 충분히 수행하지는 못했다.

국제연맹의 간전기에서의 국제협력과 안전보장의 임무는 연맹 규약에 따라 규정되었다. 연맹국들은 전쟁 이외의 모든 방법(즉 외교 교섭, 중재 재판, 분쟁의 해결에서 연맹 이사회의 조정)이 적용되고, 그래도 분쟁 해결의 성과가 나지 않았을 때 이외에는 전쟁이란 수단에 호소하지 않는다(제12~14조)고 규정했다. 그러나 국제연맹 가맹국 중 더욱 무모한 국가, 예컨대 독일, 이탈리아, 일본 등 추축 국가들은 이러한 견해에 동조하지 않았으며, 이들 국가의 독재자들은 자신들의 야심을 충족시키기 위해서는 연맹의 붕괴가 불가결한 것으로 생각했던 것이다.

또한, 연맹국은 침략을 받은 가맹국들의 방위에 협력할 것을 규정하고 있다. 이것은 통상 '집단안전보장'의 원칙이라고 한다(제10조, 제11조, 제15~17조). 그러나 가맹국 간의 현실적인 상호 의존 관계는 실제로는 그리 강한 것이 아니었다. 집단보장제도를 운용하기 위해서는 가맹 당사국들의 상호의존관계가 충분히 자각되는 것이 필요했으나 이에 대한 각 국민의 인식이 부족했다. 일본의 만주침략이나 이탈리아의 에티오피아 침공에 대해서도 가맹국들의 국민 다수는 그것을 자국의 국가 이해에 직접 위협이라고 생각지 않았다. 따라서 무력발동이라는 최고 제재를 정당화할 수 있는 것이라고는 생각지 않았다.

1938년에 이르러서도 영국 총리는 체코슬로바키아의 독립 유지를 위해 노력하지 않은 것에 대해 "우리가 그 사정을 모르는 먼 나라이기 때문에"라고 변호할 수 있었다. 그리하여 국제연맹의 본질적인 원칙들은 아무것도 일반에게 받아들여지지 않았으며, 연맹은 세계 평화 유지 수단으로는 완전히 그 기능을 상실하고 말았다. 1930년대에는 주요 가맹국의 이해관계는 이미 각자 다르게 전개되었다. 국제관계는 변화하는 여러 조건으로 연맹의 원칙이 더욱 실행되기 어려워지는 한편, 이로 인해 각 가맹국은 규약의 적용을 주저했다. 세계 여러 나라 국민은 연맹규약에서 제시된 코스모폴리탄적 마음가짐을 가지지 못했던 것이다.

그리하여 각국은 영연방이나 범미회의(Panamerican Council)와 같은 세계적 규모는 아니지만, 국제연맹 이상으로 강한 결합력을 지닌 이해집단의 피난소를 찾아 거기서 더욱 현실적인 이해의 결합을 발견했다. 연맹규약에도 주권 평등의 원칙이 명시되어 있었다(제1조, 제3조, 제5조). 가맹국은 상호 간 '주권의 평등'을 존중하지 않으면 안 된다는 원칙이 범미연합이나 영연방에 각각의 기구 자체에 그것이 규정되어 있었다. 1918년 보고타 회의에서 조인된 미주기구 헌장에 나오는 "모든 나라는 법적으로 평등하며 평등의 권리를 가진다. 또한, 그 권리의 행사에서 평등한 권능을 지니고 평등의 의무를 진다."라는 조항은 반세기에 이르는 이러한 전통을 반영하고 있다.

1926년 발포아 보고에는 "영국 본국과 자치령에 관해 지위의 평등이란 … 영제국 내 관계의 근본원칙이다."라고 언급하고 있다. 그러나 이러한 법적 평등의 틀에도 내부적으로는 항상 불평등한 힘이라는 현실이 존재했다. 미주기구에는 미국이 항상 주역을 맡고 있어서, 미국이 당시까지 부국이었던 아르헨티나나 자원의 부국 브라질 같은 라틴아메리카의 대국들과 어디까지 협조할 수 있는가에 이 기구의 성공과 실패가 걸려 있었다. 영연방 내에서도 "지위에 관한 평등, 무차별의 원칙도 기능 면으로는 필연적으로 적용되는 것이 아니다."라고 하여 일반적으로 런던 정부의 지도권이 인정되고 있다. 국제협력의 성공과 실패는 기능상의 차이와 지도 능력을 인정하면서도 법적 평등과 처우의 평등을 어디까지 인정할 것인가에 달려있다고 간주된다. 범세계적인 국제연맹으로 발전되지 않고, 일종의 블록이 된 영연방과 미주기구 등이 결국 폐쇄적으로 분화될 때 국제적 위협은 심화될 수 있었다. 경제적으로 A, B, C, D, 즉 미국, 영국, 캐나다, 홀란드의 블록경제 체제에 위협을 느낀 일본이 태평양전쟁을 도발한 것이 그 실증이 될 수 있다.

간전기의 평화 모색은 군축 문제를 중심으로 전개되었다. 베르사유조약에서 연합국 측은 독일의 철저한 군비감축의 목표는 "모든 나라의 전반적인 군비 제한을 개시할 수 있게 할 것이다."라고 선언하고 국제연맹조약 제8조에 의해 "평화유지를 위해서는 그 군비를 나라의 안전에 지장을 주지 않을 만큼 최저한도까지 축소할 필요가 있다."라고 인정했다. 독일의 군비가 달성되는 날에는 유럽의 전반적인 군축조치를 추진한다고 약속한 반면(이 약속은 법적 구속력을 가지는 것이 아니지만, 도덕적 구속력을 지니고 있었다) 다른 한편 '국가의 안전'이라는 개념이 군비축소와는 상반되는 요소라는 것을 인식하고 있었다. '국가의 안전'이란 원칙과 '군비축소'라는 원칙 사이의 모순이 군축 문제를 구성했던 것이었다.

규약 제8조에 의해 연맹이사회에는 "각국 정부의 심의 및 결정을 돕기 위해" 군비축소계획을 작성해야 할 의무를 주었다. 1920년 이사회는 이 작업을 원조하기 위해 민간인과 군인의 대표로 구성된 '임시혼성위원회'를 임명했다. 그러나 군축 문제에 대한 최초의 성과는 워싱턴회의에서 달성되었다. 워싱턴회의에서 중요 해군국의 해군력은 톤수와 비율에 대한 솔직한 숫자로 제한되었다. 더 중요한 육군 상비 병력에도 같은 원칙을 적용하고자 한 문제가 남아 있었다. 그리하여 1922년에 영국 대표는 임시혼성위원회 석상에서 육군을 제한하기 위한 숫자 체계를 제안했다. 이 안에 의하면 육군을 각 3만 명 단위로 나눠, 각국은 이 단위의 일정 분량을 할당받는 것이다. 프랑스는 6단위, 이탈리아는 4단위, 영국은 3단위라는 비율이었다. 이 단순한 안은 유럽의 거의 모든 군사 전문가에 의해 공격을 받았다. 일정 톤수의 군함은 다소 차이는 있었으나 표준적 단위였으나 3만 명이라는 단위는 그 자체가 측정할 수 있는 병력이 아니었고, 그 힘은 장비에 비례하여 거의 무한하게 변화할 수 있다는 게 그들 전문가가 역설하는 주장이었다. 따라서 육군의 군축안은 불명예스럽게도 채택될 수 없었다.

그러나 규약 제8조는 그대로 남아있었고, 따라서 어떤 조치가 강구되어야만 했다. 여기서 프랑스 대표는 '국가의 안전'이라는 규정을 빌미로 군축의 필요조건으로 안전보장의 증강이라는 명제를 제시하여 영국 대표의 동의를 얻었다. 이에 따라 그 뒤 3년간에 상호원조조약안, 쥬네브 의정서 등이 제안되었으나 별 성과를 보지 못했다.

군축 문제의 전개

군축 문제가 다시금 재연(再燃)된 것은 로카르노조약의 조인 문제, 그리고 독일의 연맹 가입 문제가 계기가 되었다. 로카르노회의의 최종 의정서에 조인할 각국은 이 협정의 체결이 "연맹규약 제8조에 규정된 군축을 유효하게 촉진한다."라는 견해에 찬성했다. 그리하여 그 이후 다른 나라의 군축을 요구하는 독일의 주장은 군축 문제를 추진하는 결정적 요인이 되었다. 1925년 12월 이사회는 군축회의 예비위원회를 임명하고, 그 1회 회의가 1926년 5월에 열렸다. 독일, 미국, 소련은 모두 이 위원회의 회원이 될 것을 요청받았다. 독일과 미국은 즉시 이 요청을 받아들였고, 소련은 다음 해 그것을 수락했다. 그러나 여기서 토의된 군축안도 회원 각국의 이해 때문에 토의 자체가 지지부진했고, 각국의 의견의 차이로 동의에 이르기 어려웠다.

1929년에 미국 대통령으로 하버드 후버가 당선되었으며, 그 뒤 맥도날드의 제2차 노동당 내각이 영국의 정권을 담당하면서, 군축 문제에 대한 쌍방간의 화해 분위기가 조성되어 런던회의가 열리게 되었다. 이 회의에서도 프랑스는 육군, 해군, 공군의 군축이 상호 밀접한 관계를 갖는다는 종래의 주장을 굽히지 않았다. 결국, 예비 협정은 영국, 미국, 일본 3국만으로 조인되었다. 하지만 동시에 5대국은 워싱턴조약을 다시금 5년간 연장할 것에 동의했다.

런던회의의 부분적인 성공은 군축을 위한 새로운 움직임을 조성했다. 프랑스군의 라인란트에서의 철수에 성공한 독일은 군축 문제에 집중할 수 있는 여유를 얻어, 군축 문제를 급속히 진전시키기 위해 압력을 강화했다. 1930년 가을, 예비위원회는 그 결과를 묻지 말고 군축회의를 열 것을 결정했다. 그러나 최종회의에서도 초기부터 문제가 된 제한의 원칙에 대한 각국의 견해 차이는 전혀 좁혀지지 않았다. 그러나 비록 구체적인 숫자가 빠진 명의 만으로의 협정안이 먼젓번과는 다르게 다수로 채택되고, 게다가 찬성하지 않은 국가는 그 반대와 보류의 이유를 각주에 기록을 남겼다. 각국의 군축관의 기본적 차이가 기록되고 설명된 것은 이 문서의 공헌이라 할 수 있다. 5년간에 걸친 예비위원회의 활동의 결과 1932년 2월 2일 군축 본 회의가 제네바에서 소집되었다.

군축회의에서는 전쟁의 성격이 방어적 전쟁이냐, 아니면 공격적 전쟁이냐에 따라서 의견이 갈렸고, 공격무기가 어떤 종류의 무기인가에 각국 간의 견해 차이가 심하게 대립했다. 7월 20일에 제출된 결의문에는 (1) 공중으로부터의 폭격을 금지하고, 항공기의 숫자를 제한한다. (2) 최대한의 크기를 초과하는 중화기와 전차를 제한한다. (3) 화학전을 금지한다. 라는 협정이 기록되었다. 회의 참가국 중 41개국이 찬성하고 이탈리아를 포함하는 8개국이 기권하고 독일과 소련이 반대했다. 휴회 중에 무대 뒤에서 벌어진 여러 교섭도 성과를 내지 못했으며, 10월 회의가 재개되었다. 대립의 중심은 프랑스의 '안전보장체제'에 대해 베르사유조약에 의해 공식적으로는 무장해제를 당한 독일의 '무장 권리의 평등'이라는 주장이었다.

1933년 1월 말부터 독일에서는 히틀러가 수상이 되어 나치체제가 확립되었다. 이 사실은 독일의 요구에 프랑스가 양보할 수 없다는 기존의 자세를 더욱 굳건히 하게 했다. 이 기간에 제출된 프랑스의 안(案)에 의하면 최초의 4년간에는 독일군비에 대한 국제적 감시조직이 수립되어, 독일의 직업군대를 단기 징집에 의한 국민군으로 재편하고, 그런 다음에 군비축소를 시행하자고 주장했다. 영국과 이탈리아 양 정부는 이 제안에 동의했다. 10월 14일 영국 외상 존 사이몬 경이 군축회의 사무국 석상에서 정식으로 이 제안에 찬의를 표명했다. 그 수 시간 후에 독일은 군축회의와 국제연맹 탈퇴를 선언했다.

히틀러는 '독일 재군비의 합법화'를 요구했으며 프랑스 정부는 이에 강력히 항의했다. 4월 17일 프랑스 정부는 최근 공표된 독일의 군사예산은 분명하게 독일의 재군비 의도를 나타내고 있으며, 따라서 프랑스는 독일과 군축제안을 토의할 뜻이 없다고 선언했다. 이 선언은 사실상 군축회의의 종언을 의미했다.

베르사유조약의 폐기

나치 정권을 수립한 히틀러는 베르사유조약에 대한 공격을 개시하기 전에 또 하나의 미해결 문제를 해결하지 않으면 안 되었다. 베르사유조약 발효 이후 15년이 지난 이후에 자르 지방의 행방이 국민투표로 결정될 운명이었다. 1935년 1월에 15년 기한이 끝났고 국민투표는 지체하지 않고 치러졌다. 질서를 유지하고, 자유투표를 보장하기 위해 영국군의 지휘하에 국제군이 자르 지대에 주둔했다. 주민에게 독일에 복귀할까, 프랑스에 합병할까 또는 연맹의 신탁통치에 머물 것인가 그 어느 것을 선택하는 것이 요구되었다. 50만 표 중 90%는 독일에의 복귀를 희망하고, 9% 이하가 연맹의 신탁통치를 희망했다. 독일령에의 복귀는 3월 1일 실현되었다. 히틀러가 재삼 선언한 바로는 독일은 더 이상 영토적 야심이 없다고 했으며, 또한 베르사유조약에도 기대할 것이 남아있지 않았다고 했다.

2월 초 영국과 프랑스의 각료는 런던에 모여 독일 정부와 관계된 여러 정부에 제안하는 정책을 공표했는데, 여기서 독일 정부가 현안의 동부, 중부 유럽과의 협정에 협력할 것을 희망한다고 표명하고, 나아가 로카르노조약이 공군협정으로 보충되어야 한다고 제안했다. 이 공군협정은 로카르노조약의 가맹국들은 만약 그 한나라가 다른 가맹국으로부터 공습을 받은 경우 피공격국에 공군 원조를 제공하는 것을 규정하고자 한 것이다. 제안의 새로운 점은 영국은 로카르노의 경우처럼 보장을 주는 편에 서 있을 뿐 아니라 독일의 공격에 대해서는 프랑스와 벨기에를, 프랑스와 벨기에부터의 공격에 대해서는 독일을 보장해 주는 것이었다.

독일 정부는 이 공군협정을 환영했으나 기타 동유럽조약, 중유럽조약 등 다른 제안에 대해서는 수락할 의향이 없어 검토한다고 약속만 했고, 나아가 전 사항을 토의하고자 영국 정부와 회담할 것을 제안했다. 프랑스 정부로서는 조금 의외였으나 영국은 이 제안에 동의했다. 그리하여 영국의 사이몬 외상과 이든 국제연맹상은 베를린의 초빙을 수락했다. 그러나 방문이 실현되기 전 여러 사건이 발생했다. 때마침 영국 정부는 의회에 재군비계획의 이유를 설명하는 각서를 발표했다. 그리고 그 각서 중에 영국이 재군비를 추진해야 할 이유로서 다른 요인은 제외하고 단지 독일의 재군비 위협만 강조되었다. 이러한 영국에 대해 독일은 크게 분노했다. 히틀러는 가벼운 병을 구실로 이미 결정된 영국 각료의 독일 방문을 취소했다. 같은 시기에 프랑스의회에서도 프랑스군의 증강이 논의되었다. 히틀러는 이러한 상황에 대항하는 극적인 수단을 결의했다. 1935년 3월 16일 히틀러는 더는 베르사유조약의 군사조항에 의해 구속되지 않을 것이며, 독일의 평시 병력은 장래 36사단, 즉 55만 명으로 정하고, 그 충원은 징병제도에 의해 모집한다고 선언했다.

재군비선언은 프랑스를 크게 낭패시켰다. 영국의 여론은 독일의 재군비선언을 군축회담의 실패가 가져온 필연적 결과로 보고 묵인하는 분위기였다. 그 후에 영국과 히틀러와의 교섭은 계속되었으나, 히틀러는 병력 감축에 반대했고, 동부·중부 유럽조약에도 반대했다. 그것은 폴란드와 체코슬로바키아 등의 국경을 수정하겠다는 침략 의도를 암시한 것이었다. 다만 해군에 관해서는 전 해군력이 영국의 35%에 만족할 의사가 있다고 했다.

한편 프랑스는 독일의 돌발적 행동에 대해 토의하기 위한 국제연맹이사회의 특별회기를 4월에 개최하라고 요구했다. 그리고 그 회의를 준비하는 중에 영국, 프랑스, 이탈리아 3국의 정치가들이 스트렛사에서 회담했다. 스트렛사회담에서는 현안으로 동부·중부 유럽조약을 승인하기로 확인했다. 옛 적국이었던 소국들에도 재군비 허락 여부에 관한 지루한 논쟁이 이어졌다. 이탈리아는 오스트리아-헝가리의 요청에 편을 들어 소국의 재군비를 허락한다는 입장에 서 있었고, 프랑스는 재군비에 반대하는 입장이었다. 그러나 이 회담의 중요한 작업은 독일이 베르사유조약을 폐기하는 것을 비난하는 결의문을 국제연맹이사회에 제출하기 위해 기초(起草)하는 것이었다.

이 결의문은 3국에 의해 이사회에 제출되어 만장일치로 통과되었다. 덴마크만 기권했는데, 그 때문에 이 사건에 관한 책임은 독일을 비난하는 여러 나라도 독일과 함께 져야 한다는 견해를 기록에 추가했다. 이 결의문은 내용이 없는 제스처에 지나지 않았다. 왜냐하면, 위반에 따르는 어떤 별도의 행동도 수반되지 않았으며, 또한 그럴 의도도 없었기 때문이다. 그러나 이 결의문은 독일을 크게 분격시켰다. 특히 독일이 이해할 수 없었던 것은, 외상을 독일에 일부러 베를린까지 파견하여 독일의 돌발적 행동을 시인하는 듯 보였던 영국이 어찌해서 제네바에서는 무조건 비난결의를 스스로 발의했느냐는 점이다.

그러나 더욱 놀라운 상황이 기다리고 있었다. 국제연맹이사회가 해산하자마자 영국 정부는 베를린에 통고하기를 독일의 해군력을 모든 함종(艦種)에 걸쳐 영국의 해군력에 35%로 제한하겠다는 히틀러의 제안을 수락할 용의가 있다면서, 이러한 기초에 입각한 협정에는 기꺼이 응하겠다는 뜻을 전했다. 그리하여 독일 대표단은 런던을 방문하여 6월에는 영독해군협정이 체결되었다. 그러나 독일이 베르사유조약의 군축 조항을 침해한 것을 격렬한 어조로 비난한 영국 정부가 이제는 공공연히 독일이 베르사유조약에서 의무로 부과했던 해군력의 제한을 무시하여, 잠수함을 포함하여 조약에서 금지한 각종 함종을 독일이 보유할 수 있게 한 것이다. 하지만 이 영·독 해군협정은 영국인의 상식을 잘 말해 주는 것이라고 볼 수도 있다. 왜냐하면, 프랑스가 타협을 일체 거부하여 오히려 독일로 하여금 육군의 제한 없는 팽창을 도발하도록 내버려둔 데 비해 영국은 재빨리 타협하여, 영국 해군력의 35%라는 제한을 확정할 수 있었기 때문이다. 그러나 이 협정은 종래의 영국의 태도와는 심각하게 모순되었기 때문에 프랑스를 비롯하여 이탈리아 소련 등에 깊은 의혹을 준 것도 사실이다.

1935년 전반 영국의 대독 정책의 동요는 제1차 세계대전의 참화를 겪은 영국 정부의 타협정책에 기인하고 있다. 영국은 한편으로는 독일의 나치 정권 수립에 예민하게 반응했다. 나치혁명 후 최초 2년간 영국 여론의 경향은 나치의 지나친 독재성과 대외 팽창정책을 비난하고, 독일의 베르사유체제에 대한 불평에 전혀 동정하지 않았다. 영국 정부는 프랑스와 이탈리아, 소련 3국이 중부 유럽에 대한 직접적인 위협이 된 나치독일을 견제하기 위한 협조적 노력을 지지했다. 그러나 1935년 1월에 이르러서는 나치 정부에 대한 영국의 분노는 상당히 완화되기 시작했다.

프랑스가 이탈리아 및 소련과 연대하는 것은 쓸데없이 독일을 포위하여 독일로 하여금 베르사유조약에 대한 불평을 계속 제고시키는 것에 지나지 않았다. 나치혁명을 유발하는 데 책임 있는 조건을 그대로 유지하고자 하는 것에 지나지 않는다는 의견이 점차 높아지기 시작했다. 그러한 의견을 가진 자들도 독일이 평화를 위협하는 존재가 될 가능성을 부정하지는 않았으나, 프랑스와 소련의 정책은 쓸데없이 그 위험을 증대시킬 뿐이라고 했다. 따라서 영국 정부가 채택해야 할 제1목표는 독일을 포위하는 고리를 타파하여 우호적 토의를 통해 독일의 불평을 해방시켜 독일을 국제연맹에 복귀시키는 것이었다. 영국의 외상 사이몬이 베를린을 방문한 것은 이러한 영국의 타협적 여론을 대변한 것이었다. 그러나 다른 의견, 즉 독일의 위협에 대항하는 최선의 길은 독일의 위협을 느끼고 있는 나라에 가능한 대로 원조를 아끼지 않을 것이라는 의견도 여전히 각처에 끈질기게 남아있었다. 스트렛사와 제네바에서의 영국 대표단의 태도에는 이러한 의견이 지배적이었다. 이어서 영·독 해군협정을 체결하여 독일과 타협하려 한 영국의 정책은 영국의 유화정책의 대표적 경우가 되었다. 영국의 두 가지 상호 모순되는 정책으로 인한 불안정한 대독 정책은 프랑스와 그 동맹국으로 하여금 영국에 깊은 의혹을 품게 했을 뿐 아니라 그것이 독일을 격려하게 되지 않을까 하는 우려를 낳았다.

다음으로 이탈리아는 어떻게 베르사유조약을 폐기하게 되었는가 살펴보자. 런던밀약에 기초한 이탈리아의 요구는 최종적으로는 해결되었지만, 이탈리아의 식민지 야망은 계속해서 이루어지지 않았다. 이탈리아는 영국이나 프랑스에는 더는 아무것도 기대할 수 없었으나, 무솔리니는 자신의 힘으로 현상을 타파해 보고자 했다. 그는 대공황에 의해 초래된 체제의 위기를 북아프리카에서 식민지를 쟁취함으로써 탈출하고자 했다. 그는 프랑스의 반대를 항상 염두에 두고 있었다. 사실, 독일을 지지하고 원조하는 그의 정책은 프랑스의 고민거리를 증대시킴으로써 프랑스가 유럽 외의 지역에서 이탈리아의 식민지 획득에 방해하지 못하도록 하는 의도가 상당히 깔렸었다. 그러나 사태는 그 방향으로 전개되지 않았다. 1935년 초까지 프랑스는 유럽에서 이탈리아와의 우호가 대단히 필요했기 때문에 아프리카에서는 거의 전면적으로 양보할 용의가 있었다. 무솔리니는 재빠르게 그 기회를 잡아 로마회담에서 장래 에티오피아에 대한 이탈리아의 정책에 대해 프랑스 외상 라발의 묵인을 얻었다.

에티오피아가 이탈리아의 식민지 목표로 선택된 데에는 다음과 같은 생각이 깔렸었다. 에티오피아는 리베리아를 제외하면 아프리카에 남아있던 유일한 독립국이었다. 그리고 그 위치는 소말리란드와 엘리토리아의 두 이탈리아 식민지에 둘러싸여 있었으며, 개발되지 않은 영토 내부에는 풍부한 광물자원이 묻혀 있다는 평판이 자자했다. 게다가 이탈리아의 고의적 도발에 의한 것인지 아닌지는 알 수 없으나, 최근 그곳에서 발생한 사건은 이탈리아의 침입공격을 일으키는 구실이 되었다. 1934년 12월 와르와르 촌 부근에서 에티오피아군과 이탈리아령 소말리란드에서 파견한 군대 사이에 충돌이 일어났다. 이 충돌로 몇 명의 이탈리아 병사가 전사했다. 그리하여 이탈리아 정부는 에티오피아에 사과와 상당한 배상을 요구했다. 이에 대해 에티오피아는 국제연맹에 제소하여 이 분쟁을 연맹규약 제11조에 의해 이사회에 의제로서 상정할 것을 요구했다.

국제연맹의 규약 외에도 이탈리아의 전쟁행위를 저지할 수 있는 다른 2개의 조약이 있었다. 1906년 영국, 프랑스, 이탈리아 3국이 협정을 체결하여 "에티오피아의 보존을 해치지 않고 유지한다"는 것을 3국 공통의 이익으로 할 것을 선언했다. 1928년 이탈리아는 에티오피아와 조약을 맺어 양국은 상호 "항구적인 평화와 우호"를 서약하고 양국 간의 분쟁은 모두 "중재와 조절의 수단"에 의하기로 상호 확약했다. 그리하여 에티오피아의 제의가 1935년 1월에 연맹이사회에 상정되자 이탈리아 대표는 "와르와르 사건은 양국의 평화적 관계에 영향을 줄 사건이라고는 생각되지 않는다. 따라서 이 사건을 규약 11조에 의해 심의하는 것은 승복할 수 없다."라고 발언하고, 이 분쟁을 1928년 조약에 의해 조정과 중재로 해결하는 것이 바람직하다는 뜻을 표명했다. 이사회에서는 그것을 양해하고 문제의 심의를 연기했다.

그 뒤 3개월간 이탈리아 정부는 중재위원의 임명을 늦추어 그동안 엘리토리아와 소마리란드의 주둔군에 많은 병력과 군 자재를 점차로 보강하게 되었다. 이는 본격적인 군사작전이 계획되었다는 증거였다. 3월 16일 에티오피아 정부는 연맹규약 제15조의 발동을 요구했다. 3주 후에 영국, 프랑스, 이탈리아 각료 회의가 열렸지만, 대표단은 아무도 이 문제를 거론하지 않았다. 분명히 영국의 대표단은 유럽의 다른 문제들에 신경을 쓰느라 골치 아픈 나머지 에티오피아 문제에 관여해서 불협화음을 내는 것을 좋아하지 않았다. 하지만 그들이 노골적인 이탈리아의 전쟁 준비를 목전에 보면서 침묵하고 있는 것을 보고 무솔리니는 영국도 프랑스와 마찬가지로 그의 아프리카에서의 모험을 호의적인 눈으로 또는 적어도 무관심한 눈으로 보고 있다고 해석했다. 10월 2일 이탈리아의 에티오피아 침략이 개시되었다.

이탈리아와 에티오피아전쟁은 유럽에서의 집단안전보장체제의 성패에 결정적 분수령이 되었다. 이탈리아의 에티오피아 침략은 영국의 국제연맹협회가 조직한 여론조사 '평화 투표'에서 나타난 바처럼 침략자에 대한 제재를 지지하는 국제여론을 고조시켰으며 소련, 동·중 유럽, 스칸디나비아 여러 나라까지도 이탈리아에 대한 경제제재 시행에 열의를 나타내었다. 국제연맹은 이탈리아를 침략자라 단언하고, 규약 제16조에 의해 경제제재를 시행하기로 했다. 그리하여 국제연맹이 무관심하다는 무솔리니의 생각은 오산이었음이 분명해졌다. 그러나 국제연맹의 제재 결의에도 그 힘은 미약했다.

1936년 3월에 이르러 에티오피아에서의 이탈리아의 진격은 눈에 띄게 빨라졌다. 4월 말에 엘리토리아군은 수도권 내로 진출했다. 국내질서가 무너졌으며, 5월 1일 에티오피아 황제가 망명했다. 황제의 망명은 조직적 항전의 종말을 의미했다. 5월 9일 이탈리아의 왕은 에티오피아의 황제를 겸하게 되었고, 전토가 이탈리아에 병합되었다.

이탈리아의 승리는 연맹에 심각한 타격을 주었다. 연맹의 권능이 힘을 상실했다. 그것은 연맹을 이끌었던 영국에는 통절한 괴로움을 주었다. 연맹국들에 의한 경제제재는 이탈리아의 무역을 마비시켰으나, 그것만으로는 이탈리아의 경제가 완전히 파탄되지는 않았다. 왜냐하면 전쟁을 계속하는데 불가결한 석유의 금수는 이 전쟁이 전 유럽으로 확대하는 것을 두려워한 영국과 프랑스의 유화정책에 의해 이루어지지 못했고, 따라서 경제제재는 불완전한 상태로 끝났기 때문이다. 프랑스의 인민전선 측에서는 강력한 경제제재를 주장했으나, 오히려 극우 세력은 제재정책을 지지하는 인민전선을 '전쟁광'이라 매도했다. 프랑스의 라발 외상도 대이탈리아 제재의 적용에 반대하여 사실상 이탈리아의 침략을 승인하는 모습을 보였다.

프랑스의 유화적 태도에 못지않게 영국 정부도 전쟁에 호소하는 이외에는 이탈리아의 침략행위를 포기시킬 수 없다고 판단하여 유화적 정책을 취하려 했다. 1936년 7월 연맹의 특별총회 석상에서 영국 정부는 이탈리아 제재의 철폐를 제안했다. 망명한 에티오피아 황제의 개인적 소원을 무시하고, 이 제안은 만장일치로 가결되었다.

열강의 이탈리아에 대한 명백히 잘못된 결정은 비슷한 시기 독일의 두 차례에 걸친 로카르노조약 위반에 대한 대처에서도 나타났다. 독일은 1935년 프랑스-소련조약을 두고 그것이 독일만 대상으로 체결한 군사동맹이며, 로카르노조약과는 양립할 수 없는 것으로 보았다. 그러나 프랑스와 영국 정부는 그렇게 보지 않았다. 독일은 결국 광폭하게 프랑스-소련조약에 항의하여 1936

년 초 이 조약안이 비준을 위해 프랑스의회에 제출되자 히틀러는 다시금 대담한 대항책을 결행했다.

베르사유조약에 의해 독일은 라인란트에 군대를 보유하거나 요새구축을 금지당하고 있었다. 로카르노조약에 의해 조인한 나라들은 이 규정을 준수할 것을 "집단으로 국별로 보장"하고 있었다. 1935년 3월 히틀러는 강제된 베르사유조약을 폐기했으나 자유로운 교섭에 기초한 로카르노조약은 준수하겠다고 확언했다. 그러나 1936년 3월 7일 독일 정부는 영국, 프랑스, 벨기에 3국 정부에 대해 "프-소 조약은 로카르노조약에서 프랑스가 한 서약과 상치되는 것이기 때문에 로카르노조약은 그 의미를 상실했다. 따라서 독일은 더 이상 로카르노조약에 구속될 필요가 없다고 생각되므로 오늘부터 라인란트 지역을 다시 점령할 것을 통고한다"고 했다. 이 통고를 전한 각서에는 그 외에도 많은 제안이 포함되었다. 즉 독일은 국경 양쪽에 새로운 등거리의 비무장지대를 설치하자고 했다. 독일은 동부의 여러 이웃 나라(히틀러가 뒤에 추가한 바처럼 오스트리아와 체코슬로바키아를 포함)들과 불가침협정을 체결할 것, 또한 독일이 국제연맹에 복귀할 것을 제안했다.

프랑스는 놀란 표정을 감출 수 없었으나 이에 대한 제재와 보복을 진지하게 제창하지 않았다. 영국의 여론도 자유로운 교섭을 통해 맺은 조약이 이처럼 쉽사리 폐기되는 사태에 크게 충격을 받았으나, 전체의 여론은 이미 저질러진 히틀러의 행동을 비난하기보다 오히려 장래에 그가 또 어떻게 나올 것인가에 더 많은 신경을 썼다. 3월 영국·프랑스·벨기에 3국 정부 간의 토의가 있었다. 특별히 런던에서 소집된 연맹이사회에서는 독일이 "군대를 비무장지대에 진주시킴으로써" 베르사유조약을 침해했다고 선언했다. 영국 정부는 프랑스와 벨기에의 안보 불안을 완화하기 위해 만일 독일이 두 나라를 공격할 때 대처할 수단을 각국 참모본부 간 토의에 동의했다. 독일과 프랑스는 함께 '평화안'을 기초(起草)했다. 그러나 이들 조문은 막연하고 포괄적이었기에 실제적인 효용은 거의 없었다. 5월 초에 영국 정부는 프랑스 정부와 협의한 후 독일 정부에 그 제안에 대해 더욱 상세한 설명을 희망하는 질문서를 제시했다. 그러나 이 문서의 어조가 히틀러의 비위를 거슬렀는지 그는 대답하지 않았다. 이 여름에 유럽의 정계는 에티오피아에서의 실패에 신경을 쓰느라 로카르노 문제는 잊어버리고 말았다.

한편, 새로운 분규가 일어났다. 많은 다른 작은 나라처럼 벨기에는 집단안전보장의 불안과 독일 세력의 증대를 심각하게 생각하고 있었다. 벨기에와 프랑스와의 동맹과 로카르노조약에서 벨기에가 프랑스와 했던 서약은 안전하기보다 위험할 공산이 컸으며, 만일 프·소 조약에 의해 프랑스가 독일과의 전쟁에 휩쓸리게 되면 특히 위험해진다고 벨기에는 느꼈다.

1936년 10월 14일 벨기에는 장래 스스로 다른 나라들과 동맹관계를 맺지 않고, 스위스와 네덜란드처럼 이웃 나라의 분쟁에는 완전히 중립을 지킨다는 성명을 발표했다. 더는 벨기에는 로카르노조약을 갱신할 수 없었다. 벨기에는 보장을 받고자 했지만, 이제는 로카르노조약에 의한 국제적 보장을 제공하려 하지 않았다. 이렇게 로카르노체제는 종언을 맞았다. 그러나 독일, 이탈리아 등의 독재체제 위협으로 서방 협정에 대치되는 새로운 대안이 필요하게 되었다. 11월 영국의 이든은 공식으로 "벨기에가 스스로 도발치 않았는데 침략을 받게 되면 우리나라는 즉시 구원의 손을 내민다."라고 성명하고 수일 후에 이든은 같은 보장을 프랑스에도 약속했다. 이에 대한 회답으로 프랑스도 같은 사태가 벌어지면 영국 또는 벨기에를 구원한다고 성명을 내었다.

제7장

간전기(間戰期)의 중동

1. 오스만 터키의 쇠퇴와 열강의 침략

영국과 러시아의 충돌

20세기 최초의 세계대전은 4개의 제국, 즉 러시아제국, 독일제국, 합스부르크 제국과 함께 오스만제국도 붕괴시켰다. 19세기에 이르러 '빈사(瀕死)의 병자'가 된 터키는 영국과 프랑스를 비롯한 유럽 열강의 식민지로 병합되기에 이르렀다. 특히 제1차 세계대전 중 협상국과 동맹국 측은 서로 전쟁에서의 승리를 예상하여 상호 간 비밀외교를 통해 주로 오스만의 영토를 대상으로 분할을 경쟁했다. 그중 콘스탄티노플 협정(1915), 사이코스-비코조약(1916) 등은 오스만제국의 영토 분할을 목적으로 한 대표적인 비밀조약이었다.

오스만 터키를 분할하려 한 유럽 열강 중 가장 강력한 경쟁자는 영국이었다. 영국의 제국주의가 지향한 '인도로 가는 길'에서 차지하는 중동 정책의 주요 거점은 이집트의 수에즈운하였다. 프랑스혁명 이후 나폴레옹의 이집트 원정으로 시작된 서유럽의 이집트 간섭은 1869년 프랑스인 레셉스의 수에즈 운하의 개착으로 정점에 달했다. 1875년 이집트 태수가 파산하자 그 자신이 보유했던 수에즈운하 주식을 영국 정부가 인수함으로써 영국과 프랑스가 이집트의 재정을 공동관리하게 되었다. 그 뒤 영국은 1882년 우라비 파샤의 반란을 진압하고 드디어 이집트를 보호국으로 점령했다.

한편 러시아의 제국주의는 부동항(不凍港)을 획득하기 위한 남하정책(南下政策)이 특징적이다. 선박이 출항할 수 있는 부동항이 없었던 러시아의 지리적 조건은 겨울에도 얼지 않는 따뜻한 항구를 얻기 위해 보스포루스 해협과 다다넬즈 해협을 빠져나와 지중해의 진출을 노리게 되었다. 러시아는 이를 위해 국제적 협정을 맺어 러시아 군함의 지중해 통행권을 획득하고자 했다. 그러한 러시아의 남하정책은 영국과의 충돌을 피할 수 없게 했다.

1768~1774년 러·토 전쟁과 1853~1855년 크림전쟁은 이러한 러시아제국의 야심을 드러낸 전쟁이었다. 1876년 불가리아인들이 술탄에 반항했다가 실패하게 된 때 러시아는 이 기회를 호기로 간주하여 침략을 계획했다. 터키는 불가리아인 기독교도들을 대규모로 고문, 약탈, 살육했는데 차르는 터키로부터 기독교도를 추방한다는 구실로 오스만제국에 군대를 파견했다. 영국이 함대를 파견하자 전쟁을 계속해도 전망이 없다고 생각한 차르도 군대의 공격을 멈추었다.

1878년 3월 산스테파노조약은 러시아의 위성국인 대불가리아의 창설을 결정하여 러시아에 유리한 결과를 가져왔으나 영국의 견제로 비스마르크의 제안으로 베를린회의가 열렸다. 이 회의에서는 영국 총리 디즈레일리의 눈부신 외교적 활약에 힘입어 상 스테파노 조약에서 결정한 대불가리아 영토의 축소가 결정되었다. 불가리아는 소불가리아와 마케도니아로 이분되었다. 1898년에는 독일의 황제 빌헬름 2세가 콘스탄티노플을 방문하여 양국의 국민 사이에는 "무너질 수 없는 우애"가 싹트고 있다고 선언하면서 독일의 인력과 돈이 터키의 근대화, 철도건설, 군대의 무기를 원조하는 데 쓰였다. 이에 놀란 영국과 러시아의 정치가들은 자신들이 오스만제국에 정신을 팔고 있는 사이 독일이 어부지리를 얻고 있다는 것을 알게 되었다. 터키를 향한 독일의 '진출'(독일의 베를린, 비잔티움, 바그다드의 3B 정책)은 러시아의 남하정책과 충돌하는 것이었다. 이것이 제1차 세계대전에서 영국과 러시아 양국이 독일과 터키와 싸우게 된 배경이 되었다.

오스만 터키를 둘러싼 열강의 각축

제1차 세계대전의 결과 오스만 터키는 북아프리카, 시리아, 이라크, 아라비아 및 다다넬즈 해협을 빼앗겼다. 비록 광대한 지역이긴 했으나 반란이 잦았던 이들 제국의 일부분을 상실했던 것은 지나치게 광대한 제국을 유지하는 데 지쳐 있던 오스만 터키의 입장에서는 반드시 나쁜 것만은 아니었을지 모른다. 그러나 불운한 것은 오스만 터키 본토(소아시아와 아나톨리아) 자체도 위기에 직면하게 된 것이다. 이미 서술한 바처럼 전쟁 중에는 비밀조약으로 각국 정부가 옛 터키제국 일부분뿐만 아니라 터키 본토까지 분할할 수 있도록 하는 약속을 했었다.

1918년 휴전이 이루어졌을 때 오스만제국은 거의 붕괴의 상태에 놓여 있었으며, 그 광대한 아라비아의 영토는 영국과 프랑스군의 점령하에 있었다. 구 오스만제국 영역에 대한 처리는 국제연맹규약에 따라 정해졌다. 국제연맹규약에 따르면 패전국들에 의해 인도된 "근대 세계에서 격심한 조건에서 아직 자립할 수 없는 인민이 거주하는 영토들은 '선진국'의 후견(後見)하에 놓일 수밖에 없으며, 그 후견은 그 나라가 국제연맹의 수임국(受任國)으로 행사된다."라고 규정되었다. 그리하여 문제가 된 독일과 터키의 영토들은 수임국의 선정이 책임지는 '주로 동맹국 및 연합국'에 인도되었다. 국제연맹은 위임사항에 대해 승인하며, 위임 사항에 연차보고를 받으면 끝나며, 승인이 거부되더라도 취소할 수가 없었다. 그러나 이러한 신탁통치는 아랍인의 거주 영역의 귀추가 이미 영국과 프랑스 사이의 비밀협정에 따라 정해졌기 때문에 주민이 반대해도 주민의 원하는 바는 채워질 수 없었다.

최초의 영국 위임통치령이었던 이라크의 지위는 처음부터 변칙적이었다. 정규의 위임통치는 부여되지 않았고, 그 대신에 국제연맹에 의해 승인된 영국과 이라크 간의 조약이 적용되었다. 이 조약 중에서 영국은 이라크에 대해 '이라크의 국가주권을 침해하지 않고 … 필요한 조언과 원조'를 제공할 것을 약속했다. 영국에 있어서 이라크의 중요성은 그 나라의 풍부한 유전과 함께 이라크가 유럽과 인도를 직선적으로 연결하는 항공로 상으로 편리한 위치를 점하고 있었다는 데 있다. 그러나 영국의 여론 중에 이 모든 부분이 육지에 둘러싸여 있는 아시아의 한 지역에 대한 영국의 지배를 무기한 연장하는 것을 반대하는 목소리도 상당히 높았다. 한편 이라크는 연맹의 규약대로 '자립할 수 있'는 날이 도래하기를 기다리고 있었다.

마침내 이라크의 자립은 1932년에 달성되어 위임통치는 끝났다. 그리하여 이라크와 영국은 25년간 동맹조약을 맺어 국제연맹의 일원이 되었다. 이라크 독립과 함께 일어난 가장 곤란한 문제는 국내에 거주하고 있는 비(非)아랍 소수민족의 문제였다. 그중에도 쿠르트족과 아시리아족의 문제가 가장 중요했다. 이라크의 국제연맹 가입에서 1년이 되지 않아 불행하게도 아시리아족 사이에 폭동이 일어나 그 과정에서 500명의 아시리아족이 이라크군에 의해 학살되었다. 독립국의 집단에 가입이 허락된 이 신참국(이라크는 중동에서 국제연맹에 가입한 최초의 나라였다)이 안정을 유지하기 위해서는 계속하여 행정 등 각 부분에 이라크 정부를 도와주었던 경험이 풍부한 영국의 고문관 역할에 크게 의존하지 않을 수 없었다.

시리아의 위임통치는 프랑스에 할당되었고 이라크, 팔레스타인, 트랜스요르단의 위임통치는 영국에 할당되었다. 영국에 의한 팔레스타인의 위임통치는 1917년 11월 2일 밸푸어선언으로 영국 정부가 팔레스타인에 '유대 민족의 민족적 향토(鄕土)'를 건설하는 보증을 주는 조건이 되었다. 하지만 오스만제국의 아라비아 영토의 나머지 부분은 대부분 그 독립을 확보할 수 있었다. 홍해 연안의 아라비아 해안 지대는 매카와 메디나 등 이슬람 성지가 있어 이슬람교도에게 중요한 지역으로 독립하여 헤자스 왕국이 되었다. 그 이외의 다른 지역은 이슬람 인민이 정주하고 있는 한에서는 그 지역의 권력은 자치적 술탄이나 샤이크(아랍인의 족장, 촌장)나 이맘(이슬람교의 지도자)들에 의해 행사되었다.

2. 영국의 팔레스타인 정책과 이스라엘의 건국

영국의 이중적 팔레스타인 정책

제1차 세계대전 후 오스만제국의 아라비아 영토 분할에서의 영국의 역할은 팔레스타인 정책에서 크게 부각되었다. 그것은 오늘날까지 중동의 '팔레스타인-이스라엘 분쟁'으로 해결을 보지 못하고 있다. 팔레스타인에서의 영국과 아랍인, 유대인의 3파전은 이미 1920년대부터 시작되었으며, 그 연원은 영국에 의한 분할 정책의 파탄에서 비롯되었다. 영국 정부는 전쟁 준비의 필요 때문에 오스만제국 지배하의 중동 지역에서 두 개의 서로 모순되는 정책을 시행하려 했다. 그 하나는 전후 아랍 국가의 독립을 확인한 이른바 맥마흔 서한(후세인-맥마흔 협정)이다. 이것은 이집트 주재의 영국의 고위 외교관 맥마흔과 매카의 태수 후세인 사이에 1915년 7월부터 1916년 1월 말까지 교환된 각각 5통의 왕복 서한을 지칭한 것으로서 이 서한을 통해 영국 정부는 프랑스 측의 이해득실을 고려한 끝에 시리아 서부를 제외한 아랍인 거주 지역을 매카의 태수 후세인 치하에 독립할 것을 승인한다고 통고한 것이었다. 이것으로 영국 정부는 아랍인의 편에서 그들의 독립을 보증했던 것이다.

후세인-맥마흔 협정과 전혀 모순되는 또 하나의 결정이 이루어졌다. 그것이 벨포어선언이다. 이 선언은 1917년 11월 2일 영국 외상 벨포어로부터 영국의 시오니스트 연맹의 회장 로드 차일드 경에게 보낸 서한이었는데, 그것은 팔레스타인을 유대인의 '민족적 향토(National Home Land)'로 제공하는 것에 대해 영국이 최대한 노력하겠다는 약속이었다. 이러한 영국의 정책은 전쟁을 수행하기 위해서는 유대인의 재력(財力)에 의존하지 않을 수 없다는 사실을 배경으로 하고 있다. 시오니스트 바이즈만 박사 등과 영국 정부의 접근, 미국에 거주하는 유대인의 로비에 따라서 영국 정부는 미국의 시오니스트의 경제력을 이용할 요량으로 미국이 참전한 후 갑자기 벨포어선언을 구체화했다. 미국은 이 선언을 즉각적으로 지지했고 다음 해 1918년에는 프랑스와 이탈리아도 찬성했다.

벨포어선언의 중대한 의미는, 19세기 말까지는 시오니즘 운동의 무대로 반드시 어떤 특정 지역을 고정적으로는 허용하지 않았으나, 이 선언으로 팔레스타인 지역을 유대인의 향토로 제공함으로써 그곳을 시오니즘 운동의 목표를 달성할 수 있는 공간으로 보증한 데 있었다. 그것은 아랍인들이 소수파 유대인들과 몇백 년 동안 대체로 평화적으로 공존해 왔던 팔레스타인 지역에 유사(類似) 민족주의로서의 '새로운 유대 민족'을 끌어들임으로써 새롭게 유대인 대 아랍 주민이라는 대립과 분열 구조를 만들게 된 것이다. 따라서 제국주의적 분단을 의도한 유럽 열강의 중동 정책이라는 성격을 지니는 것이다.

이스라엘의 건국

맥마흔 서한과는 모순되는 벨포어선언은 당연히 아랍 세계에 강력한 충격을 주었다. 더욱이 이해(1917) 11월 볼셰비키혁명에 성공을 거둔 소련 정권이 사이코스-비코 비밀협정을 폭로하고 연합국에 의한 아랍 지역의 분할 구상을 공표해 버렸기 때문에 반(反)터키운동에 궐기했던 아랍 민족주의자들 사이에는 불안과 동요가 확산되었다.

팔레스타인의 위임통치 조건은(그것은 1917년 영국 정부가 유대인에게 부여한 서약의 이행이라 할 수 있는데) 수임국(受任國)은 '팔레스타인을 유대인의 민족적 향토의 수립을 확보하는 데 충분한 정치적·행정적·경제적 조건을 확보하며, 다른 한편으로는 팔레스타인 모든 주민의 내정상 및 종교상 권리를 옹호한다'

는 모순된 의무를 부과했다. 이러한 의무는 전쟁 중 연합국 정부들이 아랍의 민족독립 희망 사항들을 적극 촉진하려 하지 않았다는 것을 의미하는 배경이 되었다. 그러나 유대인에게 약속한 '유대인의 향토'를 제공한다는 서약과 아랍인에게 약속한 보다 막연한 '독립' 보증의 서약 사이의 모순은 그 뒤 아랍 세력과 이스라엘 사이에 중대한 분쟁의 원인이 되었다. 1919년까지 팔레스타인 주민 대부분이 아랍인이었고 그 인구는 70만 명 정도였다. 위임통치의 설정은 팔레스타인의 전통적 영토를 유대인이 거주할 수 있는 공식적인 중심지로 만들었으며, 그리하여 팔레스타인 지역은 유대인을 위해 개방했다.

유럽으로부터 유대인의 유입은 애초 수년 동안에는 비교적 적정한 수준에 머물렀으나 유럽에 경제공황이 발생하자 급속하게 그 수가 늘어났고, 더욱이 나치혁명 후에는 박해를 받게 된 유대인의 유럽으로부터의 탈출이 격증했다. 그리하여 1934년 말에는 그 수가 30만 명에 달했고, 만일 당국의 간섭으로 엄중하게 제한하지 않았다면 그 수가 더욱 커졌을 것이다. 또한, 유대인의 이주로 감귤 농업 등 근대적 산업이 발전하게 되었으며, 텔아비브 등 유대인 도시와 하이파 항의 개발 등 유대인 거주 지역은 경이적인 발전을 거듭했다. 팔레스타인은 경제공황의 전 기간을 통해 국내교역과 외국무역에서 대폭으로 약진한 유일한 국가였다.

이러한 번영은 팔레스타인의 비(非)유대인에게도 영향을 미쳤다. 1919~1934년에 이르기까지 팔레스타인의 아랍인은 약 90만 명에 달하고 있었기 때문에 유대인과 비유대인의 비율은 여전히 1 대 3으로 비유대인이 능가했다. 그러나 그들은 평소 훈련이 부족했고 낭비적이며 자본이 없었던 아랍인 농민들이어서 유대인들의 적수가 되지 못했다. 우수한 경쟁자 유대인에 당할 수 없었던 아랍인들이 불리한 조건에서 손해를 보게 되자 분쟁이 발생했다. 작은 사건을 빼고라도 평화에 대한 중대 위협이 된 분쟁이 1923년, 1929년, 1936년에 계속 발생하여 수백 명이 희생되었다. 하지만 어떠한 사건의 경우이건 아랍인들이 먼저 유대인을 공격하고 영국의 경찰과 군대가 나서 질서유지를 담당했다. 이들 분쟁에서 더욱 중요한 사실은 이들 분쟁이 유대인 이민에 때문에 아랍인들의 이익이 침해되었음을 반대하기 위해서라기보다는 팔레스타인 땅에 유대인의 민족적 향토를 건설하고자 한 영국의 제국주의 그 자체를 반대하기 위해 발생한 사건이라는 점이다.

1936년 말 아랍인들의 폭동 원인을 규명하고, 권고하기 위해 영국의 왕립위원회가 설치되었다. 1937년 7월에 제출된 보고서는 팔레스타인을 3분할할 것을 제창했다. 즉 예루살렘 성지(聖地)는 영구히 영국의 관리하에 둘 것, 갈릴리와 해안 연변의 평원에 유대인의 주권국을 형성할 것, 나머지는 트랜스요르단을 합해 아랍국가로 만드는 것이었다. 이 안은 각 방면으로부터 비판을 받았으며, 또한 보고서의 제출처인 국제연맹 위임통치위원회의에서도 승인되지 못했다. 한편 분쟁은 계속되었고 불리하다고 간주되면 유대인, 영국인뿐 아니라 아랍인까지도 무자비하게 살해했다. 더욱 현실성 있는 방안을 연구하기 위해 다시 위원회가 임명되었다. 그러나 이 위원회가 1938년에는 분할을 절대 반대하는 보고를 했기 때문에 분할 계획은 포기되었고, 런던회의가 소집되었다.

유대와 아랍 대표는 영국 정부에 반대하여 각각 다른 자신들의 입장을 제안했다. 그 후 가능하다면 합동회의가 열려 합의된 협정을 성립시키려 했다. 하지만 합의는 쉽사리 성립되지 않았다. 영국 정부는 그 독자의 해결책을 밀고 나아갈 것을 결정했다. 그 해결책이란 유대 이민을 5개년 간 연 1만 명으로 제한한다는 규정을 설정함으로써 타협의 기초를 세웠다. 그 사이에 군사적 통제를 한층 엄격하게 한 결과 질서가 회복되었다. 그리하여 이슬람교도의 세계는 어느 정도 진정되었다. 아랍인에게 있어서 팔레스타인은 아랍 조국의 일부분이었다. 하지만 서방 세계에서는, 특히 프로테스탄트의 국가에 사는 많은 사람은 구약·신약 성경의 역사에 친숙했지만, 신약시대 이후 소아시아 사정은 잘 알지 못해 팔레스타인은 당연히 유대인에 속한다고 생각하기 마련이었다. 나아가 유대 민족이 당했던 가혹한 역사적인 박해 때문에 그들에게 망명의 땅을 제공하는 것이 국제적으로 필요한 것이며, 바람직하다고 생각했다.

시리아와 레바논

전후 아랍 지역에 있었던 프랑스의 위임통치령은 시리아와 레바논 두 나라로 분리되었다. 시리아와 팔레스타인의 국경을 접한 해안 지대 레바논에는 아랍인의 기독교도가 인구의 태반을 점하고 있었다. 이 나라는 공화정체를 지니고 있었고 위임국 프랑스로부터 정기적으로 통치에 관한 조언을 받아들이면서 존립해 가고 있었다. 레바논의 기독교도들은 그들의 종교 때문에 이슬람교도의 아랍 민족운동에 가담하지 않았다. 그리하여 그들은 불만은 많았지만, 프랑스의 비호하에 그럭저럭 만족할 수 있었다.

시리아도 이라크나 팔레스타인과 같이 아랍 내셔널리즘의 잠재적인 세력이었다. 영국은 이라크에 소수민족의 희생하에 통일국가를 건설했다. 그러나 시리아에서는 그 반대로 분할정책을 써서 3개의 지역으로 분할했다. 주로 비(非)아랍인이 거주하는 제3지역을 본국에서 제외했다. 그중에서 제2지역, 즉 타락키아와 남방의 쥬베르-도류즈 지역은 직접적인 프랑스의 행정적 관리하에 두었다. 또 하나의 지역, 북방의 아렉산더레다의 터키인 구역은 시리아 정부가 명목적인 종주권을 갖는 자치령이 되었다. 그리하여 1939년 6월 프랑스는 그 전체 지중해 정책의 일환으로 그 구역의 대부분, 즉 아렉산더레다 지역을 터키에 할양하는 대신 터키는 시리아에 대한 모든 요구를 포기하고 시리아 내에서 전쟁을 중지할 것이라는 협정에 서명했다.

이 분할 정책은 시리아 내의 아랍인으로부터 맹렬한 반격을 받았다. 심각한 폭동이 계속 일어났는데 1925년 다마스쿠스가 프랑스군의 포격을 받은 사건은 특히 유명한 사건이었다. 그리하여 1933년 이래 시리아의 공화정치는 완전히 정지되었다. 1936년 시리아의 지도자와 프랑스 정부 사이에 새로운 교섭이 실현되었다. 그 결과 11월에는 영국과 이라크조약을 본뜬 조약이 체결되었다. 이 조약을 비준한 후 시리아는 프랑스의 도움을 받아 국제연맹에 가입할 참이었다. 그러나 비준이 대단히 늦어져 1939년 초 다마스쿠스에서 민족주의자 폭동이 발생했다. 그리하여 프랑스 당국은 의회 해산을 명하고 5

명의 집정회의의 손에 행정권을 위임했다. 한편 군사권은 프랑스가 장악했다.

아라비아에서는 당시 최대의 사건은 네지드의 술탄이었던 이븐 사우드 왕조의 대두였다. 제1차 세계대전 중 이븐 사우드는 연합군에 가담하여 그 재정적 원조를 받아 터키와 싸웠다. 하지만 그 후 평화조약에서는 이븐 사우드의 존재는 승인받지 못했다. 그러나 유목민들이 살고 있으며 경계가 불명확한 이 영역에서 그는 구경계(舊境界)를 잠식하고 때로는 과감한 공격을 통해 자신의 영역을 확장했다. 그리하여 1926년에는 헤자스의 후세인 왕을 공격하여 추방하고 그 영토를 병합하여 스스로 헤자스와 네지드의 국왕이라 스스로 칭했다. 그는 자신의 판도를 사우디아라비아라 호칭했다. 이븐 사우드는 오늘날 분명하게 그의 희망을 달성하여 가장 세력을 가진 아랍의 독립국으로 등장했다. 사우디아라비아는 국제연맹 가입을 요청하지는 않았으나 1936년에는 이라크, 트랜스요르단, 이집트 등과 조약을 체결하여 그의 국제적 지위를 높이게 되었다. 이러한 아랍의 단결을 통한 국제적 시위는 에티오피아를 공격하여 점령한 무솔리니의 야망에 대한 두려움이 큰 자극이 되었다. 또한, 같은 상황으로 이들 국가와 영국과 프랑스와의 우호관계가 촉진되었다.

3. 터키의 민족혁명과 이집트의 민족투쟁

케말의 민족혁명

이상 오스만제국의 영토였던 아나톨리아 동쪽의 광대한 구 제국의 부분들이 유럽 열강들에 의해 직접 혹은 신탁통치라는 지배 형식에 의해 분할 점령하는 것을 살펴보았다. 반란이 빈발했고 국력이 기울게 된 오스만제국의 힘으로는 그 유지가 어려웠던 이들 제국의 부분을 상실하게 된 것은 그다지 나쁜 것만은 아니었으나 불운한 것은 터키 본토(소아시아, 아나톨리아) 자체도 전쟁 중 비밀조약과 파리 강화조약의 조항으로 분할의 위험성에 놓이게 된 것이었다. 조약에는 연합국 측은 자국의 안전이 위협을 받을 경우 터키의 어느 부분이건 점거하여도 좋다고 명시되어 있었다. 그것은 침략을 공공연히 초대하는 것과 같았다. 새로 옹립된 술탄, 메후메드 6세는 무력감으로 고통받고 있었다. 영국군 군함이 콘스탄트 항에 입항하고 있었고, 영국군이 그를 감시하고 있었다. 그의 유일한 희망은 과거의 적들과 잘 지내는 것뿐이었다.

이들 유럽 열강보다 소아시아의 터키 본토에 대한 진짜 위험은 그리스였다. 1453년 터키가 콘스탄티노플을 점령하여 비잔틴제국을 최종적으로 정복하기까지 근대 터키령의 대부분은 그리스에 귀속되어 있었다. 그 후에도 야만적 터키에 의한 정복이라는 냉정한 현실을 받아들이는 그리스인은 거의 없었다 해도 좋다. 그리고 터키에 거주하고 있는 대단히 많은 그리스인은 언제든 그리스의 재정복(再征服)을 위한 첨병이 될 각오가 되어 있었다.

그리스의 수상 베니제로스는 소아시아에서 그리스 제국의 부흥을 시도하더라도 현실적으로 그것을 달성할 수 있으리라고 믿지 않았다. 그러나 윌슨이나 로이드 조지도 일정하게 한정된 점령에 그칠 수 있다면 그리스가 터키령을 점령하는 것을 묵인할 수 있다고 인정하고 지원했다. 그리하여 베니제로스는 강화조약의 원칙, 민족자결주의를 구실로 1919년 5월 그리스군을 소아시아의 스미르나에 보냈다. 그러나 그리스의 출병은 이것이 끝은 아니었다. 베니제로스와는 달리 그리스의 콘스탄티누스 왕은 소아시아 전역의 정복이 가능하다고 믿어 그의 개인적 명령에 따라 그리스군은 반도의 내륙 깊숙이 공격해 들어갔다.

이러한 사태가 터키 민족주의의 응집력을 한층 강화시키게 되었다. 그 민족주의 운동의 중핵적인 지도자가 된 인물이 무스타파 케말이었다. 케말은 대전 중 오스만제국 측의 유일한 승리라고 해도 좋을 가리폴리전에서 영국군을 격퇴하여 일찍이 이름을 날린 장군이었다. 그리스군이 침입한 1919년 5월 케말은 술탄 정부와 갈등을 빚고 이스탄불을 떠나서 멀리 아드리아 흑해 연안의 삼슨에 상륙하여 저항운동을 조직했다. 이미 아드리아 동부에는 각지에 민족을 방위하는 투쟁 단체들이 생겨나고 있었는데, 케말은 그 투쟁 단체 중 하나였던 '동부주 국민권리옹호단'의 의장으로 투쟁 단체들을 결집했다. 1920년 1월 케말은 터키의 독립주권을 지향하는 '국민맹약'을 선언하고 아드리아해 중부의 소도시 앙카라에 '터키 대국민회의'를 소집하기로 했다. 새로운 수도 앙카라는 그리스군이나 적대적이 된 술탄군, 그리고 연합군과는 수백 킬로미터 격리된 지역으로서 방위에 이상적인 곳으로 새로운 저항운동의 중심지로 선택되었다.

케말의 군사력은 빨치산 투쟁을 위해 궐기한 아나톨리아의 터키계의 농민에 의해 편제된 '국민군'이었다. 유럽 열강은 이 해방운동을 탄압하기 위해 같은 해 3월부터 영국군을 주력으로 군대를 보내 본격적으로 이스탄불을 점령하고 의회를 해산했다. 술탄 정부도 케말과 그의 동지들(케말리스트)을 '반도(叛徒)'로 규정하고 토벌군(칼리프 옹호군)을 조직했다. 이때까지는 술탄 칼리프에의 충성심을 완전히 청산하지 않았던 케말도 점령군과 술탄 정부라는 이중의 적에 단호하게 투쟁할 것을 결의했다. 4월 하순 예정된 대로 앙카라에서 열린 제1회 터키 대국민회의(3월 선거에서 선출된 232명의 의원과 이스탄불에서 탈출해 온 구의원 105명으로 구성된 의회)에서 터키의 국가주권이 대국민의회에서 대표되는 국민에 있다는 것을 결의하여 케말을 수반으로 하는 앙카라 정부를 수립했다.

이후 2년간 케말의 통솔하에 점령군과 카리프 옹호군에 대한 무력투쟁을 핵으로 하는 터키의 민족혁명이 아나톨리아를 무대로 전개되었다. 케말의 국민군은 서부의 그리스군과 동북부의 아르메니아군과 동남부의 프랑스 점령군과 계속 싸웠으나 최초에는 형세가 불리했다. 8월에는 서(西)아나토리아에 그리스인의 정부가 세워지기도 했다.

이러한 그리스 간섭군의 일시적 승리를 배경으로 하여 연합국은 1920년 8월 10일 이스탄불의 술탄 정부에 세브르조약을 강제로 제안했다. 세브르조약의 내용은 터키 국가의 존립을 말소하려는 것이었다. 세브르조약에 의하면 터키의 고유 영토인 아나톨리아는 침입한 영국, 프랑스, 이탈리아, 아르메니아로 분할되어 3분의 1로 축소되는 것으로 되어 있었다. 나아가 동(東)트라키아는 그리스에 할양되고 모든 섬은 분할된다. 또한 양해협 지역은 국제기관(해협위원회)의 관리하에 위임되고 비무장화되어 모든 선박의 항해 자유가 허용된다고 했다. 터키의 국가재정은 영국, 프랑스, 이탈리아에 의해 관리되고 모든 외국인에게 치외법권을 부여하는 카피튜레이션(Capitulation, 아랍형 치외법권) 제도가 부활하는 등 철저한 주권침탈이 이루어졌다.

앙카라의 대국민회의는 물론 세브르조약의 승인을 거부했다. 케말은 국내 공산주의 운동을 탄압했으나 소련과의 외교적 연대는 적극 추진하여 1921년 3월에는 소련과 외교적 친선조약을 맺었다(모스크바조약). 케말은 소련으로부터 무기원조를 얻어 그리스와의 전투를 유리하게 이끌었다. 그리하여 그리스군을 격파하여 빼앗긴 스미르나를 탈환하고 휴전협정을 맺을 수 있도록 강제했다. 케말의 앙카라 정부는 연합국 측과 새로운 강화조약을 체결하고자 교섭을 개시했다. 영국과 프랑스, 이탈리아 3국은 각각 전후의 정치위기에 직면하고 있었기 때문에 앙카라 정부의 요구에 응하지 않을 수 없었다. 그리하여 로잔회의가 개최되게 되었다. 회의 초청장이 술탄 정부에도 발송된 것을 알게 된 케말은 1921년 '임시헌법'에서 주권재민이 확정된 이상 두 개의 터키의 존재는 있을 수 없다고 선언하고, 1922년 11월 1일 대국민의회에서 술탄제의 폐지를 결의했다. 최후의 술탄 메후메드 6세가 영국의 순양함으로 말타로 망명하여 13세기 말에 건국된 오스만 터키 제국은 멸망했다.

1924년 케말은 신앙상 지도자인 칼리프(신의사도의 대리자, 즉 신의사도인 무하마드의 대리자를 칭함)의 지위를 폐지했다. 칼리프의 폐지에 성직자들은 경악을 금치 못했으며, 특별히 종교 색이 짙었던 쿠르지스탄 부족은 심각한 반란을 일으켰다. 케말은 이 반란을 진압했고 국민의회 내에 있었던 지지자를 포함한 쿠르트인을 처형했다. 1926년에는 읽고 쓰기가 편한 28자의 알파벳을 도입했다. 알파벳이 매일 기도 시간마다 낭독하는 아라비아어의 코란이 아니라는 이유로 이를 반대하는 의원들에게는 알파벳을 사용하든지 아니면 의석을 상실하든지 택일하라고 명령했다.

이것이 성공하자 그는 파나마모자를 쓰고 공중의 면전에 나타났다. 그는 터키인의 전통적 빨간 모자를 이상하게 보인다고 하면서 그것을 금지한다는 법을 제정했다. 케말은 부인들이 쓰는 베일을 완전히 금지하고자 했으나 금지법을 제정하지는 않았다. 그러나 1926년에는 여성에게 남성과 동등한 권리를 부여했다. 그리하여 1935년에는 국민의회에 13명의 여성의원이 당선되었다. 그는 오래된 이슬람 역법(曆法)을 개정하여 그레고리력을 도입했다. 같은 해 미터법의 도량형제가 도입되었다. 그리스풍의 지명은 모두 개정되었다. 콘스탄티노플은 이스탄불로 스미르나는 이즈밀 등으로 개명했다. 케말은 스스로 아타튜르크, 즉 '터키의 아버지'라 하여 모든 면에서 구 제국의 낡은 제도를 근대화했다. 케말이 1938년 사망한 뒤에는 터키의 구식 제국은 완전히 근대적인 공화국으로 바뀌었다. 근대에 이르러 터키처럼 한 사람에 의한 개혁이 결정적으로 국가의 근대화에 공헌한 나라도 없을 것이다.

영국의 이집트 통치 체제와 와후드 운동

이집트는 명목상으로 오스만제국의 하나의 주(州)에 불과했으나 1880년대부터 영국의 재정 관리하에 놓여 사실상 식민지로서 개발이 추진되었고 인도의 방위와 아랍, 아프리카 지역의 진출을 위한 전략 거점이 되었다. 영국에 의한 식민지 개발의 기본 방향은 이집트를 면화 작물 모노컬처(mono-culture)형의 산업구조에 고착화하는 것이었다. 그리하여 면화 수출에 의존하는 이집트의 지주제는 발달시키려 했으나 공업화는 견제했다. 20세기에 들어 이러한 모노컬처형 산업이 1907년 공황의 타격을 받게 되자 이집트인 자체의 공업진흥을 목적으로 하는 내셔널리즘이 고양되었다. 1899년부터 군정 중심의 영국-이집트의 공동 통치 하의 수단에서도 외국인에 의한 개발에 대한 수단인의 저항이 계속되었다.

이집트가 제1차 세계대전을 맞이한 때는 무하마드 알리조의 앗바스 힐미 2세가 부왕(副王)이었을 때였다. 정부는 영국의 참전에 동참하여 영국과의 교전국과 국교단절을 선언했으나 민중의 여론은 영국에의 불신과 증오가 컸었다. 그것은 참전 후 영국의 고압적인 통치에 의해 더욱 증대되었다. 영국은 1914년 12월 2일부터 이집트에 계엄령을 선포하고, 많은 아랍 민족주의자를 투옥 추방했다. 이어서 12월 18일에는 이집트를 보호국으로 선언하고 오스만 제국으로부터 완전히 분리시켰다. 이집트 초대 총독 맥마흔을 임명했는데, 형식적으로는 압바스 2세 대신 그 숙부 후세인 카밀에게 술탄의 칭호를 주어 왕조 통치의 계속을 내외에 표명했다.

대전 중 100만 이상의 이집트 농민이 노역에 징발되어 시나이, 팔레스타인, 메소포타미아 방면의 전투에서 봉사하도록 하여 3만 이상의 전사자를 발생시켰다. 그 외에도 곡물, 사료, 징용, 낙타 등의 징발과 전시 물가 상승으로 전시 경제를 통해 이익을 취한 일부의 대지주, 상인, 기업가 외에 이집트의 대부분 민중에게는 참기 어려운 고통이 수반되었다.

대전 말기 보호국 이집트의 정계에는 기골 있었던 아마드 화드와의 접촉을 통해 민족주의자 사드 자쿠르르와 그 일파가 대두했다. 윌슨의 민족자결 원칙이 이집트에 용기를 주어 대전 직후 1918년 11월 13일을 기점으로 이집트의 독립을 획득하기 위해 사드 등을 런던에 파견하는 이른바 와후드 운동(와후드는 '파견단'을 의미)이 시작되었다. 하지만 영국 정부는 이를 거절하고, 파리강화회의 개최 중 사드 등 3명을 체포하여 말타 섬으로 추방했다. 사드가 체포된 다음날부터 이에 항의하는 카이로 학생들의 시위에 동조한 지방 도시, 노동자 농민들을 포함한 대중적 항의운동이 이집트 전토에 확대되었다. 상점 폐쇄, 직장 포기, 식민지 정부 및 재판소의 습격, 철도 절단 등 다양한 형태를 띤 와후드 운동은 영국의 군인과 관리를 각지에서 고립시켜 영국의 식민지 통치 기구는 마비 상태에 빠졌다.

영국 측은 3월 말부터 군대에 의한 보복적인 탄압을 펼치는 한편 사드 등을 석방했다. 그러나 파리에서는 이미 윌슨은 영국과 타협하고 있었고, 따라서 이집트의 독립 요구는 무시되고 있었다. 이러한 사정에도 3월의 반영 투쟁은 획기적 의의를 지니고 있었다.

첫째는 이집트 독립의 길이 열리게 되었다. 1920년 여름부터 사드 등이 대표가 되어 이집트와 영국 간의 교섭이 시작되었고, 1922년 2월 28일 총독 아렌비 장군에 의한 '대이집트 선언'이 발표되어 영국은 이집트를 주권국가로서 인정했다. 다만 네 개의 중요 사항이 영국의 자유재량으로 유보되었다. 네 개의 중요 사항이란 이집트 내에서의 영국인의 통신, 교통의 보존, 외국의 침략 및 간섭에 대한 방위 조치, 이집트 내의 외국의 권익보호 등이었다. 그 실행을 위해 이집트 정부 내에 영국인의 재정과 법무의 고문, 외국인의 보호와 치안의 책임자로 구성된 유럽국이 설치되었다. 이러한 유보 사항이 존재하는 한 점령 지배 체제는 지속될 수밖에 없었다. 이집트가 이것을 파기하고 완전한 독립을 달성할 수 있었던 것은 제2차 세계대전 후 나세르 정권에 의해서였다. 그러나 다음 해 1923년 4월 신헌법이 공포되어 이집트는 입헌군주제 국가가 되었다.

둘째는 와후드 운동이라는 형태로 표현된 이 민족투쟁의 과정에서 지배 체제의 재편성이 추진되었다는 점이다. 대중의 반란에 대응하여 다양한 정치 세력이 각각의 입장을 선명히 제시했으며, 지주층과 민족 자본가를 기본으로 한 와후드당이 독립된 이집트 '국민국가'의 정치적 헤게모니를 장악했다. 영국의 통치시대, 그 말단을 지탱했던 촌락의 명망가(名望家, 지주)층들의 위신은 크게 흔들리게 되었으며, 그들은 와후드당을 근간으로 하는 부르주아 대지주당의 하위세력이 되었다. 이러한 민족운동을 이끄는 정치이데올로기에는 과거부터 1880년대의 아라비아 혁명의 이념이 된 국민주의와 민중의 이슬람 정서에 뿌리를 둔 이슬람주의가 있었다. 제1차 세계대전으로 오스만제국이 붕괴되고, 전통적인 이슬람 정치제도의 기본이 된 칼리프제도가 폐지된 것이 배경이 되어 이집트에도 아랍주의가 민중의 마음을 장악하게 되었다.

제8장

간전기(間戰期)의 동아시아

1. 간전기 일본 제국주의의 성립

워싱턴 체제의 성립

일본은 제1차 세계대전 중에는 실제로 큰 역할을 하지 못했으나 전쟁이 종결되자 태평양에서 강국으로 부상했다. 일본은 베르사유조약으로 독일로부터 중국의 산동성의 교주만(膠州灣) 조차지를 획득했다. 이 결정은 중국으로 하여금 조약을 거부하는 배경이 되었다. 동시에 일본은 태평양상 적도 이북의 구 독일령 섬들의 위임통치를 취득했다. 그리하여 러시아가 러일전쟁에서 패전한 후 일본은 중국 주변에서의 유일한 강대국이 되었다. 또한, 일본은 러시아와 독일의 해군이 무너진 후에는 극동에서 최대의 해군국이 되었을 뿐 아니라 세계적으로도 영미관계에 이은 제3의 해군국이 되어 있었다. 중국에 대한 일본의 위협과 일본의 태평양에 대한 해군의 우월을 위한 욕망은 미국에는 불안한 요소였다.

간전기를 통해 일본의 외교는 적어도 초기에는 미국과 유럽 국가들과의 국제협력 체제에 의존하려 했다. 그 이전 제1차 세계대전 전까지는 일본의 외교에 결정적 역할을 한 것은 영일동맹(英日同盟)이었다. 이 영일동맹은 일본이 러일전쟁이나 만주와 몽골에 영토를 확대하는 제국주의 정책을 추진하는 데 도움이 되었고, 영국에도 정치적 경제적으로 일본이 크게 도움이 되었던 것이 사실이었다.

그러나 제1차 세계대전을 계기로 세계의 맹주 자리가 영국에서 미국으로 이동하고 말았다. 특히 일본을 포함해서 아시아와 태평양에서의 평화와 안정을 유지하기 위해서는 영국 이상으로 미국이 중요해진 것이다. 즉 이 지역의 안전보장체제는 미국을 포함하지 않으면 실효성이 없는 것이 되었다. 나아가 이 안전보장체제 속에는 중국에서의 큰 이권을 지닌 프랑스, 이탈리아, 포르투갈, 벨기에 등 나라들을 포함해야 했다. 그리하여 베르사유체제의 극동판을 만드는 움직임이 적극적이 되었고, 일본도 이에 참여했다.

군축 문제

1921년 11월부터 다음 해 2월에 걸쳐 미국의 수도 워싱턴에서 국제회의가 열렸다. 미국은 이상에 열거된 여러 나라에 대해 '군비 제한과 그에 관련하여 태평양 및 극동의 문제들을 토의하는 회의에 참가'하라고 초청했다. 1922년 2월 일본은 워싱턴 군축회의에서 해군 군축조약을 체결했다. 이 군축조약이 의도한 것은 아시아와 태평양 지역에서의 군사력 밸런스의 조정이었다. 그 내용은 영국, 미국, 일본, 프랑스, 이탈리아의 중요 5개국의 주력함의 톤수를 제한하는 것이었다. 즉 영·미·일·프·이 여러 나라의 톤수를 각각 5 대 5 대 3 대 1.75 대 1.75라는 비율로 조정하는 것이었다.

그 결과 여분의 일본 군함은 처분해야 했다. 당연히 일본 해군 일부에서 거센 반발이 있었다. 어쨌든 일본은 워싱턴 군축회의의 방향에 따라 주력함으로 건조 중이던 작업을 중지하거나 주력함이 아닌 것으로 건조작업을 변경하게 되었다. 대함거포주의가 대세였던 당시에는 항공모함과 순양함, 잠수함 등은 전함으로 간주하지 않았기 때문에 제2차 세계대전 시에 이들 군함이 주력함이 되었다.

워싱턴회의의 성과

워싱턴조약에서 결정된 또 하나의 중요한 조약이 9개국 조약이었다. 이것은 미국, 영국, 프랑스, 이탈리아, 홀랜드, 벨기에, 포르투갈, 일본, 중국 등 9개국으로 구성되었다. 그 내용은 중국의 독립, 영토 보존, 기회의 균등, 관세자주권을 인정하는 것이었다. 그중 중요한 것은 관세자주권이었다. 1925~1926년에 걸쳐 중국의 장개석(蔣介石, 장제스)이 북벌(北伐)이라는 중국의 통일전쟁을 시작했을 때, 중국의 영토적 욕심을 가지고 있지 않았던 영국 등 열강이 이를 앞서서 인정하려 했으나 일본은 최후에 이르기까지 이에 반대했다. 9개국 조약에서 특히 문제가 된 것은 일본이 점령한 만주 지역이 중국에 포함되는가 아닌가 하는 것인데, 결과적으로는 대단히 애매하게 끝났다. 하지만 대체로 일본의 대륙침략정책을 견제하는 것이 이 조약의 주제였다. 어떻든 제1차 세계대전이 끝난 뒤 즉시에 초대국 영국과 미국, 그리고 일본이 유럽제국과 아시아를 연결하는 국제적 평화체제가 구상되었다는 것은 바람직한 것이었다.

워싱턴회의가 뚜렷한 성공으로 평가, 선전되는 것은 이유가 있었다. 이 회의는 우선 대전 전 태평양에서의 균형을 회복했다. 일본은 강력한 영미의 공동전선과 세계 여론의 도의적 압력에 눌려 공공연한 패배는 아니더라도 그 대륙침략의 야심을 억제당했다. 일본은 열강의 압력에 의해 산동성(山東省)을 중국에 반환했다. 또한, 일본은 감히 영제국과 미국과의 해군의 균형을 주장하지 못했다. 영미의 해군 톤수의 70%를 확보하려던 일본의 요구는 결국 60%로 삭감되었다. 그리하여 중국의 안보를 위협하고, 태평양에서의 영미 해군의 우세에 대해 도전하던 일본의 위협은 견제되었다. 그러나 일본의 만주점령에서 보듯이 워싱턴회의의 조약은 애매하고 불안정한 것이었다. 조만간 일본은 그 힘을 자각하고 워싱턴 체제에 대한 위신의 실추에 원한을 갖게 될 것이었다. 극동에서의 지배세력이 앵글로-색슨인가 일본인가 하는 근본적 문제는 미해결로 남았다. 그러나 워싱턴회의 이후 이 문제는 그 뒤 10년간 제2차 세계대전이 일어나기 전까지는 제기되지 않았다.

2. 일본 제국주의와 동아시아

일본 제국주의의 성격

일본의 제국주의는 1868년 명치유신(明治維新)을 통해 동아시아에서 가장 일찍이 천황제 절대 국가를 수립한 일본이 이른바 '탈아입구(脫亞入歐)'라는 국정목표를 통해 서구식 근대화를 지향함으로써 성립했다. 당시의 동아시아가 놓인 국제적 상황을 살펴보면, 16세기부터 세계제국체제가 일부 동아시아를 제외하면 최종 국면에 들어감으로써 지구 전체를 몇몇 서유럽 제국이 지배했기 때문에 동아시아 여러 나라도 스스로 식민제국이 되든가 아니면 식민지가 되든가 하는 가혹한 세계정세가 조성되었던 것이다. 아프리카, 남아메리카 등이 모두 유럽의 식민지가 되는 중동 아시아의 식민지화도 급격히 변화하기 시작했다. 19세기 중반에는 아편전쟁을 계기로 중국도 드디어 반식민지화(半植民地化)되고 말았다.

동아시아의 식민화 과정에서 특히 중요한 요인은 러시아의 남하(南下), 미국의 서진(西進), 후발 제국주의 국가인 일본의 북진(北進)이었다. 러시아는 원래 남하하여 부동항(不凍港)을 얻는 것이 비원이었는바 유럽에서는 그런 시도가 열강에 가로막혀 불가능했기 때문에 아시아로 눈을 돌리게 되었다. 한편 미국의 제국주의는 대륙을 횡단하여 서쪽으로 진출하여 서쪽 끝 캘리포니아에 도착하여 드디어 태평양을 향하게 되었고, 나아가 하와이와 필리핀으로 서진하여 동아시아를 넘보는 지경에 이르렀다. 마지막으로 일본은 1870년대까지 북해도와 유구(琉球, 오키나와) 등을 강제로 귀속시키고 일본의 국경선을 획정하는 작업을 마친 후에 일본의 명치유신 정부는 근대화와 부국강병책을 추진했다. 이를 통해 양성된 국력을 한반도와 중국으로 북진하는 침략정책으로 밀고 나가게 되었다.

이와 같은 침략정책으로 일본은 19세기 말부터 20세기 초에 이르는 전환점에 동아시아의 패권을 다투는 두 차례 전쟁을 청(淸)과 러시아 양국과 치르게 되었다. 동아시아의 패권을 다투는 전쟁이란 구체적으로 한반도의 쟁취를 둘러싼 항쟁, 즉 청일전쟁과 러일전쟁이었던 것이다.

청일전쟁

청일전쟁은 전라도 농민들이 개항 이후 근대화 정책으로 재정이 쪼들리게 된 중앙정부의 무리한 징세와 수령들의 탐닉에 격분한 동학교도가 일으킨 대규모의 폭동, 동학난이 계기가 되었다. 전봉준이 이끈 농민군은 정부에 대해 조병갑의 학정을 시정할 것과 함께 외국군과 상인들의 침투를 금지하라는 등의 13개의 요구 사항을 제시했다. 중국의 원세개는 임오군란 이후 반청 감정이 높아진 조선 민중을 제압하기 위해 출병했다. 이에 대응하여 일본군도 출동하여 갑신정변 이후 10년 만에 두 나라의 군대가 대치 상태에 들어갔다. 그러나 정부와 농민군은 되도록 외세의 개입 없이 문제를 해결하기 위해 휴전 교섭을 벌인 끝에 전주화약(1894. 6. 11)이 맺어졌다.

이처럼 정부와 농민군이 협조하에 해결의 실마리를 찾으려는 도중에 정부의 파병 요청으로 3,000여 명의 청국군이 아산만을 통해 들어오고, 이와 때를 같이하여 7,000여 명의 일본군이 인천을 통해 서울로 들어와 궁궐을 점령했다. 일본군은 명성황후 척족을 밀어내고 대원군을 내세웠다. 드디어 일본군은 청국군을 기습 공격하여 청일전쟁을 도발했다. 이와 같은 일본의 의도 속에는 치밀한 계산이 깔렸었다. 즉 이 전쟁을 통해 한반도에서 청의 세력을 몰아내고 일본이 한반도를 식민지화하려는 술책이었다. 일본군의 왕궁 점령에 분격한 농민군은 척왜(斥倭)를 구호로 내걸고 제2차 동학농민전쟁을 일으켰다(1894. 10).

1894년 7월 25일 아산만에서 일본군의 선제공격으로 시작된 청일전쟁은 일본군이 요동반도의 여순(旅順)과 대련(大連) 등을 점령하고, 직접 북경(北京)을 점령하는 것이 아니라 발해만을 둘러싸고 있는 산동반도의 청의 북양함대의 기지인 위해위(威海衛)를 점령함으로써 천진을 거쳐서 간접적으로 북경을 위협하게 되었다. 다급해진 청국은 항복하고 전쟁은 일본군의 승리로 쉽게 끝났다.

1895년 4월 17일 일본의 시모노세키(下關)에서 일본과 청나라가 조약을 맺었다. 시모노세키조약에서 일본은 요동반도의 할양을 요구하여 이루어졌으나 일본의 대륙 진출을 꺼린 3국(러시아, 프랑스, 독일)의 간섭으로 일본은 굴욕적인 반환을 강요받았다. 대신 일본이 청국으로부터 획득한 것이 대만(臺灣)이었다. 대만은 일본의 최초의 식민지였다. 시모노세키조약에서 일본은 배상금 2억 량(兩)을 획득했는데, 일본은 그것을 영국 런던의 은행에 예금했다. 이 거액의 예금은 영국과의 경제적으로 깊은 관계를 맺게 했으며, 후에 일본 군함 건조에 이용하게 되었다.

갑오경장

이보다 앞서 '전주화약'으로 청국이 소강상태에 있을 때 일본은 이 기회를 이용하여 청국과 조선 정부 간 전통적으로 묶여 있던 조공체제(朝貢體制)를 해체할 것을 주된 내용으로 하는 이른바 '갑오경장(甲午更張)'(1894. 7~1895. 7)을 강제했다. 이 요구는 조선의 국왕을 무력화시키면서 친일 정권을 수립하여 그들의 침략에 유리한 방향으로 국정을 바꾸어 놓으려 한 것이었다. 그리하여 일본공사 오토리(大鳥圭介)는 서울에 주둔한 일본군으로 서울을 점령하고 7월 23

일 새벽 경복궁으로 쳐들어가 고종을 포로로 만든 상황에서 이 개혁안을 통과시켰다. 일본은 청일전쟁에서의 승리가 확실해지자 일본망명에서 돌아온 박영호와 서광범 등 변법파(變法派)를 대신으로 입각시켜 더욱 친일적인 재개혁을 추진했다. 그리하여 고종은 스스로 종묘에 나아가 개혁의 추진을 서약하는 '홍범(洪範) 14조'를 발표했다. 이상과 같이 갑오개혁은 갑신정변 이래 변법파가 추진했던 노선을 확대 발전시킨 것으로 간주되고 있으나 실질적으로는 청국의 간섭으로부터 해방을 노린 일본의 간계를 담은 것일 뿐이었다. 국가와 국민의 주체성을 강화할 수 있는 국방과 의회제도에 대한 배려가 전혀 없고, 왕권을 약화시키고 다만 일본의 조종을 받고 있는 내각에 실권을 몰아주어 일본이 조선의 국정을 뒤에서 조종할 수 있는 여지만 넓혀 준 결과가 되었다.

일본의 협박과 강요 속에서 추진된 갑오경장으로 입지가 좁아진 고종과 권력에서 밀려난 명성황후는 일본을 견제할 대안 세력으로 러시아를 선택했다. 3국 간섭으로 일본이 요동반도를 반환하는 등 수세에 몰리자 명성황후와 대원군은 이를 일본을 견제할 좋은 기회가 온 것이라고 포착했다. 박영호의 음모가 포착되어 일본으로 망명하자 그것을 기회로 1895년 8월 김홍집, 김윤식, 이범직 등을 미국과 러시아와 가까운 인물들을 중심으로 새로운 내각을 구성했다.

일본의 한국 침탈 – 명성황후 시해와 아관파천 사건

친일세력의 실각에 불안을 느낀 일본은 폭력을 써서라도 정국을 뒤집어 놓기 위해 우선 당시 친로(親露) 외교를 주도했던 명성황후를 제거하려고 음모를 꾸몄다. 일본은 육군 장교 출신으로 과격한 인물인 미우라(三浦)를 우리나라 주재공사로 임명하고 일본 낭인들을 시켜 같은 해 8월 20일 새벽 경복궁을 습격하여 명성황후를 시해하는 만행을 자행했다. 명성황후를 잃은 고종은 다음이 자신이 죽을 차례임을 예감하고 경복궁을 벗어나 서양 공사관들이 몰려 있는 정동으로 피신하려 했다. 1896년 2월 11일 새벽 고종은 몰래 러시아공사관으로 피신했다. 이 사건을 '아관파천(俄館播遷)'이라 한다. 국왕이 외세 일본에 쫓겨 수치스럽게 궁을 벗어나는 지경에 이를 정도로 당시 일본 제국주의의 만행이 노골화되어 있었던 것이다. 청일전쟁에 승리한 일본은 이것을 기회로 포착하여 조선을 청국의 조공체제에서 완전히 벗어나도록 획책한 것이다.

고종은 1897년 8월 16일 연호를 '광무(光武)'라 고치고, 10월 12일에는 문무백관을 거느리고 제천단인 환구단에 나아가 황제즉위식을 거행하고 국호를 대한제국(大韓帝國)으로 바꾸었다. 정부는 광무개혁을 통해 전제군주제를 강화하고 강력한 황제권을 바탕으로 짧은 기간 동안 국방, 산업, 교육 기술 면에서 상당한 근대화의 성과를 거두었지만, 실제 그것은 일본 제국주의 타율적 감시와 방해를 받아 근대국가로 진입하기에는 장애가 되었다. 결국, 청일전쟁에서 일본 제국주의가 노린 한국의 지배체제는 더욱 강화되어 갔다.

3. 러시아의 제국주의와 러일전쟁

러시아의 남하 정책

1890년대 일본이 청국과 치열한 싸움을 계속하고 있는 동안 러시아는 착실히 시베리아 철도를 동쪽으로 확대하고 있었다. 우랄산맥을 넘어 동쪽 끝 우라지보스토크까지 철도를 부설한 후 만주리(滿洲里)라는 곳에서 만주 북부의 철도망을 수분하(綏芬河)까지 연장하고 그 중간에 하얼빈이라는 도시를 만들어 그곳에 똑바로 남하하면 러시아의 조차지, 대련(大連), 여순(旅順)과 연결되어 만주를 지배할 수 있는 철도망을 완성했다. 한반도에서도 1890년대 이래 정계에도 친로파를 통해 정치, 경제적으로 영향력을 키워갔다. 경제적으로는 산림이 우거졌던 압록강 유역의 산림개발권과 채벌권을 획득하여 그들의 철도망을 이용하여 수송했다. 정치적으로는 '아관파천'에서 나타난바 명성황후와 대원군 등의 지지를 받는 친로파가 일본을 견제했다. 일본으로서 한반도는 청일전쟁의 승리를 통해 일본이 획득한 중심적인 권익이었고, 따라서 러시아가 만주뿐 아니라 한반도마저 욕심을 낸다는 것은 참을 수 없는 일이었다. 일본은 일본 제국주의의 목표인 한국과 만주로의 침략정책을 완수하기 위해서는 영국과의 동맹이 절대적으로 필요하게 되었다

일본은 1899~1901년에 걸쳐 규모가 큰 해군의 확장 계획을 시행했다. 당시 해군 예산의 60~70%는 군함을 건조하는 데 소비했다. 군함의 건조 외의 예산은 항만의 정비 등 여러 사회간접자본 투자에 쓰이고, 기타 운수 및 통신망의 정비가 확충되었다. 그것이 가능해진 재정적 배경은 청일전쟁 후 청국으로부터의 배상금 2억 량이었다고 한다. 즉 19세기 말의 영국은 세계의 공장에서 세계의 식민지제국이 되어 이자, 배당 수입으로 압도적인 힘을 지니게 된 시기였다. 그리하여 '런던의 씨티'가 세계의 금융 중심지로 발전했다. 당연한 결과로써 영국의 파운드가 세계의 기축통화가 되었다. 다시 말해 세계의 무역 결제를 위한 금융센터라는 역할을 '런던의 씨티'가 담당했다. 일본은 런던은행에 저금한 청일전쟁의 배상금 2억 량으로 거대한 군함 다수를 영국에 주문생산했다. 이처럼 영국과 협력 관계를 맺음으로써 일본이 동아시아에서 제해권을 확립할 수 있었다는 의미는 대단히 큰 것이었다.

그 이유는 첫째, 러시아도 영국을 쫓아 해군력을 증강하고 있었고, 프랑스도 함께 해군력이 증강되었다. 만일 프랑스와 러시아가 손을 잡고 영국과 대적한다면, 특히 동아시아에서는 영국은 상대될 수 없을 것이다. 그러나 일본이 1899~1901년에 걸쳐 영국에서 발주한 군함과 합친다면 영국과 일본의 해군력은 동아시아 해역의 제패권을 장악할 수 있을 것이었다. 둘째, 당시 일본의 영국에 대한 군함 발주는 영국의 민간 회사인 빅카스와 암스트롱이란 두 회사였는데, 당시 1만 톤 정도의 큰 함선으로 일본의 민간회사가 그것을 건조하는 데 경영적, 체력적으로 부담이 컸다. 새로운 기술 개발과 그 개발 비용을 부담하기 위해 항상적인 대량 발주가 필수적이었다. 신흥 해상국 일본이 대량 발주해 주었다는 점은 군수산업에서 일본이 영국의 큰 파트너였다는 것을 의

미했다.

한편 외교적으로 영국은 러시아의 남하정책에 대해 범지구적인 반대세력이었다. 터키의 보스포로스 다다넬스 해협을 통과하려는 러시아의 오랜 꿈은 '인도로 가는 길'을 지키고자 시도한 영국의 견제로 실패했으며, 러시아의 중앙아시아의 남하루트도 영국의 아프가니스탄에서의 견제로 막히고 말았다. 러시아의 남하정책을 통한 지정학적 제국주의의 마지막 카드가 한반도였다.

한편 일본이 점령하고 있던 위해위를 영국이 청나라로부터 조차하게 되었는데, 일본은 산동반도의 요충지인 위해위를 영국에 넘기면서 동시에 1902년에 영일동맹을 체결했다. 이 영일동맹의 체결은 후에 일본의 진로에서 큰 의미가 있는 것이다. 당시 영국은 세계 최대의 패권 국가였다. 이 패권국가와 동맹을 맺음으로써 일본은 극동에서의 패권을 보증받게 되고 팽창정책을 수행할 수 있었다. 한편 러시아도 극동에서의 패권을 노리고 있었기 때문에 일본이 영일동맹을 맺자 러일전쟁은 피할 수 없게 된 것이다.

러일전쟁

러일전쟁이 1904년 2월에 발발했다. 일본은 육전에서는 한반도를 토대로 북상하는 형태로 만주침공을 개시했다. 이번 전쟁에서 여순을 돌파하는 데는 상당한 난관이 야기되었다. 여순은 러시아군이 강고한 토치카를 구축하고 신병기인 기관총으로 무장한 난공불락의 요충지였다. 일본군은 노기(乃木) 장군의 지휘하에 돌격을 되풀이했으나 수많은 희생을 치렀다. 고다마(兒玉)로 지휘체제를 바꾼 후 요새 부근의 고지를 점령하여 대포로 포격하여 1905년 1월 드디어 여순 요새를 함락할 수 있었다. 여순 함락 후 육전 병사들과 합류하여 같은 해 봉천에서 합전하여 러시아군을 타파했다.

해전에서는 러시아의 발트함대가 막강했으나 이 함대는 발트 해를 1904년 10월에 출항한 후 장기항로에 지쳐 다음 해 5월에야 동해에 들어섰다가 일본의 도고(東鄕) 연합함대에 의해 섬멸되었다. 그러나 러시아 측에서 보면 러시아 본토가 공격당한 것도 아니었고, 해전에서는 제2차 발트함대를 파견하기로 했었기 때문에 완전한 패배와는 거리가 멀었다. 그러나 1905년 제1차 러시아혁명이 일어남으로써 러시아는 전쟁을 계속할 수 없었다.

1905년 8월에서 9월에 걸쳐 포츠마스에서 화평 교섭이 시작되었다. 이 교섭이 시작되기 직전 일본은 남사할린(南樺太)을 점령했다. 그리고 만주(滿洲)라고 불렸던 중국 동부의 남쪽 반부가 일본의 세력권이라는 일본의 주장이 문제의 초점이 되었다. 왜냐하면, 당시 일본이 점령했던 지역은 남으로부터 여순, 대련, 봉천 등이 전부였다. 이 교섭에서 일본은 이들 점령 지역을 포함해서 장춘(長春) 부근까지의 철도, 즉 동청철도의 남만주선을 확보하게 되었다. 이것을 '남만주철도' 또는 줄여 '만철'이라 부르게 되었다.

러일전쟁에서 승전하게 된 일본은 우리나라에 대한 독점적 지배권을 명문화하기 위해 서울을 점령한 후 우리 정부에 '한일의정서'의 체결을 강요했다. 이 의정서는 일본이 대한제국의 독립과 영토 보존을 위한다는 미명 아래에 정치적 간섭과 군사적 점령을 용인하는 내용을 규정한 것이다. 1904년부터 일본은 한국 주둔군을 설치하고, 헌병 경찰제를 시행했다. 마산철도의 부설이 강행되었으며 경인철도, 경부철도 등 주요 간선철도가 군용 수송을 위한 전국적 철도 수송망을 완비했다.

국권침탈

한일의정서에 따라 일본인 메가타(目賀田種太郎)가 '재정고문'이라는 이름으로 우리나라의 재정권을 약탈하고 황실 재산을 해체 접수해 갔다. 그리고 친일적인 미국인 스티븐스(Stevens)를 외교고문으로 초청하여 우리나라의 외교를 농단했는데, 그는 미국으로 귀국한 후 일본의 통감 정치를 찬양하다가 재미교포 전명운, 장인환에게 사살당했다. 일본은 군부고문, 경무고문, 국내부고문, 학부참여관 등을 멋대로 보내왔다. 이로써 일본은 한국의 황제를 그대로 두면서 일본의 통감부(統監府)로 하여금 실권을 장악하게 하는 간접적 식민 국가를 만들려 했다.

일본의 한국 침략은 영일동맹을 맺음으로써 러시아의 견제라는 의미에서 영국의 암묵적인 동의를 얻었지만, 미국과는 루즈벨트 대통령 정부의 육군장관 윌리암 테프트(후에 미국 대통령이 됨)와 일본의 총리대신 가쯔라(桂太郎) 사이에 테프트-가쯔라 협정이 맺어졌다. 이것은 한반도가 일본의 영토라는 것을 인정하는 대신에 미국의 필리핀 영유를 인정한다는 협정이었다.

1905년에는 일본의 총리를 지낸 거물급 정치인 이토(伊藤博文)가 주한 일본공사 하야시(林權助)와 함께 군대를 이끌고 경운궁에 들어가 고종황제와 대신들을 위협하면서 보호조약에 서명할 것을 강요했다. 황제가 끝까지 반대하자 외무대신 박재순의 직인을 가져다가 불법적으로 날인해 버렸다(1905. 11). 따라서 을사보호조약은 황제의 서명이 없는 불법적인 늑약(勒約)에 불과한 것이다. 을사조약의 불법성에 국민의 반일감정이 격화하는 과정에서 한국침략에 앞장섰던 이토는 안중근(安重根) 의사에 의해 만주 하얼빈에서 총을 맞고 쓰러졌다.

1907년에는 정미조약에 의해 일본이 내정에 간섭할 수 있는 권한까지 강탈했다. 외교와 내정간섭권을 강탈한 일본은 8,800명밖에 남지 않은 군대마저 해산하고(1907. 8), '보안법'과 '신문지법'을 만들어 일본의 식민통치를 비판하는 언론활동마저 봉쇄해 버렸다.

일본은 이제 마지막으로 외교와 내정권, 그리고 군대마저 해산당하여 국가의 상징으로 남아있던 황제마저 퇴위시킴으로써 대한제국을 일본의 영토로 병합하는 일에 나서게 되었다. 1910년 5월 일본은 데라우치(寺內)를 새 통감으로 임명하고 공포 분위기를 조성하면서 8월 29일 황제로 하여금 양위의 조서를 내리도록 강요했다. 그와 함께 일본의 한반도 지배기구였던 통감부는 조선총독부로 개조되어 일본 총독에 의한 지배가 시작되었다.

러일전쟁 후 일본의 동아시아에서의 국제적 지위는 영·일 동맹, 프·일 협약, 러·일 협약을 통해 독일을 포위하는 3국협상체제의 일환으로 위치 지워졌다. 특히 러·일 협약은 세계대전 발생에 이르기까지 3차에 걸쳐 맺어져 양국은 중국 동북(만주), 몽골, 한반도에서의 상호 특수이익의 조정과 확인을 하여 동아시아에서의 제국주의적 재분할에서 공동보조를 취했다.

일본의 러시아 접근과 협조는 영·러 협상(1907)의 성립과 함께 영·일 동맹의 애초 목적과 의의를 후퇴시켰다. 이미 영·일 동맹은 1905년 제2차 동맹협약부터 일본의 한국 지배와 영국의 인도 방위를 서로 승인, 옹호하는 공수동맹으로 전환되어 1910년 일본의 한국병합은 이러한 러시아와 영국의 제국주의 국가의 지지를 배경으로 강행될 수 있었던 것이다.

4. 중국의 반식민화

치외법권 – 조계

19세기 동안 열강은 중국에 이른바 '불평등조약'을 체결하여 중국을 반식민지화(半植民化)해 갔다. 중국은 자국 영토 내에 거주하고, 교역에 종사하는 이들 열강의 국민에게 많은 특권을 양도하고 있었다. 이들 특권 중 다음 두 가지가 중요했다. 첫 번째로 수출입에 대한 중국의 관세는 협정으로 최고 5%로 억제했다. 두 번째는 열강은 중국 내에서 치외법권(治外法權)을 누렸다. 이들 열강의 국민은 중국의 법률이나 재판에 복종할 의무가 없었고, 간접세 이외에는 일절 세금을 내지 않아도 그만이었다. 원고나 피고를 막론하고 외국인이 관계된 사건은 그들의 본국의 법에 따르게 되었으며, 본국 재판관의 손에 의해 재판을 받게 되어 있었다. 중국은 모든 중요 항구에 외국인 거주자용 지역을 별도로 두는 것에 동의했다. 몇몇 항구에는 이런 지역이 점차로 확대되어 외국의 시정(市政)으로 관리되는 '거류지', '조계(租界)'가 이루어졌다. 홍콩이나 마카오처럼 외국의 손에 실질적으로 양도되는 때도 있었다. 일본은 후발 제국주의 국가로서 아시아, 특히 광대한 중국의 대륙에 대한 침략을 노리게 되었다.

외교적으로 일본과 러시아의 접근 및 협조는 영·러 협상(1907)을 체결함으로써 러시아를 공동으로 견제하겠다는 영·일 동맹의 애초 목적과 의의를 후퇴시켰다. 본래부터 영·일 동맹은 1905년 제2회의 동맹협약에서 일본의 한국 지배와 영국의 인도 방위를 상호 승인하는 공수동맹으로 바뀌어 1910년 일본의 한국병합은 이러한 러시아, 영국의 제국주의 국가의 지지를 배경으로 강행된 것이다.

한국병합을 성공리에 끝마친 일본 제국주의의 진로는 중국의 동북부(만주)와 몽골 남부를 지향했다. 여기에는 러시아의 남하정책과 미국의 문호개방 정책이 걸림돌이 되었다. 1911년 7월에 맺어진 제3차 영·일 협약에서는 그 예상이 전혀 불가능한 것이 아닌 미일전쟁에서 영국에 의한 교전의무는 면제되었다. 원래부터 일본의 육군은 러시아를, 해군 병력은 강력한 88함대를 편제함으로써 미국을 가상적국(假想敵國)으로 상정하고 있었다. 1911년 미·일 신통상조약이 맺어져 일본은 드디어 관세의 자주권을 회복했다. 이후 각국과도 개정조약을 맺어 구미 열강에의 종속으로부터 해방되어 명실상부한 일본 제국주의를 추진하게 되었다. 1911년 10월 신해혁명이 일어나자 일본 정부의 방침은 우선 열강과 협조하여 중국에의 세력 확대의 기회를 노리는 것이었다.

손문(孫文, 쑨원)은 호북성의 성도 무창(武昌)에서 반청(反淸) 기치로 봉기하여 승리했다. 그 결과 인접한 호남, 협서와 화중, 화남의 각성의 봉기가 계속되었다. 중화민국(中華民國)은 그 연장선에서 탄생하게 되었다. 전국전인 호응과 지지를 받아 혁명 측은 남경(南京)을 수도로 하는 중화민국 임시정부를 수립했다. 초대 임시대통령은 손문이었다. 이때 북경에는 원세개(袁世凱, 위안스카이) 내각을 끼고 있는 청조 정권이 존재하고 있었기 때문에 남경과 북경에 두 개의 정권이 병립하는 상황이었다.

당시 혁명의 중심은 군벌이 아닌 신군 장병이었는데, 그들은 손문의 이른바 삼민주의(三民主義)의 이념을 받아들이고 있었다. 삼민주의란 청조 지배에 대한 반대, 즉 '민족주의', 공화국의 수립을 목표로 하는 '민권주의', 그리고 마지막으로는 선진국에서 지향했던 사회 문제를 동시에 해결하고자 하는 '민생주의'를 골자로 하는 손문의 정치적 이념을 기초로 했다.

손문은 1912년 1월 1일 중화민국 총통에 취임했다. 그는 이 새로운 정권이 청조가 통치하던 모든 국토와 모든 인민을 계승하는 것이라고 언명하고, 혁명의 기치는 반청주의였으나 새로운 혁명 정권은 만주를 포함하여 한(漢), 만(滿), 몽(蒙), 회(回), 장(藏)의 5족을 상징하는 5색기를 국기로 정하고, 이들 5족으로 구성된 국민으로 형성된 국가였다. 그러나 실제로는 외몽골이 이탈했고, 열강은 혁명의 발발을 호기로 삼아 영국은 티베트를, 그리고 러시아는 몽골을 일본은 만몽(滿蒙, 만주와 동부 내몽골)을 수중에 넣으려고 획책했다. 일본은 러시아와 밀약을 맺고 북경의 경도를 경계로 하여 동부 내몽골을 세력 범위로 했다. 이때 충분한 성과를 얻은 것은 러시아로서 1912년 11월 러몽조약을 체결하여 외몽골을 독립시키게 되었는데, 몽골인민공화국은 러시아의 세력권이 되었다. 중화민국시대의 티베트는 거의 독립국으로 중국의 실효적 지배에 속한 적은 거의 없었다. 그러나 역시 중국은 그 지역을 중국 일부로 간주했고 1959년 폭동을 계기로 달라이 라마가 인도로 망명하고 중화인민공화국의 직접지배가 시작되었다.

혁명은 광범한 지지를 받았다. 그만큼 민중은 청조의 지배에 반대했다. 그러나 남경의 임시정부는 북벌(北伐)을 주장했지만 북경을 공격할 만한 역량이 부족했고, 북경의 조정도 남쪽 여러 성의 '기의(起義)'(혁명파의 명분으로 민국을 건설하기 위해서 북경 정권을 타도하는 투쟁)를 토벌할 만큼의 군사력이 없었다. 혁명군 토벌의 지휘를 지니고 있었던 사람은 원세개였다.

양군이 대치한 상황에서 청조 황제의 퇴위가 획책되고, 2월에는 그것이 실현되었다. '라스트엠페라'(최후의 황제)는 제12대 황제, 선통제 부의(溥儀, 푸이)였다. '퇴위(退位)의 소(詔)'에는 황제가 '공화 정체'를 자발적으로 선택할 수 있다고 약속했으나 청조의 총리대신인 원세개는 전권으로 '임시공화국 정부'를 조직하여 혁명군과 통일 방법을 상담하라고 명령했다. 남경의 중화민국 측은 황제의 퇴위가 실현된다면 일정한 조건하에 원세개를 중화민국의 대통령으로 선출하도록 약속했기 때문에 대치하는 남북 쌍방으로부터 정권을 양도받을 수 있게 되었다. 청조의 황실은 평화적으로 정권을 포기한 공으로 연금과 궁성(자금성)의 거주가 인정되었다.

남경 측에서는 손문이 사임하고 약속한 대로 원세개를 제2대의 임시 대통령으로 선출했다. 약속된 조건으로는 수도를 남경으로 하고 남경에서 대총통의 취임, 그리고 중화민국의 기본법인 '임시약법(臨時約法)'의 준수 등 세 가지 조건이 제시되었다. 약법이란 헌정 확립 이전 과도기에서의 대행헌법을 의미했다. 손문을 비롯한 혁명파는 주권재민을 근본으로 한 민주주의 원칙을 관철한 것으로 원세개에게 대총통을 양보할 경우를 계산하여 국회가 대총통을 견제할 수 있도록 했다. 그러나 원세개에게 필요했던 것은 군사력의 통솔자로서의 자신이 유리하게 이용할 수 있는 최고 법규였을 뿐이었다. 그리하여 중화민국은 애초부터 청의 군대와 중화민국 국회의 대립을 내포하면서 출발하게 되었다.

원세개에게 당장 가장 거리끼는 일은 남경에서의 대총통 취임이었다. 그는 자신의 손아귀 안에 있는 북경에서 대규모의 병사 폭동을 스스로 사주함으로써 북경을 떠나지 않을 구실로 삼았다. 남경 측은 그 사기극을 알아차리지 못하고 북경 측의 주장에 따라 원세개의 북경 취임을 인정했으며, 수도도 북경이 되었다. 이것은 혁명의 성과로서의 중화민국을 원세개가 가로막은 최초의 음모였다. 그 후에도 국회의원 선거에서 신해혁명의 중심세력 국민당이 원세개를 지지하는 여원홍(黎元洪, 리위안훙)의 공화당보다 우세한 지지를 받고 승리했다. 국민당은 당을 앞장서서 이끌고 간 송교인(宋教仁, 쑹자자오런)을 지도자로 임명했으나 국회 개회 직전, 송은 원세개의 지시로 상해 역전에서 암살되었다. 송교인은 공화정치의 정도를 걸어갈 작정이었다. 그러나 원세개로서는 국민당이 국회를 이용하여 대통령을 컨트롤하는 것을 허할 수 없었다. 송교인의 암살은 혁명의 성과로서의 중화민국을 가로막은 두 번째 음모였다.

1913년 4월 국회가 개회되었다. 국회에서는 국민당이 우위를 점하고 있었으나 원세개의 세력은 국민당을 제외한 민주, 통일 양당과 공화당이 합체하여 진보당(進步黨)을 결성했다. 그리하여 결국 국회는 원세개를 주축으로 하는 세력과 손문의 국민당을 주축으로 하는 세력으로 양분되어 신구 양 세력의 싸움이 끊이지 않았다. 한편 지방 정치는 변동 없이 전국 22개 성(省) 중에서 9개 성이 국민당이고, 원세개를 지지하는 성이 8개 성으로 국민당이 우세했으나 지방의 정치는 왕조시대의 행정을 그대로 유지했기 때문에 중앙정부의 지배력은 강력하지 못하고 지방의 토착 세력에 좌우되기 마련이었다. 그것은 원세개가 죽은 후 군벌이 할거하는 배경이 되었다.

원세개는 가장 강력한 북양군벌(北洋軍閥)의 영수로서 반원(反袁)의 투쟁을 선언한 제2혁명을 평정했다. 광동(廣東), 안휘(安徽), 호남(湖南), 등 7성이 반원 투쟁에 가담했으나 북양군대의 장비와 훈련이 더 우세했을 뿐 아니라, 민심도 떨어져 나가 2개월 만에 끝나고 말았다. 반원 세력이 '난당(亂黨)'이라는 낙인이 찍혀 일본 등 외국으로 망명한 후 원세개는 정식으로 대총통이 되었다. 원세개는 무창 봉기 2주년 되는 날 자금성에서 정식으로 대총통에 취임했다.

정식 대통령에 취임한 원세개는 독재적 권력 확립을 추진했다. 우선 국회를 공격했는데, 제2혁명의 주동자인 '난당'들에게 국회의원 자격이 없다고 자격을 박탈함으로써 국회는 정족수가 모자라 자진 해산했다. 국회와 함께 임시약법이 독재체제에 방해된다고 생각한 원세개는 1914년 4월 약법회의라는 기구를 만들고 5월에는 대총통에게 권한을 집중한 '신약법'을 공포했다. 그러나 원세개는 이에 만족하지 않고 어용단체를 동원하여 제제(帝制)를 구상하고 스스로 국민의 추천을 받아 황제가 되었다.

원세개의 끊임없는 권력에의 야욕은 대외적으로는 열강들이 원세개에 대한 지지를 재고하게 하는 기회가 되었다. 미국은 원래 손문의 정권을 승인했다. 미국도 제국주의 열강임에는 변함이 없었으나 전세기 말 중국 대륙에 대한 열강의 분할합전에서 후발 제국주의 정책으로 문호개방 정책을 선언했다.

열강, 특히 영국은 북양군벌의 영수인 원세개를 지지함으로써 중국 중앙 정권의 안정을 기하고 동시에 자신들의 이권을 온전히 확대할 것을 전략으로 삼았었다. 원세개가 정식으로 대통령에 당선되자 일본, 독일, 러시아, 프랑스, 영국 등이 중국을 승인했다. 또한, 열강은 원세개 정부에 대차관(大借款)을 제공했는데, 일본, 영국, 러시아, 독일, 프랑스의 5개국의 차관단이 2,500만 파운드의 차관을 제공했다. 국민당의 세력이 우세한 국회가 반대했으나 원 정권은 국회의 승인을 받지 않고 차관 계약을 조인한 바 있었다. 더 나아가 원세개는 황제 취임을 주장했다. 그러나 열강들은 원세개의 황제 취임은 중국의 지배체제 안정을 해칠 것으로 생각해 반대했다. 일본을 위시한 영국, 러시아, 프랑스, 이탈리아 등 5개국이 공동으로 원세개의 제제(帝制)로의 국체변경(國體變更)을 "지켜볼 것"이라고 경고했다.

한편 국내적으로도 반원투쟁(反袁鬪爭)이 "호국(護國)"이라는 기치하에 전개되었다. 이 움직임이 운남성에서 귀주성, 사천성으로 확대되고, 귀주와 광서가 독립함에 따라 사태가 걷잡을 수 없게 되자 원세개는 등극 후 겨우 82일 만에 대총통으로 되돌아와 사태를 수습하려 했다. 손문 등 혁명파도 제정에 반대하여 원세개를 토벌하는 이른바 제3혁명을 일으켰다.

원세개는 제제취소(帝制取消)와 남방의 혁명파와의 타협마저 거절당하자 절망 속에서 병사했다(1916). 원세개의 사망으로 중국의 정국은 또 다른 혼란에 빠졌고 이 와중에서 군벌(軍閥)의 할거 시대가 시작되었다. 원의 사망 이후 북경 정부를 장악하고 있던 북양군벌은 일본이 지원했던 단기서(段祺瑞, 돤치루이)를 지도자로 한 안휘파(安徽派)와 영국과 미국의 후원을 받은 풍국장(馮國璋)을 우두머리로 하는 직예파(直隸派)로 분열했다. 이 양파는 여혼홍(黎元洪)을 대총통으로 중앙에서 실권을 장악했다.

지방에서도 군웅이 할거하여 만주에 일본 세력을 등에 업은 장작림(張作霖, 장쭤린)을 비롯하여 각 지방성에 군벌이 할거하여 중앙정부와 대립하면서 무력양성과 세력확장을 시도했다. 그들은 대내적으로는 각종의 세금을 백성에게 강요하면서 가혹한 착취를 자행했고, 대외적으로는 정치, 외교적으로는 제국주의 세력과 야합하고 경제적으로는 매판자본가와 결탁하여 중국을 외국의 상품시장과 원료공급지로 전락시켰다.

한편 북경 정부는 제1차 세계대전의 참전 문제로 혼란에 빠져들었다. 즉 연합국 측으로부터 참전을 권고받자 국무총리였던 단기서는 국회의 반대에도 독일에 선전포고를 하면서 참전군 편성과 전비조달을 위해 일본으로부터 차관을 도입하고, 이를 이용하여 자신의 군사적 세력을 확대하고자 했다. 이에 대해 대총통 여원홍은 국회를 자기편으로 끌어들여 참전에 반대하고 단기서를 파면했다. 그러나 단기서는 지방의 각성을 동원하고, 특히 안휘성의 군벌 장훈(張勳, 잔쉰)을 북경에 끌어들여 여원홍을 물리치고 국회를 해산한 후 군사반란을 일으켰다. 이 반란으로 퇴위해 있던 청조의 선통제 부의(溥儀, 푸이)를 옹립하고, 공화제 폐지와 청조 부활을 선언했다. 이 정치극은 12일 만에 단기서의 복벽 토벌로 끝나고 공화제의 위기는 극복되었다.

일본의 〈21개 조〉 요구

1914년 7월 유럽에서 전쟁이 발발했다. 이 전쟁이 동아시아에 가져온 최대의 변화는 일본이 제국주의 국가로서의 역량을 비약적으로 강화시킨 것이다. 영일동맹을 근거로 일본은 영국, 프랑스, 러시아 등의 협상국 측에 서서 8월 하순 독일에 선전포고를 했다. 그 목적으로 노린 것은 중국 및 태평양 지역에서의 독일의 권익, 그중에서도 산동성의 조차지 교주만(膠洲灣)이었다. 일본은 청도의 독일군을 공격하고 2개월 만에 교주만 조차지를 점령했다. 나아가 제남까지 출병하여 교제(膠濟) 철도를 수중에 넣었다. 그러나 일본의 산동성 침략은 일단 실현되기는 했으나 '산동 문제'를 핵심으로 하는 〈21개 조〉가 제기되어 중일 문제에 깊은 갈등을 가져왔다.

〈21개 조〉는 1915년 1월, 주일 공사 히오끼(日置益)가 대총통 원세개 앞으로 비밀리에 제안했다. 그것은 이하 5항으로 되어 있었다. (1) 산동성에서의 독일 권익의 계승(5개 조), (2) 남만주 및 동부 내몽골에서의 권익의 확대 강화(7개 조), (3) 철광석 확보를 위한 회사의 지배(2개 조), (4) 연해도서의 불할양(1개

조), (5) 일본인의 정치, 재정, 군사 고문의 초청과 일본 경찰의 중일 합동 등을 요구했다. 제1항의 옛 독일의 권익이란 교주만의 조차, 교제철도, 철도선로 좌우의 15km 내의 광산 채굴권, 산동성에서의 사업 차관의 우선권 등을 계승하는 것으로, 거주와 무역을 위해 12개 도시를 새로 개방하라고 요구했다. 제2항의 주된 내용은 러일전쟁으로 러시아로부터 계승한 남만주의 대련, 여순 및 안봉철도 조차 기간의 연장을 주장한 것이었다. 특히 제5항은 중국을 일본의 단독 식민지화하려는 시도였다. 너무나도 노골적인 요구라고 하여 중국의 반발과 열강의 시기를 받았기 때문에 일본 스스로 '희망 조항'이라 하여 한발 물러섰고 이는 후일의 협상과제로 넘어갔다.

일본의 정치적 고문을 인정하라는 이 조항이 얼마나 실현성을 가진 것으로 요구되었는지는 의문점이 있었으나 여하튼 비밀교섭이었던 〈21개 조〉의 내용이 사람들에게 널리 알려짐에 따라 제1차 세계대전 후 민족자결을 존중하게 된 시대적 풍조에 밀려 반일운동이 강하게 대두한 것은 사실이다. 이러한 반일운동은 심각한 면이 있었다. 이를테면 중국 동북부에서 원래 친일적이었던 장작림마저 그것을 반대했다. 그의 아들 장학량(張學良, 장쉐량)은 당시 학생이었으나 〈21개 조〉의 반대시위에 가담했다. 더구나 그의 부친이 간악한 일본의 음모로 철도에서 폭살 당한 후로는 일본 군인들의 만행과 거칢에 한층 반일적이 되어 갔다.

〈21개 조〉 요구의 교섭은 2월부터 북경에서 비밀리에 시작되었다. 원세개는 열강이 유럽전쟁에 몰두하여 꼼짝할 수 없는 처지에 일본이 강요하는 비밀교섭에 할 수 없이 응할 수밖에는 없었으나 요구의 내용을 고의로 내외에 새어나가게 해서 외교적 위기를 돌파하고자 했다. 교섭이 지지부진하자 일본은 상동성과 만주에 각 일개 사단의 병력을 증파했다. 이것이 오히려 반일운동을 격화시켜 일본 화폐 보이콧 운동과 구국 저축 운동을 전국적으로 확산시켰다. 미국과 영국도 제5항을 강력히 반대했다. 그러나 원 정권은 구국운동의 발전이 그의 권력기관의 기반에 타격이 될 것을 두려워했다. 그리하여 5월 7일 제5항 요구를 뺀 일본 측의 최후통첩에 대해 미국과 영국의 권고도 있었기 때문에 5월 9일 일본의 요구를 받아들였다.

5. 동북아시아의 민족운동

윌슨의 민족자결주의와 아시아의 민족운동

러시아혁명으로 야기된 제국주의체제의 약체화는 파리강화회의에서 미국 대통령 윌슨의 민족자결, 민족해방, 무배상, 무병합의 강화 조건을 유발하는 배경이 되었다. 그것을 계기로 하여 유럽에서의 종속 민족들이 각자의 민족국가를 건설한 것은 잘 알려진 사실이다. 그러나 여기서 나타난 신질서는 이미 베르사유조약의 기초(起草) 과정에서 폭로된 것처럼 실제는 열강의 제국주의적 의도를 실현한 것이지 결코 민족국가들의 이익을 대변한 것은 아니었다. 결국, 신생 민족국가들은 실제로는 미국, 영국, 프랑스 등 열강의 세력권에 편입되어 한 편으로는 독일과 오스트리아 등 패전국을 견제하고, 다른 한 편으로는 신생 소련 등 사회주의국가에 대항하는 울타리의 역할을 했을 뿐이었다. 게다가 패전국의 옛 식민지는 무합병(無合併)이라는 명목적 원칙에 의한 분식으로 거의 제국주의적인 재편성이 되고 말았다.

일본 제국주의 질곡에 고통받고 있던 동아시아의 한국과 중국은 윌슨의 민족자결주의 주장에 크게 자극을 받았다. 특히 한국의 운동 지도자들은 미국 대통령 윌슨의 '민족자결선언'으로 체코슬로바키아와 폴란드의 독립 문제가 제기되는 등 세계사적으로 파도치는 혁명적 분위기에 휩쓸려 큰 환상을 품게 되었다. 국제정세의 변환이 암울한 조선의 독립을 유리하게 전개할 수 있다고 분석한 국외 망명 정객, 청년 학생, 일부 종교인들이 등장했다.

한국 민족운동의 배경

일본 제국주의 침략에 반대하는 한국인의 투쟁은 부단하게 계속되었다. 투쟁은 보통 한국인의 복리와 국가의 부강을 추진했던 애국개몽운동과 무력으로써 침략자와 대결하는 의병투쟁으로 대별할 수 있다. 의병운동은 농민들의 적극적인 협력관계를 맺고 전국 각지에서 게릴라 활동으로 일본군을 공격했다. 애국 개몽운동은 교육사업에 투자하여 전국적으로 일거에 3,000개의 사립학교를 설립하고 국어를 보급하고 우리 민족의 역사를 연구하며 애국심을 환기했다. 또한, 다수의 우리말 신문, 잡지를 발행하여 구국의식이 불타는 필진으로 하여금 일본 제국주의와 을사5적을 비롯한 일본의 주구(走狗)들을 언론으로 통박했다. 그로 말미암아 일본의 우리나라 침략정책은 중대한 장애를 입게 되어 이러한 자주독립의 기운이 성장하기 전에 직접 식민지통치를 강화하려 했다. 그것이 이른바 '무단통치(武斷統治)'이었다. 일본의 한국 총독은 군인으로 대장 중에서 임명되고 일본의 내각총리대신과 동격으로 우리나라의 입법, 사법, 행정 및 군대통솔권을 장악했다.

초대 총독은 1910년 5월 3일 통감으로 왔던 데라우치(寺內正隷)가 임명되었다. 데라우치는 한국인의 저항이 워낙 강한 것을 알고 헌병이 경찰업무를 맡도록 하는 이른바 경찰 헌병 제도를 시행했다. 그리고 경찰 헌병에게는 치안뿐만 아니라 사법, 행정에도 관여할 수 있는 광범한 권한을 부여하여 한국인의 생살여탈권을 행사했다. 그 외에도 2개 사단의 병력을 서울 용산과 지방에 배치하여 무단통치 체제를 구축했다.

이렇게 확립된 총독부체제는 일본에 반항하는 모든 적대자를 말살하고자 했다. 이를테면 초등학교 교사들까지 대검을 착용하게 하여 어린 학생들에게까지 일본 제국주의의 무력적 위세를 과시하려 했다. 우리나라 백성은 일체의 집회, 결사, 언론의 자유를 빼앗겼다. 집회는 결혼식마저 임의로 할 수 없었고, 집회 금지 조치는 일본의 주구 노릇을 한 '일진회'마저 해산당하는 정도였다. 우리나라 사람들이 간행하는 신문, 잡지는 한 권도 존재할 수 없었다. 일본

제국주의의 국제적 마찰을 피하고자 외국인 선교사가 있는 기독교나 이념적으로 안심할 수 있는 유교나 천도교 등의 종교시설과 그들이 경영하는 사립학교 등이 한국인에게 남아있는 좁은 활동의 영역이었다.

일본 제국주의는 한국의 주권을 강탈하면서 이와 함께 우리나라의 경제구조를 식민지체제로 바꾸어 갔다. 식민지적 경제구조란 한국을 일본의 자본주의 발전을 위한 원료 및 식량 공급지와 상품시장으로 만드는 것이었다. 즉 그것은 일본의 이득을 극대화하기 위해, 한국의 민족자본 성장과 농촌사회의 안정을 급속도로 파괴하는 결과를 가져왔다.

일본 제국주의 정책은 금융 화폐제도의 개정, 새로운 세제의 시행, 회사령의 발포, 토지조사사업의 시행, 철도와 항만 시설의 구축 등 경제정책들을 강제적으로 수행했다. 1918년까지 거의 완수된 그 시스템들은 한국 진출을 위한 일본 대자본을 유도하는 파이프 역할을 하게 되었다. 대규모 도로사업, 관유재산의 불하, 지명입찰 등은 자본과 권력의 결탁을 강화시켜 일본 자본의 도입을 촉진했다.

한편, 회사령의 공포는 인위적, 제도적인 민족차별로 기능하여 한국인 부르주아의 기업 열기를 억제했다. 1918년에 한국 내에 본점을 둔 회사 총수 266개사 중 일본인이 설립한 회사가 208개, 한국인 설립 회사가 39개, 한일합작이 19개, 기타가 1개였다. 이 수치는 회사령의 억지력이 얼마나 큰 것인가 하는 증거가 될 수 있다. 그리고 개항장을 중심으로 토착한 일본인 상인들(고리대업, 잡화상, 여관업, 식당, 사금과 인삼 상인, 곡물의 중개인 등)이 전국적으로 진출하여 양조업, 수산업, 조면업, 방직업, 정미업 등의 자본가로서 재산을 축적하고 지주가 되어 일제 지배의 버팀목이 되었다.

당시 한국의 중요 산업은 농업이었고, 한국인에게 토지란 기본적인 생산수단이었다. 일제는 국권침탈 이전부터 농업개발이라는 핑계로 국유지와 민영지를 약탈했다. 1908년에는 동양척식회사라는 국책회사를 설립하여 토지약탈을 본격화했다. 일본은 국유 미간지와 역둔토(驛屯土)까지 침탈의 대상으로 삼았다. 철도 확보와 군용지 확보를 빙자한 토지 약탈도 자행했다.

1910년 국권침탈 이후에는 토지조사사업을 통해 농민의 토지를 본격적으로 약탈했다. 1911년부터 7년 동안에 걸쳐 2,000만 엔의 거액의 비용을 들여 시작한 이 사업에서 일제는 사유 확인이라는 방법으로 일정 기간에 소유지를 신고할 것을 의무화했다. 그러나 한편으로는 만일 신고하면 많은 세금을 물게 한다는 유언(流言)을 퍼뜨리고, 농민들에게는 난해한 법령 등 함정을 파 놓았다. 소유지목(所有地目), 번호, 목표, 등급, 지가, 면적 등 번잡한 신고 절차 때문에 무지한 농민들이 지체함이 없이 기한 내에 완전히 신고한다는 것은 어려운 일이었다. 그리고 농민 대부분은 자신들의 경작권을 믿어 의심하지 않았으며, 신고 후에 무거운 세금을 부과한다는 소문은 농민들의 신고를 꺼리게 했다. 일정한 신고기간을 놓친 방대한 무신고지, 문중 땅, 왕궁의 소유지 등 880만 정보가 국유지로 편입되어 조선총독부가 최대의 지주가 된 것은 당연한 귀결이었다. 이렇게 침탈된 국유지는 반관반민의 토지회사인 동양척식회사(東洋拓植會社)를 비롯한 일본인 토지 기업체에 불하되었다. 그 결과 동양척식회사를 비롯하여 불이흥업(不二興業), 동산농장(東山農場), 조선흥업(朝鮮興業) 등 재벌이 경영하는 거대지주를 탄생시켰으며, 그 외 대지주에 집중된 토지로 전체 경지 면적의 50% 이상이 전체 농가의 3%에 지나지 않는 지주에 집중하게 되었다.

이러한 토지소유의 독점적 집중의 진전은 한국인들의 중소농민에 대한 토지 수탈과 봉건적 소작 관계의 확대를 의미했다. 부농은 중농으로, 중농은 소작인으로 전락하고, 그 결과 토지를 잃은 농민들은 지주들에게 고율의 소작료를 수탈당하는 농노적 신분으로 전락했다. 소작료가 고율일 뿐 아니라 소작기간이 만료되면 토지로부터 쫓겨나거나 기아와 인신매매라는 비참한 운명이 농민들을 기다리고 있을 뿐이었다. 그러면 오랫동안 살아왔던 토지를 떠난 농민들은 어디로 갔을까. 어떤 자들은 인부 알선인에게 몸을 팔고 일본으로 흘러들어 갔으며, 어떤 자들은 도시의 프롤레타리아가 되었다. 혹은 심산으로 들어가 화전민이 되었다. 더 많은 사람은 목표도 없이 만주, 시베리아지방으로 이민화(移民化)되었다. 이러한 현상들은 농민들의 구질서를 파괴하는 작용을 하는 한편 3·1 운동에서 불만에 찬 농민이 노동자와 학생, 상인과 함께 거족적인 운동의 가장 큰 구성의 층을 형성하는 데 기여했다.

3·1 운동

1918년 제1차 세계대전이 전체주의국가의 패배로 끝나면서 이제 전 세계는 군국주의, 제국주의가 후퇴하고 민족자결주의 시대가 온다는 믿음이 널리 확산되었다. 한국의 독립운동가들은 이러한 국제정세의 변동을 한국이 독립할 호기로 포착하여 거국적으로 만세운동을 일으키게 되었다. 그러나 세계정세에 예민하지 않은 농민을 비롯한 일반 민중의 일반에 대한 적개심을 한층 확산시킨 사건이 1919년 1월 21일에 일어났다. 그것은 이날 밤 덕수궁에서 식혜를 마신 후 갑자기 승하한 고종 황제를 일제가 독살했다는 소문이었다. 황제는 후궁 귀인 장씨의 소생 의친왕 이강(李堈)과 더불어 독립운동을 후원하여 국민의 흠모를 받아왔는데 갑자기 승하함으로써 민중의 적개심은 크게 불타올랐다. 그것은 당연한 일이었다.

러시아혁명의 성공과 윌슨의 '민족자결선언'이 외인(外因)이라면, 이러한 국제정세의 변화가 한국의 독립문제를 유리하게 전개할 것이라 분석한 국외 망명정객과 청년 학생, 일부 종교인의 그룹이 존재했고, 일제에 대한 폭발 직전의 적개심을 품게 된 민중이 존재했다는 것은 내인(內因)이었다. 외인은 그것이 이용할 수 있는 주체적 역량이 존재함으로써 비로소 가능해지는 것이다. 일본 유학생들은 1919년 2월 8일 동경에서 독립선언문을 발표하여 운동의 선구적 역할을 하게 되었다.

유학생들의 선언문은 서문, 민족대회 소집 청원서, 선언서로 구성되었다. 전체적인 특징은 한일관계사를 간결히 정리하고, 일제의 한국침략을 불의(不義)로 고발하는 것이었다. 선언서는 즉시 본국으로 전달되어 그것이 독립을 지향하는 우리나라 민중의 투쟁을 고무하고 격려하게 된 것은 말할 필요가 없을 것이다.

국내에서는 천도교 교주 손병희, 기독교 목사 이승훈 불교의 승려 한용운 등 직업적 종교가들과 수십 명의 지식인으로 구성된 오피니언리더 33명 '민족 대표'들이 독립선서에 서명했다. 학생 그룹의 지지를 받은 민족 대표들은 애초 3월 3일로 예정된 고종의 국장 일에 전국에서 모인 국장 참석자들을 파고다 공원에 집결시킨 후 대대적인 군중집회를 열어 독립선언서를 낭독하고자 계획했다. 하지만 폭력사태가 일어날 것을 염려하여 음식점인 태화관으로 옮겨서 독립선언서를 낭독한 후 일제 관헌에 이 사실을 알려 자진 투옥되었다. 그 대신 파고다 공원에서는 학생들이 주도하여 독립선언서를 낭독한 다음 대중들의 만세시위를 이끌었다.

서울에서의 시위와 때를 같이하여 평양, 진남포, 안주, 의주, 선천, 원산 등 이북 지역 중요 도시에서 만세운동이 일어났으며, 3월 10일 전후에는 남한 일대로 파급되어 각 지방의 중소 도시와 농촌으로 확산해 갔다. 5월 말까지 지속된 이 운동에는 전국 218군에서 200여만 명의 주민이 1,500회의 시위에 참가하여 거족적인 독립의지를 유감없이 보여주었다. 농촌에서는 날이 갈수록 어려워지는 생활고에 고통받은 농민들이 식민지 통치의 말단기관인 지방 사무소와 파출소, 주재소를 무력으로 습격했다.

예상치 않았던 독립운동의 발전에 낭패한 총독부는 본국으로부터의 증원군을 청해 탄압방침을 취했다. 예컨대 화성군 송산면에서는 마을 전체를 불태우고 마을 주민을 학살했으며 제암리에서는 마을 주민을 교회에 가두고 불을 질러 타 죽게 했다. 또한, 유관순 소녀는 천안의 아우내 장터에서 만세시위를 벌이다 체포되어 악랄한 고문 끝에 순국하는 등 전국적으로 4만 6,000여 명이 체포되고 그중 7,500여 명이 피살되었다. 이러한 잔인한 탄압을 받은 운동은 세계의 식민지 민족운동의 효시로써 중국과 베트남 등에 그 영향을 끼치게 되었다. 3·1 운동은 당장 독립을 성취하는 효과가 있지는 않았지만, 우리 민족의 독립 의지를 한 차원 높이는 계기가 되었다. 유혈투쟁의 경험과 교훈은 여러 가지 형태로 1920년대 이후 해방운동에 되살아났다. 해방운동을 발전시킬 수 있는 지도력의 집중, 노동자 농민의 조직화와 운동의 대중적 기반의 강화, 간도(間道) 지방을 근거지로 하는 무장 독립 투쟁의 발생, 운동 직후 4월 11일 통합 결성된 대한민국 상해 임시정부, 한국 독립을 위한 외교적 선전활동 등은 모두 운동의 발전에서 출발한 것이다.

일본도 한국의 식민지통치 방식을 바꾸었다. 1919년 8월 총독을 경질함으로써 새 총독으로 취임한 해군 대장 사이토(齋藤實)는 '무단통치'의 폐지를 선언하고 언론, 문화, 경제활동에 일정한 자유를 인정하고, 조합 결성을 허가하고 교육 보급을 조성하는 등 한국인에게 부분적 권리를 부여했다. 총독부는 한국인을 회유하여 식민지통치에 순응시키는 등 복종을 강요하고, 민족운동을 부드럽게 조정하려 했다. 일본은 이러한 통치 방식을 '문화통치(文化統治)'라 했으나 실제 전시에는 다시 폭압적인 통치로 강화했다. 창씨개명을 하고, 한글신문을 폐간하고, 청년들을 군대 징집하고, 징용으로 병참보급에 노동력을 강제 징집하는 등 '동화통치(同化統治)' 체제로 들어갔다.

중국의 민족운동

제1차 세계대전 직후 중국의 민족운동은 어떻게 전개되었는가 살펴보고자 한다. 한국에서 일본의 식민지 지배에 반대하는 민족운동이 일어난 약 1개월 후 중국에서는 반일운동으로 운동이 발생했다. 중국의 운동도 전쟁과 혁명, 그리고 직접적으로는 윌슨의 14개 조의 동아시아에서의 영향으로 일어났다는 점에서 그 궤를 같이한다.

중국에서는 원세개가 죽은 후 안휘파(安徽派)와 직예파(直隸派)의 군벌 항쟁으로 통일 국민국가의 건설은 요원했다. 1916년 10월 일본 정부는 이 항쟁을 이용하여 중국에서의 특수 권익 확대를 노려 안휘파 정권에 거액의 차관을 제공했다. 안휘파의 단기서(段祺瑞, 돤치루이)는 일본과 연합국의 차관으로 권력의 기초를 굳히기로 했다. 외국의 차관에 의존한 북경 정부는 영국 등 차관

제공국의 요구로 애초의 중립정책을 변경하여 1917년 8월 14일 독일과 동맹국에 선전하여 세계대전에 참전했다. 이러한 단기서 정권에 반대하여 일부 국회의원과 남방의 지방군은 9월에 손문(孫文, 쑨원)을 대원수로 추대한 광동군정부(남경 정부)를 수립하여 국회와 손문이 기초한 법(구법)의 옹호를 내걸고 북경의 군벌 정권에 대항하여 호법운동을 개시했다.

제1차 세계대전에서 연합군이 승리하자 같은 연합군의 일원이었던 중국은 크게 환영하는 분위기가 고조되었다. 1918년 11월 11일 독일이 항복문서에 조인했다는 뉴스가 전해지자 북경 시민은 과거 의화단 사건 때 청군에 의해 학살된 독일 외교관에게 사죄하기 위해 세운 갯틀러의 동상을 깨어 버리고 그 대신 유럽전쟁 승리 기념비를 중산(中山) 공원에 세웠다. 북경의 각 학교는 3일간 전승을 축하하기 위해 휴교했으며, 11월 14일에는 3만여 명의 대학생과 학생, 아동들이 천안문에서 경축대회를 거행했고, 이어 북경대학 학생들이 "인도주의 만세!" "무력 만능론자는 사라져라!" 등의 플래카드를 들고 공사관 거리를 행진했다. 북경뿐 아니라 상해를 비롯한 전국 각지에서 다채로운 경축 행사가 행해졌다.

이러한 '환상'의 최대 근거는 미국 대통령 윌슨의 평화강령 〈14개 조〉에 있었다는 것은 틀림없는 사실이었다. 그것은 '민족자결'과 '약소민족의 해방'을 주장함으로써 모든 피압박 민족에 해방이 가까웠음을 믿게 했다. 많은 중국인은 중국이 불평등조약의 질곡에서 벗어나 독립자주를 회복할 것을, 특히 일본이 군사적 위협으로 강요한 〈21개 조〉 등 굴욕적 조약들의 폐기가 미국의 원조로 실현될 것을 기대했다. 또한, 자기 나라에서도 북양군벌(북경 정부)과 서남군벌(남경 정부) 사이의 무력항쟁이 정지되고, 평화적 통일이 달성되기를 강력히 요구했다. 이러한 반제(反帝) 반군벌(反軍閥)의 여론을 배경으로 국민외교후원회 등 기성단체들이 다시 숨을 돌리는 것은 물론 국민외교협회, 국제연맹동지회, 국제연맹협회, 국민제헌창도회, 전국화평회 등등의 단체가 우후죽순처럼 생겨나서 사람들의 환상을 키우게 되었다.

다음 해 초에 중국인은 두 개의 평화회의에 기대를 걸었다. 하나는 1월 18

일부터 파리에서 열린 대독(對獨) 강화회의였고, 다른 하나는 2월 20일 상해에서 막을 올린 남북 두 정부의 화평회담이었다. 파리강화회의에 북경 정부는 남경 정부 대표를 포함한 통일 대표단을 보내어 (1) 〈21개 조〉 요구로 강제된 중일 협약의 폐기, (2) 산동(山東)에서의 독일 권익의 반환, (3) 중국에서의 각국의 특권, 불평등조약의 폐지를 요구했다. 회의가 정의와 공평이 지배하는 장소라면 당연한 요구였으나 실제로 회의의 분위기는 열강들이 승리의 노획물을 빼앗는 데 혈안이 되었기 때문에 이러한 중국의 요구는 무시되었다. (1), (3)의 요구가 이 회의의 권한 밖이라고 각하됨은 물론 전승국 중국으로서 당연한 요구였던 산동성의 독일 권익의 직접반환도 전쟁노력의 보상으로 그 계승을 요구하는 일본의 주장과 정면으로 충돌했다.

중국이 공정한 중재자로 기대했던 영국, 프랑스, 이탈리아는 대전 중 산동성의 전후 처리 문제에 대해 이미 일본과 비밀로 양해했으며, 중국을 둘러싼 제국주의적 이해관계에 대해 일본의 주장에 반대해 왔던 미국도 소련에 대한 견제 때문에 일본과의 대결을 피하고 싶어했다. 일본은 강화조약을 거부하겠다고 위협하면서, 한편으로는 인종적 차별을 철폐하는 결의안을 제출하여 흑인 문제를 치부로 간주했던 미국과 흥정하고자 하는 자료로 삼았다. 대세에 밀린 중국 대표단은 최후로 옛 독일의 권익을 5개국(일본, 미국, 영국, 프랑스, 이탈리아)이 공동관리하자고 제안하여 일본의 독점 사태를 피하고자 했으나, 4월 29일 미국, 영국, 프랑스 3대국은 산동에 있었던 독일의 권익(교주만 조차지)을 일단 일본에 양도하고 그 후의 처리는 중일 양국의 직접교섭에 맡기기로 최종적으로 결정했다.

5·4 운동

이러한 정세에 중국의 국내는 크게 긴장했다. 산동 문제가 끝장을 볼 무렵인 4월 중순이 되자 그때까지의 낙관적 기분이 가시고, 20일에 산동성 제남(濟南)

에서는 10만 명의 시민이 모여 국민청원대회가 열려 대량의 청원단을 북경으로 보냈다. 각지 각계의 단체는 당시 여론의 의사전달 수단이었던 통전(通電)을 통해 위기를 호소하고, 정부를 비판하고, 파리에 파견된 대표단을 격려했다. 그 속에서 하나씩 폭로된 북경 정부 내의 친일파 요인, 즉 교통부장관 조여린(曹汝霖, 차오루린), 주일 공사 장종상(章宗祥, 장쭝샹), 조폐국장 육종여(陸宗輿, 루쭝위) 등의 매국 행위는 사람들의 분노를 자아내었다. 그들이야말로 '산동성에서의 문제 처리에 관한 공문'(1918. 9)에 일본 측 제안에 "흔쾌히 동의"한다는 구절을 넣어 강화회의에서의 일본 측 주장을 정당화시킨 원흉으로 일본 제국주의의 의도에 동의하여 중국대표단의 주장을 꺾은 장본인이라고 고발했다. 파리강화회의와 함께 사람들이 기대했던 남북화평회의도 안휘파(安徽派) 군벌 편에 선 그들의 책동으로 정체될 수밖에 없었다고 비판했다.

1919년 5월 4일 오후 1시, 반년 전에는 전승에 의한 경축기념식으로 크게 들끓었던 천안문광장에 북경대학, 북경고등사범을 비롯한 북경의 전문학교 학생 3,000여 명이 모였다. 학생들이 손마다 들고 있었던 백기는 밤늦게 이날 집회를 결정한 다음 밤새 준비한 것으로 "목숨을 걸고 청도를 탈환하자", "매국노 조(曹), 장(章), 육(陸)을 처벌하자", "21개 조를 취소하라" 등의 슬로건을 써서 흔들었다. 1일 파리에서 비보를 접하고 격앙한 학생들은 3일 밤 타교 대표를 참가시킨 북경대학 학생총회를 열어 7일 국치일에 국민대회를 개최하겠다는 원안을 늦다고 하여 시기를 앞당겨 학생들만으로도 즉시 궐기할 것을 결정했다. 이때 한국의 운동이 거론되었고 학생들의 결정에 영향을 주었다.

천안문광장에서 집회를 연 학생들은 관헌의 경고를 무시하고 먼저 외국 공관들이 있는 거리(東交民巷)를 향해 시위를 시작했다. 파리강화회의를 쥐고 흔든 미국, 영국, 프랑스, 이탈리아의 각국 공사 앞에서 산동 문제 처리를 항의하고 시위행진으로 중국인의 결의를 표시하고자 했다. 그러나 이 외교가는 의화단 투쟁 후의 강화조약에 의해 획정된 특별구역으로 주권은 외국 공사들에게 있었다. 데모대는 그 서쪽 입구에서 중국 측의 무장경찰과 외국 경찰에 의해 진입이 저지되고, 조국인 중국 속의 다른 나라, 즉 치외법권의 실태를 체험했다. 할 수 없이 학생들은 대표 몇 명을 미국 공사관에 파견하여 공사와의 회견을 신청했으나 일요일이라는 이유로 거절당했다.

외교의 거리에서 저지되어 새롭게 분격한 데모대는 크게 우회하여 북경 성내 동남 조가루(趙家樓)에 있는 조여림의 집으로 쳐들어갔다. 이미 이것을 예기한 조가에서는 대문을 굳게 걸어 잠그고 2개 소대의 군경이 경비를 서고 있었다. 밀고 들어 온 학생들은 좁은 골목에서 구호를 외치다가 돌연 선두에서 있던 학생이 담장을 기어 올라가 창을 깨고 대문을 내측에서 열었다. 학생들은 함성을 외치면서 난입했다. 학생들은 다른 집안사람들은 일체 손도 대지 않고 오직 조여림만 찾았다. 조는 부인의 기지로 욕실에 숨어 난을 피했으나 집에 왔던 주일 공사 장종상은 학생들에게 구타를 당해 중상을 입었다. 끝내 조를 발견하지 못했던 학생들은 건물을 태우고 퇴거했다. 그러나 군경에 의해 학생 23명이 체포되었다. 이것이 중국혁명의 회기가 된 운동의 발단이 되었다.

"조여림 집 불태우다!" "북경대생 32명 체포"라는 뉴스는 북경은 물론 전 중국을 흔들었다. 그러나 사람들은 학생들의 '폭력' 행위를 비난하는 게 아니라 오히려 이에 쾌재를 부르고 스스로 분기했다. 일반 중국인은 장종상을 구타하고 조여림의 집에 불을 지른 학생들을 자신의 분신으로 생각하고 똑같은 충동이 스스로 자신 속에도 있는 것을 발견했다. "밖으로 국권을 쟁취하고, 안으로 국적(國賊)을 배척하자!"('북경학계 전체 선언')는 모든 중국 인민의 공통된 합의였다.

먼저 제기된 것은 체포 학생의 석방 요구였다. 북경의 학생들은 5일부터 파업에 돌입하여 필요하다면 모든 학생이 체포된 32명과 같은 죄를 지었다고 자수할 작정이었다. 채원배(蔡元培, 차이위안페이) 등 북경대학장을 비롯한 북경의 14교의 대학, 전문학교 총장단은 학생들의 보석을 위해 분주히 뛰어다니고, 정계의 명사들도 그들의 보증인이 되겠다고 나섰다. 그들의 무조건 석방을 요구하는 통전은 전국 각지로부터 북경으로 쇄도했다. 사태 처리를 위해 정부의 내부에서도 강온 양론이 대립했으나, 5월 7일 아침 북경 정부는 체포 학생 전원을 석방하는 동시에 그날 오후 북경 중앙공원에서 개최될 예정이었던 국민대회(국민외교협회 주최)를 금지한다는 조치를 했다. 항의운동의 확대와 과격화를 두려워한 정치적 판단이었다.

5월 7일 국치일을 기하여 전국 각지에서 거행된 집회와 데모에서 70단체 2만 명을 결집시켰던 상해 국민대회를 필두로 전국 각지에서 많은 모임이 대단한 열기를 띠고 전개되어 북경에서의 투쟁에 호응했다. 그러나 막상 북경에서는 석방 실현에 의해 학생들은 시위 집회를 해산했으며, 계엄 상태에서 국민대표회의는 유회되었다. 정부의 목표는 들어맞은 듯해 보였다. 그러나 계속해서 일어난 두 사건이 다시금 사람들의 분노를 자아냈다. 그 하나는 중국인 유학생에 대한 일본관헌의 탄압이었으며, 다른 하나는 북경대학 총장 채원배의 사임 사건이었다.

동경에 유학 중이던 학생 1,000여 명은 운동에 격려를 받아 5월 7일 각국의 주일 공사관에 청원행진을 하게 되었다. 일본의 무장경관과 기마경찰은 이들을 여러 번에 걸쳐 습격하여 6명을 중상시키고, 23명을 부상시켰으며, 39명을 체포 연행했다. 이어서 9일 채원배 총장이 사표를 던지고 조용히 북경을 떠나 학생들에게 큰 충격을 주었다. 그는 자신의 교육적 신념에 따른 것이라고 해명했으나 그 배후에는 채 총장을 학생의 선동자로서 증오하는 북경 정부 내 반동적 안휘파의 압력이 있었다는 것은 명백했다. 안휘파가 추천하는 후임 총장을 거부하고 채 총장의 복직을 요구하는 운동은 매국노 해임 요구와 함께 전국적인 과제가 되었다.

그동안 투쟁을 지속해서 강화하기 위해 학생들은 스스로 통일적인 지도기관을 만들어 갔다. 북경의 학생들은 이미 5월 5일 북경학생연합회를 결성 발기하는 한편 전국의 대도시에 조직원을 파견했다. 그것은 예를 들면 9일 무한학생연합회가 성립된 것을 필두로 하여 상해, 제남, 항주, 천진 등 주요 도시에 뒤이어 학생연합회가 조직되어 운동의 유기적 연합이 가능해졌다.

한편 민중의 기층 조직도 투쟁 속에서 만들어졌다. 5월 11일 상해시민 10명이 공동명의로 발표한 '구국 10인단'의 결성이 그것이었다. 그들은 (1) 일본 상품을 사지 말고, 일본 지폐를 쓰지 않는다. (2) 일본인에 고용되지 않고, 일본인을 고용하지 않는다. (3) 일본 선박을 이용하지 않는다. (4) 친구들을 이러한 취지로 조직할 의무를 가진다. (5) 언젠가 국민실업회사의 창설에 대비하여 구국 저금을 한다. (6) 이것을 위반한 단원은 제명한다는 내용으로 공표했다. 그들의 이상 호소는 큰 반향을 일으켰다. 신문에는 연일 각각 서약하는 '구국단'을 공고하는 투서란이 실려 일반 시민, 상공업자, 점원, 노동자, 기타 각계각층의 '구국 10인단'이 결성되었다.

상해에서 발생한 이 조직 형태는 급속하게 전국으로 확산되었다. 그것은 개인의 자각과 책임감에 따르면서도 고도의 적응성을 지니고 광범한 시민 대중의 에너지를 끌어들여 선진 학생의 투쟁과 결합하는 것을 가능하게 했다. 학생들도 '구국 10인단' 형식을 빌려 결집의 단위, 행동의 단위로 이용했다. 매국노의 파면, 파리강화조약의 비준거부 요구는 이렇게 하여 강력하고 지속적인 일본 상품의 배척, 보이콧 운동과 일체화하여 추진되었다.

매국적인 군벌에 장악되었던 북경 정부는 파리강화조약의 비준을 조인할 방침을 결정하고, 학생의 정치활동 금지를 강화하는 내용의 총통령을 포고했다. 이러한 반동적 공세에 대해 북경학련 산하의 36개교는 강화조약의 조인 거부, 매국노의 처벌, 남북 화평회의의 부활, 채원배 총장 등 지식 지도층의 보호, 격려, 학생탄압 조치의 철회, 재일 유학생 탄압에 관한 일본 정부에의 항의 등 6개 항의 요구를 내걸고 19일부터 무기한 파업에 돌입했다. 전국 각지의 학생들도 이에 따랐다. 그들은 거리에 나와서 애국선전을 하며, 국산품 판매활동으로 집집을 방문하며 일본 상품 보이콧 운동을 호소했다.

이에 대해 일본의 주중공사는 정부의 훈령에 따라 일화 배척과 배일언론의 엄중한 제재를 요청했다. 24일에는 안휘파의 총수인 단기서가 각성에 통전해서 조약 조인을 주장했다. 북경 정부는 한층 고압적으로 나와 학생들의 일간 기관지 〈27〉과 학생들을 지지하는 유력 신문 〈익세보(益世報)〉를 발행금지하고 보도관제를 강화했다. 25일에는 3일의 기한부로 학생 파업의 해제를 명령하고 집회, 데모, 전단살포 등 일체의 활동을 금지하고 다수 군경을 동원하여 시위 중인 각 학교를 포위 감시했다. 6월 1일 정부는 다시금 대통령령으로 파업의 즉시 해제를 명령하고 조여림 등에 대한 국민의 '오해'를 변명했다. 이날 무한에서의 학생들 반일선전에 군대가 출동하여 한 명을 찔러 죽이고 많은 상자를 발생시킨 참극이 일어났다.

당국의 탄압과 반동적 공세에 대해 북경학련은 탄압에 정면으로 대결할 작정으로 거리에서의 선전활동을 다시 시작했다. 선전활동 중 체포되면 그다음 날에는 2배로 활동을 하고, 그 다음다음 날에는 그 배로 인원을 늘려 북경학련 2만 5,000명 전원이 체포될 때까지 투쟁을 계속하기로 결의를 굳혔다. 6월 3일 50여 조, 수백 명의 학생이 출동하여 178명이 체포를 당해 임시 감옥으로 북경대학 법과에 구류되었다. 4일에는 700여 명이 체포되었다. 5일 수천 명의 학생이 세면도구와 갈아입을 옷을 꾸려 거리에 나서 시민의 환영을 받았다. 군경도 더 손을 대기 어려워져 대량 체포라는 위협도 체포를 두려워하지 않는 학생들의 투쟁으로 분쇄되었다.

학생들의 단호한 투쟁은 다시금 새로운 국면을 열게 되었다. 상해를 중심으로 한 파과(罷課), 즉 학교의 동맹휴업, 파시(罷市), 즉 상점의 폐점 시위, 파공(罷工), 노동자의 스트라이크, 3파 투쟁이 그것이다. 투쟁을 보고 분격한 상해학련은 재빨리 각 상점에 항의의 파시를 호소하고, 주저하는 총상회(상공회의소)를 설복하여 5일 오전부터 전시의 폐점, 파업을 실현했다. 같은 날 일본 자본의 방직공장의 노동자 5만 6,000명이 파공하는 사건을 필두로 반일 스트라이크가 각 공장과 각 업종으로 계속 파급되어 갔다. 중국 노동자들의 사상 최초의 정치 스트라이크는 참가자 7만 명, 점원이나 수공업직인 사람을 합치면 10만 명에 달했고, 10일에는 상해-남경 간, 상해-항주 간의 철도도 정지했다.

파시는 다른 도시에도 전국적으로 파급되었다. 또한, 전국 각지에서 매국노의 파면을 요구하는 통전이 북경에 쇄도하고, 지방의 일부 성장(省長)과 독군(督軍)들도 시위 사태에 대한 선처를 정부에 요망했다. 요원의 불길처럼 퍼지는 투쟁의 확대에 정부도 어찌할 바를 몰라 공수(攻守)가 반전되었다. 상해에 3파 투쟁이 폭발한 5일 저녁, 정부는 군경을 급거 북경대학으로부터 퇴거시켰음에도 이곳에 구류되었던 학생들은 석방을 거부하고 항의를 계속했다.

7일에는 한 달 전 계엄하에 금지되었던 국민대회를 당당하게 개최했고, 10일 이후에는 북경학련이 총동원하여 총통부를 포위하고 연좌데모를 했다. 북경 총상회도 파시를 거행할 기세를 보였다. 정권의 붕괴냐 아니면 조여림 등 친일파를 파면할 것인가, 대총통 서세창(徐世昌, 쉬스창)이 결단을 내릴 차례가 되었다. 6월 10일 북경 정부는 조여림, 장종상, 육종흥의 의원면직을 발표하고, 13일에는 내각총리 전능훈(錢能訓)의 인책 사직을 공포했다. 그리하여 상해를 비롯한 파시, 파공은 12일 환호 속에 그 막을 내렸다.

다음 목표는 강화조약의 조인 거부 문제였다. 북경 정부는 거부가 국제연맹 가입에 장애가 된다는 구실로 조인을 고집했으나 산동성 대표의 대규모 상경 청원과 그에 대한 지지로 전국적인 조인거부운동이 전개되었다. 파리에서도 프랑스에 체류하는 중국인 노동자들, 유학생들이 중국 대표단에 압력을 가했다. 6월 28일 중국 대표단은 드디어 조인을 거부했다. 7월 9일 채원배 총장의 북경대학 복직이 승인되었다. 전국 통일지도 기관이 된 중화전국학생연맹의 스트라이크 종결 선언으로 중국 인민의 투쟁은 승리하게 되었다.

운동은 중국 근대사에 중요한 역사적 의의가 있다. 이 운동은 학생운동으로 시작하여 노동자, 농민, 도시 시민에 의한 민중운동으로 발전했다는 점이 특징이다. 이처럼 민중의 힘이 역사적 변동에 크게 작용한 것은 중국에서 최초의 일이었다. 과거에는 소수 혁명가의 무장봉기나 군벌들의 세력다툼이 역사적 변동을 가져왔던 것과는 달리 중국의 대중이 역사적 추동력으로 나타나게 된 것이다.

운동을 계기로 반제국주의 반봉건주의 반군벌이라는 중국혁명의 투쟁 목표가 명확해졌다. 초기에는 일본 제국주의의 침략에 저항하고, 특히 〈21개조〉에 반대하며 열강의 친일적 외교에 분노한 학생들의 의거에서 시작되었다. 그러나 투쟁을 거치는 과정에서 일본의 침략을 두둔하는 외국 세력과 이와 밀착한 군벌 정권의 매국적 봉건적 지배구조가 중국 인민의 적이라는 것을 깨닫게 되었다.

제9장

워싱턴회의 후의 중국

1. 손문과 중국의 내셔널리즘

손문의 국민당 정부

1911년 신해혁명 후의 중국은 내부적 갈등으로 괴로움을 겪고 있었다. 1919년까지 남부의 광동성(廣東省)은 북경 정부로부터 완전히 독립했기 때문에 북경 정부는 광동성을 제외한 중국 전토를 명목상 지배했으나 그 지배권은 실효적인 것은 아니었다. 1922년 워싱턴회의로부터 불과 몇 개월도 지나지 않아 중국의 북부와 중부를 비롯하여 거의 전토에 걸쳐 내란이 발발하여 전토는 서로 적대하는 독군(督軍)이라는 지방의 군벌(軍閥) 간에 분할되었다. 북변부에서는 만주가 정력적인 장작림(張作霖, 장쭤린)의 치하에 실질적으로 독립하게 되었다. 중부에는 오패부(吳佩孚, 우페이푸)가 여러 독군 중에서 가장 강력하기는 했으나 그 지방을 통일하지는 못했다. 남방에는 광동(廣東)이 서유럽이나 미국, 그리고 중국에 아메리카계 대학에서 교육을 받아 민주주의와 민족자결사상에 감화된 중국인 지식청년들을 거느리고 있는 국민당의 본거지였다. 국민당의 수령인 손일선(孫文)은 중국에서는 가장 뛰어난 인물로서 예민한 정치가가 지녀야 할 자질을 겸비한 사람이었다. 1923년 그는 세 번째 광동 정권을 수립했다. 그전의 광동 정권은 동맹회의 맹우였던 진형명(陳炯明, 천중민)의 반란으로 무너졌는데, 아무리 실패에 익숙했던 손문도 의기저상하여 혁명을 단념할 정도로 큰 상처를 받았다. 이에 재기를 위해 새로운 정책으로 '연소(連蘇), 용공(容共)'의 새 정책, 즉 소련과의 연휴, 중국공산당과의 합작(合作)을 채택했다.

한편 소련 측에서도 코민테른을 통해 소비에트 정권의 연명과 세계혁명을 추진하기 위해 식민지나 반식민지와의 연대책을 모색하고 있었다. 당내 우파들로부터 적화(赤化)라고 비난을 받았으나 그런 비판에 겁을 낼 손문이 아니었다. 광동 정권의 수석이 된 손문은 보로진이라는 러시아인을 수석 고문에 채용했다. 보로진도 곧바로 소비에트의 국제주의와 중국의 내셔널리즘을 결합한 정책들을 추진했다. 반식민지화한 중국에 대해 외국의 열강들은 불평등조약을 강요했고, 5%의 근소한 관세와 치외법권 등의 특권을 향유했다.

중국 내셔널리즘의 발생

제1차 세계대전 이전부터 중국의 교육을 받은 젊은 세대들은 이러한 외국인들의 특권에 통분을 느끼고 있었다. 워싱턴회의는 외국의 특권을 빠른 기간 안에 낮출 것을 희망함으로써 중국의 내셔널리즘 운동에 대처하고자 했다. 특히 열강은 현행 5%로 되어 있는 관세에 2.5%의 부과세를 가하고 최종적으로는 관세를 12.5%로 인상하기 위한 특별회의를 소집할 것을 약속했다. 막연하기는 했지만, 열강은 중국에서의 외국인의 치외법권과 사법 행정을 조사하기 위한 기구를 설치할 것을 약속했다. 그러나 워싱턴회의가 해산되자 이러한 약속들을 서둘러 이행하려는 분위기는 전혀 보이지 않았다. 중국의 내란은 약속의 이행이 늦어지는 이유가 되었다. 왜냐하면, 중국의 혼란한 상황으로 인해 관세인상에 대한 교환 조건의 하나였던 리금(釐金, 내륙 각지에서 통과되는 화물에 부과되는 세금)을 철폐할 기회가 사라졌다는 이유 때문이었다. 그리하여 이러한 열강의 약속 지연으로 중국의 내셔널리즘 운동은 크게 진작되었고, 손문이 그 선두에 서게 되었다. 여하튼 열강의 약속이 깨어짐으로써 중국의 민족 독립의 전사로서의 국민당의 입장은 유리해졌다. 1925년 3월 손문이 사망했다. 하지만 그의 죽음은 중국의 내셔널리즘의 수호신으로서 그의 지위를 부동한 것으로 만들었다. 그의 이름은 외국의 지배에 대한 민족적 상징이 되었다.

2. 장개석 정권과 모택동 정권의 성립

장개석의 국민당 정부의 성립

소비에트의 영향으로 반외(反外) 감정은 점차로 높아지기 시작했으며, 드디어 도저히 융화될 수 없는 상태가 되었다. 소련의 정치고문 보로진은 그러한 반외 감정을 우선 영국에 향하도록 유도하는 데 전력을 기울였다. 영국은 '불평등조약'의 최초의 제창자였고 보로진 자신의 조국의 주요 적국이었기 때문이다. 중국에서의 영국의 권익은 방대했기 때문에 영국은 절호의 공격 목표가 될 수 있었다. 그러나 1925년 5월 상해의 국제조계에서 일어난 불행한 사건(5·30 운동), 즉 일본인 소유의 방직공장의 노동조건에 항의하여 시위하던 중국인 학생을 향해 영국 경찰의 지휘로 상해시 경관이 발포한 사건이 일어나지 않았다면 보로진의 영향이 그렇게 침투되지 않았을 것이다. 경찰의 무모한 행동에는 변명의 여지가 없었다. 그리고 영국 당국에 의한 무자비한 사후조치는 불에 기름을 부은 것이었다. 그로부터 수주일 후 이번에는 광동의 영국조계에서도 심각한 발포 사건이 일어났다. 분노의 물결이 중국 전토를 휩쓸고 영국 상품의 보이콧 운동이 발생했다.

운동과 함께 광주에서는 국민당 정부가 7월 1일에 성립했다. 손문의 국공합작을 기반으로 했던 국민당 내부사정을 살펴보면, 당내에서 좌파와 우파가 대립하던 중 우파인 장개석이 당내의 공산계열을 봉쇄하고 황포군관학교를 중심으로 한 국민혁명군 총사령관에 취임하여 손문 이래의 비원이었던 전국 통일을 위해 7월 9일 북벌을 개시했다. 북벌군은 1926년 11월까지 장사, 무한, 남창 등을 점령하고, 다음 해 초에는 한구, 구강 등 영국의 조계를 회수하여 반제 내셔널리즘 운동을 일으켰다. 상해와 양자강 일대에 많은 이권을 지니고 있었던 열강은 이러한 상황에 위기감을 가져 경계태세에 들어갔다. 1927년 4월 상해에 진주하고 있었던 장개석은 쿠데타를 일으켜(4·12 쿠데타) 상해를 장악했다. 그는 노동자와 공산당을 탄압하고 숙청한 후 남경에 무한국민당 정부에 대항하는 새로운 국민정부를 수립했다. 무한 정부의 수장이었던 왕조명(汪兆銘, 왕자오민)은 국공합작의 폐기를 선언하고, 이후 중국공산당은 무장봉기 노선으로 전환했다.

영국 정부는 중국의 내셔널리즘 운동과 타협할 시기가 왔다고 현명히 판단했다. 1926년 12월 영국 정부는 두 개의 인상적인 조처를 했다. 영국의 공사 란프손은 한구(漢口)에서 국민당 정부의 외교부장 진우인(陳友仁, 천유런)과 만나 회견했다. 이것은 외국 가운데 중국 정부로서의 국민당을 승인한 최초의 움직임이었다. 북경 주재 영국공사관은 각서를 통해 중국의 민족운동에 대한 영국 정부의 지지를 강조했다. 체임벌린의 각서에서는 중국에서 외국의 후견을 둔다는 생각은 이미 시대에 뒤진 것이라 밝히고, 빠른 시기에 조약을 개정할 용의가 있다는 뜻을 표명했다. 그 첫걸음으로 열강은 즉시 중국 전 국토에서 2.5%의 부가세의 부과를 승인해야 한다고 제안했다.

이러한 정책의 발표가 그 효과를 발하기 전에 소요가 발생했다. 1927년 1월 1일 국민당 정부는 그 본거를 광동으로부터 수도로서는 중앙에 있는 한구로 옮겼다. 그 뒤 며칠 후 한구의 영국인 거류지가 중국인 군중에게 습격을 받았다. 국제조계가 똑같이 습격받지 않을까 하는 염려 때문에 영국군 1분대가 상해로 급파되었다. 2월 영국 정부는 일정한 조건에서 한구의 영국인 거류지를 영국의 관할에서 중국의 관할로 이관하는 협정을 국민당과 맺었다. 영국인의 생명과 재산을 보호하기 위한 화해 정책은 결국 좋은 결과를 가져왔다.

즉 1927년이라는 해는 두 가지 측면에서 중국 정국 변화의 중요한 전환점이 되었다.

첫째 요인은 그해에 외국인 고문 보로진의 영향이 장개석과 국민당의 요구로 극적으로 끝났다는 사실이었다. 모스크바의 혁명적 국제주의와 국민당의 애국적 내셔널리즘 운동과의 제휴는 항상 어느 정도는 인위적이었다. 양자의 제휴는 그 목적이 외국의 지배로부터의 중국의 해방이라는 문제에서만은 제대로 작동되었지만, 1927년 초 국민당 정부가 한구에 옮겨져 전국적인 중앙권력이 되려는 포부를 품은 후에는 국민당이 이분되었다. 좌파는 보로진과 제휴하여 혁명적 전통을 계속하려고 시도했으나 영국의 유화적 태도에 강하게 영향을 받은 우파는 열강의 승인을 절대적으로 희망했다. 러시아인 고문을 바람직하게 생각하지 않았던 장개석 장군이 강력한 지도자로서 등장하는 시기가 도래했다. 장개석은 남경에 한구의 정부와 대립하는 국민당 정부를 수립하고 한구 정부에 서한을 보내어 보로진과 공산주의자들의 추방을 요구했다. 대세에 몰린 좌파는 7월에 이 요구를 받아들여 보로진과 그를 보좌하던 러시아인들을 모스크바로 송환했고, 다수의 중국인 공산주의자들이 투옥되었다. 그리고 정부 소재지는 한구에서 남경으로 옮겨져 그 뒤부터 중국의 수도가 되었다.

둘째 요인은 1927년에 중국의 국제관계에 중대한 변화가 일어났다는 데 있다. 과거 2년 동안 중국에서 영국은 중국인의 배외운동의 고통을 정면으로 받았다. 일본은 워싱턴회의에서 결의를 수락하여 스스로 침략을 자제하는 방침을 충실하게 지켜 숨어 버렸고, 일본의 무역은 영국 상품의 보이콧 운동에서 어부지리의 이익을 점했다. 그러나 이른바 장개석에 의해 추진된 '북벌'이라 불린 통일된 민족 정권의 재건이라는 전망이 나타남에 따라 양자의 입장이 역전되는 결과를 가져왔다. 이유는 중국에서의 영국과 일본의 정책 사이에는 근본적인 차이가 있었기 때문이었다. 중국에 대한 권익이 순수하게 상업적이었던 영국은 무역이 번영할 수 있는 북벌 통일을 희망했다. 그러나 대륙 침략의 꿈을 품고 있던 일본은 이웃 나라 중국이 통일을 이루지 못하여 일본의 야심을 방해할 능력을 갖추지 못한 약체국으로 남아있기를 원했다. 특히 친일적인 군벌이 지배하는 중국의 북부가 남부 중앙정부에 지배하에 들어가는 것을 싫어했다.

따라서 1927년 5월 국민당의 정부군이 북진하여 북경의 남방 약 500마일인 황하에 도달했을 때 일본 정부는 경악했다. 그 후 곧 일본군은 산동성에 상륙하여 분명하게 국민당 정부군을 저지시킬 목적으로 일부 전략거점을 점령했다. 이와 같은 행동은 워싱턴회의에서 열강의 압력으로 일단 포기한 산동성에 대한 일본의 의도가 아직도 살아있음을 나타내는 것으로 중국국민의 강한 저항을 일으켰다. 2년 전까지 영국에 향해 있던 적의는 이제 일본에 대한 민족적 분노로 나타나서 이번에는 일본의 상품이 중국의 애국자들에게 보이콧되기 시작했다. 일본의 반대 공작에도 북경을 포함한 화북 지방에서 국민당 정부의 권위가 승인되었다. 하지만 만주 지방은 일본이 완강하게 승인을 방해했다. 6월 만주군벌인 장작림이 남경과 수교할 징후를 보였을 때 그는 수수께끼처럼 기차를 타고 가는 중 의문의 폭사를 당했다. 장작림 폭파 살인사건은 일본 관동군 고급참모 가모토(河本大作)가 계획한 것으로, 이를 계기로 관동군이 출동하여 만주와 몽골을 한꺼번에 일본의 지배하에 두겠다는 음모를 자행했으나 본국 정부의 승인이 떨어지지 않아 중지되었다.

장작림의 아들 장학량(張學良, 장쉐량)은 북경에 입성하여 북벌을 달성한 국민정부에 귀순을 표명하고, 동삼성(東三省)의 외교권도 반환했기 때문에 일본의 만몽(滿蒙)의 특수한 권익은 부정됨으로써 1928년 말에 남경의 국민정부가 동북을 포함하는 전 중국의 통일을 완성했다. 한편 7월에는 미국이 중국의 관세자주권을 승인함으로써 국민정부를 승인했다. 영국, 프랑스 등도 뒤를 이어 결국 열강 속에서 일본만이 고립하게 되었다.

모택동의 공산 정권의 성립

한편, 탄압을 받은 공산당은 주로 농촌에 거점을 두고 토지개혁을 추진하면서 세력을 증대시켜 1931년에는 서금(瑞金)을 거점으로 하는 '중화소비에트공화국(주석은 모택동)'을 수립했다. 북벌로 국민당 정부가 중국을 통일한 뒤에도 국민당군은 공산당의 지배 지역에 대해 공격을 반복했다. 1934년 공산당의 거점 서금이 함락되자 공산군은 새로운 거점을 찾아 2년 동안 2,500km에 이르는 험난한 대장정(大長征)을 단행했다. 이런 대장정을 치르면서 모택동의 지도권이 확립되었다.

전체 중국을 대표하는 유일의 중앙정부가 된 남경 국민정부는 장개석의 통솔력하에 '안내 양외(安內攘外)'론(먼저 국내안정 후 외적의 축출)을 정치적 이념으로 내세우고, 국민당의 권위주의적 독재체제의 확립을 지향했다. 관세자주권의 회복과 관세 인상으로 세수가 증가하고, 상공업자의 정부지지도 확대되었다. 관세와 함께 염세, 통일소비세 등 3대 간접세에 의해 국민정부의 재정기반은 튼튼하게 정비되었다. 그러나 장기에 걸친 군벌들의 내전과 북벌 등으로 누적된 군부의 세력은 무시하기 어려웠다. 또한, 공산당은 국공합작이 해체된 후 모스크바의 코민테른 지시에 따라 홍군(紅軍)을 창설하여 무장 소비에트 혁명 노선으로 돌진했기 때문에 장개석 정권의 '안내(安內)' 정책은 주로 반정부 세력에 대한 군사적 제압에 중점을 둘 수밖에 없었다.

이런 가운데 1936년 연안(延安)을 중심으로 하는 공산당 지배 지역에 대한 포위전을 독촉하기 위해 서안을 찾아간 장개석이 내전 중단을 요구하던 장학량에 감금되는 이른바 서안사건(西安事件)이 발생했다. 그 결과 장개석도 공산당과 제휴하여 공통의 적인 일본에 대항할 것을 결의했다.

3. 만주사변과 중일전쟁

만주사변

1929년 미국에서 일어난 대공황이 세계적으로 확대되어 일본과 중국에도 심각하게 파급되었다. 경제적 어려움에 직면하여 일본의 정계에는 차츰 군인들의 보수적 목소리가 커졌고, 자본주의 본국 이상으로 세계공황의 타격을 받은 식민지에서는 식민지 통치에 반항하는 민족운동이 크게 확산되었다.

1931년 4월에 일본 민주당의 와카쓰키(若槻禮次郎) 내각이 성립했는데, 이 내각은 더는 육군의 폭주를 막아낼 힘이 없었다. 문민정부가 감독이 약화된 사정을 알게 된 관동군은 9월 18일 밤 봉천 근교에 유조호(柳條湖)에서 만철 폭파사건을 일으켜 이를 중국군의 습격이라고 거짓 선전하면서 관동군을 출동시켜 다음날에는 봉천과 장춘 등 연선의 중요 도시를 점령했다. 일본 정부는 군의 입김에 의해 이러한 군부의 폭주를 사후에 추인하는 정도였으며, 일왕도 중대한 군기 위반을 묵인했다. 그리하여 관동군이 만몽 영유를 목적으로 저지른 모략적 군사 행동인 유조호 사건은 그 후 15년에 걸친 일본의 아시아 태평양전쟁의 기점이 되었다.

일본군은 만주점령과 함께 만주에 괴뢰국가의 건설을 추진했다. 1932년 3월 1일 청조 최후의 황제 부의(溥儀, 푸이)를 집정시켜 만주국의 독립을 선언했다. 국제연맹 이사회에서는 "국제관계에 영향을 주며, 중국과 일본 간에 평화를 교란할 염려가 있는" 일체의 사정을 조사하기 위해 극동에 연맹조사위원회를 파견하는 것을 만장일치로 결정했다. 조사위원회는 5대국(영국, 미국, 프랑스, 독일, 이탈리아)의 대표로 구성되었으며, 그 위원장은 영국 대표 리튼 경이 맡았다.

리튼 조사위원회가 활동을 개시하기 전 다시금 전 세계의 이목을 집중시킨 사태가 전개되었다. 그 당시 중국은 그 정통적 무기로써 일본 상품 불매운동이 전개되는 등 반일감정이 격화되고 사건이 빈발하는 상황이었다. 1932년 1월 말 일본인 승려 일행이 상해에서 습격받아 1명이 죽게 되는 사건이 발생했는데, 이 사건은 그 배후에 일본군의 모략으로 발생한 것으로 일본군이 중국을 견책하는 구실을 주었다. 일본군의 대부대가 상해에 상륙하여, 공동조계를 기지로 이용하여 교외의 중국군을 공격했다. 3월 초순 리튼 조사위원이 중국에 도착했는데, 일본은 영국공사의 중개로 서둘러 상해로부터 철수했다.

리튼 보고서는 가을까지는 제출되지 않았는데, 여름에는 군축회의가 난항에 처해 유럽은 극동 문제는 반쯤 잊고 있었다. 리튼 조사위원회 보고는 11월 제네바 이사회에 제출되었다. 이 보고에서 리튼은 만주침략이 단순한 경찰 행위 불과하다는 일본 측의 변명을 주저 없이 비판하고, 만주국의 독립이 완전히 거짓이라고 선언했다. 따라서 연맹의 주도하에 중국과 일본이 합의하고 만주에 자치 정권을 설치할 것을 권고했다. 리튼 보고서는 만주사변이 단순한 경찰 행동이라는 일본의 주장을 인정하지는 않았으나 "일본이 타국에 선전을 포고한 사건은 아니다."라고 하여 일본의 침략행위를 정면으로 규탄하지는 않았다. 다만 보고서가 권고하고 있는 유일한 견책은 미국 국무장관에 의해 최초로 제안된 것처럼 단지 만주국의 국제적인 비승인이었다. 1933년 2월 24일 보고서는 연맹총회에 넘겨져 기권한 샴(태국)과 일본의 반대가 있었으나 당사국의 반대였기 때문에 만장일치 통과에는 별다른 문제가 되지 않았다. 체결 결과가 발표되자 일본 대표단은 회의장을 떠났고, 그로부터 1개월 후 일본은 연맹 탈퇴를 정식으로 통고했다.

일본의 만주정복은 제1차 세계대전 후 가장 중요한 사건이었다. 그것은 워싱턴회의로 잠시 중단되었던 열강의 쟁패전의 재개를 의미했다. 그것은 또한 대전이 종결된 후 적어도 노골적인 모습으로는 나타나지 않았던 '권력정치'의 복귀를 예고하는 것이었다. 전쟁이 일본은 그것을 경찰 행위라고 변명했으나 만주의 광범위한 지역에서 일어났으며, 만주의 넓은 영토가 독립국이라는 구실을 띠었으나 일본 정복자에 의해 병합되었다. 이러한 침략 행위로 그 규약과 이상을 유린당한 국제연맹의 입장은 난처한 것이었다. 국제연맹 가맹국들은 강력하고 충분한 무장을 갖춘 국가에 의해 자행된 침략 행위에 저항할 수 없다는 것을 부정하기 어렵게 되었다.

중일전쟁

1937년 7월 7일 밤 북경 서남 노구교(盧溝橋)에서 군사훈련 중에 중일 양국 군대의 무력충돌이 발생했다. 일본 정부는 이것을 중국의 계획적 무력항의라고 단정, 관동군을 비롯하여 조선과 일본에서 병력을 파견하기로 했다. 현지에서는 쌍방 간에 정전협정이 성립했음에도 불구하고 7월 28일 일본군은 총공격을 개시했다. 이처럼 일본 측의 신속한 대응을 고려할 때 근처 중국의 병사가 공포에 질려 우발적으로 발포했다는 '우발설'보다는 일본군이 의도적으로 도전했다는 '일본군인 조작극설'이 더 진상에 가깝다.

중국 국민당 정부는 공산당 대표를 포함해서 노산(盧山)에서 국방회의를 열어 장개석은 일본의 불법적인 압력에 굴하지 않고 끝까지 항전할 것을 분명히 밝히었다. 공산당도 화북의 홍군을 국민혁명군 제8로군으로, 그리고 화중의 홍군을 신사군(新四軍)으로 개편함과 동시에 섬북(陝北) 소비에트 정부를 국민정부 통치하의 지방 정부로 개편했다. 그리하여 제2차 국공합작이 정식으로 성립했다.

한편 일본의 참모본부는 확전이 소련의 참전을 가져올지도 모른다는 대소전략을 중시하는 손문 입장에서 확전에 소극적인 입장과 이참에 중국군에 일격을 가해 화북의 분리를 완성하자고 주장한 확전파로 분리되었으나 후자가 승리함으로써 7월 11일 정부는 '중대결의' 쪽에 힘을 실은 성명을 발표했다. 그러나 확전파도 명확한 계획이나 전망을 지닌 것은 아니었다. 다만 육군상이 일왕의 질의에 "1개월 내로 끝낸다."라고 대답하는 등 안이한 판단밖에 없었다. 실제로 중일전쟁은 1945년 제2차 세계대전의 종전으로 끝을 내었던 것이다.

일본군은 북경과 천진을 점령한 뒤 8월에 상해와 내몽골로 전쟁을 확대하고, 남경 폭격도 개시했다. 일본 정부는 영국, 미국과의 대립을 피하고자 선전포고도 하지 않고, 처음에는 '북지사변(北支事變)'이라고 부르다가 전쟁이 전국으로 확대된 다음에는 '지나사변(支那事變)'으로 불렀다. 일본은 맹렬한 저항을 받은 상해를 11월에 제압한 후 남경을 공격했다. 일본군이 남경을 점령할 때 중국군은 물론 일반 시민을 대량 학살하는 '남경학살사건'이 발생했다. 학살 외에도 약탈, 폭행, 방화를 포함한 이 사건은 1937년 12월 15일에는 〈시카고 데일리 뉴스〉에 의해 세계에 알려져 국제적 비난을 받았다. 남경성 내외에서의 피해자의 실제 숫자는 정확히 아직 밝혀지지 않았지만, 현재 중국 측에 공표된 숫자는 30만 명, 일본인 연구자의 숫자는 약 4만 명부터 약 20만 명까지의 여러 설이 있다. 일본 육군은 확전에 따라 잔인성을 더하여 태우고, 빼앗고, 죽이는 이른바 삼광작전(三光作戰)이 벌어지면서 무자비한 살육전이 일반화되었다.

이에 중국은 일본에 대한 철저항전을 다짐했다. 그러나 이에 비례해서 일본의 잔인성은 더욱더 커지기만 했다. 1938년 초에는 상해에 최초의 종군위안소가 설치되었는데 조선인 여성들이 약 100명 정도가 징집되었다고 전해진다. 여기에는 육군과 군무원만 입장할 수 있었으며, 종군 위안부들은 '황군위문'이라는 이름으로 혹사당했다. 종군위안소는 전쟁의 확대와 함께 아시아, 태평양 각지로 확대되었다.

일본군은 철도선을 따라 공격하여 중요 도시(점)와 간선철도(선)를 거의 점령했다. 그러나 내륙에서는 붉은 군대가 수적으로는 비록 국민군에 미치지 못했으나 게릴라전술로 용맹을 떨쳤다. 일본군은 도시를 벗어난 농촌과 산간 지역에서는 취약했기 때문에 공산당의 해방구(解放區)는 점차 확대되어 갔다. 공산당의 8로군(八路軍)은 항일전의 시작 단계에서는 3만 명에 지나지 않았다. 하지만 종전 무렵에는 중국 농촌 민중의 지지를 얻어 40만 명으로 증가하게 되었다.

일본의 고노에 내각은 일본의 전쟁 목적을 '동아신질서'를 건설하는 데 있다고 설명하고 중경의 국민정부로부터 반공파의 영수 왕조명(汪兆銘, 왕자오밍)을 탈출시켜 왕 정권을 출범시키고, 그 정권과 평화교섭을 실현하는 공작을 추진했다. 그러나 이와 같은 일본의 아시아 먼로주의 선언에 크게 반발한 미국과 영국은 중국에 군사적 차관을 제공했다. 이것은 미, 영, 중, 소의 대일 연합전선을 일보 전진시키는 결과를 가져왔다.

독일의 주중대사 트라우트만의 중일 간 평화공작은 만주국의 승인으로부터 배상 요구 등 일본의 과대한 요구 때문에 성사되지 못했다. 1938년 1월 일본 내각은 국민정부와 절연을 선언함으로써 일본 스스로 화평의 길을 닫아 어려운 지경에 빠지게 되었다.

1937년 8월에 중소 상호불가침조약을 맺은 소련을 비롯한 열강들은 처음에는 중일전쟁의 조정에 개입하려 하지 않았다. 10월에 이르러서야 국제연맹은 일본의 군사행동을 부전조약 및 9개국 조약에 위반한다고 비난하고, 미국 대통령 루즈벨트도 독일과 이탈리아, 일본은 전염병에 걸린 사람들이기 때문에 피해야 한다는 '격리 연설'을 했다. 그러나 상해에서 격전이 계속된 11월 초 9개국 조약 브뤼셀회의에서는 미국, 영국, 프랑스의 일본에 대한 태도가 아직 유화적이었고, 대일 경제제재를 요구하는 중국의 정책에 찬성한 나라는 소련뿐이었다. 미국은 중립법을 발동하지 않았으며, 군수물자의 대일 수출은 중국보다 수배에 달하고 있었다. 그러나 남경 함락과 고노에 내각의 '동아신질서(東亞新秩序)'를 건설하자는 주장 때문에 미·일 관계가 악화되었다. 그리고 이제야 비로소 중일전쟁은 국제화되었다. 국민정부의 외교정책도 점차로 분명해졌으며, 일본에 대한 항전체제가 재구축되었다. 소련의 코민테른은 모스크바에서 귀국하는 중국공산당원을 통해 장개석을 중심으로 항전할 것을 지시했다. 1938년부터 중국군의 공세가 집요하게 전개되었으며, 중일전쟁은 지구전(持久戰)으로 전환했다.

지구전을 치르기 위해서는 우선 방대한 군사비의 조달이 문제가 되었다. 일본은 개전과 동시에 산업을 군수 생산 중심으로 전환하여 전시통제 경제체제를 개시할 필요가 있었다. 1938년 일본의 고노에 내각은 국가총동원법을 제정했다. 경제의 통제와 동시에 국민정신 총동원 운동을 추진하여 국민을 전쟁 협력으로 조직했다. 전쟁 수행을 위한 물자동원 계획은 식민지, 대만, 조선 및 만주에서도 가차 없이 적용되었다. 국가 동원 체제가 수립됨으로써 언론통제와 치안대책을 강화하여 자유주의 사상과 전쟁 비판은 철저하게 봉쇄되었다.

한편 중국군은 열강으로부터 많은 군사원조를 통해 지구전을 수행할 수 있었다. 1938년 가을 일본군은 본토에 남긴 1사단을 빼고는 모두 중국 대륙에 동원하여 공세를 취했다. 국민정부에 대한 열강의 보급 루트를 차단하기 위해 10월에는 홍콩과 그 대안에 있는 광주(廣州)를 점령했다. 이 지역은 장개석이 머물고 있는 중경에 장강을 통해 군수물자를 운송하는 거점이었다. 또한, 소련으로부터 내륙으로 남하하는 루트가 있었는데, 당시 소련은 중국에 막대한 군사원조를 했다. 중국군의 항공기는 대부분 소련제였으며, 그 외의 무기도 대량으로 장개석에게 전해졌다. 소련제 무기를 차단하기 위해 1939년 5월 노모한 사건이 발발했다. 그곳은 만주와 몽골과의 국경 지방으로 일본 관동군 제23사단이 소련군과 싸웠으나 무기의 열세로 전멸했다. 또 하나의 루트는 베트남의 하이퐁으로부터 하노이를 통해 운남철도로 곤명(昆明)으로 나와 다시 곤명으로부터 중경까지 철도로 운송하는 루트였다. 이 루트를 차단하기 위해 1939년 9월 23일 일본군은 프랑스령 인도차이나, 베트남에 진주했다. 이어서 9월 27일에는 일본, 독일, 이탈리아의 3국 동맹이 맺어졌다.

3국 동맹이 지닌 의미는 대단히 중요한 것이었다. 이 조약으로 일본은 제1차 세계대전까지의 영일동맹 체제, 그리고 간전기의 베르사유체제와 워싱턴체제 등 국제적 관계를 완전히 부정하는 결과를 가져왔다. 더구나 같은 시기에 북부 프랑스령 인도차이나를 침략하는 행위를 자행했다는 메시지는 강력한 것일 수밖에 없었다. 일본의 메시지를 받게 된 미국은 분노하여 경제적 제재로 대응했다. 생사(生絲)를 미국에 수출하고 면화, 기계, 고철, 석유 등을 수입하는 일방적인 무역구조를 가진 당시 일본의 상황에서 미국과의 무역관계가 틀어지면 일본 무역 전체가 무너질 위기에 처해 있었다.

또한, 군사적으로 당장 곤란한 것은 석유였다. 석유가 없으면 항공기를 띄울 수도 없었다. 게다가 당시 장개석은 일본을 응징하기 위해서는 일본에의 금수 조치를 해야 한다고 미국의 협력을 요청했다. 그리하여 일본은 장개석의 요구 때문에 미국으로부터 자원을 수입하는 데 지장을 가져오게 되었다. 결국, 일본은 미국과의 전쟁에 휩쓸리게 되었다.

제3부

제2차 세계대전

제10장

제2차 세계대전의 기원

1. 나치혁명과 히틀러와 무솔리니의 대외 침략

나치혁명

1933년 1월 30일 히틀러가 연립 정권의 수반으로 정권을 장악했을 때 독일은 이미 많은 면에서 베르사유조약에서 벗어나기 시작하고 있었다. 즉 독일은 1925년 12월 벨기에, 프랑스, 이탈리아, 영국과 함께 로카르노조약을 맺고 서부 국경 라인 지역의 현상유지를 보장받고, 다음 해 9월에는 국제연맹에 가입하여 상임이사국으로 취임하여 열강의 일원으로 국제사회에 복귀했다. 또한, 연합군의 라인란트로부터의 철병도 1930년까지 완료되었고, 배상 문제도 1932년 로잔회의에서 사실상 소멸되었다. 1932년 2월부터 제네바에서 시작된 군축회의에서는 독일의 군비에서의 평등권이 원칙적으로는 승인되었기 때문에 히틀러는 이 평등의 권리를 독일군의 재군비(再軍備)로 추진할 것을 주장함으로써 독일로부터 자국의 안전보장을 무엇보다 우선했던 프랑스와 날카롭게 대립했다. 히틀러는 독일의 재군비 승인을 강력히 요구했으나 영국과 이탈리아, 미국이 프랑스의 입장에 동조함으로써 독일이 고립하게 되자 1933년 10

월 군축회의와 국제연맹을 탈퇴하기에 이르렀다.

히틀러는 1933년 1월 30일 정부의 수반이 되어 나치혁명을 일으켰다. 2월 국회의사당이 방화로 타버리게 되자 그것이 공산당의 소행이라는 구실을 붙여 일체 탄압이 시작되었다. 이 사건을 계기로 히틀러는 합법성과 입헌정체에 대한 겉치레의 존경마저 완전히 벗어버리고 유대인, 사회민주당원, 공산당원에 대한 법의 보호를 빼앗아버렸다. 그들 대부분 고향에서 추방되거나 강제수용소에 감금되거나 혹은 육체적으로 잔인한 폭행을 받았다. 새로운 독재정치가 시작된 것이었다. 1933년 중반까지 나치당을 제외한 모든 정당과 단체들이 해산되었다. 이후 국회는 때때로 소집되었지만, 수상의 시정방침 연설에 박수 외에는 모든 기능을 상실하게 되었다. 1934년 8월 힌덴부르크 대통령이 죽은 후 히틀러는 압도적 다수표로 대통령으로 선출되어 수상과 대통령직을 겸무하는 총통이 되었다.

1939년 발발한 제2차 세계대전은 기본적으로 나치독일의 침략정책에 의해 일어나게 되었다. 히틀러는 『나의 투쟁』 속에서 독일 민족의 활로를 동방에 생활권(Lebensraum)을 획득하는 것에 두어 그 전제로써 영국과 이탈리아와의 우호, 동맹과 '불구대천의 적'인 프랑스의 타도를 주장했다. 국내의 나치체제는 이러한 대외정책을 추진하기 위한 불가결한 조건이었다. 그러나 『나의 투쟁』에서 제시된 이 청사진과 권력을 장악한 히틀러의 정책 사이와 어떤 관계가 있는가에 대해서는 오늘날에도 의견이 대립하고 있다. 트레버 로파는 히틀러의 발언을 통계적으로 분석하여 동방제국의 건설이라는 일관된 모티브를 찾아 전쟁에 대한 그의 능동성과 체계성을 강조했으나 A. J. P. 테일러는 히틀러가 『나의 투쟁』에서 그렸던 것과 같은 청사진은 그때그때 상황에 따라 변하는 백일몽에 지나지 않는 것이라며 히틀러의 계획성을 부인했다. 테일러에 의하면 1939년의 전쟁은 미리부터 계획된 것이 아니라 독일과 연합국 쌍방 측에 의한 외교적 실패의 결과일 뿐이란 것이었다. 하지만 와인베르크가 「히틀러의 독일의 외교정책」에서 지적한 대로 히틀러의 '백일몽'에는 그의 대외정책을 강력하게 방향 짓는 고정적인 의도가 있기 때문에, 히틀러의 대응에 나타나는 기회주의적 측면을 일면적으로 강조하는 테일러의 견해는 수긍하기 어렵다.

히틀러는 정권 획득 직후부터 '동방 생존권'의 병합과 그것을 게르만 전통에 의해 변화시키려는 야망을 군사령관들에게 피력하곤 했다. 그는 1937년 11월 5일 군부와 외교수뇌를 비밀회의에 소집했다. 이 회의에는 공군 사령관 괴링, 해군 사령관 레다, 국방상 부론베르그, 육군 사령관 프릿츠, 외상 노이라드 등 5명이 소집되었다. 이 회의에서의 히틀러의 발언을 부관 호스 바흐가 정리했다. 이 〈호스 바흐 각서〉는 전후 뉘른베르크 군사재판에서 '평화에 대한 죄'의 증거로 제출되었다. 이 각서는 유럽의 전쟁을 계획하고 입안한 것으로 판단할 수 있었다.

회의에서 히틀러는 독일이 '생존권'을 필요로 하는 이유를 설명하는 것으로 이야기를 시작했다. 그는 '생존권' 획득이 필요한 이유는 "독일은 증오로 가득한 두 적국, 영국과 프랑스를 항상 염두에 두지 않을 수 없다. … 독일의 문제는 무력에 의해서만 해결될 수 있는데, 이에 수반되는 위험이 없을 수는 없다."라고 했다. 그러면 언제, 어떻게 무력호소가 이루어질 수 있을까? 히틀러는 세 가지 계기를 제기했다. 첫 번째 계기는 "1943~1945년의 시기"이다. 이 시기 이후는 상황이 악화할 뿐이기 때문에 행동을 취할 시기는 1943년이어야 한다. 두 번째 계기는 프랑스에 내란이 일어난 때인데, 이 경우에는 "체코에 대해 행동을 취할 시기"이다. 세 번째 계기는 프랑스와 이탈리아와의 전쟁이 일어날 때이다. 그것은 1938년일 것이다. 이 경우에는 "우리의 목적은 체코슬로바키아와 오스트리아를 동시에 정복하지 않으면 안 된다."라고 했다. 결국, 히틀러는 〈호스 바흐 각서〉에서 1943년에는 무력행사를 거행할 수 있다고 밝혔으며, 그 절차로 우선 오스트리아와 체코슬로바키아를 정복한다는 침략 계획을 분명히 밝혔다. 재군비가 지연될 것을 염려하여 이 계획에 신중론을 제기한 국방상과 육군 사령관, 외상을 히틀러는 트집을 잡아 다음 해 초에 해임하고, 스스로 독일 국방군 최고 사령관이 되어 육해공 3군의 통수권을 장악했다. 이들은 정권 초 히틀러가 민심을 무마하기 위해 임시로 입각시킨

구 관리들로 언젠가는 제외될 인물들이었다. 후임 외상도 히틀러에 충성을 바친 릿펜드로프를 앉혀 군사 및 외교를 나치가 장악했다.

히틀러는 이 〈호스 바흐 각서〉에서 서유럽 열강의 유화정책(宥和政策)을 이용하면, 전쟁을 치르지 않고도 '생존권' 획득을 위한 소기의 목적을 달성할 수 있다고 했다. 그는 서유럽 열강은 행동의 자유에 여유가 없으므로, 그리고 비겁하므로 독일의 행동을 간섭하지 못할 것으로 보았다. "독일이 행동에 나서 체코 문제를 해결하면 영국은 거의 확실하게, 프랑스도 역시 체코와의 협정을 망각하고, 체념하여 그것을 기정사실로 인정할 것이다." 그리고 여타의 다른 나라도 간섭하지 않을 것이다. "폴란드는 위협적인 러시아를 배후에 두고 있는 입장이기 때문에 승승장구하고 있는 독일과 전쟁을 하리라고는 생각할 수 없다." 러시아는 일본에 의해 견제를 당할 것이라고 했다.

영국과 프랑스의 여론

영국에는 히틀러 대해 한쪽으로는 그의 불법적인 침략 행위를 규탄하면서도 다른 한편으로는 그의 주장을 이해하는 두 가지 여론이 존재했다. 제1차 세계대전에서의 체험을 통해 영국은 어떠한 희생을 치르더라도 전쟁을 피하고 싶다고 생각했다. 영국은 애초에는 나치에 대해 우호적이라 해도 좋을 만한 태도를 보였다. 전후 베르사유체제가 독일에 공평치 못했다고 생각하는 영국 국민이 많아졌다. 라인란트의 회복이나 오스트리아의 병합을 요구하는 히틀러의 말이나, 독일은 강국이기 때문에 적어도 이웃 나라의 군대와 엇비슷한 크기의 군대가 필요하다는 히틀러의 주장에 동의하는 여론도 나타났다. 게다가 히틀러의 반공주의는 볼셰비즘의 확대를 두려워하는 정치가들의 긍정적 반응을 얻었다. 또한, 전투가 벌어지면 독일의 폭격기가 도버 해협을 건너 날아와 영국을 폭격할 수 있기 때문에 다음 전쟁에서 섬나라 영국을 확실하게 지킬 수 있는 수단이 없다고 생각하는 군사전문가가 많았다. 그들은 프랑스처럼 영국의 안보가 위협받고 있다고 생각했다.

한편 프랑스는 국가의 안보가 취약하다고 믿는 정치가들이 대부분이었다. 프랑스는 국내에서 한편으로 공산주의자와 사회주의자, 다른 한편으로는 반공주의자와 파시스트그룹이 분열하여 내정적 혼미를 거듭하고 있었다. 프랑스에서는 다른 나라와 다르게 제1차 세계대전에 의한 인구의 상실을 출생률의 상승을 통해 회복시키지 못해 젊은이가 대단히 부족했다. 그 때문에 프랑스인들은 무엇보다 다시 전쟁이 일어날까 봐 누구보다 두려워했다. 그 결과 프랑스정부는 어느 나라보다 신중한 방위 계획을 구상했다. 1920년대에는 외교적으로 프랑스는 체코슬로바키아, 루마니아, 유고슬라비아와 협상을 맺어 이들 국가가 독일과 전쟁을 하게 되면 원조하겠다는 확답을 얻어내었다.

프랑스의 장군들은 독일과의 국경에 콘크리트와 철로 구축한 거대한 방어진지로 충분하다고 믿었다. 그들은 오랜 세월을 견딜 수 있는 방위 토치카를 만들어 그 뒤로 숨어 있으면 프랑스 병사의 안전은 확보될 수 있다고 생각했다. 마지노 라인이라 한 이 방위진지는 천장이 없는 집처럼 되어 있었고, 그것도 벨기에 국경에서 끊어졌다. 젊은 장교였던 드골을 포함한 군사전문가는 다음번 전쟁은 빠르게 기동하는 탱크와 비행기 공격으로 결판이 난다고 시사했으나 그러한 주장은 일소에 부쳐지고 말았다. 과거 대전에서 공격정신 일변도로 유명했던 프랑스군은 베르덩 전선에서의 패배 기억으로 소극적으로 움츠러들었던 것이다.

이탈리아와 독일의 무장 공격

나치시대 초기에 무솔리니는 결코 독일을 호의적인 태도로 대하지 않았다. 그는 나치가 이탈리아의 파시즘을 모방하는 것을 싫어했고, 히틀러의 '인종 이론'을 난센스라고 비난했으며, 나치의 지도자 히틀러를 '미친 작은 광대'라고 칭했다. 이러한 그의 나치 혐오증은 개인적 동기만으로 형성된 것이 아니었다. 오스트리아에 대한 독일정책은 이탈리아가 계속해서 자국의 것이라고 주장하던 영토를 위협하는 것이었다. 오스트리아는 이들 영토를 위해 제1차 세계대전에서 싸웠으나 베르사유회의에서 그 영유권을 거부당했다. 그 뒤 영독해군 협정은 강화조약에 의해 독일에 금지되었던 군비를 허락하는 결과를 낳았기 때문에 이탈리아에는 더욱 그것이 불만의 씨앗이 되었다. 1935년 무솔리니는 슈트렛써에서 프랑스 및 영국과 회담하여 독일에 대항하는 동맹을 맺는 방향으로 양국의 관심을 끌고자 했다.

그러나 이탈리아가 에티오피아(아비시니아) 침략을 단행하자 분노한 여론이 영국을 휩쓸게 되었다. 영국에는 아프리카를 침략하는 이탈리아의 새로운 제국주의를 공격적인 침략으로 보는 사람들과 영국의 식민지 영토에 대한 위협으로 간주하는 사람들이 존재했다. 영국 정부는 무엇인가 행동할 필요가 있다고 생각했다. 우선, 이탈리아가 획득할 수 있는 토지의 범위를 한정할 것을 결정하고, 그 방침을 기초로 영국의 사무엘 호아와 프랑스의 수상 삐엘 라발 간에 비밀회담이 개시되었다. 호아-라발 협정이 맺어졌다는 뉴스가 새어나오자 그것이 이탈리아의 침략에 항복하는 태도라고 생각한 일부 영국 국민 사이에 분노의 여론이 일어났다. 그 결과 영국 정부는 계획을 포기했다. 한편 이탈리아의 군대가 에티오피아를 정복하고 있을 동안 영국 정부가 강경한 정책을 취했기 때문에 무솔리니는 화를 내고 히틀러에 접근했다. 국제연맹은 가맹국들에 전쟁 물자를 이탈리아에 제공하지 말 것을 설득했다. 석유의 금수까지 시사되자 히틀러는 석탄을 이탈리아에 보냈다. 이것이 두 독재자의 최초 접근이었다. 1936년 그들은 로마-베를린 추축(樞軸)이라는 동맹을 형성했다. 스페인 내전에서 프랑코 정권 원조에서 협력함으로써 양국의 우호관계가 돈독해졌고 1939년에는 두 나라 사이에 강철동맹(鋼鐵同盟)이 맺어졌다.

프랑코가 반란을 일으키기 직전 히틀러는 유럽에서 결정적인 제일보를 내디디기 시작했다. 1936년 3월 7일 히틀러의 군대가 라인란트에 진주했다. 베르사유조약과 로카르노조약을 위반한 이 행동은 일종의 도박이었다. 독일군은 전투할 수 있을 정도로 준비되어 있지 않아 프랑스군이 전투를 개시해 오면 바로 퇴각하라는 지령이 독일 장교들에게 전달되었다. 히틀러는 후일담으로 "라인란트 진주 이후 48시간이 자신의 생애에서 가장 피를 말리도록 신경을 예민하게 한 시간이었다."라고 고백했다. 그러나 프랑스의 장군 중에는 비밀스러운 파시스트당원도 있었고, 프랑스령의 방위에 의지가 부족한 사람도 있었다. 그들은 프랑스군이 공격할 역량이 부족하다고 정부에 단언하기도 했다.

영국 정부는 항의했지만 아무런 행동을 취하지 않았다. 많은 영국인은 독일인에게는 '그들 자신의 마당'이라고 부르는 지역에 들어갈 권리가 있다고 믿고 있었다. 그들은 지금이야말로 베르사유의 잘못을 바로잡을 수 있으며, 유럽의 문제들을 공정하게 해결하기 위해 히틀러와 교섭할 수 있다고 시사하기까지 했던 것이다. 이에 대해 윈스턴 처칠을 비롯한 소수파들은 그렇게 사태를 처리하는 데 반대했다. 1918년 패전 이래 최초로 유럽 문제 해결을 위해 독일이 실력을 행사한 라인란트의 재점령은 군사적으로 프랑스에는 재앙의 싹이 되었다. 독일은 이제 방위가 가능한 국경선을 갖게 되었으며, 지크프리트 라인이라는 방위선을 독일과 프랑스의 국경선을 따라 구축했다. 그리하여 프랑스는 동유럽의 동맹국으로부터 완전히 격리되었다. 따라서 어떤 사람들에게는 1936년 3월 7일을 제2차 세계대전의 불가피한 것으로 만든 시점이었다고 간주하기도 한다.

2. 히틀러의 침략 전쟁

히틀러의 침략

다음 해 1937년 네빌 체임벌린이 영국 총리로 취임했다. 그때까지 영국은 유럽정세의 변화에 대해 어떤 조치도 취하지 않았다. 그러나 체임벌린은 확고한 정책을 지니고 있었다. 그의 생각은 유럽을 혼란시킨 모든 일이 베르사유조약에서 기인한 것으로 보았다. 따라서 히틀러가 자신이 희망하는 것은 1919년의 잘못을 시정하는 것이라고 말했을 때 체임벌린은 히틀러를 믿게 되었다. 그에게 필요한 것은 나치 지도자들 요구의 한계를 찾아 교섭을 통해 최종적인 결탁을 짓는 일이었다. 유화정책(宥和政策)이라 부르게 된 이 정책은 몇 가지 사실을 간과한 것이었다. 즉 히틀러가 미친 성격을 지닌 사람이었다는 점이다. 교섭이라는 것에 대한 히틀러의 생각은 어디까지나 공갈과 협박을 가하여 자신이 하고 싶은 것을 관철하는 것을 의미했다. 그의 저서 『나의 투쟁』에는 히틀러의 목적이 제한이 없다는 표현으로 넘쳐 있었으며, 〈호스 바흐의 각서〉에서도 오스트리아와 체코슬로바키아의 침략으로부터 시작하여 독일의 '생존권' 확보가 소명임을 고백하고 있다. 이런 상대와 추진했던 영국의 유화정책은 결국 처음부터 실패할 운명이었던 것이다.

목적을 달성하기 위해 히틀러는 '트로이의 목마(木馬)' 전술을 구사했다. 트로이는 그곳을 방어하고 있던 사람들이 어리석게도 공격군이 버리고 간 공동이 있는 목마를 성안으로 끌어들였기 때문에 점령되고 말았다. 목마 속에 숨어 있던 그리스 병사들이 나와 성내에서 공격함으로써 성이 점령되고 말았던 것이다. 오스트리아나 체코슬로바키아도 모두 독일계인이라는 목마를 가지고 있었다. 오스트리아에서는 많은 독일계인이 오스트리아가 합스부르크제국 일부분이 된 현실에서 벗어나 독일에 병합되기를 희망했다. 체코슬로바키아에도 300만 명 이상의 독일인들이 주데텐 지방에 살고 있었다. 만일 이 사람들이 나치의 선전으로 움직이기 시작하여 반란을 일으켜 독일과의 병합을 원한다면, 히틀러가 그들의 국가를 점령하는 구실이 될 것이었다.

우선 오스트리아의 합병이 이루어졌다. 오랫동안 끈질기게 오스트리아의 나치당은 독일과의 병합을 요구해 왔다. 그들은 반란을 조직하고 폭력사태를 일으켰다. 오스트리아 정부는 이러한 그들의 압력에 대항하기 위해 1938년 3월에는 체코슬로바키아와 유고슬라비아와 방위 동맹을 맺고자 했다. 히틀러는 그것에 반대하여 오스트리아의 나치당원 자이스 잉그와르드를 수상으로 추천했다. 그다음은 간단했다. 자이스 잉그와르드는 반란이 확대되는 것을 용인했고, 질서를 유지한다는 구실로 독일군의 입국을 요청했다. 이번에 무솔리니는 이전보다 강력해진 독일에 아무런 대응 조처를 하지 못했다. 며칠 후에 히틀러는 빈에 입성했다. 빈은 히틀러가 굶주림을 경험했던 도시였고, 이제 그는 이 도시의 주인공이 된 것이다. 태어났던 고향을 방문하여 부모의 묘에 꽃을 받친 그의 눈은 눈물이 흘러넘쳤다. 전쟁도 치르지 않고 비스마르크 이상의 성공을 쟁취한 독재자에게 그것은 자랑스러운 순간이었다.

체코인들은 이런 현실이 두려웠다. 인제 와서 도로, 철도, 도나우 강을 통한 교통, 그 모두가 독일의 지배하에 들어가게 된 것이다. "체코슬로바키아가 제3제국을 두려워할 이유가 아무것도 없다고 나는 맹세한다."라고 히틀러가 약속했지만, 체코슬로바키아인들은 안심할 수 없었다. 그러나 영국의 체임벌린은 걱정하지 않았다. 결국은 오스트리아도 실제로는 독일인의 나라였다. 그는 베르사유조약에서 이 두 나라를 통합했어도 좋았다고 생각했다. 독일-오스트리아 병합이 이루어진 겨우 1개월 후 체임벌린은 무솔리니와 교섭을 시작했다. 이에 의해 영국은 에티오피아의 영유를 주장하는 이탈리아의 주장을 승인하고, 그 대신에 무솔리니는 스페인으로부터 이탈리아의 군대를 서서히 철수시킬 것을 약속했다. 아마도 체임벌린은 이 조치를 통해 이탈리아를 독일로부터 이탈시킬 수 있기를 바랐던 것이다. 그러나 체임벌린은 잘못 생각하고 있었다. 이탈리아는 날이 갈수록 독일이라는 강력한 동맹자에의 의존도를 높여 가고 있었다. 무솔리니 자신 1937년 9월 독일을 방문하여 나치의 규율과 군사력에 깊은 감명을 받았다. 귀국한 이후에는 무릎을 굽히지 않고 발을 높이 들어 행진하는 독일식 행진 방법을 이탈리아군에 채용하고 유대인에 반대하는 캠페인을 시작했다.

뮌헨회담과 체임벌린

히틀러는 체코슬로바키아에 개입했다. 주데텐 지방의 나치당원은 그곳에 거주하는 독일인을 설득하여, 체코 정부에 의한 심한 차별 취급에 불평을 토로하도록 했다. 그러나 이번에 히틀러는 더욱 강력한 저항을 만났다. 체코는 뛰어난 군대와 충실한 방어력을 갖추고 있었다. 또한, 그들은 프랑스와 동맹을 맺고 있어서 만일 공격을 받게 되면 프랑스가 원조를 해주게 되어 있었다. 히틀러에 의한 오스트리아의 점령 1개월 후 주데텐 지역에서 일어난 사태, 즉 누군가에 의해 사주 된 듯한 혼란 상태를 경계한 체코 정부는 군대를 동원했다. 이러한 움직임의 영향을 받아 러시아와 프랑스는 만일 독일이 공격을 걸어오는 경우 원조할 것을 약속했다. 당시 히틀러는 공격까지는 계획하지 않았기 때문에 깜짝 놀랐다. 그는 공공연히 자신의 의도는 평화적이라 변명하고 모든 국가를 안심시키려 했다. 그러나 그에게 대항하는 체코의 지도자 베네슈의 집권을 허용하는 것은 히틀러의 마음속에 없었다. "가까운 장래에 군사 행동으로 체코슬로바키아를 분쇄하는 것이 나의 변하지 않는 결의이다."라고 히틀러는 맹세했다.

한편 체임벌린은 주데텐 지방의 독일 회복 요구는 히틀러의 숙원이라고 간주했다. 이것은 수정이 필요한 베르사유조약의 또 하나의 오류라고 그는 간주했다. 그리하여 영국과 프랑스는 히틀러 편을 들어 체코 정부에 독일인이 집중적으로 거주하는 국토 일부분을 할양하도록 요구했다. 그러나 그렇게 되면 가장 좋은 방어 지대와 철도 대부분을 잃어버리기 때문에 체코는 그것을 받아들일 수 없었다. 위기가 깊어지자 체임벌린은 히틀러와 직접 만날 것을 결심했다. 그는 그 후 세 번이나 나치 지도자와 만나 그의 장광설을 경청하고, 무뢰한 태도를 참아내었다. 최종적으로 1938년 9월 뮌헨에서 히틀러는 체코 일부분인 주데텐 지역만을 점령하기로 설득당했다. 체코는 자신들이 배신당하고 있다는 것을 알아차렸으나 영국과 프랑스의 도움을 받지 않고는 아무것도 얻을 수 없었다. 히틀러도 불만족이었지만 그는 노여움을 감추었다. 실상 그는 체코를 자신에게 대항하도록 유도해서 그것을 구실로 체코슬로바키아 전토를 정복하려고 생각했다. "저 체임벌린이란 작자는 나의 프라하 입성의 무대를 없애 버렸다."라고 히틀러는 불만을 토로했다. 체임벌린은 스스로 유화정책을 통해 "우리 시대에 평화"가 도래했다고 확신하면서 런던 시민의 환영 속에 귀국했다.

1938년 9월 30일 오후 뮌헨으로부터 돌아온 영국 총리 체임벌린은 런던공항에서 기다리고 있던 군중을 향해 포켓에서 한 장의 종이쪽지를 꺼내어 흔들어 보였다. 그것은 뮌헨협정을 맺은 다음 히틀러의 서명을 받은 〈영독부전서약(英獨不戰誓約)〉이었다. 뮌헨협정으로 체임벌린은 유럽전쟁의 발발을 막을 수 있었을 뿐 아니라 게다가 히틀러로부터 〈영독부전서약〉을 받게 된 체임벌린은 대단히 만족했다. 이제 당분간은 전쟁 걱정은 하지 않아도 된다고 그는 단순하게 생각한 것이다. 그러나 체임벌린의 만족과 행복은 유화정책 추진자의 환상에 지나지 않았다. 그것이 도대체 어떤 것이었던가 하는 진상은 1년이 지나기 전에 분명해졌다. 실상 뮌헨의 해결이란 히틀러의 공갈과 협박에 굴복하여 히틀러가 구술하는 조건을 그대로 체코슬로바키아에 삼키도록 한 것에 지나지 않았다. 영국의 정계에도 뮌헨협정을 '민주주의의 파시즘에 대한 패배'라고 하여 그 결정을 크게 부끄러워한 반대파가 존재했다. 해군 대신 쿠바는 이 결정에 반대하여 사표를 제출했다. 처칠을 비롯한 대독 강경파 40명은 하원 의결에 기권하여 반대의 뜻을 표명했다.

히틀러의 침략 의도는 그가 독일계 체코인들을 사주하여 체코 정부에 반항하도록 하는 행위로 나타났다. 그리고 슬로바키아인들이 체코에 학대당하고 있다고 불만을 토로하도록 종용했다. 그 때문에 그는 독일이 슬로바키아를 보호 아래 두지 않으면 안 된다고 경고했다. 그러나 체코슬로바키아 대통령 베네슈는 이러한 히틀러의 공작을 버텨내려고 노력했다. 그가 독일의 압력에 의해 사임한 뒤 베네슈의 후계자 하하 대통령은 베네슈와 같은 용기와 결단력을 지니지 못했다. 그러한 그도 베를린에 도전할 듯이 보이자 괴링이 그를 베를린에 불러와 만일 저항하면 프라하를 파괴하겠다고 위협했다. 드디어

1939년 3월 15일 독일군은 체코의 국경을 넘어 진격했다. 그리하여 체코슬로바키아는 건국 후 겨우 20년 만에 소멸하고 말았다. 유화정책이 끝장을 보게 된 것이다. 히틀러의 목적은 단순한 독일 영토의 확대가 아니고 세계를 제패하겠다는 더욱 큰 야망을 지녔다는 것이 그 진상이다. 체임벌린은 괴로운 심정으로 공식적으로는 전시가 아니라 평시의 영국에 징병제를 도입했으며, 그는 폴란드마저 공격을 받게 되면 영국이 원조할 것이라고 확인했다.

이번에는 히틀러가 오류를 범했다. 그는 사람들의 나쁜 동기는 잘 파악하고 있었으나 호의적 동기는 신뢰하지 않았다. 그에게는 영국이나 프랑스 정부는 "비겁한 벌레"에 지나지 않았다. 뮌헨회담 후에 히틀러에 비친 체임벌린은 평화 유지를 위해 싸우는 예의 바른 인물이 아니라 비겁자에 지나지 않았다. 뮌헨회담에서 결착을 본 후 히틀러는 영국과 프랑스는 어떤 항의에도 실제로 싸우지 않을 것이라고 확신했다. 그러나 독일의 장군들은 확신하지 못해 그중에는 국가를 재앙으로 이끌고 있는 지도자 히틀러를 유괴하려 한 자도 있었다. 히틀러는 장군들의 의견을 무시했다. 1939년 여름 동안 그는 단치히와 폴란드회랑의 반환을 계속 요구했다. 그 당시 영국과 프랑스는 만일 폴란드가 침략당하면 틀림없이 원조할 것이라고 독일에 엄중한 경고를 하고 있었다.

제11장

제2차 세계대전

1. 제2차 세계대전의 발발

대전의 발발

1939년 여름이 끝날 무렵 히틀러는 폴란드 침공계획을 완성하고 있었다. 이를 위한 최대의 장애는 소련이었다. 옛 러시아제국은 폴란드의 동부를 영유하고 있었다. 스탈린은 자신의 눈앞에서 폴란드가 히틀러에게 빼앗기는 것을 못 본 체할 수 없었다. 소련의 지도자는 독일의 우익 독재자를 좋아하지 않았고, 게다가 만일 영국과 프랑스가 소련에 협력해 준다는 것이 확실하다면 독일과 싸울 결심을 하고 있었다. 1939년에 들어서서 스탈린은 서유럽 열강과 포괄적인 협정을 맺고자 했으며, 영국과 프랑스가 같은 보증을 해 줄 것을 조건으로 발트 해와 흑해 사이의 동유럽 여러 나라의 방위를 약속하려 했다. 그러나 불행히도 영국과 프랑스의 많은 오피니언리더는 공산주의와의 접촉을 두려워했다. 공산주의의 이데올로기는 그 전염성이 강력한 것으로 인식되어 소비에트 러시아가 수립되자 서유럽 열강들은 러시아와 유럽 사이에 공산주의에 대한 '방역선(防疫線)'을 칠 것을 주장했다. 게다가 소련이 그 방위에서 가장 우선하여 중시한 대상국인 폴란드는 독일보다도 소련을 더 경계했다. 그 때문에 이 교섭은 실패했다.

이것은 히틀러에게 기회를 제공했다. 그는 이제까지의 정치생활을 통해 공산주의에 대한 비난을 계속했으나 인제 와서는 소련과 우호 통상조약을 체결할 것을 신청했다. 1939년 8월 24일 다른 나라들은 상호 간에 적대 관계를 맺은 두 나라, 소련과 독일이 친선협정(불가침조약)을 맺게 된 것을 알고 매우 놀랐다. 히틀러는 만약 전쟁이 벌어져도 두 개의 전선(二正面)이 아닌 한 개의 전선(一正面)에서 싸울 수 있게 되었다고 하여 이 협정을 걸작이라고 간주했다. 그는 조약상으로는 소련에 동부 폴란드, 핀란드, 에스토니아, 라트비아를 준다고 약속했으나 그 지역들을 실제로 소련이 영유하도록 내버려둘 생각은 전혀 없었다. "스탈린이 죽으면(스탈린은 이미 중병에 걸려 있었다), 소련을 칠 것이다."라고 히틀러는 그의 장군들에게 얘기했다. 스탈린 측에서도 히틀러가 약속을 지키리라고 생각하지 않았다. 조인식 석상에서 스탈린은 독일 대표들에게 지금까지 히틀러가 자신을 향해 던진 '너무나 많은 악담'을 상기시켰다. 그러나 공산주의자인 이 독재자는 영국, 프랑스, 그리고 독일이 긴 전쟁을 치르고 서로 지쳐 떨어지면 자신에게 유리하게 상황이 전개될 수 있다는 것을 확신하고 있었다. 두 나라가 이처럼 불성실한 동기에서 동맹관계를 맺은 일은 세계 역사상 그 예가 별로 없을 것이다.

독소조약의 체결로 히틀러의 폴란드 침략은 확실해졌다. 일주일이 지난 후 독일의 선전기관이 국경선의 한 독일군 초소에서 폴란드 측의 발포를 받았다고 뉴스를 발표했다. 그 발표에 의하면 독일 병사 한 명이 살해되었다고 되어 있었다. 그러나 실제로는 강제수용소에 수용되어 있던 한 죄인에게 약을 먹이고 독일군의 유니폼을 입혀 현장에 끌고 가서 사살한 것에 불과했다. 1939년 9월 1일 독일군 탱크가 국경을 돌파하여 진격했다. 그러나 이번에는 이제까지처럼, 즉 오스트리아나 체코슬로바키아처럼 사태가 전개되지 않았다. 독일군은 처음으로 폴란드의 필사적 저항을 만났다. 침략적 행동에 수반되던 선전포고나 기자회견의 신청이 없는 것도 이번 처음 겪는 일이었다. 이탈리아의 외상 치아노가 영, 프, 독, 이의 4국이 국제회의를 열자고 제안하는 전화에 대해서 영국의 핼리팩스 백작은 독일이 폴란드 영토에서 철수하는 것이 전제라고 강경한 자세로 나왔다.

9월 3일 오전 4시 독일 주재 영국대사 헨더슨은 본국 정부로부터 "오전 9시까지 리벤트로프 외상과 회견하라"는 훈령을 받았다. 빌헬름 슈트라세의 독일 외무성은 그때까지 취침 중이었고, 이에 헨더슨은 관사 직원으로 하여금 독일의 외상을 깨웠으나 리벤트로프 각하는 오전 중에는 회견할 수 없다고 했고, 히틀러의 통역이었던 하우스 슈미트 참사관이라면 가능하다는 대답을 들었다. 영국의 최종 통고는 결국 독일 정부의 하급관리가 받게 되었다. 그 내용은 "오늘 오전 11시(2시간 후였다)까지 독일군의 즉시 철병에 대한 확고한 보증이 없는 이상, 영국과 독일 사이에는 전쟁이 일어날 것이다." 결국, 9월 3일 오전 11시 영국은 독일에 선전포고를 했다. 프랑스도 6시간 후에 선전포고를 했다. 체임벌린은 깊이 낙담했다. "내가 인생의 목표를 위해 노력했던 모든 것, 그리고 내가 공적 생활을 통해 확신했던 모든 것이 붕괴해 버리고 말았다."라고 그는 하원에서 고백했다. 히틀러는 영국과 프랑스의 선전포고에 경악했다. 영국과 프랑스의 참전 뉴스가 알려졌을 때 그는 잠시 말없이 있다가 그 뒤 "우리는 어떡하면 좋을까?"라고 했다. 괴링이 "신이 도울 것이다." 라고 했을 때 이 말은 그의 감정을 바로 대변해 주었다. 그들에게 뮌헨의 '벌레'에 불과했던 적국은 이제 라이언으로 변신했던 것이다.

독소동맹조약이 맺어졌을 때 이 조약에 대한 영국과 프랑스의 태도는 상반되는 것이었다. 프랑스는 독소조약의 성립으로 낙담하고 이제 폴란드와의 동맹은 끝나는 것으로 생각했으나 런던의 반응은 전혀 반대되는 것이었다. 영국 정부는 이 조약에 의해 폴란드에 대한 영국의 의무에는 어떤 변화가 있을 수 없고, 영국은 어디까지나 그 의무를 수행한다는 결의를 표명했던 것이었다. 그러나 히틀러는 체임벌린과 베르히테스가르텐과 뮌헨에서 회담하는 동안 체임벌린을 비겁한 신사로 보았고, 자신이 화가 난 듯이 대들거나 큰소리를 치면 바로 두려움을 타는 사람인 듯 생각했다. 그러나 조약이 체결된 바로 그날 폴란드에 조약체결 당사국들은 서로 한 당사국의 독립과 안보가 침해될 경우, 전력을 기울여 다른 당사국을 원조한다는 상호 원조조약이라는 것을 천명했다. 그것은 영국의 국가 간의 안보조약으로는 과거에는 없었던 적극적인 보증이기도 했다.

전쟁이 발발하자 폴란드 사람들의 격렬한 애국심의 파도가 일어나고, 이 기회를 이용하여 도리어 동프로이센을 회복하자는 맹목적인 애국주의자들의 변치 않는 환상이 풍미했다. 그러나 그들의 예측은 완전히 빗나갔다. 폴란드인들은 독일군의 집결이 약 2주 정도 걸릴 것으로 생각했으며, 지난 대전의 군 장비로는 국경지대의 소규모 충돌 정도로 끝날 것으로 생각했다.

그러나 히틀러의 독일군은 제1차 세계대전의 진지전과 소모전이란 고전적 전술로부터 완전히 탈각하여 기동력을 핵으로 하는 '전격전(blitzkrieg)'이라는 전쟁이론을 개발했다. 그것은 대단위 병단을 편성하여 작전하며, 탱크는 그 기동력을 최대한 발휘하는 존재가 되었다. 전차는 기동이 느린 보병보다 훨씬 앞장서서 적진에 돌입하고 돌파하고 포위하여, 후퇴하는 적을 무찌름으로써 전투는 최고의 경쾌함과 즉흥성과 지성을 지니게 되었다. 항공기의 효용성도 과거 단지 공포를 유발하기 위한 폭격이라는 전술을 일축하고, 장갑차와 결합하여 육공(陸空) 합동작전을 위한 항공부대가 창설되었다. 과거에 탱크는 포병부대의 보호하에만 사용될 수 있고, 따라서 포의 사정거리가 곧 전차부대의 행동반경으로 규정되었으나 독일은 포병대를 항공기로 대치했다. 급강하(急降下) 폭격기는 박격포보다 더욱 정확히 목표물을 파괴할 수 있었다. 장갑기병사단(裝甲騎兵師團)이라 할 수 있는 전차부대와 하늘을 나는 포병이라 할 수 있는 항공부대가 '전격전'의 주역이었다.

전격전(電擊戰)의 전개

1939년 9월 1일에 제2차 세계대전이 시작되었을 때 먼젓번 대전 때와는 대조적으로 파리에서건 런던, 그리고 베를린에서도 갈채와 환호 소리가 들리지 않았다. 1914년 때처럼 크리스마스까지는 평화가 올 것이라고 말하는 사람은 아무도 없었다. 그러나 히틀러는 재빠르게 승리를 쟁취하기를 바랐다. 제1차 세계대전에서는 서부전선에서 참호전이란 교착상태가 벌어지면서 영국과 미국이 커다란 자원을 동원할 수 있는 시간적 여유를 주었기 때문에 독일의 적들을 유리하게 했다. 그 결과 독일은 어떻게 하던 전쟁을 기동전(機動戰)으로 유도하는 것이 승리의 요건으로 생각했다. 독일의 군사전문가 하인츠 구데리안은 전차부대를 사용하여 거대한 방어 구축물을 돌파함으로써 프랑스의 요새 마지노 전선을 붕괴시킬 수 있다고 주장했다. 반면 프랑스 참모본부는 난공불락의 강력한 요새 마지노의 방위진지야말로 독일군의 공격을 막아낼 수 있으리라 생각했다. 한편 독일군 최고사령부는 독일의 방위선 지크프리트로부터 총공격을 통해 전격전을 감행함으로써 공격의 돌파구를 마련할 전략이었다. 독일군은 전차를 앞세운 기동전 태세로 군대조직을 개편했다. 프랑스는 제1차 세계대전의 참호전이란 경험을 통해 공격보다 방어가 전략상 유리하다고 굳게 믿어, 강력한 방위 진지를 구축하여 공격해 오는 독일군을 충분히 막아낼 수 있으리라 생각했다.

과연 어느 쪽이 옳았는가는 폴란드의 운명이 그것을 증명했다. 폴란드군은 제1차 세계대전과 같은 대부대를 편성하여 참호전용 장비로 무장했다. 독일군 쪽에서는 그 선두에 급강하 폭격기의 지원으로 6개의 팬저 전차사단을 만들고 그 뒤로 44개 사단의 자동차화 사단을 발진시켰다. 가을철 건조한 대지와 맑은 기후의 도움으로 독일군은 새로운 '전격전'을 전개할 수 있었다. 몇 년 전 히틀러는 "공격할 때에는 … 밤중에 번개가 치듯이 갑자기 습격해야 한다."라고 전격전에 대해 언급했다. 그의 군대는 이 같은 전술을 수행했다. 폴란드가 점령되는 데에는 10일이 채 걸리지 않았다. 9월 17일에는 독소 불가침조약에 묶여 있던 러시아가 폴란드령으로 서둘러 진격해 들어왔다. 그리고 9월 말에는 이미 독립 폴란드는 소멸했다. 새로운 공격무기로서 전차의 효용성이 크게 드러나는 장면이었다.

프랑스의 패배

히틀러가 동부 폴란드 전선에 집중하고 있을 때, 프랑스군이 독일의 최대 공업지대 루르 지역을 선제공격했다면 프랑스가 승리할 기회가 있었을 것이다. 당시 독·프 전선에 배치된 병력은 2 대 1로 프랑스군이 우세했다. 하지만 프랑스군은 독일에 대한 공격보다 방위 계획을 세우는 데 주력했다. 프랑스군의 지휘부는 오직 전쟁의 방어에만 신경을 썼다.

독일군의 놀랄만하게 신속한 전격전에 대항해서 영국이나 프랑스도 전차부대를 조직하는 등 새로운 전쟁 준비가 절박해졌다. 그러나 실제로는 전쟁 준비는 아직 착수되지 않았고, 이것도 전시이냐고 의심할 정도의 휴지의 기간이 그 후에도 6개월이나 계속되었다. 영국의 대륙 원정군은 1914년에도 그러했으나 곧바로 참전하지는 않았다. 히틀러의 도전은 주로 프랑스로 향한 것이라고 치부했다. '기묘(奇妙)한 전쟁(Phony War)'이 시작되었다. 하지만 독일의 주된 타격 지역인 프랑스마저도 전쟁 준비는 되어 있지 않았다. 독일과 국경을 마주한 샤란페 다리에서 프랑스군 감시병은 그의 자동화기로부터 불과 500m밖에 떨어지지 않은 전면의 라인 우안을 달리는 적군 열차를 매일 보고를 위해 단지 숫자를 세는 업무만 계속할 뿐이었다. 서부전선은 이제 깊은 수면 상태에 빠졌다.

프랑스 군사의 기본 원칙은 마지노선의 방위가 우선한다는 것이었다. 마지노선이 전쟁에서 중요 진지였으며, 마지노선에서 적을 격파함으로써 전쟁에서 승리할 것이었다. 마지노선이 프랑스 국민에게 주는 안심감은 절대적이었다. 그러나 이 진지는 또한 큰 결함을 지닌 것도 사실이다. 전면이 두꺼운

강철로 강력하게 무장되었지만, 측면으로부터의 엄호가 극히 약한 점이 있었고, 정면 전투밖에 할 수 없는 진지였다. 지붕이 없었기 때문에 급강하하는 폭격기가 전함을 격침하듯이 공격해 오면 속절없이 당할 수밖에 없었다. 그것은 진지의 설계자가 현대전에서의 항공기의 역할을 아직 예상하지 못했기 때문이었다. 이 진지는 프랑스 국경이 끝나는 곳까지만 구축되어 있을 뿐 벨기에 쪽은 무방비였다.

후방의 사정도 별반 다르지 않았다. 영국 국민은 대전의 후유증으로 염전 무드와 평화로운 일상생활에서 벗어나지 않았다. 겨울 동안 영국의 어느 가수는 "달려라. 토끼(히틀러를 지칭), 달리거라!"라든가 "지크프리트 선(독일의 방위선)에 세탁물을 걸자." 등 전쟁에 대한 권태감을 표현하거나 히틀러를 조롱하는 노래를 태연하게 불러 대단한 인기를 끌곤 했다. 실제로 영국인들의 관심을 끌게 된 유일한 뉴스는 스탈린이 핀란드에 전쟁 기지(基地)를 요구했으며, 핀란드가 소련에 대해 필사적으로 반대하여 투쟁한 '겨울전쟁'에 관한 것이었다.

그 사이에 히틀러는 전쟁 계획을 완성하고 해군 제독들을 모아 그들의 의견을 청취했다. 그들의 견해에 의하면 제1차 세계대전에서 독일 해군작전이 실패한 원인의 하나는 독일의 해안선이 좁아 쉽게 봉쇄되고 말았다는 점에 있었다고 주장했다. 따라서 만일 독일육군이 덴마크와 노르웨이를 점령할 수 있다면, 해군의 U보트가 길고 방비가 잘된 해안선을 통해 행동의 자유를 얻게 될 것이라 주장했다. 1940년 4월 8일 히틀러는 그들이 요구한 것을 실현할 수 있었다. 제공권을 완전히 장악한 독일군은 덴마크와 노르웨이 등 약체인 나라들을 쉽게 압도했다. 영국의 해군이 개입했으나 두 척의 구축함과 항공모함 글로리아스를 잃었을 뿐이다. 노르웨이를 구원하기 위해 출동한 원정대는 한때 나르비크 항을 확보했으나 6월에는 그곳에서 후퇴하지 않을 수 없었다. 영국이 이러한 패배를 보상하기 위해서는 결국 전면전에 뛰어들어 독일 해군의 대부분을 파괴하는 방법밖에 없었다.

독일에 의한 노르웨이 정복은 영국에서는 체임벌린의 사퇴를 몰고 왔다. 그는 처음부터 독일의 덴마크와 노르웨이 침략은 실책이라고 오산했다. 그는 히틀러가 '버스를 놓쳤다.'라고 했는데, 영국의 하원이 이틀에 걸친 토론 끝에 수상이야말로 '버스를 놓쳤다.'라고 결론을 내렸다. 의원들은 수상의 사임을 요구했고, 소란스러운 토론을 거친 끝에 체임벌린도 사임에 동의했다. 1940년 5월 윈스턴 처칠이 3대 정당(보수당, 자유당, 노동당)으로 성립된 거국내각의 수상으로 취임했다.

윈스턴 처칠은 1906년부터 14년간 자유당 내각의 대신으로 봉직했다. 1914년 전쟁이 발발했을 때 해군상이었는데 그의 기민한 조치로 영국 함대의 전쟁 준비를 완수함으로써 초전에 승리할 수 있었다. 그러나 그 후로는 그를 둘러싼 상황은 좋지 않았다. 그는 안트워프 공격의 실패(1914), 갈리폴리의 참패(1915), 볼셰비키에 대항한 아르한겔스크의 패배(1919) 등을 겪었다. 이러한 실패로 그는 전쟁 지도자로는 부적격한 사람으로 평가되었으나 국가 존망의 기로에 선 제2차 세계대전이 터지자 영국인들은 평화와 유화에 집착한 체임벌린보다는 일관하여 히틀러를 비판하고, 그의 침략에 대해 경종을 울린 처칠을 선호하게 되었다. 수상에 임명된 지 3일 후 그는 하원에서 한 연설에서 "내가 제공할 수 있는 것은 피와 노고(勞苦), 눈물과 땀뿐이다." 그러나 "어떠한 희생을 치르더라도 승리"를 가져올 것을 약속한다고 연설했다. 그가 무엇을 할 것인가는 분명했다. 영국은 단호한 결의라는 의미에서 히틀러에 필적할 수 있는 지도자를 가지게 되었다.

서부전선에서 영국과 프랑스는 수적으로 우세한 병력을 가지고 있음에도 적극 공세적 행동으로 나가지 않았다. 이 '기묘한 전쟁'의 배경에는 프랑스군의 준비 부족 이외에도 프랑스 국민의 강력한 전면 전쟁에 대한 회피의 희망과 히틀러의 전쟁 의도가 국지전에 머물지도 모른다는 기대와 환상이 있었다.

프랑스에서는 1940년 초부터 정치적 위기가 나타나고 있었다. 그것은 영국처럼 정부뿐 아니라 군부와도 관계가 있었기 때문에 더욱 심각했다. 프랑스군의 약점은 지휘 계통이 일원화되어 있지 않았다는 점에 있었다. 현대전을 수행하는 데에는 일사불란한 지휘 계통을 유지하는 것이 필수적이었는데, 프랑스는 전쟁을 지도하는 중심점이 빠져 있었다. 정부 수반으로 처칠과 같이 강한 개성으로 전쟁 지도를 할 수 있는 인물이 나타나지 않았고, 미국의 대통령 루즈벨트와 같이 3군의 실제 총사령관으로 전쟁 지도를 할 수 있는 전시헌법이 마련되지도 않았다. 국방성은 존재했지만, 그것은 구식의 군사성의 명칭을 바꾼 기구에 불과했다. 적국인 독일의 히틀러가 총통으로 군사권을 완전히 장악하고, 작전을 수립, 명령하는 데 반해 프랑스의 수상은 전시에조차 개인적으로 군의 사령권을 행사한다는 것은 프랑스적 사고로는 있을 수 없었다. 프랑스군의 지휘권은 국방군 참모총장이었던 가믈랭(Maurice Gustav Gamelin)에게 있었고, 그는 자기의 지휘하에 육군, 해군, 공군을 장악해야 했으나 해군, 공군은 독립하여 서로 자신의 위치를 지키려 했다. 프랑스군의 사기는 독일군의 검소하고 규칙적인 막사 생활과는 대조적으로 권태로운 분위기에 휩쓸려 있었다. 병사들은 순종적이었으나 무기력했고, 조속히 동원이 해제될 때만 기다리고 있었다. 막사 생활은 우울했으나 식량이 풍부했기 때문에 식사는 사치해져서 프랑스의 장교들은 파리의 요리사를 차출하여 포도주를 곁들인 일류의 성찬을 즐겼다.

영국에서 처칠이 수상에 취임한 날인 1940년 5월 10일 히틀러는 서방에서의 전쟁을 전격적으로 개시했다. 원래 히틀러는 1939년 11월 27일 일출 15분 전에 개시하기로 작전 명령을 작성하고, 폴란드 전선에서 철도와 고속도로를 통해 라인 강변까지 병사를 집결했다. 그러나 군 수뇌부들은 프랑스군을 공격하기에는 총포와 탄약이 부족하다는 이유를 들어 히틀러를 만류하려 했다. 그러나 히틀러는 이들의 만류에 크게 화를 내면서 강행을 고집했다. 공격 개시일을 연기시킨 것은 기상이 나빠서였다. 그해 가을에는 장마가 계속되었다. 공군과 장갑차를 주력으로 하는 히틀러의 전격전에서 기상 악화는 결정적 장애 요인이었다. 악천후는 훈련마저 중지시켰으며, 지상의 모든 작업을 중단시켜 병사들은 비 오는 날이면 촌락의 술집이나 드나들면서 권태로운 생활에 빠지곤 했다. 기상 악화로 히틀러의 제1차 작전명령은 취소되었다.

노르웨이와의 전쟁에 몰두하고 있었던 히틀러가 다시금 서유럽 공격작전(Yellow 작전)을 꺼내어 든 것은 1940년 봄이었다. 독일군 전격전의 계획은 프랑스의 마지노선을 피해 히틀러가 중립을 존중하기로 약속한 네덜란드, 벨기에, 룩셈부르크 3국에 기습적으로 침입하는 것이었다. 페도르 폰 보크가 통솔하는 B군 집단은 전군대의 우익이 되어 벨기에의 영국, 프랑스군을 격파, 북해 연안을 점령하고 공군 기지를 획득하는 것이었고, 게르트 폰 룬트슈테트의 A군 집단은 네덜란드의 습지 아르덴느 숲을 통과하여 뮤즈를 공략하며, 빌헬름 리터 폰 레프의 C군 집단은 룩셈부르크로부터 스위스에 거쳐 방위선을 구축하는 작전 계획이 작성되었다. 요컨대 이 작전의 핵심은 B와 A군 집단에 의해 북방 베, 네, 룩스에 진입하고 있던 영국과 프랑스군을 포위함으로써 방어력이 약화된 프랑스 침입을 수월하게 하려는 데 목적이 있었다. B군 집단은 쾌속하게 네덜란드를 점령하여 네덜란드군과 영국군, 프랑스군의 합류를 차단하고 격렬히 공격함으로써 벨기에 국경 방위를 분쇄하고자 했다. 또한 A군 집단은 가능한 한 급속하게 디낭과 스당 사이의 뮤즈 강을 강행 돌파하여 최대한의 속도로 솜 북프랑스 요새화 지대의 배후를 습격할 수 있었다.

5월 9일 오전 독일 국방군 사령부에서 전투 개시의 명령이 하달되었다. 명령서에는 전투 개시를 5월 10일 새벽 5시 35분에 개시하기로 되어 있었다. 네덜란드 전선에서 독일군의 극적인 공격이 전개되었다. 독일 공정부대가 일제히 로테르담, 헤이그, 드르도레히트에서 강하 작전을 전개했다. 네덜란드의 방위는 인공 방죽을 터놓음으로써 암스테르담, 헤이그, 로테르담의 삼각지대를 물줄기로 둘러싼 인공 섬을 만드는 수방작전(水防作戰)이었는데, 홍수를 일으키기 위해서는 4일을 기다려야 했다. 독일군 공정부대의 투입은 네덜란드의 방위 작전의 의표를 찌른 것이었다. 독일의 공군은 네덜란드 상공에서 계속해서 제공권을 장악하고 간단없는 폭격으로 네덜란드군을 혼란에 빠지게 했으며, 결국 '네덜란드의 요새'는 붕괴되었다.

한편 독일군 전차부대는 룩셈부르크 국경에서 마지노선이 끝나는 지점에서 돌입해 들어왔다. 혼란스러운 싸움이 3일간 계속된 다음에 독일의 팬저 전차대는 스당 전선의 돌파에 성공했다. 독일군이 솜 강 연안을 따라 바다를 향에 전진해 갔기 때문에 제1차 세계대전 슈리펜 플랜에서처럼 독일군이 파리로 남진하는 것을 방어하기 위해 벨기에까지 전진해 있었던 영국 파견군과 프랑스군이 고립되고 말았다. 탄약과 연료가 부족했으나 그들은 몇 주간에 걸쳐 출구를 찾아 싸웠다. 프랑스군이 퇴각하는 것을 보고, 영국 파견군의 사령관 고든 경은 더는 구원의 가망이 없음을 감지했다. 그는 연합군 최고 사령관의 명령을 거부하고 영국으로 귀환하기 위해 됭케르크까지 후퇴했다.

됭케르크 철수 작전 중 연합군의 손해는 대단히 컸다. 독(dock)에는 파괴된 선박의 잔해들로 넘쳤다. 철수 작전에 동원된 693척의 영국 선박 중 226척이 파괴되거나 격침되었다. 해안에는 길게 열을 진 병사들이 바닷속으로 걸어 들어가 함선까지 그들을 운반해 줄 배를 기다렸다. 다행히 바다는 기적적으로 잔잔했다. 조금만 파도가 높아도 해안으로 배가 접근할 수 없었을 것이고, 따라서 철수할 수 있는 병사들의 숫자가 반감했을 것이다.

영국 해군선의 호소에 응해 특별지원한 민간 배들이 철수하는 병사들을 구하기 시작했다. 그들은 어부, 요트맨, 퇴역 수병들로 구성되었다. 그들은 여러 가지 장애를 극복하고 초연이 짙은 해안까지 구원의 손길을 뻗치게 되었다. 급강하하는 폭격기의 습격, 대공포의 포탄 파편이 우박처럼 쏟아지고, 파도 사이에 떠도는 전사자 등 참혹한 장면 속에서 병사들을 만재한 작은 배로 해협을 건너가는 것은 몹시 어려운 일이었다. 구출을 기다리는 동안 병사들은 해안의 모래 속에 은폐하여 적의 포탄과 총탄을 피하려 했다. 6일간에 30만 이상의 영·프 군이 쉬지 않고 움직인 수병과 민간인의 손에 의해 영국의 안전지대로 구출되었다. 처칠은 이것을 '됭케르크의 기적적 구출'이라고 했다. 그리하여 됭케르크 철수 작전은 세계 전쟁사에서 명예로운 퇴각 작전으로 묘사되었다.

프랑스 전선에서는 기적이 일어나지 않았다. 프랑스의 북방에서 프랑스군은 전멸에 가까운 피해를 보았다. 50개 사단이 남아있었으나 150개 사단과 10개의 기갑사단의 독일군에게는 사실상 당할 수가 없었다. 이탈리아가 6월 10일 프랑스와 영국에 선전포고를 했다. 이탈리아의 참전 3일 후 파리가 시가전을 치르지 않고 포기되어 독일군의 손으로 떨어졌다. 9일 후 콩피뉴 숲 속의 철도 차량에서 프랑스는 굴욕적인 휴전조약에 조인할 수밖에 없었다. 겨우 6주간의 전투로 막강을 자랑하던 프랑스군이 패배하기에 이르렀다.

북프랑스는 독일군에 의해 점령되었다. 그러나 비시에 본거를 둔 프랑스 괴뢰 정권이 남프랑스를 지배하게 되었다. 한편 한 사람의 프랑스 군인, 샤를르 드골만 런던에 도착하여 "프랑스는 전투에는 패배했지만, 전쟁에는 지지 않았다."라고 성명을 발표했다. 그것은 전통적인 프랑스인의 정신을 대변한 것이었다. 또한, 그는 프랑스 국내의 애국적 인사들의 레지스탕트 운동을 선동했다. 그리고 망명정부로 '자유 프랑스'를 조직했다.

한편 히틀러는 서쪽에서의 전선은 끝났다고 생각하여 영국에 강화를 요청했다. 그러나 그를 놀라게 한 것은 처칠이 이를 일거에 거절했다는 점이다. 그리하여 나치 지도자는 영국에 대한 공격을 고려하지 않을 수 없게 되었다.

2. 독일과 영국의 전쟁

히틀러의 오해

프랑스의 패배를 끝으로 히틀러는 이 전쟁이 독일의 승리로 끝났다고 생각했다. 6월 14일 파리가 함락된 후 프랑스는 붕괴했다. 전선에서 포성이 침묵하고 전쟁은 중단되었다. 이제 히틀러는 영국이 강화를 요구하여 올 것이라는 데 아무 의문도 없었다. 원래 영국인들은 현실주의자이다. 영국은 맹우인 프랑스를 잃었다. 그리고 지난 대전 이래 유럽전쟁에 개입하는 것을 꺼리는 미국에는 아무런 기대도 할 수 없을 것이다. 소련도 별수 없었다. "소련은 우리의 대승리에 눈물을 머금고 바라볼 뿐이다."라고 히틀러는 말했지만 실제로 러시아는 독일을 공격할만한 힘이 없었다. 사실 몰로토프는 프랑스에 대한 히틀러의 승리를 서둘러 축복하기까지 했다. 따라서 영국은 이제 고립되었다. 히틀러가 영국의 무역을 방해하거나 영제국을 파괴하고자 하지 않는 한, 또는 미치지 않는 한 전쟁을 계속할 일이 없을 것이다.

"영국은 언제라도 원하기만 하면 평화를 손에 넣을 수가 있다. 요구만 있으면, 우리는 항상 그럴 용의가 있기 때문에…."라고 히틀러는 측근에게 말한 바 있다. 그가 히틀러에게 요구하는 거의 유일한 것은 독일이 유럽을 재편하기 위해 동쪽으로 팽창하려고 할 때 영국이 방해하지 않는 것일 뿐이었다.

6월 중에 영국은 독일군으로부터 단 한발의 포격도 받지 않았다. 독일 공군의 활동은 항만 공격으로 제한되었다. 히틀러는 35개 사단을 해산하고, 앞으로 부분적인 동원 해제를 할 것을 예고하고 있었다. 한편 각지의 독일 외교단에 영국 측으로부터 교섭을 제안받는다면 거부하지 말라고 훈령했다. 히틀러와 측근의 회담은 영국 측으로부터의 교섭에 대한 화제가 그 중심이 되었다. 이미 서부전선은 종결된 것이었다. 이런 때에 노획된 프랑스 함대의 파괴라는 극적인 사건이 벌어진 것이다. 그것은 어떠한 수단에 호소하더라도 전쟁을 계속하겠다는 영국의 강한 결의의 표현이라 할 수 있다.

영국의 전쟁 준비 태세

영국에 악몽처럼 여겨진 존재가 된 프랑스의 독일군에 의해 노획된 프랑스 함대는 프랑스 본국과 알렉산드리아 만과 카사블랑카와 다카르, 멜 엘케빌 등 여러 곳에 분산하여 정박하고 있었다. 독일 해군과 합치면 그것은 영국해군의 전 함대에 필적할 만한 유격함대를 편성할 수 있는 해군력이 될 것이다. 영국군이 믿는 보증이란 휴전조약 제7조에 규정된 프랑스 함대의 무장해제 조항과 휴전조약 체결 때에 프랑스 해군 총사령관 다를랑 제독의 선언, 즉 자국 군함의 한 척이라도 독일군에 넘기지 않겠다는 약속뿐이었다.

영국은 '캐터펄트 작전'이라 이름을 붙인, 프랑스 함대를 파괴하는 군사적 작전행동을 해군성의 반대를 물리치고 개시했다. 이 작전은 처칠의 주도로 이루어졌다. 항구에 기항하고 있던 프랑스 함대를 스스로 격침해 전투가 불능하도록 하거나 아니면 습격하여 격침하는 것이었다. 알렉산드리아와 다카르 등에서는 어렵지 않게 성공했으나 멜 엘케빌에서 문제가 발생했다. 영국의 해군 제독이 프랑스 해군 제독에게 (1) 대독 전투에 합류하든가, (2) 영해군의 규제하에 영국 항에 입항하든가, (3) 서인도제도에 입항하여 미 해군의 규제를 받든가, (4) 자침(自沈)하든가 라는 명령을 내리고, 아니면 영 해군의 공격을 받을 것이며, 선택을 위한 유예시간은 6시간이라는 명령서를 전달했다. 이러한 힘에 의한 위협적 경고에 프랑스 해군이 반항하는 답신을 보내자 포격이 시작되었다. 다음날 재개된 포격으로 1,300명에 가까운 프랑스 해병이 사망했다. 영국과 프랑스 간의 위기가 전쟁으로 발전되지 않은 것은 비시 프랑스의 보드왕 외상의 설득 때문이었다. 그러나 이 사건을 통해 프랑스 해군의 노여움은 쉽게 사라질 수 없었다. 처칠의 결사 항쟁의 의도를 간파한 히틀러도 외교에 대한 미련을 버렸다.

프랑스의 칼레에 주둔한 독일군에게는 멀리 영국의 해안이 보였다. 1940년 가장 중요한 문제는 언제 어떻게 독일군이 영국에 상륙을 시도할 것인가에 있었다. 영국의 역사적인 방위 장비는 세계의 바다를 장악해 온 막강한 함대였다. 그러나 항공기술이 발달함으로써 침략을 격퇴하면서 영국 해군의 역할은 영불해협과 북해에서의 독일의 공군력에 의해서 크게 후퇴하게 되었다. 주역은 영국의 공군으로 바뀌었다. 히틀러에 맞서는 영국의 운명은 제공권에 달려 있었던 것이다.

영국의 방공체제를 살펴보면 뮌헨의 유화 정치의 드라마가 큰 역할을 해서 공군력의 강화를 크게 후퇴시키게 되었다. 평화라는 미몽에서 갑자기 깨어나게 된 영국은 다시 잠잘 수는 없었다. 하늘과의 전쟁에 대비하여 강력한 지상 방공 시설에 대한 정비가 이루어졌다. 평화의 환상에 잠겨 있던 당시 잠자고 있던 방공 감찰대는 다시 활동을 개시했다. 비행장이 증설되었고, 공습에 의한 피해를 긴급히 보수하기 위한 물품이 대량으로 준비되었다. 통신 시스템도 우정국의 협력으로 완성되었다. 그것은 민간 설비를 이용하여 공중전에 공헌할 수 있는 모든 기관과 연락을 하며, 또한 일체화하는 통신망이었다. 영국의 하늘에서 전개되는 전투의 경과를 이해하기 위해서는 이러한 배경을 알고 있는 것이 필요했다.

영국의 공군은 또한 아주 중요한 발명에 혜택을 보게 되었다. 국립물리학연구소의 와트손 왓트는 전리층에 전자파를 반사함으로써 육안으로는 보이지 않는 비행기를 탐지할 수 있는 장치를 개발했다. 이에 무선방향탐지기(無線方向探知機, Radio Direction Finding)가 발명되었는데, 그 약어가 RDF인 레이더라는 탐지기를 발명했다. 당시로는 영국만이 이 탐지기를 실전에 배치할 수 있었다. 영국의 하늘을 지키는 이 초병(哨兵)으로 영국은 공중전을 비롯한 모든 싸움에서 이 비밀스러운 감시망의 혜택을 보게 되었다.

우선 필요한 것은 스핏트파이어와 허리케인 같은 전투기였다. 영국과의 전투에서 쉽게 승리할 수 있으리라고 장담한 괴링의 말로 격려된 히틀러는 바다로부터의 공격 준비로써 제공권(制空權)을 장악하기 위해 8월 13일부터 영국 본토에 대한 공습을 개시했다. 이에 이은 영국 상공에서의 전쟁은 문명의 위기라고 생각될 만큼 심각한 것이었다.

날마다 남단의 영국 상공에서 영·독 양국의 비행기들이 치열한 공중전이 벌였다. 밑에서 올려다보는 사람들에게 보이는 것은 높은 하늘 위에서 선회하는 은색 점들뿐이었다. 보통 규칙적인 엔진 소리가 들리다가 갑자기 기관총 소리가 들리곤 했다. 공중전에는 새로 발명된 레이더가 큰 역할을 했다. 이 전투에 참가하고 있는 공군 병사들에게는 이 순간이야말로 흥분과 공포가 극에 달하는 때였다. 그들은 몇 시간이고 대기하고 있다가, 출격하게 되면 겨우 수분 간의 혼란한 시간 동안 하늘을 선회하면서 이어폰에서 외치는 경고와 명령으로 시끄럽고 바쁜 경험을 하게 되었다. 무사하게 귀환할 수 있는 자도 있었지만 불타는 비행기에서 튀어나와 탈출하거나, 도버해협의 바닷물 속에 떨어져 바다 위에서 인내성을 발휘하여 표류할 수밖에 없었던 병사도 많았다. 그들에게 죽음이란 늘 가까운 곳에 있었다.

'영국 본토 항공전(Battle of Britain)'

1940년 9월 15일 처칠의 '브리튼 전투'라는 영국 본토 방위전이 벌어지기 시작했다. 본토의 상륙은 해협의 조수 간만의 문제와 가을 날씨의 악화(안개와 폭풍우) 때문에 불가능해졌다. 독일의 공군 사령관 괴링은 "하늘에서 공중전을 감행하고, 본토 폭격을 계속하면 그 사이에 영국은 비명을 지르면서 화평을 구걸하게 될 것이다."라는 의견을 가지고 있었다. 그러나 영국군은 처칠을 중심으로 조국방위를 위해 목숨을 불태울 각오가 되어 있었다.

"'브리튼 전투'가 끝날 무렵에는 나는 거의 친구를 잃었다. 그때 나의 나이는 23세였다."라고 살아남은 어떤 사람이 회상했다. 공중전의 경험이 풍부한 더글러스 베이더와 같은 프로 파일럿은 소수에 불과했다. 대부분 사람은 불과 몇 개월 전만 해도 민간인이었다. 이런 사람들은 일생 전쟁 공포의 악몽으로 시달리는 사람이 많았다. "공중전으로 싸울 때마다 너무 무서워서 나의 왼발은 늘 뒤틀리거나 떨리곤 했다."라고 영국 전투기 부대의 격추 왕 진저 레이시가 기록을 남기고 있다.

이 전투에서 영국군을 도운 것은 레이더였다. 레이더가 있었기 때문에 계속되는 정찰 비행으로 지치지 않고도 적기가 접근할 때까지 영국군 파일럿들은 비행장 막사에서 쉴 수 있었다. 만일 독일 측이 런던 폭격으로 작전 목표를 변경함이 없이(9월 7일) 집중적으로 영국의 비행장과 레이더 기지를 공격했다면 그들이 승리할 수 있었을지도 모른다. 영국의 스핏트파이어나 허리케인 같은 전투기들은 독일의 멧써슈미트 109에 비하면 속도에는 뒤졌지만 움직임이 유연했다. 틀림없는 사실은 당시 영국의 공군이 적에게 끼친 손해가 적에게서 받은 손해보다 컸다는 데 있다. 1940년 9월 17일 히틀러는 영국에의 상륙계획을 무기한 연기했다. 영국은 거대한 육군이 아니라 수천 명의 파일럿에 의해 구제되었다. 처칠은 의회에서 이 승리를 다음과 같은 기억에 남는 말로 요약했다. "인류의 전쟁에서 이처럼 많은 것을, 이처럼 많은 사람이, 이처럼 소수 사람의 공헌으로 빚진 일은 그 예가 없을 것이다."

독일의 폭격기는 시도 때도 없이 런던과 기타 큰 도시를 공습하여 폐허로 만들었다. 이에 대해 영국도 장거리 폭격기를 만들어 독일 도시를 수백 회나 공습했다. 영국 근해에서는 제1차 세계대전에서처럼 독일의 U보트 작전이 다시금 시작되었다. 영국의 해안선과 모래사장에는 기뢰가 부설되고, 철조망이 설치되고, 대포와 고사포가 보강 비치되었다. 주택의 창은 모래주머니에 의해 가려지고, 사람들은 뜰에 파놓은 방공호 속에서 잠을 잤다. 식량 배급제가 시행되어 주민생활이 궁핍해졌다. 포격이 계속되었기 때문에 등화관제를 시행했다. 전시하의 두 번째 크리스마스의 런던 거리는 가로등이 꺼지고 집안의 등도 꺼져 어둡고 우울하게 또 한 해가 저물고 있었다.

3. 전쟁의 확산

이탈리아와의 전쟁

지상에서의 전투는 영국의 본토에서 멀리 떨어진 곳에서 벌어지고 있었다. 독일의 동맹국 이탈리아 무솔리니의 군대 장비는 빈약했다. 이탈리아의 해군은 전투기의 원호가 없었기 때문에 위험에 노출되어 있었으며, 또한 그 군함들의 대부분이 지난 전쟁에서 영국 공군의 공격으로 파괴되었기 때문에 움직일 수 없었다. 그리고 이탈리아 육군은 탱크나 전투용 차량 장비가 부족했다. 하지만 무솔리니는 "이빨은 시원치 못했으나 식욕은 강했다." 무솔리니는 로마제국 이래 이탈리아의 전통적인 제국주의 노선의 확보를 꿈꾸고 있었다. 지중해를 '우리의 바다(Mare Nostro)'로 확보하기 위해서는 아프리카 북쪽 해안지대와 발칸반도를 지배해야 할 것이었다.

발칸반도의 확보를 위해서는 그리스를 공격해야 했다. 히틀러는 이탈리아로부터 편지를 받았는데, 그 편지에서 무솔리니는 그리스로부터 용서할 수 없는 도발을 받았다고 호소했다. 그러나 당시 그리스에는 독일의 포츠담 사관학교 출신의 친독파 독재자 잔 메타쿠사스가 집권하고 있었고, 히틀러는 소련 개입의 구실이 될 수 있는 발칸 문제에 개입하고 싶지 않았다. 그러나 무솔리니는 그리스가 영구히 이탈리아의 전략권 속에 포함해야 한다고 생각하고 있었다. 그는 이탈리아의 참모총장 파트리오 원수에게 그리스 격파를 위해 필요한 병력과 기간을 물었다. 원수는 20개 사단과 3개월이라고 대답했다. 원수는 그리스 침공을 위해서는 이탈리아의 병력이 부족하다는 이유로 이 침공 계획에 반대했다. 그러나 무솔리니는 1940년 10월 27일 그리스에 침입했다.

무솔리니는 그리스 침입에 협력을 요청하기 위해 동맹국 독일의 히틀러와의 회담을 제의했다. 무솔리니와 히틀러는 피렌체역에서 만났다. "총통, 우리는 움직이기 시작했습니다. 우리 군은 오늘 오전 6시에 당당하게 그리스에 침공했습니다." 히틀러가 노골적으로 불만족스러운 표정을 짓자 다음과 같이 덧붙였다. "걱정하지 마세요. 2주 이내에 끝날 거니까요." 하지만 2주 후 무솔리니의 군대는 완전히 패주하게 되었다. 산악전에 적응하여 게릴라 전법을 쓰는 그리스군은 경이적인 저항근성을 발휘하여 이탈리아군의 공격을 마비시켰다. 이탈리아군은 목표했던 살로니카에 접근도 하지 못하고 11월에는 패배가 결정적이 되었다. 영국의 공군은 항구에 정박 중이던 이탈리아의 군함들을 폭파하고 이탈리아의 해군에 막대한 손해를 입혀 비참한 패배를 안겨주었다. 그 후 이탈리아군은 발칸반도로 북상했으며, 알바니아에서도 패전을 겪게 되었다. 무솔리니는 그의 제국주의 노선에 하나였던 아프리카의 이집트 전선에서도 패배했다. 장비 부족에 사기가 극도로 떨어진 이탈리아군은 영국의 웨이벨 장군의 야습으로 2시간 만에 군 지휘관이 파자마 바람으로 사살되고, 3만 8,000명이란 사상자를 낸 대참패를 당하게 되었다.

히틀러는 낙담한 무솔리니에게 편지하기를 "… 자신은 그리스에서 영국의 위협을 배제하고자 결의를 굳혔다. 그러나 발칸에서의 대규모의 작전은 적어도 3월 이전에는 불가능하다는 것을 인정치 않을 수 없다. 이에 비해 지중해의 봉쇄는 바로 착수할 수 있을 것이다."라고 그의 전쟁 수행 계획을 피력했다.

히틀러는 무솔리니에 대해서는 파시즘이라는 이념적 연대감과 개인적인 우정이 결합하여 언제든지 도울 준비가 되어 있었다. 그는 이탈리아 동맹군의 참패를 보고, 그리스전에 참전할 결심을 하게 되었다. 독일군은 그리스를 돕기 위해 원정 온 영국군을 1941년 그리스 본토로부터 크레타 섬으로 쫓아냈으며, 크레타 섬으로부터 다시 구축하여 발칸반도로 밀어붙였다. 그러나 발칸반도에서 이탈리아군이 패배하자 독일군이 이탈리아군을 구원하기 위해 유고슬라비아까지 침입하지 않으면 안 되었다. 이어서 이집트에서는 영국군이 사용 가능한 모든 전력을 동원한 결과 침입해 온 이탈리아군을 물리치고 이집트를 지킬 수 있었다.

1941년 1월 3일 새벽 아프리카에서의 이탈리아의 식민지 리비아의 키레나이카 지방의 발르티아 항을 수비하고 있었던 이탈리아군 수비대는 격렬한 영국군의 포격을 받았다. 이탈리아군의 그로치아니 원수는 퇴각을 생각했으나 무솔리니의 성난 명령이 떨어졌다. "이탈리아의 굴욕은 이미 참을 수 없게 되었다. 1인치라도 스스로 이탈리아제국을 포기하는 것은 허락할 수 없다. 최후까지 발르티아를 사수하라."라고 명령했다. 발르티아에 주둔했던 4만 5,000명의 이탈리아 병사는 육상으로나 해상으로도 보급이 끊긴 채 주위 30km의 진지에 농성하여 싸웠다. 그러나 음료수가 극도로 제한되고, 무장도 빈약했으며, 사기가 저하되어 있었다. 공격 개시 3시간 후 사기 왕성한 영국군 혼성부대는 적의 방위망을 돌파하여 5,000명을 포로로 잡았다. 바다로부터 포격이 시작되어 저녁 무렵 이탈리아군의 진지는 완전히 분단되었고, 다음날에는 최후까지 저항하는 이탈리아군을 일소했다. 지휘부의 장군들은 가까스로 사막으로 도망했으나 4만 명의 이탈리아 병사가 포로가 되었다. 영국 측의 사상자는 456명에 불과했다.

히틀러는 패배하여 극도로 굴욕을 느끼고 있던 이탈리아를 버리지 않았다. 잘츠부르크의 작은 역, 눈 내리는 플랫폼에서 히틀러는 무솔리니를 맞았다. 두 사람은 몽환적인 히틀러의 산장에서 회담했다. 여기서 히틀러는 우월감을 될 수 있으면 감추고 의기가 저하된 무솔리니를 앞으로도 계속 돕겠다는 약속을 하고 위로했다. 무솔리니가 잘츠부르크에서 출발할 때 이탈리아군은 아직도 발칸반도의 도브르크에서 저항하고 있었다. 그러나 그가 로마에 도착했을 때에 이미 이탈리아군의 후퇴가 시작되었다. 계속 되풀이된 패배에 짜증이 난 그로치아니는 후퇴를 만류하는 무솔리니의 명령을 무시하고, 서부 알제리 지배의 본거지였던 벵가지를 버리고, 2월 3일 트리폴리로의 전면 후퇴에 들어갔다. 이렇게 사태가 전개됨에 따라 히틀러도 불안해지기 시작했다. 북아프리카를 완전히 잃어버린 이탈리아의 심장부에 연합군이 권총을 들이대면 동맹국 이탈리아가 전선에서 손을 떼지 않겠는가 하는 불안이었다. 그는 국방군 수뇌들에게 이렇게 말했다. "군사적으로 고려한다면 이탈리아의 탈락은 이해할 수 있다. 그러나 그것이 독일 장병에게 끼치는 정신적 영향은 크다. 그러므로 전략적으로 이탈리아의 위치는 중요하며, 우리 자신, 프랑스 남부에 약점을 갖고 있다. 그러므로 이탈리아를 지원하는 것이 필요하다."

히틀러는 본격적으로 이탈리아의 아프리카제국을 지원하기로 했다. 사막 전쟁을 위해 특별훈련을 받은 아프리카 군단이 '사막의 여우'라는 별명을 지닌 에르빈 롬멜 장군의 지휘하에 편성 파견되었다. 롬멜의 신기에 가까운 사막전 전술로 영국군은 이집트 쪽으로 밀리게 되었다. 그 뒤부터 아프리카 전선에서 영국군은 점차 수세에 몰리기 시작했다. 사막전에서 연합군의 공세가 다시 시작된 것은 미국이 참전하여 북아프리카에 투입된 다음의 일이었다.

4. 히틀러의 소련 침공과 연합군의 반격

'바르바로사 작전'

1941년 말 무렵 히틀러는 유럽을 대부분 그의 지배하에 둘 수 있게 되었다. 이미 프랑스, 폴란드, 유고슬라비아, 그리스는 정복되어 있었고, 불가리아, 이탈리아, 헝가리, 루마니아는 독일 편이었다. 그리하여 히틀러는 이제 동방에 생존권을 구축하는 오래전부터의 독일의 꿈인 게르만 민족의 생존권을 동방으로 확장하겠다는 계획을 실현할 수 있는 때가 왔다고 생각했다. 1941년 6월 22일 독일군은 1939년의 독소불가침조약을 깨고 '바르바로사 작전', 즉 소련에의 침공을 개시했다.

그러면 왜 히틀러는 소련에 침공하여 독일의 전략상 취약점인 동과 서 두 개 전선의 적과 적대하여 전쟁하려고 했는가? 히틀러의 궁극적 목적은 동방으로 판도를 확대하여 독일 민족의 천 년 제국을 건설하는 데 있었다. 한편 외교적 전략으로는 프랑스의 몰락으로 고립된 영국이 당시 미국과 소련에 의존할 수밖에 없었던 상황이었는데, 독일이 소련을 우선 공격해서 타도하면 영국도 결국은 전쟁을 중지할 것이라는 계산이 있었다. 그렇게 하여 서부전선이 중지됨으로써 비로소 소련과의 일대일의 전쟁이 가능해지는 기회가 올 것이라는 계산이었다. 군사적으로는 카스피아 해의 석유자원, 우크라이나 흑토지대의 식량과 공업자원을 확보하기 위해 아스트리아로부터 아르한겔스크에 이르는 2,000km의 보급을 위한 안전한 병참전선을 설정하여 불패의 태세를 정비하는 데 있었다.

러시아는 넓다. 그 때문에 급속하게 소련군을 섬멸하지 않으면 나폴레옹의 러시아 원정 실패의 재판이 될 우려가 있었다. 그리하여 독일은 다시금 전격전의 도박을 하지 않을 수 없었다. 그러나 이에 주로 반대한 것이 해군이었고, 육군 측으로는 북아프리카 리비아에서 싸우고 있었던 롬멜 장군이 반대했다. 그들은 지중해가 영국이 생명을 걸고 있는 전장(戰場)이며, 수에즈운하를 점령하면 영국은 틀림없이 굴복할 것이라고 했다. 그리고 수에즈 점령에는 소련침공에 드는 병력의 몇 분의 1로도 가능하다고 주장했다. 그러나 이러한 반대론을 누르고 운명의 '바르바로사 작전'은 시행되었다. 1942년 5월 중순에 작전이 시작되어 5개월 사이에, 즉 러시아의 동장군(冬將軍)이 오기 전에 독일의 안전전선 확보라는 목적이 달성되는 것이 그 시간표였다. 실제로 이 시간표는 발칸작전 때문에 1개월 이상 지연됨으로써 치명적인 결과를 가져왔다.

독일군의 진용을 살펴보면 주력인 폰 보크의 중앙 집단군을 지휘하며, 폰 레프가 북방 지단군, 그리고 폰 룬트슈테트의 남방 집단군을 지휘했다. 그리고 이들 공격군은 기갑사단, 자동화 사단 등으로 되어 있었고, 무장 내용을 살펴보면 3,410량의 전차가 동원되었고, 1670기의 제2공군이 중앙 집단군에, 1,300기의 제4공군이 남방 집단군에, 그리고 900기의 제5공군이 북방 집단군에 동원되는 등 현대전의 필수불가결한 기동성이 뛰어났다. 넓은 국토를 지니고 있고, 대평원과 평탄한 개방국경을 주어진 특혜적 조건으로 하는 소련의 방위전략은 국경선상에서 끊임없는 화력전으로 시종하는 프랑스와는 전혀 대조적으로 국경과 국경선에서 수백 킬로미터 떨어진 후방을 왕래하면서 벌어지는 종심방어전(縱深防禦戰)을 구사했다. 이러한 소련의 전략을 보증하는 것은 독일보다 2배 이상의 인구에서 이루어질 수 있는 풍부한 예비군과 전력을 지탱시켜 준 소련의 계획경제 아래의 공업력이었다.

전쟁 초기 소련군에는 많은 약점이 노출되어 있었다. 첫 번째는 1937~1938년 백군의 대숙청 결과 사령관급의 거의 전부, 사단장급의 3분의 2 정도가 처형되거나 추방당해 군의 지휘 능력이 크게 저하되었다는 점, 두 번째는 개전 전후의 시기에 육군, 공군이 모두 근대화 개편 중이었고, 그에 수반되는 훈련 중이이어서 무기가 부족했고 무기 조작도 서툴렀다. 국경선에 배치된 전차는 1,475대밖에 없었고, 이들 개량된 KV 전차, T34 전차는 독일이 자랑하던 팬저 전차보다는 우수했으나 전차병이 부족하여 다른 병과에서 뽑혀 온 병사들에게 1, 2시간 훈련시켜 전투에 투입하곤 했다. 포병대도 신식으로 개량된 대포를 보유했음에도 견인차가 부족하여 집단농장에서 차출한 느린 트랙터로 옮기기도 했다. 10월이 되자 독일군은 레닌그라드를 포위하고, 모스크바에 접근했다. 많은 시민이 수도를 탈출하고, 정부기관도 소개를 시작했다. 모스크바 정부 크렘린에 남은 사람은 스탈린과 그의 조언자들뿐이었다.

소련군의 반격

독일군이 스탈린을 굴복시키기 전에 러시아의 겨울이 찾아왔다. 계절에 적당한 의류가 없었던 독일군은 추위에 떨기 시작했다. 차량은 얼어붙고, 바퀴가 진흙탕 속에 빠져들었다. 그리하여 독일군의 전진속도가 떨어져 잠자던 거인이 눈을 뜨는 여유를 소련에 주었다. 스탈린 정부는 옛날 차르 지배하의 정부에 비해 능률적이었으나 잔인한 행동을 취했다. 상황은 급속히 변하기 시작했다. 죽어 널려 있던 병사들의 시체를 매장하기 위해 농민들을 징집한 예비역이 보충되었다. 공장들은 모두 해체되어 우랄산맥 후방의 안전지대로 이전했다. 미국은 무기 대여 계획 대상에 소련을 추가했다.

히틀러는 스몰렌스크에 체류했던 독일군의 작전상 실패 보상을 위해 모스크바에의 진격을 명령했다. 새로운 작전 '태풍'은 10월 2일 개시되어 태풍의 속도로 발달했다. 그러나 늦가을 우기(雨期)가 시작되어 눈과 한파가 맹습했다. 추위로 인해 기관총이 발사불능에 빠지고, 전차의 엔진도 고장 났다. 소련군은 모스크바 전투에 모든 것을 걸고 내한훈련(耐寒訓練)을 받은 군인들을 투입하여 11월부터는 드디어 반격을 개시했다. 소련군의 T34형 전차의 개량형은 독일의 대전차포로서는 당해낼 수 없었다. 그것은 장갑용 합금 기술의 승리였다. 독일은 종전에 이르기까지 이에 대항할 수 있는 강철기술의 개발을 성공하게 할 수 없었다. 하늘에서는 소련제 야크기가 유연한 기동성을 발휘해 독일 폭격기를 우월하게 압도했다.

독일군의 소모를 기다려 소련군의 사령관 주코프는 12월 6일을 기하여 충분히 준비된 총반격을 모스크바로부터 시작했다. 공수(攻守)는 완전히 역전된 듯했다. 독일의 단기 결전의 꿈은 사라졌다. 이 반격으로 독일의 전선은 완전히 무너지는 듯 보였다. 죽기로 싸우라는 히틀러의 미친 듯한 명령만이 소련의 진격을 일시적으로 저지할 수 있었다. 1942년 히틀러는 '고슴도치'라고 칭했던 견고한 진지를 버리고 퇴각할 것을 독일군에 허락했다. 여기서 독일군은 얼어붙은 촌에서 굶은 이리떼처럼 생활하면서 러시아군과 독일군의 잔혹성에 치를 떠는 농민 빨치산과 지친 싸움을 계속했다. 러시아의 민중은 스탈린 정부에 대한 증오심을 잊어버렸다. 인제 와서 이 전쟁은 나폴레옹 시대처럼 외국의 침략자에 대한 러시아인의 조국 해방전쟁이 되고 있었다.

다음 해 봄이 되자 히틀러는 다시 공격을 시도했다. 이집트에서는 롬멜이 수에즈운하 방면에 진출하여, 마지막에는 알렉산드리아로부터 80km 지점까지 도달했다. 한편 러시아전선에서는 남방 집단군의 제6군이 크리미아반도와 코카서스의 유전지대를 향해 진군하고 있었다. 그리고 일본군은 진주만을 공격하고, 미국이 참전하여, 제2차 세계대전은 본격적인 세계대전으로 확산되었다. 폭격에 의한 공격을 걱정하지 않아도 될 거대한 산업 능력을 갖춘 미국은 연합국 측에 대량의 전쟁 물자를 보내어 독일에는 불리하게 힘의 균형을 변화시켰다. 영국의 제8군은 장비가 강화되었고, 사령관은 신예, 몽고메리장군으로 교체되었다. 1942년 10월 몽고메리는 엘 알라메인에서 롬멜의 전차부대를 격파했다. 이어서 독일군은 튜니지아까지 밀렸다. 수에즈 운하를 점령하여 영국의 지중해 지배를 타파하고자 한 롬멜의 꿈은 사라졌다.

독일 제6군의 크림 정복전은 스탈린그라드에서 저지당했다. 이 지역에서 5개월에 걸친 심각한 전투가 시작되었다. 독일군은 폭격으로 폐허로 변한 시가지를 천천히 전진해 나아갔다. 그러나 스탈린의 결사항쟁 명령에 격려된 소련군은 반격을 가해 독일군을 포위하려 했다. 적의 새로운 공세에 위협을 느낀 독일군 사령관 폰 파울루스 장군은 늦지 않는 시기에 퇴각하는 게 작전상 유리하다는 판단을 했다. 그러나 히틀러는 그것을 허락지 않았다. 그 결과 30만 명의 독일군이 폐허가 된 시가지 속에서 벗어나지 못하고 야만인처럼 갇혀 있게 되었다. 식량이 떨어진 독일군은 군마를 잡아먹고, 식량 포대를 뒤집어쓰고 추위에 시달렸다. 독일군은 러시아군의 잔혹성을 잘 알기에 포로가 되는 것이 두려워 필사적으로 싸웠다. 1943년 독일군 사령관 폰 파울루스가 항복했을 때 살아남은 자는 30만 명 중 9만 7,000명에 불과했다.

연합군의 반격

북아프리카 엘 알라메인과 스탈린그라드에서의 독일군의 패배가 결국 전쟁의 전환점이 되었다. 괴링의 공군도 영국의 용감한 공군기에 의한 공중전으로 피해가 커서 제공권을 잃게 되었다. 미국으로부터 영국에 식량과 전쟁 물자를 안전하게 운반하기 위해서 채택된 호송함대작전과 '대서양 전쟁'을 통해 독일의 전함, 그라프 폰 슈페, 비스마르크, 그나이제나우, 샤른홀스트(모두 독일의 육군 장군의 이름으로 명명되었다) 등은 영국의 전통적으로 막강한 해군력에 의해 격침되거나 군항에 묶인 채 파괴되곤 했다. 제1차 세계대전에서 혁혁한 전과를 올렸던 U보트도 레이더를 비롯한 비행기에 의한 정찰이나 잠수함 탐지기 등 새로운 과학 장치에 의해 효율적으로 포착되곤 했다. U보트에 의해 상선이 격침되더라도 프레하브 시스템에 의해 급속하게 대량으로 건조된 미국제의 상선으로 보충되었다.

독일의 도시, 공장들은 낮과 밤 구별 없이 공습에 시달렸다. 독일의 동맹국들은 이탈리아, 루마니아, 불가리아, 핀란드처럼 약체국이었다. 일본은 너무 멀리 떨어져 있었고, 같은 파시즘 체제의 이탈리아는 발칸 전선이나 북아프리카 전선에서처럼 도움보다 부담이 되는 우방이었다. 이에 비해 나치에 대항하는 나라들은 미국, 영제국, 소련처럼 자원의 강대국이었고, 전쟁협력을 통해 그들의 산업자원들은 서로 상부상조했다.

무엇보다 독일제국의 경우, 나치독일은 너무 많은 적대적 상대국에 도전했기 때문에 연합국 측에서 강화를 제안하지 않는 한 독일의 패배는 불가피한 것이었다. 그리고 연합국의 지도자 처칠, 루즈벨트, 스탈린은 전세가 유리한 상황에서 먼저 강화를 제의할 이유가 없었다.

1942년 11월, 드와이트 아이젠하워 장군이 거느린 영·미 연합군이 알제리의 모로코에 상륙하여 롬멜의 아프리카 군단의 잔여부대를 공격하여 항복을 받아내었다. 다음 해 7월 이 군대는 몽고메리 제8군의 지원으로 이탈리아의 시칠리아를 공격했다. 패색이 짙어진 이탈리아의 국왕에 의해 임명된 새 정부는 곧바로 무솔리니를 투옥하고 연합국 편에 서서 싸우기로 작정했다. 그러나 불운하게도 이탈리아 국토의 반 이상이 아직 독일의 지배 아래에 있었고, 국민 중에는 무솔리니를 따르는 사람도 있었다. 나치들은 대담하게 공수부대를 이용하여 무솔리니의 구출작전에 성공했다. 그들은 무솔리니를 이탈리아 북부로 끌고 들어가 거기에 사로 공화국(이탈리아 사회공화국)이라는 괴뢰국가를 세웠다. 이탈리아가 양 진영으로 분리되어 싸우고 있을 동안 독일은 산과 하천이 많은 자연환경 때문에 방위하기에는 이상적인 이탈리아에서 연합군의 진격을 막아낼 수 있었다. 각지에서 독일군의 방위는 지형적 조건을 최대한으로 이용하여 대담하고 교묘하게 이루어졌다. 이를테면 몬테 카시노에서 옛 수도원을 독일군의 수중에서 탈환하는 데는 4개월이나 걸렸다. 연합군이 로마를 함락한 것은 1944년 6월에야 이루어졌다.

5. 노르망디 상륙작전과 독일의 패망

노르망디 상륙작전

제2차 세계대전은 1942년 여름 이후 전체적으로 보면 연합국 측의 우세하에 진행되고 있었다. 연합국 측의 공동작전은 1942년 1월 1일 미국, 영국, 소련, 중국의 4개국이 대서양헌장을 기초로 하여 파시즘 타도라는 명분을 밝힌 연합국 선언의 발포로 시작되었다. 2일에는 22개국이 연합국 측에 합류하여 미국도 참전한 세계 전쟁 수행에서의 공동작전으로 발전했다. 그 이후의 전국(戰局)은 유럽과 북아프리카, 아시아, 태평양의 3개의 전국이 서로 연관하면서 세계의 병기창인 미국을 중심으로 한 반파시즘 연합전선이 결성되었다. 그러나 소련의 스탈린은 독일의 동쪽 소련에 대한 공격의 압력을 경감시키기 위해 서쪽으로부터 독일을 공격하는, 이른바 '제2전선'을 요구했다.

제2전선은 영국군과 미군에 의한 프랑스 해안에의 상륙작전을 의미하는 것이었다. 1942년 5월에는 미국의 루즈벨트 대통령이 그것을 연내에 실현할 것을 소련의 몰로토프 외상에 약속했다. 그 뒤 공동작전은 수에즈운하를 방위하기 위해 영국이 요구한 북아프리카 상륙작전으로 시행되었다. 그러나 1943년 1월 카사블랑카 회담에서는 연내 프랑스 상륙작전은 지연되었다. 그 이유는 히틀러의 철벽과 같은 방어선에 대한 공격은 작전상 위험한 일이라는 것이었다. 그 대신 스탈린의 불신을 덜기 위해 추축국과의 타협 강화를 거부하고 '무조건 항복'의 방식을 채택하였다. 7월이 되어서야 시칠리아 섬 상륙작전을 결정했다. 스탈린은 이에 만족하지 않았을 뿐 아니라 그 뒤에도 제2전선의 조기실현을 계속 요구했다.

1942년 여름은 유럽전선에서 연합국 측이 승리에 근접한 결정적 해였다. 독일과 소련의 제1전선은 7월, 소련군이 독일이 총력을 다한 반격을 중부 러시아의 쿠르스크에서 대규모 전차전으로 격파했다. 전국의 주도권은 소련이 장악했으며, 연말에는 소련령의 3분의 2를 해방하고 동유럽 국경에 육박했다. 한편 영국과 미국의 연합군은 카사블랑카 회담의 결정으로 7월 10일 시칠리아 섬 남부에 상륙하여, 한 달 안에 섬을 모두 점령했다.

1943년 11월에는 한국의 독립을 약속했던 카이로회담을 열고 12월에는 루즈벨트, 처칠, 스탈린이 테헤란회담을 열었다. 이 회담에서는 에게 해와 발칸 작전을 선행하고자 하는 처칠의 주장을 거부하고 1944년 5월 북프랑스 상륙작전, 즉 제2전선의 실시를 결정했다.

제2전선의 형성을 목적으로 하는 연합군의 북프랑스 상륙작전은 예정으로부터 1개월 뒤 1944년 6월 6일에 실행되었다. 한동안 폭풍이 불어 연기된 후 5,000척의 함정이 프랑스의 노르망디에 접근하여 상륙작전을 개시했다.

D데이(D는 Deliverance, 즉 구출의 머리 문자)는 독일에는 뒤통수치기와 같은 것이었다. 독일은 북프랑스 해안에 대한 공격이 훨씬 뒤에 있을 것으로 생각했다. 당시 독일군 사령관 롬멜이 베를린의 아내를 만나고 있었다는 것이 그 방증이기도 하다. 하지만 독일군은 용감하게 반격 작전을 폈다. 연합군의 진격이 쉬웠던 상륙 지역 해변도 있었으나 다른 지역에서는 무시무시한 살육전

이 벌어졌다. 그러나 제1일이 지나자 상륙한 인원이 이미 13만 명이었고, 6일째에는 그 수가 32만 6,000명으로 불어났다. 작전에 확실히 성공하기 위해 가능한 수단을 모두 동원했다. 글라이더를 타거나 낙하산을 이용하여 내륙 깊숙이 침투한 병사들은 독일군의 통신망을 제거하여 작전을 방해했다. 선박의 정박 장소를 만들기 위해 임시 항만 시설을 마베리 해안에 설치했다. 또한, 기계화 부대에 영국 본토로부터 직접 석유를 공급하기 위해 프루트라는 파이프라인을 해저에 깔기도 했다. 그러나 독일군의 반격이 격렬하여 연합군이 독일 측의 교두보를 돌파, 쉘부르를 점령한 것은 8월이 되어서야 이루어졌다.

독일군의 패배

대서양 해양 쪽에 방위를 강화했던 독일 측 방위의 중심은 칼레 부근이었다. 연합군은 병력, 보급력이 모두 앞섰으며, 히틀러의 아둔한 전황 판단의 도움으로 영국과 미국의 연합군은 우세 속에 8월 하순 센 강을 건널 수 있었다. 그 바로 직전에 영·프 연합군은 지중해로부터 비시 프랑스령에 상륙, 론 강을 끼고 북진하여 남중부 프랑스에서 독일군을 소탕했다. 베를린의 히틀러는 골디츠 장군에게 파리의 파괴를 명령했으나 그는 파리의 세계적 문화유산을 지키겠다는 신념으로 그의 명령을 거부하여 파리가 폐허가 되는 것은 면했다. 연합군의 접근과 함께 파리 레지스탕스들의 봉기가 일어나면서 아이젠하워 사령관의 배려로 르클레르가 지휘하는 프랑스 전차대가 8월 24일 시민의 열광적인 환성과 교회 성당의 종소리가 울려 퍼지는 속에서 파리에 입성했다. 다음날에는 군복을 입은 키가 큰 드골이 샹젤리제에 그 모습을 나타내었다.

이제 독일은 두 개 전선(二正面)의 전쟁에 직면했다. 자포자기한 히틀러는 런던 폭격을 명령했다. 처음에는 제트 엔진에 의한 비행폭탄(V1)으로 이후에는 초음속 로켓 폭탄(V2)으로 공격했다. 이들 새로운 병기는 런던에 큰 피해를 줬으며, 많은 사람을 살상했다. 하지만 전쟁의 승패에는 영향을 주지 못했다.

독일군 장교들은 희망을 잃게 되었으며, 마침내 히틀러를 암살하려는 '발키리 음모' 사건이 발생했다. 1944년 음모자들은 참모작전회의 중 히틀러가 앉은 의자 근처에 시한폭탄을 넣은 서류가방을 밀어 놓았다. 폭탄이 터졌지만, 히틀러는 머리카락이 타고, 바지가 찢어졌을 뿐 무사했다. 음모자들은 체포되어 고문을 받은 후 처형되었다. 독일 군부가 히틀러에 도전한 시점은 이미 너무 늦었던 것이다.

전쟁의 최후 9개월 동안 독일에 대한 공격은 동서남의 세 방향에서 착실히 시행되었다. 연합군 측은 사기가 충천한 신병들이었는 데 반해 독일군은 어린 소년병이거나 아니면 나이가 든 사람이 대부분이었다. 동에서는 소련군이 루마니아, 불가리아, 헝가리를 정복하면서 전진해 왔으며, 남에서는 연합군이 이탈리아 정복을 끝내고 포 강 유역으로 접근했다. 또한, 서쪽으로는 아이젠하워의 지휘하의 연합군이 넓은 전선을 형성하여 공격해 왔다. 이들의 남겨진 마지막 자연적 장벽은 라인 강이었다. 연합군은 1944년 9월 네덜란드에서 라인 강을 건너 독일의 방위전선의 배후로 포위 공격하려는 시도가 있었다. 라인 강을 전차로 건너가기 위해 다리의 안전한 확보가 필요했기 했기 때문에 연합군은 니메겐, 아른헴 등 네덜란드 지역에 공수부대를 투하했다. 그러나 이 공격은 모두 실패했다. 야음 중에 공격대가 착지한 아른헴 지역은 독일군의 팬저 전차부대 주변이었다. 그럼에도 연합군은 결국 라인 강을 건너 10월에 최초 독일 도시 아헨을 점령했다.

한편 히틀러는 마지막으로 도박을 걸었다. 28개 사단의 병력으로 최후의 필사적 공격 명령을 내렸다. 1944년 12월 15일 짙은 안개가 깔린 날씨에 도움을 받아 열광적인 젊은 나치병들이 아르덴 숲의 미군 전선에 돌입했다. 이틀 동안에 이들은 이 전선을 돌파하여, 미군 제1사령부 앞 13km까지 쳐들어왔다. 미군들이 당황하고 있을 때 다행히 날씨가 회복되어 제공권을 장악하고 있던 공군이 독일군의 보급부대를 폭격할 수 있게 되어 전세를 역전시켰다. 바스토뉴에서의 독일의 방위전이 사태를 결정했다. 독일이 항복을 제안하자 미군 사령관 패튼 장군은 "엿 먹어라."라고 거부했다. 미군은 전차부대를 중심으로 격렬한 공세에 돌입했다. 1941년 발지전투가 끝나자 독일군은 12만 명을 상실했고, 공격 출발 지점까지 후퇴했다.

독일군이 아무리 몸부림쳐도 독일 본토가 정복되는 것을 막을 수 없었다. 4월 13일 소련군은 빈을 점령하고, 4월 말에는 미군 제69사단과 소련군 제58사단이 토르가우에서 만났다. 그리하여 독일은 동서로 분리되고 말았다. 히틀러는 최후의 며칠 동안 베를린의 폐허가 된 수상 관저 밑 지하 15m의 방공호에서 보냈다. 전년도 암살음모사건 이후 히틀러는 이미 환자였다. 그는 머리를 흔들고 있었고, 다리를 끌며 걸어 다녔다. 왼팔도 마비되었다. 그는 현실과의 접촉을 점차 상실해 갔으며, 망상에 빠져들어 가는 듯했다. 병사들은 작은 실수에도 사살되곤 했다. 군대가 상실된 존재가 되어 가는데도 그는 잠꼬대처럼 죽을 때까지 싸우라고 명령했다. 적에게 도시를 점령당하기보다는 파괴해 버리라고 명령했다. 무솔리니가 이탈리아 레지스탕스 투사들에 의해 사살되었다는 소식을 들은 후 그는 자살을 결심했다.

1945년 4월 29일 히틀러는 오랫동안 그의 애인이었던 에바 브라운과 결혼했다. 혼례를 축하하는 아침 식탁에서 그는 샴페인을 마시며 계속 떠들어대었다. 4월 30일 월요일 이른 아침, 히틀러는 피스톨로 자살했다. 에바 브라운에게 총을 건네주었지만, 그녀는 독약을 선택했다. 관저 마당 가까이 소련군의 포탄이 작렬하는 가운데 부관병 하나가 두 구의 시체를 운반해 포탄으로 패인 구덩이 안에 넣고 석유를 부은 후 불을 붙였다. 타오르는 불길을 향해 괴벨스는 나치식 경례를 했다. 그리고 괴벨스도 자결했다. 그 후 히틀러 대신 되니츠 제독이 후계를 계승했으나 제3제국은 일주일밖에 연명치 못했다. 1945년 5월 7일 독일은 무조건 항복했다.

제12장

아시아에서의 제2차 세계대전

1. 일본 군국주의 노선

북진론과 남진론

1930년대 말 일본의 지배층은 그들의 예상을 깨고 장기화하는 중일전쟁을 국제적 협조 노선에 의해 타개할 가능성을 스스로 포기했다. 그것은 점차로 군국주의가 강화되는 시대적 배경과 그 궤를 같이하고 있다. 특히 일본의 육군은 전통적인 러시아 소련과의 군사대립에 집착하여 나치의 독일과 독재자 무솔리니의 이탈리아와의 3국 동맹의 체결을 열심히 추진하고자 했다. 그들은 일본의 안보를 위협하는 가장 큰 위협을 러시아의 남하정책에 두어 대륙 북방으로의 침략을 주장하는 북진론(北進論)을 주장했다. 1939년 고노에(近衛) 내각의 총사직은 영국과 미국과의 대립을 초래할 것이라고 3국 동맹의 체결을 반대한 외상과 해군상, 대장상(재무상)의 대립이 그 원인이었다. 그 뒤를 이은 히라누마(平沼) 내각은 북진론에 따라 육군이 노몬한에서 소련과 전쟁을 일으켰으나 소련의 우세한 군사력에 의해 참패했다. 그 후 1939년 8월 23일 독소 불가침조약을 맺은 후 외교적인 방향 상실을 계기로 곧 와해했다. 노몬한 사건은 독일이 서쪽으로부터 소련을 견제해 줄 것을 상정한 일본의 도발이었다.

히틀러가 폴란드를 점령한 후 파죽지세로 유럽을 석권하기 시작하자, 일본에서는 육군대장 아베(阿部) 내각하에서 군국주의적 강편여론이 형성되었다. 러시아로의 북침을 주장했던 육군 세력은 북진론을 포기하고, 동남아 진출을 주장하는 남진론(南進論)을 주장하기 시작했다. 남진론이란 영국과 특히 미국을 가상 적국(敵國)으로 상정하는 것이었다. 그것은 지금까지는 일본이 군대 병참에 가장 중요한 석유와 철을 주로 미국에 의존하고 있었지만 이제 적국이 된 미국이 그것을 거부할 경우, 동남아로부터 그 보급을 대체하기 위해 동남아로 남진해야 한다는 이론이다. 7월, 강편파 군부가 영미 협조파였던 요나이(米內) 내각을 총사직시켰다. 요나이 내각은 일본의 여론이 연전연승하는 독일을 배워서 일본도 아시아의 '새로운 질서'를 만들어야 하며, 지금이야말로 '버스를 놓쳐서는 안 된다'는 대외팽창여론에 비판적이었다. 요나이 내각을 불신하는 육군은 별 이유 없이 사임을 강요당한 하타(旗) 육군상 후임을 뽑지 않았다. 2·26 쿠데타가 일어난 후 탄생한 히로타(廣田) 내각 때 부활한 '군부대신 현역 무관제(武官制)'에 의하면 육군상과 해군상은 현역이어야 하며, 육·해군이 '거부'하면 누구도 대신이 될 수 없었고, 육군상과 해군상이 없는 내각은 그 자체가 조직 요건이 될 수 없었기 때문에 결국 요나이 내각은 결국 붕괴될 수밖에 없었다.

제2차 고노에 내각은 육군상 도죠 히데기(東條英機), 외상 마쯔오카 요스케(松岡洋右) 등 군국주의 강편파를 입각시켜 '대동아 신질서의 건설'(대동아공영권)을 위해 무력행사를 불사하는 남진론을 국책의 기본으로 삼았다. 그리하여 이에 남진론에 근거해서 3국 동맹의 동맹국이 될 독일이 프랑스를 점령한 지 3개월 후인 9월, 프랑스와의 평화협정을 어기고 프랑스령 인도차이나(베트남)에 무력으로 일본군이 진주하는 실력 행동을 감행했다. 미국은 일본의 남진정책 행위에 대한 경계 조치로 이미 1940년 7월부터 항공용 석유의 대일 금수를 하고 있었지만, 일본군이 베트남에 침략한 후에는 철강생산에 불가결한 고철의 전면적 수출 금지라는 제재로 일본의 병참 보급에 심각한 타격을 주었다.

외상 마츠오카(松岡)는 유아독존적이었고 강경한 반(反)영미주의자이었다. 그는 "그는 미국의 세계 전략에 의해 지금 일본이 휘둘리고 있다. 미국과 대등하게 일본이 외교력을 넓히기 위해서는 독·이·일 3국 동맹은 물론이고 더 나아가 소련을 포함한 4국이 주축이 되어 협정을 체결해야 한다. 독소불가침 조약이 맺어진 지금이 기회이다."라고 확신에 찬 목소리로 말했다. 요컨대 그는 독·이·소·일의 4국이 단결해 전투에 임하면 영·미와 대등하게 겨룰 수 있다는 주장을 가진 강편주의자였던 것이다.

삼국동맹의 체결

1940년 9월 7일 독일 본국에서 히틀러의 특사 자격으로 슈타머가 일본에 왔다. 슈타머는 곧 마쓰오카 외상과 회담했다. 슈타머는 독일의 유럽에서의 신질서와 일본의 동아시아에서의 신질서의 세력권을 상호 승인하면서, 미국이 유럽전쟁에 참전하지 않도록 일본과 확실한 군사동맹을 맺자고 제안했다. 이러한 독일의 제안을 받아들일 것인가를 토의하기 위해 세 차례에 걸친 어전회의가 열렸다. 토의의 결과, 아주 갑자기 삼국동맹이 국책으로 결정되었다. 그 이유는 바로 그때까지 남진론을 거부하며 반대의 태도를 굽히지 않고 있던 해군 측이 갑자기 태도를 바꾸었기 때문이다. 삼국동맹은 영국은 물론이고 영국을 응원하고 있는 미국을 완전한 적으로 명시하는 중요한 결정이었다. 영국과 미국의 전력을 두려워한 야마모토(山本)와 이노우에(井上), 그리고 요나이(米內) 등 해군 측의 3인방은 영미 강대국을 적으로 삼는 남진론을 처음부터 반대했고, 당시의 해군의 중견 지도자들도 남진론을 주창하는 육군과 전쟁을 각오하고라도 반대하겠다는 의견이 지배적이었다. 그러나 독일이 유럽에서 연전연승하는 것을 보자 군부에서는 일본도 역시 승리할 수 있다고 주장하면서 강경 쪽으로 변화하기 시작했다. 더구나 미국은 빈슨안을 토대로 대규모 해군 함정의 확장 계획에 돌입하고 있었다. 그러니 언젠가는 미일 함대 비율이 비교가 안 될 만큼 미국이 우위에 서게 될 것인데, 일본으로서는 그것만은 어떻게 해서든 피하고 싶어 고민하고 있던 차였다. 마침 그때 미국이 1940년 1월 미일통상협정을 일방적으로 폐기했을 뿐 아니라 루즈벨트 대통령은 석유와 고철 등을 일본에 수출하는 것을 정부의 허가제로 바꾸었다. 아무리 군함이 있어도 연료가 없으면 움직일 수 없으니 만일에 대비해서 일본은 철이나 석유 같은 필수 군수물자를 확보할 수 있는 동남아시아의 자원지대(資源地帶)를 확보할 필요성이 점점 높아져 갔다.

이러한 사정으로 요시다(吉田) 해군상을 비롯한 반(反)남진론의 3인방, 요나이 야마모도, 이노우에 등은 '독일과 동맹을 맺는 것은 영국, 나아가서는 미국을 적으로 만드는 망국(亡國)의 길'이라는 주장을 폈으나 이러한 지극히 상식적이고 타당한 주장이 '하룻강아지 범 무서운 줄 모르는' 당시의 남진론 주장자들의 위협적인 반대에 직면했고 요시다 해상은 한때 자살할 충동을 느낄 정도로 노이로제에 시달렸다.

요시다 해상이 사직한 후 후임으로 오이가와(及川) 해군 대장이 임명되었는데, 그때 슈타머가 삼국협상을 일본과 교섭하기 위해 방일했다. 해군의 회의가 열렸다. 이 회의에서 문제가 된 것은 삼국동맹이 맺게 될 경우, 유럽전쟁에 미군이 참전하여 독일과 싸우게 된다면 일본도 자동으로 미국과 싸워야 하므로 이것을 어찌할 것인가에 있었다. 마쓰오카 외상은 이에 '자동적'이란 문구 대신 '자주적'이라는 표현을 쓰면 반드시 미국과의 전쟁을 치르지 않을 수도 있다는 주장을 폈다. 결국, 해군 측은 조약에 동의하는 대신 당시 야마토와 무사시 같은 막대한 예산이 소요하는 초대함을 건조하는 예산을 확보하는 조건으로 동맹체결을 승인했다. 즉 군비 증강 예산을 획득하는 것이 조약체결의 이면(裏面)에 있었던 해군 측의 목적이었다. 이러한 오이가와 해군상을 비롯한 해군 측의 변심에 고노에 수상까지도 상당히 놀랐다고 전해진다.

일본은 유럽에서 일대 전쟁을 치르고 있는 독일과 삼국동맹을 맺어 영미의 두 강대국을 가상의 적국이 아닌 진정한 적으로 삼자는 대담한 결단을 했다. 그리하여 대내적으로는 북수남진론(北守南進論)이 국책의 기본으로 정착하게 되었다. 앞에서 말한 대로 1940년 9월에는 프랑스, 일본 간의 협정을 무시하고 현지 부대가 북부 프랑스령 인도차이나 북부에 진주했다.

2. 미일전쟁

전쟁의 배경

1940년 9월 미국이 폐철의 대일 수출을 전면적으로 금지시켰다. 그다음 차례는 석유 금수가 틀림없을 것으로 간주되었다. 석유의 경우 일본은 전면적으로 미국으로부터 수입하고 있었으니 금수 조치로 미국으로부터 석유공급이 끊긴다면 군함이나 비행기가 아무리 많아도 가동을 할 수 없게 되는 것이다. 만약에 대미전쟁이 벌어지면 일본은 있는 힘을 다해 싸워도 1년 반, 기껏 2년을 버티지 못할 것이었다. 도저히 일본으로서는 장기전은 불가능한 상태였다. 이러한 딜레마에 공포를 느낀 것은 해군이었다. 해군은 육군과는 달리 비행기나 군함을 움직여야 하므로 반드시 석유가 필요했다. 그동안 비축해 둔 석유로는 장기전에서 버티지 못할 것이었다. 1940년 가을부터 해군성과 해군 사령부에는 지금이 남방작전을 시행할 수 있는 절호의 기회라는 조기 남진론자들이 모여들었다.

이들의 계산은 프랑스령 인도차이나에 진주해 있는 일본군이 보다 남쪽으로 진출하면 고무, 사탕수수, 텅스텐과 같은 미국과 영국에는 없는 자원을 손에 넣을 수 있다는 것이었다. 하지만 그렇게 되면 미국과의 일전이 불가피해진다는 것이 문제로 제기되었다. 전쟁이 불가피하다면 장기전보다 초전박살의 단기전이 일본에 유리하다는 것이 일본군 지휘부의 생각이었다. 강경파의 목소리는 점차 높아져 갔다. 이전에 삼국동맹의 원흉이라 질책당한 바 있는 한 장교는 '일을 결정하는 것은 논리나 이성이 아니다. 힘이다! 힘이야말로 세상을 움직인다.'라고 했다. 이 논리에 따라 1940년 봄 해군의 중앙(해군성과 해군 사령부)은 대미 강경 노선을 향해 힘차게 달려나갔다.

멀리 떨어진 히로시마 만의 대본영에서 야마모토(山本) 연합함대 사령관은 "대미영전쟁은 이제 피할 수 없게 된 것인가. 어쩔 수 없군. 여차하면 진주만을 공격하여 초전박살 전술로 나가자."라고 생각했다. 전쟁이 벌어지면 전통적인 전술 따윈 깡그리 버리자, 그리고 모든 것을 하늘에 맡겨 단판 승부를 짓는 건곤일척(乾坤一擲) 전법으로 나가자고 마음먹었다. 그것은 전쟁으로의 길로 힘차게 전진하는 해군의 여론을 더는 저지할 수 없다고 본 그가 고민 끝에 내린 선택이었다.

한편 일본 정부는 미·일 관계의 악화가 회피되기 어려워 진 것을 어떻게든 무마해 보려고 친미파인 노무라 기치사부로(野村吉三朗) 해군 대장을 주미대사로 임명하여, 다음 해 1941년 초부터 루즈벨트 대통령과 헐 국무장관과 외교절충을 시작했다. 이것과는 별도로 민간외교도 이루어져 비공식 문서이지만 〈미일양해안(美日諒解案)〉이라는 문서가 작성되었다. 그러나 가장 중요한 노무라 헐 회담에서 미국은 '문호개방정책(open door policy)'에 의거하여 중국의 영토 보존, 주권 존중, 내정 불간섭, 기회균등, 태평양상의 현상 불변경 4원칙을 양보하지 않았다. 그것을 일본이 수락한다면 일본 대륙 침략의 모든 성과를 완전히 포기해야 한다는 것을 의미했다. 그것은 일본으로서는 받아들일 수 없는 조건이었다. 일본은 이미 2년간의 중일전쟁을 통해 막대한 희생을 치르면서 비록 철도 연변의 도시 지역을 확보했을 뿐이었지만 중국을 깊숙이 침략했다. 그것을 미국의 요구에 따라 양보한다는 것은 받아들이기 어려웠다.

미국 측의 자세는 완고했다. 미국 대통령 루즈벨트는 12월 29일 라디오에서 '노변담화'를 발표하고 그 소식은 곧 일본에 전해졌다. "오늘날 미국 문명은 최대의 위기에 처해 있다. 우리는 민주주의 국가들의 위대한 병기창이 되어야 한다."라고 하면서 삼국동맹을 파쇼 추축국(樞軸國)들의 세계평화를 위협하는 야합이라고 정면으로 반대했다. 이에 미국은 이들과 싸우는 민주국가에는 앞으로 전쟁 물자를 보내는 등 아낌없이 지원하겠다는 것을 명확하게 밝혔다.

일본 외상은 미·일 외교적 교섭과 함께, 1941년 3월과 4월에 걸쳐 독일과 소련을 방문했다. 그는 삼국동맹을 체결하고, 소련도 이 동맹에 합류시키기 위해 히틀러와 스탈린을 만나 교섭하기로 작정하고 나섰다. 히틀러의 독일은 유럽에서, 마쓰오카는 아시아에서의 신질서를 만들기로 확약한 삼국동맹의 체결은 그들 이해타산이 합치됨으로써 순조롭게 이루어졌다. 일본 외상은 4월 13일 귀로에 모스크바에 도착하여 스탈린을 만나 교섭했다. 과거 두 나라 간의 몇 차례에 걸친 충돌도 있고 해서 낙관하기는 어려웠던 이 교섭도, 스탈린이 어떤 정치전략을 머리에 그리고 있었는지 모르겠지만, 타결이 순조롭게 이루어져 4월 13일 오후 세계 누구도 예상치 못했던 일·소 중립조약이 맺어졌다. 스탈린은 스스로 모스크바역까지 나가 마쓰오카를 환송하는 등 외교적 제스처를 다했다. 이러한 외교적 성과에 득의양양한 마쓰오카는 귀국 후 삼국동맹에 역행하는 미·일 교섭에 크게 격노하여 5월 교섭을 방해하는 제안을 미국에 제시했다. 하지만 1개월 후 1941년 6월 22일 독·소 전쟁이 시작됨으로써 마쓰오카의 외교는 완전히 파탄에 빠지게 되었다.

이처럼 일본의 외교는 예기치 않은 사태의 발생으로 혼란에 처하게 되었다. 독소전쟁으로 삼국동맹과 일·소 중립조약이 서로일 수출을 전면적으로 금지하고 네덜란드도 네덜란드령 인도네시아와의 석유협정을 파기했다. 석유의 비축이 약 2년밖에 안 되는 일본군에게 이 결정은 결정적인 타격이 되었다. 그러나 유럽전쟁과 특히 독·소 전쟁에서 초기에 우세를 보인 독일군의 전과에 홀려 군국주의 군부의 주장이 통한 9월 6일 어전회의에서 자위(自衛)를 위해서 미국(더 나아가 영국과 네덜란드)과의 전쟁을 위한 준비를 10월 하순까지 완료할 것을 결정했다.

일본의 1940년대는 정치, 경제, 사회, 문화의 어느 분야도 전시체제 강화를 획책한 대전환의 시대였다. 나치독일의 침략전쟁이 승리함에 따라 촉발된 고노에 내각이 추진한 '신체제 운동'은 제2차 고노에 내각 후에 가속화되어 모든 정당이 해산되어 수상을 총재로 하는 대정익찬회(大政翼贊會)에로 합류했다. 따라서 국민은 이 익찬회의 말단을 형성하는 인보조직(隣保組織)에 흡수되어 철저한 생활통제를 받는 시스템으로 통합되었다. 제1차 고노에 내각 때 제정된 국가총동원법에 따른 경제통제는 의회 기능을 형해화한 익찬의회와 정부에의 권력집중으로 본격화되었고, 통제는 물류통제로부터 생산통제로 확대되고, 민수(民需)로부터 군수(軍需)로 전환됨에 따라 무기생산을 위한 중화학공업화가 급속하게 진전되었다. 노동조합, 농민조합 등은 계속 해산되어 대일본청소년단, 대일본부인회 등 국민통합단체가 1941~1942년에 걸쳐 전국적으로 조직되어 일본적인 파시즘 체제가 완성되었다.

미·일 교섭은 1941년 10월에는 일본군의 중국과 베트남에서의 철수를 요구하는 미국 측의 강편 요구로 완전한 파경을 맞이했다. 10월 16일 고노에 내각이 총사직하고 후계 수상에는 주전파인 육군상 도조(東條)가 추천되었다. 이것은 일왕과 그 주변 그룹이 전쟁 계획의 재검토를 은근히 기대한 결정이었으나, 통수권의 독립을 방패로 삼은 군부주도의 국책 결정 시스템하에서는 근본적인 재고는 이미 불가능해졌던 것이다. 미국과 일본의 국력을 비교한다면 일본은 결정적으로 열세였고, 일본의 군부 전쟁계획에는 단기결전(短期決戰)의 계획만 있을 뿐 국력의 과학적 분석에 기초한 냉정한 '정치'의 판단은 찾을 수 없었다.

'펄하버를 기억하라!'

일본은 미·일 교섭의 최종 기간을 12월 1일 오전 0시로 정했으나 미국 측은 일본의 대미 개전 계획을 암호 해독을 통해 속속들이 미리 파악하고 10월 26일 중국과 베트남에서의 일본군의 무조건 철수와 중국 장악을 위해 일본군이 설립한 왕조명(汪兆銘) 정권을 부인하고, 장개석(蔣介石)만 인정해 달라고 요구하는 '헐 노트(Hull note)'를 준비했다. 일본 정부는 이것을 최후통첩으로 받아들여 12월 1일 어전회의에서 미국, 영국, 네덜란드에 대해 8일(미국은 7일)에 개전할 것을 정식으로 결정했다. 일본은 1941년 12월 8일(일요일) 오전 8시 미국의 하와이 섬 진주만에 집결한 미국의 태평양함대를 기습 공격했다. 그 한 시간 전, 일본 육군은 말레이반도에 상륙함으로써 대영전쟁에 돌입했다.

아까기(赤城) 등 6척의 항공모함에 423기의 항공대를 탑재한 일본군은 나구모(南雲) 중장의 지휘하에 공격 위치에 접근했다. 동이 트기 전 꼭두새벽에 일어난 탑승원들은 목욕재계를 마치고 공격기에 탑승하여 공격을 개시했다. 편대가 기수를 공격 목표로 향한 순간 아침 해가 떠오르고 있었다. 하와이 날짜로 6일과 7일에 걸친 주말 밤에 진주만에는 평상시처럼 흥겨운 분위기가 넘쳐흐르고 있었다. 천국같이 평화롭고 편안하기만 한 거리, 호놀룰루의 이국적인 거리를 거니는 수병들의 무리, 장교 클럽에서의 리셉션과 댄스파티, 사랑하는 남녀의 소곤거리는 데이트 등.

진주만으로부터 50km 북쪽, 오하우 섬의 돌출부에 있었던 레이더 시설에 근무하던 병사는 밤새 근무를 마치고 레이더실을 나오려는 순간 깜짝 놀랐다. 반짝반짝 빛나는 무수한 반점이 갑자기 레이더 화면에 출현하는 것을 발견했기 때문이다. 그는 곧 "북동 3도, 211km에 비행 다수 출현!"이라고 전화로 상관에 보고했다. 당직사관이었던 타이라 중위는 진주만 기습에서 역사적으로 유명한 말이 된 대답으로 다음과 같이 명령했다. "그런 부질없는 것은 무시해 버려라!"

공격의 선봉 장교 부치타(淵田) 중령은 갈라진 구름 사이로 녹색의 푸른 숲이 우거진 오하우 섬을 확인하고 '군함 거리'에 8척의 전함이 정박해 있는 것을 목격했다. 미 태평양 함대의 주력 항공모함이었던 엔터프라이즈, 렉싱턴, 사라토카는 다른 작전에 동원되어 진주만을 떠나 있었다. 공격은 두 차례에 걸쳐 무자비하게 전개되었다. 182기의 미군기 영격(迎擊)을 괴멸시키고, 비행장과 군인 막사를 기총소사했다. 진주만에 정박해 있었던 미국 구축함의 대부분이 격침되고 미군 비행기들이 크게 파괴되었음에도 일본 공군의 손실은 예상의 5분의 1, 즉 약 30기에 불과했다. "도라!(일본어로 '호랑이'라는 뜻) 도라! 도라!"라는 기습이 성공했다는 신호를 수천 킬로미터나 떨어진 히로시마 만에 정박하고 있었던 야마모토(山本) 제독에게 전해졌다. 이 승전 소식은 일본 전체 국민에게 천둥처럼 광적인 환희를 가져왔다. 다만 야마모토 제독만이 진주만 기습이 지닌 약점과 위험성을 경고했을 뿐이다. 그는 진주만 공격으로 미군이 괴멸적인 손해를 보게 될 것이라는 일본 측의 추정을 부인했다. 그는 진주만의 해군 정박지, '군함의 거리'는 수심이 12m밖에 안 되어 침몰한 군함을 끌어올려 완파된 것은 제외하고 다시 수리해서 사용할 수 있을 것으로 추정했다. 그의 추정은 후에 옳다는 게 확인되었다. 다음으로 이 작전의 최대의 목적은 미군의 전력을 초전 박살하는 데 있었다. 이를 위해서는 미 해군의 주력 항공모함, 엔터프라이스, 렉싱턴, 사라토카를 침몰시켜야 하는 것이었으나 그때 이 3함정은 기동훈련을 위해 진주만을 떠나 있었다는 점을 그는 지적했다. 그리고 마지막으로 이 기습이 자원이 막대한 미국이라는 잠자는 거인(巨人)을 깨울 것이라는 두려움을 고백했다. "펄하버를 기억하라!"는 미국의 반일여론은 불같이 일어났다. 정상적으로는 아마도 미국이 실제로 전쟁을 시작하기 위해서는 수개월의 준비 기간이 필요했을 것이다. 그러나 진주만을 습격당함으로써 한순간에 모든 미국인이 일치단결하여 열화와 같은 기세로 전쟁에 뛰어들었다.

미국의 대일 선전포고는 영국의 처칠 수상을 광적으로 흥분시켰다. 그는 드디어 가장 강력하고 믿을 만한 우군(友軍)을 얻을 수 있었다. 영국은 영일동맹으로 이룩되었던 일본과의 전통적인 우호관계를 청산하고 일본에 선전포고를 단행했다. 독일의 히틀러는 분명한 언급은 피했으나 12월 15일 비밀리에 소집된 의회에서 미국에 대한 선전포고를 선포했다. 진주만 습격 일주일 후 세계 32개국이 전쟁 상태로 들어갔다. 그러나 추축 3개국 측에 가담한 나라는 10개국에 지나지 않아 전력의 밸런스가 불리해졌던 것이다. 급습과 침략으로 이루어진 초기 일본군의 우세는 끊임없이 사라져 갔으며, 압도적인 자원과 공업력을 배경으로 하여 전력이 강화된 미국은 마침내 크게 앞서게 되었다.

태평양전쟁

중국 국민정부는 1941년 12월 9일 독일, 이탈리아, 일본 추축 3국에 대해 정식으로 선전포고했다. 다음 해 1월 1일에는 미·소·영·중 4개국이 대서양헌장을 기초로 파시즘 타도를 위해 상호 협력과 단독으로는 강화를 맺지 않는다는 것을 서약한 연합국 선언을 발표했다. 다음날 2일에는 22개국(후에 51개국)이 선언에 가입했다. 미국의 참전으로 유럽전쟁과 아시아·태평양 지역의 전쟁이 일체화하게 되어 명실공히 세계 전쟁이 되었다. 그 이후 전쟁의 국면은 유럽과 북아프리카, 아시아, 태평양의 여러 국면이 연관되면서, 연합국 측의 긴밀한 공동 작전이 전개되었다. 그 와중에 '민주주의의 병기창(兵器廠)'이었던 미국의 국제적 지위가 제1차 세계대전 시 이상으로 높아져 20세기가 미국의 세기라는 것이 타당할 정도의 위상이 결정되었다. 하지만 이 세계 전쟁은 기술과 정치 발전에 공헌한 이상으로 다른 면에서는 교전국 간의 인종 편견을 조장시켰다.

태평양전선에서의 전국(戰局)의 전개과정을 살펴보면, 1942년 8월 미국의 반격군이 과달카날 섬에 상륙하게 될 때까지가 연합군이 전력적으로 수세였던 제1기였다. 일본군은 개전하자마자 홍콩을 공략했고, 필리핀에 상륙하여 다음 해 1942년에는 마닐라를 점령했다. 말레이시아 작전은 1월 말경 반도 남단까지 전진한 뒤 2월 15일에는 영국군의 동남아시아 전초 기지인 싱가포르를 점령했다. 군수 필수품인 석유 자원을 획득하기 위해 3월 2일에는 자바 섬에 상륙하여 바타비아(자카르타)를 점령했다. 일본군의 버마(현재 미얀마) 작전은 태국 침공으로부터 시작하여 3월에는 랑군을 점령하고, 5월 초에는 북부의 만다레를 공략한 뒤 육군은 여기까지를 예정된 전략공세로 보고 일단 공세를 멈추었다. 반년 동안 일본 해군은 동쪽으로는 마셜제도로부터 길버트제도, 남쪽으로는 솔로몬제도, 그리고 뉴기니의 북쪽 해안으로부터 티모르 섬, 스마트라 섬에 이르는 선까지, 북쪽으로는 6월까지 알류샨 열도와 키스카 섬까지의 광대한 해역의 섬들을 점령 지배했다.

이처럼 연합군이 수세(守勢)에 몰리지 않을 수 없게 된 이유는, 연합군의 주된 전략이 유럽전선에서 독일 타도를 우선했고, 동남아시아 방면에서는 장비와 훈련 모두가 불충분했으며, 식민지 병사들이 중심을 이루고 있었기 때문이었다. 하지만 일본의 군부나 정부는 모두 전과를 과대하게 평가했으며 정세 판단에도 오판을 거듭했다. 대소작전을 중시한 육군의 북진론은 아직 뿌리가 깊었으며, 해군은 미국과 오스트레일리아를 연결하는 수송선을 차단하기 위해 피지, 사모아, 뉴칼레도니아 제도의 점령 계획을 고집하여 육군과 해군 간의 작전 목표가 대립하고 있었다. 게다가 해군은 1942년 6월 전쟁의 조기 종결을 노려 해군 연합함대에 총력을 투입하여 미국의 반격 거점인 미드웨이 섬 공약을 단행했으나, 일본군 암호 해독으로 사전에 그 작전을 알고 대기 중이었던 미국의 태평양 기동 함대의 선제 집중 공격을 받아 실패했다. 그 결과로 태평양전선에서 일본군의 우위는 무너졌으며, 8월 미국군은 솔로몬제도의 과달카날 섬에 상륙함으로써 총반격이 시작되었다.

중일 15년 전쟁의 전개과정을 살펴보자. 이 전쟁의 제1단계는 1931년 9월 유조호 사건 이래 만주 괴뢰 정권 시기, 제2단계는 1937년 7월 중일전쟁의 개시 이후 시기, 다음으로는 본격적으로 중국이 제2차 세계대전에 참전하게 된 1941년 12월부터 1945년까지 태평양전쟁의 제3단계로 나누어 볼 수 있다. 제3단계의 태평양전쟁 시기 동안 일본의 중일전쟁 확전을 위한 목표는 전쟁 물자를 확보하기 위한 동남아 진출에 두었다. 중국에서 석탄, 철, 아연, 동, 은을 확보한 후 동남아시아에서는 석유, 고무, 주석, 보크사이드, 텅스텐 등 풍부한 전략 자원을 획득하는 것이 일본의 경제적 동기였는데, 그것은 '생존권'으로서의 '대동아 공영권' 건설을 주장한 일본의 경제적 배경이기도 했다. 즉 '대동아 공영권' 건설이라는 일본의 최대 목표는 석유 등 전쟁 수행을 위한 군수품을 자체적으로 생산할 수 없었던 일본으로서는 전쟁의 계속 수행을 위해 필요 불가결의 요구이기도 했다. 제국주의 일본은 백인에 대한 아시아인의 저항운동이라는 허울 좋은 반(反)서구 이념으로 '대동아 공영권'을 주장했다. 하지만 점령지에 대해서 전쟁 개시 직전에 작성된 일본의 '남방점령지 행정실시요령'에 의하면 베트남, 태국, 버마 등 '을(乙) 지역'은 현지의 유력자에 의한 괴뢰 정권 설립을 통한 간접지배를 하며, 기타 필리핀, 영령 말레이시아, 영령 보르네오, 네덜란드령 인도(인도네시아) 등 '갑(甲) 지역'은 군정을 실시하려 했다는 점에서 침략의도를 감추어진 내용을 살펴볼 수 있다.

주요 국방 자원의 급속한 획득과 현지의 자치를 점령 목적으로 한 일본군은 무제한으로 발행되는 무가치한 군표(軍票)로 현지 자원과 주민의 생활물자를 약탈함으로써 점령지에는 인플레이션을 일으키곤 했으나 현지인의 저항운동은 무자비하게 억압되곤 했다. 특히 중국 본토의 항일운동 영향을 받은 말레이반도, 싱가포르 화교들에 대한 학살은 처참했다. 일본의 물자 동원 계획은 동남아시아의 역내교역권, 즉 과거의 교역 유통 시스템을 파괴했으며 군용미의 강제 징발 등으로 발생한 실업과 심각한 식량난으로 모든 점령 지역의 주민은 궁핍으로 떨어졌다. 이러한 가혹한 당시의 현실 때문에 민중의 저항운동이 조직되어 전후 독립운동이 발전할 수 있었다.

도죠 정권은 1942년 11월 대동아성(大東亞省)을 신설하고 점령지 지배를 통상적 외교관계와는 구별했는데, 이에 반대한 외상 도고(東鄕茂德)를 파면하고, 서양의 제국주의로부터 아시아 해방이라는 전쟁의 대의명분하에 점령지에 일본화를 강제했다. 일본어, 일장기 게양, 일본국가인 기미가요의 강제, 신사의 창건과 예배, 궁성요배(宮城遙拜), 천황 숭배 등을 주민에게 강요하여 동남아시아와 태평양 여러 섬의 민족적 저항을 일으켰다. 1943년 과달카날 섬 철수를 계기로 일본이 수세에 몰린 후 일본의 지도자들도 드디어 필리핀, 버마, 인도 등에서 유럽 열강으로부터의 독립을 지원해 줌으로써 그 나라들의 전쟁협력을 기대했다. 하지만 석유와 고무, 주석의 자원을 지니고 있었던 말레이시아와 인도네시아 등은 끝까지 그 독립을 인정해 주지 않았다.

중국은 일본군의 전진이 한계에 이른 1938년 가을 이후에는 항일전쟁을 정략적 대치 단계에 들어선 것으로 보고, 지구전과 소모 전략을 기본으로 하고 정치, 경제, 군사에 걸친 정비를 진행했다. 중경(重慶)을 중심으로 내륙에서의 경제건설을 적극화하고, 1939년부터는 당, 정, 군을 일원화한 국방 최고위원회의 위원장이 된 장개석의 독재체제가 강화되었다. 그는 일본의 침략에 대해서는 미국에 의존하여 미국의 경제원조를 받으면서 항전을 계속했다. 유럽의 전쟁이 최초에는 독일의 압도적 우세로 진행됨에 따라 일본의 압력도 거세어져 중국의 고립화가 깊어졌다. 일본의 고노에 정권은 장개석 정권을 견제하기 위해 왕조명(汪兆銘)의 괴뢰 정권을 수립하고, 북부 베트남에 진주했으며, 독·이와 함께 3국 동맹을 조인하는 등 모험적 외교를 통해 중국을 고립화시키고자 했다. 이에 미국은 국민정부에 대한 원조를 강화하고, 대일 제제(帝制)를 통해 위기 상태의 중국을 돕기 시작했다. 모택동(毛澤東)의 중국공산당도 좌익으로 편향했던 노선을 시정하고, 미국과 영국과의 연합을 긍정했다.

1941년 여름부터 전개된 일본군의 남진정책 확대는 중국과 미국을 군사제휴까지 전개해 헐 국무장관의 대일 강편 자세가 더욱 강력해지게 되었다. 미·영 개전을 각오한 일본군은 중국 점령을 안정화한다는 구실로 삼광작전(三光作戰, '빼앗고, 죽이고, 태우다')을 전개하여 중국 국민을 학살했다. 도시 지역에서는 남경학살이 그 대표적이었고, 이어서 화북의 중공군 지배 지역인 해방구에서 철저한 소탕 작전은 막대한 중국 민간인 학살로 이어졌다.

일본의 진주만 공격으로 명실공히 전 지구적인 세계대전으로 확대된 제2차 세계대전이 개시되자 중국을 포함하는 26개국은 1942년 1월 초 워싱턴에서 일본에 단독 강화 없이 일치하여 대항하는 등 연합국 공동선언을 발표하고 연합국군을 결성했다. 중국 전구(戰區)의 최고사령관에는 장개석이 임명되었다. 대일항전 4년 후에 맹방에 가맹하고, 선언에 서명할 때 특히 중국이 미국, 영국, 소련 3개국과 나란히 특별 취급을 받게 된 것은 그들 민족적 자존심을 크게 만족하게 했다. 장개석은 유사 이래 과거에 없었던 '중국의 자랑거리'라고 기뻐하며, 승리의 날까지 용감히 나아가자고 국민에게 호소했다.

초전에는 일본의 동남아시아 공격에서의 눈부신 성공으로 일본의 '대동아공영권'의 구상이 이루어지는 듯 보였다. 한편 중국의 동남아 루트가 봉쇄되어 중국 항전의 중요한 자금원이었던 화교(華僑)의 송금이 끊겼다. 하지만 중국을 포위하는 형태의 '대동아공영권'은 그 외측에서 연합군에 의해 포위되었던 것이다. 게다가 반년 후 미드웨이 해전에서 패배함으로써 일본이 무너지자 중국 측은 한층 승리의 확신을 품게 되었다.

미군의 반격

1942년 초 미국의 장거리 폭격기 한 분대가 항공모함 호넷트호로부터 출진하여 동경을 폭격한 사건이 발생했다. 실제로 피해는 경미했으나 자존심이 강한 일본의 지도자들은 엄청난 굴욕을 느꼈다. 그들은 이 공격의 출발지가 하와이 섬들 근처에 있는 미국의 군사기지 미드웨이가 틀림없다고 생각했다. 야마모토 장군은 이 섬을 공격하기 위해 강력한 함대를 보낼 것을 주장했다. 이 주장에 의문을 품은 일본 측 지도자도 있었지만, 진주만 공격을 주장하여 승전의 기틀을 제공한 야마모토 제독에게 이견을 제시하기 어려웠다. 1942년 5월 항공모함 5척을 비롯하여 기타 함정과 11만 5,000명으로 조직된 일본의 최강 함대가 태평양을 건너 출정했다.

야마모토는 명성에 걸맞지 않게 몇 가지 오측을 범하고 있었다. 그는 미국의 항공모함 2척은 미드웨이에서 멀리 떨어져 있다고 추측했다. 그러나 미군은 해독된 암호 정보에 따라 3척의 항공모함이 야마모토가 거느리고 있던 일본 기동부대 쪽으로 접근하고 있었다. 일본 측이 미드웨이 공격을 시작하자 미공군의 어뢰 탑재기가 머리 위에 나타났다. 미군의 최초 공격은 일본 공군에 의해 겨우 격퇴되기는 했다. 하지만 일단 승리한 일본군 전투기들이 다시 고도를 조정하고, 폭격기에 대함용 특별폭탄을 장비하고 있을 때 미군기가 여러 번에 걸쳐 파도처럼 몰려들었다. 미군의 폭격으로 장비 중인 특별폭탄이 폭발하기 시작했다. 약 5분 후 야마모토의 꿈은 사라졌다. 3척의 일본 항공모함, 아까기(赤城), 가가(加賀), 아오류(蒼龍)는 불타오르는 기름, 작열하는 폭탄, 어뢰의 폭발로 찢어져 불에 휩싸였다. 다음 날 아침에는 3척 모두 침몰하여 그 모습이 사라졌다. 네 번째 항공모함 히류(飛龍)는 파괴되기 전에 겨우 미항공모함 요크타운을 격침할 수 있었다.

이 전투는 전쟁의 전환점이 되었다. 그 후 일본의 해군은 전투력과 위력을 상실해 갔다. 미국 측의 잠수함이나 비행기가 파괴한 일본 함선의 수는 날이 갈수록 증가했다. 일본 상선이 침몰하면서 섬나라 일본의 최대 약점인 치명적인 타격이 가해지는 형국이 되었다. 왜냐하면, 규모 큰 상선대가 사라지면 일본 산업에의 원료 공급이 끊어지게 되기 때문이다. 또한, 제해권을 확보하기 위한 강력한 함대를 가지지 못하는 한 일본은 더는 군수산업을 가동할 수 없었다. 일본에 미드웨이전의 패배는 독일에 스탈린그라드전의 패배처럼 말하자면 '종말의 시작'이었다.

미군의 전략가들은 거리가 떨어져 있는, 그리고 깊은 정글 속에서 광신적인 적들과 싸우게 된 힘든 전쟁에서 현명한 작전을 구상했다. '대동아공영권'이란 일본의 새로운 가상의 제국은 그 형태가 태평양에 떠서 퍼지는 거대한 꽃과 같은 모양을 띠고 있었다. 하나하나의 꽃은 크고 작은 섬들이었고, 그 줄기는 섬들을 연결하는 항로였다. 따라서 이들 줄기를 끊어버리면 섬들이 시들어 버릴 것이라는 구상이었다. 그리하여 미군은 태평양을 횡단하는 '개구리 뜀뛰기' 작전을 시작했다. 이 작전으로 일본 측에 매우 중요한 군사기지와 공항을 미군이 빼앗기 시작했으며, 동시에 일본에 의해 장악되었던 섬들을 연결하는 줄기 부분인 해로를 봉쇄하여 섬들 사이의 공급을 차단하였다.

미국의 해군은 이러한 작전을 실행할 수 있는 장비를 충분히 보유하고 있었다. 미군 장교들은 유럽의 갈리폴리 작전을 연구하여 교훈을 배웠다. 그 결과 얕은 수역에서 기동할 수 있게 되었고, 위험을 최소한으로 줄이면서 보급품을 육지로 옮길 수 있는 특별한 형태의 상륙용 함정을 개발했다. 하지만 이러한 무기를 가지고도 항복을 경멸하고 장렬한 죽음을 군인의 본분으로 칭송하는 일본군과 싸우는 것은 힘든 일이었다. 일본군은 항복을 가장 불명예로 여겨 최후까지 싸웠다. 과달카날 전투에서는 미군에 점령당한 후 일본군이 그 만회를 위해 일곱 차례나 결사적으로 공격함으로써 침몰한 군함들로 과달카날의 만 전체가 뒤덮여 미국인들이 '고철의 만(灣)'이라 부를 정도로 처참한 모습이었다.

일본군의 보급이 어려워지자 전투가 점차로 미군에게 유리하게 전개되기 시작했다. 호주군이 뉴기니아 정글을 확보한 동안 미군은 개구리처럼 섬들을 건너뛰어서 일본 본토로 육박해 갔다. 미 해군은 1943년 11월에 길버트 제도를 점령하고, 다음 해에는 마리아나제도, 괌을 점령했다. 일본의 '대동아 공영권'의 방어선이 무너짐에 따라 일본 본토도 위험해지기 시작했다.

일본 측에서 보면 최대의 위기는 1944년 10월 맥아더 장군이 필리핀에 상륙했을 때 도래했다. 일본은 자신들이 필리핀마저 잃을 것이라고는 생각할 수조차 없었다. 일본은 필리핀을 장악함으로써 석유 산지인 네덜란드령 인도네시아로 가는 항로를 확보할 수 있었다. 일단 필리핀을 상실하게 되면, 일본군은 그 생명을 지키는 혈액이라 할 수 있는 석유공급이 끊어지게 되는 것이다. 그리하여 일본군 사령관이 '필리핀을 상실하면 함대를 온전히 보존해도 아무짝에도 쓸데없다.'라고 말한 것처럼 일본은 제국함대는 모든 것을 필리핀 방어에 걸고자 했다. 그 결과로 최대의 해전이 필리핀제도의 중앙에 있는 레이테 해역에서 벌어졌다. 여기서 미군은 진주만 공격을 복수하는 기세로 전투에 임했다. 급강하하는 폭격기의 소란스러운 소리, 어뢰가 목표를 향해 돌진하여 거대한 선박이 검은 연기와 수증기를 뿜어내면서 사라져가는 모습이 보였다. 전투가 끝나자 일본해군은 항공모함 4척과 전함 2척을 상실했다. 한편 육상에서는 죽을 결심을 굳힌 병사들이 미군의 진격작전을 막아보려 막대한 희생을 치르고 있었다. 필리핀의 수도 마닐라가 최종적으로 함락된 후 일본군의 전사자는 17만 명을 넘어섰다.

필리핀에서 멀리 떨어진 버마와 아쌈 지방에서 영국군과 인도군은 쉽게 이길 방법이 없었고 별로 성과도 없는 전투를 계속하고 있었다. 정글과 산, 언덕의 진지들을 하나씩 교묘하고 잔혹한 적으로부터 빼앗아야 했기 때문이었다. 영국군 제14군은 버마루트를 재개하여 중국군에 병참물자를 보내기 위해 일련의 작전에 돌입했다. 영국군은 친디츠라는 게릴라를 일본군 후방으로 침투시켰다. 공군기로부터의 보급을 받으면서 녹음이 무성한 정글에서 잠복했던 이들 게릴라부대는 전사자보다 열대성 질병에 걸려 사망한 자가 더 많을 정도였다. 1944년 3월 일본군은 아쌈 지방으로 쳐들어갔으나 게릴라부대와 영국군에 격렬한 공격으로 인팔에서 크게 패배했다. 이후 일본군은 수세로 기울어 15개월에 걸친 길고 지루한 전투 끝에 35만 가깝던 일본의 3개 사단이 무너지고 말았다. 1945년 1월에는 버마루트가 재개되어 다시 강화된 중국군이 배후에서 공격을 시작했고, 제공권을 회복한 연합군이 싱가포르와 랑군을 폭격할 수 있게 되었다.

1945년 4월 루즈벨트 대통령이 서거한 후 그를 계승하여 대통령이 된 투르먼은 일본군의 결사적인 공격작전을 걱정하고 있었다. 그들은 죽을 작정으로 덤벼드는 미친 듯한 적을 될수록 적은 희생을 치르면서 타도할 수 있는 수단을 찾아보려 했다. 하나의 가능한 수단이라 생각되는 것은 공습이었다. 1944년 11월 이후 일본은 역사상 가장 심한 공습을 당하고 있었다. 이를테면 1945년 3월 9일 공격에는 소이탄이 사용되어 동경의 41km^{2}의 지역이 불타고 7만 8,000명이 사망했다.

이러한 공습을 돕기 위해 일본 본토로부터 더 근접된 곳에서 미군 비행기를 띄우기 위해 이오지마(유황도)와 오키나와 두 섬이 집중적인 공격을 받았다. 일본은 이에 격렬하게 저항했고 항복하는 자는 거의 없었다. 해상에서는 결사적으로 카미카제(神風) 단발기를 조종한 일본의 파일럿들이 미국 군함에 돌격하여 부딪혀 죽었다. 카미카제의 공격으로 이들 두 섬을 장악하는 과정에서 1만 5,000명의 미군이 희생되었다. 이러한 손실이 미군 사령부의 불안을 더욱 크게 했다. 일본 본토로부터 수백 킬로미터 떨어진 섬에서의 방어전이 이런 정도인데 본토가 공격될 때에는 어느 정도의 항전 반응이 일어날 것인가 걱정되었다. 1945년 7월 13일에 이르러 일본 정부가 소련을 중개로 한 비밀스러운 평화교섭을 했다는 것이 분명해졌다. 그러나 더 많은 일본인이 천황제가 사라질 수 있다는 생각으로 무조건 항복에 반대하고 있다는 게 알려졌고, 도조를 비롯한 일본 육군 지도부의 몇몇 사람은 최후까지 싸워야 한다고 주장했다.

일본의 항복

일본의 비밀 화평 교섭이 시작되기 3일 후에 이러한 상황을 일변시키는 뉴스가 미국에서 전해졌다. 원자가 다른 원자와 충돌하여 분열하면 강력한 폭약의 수백 배의 파괴력이 나올 수 있다는 것은 얼마 전부터 과학자들에게 알려져 있었다. 1939년부터 3인의 물리학자, 알베르트 아인슈타인, 레오 시라드, 엔리코 페르미가 독일에서 나치의 박해를 받아 미국에 망명해 왔다. 그들은 루즈벨트에게 만일 나치들이 이러한 폭탄을 먼저 발명하여 생산하게 되면 세계가 위기에 빠질 것이라고 경고했다. 최초에는 루즈벨트가 이러한 경고에는 아무 조치도 취하지 않았으나 미국이 참전하게 되자 그는 핵폭탄 제조를 위한 특별연구시설을 만들었다. 얼마 후에는 페르미가 폭탄 제조를 위한 중간 단계인 핵분열의 제어 연쇄반응을 실험했다. 작업이 실험실 단계에서 공장 단계의 규모가 되자 이에 필요한 노동자와 공장 설비가 필요해져 텍사스 주의 오크릿찌에 새로운 마을이 건설되었다. 최후로 핵실험을 완성하기 위한 장소로 선택된 곳은 뉴멕시코의 로스 알라모였다. 이 한적한 지역에서 1945년 7월 16일 원자폭탄 실험이 시행되었다. 400km 떨어진 곳에서 관측한바, 섬광이 번쩍이자마자 자색과 오렌지색의 불덩어리가 터져 올랐다. 폭파 장치를 지탱했던 높은 탑이 녹아 사라졌다. 실험은 성공적이었다. 인류사상 새로운 시대가 시작된 것이다.

트루먼 대통령은 이 무서운 실험의 성과를 이용하여 전쟁을 순조롭게 종료시키는 도구로 사용하기로 작정했다. 1945년 8월 6일 폴 티벳츠 대령이 지휘했던 B29 폭격기는 핵폭탄을 싣고 일본의 히로시마(廣島) 상공으로 날아갔다. 맑고 아름다운 여름날 아침 8시 15분이었다. 폭격기의 조준병은 한여름 햇빛을 받아 번쩍이는 오타 강에 걸려 있는 다리에 조준기를 맞추었다. 폭탄 투하실의 문이 열리고 4,500kg의 가늘고 긴 형태의 폭탄이 투하되었다. 큰 폭격기도 이처럼 무게가 나가는 무거운 짐을 떨어트리면 격렬하게 사방으로 튀어 오르기 마련이다. 43초 후 원자폭탄이 최초로 인류의 머리 위에서 폭발했다.

이 공포의 순간을 경험한 생존자들은 각각 다른 표현을 하고 있다. 최초에는 아무런 폭음 없이 눈을 멀게 할 정도의 섬광이 보였듯 싶다고 고백하고 있다. 폭격기 뒷좌석에 타고 있던 사수의 증언을 살펴보면, 중심부가 섭씨 1억 도 이상이 되는 불덩어리가 지상으로 퍼지면서 세상이 온통 자색으로 변하는 것을 목격했다고 했다. 어떤 일본인은 세상이 검게 변했다고 했으며, 또 어떤 이는 무지개색으로 또는 청색과 금색의 꽃으로 표현하기도 했다. 많은 사람은 거대한 사진기의 플래시가 터진 것 같았다고 표현했다. 그 결과 히로시마의 중심부는 벼락을 맞은 듯 타 버렸고, 수천 명의 사람도 그곳에서 타 버렸다. 먼 곳에 있던 사람들도 방사능 때문에 천천히, 그리고 더 무서운 죽음을 맞이했다.

최초 심한 열기가 휩쓴 후 그다음에는 시속 800km로 불어오는 강풍이 덮쳤다. 이 바람으로 나무들이 뿌리째 뽑히고, 건물들이 붕괴하고, 건물의 유리들이 깨어져 비처럼 흘러내렸다. 사람들이 유리에 찔리고, 의복은 찢어지고, 나뭇잎마저 칼날처럼 살을 파고들 정도였다. 항구에서는 바람 때문에 파도가 크게 치고, 폭탄에 의해 점화된 집들이 맹렬하게 불타올랐다. 목조가옥은 물론 빌딩도 화재를 면할 수 없었다. 반미치광이처럼 사람들이 거리를 필사적으로 달려가고 있었는데, 그들의 얼굴은 시커멓게 그을고 피부는 너덜거리고 눈알은 튀어나오는 등 그 참상은 대단히 심각했다.

어떤 피폭자는 몇 년 뒤에 당시를 다음과 같이 추억했다. "나는 쌓여 있던 시체 위를 헤치고 올라갔습니다. 시체 속에는 움직이는 자, 살려달라고 외치는 자들도 있었다. 그러나 나는 살아남기 위해 그런 사람들을 밟고 넘어가지 않을 수 없었습니다. 그 사람들의 뼈가 부러지는 소리가 지금도 귀에 들리곤 합니다." 그 후에도 몇 시간에 걸쳐 사람들이 죽어갔다. 멀리 떨어진 상공에서 미 공군병이 6km까지 치솟은 버섯구름을 바라보면서 "하나님, 우리는 무슨 짓을 저질렀습니까!"라고 외쳤다. 일본인이 '원폭병'이라 명명한 방사능 후유증으로 히로시마 시민이 그 뒤에도 계속해서 죽어갔다. 오늘날까지 1945년 8월에는 태어나지 않았던 사람들까지 임신 당시에 받은 방사능 때문에 고통을 당하거나 죽어가고 있다. 히로시마가 피폭된 후에도 일본 정부가 항복하지 않았기 때문에 나가사키(長崎)에 떨어진 원자폭탄으로 다시금 죄 없는 사람들이 고통을 받게 되었다.

이 악몽이 가져온 최대의 성과는 전쟁의 종결이었다. 일본군인 중에는 결사항전을 주장하는 자도 있었으나 일왕은 현명한 판단으로 8월 15일 방송으로 항복을 선포했다. 미군이 일본 본토에 들어왔을 때는 아무 저항도 일어나지 않았다. 9월 2일 일본대표들은 동경만의 미조리 함상에서 맥아더 원수에게 항복에 조인했다. 그 뒤 맥아더는 라디오를 통해 미국 국민에게 다음과 같이 말했다. "유사 이래 인류는 항상 평화를 추구해 왔다. … 그런데 군사동맹, 세력균형, 국제연맹, 그 모든 평화 추구의 노력이 실패하고 남아있는 유일한 길은 … 전쟁뿐이었다. 이제 우리는 전쟁이라는 선택지를 지워 버릴 때가 되었다. 우리에게는 최후의 찬스가 주어졌다."라고 세계대전이 인류에게 끼친 깊은 상처를 표현했다.

제2차 세계대전은 그 규모가 글로벌한 것인 만큼 전 세계에 걸쳐 심각한 상처를 남겼다. 전쟁에 의해 촉발된 극단적인 폭력은 특히 인종과 민족의 갈등에 의해 크게 조장되었던 것이다. 전쟁이 고비에 이르렀던 1940년대에 유럽, 동유럽, 중국, 한반도 등 특정 장소에서 다수 폭력 사건이 주로 추축국 독일과 일본에 의해서 발생되었다.

독일의 나치주의자 헤르만 괴링이 제2차 세계대전을 노골적으로 '위대한 인종 전쟁'이라 부른 데에는 그럴만한 이유가 있다. 실제로 많은 동시대인이 이 전쟁을 인종적 갈등으로 겪었기 때문이다. 독일 나치의 유대인 절멸정책(絕滅政策)과 일본 제국주의자들의 남경학살(南京虐殺) 사건과 일제의 한국인에 대한 혹독한 식민지 정책은 모두 경제적·정치적 배경도 물론 있었지만, 인종적 편견이 그 주요 배경이 되었다.

제13장

제2차 세계대전의 상처: 증오의 세기

1. 나치의 유대인 절멸 정책

나치의 반유대주의

히틀러가 란츠베르크 요새감옥에서 『나의 투쟁』을 집필하며 내세웠던 인종주의 이데올로기는 1933년 그가 집권한 후 현실로 입증되었다. 유대인들이 세계 지배를 위해 음모를 꾸미고 있다는 내용을 담고 있는 〈시온 장로의정서〉는 나치의 손을 거치면서 흥미로운 전설을 벗어나 실제로 위협의 증거로 나타났다. 나치는 유대인들의 세계 지배의 음모에 관한 루머를 수집했다. 나치는 유대인들이 서유럽의 금권주의정치의 주인공이라고 주장했으며, 다른 한편 나치는 사회주의와 볼셰비즘을 배후에서 조종하는 음모세력으로 규정했다. 이러한 유대인에 대한 음모론은 기독교의 반(反)유대주의로 쉽게 결부되었는데 기독교에서는 유대인을 예수를 죽인 사탄의 추종자로 간주했다. 다른 한편 고비노 등의 인종론자들은 유대인을 열등한 인종이라 폄하했는데, 나치들은 선전을 통해 그들을 독버섯, 기생충, 바이러스, 쥐와 같은 더러운 것으로 대중의 의식 속에 낙인을 찍어 놓았다.

1935년 9월 13일 히틀러가 직접 명령하여 '뉘른베르크 인종차별법'이 제정되었다. '독일 민족의 순수한 혈통을 보호하기 위해 제정된 이 법'에 의하면 독일의 순수한 아리안 혈통을 지키기 위해서 유대인과의 혼인은 물론 성관계도 중대한 범죄가 되었다. 일본군과는 달리 독일군의 유럽전쟁에서 비교적 강간 사건이 두드러지지 않은 이유는 이러한 인종차별법이 그 배경이라 할 수 있다. 이 법에 따라 유대교 공동체에 속한 사람, 유대인 배우자로 혼인한 사람, 유대인의 혼인관계에서 출생한 자녀, 유대인과의 혼외정사에서 출생한 자녀 등 혼혈아(Mischling)는 완전한 정치적 권리를 소유하는 독일제국의 시민이 될 수 없었다. 이것은 곧 모든 유대인이 '2등 시민'으로 전락했음을 의미했다.

히틀러의 전쟁 준비가 가시화될수록 유대인들에 대한 나치의 탄압 조치는 더욱더 가혹해졌다. 유대인들에 대한 박해의 첫 단계가 정치적 권리를 박탈하는 것이었다면, 다음 단계의 목표는 그들의 경제적 기반을 박탈하는 것이었다. 1938년 초부터 독일 경제계에서 유대인을 대대적으로 제거하는 작업이 개시되었다. 2월에는 경제적 이유에서 반유대주의 경제정책을 전면 도입하는 데 반대한 유능한 경제 각료 할마르 샤하트를 경질하고 발터 풍크가 그 자리에 임명되면서 독일 경제계에서 유대인 출신 경제인을 제거하는 작업이 대대적으로 시행되었다. 3월에는 모든 유대인의 법인 권리가 박탈당했고, 9월에는 유대인 의사들이 더 이상 아리안 독일인을 치료할 수 없게 했으며, 11월에는 유대인 변호사들의 활동이 금지되었다. 경제 외적인 탄압 조치들이 잇달아 시행되었다. 8월부터는 모든 유대인 남성들은 '이스라엘'이라는 미들네임을 사용해야 했고, 다음 해 초에는 모든 유대인 여성들이 '사라'라는 미들네임을 써야 했다. 10월부터는 모든 유대인 여권에 유대인임을 표시하는 'J'자가 찍혔다.

이상에서 살펴본 유대인 탄압 정책은 1938년 11월에 일어난 '제국 수정의 밤'이 발생한 이후 유대인 축출정책으로 전환되었다. 이 사건은 한 유대인이 독일의 탄압정책에 항거하여 프랑스 주재 독일 대사관에 찾아갔다가 독일 대사관 직원을 사살한 사건을 계기로 하여 발생했다. 이 소식을 들은 괴벨스는 유대인 문제에 통제권을 장악하려고 히틀러의 재가를 받아 독일 전역에 걸쳐 유대인 테러를 가하도록 조치했다. 나치당의 돌격대(Sturmabteilung, SA) 대원들을 동원하여 유대인 교회당에 불을 지르고, 상점을 파괴함으로써, 거리는 깨어진 상점 유리 조각으로 넘치게 되었다. 수정(水晶)이란 이들 유리 조각을 의미한다. 하룻밤 사이에 죽임을 당한 유대인이 91명이었고, 강제수용소에 수감된 남성만 모두 3만 명에 달했다. 게다가 유대인들에게 소요의 죄를 뒤집어씌워 배상금으로 10억 마르크 외에 파괴의 보험 보상금으로 받은 2억 5,000마르크마저 나치에 헌납해야 했다. 그러나 일은 끝난 것이 아니었다. 이 사건을 계기로 나치는 유대인의 차별 정책에서 축출 정책으로 전환했다. 유대인은 모든 경제활동에서 완전히 축출되었다. 유대인 소유 기업들은 아리안 혈통을 지닌 독일인에 귀속되었으며, 유대인 노동자들도 다니던 직장에서 해고되었다.

유대인 문제의 최종 해결 – 유대인 학살

1939년에는 '유대인 문제의 최종 해결(die Endlösung der Judenfrage)'이라는 표현이 등장한다. 이 말은 처음에는 유대 인의 물리적 절멸을 의미하지는 않았다. 히틀러가 주장한 바 있는 독일인의 생존권(Lebensraum)을 동방 지역에 만들기 위해서는 레닌그라드에서 크림반도에 이르는 광활한 지역에 유대계 독일인을 이주시키고, 이에 맞추어 현지인을 다른 지역으로 강제 이주시키는 것을 주된 내용으로 삼고 있었다. 하인리히 히믈러는 〈동부 지역 이민족 처리에 관한 몇 가지 구상〉이라는 비밀보고서에서 유대인들을 물리적으로 절멸, 즉 살육하는 것은 '볼셰비키적 방법'이라 비난하고 '비독일적'일 뿐이며 불가능하다고 거부했다. 그는 독일인의 '생존권'을 확보하기 위해서는 동방 지역의 인구 이동을 필수불가결한 것으로 간주했다. 특히 유대인의 거주 비율이 높은 동방 지역이기에 이 지역에 거주하는 유대인을 어떻게 처리하는가 하는 문제는 큰 문제가 되었다. 나치는 '마다가스카르 계획(Madagaskar Plan)'을 구상하여 유대인을 프랑스의 식민지였던 마다가스카르에 집단으로 강제 이송시킬 것을 주장하기도 했다. 독일이 프랑스에 승리한 뒤, 곧 영국도 항복시킬 수 있다고 낙관하는 가운데 프랑스로부터 빼앗게 될 마다가스카르에 대규모의 게토, 즉 유대인 집단 거주 구역을 만드는 계획을 구체적으로 수립했다. 그러나 히틀러의 영국 본토 계획이 좌절되자 120척이나 되는 선박을 동원하여 매년 100만 명씩의 유대인을 마다가스카르로 강제 이송하려던 나치의 야심 찬 계획은 곧바로 휴짓조각이 되고 말았다.

1941년 독일의 소련 침공 작전이 전개되자 동유럽에 거주하는 이민족을 어떻게 처리하고 독일인의 '생존권'을 확보하느냐 하는 것이 최대의 난 문제로 대두했다. 그리하여 '최종적 해결'이란 문제는 강제이주에서 물리적 유대인 절멸 계획으로 바뀌게 되었다. 이 방안에 따라 1941년 초여름부터 소련 지역을 중심으로 살인 특무부대(Einsatzgruppen)라고 칭하는 친위대 산하 학살을 전담하는 부대가 투입되었고, 1942년부터는 폴란드 지역에서 여러 곳의 학살을 전문으로 하는 강제수용소가 세워졌다. 이러한 경위로 볼 때 유대인 절멸 계획이 처음부터 의도된 것이라기보다 상황의 추이에 의해 전개 발전했다는 주장이 타당한 근거가 있다.

'뉘른베르크법'에 통해 유대인이 되는 판단 기준은 제시되었으나, 유대인 절멸 계획을 시행하는 구체적인 방법을 마련하기 위해 1942년 1월 20일 베를린 교외 '반제 호수' 가에서 친위대 산하의 제국 보안국 국장 하이드리히가 주재하는 '반제회의가' 개최되었다. 이 회의에는 회의록의 책임을 진 아이히만과 13명의 차관급 인사들이 참석하여, 절멸 대상 유대인에 관한 확인을 주로 토의했다. 회의록에 따르면 절멸 대상 유대인을 모두 1,100만으로 잡고 있었다. 그 외에도 누락된 유대인이 있을 수 있었기 때문에 하이드리히는 강제 이송 대상자를 '이 잡듯이' 색출하는 작업이 필요하다고 강조했다.

이 무렵부터는 사람을 죽이는 여러 방법이 제시되었는데, 히믈러의 지시에 의해 유대인 캠프의 소장 헤스가 그 방법들을 시험해 보았다. 총살은 너무 느렸고 사격병들은 귀찮다고 했다. 일산화탄소 역시 비능률적이라 판명되었다. 그리하여 헤스는 500명의 소련 전쟁포로를 실험용 모르모트로 취급하여 취클론-B로 대량살상을 실험해 보았다.

이 약재는 I. G. 파르벤의 자회사로 페스트 구제를 위한 제약회사인 데게슈에 의해 제조된 것이다. 헤스는 이 취클론-B의 성능에 만족했다. 그의 친위조직은 사람들에게 위험을 알리는 '인디게이터'를 제거한 취클론-B를 대량 주문했다. 회사 측에서는 이 약재의 사용처를 짐작했으나 데게슈의 유일한 문제 제기는 '인디게이터'를 넣지 않으면 특허권을 침해당할 우려가 있다는 정도였다.

전멸 캠프에 의한 최초의 가스 대량학살은 1942년 3월 벨제크 수용소에서 시작되었다. 이 포로수용소는 하루에 1만 5,000명을 죽일 수 있는 능력을 보유했다. 이 방법을 헤스는 "모든 시대를 통틀어 인간 말살을 위한 가장 위대한 시설이다."라고 자찬했다. 1941년 12월까지 히틀러는 약 870만 명의 유대인을 그의 통치하에 두고 있었는데 종전까지 그들 중 적어도 580만 명을 학살했다.

200만 명이 살해된 아우슈비츠에서는 그 과정이 거대한 공장에서 작업하듯이 시행되었다. 유대인 희생자를 실은 열차가 도착하면, 건강한 사람들은 노역소로 보내졌고, 약하고 연약해 보이는 여인과 아이, 노인 등은 곧장 가스실로 보내졌다. 가스실로 가는 유대인 행렬을 환송이라도 하는 것처럼 유대인 음악가로 구성된 악단이 클래식 곡을 연주했다. 희생자들은 욕탕이라 지칭된 가스실로 직행했다. 목욕하기 전에 모든 유대인은 소유물을 남기고 옷을 벗었다. 아우슈비츠의 시체로부터 나온 빈약한 소유물들, 즉 산더미처럼 쌓인 가방과 남자 양복과 내의, 여자옷, 아동복 등이 '공식적으로 수거'되어 독일 본국으로 보내어졌다.

그들은 처음에는 금속기둥의 구멍으로부터 가스가 나오는 것을 알지 못했다. 잠시 후에는 인디케이터가 제거된 가스를 그들도 몸으로 느끼고 그 험악한 기둥에서 떨어져 작은 창문이 달린 철문으로 모여들었다. 그들은 꿈쩍도 않는 철문을 주먹으로 치면서 몸부림치게 된다. 철문 앞에서 서로 할퀴고 치고받으면서 결국은 끈적끈적한 피를 토하면서 피라미드처럼 시체로 쌓이게 된다. 25분 후에는 전기 펌프식 배출기가 가스를 빼내면 거대한 철문이 열리고 유대인 모범수들이 들어간다. 그들이 처음으로 하는 일은 피와 오물을 제거하는 것이다. 그다음으로는 서로 엉겨 붙은 시체들을 올가미와 갈고리로 떼어내고, 나치가 전략물자로 간주하고 있는 금이빨과 머리털을 자르는 소름 끼치는 일이 시작된다. 그 후 그 시체들은 들것이나 인력거에 실려 용광로로 옮겨져 태워진 후 분쇄기로 들어가 곱게 갈려진 재가 되어 화물트럭으로 솔라강 하류에 뿌려졌다. 그들은 비용을 아끼기 위해 종종 값비싼 가스를 적은 양만 사용했는데, 가끔은 건강한 희생자가 인사불성인 상태로 산 채로 태워지기도 했다.

나치의 유대인 학대에는 직접적이지 않았으나 그들의 값싼 노동력을 착취하기 위해 독일 산업계도 가담했다. 친위대는 유대인 노동력을 이들 기업에 제공함으로써 짭짤한 부수입을 올리기도 했다. 크루프, I. G. 파르벤, 지멘스, 라인메탈, 메서슈미트, 하인켈 등 대기업들도 포로수용소의 노동력을 이용한 대가로 두둑한 현금을 친위대에 주었다. 히믈러는 절충안으로 독일 기업을 죽음의 수용소로 옮겼다. 친위대와 I. G. 파르벤은 아우슈비츠 구내에 인조 고무 공장과 염료 센터를 건설하여 긴급한 전략 군수산업을 가동하기도 했다.

"노동은 자유로움을 제공한다!"라는 구호를 수용소 문에 크게 내걸고 유대인의 노예 노동력을 최대한으로 착취했다. I. G. 파르벤은 유대인의 노예 노동력을 최대한 소모하고자 했다. 유대인의 힘을 최대한 추출하여 노동력으로 쓰고, 이용할 힘이 고갈하면 가스실과 용광로에 처리해 버리는 것이었다. 그러나 이러한 추악한 경영에도 아우슈비츠는 완전한 실패작이었다. 염료나 합성고무의 생산성은 그다지 만족스럽지 못했다.

이들 유대인 수용자들에게는 의학적인 생체실험도 시행되었다. 350명의 친위대 의사들은 수용소 포로를 대상으로 빙사온도(氷死溫度) 실험을 하여 수십 명을 죽였고, 세균 감염증에 유효한 합성 화합법을 실험하기 위해 가스 회저병에 감염시켰으며, X선을 조사하여 불임 조치를 하기도 했다. 그 밖에도 발진티푸스 백신을 주사한다든가, 뼈 이식 수술을 시험해 본다든가, 바닷물을 마시게 하기도 했다. 히믈러는 괴팍한 취미를 만족하게 하려면 유대인 공산주의자의 해골을 수집하기도 했다.

나치의 절멸 계획은 그 거대한 규모에도 은밀히 진행되었다. 히틀러는 공개적인 연설이나 좌담에서 다른 주제에 대해서는 주책없이 장광설을 늘어놓을 때에도 대량학살에 대해서는 절대 언급하지 않았다. 그는 유대인 절멸 계획에 관한 한 어떤 명령도 말로 전달했고 문서를 남기지 않았다. 그의 모든 행동에는 엄청난 증오심이 가득했으나 기이하게도 그 증오심은 언제나 추상적이었다. 그는 유대인 절멸 계획이 독일 '문화'에 대한 최대의 봉사라고까지 간주했다. 만약 그가 불행한 희생자들을 개인적으로 인격을 갖춘 사람으로 보았더라면 가스실에서의 대량학살을 과연 용인할 수 있었을까에 대해 의문이 들 정도였다. 그는 한 번도 절멸 캠프를 방문한 일이 없었고, 아우슈비츠의 감독자였던 히믈러조차 그곳을 단지 두 번 방문했을 뿐이었다. 나치는 절멸 계획을 은밀한 은어로 표현했다. 살인은 친위대의 언어로 '특별조치', '재식민(再植民)', '일반적 수단', '사법부의 권한을 벗어난 주권자의 행동' 등으로 표현했고, 흔히 '동방 이송'이라 표현했다.

나치는 절멸 수용소를 극도로 비밀로 했다. 그 때문에 살인공장 주변의 경비는 매우 삼엄했다. 밤새워 덜컹거리는 유대인 호송 열차를 보면서 인근에 살고 있던 일반 독일인들도 그것이 의미하는 바를 짐작하고 있으면서도 "저 저주받은 유대인들—밤에조차 제대로 잠을 자게 내버려두지 않는다."라고 차디찬 불평을 토로했을 뿐이다.

유대인도 히틀러 초기에는 국외 탈출의 기회가 있었다. 그러나 아무도 그들을 환영해 주지는 않았다. 사실상 모든 유럽 정권들이 히틀러가 반유대적이라는 것을 알고 있었으나 그 문제를 건드려 악화시켜서는 안 되겠다는 두려움을 가졌다. 영국은 아랍인들을 두려워한 나머지 밸푸어선언에 의해 유대인에게 약속했던 이주(移住)의 문을 닫아버리려고 했다. 1939년 영국 정부의 백서에 따르면 앞으로 5년간 유대인의 이민을 7만 5,000명으로 제한했다. 미국의 루즈벨트도 항상 말로만 유대인에게 동정을 보내었을 뿐 그들이 미국으로 들어오는 데 대해 어떤 실질적인 도움은 주지 않았다. 그러나 미국은 유대인들 이 가장 많이 이주한 국가였다. 단지 영국의 처칠만이 많은 희생을 치르면서 유대인의 이주를 도우려 했다. 그러나 처칠도 이든이 이끄는 보수당으로부터 압력을 받고 있었다. 이든은 그의 비서가 말한 대로 "아랍인들을 좋아했으며 유대인을 미워했다." 스탈린은 전쟁이 끝나면 제1차 세계대전 후처럼 독일혁명을 통해 독일의 소비에트 정권이 출현할 것이라고 믿었기 때문에, 그는 공동성명에서 독일의 전쟁범죄를 축소하려고 했다.

전후 유대인 절멸 캠프에 경악한 연합군, 특히 영국과 미국은 나치의 학살자들을 처벌하기 위해 열정을 기울였으나 그것도 결국 역사의 흐름 속에서 시들어갔다. 나치 학살을 협조했던 독일의 기업가들은 전후 재판에서 관대한 처분을 받았다. I. G. 파르벤의 인조고무공장 책임자였던 크라우흐는 단지 6년형을 선고받았을 뿐이어서 한 검찰관은 '좀도둑마저 기뻐할 만큼의 가벼운 형벌'이라고 말했다. 그 후 새 연방정부의 전후 보상은 보잘것없었다. 생존한 50만 명의 수용자 중 1만 4,878명만이 몇 년간의 소송 끝에 겨우 1,250달러씩 보상을 받았을 뿐이다. 크루프 회사는 미국 정부의 압력을 받고 나서야 총 238만 달러를 지급했다. 재벌 프리드리히 프리크는 버티며 보상금을 한 푼도 지급하지 않았다. 그러나 그는 1972년 95세로 세상을 떠날 때 10억 달러 이상의 유산을 남겼다.

2. 일본군의 중국 침략

남경학살

1937년 노구교사건을 계기로 전면전에 돌입한 일본군은 상해전투에서부터 중국군의 완강한 저항으로 고전을 면치 못했다. '선과 점'을 점령하면서 철도를 따라 모범답안에 해당하는 전격전을 감행했던 일본군에 대해 중국군은 일종의 게릴라전으로 맞서 악전고투가 계속되었다. 일본군은 보급이 끊겨 군량을 비롯한 물자는 오로지 현지조달이란 약탈에 의존할 수밖에 없었고, 이에 저항하는 중국인에 대한 폭행과 살인이 되풀이되었다. 일본군은 상상하지 못했던 중국 군민(軍民)의 저항에 대한 격렬한 공포심에 시달려 점점 거칠어져 갔다. 당시 일본군은 상해전선에서 와해하여 패주하는 중국군을 추격하여 국민정부의 수도 남경에 급속도로 육박했다. 1937년 12월 일본군은 남경에 접근하면서 중국인들의 저항에 치명타를 입히고 전쟁을 빠르게 종결시키기를 기대하여 본보기를 보여주려 했다. 그것은 투항병, 편의병(便衣兵, 무기를 버리고 사복으로 민중 속에 섞여 있으나 군인으로 지목된 자)을 살육하라는 명령이었다.

누가 이 결정을 내렸는지는 명확하지 않다. 전후 중부 중국 총사령관 마쓰이(松井) 대장에게 책임이 돌아갔으나 진짜 범인은 남경 점령의 통제권을 인계받은 일왕의 삼촌 아사카노미야일 가능성이 더 크다. '극비, 제거할 것'이라는 모든 포로를 죽이라는 지시가 적힌 명령서에 그의 날인이 찍혀 있었기 때문이다. 그 후 일본군들은 살인 경쟁을 벌이기 시작했는데, 일본 언론들은 이 사건을 마치 스포츠 중계하듯 보도했다. 12월 7일 〈동경매일신문〉은 다음과 같은 기사를 내보냈다.

> 중국인 100명 죽이기 시합에 나선 군인들이 호각지세의 실력을 보여주다. 기다하리 부대 소속인 무카이 중사와 노다 중사는 개인 총검전투에서 누가 먼저 중국인 100명을 베어 넘어뜨릴지를 겨루는 친선경쟁을 벌이고 있었는데, 이제 마지막 단계에 들어선 두 사람은 거의 호각지세를 보여주고 있다.

경기 점수는 무카이가 89명, 노다가 78명이었다. 일주일 후 이 신문은 누가 먼저 100명에 도달했는지 모호하여 합의가 안 되어 목표를 150명으로 높였다는 기사를 보도했다.

일본군이 남경에 접근했다는 소식에 중국 정부는 도시를 에워싼 성문을 하나만 빼고 모두 닫기로 했다. 그들이 침략군의 진입을 막으려 헛수고하는 바람에 주민은 감금 상태에 처했다. 일본군이 12월 8일에 도착 피에 굶주린 3만 일본 병사들이 곧바로 도시를 에워쌌다. 장개석은 무장이 형편없는 군대 50만 명을 도시에 남긴 채 몇 주 전에 몸을 피한 상태였다. 중국군은 겨우 5일을 버텼다. 일본군은 세 군데에서 도시의 방벽을 무너뜨리고 진군했다. 이미 조성된 살육장을 찾은 셈이었다. 이후 몇 주간 남경에선 군인과 민간인을 불문하고 젊은 남자 수만 명이 살해당했다. 어떤 이들은 일렬횡대로 선 상태에서 기관총에 맞아 죽었고, 또 어떤 이들은 칼로 목이 베이거나 총검에 찔려 생매장당했다. 총격을 가하고 석유를 뿌린 뒤 불을 붙인 예도 있었다. 쇠갈고리에 혀를 꿰어 매달린 채 죽은 사람도 있었다. 〈동경일일신문〉의 한 기자는 일본군이 포로를 성벽 위에 일렬로 세운 뒤 총검으로 찌르는 모습에 경악을 금치 못했다. 기자가 당시 벌어지던 상황에 대한 설명을 부탁하자 일본군 장교는 다음과 같이 간단히 대답했다.

> 솔직히 말하면, 당신과 나는 중국인에 대해 다른 시각을 갖고 있다. 당신은 그들을 인간으로 취급할지 모르겠지만, 나는 그들을 돼지 새끼로 생각한다. 우리는 그런 동물에게는 어떤 짓이라도 해도 된다.

마쓰이 대장은 그의 군대가 광란에 가까운 행패를 시작한 지 4일 후인 12월 7일 남경에 입성했다. 그는 자신의 눈으로 목격한 참상으로 실망했다고 주장했지만, 그 상황을 막기 위해 아무 조치도 취하지 않았다. 그 무시무시한 잔혹 행위는 이후에도 5주 반 동안이나 계속되었다. 그 뒤에도 잔혹 행위는 이따금 계속되었는데 잡혔던 민간인들이 피난민 수용소에서 풀려나온 다음해 1월 28일부터 2월 3일까지 절정에 달했다. 이후 연합군의 극동국제군사재판부는 남경에서 26만 명이 넘는 비전투원들이 일본군인들의 손에 목숨을 잃었다고 추정했다. 이는 전체 전쟁 기간에 죽은 영국 민간인의 4배가 넘는 수였다. 하지만 일본군은 대량학살에도 만족하지 못하고 남경시가를 체계적으로 방화하는 파괴 행위를 저질렀다.

가장 놀라운 사건은 일본군인에 의한 강간(强姦)이었다. 국제위원회의 엄밀한 조사에서도 강간당했다고 기록된 '피해 여성'이 얼마나 되는지 구체적으로 밝혀지지 않았지만, 근래 조사를 따르면 8,000명에서 2만 명으로 추정된다. 미국 선교사 제임스 매컬럼은 적어도 하룻밤에 1,000건 정도의 강간이 발생했다고 추정했다. 남경 태생으로 프린스턴대학과 하버드 의대에서 교육받은 로버트 윌슨 박사는 당시 현지에서 직접 목격한 상황을 다음과 같이 증언했다.

> 작금의 사태는 '피와 강간'이라는 커다란 철자로 간판을 달은 현대판 단테의 지옥이다. 대대적인 살인과 수천 건의 강간사건이 발생했다. 이러한 만행, 야수성 짙은 욕정, 격세유전적 폭력에는 끝이 없는 듯하다. (중략) 어젯밤, 대학 내 중국인 직원 숙소에 일본군이 침입하여 서로 사이가 친척뻘 되는 여자 두 명이 강간당했다. 또 피난민 수용소에서는 열여섯 살 정도의 소녀 두 명이 집단으로 강간을 당하다 결국 목숨을 잃었다. 어젯밤, 8,000명이 머물던 대학부설 여자중학교 기숙사에 일본군인들이 열 번이나 담을 넘어들어와 음식과 옷을 훔친 뒤, 만족할 때까지 여학생을 강간했다.

12월 17일 선교사들의 도움으로 여성과 아이들 1만 명이 몸을 피하고 있던 금능(金陵)대학 운동장에 일본 군인들이 침입했다. 그들은 젊은 여성 11명을 납치했다. 살아 돌아온 9명 모두 혹심하게 강간과 학대를 당했다. 리 슈잉이라는 젊은 여성은 초등학교 지하실에 숨어 있다가 일본군 3명에게 들켜 저항하다 37곳을 칼에 찔리고 말았다. 당시 임신 7개월이었던 그녀는 태아를 잃었지만, 남경 병원 의사들에 의해 목숨을 구할 수 있었다. 그녀는 운이 좋은 편이었다. 전후 증언에 의하면, 강간당한 여성 중에는 목숨을 잃는 경우가 더 많았다. 강간이 군법으로 불법이었기 때문에 후에 처벌을 면하려면 죽이는 게 유리했다고 한다. 장치아세라는 사람은 형수가 형과 두 아이 앞에서 강간에 이어 살해당하는 모습을 지켜봐야 했는데, 그의 형과 조카들 또한 죽임을 당했다. 일본 군인들은 여성의 질 속에 막대기나 총검을 찔러 넣어 죽이기도 했다. 나중에 구사일생으로 살아남은 일부 여성의 경우, 성병에 걸린 것으로 드러나기도 했다.

이후 이들 증언자의 증언은 생존한 일본 군인에 의해서도 입증되었다. 그들 중 한 명인 퇴역 군인은 다음과 같이 고백했다.

> 중국 여성들이 가장 큰 고통을 겪었다. 나이가 많든 적든, 그들은 강간당할 운명을 피하기 어려웠다. 우리는 많은 여자를 잡아들이기 위해 군수품 운송 트럭을 도시와 마을로 내보냈다. 그런 다음 성관계를 맺고 학대하기 위해 군인 10~15명당 여자 1명씩을 배당했다.

'남경 강간'이라고 알려진 이 사건의 배경은 무엇일까?

일본군은 항복을 치욕으로 간주하도록 훈련을 받았다. 항복하느니 차라리 자살하는 게 바람직했다. 또한, 신병들은 항복하는 적(敵)도 본질적으로 하잘것없다고 믿도록 교육받았다. 이러한 경멸이 극도로 야만적인 신체 학대-강간으로 연결되었다.

두 번째는 일본군의 '남경 강간'은 집단적으로 행해졌다는 것이 여러 사례에서 보고되고 있다. 따라서 동료 집단의 압력이 상당히 강했으며, 현장의 충동적인 분위기가 집단 강간을 크게 조장했다고 간주된다. 독일의 경우, 아리안 민족의 순수성을 지킨다는 명분으로 병사들의 강간과 같은 이탈행위를 더 엄격하게 금지했다. 이에 비해 일본군은 그러한 인종적 금기 사항이 없었고. 잔인하지만 어떤 의미에서는 역설적이었지만 같은 아시아 민족인 중국인에 대해 혈통적인 친근함을 느끼고 있었다. 전쟁이 끝난 뒤 남경사건으로 교수형을 선고받은 마쓰이 대장은 국제군사재판부에 다음과 같이 말했다.

> 일본과 중국의 싸움은 어디까지나 '아시아계 가문' 내의 형제들 간의 싸움이었다. … 따라서 중국과의 전쟁은 그들을 증오해서가 아니라 반대로 너무나

사랑했기 때문이었다.

그의 발언은 터무니없는 듯 보이지만, 한편으로는 대량 강간의 양면성을 고스란히 보여준다.

일본군의 전쟁 중 성 노예 제도

1937년 7월 일본은 중국에 대한 전면전쟁을 개시했다. 단기간에 걸쳐 수십만 명의 병력이 중국에 파견되고 1938년부터는 중국에 항상 100만 명 이상의 일본군대가 주둔하게 되었다. 그리하여 일본군은 중국 각지에 대량으로 군 위안소를 설치하기 시작했다.

군 위안소의 대량 설치는 남경대학살사건과 깊은 관계가 있다. '남경 강간'은 일본군 수뇌에게는 특히 신경 쓰이는 범죄였다. 그것은 국제적으로도 빈축을 살 뿐만 아니라, 중국인들이 체면을 중시하며, 적어도 외견상으로는 강간을 악덕행위 중에서 가장 극악한 것으로 보았기 때문에 일본군의 강간행위가 중국인의 반일감정을 크게 조장할 것으로 생각했다.

일본군 수뇌들은 강간에 대한 대책으로 군대 위안 시설의 설치를 고려했다. 점령 직후에는 그 지방의 중국 여성들이 희생되었다. 일본군의 군 위안소는 중일전쟁이 화북, 화남으로 확대됨에 따라 걷잡을 수 없게 증가했다. 더욱이 1941년 7월경부터 일본 육군은 소련 침공을 위해 80여만 명의 병력을 소만 국경 지역에 주둔한 후로는 이 병사들에게 제공하기 위해 더 많은 인원의 위안소가 필요해졌다. 이를 위해 관동군 사령관은 이미 중국 동북에 있던 위안부와는 별도로 2만 명의 조선인 위안부를 모을 계획을 세웠다. 담당 장교는 조선 총독 미나미(南次郎) 대장에게 의뢰하여 약 1만 명의 조선인 처녀들을 징집하여 중국 동북부에 보내 '영업'을 시키게 되었다. 이것이 한국인 여성들이 일본군의 위안부로 징집된 최초의 사례가 되었다. 단기간에 걸친 대량 인원의 징집이었기 때문에 총독 직원의 지휘하에 일본 관헌과 경찰이 징집에 깊이 관여했음이 틀림없었다.

일본군이 중국에 진출한 이래, 일본 민간 매춘업자에 의한 종군 위안소가 오랫동안 존재했었다. 그러나 군대가 직접 설립하여 군에 의해 운영되는 군 위안소가 본격적으로 등장한 시기는 1940년대 이후의 일이었다. 육군성은 파견군이 선정한 민간업자가 확전에 비례해서 수요가 급증한 위안부를 채우기 위해 일본 내에서 유괴와 흡사한 방법으로 위안부들을 모집하는 것을 알고 있었다. 이러한 불상사를 막기 위해 각 파견군(중국 북부 방면군, 중부 방면군)이 일본의 식민지 한국과 대만의 총독부를 통해 직접 징집 업무를 집행하도록 지시했다. 당시 식민지였던 조선군 사령관도 일왕에게 직접 예속되었기 때문에, 위안부 모집은 일본 총독부 지휘하에 경찰을 동원하여 할당된 인원을 모집했다. 결국, 군 위안소의 설치와 위안부 징집은 일본군은 물론 국가 전체가 관여했다는 것은 명백한 사실이었다.

일본 정부는 바로 이 점을 아직도 완전히 인정하지 않고 있다. 1992년 일본 관방장관의 담화에서는 군대 군 위안소는 민간인 상인에 의한 주보(酒保 일본군영 내 매점)에 속해 있는데 민간업자들이 '군 당국의 요청으로' 설치 운영된 것이며, 위안부의 '모집'도 '군의 요청을 받은 업자들이 주로 담당'했고, 위안소의 설치와 관리, 위안부의 이송도 모두 군의 관여는 '간접적'이었다고 표현하고 있다. 즉 위안부의 징집, 군 위안소 제도의 운영주체는 민간업자라고 주장할 여지를 남기고 있다. 또한, 군대 위안부가 '다수 여성의 명예와 존엄을 깊이 상처 냈다'고 하면서도 '사죄와 반성의 뜻'만을 언명한 것에 그치고 있다. 그러나 이것은 국제법 위반 및 전쟁범죄와 관련된 문제일 것이다. 따라서 철저한 진상 규명, 죄의 인정, 사죄, 배상, 재발 방지 조치 등이 당연히 따라야만 할 문제임에도, 일본 정부는 그것을 외면하고 있다. 일본 여론의 주된 흐름은 '위안부는 당시의 공창(公娼)이었기 때문에 그것을 지금의 시각으로 여성멸시라든가 한국인 차별이라고는 말할 수 없다'는 변명이 대세라 할 수 있다.

전쟁이 일어나면 혈기왕성한 청년들이 생과 사의 갈림길에 서서 장기간

전투에 참가하는 것이 보통이다. 병사들은 전투의 스트레스를 해결하는 가장 빠른 방법으로 위안소를 찾았다. 어느 병사는 중국에서의 군 위안소 체험을 적나라하게 다음과 같이 회상하고 있다.

> … 전지(戰地)에서 우리 전우들이 흔희작약(欣喜雀躍)하여 가랑이를 부여잡고 여자들에게 뛰어간 것은 뭐니뭐니해도 긴 작전에서 돌아온 직후의 외출이었을 것입니다. 그녀들이 있는 방에 도착해서 줄을 서서 순번을 기다리던 병사들은 생사의 경계를 넘은 이상할 정도의 긴장감으로부터 해방되고 싶다는 일심으로 바지 단추를 끄르면서 더러운 훈도시를 보이면서 아직도 내 차례가 아닌가 초조하게 기다리고 있는 것이었습니다. … 드디어 절정에 다다르면 그렇게 충실감에 찬 순간은 또 달리 없었다고 생각됩니다.

제2차 세계대전 중 종군 위안부와 비슷한 제도를 만든 것은 일본군뿐이 아니었다. 실은 각국 군대 주변에도 그와 비슷한 시설이 있었다. 영국군은 북아프리카 트리폴리에 매춘숙(賣春宿)을 설치했었고, 인도에도 그것이 설치되었다. 미군도 북아프리카 사막 전투에 황량한 분위기를 쇄신하기 위해 패튼 장군이 매춘숙을 설치하자는 계획이 있었지만, 본토에서 이 소식을 들은 병사들의 아내와 어머니가 반대하여 연방의회에서 대논쟁이 벌어진 후 중지되었다. 중국에서도 미 공군을 위해 특별 편성대를 설치했으나 과반수의 군인이 현지 위안부로부터 성병에 걸려, 그것을 알게 된 아세아 지역구 사령관 조셉 스틸웰 장군이 크게 격노함으로써 즉각 폐쇄되었다. 소련군은 군 전용 매춘숙이 있었는데 해방군이란 핑계로 철저히 숨겨 알려지지 않고 있다.

대일전에 참전한 후 중국 동북부에서 수많은 일본 여성들이 강간당했다는 증언이 있다. 일본인들은 그것을 막기 위해 소련군 위안소를 자진 설치해 주었다. 독일군의 경우 국방군 친위대 등에 위안소가 있었던 모양이다. 그러나 아리안 민족의 순수성을 지킨다는 히틀러의 인종 이론으로 유대인에 대한 강간이나 성폭력은 극도로 금지되었다. 그리하여 일본의 여론에는 '정도의 차이는 있지만 군 위안소 설치는 연합군도 한 일이다. 전쟁 중이었던 이상 어쩔 수 없는 일이었다. 일본군만이 나쁜 것이 아니다.'라는 논법을 듣게 된다. 그러나 과연 그럴까. 다른 사람이 나쁜 짓을 했기 때문에 자신의 악행도 용서된다는 논법은 비겁한 것이다. 실제로 연합군의 군 위안소는 그 규모도 작았지만, 일본군처럼 조직적인 것과는 거리가 멀었다.

그러면 어찌하여 일본군만이 종군 위안부 문제를 심각하게 제기하게 되었는가? '남경 강간' 사건은 일본군 군기의 문란함을 크게 드러내는 사건이었다. 1937년 12월 23일 일본군은 남경을 점령했다. 중국 국민당 정부의 수도였던 남경의 정복은 중국 정복을 목표로 했던 전쟁 동안 가장 큰 노획물이었다. 그리하여 남경 함락은 일본 매스컴에서 대서특필되었고, 따라서 일본 전국이 축제 분위기였다. 일본군 장교들은 그 뒤 6주간 병사들을 미쳐 날뛰도록 내버려두었다. 병사들은 30만 명에 가까운 중국 군인과 민간인을 닥치는 대로 학살했을 뿐 아니라, 9세부터 75세에 이르는 수천 명의 소녀와 여인들을 강간했다. 관동군 참모들은 무엇보다 일본 군인들이 범한 강간 사건을 치안 유지상 중대한 문제로 생각했다. 강간 사건은 중국인의 반일감정을 야기시키는 중심 문제라는 것을 참모부는 잘 파악하고 있었다. 그들은 중국인들이 강간에 대해서는 엄격하다는 것을 파악했다. 중국인 비적이나 도적도 거짓말이나 약탈, 강도 등은 태연하게 하지만 강간만은 하지 않는다는 것을 관동군 참모부 선전 책자에 기술하고 있다.

'남경 강간'에 대한 대책은 무엇이었나? 가미무라(上村) 참모부장의 12월 28일부 일기에 의하면 남경을 점령한 지 겨우 보름 후에 "군대의 비위(불법행위)가 너무 빈발하여 … 남경 군 위안소 개설에 대해 제2안을 심의하다."라고 기술하고 있다. 남경 점령 초기에 이미 군 위안소 개설이 착착 진행되고 있었다. 그리하여 관동군의 군 위안소는 양자강 연안에서 시작하여 화중(華中), 화북(華北) 지방으로 확대되어 대량 설치가 시작되었다.

왜 일본군만 군 위안소를 필수적인 시설로서 간주하게 되었는가? 그 배경으로 일본인의 여성 차별 문제를 생각해야 하며, 종군 위안부 제도를 지탱해준 일본 사회의 문제를 검토할 필요가 있다. 위안소를 필요악으로서 긍정하는 일본 군인들의 사고의 배후에는 여성을 인간이 아닌 '물건'으로 또는 오직 섹스의 대상으로만 여기는 의식이 있다는 것을 발견하게 된다. 한 일본군 장교는 다음과 같이 말하고 있다.

> … 작전이 진행되는 약 50일 동안 나는 여성을 전혀 보지 못했다. 그 결과가 남성의 정신 상태를 이렇게 혼란스럽게 만들어 버리는 것을 알게 되어 새삼 특수 위안소의 필요성을 통감했다. 이 욕망은 식욕이거나, 배설욕과 같은 것으로, 군인들은 위안소를 공동변소 정도로밖에 생각할 수 없다.

그들은 위안부로 강제된 여성들을 단지 장병의 성욕 처리의 도구로 여길 뿐 인권은 말할 것도 없고 인격조차 무시하고 있었다. 그리고 대다수 장병은 여자를 모르는 남자는 남자가 아니라는 신화에 얽매어 군대 내에서 군 위안소에 가는 것을 장려하는 문화가 지배적이었다. 전투가 치열할수록 군 위안소에 출입하고자 하는 병사들의 욕구는 더욱 강해졌다. 베트남의 비엔 부근 군 위안소에 간 한 장교는 그 동기를 "이승에서 마지막이라는 기분으로 갔다."라고 기록하고 있다. 광동 지방에서 군 위안소에 간 한 병사는 전투 중 부상병의 모습을 본 다음 날 "언제 죽을지 모르는 내 신세! 나도 인간인 이상 한 번은 죽기 전에 여자의 몸을 안고 싶다."라고 다짐하며 비장한 마음으로 군 위안소에 갔다고 기록했다.

일본군이나 일본인 남성의 이러한 여성 차별, 멸시 의식은 어디에서 오는 것일까? 일본은 무신 정권 이래 사무라이들의 의식구조가 남성의 성적 방종, 즉 여성의 인권을 무시하고 남자가 성적 욕망을 달성하는 것을 사회적으로 인정하는 문화를 가지고 있었으며, 특히 근현대에 이르러서는 그것이 자산가나 명망가뿐 아니라 민중에까지 널리 확대되는 조건이 만들어진 것과 깊은 관계가 있다고 생각된다. 1896년에 시행된 민법에서는 호주(戶主)의 권리를 규정하고 있는데, 그것은 호주가 된 남자는 집의 전 재산을 지배하며, 가족의 결혼을 비롯하여 양자결연, 인지(認知) 등에서도 큰 권리를 갖는 것으로 되어 있다. 그리고 가업(家業)을 상속하여 호주가 되는 것은 원칙적으로 장남이었다. 아내가 불임이 되면 남편은 첩을 두는 것이 공인되어 있었다. 남편은 아내의 동의 없이도 다른 여성에게서 출산한 아이를 적자로 인지할 수가 있었다. 이것은 여성 멸시의 법적 근거가 되었을 뿐만 아니라 남편의 성적 방종을 인정하는 것이다.

또한, 1908년에 시행된 형법에는 간통죄가 규정되어 있었다. 아내가 불륜을 저질렀을 때 남편의 고소로 아내와 그 상대방 남자가 처벌되었지만, 남편이 저질렀을 때 그 상대가 유부녀가 아니면 처벌되지 않았다. 유부녀 상대가 아니라면 남편의 성적 방종은 사실상 인정되고 있었던 것이다. 남편의 성적 방종을 인정하고 여자에게 정숙을 요구하는 성의 이중 기준은 그것을 보장하기 위한 여성의 성적 역할 분담을 만들어 내었다. 남자는 남편이 있는 여성과 성교해서는 안 된다는 규범 때문에 첩이 공인되는 것과 동시에, 공창제도가 필연적으로 국가에 의해 공인되었다. 이렇게 해서 여성에게는 남성 측에서 보면, 출산하는 성으로서의 아내와 쾌락의 성으로서의 매춘부, 그 중간 형태로서의 첩이라는 역할 분담을 강요했던 것이다.

이상과 같은 일본의 독특한 사회적 특질에 의해 일본의 공창제도가 형성 발전되어 왔으며, 일본 제국주의 노선이 아시아에서 확대되어 감에 따라 이 제도는 대만, 한국, 만주, 중국, 위탁 통치령 남양 군도에 이식되어 갔다.

처음 군 위안소가 설치될 때에는 소위 '대동아 공영권'의 현지 여인들의 징집이 자연스러웠고 대부분이었던 듯하다. 그러나 현지 징집은 다음과 같은 위험이 존재하였다. 현지인 위안부들은 지리에 밝아 도망칠 우려가 있었다. 물론 군 위안소 주변에는 삼엄한 감시초소가 세워져 있었다. 그러나 성 노예 상태에서 육체적·정신적 고통을 참을 수 없어 도망치는 위안부도 적지 않았고 또 그것이 현지인에게는 가능했다. 외국인 위안부는 현지 말을 못하고 습관도 다르므로 곧 발각되기에 십상이었다. 중국과 같은 전쟁터나 필리핀 같은 게릴라 활동이 활발한 지역에서 외국인 위안부는 적으로 간주되어 살해당할 위험도 있었다. 그리고 주민 속으로 요행히 숨어 들어갈 수 있었다 해도 일본군을 피해 고향에 돌아갈 방법이 없었다. 그러나 현지인 위안부는 그들보다는 쉽게 귀향할 수가 있었다.

또한, 현지인 위안부에게는 군대의 기밀 유지와 스파이 방지에 취약점을 지니고 있었다. 현지 위안부들에 의해 군사기밀이 새는 경우가 종종 발생했음을 군사 자료집을 통해 알 수 있다. 병사들이 현지인 매춘숙에 다니면 그 지방 매춘부로부터 군사상 기밀이 새나갈 위험성이 커진다. 따라서 군 당국은 현지인 매춘부보다는 일본 본국이나 한국, 대만 등 식민지에서 매춘부를 들여오는 것이 보안상 안전하다고 생각했다. 다만 그 수가 부족했고 일본, 한국, 대만으로부터 여성들을 수송해 오기에는 시간과 비용이 들기 때문에 손쉽게 점령지 여성도 징집했다. 이에 군 위안소 관리, 감독, 통제가 더욱더 불가결하게 되었던 것이다. 그리하여 군 위안소의 설치 목적에는 강간 방지와 성병 예방과 함께 방첩(防諜)이 중요해졌다.

위안부는 민족별로 일본인, 한국인, 대만인, 중국인, 필리핀인, 인도네시아인, 네덜란드인, 오스트레일리아인 등이 있다. 그중에서 도망 방지나 방첩을 위해서 현지인 여성을 제외하면 일본인과 식민지인인 한국인과 대만인이 남는다. 그중 일본 본토인의 위안부는 과거 추업(醜業)이라 불린 사창가 출신으로 태평양전쟁 이후 확장된 수요를 보충할 수 없었다. 따라서 그 수요를 채워줄 인원은 한국 출신과 대만 출신의 강제징집된 위안부들이었는데, 인구가 더 많았던 한국 출신이 가장 수가 많을 수밖에 없었다.

위안부의 전체 숫자는 구체적 자료가 없어 확실한 통계를 내기 어렵다. 그러나 여러 계산으로 8만 명에서 30만 명으로 추산한다. 이처럼 통계 숫자가 현격히 차이가 나는 것은 패전 직후 일본군이 전쟁 범죄 추급(追及)을 두려워하여 중요한 자료들을 소각했으며, 남아있는 것이라도 일본 정부는 상당량의 자료를 공개하지 않기 때문이다. 김일면(金一勉)의 추계에 의하면 한국인만으로 17만~20만으로 추산하는데, 그 숫자는 너무 많다고 생각되지만, 실제 수는 몇 명인지 확실치 않다. 그러나 전체 인수는 10만 명을 웃돌지 않을까 한다.

군 위안부의 일상생활은 어떠했는가. 위안부로 끌려간 한국 여성들은 살아남을 가능성이 일반 병사들보다 조금 높았지만, 노예처럼 생활했다. 태평양 전쟁의 전역 최전선에 배치된 일본군에게 성 노예 생활을 한 위안부는 중국어 파이(여자를 지칭)에서 유래한 삐집에서 강제로 매춘에 종사했다. 그들은 거기에서 제도화된 집단 강간이라 할 수 있는 만행에 시달렸다. 북경에서 군용 트럭에 실려 연행되어 간 김학순이라는 처녀는 위안소에서 보낸 첫 밤을 다음과 같이 말하고 있다.

> … 장교가 방에 들어와서 나를 천으로 칸막이를 한 옆방으로 끌고 갔습니다. … 안 가려고 발버둥을 쳐 보았지만, 힘에 밀려 어찌할 수 없었습니다. 그 장교는 나를 안고 옷을 벗기려 했습니다. 저항해 보았지만, 옷은 모두 찢기고 결국 그 장교에게 나는 처녀를 빼앗겨 버렸던 것입니다. 그날 밤 나는 그 장교에게 두 번이나 강간당했습니다.

위안부가 하루에 상대하지 않으면 안 되었던 군인의 수는, 장교용 군 위안소에서는 많지 않았지만, 사병용 군 위안소에서는 많은 경우 20~30명이었다. 성에 굶주린 군인들은 살기를 띠고 있었고, 위안부들이 거부하면 엄청난 폭력을 행사했기 때문이다. 이 같은 군 위안소 상황은 군인 측에서 보아도 기묘한 것이었다. 어느 일본군 장교는 베트남의 나트랑 군 위안소의 모습을 다음과 같이 묘사했다.

> … 전부터 소문은 듣고 있었지만, 삐집의 너무나도 어처구니없는 현실은 자극적이라기보다는 이상한 세계를 보고 있는 것 같은 생각이 들었다. 백주에 당당히 줄을 서서 기다리는 사람들의 코앞에서 일을 치른 후 바지 허리띠도 매지 않은 상태로 차례차례 나오는 모습의 생생함. 흥분에 들떠 있는 것도, 일종의 긴장 속에서 컨베이어 시스템처럼 진행되는 의식과 같은 성행위는 숫총각이었던 나를 질리게 했다.

군인들조차 삐집의 현실을 보고 질려 동요했다. 행렬을 만들어 밀려오는 군인들을 위안부들이 두려워한 것은 당연한 일이었다. 그러나 거부한다는 것은 불가능했다. 어느 위안부는 "자신을 고용한 주인에게 얻어맞는 것이 아닐까 항상 숨을 죽이고 있었다."라고 말했으며, 또한 어느 위안부는 고분고분하게 말을 듣지 않는다고 "다다미에 칼을 꽂고 성행위를 하는 술 취한 군인이 많이 있었다."라고 증언했다. 노예적인 강제 성교에 응하지 않으면 병사와 업자들은 폭력을 행사하여 여성들을 협박했다.

제2차 세계대전에서 일본은 국가 총력전 체제를 형성하여 식민지 한국을 철저하게 수탈한바 젊은 한국 여성을 종군 위안부로 징용하는 비극이 그 대표적인 것이었다.

일본은 이른바 15년 전쟁(1930~1945)을 일으켜 한국을 대륙침략의 견고한 후방 기지로 구축하기 위해 '내선일치(內鮮一致)'라는 슬로건을 내걸고 우리나라의 '황국신민화(皇國臣民化)'를 개시했다. 학교에서 우리나라 말의 사용을 금지하고, 1939년에는 창시개명(創始改名)을 공포하여 일본식 개명을 강요했다. 확대하는 전쟁에 협력을 위해 각도의 행정, 경찰 당국에 할당 인원을 배당하여 일본 본토의 탄광과 광산에 강제 연행했으며, 징용으로 다수 한국인을 전쟁터와 일본 군사 시설에서의 노동에 동원했다. 나아가 1942년 일본 정부는 한국에도 징병제를 시행할 것을 결정하여 한국 청년들을 그들의 침략전쟁에 내몰았다.

제4부

세계대전 후의 세계

제14장

제2차 세계대전 후 국제질서의 재편

1. 전후 처리

대서양 선언

독일과 일본을 비롯한 패전국들에 부과된 평화조약의 내용은 전쟁 기간에 열린 여러 차례의 회담에서 확정되었다. 연합국의 전시외교 시작은 1941년 8월 9~12일 뉴펀들랜드의 외양(外洋)에서 루즈벨트 대통령과 처칠 수상이 회견하여 맺은 대서양헌장(Atrantic Charter)이었다. 이 시기는 연합국 측으로는 실로 절망적인 시기였다. 서유럽은 독일군에 의해 유린당했고, 독일의 소련 침공으로 소련은 곧 패망할 것같이 보였다. 런던에는 독일의 공습이 계속되었고 북대서양에서의 수송 선박들은 독일 U보트의 공격을 받고 있었다. 이러한 시점에 영·미 수뇌들이 회동하여 나치즘의 종말을 예고하고 새로운 시대의 창설에 합의한 것은 크나큰 희망을 안겨주는 사건이었다. 대서양헌장은 침략당한 국민의 주권과 자치권의 회복, 세계무역의 보호와 세계적 자원의 확보를 위한 동등한 참여, 생활 수준의 향상과 경제안정을 위한 공동의 노력, 공포와 빈곤으로부터의 자유, 국제 문제의 해결 방법으로서의 무력과 침략을 중지하는 것이 이 전쟁의 목표라고 주장했다.

전쟁의 절정기였던 1943년 카사블랑카 회담에서는 전쟁의 최종적 목표를 결정했다. 그것은 추축국의 '무조건 항복'이었다. 그리고 1943년 11월의 카이로회담과 12월의 테헤란회담에서는 연합군의 승전을 통한 독일의 점령과 무장해제, 전후 국제기구 UN의 창설에 대한 미국, 영국, 소련 사이의 합의가 이루어졌다.

얄타회담

1945년 2월에 흑해 연안의 휴양 도시인 얄타(Yalta)에서 얄타회담이 열렸다. 미·영·소 3국의 수뇌와 외상, 그리고 군사참모들이 참여한 이 회의는 전시외교 중에서 가장 중요한 모임의 하나였으며, 얄타회담의 결정에 대해서는 여러 가지 비판과 해석이 제기되었다. 소련의 스탈린은 당시 군사적으로 동유럽을 석권하고 있어 매우 유리한 입장에서 회담에 임했지만, 미국과 영국은 아직 어려운 전쟁을 하고 있었고, 특히 미국은 태평양과 극동에서 일본군과 고전을 면치 못하고 있는 불리한 입장이었다. 따라서 루즈벨트는 극동전투에 소련의 참전이 절대 필요하다고 판단하여 이를 관철하는 데 주력했다. 그 내용을 살펴보면 다음과 같다.

(1) 국제연합의 창설: 1944년 10월의 덤버턴 오크스 회의에서 채택된 제안에 따라 1945년 4월 25일 샌프란시스코에서 국제연합 헌장을 채택하기 위한 회의를 개최하기로 했다.

(2) 전후 패전 독일의 점령 정책: 독일을 미·영·소·프 4개국이 점령한다는 원칙에 합의했다. 스탈린은 프랑스가 점령국이 된다는 것에 애초에는 반대했다. 독일 점령에 패전국 프랑스를 참여시키게 된 것은 처칠의 제의에 따른 것이었다. 이는 그가 미국이 고립주의에 따라 유럽 문제로부터 발을 빼려고 할 때 소련에 대항하기 위해서는 영국과 프랑스가 손을 잡는 일이 결정적으

로 중요하다고 생각했기 때문이었다.

(3) 폴란드 문제: 이 문제는 가장 논란에 휩싸인 주제였다. 소련이 당초 인정했던 런던의 폴란드 망명정부의 승인을 돌연 취소하고 루블린의 친(親)소적인 임시정부를 지지하고 나섬으로써 문제가 복잡하게 꼬여갔다. 폴란드의 루블린 단체와 런던의 임시정부와의 관계를 어떻게 설정하느냐가 문제였다. 결국, 폴란드의 정부 형태 선택은 보통·비밀·자유 선거로 결정한다는 일반 원칙만이 합의되었다. 그러나 스탈린은 소련 안보상의 이유를 들어 장차 폴란드에는 소련에 우호적인 정권이 등장해야 한다는 점을 강조했다. 영·미는 폴란드 정부 수립을 위해 설치될 미·영·소 3국위원회에 기대를 걸었다. 그리고 자유선거로 선택될 것에 희망을 두었다. 그러나 국제 감시를 받는 것에 반대한 소련의 정치공작에 의해 그러한 기대는 산산이 부서졌고 결국 폴란드는 소련의 위성국이 되었다. 다음으로는 폴란드의 국경선이 문제가 되었다. 소련은 러시아 내전 당시에 폴란드에 빼앗겼던 것을 다시 찾는 대가로 폴란드가 독일의 일부 영토를 차지하는 데 동의해 주었다.

(4) 소련의 대일전쟁 참여 문제: 얄타회담에서의 루즈벨트의 가장 중요한 목표가 일본과의 전쟁에 소련을 참여시키는 문제였다. 소련은 독일이 패망한 후 2~3개월 이내에 일본과의 전쟁에 참가한다고 약속했다. 그러나 소련은 이 참전의 대가를 요구했다. 스탈린은 '나는 일본이 빼앗아 간 것을 단지 되찾기만 원할 뿐'이라고 공언했지만 될수록 많은 대가를 얻어내려고 했다. 회담에서는 그 대가에 대해 3국 수뇌들의 비밀 합의가 진행되었으나 당시에는 그 합의가 알려지지는 않았다. 그 이유는 중국의 이익에 반하는 것이 있었기 때문에 비밀 합의의 내용은 장개석에게는 끝까지 알리지 않았다.

이 비밀 합의는 1947년 3월 미국 국무부가 발표함으로써 알려진 것인데 소련참전의 대가는 다음과 같다. (1) 외몽골의 현상유지, 즉 몽골인민공화국을 계속 존속시킨다. (2) 1904년 러일전쟁으로 일본에 빼앗겼던 영토의 회복, 즉 남부 사할린과 그 인접도서(島嶼)를 다시 찾고, 대련을 국제화하여 이 지역에서의 소련의 우월한 이익을 보호한다. 여순항은 소련이 조차하고, 동청철도와 남만철도는 장차 설립될 소련, 중국의 합작회사가 관리한다. (3) 쿠릴열도를 소련에 할양한다. 이 쿠릴열도에 대해서는 현재까지 소련과 일본의 분쟁이 계속되고 있는바, 이 조항에 일본이 일본령이라 주장하는 북방 4도서가 포함되는가, 아닌가? 하는 것이 현안 문제가 되고 있다.

얄타회담의 최대 특혜국은 소련이었다. 왜냐하면, 소련의 대일전쟁 참전을 대가로 미·영은 지나칠 정도로 양보했으나 일본의 본토 상륙전이 심각할 것이라는 예상을 깨고 원폭 투하로 전쟁이 뜻밖에 빨리 끝났기 때문이다. 종전 직전이 되어서야 소련이 뒤늦게 대일 선전포고를 했기 때문에 소련은 별로 희생을 치르지 않고 참전 대가를 향유할 수 있었다. 얄타회담에서는 동유럽에서도 소련의 우세가 확인되어 전후 소련의 팽창을 합법적인 것으로 만들어 주었다.

전후 세계의 시스템에 기초가 된 '얄타체제'는 대국 중심의 분단체제라고 비판을 받고 있다. 드골은 '얄타체제'가 미·소의 2대국에 의한 세계의 분할이라고 비판하고 있으나 엄밀히 말하면 세계의 분할은 이때부터 결정적인 '체제'로 성립한 것이라기보다 전후 냉전이 진행됨에 따라 이러한 개념이 리얼리티를 가지게 되었다고 해야 할 것이다.

포츠담회담

독일이 항복한 지 2개월 후인 1945년 7월 17일 소련의 공격으로 폐허가 된 베를린 교외 포츠담에서 미·영·소 3국 수뇌가 참가한 포츠담 회담이 열렸다. 회담의 중심의제는 유럽의 전후 처리 문제였으나 아직도 교전을 계속하고 있던 일본에 대한 최종처리 문제도 논의되었다. 회담에 참가한 미국 대통령 트루먼은 독일의 항복을 눈앞에 두고 병사한 루즈벨트를 이어 대통령이 되었고, 회담 중에 실각한 처칠에 이어 애틀리가 영국 수뇌로서 회담에 참가했다. 스탈린은 여전히 참가했지만 3거두 사이는 이전과 같은 개인적 친분은 희박한

편이었다. 하지만 훗날 냉전 시대의 이미지와는 달리 그들은 전우(戰友)라는 감정을 공유했다.

7월 16일 뉴멕시코 주에서 실시된 원폭실험이 성공했다. 그 소식은 곧 포츠담에 있던 트루먼에게 보고되었다. 트루먼은 이 사실을 소련을 견제할 수 있는 비장의 카드로 사용하고자 했다. 원폭실험의 성공은 대일전의 조기 종결을 위해 얄타회담에서 비밀리에 합의했던 대일전에서의 소련참전의 가치를 현저하게 저하하는 것이었다. 트루먼의 전후구상은 루즈벨트가 구상했던 미소공존이 아니라 어떻게 하면 소련을 봉쇄할 것인가로 그 중심이 옮겨갔다.

소련은 포츠담회담에서 얄타밀약을 구체화하기 위해 미국의 확실한 동의를 얻기를 원했다. 하지만 트루먼은 소련의 요구에 응하려 하지 않았으며, 포츠담선언의 내용도 공포 전까지 알려주려 하지 않았다. 미국 내에 첩보망을 통해 미국의 원폭개발계획을 미리 알고 있었던 스탈린은 독일 타도의 최대 협력자로서 연합국 내에 강한 발언권을 얻고 있었던 소련이 전후 세계 전략에서 압도적으로 불리해질 가능성이 있게 되자 기민하게 움직이기 시작했다. 일본전 참전을 8월 후반에야 개시할 예정이었으나 미국의 원폭 사용으로 일본이 항복하게 되고, 그리하여 얄타밀약이 그림의 떡이 되기 전에 대일참전을 서두르게 되었다. 또한, 포츠담회담에서 배상금 문제는 각국이 자기 점령 지역에서 물자로 가져가고, 소련은 추가분을 인도받도록 결정되었다. 독일과 폴란드의 국경선은 오데르-나이제 선으로 확정되어 그 결과 수많은 독일인이 오랫동안 거주하던 고향으로부터 독일 본국으로 추방되었다.

2. 국제연합과 브레턴우즈 체제

국제연합

1941년 대서양헌장은 팽창에 반대, 민족자결, 군비철폐, 국제적 경제협력과 같은 내용을 담고 있었다. 그것을 실현하기 위해 국제기구 UN의 창설이 필요하다고 주장되었다. 제2차 세계대전 중에 두 개의 중요한 기구가 창설되었다. 첫째, UN 구호재건위원회가 세워져 해방된 국가들에 대한 대규모 구호활동에 나서게 되었다. 둘째, 국제통화기금(IMF)이 설립되어 재정의 장기적 재건을 다루게 되었다.

오늘날의 UN 기구는 1944년과 1945년에 비로소 실현되었다. 1944년 미, 영, 중, 소의 대표들이 미국 워싱턴 교외의 덤버턴 오크스 별장에서 국제 평화 유지를 위한 기구를 제안했으며, 그 명칭은 국제연합(國際聯合)이라는 명칭을 그대로 쓰기로 했다. 이 제안에 따른 헌장을 기초하기 위해 1945년 4~6월 동안 50개국 이상의 정부 대표들이 샌프란시스코회의를 소집했다. 그 최종안을 통해 UN 헌장과 몇몇 주요 기관이 수립되었다. 안전보장이사회(안보리), 총회, 경제사회이사회, 신탁통치이사회, 국제사법재판소, 사무국 등 6개의 주요 기관이 포함되어 있다. 이 가운데 안보리는 국제평화와 안전의 유지를 책임지고 총회에 앞서 분쟁 문제, 유엔 가입 문제 등을 다루는 중심 기구였다. 안보리이사국은 15개국으로 그중 미국, 영국, 소련, 프랑스, 중국은 상임이사국으로 거부권을 행사할 수 있으며, 그 밖에 10개국은 총회에서 임기 2년으로 선출되었다. 유엔 사무총장은 유엔의 실질적인 임무를 관장하게 되었다.

국제연합은 집단안전보장(集團安全保障)의 개념에 토대를 둔 것이었다. 그것은 세력균형이나 동맹체제와 같은 전통적 방법이 아닌 조정이나 중재를 통한 국제분쟁을 해결하려는 의도로 설립했다.

브레턴우즈 체제

대전 후 최대의 강대국이 된 미국은 국제평화가 보장되기 위해서는 안정되고 성장하는 세계경제가 출현해야 한다고 생각했다. 그리고 그 목표는 자유무역(自由貿易)의 실현으로 그것은 공황과 실업사태가 사라질 때에만 달성될 것으로 생각했다. 1930년대의 공황과 실업상태를 가져온 것은 각국의 보호무역과 배타적인 블록경제 체제에 기인한 것이라고 보았던 것이다. 그러한 의도에서 연합국들은 미국의 주도로 1944년 미국 브레턴우즈(Britten Woods)에서 새로운 국제 통상-금융제도를 수립했다. 또한, 이 회의에서 국제적 경제개발을 지원하기 위해 세계은행(World Bank)을 설립할 것을 합의했다. 이미 설립된 IMF와 1947년 후진국의 경제발전을 돕기 위해 관세에 혜택을 주기 위해 추가된 무역과 관세에 관한 일반 협정(GATT)과 함께 대전 후에 성립된 국제협력적 경제 환경을 브레턴우즈 체제라 한다.

브레턴우즈 협정은 새로운 경제 국제주의를 표방하는 미국과 국가적 자율성을 요구하는 영국 사이에 타협이 낳은 산물이었다. 이 협정은 재정과 통화에 대한 재량권을 원하는 영국의 요구를 어느 정도 수용하여, 고정적이지만 조정할 수 있는 환율로 외국 화폐와 자유롭게 교환할 수 있도록 하는 규칙을 정했다. 그리고 국제수지에서의 일시적 어려움을 덜기 위해 국제통화기금(IMF)과 세계은행으로부터 자금을 인출할 수 있는 회원국의 권리를 보장했으며, 자본 이동에 관한 국가의 통제권을 보장했다. 무역 자유화를 위해 협상하는 방식이 GATT(관세와 무역을 위한 협정)에 의해 도입되었는바, 이들은 그 이전에는 없었던 국제시장 질서에 대한 미국의 중앙집권적 관리의 원칙을 구체화하고 있다.

1948년 냉전이 시작되면서 미국은 자유세계의 안녕과 번영에 대한 책임을 떠맡게 되고, 공산화의 위험이 있다고 생각되는 지역에는 어김없이 개입했다. 1948~1951년 비(非)공산권 유럽에 제공된 마셜 원조는 하나의 본보기가 되었고, 전후 일본이나 한국에 대한 지원도 그 뒤를 따랐다. 이러한 방식으로 미국은 유럽경제공동체(EEC)의 토대를 마련했으며, 1958년 출범한 유럽경제공동체는 제1차 세계대전 이후 파괴되었던 단일 유럽시장을 복구하는 데 크게 기여했다. 미국 역시 수입시장을 완전히 개방할 준비가 예전보다는 잘 되어 있었으며, 이는 1964~1967년 GATT의 관세협정인 '케네디 라운드'에서 잘 나타난다. 한국과 베트남에서 치른 공산주의와의 두 차례의 '열전', 그리고 중동에서의 전쟁을 포함한 미국이 전 세계적으로 치른 군사비가 그 자체로서 세계 경기를 자극했다는 것도 무시할 수 없다. 그러나 세계시장 상황은 1914년 세계대전 이전에 있었던 것과 같이 통합된 모습은 아직 이루지 못하고 있었다. 또 그 당시 소련과 중국 등 사회주의를 지향하는 국가들은 그들 나름으로 자급자립적 경제체제에 머물고 있었다.

3. '팍스 브리타니카'에서 '팍스 아메리카나'로

영국 경제의 쇠퇴

제1차 세계대전의 결정적 의의는 세계질서가 팍스 브리타니카에 대신하여 팍스 아메리카나가 세계질서로 출현하게 되었으며, 미국의 헤게모니에 의한 미국의 국익 우선의 국제질서 형성이 촉진하게 되었다는 것이었다. 파리강화회의에서 윌슨 미국 대통령이 국제연맹의 창설을 최우선으로 한 것도 그것이 팍스 아메리카나의 핵심이 될 것이었기 때문이었다.

공화당이 우세했던 미국의 상원은 고립주의 외교를 중시하여 베르사유조약의 비준을 거부했다. 1920년의 대통령선거에서도 고립주의 외교를 주장하는 공화당이 승리하여 미국의 국제연맹 가입은 이루어지지 못했다. 하지만 전후 국제질서의 형성은 소비에트 러시아의 출현을 저지하기 위한 열강들의 간섭전쟁 속에서 전개되어, 베르사유조약의 비준을 거부한 미국이었으나 국제적 고립을 고집하여 자폐(自閉)에 머물 수만은 없었다. 이미 팍스 아메리카나의 실현은 윌슨의 개인적 이념을 넘어 초당파적인 합중국의 외교목표가 되었다. 따라서 미국은 국제연맹 밖에서 국제연맹의 구속 없이 팍스 아메리카나를 실현하게 되었다.

한편 제1차 세계대전을 치른 영국은 전쟁의 상처가 컸다. 전쟁이 끝나자마자 영국의 자치령들은 전쟁에 협력한 보상으로 그들의 지위에 대한 재고를 요청했다. 식민지국으로서의 자치를 벗어나 개별적인 외교정책과 함께 진정한 독립국의 지위를 요구했다. 게다가 1929년 이후 세계적 불황에 의해 미국이나 독일처럼 극적으로 타격을 받은 것은 아니었지만, 영국의 경제도 뿌리째 흔들렸다. 영국 경제의 40%를 차지한 직물의 생산은 3분의 2로 축소되었고, 수출의 10%를 차지했던 석탄 생산은 5분의 1이나 떨어졌으며, 조선(造船) 산업은 가장 큰 타격을 받아 1933년에는 전쟁 전의 7% 수준으로 떨어졌다. 또한, 강철생산은 1929년부터 1932년까지 3년 동안 45% 줄었고, 선철 생산 역시 53%나 떨어졌다. 국제무역의 쇠퇴와 통화블록에 부딪혀 영국이 세계의 무역에서 차지하는 점유율은 14.15%(1913)에서 10.75%(1929), 9.8%(1937)로 하락 추세를 보였다. 금융자본의 해운과 보험, 그리고 국외투자의 수입을 통해 벌어들인 무역외 수입으로 영국은 전쟁 전 1세기 동안의 무역 적자를 훌륭하게 보충해 왔었지만, 더는 그것이 불가능해졌다. 노동당 정부의 몰락과 금본위제 정지 결정 등 1931년의 위기의 충격은 영국의 정치가들에게 조국의 경제적 취약성을 단단히 자각시켰다.

영국의 허약해지는 국외신용과 계속되는 파운드화의 폭락을 염려하고 있었던 영국의 재무성의 압도적인 선결과제는 국제수지를 맞추어 가는 문제였다. 이를 위해 영국 정부는 나치즘과 파시즘, 볼셰비즘 등의 이데올로기에 기초한 독재국가들이 늘어나기 시작한 1930년대 초에 군사비를 오히려 삭감했다. 무솔리니의 아비시니아에 침입사건과 히틀러의 공공연한 재무장으로 충격을 받은 영국은 1936년에 이르러서야 처음으로 군비 증액을 허용했으나 그 배정 예산은 이탈리아보다 적었고, 독일의 3분의 1에서 4분의 1 정도밖에 안 되었다. 이렇게 축소된 영국군은 자위적인 군대를 유지하여 독일, 이탈리아,

일본 등 잠재적 적국에 대립하기보다 유화적인 외교정책을 요구했다. 영국군 참모부는 "우리의 잠재적인 적의 수를 줄이고, 잠재적인 동맹국의 지원을 얻을 것"을 외교정책으로 요구했다. 영국 정부를 가장 괴롭힌 문제는 참모부가 요구한 '잠재적 동맹국'을 판별 관리하기가 극히 어려웠다는 점이다. 1902년 영일동맹을 맺으면서부터 동맹국이었던 일본은 그 후 태도를 바꾸어 적대국으로 돌변했다. 이탈리아도 같은 태도를 보였다. 한편 영국과 보조를 맞추어 대륙에서 어떤 패자의 출현을 꺼려 왔던 러시아는 당시 볼셰비키 혁명으로 외교적으로 고립되어 있으면서 서방 민주주의 국가에 깊은 의구심을 품게 되어 영국에 쉽게 동조하려 하지 않았다. 영국 정부는 1930년대 초의 미국의 정책이 불가해하고 예측할 수 없었다고 생각했다. 즉 미국은 고립주의로 회귀하여 대륙에서의 외교에 개입하거나 군사적 행동을 회피했었다. 설상가상으로 1937년 미국은 중립국임을 법률화함으로써 제1차 세계대전 동안 영국에 공여했던 차관도입을 불가능하게 했다.

동맹국 미국의 이러한 태도와는 다르게 '잠재적 적국' 독일이 재무장을 완료하고 침략적 공세를 시작했다. 독일의 공세 강화와 영국 여론에서 유화정책에 대한 반대가 폭발됨에 따라 체임벌린은 유화정책을 포기했다. 그러나 군참모부가 군사비 지출을 대폭 늘릴 것을 역설했음에도, 재무당국은 그러한 지출은 경제적 파탄만을 가져올 것이라고 여전히 맞섰다. 영국 정부는 1937년에 와서 제1차 세계대전 전 전운이 감돌던 당시 지출한 것보다 더 많은 군사비를 지출하기 시작했으나 이 막대한 지출에도 안보 면에서는 별다른 향상이 없었다. 그것은 독일이 더 많은 군사비를 거의 광적으로 지출했기 때문이다. 어쨌든 영국의 군사비는 그 뒤 폭발적으로 증가했는데, 1937년 국민 총생산의 5.5%에서 1938년에는 8.5%, 그리고 대전이 시작된 1939년에는 12.5%로 증가함에 따라 영국의 경제는 심각한 진통을 겪게 되었다.

'팍스 아메리카나'의 확립

진주만에서 불의의 기습을 받은 미국이 드디어 고립주의를 버리고 일본에 선전포고를 하고 전쟁에 돌입했다. 미국의 참전소식을 들은 처칠은 드러내놓고 기뻐했다. 처칠은 미국의 참전으로 일본이 패배하리라는 것을 굳게 믿었으며, 이것으로 히틀러와 무솔리니의 운명도 결정될 것이라고 믿었다. 세계대전 후, 세계의 세력균형은 그 이전과는 전혀 다른 모습을 띠고 있었다. 기존의 강대국 중 프랑스와 이탈리아는 이미 빛을 잃고 있었다. 독일의 유럽 지배권 장악 시도는 좌절되었고, 일본의 '대동아 공영권'의 꿈도 수포로 돌아갔다. 영국도 제1차 세계대전의 피해와 제2차 세계대전 초전에서의 유럽 대륙으로부터 철수와 '브리튼의 전투(Battle of Briton)'(영·독 공중전과 런던 폭격)로 전쟁에서의 피해가 극심하여 처칠의 필사적 노력에도 국력은 쇠퇴하고 있었다. 이제는 미국과 소련만 남아있었는데, 그중 미국이라는 '초강대국'이 크게 우세했다. 세계 나머지 나라들은 모두 전쟁으로 피폐했거나, 식민지적 저개발 단계에 있었기 때문에 1945년의 미국은 대단히 강대해졌다. 1815년 무렵 영국이 최강이었던 것처럼 이제 국제질서는 '팍스 브리타니카(Pax Britanica)'에서 '팍스 아메리카나(Pax Americana)'로의 체제 전환이 일어났다.

미국의 실제적인 힘은 절대적인 의미에서 사상 유례없었다. 전시에 전비 지출의 급증에 자극되어 미국의 국민총생산은 1939년 886억 달러에서 1945년에는 불변가격 기준으로는 1,350억 달러, 경상가격 기준으로는 2,200억 달러로 급증했다. 전쟁 기간 중 생산 공장의 규모는 거의 50%나 커졌고, 재화 생산량도 50% 이상 늘어났다. 실제로 1940~1944년 기간에 미국의 산업은 15%가 넘는 전무후무한 빠른 속도로 성장했다. 이 같은 성장 대부분은 군수품 생산에 기인한 것이었다. 그러나 비군수품 생산도 더불어 증가했기 때문에 다른 교전국과는 다르게 미국의 민간 부문 경제도 전쟁을 통해 별로 침식되지 않았다.

미국의 생활 수준은 다른 어느 나라보다 높았고, 1인당 생산성도 마찬가지였다. 전쟁 종결 당시 미국의 금보유고는 200억 달러로 세계 전체 금보유고 330억 달러의 3분의 2에 달했다. 또한, 세계 제조업 생산의 반 이상이 미국에서 이루어졌으며, 미국은 세계의 각종 재화생산 3분의 1을 담당했다. 또한, 미국은 세계 최대의 수출국이었으며 세계 수출의 3분의 1을 차지했다. 미국은 조선설비의 대대적인 확장을 통해 세계 선박 공급량의 절반을 소유했다.

이와 같은 경제력은 군사력에도 그대로 반영되어 1945년 당시 국외 파견군 750만 명을 포함하여 모두 1,250만 명의 병력을 보유했다. 미 해군은 주력 군함 1,200척을 가진 세계의 첫째가는 해군력이었다. 더욱 위압적인 것은 미국의 '제공권'이었다. 유럽의 제공권을 장악했던 2,000여 대의 중폭기와 일본의 여러 도시를 잿더미로 만든 1,000여 대의 B-29폭격기, 그리고 강력한 제트 추진 전략 폭격기 B-36과 같은 전투기를 보유했다. 무엇보다 히로시마, 나가사키에서의 폭격에서 보인 것처럼 대규모 위력을 가진 원자폭탄을 보유했다. 미국은 막강한 경제력과 군사력으로 전후 세계의 운명을 지배할 수 있는 지위로 부상했다. '미국 지배하의 평화(Pax Americana)'가 이루어진 것이다.

4. 소련의 부상

소련의 경제발전

소련은 혁명으로부터 제2차 세계대전에 이르기까지 비교적 단기간에 걸쳐 세계적인 공업국으로 부상했다. 전시 중 소련은 대단한 피해를 보았으나 그럼에도 소련은 전쟁이 끝난 후에는 세계 제2의 공업국이 되고 미국을 제외한 다른 나라들이 추종을 허락하지 않는 세계의 제2세력이 되었다. 이제까지 제2의 세계세력이었던 독일은 패전국이 되었을 뿐 아니라 전후에는 둘로 분단되었다. 그 덕에 소련이 세계 제2의 세력이 되는 데 도움이 되었다.

제2세력으로서의 소련의 등장은 그 지리적 위치 때문에 독특한 지위를 점할 수 있게 되었다. 즉 소련은 유럽의 한 국가임과 동시에 아시아 국가이기도 했다. 독일의 패배 결과로 소련은 유럽의 최강국이 되었으며, 일본 패배의 결과 아시아에서도 최강국이 되었다. 요컨대 유럽에서도 아시아에서도 제2차 세계대전 후의 소련은 세계적 강국이 된 것이다. 더욱이 공산화를 통해 자본주의적 세계체제로부터 이탈함으로써 기존 자본주의 세계체제의 착취적인 생산양식에서 벗어나 독자적 경제 발전의 길을 걸어나갈 수 있었다.

제2차 세계대전의 종결 당시, 소련군은 베를린에 주둔했었는데, 빛나는 군사적 승리의 그늘에는 서부 지역의 황폐라는 심각한 사태가 나타났다. 소련군은 점령 지역의 공장 등 공업시설을 압류하여 본국으로 실어 날랐다. 소련군이 점령한 독일 지역에서 1945년 공업생산은 평상시 3분의 1에 지나지 않았고, 다음 해에도 40%에 미치지 못했다. 그러나 반대로 소련의 전후 재건은 평시를 능가하여 단기간에 회복되었다. 제1차 세계대전 후에는 전전의 생산 규모가 회복된 것이 1926년, 즉 혁명 러시아가 전선에서 이탈한 뒤 약 8년 후였는 데 비해 제2차 세계대전 후에는 겨우 3년밖에는 걸리지 않았고 그것도 1948년의 공업생산은 1940년도의 그것과 비교해서, 즉 독소전쟁 전의 레벨보다 높아진 것이다. 경제 재건이 빠르게 달성될 수 있었는가를 다음 네 가지 이유를 들어 살펴볼 수 있다.

(1) 제1차 세계대전 후에 소련의 재건은 대전 및 내전으로 황폐한 상태 중에, 그것도 탄생한 지 얼마 되지 않은 정권하에서 이루어졌다. 그러나 제2차 세계대전 후의 경우에는 전쟁 전에 이미 정권을 장악했고, 그것도 국가를 전승으로 이끈 정권하에서 행해진 것이었다. 그 시기도 재건사업이 이미 종전 전에 시작되었고 소련 정부는 피점령 지역을 탈환하자마자 필요한 독일의 선진 공업시설들을 계획적으로 압류하여 본국으로 실어 가서 재건사업에 이용할 수 있었다.

(2) 제1차 세계대전 후의 소련은 유럽에서 가장 후진적인 공업국가로서 관리자, 기술자, 숙련노동자를 충분히 보충하지 못했었다. 계획경제의 조직화

에 관해 어떠한 경험 없이 경제계획을 시행했었다. 그러나 제2차 세계대전 후에는 전시경제를 경험하여 계획경제를 추진하는 데 많은 경험을 지니게 된 국가기관, 즉 고스플랜이 존재했다. 또한, 전시 중에 많은 인적자원을 상실하기는 했으나 그것이 오히려 군비생산에 동원된 경험 있는 관리자, 기술자, 숙련 및 반(半)숙련 노동자들을 결집할 수 있었다.

(3) 제1차 세계대전과는 다르게 제2차 세계대전에서는 소련의 공업생산 상당 부분이 우랄산맥의 동쪽에서 행해졌다. 우랄의 동쪽에서는 추축국의 직접공격을 벗어날 수 있었고, 사실 전시 중에는 군비수요 때문에 이 지역에서 공업생산이 크게 촉진되었다.

(4) 전승국으로서의 소련은 패전국 여러 나라에서 여러 가지 방법으로 배상을 강요할 수 있었다. 독일에서는 물론 진출한 만주 등지, 심지어 북한에서도 공장시설이 철거되어 소련으로 이송되었다. 수백만에 이르는 전범과 전쟁포로들이 전시와 전후에 걸쳐 황폐지 개발과 공업생산에 동원되었다. 소련군은 점령 지역에서 물자를 징발했으며, 동유럽과 독일에서 형편이 어려운 가운데 배상을 강제했다.

이상의 이유에서 제2차 세계대전 후 소련의 공업생산은 1940년 100으로 시작하여 1950년에는 148로 공업생산지수가 상승했다. 소련의 경제 재건의 여러 이유 외에 소련은 공산화 이후 자본주의적 세계 체제에서 탈각할 수 있었던 점을 지적할 수 있다. 대전 후 소련은 황폐화한 공업지대의 재건을 외국자본의 원조 없이 이룩했다. 유럽 여러 나라가 양여금, 공채, 신용대부 등의 형식으로 상당량의 미국 자본을 도입한 데 반해 소련에 대한 미국의 대여는 종전과 동시에 대부분 정지되고 미국 제품의 유입도 전후에는 끝났다. 그럼에도 소련의 재건은 그 정도가 유럽 여러 나라에 뒤지지 않았다. 그 이유는 무엇인가? 이미 언급한 외에도 소련의 경제체제는 '자급자족'적 성격, 즉 세계적 자본주의 체제의 질곡에서 벗어날 수 있었다는 점이 중요한 역할을 했다. 서유럽 여러 나라의 경우, 전후에 세계적 자본주의 경제체제로 통합이 더욱 강화되었으며, 전후 아시아에서 일어난 변화에의 적응이 더욱 필요해졌다. 그러나 소련은 그 경제조직이 세계의 다른 경제조직에 의존함이 없이 독자적인 제4차 5개년 계획을 추진하여 공업생산에서 괄목할 만한 증대를 보았다. 반면에 대외무역은 대폭으로 감소하여 세계무역의 겨우 1%가 넘지 못했다. 대외무역에서 나타난 소련과 외국과의 관계는 소련의 재건이 외부 세계의 변용과정과 무관하게 진행되었음을 나타내고 있다. 그리하여 사회주의적 경제체제를 통해 재건된 소련은 자본주의 경제체제를 통해 영국에 이어 세계강국으로 부상한 미국과 함께 상반하는 사회경제체제를 기반으로 세계를 움직이는 두 초거대세력으로 등장하게 되었던 것이다.

미국과 함께 세계의 2대 세력으로 부상한 소련은 미국과는 다르게 제2차 세계대전의 직접 전장(戰場)이 되어 전쟁 중에 인적·물적 피해가 심대했다. 1946년 시행된 제4차 5개년 계획의 목표는 전쟁으로 손실된 고정자본을 재건하여 전 자본액을 전쟁 전의 108%까지 인상하려 한 것이다. 이어서 석탄, 전력, 선철, 강철, 목재, 시멘트, 트랙터, 트럭을 전쟁 전 이상으로 증강하는 것을 계획했는데, 그 대신 소비물자와 농산물의 증강은 뒤로 밀렸다. 정부는 적극 공업진흥정책을 시행하고, 거리에 넘치는 귀환병을 값싼 노동력으로 흡수하고, 노르마(생산목표)를 초과한 노동자는 높은 임금을 지급하여 노동생산성을 크게 상승시켰다. 그리하여 소기 이상의 성과를 달성하여 정부 발표에 의하면 총 공업생산량 목표를 17% 이상으로 초과 달성할 수 있었다.

스탈린의 경제계획은 중공업 발전에 원동력이 될 석탄과 강철 생산에 대한 국가적인 집중투자에 기반을 두고 있었다. 그 결과로 자본주의 세계의 경제가 침체했던 시기에 소련에서는 놀랄만한 속도로 공업화가 진행되었다. 그러나 소련의 공업발전은 시장을 통해 나타나는 것이 아니라 국가주도로 이루어진 계획경제였기 때문에 국민 대중의 수요에 부응하지 못하는 경우가 많았다. 또한, 생산비용과 관계없이 국가가 임금과 가격을 결정했기 때문에 자본주의 경제체제와는 다른 사회주의적 경제체제를 형성했다. 사회주의적 경제체제하에서는 국가가 수많은 농장과 공장의 생산목표를 계획적으로 결정했기 때문에 전국적으로 모든 생산 단위들을 전체적으로 완벽하게 조정한다는 것은 절대 쉽지 않았다. 그래서 한편에서는 생활필수품이 부족하게 생산되는가 하면 다른 한편에서는 지나치게 많이 생산되는 등 국가적 불균형과 낭비가 발생하곤 했다. 그럼에도 스탈린은 후진국이었던 러시아를 농업국에서 공업국으로 발전시킨다는 목표를 달성하는 데는 성공했다.

스탈린의 독재체제와 소련의 경제체제

이와 같은 경제적 발전을 위해 무엇보다 중요하게 요구되는 것은 국민과 자원을 철저하게 동원하고 통제할 강력한 국가권력이었다. 소련의 전체주의 체제를 단순히 사회주의 경제체제가 요구하는 경제적 동기로 설명하는 것은 적절하다고 할 수 없을 것이다. 스탈린은 기본적으로 독재자였다. 그러나 그의 독재적 성향은 전시 하 러시아의 공업 발전에 결정적 영향력을 발휘할 수 있었던 것이다. 나중에 중앙통제경제라고 불리는 이 체제는 연속적인 계획으로 경영되는 경제, 합법적인 시장의 부재(不在), 사기업의 부재, 국가의 가격통제, 정부 보조금에 의지하는 공공시설, 실제로는 불안정고용이지만 표면적으로는 완전고용, 파멸적인 환경파괴 등으로 특징지어진다. 농산물의 생산과 농민을 통제하고자 한 스탈린의 욕망이 농민의 의지와는 반대로 그들을 집단화하는 결정을 내리게 했다. 스탈린은 강제로 곡식을 공출했으며, 반항하는 자들을 체포하여 수용소로 보내거나 사살했으며, 농촌 마을을 묶어 집단농장으로 만들었다. 집단농장에서의 비효율적인 결과에 따라 밀어닥친 기근으로 수백만의 인명이 희생되었다.

이 기간에 스탈린의 독재 권력과 그의 잔인한 정책들에 대한 반대는 끊이지 않았다. 주변 인물의 반역에 대한 환상, 과거 정적들에 대한 깊은 증오, 강한 복수심을 가지고 있던 스탈린의 공포정치는 1936년 숙청재판으로 본격적으로 시작되었다. 스탈린은 그의 측근으로 하여금 비밀경찰(NKVD)을 창설토록 하고, 이 악명 높은 기구를 통해 지식인을 비롯하여 정적(政敵)들을 숙청했을 뿐 아니라 과거 레닌의 모든 동료와 심지어 그의 측근마저 가차 없이 숙청했다. 수백만의 무고한 사람들이 감옥, 고문실, 강제수용소에서 죽어갔다.

1936년에는 스탈린 헌법이 공포되어 소련의 공포정치를 합법화했다. 이 법은 국가에서 당의 지배적 역할을 규정했으며, 지배자 대한 개인적 숭배, 파렴치한 선전활동의 합법화, 인민에 의한 지배를 가장한 무자비한 괴물 같은 전체주의, 계급적 증오감 등이 표현되었다. 스탈린은 그 측근을 믿지 않았으며 반역을 예방하기 위해 그의 측근들을 주기적으로 처형하고 교체했다. 비밀경찰의 힘은 점점 막강해졌으며, 숙청으로 거세된 군 지도자들은 날이 갈수록 순치되었고, 각 공화국에서 발생한 민족주의의 표출은 여지없이 짓밟혔다.

제15장

냉전체제의 성립

1. 냉전의 기원

'철의 장막'

얄타회담에서는 미국 대통령 루즈벨트가 '해방된 유럽에 관한 선언'을 제안하여 처칠, 스탈린과 합의했다. 즉 독일점령으로부터 해방된 유럽 제국에는 전체 국민을 대표하는 잠정 정권을 세우고 될 수 있는 대로 빠른 자유선거를 시행하여 국민의 정부를 수립한다는 것이다. 이를 위해 3국이 협력하도록 합의했다.

그러나 스탈린은 이 약속을 지키지 않았다. 소련군이 독일군을 무찌르고 점령한 나라에서 소련은 자유선거를 하지 않고 소련의 편을 드는 공산당의 정권들을 하나씩 만들어 갔다. 소련군이 점령한 폴란드, 헝가리, 루마니아, 불가리아 등지에서는 자유선거는 시행되지 않았다. 전쟁 중에 소련으로 도망간 공산당원이 소련군과 함께 귀국하여 처음에는 임시행정부를 세우는 듯하더니 그대로 정식 정부로 이행하곤 했다. 유고슬라비아와 알바니아에서는 공산당이 주도하는 반(反)독일 투쟁조직이 그대로 정부로 발전했다. 소련군이 점령한 나라 가운데 유일하게 체코슬로바키아만 그때까지 오랜 민주주의 경험을 계승하여 자유선거가 시행되어 공산당을 포함한 연립 정권이 성립될 수 있었으나, 곧바로 공산당이 쿠데타를 일으켜 일부 각료를 살해하고 독재 정권을 수립했다.

소련의 스탈린은 소련군 점령하의 나라들을 하나씩 계속하여 소련의 위성국(衛星國)을 만들어 갔다. 이들 나라는 서방 세계와 교류를 끊고 따라서 출입국도 자유롭게 할 수 없게 했다. 서유럽의 자유로운 분위기를 차단하기 위해 언론의 자유를 인정하지 않았다. 따라서 공산권의 모습도 서측에는 알려지지 못하게 했다. 이것이 처칠이 말한 소위 '철의 장막'이었다.

> 발트 해의 슈텟텐으로부터 아드리아 해의 트리에스테까지 유럽 대륙을 횡단하는 '철의 장막'이 드리워졌다. 중부 유럽과 동유럽의 유서 깊은 나라들의 수도들은 모두 그 저쪽에 있다.

이 말은 처칠이 퇴임한 후 1946년 3월 미국의 미주리대학에서 강연한 내용 일부이다. 그리하여 '철의 장막'이란 말이 공산 세계의 폐쇄성을 비판하는 말로 쓰이기 시작했다.

그리스에 대한 재정 원조 문제

1947년 2월 22일 침울한 주말 오후 주영대사관으로부터 미국 국무부에 한 편의 외교문서가 전달되었다. 그 내용은 대전이 끝난 뒤 나치 독일로부터 해방된 그리스에 대해서 원조를 계속해 왔던 영국이 자국의 경제적 위기 때문에 더는 그리스와 터키에 대한 원조가 곤란하다는 상황을 전달하는 내용이었다. 영국 정부의 각서에는 그리스의 문제가 주된 내용인바, 영국은 돌아오는 3월 30일을 기해서 그리스에 대한 재정원조를 종결하지 않을 수 없으며, 그 이후에 그 나라가 필요로 하는 민수, 군수의 물자 구매의 비용, 연간 6,000~7,000만 파운드를 미국 정부가 대신 감당하라고 요구했다. 소련이 동유럽에 위성국가를 세우는 등 신제국주의적 팽창정책을 추진하고 있는 상황에서 그리스와 터키의 지정학적인 중요성은 과거 어떤 때보다 컸다. 그리스와 터키가 옛날부터 러시아의 전략상 거점이었다는 것은 잘 알려진 사실이었다. 그리스를 지배하는 자는 동부 지중해를 지배하는 것으로 되어 있었고, 터키도 전략적으로 보스포루스의 해협을 끼고 있어 소련의 남하정책에서 핵심이 되는 지역이었다. 그리스와 터키가 공산권에 들어가면 양 해협은 소련에 개방될 뿐 아니라 서유럽에는 폐쇄될 것이 분명했다. 그렇게 된다면 소련은 바다로부터 침입에 안전해질 수 있을 뿐 아니라 동시에 지중해에서의 발언권이 커질 수 있었다.

사태는 그리스에서 더욱 어려웠는데 여기서는 1946년 봄부터 내전이 계속되었다. 여기에는 배경이 있었다. 첫 번째로는 궁핍에 빠진 경제상태였는바 어려워진 농민들은 공산당 지도 밑에 반군 게릴라를 지지했다. 다음으로는 악화된 국제상황이었는데 소련은 영국의 세력하에 있었던 아테네 정권에 대한 게릴라전을 뒤에서 지원 사주했다.

그리스의 내전은 북부의 산악지대로부터 펠로폰네소스 반도로 퍼져 확산되어 장기화할 기미마저 보였으며, 끝내는 반군이 승리할 것처럼 보였다. 이에 더해서 영국이 정부군 원조를 더는 계속할 수 없다고 통고함에 이르러 아테네 정권의 앞날은 캄캄해졌다. 영국의 원조 없이는 그리스는 1년도 지탱되기 어려웠다. 나치 독일로부터 해방되었을 당시 그리스는 식량위기와 인플레이션에 의해 국민 생활이 직격을 받고 있었다. 영국은 당장 필요한 식량 원조를 하게 되었으며 그것은 연합국의 국제부흥기관(UNRRA)에 의해 결제되었다. UNRRA의 그리스 원조는 식량 의류를 중심으로 총 4억 1,000만 달러에 달했었는데, 긴급원조의 성격을 띠었던 이 원조는 원래부터 1947년 6월 말에는 종료될 예정이었다. 그 결과 그리스는 원조의 연장, 증액을 영국이나 기타 연합국, 특히 미국에 요청하지 않을 수 없는 사정이 있었다.

미국도 원래 UNRRA의 중요 멤버였지만 UNRRA 원조가 끝난 후에는 미국과 피원조국 2국 간 페이스로 원조할 것을 표명했다. 단지 미국의 원조는 그리스 정권이 민주화를 전진시키는 것을 돕는다는 정치적이었는 데 대해 그리스 정부의 원조 요청은 긴급성이 짙었다. 게다가 너무 액수가 컸다. 1946년 말 방미한 그리스 수상은 5년간 필요한 부흥 원조액으로 12억 4,600만 달러를 제시했다. 그 액수는 미국 측의 원조 자세와는 큰 격차가 있었다. 미국은 지정학적으로 유럽과는 멀리 떨어져 있어 그리스의 공산화에 대해서 그때까지는 영국을 비롯한 유럽보다는 덜 심각하게 느끼고 있었다.

1947년 겨울 미국 국무부에 날아든 영국의 외교문서는 영제국의 '청산서'를 의미하는 것이기도 했다. 미국은 이미 그리스로부터의 영국의 철수 가능성을 예견하고 있었으며, 영국 주도하에 그리스 원조가 아니고 미국의 독자적 상황 판단으로 원조가 필요하다는 것을 느끼고 있었다. 이것 자체가 영제국의 권익 축소에 수반하는 미국 패권의 증대에 미국이 관심을 두었던 증거라고 추측할 수 있다. 1946년 가을 미국 국무부의 근동 아프리카국은 그리스와 터키에 대한 각서를 작성했는데 그 속에서 "앞으로 수개월 간에 그리스의 운명이 중근동의 미래에 결정적 요소가 될 것이다."라고 지적하고 미국의 개입 필요를 권고했다.

영국의 철수성명은 미국의 이 같은 관심이 한층 높아갈 때 나타난 것으로 미국 정부는 2월 24일부터 국무성, 육군성, 해군성의 장관회의를 열어 즉각적으로 반응했다. 그 결과 그리스와 터키의 특별검토위원회가 설치되었다. 이 자리에는 후에 마셜 플랜과 대소 봉쇄정책을 입안하여 전후 미국 외교에 주도적 역할을 한 소련통의 외교관 조지 케난도 포함되었다.

이 위원회의 결론은 미국의 대 그리스, 터키 원조에 대한 지지였으나 영국 세력에 철수 후에 생긴 '힘의 공백'을 이용해서 영국의 패권 쇠퇴에 반비례하여 미국의 세계적 패권을 신장시켜 보려는 권력 정치적인 고려가 도사리고 있었다.

영국의 그리스, 터키 원조를 대신하려는 미국의 결정, 그것을 구체화하고자 한 트루먼 대통령의 이른바 '트루먼 독트린' 발동의 무대 뒤에는 앞으로 닥쳐올 동서냉전의 준비라는 이데올로기적 판단만이 있었던 것이 아니라 그 이상으로 같은 가치체계를 공유하며 대전에서 전우로서 같이 싸운 국가 간에서의 패권교대라는 차가운 현실이 존재하고 있었다.

> 무장한 소수자와 외부의 압력에 의한 정복 의도에 저항하는 자유로운 국민을 원조하는 것이야말로 합중국이 선택할 정책이 되지 않을 수 없다. … 그리스 국가의 생존이 오늘날 위협을 받고 있다. … 터키의 장래도 전 세계의 자유를 사랑하는 사람들에게는 그리스의 장래와 못지않은 중요성을 갖고 있다.

이러한 서론에 이어 트루먼은 그리스와 터키 원조를 위해 4억 달러의 협찬을 의회에 요청했다. 그는 세계를 자유주의(善)와 공산주의(惡)로 이분하여 어느 쪽을 선택해야 할 것인가를 묻고 있다. "공산주의라는 악에 대결하는 것이 옳다."라는 그의 단순한 논법이 당시 미국 국민에게 어필했다. 이 선언 이후 미국은 세계 어떤 장소에서든 소련으로 대표되는 공산주의운동과 대결하는 자세를 취했다. '냉전'이 시작된 것이다.

트루먼 독트린

이러한 대 소련관을 투르먼에게 심은 사람은 조지 케난이었다. 그는 1946년 모스크바의 미국 대사관에서 대사가 공석이었을 때, 대리대사를 지냈다. 그때 그는 소련의 위험성을 지적하는 장문의 전보를 미국 국무부에 제출했다. 그 속에서 케난은 소련과의 마찰을 해결하기 위해서는 소련이 나치 독일과 같은 모험주의적 국가가 아니므로 강력한 저항을 하면 후퇴할 것이라고 했으며, 군사적이 아니고 정치적, 이데올로기적 팽창을 노리고 있기 때문에 서측이 강력한 의지로 반격할 필요가 있다고 주장했다.

그리하여 미국은 제2차 세계대전을 소련과 함께 싸웠기 때문에 가능한 한 협조 노선으로 나가고 있었으나 이 전보를 계기로 미국의 대소(對蘇) 외교정책이 전환되었다. 그 뒤 케난은 본국에 국무성 기획실장이 되어 대소정책을 담당하게 되었다. 그는 1947년 7월호 〈포린 어페어〉 지에 X라는 가명으로 칼럼을 게재했는데 이것이 미국에서 큰 영향력을 지니게 되어 미국의 대소전략을 결정하게 된 것이다. 그 속에서 케난은 미국이 아무리 선의(善意)를 나타내도 소련의 확장주의와 적대적 자세를 변화시키기 어려워 소련에 대해 협조 노선을 추구하기보다는 장기간에 걸쳐 인내하면서 강력한 입장으로 소련을 봉쇄(containment)함으로써 소련의 체제가 내부적으로 붕괴하는 것을 기다릴 수밖에 없다고 주장했다. 만일 소련이 어떤 영향력을 확대하려고 하면 곧바로 굳건한 대항력을 쓸 필요가 있었다. 이것이 미국의 '봉쇄정책'이었다. 그것은 '트루먼 독트린'으로 구체화한 것이다.

2. 마셜계획

마셜계획의 성립 과정

경제적 영역에서 트루먼 독트린에 해당하는 것이 마셜계획(마셜 플랜)이었다. 1947년 5월 28일 국무성 수뇌회담이 그리스와 터키에 대한 경제원조를 토의하기 위해 열렸다. 마셜 국무장관, 애치슨, 클레이턴 양 국무차관, 찰스 보렌 장관 특별보좌관, 케난 정책기획본부장을 비롯한 관계국장이 모두 참가했다. 이 회의는 새로운 원조계획에 관한 정책기획본부의 보고서와 클레이턴의 각서를 중심으로 유럽부흥계획의 큰 테두리를 결정하는 것이었다. 의론은 3개 사항으로 좁혀졌다. 그것은 (1) 소련과 동유럽권을 대상으로 할 것인가, (2) 주도권은 유럽과 미국의 어느 쪽인가, (3) 개시시기와 실시기관 등이었다.

주도권 문제는 일부 미국이 주도해야 한다는 의견이 제기되었으나 유럽의 자존심을 존중한다는 뜻에서 원조 대상국에 주도권을 주기로 했다. 가장 유동적이었던 문제는 소련 블록, 특히 소련을 원조의 대상으로 하느냐에 관한 의론이었다. 소련의 참가 문제는 미국에서는 처음부터 커다란 딜레마였다. 미국은 내심 소련만은 제외하고 싶었고 그 밖에 동유럽 전체를 뭉뚱그려 원조하여 민주주의에 기초한 '전 유럽'의 재건이 바람직하다고 생각했다. 그러나 그렇게 하면 소련은 배후에서 동유럽에 압력을 가할 수 있으며(사실 IMF에 가입했던 체코와 폴란드는 후에 소련의 압력으로 탈퇴했다) 그 결과 유럽이 동서로 분리될 것이며, 소련은 분열의 책임을 미국에 전가할 수 있을 것이다. 미국이 유럽 분열의 책임을 지지 않는다는 것은 회의 전원의 일치된 의견이었다.

미국이 이 딜레마를 빠져나올 방법은 소련이 수용할 수 없는 조건을 제시하면서도 소련을 표면적으로는 원조대상에서 제외하지 않고 실질적으로는 동유럽을 끌어들인다는 고등전술 구사할 수밖에 없었다. 보렌 보좌관은 "우리는 소련을 참가시키지 않은 채 전 유럽을 원조 대상에 포함하여 우리의 위신이 지켜질 수 있는 도박을 했다. 즉 우리들의 도박은 마셜 플랜이 요구하는 타입의 경제 사찰과 협력을 소련을 인내할 수 없어 결국 소련이 탈퇴하게 되리라는 분석에 기반을 두고 있었다."라고 말했다.

마셜 플랜과 그에 대한 소련의 거취(去就)는 계획이 발표된 이후에도 큰 문젯거리가 되었고, 오늘날에 와서도 러시아의 국제시스템과의 관계를 생각하는 데 흥미 깊은 시사를 던져 주고 있다. "내가 새삼스럽게 다시 말씀드릴 필요도 없이 세계정세는 대단히 심각하다. 이것은 모든 지식인에게는 명백한 것임이 틀림없다." 마셜 장관은 1947년 6월 5일 하버드대학 졸업식에서 그의 정책을 발표했다. 그는 이 연설에서 유럽이 처하고 있는 경제위기의 현상을 짧게 요약하여 설명했다. 전쟁이 상업거래, 은행, 보험제도 등 여러 시스템을 파괴했다는 것과 많은 나라에서 통화(通貨)의 신용이 현저하게 떨어졌다는 것, 농촌이 식량을 생산, 공급하고 도시가 공업제품을 생산, 제공하는 분업의 고리가 무너지고, 물자교역의 근대적 메커니즘이 붕괴했다는 것, 그 결과 주민에게 필요한 식량과 연료를 공급하기 위해 각국의 정부는 외화와 차관을 몽

땅 털어 그것을 외국으로부터 구매하지 않을 수 없는 참상 등이었다. 결국 "진상을 말한다면 유럽에서 앞으로 3, 4년간 외국산의 식량과 필수품(주로 미국으로의)에 대한 수요가 그들의 지급 능력을 크게 웃돌고 있기 때문에 상당한 정도의 원조가 추가되지 않으면 유럽은 대단히 심각한 경제적·사회적·정치적 붕괴에 직면하지 않을 수 없을 것이다." 이어서 마셜 장관은 "미국의 정책은 어떤 한 나라나 정치적 이데올로기를 대상으로 하는 것이 아니고 세계적인 기아, 빈곤, 욕망, 혼미를 대상으로 하고 있다. 그 목적은 자유로운 제도들이 존속할 수 있는 정치적·사회적 조건들의 출현을 허락하는 능동적 경제를 세계에 부활시키고자 한다."라고 하여 마셜 플랜의 대상을 공식적으로는 서유럽에 한정하지 않았다. 그러나 그는 "이것은 유럽인 자신의 일이다. 따라서 이니시어티브는 유럽 측에서 나오지 않으면 안 된다고 생각한다."라고 하여 그 대상국의 선정 기준을 유럽 자체에 두고 있다.

자유롭고 능동적인 경제부흥을 목적으로 한다고 언명함으로써 자유주의 경제에 기초한 경제부흥을 암암리에 시사하면서도 트루먼 독트린에서 나타난 바처럼 '자유주의 대 공산주의'라는 대결적인 이원주의로 세계를 나누지는 않았다. 특히 큰 특징은 대상국을 '유럽'이라 하여 소련과 동유럽국가들을 포함해도 좋다는 뉘앙스를 표현했다는 것이다. 적어도 이들 동유럽 블록을 배제하지 않았다고 표면적으로는 주장할 수 있다. 이것은 공산주의에 대항하여 자유로운 제도들을 지키겠다는 트루먼 독트린과는 크게 구별되는 점이다.

"세계에 정상적이고 건전한 경제를 회복하기 위한 원조를 여유가 있는 미국이 하려고 하는데 전력을 다해야 하는 것은 당연한 일이다. 건전한 경제 없이는 정치적 안정도 항구적 평화도 있을 수 없다."라고 하여 마셜 플랜은 '유럽의 부흥'이라는 명확한 정책 목표를 제시했다. 그러나 그것은 그 그림자 뒤에 또 하나의 정책목표를 가지고 있었다. 그것은 〈반공(反共)의 십자군(十字軍)〉이라는 발상을 지니고 있었다는 점이다. 반공적 성격의 미국 의도를 노골적으로 표현한 것은 트루먼 독트린이었다. 그것은 공산주의에 저항하고 있는 소아시아의 자유로운 국민(그리스와 터키)에의 지원을 분명하게 주장하고, 그 원조정책이 반공을 위한 것임을 명시했다. 영국의 외무성도 이러한 트루먼의 공격적 톤을 "소련에 대한 선전포고라고 받아들일 수밖에 없다."라고 평할 정도였다. 그러나 이와 같은 정책은 동서 분단에서의 미국의 책임을 면하기 어렵게 만드는 점이 있었다. 마셜 플랜은 이러한 트루먼의 연설을 반성하여 세워졌다. 그러나 그 기본적 목표는 자유주의 발전과 반공정책의 추진이라는 트루먼 독트린과 그 궤를 같이하고 있었다. 그 본래 의도는 '자유주의적 정치체제와 자유기업체제에 기초'를 둔 유럽의 부흥에 있었으며, '공산화'된 유럽의 부흥은 미국이 배제한 선택이었다.

전쟁으로 피폐하기는 했으나 당시 유럽인들은 서유럽문명에 기초한 생활양식에 대한 긍지와 자존심을 가지고 있는 '긍지 있는 민족'의 집합체였다. '유럽 이니시어티브'에 의한 원조는 이들의 긍지를 교묘하게 조정하여 '베푸는 입장의 미국'에 대한 반감을 완화시키는 역할을 했다.

이와 관련해서 주목하고자 한 것은 유럽에는 이니시어티브를 이용하여 실제로 원조를 받아들이는 수용 태세의 시스템이 남아있었다는 사실이다. 마셜 플랜의 수용 태세는 다른 발전도상국과 비교할 때, 당시 유럽에는 그 비참한 경제적 상황에도 원조를 자신들의 피와 살이 되게 할 수 있는 인프라스트럭처(infrastructure)가 남아있었다는 사실이다. 여기에는 마셜의 제안에 재빨리 수용 태세를 정비한 유럽 정치가들의 인적요소와 관료조직, 이에 더해 도입자금으로 곧바로 조업을 개시한 자유기업시스템을 들 수 있다.

서유럽 각국은 관대한 마셜 플랜을 생명줄(safety rope)처럼 생각하고 매달렸다. 마셜의 원조는 '물에 빠져 흘러가는' 서유럽의 경제를 위해서는 대단히 관대한 '자선(慈善)'이기도 했다. 실제로 마셜 플랜은 당시 미국 국민의 56%가 이 계획을 '자선사업'으로 생각했으며, '공산주의를 봉쇄하기 위해서'라는 의견은 단지 8%에 지나지 않았다.

하지만 이 플랜의 실체는 공산주의라는 '시대적 역병'에 대한 방역적 발상에 기인한 투르먼 독트린의 일환이었으며, 그 결과 유럽의 공산화를 꿈꾸던 소련의 신 제국주의를 막아내는 데 기여했다. 서유럽 국가들의 경제력이 충실해짐으로써 국민이 '빈곤과 기아' 때문에 공산주의가 쉽게 침투할 수 있는 토양의 제공을 막을 수 있는 방파제가 된다는 인식이 마셜 원조의 저류에 맥맥히 흐르고 있었다.

또한, 마셜 플랜을 통해 당시 소련의 정치·경제 사정에 대한 미국의 분석과 판단이 정확했다는 것을 지적할 수 있다. 그것은 "소련을 배제함 없이 배제한다"는 이율배반적 마셜 플랜의 고등 전략을 가능하게 했다고 말할 수 있다. 전후 직후였기 때문에 소련의 경제는 아직 1950년대의 빈틈없는 5개년 계획을 시행하기 이전이었고, 전후 부흥을 위해 소련이 선택한 길은 자본주의 경제체제가 아니고 계획경제를 선택했다는 사실이 분명해졌다. 사회주의적 경제체제란 자본주의적 경제체제와 다르게 국제적 교류, 무역에 의존할 필요가 없는 경제체제였다. 소련은 사회주의적 경제체제이기 때문에 그것은 경제통계를 크렘린이 집중적으로 관리하고, 일부 중요한 통계(예컨대 금이나 외화 준비율, 통화 발행고)에 대해서는 공표를 하지 않는 비밀주의가 강화된 경제체제이었다. 당시 소련의 경제체제는 중앙집권에 의한 명령형 계획경제의 성립기(成立期)였기 때문에 미국의 견제를 받는 마셜 플랜에 '니에트(NO)'를 할 수 있었다. 그리하여 소련은 동유럽의 사회주의국가들에도 마셜 플랜의 수용을 거부하도록 강제했다.

마셜계획의 성격

과연 이 계획이 미국의 일방적이고 관대하며 '자선'적인 성격을 띤 것인가? 마셜 플랜이 진정으로 관대하고 자선적이 되려면 이 계획이 미국의 경제에 손해를 끼치거나 적어도 부담을 줄 때가 되어야 할 것이다. 미국 정부는 마셜 플랜을 법제화하기 이전에 크루그 내무장관과 노스 대통령경제자문위원회의 위원장, 그리고 해리먼 상무장관 등을 중심으로 한 각각 3개의 위원회를 설치하여 이 계획이 가져올 경제적 효과를 조사하도록 위촉했다. 크루그위원회 보고의 결론은 "미국의 자본에는 대외원조를 제공할 수 있을 정도의 여유가 있다."라는 것이었다. 노스위원회의 보고도 자본 면의 제약에 대해 크루그위원회의 조사결과와 거의 비슷했다. 보고서에는 오히려 신규 대외원조가 없다면 미국의 수출은 앞으로 격감할 것이라는 전망했다. 이 새로운 외국 원조를 위해서는 증세 없이도 그 실현이 가능하다고 했다. 해리먼위원회의 보고서는 마셜 플랜이 미국과 유럽 간의 불균형을 시정(달러 부족의 해소)하는 데 주안점을 두었다고 했다. 유럽의 전후 황폐 정도는 심각하여 미국이 '자선'적으로 유럽을 '부양하는 것'은 불가능하며, 미국의 원조는 유럽의 부흥이라는 엔진을 점화시키는 스파크에 지나지 않는다고 했다. 따라서 미국의 목표는 유럽과 미국 간에 무역의 불균형을 시정하여, 드디어 유럽의 대미 수출의 증대라는 형태의 균형으로 향하는 상황을 타개하는 데 있다고 했다.

이상 3위원회의 결론은 원조로 미국은 인플레이션 없이도 견딜 수 있다고 했는바 그 예상은 적중했다. 대외원조의 지출이 미국 국민총생산에 점하는 비중은 그리 큰 것은 아니었다. 1946년 이후 10년간 그 비율을 살펴보면 1947년 최대였던 2.7%를 위시하여 마셜 플랜이 시행된 기간 2%에 머물러 있었다. 또한, 연방정부 지출에서의 비율도 1947년도 17%에 달한 이후 계속 감소하여 전 기간의 평균이 10% 정도였다. 이상의 비율로 판단할 때 대외원조의 경제적 부담은 미국으로서는 그리 큰 것은 아니었다. 반대로 원조가 미국 경제에 플러스를 가져온 점은 그것이 수출증대에 기여한 점일 것이다. 원조물자는 대부분 미국으로부터 유럽에 수출되어 미국 내의 생산수준 향상에 기여했다. 대외원조에 의한 수출의 국내생산이 점하는 비율은 1949년에 가장 커서 46%까지 달했다. 1946년 이후 10년간의 움직임을 보면 그 비율은 30% 전후의 높은 비율이었다. 상품별로 보더라도 항공기(52%), 소맥(40%), 면화(42%), 자동차(36.4%), 비료(33.5%), 담배(32.5%) 등으로 되어 있었다. 미국의 원조 물자의 주역이었던 소맥과 면화는 과잉생산이어서 마셜 플랜은 한편으로는 미국의 잉여생산품의 외국 배출로써 유용했다.

요컨대 대외원조로써 미국 정부가 국외로 지출한 자금의 상당 부분은 수출로써 국내에 환류시켜 국내 생산수준을 향상하는 효과가 있었던 것이다. 이러한 대외원조 때문에 미국의 산업이 전시경제로부터 순조롭게 전환되는데 공헌했다. 전쟁 때문에 지나치게 확대된 군수생산 부문을 삭감하면서도 원조물자를 증산하는 민수공업을 증강함으로써 경기후퇴와 실업증가 인플레이션의 재연 등을 방지할 수 있었다. 그리하여 마셜 플랜은 단순한 '자선'이 아니라 바꿔 말하면 타국을 돕는 것이 곧 자국을 돕는 길이라는 발상에서 나온 것이라 할 것이다.

마셜계획으로 인한 유럽의 분단

마셜계획은 유럽에서 동서관계를 냉전으로 이끈 결정적 정책이었다. 이 계획을 미국의 제국주의적 폭거라고 비난한 소련과 그 위성국은 전쟁 중에 상호원조조약을 발전시켜 1947년 10월 바르샤바에서 코민포름(Cominform, 공산당 정보국)을 결성했다. 코민포름은 동유럽 위성국가를 중심으로 하고 프랑스와 이탈리아를 포함하는 유럽 9개국의 공산당 대표로 조직되었는데, 최초에는 본부를 유고의 베오그라드에 두었다. 이후에 우크라이나, 알바니아, 핀란드, 동독일의 각 공산당이 가입했다. 1948년 유고가 제명되자 본부를 부카레스트로 옮겼다. 이 기구는 정보국이라는 명칭에서 추측할 수 있듯이, 정보교환국이라는 임무를 뛰어넘어 사실은 연합국으로 참전하여 추축국에 공동으로 대전을 치르는 과정에서 해산한 코민테른의 재편이라 할 수 있었다. 그리하여 코민포름은 그 가맹국의 공산당이 협력하여 전력을 기울여 '미국과 영국의 제국주의에 반대투쟁'을 행하며 '내외의 반공, 반혁명 분자를 비판하고 숙청하는 것'을 주목적으로 삼았다. 예컨대 1947년 말 코민포름이 공산당에 의해 지도된 프랑스 노조의 총파업을 지지한 것은 이 성격을 잘 표현해 주고 있다. 마셜계획에의 반발은 코민포름의 결성에 그치지 않았다. 1949년 1월 소련과 동유럽 5개국은 코메콘이라 알려진 경제상호원조위원회(몰로토프 계획)를 설치하여 공산권 상호 간에 경제협력을 추진했다.

동서 양 진영의 유럽에서의 군사적 대립은 북대서양조약기구(NATO) 대 바르샤바조약기구 군으로 발전했다. 소련의 위성국이 된 동유럽 여러 나라가 모스크바의 명령으로 군사적으로 단결하여 움직임으로써 서방 여러 나라는 공포감을 품게 되었다. 서방의 각 나라는 작은 나라들이었기 때문에 단합된 공산권의 거대한 군사력에 맞서기 위해서는 단결할 필요가 제기되었다. 그것이 NATO였다. 1949년 미국, 영국, 프랑스, 벨기에, 캐나다, 덴마크, 이탈리아, 아이슬란드, 룩셈부르크, 네덜란드, 노르웨이, 포르투갈 12개 국가가 참가하여 NATO가 발족했다. 그 뒤 1952년에 그리스와 터키, 1955년에 서독일, 그리고 1982년 프랑코 정권이 붕괴한 스페인이 가맹하여 16개 국가가 되었다. NATO 가맹국은 어떤 한 국가가 무력으로 공격을 당하면 전 참가국에 대한 공격으로 간주하여 '집단자위권'을 행사하기로 되어 있었다.

냉전에 의해 소련을 봉쇄하기 위해 미국은 서유럽 방위에 나서게 되어 서유럽 각처에 미군 기지를 설치했다. NATO가 성립됨으로써 이번에는 동측이 격렬한 반응을 보여 1955년에는 폴란드의 바르샤바에서 소련 알바니아, 불가리아, 체코슬로바키아, 동독, 헝가리, 폴란드, 루마니아 등 6개국이 모여 '바르샤바조약기구 군'을 결성했다. 이 군사조직은 서측에 대항하기 위한 것이었으나 후에는 이 조약 가맹국 중에서 이탈하고자 하는 국가를 군사적으로 감시하고 견제하는 조직이 되었다. 냉전이 끝난 후 이 기구는 해체되었으며, NATO도 그 목적이 '서방 여러 나라의 방위'에서 유럽 전체의 안전보장으로 변했다. 예컨대 유고슬라비아의 내전에서의 NATO의 역할이 그것이다.

3. 마셜계획에 의한 유럽에서의 동서냉전

독일의 동서 분단

1948년 6월 소련의 베를린 봉쇄는 동서 유럽에서의 냉전을 상징하는 일대 사건이었다. 제2차 세계대전으로 유럽의 광대한 영토를 침략하여 정복했던 독일은 결국 동쪽으로부터는 소련군, 서쪽으로부터는 연합군에게 공격을 받게 되었다.

히틀러가 죽은 후 국가의 정통 정부가 존재하지 않았던 독일은 서부전선에서는 5월 7일 동부전선에서는 8일에 무조건 항복했다. 연합군의 결정으로 독일 국내에 흐르는 엘베의 동쪽은 소련군이, 서쪽은 미군이 공격하여 점령하게 되었다. 그 결과 독일의 동부는 소련에 서부는 미국, 영국, 프랑스에 의해 분할 점령당했다. 이것이 결국 독일의 전후 분단국가의 탄생 원인이 되었다. 그리하여 독일의 동북부를 소련이 점령하고, 북서부를 영국, 남서부를 프랑스가 각각 분할 점령했다. 그리고 점령 지역에서는 점령군이 각각의 특수성을 살린 점령 방침을 정하여 실시하게 되었다.

소련군의 점령 지역에서는 1945년 9월부터 토지개혁이 시행되어 100헥타르 이상의 토지는 몰수하고 기간산업의 국유화를 진행하는 등 소련화가 급속하게 진행되었다. 한편 미국의 지배 지역에서는 3개의 주(州)가 설치되고, 주정부가 임명되어 주정부를 기본으로 한 분권적 연방체제의 확립을 목표로 했다. 주정부에는 권한이 대폭으로 옮겨져 정치적으로 미국화가 진행되었다. 따라서 어느 국가의 군대가 점령하느냐에 따라 그 지역의 정치적 운명이 크게 달라졌다.

독일 전체가 4개국으로 분할 점령당함으로써 엘베 동쪽에 자리 잡고 있었던 베를린은 지리적으로 소련 점령 지역 속에 들어 있었으나 수도인 이유로 4개국 공동관리가 되었다. 베를린은 소련, 미국, 영국, 프랑스가 지배하게 되었다. 이처럼 베를린은 동서로 분할점령되어 말하자면 독일 전체의 축도(縮圖)처럼 된 것이다.

전후 베를린 시민에 의한 시의회의원 선거가 있었다. 그 선거결과 소련을 지지하는 사회주의통일당(공산당)의 득표율이 20% 정도에 머문 데 반해 반(反)소련 입장의 사회민주당(사민당)은 49%를 득표했다. 그리고 시의회의원에 의한 선거결과로 사민당 출신의 시장이 선출되었으나 소련의 지시를 듣지 않는 시장의 존재를 소련이 인정하지 않았기 때문에 결국 선출된 베를린 시장은 서부만의 시장으로 취임할 수밖에 없었다.

베를린뿐 아니라 전후 독일의 운명을 어떻게 이끌러 갈 것인가에 대해 소련과 서측은 항상 대립했다. 소련의 스탈린 생각은 단순 명쾌했다. 독일과의 전쟁에서 큰 피해를 본 소련으로서는 독일에서 취할 수 있는 것은 무엇이건 빼앗고자 했다. 독일의 전후 복구에 대해서는 아무 관심이 없었다. 실제로 소련의 점령 지역에 설비되었던 독일의 공장에서는 대량의 기계 설비가 뜯겨 소련으로 보내졌던 것이다.

베를린의 벽

독일에서의 동서 대립 중 중요한 문제가 된 것이 통화(通貨)였다. 소련은 독일 화폐의 원판을 압수하여 동부 지역에서 화폐를 대량 인쇄 발행했다. 그들 마음대로 지폐를 발행하여 소련이 필요한 물품을 빼앗아 갈 작정이었다. 지폐를 대량 발행하면 인플레이션이 발생할 것은 필지의 사실이었으나 소련에 그런 사실은 안중에 없었다. 이렇게 해서는 독일 경제는 부흥될 수 없었다. 그리하여 미국과 영국은 새로운 통화를 발행하여 독일에서의 통화 발행권을 하나로 통합하기로 계획했다. 이렇게 함으로써 통화의 발행권을 조절하여 인플레를 억제하고 독일 경제를 부흥하고자 했다. 이에 대해 소련은 수도 베를린 전체를 자신의 점령지라고 생각하고 베를린 시내에서는 소련이 독자적으로 통화를 발행하고자 했다.

이에 반발한 미국과 영국은 1948년 6월 독자적인 통화 발행을 단행했다. 이 통화는 독일 서부는 물론이려니와 서베를린 시내에서도 통용될 수 있었다. 이에 화가 난 소련은 그것을 금지하기 위해 미국, 영국, 프랑스의 베를린 서부를 봉쇄하는 것으로 대응했다. 서베를린만이 소련 점령 지역에 완전히 갇힌 '육지의 고도(孤島)'가 된 것이다. 이때까지는 서독일 지구에서 철도가 통하고 있었고, 독일의 고속도로 아우토반이 통하고 있었다. 그러나 소련은 이들 모두를 통행금지시켰다. 소련 점령 지구로부터의 전력, 석탄, 식량, 원료의 공급도 정지되었다. 대도시인 서베를린은 외부로부터 식량 등 물자를 운반해 들여오기 전에는 시민 생활이 유지될 수 없었다. 약 225만 명의 베를린 시민은 기아 위기에 직면했다. 소련은 이 봉쇄로 서측이 소련의 요구를 받아들일 것으로 생각했다. 소련은 서베를린 시민을 인질로 삼아 협박했던 것이다.

이에 대해 서측은 맹렬하게 반발했다. "서베를린을 구하자!"라는 캠페인이 제기되었다. 이 캠페인은 〈하늘의 가교(架橋) 작전〉이라 명명되었다. 그것은 220만 서베를린 시민이 필요로 하는 물자 모두를 미국의 수송기로 운송하는 계획이었다. 미군 수송기는 독일 서부의 세 곳의 비행장으로부터 서부 베를린 시내의 두 곳의 비행장으로 물자를 연거푸 실어 나르는 대수송 작전이었다. 미 공군은 피크 시에는 수송기를 1분마다 출발시키기도 했다. 그리하여 총비행 횟수가 27만 7,000에 달했다. 비행 사고만 하더라도 작업 전체를 통해 65명의 희생자가 발생했다. 미국은 이 대공수 작전을 통해 서베를린 시민을 절대 버리지 않겠다는 메시지를 보냈던 것이다.

소련의 협박은 실패했다. 서베를린 봉쇄로부터 11개월 후 1949년 5월 소련은 봉쇄를 해제했다. 베를린 봉쇄 때문에 서베를린 시민과 서독 시민의 반소, 반공 감정은 결정적인 것이 되었다. 소련의 계속되는 배신행위로 서측은 통일 독일 건설의 시도를 포기했다. 1949년 9월 미국, 영국, 프랑스가 점령한 '서측'의 독일이 독일연방공화국으로 독립했다. 이에 대항해서 10월에는 소련 점령하의 '동측'이 사회주의통일당(공산당)의 독재하에 독일민주공화국을 세워 독일이 분단되었다.

동서로 분단된 독일 중 서쪽은 미국으로부터의 원조도 있어 순조로운 발전이 이루어졌다. 그러나 동부 독일은 소련이 배상이라 하면서 공장시설을 뜯어갔기 때문에 경제의 재건도 제로에서부터 시작하지 않을 수 없었다. 언론의 자유도 허용되지 않아 나라 전체가 어두운 분위기에 잠겼다. 게다가 1959년부터 시작된 국유화를 통한 사회주의 경제의 시행은 농민들에게 집단농장제를 도입하고, 가족적 소규모 공장이나 소상점을 '쁘띠 부르주아'라 하여 대규모의 공장, 대상점으로 재편했다. 선조 대대로 계승한 농지나 공장, 상점에서 추방된 사람들은 절망하여 서부 독일로 탈출하기 시작했다. 동서 독일의 경계는 철조망이나 지뢰가 매설되어 동부 독일 국민이 서로 넘어가기가 쉽지만은 않았다. 그러나 동부 독일 국내에서 벗어나 베를린으로 가면 간단히 국경을 넘어갈 수 있었다.

동서 베를린의 국경 경비에는 한계가 있어 일단 서부 베를린에 들어가면 국경을 넘어 철도와 고속도로, 항공기를 이용하여 서부 독일로 탈출하기가 쉬웠다. 1961년 무렵에는 서부 베를린으로 탈출하는 시민이 급증하여, 동서 독일의 분할이래 350만 명이 서부 독일로 탈출하고 있다. 그중 의사, 과학자, 기술자 등의 전문인들이 다수를 점하고 있었기 때문에 그 이후 동부 독일의 경제발전에 필요한 인력 부족에 허덕이게 되었다. 동독은 그것을 막기 위해 벽(壁)의 건설에 뛰어들었다.

1961년 8월 13일 일요일 아침 눈을 뜬 베를린 시민은 벽과 철조망으로 베를린이 동서로 분단된 것을 알게 되었다. 베를린 시민은 이 벽에 의해 갑자기 가족 간에도 이별이 속출하게 되었다. 동베를린으로부터 시민의 탈출이 시작되었으며 '베를린 벽'을 넘는 자는 동독의 감시병에 의해 사살되곤 했다. 그리하여 '베를린 벽'은 냉전의 상징적인 존재가 되었다.

1963년 6월 독일의 서부 베를린을 방문한 미국의 케네디 대통령은 서독의 시민을 향해 다음과 같이 연설했다.

> 어떤 사람이 어디에 살고 있다 하더라도 자유(自由)를 사랑하는 모든 사람은 베를린 시민이다. 그 때문에 나는 자랑스럽게 외칠 수 있다. 나는 베를린 시민이다(Ich bin ein Berliner.).

마지막 구절은 독일어로 말했다.

제16장

영제국의 쇠망과 식민지의 독립

1. '팍스 브리타니카'의 붕괴

전후 영국의 재편

1945년 이후까지 영제국을 구성했던 주요 구성원에는 오스트레일리아, 캐나다, 뉴질랜드, 남아프리카 등 영국인들의 이민으로 성립된 국가들이 있었는데, 이 국가들은 그 지역의 본토 원주민이 아닌 영국계 백인들에 의해 통치되었던 자치령 국가들이었다. 한편 인도, 파키스탄, 아일랜드 등은 처음부터 영국에 의해 정복당한 식민지의 국가들이었다. 이러한 역사적 사실이 이 나라들의 영국에 대한 태도의 차이를 크게 좌우하는 요인을 만들었다. 오스트레일리아, 캐나다, 뉴질랜드 사람들에게 영국은 그들의 모국(母國)이었다. 그러나 아일랜드인, 인도인, 파키스탄인에게 있어서 영국은 외국일 뿐 아니라 언젠가는 그들에게 자유를 돌려주지 않으면 안 될 존재였다. 또한, 오스트레일리아, 캐나다, 뉴질랜드는 20세기에 들어서 대부분 기간 자치를 누렸지만 이에 대해 아일랜드의 일부가 자치령의 지위를 얻은 것은 1921년이었고, 인도와 파키스탄 등은 1947년까지 기다리지 않으면 안 되었다.

영제국의 생명은 제국의 빛과 그림자를 대표하는 두 개의 기둥에 의해 지탱되었다. 첫째는 캐나다, 오스트레일리아, 뉴질랜드, 남아프리카의 백인 식민지, 곧 자치령이다. 이 나라들은 영국에 정치적, 경제적, 군사적으로 도움이 되는 '제국의 빛'을 대표했다. 둘째는 인도이다. 물리적 힘과 문명, 권위와 온정이 뒤섞인 영국의 지배를 받아왔으며, 동시에 영국의 부와 국력에 가장 큰 원천이 되었던 식민지였다. 여기에는 영제국의 빛과 그림자가 교차하고 있었다. 인도는 '제국 왕관의 빛나는 보석'이라고 노래가 되곤 한 의미 이상으로 문자 그대로 '제국의 생명선'이었다. 영국은 '인도로 가는 길'을 지키기 위해서는 이집트와 중동의 아랍 지역 분쟁에 깊숙하게 개입하지 않을 수 없었다.

영국은 세계 최강의 문명국으로서 제1차 세계대전까지 '군림(君臨)'해 왔다. 이 '공식적' 또는 '비공식적' 제국은 지구상 넓은 바다와 육지로 확대되어 '팍스 브리타니카' 문명의 우월성을 과시하고 있었으나 전쟁은 이 제국을 크게 변용(變容)시켰다. 제1차 세계대전 후 영제국의 재편성이 주요 과제가 되었다. 전후 터키제국이 동맹국 측에 가담하여 패배한 후 그 제국의 구 영토였던 이라크, 트랜스 요르단, 팔레스타인 등은 국제연맹의 위임통치 지역이라는 명목으로 영국에 편입되어 영국은 전쟁 전보다 더 광대한 제국이 되었다. 그리하여 전후 영국 정권들의 최대 과제는 자립하려는 경향이 강해지는 여러 자치령을 어떻게 지배할까 하는 것이었다.

이러한 문제를 다루기 위해 1925년 자치령성이라는 정부기구가 신설되었다. 다음 해 제국회의에서는 본국과 자치령들은 평등하고 독립된 공동체이며, 내치와 외교의 어떤 면에서도 상호 간에 종속됨 없이 '왕관에의 충성(Crown Royalty)'에 의해 통합되는 영연방의 구성원이라는 것을 내용으로 한 '벨포어의 정의'가 채택되었다. 그것은 1931년의 〈웨스터민스터 헌장〉에 의해 정식으로 성문화되었다. 따라서 영제국(British Empire)의 영연방(British Commonwealth of Nations)으로의 변용은 이미 1926년에 시작된 것이라고 할 수 있다.

영연방의 자치령 중 중심적인 자치령 오스트레일리아가 제2차 세계대전 후 어떻게 변용되어 갔는가. 영국의 자치령 중에서 본국에 대해 가장 강한 동족의식(同族意識)을 지니고 있었던 것은 오스트레일리아일 것이다. 우호적 감정은 전쟁 때 가장 잘 나타났다. 1939년 영국이 독일에 개전했을 때 오스트레일리아 총리 로버트 멘지스는 "영국은 독일에 선전 포고했다. … 따라서 오스트레일리아도 전쟁에 들어선 것이다."라고 선언했다. 오스트레일리아에 있어 제2차 세계대전의 참전 이유는 이처럼 단순한 것이기도 했다.

1941년 일본이 전쟁을 시작했을 때 오스트레일리아는 전쟁의 위험에 직접 노출되었다. 더구나 일본군이 영국의 아시아에서의 영토를 석권하고 싱가포르를 점령(1942년 2월)했을 때 오스트레일리아 사람들은 자신들이 이제는 강국 일부가 아니라는 것을 통감했다. 영국은 처음으로 오스트레일리아를 지켜줄 수 없게 된 것이다. '모국(母國)'에 대한 애정이 어떠했든 오스트레일리아는 어딘가 다른 나라에 원조를 빌지 않으면 안 되었던 것이다. 오스트레일리아를 도울 능력이 있으며, 또한 그럴 의향을 지닌 국가는 미국뿐이었다.

싱가포르 함락 직후 오스트레일리아 정부는 미국에 원조를 요청했다. 이에 대해 미국은 군대와 선박을 오스트레일리아로 보내어 이에 대응했다. 태평양 지역 미군 사령관 맥아더는 사령부를 한때 오스트레일리아 멜버른으로 옮기기도 했다. 전쟁 중 계속 미국과 오스트레일리아는 어깨를 나란히 하여 싸웠고 전쟁 후에도 그러한 관계는 계속되었다. 중국이 공산화되자 미국은 오스트레일리아를 이에 대항하는 민주주의의 거점으로 간주했다. 미국과 소련 간의 '냉전' 시기에 역대 미국의 지도자들은 이 나라를 공산주의에 대한 '성전(聖戰)'에 끌어들였다. 그리하여 오스트레일리아는 한국전쟁과 베트남전쟁에도 참전하게 되었다.

제2차 세계대전으로 오스트레일리아는 영국과 오래된 제국 내의 결합을 깨고 외교 정책상의 전환을 꾀하지 않을 수 없었다. 동시에 오스트레일리아인들은 외국인, 특히 비유럽인에 대한 편견을 바꾸게 되었다. 콜롬보 계획(1951)에 의해 일본과 오스트레일리아와 같은 극동의 부국들은 개발도상국의 원조를 위해 자금과 전문가를 보내 그들을 돕거나 기술 원조를 위해 그 지역의 학생들을 받아들였다. 오랜 전통으로 남아있던 인종주의 색채를 띤 '백호주의

(白濠主義)'도 사라졌다.

전쟁 중에 일본군의 위협을 체험한 오스트레일리아 정부는 이 나라처럼 거대하면서 인구가 적은 대륙은 자위(自衛)를 위해 인구를 증대할 필요가 있다고 생각하여 이민정책을 재검토할 필요를 느꼈다. 1945~1970년에 이르는 동안 250만 명의 이민을 받아들였다. 대부분은 유럽으로부터의 이민이었으나 1972년 이후에는 이민을 확대하여 아시아인도 받아들이는 것이 정부의 정식 정책이 되었다. 1973년 영국이 유럽공동체에 가입함으로써 오스트레일리아와 영국의 제국으로서의 종속관계는 완전히 끝났다. '영국 국민'이라는 단어는 오스트레일리아인의 패스포트에서 사라졌다. 국가(國歌)도 전통적으로 부르던 영국 국가가 아닌 오스트레일리아 국가를 새로이 제정하여 부르게 되었다.

2. 인도의 독립

영제국의 인도 지배

인도는 디스레일리가 표현한 대로 빅토리아 왕관의 '가장 빛나는 보석'이었다. 18세기 영국의 동인도회사는 프랏씨전투(1757)에 승리한 후 벵갈을 중심으로 한 광대한 지역을 지배하기 시작했다. 1858년 일어난 반영 반란을 진압한 후 영국의 지배권은 직접적 지배나 혹은 토착 지배자를 통한 간접적 지배를 막론하고 인도대륙 전체에서 우월한 권력을 지니게 되었다. 1877년 디스레일리는 빅토리아 여왕을 설득하여 그를 인도의 황제로 군림시켰다.

그러나 1900년경에 이르러 인도 식민지는 크라이브의 전설적 시대처럼 더는 영국에 이익을 가져오는 존재는 아니었다. 외견상 인도에서 영국의 지배계급은 대단히 위엄 있는 존재였고, 특히 총독(일명 副王)은 인도의 '왕궁'에서 중동의 술탄처럼 사치스런 생활을 즐겼다. 그러나 이러한 장중한 지배계급의 그늘 뒤에는 다른 상황이 전개되고 있었다. 5,000명이 넘는 영국의 지방관리들은 기아와 전염병에 시달리는 가난한 3억 인구를 가진 이 나라를 다스리는데 모든 행정력을 사용해야 했다. 밖에서는 영국의 지배 후 대규모 관계사업, 장거리 철도, 도시의 위압적인 빌딩, 능률 높은 경찰력 등을 보며 인도가 영국의 지배에서 이익을 얻는다고 생각하는 사람도 있었다. 그러나 대부분 인도인은 그들이 피정복민이라는 의식을 강하게 가지고 있었다. 이를테면 1915년에도 고급관료 중 5% 정도만 인도인이었다.

독립운동의 발생

20세기 초 러일전쟁에서 일본의 승리와 청년터키당의 반란 등을 통해 비유럽민족들도 서양을 타파할 수 있다고 생각하기 시작했다. 영국의 자유당 정치가들의 격려를 받아 소수 인도 선각자들이 인도 통치 과정에서 발언권의 확대를 요구했다. 이에 영국도 서서히 그동안 지니고 있던 권리를 양보하게 되었다. 예를 들어 1909년에 모리 민트 개혁으로 인도의 지방참사회 권한이 확대되기도 했으나 최고권력은 여전히 총독만이 장악하고 있었다.

제1차 세계대전에의 인도인 참전과 그 후 윌슨이 주창한 민족자결주의가 계기가 되어 인도인의 자치요구가 일어날 수 있었다. 이러한 사태하에서 인도 최강의 두 조직, 힌두교도의 국민의회와 연맹은 자치요구를 내걸고 움직이기 시작했다. 대전 중 인도는 2억 파운드의 자금과 80만 명의 병사를 징발하여 영국에 협력했다. 이러한 희생에 대한 보답으로 자치권을 얻을 수 있지 않을까 하는 여론이 대두했다. 간디가 새로운 리더로 등장하여 국민회의를 중심으로 한 전국적인 항의체제(하르다르)를 조직했다.

간디는 자신의 검소한 생활 습관을 통해 농민에게 깊은 감명을 주었으며, 그들로부터 마하트마, 즉 '위대한 영혼'이라 칭송되기에 이르렀다. 간디는 평화주의자로서 폭력을 혐오했으며, 자신의 주장을 관철하기 위해 폭력을 쓰느니 굶어 죽어도 좋다고 주장했다.

1919년 펀잡 지방에서 일어난 반란 사건에서 영국군이 발포하여 379명이 살해된 사건이 발생했다. 영국군 책임자 다이어 장군이 견책되어 군에서 추방되었다. 이 살해사건은 영국에 대한 악감정을 조성하는 계기가 되어 인도인 선동가에 의해 이용되었다. 살해사건 이후 영국군의 양보가 시작되어 1921년에는 몬타규 체르무스파트 개혁으로 인도인에게 더 큰 자치권이 양도되었다. 그리하여 보건, 교육, 농업 등이 인도인 지방참사회에 의해 운영되었다. 그러나 경찰과 재정은 여전히 영국인이 장악했으므로 이 공동통치체제를 양두정치(다이아키)라 불렀고, 1935년 인도통치법에서는 개혁이 더욱 진전되었다. 영국은 인도인에게 장래 자치령 지위가 부여될 것이라 약속했고, 지방참사회의 전권은 인도인에게 주어졌으며, 일정한 재산을 보유한 인도인에게는 투표권을 주었다. 그러나 간디나 네루 등 지도자들에게는 이러한 개혁만으로 충분치 못했다. 그들은 총독이 아직 최고의 권한을 지니고 있으며, 인도의 의회는 전적으로 영국의 상원에 종속하는 것에 불만을 토로했다. 즉, 그들은 '즉시 독립'을 요구했다.

그동안 인도는 분할을 향해 가고 있었다. 인도 인구의 4분의 1은 교도였다. 과거를 돌아보면 전사들이 힌두교의 인도를 정복하고 영국과 프랑스가 쳐들어오기 전까지 인도를 통치했었다. 그들은 여러 종족으로 성립되었지만 무슬림교라는 유대로 독자적인 민족을 형성한다고 생각하고 있었다. 그들의 지도자였던 무하마드 진나는 인도가 독립할 때 이 수적으로 우위인 힌두교도에 압도되어 버리지 않을까 두려워했다. 1934년 그는 교도가 영국뿐 아니라 힌두교도로부터도 독립해야 한다고 주장했고, 대부분이 주장에 동조했다. 그들은 파키스탄이라 칭하는 독자의 국가를 요구했다. '순수한 토지'라는 의미의 이 언어에는 무슬림의 지역 이름 두문자(頭文字)가 포함되었다. 즉 P는 펀잡, A는 아프간, K는 카시미르, S는 신드를 의미했다. 그러나 파키스탄이라는 국명에는 또 하나의 밀집 지역인 동쪽 벵갈 만의 벵그라데쉬는 무시되었다. 힌두교도의 국민회의파는 이에 격분했지만, 이슬람교와 힌두교 두 교도를 통일한다는 것은 내전을 가져온다는 것이 분명해졌다.

1939년 9월 회의파 집행위원회에서는 종파 대립의 해결책으로써 네루가 제안한 대로 기본적으로 인구 비례에 의해 대표를 선출하여 의회를 구성하고, 헌법으로 독립국 체제를 결정한다는 제헌의회 방식을 결정하고자 했다. 그러나 이 방식은 전체 25%밖에 안 되는 소수파 측으로서는 다수파 힌두교도에만 유리한 결과를 가져올 것임이 분명했기 때문에 반대할 수밖에 없었다.

이때까지 무슬림이 다수를 점하고 있던 지역의 지역정당으로 펀잡의 연합당(unionist)과 벵갈의 농민대중당이 각각 그 지역자치에서 힌두교도와 협조를 추구해 왔으나, 지역 내에서도 점차 힌두교도와 교도 사이의 대립이 현재화(顯在化)되기 시작했다. 그리고 지역정당만으로 국민회의파의 전국적 조직에 대항하기에는 불충분했기 때문에 연맹과 같은 전국정당이 필요하다는 여론이 힘을 얻었다.

이렇게 힘을 받은 연맹은 세계대전 참전을 통해 정치력이 강해졌고, 정치적 영향력도 크게 신장하여 국민회의파에 대항할 수 있는 정당이 되었다. 결국 무슬림 사이에서는 인도 내의 유력한 소수파가 아닌 고유한 영토를 확보한 '국민국가=파키스탄'을 세우는 것이 인도 내의 소수파로서 잔존하는 데 유리할 것이라는 의견이 대세로 자리 잡게 되었다. 이러한 과정을 크게 진전시킨 것이 1940년 3월에 라홀에서 열린 무슬림연맹의 '라홀 결의'이다. 그 내용은 다음과 같았다. (1) 인도의 북서부와 동부의 무슬림 인구 거주 지역에 독립국을 세운다. (2) 이 구성단위는 자치권과 주권을 지닌다. 이 결의가 중요한 것은 인도의 무슬림들은 새로운 국가를 구성하는 국민이며, 단순한 소수파가 아님을 선포한 것에 있었다. 이 결의 이후 인도인들은 무슬림 다수 거주 지역과 힌두교도 다수 거주 지역으로 나누어지는 '분리 독립' 혹은 국민회의파가 주장하는 제헌의회 방식에 기반을 두는 통일 연방제의 두 가지 방식을 두고 충돌하게 되었다.

당시 국내의 사정을 살펴보면, 평화주의자 간디는 영국의 식민지 통치에 반대하는 무저항 반영 운동으로 "인도에서 떠나라(Quit India)."라는 운동을 전개했다. 한편 네루를 중심으로 한 국민회의파는 인도의 독립을 조건으로 전쟁에 협력하고자 했으나 영국이 즉시 독립을 허락하지 않자 전쟁협력을 거절하고 있었다. 그러나 일본군이 태국과 말레이시아를 석권하고 1942년 2월에 싱가포르를 함락한 후 다시 북상하여 3월에 버마의 랑군을 점령하게 되자 인도 국경은 위험하게 되었다.

이러한 전황의 변화로 영국은 인도 식민지에 회유책을 취하지 않을 수 없었다. 1942년 3월 처칠의 거국일치내각에 입각한 그리프스가 특사로서 인도에 파견되었다. 그리프스는 전후 인도에 자치를 허락한다는 내용으로 교섭했지만 즉시 독립을 요구하는 인도 측과의 교섭은 난항을 거듭했다. 인도 측으로서는 인도인 '내각'이 총독의 권한을 어디까지 견제할 수 있을까, 또 어느 선까지 실질적인 권한을 전쟁 중 인도인들이 장악할 수 있을까 하는 것이 문제였던 반면 영국 측으로서는 인도인들에게 양도되는 기본선은 '전후 자치'이지만, 전쟁 중 어디까지 형식적인 양보를 하면 인도인들이 만족하여 그들로부터 적극적인 전쟁의 협력을 얻을 수 있는가가 중요했다.

인도 측에서도 여러 의견이 있었다. 간디는 그리프스의 제안을 보고 "파산에 처한 은행의 날짜 지난 수표다."라고 혹평하면서 델리를 떠났다. 다른 한편 연합군 전쟁에 협력하여 독립을 쟁취하고자 하는 네루가 있었고, 좌파 측에는 연합국=소련에 협력하는 것은 인민의 전쟁에 협력하는 것이라고 하는 인도 공산당도 있었다. 반대로 연합국=영국에 협력하는 것은 패주한 영국군의 뒤에 남겨져 방치된 말레이시아와 버마의 운명을 뒤따르는 행위이며, 그럴 바에야 일본과 협력하는 것이 더 유리하다고 지하방송에서 극언하는 스바스 찬드라 포스와 같은 극우적 목소리도 있었다.

무슬림연맹도 결정을 내리기 위해 고민했다. 그리프스안에 명기된 "일부 지역이 종교적 성향에 의해 인도에서 분리되어도 좋다."라는 내용은 그들에게는 분명히 일보전진이라 간주될 수 있었다. 그러나 국민회의파가 그리프스안을 거부하고 무슬림연맹이 그것을 수락한다면 연맹은 일본군과 싸우지 않으면 안 되는데, 만약 전투에서 패배하면 여당의 입장에서 그 책임을 어떻게 질 수 있겠느냐는 걱정으로 당수 진나는 고민했다. 실제로 종교 문제를 통해 인도의 분열을 조장하고자 하는 영국의 책략이 그 배후에 숨어 있었던 것은 사실이었다. 국민회의에서 네루는 "실질적으로 간디의 제안과 같다."라고 끈질기게 주장하면서 만장일치로 연합국 측의 전쟁 협력안을 통과시켰다. 그러나 7월 집행위원회는 "일본의 침략에 대한 레지스탕스를 만들 것"이라고 하여 간디의 지도로 비폭력운동을 전개할 것을 결정했다. 그리하여 '퀴트 인디아' 운동은 한 편으로는 반일(反日), 다른 한 편으로는 반영(反英)이라고도 해석할 수 있는 복합적 성격을 지닌 운동으로 변용되기에 이르렀다.

이 운동은 반일운동을 지향하고 있었으나 포스의 주장대로 반영적 성격도 띠고 있어서 연합국과 추축국 쌍방에 대한 저항을 의미하기도 했다. 8월에 국민회의파가 '퀴트 인디아' 운동을 전국적 규모로 개시할 것을 결정하자 인도 총독부는 간디를 포함하는 회의파 지도자들을 모두 체포하여 전쟁이 끝날 때까지 감금하고 말았다. 지도자가 없는 운동은 그 뒤에도 학생, 부농, 중소토지 보유 농민들에 의해 확산해 갔다.

운동에 대한 영국의 탄압이 심해져 공공연한 운동이 어려워지자 운동의 중심은 도시로부터 농촌으로 옮겨갔다. 그러나 그 운동은 반지주(反地主) 투쟁으로 발전함 없이 반영적 색채만 짙게 띠고 있는 것이 특징이었다. 1944년 5월 간디가 석방된 후 지하운동을 끝내자는 간디의 권고에 따라 운동은 종결되었다. 이 운동에서 대중은 간디가 설정한 틀을 넘어가곤 했으나 운동의 지도자로서의 간디의 지위는 흔들리지 않았다. 즉 운동의 시작도 중지도 모두 간디가 결정했다.

다만 이 운동의 그늘에는 항상 포스의 그림자가 서성이곤 했다. 당시 포스는 외국(처음에는 독일과 일본)에 머물면서 지하방송을 통해 반영투쟁을 선동했다. 반영운동을 위해 그는 일본과 독일 등 추축국의 편에 서서 싸우는 것도 마다치 않았다. 그는 1943년 10월 일본의 승인하에 인도 임시정부를 싱가포르에 수립하고 인교(印僑, 인도인 이민)를 중심으로 5만 명의 인도 국민병을 창설했다. 그는 반영 투쟁을 선동하다가 기회가 오면 본국으로 진출하기를 기다리고 있었다. 그는 지도부의 체포 구금으로 중심을 잃어버린 '퀴트 인디아'

운동을 지하방송을 통해 선동했으며, 본국의 인도인들은 포스가 곧 인도로 진격해 올 것을 믿고 이에 호응할 준비를 하고 있었다. 저녁 무렵이면 인도인들은 포스가 독일에서, 후에는 일본에서 보내는 잡음 섞인 단파방송을 들으면서 조국 인도에 대한 애국심을 키워 갔다. 그들은 영국 총독에 징집된 인도 식민 군대보다는 포스의 인도 국민군을 영웅시했다.

포스는 1944년 3월 드디어 일본군과 함께 인도 국민군의 사령관으로서 임팔 번왕국(藩王國)에 대한 공격에 참전했다. 그러나 인도 국경을 넘어 임팔 분지까지 진격했으나 임팔을 점령하지는 못했다. 그 뒤에 그는 '백골의 거리'라고 알려진 버마(현재 미얀마) 평원에서 처참한 패배를 일본군과 함께 맛보기도 했다. '퀴트 인디아' 운동이 총독 당국의 탄압으로 괴멸된 후 인도인의 반제의식(反帝意識)을 지탱해 준 것은 포스의 임시정부와 인도 국민군의 목소리였다. 1945년 8월 18일 인도 독립일로부터 3일 후 포스는 타이페이(대만)에서 불의의 비행기 사고로 사망했다. 하지만 그를 영웅으로 숭배하는 인도인들은 그것을 믿지 않았다. 여전히 포스가 일본 등 외국에 생존하고 있다고 그들은 믿었다.

3. 영제국의 황혼

미국과의 경제 마찰

제2차 세계대전에서 영국은 승전국이었다. 그리고 제1차 세계대전 전까지 영제국은 팍스 브리타니카(Pax Britanica)를 구가했으며, 전 세계 곳곳에서 유니언잭을 휘날리는 패권 강국이었다. 그러나 세계대전은 이와 같은 영국의 국제적 지위를 크게 흔들어 놓았다. 세계대전에서 유럽은 극심한 파괴를 체험했으나 미국은 유럽처럼 직접적 전장(戰場)이 아니었고, 유럽에 전비와 전채를 빌려줌으로써 채무국에서 채권국으로 부상했다. 실제로 제2차 세계대전이 끝나자마자 마치 기다렸다는 듯이 세계 각지에서 영제국의 철수가 시작되었다. 제국의 종말을 비춰 준 영제국의 철수 드라마는 영제국 300년 드라마의 대미를 장식하듯이 '장엄'하게 거행되었다. 그것은 강자의 몰락 장면처럼 깊은 '비애'를 수반하기도 했고, 또 때로는 비정할 정도로 '굴욕'적으로 진행되기도 했다.

1945년 8월 15일 일본의 항복은 승전국 영제국에는 오히려 쇠퇴의 전조로 다가왔다. 왜냐하면, 그 이틀 뒤 미국의 투르먼 대통령은 이미 영국의 '생명선'이었던 무기대여법에 의한 영국 원조를 중단했다. 전쟁이 끝난 마당에 그것은 어쩌면 당연한 조치였다. 그러나 그 조치는 많은 영국인에게 미국의 배신으로 느껴졌다. 왜냐하면, 영국인들은 동맹국인 미국이 전후에도 상당히 장기간에 걸쳐 무기대여법을 영국에 적용해 줄 것이라고 믿고 있었기 때문이다. 그렇지 않으면 전쟁 중 큰 피해를 입은 영국은 생존조차 위험해질 것이고, 그와 같은 사정은 미국이 잘 알고 있을 터였다. 비록 전쟁에는 이겼지만, 영국은 제2차 세계대전에서만 약 11억 파운드의 해외 자산을 모두 잃었고, 전쟁 전 7억 6,000만 파운드였던 대외채무는 종전 때에는 33억 파운드로 급증했다. 식료품을 포함한 생활필수품을 수입하기 위해서는 전쟁 전보다 수출이 180%나 증가해야만 했다. 그러나 그런 정도의 증가는 누구도 가능하다고 생각지 못했다. 그 때문에 미국의 무기대여법의 돌연한 중지는 영국에는 말하자면 청천벽력으로 느껴질 수밖에 없었다. 실제로 영국의 생명 줄은 전쟁을 통해서 완전히 미국이 장악했던 것이다. 영국으로서는 굴욕적이지만 '자비'를 빌기 위해 미국에 매달리지 않으면 안 되었다. 영국은 평화시대인 전후에도 무기대여법을 연장하여 거액의 차관을 구걸하는 외에 다른 방도가 없었다. 미국보다 훨씬 더 큰 희생을 치르면서 대전의 승리에 공헌한 영국이 미국이 그런 요구를 하는 것이 반드시 불합리하다고는 생각할 수 없었다.

경제적 어려움을 극복하기 위한 영국의 대미교섭은 1945년 가을부터 재무부 고문 케인즈를 중심으로 시작되었는데, 미국의 태도는 모든 영국인의 예상을 뛰어넘는 가혹한 것이었다. 애초 케인즈 등은 60억 달러의 증여나 최소한 무이자 대여가 가능하다고 생각했는데, 미국이 제시한 조건은 37억 9,000만 달러를 2%의 이자로 빌려 주겠다는 것이었다. 동시에 그 담보로서 영제국의 자치령과 식민지를 하나의 경제권으로 묶는 이른바 제국특혜관세(Imperial Preperential Tariff) 제도를 철폐하고, 미국의 수출에 문호를 개방하게 하는 한편 1파운드 대 달러의 교환율을 전쟁 전 당시의 4달러 30센트라는 고율(高率)로 고정하고, 빠른 시기에 파운드의 교환성을 회복해야 한다는 조건을 붙였다. 그것은 특히 제국의 위신을 존중하던 귀족들의 분노를 폭발시켰다. 그러나 대부분 영국인은 '달리 선택의 여지가 없다'고 느꼈다.

1945년 12월 〈12개 조〉로 된 영미 차관협정이 조인되었다. 이 협정으로 영미의 지위가 극적으로 역전되었으며, 특히 경제적으로 파운드화의 블록, 스털링 지역(Sterling Area)의 경제권이 결정적으로 붕괴되었다는 것을 의미했다. 이 과정에서 인상적인 것은 미국의 라이벌인 영제국을 해체하려는 의지가 놀라울 정도의 박력과 전략적인 면을 가지고 있었다는 점이다. 그에 반해 케인즈로 대표되는 영국 지도부의 대응은 아무리 영국의 객관적인 곤경을 고려하더라도 어딘지 모르게 숙명적인 체념으로 채색되어 기묘할 정도로 담백했다. 거기에는 미국에 의한 영제국의 해체작업을 마치 백일몽을 꾸는 것처럼 무표정하게 지켜보는 영국 엘리트의 무력함이 두드러져 보인다.

영제국의 철수

영국의 경제권이 붕괴된 후 영제국의 해체과정은 모두 숙명적인 체념으로 일관되었다. 하지만 영국인들의 마지막까지 남았던 자존심은 이 과정을 뒹케르크의 철수 작전에서 보인 위엄있는 철수처럼 장엄하게 처리하려 했다. 영제국의 해체를 결정적으로 촉진한 것은 영국의 최대 식민지 인도의 독립이었다.

1947년 3월 22일 신임 총독 마운트배튼 부처와 전임 총독 웨이벌 부처가 뉴델리의 총독 관저 '왕궁' 계단에서 악수하고 있었다. 계단을 올라가는 46세의 마운트배튼 해군 원수는 자신이 넘친 모습이었는데, 그가 인도의 총독으로 취임한 목적은 인도에서의 영국 통치를 끝내고 인도 부왕(副王)의 오랜 계보에 종지부를 찍으려는 데 있었다.

영국의 국가적 위신은 대전으로 회복할 수 없을 정도로 추락해 버렸다. 총독이 자의(恣意)로 제2차 세계대전에서 인도로 하여금 선전포고를 하도록 한 것에 인도 사람들은 격노했다. 네루는 그것을 다음과 같이 표현했다. "한 사람의 남자가, 그것도 외국인으로 증오스러운 제도(식민통치제도)의 대표자인 남자가 4억의 사람들과 한마디 상담도 없이 전쟁에 돌입한다는 건 어딘가 잘못된 것이다." 더욱이 싱가포르의 함락은 영국의 군사력에 대한 평가를 치명적으로 떨어뜨리는 것이었다. 한편 인도에서 중앙정부의 상급직에 취임한 인도인이 늘어남으로써 영국의 인도 통치가 영국의 식민지 관리만으로 초연하게 지배할 힘을 잃고 있었다. 한편, 영국인들은 전시 중 인도인의 행동에 실망했다. 인도병은 모든 전선에서 참전했으나 실제로 영국에 충실하기보다는 용병(傭兵)에 가까웠다. 간디는 "인도인은 자국군의 병사가 아니므로 보수를 주는 데 따라 일본이든가 어느 나라든가를 위해 고용되어 싸우는 직업병이다."라고 기록했다. 확실히 영국의 인도 지배는 붕괴하고 있었다. 경찰은 빈발하는 독립운동에 지치고 있었고, 영국의 엘리트 식민지 관리도 망연자실해 있었다. 하지만 영제국의 요람인 인도에서의 단순한 퇴각은 제국의 '미학'과 연합군 '위신'의 요구를 충족할 수 없었다. 인도에서의 1947년의 퇴각은 영제국의 위신을 위해서도 어찌 되었든지 극한 상황에서 궁지를 승리로 포장하는 요술, 즉 됭케르크의 기적이 필요했다.

2월 20일 영국 총리 애틀리는 마침내 결단을 내렸다. 그는 "영국 정부는 1948년 6월까지 인도에서 철수하고 정권을 인도 측에 양도한다."라고 발표했다. 그는 퇴각을 질서 있게 진행하기 위해 분명한 기한을 설정함으로써 인도인의 불신을 해결함과 동시에 '최후의 총독'이라는 단서를 붙여 장년의 마운트배튼을 인도 총독에 임명했다. 그것은 틀림없이 '기적을 가져온 인선(人選)'이었다. 그는 제2차 세계대전 후반에 동남아시아 연합군의 총사령관으로서 일본군을 항복시키고, 동남아시아에 다시 유니언 잭을 펄럭이게 한 승리의 영웅이었다. 그러나 그는 무엇보다도 빅토리아 여왕의 증손자로서 영국 왕실의 왕족 신분이고 그와 동시에 국경을 초월한 인류의 평등을 신봉하는 진보적 지도자라는 점에서, 최후의 인도 총독으로 제국의 종말을 극적으로 장식하기에 안성맞춤의 인물이었다. 그는 총독으로 부임하자마자 간디를 비롯한 인도의 반영적 지도자들을 '자기편'으로 만들었다. 힌두교도와 무슬림교도의 대립을 멋지게 조정함으로써 인도와 파키스탄의 분할 독립을 이끌어내었다. 원래 인도 식민지를 통치하는 영국의 기본 입장은 '분리하여 통치한다(Divide et Rule)'는 원칙이어서 인도 내의 종교적 대립을 극대화시키도록 조정했었다.

마운트배튼의 방침에 의하면 인도를 독립시키기 위해서는 분리 독립 이외에 다른 방법이 없었다. 그는 이러한 생각으로 양측을 설득했으나 이번에는 국민회의파의 지도자들이 완강히 반대했다. 그러나 내란의 위기에 직면하여 그들도 결국 분리 독립을 승인하지 않을 수 없었다. 그러나 이 분리 독립에는 과정에서부터 비극적인 사태가 동반되었다. 힌두교도와 무슬림교도가 혼재하고 있었던 벵갈과 펀잡 지방의 주민은 각자들이 그들의 새로운 '국가'를 찾아 대이동을 하지 않을 수 없었는데, 이 대이동과 함께 양파 주민 사이에 폭동이 일어나 약탈과 학살이 발생했다. 비폭력을 주장해 온 간디의 고향인 벵갈에서는 좀 덜하기는 했지만, 펀잡 지방에서는 비참한 사태로 발전했다. 일설에 의하면 약 25만 명의 희생자가 나왔다고 추론되었다. 결과로서 인도는 힌두교의 인도와 무슬림교의 파키스탄(동·서 파키스탄)으로 분할하여 교묘하게 독립했다. 파키스탄은 150km나 떨어진 지리적 장애로 결국 두 나라로 분리되었다. 확실히 거기에는 '나중에 발생하는 혼란은 모두 인도인의 책임'이라는 발뺌이 있었으나 최후까지 질서를 유지하면서 영제국의 장엄한 철수를 수행하는 것이 마운트베튼의 최대의 사명이었고, 그것은 예정대로 성취되었다.

1947년 8월 초, 여름날 봄베이 항에서 장대하고 화려한 군악대가 〈올드랭사인〉을 연주하는 가운데 많은 친영 인도인의 전송을 받으며 영국 병사들을 가득 실은 수송선이 위풍을 간직한 채 서서히 부두에서 멀어져 갔다. 그 모습은 큰 궁지를 '승리'로 바꾸었던 뒹케르크의 연출이었고, 무엇보다 '품위의 승리'였다.

1947년 8월 15일 드디어 인도의 영제국은 깃발을 내리는 날을 맞았다. 그 날 오전 8시 30분을 기해 인도 전역에서 유니언 잭이 내려졌고, 이것으로 오랜 영국의 인도 지배는 종말을 고했다.

제17장

1945년 이후의 중동

1. 영제국의 중동(中東) 재편

오스만 터키의 유산 분배

'중동(中東)'이란 한때 이 지방을 식민지로 지배했던 영국을 기준으로 한 지명이다. 영국으로서는 '동(東)'이란 영국의 최대의 식민지였던 인도였으며, 그보다 더 동쪽에 있는 한국과 일본 등은 '극동'이었으며 반대로 인도보다 가까운 발칸반도 부근이 '근동'이었으며, 그 중간이 '중동'이었다. 이 지역은 전통적으로 이슬람교를 신봉하는 무슬림교도의 지역이었는데, 아랍문화와 문자를 쓰는 추장국들로 분열되어 있던 이 지역은 터키제국하에 편입되었던 나라들이었다. 우리는 먼저 제1차 세계대전 이후에 오스만 터키의 유산분배 과정에서 야기된 여러 분쟁을 소급해서 살펴보고자 한다.

제1차 세계대전이 시작되었을 때까지 팔레스타인을 포함하는 아랍의 여러 지역은 오스만 터키 제국의 영토였다. 제1차 세계대전이 시작되자 오스만 터키는 독일 측에 붙어서 중동을 남북으로 이분하고 있었던 영국과 프랑스에 맞서 싸웠다. 중동은 전장(戰場)이 되었다. 이때 영국은 아직 터키의 지배 아래에 있었던 아랍인들을 자기편으로 끌어들이기 위해 다음과 같은 공작을 했다. 이슬람교의 성지 메카를 지키고 있었던 아랍인의 유력자라 할 수 있는 후세인에 대해서 영국은 전후 동아랍 지방에 아랍의 독립국을 만들 것을 약속했다. 카이로 주재 헨리 맥마흔이 영국 측 교섭 대표자가 되어 이슬람교의 창시자 마호메트의 후손인 후세인과 교섭을 했기 때문에 그것을 '맥마흔 서한'이라고 부른다. 영국의 약속을 믿은 후세인은 1916년 6월 아랍의 독립을 선언하고 터키에 대한 '아랍의 반란'을 일으켰다.

이때에 아랍의 반란군을 도와 영국과의 연락을 맡았던 인물이 영화 〈아라비아의 로렌스〉의 주인공 토마스 로렌스 대령이었다. 로렌스는 영국의 고고학자로서 영국군의 정보장교였다. 그의 중동에서의 영웅적 활약은 그 후 영화로도 제작되었다.

유대인의 민족적 향토 건설

한편 영국은 이 지역에 영국 편을 드는 국가를 세우면 영국의 국익을 지킬 수도 있겠다는 생각으로 아서 밸푸어의 명의로 영국의 시온니스트 대표인 세실 로즈에게 서한을 보냈다. 그것이 1917년 11월 밸푸어선언이었다. 그 내용은 "영국 정부는 팔레스타인에 유대인의 '내셔널 홈랜드(민족적 향토)' 설립을 지지한다."라는 것이었다. 사실 팔레스타인이란 팔레스타인의 전역(全域)을 의미하는가 아니면 그 일부뿐인가, '내셔널 홈랜드'란 국가를 의미하는가 아니면 다른 뜻으로 단순한 고향이란 뜻인가 내용이 모호했으나 '영국 정부의 약속을 얻었다.'라고 간주한 유대인들은 제2차 세계대전 이후 나치에 의해 탄압을 받았던 유대인을 중심으로 속속 팔레스타인으로 이주하기 시작했다. 팔레스타인에 유대인에 의한 '키부츠'(집단농장) 건설이 시작된 것이다.

아랍인에게는 독립국을 약속하고 유대인에게는 '내셔널 홈랜드'의 건설을 지지해 준 영국은 또다시 프랑스와 비밀협정을 맺었다. 그 내용은 제1차 세계대전이 끝나면 영국과 프랑스가 오스만 터키의 지배 지역을 나누어 가진다는 것이다. 대전 중 1916년 5월에 조인된 사이크스-비코 협정은 그 자체가 비밀협정이었다. 제1차 세계대전이 끝난 뒤 영국과 프랑스는 이 비밀협정에 기초하여 중동의 구 터키 영토를 남북으로 분할했다. 북쪽의 시리아, 레바논은 프랑스에 귀속되고 남쪽 팔레스타인과 이라크는 영국에 귀속되었다.

한편 영국과의 약속을 믿어 아랍인의 독립 국가를 건설하려 했던 후세인은 프랑스군에 의해 진압되었다. 이에 처칠 식민지상(뒤에 수상이 됨)은 타협책으로 요르단 강 동쪽에 트랜스 요르단이라는 국가의 건설을 승인했다. 이처럼 오늘날 팔레스타인 문제를 둘러싼 이스라엘과 아랍 국가들과의 국제적 대립의 단초를 제공한 것은 영국의 세 가지 상반 모순되는 약속으로 이루어진 것이다.

중동 국가 창건의 역사에서 반드시 등장하는 나라가 영국이다. 1913년 오스만 터키에 군사적 압력을 가해 페르시아 만의 요지인 쿠웨이트를 오스만 터키로부터 끊어 내어 식민지로 만들었다. 이어서 제1차 세계대전에서 오스만 터키와 싸웠던 영국은 1917년에는 메소포타미아를 침공하여 이 지역을 점령했다. 드디어 오스만 터키를 격파한 영국은 전후 처리의 하나로 1921년에 프랑스와 함께 오스만 터키를 해체하여 아랍 지역을 나누어 점령했다.

영국은 오스만 터키의 바그다드, 바슬라, 모슬의 3행정부를 통합하여 이라크라는 국가를 만들었다. 따라서 이라크는 영국이 만든 인공 국가였다. 그 후 영국은 이라크가 장래 독립국이 된 후에도 영국의 영향하에 머물 수 있도록 매카 출신 하심 왕가의 파이살을 이라크의 국왕으로 추대했다. 1958년 이라크의 군부 쿠데타가 일어나 왕정이 타도된 후 사담 후세인이 권력을 장악하기까지 권력 싸움이 계속되었다.

영국은 제1차 세계대전에서 승전함에 따라 예루살렘, 다마스쿠스 등 이슬람 세계의 중추부를 위임 통치라는 제도로 영제국의 지배하에 편입시킬 수 있었다. 그러나 그것으로 영제국의 양양한 앞날이 보증되는 것은 아니었다. 이미 400년 전 대국(大國)의 운명에 대해 투철한 눈을 가졌던 마키아벨리는 그의 저서 『로마사론』에서 ‘힘을 지탱해 주는 기초가 건전하지 못한 어떤 대국의 무조건적인 영토 확장이 얼마나 위험한가’를 역설한 바 있다. 미국의 역사가 테크먼도 그의 저서 『우행의 세계사』에서 대국은 그 규모가 커질수록 더욱 어리석은 행동을 저지르기 쉽다는 것을 세계사적 안목으로 지적한 바 있었다. 영국의 중동에서의 영토 확장의 아이러니는 그것 때문에 오히려 영국의 쇠퇴에 박차를 가하게 되었다는 점에 있었다.

제1차 세계대전으로 나타난 새로운 세계질서는 낡은 패권대국인 영제국으로서는 예상치 못했으며, 쉽게 적응하기 어려운 환경을 조성했다. 대전에서 겪게 된 어려움은 ‘영광스러운 영제국의 정신을 상실’할 정도로 깊은 환멸과 충격을 주게 되었으며, 영국의 젊은 세대들 사이에 제국주의적 지배구조에 대한 자부심과 의욕을 크게 감퇴시켰다. 또한, 대전 중 일어난 러시아혁명의 영향을 받아 영국의 노동운동도 급진화되어 1925년 총파업의 위기를 가져왔고, 그 후에도 ‘영국병(British Disease)’이라 불리게 된 일상적인 노사분쟁의 사태를 조성했다.

더욱이 문제가 된 것은 제1차 세계대전 이후 전 세계적으로 확산한 ‘민족자결(民族自決)’이란 추세가 ‘한 문명에 의한 이민족 지배의 정당성’이라는 영제국의 정체성을 근본에서부터 뒤흔들게 된 것이다. 게다가 국제연맹이라는 새 국제조직은 전통적인 패권국가인 영국의 자의적이었던 외교정책에 도움이 되지 못했다. 어떻게든 이 기구를 잘 활용해서 패권적 제국지배를 부활시키려는 노력은 오히려 영국 외교의 자유를 서서히 제약하기 시작했다. 특히 연맹의 집단안보 체제는 과거 영국외교의 장기(長技)이자 국력을 유지하는데 필수적이었던 유연한 세력균형(勢力均衡) 외교의 손발을 묶어 버리고 말았다. 게다가 이미 런던의 세계금융에 대한 지배력은 완전히 미국으로 옮겨갔다. 영국은 제1차 세계대전 이후 대공황을 맞았고 전쟁을 통해 파괴된 제국의 경제는 국민경제에 역사적으로 가장 큰 고통을 주었다. 제국 쇠퇴의 원인 중 가장 중요하게 생각해야 할 점은 대전 후에 제국의 영역이 오히려 대폭 확대했다는 아이로니컬한 현상에서 유래했다. 이상에서 서술한 바처럼 영제국이 짊어지고 있었던 당시의 여러 쇠퇴의 상황에서 국력의 재건에 전념해야만 할 때에 중동에서 이루어진 제국의 외관상 힘의 팽창은 오히려 영국으로 하여금 과거 제국주의적 영광에 도취하게 하여 제국의 실제적 현실을 호도하도록 하고 '제국의 관심'을 계속하여 분산시켰다는 것이다.

당시 영국으로서는 이 중동이라는 '모래 지옥'에 손을 내밀지 않으면 안 될 사정이 있었다. 그 하나는 석유였다. 이미 대전 전인 1911년 해군 장관이었던 윈스턴 처칠은 제국 해군의 연료를 석탄에서 석유로 바꾸는 작업에 본격적으로 착수했다. 게다가 제1차 세계대전을 통해서 모든 무기 체계의 동력화가 촉진됨으로써 석유야말로 20세기 세계 지배를 결정하는 핵심 요소라는 것이 명백해졌다. 중동이야말로 그 매장량에서 세계 석유생산의 중심지였다. 그리고 영제국이 중동을 지배해야 할 지정학적 이유는 그 지역이 '인도로 가는 길'을 에워싸고 있는 지역이라는 점에 있었다. 인도를 제국의 왕관에서 빛나는 보석으로 간주했던 영국으로서는 무엇보다 '인도로 가는 길'을 확보하는 것이 중요한 국가의 임무였다. 지브롤터와 수에즈운하라는 지중해의 양 끝을 장악하고 있었던 영국으로서는 나일 강과 인더스 강 사이에 광대한 지역을 보다 확실하게, 즉 공식적인 영토 지배로 손에 넣는 것이 '인도로 가는 길'을 보다 완전히 확보하는 방법이었다. 그리고 그것은 홍콩과 상하이까지 포함된 유라시아 대륙의 남쪽 주변부를 송두리째 지배하는 것을 의미했다. 따라서 영제국은 매킨더의 지정학에서 지적한 대로 유라시아의 주변 지역을 확고하게 지배함으로써 영원한 생명을 확보하게 된다고 믿었던 것이다. 그들은 그렇게 함으로써 20세기에도 살아남을 수 있으며, 쇠퇴하는 제국을 회복시키는 길이 있다고 생각했다. 그러나 사실은 중동과 인도를 연결한다는 발상에서 '제국의 황혼'이 물들기 시작했다. 이미 영국은 세계 패권 경쟁에서 미국에 밀리고 있었고 인도는 독립하여 영국은 더는 '인도로 가는 길'을 보호해야 할 필요가 없어졌던 것이다.

2. 식민제국 영국과 프랑스의 후퇴

아랍연맹의 결성

1945년 제2차 세계대전이 끝났을 무렵 북아프리카와 중동의 사정은 큰 변화가 없었다. 프랑스는 아직 알제리, 모로코, 튀니지, 시리아, 레바논을 통치하고 있었고, 영국은 팔레스타인, 트랜스요르단을 지배했고, 이집트와 이라크에 대해서 강한 영향력을 끼치고 있었다. 그러나 영국이나 프랑스도 계속 자치 요구에 시달리고 있었다. 결국, 아랍인들은 공통의 종교인 이슬람교와 공통의 언어인 아라비아 어로서 문화적으로 통일되어 있었던 것이다. 이슬람교는 아랍인들이 이슬람교도가 아닌 사람들에 의해 지배당하는 것을 금하고 있었다. 그러나 다른 한편, 아랍인들은 상호 간 몇 세기에 걸쳐 종교적 차이, 지리적 조건, 각각 다른 이해관계, 역사에 따라 분리되어 있었고, 때로는 격렬한 내분으로 싸우곤 했다. 그리하여 식민지적 지배에 대항하는 통일된 '아랍전선'이 형성될 수 있는 것은 먼 훗날 일이라고 생각되었다. 그러나 수년 후에 세계의 세력 균형이 변함으로써 특히 새로 건국한 이스라엘의 유대인에 대한 증오심 때문에 아랍의 식민 지역 대부분에서 영국과 프랑스 세력에 대항해 그들을 몰아내게 되었다.

이집트, 이라크, 레바논, 트랜스요르단, 사우디아라비아, 예멘으로 조직된 최초 아랍연맹은 1945년에 결성되었다. 영국은 이 기구가 자신들의 세력하에 들어올 것으로 생각하여 아랍연맹의 성립을 환영했다. 그러나 영국의 이러한 예측이 잘못이었다는 것은 곧 분명해졌다. 제2차 세계대전은 내셔널리스트에게 유리한 방향으로 세계정세를 변화시켰다. 프랑스는 1940년 독일에 패배당했고, 영국은 참담한 전쟁을 치른 이후 그 결과로 약체화되었다.

두 나라 모두가 미국과 소련에 힘에서 열세에 떨어지게 되었는데, 미소 양국은 모두 식민지 지배에는 반대하고 있었다. 파업과 봉기를 조직하기 시작한 아랍의 정치가들은 자신들을 식민지로 지배하고 있는 나라들이 이미 약체화되어 있다는 것을 알아차렸다. 따라서 그들은 소련이나 미국 정부가 자신들을 동정하고 지지를 보내 줄 것이라 확신했다. 확실히 프랑스가 시리아에서 발생한 봉기를 진압하려 했을 때, 국제연합은 소련과 미국의 사주에 의해 프랑스의 시리아로부터의 철수를 요구했다. 그리하여 프랑스는 시리아와 레바논으로부터 물러나고, 영국은 트랜스요르단으로부터 손을 놓게 되었다.

중동에서의 미국과 소련

대전 후 중동을 조정하기 위해 미국과 영국은 군사동맹(결국, 최종적으로는 이라크, 터키, 파키스탄, 이란이 참가한 '바그다드조약기구'로 성립)을 획책했으나 나세르는 그것을 거부했다. 그는 1955년 4월 반둥에서 열린 아시아, 아프리카회의에 참여하여 비동맹 적극적 중립 노선을 선명히 하는 학습을 했다. 그것이 그가 이집트의 전통적 무기의 공여국(供與國)이었던 영국이 아닌 공산권 체코슬로바키아에서 무기를 구매하기로 하는 데 영향을 끼쳤다. 이러한 그의 행위가 수에즈운하 국유화 선언까지 연결된다. 중동에서 영국과 프랑스의 세력이 물러난 후 이 지역에 대두한 것은 미국과 소련이다.

미국이 중동 지역에서 절대적 영향력을 끼치게 된 것은 주요 중동 지역을 지배하고 있었던 영국이 철수하게 된 1956년 제2차 중동전쟁 후이다. 특히 1971년에 최종적으로 수에즈 이동의 모든 지역에서 철수하게 된 이후의 일이다. 그러나 미국은 그 이전부터 친이스라엘 정책을 통해 중동에 개입하고 있었다. 1933년에는 석유의 이권 확보를 위해 미국의 석유회사 SOCAL(아람코의 전신)을 통해 사우디 동부의 석유개발권을 획득하여 세계 최대의 석유매장량을 확보했다. 그리하여 냉전기의 미국의 중동정책은 이스라엘 방위와 석유의 안전한 공급을 유지하기 위한 사우디아라비아의 방위, 그리고 산유지대의 진출을 노리는 소련에 대한 방어 등 3가지를 중심으로 전개되었다.

영국의 식민 통치 이전 대부분 전통적인 부족(部族) 제도에 의한 주종 관계였던 중동의 여러 아랍 국가들은 60년대 이후 겨우 국가체제가 정비되었다. 그 후 소련의 공작 등으로 많은 아랍 국가는 70년대 초에는 봉건적 국왕제로부터 공화제로 옷을 갈아입고, 이집트, 이라크, 시리아, 남북 예멘, 리비아, 알제리, 튀니지 등의 국가들이 하나씩 좌파 민족주의 정권이 수립되었다. 그런 가운데 사우디아라비아 등 봉건적 보수체제를 계속 유지하고 있었던 걸프의 군주제 국가들은 50~60년대에는 아랍민족주의, 공화제 혁명의 파도 속에서 의지할 곳 없이 외롭게 존속했을 뿐이었다.

3. 이스라엘의 건국과 중동전쟁

이스라엘의 건국

유대인 국가 이스라엘의 성립은 아랍 내셔널리즘의 발생에 중요한 계기가 되었다. 독일 나치의 유대인 학살의 참상이 분명하게 밝혀짐에 따라 영국 국민과 세계의 모든 사람이 유대인들에게 동정하게 되었다. 그들은 아랍인들이 유대인을 위해 영토를 할양해도 되지 않을까 의논하기 시작했다. 이 문제는 1917년 밸푸어선언에 의해 이미 약속된 바 있었다. 팔레스타인인들의 강력한 요구 때문에 영국은 탐탁지 않았으나 이 문제를 국제연합에 맡기기로 하고 1948년 5월 팔레스타인으로부터 철수했다. UN 위원회는 팔레스타인을 방문하여 이곳을 유대인 지역과 아랍 지역으로 분할할 것을 제안했다. 하지만 영국군이 철수한 바로 그날 벤그리온을 수상으로 한 유대인 독립국 이스라엘이 건국되었다. 격분한 아랍인들은 쉽게 승리할 것을 믿고 이스라엘에 침입해 들어왔으나 이스라엘군은 이를 격파했다(제1차 중동전쟁).

아랍 측으로서 이 전쟁은 참극이었다. 60만 명이 넘는 팔레스타인의 아랍인들은 선조가 오래전부터 경작해 왔던 토지로부터 추방되었으며, 이스라엘과의 경계 지역의 비참한 난민촌에서 유대인에 대한 증오가 불타올랐다. 이스라엘의 건국은 중동의 급진적 민족주의 발생에 큰 영향을 주게 되었다.

이집트 나세르의 개혁

당시 주변 아랍국가 중에서 이스라엘의 건국을 가장 증오했던 국가는 이집트였다. 1952년 7월 이집트에서는 젊은 장교들과 나세르 중령과 나기부 장군 등 민족주의자들인 직업 군인들이 중심이 되어 파루크 1세의 부패한 정권을 타도하고 새로운 정권을 성립했다. 나세르는 대통령에 취임하여 이집트를 위해 많은 공헌을 하게 되었는데 농업개혁을 통해 대지주의 토지를 농민에게 부여했고, 도시에서 공업 개발을 장려하고, 그 일부의 국유화를 단행했으며 직물 공장을 건설했다. 노동자에게는 최저임금제, 유급휴가제 등 대우를 개선했다. 나세르는 사회주의 정책을 지향했지만, 정통 마르크스주의적 계급투쟁과 프롤레타리아의 독재가 아닌 모든 계급의 조화에 의한 무계급사회의 실현을 목표로 하여 소시민층에도 호소력을 가졌다.

특히 나세르의 계획 중에서 가장 눈에 띄는 것은 나일 강의 아스완 지역에 거대한 댐을 건설하는 것이었다. 거대한 대사업에는 당연히 거액의 자금이 필요했고, 미국은 이집트가 공산화할 것을 두려워해서 이 계획에 재정적 원조를 제공할 의도를 지니고 있었으나 나세르가 서측의 간섭을 비방하는 한편 공산권으로부터의 재정적 원조를 기대하는 것으로 알려지자 미국은 그 원조 제공을 철회했다. 이에 나세르는 그 보복 조치로써 1956년 7월 26일 수에즈운하의 국유화를 선언하고 국유화로부터 나오는 수입을 이스완 댐 건설경비로 충당했다. 이것이 수에즈 위기의 발단이었다.

수에즈운하는 모든 선박이 사용할 수 있도록 개방되도록 해야 함에도 그 운하는 이집트 영토 내를 관통하고 있었으며, 그 경영은 영국과 프랑스인의 주주들이 대부분을 차지한 회사에 의해서 행해졌기 때문에 운하의 국유화는 영국과 프랑스의 이해와 크게 대립되는 것이었다.

다시금 이스라엘과 이집트 사이에 국경 분쟁이 재개되었다(제2차 중동전쟁, 수에즈전쟁). 1956년 10월 29일을 기해 영국과 프랑스의 지원을 받은 이스라엘이 시나이반도에 침공했는데, 이들은 아카바 만까지 도달함으로써 자국의 선박이 홍해로 빠져나올 수 있도록 하는 거점의 확보를 목표로 했다. 이스라엘 병사들은 전격적으로 이집트군을 격파하고 아카바 만에 도달했다. 이어서 운하를 전화(戰禍)로부터 보호한다는 구실로 31일 연합군은 이집트 출병을 개시했고, 11월 5일 파라슈트 부대가 이집트 영토에 착륙하여 포트사이드에 상륙했다. 당시 일반적인 예상은 전쟁이 수월하게 끝나고 이집트는 굴복할 것이며 미국도 결국에는 영·프 군의 출병을 지지해 줄 것이며, 소련도 헝가리 사태 때문에 개입할 여유가 없으리라는 것이었다. 그러나 이집트의 저항이 예상한 것보다 강했으며, 무엇보다 미국이 를 비난하여 11월 2일 UN 긴급 연락회의는 영국, 프랑스, 이스라엘군의 철수 결의안을 가결했다. 국내 여론에서도 반대가 강했고, 특히 영국의 야당인 노동당은 격렬한 반전운동을 전개했다. 런던에서는 대대적인 군중집회가 열려 "이든을 축출하라!"라고 외치는 등 반대의 목소리가 높았다. 게다가 소련 수상 불가닌은 양국에 편지를 보내어 로켓 공격을 암시하는 등 중대한 경고를 보내었다.

제2차 세계대전 전 침략자 히틀러 무솔리니에 대해 젊었던 영국의 이든 외상이 그들의 침략 의욕을 비판하면서 독일에 대한 응징을 주장했던 적도 있었으나 이제는 이든 자신이 침략적 제국주의자로 내외 여론의 규탄을 받는 처지가 되었다. 드디어 11월 6일 영·프 군은 정전을 선포하게 된다. 19세기식의 제국주의가 더는 통용되지 못하고 이든의 정치 생활도 막을 내리게 되었다. 1967년 나세르는 또다시 정면 대결을 벌여 아카바 만의 이스라엘 항구를 봉쇄했다. 그러나 이스라엘은 오히려 역습을 시작해 6일 만에 이들을 분쇄하는 데 성공했다. 이스라엘은 이때 수에즈 동쪽의 이집트 영토와 시리아의 골란 고원 및 요르단의 서쪽 영토를 점령했다. 6일 전쟁은 아랍 세계뿐 아니라 소련에도 굴욕감을 안겨 주었다.

하지만 나세르는 수에즈전쟁 후 12년간 중동의 지도적 인물로 그 위치를 지키고 있었다. 이러한 그의 중동에서의 권위가 확보되기 위해서는 이스라엘이 숙적이라는 자세를 취하는 것이 조건이었다. 그가 인식하는 한 이스라엘은 서방의 제국주의 세력들에 의해 중동의 심장부에 묻어 놓은 교두보였으며 이집트 국내의 혁명운동을 괴멸시키기 위한 헌병으로 간주되었다. 이스라엘은 제국주의 세력의 '기지(基地)'라는 이집트혁명 세력의 인식(1962년 '헌장'에 명기됨)은 단순한 슬로건이 아닌 혁명과정 중에 경험적으로 도출되고 확인된 것이기도 했다.

4. 아프가니스탄

아프가니스탄을 둘러싼 열강의 침략 전쟁

19세기 인도 식민지를 가지고 있었던 영국은 '인도로 가는 길'을 지킨다는 전략적 차원에서 때때로 북서에 있는 아프가니스탄을 공략했다. 한편 아프가니스탄의 북방에 있었던 소련도 남하정책으로 아프가니스탄을 공격하곤 했다. 그리하여 서아시아에서 영국과 러시아의 두 제국은 이 지역에서 세력을 다투었다. 1839년부터 1942년에 걸쳐 일어난 제1차 아프간 전쟁에서는 영국의 원정군과 이에 합류한 인도인 용병 부대는 아프가니스탄의 카불을 점령했다. 그러나 아프가니스탄의 민중봉기로 패배하여 1842년 1월에는 1만 2,000명의 병력이 전멸당하고, 살아남은 자가 겨우 120명이라는 굴욕을 당하기도 했다.

영국은 1878년에도 다시금 아프가니스탄을 침공했다. 이것이 제2차 아프간 전쟁이었다. 이 전쟁에서 아프가니스탄은 영국의 보호령이 되었으나 국내에서 폭동이 계속되어 영국은 1880년에 철수했다. 그 후 1893년부터 95년에 걸쳐 영국과 러시아 제국은 아프가니스탄의 국경선을 함부로 획정했다. 자국의 세력권으로 하고 싶은 지역과 그 외의 지역들을 분할하여 경계선을 그었다. 특히 아프가니스탄과 영국령 인도(후에 파키스탄이 되는 지역)의 국경선은 교섭에 참여한 영국 대표의 이름을 따서 '데어란드 라인'이라 부르는데, 그것은 파슈툰 부족이 사는 지역의 중앙에 내키는 대로 선을 그어 버린 것이었다. 그 때문에 파슈툰이 살던 지역이 아프가니스탄과 파키스탄으로 갈라졌는데, 여기에 사는 파키스탄인들은 제멋대로 그어진 국경선을 개의치 않고 자유롭게 왕래하곤 했다. (오사마 빈 라덴이 파키스탄에 숨어 살다가 사살된 사건이 미국과 파키스탄 사이의 큰 외교 문제로 비화하지 않은 이유도 거기에 있다.) 아프가니스탄은 그 후 1919년 제3차 아프간 전쟁의 결과 영국으로부터 독립을 성취했다. 그러나 아프가니스탄은 자연환경이 열악하여 궁핍에 시달렸다.

소련의 아프가니스탄 침략

1979년 12월 24일 돌연 아프가니스탄을 다시 소련이 침공했다. 소련은 자국의 안전보장에 대해서 항상 신경이 예민한 편이었다. 이 침공은 소련의 전통적 외교정책인 남하정책(南下政策)의 일환이기도 했다. 그 뒤 동서냉전 중 미국과의 경쟁의 하나로 소련은 아프가니스탄에 원조공세를 강화하여 자국의 위성국으로 만들려고 했다. 1973년 국왕이 병가 중일 때 사촌이었던 다우드 전 수상이 쿠데타를 일으켜 '아프가니스탄 공화국'을 세워 대통령에 취임했다. 취임 당일 소련이 새 정권을 승인했기 때문에 소련이 쿠데타의 배후였다는 추측이 가능해졌다. 그러나 다우드는 소련 편인 인민민주당(공산당)을 탄압했다. 1978년 4월 인민민주당이 쿠데타를 일으켜 다우드를 살해했다. 그 후 정권 내부에서 대립이 발생하여 권력투쟁에서 이긴 아민이 권력을 장악했다. 미국에 유학한 경력을 지닌 아민에 대한 의혹으로 소련군이 침공하여 친소 정권이 성립했다. 이것이 1979년 소련의 침공이었다. 아프가니스탄에 침공한 소련군은 즉시 아민을 살해하고, 얼마 전 실각한 카르마르 부수상을 정점으로 한 괴뢰 정권을 수립했다. 소련군의 침공에 놀란 미국의 카터 대통령은 1980

년 1월 대소 경제제재를 발표하고, 소련에 곡물 수출을 금지했으며 모스크바 올림픽에 보이콧했다. 소련은 그 후부터 아프가니스탄이란 '진흙밭전쟁'에 빠지게 되었다.

아프가니스탄은 이슬람 국가였고 소련은 종교를 부정하는 공산국가여서 소련에 반발하는 국민이 많았다. 내전은 '종교를 부정하는 공산주의자' 대 이슬람교도라는 구도(構圖)가 될 수밖에 없었다. 이렇게 되면 이슬람교도로서는 소련군과 싸우는 것이 '이슬람교를 지키는 성전(聖戰)'이 되는 것이었다. 그리하여 많은 젊은이가 소련군과 싸우는 게릴라에 투신했다. 이들을 무자히딘이라 불렀는데, 이웃 아랍 각국의 젊은이들도 참전했다.

게릴라들을 냉전으로 소련과 대립하고 있던 미국이 지원했다. 미국은 파키스탄을 통해 무기를 아프가니스탄으로 들여왔고, 대량의 미제 신병기가 비밀리에 게릴라에게 넘겨졌다. 침공 애초에는 소련군의 상대가 되지 못했던 무자히딘은 미국으로부터 원조를 받은 최신 무기를 장비함으로써 점차 전력이 보강되어 갔다. 특히 효과가 있었던 것은 스팅어 미사일이었다. 산악 지대인 아프가니스탄에서는 전차보다 헬리콥터와 군용기를 썼는데 미사일은 단순한 조작으로 적기를 격추할 수 있었기 때문이다. 1987~1989년에 걸쳐 미국의 원조액은 연간 6억 3,000만 달러에 달했다. 사우디아라비아도 '성전'에 지원한다는 명목으로 거의 같은 액수의 원조를 했다. 아랍 각국에서 지원한 무자히딘과 아프간 병사들은 미국 CIA에 의해 훈련을 받았다.

소련군은 대의명분도 없는 파병에 불만이 만연했다. 자신의 조국도 아닌 다른 나라에 파병되어 주민과 게릴라가 구별되지 않는 상대와 싸우지 않으면 안 되었기 때문이다. 이는 미군이 베트남에 처해 있던 상황과 다르지 않았다. 스트레스가 많은 소련군 병사 사이에 베트남에서 미군이 그랬듯이 마약 중독이 만연했다. 그때 소련공산당 서기장으로 고르바초프가 취임하여 소련국 내에 정보 공개를 진행하여 아프가니스탄에서 소련군이 고전하고 있다는 사실이 알려져 소련국 내에서도 반전(反戰) 무드가 높아졌다. 고르바초프는 소련군의 전면 철수를 결단하여 1989년 2월 15일을 기해 소련군은 아프가니스탄에서 철수했다. 소련군이 철수하자 아프가니스탄 정부는 어려움에 부닥치게 되었다. 카르마르 대신 대통령에 취임한 무하마드 나지불라는 인민당을 조국당(祖國黨)으로 개칭하여 공산주의 색깔을 옅게 하고 이슬람의 색깔을 짙게 나타내는 정당으로 변모시켰다. 한편 게릴라 세력은 소련군의 철수로 유리한 정세를 맞이했다. 게릴라 내의 내분이 잦고 근대전을 치를 능력이 없어 나지불라 정권이 '곧 붕괴될 것'이라는 예상과 달리 그 후 3년간이나 정권을 유지할 수 있었다.

그러나 운명의 날이 찾아왔다. 1992년 3월 도스담 장군이 거느리는 우즈베크인들이 주체가 된 정부군이 정부를 배반하여 마스도 장군이 거느리는 타지크인 주체의 게릴라와 합류하여, 4월에 수도 카불을 제압했다. 그러나 그 후에도 전화(戰禍)가 계속되었다. 게릴라부대는 반(反)소련이란 입장으로 공동으로 투쟁한 부대들의 집합체에 불과했으며, 적어도 7개의 지파로 분열되어 서로 주도권을 잡기 위해 싸우고 있었다. 새로운 내전에 휘말린 아프가니스탄에서는 국내 치안이 극도로 악화했으며, 각지에 군벌이 할거했다. 그중 신흥 세력으로 등장한 것이 탈레반이었다.

탈레반의 집권

탈레반이란 아랍어로 신학생이라는 뜻으로 파키스탄 신학교의 졸업생들이 주체가 된 집단이었다. 탈레반 세력은 어떤 군벌의 사령관이 소녀를 유괴하자 겨우 30명의 부대원을 이끌고 이를 무사히 구출해 준 사건을 계기로 많은 아프가니스탄인의 지지를 받아 세력을 확대할 수 있었다. 지도자 무하마드 오마르 밑에 모인 학생들은 각지에서 발호한 군벌들과는 달리 참신한 모습으로 다가왔다. 그들은 치안을 회복했고 군벌에 의한 횡포를 일소하여 일반 시민이 안심하고 거리를 활보할 수 있게 하여 환영을 받았다.

하지만 탈레반은 이슬람교를 극단적으로 해석해서 많은 물의를 일으키게 되었다. 이를테면 이슬람교가 음주를 금지한다는 이유에서 탈레반은 카불 시내의 모든 음식점을 뒤져 술병을 깨트렸다. 우상숭배 금지라는 명목으로 사진 촬영을 금지하고 영화관의 필름을 불태우고 TV 시청을 금지했다. 탈레반이란 존재가 세계에 알려지게 된 것은 세계 문화의 위대한 유산인 바미안의 대석불을 파괴한 사건 때문이었다. 카불의 박물관에 전시된 석불도 우상숭배라고 하여 파괴해 버리는 만행을 자행했던 것이다. 그 밖에도 여성에게 부르카(전신을 가리는 외출복)를 입도록 하고 가정을 벗어나지 못하도록 하는 등 탈레반의 극단적 신앙 자세는 세계인은 경악시키기에 충분했다.

탈레반은 파키스탄에 세워진 아프간 난민 캠프의 옆에 세워진 신학교(마드랏사)에서 학습한 신학생들로 조직되었다. 그리하여 파키스탄 정부와 ISI(파키스탄군 통합정보부)의 지원을 받게 되었다. ISI는 가족생활도 경험한 일이 없고 여자도 모르고, 다만 "신을 위해 죽음을 무서워하지 않고 싸우라."라고 교육받은 많은 젊은 신학생을 이용하고자 했는데 이들이 곧 탈레반이었다. 탈레반은 순간적으로 아프간 전토의 90%를 지배했다. 탈레반의 쾌속적 진격 뒤에는 파키스탄 군부의 전면적인 지원이 있었다. 작전 계획 입안, 지휘, 군대 수송 등을 파키스탄군이 담당하고 있었다.

오사마 빈 라덴의 비호하에 탈레반의 반미(反美) 테러가 기획되었다. 그는 탈레반에 자금을 제공하고 탈레반으로 하여금 반미운동에 앞장을 서도록 선동했다. 이는 아프가니스탄에 미군이 파견되는 배경이 되었다.

5. 이라크와 이란

이라크

이라크는 영국이 만들어낸 인공국가(人工國家)였다. 이 지역은 티그리스 강과 유프라테스 강 연안에 발전한 고대 메소포타미아 문명의 발상지였다. 이라크의 중요자원은 석유이다. 석유매장량은 세계 제2위를 자랑하고 있다(1위는 사우디아라비아). 일찍이 중동 지역에서 패권을 펼치고 있던 영국은, 1914년 오스만 터키에 군사적 압력을 강화하여 쿠웨이트를 오스만 터키로부터 분리하여 자국의 식민지로 삼았다. 나아가 1914년부터 시작한 제1차 세계대전에서 오스만 터키와 싸우게 된 영국군은 1917년 메소포타미아에 침공하여 그 지역을 점령했다. 오스만 터키를 격파한 영국은 전후 처리로 1921년 프랑스와 함께 오스만 터키를 해체하여 아랍 지역을 나누어 갖게 되었다.

영국은 오스만 터키의 바그다드, 바스라, 모술의 3행정 지역을 통합하여 '이라크'라는 국가를 만들었다. 이때 영국은 이라크 남부에서 쿠웨이트의 독립을 인정했다. 그 후 영국은 이라크가 장래 독립한 후에도 영국의 요구를 잘 들어줄 인물에 의해 통치되었으면 하는 생각에서 매카 출신 하심왕가의 파이살을 불러 이라크 국왕에 앉혔다. 1932년 이라크가 왕국으로 독립하여 국제연맹에 가입한 후에도 이라크를 지배한 하심왕가는 영국에 의해 배후에서 지배 조종되었다.

1958년 이라크 군부의 압둘 카셈은 쿠데타를 일으켜 국왕 일족을 처형하고 왕정을 타도했다. 그 후 이라크는 사담 후세인이 권력을 장악하기까지 권력투쟁이 계속되었다. 권력을 장악한 후세인은 신문, TV 등 매스컴의 선전과 거리의 입간판 초상화 등 우상화 선전을 통해 자신의 독재체제를 정비했다. 2002년 10월 그때까지 임기 7년을 끝낸 대통령을 신임하는가 아닌가를 묻는 국민투표가 거행되어 신임 100%라는 결과가 나왔다. 이를 보도한 이라크 신문은 "이라크는 미국보다 민주적이다."라고 하면서 그 이유는 미국의 부시 대통령은 국민 과반수의 지지만으로 대통령에 취임했지만, 후세인 대통령은 국민 100%의 지지를 받았다는 것이었다. 사담 후세인은 스스로 고대에 이 지역을 지배했던 신바빌로니아의 네브카드네잘 2세처럼 예루살렘을 공격하여 유대인을 '바빌로니아의 유수(幽囚)'로 만든 역사를 재현하겠다고 큰소리를 쳤다. 이는 이스라엘에 반발하고 있던 아랍 민중의 지지를 얻으려는 것이었다.

후세인의 독재체제는 복수의 비밀경찰을 두어 상호 감시체제를 강화하며,

정규 군대 이외에 공화국방위대라는 엘리트부대를 두었으며, 집권 여당인 바스 당의 전국적 네트워크를 통해 전 국민을 감시했다. 비밀경찰과 대통령 경호대 등 권력 중추부에는 자신의 친척과 고향 티크리트 출신만 써서 독재체제를 강화했다. 이슬람교의 수니파에 속했던 후세인은 대통령에 취임한 다음 해인 1980년 시아파가 정권을 장악한 동쪽 이웃 나라 이란을 공격하여 이란-이라크전쟁이 시작되었다.

당시 이란은 호메이니에 의한 이란혁명이 발생하여 큰 혼란에 빠져 있었다. 이란혁명은 이슬람 원리주의(原理主義)에 기초한 혁명으로, 중동의 이슬람 여러 나라는 이러한 복고적이며, 완고한 원리주의 사상이 자국에 퍼지지 않을까 두려워하고 있었다. 후세인은 이 기회를 이용하여 이란을 공격했다. 이란-이라크전쟁의 배경을 살펴보면, 우선 이라크 국민의 대부분이 아랍인인 데 대해 이란 국민은 그 다수파 민족이 페르시아인으로 양자는 전통적으로 적대적이었다. 또한, 이라크와 이란은 이전부터 국경선을 따라 흐르는 샤틀 아랍 강의 영유권을 둘러싸고 다툼이 끊이지 않았다. 후세인은 이란이 혼란한 틈에 공격하면 샤틀 아랍 강의 영유권을 확보할 수 있으리라 생각했다. 나아가 이란 남서부의 브제스탄 지역의 획득을 후세인은 열망하고 있었다. 이 지역은 아랍인 다수가 살고 있었고 이란 최대의 유전지대가 있었다. 이곳을 손에 넣을 수 있으면 이라크 국력을 비약적으로 확대할 수가 있을 것이라고 후세인은 생각했던 것이다. 또한, 이란의 이슬람 원리주의를 싫어하는 아랍제국이 자신의 행동을 비난하지 않고 오히려 원조해 줄 것이라고 계산했다.

그러나 이란군은 완강히 저항했다. 자국이 침략당함으로써 혼란했던 이란의 국내 사정은 오히려 안정을 찾고 이라크에 반격했다. 원리주의를 믿었던 이란의 혁명방위대의 젊은이들은 자국을 지키는 성전(聖戰)에서 전사하면 천국에 갈 수 있다고 믿고 죽음을 두려워하지 않고 돌진하곤 했다. 이를테면 그들은 순교를 실천하기 위해 이라크군이 부설한 지뢰밭에서 스스로 몸을 던져 돌격로를 열었다. 후세인 대통령은 단기결전을 노렸으나 그의 의도에 반해 전쟁은 장기전이 되었다. 결국, 어느 편도 결정적인 성과를 얻지 못한 채 1988년 정전이 성립되었다. 그러나 쌍방 100만 명이 사망하는 비참한 결과를 가져왔던 것이다.

이 전쟁에서 이라크는 이란군에 대해 독가스 병기를 사용했다. 게다가 이라크 북부에 살고 있던 쿠르트인들이 이란에 호응하여 후세인에 반기를 들 것을 두려워한 그는 쿠르트인을 독가스로 살상했다. 1988년 3월에는 이란 국경에 가까운 하라브챠에서 비무장한 일반인들에게 독가스를 사용하여 5,000명의 희생자가 발생하게 되었다. 이 전쟁에서 아랍 여러 나라는 시아파의 이슬람 원리주의의 확대를 방어한 이라크를 지원했으며 이란이 원리주의 입장에서 반미(反美) 방침을 취했기 때문에 미국도 반(反)이란 정책의 연장선에서 이라크를 도와주어 이라크는 100만 명을 거느리는 거대한 군사력으로 성장할 수 있었다.

후세인은 이에 더해 원자폭탄마저 개발하려 했으나 이스라엘의 선제작전에 의한 폭격을 당했다. 이라크는 1960년대 무렵부터 핵무기 개발을 모색하기 시작했다. 그해 바그다드 교외에 연구용 원자로를 건설하는 협정을 소련과 맺었다. 당시 이라크는 소련의 원조를 받고 있었다. 그러나 소련은 이 원자로로부터 나오는 연료폐기물이 핵무기의 재료로 전용하지 않도록 엄격히 감시함으로써 이라크가 핵무기를 개발하지 못하도록 했다. 어쩔 수 없이 이라크는 서방에 원자로 건설을 교섭하기 시작했다. 프랑스가 무기 판매와 석유수입에 안정화를 위해 이에 동의했다. 물론 프랑스와의 계약은 평화목적이라고 설명했으나 화력발전용 중유가 풍부한 이라크와 같은 국가가 원자력 발전을 위해 많은 자금을 쏟아 붓는 것은 이치에 맞지 않는 일이었다. 후세인은 당시 "이것은 핵무장을 향한 아랍 최초의 시도이다. 원자로 건설을 공식으로 발표한 목적은 핵무기 개발이 아닐까."라고 중동의 레바논 신문에 발언하기도 했다. 이 보도를 접한 이스라엘은 이라크의 핵개발을 저지하기 위해 우라늄 연료를 원자로에 장전하기 직전에 폭격을 가해 이라크의 핵개발을 저지했다.

이라크를 중동의 군사대국으로 성장시킨 것은 미국에도 그 책임이 있다. 동서냉전 중에 이라크군을 키운 나라는 소련이었다. 미국은 이에 대항해서 처음에는 이웃 나라 이란을 원조했다. 이란에서는 미국의 지원을 받은 팔레비 국왕의 근대화 노선에도 사회적으로는 빈부의 차가 확대되었다. 급격한 근대화에 의한 사회적 혼란이 일어났고 이에 따른 국민의 불만에 힘입어 이슬람 원리주의를 주장하는 호메이니가 권력을 장악하게 되고 그는 미국을 '대악마'라고 부르면서 적대했다. 결국, 미국은 이란에 대한 영향력을 상실했다. 이란에서 이슬람 원리주의가 일어나 반미(反美)로 전환하자 미국은 이번에는 이란에 대항해서 이라크를 지원했다. 이란-이라크 전쟁에서 미국은 정찰위성에서 얻은 이란군의 배치 상황에 대한 정보를 이라크에 전달하기도 했다. 또한, 이란-이라크전쟁에서 이라크군이 독가스를 사용했던 것을 알면서도 당시 미국의 레이건 정권은 이라크를 비난하지 않았다.

1990년 8월 2일 후세인의 이라크군이 쿠웨이트를 침공했다. 이라크군 10만 명의 대부대는 6시간 만에 수도 쿠웨이트 시티를 제압하고 순식간에 쿠웨이트 전역을 점령했다. 그 후 8일에는 쿠웨이트를 이라크에 병합하고 '쿠웨이트는 이라크의 바스라 주(州)의 일부이다.'라고 발표했다. 실제로 이라크는 그 이전부터 쿠웨이트를 자국의 영토라고 주장해 왔다. 19세기에는 이라크나 쿠웨이트가 모두 오스만 터키의 영토였다. 1913년 영국은 오스만 터키와 협정을 맺어 쿠웨이트를 자국의 식민지로 만들었었다.

이라크는 페르시아 만으로 면한 토지가 거의 없어 선박 운행이 편리한 페르시아 만의 이용이 어려웠다. 만일 쿠웨이트를 손에 넣으면 쿠웨이트의 항만 시설을 사용할 수 있었기 때문에 페르시아 만을 마음대로 이용할 수 있게 되는 것이다. 게다가 쿠웨이트에는 풍부한 석유 자원이 매장되어 있었다. 이란-이라크전쟁을 통해 막대한 전채(戰債)를 지고 있었던 이라크로서는 쿠웨이트 병합이 가져올 경제적 이익을 무시할 수 없었다.

이라크가 침공한 당일 UN의 안전보장이사회에서는 이라크군의 무조건 철수를 요구했다. 후세인은 이에 대해 '기묘한 술책'으로 대응했다. 그는 이라크군의 철수조건으로 '이스라엘의 점령지로부터의 철수'를 요구했다. 이스라엘 문제를 제기함으로써 쿠웨이트 침공을 아랍 대 이스라엘 문제로 대치하여 주변 아랍제국의 지지를 얻고자 한 것이다. 이에 즉시 이라크 지지를 선언한 것이 PLO(팔레스타인 해방기구)이었다. 전쟁이 시작되자 이라크는 이스라엘을 자극하여 전쟁에 끌어들이려고 스커드미사일로 이따금 이스라엘을 공격했으나 미국이 이러한 도발에 대응하지 않도록 필사적으로 설득하여 이스라엘이 전쟁에 끼어들지 않도록 대처했다.

미국의 부시(아버지) 대통령은 중동에 군대의 파견을 결정하고 각국에 협력을 호소했다. 영국과 프랑스 등이 참가를 표명하여 다국적군이 결성되었다. 다국적군은 아랍 측의 지원군을 포함하여 28개국이었으나 그중 3분의 2 이상은 미군이 중심이었다. 이라크에의 공격은 1991년 1월 17일 저녁부터 시작되었다. 바그다드에 대한 폭격이 시작되자 미국의 CNN은 현지에서 전황을 실시간으로 생중계했다. 이처럼 전쟁의 개시를 적국의 중심부로부터 리얼타임으로 중계한다는 것은 전대미문의 일이었다.

1개월 이상 계속된 폭격 후 2월 24일 다국적군은 지상전을 전개했다. 장기에 걸친 공폭으로 피폐한 이라크군은 계속 항복하고 지상전은 100시간 만에 종결되었다. 미국 대통령은 '지상전 100시간에 종료'라는 숫자를 중시하여 쿠웨이트로부터 본국으로 도망가는 이라크군을 더는 공격하지 않았다. 적군의 지휘체계가 완전히 붕괴된 이라크군을 공격한다는 것은 일방적 살육이 될 것이라는 파우웰 사령관의 상황판단 때문이었다고 주장되기도 했다. '이 기회에 바그다드까지 진격하여 후세인 대통령을 끝장내야 한다.'라는 주장이 대두했으나 당시의 부시 대통령은 그 안을 채용치 않았다. 왜냐하면, UN 결의는 이라크군을 쿠웨이트로부터의 철수를 요구한 것이지 후세인 정권의 타도까지를 요구한 것이 아니기 때문이다. 그러나 이라크군이 패배함으로써 후세인 정권도 약체화할 것이라는 예측이 벗어나 그 뒤에도 후세인 대통령의 권력기반은 동요되지 않았다.

이라크군이 다국적군에 의해 패배한 후 이라크 국내의 반(反)후세인 세력이 반란을 일으키기 시작했다. 같은 이슬람교도 내에서도 후세인 측의 수니파에 의해 독점된 정권에 반대하여 남부 지역에서는 시아파가 반기를 들었고,

북부 지역에서는 쿠르드인들이 반란을 일으켰다. 후세인 대통령은 걸프전쟁 후에도 온존했던 엘리트 부대 공화국방위대를 동원하여 남북 양 방향에서 반란을 진압하려 했다. 이 탄압을 규탄하게 된 미국, 영국, 프랑스군은 북위 36도 이북과 북위 32도 이남에 비행금지구역을 설정하여 이라크를 감시하고 폭격도 계속했다. 걸프전쟁 후에도 이라크에 대한 경제제재는 계속되었다. 그러나 이라크는 석유 수출을 통해 그것을 극복할 수 있었다.

미국은 후세인이 대량 파괴무기(핵무기와 화생방 무기 등)를 가지고 있다고 추측하고, 후세인과 같은 위험한 인물에게 그것을 허락할 수 없다는 입장에서 선제공격 준비를 하게 되었다. 2003년 3월 미군은 영국군과 함께 이라크 공격을 시작했다. 후세인 정권은 맥없이 무너졌다. 후세인의 아들, 우다이 쿠사이도 살해되었다. 미영군의 간섭하에서 신생 이라크 정부가 수립되었다. 그의 고향집 마당 땅굴에 숨어 있던 후세인도 체포되어 재판의 결과 쿠르드인의 학살죄로 사형 판결을 받아 즉각 처형되었다. 그러나 미국 부시 대통령이 개전 이유로 거론한 대량파괴무기는 끝내 발견되지 않았다. 후세인 정권은 실제 대량파괴무기를 가지고 있지 않았던 것이다.

후세인 정권의 붕괴 후에도 이라크는 이슬람교의 수니파, 시아파, 그리고 쿠르드인들 사이의 대립이 격화하고 있으며, 특히 수니파와 시아파의 충돌로 많은 사상자가 나오고 있다. 한편 쿠르드인들은 자치구를 만들고 독자의 국기(旗)를 제정하고 반(半)독립국가의 모습을 띠고 있다. 미군도 철수하여 이라크의 신정권이 선거를 통해 설립되었으나 치안은 안정되지 못하고 있다.

이란

이란은 중동 지역에서 비(非)아랍 지역에 속한 고대 페르시아 제국의 전통을 이어받은 국가였다. 1925년 이래 팔레비 왕조가 레자 샤(국왕)에 의해 창시되어 식민제국 영국과 소련의 지지와 묵인하에 권력을 장악했다. 제2차 세계대전이 시작되고 독일군의 소련 침략이 개시되자 영·소 양국은 남북에서 이란으로 진주하여 독일 나치 정권과 깊은 관계를 맺고 있는 레자 샤를 퇴위시키고 국외로 쫓아내었다. 그 대신 샤에 오른 모하마드 레자 팔레비의 치세 초기에는 연합군의 진주하에서 어느 정도 세속적 민주주의가 조성된 시기였다. 1941년에는 마르크스주의 정당 '인민당'이 결성되었다.

한편으로 위로부터의 근대화를 지향하여 서유럽의 가치관 보급을 열심히 하였던 레자 샤의 퇴위로 이슬람적 가치관을 복귀시키고자 하는 종교 지도자들의 영향력이 다시 증대했다. 전쟁이 끝나고 영국군은 철수했지만, 스탈린은 철수 약속을 지키지 않고 오히려 소련의 관리 지역인 북부 이란의 아제르바이잔 및 쿠르트 지역에 좌익 정권을 세워 테헤란을 압박했다. 소련은 전쟁으로 인한 경제생활의 피폐로 석유를 갈망했으며, 북부 이란의 석유를 공동 개발할 것을 이란에 강요했다.

이란 국민회의 내에서 스탈린의 강요를 거절하고 석유 자원은 이란 자신의 힘으로 개방해야 한다고 주장한 정치지도자는 민족주의 그룹을 이끄는 귀족 출신의 모사데크였다. 그는 이란당, 근로자당, 제3세력당, 기타 종교적 결사 등을 결집하여 '국민 전선'을 결성해서 외국 자본의 이란의 석유 독점개발에 항거했다.

소련이 이란의 석유개발 야심을 포기한 후 이 왕국을 지배하게 된 것은 이란 왕과 귀족을 배후에서 조종한 앵글로 이라니안 석유회사(AIOC Anglo-Iranian Oil Co)였다. 이란에서 '검은 황금' 석유가 중동에서 최초로 분출하게 된 1908년 이래 영국 정부가 국책회사로서 설립한 AIOC는 이란의 경제는 물론 정치마저 좌우하는 존재가 되었다. 이 회사는 모하마드 레자 파레비를 옹립하고 그를 통해 내정 간섭을 일삼게 되었다. AIOC는 사우디아라비아의 미국계 석유회사(ARAMCO)가 산유국과 석유 생산 이익을 반분했던 것 같은 현명한 대처를 하지 않고, 오히려 이권을 독점하면서 국왕에게 뇌물을 주는 대가로 내정개입만을 일삼았기 때문에 모사데크 등 이란 국민의 세찬 내셔널리스트의 반대에 직면하게 되었다. 그들은 석유의 국유화를 요구했으며, 이 과정에 이에 반대하는 군인 총리가 암살되고 왕도 자객의 습격을 받는 등의 비상사태가 발생했다.

정부 수반으로 다시 등장한 모사데크는 계엄령을 선포하고 AIOC의 석유 생산을 중단시켰다. 졸지에 이란에서의 석유 이권을 상실하게 된 영국은 이란 석유를 운송하는 수송선을 포함으로 봉쇄하고, 국제적 석유 자본을 동원하여 국유화된 이란 석유의 거래를 거부하게 했다. 미국은 처음에는 영국의 석유독점을 무너뜨리고 자국 자본을 이란석유에 참여할 좋은 기회로 생각하여 이란 정부의 편을 들고자 했으나 석유국유화가 중동에 끼칠 영향을 고려해서 결국은 이란에 대한 경제적 봉쇄에 합류했다.

석유국유화 문제는 경제 문제로부터 정치 문제로 발전했다. 1952년 여름부터 소련 철수 이후 비(非)합법화된 인민당과 고위 승려 등도 국유화 운동에 합류하여 국민전선 세력과 함께 미영 제국주의에 대한 투쟁을 외쳤다. 하지만 1954년에는 모사데크 정권에서 인민당의 세력이 확대되는 것을 꺼린 국왕파와 인민당 사이에 반목이 격화되었다. 게다가 모사데크 정권마저 왕정폐지와 공화제의 수립을 요구하는 과격한 인민당과 더 이상 합류할 수 없었다. 이처럼 모사데크 정권의 혼란이 현재화(顯在化)되는 상황에서 1954년 8월에는 미국과 영국의 정보부가 합작한 계획에 의해 미국의 자금을 동원해서 모사데크 정권을 타도하고 국왕을 옹립하려는 공작이 진행되었다. 8월 13일 이 계획은 일단 실패해서 국왕은 해외로 도망해야 했다. 하지만 8월 19일 테헤란 시장에서 종교지도자 아야톨라 카샤니가 주도한 국왕 지지 데모가 연출되고 여기에 육군부대가 합류하여 모사데크 정권이 타도되었다. 모사데크를 비롯한 국민전선 지도자들은 체포되어 투옥되거나 자택 연금 또는 처형되는 운명을 맞았다. 귀국한 국왕은 미국과 이스라엘 정부의 협력을 얻어 악명 높은 '국가정보치안국(SAVAK)'을 창설했고, 이는 국왕에 의한 '백색혁명'으로 발전되었다.

석유 국유화 운동의 좌절과정은 동시에 이란에 대한 지배권이 영국으로부터 미국의 손으로 넘어가는 과정이기도 했다. 1954년 9월 세계 8대 석유 자본에 의한 합병회사 '컨소시엄'이 설립되어 이란 정부와 협정을 맺었다. 그 이후 이 회사는 이란국영석유회사의 업무를 대행하게 되었는데, 이 회사에서 미국의 자본은 영국의 자본과 같은 40%의 할당을 받았다. 이란 석유에 대한 영국 석유회사의 독점이 깨어지게 된 것이다.

이란의 석유 국유화 운동은 중동은 물론 세계 정치과정에서 큰 의미가 있는 것이 되었다. 즉 그것은 '자원주권(資源主權)'이란 발상을 최초로 실행한 사건이었다. 그것은 지금까지 신성불가침으로 여겼던 거대한 유럽 식민주의의 자산도 국유화할 수 있으며, 국유화하더라도 유럽은 과거처럼 함부로 무력으로만 해결할 수 없다는 가르침을 주었다. 이란의 석유 분쟁은 3년 후 이집트 수에즈운하 국유화의 전초가 되었다.

1960년대부터 '백색혁명'을 중심으로 추진된 위로부터의 근대화는 이란 사회에 여러 가지 뒤틀림을 가져왔다. 농촌에서는 자본주의적 경영을 하는 부농이 부상하는 한편 소작농 자작농의 생활은 상당히 불안정해졌다. 도시에서도 공업화의 중점은 처음부터 근대적 대공업에 치중되었으며, 전통시장 바자르에 생활 기반을 지니고 있었던 구 상인, 수공업자들 대부분은 몰락을 경험했다. 도시와 농촌 간의 소득 차가 벌어짐으로써 인구가 도시로 유입함으로써 도시의 생활환경은 현저히 악화되었다. 1973년에 '컨소시엄'으로부터 사업권을 획득함으로써 석유를 실질적으로 국유화하는 데 성공한 국왕은 아랍 여러 나라에서 '석유전략'에 의한 국제 가격인상의 기운이 생기자 석유수출국기구(OPEC) 회의석상에서 가격 2배화 제안을 해서 '석유 쇼크'를 불러일으켰다.

이란에서는 경제의 근대화가 선전되는 반면 정치적 자유는 전혀 확대되지 못했으며, 국민은 정보부 SAVAK의 감시하에 언론과 사상의 자유가 없는 생활을 할 수밖에 없었다. 대외적으로 이란은 1975년 영국이 수에즈로부터 철수를 발표한 뒤, 이 지역에 생긴 공백 상태 속에서 '페르시아 만의 헌병'으로서의 역할을 자임하고 나서 오만에서 일어난 좌파운동에 개입하는 등 '실적'을 자랑하곤 했다. 석유 국유화로 인한 증대된 자금으로 이란은 최신예 무기들을 수입했는데, 특히 미국을 비롯한 선진공업국들은 이란에 군비증강에 적극 찬성하면서 다투어 무기를 판매했다.

이러한 상황 중에 미 대통령 카터의 인권외교에 호응하여 옛 국민전선의 잔존 세력들이 국왕에게 인권을 존중해 줄 것을 탄원하는 공개장을 발표했다. 1978년 1월 종교 도시 콤에서 파리의 망명 중인 아야톨라 호메이니를 비방하는 어용적 신문기사에 항의하는 신학생들의 데모가 발생했다. SAVAK는 이에 무자비한 탄압으로 대응하여 70명이 사망했다. 그 뒤부터 당국과의 충돌로 희생자가 나게 되면 사후 40일마다 추도제와 더불어 데모를 하는 전술이 정착하여 타브리즈, 이스파한 등의 도시에서 반체제 데모가 확산되었다. 그 운동의 담당 층은 농촌에 흘러들어온 도시의 서민층과 바자르(시장)의 상공업자들이었는데, 이들은 열렬한 이슬람 신자들로서 호메이니의 강력한 지지세력이 되고 있었다. 국왕에 대한 저항과 봉기의 지령은 파리 교외에 몸을 숨긴 호메이니로부터 내려졌고, 이란 민중이 갈망하던 마후디(구세주)의 화신이었던 그의 지령은 신이 내린 명령처럼 받아들여지게 되었다. 그는 이슬람을 무시하는 국왕의 서구화 정책, 정실인사의 성격을 띤 네포티즘, 토지개혁, 여성참정권 부여 등 세속주의 정책에 반대하여 발생한 1963년 3월 폭동을 사주했다는 이유로 국외로 추방된 고위성직자였다. 이처럼 고위성직자가 정치적, 사회적으로 큰 영향력을 가지는 것이 시아파 이슬람 사회의 독특한 정치문화였다.

1978년 6~7월에 국왕이 가까운 장래에 복수 정당제를 기반으로 한 자유선거 시행을 약속하면서 긴장이 완화되는 듯했으나, 8월 아바단에서 일어난 사건(SAVAK에 의한 반정부 영화를 상영하던 영화관 방화 사건)을 계기로 반체제운동은 다시금 불타오르기 시작했다. 9월 8일 테헤란의 평화적 민중 데모를 군대가 탄압하여 900명의 사망자가 생긴 이후 국왕과의 타협은 끝장이 났다. 10월부터는 석유산업에 종사하는 노동자와 공무원들의 파업이 시작되었다. 바자르 세력, 하층민들이 중심이 되어 옛 국민전선, 그리고 인민당마저 호메이니를 지지했다. 심지어는 군대 내 병사들 사이에서도 혁명 지지의 기운이 높아갔다. 드디어 12월 10~11일에 테헤란에서 200만 명 규모의 데모가 일어났다. 다음 해 1월 16일에는 국왕이 망명하고, 파리에 망명하고 있던 호메이니가 귀국했다. 그는 혁명 정부의 수립을 선언하고 이란혁명이 완성된다.

하지만 호메이니의 제정일치(祭政一致) 신학은 국왕을 타도한 통일 전선 내의 분열을 일으킬 수밖에 없었다. 공동전선을 형성하고 있던 진보 지식인, 이슬람의 좌파, 공산당, 쿠르드족 등이 반발했을 뿐 아니라 성직자 내부에도 비판의 소리가 있었고, 이에 호메이니를 추종하는 급진파는 테러리즘을 사용하여 반대자를 억압하는 권력투쟁을 전개했다. 이 내부 투쟁을 통해 1979~1985년 6년간 약 4,000명이 처형당하고 4만여 명이 정치범으로 감금되었다.

1979년 11월에는 혁명의 방위를 외치는 무장파 청년 행동대가 수도 테헤란의 미국 대사관을 포위하고 외교관을 인질로 한 사건이 발생했다. 미국 대사관에 대한 봉쇄가 풀린 것은 14개월 후인 1981년 2월이었다. 그간 카터 대통령은 무모하게 특공대를 이란 내에 침투시켰으나 구출작전은 참담하게 실패했다. 그 책임이 일부 원인이 되어 카터는 재선에 실패했다.

1980년 9월에 이라크의 독재자 후세인이 돌연 전쟁을 시작했다. 이란-이라크전쟁은 이란 내에 애국심을 크게 고취했다. 이란인들에게 세속주의로 타락한 수니파 후세인과의 원리주의를 강조하는 시아파와의 투쟁은 바그다드의 악마와 그 배후에 있는 대 악마 미국을 응징하기 위한 정의의 투쟁이었다. 이 전쟁은 호메이니에게는 애국주의 고양된 물결 속에서 절대자로서의 지위를 확보하고 대내적 반항세력을 일거에 제거할 수 있는 절호의 기회였다. 하지만 이라크와의 전쟁이 적의 절멸을 외치는 호메이니의 고집으로 1988년까지 장기화되자 반전여론이 대두했고, 정부조직도 마비되었다. 그리하여 호메이니는 이라크와의 휴전을 어쩔 수 없이 받아들이고, 1989년에 그는 세상을 떠났다.

'아랍의 봄'

'아랍의 봄', 즉 민주화운동은 튀니지에서 시작되었다. 튀니지를 대표하는 꽃이 국화인 재스민이었기 때문에 이 혁명을 '재스민 혁명'이라 부르게 되었다.

튀니지는 아프리카 대륙의 북단에 위치함으로써 아랍 세계임과 동시에 지중해 문명권에 속하기도 한 나라였다. 원래 프랑스의 식민지였으나 1956년에 독립했다. 튀니지에서 2011년 1월 정변이 일어나 오랫동안 독재자로서 군림하고 있던 벤 아리 대통령이 국외로 망명하는 사건이 발생했다. 벤 아리 대통령은 1987년 무혈 쿠데타로 집권하여 23년 동안 이 나라의 수장으로 군림했다. 처음에는 지배 정당은 하나밖에 인정되지 않았다. 1988년에 복수정당제가 도입되기는 했으나 야당세력은 여전히 약체이었고, 국민의 지지를 모을 수 있는 이슬람주의 정당은 정당으로서 인정받지 못했다. '국민의 직접선거로 대통령을 선출한다'는 민주국가의 형식은 갖추었지만, 실제는 야당 후보가 입후보하지 못하거나 설령 입후보했더라도 선거운동이 방해를 받는 등 실질적인 의미가 없었다.

벤 아리는 대통령에 취임하기 전부터 미국의 CIA와 깊은 관계를 맺음으로써 튀니지를 친미 국가로 만든 장본인이었다. 국민의 대다수가 이슬람교도인 나라이지만 미국으로서는 중동 속 친미국가인 튀니지는 귀중한 존재였다. 그 때문에 외국인의 인권 문제에 까다로운 미국도 튀니지의 독재에는 눈을 감았던 것이다.

장기에 걸친 독재 정권은 부패하기 마련이며, 국민의 불만은 계속되어 결국은 터지게 되었다. 튀니지의 경우, 그 폭발의 계기가 된 것은 지방도시에서 일어난 한 청년의 분신자살 사건이었다. 경찰이 거리에서 과일을 팔고 있던 청년의 판매대를 압수하고 뇌물을 요구한 것에 대한 항의 행동이었다. 이를 치안부대가 은폐하려고 했으나 그 광경을 위성 TV 알자지라에서 보도했다. 이 사건은 튀니지에서 정변으로 연결되었다. 결국 벤 아리 대통령이 물러나고 이슬람주의 정권이 세워졌다. 하지만 여러 세력 간 권력 다툼으로 국정운영에 차질이 생기기 시작했다. 2012년 11월 튀니지 북부 도시에서 주민 약 1만 명이 모여 정부의 경제정책에 반대하는 대규모 시위를 수일간 벌였다. 혁명 후 집권한 이슬람주의 엔나흐당이 서민들의 경제적 고통을 해결하지 못하자 반정부 시위를 일으킨 것이다.

튀니지의 정변은 인접 아랍 국가들에 확산했다. 이집트에서는 알자지라 TV를 본 시민이 흥분하여 타흐리드 광장으로 모여들었다. 이슬람 세계에서는 매주 금요일마다 모스크에서 집단 예배가 열리곤 했는데, 이들이 예배 후에 시내 중심가 타흐리드 광장에 모이면 그대로 엄청난 항의집회가 성립되는 것이다. 이런 군중 항의집회에 위기감을 품게 된 군부가 장기 독재자 무바라크로부터 등을 돌려 정권이 붕괴하기에 이르렀다.

이집트는 북아프리카의 최대의 국가이며 친미파였다. 무바라크는 이슬람주의 세력의 신장을 꺼려 선거 개입을 계속했다. 2010년 11~12월 국회의원 선거에서는 야당의 지도자들은 당국으로부터 철저히 방해를 받았는데 당시 투표소에서 선거 종사자가 불법적으로 투표용지에 기재하고 있는 장면이 TV에 비추어졌다. 결과는 여당인 국민민주당이 압승했다. 508 의석 중 야당이 획득한 것은 14석에 불과했다. 이제까지 국민의 대부분은 무바라크의 횡포에 반은 체념하고 있었으나 TV에 비친 부정선거 현장을 생생하게 시청하게 된 국민은 참지 못하고 드디어 혁명을 일으키게 된 것이다. 독재 정권하에서 관제(官製) 언론의 보도는 규제되었지만 다른 나라에서 발생한 뉴스는 순식간으로 전달되게 마련이다. 게다가 페이스북이나 트위터에서 전해진 소식은 젊은 사람들을 선동하는 무기가 되어 이집트에서 혁명의식을 순식간에 확산시켰다.

이후 이집트는 민주적인 절차를 밟아 선거를 치러 이슬람 세력의 지지를 받는 무함마드 무르시 정권이 세워졌지만, 국민을 만족하게 하지는 못했다. 이슬람주의의 새 정권은 경제에 무력했다. 독재자 무바라크를 퇴진시킨 데모 군중의 구호는 2년이 지난 다음에는 "무바라크를 살려내라"로 바뀌었다. 2013년 1월 13일 이집트 법원 앞에서 수백 명의 군중이 무바라크의 초상화를 들고 그를 지지하는 집회를 한 것이다. 이날 법원은 무바라크에 내린 종신형 판결을 파기하고 재심을 명령했다. 반면 무르시 대통령의 지지기반인 무슬림 형제단 등 이슬람주의 세력은 무바라크 지지자들이 이집트 민주화에 역행한다며 비난했다. 반무르시도 반무바라크도 아닌 자유주의 세력 또한 2013년 2월에 열리는 총선을 노렸다. 현재 이집트는 세 개의 세력으로 분열되고 있다.

2011년 2월과 3월 리비아와 시리아에서 각각 반정부 시위가 벌어져 곧바로 내전이 발전했다. 40년간이나 리비아에 군림하고 있었던 카다피 대령에 대한 반정부 운동이 발생하여 카다피의 치안부대가 그들을 탄압하기 시작하자 NATO군이 개입하여 반정부 세력을 공중 폭격으로 지원했다. 리비아 사태는 결국은 2011년 10월 카다피가 시위 세력에 살해됨으로써 반정부군의 승리로 종결되었다.

리비아에서는 그 뒤에도 부족 사이의 권력 다툼으로 유혈 충돌과 헤게모니 싸움이 벌어지고 있다. 리비아 내에는 500여 개 부족이 만든 수천 개의 민병대가 있으며, 정부는 이들에게 치안 업무를 의존하고 있다. 그러나 민병대 사이에 자주 충돌이 벌어져 상호신뢰하기 어려운 상황이다. 1912년 9월 벵가지 영사관 습격으로 스티븐스 미국 대사가 숨지는 사건이 발생했으며, 1913년 2월 12일에는 동부 벵가지에서 이탈리아 영사가 탄 차량이 괴한으로부터 총격을 받은 사건이 발생했다. 알카에다 등 이슬람 극단 세력들 또한 그들에 적대적이었던 카다피가 숨지자 혼란을 틈타 리비아에 침투했다.

이 같은 리비아의 정국의 혼란은 예견된 것이라는 분석이 나오고 있다. 리비아가 표면상으로는 근대국가 형태를 갖춘 듯하지만, 아직도 정서적으로는 부족적 전통에 기반을 둔 사회이기 때문이다. 카다피가 속한 카다피 부족이 집권했던 40여 년간 권력에서 배제된 다른 부족들은 더 많은 몫을 차지하기 위해 치열한 다툼을 벌이고 있다는 것이다.

한편 시리아에서는 시아파와 수니파의 이슬람 종파 간의 갈등으로 격렬한 전쟁이 진행 중이다. 바사르 알아사드 시리아 대통령은 2년 가까이 진행 중인 내전 동안 모든 화력을 동원해 반군과 전쟁을 하고 있다. 이 과정에서 6만 명 이상이 숨졌고, 260만 명의 난민이 발생했다. 알아사드가 속한 알라위파(시아파계) 수니파가 중심이 된 반군과 다마스크와 알레포 등지에서 격전을 벌이고 있다. 알아사드는 시아파 국가인 이란과 레바논의 시아파 무장세력, 헤즈볼라의 지원을 받고 있으며, 반군은 수니파 국가인 사우디아라비아, 터키, 카타르 등의 지원을 받고 있다. 시리아가 동서로 나뉘어 '수니파'와 '시아파'의 종파 간의 전장으로 변한 것이다. 알아사드 부자(父子) 대통령은 시리아 인구의 16%를 차지하는 알라위파 출신으로, 1971년부터 이 종파를 중심으로 정국을 운영했다. 전체 인구의 74%로 최대의 종파인데도 권력에서 소외된 수니파는 이 내전을 통해 알사다트의 알라위파를 제거하겠다는 심산이다. 하지만 유럽과 미소 등 외국군의 지원 없이 시리아 사태는 진정되지 못했다.

튀니지에서 시작되어 이집트, 리비아 등 독재 정권을 무너뜨리면서 동진(東進)했던 '아랍의 봄'은 평화로운 민주주의를 가져오지는 못한 채 오히려 빈라덴이 사망한 뒤 쇠퇴하고 있던 알카에다를 불러들였다는 사실은 역사의 아이러니라고 할 수 있다.

제18장

제2차 세계대전 후의 아프리카

1. 아프리카 여러 나라의 독립

아프리카의 해

1960년은 아프리카에서 새로운 국가가 많이 탄생하여 '아프리카의 해'라고 불린다. 그 배경은 1945년 이후 아프리카의 상황이 크게 변했기 때문이다. 첫째, 제국주의 열강인 영국, 프랑스, 벨기에, 이탈리아가 크게 약체화되었고, 둘째, 새로운 초대강국으로 미국과 소련이 출현했다는 점을 들 수 있다. 이제까지 미국과 소련은 과거 아프리카에 식민지를 보유한 일이 없었고, 아프리카에 대한 제국주의적 진출을 지지하지도 않았다. 오히려 이들은 아프리카의 독립운동을 조장할 가능성이 있었다. 셋째, 세계대전의 발발로 세계 각지에서 전투에 참전한 아프리카인 병사들은 유럽인들과의 접촉을 통해 그들의 사고에 물들었다. 많은 아프리카인이 종군병사로서 유럽의 사고방법을 배웠다. 인도에 종군했던 아프리카의 어떤 병사는 "우리, 외국에 파견되었던 병사들은 새로운 사상을 배워 귀국했다."라고 말했다.

아프리카의 지도자들은 대부분 서유럽에 유학했던 사람들이었다. 식민지

해방의 열쇠는 유럽에서 교육받은 소수의 이 아프리카인들이 쥐고 있었다. 런던이나 파리의 카페나 대학의 강의실에서 아프리카인들은 자유로운 민주 정부는 어떤 것인가에 대해서 배웠으며, 그들은 그것을 곧 그들의 고국의 식민지 행정관들의 태도와 비교하곤 했다. 이들 아프리카인이 귀국하게 되면 백인에 의한 지배에 반대하게 되는 것은 틀림없는 사실이었다.

아프리카 신흥국가의 형성은 다른 세계에 비해서 크게 지체되었다. 제2차 세계대전이 끝났을 때, 아프리카의 독립국은 에티오피아, 리베리아, 이집트, 남아프리카의 4개국뿐이었다. 그중 남아프리카는 소수 백인이 지배하는 국가였고, 흑인과 기타 유색인종의 권리는 무시되고 있었다. 미국에서 노예 신분으로부터 해방된 흑인들이 들어와 1847년에 건설한 리베리아를 제외한다면 '블랙 아프리카'(아프리카 남부의 흑인 국가)를 대표하는 독립국은 하나도 존재하지 않았다. 이러한 아프리카에도 1950년대와 60년대에는 독립의 기운이 물밀듯이 몰려왔다.

북아프리카의 독립

아프리카는 사하라 사막을 경계로 남북으로 나누어진다. 그중 북아프리카는 고대 로마의 영토였고 지중해 연안에 위치하여 지중해 문명의 영향을 일찍부터 받아왔던 지역이었다. 북부 아프리카에는 무슬림인, 아랍인이 다수를 차지하고 있는 지역이 많았다. 이슬람 세계의 서부 위치하기 때문에 '마그레브'[아라비아어로 일몰(日沒)의 토지라는 말]라고 호칭되었다. 한편 흑인이 다수를 차지하고 있는 중부 및 남부의 아프리카는 '블랙 아프리카' 또는 '서브 사하라'(사하라 사막 이남)라 불렸다.

'마그레브' 중에서 이탈리아령 리비아는 1950년에 독립했고, 프랑스령 튀니지는 1956년 알제리, 모로코, 모리타니아는 1962년에 각각 독립했다.

알제리는 지중해 저편의 프랑스의 대안에 위치하여 프랑스의 입주자가 많았기 때문에 프랑스의 입주자와 다수를 점한 아랍계 주민 사이에 전쟁이 일어났다. 알제리 문제는 드골이 정치무대에 다시 등장하는 계기가 되었다. 드골은 1958년 수상에 취임한 후 헌법을 개정하여 대통령의 권한을 강화하고 '제5공화국'을 발족했다. 이듬해 1959년 1월에는 스스로 대통령에 취임했다. 1961년 알제리 독립에 반대하는 현지의 프랑스군이 본국 정부에 대해 반란을 일으켰다. 드골은 여론의 지지를 배경으로 하여 이를 진압했다. 그리하여 1962년 3월, 프랑스와 알제리 해방 전선 간에 정전협정이 성립했다. 프랑스의 국민투표도, 현지의 주민투표도 압도적 다수가 독립을 지지했다. 그리하여 같은 해 7월 독립이 실현되었다. 그러나 독립 이후 정치는 대단히 불안정했다. 1990년대에는 알제리에서도 이슬람 원리주의의 영향이 커졌고, 이에 따른 정치적 테러도 빈발했다.

모로코 이남에 위치한 서(西)사하라에서 1917년 스페인은 식민지 지배를 포기했다. 북쪽의 모로코와 남쪽의 모리타니아가 각각 분할 점령하고 각각 영유권을 주장했다. 게다가 동쪽 알제리가 지원하는 인민해방전선의 투쟁도 격화되었다. 모리타니아는 1979년 철수했으나 모로코는 영유권 주장을 포기하지 않아 분쟁이 계속되고 있다. 1991년, UN 안전보장 이사회가 서사하라의 국민투표를 결의하고 평화유지군을 파견하여 정전을 감시했지만, 모로코가 주민투표를 위한 교섭을 거부하고 있다.

블랙 아프리카 여러 나라의 독립

'블랙 아프리카' 중에서 서부의 프랑스령 식민지는 기니아가 1958년, 토고, 코트디부아르, 세네갈, 니제르, 오트볼타(1984년 부르키파나소로 개칭), 다호메(1975년 베닝 공화국으로 개칭), 말리가 1960년에 각각 독립했다.

서부 영국령 가나가 1957년, 나이지리아가 1960년, 시에라 레오네가 1981년 간비아가 1965년 각각 독립했다. 나이지리아는 아프리카 최대의 인구 규모(1990년 UN 통계로 1억 8,000만 명)를 지닌 국가이지만 1967년 동부주가 '비아프라 공화국'을 선언한 뒤 격렬한 내전이 일어나 1970년 '비아프라 공화국'의 패배로 끝나기까지 200만의 인구가 아사하는 참상을 겪었다. 중부 아프리카에서는 프랑스령 카메룬, 가봉, 콩고, 차드, 벨기에령 콩고가 1960년에, 또한 스페인령 적도 기니가 1968년, 포르투갈령 상투메프린시페가 1975년 독립했다. 동부 아프리카에서는 이집트와 영국에 의해 공동통치되었던 수단이 이집트 나세르 혁명의 영향으로 1956년 독립했다. 영국과 이탈리아가 분할 지배했던 소말릴란드는 1960년에 독립하여 소말리아가 탄생했다. 프랑스령 소말리 해안은 독립하여 지부티가 되었다.

영국령 탄가니카는 1969년, 우간다는 1962년, 케냐는 1963년에 독립했다. 벨기에령 부룬디와 르완다는 1962년에 독립했다. 그러나 르완다는 붓투와 후투족 사이에 인종적 분규가 대량학살이라는 비극을 가져왔다. 탄가니카의 해안에 잔지바르 섬은 1963년 영국에서 독립했다. 잔지바르는 1964년 쿠데타로 왕정을 폐지하고 탄가니카와 합병하여 탄자니아가 되었다. 남부 아프리카에서는 프랑스령 마다가스카르가 1960년, 영국령 니아살란드(독립 후 말라위)와 북로데시아(잠비아)가 1964년, 베추아날란드(보츠와나)와 바소토랜드(레소토)가 1966년 스와질랜드가 1968년, 남로데시아(짐바브웨)가 1980년에 각각 독립했다. 인도양에 떠있는 모리셔스(영국령), 코모로(프랑스령), 세이셸(영국령) 등 여러 섬은 1968년부터 1976년 사이에 독립했다. 포르투갈령이었던 모잠비크와 앙골라는 1975년에 독립했으나 두 지역에서는 격렬한 내전이 일어났다. 아프리카 대륙에서 최후까지 독립되지 않은 지역으로 남아있던 남서 아프리카가 남아프리카공화국의 지배로부터 독립하여 나미비아가 된 것은 1990년이었다.

남아프리카의 만델라

남아프리카공화국에서는 백인(네덜란드인의 후예 보아인) 소수 지배 체제하에서 흑인에 대한 격리와 차별정책(아파르트헤이트)이 유지되었다. 1989년에 이르러 대통령에 취임한 데그라크가 흑인 해방운동의 조직인 아프리카민족회의(ANC)의 지도자 만델라를 17년 만에 석방하여 대화의 자세를 보였다. ANC도 이에 대응하여 무력투쟁정책을 포기했고 남아프리카 정부는 1991년 6월 아파르트헤이트정책의 종결을 선언했다. 같은 해 12월, 신헌법 제정을 위해 민주 남아프리카회의가 열려 흑인의 참정권 확대와 복수정당제의 도입 등이 선언되었다. 일부 흑인 과격파의 테러행위 때문에 위기가 초래되기도 했으나 1992년 9월, 대통령과 만델라가 헌법제정회의의 재개에 합의하여, 1994년 4월에는 헌법제정회의 선거가 이루어져 ANC가 62.6%를 획득했다. 그리하여 만델라가 흑인으로는 최초로 남아공 대통령에 취임했다.

2. 아프리카의 정치문화

가나의 은쿠르마

아프리카인 민족운동가가 평화로운 방법을 써서 독립에 성공하게 된 나라는 영국령 황금해안과 토고란트, 아샨티였다. 이들 지역은 아프리카의 다른 지역에 비해 상당히 서구화되어 있었다. 유럽의 상인이 이 지역에 최초로 온 것은 300년 이상 전이었다. 기후가 좋지 않았기 때문에 백인 식민자(植民者)들이 아주 적게 이주했다. 덕분에 소수 아프리카인도 기업을 경영하는 전통이 생겨났다. 가나(구 황금해안)의 민족운동가 크와메 은쿠르마는 회의인민당(CPP)이란 노동자 정당을 만들어 흑인만으로는 정부를 구성할 수 없는 선거제도에 반대하여 '자치를 달라'고 요구했다. 최초의 식민지 정부는 은쿠르마를 투옥했다.

그러나 1951년에 이르러서는 흑인에게 불리한 선거제도의 개정을 허용할 수밖에 없었고, CPP가 선거에서 승리하여 1957년에 독립을 쟁취했다. 가나는 카카오 농장과 풍부한 황금과 다이아몬드 광산 덕분에 상당히 안정된 국가로 여겨졌다. 은쿠르마는 가나의 독립이 아프리카의 해방을 위한 시작이 되어야 한다고 주장했으며, 아프리카의 통일을 달성하기 위해 새로운 '아프리카 합중국(USA United States of Africa)'을 구상했다. 그러나 1963년 5월 아프리카통합기구(OAU)가 결성되어 모든 아프리카의 독립 국가들이 참석했지만 은쿠르마의 USA 안은 거부되었고 개별 국가의 연합 정도에 머물게 되었다. 최초의 OUA 회의도 그를 견제하기 위해 가나의 수도 아크라가 아닌 에티오피아의 아디스아바바를 개최지로 선택했다.

은쿠르마는 경제발전을 위한 공업화를 추진했으나 너무나 서두른 나머지 실패했다. 그의 수많은 그의 시도에도 가나의 산업은 수익을 올리지 못하고 국고는 급속히 고갈되었다. 물가가 오르고 생활 수준이 곤두박질치자, 대통령에 대한 비판의 소리가 커졌다. 최초의 대정부 폭탄 공격과 태업이 일어나면서 은쿠르마는 갑자기 강경한 입장으로 돌아섰다. 1963년 3,000여 명의 정권 반대자들을 감옥에 가두는 등 그는 독재자로 표변했고 CPP 당만을 허용하여 '일당 독재'를 폈다. 그는 1966년 군부 경찰에 의한 쿠데타로 실각했다. 1969년 10월 민정 복고가 실현되었으나 은쿠르마가 남긴 5억 달러의 대외부채는 카카오가 중심이 된 식민지형 경제로는 벗어날 수 없어 1972년에 다시 쿠데타가 일어났다. 은쿠르마는 기니에 망명 중 그곳에서 병사했다. 그의 죽음은 폭군이 아닌 아프리카의 '권위적 지도자 시대'의 종언을 의미하는 것이었다.

폭군형 지도자, 우간다의 이디 아민

아프리카의 대표적 폭군형의 지도자로는 우간다의 이디 아민이 있다. 1962년 우간다가 영국에서 독립을 얻었을 때 이 나라는 매우 다양한 종족 무리가 뒤

섞여 폭발 직전의 상태에 있었다. 노련한 식민지 통치국이었던 영국은 마지막 순간까지 이들이 서로 대립하도록 조정했다. '분할통치(Divide et Rule)' 라는 영국의 식민지 정책에 따라 가장 큰 종족인 간다(Ganda)족을 세금 징수인이나 경찰관리 등으로 포섭하여 다른 종족보다 우대했다. 그리하여 최초의 정부는 간다족인 무테사 2세를 대통령으로, 랑고족에 속하며 간다족에게 적대적인 정치인 오보테를 총리로 삼았다. 4년 후 오보테는 왕을 퇴위시키고 그를 영국으로 추방했다. 무테사는 1969년 사망할 때까지 영국에 머물렀다.

이 쿠데타에서 오보테와 같이 싸운 이디 아민은 앞서서 왕국 폭파를 담당하는 등 핵심적 역할을 했다. 오보테와 아민의 병사들은 거사 중에 우간다 시민을 끔찍하게 학살했다. 그 뒤 오보테는 아민을 군대의 명령권자로 임명했다. 영국 사람들은 점점 커지는 불안과 원한을 품고 이 사태를 지켜보았다. 그들은 오보테를 거듭된 부패행위로 고발했다. 영국 식민지 정부를 화내게 한 것은 오보테가 영국 소유의 회사들을 국유화하고, 인종 차별정책을 쓰고 있는 로디지아와 남아프리카에 대해 통상상의 불매운동을 조직했기 때문이었다. 육군소장 아민은 오보테의 잇따른 실정을 통해 자신이 유리해지기를 기대했다.

아민은 무슬림교도였으나 오보테의 배후에서 영국과 이스라엘의 후원을 얻으려 했다. 당시 이스라엘은 우간다를 거점으로 하여 수단에 정치적 불안을 조성하고자 기회를 노리고 있었다. 1971년 오보테가 외국에 출타 중 아민이 공격을 개시하여 오보테의 심복들을 죽인 다음 스스로 군사 정권의 수반이 되었다. 우간다 국민은 오보테의 공포정치를 싫어했고 이디 아민은 정치가로서 거의 알려지지 않았기 때문에 처음에는 그를 '곤궁에서 구원해 준 사람'이라 여겨 환영했다.

한편 영국 정부는 우간다의 쿠데타에 자국이 개입한 것을 감추기 위해 케냐와 이스라엘을 부추겨 그들이 먼저 아민 정권을 인정하게 한 다음, 영국도 아민을 국제적으로 승인했다. 오보테의 독재는 또 다른 아민에 의한 또 다른 독재로 대체되었다. 아민은 처음에는 영국과 이스라엘 측에 잠정적으로만 권력을 장악할 것이라고 약속했지만, 머지않아 그들 서방 세력을 배반하고 이슬람 세계와의 결속을 획책함으로써 자신을 후원해준 영국과 이스라엘을 경악하게 만들었다. 한편 리비아의 카다피는 아민을 설득하여 주민의 6%만이 이슬람교도였던 우간다를 이슬람 국가로 만들었다. 사우디아라비아의 파이살 왕은 우간다 전국에 이슬람교의 모스크를 건축하는 데 드는 비용으로 수백만 달러의 자금을 내주었다.

아랍 세계의 후원을 받은 아민은 유럽 국가의 개입을 두려워할 필요 없이 자기가 하고 싶은 대로 할 수 있게 되었다. 그는 오보테의 잔당을 무참히 숙청하고, 아시아인을 추방했으며, 다른 종족들을 체계적으로 살육하기 시작했다. 그의 '죽음의 기병대'는 공포를 확산하면서 수많은 사람을 납치 살해했다. 고문으로 사지가 절단된 시체들이 강물에 떠다녔다. 많은 사람이 아민을 가리켜 '우간다의 학살자'라고 뒤에서 수군거렸다. 8년의 공포정치 동안 30~50만 명이 죽임을 당했으리라고 전문가들은 추측한다. 그러나 유럽 제국주의 열강들은 이러한 살상 행위를 막기는커녕 손가락 하나 까딱하지 않았고, 아민이 권력을 장악하는 데 도움을 주었던 영국과 이스라엘은 더욱 침묵하고 있었다. 아프리카인이 아프리카인들을 살상하는 데 간섭할 필요를 느끼지 않았던 것이다. 결국, 젊은 무세베니의 지휘를 받은 우간다의 저항 투사들이 이웃 나라 탄자니아 군대의 도움을 받아 1979년 무력으로 아민을 추방했다. 그 뒤 아민은 사우디아라비아로 망명하여 2005년 그곳에서 사망했다.

부족 간의 분쟁과 정치적 혼란

1945년 아프리카에서 정치적으로 자치할 수 있었던 국가는 4개국에 지나지 않았다. 그러나 그것이 1976년에는 47개국이 되었다. 하지만 식민체제의 종결은 많은 문제를 노출하고 있다. 먼저 유럽의 식민지 통치국이 멋대로 획정한 인공적인 국경선 문제가 있었다. 사하라 이북을 제외하면 유럽의 식민지가 된 '블랙 아프리카' 지역에는 원래 국경이 없었고 부족주의가 지배적이었는데,

이 지역에 침공해 온 유럽 열강은 본토인들의 부족제를 무시하고 자의적으로 국경을 그었다. 따라서 한 식민지 내에 여러 부족이 혼재하여 서로 적대하는 상황이 전개될 수밖에 없었다. 그 대표적인 경우가 르완다이다. 르완다는 제1차 세계대전까지는 독일령 그 후에는 벨기에의 위임통치령이었는데, 식민지 지배자들은 소수파 투치족이 다수파 후투족을 지배하게 하는 '분할통치정책'을 쓰고 있었다. 1962년 독립 직후에는 투치족이 정권을 유지하고 있었으나 1973년 다수파 후투족이 쿠데타를 일으켜 권력을 장악하게 되었다. 1993년 두 부족 사이에 화평이 성립하여 대통령은 후투족 출신, 수상은 투치족 출신으로 임명함으로써 비로소 안정을 회복하는 듯이 보였다. 그러나 부족 간의 불신과 원한은 식민시대의 분쟁 이래 깊이 뿌리내린 것이어서 쉽게 사라지지 않았다.

1994년 4월 후투족 출신의 대통령이 탑승한 항공기가 격추되는 사건이 발생했다. 그것은 투치족이 저지른 범행으로 간주되었다. 보복으로 투치족 출신의 여성 수상이 살해되자 양 종족 간의 내전(內戰)이 벌어졌다. UN 평화유지군이 파견되어 후투족의 국회의장을 임시 대통령으로 하는 임시정부가 성립되었으나 투치족의 '르완다 애국전선'이 수도 키갈리를 점령했다. 내전 과정에서 후투족이 총과 손도끼, 곤봉 등으로 투치족을 무차별 대량 학살하는 참극이 벌어졌다. 사망자가 50만 명 또는 100만 명이라고 한다. 200만 명의 난민이 자이르(1996년 콩고 민주공화국으로 개칭), 탄자니아, 케냐 등 이웃 나라로 유출되었다. 자이르 난민 캠프에서는 콜레라와 설사로 5만 명이 사망했다. 부족 간의 분쟁은 콩고, 비아프라, 나이지리아 등 다수의 아프리카 나라에서 빈번히 일어나는 고통스러운 사건이 되었다.

아프리카 독립 이후 나타난 두 번째 문제는 국가체제의 문제로서 독립된 대부분의 아프리카에서 독재적 권력국가가 대두했다. 대부분의 구(舊)식민지, 특히 영국의 지배 아래에 있었던 구 식민지는 영국의 정치제도, 즉 의회와 정당제도, 영국의 법적 절차를 도입하게 되었다. 그러나 아프리카인들은 가족이나 부족 등 동족 집단 간의 합의라는 절차에 익숙했다. 이에 대해 영국의 정치제도는 몇 세기 동안의 기간을 걸쳐 발전되어 온 것이며, 각각 다른 사회계급에 기초를 둔 정당이 존재하는 공업국에서 발달해 온 체제였다. 서구적 의미에서의 계급이 존재하지 않았던 아프리카에서 이러한 시스템이 기능할 수 있는 근거는 전혀 존재하지 않았다. 다시 말하면 영국 통치체제의 근간이 된 정부와 야당 사이에 거의 고의적이라 할 수 있는 견해의 대립이 끼어들 수 있는 여지가 아프리카에는 없었다. 그 결과 대부분 아프리카의 나라들은 유럽 사람들이 '일당 독재'라고 부르는 체제가 되어 갔다. 어떤 경우 이 체제는 나쁜 방향으로 발전하여 우간다의 이디 아민처럼 심한 독재체제를 탄생시켰다. 그러나 다른 경우 권위적 체제 쪽이 전통적 아프리카적 생활, 부족체제와 적응할 수 있는 제도가 되었다. 유럽인에 의한 백인의 통치로부터 흑인인 아프리카인에 의한 통치로의 변화는 보통 아프리카인에게 도움이 될 수 있는 민주적 혁명을 거치지 않았다. 새로운 흑인 지배자들은 기존의 체제를 그대로 계승하여 이전의 식민지 지배자와 같은 권위적인 행동양식을 따랐다.

1950년대, 1960년대에 식민지 지배로부터 독립한 아프리카의 지배자들은 서구의 의회민주주의라는 장밋빛 꿈을 약속했다. 예컨대 가나의 은쿠르마는 독립을 성취하기 이전에 "만일 우리가 식민지 지배를 벗어나 자치를 획득한다면 10년 이내에 황금해안(가나)을 낙원으로 변하도록 할 것이다."라고 약속했다. 그러나 10년이 지나기 전에 그는 인민들의 불만을 사게 되었고, 군부 쿠데타에 의해 독재로 넘어갔다.

1966년 가나의 정변 이후 '블랙 아프리카'에서는 쿠데타 선풍이 휩쓸어 자이르, 나이지리아, 말리 등지에 군사 정권이 등장했다. 1971년에는 우간다, 시에라리온, 소말리아, 모로코, 수단, 차드 등 광범한 지역에서 쿠데타가 일어났다. 쿠데타는 우간다를 제외하면 실패로 끝났으나 독립을 기하여 의회 민주주의의 실현을 슬로건으로 내걸었던 아프리카의 여러 나라가 속속 군정(軍政)으로 끝난 것을 볼 때 아프리카에서 민주정치의 길이 얼마나 어려운 것인지 단적으로 드러난다.

제5부

제2차 세계대전 후의 아시아

제19장

일본의 패망과 전후 일본의 발전

1. 일본제국의 붕괴

일본의 패전

미드웨이 해전 이후 일본의 전국(戰局)은 악화 일로를 겪고 있었다. 1944년 10월에 벌어진 필리핀 레이테 만 해전에서 일본 연합함대는 사실상 괴멸되었다. 이듬해인 1945년 2월에는 마닐라가 함락되었으며, 4월 1일에는 오키나와 본토에 미군이 상륙하게 되었다.

일본 정부는 중국과의 화평공작을 통해 악화되고 있는 전쟁에서 활로를 찾고자 했다. 하지만 중국에 대한 화평공작이 고이소(小磯) 내각의 안이한 대처로 정체 상태에 빠지자 고이소 내각은 총사퇴하게 되고 일왕의 신임이 두터웠던 스즈키(鈴木) 내각이 성립되었다. 일본으로서는 중국에 대한 화평공작이 파탄에 이른 이상 마지막 희망은 소련밖에는 없었다. 일본은 최대한의 양보(사할린 남부의 반환, 쓰가루 해협의 개방, 구 러시아의 세력권이었던 북만주 철도의 할양, 내몽골의 세력권 용인, 여순과 대련의 조차권 양도, 치시마 열도의 북쪽 절반 양도 등을 양보할 뜻을 비치고, 다만 조선의 확보와 남만주의 중립화와 만주국의 독립만은 확보하는 조건)를 대가로 6월 3일부터 대소(對蘇) 교섭에 들어갔다. 그러나 일본의 양보에도 소련 측의 교섭대표 말리크가 병이 났다는 것을 핑계로 응하지 않아 교섭은 틀어지게 되었다.

소련과의 화평 교섭이 좌절되는 한편, 포츠담회담 개최 소식이 전해져 초조해진 일본 정부는 고노에(近衛)를 일왕 특사를 소련에 파견하여 직적 교섭에 들어가기로 했으나 소련은 즉답을 미루고 포츠담회담이 시작되는 7월 18일이 되어서야 회담을 거부했다.

얄타회담에서 대일 참전을 결정한 스탈린은 포츠담에서 미국으로부터 확실한 합의를 얻어 소련이 연합국의 일원이라는 대의명분을 갖고 참전하는 것을 시도하고 있었다. 소련은 포츠담회담에서 일본 측의 화평 중재 의뢰가 있었다는 사실을 미·영 수뇌에게 폭로하고 소련은 그 중재 역할을 맡을 의사가 전혀 없다고 분명하게 밝혔다.

포츠담선언

1945년 7월 17일부터 트루먼, 처칠(회담 도중 총선거에 승리한 노동당의 애틀리로 교체됨), 스탈린의 3수뇌들이 포츠담회담을 개시했다. 이 회담은 주로 유럽의 전후처리를 주제로 열렸는데, 미국의 트루먼 대통령은 태평양전쟁을 종식시키는 포츠담선언을 준비했다. 이 선언은 대일전쟁의 조기 종결을 목표로 했는데, 최초에는 일본 천황제의 존속을 인정했다. 왜냐하면, 일본인들의 '국체호지(國體護持)'라는 천황제 유지 여론이 워낙 끈질겼고, 그것을 거부하고 본토를 공격하면 일본인의 저항이 결사적일 것이기에 미군의 희생이 너무 클 것을 염려했기 때문이다. 그러나 포츠담이 개시되기 바로 전날 미국의 원폭실험이 성공함으로써 트루먼은 무조건 항복 아니면 전면적 파멸이냐의 양자택일을 일본에 요구할 자신을 얻게 되었다. 그러나 무조건 항복은 영국의 제안으로 일본군에만 한정하는 것으로 수정되었다. 이 수정으로 일본 정부의 포츠담선언 수락이 무조건 항복을 의미하는가, 아니면 조건이 붙을 수 있는 항복을 의미하는지가 모호해졌다. 그러나 미국이 어디까지나 무조건 항복이라는 해석을 취했다는 것은 일본 점령이 개시된 후 맥아더에게 통달된 미국 정부의 훈령에 "한국과 일본과의 관계는 계약에 기초한 것이 아니라 무조건 항복에 기초한 것이다. 따라서 귀관의 권한은 최고이다."라고 하여 분명하게 밝혀졌다.

7월 21일 원폭 책임자로부터 자세한 설명을 청취한 트루먼은 일본에 대한 원폭 공격 명령을 작성했다. 일본을 원폭 실험 성공 후 먼저 제기된 것은 소련의 대일참전이 더는 필요가 없다는 상황판단이었다. 얄타회담에서 소련을 연합국 측에 끌어들이기 위해 미국은 너무나 많은 것을 양보했다. 트루먼은 육군참모총장에게 소련의 대일참전이 필요한가를 묻고, 원폭이 성공했기 때문에 소련의 도움이 필요 없다는 대답을 들은 후 중국의 장개석(蔣介石)에게 이미 진행하고 있던 중소 교섭을 연장하도록 타전하여 소련의 대일본 참전을 지연시키고자 획책하기도 했다.

7월 26일 포츠담선언이 발표되었다. 미국은 소련의 참전 이전에 일본에 대한 원폭 공격을 성공하게 해 전쟁종결의 주도권을 장악하고, 소련에 대한 미국의 전략적 입장을 제고(提高)시킬 필요가 있다고 생각했다. 선언의 내용은 전쟁의 목적이 무책임한 군국주의를 구축하는 데 있으며, 그 목적을 달성하기까지 기간을 두어 일본을 점령할 것, 무장 해제된 병사들을 귀가시킬 것과 일본 국민을 노예화하거나 멸망시킬 의도가 없다는 등을 내용으로 했다. 하지만 일본은 연합국 측의 방송 내용을 삭제 차단하면서 '3국 공동의 모략방송'으로 호도하고자 했다. 그 결과 일본 국민에게 전해진 포츠담선언의 내용은 그 본래의 내용과는 전혀 달리 연합국은 일본을 국가로서의 존립을 인정치 않고, 일본을 무한정 점령하고, 일본군 장병과 군인을 전쟁범죄인이라는 명목으로 무제한의 보복이 가해질 것이라는 강한 인상을 주었다.

일본 정부는 포츠담선언에 대해 처음에는 노코멘트 방침을 취하고 있었다. 그러나 스스키(鈴木) 수상은 군부의 요구를 받아들여 '묵살'이라는 말을 썼다. 이것을 연합국 측은 카이로선언에 대한 거부의 회답으로 받아들이게 되었다. 그것은 소련의 대일 선전(宣戰)의 빌미가 되었으며, 미국은 원폭을 투하를 해명하는 데 그것을 이용했다.

‘천황’의 국가통치권 문제와 종전(終戰)

소련의 참전에 일본은 강력한 충격을 받았다. 히로시마와 나가사키에 원폭이 투하된 후 8월 9일 오전 11시에 최고전쟁지도회의가 열렸다. 이 회의에서 스스키 수상으로부터 포츠담선언을 수락하자는 정부의 방침에 대한 제안이 있었다. 도고(東鄕) 외상은 사전 검토를 마친 대로 황실의 안전(國體護持)만 조건으로 하고 그 외는 무조건으로 수락해야 한다는 의견을 피력했다. 이에 대해 육군상 등 군부 세력은 황실의 안전뿐 아니라 군대의 자주적 무장해제, 전범의 국내 처리, 연합국군의 점령을 반대하는 등의 조건이 부쳐져야 한다고 이의를 제기했다. 결국, 오후의 회의에서 일왕의 ‘성단(聖斷, 천황의 성스러운 판단)’에 맡겨야 한다는 것으로 낙착되었다.

일본 국내에서는 포츠담선언 수락 사실이 절대 비밀에 부쳐져 있었으나 국외에서는 동맹통신과 해외 방송국을 통해 그 내용이 공개되었다. 이때의 통고문은 “제국 정부는 (…) 공동선언에 열거된 조건들을, 포츠담선언이 천황의 국가통치대권 변경 요구를 포함치 않는다는 것을 이해한 다음 수락한다”고 했다. 여기서 “천황의 국가통치 대권 변경 요구를 포함치 않는다”는 것은 바꿔 말하면 ‘국체호지’를 의미하는 것이었다.

‘국체호지’ 문제에 대한 미국의 태도를 살펴보면, 당시 트루먼 대통령을 비롯한 대부분의 정치 지도자들이 원칙적으로 찬동을 표시하고 있었다. 그 이유는 일본인들은 일왕을 위해서는 최후의 한 사람까지 싸울 결심을 한 광신적 국민이어서 천황제 유지를 거부한다면 미국의 희생이 클 것이라는 생각이었다. 그러나 중국과 오스트레일리아 등 연합국은 일본 ‘천황’의 전쟁책임을 물어야 한다고 주장했다. 7월 초 친(親)중국주의자인 번즈가 국무장관에 취임한 이후, 전후 극동정책의 초점은 중국에 두어야 하며, 따라서 전후 극동에서의 일본의 영향력을 감소시켜야 한다고 주장했다.

미국 정부는 "천황의 국가통치 대권을 변경할 수 없다."라는 일본의 회답을 받고 곤혹스러웠다. 이 대목을 둘러싸고 번즈 국무장관과 군부의 의견이 나뉘었다. 육군 장관을 비롯한 군부는 이 문안을 인정하여 넘어가면 일본이 항복할 것이고, 전쟁에 미국은 승리할 수 있다고 즉각적 회답을 원했다. 하지만 번즈는 끝까지 무조건 항복에 집착하면서 일본 정부의 문서는 부대조건을 달고 있다고 거부할 것을 주장했다. 트루먼 역시 '이런 큰 단서'가 붙어 있는 답신을 과연 무조건 항복으로 간주할 수 있는지 판단하기가 쉽지 않았다.

결국, 군부 측의 해군 대신이 제기한 중재로 '천황의 지위보전'이라는 일본의 요청은 받아들이지만, 포츠담선언에서 요구한 내용은 분명하게 시행한다는 타협안으로 합의가 이루어졌다.

번즈가 작성한 회답문에는 "항복 시부터 일왕 및 일본국 정부의 국가통치 권한은 (포츠담선언의) 항복조항의 실시를 위해 필요로 하는 조치를 관장하는 연합군 최고사령관의 종속하에 두게 된다(영어로는 subject to)." "일본 정부의 최종적 형태는 '포츠담선언'에 따라 일본 국민이 자유롭게 표명한 의사에 의해 결정된다."라는 모호한 표현이 되었다. 일본의 최대 관심사인 '국체호지'를 보증한다는 내용은 명기되지 않았으나 '천황'의 존재가 암묵적으로 인정된다는 것은 분명했다.

번즈의 회답은 11일 자로 스위스를 거쳐 일본 정부에 전달되었다. 트루먼은 그와 동시에 연합군의 최고사령관으로 맥아더를 임명했으며, 소련을 배제하고 미국이 단독으로 일본을 점령하기로 결심을 굳히게 되었다.

맥아더의 일본 통치

1945년 8월 30일 가나가와 현의 이쯔키 비행장에 맥아더 원수가 도착했다. 손에는 애용하던 콘 파이프를 든 카키색 셔츠 군복 모습이었다. 그는 일본을 점령한 연합국최고사령관 총사령부(General Headquarter of the Supreme Commander for the Allied Powers), 약자로는 GHQ(General Head Quarters)의 최고사령관이었다. 그 직을 사임하기까지 6년간 맥아더는 일본에서 최고권력자였다.

일본과 함께 연합국과 싸운 독일은 패전으로 국가조직이 붕괴되었기 때문에 연합국의 직접적 통치하에 들어갔으나, 일본은 전후에도 국가조직이 건재했기 때문에 연합국은 일본 정부를 위에서 관리하는 분할통치의 형태를 취하게 되었다. 즉 일본 정부가 이제까지처럼 일본을 통치했지만 그 방침은 모두 GHQ의 허가를 받아야 했다. 또한, 오키나와는 일본 패전 이전에 점령되었기 때문에 그 후 1972년에 일본에 반환되기까지 미국의 직접지배를 받았다.

일본을 점령한 연합국의 중심은 미군이었기 때문에 실태는 미국의 단독지배라고 할 수 있다. 그리하여 독일이 연합국에 의한 분할점령을 받게 되어 후에 동서분열이 되었음에도 일본은 국가분열이라는 비극을 피할 수 있게 되었다. 분할 점령에 따른 비극적 피해를 본 것은 패전국 일본이 아닌 우리나라였다는 것은 아이로니컬한 역사적 사실이었다.

일본이 태평양전쟁에서 패배하게 되자 한반도에 주둔하고 있던 일본군을 무장 해제하고 점령하기 위해 북쪽으로부터 소련군이 남하해 왔다. 이대로 두면 소련이 한반도 전체를 지배하게 될 것이라 초조해진 미국은 서둘러 군대를 남쪽으로부터 상륙시켜 북상하기 시작했다. 미국은 북위 38도선을 경계로 하여 남북을 각각의 군대가 분할 점령하기를 소련에 제안하여 소련도 그것에 동의했다. 이것이 남북 분단 비극의 시작이었다.

2. GHQ의 일본 경제 개혁

농지개혁

1945년 8월 15일 일본은 일왕의 '옥음방송(玉音放送)'을 통해 패배를 선언했다. 이 전쟁을 통해 일본군은 170만 명이 전사했고, 민간인을 포함하면 270만 명이 사망했다. 그 외에도 수백만 명이 부상당하거나 병이 들거나 영양실조에 걸렸다. 900만 명이 공습으로 집을 잃었다. 전쟁 중에 노동력이 부족하게 되어 농사가 어렵게 되어 농업이 괴멸상태에 빠지게 되었다. 게다가 1945년에는 대흉작이 엄습했다. 그다음 해에는 대홍수로 물난리가 심각했다. 또한, 패전으로 한반도로부터의 쌀을 착취하던 게 끊어졌다. 식량과 살아갈 집도 없는데 식민지 외국에서 살던 600만 명이 일본 열도로 귀국했다. 이제 일본이라는 나라는 존망의 위기에 직면하게 되었다.

일본은 전시 중 '배급제도'를 실시하고 있었다. 쌀, 된장, 간장 등 식료품을 비롯하여 성냥, 비누, 휴지 등 일상용품이 배급되었다. 패전과 함께 이 배급제도는 마비되었다. 게다가 그 양과 질, 그리고 그것마저 지연되거나 빼먹는 바람에 배급만 기다리는 사람들이 굶어 죽는 상황이 생기기 시작했다. 결국, 일본 국민은 법률 위반이라는 것을 알면서 야미(闇) 시장에서 일용품을 조달할 수밖에 없었다.

GHQ(General Head Quarters)는 바닥에 떨어진 일본 경제의 민주화를 추진했다. 일본은 아직 봉건사회의 색이 짙었으며, 국내의 생산력도 충분치 못했었다. 그것이 일본의 아시아 침략의 동기였다. 일본 봉건사회의 기반은 농촌에 있었다. 농촌에는 대지주가 있어, 그 밑에 소작농들이 보잘것없는 토지를 경작하고 있었다. 대지주와 소작농이라는 봉건적 관계가 일본 사회의 기반이 되었다. 이를 개혁하지 않으면 안 된다고 GHQ는 정세를 판단했다. 그것이 GHQ가 실시하고자 한 '농지개혁'이었다.

일본은 거대한 경제력을 지닌 재벌(財閥)에 의해 경제가 지배되어 노동자의 임금은 값싸게 유지, 억제되고 있었다. 이 때문에 국내시장이 충분히 형성되지 못했고, 그리하여 일본 기업들은 아시아에 시장을 구하기 위해 진출하게 되었으며, 그것은 결국 일본군의 아시아 침략으로 연결되었다. GHQ가 실시하고자 한 '재벌해체'의 요지는, 거대한 독점기업을 해체하여 각 부문의 산업이 상호 경쟁할 수 있는 기업이 나타나면 이들 기업이 건전한 경쟁을 전개함으로써 일본의 국내시장이 발달하게 되고, 일본 기업의 외국 진출을 억제할 수 있게 되리라는 것이었다.

GHQ는 '노동개혁'을 실시했다. 일본 국내의 노동자들에게 권리를 부여하고, 노동조합의 결성을 촉진하고, 노동조건을 개선하여 급료를 인상하는 것이 일본 국민의 구매력을 증강해 국내시장을 확대할 길이 될 것이고 그렇게 되면 일본 기업은 무리하게 아시아에 침략할 필요도 없어질 것이라는 게 그 배경 이유였다. 그러나 미국은 특별히 일본 경제를 발전시키려는 의도로 경제개혁을 한 것은 아니었다. 다만 일본으로 하여금 두 번 다시 전쟁을 일으키지 않도록 하려는 의도였다. 그러나 그 결과로 일본 경제를 발전시키는 조건이 만들어졌다.

GHQ는 '농지개혁'을 통해 부재지주(不在地主)가 소유한 소작지를 전부 몰수했다. 전쟁 전 일본의 농촌에서는 넓은 농지를 가진 지주가 도시에 살고 있으면서, 농촌의 소작농으로 하여금 경작하게 하는 예가 많았다. 이러한 지주를 '부재지주'라 했다. 농촌에 사는 지주(在村地主)가 빌려줄 수 있는 소작지도 1정보(약 1헥타르) 이내로 제한했다. 그것을 초과하는 농지는 국가가 강제로 사들여 소작인에게 싸게 팔아주었다. 자신이 경작하는 지주들도 3정보 이상의 경작지를 갖는 것은 인정하지 않았다. 산림은 제외되었지만, 이 개혁으로 전쟁 전 전 농지의 반을 차지하고 있던 소작지가 겨우 9%로 줄어들었다. 같은 농지라도 자신의 토지가 되면 생산의욕이 커지게 마련이다. 따라서 일본의 농업생산은 비약적으로 증대되었다. 소련이나 중국 등 사회주의국가들이 토지를 몰수하여 집단농장을 만들자마자 농업 생산성이 급격히 감소한 것과 대조적인 정책이었다.

전쟁 전 일본 농촌에서는 소작농에 의한 농민운동이 빈번히 발생했지만, 토지를 갖게 된 농민들은 보수적이 되어 뒤에는 집권 자민당을 지지하는 세력이 되었다. 그러나 고도성장기에 이르러서는 농가의 주인들이 도시로 공장에 취업하게 됨으로써 '카쟝(어머니), 지쟝(할아버지), 바쟝(할머니)'들이 농업을 담당하는 '3쟝 농업'이 되고 말았다. 그럼에도 농민들은 농지를 버리지 않았으므로 농업의 규모 확대로 발전되지 못하고 영세농가가 늘어갔다. 그 후 일본의 농정(農政)은 농업 규모를 확대하여 넓은 토지를 소유하는 전업 농업을 육성하려 했으나 뜻대로 이루어지지 못했다.

재벌의 해체

'재벌(財閥)'이란 '재산을 가진 가족'이란 의미이다. 돈 많은 가족이 여러 가지 산업 또는 무수의 계열회사의 주식을 한 손에 쥠으로써 경영권을 장악하고 재벌총수가 경영을 담당하게 되는 것이 이 경우이다. GHQ는 일본을 전쟁으로 이끈 큰 책임이 재벌에 있다고 생각하여 일본의 산업을 지배하고 있었던 일대 조직인 재벌의 해체를 시행했다. 그리하여 미쓰이(三井), 미쓰비시(三菱), 스미도모(住友), 야스다(安田)의 4대 재벌뿐 아니라 중소재벌을 포함하여 83개 회사가 해산, 정리되었다. 재벌 가족은 기업경영으로부터 추방되었다. 재벌의 재산도 몰수되었다. 미쓰이물산, 미쓰비시상사도 분할되었다. 미쓰이물산은 약 170개 회사로, 미쓰비시상사도 약 170개 회사로 분할되었다. 그 외에도 경제력의 집중을 완화하기 위해 일본제철이나 대일본맥주 등 11개 회사가 분할되었다. 일본제철은 야하다제철과 후지제철 등 4개 회사로 분할되었고, 대제철 회사의 분할로 당시는 소기업에 불과하던 가와사키제철과 스미도미제철이 경쟁력을 얻어 발전하는 조건이 이루어졌다. 대일본 맥주는 일본맥주(현재 삿포로 맥주)와 아사히맥주로 분할되었다. 중소회사였던 기린맥주도 경쟁력을 얻게 되었다.

독점기업이 해체, 분할됨으로써 기업 사이에 극심한 경쟁이 벌어짐으로써 일본 경제도 비약적으로 성장하고 강한 경쟁력을 얻게 되었다. 그러나 점령정치가 끝난 1952년에는 미쓰이, 미쓰비시 등 구 재벌은 기업 그룹으로 재편되어 그동안 사용이 금지되었던 기업들의 심벌마크 예컨대 미쓰비시의 '쓰리 다이아' 등을 계열 기업들도 사용할 수 있게 되었다. 나아가 국제경쟁력을 지니기 위해서는 기업의 규모를 크게 해야 한다는 소리가 높아져 일단 분할되었던 야하다제철과 후지제철이 다시 합병하여 신일본제철이 되는 등 기업합병이 진행되었다.

노동조합에 대한 대책

1940년 전쟁이 진행되는 중에 일본의 노동조합은 모두 해산되었다. 전쟁 수행을 위해 동조합은 바람직하지 않았기 때문이다. GHQ는 경제 민주화의 일환으로 민주적인 노동조합의 결성을 장려하여 1945년 12월에는 노동조합법을 제정했다. 1946년 6월에는 1만 2,000여 개의 노동조합이 결성되고 조합원의 수도 368만 명에 달해 노동자의 조직률은 41.5%로 높아졌다. 조합운동은 대폭의 임금인상으로 연결되어 그 결과 구매력의 창출을 크게 도움으로써 경기의 활성화와 경제발전에도 이바지하게 되었다. 노동조건도 크게 개선되었다. '최저임금제의 확립'이나 '차별대우의 철폐' 등 애초에는 순수한 경제적 요구만 있었던 노동조합운동은 정부와의 교섭을 계속하는 동안 점차로 정치투쟁 양상을 띠기 시작하여 당시 요시다(吉田) 내각의 사퇴를 요구하는 사태가 일어나기도 했다.

1947년 2월 1일에는 4,000만 명의 노동자들이 일제히 파업에 들어갈 예정이었다. 그것을 '제네스토(총파업)'라 불렀는데, 그것은 한 산업뿐 아니라 모든 산업이 파업에 동참하는 것이었다. 기차, 전차, 우편, 전화 등의 공공서비스뿐만 아니라 많은 민간 기업도 파업에 동참할 예정이었다. 이러한 움직임을 보고 일본에서 사회주의혁명이 일어날지도 모른다고 많은 사람이 생각하기 시작했다. 그러나 파업 직전에 GHQ가 중지명령을 내렸다. 무력을 가진 최고권력자인 점령군의 명령에는 노동조합도 손을 들 수밖에 없었다. 전국공무원노조 공투(共闘) 회장 이이(伊井)는 NHK 라디오 방송에 출연하여 "나는 지금 일보 후퇴 이보 전진이라는 말을 생각하고 있다."라는 말과 함께 눈시울을 붉히며 '스트라이크 중지'를 발표했다.

미국은 경제의 민주화라는 명목으로 노동조합을 육성해 왔으나 일본의 노동운동이 지나치게 되자 미국인들이 보기에 '선을 넘었다'고 판단한 단계에서 탄압을 시작했다. 그것은 당시 소련과 미국이 대립하고 이른바 동서냉전이 시작된 것을 배경으로 하고 있다. 즉 GHQ는 일본의 노동운동이 사회주의운동으로 전화될 것이 두려워서 방침을 전환한 것이다.

'2월 1일 파업'이 중지된 후 공무원의 파업 권리는 금지되었다. 공무원이 파업하면 법률위반이 되는 것이다. 동서의 냉전이 심화함에 따라 일본의 조합운동과 사회주의운동은 탄압되었고 정치의 민주화도 정지되었다. 1949년부터 1950년에 걸쳐 '레드 퍼지(공산주의자 사냥)'의 선풍이 일본에서도 휩쓸었다. 공산주의자와 그 동조자로 의심되는 사람들이 '레드(빨갱이)'로 지목되어 직장에서 퇴출되었다. 그 수가 1만 5,000명이라고도 하고, 혹자는 3만 명이라고도 했다. 한편 군국주의자로 간주되어 공직에서 추방되었던 사람들이 정계, 재계로 복귀하기도 했다. 일본도 동서냉전과 무연할 수 없었으며, 그리하여 미국의 '소련에 대한 봉쇄정책'에 휩쓸리게 되었다.

GHQ의 일본 경제 부흥책

GHQ는 일본을 '자유진영'에 묶어 두기 위해서는 일본 경제의 발전이 필요하다고 생각했다. 그것은 경기가 좋지 않으면 노동운동이나 사회주의 운동이 심해질 우려가 있었기 때문이다. GHQ는 정치개혁만으로는 일본의 사회적 혼란을 막고 안정을 회복하기 어렵다고 생각했다. GHQ는 일본 경제를 어떻게든 자립시키지 않으면 '자유진영의 방파제'가 될 수 없다며 이때부터 경제부흥을 향해 나아가게 된 것이다. 1948년 12월 워싱턴에서 '경제안정 9원칙'이라는 지상명령이 발포되었다. 그 내용은 종합예산의 균형, 징세의 강화, 신용통제의 강화, 임금의 안정, 물가통제의 강화, 외국환제도의 안정, 수출증진, 광공업생산의 증강, 식량공출의 촉진 등이었다. GHQ는 다시 이 지침을 요약하여 실천적인 두 개의 새로운 방침을 제안했다. 즉 인플레이션 퇴치와 일본 화폐 엔의 환율 레이트를 확정하는 것이었다. 그것은 일본의 경제적 자립의 실현을 목적으로 한 제안이었다.

1949년 2월, 미국의 디트로이트은행장인 조셉 덧치가 일본에 파견되어 오게 되었다. 덧치는 기자회견에서 일본 경제에 대해 다음과 같이 말했다. "일본 경제는 죽마(竹馬)에 올라탄 것과 같다. 죽마의 한쪽 다리는 미국의 경제원조이고, 다른 쪽 다리는 일본 정부에 의한 각종 보조금이다. 죽마의 다리가 너무 높아지면 굴러떨어져서 목이 부러질 위험이 있다." 자립을 못하고 얼마 안 되는 보조금만 계속 불어나게 되면 지금이라도 국가 경제의 생명을 잃을 수 있다. 따라서 우선 정부의 보조금을 삭감하여 점부의 지출을 엄격히 커트해야 한다고 주장했다. 이처럼 덧치에 의한 엄격한 삭감 정책을 '덧치라인(Dodge Line)'이라 했다. 이 경우 '라인'이란 방침 또는 정책이란 의미이다.

일본 정부의 예산은 각종 보조금이 커트 되어 초긴축재정이 되었다. 이제까지 계속되었던 적자재정은 처음으로 흑자로 바뀌었다. 그러나 정부 지출이 삭감됨으로써 일본 경제는 심각한 디플레이션에 돌입하게 되었다. 인플레이션을 한꺼번에 지나치게 억제한 결과 일본에 불황이 닥쳐왔다.

환율정책

인플레이션이 억제된 후에는 제품의 수출을 통해서 일본 경제를 발전시키려고 했다. 일본의 엔과 달러를 얼마에 교환할 것인가 환율을 정하지 않으면 안 되었다. 일본과 미국의 환율은 전쟁 전에는 1달러는 1엔이었는데, 전쟁으로 일본 경제가 괴멸 상태에 빠짐으로써 새롭게 책정될 필요가 발생했다.

1948년 미국의 영 조사단이 방일하여 환율을 어떻게 결정하면 좋을까를 조사했다. 그들은 일본 경제의 실력을 조사해 본 결과 1달러는 300엔을 기본으로 해서 상하 10%의 범위에 설정하는 게 좋을 것이라고 권고했다. 맥아더는 이 권고를 수용하여 1달러는 330엔을 작정하고 있었다. 그러나 미국 정부는 일본 경제를 유리하도록 360엔으로 하는 것이 엔이 저평가함으로써 일본 제품을 수출할 때 가격이 싸져 일본의 국제경쟁력을 키워 줄 것이라고 배려했다. 이것도 동서냉전 중에 미국 편을 드는 일본의 경제를 발전시키고자 하려는 것이다.

한국전쟁과 일본 경제의 부흥

1950년 한반도에서 전쟁이 발생했다. 한반도에서 철수했던 미군이 급거 한국을 돕기 위해 출병하자 미군이 필요로 하는 군수물자를 일본에서 조달하게 되었다. 덧치라인에 의한 디플레이션에 신음하고 있던 일본 경제에 갑자기 거대한 수요가 발생했다. 디플레이션은 '상품의 공급에 대한 수요가 모자라는 상태'이기 때문에 수요가 증가하면 디플레이션은 해소되었다. 한국전쟁을 통해 생긴 특별한 수요를 '특수(特需)'라고 불렀다. 이웃 나라의 불행으로 일본 경제가 부흥했던 것이다. 병사의 군복, 모포, 포장 마대 등의 대량 주문이 쇄도했다. 일본 경제는 우선 섬유산업으로부터 풀리기 시작했다. 나아가 군용트럭, 드럼통 철조망, 철주 등 제철을 중심으로 하는 중공업으로 파급되어 갔다.

그리고 미군들이 한반도에서 싸우다 정기적으로 일본에서 휴가를 즐겼기 때문에 미군의 두터운 휴가비도 일본에 떨어지게 되었다.

3. 미 군정기 일본의 정치 지도(指導)

GHQ의 점령 정책

포츠담선언으로 연합군총사령부는 일본 전후의 정치를 관장했다. 독일이 패전 후 연합군의 직접통치를 받은 것과는 달리 일본은 정부가 남아있었고, GHQ는 그들이 우수하다고 인정하여 남겨두었던 일본의 관료에게 지령을 통해 점령 정책을 계속 들이밀었다. 그것은 일본군의 해체 지령에서부터 전범자의 체포지령, 재벌해체, 농지제도개혁, 교육개혁, 언론검열 등에 이르기까지 열거할 수 없을 정도의 세세한 명령을 신속하게 정부 각 기관에 계속 보냈다. 이것은 참모부에 소속된 민정국(Government Section, GS)이 담당했다. 이 기구는 포츠담선언에서 언급된 일본의 민주화를 추진하기 위한 모든 정책을 처리하는 임무를 맡았다. 따라서 그 멤버도 미군의 최고 엘리트 장교로 구성되었는데, 맥아더 장군의 심복인 코트니 휘트니 국장과 케디스 차장 같은 무리가 이에 소속되어 있었다.

동경재판

일본을 점령한 GHQ는 일본의 전쟁책임 추궁을 통해 일본이 두 번 다시 전쟁을 일으키는 일이 없도록 하는 임무를 가지고 있었다. 그리하여 일본이 항복한 다음 달부터 전쟁범죄 용의자들에 대한 체포가 시작되었고, 1946년 5월 3일부터 '극동국제군사재판'이 시작되었다. 이른바 '동경재판'이었다.

'동경재판'이 열리게 된 근거는 '포츠담선언'이었다. 이 선언에는 "포로를 학대한 자를 포함하여 일체의 전쟁범죄인에 대해서 엄중한 처벌을 가한다."라는 조건이 붙어 있었다. 일본 정부는 이 '포츠담선언'을 받아들여 항복했기 때문에 이 조건도 수용해야 하는 것으로 간주되었다. 즉 일본이 항복할 때 인정한 조건에 기초하여 전범의 추궁이 행해진다는 것이다. '동경재판'에서 재판을 받은 것은 'A급 전범'(중대한 전쟁범죄인)들이었다. 이런 용의로 체포된 수는 100명 이상이었으나 실제로 기소되어 재판에 건 사람은 태평양전쟁의 개시를 결정한 도조 히데키(東條英機) 전 수상 등 28명뿐이었다. 피고들은 '평화에 대한 죄', '살인', '보통의 전쟁범죄 및 인도(人道)에 대한 죄' 등 세 가지 죄로 기소되었다. 맥아더는 일본 통치를 위해 천황제를 이용하려는 의도에서 소화 천황의 전쟁책임을 추궁하지 않으려 했기 때문에 일왕을 재판에 걸지는 않았다.

재판은 연합국 각국에서 뽑힌 11명의 재판관이 담당했으며, 재판장은 오스트레일리아 윌리암 웨프였다. 피고인에게는 일본인과 미국의 변호사들이 변호를 담당했다. 판결은 재판이 시작된 후 2년 만인 1948년에야 선고되었다. 28명의 피고 중에서 2명은 재판 중 병사하고, 1명은 정신병으로 소추를 면제받고, 나머지 25명은 판결을 받았다. 그 판결은 이들 일본의 전쟁 지도자들은 공모하여 침략전쟁을 시작했다고 단정하여 전원 유죄 판결을 받았다. 그중 7명에게 사형이 선고되어 다음 달 처형되었다.

이들이 처형된 다음날 12월 24일 GHQ는 재판에 회부되기로 이미 체포했던 기시 노부스케(岸信介), 고다마 요시오(兒玉譽士夫) 등 A급 전범 용의자 19명은 불기소 처분을 받아 석방했다. '동경재판'이 지루하게 계속되고, 동서냉전이 진전되는 동안에 미국은 전범추궁의 열의가 식게 되었던 것이 그 이유이다. 미국은 이 재판을 법률적 판단이 아닌 정치적 판단으로 다루었던 것이다. 이때 석방된 기시 노부스케는 드디어 그 후 수상까지 되었다.

'동경재판'으로 재판받은 자들은 A급 전범이었다. 전범에는 이 외에도 B급, C급 등 세 종류가 있다. 전쟁 범죄자로 국내외에서 체포된 수는 A급 전범이 1,000명 이상, B, C급은 합해 2만 5,000명 이상이나 되었다. A급 전범은 일본 국내에서 전쟁을 계획하고 실행한 사람과 전쟁터에서 일반 시민을 학살하거나 포로를 학대하는데 책임이 있는 정부군 관계자들이었다. 한편 B, C급들은 외국의 전쟁터에서 병사가 아닌 일반 시민을 학살하거나, 포로를 학대한 '전쟁범죄'를 범한 사람들이 재판에 넘겨졌다.

'보통의 전쟁범죄'를 범한 자는 B급 전범, '인도에 어긋나는 죄'를 범한 자는 C급 전범으로 구별되었으나, 실제로는 구별 없이 재판에 회부되었기 때문에 BC급 전범이라고 칭했다. 수뇌급의 A급 전범은 연합군 합동으로 '동경재판'에서 다루어졌다. BC급 전범은 7개국이 각각의 국가 법률에 따라 재판했다. 미국 영국, 오스트레일리아, 필리핀 프랑스, 네덜란드, 중국 등 7개국 49개소의 법정이 열렸다. 그중 프랑스에서는 프랑스의 식민지였던 베트남 등 인도지나 반도에서의 일본군의 행위를, 네덜란드에서는 그 나라의 식민지였던 인도네시아에서의 일본군의 범죄를 재판했다.

7개국에서 열린 B, C급 전범재판에서는 5,700명이 기소되어 984명이 사형 판결을 받았다. 그중 50명은 그 후 감형되어 처형된 사람은 총 920명이었다. 무죄 판결을 받은 사람도 1,000명 이상이었다. 한편 소련 국내에서 행해진 전범 재판의 자세한 정보는 공개되지 않았으나 1만 명 정도가 유죄 판결을 받았다고 언급되고 있다. 당시 소련에서는 사형제도를 폐지했기 때문에 공식적으로 사형 판결을 받은 자는 없었지만 3,000명 정도가 비밀로 즉결재판으로 처형되었다고 추정하고 있다.

헌법개정 문제

제2차 세계대전에서 일본이 패전하여 끝난 후 1945년 10월, 새롭게 총리로 취임한 시데하라(幣原喜重郎)가 연합군최고사령관 맥아더를 인사차 방문했다. 이 자리에서 맥아더는 일본 '헌법의 자유화'를 요구했다. 맥아더는 일본이 전쟁에 치닫게 된 것을 두 번 다시 되풀이하지 않기 위해서도 일왕의 절대주권을 인정한 메이지헌법을 국민주권의 민주주의적인 헌법으로 개정해야 한다고 생각하고 있었다. 미국 측은 '헌법의 자유화'라는 표현으로 '헌법개정'을 강하게 요구할 작정이었으나 시대하라는 헌법개정이 긴급한 과제라고는 생각지 않고 있었다.

여기서 미국과 일본의 정세판단 차이가 생긴 것이다. 시대하라 총리는 맥아더의 요구에 수용한다는 제스처로 헌법에 대해 검토하는 '헌번문제조사위원회(아시다 히토시가 위원장을 담당)를 설치, 마쓰모토(松本烝治) 국무대신을 위원장으로 임명했다. 위원회의 명칭에도 '개정'이란 단어를 넣지 않았다. 그것은 헌법개정에는 소극적이었던 시대하라 내각이 다만 헌법에 대해 검토를 시작한다는 정도의 인식을 하고 있었기 때문이었다. 그러나 그 뒤 11월에 국회에서 헌법개정문제가 논의되자 위원회는 은밀하게 헌법개정안을 작성하기 시작했다. 그런데 1946년 2월 1일 마이니치신문은 1면 톱에서 '위원회의 헌법개정 시안'이라는 것을 보도했다. 실제로는 이 '시안'은 위원회가 정식으로 작성중이던 개정안이 아니라 위원 중에 한 사람이 개인적으로 정리해 본 것이었지만, 정식의 안(案)과 큰 차이가 있는 것은 아니었다.

GHQ는 그 내용을 보고 놀란듯했다. 미군 측은 대폭적 개정을 요구했으나 그 시안은 너무나 보수적이어서 명치 헌법의 내용과 큰 차이가 나지 않았다. 이를테면 왕에 대해 명치 헌법은 "신성하여 침범할 수 없는 것"이라는 부분을 "지존하여 침범할 수 없는 것"으로 개정하는 정도였다. 그리하여 일본 정부에 헌법개정 작업을 맡기려고 했던 GHQ는 생각을 바꾸었다. 일본 정부에 맡겨놓았다가는 민주주의적 헌법이 실현되지 않겠다고 판단한 것이다. 헌법개정의 흐름을 변화시키는 계기가 되었다.

맥아더는 마이니치신문의 기사가 나온 다음 날 휘트니 민정장관을 불러 민정국의 스태프만으로 일본국의 헌법 초안을 만들어 보라고 지시했다. 이때 맥아더는 반드시 포함했으면 좋겠다는 '3원칙'의 메모를 제시했다. 그 내용은 (1) 일왕은 국가 원수의 지위를 가진다, (2) 전쟁은 폐지한다, (3) 봉건제도는 폐지한다는 것이었다.

맥아더는 일왕의 존재를 인정하지만, 국민의 기본적 의사를 따르는 헌법에 따라 일왕의 직무와 권한이 제한되는 영국식의 입헌 왕정을 구상을 제시했다. 봉건제의 폐지는 일왕을 제외한 귀족(공작, 후작, 백작, 자작, 남작)의 권리는 생존하는 자 1대에 한해 인정한다고 했다. 전쟁에 대해서 일본은 분쟁의 해결을 위해서는 물론이려니와 '자신의 안전을 지키기 위한 수단으로서'의 분쟁마저 포기하라고 요구했다. 이렇게 하여 헌법 초안 만들기가 시작되었다. 팀장에는 민정국 차장인 찰스 케디스가 담당하고, 한국전쟁 부분을 제외한 28명 전원이 일주일 동안 초안을 만들어내었다.

그 당시 일본 국내에서도 각 정당과 각종 단체가 독자적인 헌법개정안을 작성 발표했다. 그중 고노(高野岩三郎) 등 문화인과 학자를 중심으로 하여 결성한 '헌법연구회'가 발표한 〈헌법 초안 요령〉은 미국 측의 초안 작성에 크게 참고가 되었다. 몇 개의 규정은 그대로 포함되었다. 민정국이 만든 초안은 '전쟁포기'의 조항을 삽입하면서 '자국의 안전을 지키기 위한 수단으로서'라는 부분을 삭제했다. 맥아더의 요구는 이 조항에 채용되지 않았다. 왜 삭제되었는가를 묻는 일본 헌법학자의 인터뷰에 대해 케디스는 "나는 어느 국가에도 자기 보존의 권리가 있다고 생각했으며 이러한 권리를 포기하는 것은 비현실적이라 생각했기 때문이다."라고 했다. 미국은 일본의 '자위권(自衛權)'을 인정하는 헌법 초안을 만들었던 것이다.

2월 13일 미국이 작성한 영문의 헌법 초안이 일본에 넘겨졌다. 마쓰모토 국무대신과 요시다 외무대신은 미국이 독자로 초안을 만들고 있다는 것을 파악하지 못했기 때문에 크게 충격을 받았으며, 그 내용을 읽고는 더욱 큰 충격을 받았다. 일본 측이 생각한 헌법개정안과는 많은 차이가 있었다. 그러나 일본 측은 거부할 수 없었다. 마쓰모토 국무대신은 내각 법제국 공무원의 협력을 구해서 넘겨진 영문 초안을 기초로 정식으로 헌법개정안을 작성하게 되었다. 작성된 안은 〈제국헌법(명치헌법)개정안〉으로 국회(당시는 제국회의였다)에 제출되었다. 국회는 헌법개정안 특별위원회에서의 심의 후 조문의 수정, 추가, 삭제 과정을 거쳐 개정안을 가결했다. 여기서 문제의 초점이 된 헌법 9조는 최종적으로 다음과 같다.

〈제9조.
일본 국민은 정의와 질서를 기조로 하는 국제평화를 성실히 희구하여, 국권의 발동으로서의 전쟁과 무력에 의한 위협 또는 무력의 행사는 국제분쟁을 해결하는 수단으로서는 영구히 그것을 포기한다.
전항의 목적에 도달하기 위해 육해공군 및 기타 무력은 가지지 않는다. 국가의 교전권을 인정하지 않는다.〉

국회에서 수정되기 전 헌법 제9조의 정부안은 다음처럼 되어 있었다. "나라의 주권 발동에 의한 전쟁과 무력에 의한 위협 및 무력의 행사는 타국 사이의 분쟁 해결 수단으로서는 영구히 그것을 포기한다. 육해공군 기타의 전력을 가지면 안 된다. 국가의 교전권(交戰權)은 인정하지 않는다." 헌법개정안 특별위원회(아시다 위원장)에서 심사한 결과 조문이 수정되었다. 이 수정안에 의하면 큰 변경을 포함하고 있는데, 첫째는 모두(冒頭)에 "일본 국민은 정의와 질서를 기조로 하는 국제평화를 성실히 희구하며"라는 문구가 들어갔으며, 또 하나는 뒤쪽 모두에 "전항의 목적에 도달하기 위해"라는 표현이 추가된 것이다. 이 수정은 애초에는 원안과 크게 다르지 않다고 생각되었으나 아시다 위원장이 1957년에 밝힌 바로는 이 수정은 일본의 자위(自衛)를 위한 무력을 가지도록 하는 것으로 그는 다음과 같이 설명했다.

"수정의 자구(字句)는 대단히 명료하지 못한 것이기는 하나, 나는 하나의 함축을 지니고 수정을 제안했던 것이다. '전항의 목적에 도달하기 위해'라는 자구를 삽입함으로써 원안에서는 무조건 무력을 보유하지 않는 것으로 되었던 데 대해 일정한 조건에서 무력을 가지지 않는 것이 된다. 따라서 일본은 무조건 무력을 포기한 것이 아니라는 것이 명백해지는 것이다. 다시 말하면 수정을 가함으로써 '전쟁'과 무력에 의한 위협 또는 '무력행사'는 '국제분쟁을 해결하기 위한 수단'으로서는 포기하며, 그를 위한 '무력'은 가지지 않는다.'라는 문맥으로 해석할 수 있게 된다. 따라서 '국제분쟁을 해결하는 수단'이 아니고 일본이라는 나라를 지키기 위한 것이라면 어떠한 힘을 가질 수 있다는 것이다." 이 해석을 '아시다 수정'이라고 부른다. 모든 무력을 포기하는 것을 목적으로 여겨졌던 제9조가 이 수정으로 자위권을 가질 수 있는 것으로 되었다.

아시다가 그런 깊은 뜻을 가지고 수정한 것이 아니라는 것이 최근(1995) 공개된 의사록에서 밝혀지게 되었다. 오히려 아시다는 '국제평화를 희구하여'라는 말이 되풀이되는 것을 피하려고 후단에서 '전항의 목적에 도달하기 위해'라는 표현으로 바꾸었다는 것이다. 그러면 아시다가 왜 "자위권을 가지기 위한 수정"이라고 설명했는가? 그는 수정할 당시부터 자위권 포기에 대해 걱정하고 있었는데, 그 뒤 자신의 자구 수정이 다르게 해석될 수도 있겠다는 생각을 하게 되었다. 아무튼, 국내외의 사정이 변함으로써 아시다가 새롭게 해석을 내릴 여지가 생긴 것만은 틀림없는 사실이다.

자위대(自衛隊)의 창설

1950년 한국전쟁이 개시되었다. 북한의 명백한 남침으로 한국군은 총퇴각하게 되었고, 미국은 한국군을 전면 지원하기로 했다. 당시 전국에 걸쳐 일본에 주둔했던 미군은 총 7만 5,000명이었다. 그 대부분 부대가 급거 한반도에 출동하게 되었다. 일본국 내에서 구 일본군은 해체되어 있었기 때문에 일본은 군사적으로 공백의 구역이 되었다. 미군이 한반도로 출동해도 미군 가족은 일본에 남아있었다. 미국은 일본이 완전한 무방비상태로 되는 것을 두려워했다. 그것은 소련이 이 틈을 이용하여 일본을 공격하지 않겠느냐는 공포감이었다.

연합군 총사령관 맥아더는 7월 8일 요시다(吉田茂) 총리에게 편지를 보내, 7만 5,000명의 '내셔널 폴리스 리저브'를 설립할 것과 해상보안청의 인원을

8,000명 증원하는 것을 허가한다고 썼다. '허가'한다는 것은 요구한다는 명령이었다. 갑작스러운 이 명령에 따라 일본 정부는 혼란을 겪었다. '내셔널 폴리스 리저브'란 어떤 의미인지 애초에는 알 수 없었다. '경찰예비대'라고 일본어로 번역되었으나 7월 12일 미국 측의 상세한 안을 보고는 그것이 '재군비'를 의미한다는 것을 알게 되었다. 미국에서 교부된 부대 편성안을 본 일본 측 담당자는 미국이 상당히 오래전부터 일본의 재군비를 검토하고 있는 것을 눈치채게 되었다. 맥아더의 명령으로부터 겨우 4일 후에 교부된 것으로는 너무도 상세한 것이기 때문이다. 사실 미국은 동서냉전이 격화하고 있던 당시 일본의 무장해제 방침을 변경하고 있었다. 장래 미군이 철수한 후에도 일본을 서방에 묶어 놓기 위해서는 군사적 공백을 그대로 두어서는 안 된다는 판단에서 미국의 지도를 받는 소규모 경무장의 군대를 만들 계획을 추진하고 있었던 것이다. 그것은 적국의 공격에 대비하기보다 일본 국내에서 소련과 중국 세력들이 무장봉기했을 때 이를 진압할 수 있는 세력으로 생각했던 것이다. 그것이 한국전쟁이 발발함으로써 빨라진 것이다.

일본을 점령한 연합군은 일본인이 최대 20만 명의 경찰력을 가지는 것을 인정했다. 그때까지 12만 5,000명의 경찰관이 탄생했기 때문에 맥아더는 연합군 최고사령관으로서 일본 경찰을 7만 5,000명 증원할 수 있는 권한을 가지고 있었다. 맥아더는 이 권한으로 7만 5,000명의 경찰예비대 설립허가를 일본에 명령할 수 있었다. 그리고 7만 5,000명이란 수는 일본으로부터 한반도에 출동한 미군의 병사 수와도 일치하는 것이었다. 일본이 전력을 지니는 것을 금지한 헌법 초안을 만든 맥아더 본인이 이번에는 일본에 '군대'의 기초가 되는 조직을 만드는 명령을 내렸다. 이는 방침 변경이었다. '경찰예비대'는 어디까지나 '경찰력'의 일환으로 설립된 것이다. 그러나 표면상의 방침과는 달리 그 실체는 장래 일본 '육군'의 기초가 되는 것이었다. 해상보안청에 증원된 8,000명의 '해상경비대'도 결국 '해군'으로 성장했다.

8월에는 대원모집을 서둘렀다. 근무 연한은 2년으로 한정되었지만, 실업자들이 넘치고, 일용노동자의 일당이 240엔이었던 때에 '초임금 500엔, 2년

근무하면 퇴직금 6만 엔', 게다가 본인의 의식주는 무료라는 조건은 매력적이었다. 7만 5,000명 모집에 응모자가 38만 명에 달했다. 최초 모집에서는 구 일본군 군인은 모집에서 제외되었으나 다음 해부터는 구 군인들도 채용하기 시작하여 군대의 모습을 갖추게 되었다. 무기는 일체 미군으로부터 지급되었다. 실체는 군대였으나 일본의 헌법에서는 군대 창설이 금지되었기 때문에 '경찰예비대'라는 이름으로 조직상으로는 '경찰'의 명칭을 부르게 했다. 즉 경찰예비대의 수장은 군대의 중장에 해당하는 경찰감, 소장은 경찰감보, 대령은 일등 경찰정, 중령은 이등 경찰정, 소령은 경찰사장, 대위는 일등경찰사 등으로 칭했다. 일등병은 일등경사, 이등병은 이등 경사라는 명칭을 썼다. 무기체계도 이를테면 탱크는 특차(특별한 차)라 부르는 등 군대 색을 지우는 데 고심했다. 보병은 보통과, 공병은 시설과, 포병은 특과로 칭했다. 이러한 호칭은 그 뒤 자위대에도 계속 사용했다. 즉 자위대에서 '보통과 연대'란 보병연대를 뜻하고 있다.

구 일본군의 직업군인들은 당초에는 경찰예비대에 입대가 인정되지 않았으나 이후 공직에서 추방되었던 직업군인들도 추방이 해제되어 경찰예비대에 입대하여 중견 간부를 점하게 되었다. 1952년 경찰예비대는 7만 5,000명에서 11만 명으로 커졌으며, 명칭도 보안대르 개칭되었다. 그 상부 조직으로 보안청이 신설되었다. 1954년에는 항공자위대가 신설되고, 육상자위대와 해상자위대로 개칭되어 보안대가 자위대로 개칭되고 병력도 증강하여 25만 명이 되었다. 일본 자위대는 그 뒤 최신 전투기와 전함을 확보함으로써 강력한 군대로 성장했다.

일본의 정당정치와 '55년 체제'의 성립

일본이 패망한 후 1945년 가을에는 여러 정당이 탄생했다. 정당난립의 선거결과 하도야마(鳩山一郎) 총재의 일본 자유당이 141 의석으로 제1당이 되고 진보당은 94 의석으로 제2당이 되었다. 그러나 하도야마가 전쟁 중 정치가로서의 행동 때문에 GHQ로부터 돌연 공직추방을 당하자 요시다(吉田茂)가 후임 자유당 총재로 취임하여 자유당과 진보당에 의한 연립 정권으로 요시다 내각이 성립했다.

1947년 4월 다시 중의원 선거가 치러졌다. 이번에는 일본 사회당이 134 의석을 획득하여 제1당이 되었다. 사회당의 약진은 의외의 결과였다. 사회당은 전쟁 전 노동운동에 열중했던 다양한 활동가들이 패전과 함께 결성한 정당이었다. 비참한 전쟁을 두 번 다시 되풀이해서는 안 된다는 국민의 염원과 패전 후의 고통스러운 경제상태를 벗어나고 싶다는 갈망이 그때만 해도 신선하게 여겨지던 사회당에 표를 던지게 했다. 그러나 사회당만으로는 과반수에 미치지 못했기 때문에 민주당, 국민협동당 3당의 연립정부가 탄생했다. 총리대신에는 사회당의 위원장인 가타야마(片山哲)가 임명된 최초의 사회당 내각이 성립했다.

가타야마 내각은 성립으로부터 겨우 9개월 만에 무너졌다. 그 직접적 계기가 된 것은 사회당 내부의 반란이었다. 사회당 좌파는 가타야마 내각이 사회당이면서 정통적 사회주의 정책을 실현하지 않는 데 불만이었다. 그 결과 사회당 내에는 좌우의 대립 의식이 강하게 남게 되었다. 그 후 우익 세력에 의해서 정권이 유지되었는데 1948년에는 자유당의 요시다가 제2차 요시다 내각이 발족하여 그 후 6년간 5차에 걸쳐 요시다 내각이 유지되었다. 그는 샌프란시스코 강화조약과 안보조약의 조인을 비롯하여 일본 재군비의 개시 등 전후 일본 정치의 골격을 만든 정치가였다.

1951년 9월, 일본은 요시다 내각은 샌프란시스코 강화조약을 조인했다. '강화'란 전쟁상태를 해결하여 평화조약을 맺는 의미가 있는 것으로 이로써 일본이 패전 후 최초로 국제적 독립국이 된 것이다. 그러나 당시 동서냉전이 시작되는 시기이었기 때문에 일본은 다만 서측 국가들과만 강화를 맺을 수 있었다. 그것을 '단독강화'라고 한다.

이 강화를 비준하는 국회가 열리자 사회당은 조약에 대한 태도를 둘러싸고 의견이 갈라졌다. 좌파는 동측의 여러 나라와도 강화를 맺어야 한다고 '단독강화'에 반대했다. 한편 우파는 '국제공산주의'에 대항하기 위해서는 서방만으로 '단독강화'를 맺는 것이 당연하다고 하는 입장이었다. 결론을 내기 위한 당 대회는 난투극이 벌어질 정도로 혼란에 빠졌다. 결국, 사회당이 좌파와 우파 사회당을 분열하는 사태로 발전했다.

정치세력의 분열은 보수 쪽에서도 발생했다. 전쟁 전에 활약했던 하토야마(鳩山一郎) 등 '공직 추방'당했던 유력한 우파 정치가들이 1951년 6월 추방해제가 되어 복귀하게 되었다. 정당에 복귀한 하토야마는 장기집권하고 있던 요시다와 대립하게 되었다. 자유당의 요시다에 대항하는 정치가들이 모여 민주당을 결성했다. 하토야마가 총재가 되고 기시(岸信介)가 간사장이 되었다. 그리하여 보수세력도 자유당과 민주당이라는 대립구조가 성립되었다.

좌우로 분열된 사회당은 그 후 3회에 걸쳐 중의원 총선거를 치르면서 모두 약진을 거듭했다. 그 결과 좌우 양 사회당이 함께하면 국회 내 지배 세력이 되는 것도 가능해졌다. 경찰 예비대로부터 보안대로의 재군비가 이루어지고 헌법개정 문제가 등장하자 그러한 보수적 움직임에 대항해서 혁신세력을 결집하여 헌법개정을 저지할 수 있을 정도의 세력을 만들 필요가 있다는 여론이 높아져 갔다. 좌우 사회당의 노선은 사상적으로는 타협할 수 없었으나 개헌 저지 세력의 결집이라는 목표를 위해 타협을 거듭했다. 원래 좌파 사회당은 노농파 마르크스주의에 기초한 평화혁명 노선을 지향하고 있었다. 즉 그들은 의회의 다수파가 되어 사회주의 정권의 실현을 목표로 하는 정당이었다. 반면 우파 사회당은 서유럽형 사회민주주의를 지향하여 혁명 없이 단계적인 복지사회의 실현을 목표로 하는 정당이었다. 분명히 다른 사상을 기반으로 하는 두 정당이 개헌 저지를 위해 합당하게 되었다. 1955년 10월 두 정파는 4년 만에 합당했다. 그러나 당내에서의 이념대립으로 결국 우파 사회당은 1960년 민주사회당으로 독립했다. 좌우 양 사회당의 약진은 보수세력에는 큰 위협이었다. 사회주의 세력이 커다란 존재가 되는 것을 싫어했던 경제계가 뒤에서 움직이기 시작했다. 동서냉전이 심화하고, 한국전쟁의 휴전된 국제정세 속에서 소련과 중국, 북한과 관계가 밀접한 사회당의 세력이 확대된 것에 경제계는 강한 경계심을 품게 되었다.

1955년 4월, 민주당 총무회장 미키(三木武吉)가 '감정을 벗어난 보수의 결집'을 주장했으며 이를 계기로 보수 합동의 흐름이 시작되었다. 10월에 들어 사회당이 통합하자 보수세력의 합당 움직임이 가속을 띠게 되었다. 그리하여 11월 15일 자유당과 민주당이 합당하여 자유민주당(자민당)이 탄생했다. 하토야마가 총재가 되고, 기시가 간사장이 되었는데, 중의원 229명, 참의원 118명의 단일 대보수당이 나타난 것이다. 이 정당은 그 후 38년이라는 장기간에 걸쳐 정권을 담당하게 되었다.

보수 통합에서의 정책논쟁은 애초부터 존재하지 않았다. 다만 보수세력 내부의 인사를 둘러싼 파벌 간의 항쟁이 있었을 뿐이었다. 현재 자민당의 파벌 연합적 체질은 이처럼 최초부터 형성되었던 것이다. 그리하여 자민당과 사회당의 '양대 정당'에 의한 '55년도 체제'가 성립되었다. 자민당과 자유당의 대립구조를 양대 정당제라고 말하지만, 구미의 여야의 정당제와는 달리 그 실태를 살펴보면 '1과 2분의 1 정당'이었다. 반수를 크게 넘는 자민당과 3분의 1을 밑도는 사회당이라는 미숙한 정당제가 일본의 정치문화로 굳어졌다.

사회당은 '55년 체제 동안 한 번도 집권당이 되지 못했다. 그동안 사회당은 '평화와 민주주의'의 슬로건을 내걸고 '헌법 개악에 반대'하는 정책을 계속하는 등 전후의 이상을 지키는 자세를 변함없이 견지해 왔다. 그러나 시대의 변화에 적응할 수 있는 정책을 만들 생각이 없었고 또한 변화를 읽지 못했다. 다만 집권 자민당을 비판하는 것으로 시종일관했다. 그리고 사회당은 지총평(일본노동조합평의회)의 지지를 배경으로 한 정당이었기 때문에 노동조합의 강한 영향력하에 있었다. 의원의 대부분은 노동조합의 노선을 추종했기 때문에 새로운 시대를 향한 새로운 정치의 구상력이 모자랐다. 이에 비해 자민당은 재계의 지지를 기반으로 성장을 계속했다. 당내에 다양한 스펙트럼을 지닌 활성화된 인력과 유능한 관료를 기반으로 고도의 잠재력을 지닌 일본의 경제를 발전시키는 데 크게 공헌했다. 그렇다고 해서 '55년 체제'에 사회당의 역할을 가볍게 보는 것은 적절하지 않다. 일본 사회당인은 "전후 일본의 평화를 지킨 것은 사회당이다."라는 자부를 하고 있었다. 그들은 보수세력에 의한 재군비를 억제하도록 역할을 했으며 안보체제의 위험한 측면을 지적하여 일본의 전후 평화를 위해 노력했다.

한편 일본 국민의 여론은 '현실적인 정책을 수행하는 자민당에 정권을 맡기고, 만일 지나치는 점이 있으면, 반대세력인 사회당의 의석을 늘임으로써' 자민당의 정치를 견제하는 방식으로 균형을 맞출 수 있었다.

4. 일본의 고도 경제성장

정부주도형의 경제발전

1960년 11월 중의원 선거에서 이케다(池田勇人) 총리대신은 선거 슬로건으로 "여러분의 소득을 10년에 2배로 올려 드립니다. 나는 거짓말을 안 합니다."라는 장담을 TV에서 했다. 과연 1965년 일본은 해외무역에서 수출 초과를 이룩했다. 금액은 2억 8,500만 달러에 지나지 않았으나, 그럼에도 불구하고 그것은 일본 정부와 기업이 한마음으로 수출무역의 확대에 매진하고 있음을 반영하고 있었다. 이미 일본은 고부가가치의 부품을 내장한 트랜지스터라디오, TV 세트, 그 외에 다른 전자제품들을 수출하고 있었다. 이케다 수상은 가전제품을 비롯한 일본의 산업을 발전시킴으로써 임금을 억제할 필요 없이 수출을 확대하고 국내 수요를 증대시킬 수 있다고 믿었다. 임금이 오르면 그것이 공산품에 대한 더 많은 국내 수요를 촉발하리라는 것이다. 1960년대에 무역정책의 자유화가 세계적인 추세였고, '케네디 라운드'를 위한 협상이 성공적이었던 것이 일본에는 다행스러운 환경이 되었다. 1960년대 동안 세계무역량은 150%나 증가했다.

일본은 자본주의국가였으나 마치 사회주의국가처럼 정부가 정기적으로

'경제 5개년 개혁' 등 경제계획안을 작성했다. 이케다 내각이 발표한 '소득배증계획'도 그 하나였다. 소득을 10년 동안에 배로 늘리려면 연평균 7.2% 성장할 필요가 있다. 그 성장을 위해서는 도로, 항만, 하수 등 사회간접자본에 많은 자금을 투입해 경제발전의 기반을 정비할 필요가 있었다. 기업이 경제규모를 확대하기 위해서는 그 자금을 은행으로부터 대출해야 했다. 그러기 위해서는 은행에 대출자금이 충분치 않으면 대응할 수 없었다. 그리하여 정부는 국민에게 저축 장려 캠페인을 전개했다. 국민이 저축함으로써 그 자금은 민간기업으로 대출하게 되었다. 정부가 경제성장을 강하게 밀어줌으로써 민간 기업도 안심하고 강력한 경영 확대를 추진했다. 은행으로부터 자금을 대출하여 새로운 공장을 건설하여 생산을 확대했다. 정부가 '이제 경제가 발전하고 소득도 두 배가 된다'고 선언함으로써 소득이 느는 만큼 수요도 늘어 제품이 팔릴 것이 예상되었다. 따라서 각 기업은 경쟁적으로 생산을 늘리게 되었다. 기업이 정부를 신뢰할 수 있었던 행복한 시대였다.

정부의 용인하에 노동조합도 임금의 대폭적인 인상을 요구했다. 임금을 배증하기 위해서는 정기적으로 대폭의 임금 인상이 필요해졌다. 월급쟁이의 소득이 늘면 여러 가지 제품을 살 수 있는 여유가 생겨 수요가 급증할 수 있었다. 따라서 기업이 생산을 확대할 수 있게 되며, 그 제품들은 불티나게 팔리고, 기업은 더욱더 생산을 확대할 수가 있었던 것이다. 국민의 소득이 증가하는 것과 함께 국민의 소비의욕도 높아지기 마련이다. 소비가 폭발적으로 증가하는 모습을 '소비혁명'이라고 부른다. 일본에서 소비 붐의 주역은 흑백 TV, 세탁기, 냉장고였다. 이 3종의 가전제품은 '3종의 신기(神器)'라고 했다. '3종의 신기'라는 본래 의미는 천황가에 전해 오던 상징적인 3종류의 보물(구슬, 거울, 칼)을 의미하는 것이었는데, 여기서는 일반 가정에서의 필수적인 보물(생활필수품)을 의미하는 것으로 사용되었다. 이들 물품은 오늘날에 비한다면 초기의 구식 유형에 불과했으나 당시에는 생활을 풍요롭게 해 준 획기적인 제품들이었다. 나아가 일본 국민의 경제수준이 더 풍요해지자 '3종의 신기'라는 말 대신 '3C'라는 말이 사용되었다. 즉 카(승용차), 쿨러(냉방기), 컬러 TV이다.

1960년대 일본에서는 슈퍼마켓이라는 새로운 유형의 소매점이 개점되어 퍼져 나가기 시작했다. 슈퍼란 고객들이 필요한 상품을 진열대에서 선택하여 계산대로 운반하는 셀프서비스 제도를 칭한다. 슈퍼에서는 상품을 대량으로 사들임으로써 유통 경로를 줄일 수 있어 '가격파괴'가 발생했다. 1960년대에는 라면 등 즉석 음식이 발명되어 일본의 '국민식(食)'으로 등장했다. 이상과 같은 생활상의 변화를 유도한 발명은 일본의 '소비혁명'을 가속화하는 중요한 동력으로 작용했다.

1950년 일본은행 총재는 "일본에서 자동차공업을 육성한다는 것은 의미가 없다. 현재는 국제 분업의 시대이다. 미국에서 싸고 좋은 생산되기 때문에 자동차는 미국에 의존하는 게 마땅하다."라고 어떤 회의에서 발표한 일이 있었다. 만일 이와 같은 자동차산업에 대한 융자 방침이 계속되었다면 일본의 현재의 자동차산업은 존재할 수 없었을 것이다. 실제로 일본의 자동차산업은 1950년대에 크게 발전했다. 자동차산업은 모든 산업을 선도하기에 이르렀다. 일본 정부도 외국산 차 수입을 제한하여 승용차 국산화 방침을 지원했다. 업계에서는 악전고투하면서 승용차의 기술 개발에 전력을 투입했다. 1955년에는 도요타, 닛산, 이스즈 등 자동차회사에서 신형 승용차 개발에 성공했다. 그리하여 당시 통사산성은 '국민차' 구상을 제안하고, 일반 국민이 소유할 수 있는 자동차를 만들라고 자동차회사에 종용, 지시했다. 이 '국민차' 구상에 따라 여러 자동차회사는 전력으로 경쟁에 뛰어들었으며, 그 과정에서 닛산의 '부루버드', 도요타의 '코로나'의 이른바 'BC 전쟁'이라는 피나는 개발 경쟁이 일어나고, 그 결과 일본의 자동차산업은 비약적으로 발전하게 되었다. 그리하여 승용차는 기업이나 택시회사의 것이라는 이미지로부터 개인 소유가 보편적이 된 '마이카' 시대가 도래했다.

공해 문제의 발생

일본의 고도성장도 여러 가지 부작용을 가져왔다. 일본 경제 전체로 보면 발전이라 할 수 있었으나 사람들은 항시적인 인플레이션에 고통을 당하곤 했다. 가장 큰 문제는 '공해' 문제였다. 대도시의 공업지대에서는 공장으로부터의 연기의 배출, 여과되지 않은 오수의 배수, 폐광의 피해 등이 큰 문제가 되어 '공해'라는 단어가 나타났다.

대기오염이나 해수오염에는 그것에는 그 원인을 만들어낸 기업이나 가해자가 있게 마련이다. 그러나 오염물질을 방출한 기업이나 공장이 많아지면 어느 공장의 어느 부문에서 오염의 원인이 되었는가를 간단하게 발견하기 어렵게 된다. 때로는 몇몇 공장이 내는 오염물질이 복합해서 오염을 심화시키는 일도 있다. 자동차의 배기가스는 많은 자동차운전사 개개인이 오염의 '범인'이 되기도 한다. 이렇게 되면 오염의 책임자를 적발하는 것이 어렵게 된다. 인과관계는 분명치 않으나 많은 사람이 피해를 본다는 의미에서 이것을 '공해(公害)'라고 칭하게 되었다. 고도성장으로 오염이 극심해지기까지 사전에 '공해'라는 단어는 실리지 않았다.

사람들의 의식도 지금처럼 민감하지 않았다. 공장의 폐수가 오염되어도 대량의 물로 씻어내면 오염은 희석된다고 생각했으며, 공장에서 나오는 매연도 굴뚝을 높이면 오염된 공기는 확산하여 지상에는 영향이 적어질 것으로 생각했다. 물토 희석된 폐수도 우선 작은 플랑크톤의 체내에 들어가고 그것을 작은 물고기가 먹고 큰 물고기가 먹는 형태로 흡수, 축적되어 마침내 인체에 대량 흡수되어 간다는 사실을 사람들은 얼마 동안 모르고 있었다. 오염된 공기도 여러 가지 물질들이 화학 반응을 일으켜 인간의 몸에 나쁜 것이 된다는 사실도 알지 못했다. 이러한 '공해'에 대한 무지가 일본에 50~60년대 재앙으로 다가왔다.

'고도성장'의 결과로 발생한 공해 중에서 특히 4개를 '4대 공해병'이라 한다. 최초로 문제가 제기된 곳은 미에 현 욧카이치(四日市) 시에서 발생한 심각한 대기오염이었다. 이 시에는 석유콤비나트가 건설되어 여기서 나오는 아황산가스 등 유해 가스와 악취가 시민을 위협하게 되었다. 1950년대 말 무렵에는 콤비나트에 인접한 지역에서 심한 천식 환자가 격증하기 시작했다. 그다음에는 유기수은 중독에 의해 발생한 니가타(新潟)의 '미나마타(水俣)병', 카도미움 오염에 의한 토야마(富山) 현 신츠우가와의 '이타이이타이병', 쿠마모토(熊本) 현 미나마타에서 발생한 '미나마타병 또는 칫쏘병'을 들 수 있다. 이들 공해로 인해 발생한 병들은 최초에는 원인 불명으로 처리되었으나 과학적 분석을 통해 그 원인이 규명되고 공해에 관한 재판에서 승소함으로써 어느 정도 해결이 이루어졌다.

이와 같은 전국 각지의 공해를 교훈으로 하여 1971년 일본 정부 내에 환경청이 탄생했다. 1997년 12월에는 교토에서 '지구온난화방지회의'가 열려 전 지구적 규모의 환경에 대한 대책으로서의 〈교토의정서〉가 채택되었다. 그러나 미국은 "이산화탄소의 방지대책은 자국의 경제발전에 악영향을 끼친다"고 주장함으로써 〈교토의정서〉의 실시에 반대하고 있다. 환경이냐 아니면 경제 발전이냐. 이 문제는 세계적 차원에서 우리의 선택을 재촉하고 있다.

일본 경제의 부침

1985년 9월 22일 미국 뉴욕의 플라자에서 미국, 영국, 서독일, 프랑스 일본, 등 선진 5개국의 재무장관과 중앙은행의 총재가 모여 회합을 열었다. 여기서 미국의 달러를 평가 절하하고 일본의 엔을 절상하기 위해 각국이 협력할 것을 결정했는데, 이것을 '플라자합의'라 한다.

당시 미국은 수출이 늘지 않아 무역적자가 계속 증대하고 있었다. 미국의 무역적자는 1983년 670억 달러에서 다음 해에는 1,120억 달러로 2배로 늘었는데 그 3분의 1은 대일적자였다. 이 같은 무역의 불균형을 해결하기 위해 일본은 달러를 낮게 평가하고 엔고를 용인할 수밖에 없었다. 당시 1달러는 일본 엔으로 240원 정도였는데, 미국 달러를 엔에 비해 낮게 하여, 예를 들면 1달러의 가격이 240엔에서 120엔이 되는 것이다. 이를테면 미국에서 1만 달러인 자동차는 일본에서 240만 엔에서 120만 엔으로 싸지는 것이다. 외국에서 미국 제품이 싸지면 그 제품이 잘 팔리고 따라서 무역적자가 감소할 수 있게 되는 것이다. 반면에 미국에 수출하는 일본 제품은 가령 일본에서 240만 엔인 자동차가 미국에서는 1만 달러에서 2만 달러로 그 가격이 하락 상승함으로써 미국에서 더는 팔리지 않게 되어 대일 적자도 줄어들 수 있다는 것이다.

'플라자합의' 직후 일본의 대장성(재무부)은 일본은행을 통해 대규모의 달러를 팔고 엔을 사들였다. 그리하여 하루 동안 달러는 242엔에서 230엔으로 급등했다. 다음 해 1986년 1월에는 1달러는 200엔을 돌파했다. 엔고가 되면 일본 제품의 가격은 본국에서는 변하지 않아도 외국에서는 가격이 상승하게 된다. 값이 2배로 오르면 아무리 품질이 좋은 일본 제품일지라도 팔리지 않게 된다. 미국을 돕기 위해 일본의 수출산업은 큰 타격을 받아 일본 경제는 심각한 '엔고 불황'에 처하게 되었다. 불황 대책으로 일본은 금리를 인하하는 정책을 썼다. 금리를 인하하면 회사는 은행에서 돈을 빌려 신규로 공장을 신축하여 건축 경기가 좋아지게 되는 것이다. 외국으로부터 수입품의 가격이 싸져 국내에 소비 붐이 일어났다. 일본 경제는 대단한 호황을 구가했다. 외국여행 붐이 일어나고 일본인들은 상대적으로 값이 싸진 외국 사치품 구매에 몰두했다. 소니 회사가 할리우드 영화사를 통째로 사들이고, 미쓰이 물산이 맨해튼의 상징적인 빌딩인 엠파이어 스테이트 빌딩을 사들인 것이 이때이다. 쇼와 겐로쿠(에도시대 황금기)가 시작되었다. 신칸센이 개통되고 도쿄 올림픽이 개최되었다.

하지만 일시적 호황은 오래지 않아 무너지기 시작했다. 일본인들은 '토지 신화'라는 미신이 있었다. 일본은 토지가 만성적으로 부족했고 인구는 조밀했다. 1억이 넘는 인구가 살기에 일본 국토는 너무 좁았다. 따라서 토지에 대한 투자는 절대로 '불패'라고 믿었던 것은 당연한 일이었다. 대기업 자금은 얼마

든지 은행이 대출해 주었다. '재(財)테크'로 돈을 모으려는 기업이 크게 성공했다. 토지 가격과 부동산 가격이 하늘 높은 줄 모르게 상승했다. 기업에 성공에 일반 시민도 부동산 투자에 뛰어들었다.

이 때문에 인플레이션이 발생했다. 정부는 공정 환율을 인하함으로써 이에 대처하려 했다. 정부의 디플레이션 정책이 효력을 발생하자 이번에는 '디플레 스파이얼'(나선형적 현상=물가 하락-물가가 더 떨어지기를 기대하는 소비억제-제조업의 판매 부진-임금의 하락-임금 노동자의 구매력 저하로 디플레의 심화) 현상으로 전반적인 경기가 크게 떨어졌다. 기업의 은행 대출이 급감하자 은행은 일반 시민을 대상으로 한 대출을 옛 수준으로 회복하려는 노력의 하나로 땅주인에게 접근하여 토지를 담보로 은행자금을 대출하여 맨션을 건축하도록 권유했다. 그리하여 도심부 지가가 상승하게 되었다. 이러한 은행들의 무모하고, 경쟁적인 대출은 건실하게 운영되었던 일본의 은행들을 부실화시켰다. 일본의 금융이 불안해지기 시작했다.

1973년 10월에 발발한 제4차 중동전쟁 이후 원유 가격이 4배나 오르는 이른바 제1차 석유파동이 일어났다. 한껏 들떠서 고도성장을 구가했던 일본인의 생활도 바닥으로 떨어지는 듯했다. 그러나 일본 경제구조를 중공업에서 경공업 중심으로 교체하고 반도체 등 신기술의 개발을 통해 정보화 사회로 빠르게 전환함으로써 불황을 타개할 수 있었다. 이란의 호메이니가 혁명을 일으킨 후 1979년 초 다시 제2차 석유파동이 일어났다. 일본은 적극적인 에너지 절약(省 에너지, 쇼에네) 정책을 시행하여 고도성장을 지향하던 경제우선주의를 약간 탈피하여 안정적인 경제성장을 목표로 했다. 일본은 두 번의 석유파동으로 고도성장 정책이 이대로 지속할 수 없다고 판단하여 안정 성장을 목표로 삼아 긴축 생활을 시작했고, 예전처럼 열심히 일만 하는 태도에서 벗어나기 시작했다. 그러나 일본인들의 부지런한 경제생활이 여기서 멈춘 것은 아니었다. 일본의 자민당 정부는 유능한 관리에 의해 운영된 관료통제 시스템을 통해 그 뒤에도 얼마간 순조롭게 경제를 발전시켜 갔다. 그리하여 '쇼와 천황'이 사망한 1989년 도쿄증권거래소의 평균 주가가 3만 8,915엔으로 사상 최고의 기록을 달성했다.

1990년 세계정세가 급변했다. 소련에서 일당 독재가 붕괴하고 독일이 통일되었다. 다음 해 1993년에는 소련의 연방을 구성했던 공화국들이 각각 독립을 선포하고 거대한 공산국가가 붕괴했다. 동서냉전은 미국의 승리로 종결되었다. 그와 보조를 맞추기라도 하듯 일본 경제의 번영은 1990년부터 무너지기 시작했다. 냉전의 종결과 함께 일본 경제의 버블이 터지고 만 것이다. 1980년대 말 일본은 정계, 관계, 재계가 서로 유착하기 시작했고, 성실성을 잃었으며, 말과 행동이 경솔했다고 평가할 수 있다. 그중에서도 관리가 경제를 리드했던 마지막 10년은 토지와 주식의 과대 평가된 가격이 서로 지탱했던 구조였기에 속 빈 강정에 불과했던 것이다. 겐로쿠의 번영도 일장춘몽으로 끝났다. 그것은 참으로 허망한 거품(버블)이었다.

제20장

현대 중국

1. 중국에서의 전후 처리와 국공내전(國共內戰)

장개석의 굴욕적 승리

1937년 이래 4년 반에 걸친 중국의 항일전쟁은 일본의 진주만 공격을 시작으로 전개된 제2차 세계대전의 발발을 계기로 세계대전으로 발전되었다. 1941년 12월 8일 시작한 세계대전에서 연합군의 일원이 된 중국의 국민당 정부는 일본이 패배함으로써 마침내 장개석(蔣介石)의 일본에 대한 승리가 성취되었다.

전후의 국제질서 특히 일본에서의 전후 처리 문제를 논의하는 국제회담이었던 얄타회담과 포츠담회담에서 장개석은 아예 초대받지 못했다. 얄타회담에서는 몽골과 만주에서의 소련 측의 요구를 일방적으로 허용하는 비밀협약이 이루어졌고, 포츠담회담에서는 일본의 전후 처리에 대한 중요 내용마저 미국 대통령 트루먼의 일방적인 선언으로 관철되었다. 그 내용을 장개석은 거의 검토할 시간을 갖지 못한 채 수락해야 했으며, 그것도 회담에 초대받지 못했던 그는 전보(by wire)로 서명할 수밖에 없었던 것이다. 이 무렵 그의 일기에는 '무례', '모욕', '국치'와 같은 말과 함께 동맹국 미국에 대한 분노를 드러내는 단어가 여기저기 눈에 띈다.

장개석과 미국 간의 껄끄러운 관계는 이미 1년 전부터 시작되었다. 장개석은 연합군의 중국 전구(戰區)의 지휘권을 위임받고 있었는데, 중국군의 부패가 심해지자 미국은 그의 연합군 지휘권을 박탈하여 조셉 스틸웰 장군에게 넘기려 했다. 스틸웰은 장개석군을 군사적으로 원조하던 이른바 원장(援蔣) 루트를 확보하기 위해서 운남(雲南) 국경에서 대 일전을 지휘했던 경험이 있는 사람이었으나 장개석과는 사이가 안 좋았다. 부패한 중국군의 부정에는 신랄하고 비판적인 폭로를 서슴지 않았던 고지식한 성격의 스틸웰과 자존심만 강했던 장개석과는 오래전부터 충돌이 잦았던 것이다.

장개석은 이 기회에 그를 본국으로 소환하도록 공작을 꾸며 드디어 그를 본국으로 멀리 추방하는 데 성공했다. 이 사건을 계기로 미국과 장개석 간에는 상호불신이 더욱 커졌다. 게다가 항일전이 끝나가고 있던 1945년 6월에 들어서는 장개석을 놀라게 하는 사태가 발생했다. 이미 이전부터 장개석에게는 얄타회담에서 소련과 미국이 중국의 만주지방을 놓고 모종의 비밀거래가 있었다는 정보가 들어와 있었다. 그런데 6월 10일에 패트릭 할리 주중 미국대사를 통해 얄타회담에서 소련이 만주와 조선 문제에 관해 구체적인 요구를 해왔다는 정보가 확인되었다. 12일에는 주중 소련대사 페트로프가 중소조약의 기본이 될 내용이 말로 전달되었는데 그 속에는 여순(旅順)항을 군사시설로 조차(租借)하는 안이 포함되어 있었다. 하지만 장개석은 만약 그렇게 된다면 소련은 '중국 4억 5,000만 명의 인심'을 잃게 된다면서 아예 상대하지 않았다. 그러나 14일 할리로부터 얄타회담의 전모를 알게 된 장개석은 경악하지 않을 수 없게 되었다. 나아가 23일에는 트루먼이 소련의 요구에 전면적으로 찬성했다는 소식이 전해졌다. 장개석이 모르는 사이에 미국과 소련이 중국의 영토인 만주 문제에 대해 거래를 하고 있다는 사실이 밝혀졌던 것이다. 이 같은 사실은 그를 격분시키기에 충분했다.

얄타의 협정에는 스탈린이 중국에 대해 미국과 밀약하고자 하면 미국 대통령은 중국에 그 밀약의 내용을 통보하고 동의를 요구해야 한다고 규정되어 있었다. 하지만 미국이 중국에 그것을 요구하면 미국의 후원으로 전쟁을 지탱하는 중국으로서는 그것을 전면적으로 거부하기 어려웠던 게 사실이었다. 장개석은 소련 단독의 여순 조차는 인정할 수 없었지만, 어디까지나 주권이 중국 측에 있다는 것을 전제로 중국과 소련이 공동으로 여순항을 이용하는 방향으로 소련과의 교섭에 임하기로 했다. 대 소련교섭의 책임자는 과거 미국대사로 항일전쟁에 미국을 끌어들이는 데 크게 공헌한 행정원장 송자문(宋子文)이었다. 그러나 소극적 대처로 송자문은 교섭이 지지부진하자 장개석으로부터 무능하다는 낙인까지 찍히고 말았다.

얄타협정으로 소련에 약속된 몽골독립과 대련항의 우선적 이용권과 여순항의 조차권, 동중국철도 및 남만주철도의 중국과 소련 공동경영권에는 장개석의 동의가 필요한 사항이었다. 이미 일본과의 전쟁을 결심하고 있었던 스탈린으로서는 실제로 대일전이 시작되었을 때 군사침공의 목표가 되는 만주의 전후처리를 중국 측과 협의할 필요가 있었다. 곧 개최가 임박한 포츠담회담 때까지는 소련의 요구에 대한 중국의 동의가 필요했었다. 7월에 모스크바에서 중소 교섭이 시작되자 소련은 여순 조차를 비롯한 중국 동북 문제뿐 아니라 중소 국경에 관한 모든 문제를 결부시켜 외교 공세를 펼침으로써 교섭의 주도권을 완전히 장악하고자 했다. 그중에서 우선 소련이 들고 나온 것이 몽골 독립에 관한 문제였다.

몽골은 원래 청제국의 판도에 편입되었던 지역으로 1911년 신해혁명을 계기로 중화민국으로부터 독립을 지향하려는 움직임이 활발해졌다. 중국은 다원적 민족국가(五族協和)로서 몽골(외몽골)의 독립을 인정할 경우 내몽골(현재 내몽골자치국)의 독립운동, 더 나아가서는 다른 민족의 독립으로까지 확대되어 자칫하면 중국 자체가 해체될 우려가 있었다. 그 때문에 중국은 몽골 독립을 결코 인정할 수 없는 형편이었다. 그러나 당시 제정러시아는 몽골 독립을 지지하지 않았으며, 사실상 외몽골은 독립상태였다. 1939년에 발생한 노몬한 사건은 일본의 관동군과 극동 소련군의 전투라고 생각하기 쉽지만 실제로는 만주국과 몽골 사이의 국경선을 둘러싼 문제가 발단이 되었으며, 몽골군은 소련 측에 가담해서 일본군과 싸웠다. 이처럼 몽골은 실제로는 소련의 위성국가가 되었지만, 중국은 물론 이를 승인하지 않았고, 또한 영국, 미국 등 주요 국가들도 그것을 승인하지 않았다. 그러나 소련은 얄타회담을 통해 그것을 승인받고자 했다. 소련은 중국과 동북 문제를 협의할 때 몽골 문제를 제기하고, 나아가서는 신강(新疆, 위구르) 문제를 결부시킨 외교 공세로 외몽골의 독립을 쟁취했다. 결국, 장개석은 외몽골의 독립을 용인하고 일본으로부터 탈환한 동북지방(만주)에서 소련의 권익을 인정한다는 고심에 찬 결단을 내릴 수밖에 없었다.

포츠담에서 미·영·소 3국의 회담이 열렸다. 이 회담에서도 장개석은 초청되지 못하는 외교적 굴욕을 당하게 되었다. 여기서는 아직 대일전에 참전하지 않았기 때문에 소련을 제외하고 미국과 영국이 대일 전후 처리 선언을 작성했는데, 중국은 다만 전보로 승인 서명을 요구받았다. 포츠담선언은 카이로선언을 계승한 것임에도 카이로선언에 서명한 중국에는 아무런 사전 상의도 없었다. 가장 오랫동안 일본과 싸웠으며, 그래서 국토가 황폐해진 중국에 대한 배려는 털끝만큼도 찾아볼 수도 없었다. 그러나 장개석은 자신이 이 조약의 수정 요구를 하면 미·영 2개국만 선언을 발표하지 않을까 두려웠다. 주중미국대사 할리는 장개석의 마지못한 동의를 얻어내자 포츠담의 트루먼에게 전보를 보냈고, 트루먼은 장개석 대신 사인을 한 후 포츠담선언을 발표했다.

일본 관동군의 패배

1944년 4월부터 일본 관동군은 중국에서의 최후의 대작전 '대륙타통작전(大陸打通作戰)'을 시작했다. 이것은 태평양전선에서의 일본군 패배의 결과였던 해상교통권 상실을 중국대륙전선에서의 육상교통권의 확보를 통해 보충하고자 한 작전이었다. 화북으로부터 화남에 이르는 철도, 운하를 비롯한 수로 등 교통선을 확보하면 만주로부터 프랑스령 인도차이나가 연결되고, 나아가 네덜란드령 인도차이나(인도네시아)와도 연락할 수가 있을 것이었다. 이 작전의 목표는 중국 서남부에 설치된 미국 공군기지를 점령하는 데 있었다. 일본은 중국전선의 제공권을 완전히 빼앗기고 있었을 뿐 아니고, 중국기지로부터 발진한 B29에 의해 한반도와 서일본까지 공습을 당했기 때문이다. 관동군은 약 반년에 걸려 북평(북경)으로부터 광주까지 대륙을 종단한 철도선을 점령하고, 나아가 서남으로는 계림(桂林), 유주(柳州) 등을 점령했다. 그러나 '타통(打通)'은 작전상 성공했으나 그 '타통'의 결과를 실제 작전으로 활용하는 데는 이르지 못했다. 즉 이는 중국전선에서의 일본의 우세를 회복하는 데 성공하지 못했고, 대전의 정국에 영향을 끼치지도 못했다.

1944년부터 화북의 연안(延安)을 중심으로 한 해방구(解放區)에 묶여 있으면서 관동군의 '삼광(三光)' 작전으로 힘을 쓰지 못했던 공산군인 8로군과 신4군이 반격을 시작했다. 그것은 관동군의 '타통 작전'으로 화북지방의 일본군이 화중과 화남으로 작전 범위를 이동시킴으로써 화북에 군사적인 공백이 조성된 결과였다. 그 후 공산군은 계속 해방구를 확대해 1945년 봄에는 북은 내몽골로부터 남은 해남도에 이르기까지 19개의 해방구가 성립되었다. 그 인구는 약 1억 명이었으며, 정규군이 91만 명, 민병은 220만 명에 달했다. 한편 국민당군은 중경을 중심으로 하는 서남부에서 전선을 펴고 관동군에 대항했다. 5월 국민당군은 일본군을 호남 서부의 지강작전(芷江作戰)에서 패퇴시키고 축출하는 전과를 올렸다.

이해 봄 공산당과 국민당은 각각 전국대회를 열어 전후(戰後)의 구상을 밝혔다. 4월에서 6월에 걸쳐 연안에서 열린 중공7전대회는 전회인 모스크바대회로부터 창당 이래 처음으로 모스크바의 지시를 받지 않은 중국공산당의 독자 대회였으며, 모택동의 권위가 명실공히 확립된 것을 내외에 과시한 대회였다. 개정된 당 규약에 처음으로 '모택동사상'을 모든 정치공작의 지침을 삼을 것이 결정되었다.

이 대회에서 모택동이 행한 정치보고가 〈연합정부에 관하여〉였는데, 그 내용은 신중국을 창조하기 위한 중국공산당의 방책을 상세하게 제시하는 것이었다. 이 속에서 모택동은 인민전선에 의거하여 항일전쟁을 계속해야 한다는 점을 주장함과 동시에 민주와 자유를 허용하지 않고 대중의 항일운동을 억압하고 있는 국민당의 일당독재와 반공정책을 종식시키고 모든 민주적 계급을 결집시킨 "전국의 압도적 다수 인민을 기초로 한 통일전선의 민주적 동맹의 신민주주의의 국가제도"를 제창했다.

같은 무렵인 5월 중경(重慶)에서는 국민당 6전대회가 열렸다. 이 대회가 공산당의 형식이라는 비판에 눌려 결국 11월에 민주적인 국민대회를 열어 '헌정'으로 이행할 것이 결정되었다. 그 국민대회가 어떤 성격을 지니며, 어떻게 구성될 것인가는 확실치 않았으나 적어도 공산당을 배제하고자 하는 것만은 분명했다. 이에 모택동은 이를 "광범한 인민과 모든 민주정당을 고려하지 않은 국민당의 반(反)인민집단의 당리당략"으로 비판했다.

8월 히로시마와 나가사키에 원자폭탄이 투하되고, 소련군이 참전의 열매를 따 먹기 위해 서둘러 만주로 진격해 왔다. 8월 10일 일본은 마침내 천황제 유지를 조건으로 포츠담선언을 수락하고 연합군에 항복했다.

전후의 국공내전

전후를 둘러싼 국공(國共)의 주도권의 대결은 일본이 포츠담회담을 수락한 다음 날부터 시작되었다. 8월 10일 깊은 밤, 연안의 8로군 총사령관 주덕(朱德, 주더)은 모든 공산군 무장부대에 명령하여 관동군을 무장 해제하고, 만약 반항하는 자가 있으면 섬멸하라고 재빨리 선수를 쳤다. 이에 대해 연합군의 중국전구(中國戰區)의 책임자 장개석은 다음날 주덕에게 "모든 해당 집단군 소속부대는 현지에 주둔하여 명령을 기다리고… 함부로 행동하지 말 것"을 엄명함과 동시에 국민당군 직할부대에 긴급 진격을 명령했다. 이에 대해 주덕은 "이 명령은 공정치 않을 뿐 아니라 중화민족의 이익에 반하며 일본 침략자와 조국을 배반한 한간(漢奸, 중국 스파이)에게 유리할 뿐이다."라고 하며 거부했다.

8월 15일 장개석은 관동군 총사령관 오카무라(岡村寧次) 대장에게 국민당군에 투항할 것과 "현 무장 장비를 유지하며, 소재지의 질서유지를 담당하라"고 명했다. 이러한 항복 수리 문제는 전후 국공 대립의 초점이 되었다. 주덕도 같은 날 오카무라 대장 앞으로 일본군은 8로군, 신4군, 화남 항일종대 등 공산당계 군에게만 투항할 것을 명했다. 두 가지 명령을 받은 일본군은 만일 공산군이 항일모일(抗日侮日)의 행동을 취한다면 굳게 응징해야 할 것이라고 각 부대에 통달했다. 공산당이 오카무라를 중국 전선에서의 전쟁범죄자로 내몰고 국민당이 그의 전쟁책임을 면제해 준다면 그의 선택은 분명하게 국민당에 기울기 마련이었다. 남경에서 이루어진 오카무라와 관동군 부참모장의 회담에서는 공산군의 공격에 대하여 점령 지역을 확보하는 일이 논의 되었다. 산서성에서는 국민당군과 관동군이 합동하여 실제로 공산군과 싸웠으며, 국민당군의 도착이 늦어진 산동성 등지에서는 공산군과 일본군의 격전이 계속되었다. 미국이나 소련까지도 각각 그 의중은 다르기는 했으나 중앙 정권이었던 장개석을 지원했기 때문에 누가 보아도 국민당의 우위는 명백했다.

국공 양당의 내전은 승리 1년 후 1946년 7월에 시작되었다. 애초 국민당군은 연안마저 수중에 넣는 등 그 승리가 확실해진 듯 보였다. 그러나 1947년 초 인민해방군이라 개칭하고 반공(反攻)을 개시한 공산당군은 1948년 9월부터 요심(遼瀋, 금주와 심양 일대), 유해(惟海, 서주 일대), 평진(平津, 북경 천진)의 3대 전역(戰役)에서 승리했으며 드디어 장강(양자강)을 건너 4월 23일 남경을 점령하게 된다. 패배한 장개석은 '중화민국'을 안고 대만으로 넘어갔다. 그리하여 1949년 10월 1일 모택동은 북경의 천안문 앞에서 '중화인민공화국' 성립을 선포했다. 그러면 전쟁 중 외교적으로도 정통성을 지녀왔으며, 군사력에서도 우세했던 장개석의 국민당 정부가 어찌하여 그렇게 쉽게 무너졌을까?

장개석 정권의 몰락 배경 – 부패한 국민당 정권과 모택동의 정풍운동

1945년 9월부터 국민당 정부의 군대와 관료들이 승리에 도취해서 북평(북경) 천진, 상해, 남경, 무한, 광주 등 도시로 돌아왔다. 민중은 이들 개선장군을 열광적으로 환영했다. 그러나 사람들은 곧 실망하게 되었다. 중경에서 부패할 대로 부패했던 그들은 마치 굶주린 독수리처럼 지금까지 일본군이나 한간(漢奸)들이 장악하고 있던 공장, 창고, 선박, 차량 등 물자를 닥치는 대로 접수하여 자기들 수중에 집어넣었다. 유망한 기업들을 몰수하여 국영화로 위장하여 장개석 일가를 비롯한 4대 가족의 지배 아래에 두었다.

내전이 시작되자 방대해진 재정적자를 메우기 위해 국민정부가 화폐를 남발하게 됨에 다라 가공할만한 인플레이션이 진행되었다. 그리하여 1947년 말에는 물가가 내전 개시 전보다 14만 5,000배가 되어 예전 같으면 소 3마리나 살 수 있었던 돈이 성냥 1갑의 가치밖에 되지 않았다. 원료가 부족했고 운영자금도 달렸던 토착 상공업은 미국의 대량 잉여 물자가 들어옴으로써 경쟁에 밀려 차례로 도산했으며, 대규모 실업자들이 거리에 흘러넘쳤다. 생산이 급격히 저하되자 굶어 죽는 사람은 1946년 한 해만 해도 천만 명을 헤아렸다. 당시 상해에서 이 참상을 겪게 된 어느 문학자는 이 상황을 '참승(慘勝)'이라 표현했다. 즉 승리라고는 하지만 그것은 너무나 비참한 승리였으며, 오히려 일제가 지배하던 시대보다 사회적으로 더 무질서해졌던 것이다.

1946년 11월에 미군 병사가 여학생을 강간한 사건을 계기로 학생들의 반미시위가 일어나 다음 해 5월에는 반(反)기아, 반(反)내전, 반(反)박해의 '520 학생운동'으로 확대 발전되었다. 한편 도시빈민의 쌀 소동은 전국의 38개 도시로 확산되었다. 이에 대해 국민정부는 '사회질서유지법'(1947년 5월)을 제정하여 탄압했다. 전승 후 2년도 지나지 않아 국민당 정부에 대한 국민의 신뢰는 완전히 땅에 떨어졌던 것이다.

한편 모택동이 이끄는 공산당은 1950년대 말부터 전후 새로 생겨난 해방구에서 '감조감식(減租減息, 조세와 이자를 내림)' 정책을 펴는 한편 국민정부의 탄압행위에 대해 '청산(淸算)투쟁'을 전개했다. 즉 민중들이 궐기하여 전쟁 중에 일본에 협력하여 인민을 죽이거나 억압했던 한간과 악덕 지주들을 규탄하여 그 재산을 몰수하거나, 재판을 통해 처형했다. 이 투쟁을 통해 해방된 민중의 에너지는 곧바로 토지혁명으로 발전했다. 1946년 5월 4일 모택동은 '청산(淸算), 감조(減租) 및 토지 문제에 관한 지시'를 발포하여 지주의 토지를 몰수하여 경작 농민에게 그것을 분배하는 정책을 지시했다. 이 토지혁명의 진행은 농민들의 혁명에 대한 의욕을 불타오르게 했으며, 반(半)봉건 지주세력을 기반으로 하는 장개석을 비롯한 국민당과의 대립을 결정적으로 만들었다.

공산당은 '지시'에 이어 1947년 10월에는 '중국토지법대강'을 발표하여 모든 지주의 토지소유를 폐지시키고 '경자유기전(耕者有其田)'이라고 한 손문(孫文)의 정책을 실행하며 철저한 토지 균분을 추진했다. 마을 단위로 농민대회 및 빈농단(貧農團) 대회가 열려 스스로 위원회를 선출하여 그 위원회가 토지혁명의 집행기관이 되었다. 토지혁명은 농민들의 열광적인 환영을 받았다. 비록 많은 지구에서 혼란과 과열이 생기기도 했으나 공산당에 대한 농민의 지지는 절대적인 것으로 되었다. 한번 손에 넣은 토지를 잃지 않으려는 농민들은 줄지어 인민해방군에 입대하여 국공내전(國共內戰)을 승리로 이끌었다.

연합국의 원조로 막강해진 국민당군의 공세에 곤란에 빠진 공산군은 이미 전쟁 전부터 당과의 개조를 시행하고 있었다. 국민당 정부가 부패했던 상황에 대비하여 모택동 정부는 이른바 '정풍운동(整風運動)'을 통해 당을 개조하려 했다. 그것은 당내에 암약하는 스파이를 적발하여 당의 사상을 순화시키는 운동이었으나, 한편 개인의 이기적 행위를 감독하여 부패를 추방하는 데 기여했다. 군의 개혁은 '정병간정(精兵簡政)'을 슬로건으로 내걸고 군대 내에 불필요한 군더더기를 제거하고 인민해방군을 정예화했다. 미군의 고문관이 해방구를 방문하여 이러한 현상을 보고 국민당군과 비교하여 공산당의 깨끗한 정치문화와 군기에 놀라게 된 것도 무리가 아니었다.

항일전쟁 후 국공내전에서 공산군이 승리할 수 있었던 것은 이러한 당과 군대를 만들었던 모택동의 정풍운동이 존재했기 때문이었다. 그러나 동시에 정풍운동 때문에 상의하달(上意下達)의 일방통행이라는 약점이 더욱 강화된 것도 사실이다. 중화인민공화국의 성립 이후 공산당의 일당독재와 그것과 불가분한 전제정치의 피해가 야기된 것도 여기서 기인한 것이다.

2. 중화인민공화국의 성립

중화인민공화국의 성립

모택동이 1949년 10월 1일 북경의 천안문광장에서 중화인민공화국의 성립을 선언한 이래 60여 년 동안의 역사는 1976년을 전후로 하여 두 시기로 나누어진다. 전반은 모택동시대이고 후반은 등소평(鄧小平, 덩샤오핑)과 그의 후계자의 시대이다. 중화인민공화국은 중국 인민정치협상회의(正協)에 의해 조직되어, 중국공산당의 주석인 모택동이 국가주석으로 취임했다. '정협'이란 노동자, 농민 등에 의한 통일전선조직으로 그 '공동강령'에는 '인민민주주의 독재'라는 말로 공산당에 의한 통치라는 의미가 간접적으로 표현되어 있었다. 당시 중국공산당의 당원 수는 449만 명(인구비 0.8%)에 불과했다.

새로운 정권은 건국 후 겨우 3년 만에 국민경제의 부흥을 이루어 내었다. 중일전쟁, 국공내전을 통한 피해가 컸으며, 한국전쟁 참전에 의한 과중한 부담을 생각한다면 놀라울 만큼 빠른 속도였다. 이미 살펴본 대로 이 동안에 '토지개혁법'이 시행되어 지주의 토지는 경작농민에게 무상으로 분배되었다. 토지를 손에 넣은 압도적 다수 농민(전 인구의 85%)은 공산당의 강력한 지지자가 되었다. 그들 농민에게 모택동의 권위가 크게 신장되었고, 그들은 새 나라 건설에 투입되었다. 이러한 성과를 기반으로 하여 1954년에는 '번영과 행복의 사회주의 사회'를 목표로 하는 〈중화인민헌법〉이 제정되었다. 공산당은 원래 착취가 없는 이상향으로서의 공산주의 사회의 건설을 최종목표로 하는 당이지만, 그 경지에 도달하는 과도기로서 '사회주의' 단계가 설정되었다. 중국의 사회주의 건설은 소련의 경험을 배워 중공업건설을 선행시키는 〈5개년계획〉 방식을 취했다. 즉 국유기업을 주축으로 한 '계획경제' 시스템의 확립이 그 핵심 부분이었다.

모택동은 건국 이전인 1949년 7월 '향소일변도(向蘇一邊倒)'를 선언하여 소련을 배우고 무엇이던 소련의 말을 듣겠다고 선언했다. 이에 소련도 맞장구를 쳐서 중국의 건국선언 다음날 새 중국을 승인하는 최초의 국가가 되었다. 모택동은 건국 직후 12월 소련을 방문하고 다음 해 2월에 '중소우호동맹 상호원조조약'을 맺기까지 모스크바에 2개월 동안 체재하여 끝내 원조를 받아내었다. 이 시기는 중소의 밀월 시대였다. 하지만 스탈린은 내면적으로 모택동을 견제하고 있었다. 말하자면 소련의 지시를 받지 않고 자력으로 혁명을 성공시킨 모택동에게 그는 유고슬라비아의 티토와 마찬가지로 언제든 그의 품을 벗어날지도 모른다는 불신감이 있었다. 하지만 중화인민공화국의 성립은 미국에 의한 대소봉쇄정책(對蘇封鎖政策)을 돌파할 수 있는 획기적 사건이었으며, 새로운 중국과의 우호관계의 강화는 소련의 국제적 입장을 비약적으로 강화시켜 주는 것이었다.

한편 중국으로서도 미국을 비롯한 서방 자본주의국가와의 우호관계나 경제원조를 기대할 수 없는 당시의 상황에서는 소련과의 우호나 경제적·기술적 원조가 불가결했다. 이 조약은 미국의 아시아정책에 대한 대책으로, 특히 대일본 공동방위조약과 중국에 대한 경제원조로 3억 달러의 차관 제공 등을 규정하고 있었다. 한편 소련은 과거 국민정부와의 우호통산조약에 의해 획득한 장춘, 여순항, 대련에 대한 소련의 권익을 새 정부로부터 보장받았다. 그리하여 새 정부는 동서냉전에서 사회주의 진영의 일원으로 여러 해에 걸친 전란을 통해 국민당이 남겨놓은 엄청난 인플레이션으로 황폐해진 국토의 부흥과 건설을 개시했다.

1949년 당시 중국의 생산량은 전쟁 전의 최고 생산량과 비교하여 농업은 25%, 경공업은 30%, 중공업은 70%나 감소하여 국고가 비어 있었다. 그 때문에 인플레이션이 계속 진행되어 1949년 6월부터 연말에 걸쳐 상해의 도매물가가 12배나 올랐다. 새 정부는 개혁을 통해 경제부흥을 창출하기 위해 전력을 기울였다.

3. 모택동의 사회주의국가 창업

중국의 사회주의화 과정

모택동은 중국이 아직은 지체된 봉건제의 농업국가이기 때문에 곧바로 사회주의로 발전할 수 있는 경제적 조건이 아직 갖춰지지 않았다고 생각했다. 그는 공산당의 감독하에서 자본주의를 발전시켜 조건이 정비된 후에 사회주의화를 추진하고자 했다. 그는 이 노선을 '신민주주의(新民主主義)'라고 했다. 그것은 '아직 본격적인 사회주의가 아니다.'라는 의미이기도 했다. 그것은 자본주의를 용인한 것이었으며, 개인경영자나 사기업의 국유화에는 신중했다.

이 노선에 의해 모택동은 1950년 6월에 〈토지개혁법〉을 포고했다. 그는 지주로부터 토지를 빼앗아 영세한 소작농에게 토지를 분배해 주었다. 1952년 말에는 3억의 농민에게 토지를 분배했다. 농민들은 자신의 토지가 생기자 생산의욕이 높아졌다. 농산물의 생산량이 급속히 높아져 전쟁 이전의 수준을 넘어섰다. 개인영업자나 사기업의 경영자들도 자신 이익의 극대화를 도모한 나머지 크게 발전했다. 여기에 더해 새 정부는 국민당 정부와 달리 부패를 추방하는 정풍운동을 전개하여 인민의 신뢰와 협력의 정신이 크게 진작되었다.

1952년 말에는 공업과 농업의 생산량이 새 중국 건국 전의 최고수준을 넘어섰다. 1953년 말 인구조사에서 중국인의 인구는 약 6억 명에 달했다. 정치체제도 정비되었다. '국회'인 전국인민대표의 대표위원 1,226명이 선출되어 1954년 9월에 제1회 회의가 열렸다. 다만 선출된 위원은 자유선거가 아니고 공산당이 추천한 후보자를 신임하는 투표를 통해 선출되었다. 인민대표대회에서 정식 헌법이 제정되고, 국가의 지도자가 새롭게 선출되었다. 국가주석에 모택동, 부주석에 주덕(朱德), 전국 인민대표대회의 위원장은 유소기(劉小奇, 류사오치), 국무원(내각) 총리에는 주은래(周恩來, 저우언라이)가 선출되었다.

새 중국이 건국된 후에도 국내에는 아직 국민당의 잔당이 남아있었다. 지방에는 봉건적인 지방 보수세력들이 많아 공산당의 개혁에 저항했다. 공산당은 이러한 저항 세력을 배제하고자 했다. 1950년에는 '반(反)혁명 활동 억압에 대한 지시'가 발포되어 3년간 전국에 걸쳐 70만 명이 '반혁명분자'로 처형되었다. 그것은 많은 경우 공개처형이었다. 광장에 군중을 소집하여 죄인의 죄명을 발표하고 그 앞에서 총살했다. 사람들은 이것을 보고 "공산당을 거슬리면 이 꼴이 된다."라는 걸 명심하게 되었다. 또한, 처형을 면하더라도 많은 사람이 강제수용소에 보내어졌다. 이것을 '노동을 통해 개조(改造)한다'는 뜻으로 '노개(勞改)'라고 했다. 저항세력이 숨어있지 않을까 감시하는 조직으로 전국의 각 공장에 '치안위원회'를 설치하기도 했다. 정치체제가 확립되고, 반대파도 숙청되었으며, 경제 수준은 중국의 역사상 최고를 기록했다. 그것도 3년간이라는 단시일에 성취되자, 모택동은 '사회주의로 발전할 수 있는 기반이 형성되었다'고 생각했다. 사회주의로 가는 도정은 시간이 걸린다는 다른 사람들의 충고에도 본인은 사회주의 사회가 곧바로 실현되리라 믿고 있었다. 그리하여 1953년에 일찍이 '신민주주의'의 종료가 선언되었다. 이미 사회주의로의 '과도기'에 돌입한 것이다.

1953년부터 공업은 제1차 5개년계획이 시작되어 소련으로부터 원조를 받아 대형 중공업의 프로젝트가 각지에서 개시되었다. 공업화는 국민의 소비생활 향상에 연결되는 경공업이 아니라 중공업에 치중했다. 그것은 국력향상을 목표로 한 정책을 우선한 결과였다. 게다가 그 중공업 공장들은 내륙부에 건설되었다. 경제가 발달하고 인구가 집중했던 곳은 연해부(沿海部)였기 때문에 경제성장의 효율을 따진다면 당연히 연해부에 공장을 건설해야 했다. 그러나 냉전이 시작되어 만일 미국이나 일본이 연해부를 공격하게 되어도 내륙부의 공업지대에 의해 중국의 경제가 살아남을 수 있다는 전략이었다. 그러나 당시 중국의 내륙부는 도로도 정비되지 못했고 발전소도 불충분했다. 전혀 산업기반이 없는 곳에 공장을 건설하려고 하여 효율도 낮을 뿐 아니라 생산성이 극도로 떨어졌던 것이다.

농업부문에서의 사회주의화는 농업의 집단화였다. 공산당은 국공내전 때부터 대지주의 농지를 몰수하여 빈농들에게 분배하는 방침으로 농민의 압도적 지지를 얻었으나 막상 사회주의를 추진하면서는 일단 농민들에게 나누어 준 토지를 다시 빼앗는 방향으로 나갔다. 농가에서 농지란 생산수단이다. 생산수단의 사유화는 인정하지 않는 것이 공산당의 입장이었다. 왜냐면 생산수단을 개인이 소유하면 그것으로 타인들을 착취하거나, 계획이 없는 생산으로 혼란이 일어날 염려가 있다고 간주했다. 생산수단을 국유화하거나 '인민소유'로 하면 착취가 일어날 수가 없으며, 계획경제에 의해 생활이 안정될 수 있다는 생각을 모택동은 가지고 있었던 것이다. 스탈린도 같은 발상에서 농업의 집단화를 추진하여 그것이 소련에서의 농업생산 정체화의 배경이 되었으나, 그 결과가 밝혀진 것은 그 후에 일이었기 때문에 중국으로서는 소련에 이어 그것을 답습했던 것이다.

중국에서의 농업의 집단화는 3단계로 나누어졌다. 최초 단계는 '호조조(互助組, 상호 돕는 모임)'로 이웃끼리 상호 협조하는 모임을 만들 것을 장려했다. 평소 각자 영농하는 농가들이 농번기에 서로 돕는 것으로 우리나라 농촌의 두레와 같은 것이었다. '호조조'로 농민들이 집단농업에 익숙해지면 다음 단계인 '합작사(合作社)'로 발전한다. '초급 합작사'에서는 20호로부터 30호의 마을을 단위로 하여 농민은 자신의 토지나 가축을 합작사에 출자하고 그 후 한 사원으로 합작사의 경영에 참가하고, 공동으로 노동에 참여하는 것이었다. 생산물은 사원 전원에게 분배되었는데, 토지와 가축을 출자한 정도에 따라 각각 계산된 분배를 받는 것이다. 최종 단계의 '고급 합작사'는 200단위가 된다. '고급 합작사'에서는 토지와 가축이 집단 소유가 된다. 따라서 각 농가가 출자한 토지와 가축에 대해 그것을 출자한 농가의 권리는 소멸된다. 여기서는 집단으로 노동하고 생산물도 평등하게 분배하는 것이다.

호조조나 초급 합자회사가 전통적인 농촌사회에서 처음에는 잘 진전되지 못했으나 이에 불만을 품게 된 모택동이 닦아세우자 1956년에는 전국 농촌의 90% 이상이 한꺼번에 급격한 농업 집단화를 이룩하게 되었다. 하지만 합작사에서 생산된 많은 부분이 국가에 공출되었다. 모택동 정권은 농민으로부터 공출한 농산물을 공업개발을 위한 소련으로부터의 '원조'의 대가를 보상하는 데에 거의 다 써 버렸다. 소련으로부터의 원조란 무상이 아니었던 것이다. 따라서 대금을 지급해야만 했으나 모택동 정부는 외화가 없어 농산물로 지급하지 않으면 안 되었다. 하지만 중국에서 농산물은 그 공급에 여유가 없었기 때문에 농민이 소비해야 할 곡물마저 국가가 공출하여 수출하는 '기아수출(飢餓輸出)'이었다. 그리하여 중국은 농업을 희생시켜 공업개발 추진하게 되었다.

모택동의 사회주의적 독재정치

1953년부터 시작된 '사회주의로의 과도기'는 1956년에 이미 끝나고, 그해부터 사회주의제도가 기본적으로 확립되었다고 선언했다. 1956년에 열린 공산당 제8회 전국대회에서 모택동은 중국에서는 이미 사회주의 사회가 본격적으로 실현되고 있다고 주장했다. 당시 중국의 공산당원은 1,073만 명에 달했기에 모택동은 만족했고, 여기서부터 모택동의 과신이 시작된 것이다. 장기적 목표에 지나지 않았던 사회주의 체제가 이렇게 쉽게 실현될 수 있다면 선진국을 따라잡는 것은 시간문제라는 것이 그의 생각이었던 것이다.

현실은 모택동의 희망처럼 진전되지 않았다. 농민들은 모처럼 획득했던 자신들의 토지를 농업 집단화를 통해 상실하게 되었으며, 경작 농지가 '내 땅'이라는 의식이 없어짐으로써 노동의욕이 감퇴했다. 그리하여 집단화는 결국 농업 생산성을 떨어뜨리게 되었다. 나아가 1957년이 되면 합작사로부터 탈퇴하는 농민이 늘어나 합작사가 해산되는 경우가 생기기도 했다. 공산당이 주도하는 국가체제가 확립되었으나 모택동은 결코 현상에 만족하지 않았다. 1957년 2월에는 〈인민 내부 모순을 바르게 처리하는 문제에 관하여〉라는 강연을 하여 공산당에 대해 당 외에서 적극적인 비판을 환영한다고 했다. 이것이 '백화제방(白花齊放), 백가쟁명(百家爭鳴)'이었다. 즉 모든 사람이 자유롭게 발언하고 공산당에 대해서도 비평해 보자고 호소했다.

공산당이 주도하는 체제가 되어 있었으나 새 중국에는 공산당 이외의 8개의 민주당파가 연립 정권의 형태를 지니고 있었다. 이들 공산당 이외의 세력은 어떠한 생각을 하고 있는가? 그들이 공산당의 위협이 되지 않겠는가? 모택동은 그것을 확인해 보고자 했다. 그러나 사실상의 공산당 독재체제 속에서 공산당을 비판한다는 것은 대단한 용기가 필요한 것이었다. 누구도 쉽게 발언하기를 꺼렸다. 모택동은 언자무죄(言者無罪, 말하는 자는 죄가 없다)라는 슬로건을 내걸고 자유롭게 비판하도록 재촉했다. 모택동의 이와 같은 열성적인 요구를 받아들여 공산당과 함께 새 중국을 건국하는 데 전력을 다했던 '민주당파' 사람들이 서서히 입을 열기 시작했다. 당이 천하를 손에 넣은 사태에 대한 비판이 튀어나온 것이다. 공산당의 독재로 국가기관의 모든 수뇌부에 공산당원을 배치하고, 공산당이 모든 것을 결정하는 현상을 비판하기 시작한 것이다. 당과 국가기관의 분명한 구별을 요구한 의견도 나왔다.

공산당에 대한 여러 비판이 분출한 뒤 모택동의 반격이 나타났다. 〈백화제방 백가쟁명〉의 호소가 시작된 지 겨우 4개월 후인 1957년 6월 모택동은 "조직적인 힘으로 우파분자의 광기 어린 공격에 반격하자!"라는 당내 지시를 발표했다. 공산당을 비판한 인물에 대한 탄압에 나서게 된 것이다. 이것이 '반우파투쟁(反右派鬪爭)'이었다. 공산당을 비판한 세력은 '지식분자'라고 불린 사람들이었다. 당시 중국에는 문맹률이 높았으며, 읽고 쓰기가 되고 자신의 의견을 주장할 수 있는 인물은 지식분자라고 분류되었다. 반우파투쟁에서는 공산당을 앞장서서 비판한 사람뿐 아니라 '지식분자'들이 모두 '사상개조'의 대상이 되었다. 모택동의 사회주의 노선에서는 노동자와 농민만 중요했고, 비판정신을 지닌 지식인은 귀찮은 존재에 불과했다.

이 반우파투쟁에서 55만 명이 넘는 사람들이 '우파'로 인정되어 직장에서 쫓겨나거나 좌천되었으며, 11만 명 이상이 투옥되었다. 모택동이 "우파는 인구의 5% 정도일 것이다."라고 발언했기 때문에 이 기준을 기계적으로 적용하여 직장의 5%를 우파로서 인정하여 추방한 기관도 나타났다. '우파'라고 인정된 인사의 가족들도 같은 운명에 처하게 되었기 때문에 피해를 본 사람은 200만 명이 넘는다고 추정하기도 한다. 이 55만 명 중 53만 명은 모택동이 사망한 지 3년 후에 겨우 명예회복을 했기 때문에 너무나 늦은 괘도 수정이라 할 수 있다.

그러면 모택동은 왜 '백화제방, 백가쟁명'을 주장하고 그 뒤 그 주장을 바꾸어 '반우파투쟁'을 추진했는가? 모택동의 방침전환을 호의적으로 해석한다면 당이 모르고 있던 것을 당 외부로부터 솔직히 지적함으로써 당을 개선해 보려고 했는데. 예상 이상으로 비판이 심해져서 반격이 시작되었다고 해석할 수 있을 것이다. 그러나 실제로는 최초로부터 '반(反)공산당 분자'를 노출하기 위해 "자유롭게 비판하라"고 선동했을 가능성이 더 짙다. 모택동은 급속하게 사회주의화를 추진하고자 했다. 그것이 잘 진행되지 않으면 "우파들이 방해한다"고 생각했다. 자본주의 사상은 뿌리가 깊어서 항상 인민에게 '올바른 사상'을 각인시켜 주지 않으면 자본주의로 되돌아갈 염려가 있다고 생각했다.

대약진운동

모택동은 '지식인'들을 동요되기 쉬운 적대적인 세력으로 간주했다. 그리하여 모택동의 행동에는 항상 반(反)지식인적인 모습이 있었다. '백화제방 백가쟁명'으로 비판을 입에 담은 계급은 대부분 철저한 탄압을 받았다. 이러한 모습을 본 중국 인민들은 누구도 모택동이나 공산당을 비판할 수 없었다. 지도자로서의 인간은 누구라도 잘못을 저지를 수 있는 존재임에도 중국에서는 모택동이 어떤 잘못을 저질렀더라도 아무도 비판할 수 없었다. 그 때문에 모택동의 폭주는 아무도 막을 수 없었고 거대한 중국은 사회주의의 역사상 어디에서도 찾아볼 수 없는 폭주를 시작했다. 그것이 '대약진정책(大躍進政策)'이었다.

1956년 9월 중국공산당 제8회 전국대회가 열려 '사회주의 건설의 총 노선이 채택되었다. '대약진정책'이 시작된 것이다.

모택동이 '백화제방'과 '반우파투쟁'을 통해 독재적 지위를 확립하자 그 다음 단계로 모택동에 대한 개인숭배가 추진되었다. 그는 '위대한 지도자'라 불리게 되었다. 그리고 '위대한 지도자'는 결코 오류를 범할 수 없기 때문에 모택동의 지시는 반드시 그대로 지키지 않으면 안 되었다. 중국공산당은 모택동의 개인숭배를 추진하여 당의 권위를 높이고, 당의 권력을 더욱 굳게 하고자 했기 때문에 그 개인숭배로 누구도 모택동의 의사를 거슬릴 수가 없었고 그를 맹종했다.

모택동은 '대약진정책'으로 중국 국민에게 '지상 낙원'을 약속했다. 공산당은 모택동이 지시하는 데로 실천하면 생활이 풍부해지고 필요한 것은 모두 손에 넣을 수 있는 이상향이 실현될 것이라고 선전했다. 모택동은 논에 벼를 밀식(密植)하면 그만큼의 더 많은 벼 이삭이 경쟁적으로 펴서 쌀의 풍작을 이룰 수 있다고 지시했다. '위대한 지도자'의 지시에는 잘못이 있을 수 없어 현장에서는 '밀식의 성과'를 강제로라도 달성하지 않으면 안 되었다. 모택동이나 당 간부의 현지 시찰이 있을 때면 현장의 책임자는 벼를 뽑아 한 장소에 모아 "벼가 수북하게 펴서, 아이가 앉을 수도 있다."라는 모습을 보였다가 시찰이 끝나면 벼를 원위치로 다시 옮겨 심는 예도 있었다.

이러한 예가 대대적으로 발표되면 이 밀식 방법은 전국적으로 일제히 채용되어 실제로는 쌀의 생산량이 감소하게 된다. 실제로 쌀 생산이 감소하더라도 중앙정부에는 '쌀이 풍작'이라는 보고가 올라가곤 했다. 당시 소련 중국을 비롯하여 북한 등 사회주의국가에서는 "벼를 밀식하면 대풍작을 이룰 수 있다."라는 황당무계한 이론이 일세를 풍미했었다. 그것은 소련의 생물학자 루이센코의 '마르크스주의 이론을 생물학에의 응용'에 의거한 사이비 과학적 근거에 의한 것이었다. 마르크스주의에 의하면 자본주의 사회에서는 노동자들이 같은 계급으로서 단결, 협력함으로써 자본가들과 싸워 혁명을 일으켜 사회주의를 실현시키는 것이 '역사의 필연'이며, 그것이 과학이라고 되어 있다.

이 이론을 자연계의 식물세계에 단순하게 적용하면, 식물도 고밀도(高密度)로 같은 종(種)의 것을 심으면 인간사회에서 노동자들이 협력하는 것처럼 같은 종의 식물이 서로 도와서 풍작이 될 수 있다는 이론이었다. 즉 '같은 계급'의 식물들은 햇빛이나 비료를 흡수하는데도 서로 싸우지 않을 것이라는 전제에서 있는 사이비 이론이었다. 그것은 동식물이 각각 유전적 특질이 있다는 현대에서는 극히 당연한 이론마저 부정하고 환경이 동식물의 성질을 결정한다는 주장이었다. 환경이 변하면 사람도 변한다는 공산주의 이론을 단순하게 식물학에 적용한 것이었다.

농촌에서 태어났지만, 농업에 대한 경험이 전혀 없었던 모택동은 루이센코의 학설을 중국농업의 '대약진 정책'에 도입했다. 모택동은 이미 그 시점에서는 개인숭배의 대상이 되었기 때문에 모택동의 지시에 누구도 반대를 주장할 수 없었다. 이 밀식 방법은 중국에서 농사를 망치는 참사를 일으켰고 그것은 후에 북한에서도 김일성이 북한 농업에 도입함으로써 식량생산에서 큰 피해를 가져오는 결과를 낳았다.

모택동의 황당무계한 농업개혁은 밀식뿐 아니었다. 이는 그 뒤에도 '농지심경(深耕)', '농지관리', '작물보호', '수리관개(水利灌漑)' 등으로 이어졌다. 농지심경이란 논밭을 깊이 갈아엎어야 농작물이 풍성해진다는 근거 없는 이론으로 농민들에게 덮어 놓고 깊게 갈아엎으라고 요구했다. 지역 차를 무시하고 전국에서 일률적으로 깊게만 경작했기 때문에[지하 3m를 갈아엎은 때도 있었다. 표토(表土)가 옅은 토지는 표토의 자양분을 잃는 경우도 발생했다] '농지관리'는 윤작(輪作)을 의미하는데, 밭에 같은 작물만 매년 심으면, 지미(地味)를 잃기 쉬우므로 정기적으로 휴경이 필요하다는 지시였다. 그 자체가 틀린 이론은 아니었으나 그 방법으로 기계적으로 일제히 밭을 휴경했기 때문에 경작할 농지가 격감했다. '작물보호는 유해생물의 구제(驅除)를 의미했다. 참새, 들쥐, 곤충, 모기 등을 '4악'이라 규정하고 그것을 절멸하기 위해 인해전술을 전개하곤 했다. 농민들이 총동원하여 북이나 냄비를 두드려 참새를 놀라게 하면 참새가 지상에 떨어지지 못하고 계속 날아다니다 결국 피로에 지쳐 죽을 것이라는 코믹한 정책이었다. 믿지 못할 사태로서 전국에서 일제히 참새퇴치운동이 전개된 것이다. 이 운동으로 참새가 경작지로부터 쫓겨 가자 이번에는 천적이 없어진 곤충의 번식이 창궐하여 농작물의 피해가 커지게 되었다. '수리관개'는 대규모 관개공사로 댐이 건설되었다. 이 작업에도 인해전술로서 농민들이 동원되었다. 고도한 기술이나 시멘트나 철강도 사용함 없이 인력만으로 토사를 쌓는다는 수준의 공사였다. 그 때문에 곧바로 무너지는 경우가 많았다. 농민들이 이 공사에 동원되었기 때문에 중요한 농사일이 이루어지지 않는 경우도 빈발했다.

이러한 시행착오는 농촌 출신인 모택동이 일찍부터 농사일은 하지 않고 사범학교 도서실에서 공산주의 이론이나 시를 쓰면서(그는 사상가이며, 시인이기도 했다) 청년 시절을 보낸 그의 탁상공론이 빚은 결과였다. 그러나 그는 '위대한 지도자'였고 그의 지도는 오류가 있을 수 없었기 때문에, 그의 마음에 들지 않으면 정치적인 장래가 어려워진다는 것을 두려워한 관료들은 비록 그의 지시가 틀린 것이라는 것을 알면서도 거역할 수 없었다. 관료들의 허위보고가 뒤따랐다. 곡물의 평균 수확량이 1무(畝)에 5톤이 정상이었으나 그 2, 3배의 생산이 달성되었다고 보고되곤 했다. '식료생산이 순조롭게 이루어지고 있다.'라는 보고를 받은 모택동은 돼지를 먹여도 식료품이 남아돈다는 환상적인 잉여식량의 처분에 고민했다고 전해진다. 그 때문에 국가에 납부되는 곡물의 양이 실제로 수확된 양보다 더 많아지는 경우가 많아 인민공사의 저장고는 비어 갔다. 1959년에는 기근이 엄습했다. 체력이 떨어진 병자와 노인들이 차례로 아사해 갔다.

모택동의 '대약진정책'에서 농업과 함께 철강생산도 중요한 지주가 되었다. 당시 흐루쇼프의 "미국의 경제력을 15년이면 따라잡는다"는 선언이 있었는데 이를 의식한 모택동은 당시 세계에서 경제력으로 2위였던 영국을 15년에 따라잡는 목표를 세웠다. 구체적으로는 공업의 '쌀'인 철강 생산량을 영국 수준으로 제고시키는 것이었다. 중국의 철강 생산량은 1957년 535만 톤이었는데, 그것을 다음 해에는 그 2배인 1,070만 톤으로 목표를 세웠다. 이 배증

계획이 이루어졌다는 관료의 보고를 받고는 다음 해에는 그 목표가 2,700만 톤으로 배가되었다. 그러나 철강생산을 위해 새로운 제철소가 건설되었던 것은 아니었다. 제철기술에 무지였던 모택동으로서는 전문학적 비용을 들여 제철공장을 건설할 필요를 느끼지 않았다. '노동자와 농민이 주인공'인 중국으로서는 인민공사 뒷마당 부지에서 철강을 생산하면 된다고 생각했다.

그것은 '뒷마당 연강(燃煳, 土法高爐)'이라 호칭되었다. 내화(耐火) 벽돌에 모르타르를 바른 높이 4~5m인 수제의 철강로이었다. 모택동의 견해로는 철은 뒷마당에서도 간단히 만들 수 있는 것인데, 어찌하여 거대한 제철소를 건설하여만 하는 것일까? 하는 지극히 아마추어와 같은 생각이었다. 강철생산의 확대를 위해 전국에 60만 개소의 토법고로가 만들어졌으며, 농민 1억 명이 동원되었다. 그러나 뒷마당에서 간단하게 만들어지는 수준의 철은 모택동의 생각과는 다르게 전혀 쓸모가 없었다. 하지만 모택동이 현장을 시찰할 때에는 제철소에서 생산된 고품질의 철을 가져다가 전시해서 보여주었다. 그 때문에 모택동은 그것을 보고 자신의 제안이 옳다는 것을 믿었다. 제철소에서는 철광석을 원료로 여러 프로세스를 거쳐 고품질의 철을 생산해 내었으나 '뒷마당의 고로'에서는 그것이 불가능했다. 그것은 단지 '철괴'에 불과했다. 토법고로에서 제철한 덩어리 철로서는 무언가 제품으로 가공할 것이 없어 '제철' 그것 자체만 문제되고 말았다. 그것은 철광석을 원료로 하는 것이 아니라 농민들 주변에 있는 철제품들, 예컨대 가정의 가마솥이라든가 프라이팬, 식칼 등을 녹여 만든 철괴 생산이었다. 심지어는 농사일에 필수적인 호미, 삽 등도 고로에 던져버렸다. 본래는 쇠를 생산하여 호미, 낫 등을 제조해야만 하는 것이었으나 그것을 원료로 썼다는 건 본말이 전도된 것이었다. 고로에 불을 태우기 위해서는 목재가 필요했다. 농민들은 인근 산에서 불쏘시개로 삼림을 남벌했다. 중국 전토에서 삼림이 감소하기 시작했고, 또 그것으로 산이 붕괴하고 장마에는 토사가 흘러넘쳤다. 할당된 생산량을 채우기 위해 땔감이 부족하면 심지어 가정에 있는 탁자, 장 등 목제품 가구를 부숴 태우는 일도 있었다. 당의 방침에 거역할 수 없었고, 열성을 다하지 않으면 비판을 받게 되며, 당의 비판을 받는다는 것은 생명의 위험을 수반하는 것이었다. 결국, 농민이 담당했던 제철업은 그들 일상생활에 필요한 철제품들을 녹여 버리고 삼림을 소멸시키고 가구들까지 없애 버렸다. 그러나 더 문제가 되는 것은 농민들이 이 제철 생산 때문에 본분인 농사에 몰두하지 못하는 것이었다. 또한, 관개공사도 농민들의 농사를 희생시켰다. 그리하여 농산물 생산이 급감했다. 열매가 익은 농산물도 수확하지 못하는 형편이 되었다. 당시 인민공사에서는 식료품의 무상배급을 철저히 하기 위해 '공공식당'을 경영했다. 농민들 각각의 가정에 취사를 금지하고 공공식당에서 집단으로 식사하도록 했다. "공공식당에서 무료로 먹는다"고 하니까 "거저먹는다면 실컷 먹자"고 하여 과거에 농민들이 개인 농가에서 식사할 때보다 식품의 소비가 늘어났다.

한편 자신의 농지가 인민공사에 들어가자 농민들의 노동 의욕이 사라지고, 일하거나 일하지 않거나 급료는 변함이 없었기에 노동 의욕은 한층 저하되고 말았다. 그러나 지방 공무원이 업적을 과시하고 충성심을 나타내기 위해서 수확량을 부풀려 보고하는 것이 일상적이 되었다. 그래서 인민공사의 곳간은 텅텅 비어 갈 수밖에 없었다. 기근은 1959년에 시작되었다. 농민들이 굶고 있다는 보고가 올라가자 "곡물이 풍작이라는 보고가 있었는데 기아 상태라는 건 누군가 곡물을 숨기고 있는 게 틀림없다."라고 하면서 공무원들을 동원해 농촌을 돌아다니면서 숨긴 곡물을 찾기 시작했다. 농가에 숨긴 곡물이 있으면 용서 없이 몰수해 버렸다. 그리고 그것에 저항하는 농민들에게는 무자비하게 폭력을 가하곤 했다. 이 폭력으로 사망하는 농민도 많았다고 한다. 지방농민이 아사하고 있는 그 정보는 좀처럼 당에는 전달되지 않는 구조적 결함이 피해를 확대하고 있었다. 공산당 간부 중에는 기근의 실태를 알아, 방침을 전환하지 않으면 안 된다는 위기감을 지닌 사람들이 있었다.

그중 팽덕회(彭德懷, 펑더화이)가 있었다. 그는 모택동의 동향인 호남 출신으로 한국전쟁에도 중공군 총사령관으로 참전했으며, 국방장관의 요직을 담당한 모택동의 측근이었다. 1959년 여름 그는 모택동에게 비밀로 사신(私信, 사적 편지)의 형태로 '대약진운동'의 정책전환을 제안했다. 이 제안 자체는 대단히 온건한 것이었음에도 절대적 독재자가 되어 버린 모택동은 자신의 방침에 이의가 제기되는 것을 참지 못했다. 팽덕회의 편지 때문에 당시 노산(廬山) 리조트회의에서 개최된 중국공산당 정치국확대대회에서 공개적으로 비판되어, 팽덕회와 그에 동조하는 간부들이 싸잡아 '기회주의자'라는 낙인을 찍혀 심하게 비판을 받은 후 실각하게 되었다.

이러한 광경을 목도하게 된 관료들은 농촌의 기아 상태를 알고 있었어도 '기회주의자'가 되어서는 안 되겠다는 심정에서 '대약진운동'에 더욱 박차를 가했다. 그리하여 농민들은 아사하거나, 아사하지 않더라도 당 간부의 고문으로 죽어갔다. 그러나 전 국토로 아사가 확대되자 드디어 당 간부들도 참아내기 어려웠다. 1961년에 주은래가 나서서 모택동에게 실태를 알리게 되었다. 당 간부마저 '반란'하자 약해진 모택동은 정치의 실권에서 물러나 개혁파가 실권을 잡게 되었다.

유소기(劉少奇), 진운(陳雲, 천윈), 등소평(鄧小平) 등이 개혁을 추진하기 시작했다. 농업 집단화를 완화하고 농민들이 개인 농지를 보유하고 작물을 키워 그것을 팔 수 있게 했다. 이 정책으로 농민들의 노동의욕이 향상되고 농업생산은 회복되어 드디어 기아에서 벗어난 농촌이 늘어갔다. 자신이 생산한 것은 자신의 것이 된다는 극히 간단한 원리가 기아를 해결한 것이다.

일선에서 후퇴한 모택동은 자신의 혁명 노선이 부정되는 것을 방관할 수밖에 없었다. 이처럼 모택동은 실질적인 권력을 상실해 갔으나 체념한 것은 아니었다. 그는 그 후 권력을 빼앗은 개혁파에 복수를 가했다. 그것이 '문화대혁명'이었다.

4. '문화대혁명'

유소기와 모택동

중국의 공산당에게는 40년이 지난 오늘날에도 '대약진운동'의 실패와 함께 문화대혁명이란 테마는 그 역사적 책임이 문제가 되기 때문에 여전히 접촉을 피하는 문제이다.

문화대혁명이란 한마디로 말하면 공산당 내부에서 권력기반이 약해진 모택동이 당외 세력을 획책하여 전개한 권력투쟁이었다. 당시 중국에는 국가조직의 수뇌로 국가주석(대통령)과 중국공산당의 우두머리로서 중앙위원회 주석이라는 두 개의 주석 포스트가 있었다. 건국 이래 모택동은 이 두 주석 포스트를 독점하고 있었으나 1958년 4월에는 당과 국가 주석이 분리되어 국가주석의 지위가 유소기(劉少奇)로 이전되었다.

국가주석의 교대는 대약진정책의 실패책임을 묻는 것이었지만 거기에는 모택동 개인의 의향이 숨어 있었다. 국가주석이란 다양한 공식행사에 출석해야만 되었고 번잡함을 싫어한 모택동은 그런 공식행사가 아니고 자유로운 입장에서 행동하고 싶어 했다. 또한, 그것은 뱀을 구멍에서 놀래 나오게 하는 전법이라 해석하기도 한다. 그것은 짐직 일선에서 물러나 누가 권력을 쥐고 흔드는가를 노려보다가 자신의 권력을 빼앗을 염려가 있는 자가 출현하면 그 인물의 권력을 빼앗는 수법이기도 했다. 또한, 국가주석을 타인에게 양도함으로써 자신을 대하는 사람들의 존경에 변화를 확인하고 싶었다. 그러나 그는 끝까지 공산당 주석의 지위는 지켰다. 중국을 지배하는 것은 공산당이었고, 공산당의 주석인 것이 최대의 권력 원천이었기 때문이다. 그 결과 국내에는 두 사람의 '주석'이 존재하게 된 것이다. 그러나 모택동에게 의하면 '중국의 주석'은 자신 혼자뿐이란 생각이었는 데 반해 유소기는 차츰 국가주석으로의 지위를 발휘하려 했었다. 모택동은 이런 모습에 크게 불만을 품게 되었다.

드디어 모택동이 유소기를 미워할 사태가 일어났다. 1962년 1월에 당 중앙위원회가 소집되어 전국에서 7,000명의 간부가 소집되었다. 그 석상에서 유소기가 연설했는데, 대기근이 천재(天災)에 의해 일어난 것이 아니라 인재(人災)에 의해 일어났다는 것을 인정했다. 사실상 이 발언은 모택동을 비판한 것이었다. 이 연설을 들은 각지의 간부들이 다투어 대약진운동에 대한 비판을 이어갔다. 모택동도 할 수 없이 일보 후퇴하여 처음으로 '자기비판'을 토로했다. 그러나 그는 "실제로 다른 사람들도 책임의 일단이 있다. 그러나 나는 제1의 책임을 져야 한다."라고 변명했다.

대약진운동의 실패로 모택동의 권력이 떨어진 데 비해 유소기는 농촌에서 아사자가 나오는 사태를 개선함으로써 권위와 권한이 높아졌다. 모택동은 유소기가 공산당의 '사령부'를 접수했다고 받아들였다. 이대로 두면 다음번 투표에서는 중앙위원회에서 유소기가 이길 수 있다고 모택동은 판단했다. 모택동은 공산당 주석의 지위를 유지하기 위해서는 유소기를 중심으로 한 '사령부'를 실각시키지 않으면 안 된다고 생각했다. 그러나 당내 상층부는 유소기가 장악하고 있다. 그리하여 모택동은 자신에 대한 국민의 '개인숭배'를 이용하기로 작정했다.

국방장관 임표(林彪, 린뱌오)는 모택동의 단편적인 발언들은 모아놓은 26장의 규율집 모택동어록(毛澤東語錄)을 출판했다. 어록 출판으로 모택동의 개인숭배는 하늘을 찌를 듯이 높아졌다. 이 어록에 의하면 모택동은 '4개의 위인'으로 표현되었는데, 그것은 '위대한 지도자', '위대한 교사', '위대한 통수자', '위대한 조타자(操舵者)'라고 불렀다. 모택동은 이러한 개인숭배를 즐기면서 그것을 권력투쟁의 무기로 쓰기로 작정했다. 모택동의 탈권 투쟁에서 손을 빌린 세력은 홍위병(紅衛兵)이라 불리는 젊은이들이었는데, 모택동이 사주한 투쟁은 먼저 '문화' 분야에서 시작했다.

문화대혁명의 발단

1965년 11월 10일 상해 신문 〈문휘보〉에 '신편 역사극 해서파관(海書罷官)을 평함'이란 도원문의 논문이 게재되었다. 이것이 문화대혁명의 시작이었다. 이 논문은 극작가이며 청화대학 교수인 오함(우한, 吳晗)이 쓴 역사극 '해서파관'을 비판한 글이었다. 해서는 명나라 시대 황제의 잘못을 직언하여 파면된 공무원이었다. 모택동은 해서를 높게 평가하고 있었다. 과거 그 자신이 전개한 '반우파 투쟁'의 결과 아무도 윗사람들의 눈치나 보면서 스스로 발언을 꺼리던 풍조에 처하게 되자 "해서의 용기를 배워 윗사람이 잘못되었다고 생각하면 직언하라"고 하면서 '해서에서 배우라'는 운동을 전개했다. 모택동에게 심취했던 오함으로서는 모택동의 지시에 충실하여 해서를 높게 평가하고자 쓴 것이 '해서파관'이었다. 그러나 모택동의 대약진운동이 실패하자 그 수정을 진언함으로써 실각한 팽덕회를 황제에게 진언한 죄로 파관한 해서와 비교하는 사람들이 나타나기 시작한 것이다. 이 시점에서 해서를 높게 평가한다면 모택동을 비판한 팽덕회를 평가하는 것으로 읽힐 수도 있게 되는 것이었다. 모택동도 '해서파관'을 그렇게 해석해서 오함을 비판한 논문을 다른 신문에도 게재해 달라고 요구했다.

모택동의 최종목표는 유소기를 밀어내려는 것이었다. 유소기 계열에는 북경시장 팽진(彭眞, 펑전)이 있었다. "장(將)을 쏘려면 먼저 그의 말을 쏘라"는 속담이 있다. 유소기를 겨냥하기로 작정한 모택동은 먼저 그를 지지하는 팽진을 실각시키기 위해 오함을 공격하기 시작했다. 그 후 모택동은 정치국 상무위원회 확대회의에서 '지식인'을 비판하기 시작했다. 지식인은 사회주의혁명이 진행되는 데 따라 저항을 하게 되어 차츰 반당과 반사회주의의 본성을 폭로하게 된다는 것이다. 오함은 공산당원이지만 반공이며, 실제로는 국민당원이다. 이렇게 주장하고 문화면에서도 혁명을 추진하지 않으면 안 된다고 주장했다. 여기서 '문화대혁명'이라는 말이 발생했다.

모택동은 사회주의가 실현된 후에도 계속 혁명이 필요하다는 독자적인 이론을 제기했다. 이제까지 정통파 마르크스주의 이론에서는 부르주아지(자본가계급)가 생산수단을 독점하여 프롤레타리아(노동자)를 착취해 왔기 때문에 이에 참을 수 없었던 노동자계급은 자신이 주인공이 되는 사회를 만들기 위해, 그리고 자본가계급은 그것을 저지하기 위해 투쟁하게 되어 계급투쟁이 일어난다. 드디어 노동자계급이 혁명을 일으켜 권력을 장악하면 생산수단을 국유화함으로써 자본가계급이 타도되고 계급투쟁은 소멸한다고 했다. 그러나 모택동은 사회주의가 되어도 공산주의의 이상 사회가 실행되기 위해서는 긴 시간이 필요하다는 것이다. 이를 해결하기 위해서는 공산주의 사회가 실현되는 긴 시간에 자본주의 세계로 되돌아가고자 하는 '주자파(走資派)'가 대두하는데, 이들 세력과의 계급적 투쟁은 계속되지 않으면 안 되는 것이다. 이것이 모택동의 '계속혁명론'이다.

문화혁명의 이념에 대해 모택동의 충실한 제자였던 임표는 다음과 같이 정리했다.

> 당, 정부, 군대, 그리고 문화 영역의 각 분야에는 부르주아계급에 속한 인물과 수정주의 분자 다수가 이미 숨어들어와 있으며, 많은 부분의 지도권은 이미 마르크스주의자와 인민의 손에서 벗어나고 있다. 당내에서도 자본주의의 길을 걷고 있는 실권파(주자파)는 중앙에서 '부르주아 사령부'를 만들어 장악하고 있다.

이 권력을 탈환하기 위해서는 '문화대혁명'을 일으켜 공공연히 전면적으로 밑에서부터 위로 광범한 대중을 일으켜 세워 위에 언급한 암흑 면을 제거해야 한다.

홍위병의 등장

1966년 5월 북경대학 캠퍼스에 대학의 공산당위원회를 비판하는 대자보(大字報)가 게재되었다. 이 대자보의 내용은 모택동의 지시로 6월 1일 라디오로 전국적으로 방송되었다. 다음 날에는 중국 최대의 신문 〈인민일보〉에 전문이 게재되었다.

신문에서 팽진의 위원회를 비판하는 혁명파의 주장을 살펴보면 "모주석에 반대하고, 모택동사상에 반대하고, 모주석과 당 중앙의 지시에 반대하는 자들은 어떠한 깃발을 올리고 있어도, 어떤 높은 지위를 가지고 있어도, 또 얼마나 오래된 고참(古參)이라 해도 철저히 박멸되지 않으면 안 된다"고 주장했다. 공격의 최종 표적이 유소기라는 것이 분명해진 순간이었다. 6월 말에 이르러서는 청화대학 부속 중학교에 학생들이 "프롤레타리아혁명의 조반정신(造反精神) 만세!"라는 대자보를 벽에 게재했다. 학생들은 자신을 공산주의를 지키는 홍위병(紅衛兵)이라 칭하여 그 후부터 문화대혁명에 참가하는 젊은이들의 일반명사가 되었다.

모택동은 8월 1일 홍위병에게 편지를 보내어 "반동파에 대한 조반(造反)은 도리(道理)가 있다(造反有道)"고 하여 학생들을 열렬히 지지했다. 이것에 고무된 홍위병들은 전국 각지에서 홍위병을 만들고 '조반유도'라는 주장을 내걸고 '마구 때려 부수는' 방법으로 전국의 대학생과 중학생들에 의한 테러가 횡행하게 되었다. 8월 5일에는 모택동 자신의 대자보가 고급 정치인들의 주거지인 중남해에 게재되었다. 그 속에서 모택동의 "사령부를 포격하라"는 표현이 나타났다. '사령부는 그의 견해로는 자신이 아니라 자신으로부터 권력을 빼어간 유소기와 등소평을 의미했다. 모택동은 탈권 투쟁을 위해 홍위병운동을 전국적으로 전개하고자 획책했다. 8월 18일에는 전국으로부터 100만 명의 홍위병을 천안문광장에 모이게 하고 직접 알현했다.

9월이 되자 공산당은 지방의 교사와 학생들을 북경에 초치하여 문화대혁명을 참관하도록 하여 학교의 수업기능이 마비되었다. 거리에는 '조반유도'라는 혁명구호가 나부끼고 부르주아 냄새가 나는 식당의 간판이 내려지고 메뉴도 가격이 싼 대중 메뉴로 바뀌었다. 거리에서는 장발의 여성이나 파마한 여자의 머리를 부르주아적이라고 규탄하고 잘라 버렸다. 치마를 입은 여자는 모두 '인민복'으로 바꿔 입혔다. 화장도 비난의 대상이 되었다. 거리는 칙칙하게 변해 갔다.

나아가 홍위병들은 '사구타파(四舊打破)'라 하여 '구사상', '구문화', '구풍속', '구관습'을 타파하는 운동으로 뛰어들었다. 이것들을 타파한다는 것은 구체적으로는 문화재 파괴운동으로 나타났다. 교회나 불교 사찰이 그 대상이 되어 귀중한 문화재가 사라져갔다. 교통신호마저 대상이 되었다. 빨간색은 혁명의 심볼이기 때문에 건너가라는 뜻으로 규정한다 하여 교통사고가 빈발하게 되었다. 주은래까지 나서서 그것이 국제적 신호라는 설득으로 원상 복귀되는 에피소드도 있었다.

중국의 전체 국민이 '흑오류(黑五類)'와 홍오류(紅五類)로 분류되어 적과 내 편으로 갈라져 유소기나 등소평 등을 권력의 좌에서 끌어낼 뿐 아니라 전국적 규모의 국민을 대상으로 한 투쟁이 시작되었다. 여기서 '흑오류'란 지주계급, 부농, 반혁명분자, 불량분자, 우파분자를 지목했다. 이들은 모두 '노동계급의 적'이었다. '홍오류'란 혁명간부 및 혁명 열사, 혁명과정에서 사망한 활동가의 유족, 혁명군인, 노동자, 빈농 및 하층 농민을 가르쳤다. 홍이 아니면 문화대혁명에 참가할 수가 없었고, 흑은 타도의 대상이었다. 직장이나 거주지에서 홍흑의 대립이 거세져 전국이 큰 혼란에 빠졌다. 뒤에 가서 '흑오류'에 특무(스파이), 배반자, 노동귀족, 지식인이 포함하여 취노구(臭老九)로 분류하여 사회적 규탄의 대상이 되었다. 직장에서는 '비판대회'가 열렸다. 그때까지 간부였던 사람들을 '우파', '지주'라고 쓴 고깔모자를 씌워 단상에 세우고 홍위병들이 양팔을 뒤로 묶어 혼을 내었다. 그들은 2시간이고 3시간 죄상을 심문하면서 "타도하라!" "죽여라!"라는 욕을 먹기도 했다. 그런 후에는 거리로 끌려나가 군중으로부터 돌팔매를 맞거나 몽둥이찜질을 당해 그 과정에서 죽거나 자살하는 자도 늘어갔다. 모택동의 표적이었던 북경시장 팽진도 거리로 끌려나가 홍위병으로부터 모진 모욕을 당했다. 경찰도 홍위병의 폭력행위를 막지 않았을 뿐 아니라 오히려 폭력을 방조하거나 가담했다.

문화대혁명이 경찰력의 무력화와 함께 혁명조직 간의 무력투쟁(武鬪)로 크게 혼란에 빠지자 임표의 지휘 아래 인민해방군이 치안유지를 위해 출동하게 되었다. 그 결과 임표의 권력도 커질 수밖에 없었다. 혼란한 국가의 치안을 무력으로 지배한 것이 임표라고 한다면 사상으로 지배한 것은 이른바 '4인방'이었다. '4인방'은 모택동의 처였던 강청(江青, 장칭)과 그에 의해 포섭된 장춘교(張春橋, 장춘차오), 요문원(姚文元, 야오원위안), 왕홍문(王紅文, 왕훈원)으로 구성되어 있었다. 이들은 강청을 통해 모택동의 의도를 재빨리 파악하여 행동함으로써 자신들의 존재감을 높이고자 했다. 모택동에게 충성을 맹세했던 임표와 강청은 쌍방의 이해가 일치하여 서로 상대를 이용하면서 권력의 계단에 올라서는 격이었다. 유소기와 등소평이 이들에 의해 규탄되었다. 유소기는 정치적 인기가 모택동보다 높아졌다는 이유로 척결의 대상이 되었다. 유소기의 밑에서 현실적인 판단으로 국정을 이끌고 가던 등소평도 모택동의 사상에 충실하지 못했다는 이유로 공장노동자로 전락했다. 유소기는 1967년 8월에 감옥에 끌려가 2년 후 사망했다.

1969년 4월 공산당 제9차 대회에서 당의 규약이 개정되어 임표는 '모택동의 친밀한 전우(戰友)이며 후계자'라고 기록되기에 이르렀다. 그리하여 임표는 모택동이 죽기만 기다리면 되었지만, 병약했던 임표는 그것을 기다릴 수 없었다. 모택동과 임표 사이에 권력을 놓고 암투가 시작되었다. 1971년 8월부터 9월 사이에 모택동이 무한(武漢) 등 남방 각지를 순회하면서 임표를 비판한다는 정보를 입수한 임표는 이대로 가면 유소기처럼 될 것으로 판단하고 쿠데타를 결심하게 되었다. 모택동의 암살을 상해에서 실행하고자 했으나 실패했다. 1971년 9월 13일 임표 일가가 탄 공군제트기가 북방으로 몽골로 넘어가다가 연료 부족으로 추락해서 모두 사망했다. 다시 주은래와 등소평 등 온건파가 실권을 회복했다.

등소평의 개혁과 제1차 천안문사건

중국은 1971년에 UN에서의 대표권을 획득했으며, 1972년에는 미 대통령 닉슨의 방문을 받아들였다. 1960년대 후반의 문화대혁명이 예상을 깨고 격렬하게 진행되어 경제와 사회의 혼란을 초래했기 때문에 1970년대 전반에는 모택동 자신이 하방(下放, 홍위병들에 의한 무투로 사회적 혼란이 심해지자 모택동이 '농민에게 배우라'고 하면서 홍위병을 지방 농촌으로 축출했다)을 통해 '문혁파'의 폭주를 견제하고자 했다. 수상 주은래는 정치적 안정과 경제적 재건을 긴급한 과제로 생각해서 1973년에는 등소평의 부수상 지위를 부활시켰다.

1975년 1월 전국인민대회에서 주은래는 네 가지 현대화(농업, 공업, 국방, 과학기술의 근대화)를 제기했다. 그것은 문화혁명에 의한 혼란과 파괴를 극복하고 경제, 국방, 과학기술의 지체를 극복할 필요가 있다는 인식을 암암리에 나타내는 것으로 이후에 경제개혁의 포석을 의미하는 것이기도 했다. 한편 문화혁명파는 그들이 모택동과 함께 실각시킨 유소기처럼 주은래와 등소평을 주자파(走資派)로 몰아 공격했다. 그러나 일반 국민의 여론은 온건한 주은래 수상의 정책을 지지했다.

1976년 1월 주은래가 병사했다. 그 뒤 4월 4일 청명절(淸明節, 중국의 24절기의 하나로 춘분으로부터 15일째. 성묘하여 사자의 영을 위로하는 관습)에는 주은래를 추모하는 사람들이 북경의 천안문광장에 모였다. '문혁파'는 인민영웅기념비 앞에 사람들이 바친 꽃다발과 주은래를 찬양한 슬로건을 철거했다. 4월 5일 다수 사람이 항의를 위해 모여 민병과 경찰관과 충돌했다. 다음날에는 공산당정치국이 반혁명 폭동의 요소가 있다 하여 진압에 나서 많은 체포자를 발생시켰다. 이것이 '제1차 천안문사건'이었다. 등소평은 그 책임을 지고 또다시 실각했다. 같은 해 9월 모택동도 병사했다.

화국봉과 개혁파

주은래가 죽은 후 모택동은 화국봉(華國鋒, 화궈펑)을 총리 대리로 임명했었다. 화국봉은 모택동이 생전에 "네가 한다면 나는 안심이다."라는 문서를 남긴 바 있었다. 그것이 반드시 후계자 지명과는 직접 관계가 없었음에도 화국봉은 그것을 공개함으로써 후계자로서의 정통성을 밝히고자 했다. 그러나 강청 등 '4인방'은 화국봉이 수뇌로 서는 것을 달갑게 여기지 않고 자신들이 권력을 잡기 위해 움직이기 시작했다. 이것을 본 화국봉은 '4인방'에 의한 쿠데타를 경계하여 선수를 치게 된다. 1976년 10월 6일 당 상무위원회를 개최한다는 명목으로 장춘교와 왕홍문과 요문원을 체포하고 자택에 있던 강청도 동시에 체포했다. '4인방'의 체포로 중국 전토에 불어닥쳤던 문화대혁명의 폭풍은 끝이 났다. 그러나 화국봉의 권력기반은 아주 허약했던 것이다.

화국봉이 권력에 정점에 선 지 1년이 지난 1977년 7월 중국공산당 중앙위원회 총회가 열려 '4인방'을 당으로부터 영구 추방할 것을 결의했다. 그리고 등소평의 직무 복귀를 전원 일치로 결정했다. 등소평의 능력은 모두 알고 있었고, 모택동이 사거한 후 '4인방'을 체포한 다음 중국을 다시 세우기 위해서는 등소평과 같은 능력의 지도자가 필요하다는 것을 많은 사람이 생각하고 있었다. 이 총회에서 등소평은 당의 부주석, 중앙군사위원회 부주석 겸 참모총장, 국무원 부총리에 복귀했다. 그 후 등소평은 화국봉의 권력을 차례로 빼앗아 갔다.

화국봉이 모택동 노선을 맹종하여 계승하려 한 데 비해 등소평은 '실사구시(實事求是)'로서 그의 노선에 대항하고자 했다. '실사구시'란 사상이 먼저 있는 것이 아니라 사실에 따라 최량의 방침을 정하라는 것이다. 모택동의 사상을 금과옥조로 하면 안 된다는 등소평의 현실주의자적 주장을 나타내는 것이다. 등소평의 말 자체는 이미 40년 동안이나 모택동 자신이 썼던 말로서 레닌이나 스탈린의 말을 교조적으로 따르는 소련 유학파에 대항하기 위해 사용했던 말이었다. 등소평은 모택동의 말을 자기에 편리하도록 인용하여 "모택동

사상의 진수는 실사구시이다."라고 주장했던 것이다.

1978년이 되면서부터 등소평의 부하 호요방(胡耀邦, 후야오방)의 주도로 '실사구시' 선전이 본격적으로 전개된다. 등소평의 '실사구시' 이념은 "흰 고양이든 검은 고양이든 쥐를 잡는 고양이가 좋은 고양이다." 발언에서 잘 나타나 있다. '흰 고양이'라는 이론과 '검은 고양이'라는 이론의 어느 것이 옳은가가 문제가 아니라 '쥐를 잡는다'는 행위를 발견하는 것이 중요하다는 것이다. 이 경우 '쥐를 잡는다'는 것은 인민이 풍요해지는 것을 의미했다. '실사구시'의 캠페인으로 등소평의 기반이 굳어 감에 따라 과거 등소평의 실각의 계기가 되었던 제1차 천안문사건에 대한 재평가가 대두되었다. 천안문사건은 당시 반혁명 행동으로 단죄되었다. 그 배경에 등소평이 자리 잡고 있었다고 해서 등소평의 두 번째 실각으로 이어졌다. 이 경우 등소평이 옳았다고 하면 천안문사건도 옳은 것이 되는 것이다.

1978년 12월 중국공산당 중앙위원회는 "천안문 사건은 위대한 혁명적 대중운동이었다."라고 선언했다. 천안문 사건은 '4인방'에 반대하는 인민의 혁명적 행동이었다고 재평가되었다. 나아가 1977년부터 3년간 문화대혁명 중에 체포되거나 추방된 간부 300만 명에게 명예회복과 복권이 이루어졌다. 하지만 너무나 뒤늦은 복권이었다. 이 총회에서는 드디어 모택동 자신에게도 비판이 가해졌다. "한 사람의 혁명지도자에게 결점도 잘못도 없다는 것을 요구하는 것은 마르크스주의라 할 수 없으며, 모택동 동지의 자신에 대한 일관된 평가에도 합치되지 않는다."라고 한 성명이 발표되었다. 과거 모택동도 "자신이 잘못했다고 인정했기" 때문이다. 그것은 '모택동이 화국봉을 후계자로 세운 것은 잘못일 수 있다.'라는 소문이 떠도는 시점에서 화국봉의 실추가 시작되었음을 상기하게 한다. 등소평은 사상의 경직화를 타파하여 사상을 해방하는 것이 필요하다고 강조했다. 그러기 위해서는 민주화가 필요하다고 단언했다. "사상 문제에는 어떤 경우든 압력을 가하면 안 되며, '백화제방(百花齊放) 백가쟁명(百家爭鳴)' 방침을 실행해야 한다."라고 천명했다.

'4인방'이 비판되고, 모택동 사상까지도 완곡하게나마 비판받게 되자 지식인들이 점차로 목소리를 높이기 시작했다. 북경시 중심가의 일각, 서 장안대로의 교차점에 넓은 게시판이 있었다. 여기에 천안문사건의 재평가와 문화대혁명 중에 당한 억울함을 호소하는 대자보가 붙었다. 이 대자보를 읽고자 군중이 모여들었다. 문화대혁명 중에 어떤 일이 일어났는지 처음으로 알게 된 사람도 많았다.

문화대혁명의 비판은 결국 모택동 자신의 비판으로 직결되는 것이었다. 정치의 민주화를 요구하는 대자보도 게시되어 이 게시판은 '민주의 벽'이라 불리게 되었다. 정치를 비판하는 글이 대중 앞에 게시되고 그것들이 철거되지 않는 사실에서 중국사회의 민주화가 시작된 증거라고 생각하는 사람이 많아졌다. 북경에는 엄격한 '겨울의 시대'가 물러가고 봄이 온 듯했다. 이제 '북경의 봄'이 온 것인지 모른다. 그러나 등소평에 의한 '개혁, 개방'에 의해 자본주의국가로부터 '오염된 사상'이 들어와 중국의 사회주의 정신이 계속 '오염'되고 있으니, '오염된 사상을 일소해야만 한다'고 주장하는 보수파 세력이 등장했다. 그것은 문화대혁명과 그 후의 '4인방' 지배를 상기시킴으로써 다시금 모택동 시대로 되돌아가는 것이 아닐까 하는 불안감을 확산시키게 되었다. 그러나 호요방(胡耀邦) 총서기는 서둘러 보수파 세력의 대두를 막아내려 했다. 그러나 보수세력도 만만치 않아 호요방의 이론적 브레인인 인민일보 사장과 논설위원을 해임했다. 이것을 기회로 개혁파 호요방과 공산당 내의 고참 보수파 사이의 대립이 날카로워졌다.

1986년 9월 등소평은 고령을 핑계로 은퇴를 선언했다. 호요방은 이에 찬성했다. 등소평은 말로는 은퇴를 선언했으나 속으로는 호요방의 태도를 시험해 보려고 했다는 것이 그 후에 밝혀졌다. 드디어 호요방을 실각으로 이끈 사건이 발생했다. 1986년 12월 5일 안휘성(安徽省)의 중국과학기술대학에서 학생들이 집회를 열어 '민주화'를 요구했다. 내용은 공산당이 지명한 입후보자들을 인민은 단지 승인만 하는 선거시스템이 비민주적이라고 주장했다. 이 운동은 순식간에 전국으로 확산되었다. 북경, 상해, 천진, 남경 등 전국 18개 도시 150여 개 대학에서 집회와 시위행진이 발발했다.

학생들이 주장한 민주화의 요구를 당연한 것으로 생각한 호요방은 전국으로 확산한 소요를 묵인했다. 이는 중국공산당 수뇌부 사이에서 문제가 되었다. 연일 수뇌부회의가 열려 등소평은 "학생운동에 대한 대응이 미지근하다"고 호요방을 지명하여 비판했다. 이 비평에 다른 간부들도 동조했다. 호요방과 친했으며 함께 등소평을 지지했던 조자양(趙紫陽, 자오쯔양)까지 호요방 비판으로 선회했다. 다음 해 1987년 1월 공산당의 정치국 확대회의가 열렸는데 장로 측에서는 호요방을 철저히 비판했다. 즉 호요방의 태도는 '부르주아 자유주의'라고 비판되었다. 결국, 호요방은 당의 총서기직에서 사임되었다. 다만 등소평의 뜻에 따라 정치국위원직은 보존되었다. 동시에 전국으로 확산된 학생운동은 엄격하게 금지당하고 소멸되어 갔다. 그러나 학생들의 불만은 마음속에 그대로 남아있었다.

호요방 사임 후 등소평은 조자양을 후임으로 선택했다. 보수파는 보수세력 중에서 후임이 선택되기를 바랐으나 등소평은 경제 개혁·개방 노선을 견지하기 위해 조자양을 택하게 되었던 것이다. 등소평은 사상적으로는 자유화에 반대했으나 경제에는 자유화를 추진할 수 있는 인물을 원했다. 조자양도 호요방에 반대하는 입장으로 돌아서기는 했으나 정치적 입장은 호요방과 같은 입장이었다.

천안문사태

1989년 4월 당 서기에서 해임된 뒤 2년 후 호요방은 갑자기 사망했다. 당 정치국에서 회의 중 넘어져 입원 후 심장경색으로 사망했다. 4월 15일 정오, 호요방의 사망 소식이 있자 곧바로 대학생들이 행동을 개시했다. 그날 바로 북경대학 구내에 호요방을 추도하는 대자보가 대량으로 게시되었고, 밤에는 추도회까지 열렸다. 호요방이 학생운동에 관용적이었기 때문에 해임된 것을 학생들은 알고 있었다. 자신들을 이해하는 사람이 갑자기 죽었다는 사실에 학생들은 들고일어났다. 북경대학의 움직임은 타 대학에도 확산되었다. 17일에는 북경의 중국 정법대학 학생 50명이 대학에서 천안문광장의 인민 영웅기념비까지 행진했다. 그 후 천안문광장에 모이는 학생과 시민의 숫자는 계속 불어났다. 학생들은 호요방에 대한 재평가를 요구했다. 즉 호요방의 해임이 잘못되었다는 것을 인정하라고 요구했다.

집회와 시위행진이 계속되는 동안에 학생들의 주장도 확대되어 갔다. 언론의 자유 보장, 공산당 지도자와 그 자제의 수입 공개, 공무원 브로커의 처벌 등을 요구했다. 경제 개혁·개방이 추진됨에 따라 공산당 간부와 그 가족들이 특권을 이용하여 여러 이권에 손을 내밀게 되었다. 공무원들도 그 지위를 이용하여 폭리를 벌어들이고 있었다. 등소평의 아들도 특권을 이용하여 축재하고 있었다는 것이 알려졌다. 그러나 호요방만은 본인은 물론 가족들도 오직의 소문이 전혀 없었고 깨끗한 인물로 알려졌었다. 호요방의 재평가를 요구하는 가운데, 그의 청결함과는 대조되는 당 간부에 대한 비판으로 발전되었던 것이다. 그리하여 학생들이 내건 플래카드에는 '타도 등소평'이라는 내용도 나타나게 되었다.

18일에는 서 장안로에 면한 신화문(新華門) 앞에 2,000명의 학생이 연좌하여 데모를 벌였다. 이곳은 중국공산당과 정부기관의 중추가 있는 곳으로 그 자체만으로 당에 대한 강력한 항의를 함축하고 있었다. 그들은 공안당국에 의해 강제로 축출되었다. 19일에는 천안문광장에 모인 시민의 수가 10만 명으로 늘어났다. 22일에는 천안문관장 서쪽에 있는 인민대회당에서 중국공산당 중앙위원회 주최의 호요방 추도집회가 열렸다. 이 추도회에도 학생들이 몰려왔으나 호요방에 대한 재평가는 이루어지지 않아 학생들은 분노했다. 23일부터 24일간 전국 대학에서 학생들이 무기한 수업 보이콧에 들어가 대학이 기능 마비에 빠졌다.

1989년에는 동유럽 각국에서 민주화운동이 일어난 해였다. 소련의 고르바초프가 동유럽의 민주화를 허용하는 자세를 취함으로써 공산당 독재 정권이 하나씩 넘어가고 있었다. 동유럽의 이러한 움직임을 중국공산당 수뇌부는 공포를 느끼며 지켜보고 있었다. 바로 그때 그들 앞에서도 민주화운동이 일어났기 때문에 위기감이 한층 더 높아질 수밖에 없었다. 그러나 조자양은 이를 저지하려 하지 들지 않았다. 그런 태도는 호요방과 같았다. 그러나 조자양이 북한 방문으로 북경에서 떠나자 공산당의 보수파들이 행동에 나서게 되었다. 23일 보수파의 이붕(李鵬, 리펑) 수상이 정치국 상무위원회를 열어 반혁명 저지 프로젝트를 만들고, 25일에는 양상곤 국가주석과 함께 등소평을 방문하여 학생운동을 탄압할 방침을 보고했다. 이들의 보고를 받은 등소평은 다음과 같이 말했다.

> 이것은 일반적인 학생운동이 아니라 분명히 동란(動亂)이다. 이 동란을 강력히 눌러 놓지 않으면 안 된다. 동란을 일으킨 자들은 유고슬라비아, 헝가리, 폴란드, 소련에서의 정치사상의 자유화에 영향을 받고 있다. (중략) 민중의 불평, 악평, 국제적 반응을 두려워해서는 안 된다. (중략) 우리에게는 수백만의 인민해방군이 있다.

등소평의 지시에 따라 26일에는 〈인민일보〉에 '기치를 선명히 하여 동란에 반대하자!'라는 사설이 게재되었다. 학생들의 행동은 '동란', 즉 '반혁명'이 된 것이다. 조자양이 없는 동안 탄압 방침이 결정되었다. 놀란 것은 학생들이었다. 왜냐하면, 학생들은 공산당이나 사회주의 자체를 반대한 것이 아니었기 때문이었다. 공산당의 지도를 인정하고 사회주의체제 속에서 민주화를 요구하는 데 불과했다. 〈인민일보〉 사설이 게재된 다음날, 5만 명의 학생이 사설을 철회하라고 요구하는 시위행진을 벌였다. 학생들은 '공산당 옹호', '사회주의 옹호'의 플래카드를 펼쳐 들었다. 자신들의 운동이 결코 동란(반혁명)이 아니라는 것을 알려주고 싶었던 것이다. 그러나 그러한 학생들의 생각은 공산당에게는 받아들여지지 않았다. 하지만 학생들의 주장은 광범한 시민에게 침투되기 시작했다. 5월 4일에는 〈인민일보〉 기자들까지 나서는 상황이었다.

5월 13일 천안문광장에는 1,000명이나 되는 학생들이 단식 농성을 하고 있었다. 그들은 '동란'이라는 규정을 취소하고, 학생운동이 민주애국운동이라는 것을 인정하고, 학생대표와 대화하기를 요구했다. 5월 16일 고르바초프와 등소평이 회담하고 저녁에는 조자양과의 회담이 있었다. 이 회담에서 조자양은 놀랄만한 발언을 했다.

> "작년 열린 제13회 당 대회에서 등소평 동지는 본인의 의사에 따라 중앙위원회와 정치상무위원회에서 퇴임했다. 그러나 우리 당은 아직 등소평 동지가 필요하고, 그의 지혜와 경험을 필요하다고 생각한다. 그리하여 13기 중앙회의(제13회 대회 후에 열린 제1회 중앙회의)에서 가장 중요한 사항으로 역시 아직은 등소평 동지의 지휘가 필요하다는 것을 신중하게 결정했다. 제13회 당 대회 이후, 가장 중대한 문제를 처리하기 위해서는 항상 등소평 동지에게 보고하고 가르침을 받게 되었다."

이 발언은 전국에 생중계되었다. 조자양은 그것을 의식한 발언을 하게 된 것이다. 중국공산당은 등소평이 표면상 은퇴한 후에도 항상 그의 지시에 따르고 있다. 공산당의 비밀결의로 등소평이 최고 실력자로서 군림하고 있었다. 조자양은 이러한 극비 사항을 생중계되는 전파에 실어 전국에 알린 것이다. '중국의 정치는 민주적이 아니다. 학생들의 행동을 동란이라고 결정한 것은 등소평'이라는 사실을 전국에 알린 셈이었다.

중국의 민주화를 방해하고 있는 사람이 실은 '개혁, 개방'을 주장하고 있는 등소평이란 것을 중국인들은 처음으로 알게 되었다. 이에 학생운동은 일반인도 참가하는 대중운동으로 발전했다. 슬로건도 등소평의 퇴진 요구로 발전되었다. 다음날 17일에는 시민이 궐기했다. 천안문광장과 그 주변 도로는 인파에 파묻혔다. 이날 1,000만 명이 넘는 사람들이 전국적으로 가두로 진출했다고 전해진다.

5월 19일 새벽 동이 트기 전 조자양이 지친 모습으로 학생들의 자제를 호소하며 오열하는 장면이 TV 화면에 나타났다. 그날 밤 보수파 이붕이 〈당 중앙, 국무원을 대표해서〉라는 서두를 달고 수도의 치안유지를 호소했다. 당 중앙이 조자양에서 이붕으로 옮겨진 것을 의미했다.

5월 20일 오전 이붕 수상은 천안문광장을 위시한 북경시 일부에 계엄령을 내렸다. 학생들은 군대의 돌입에 대비하여 바리게이트를 구축하기 시작한 한편 계엄군은 지방에서 차출되어 북경으로 집결하기 시작했다. 학생들의 리더가 된 인물은 북경대학 역사학부의 왕단(王丹, 왕단)과 북경사범대학의 자령(柴玲, 차이링)이었다. 특히 자령은 미모로 민주화 투쟁의 마돈나가 되었다. 계엄령의 포고로 두려움을 느낀 학생들이 천안문광장을 빠져나가는 수가 증가하는 한편 지방의 학생들이 속속 모여들었다. 21일에는 인민해방군 계엄부대 지휘부가 TV를 통해 "계엄령에 따라 수도의 치안유지를 위해 단호한 조처를 하겠다"는 선언을 했다. 29일에는 미술대학 학생들이 급조한 '민주의 여신상'이 천안문광장에 세워져 민주화운동의 상징이 되었다.

6월 4일 일요일 새벽, 천안문광장의 전기가 일제히 꺼지고 광장이 암흑으로 변하자 자고 있던 학생들이 울먹이면서 〈인터내셔널가〉를 높이 부르기 시작했다. 이 장렬한 노랫소리는 새벽의 적막을 깨웠다. 오전 4시 30분 적색의 신호탄이 미명의 하늘에 쏘아지고 광장을 붉게 조명했다. 그것을 신호로 탱크와 장갑차가 일제히 광장에 돌입했다. 천안문 주변 장안로에서는 계엄군의 무차별 총격이 개시되었다. 도망치는 젊은이들이 총에 맞아 흰 셔츠를 붉게 물들이며 쓰러졌다. 이것을 주은래가 사망했을 때 일어났던 천안문사건과 구별하여 제2차 천안문사건이라 부르게 되었다.

개혁, 개방 이후 중국 경제의 발전

조자양이 해임된 후 조자양의 뒤에 계승할 사람은 서열상 이붕 수상이었다. 그러나 등소평은 보수파의 이붕은 기용하지 않고, 평 전치국원이었던 강택민(江澤民, 장쩌민)을 기용했다. 왜냐하면, 등소평은 정치면에서의 자유화는 완고하게 저지하려 했으나 경제면에 있어서의 자유화, 즉 '개혁과 개방' 노선은 유지하고 싶었기 때문이다. 그 점에서 보수파 이붕은 경제의 자유화에 소극적이었다. 또한, 이붕은 학생들을 탄압하면서도 급선봉이어서 이미지가 나쁠 수밖에 없었다. 당시 공산당 상해시위원회 서기였던 강택민은 조자양을 대표로 하는 민주파와 이붕을 대표로 하는 보수파의 중간적 존재였다.

당의 총서기에 강택민을 지명한 이후 11월 등소평은 정치무대로부터 완전 은퇴를 선언하고 최후까지 장악하고 있었던 중앙군사위원회 주석 자리마저 강택민에게 양도했다. 이미 85세가 된 등소평은 그것을 종신제가 되지 않도록 하기 위한 것이라고 설명했다. 그리하여 강택민은 당의 수뇌이면서도 또한 군대의 우두머리로 취임하여 최고권력을 확보했다. 그러나 중요 문제는 등소평 동지와 상담한다는 당중앙위원회의 결의는 살아있었다는 데 있었다.

강택민은 등소평의 노선을 지켜갔다. 경제 개혁과 개방은 적극 추진할 계획이었으나 학생들에 의한 '동란'은 다시는 일어나지 않도록 할 작정이었다. 강택민은 젊은이들이 공산당에 반항하지 않도록 교육하는 데 중점을 두고자 했다. 대학 신입생에게 군사훈련을 의무화했으며, 중·고 교육에서는 역사교육을 강조하여 굴욕적 중국의 근대을 반성하고자 했다. '국기법(國旗法)'을 제정하고 애국주의를 강조하는 행사를 장려했다. 다시금 천안문 사태가 일어나지 않도록 젊은이들에게 '중국공산당의 정치적 정통성'을 강조하는 교육에 전력을 기울였다. 강택민은 등소평과 관계가 깊었던 '북경벌(北京閥)'을 일소하여 등소평의 영향력을 일소하기 시작하고 상해 시대의 자신의 부하들을 중앙으로 불러 '남경벌(南京閥)'을 키워 자신의 위치를 굳혀 갔다.

2002년 11월의 중국공산당대회에서는 강택민의 '3개의 대표'라는 이론이 발표되었다. 그것은 '(1) 세계적 수준의 진보된 생산성의 추진, (2) 선진문화를 발전시킨다, (3) 광범한 인민의 근본적 이익을 대표한다'고 되어 있었다. 문제는 세 번째 광범한 인민의 이익을 대표한다는 원칙이 중요해졌다. 마르크스 이론에 의하면 노동자와 자본가가 대립하기 때문에 자본가는 공산주의 사회에서는 '적'이 되기 마련이다. 그런데 '광범한 인민'이라면 개혁·개방 노선

이래 중국 전토에 증가한 자본가들도 포함하게 된다. 중국은 '사회주의적 시장경제'를 표방하여 자본주의적 경제가 부활했기 때문에 다수 자본가가 생겨났다. 이제는 더 이상 자본가를 빼놓고는 정치와 경제를 발전시킬 수 없게 되었다. 그래서 자본가의 입당도 인정하는 방침을 밟게 되었다. 획기적이라 해야 할까 공산주의의 변질이라고 해야 할까 공산당의 존재 이유를 자기 부정하는 듯한 방침이 시행된 것이다. 즉 중국이 실질적으로 자본주의 나라가 된 이상 자본주의국가의 수권정당은 자본가를 끌어들여야 한다는 것이다. 1921년 중국공산당이 탄생했을 때 50명밖에 되지 않았던 당원이 지금은 6,600만 명이 되었는데, 이제는 자본가도 참가하지 않으면 안 된다는 현실을 반영한 개정 이론의 결과였다.

중국의 대외개방정책은 이미 1970년대 말부터 시작되었다. 1978년 12월 제11기 중앙위원회에서 '자력갱생(自力更生)'이라는 노선이 수정 제안되었다. '자력갱생'이란 '외국에 의존하지 않는다'는 노선으로 1960년대 소련의 경제원조가 끊어진 뒤 타격을 받아 채용되었다. 그러나 중국이 단기간 내에 자본의 부족과 기술의 뒤떨어짐을 극복하기 위해서는 외국으로부터의 원조, 차관, 직접투자 등이 필요해졌다. 그 때문에 경제체제의 '개혁'과 병행하여 대외적인 '개방'이 큰 과제로 제기되었다.

중국 정부는 1979년 이후 일본에 엔 차관을 요청했으며, 1980년에는 세계은행과 IMF에 가맹하여 차관을 요청했다. 중국 기업에의 자본 참가, 합병기업 또는 자(子)회사 설립 등 직접투자도 장려되었다. 홍콩이나 대만, 동남아시아의 화교 사업가와의 연대를 활용하기 위해 중국 남부의 광동성, 복건성에 대해서는 재정이나 국제무역에 관한 자주권이 부여되었다. 대외개방의 거점으로서 심천(深圳), 주해(珠海) 등 '수출특별구'가 지정되고 이 '수출특별구'는 외국의 자본과 기술을 도입하는 창구가 되고, 수출용 공업제품의 생산기지가 되었다.

1984년에는 연해 지방의 대외 개방 도시가 지정되었다. 대련(大連), 진황도(秦皇島), 천진(天津), 연대(煙臺), 청도(靑島), 연운항(連雲港), 남통(南通), 상해, 영파, 온주, 복주, 광주, 심강(湛江), 북해(北海) 등 14개 도시였다. 1985년 이후 대외 개방 지역은 주강(珠江), 장강(양자강), 민강의 삼각 지역, 요동반도, 산동반도로 확대되었다. 대외 개방 지역에서는 풍부하고 저렴한 노동력을 이용하기 위한 홍콩, 대만, 동남아시아 등지의 화교 자본 등의 위탁생산과 직접투자가 급증했다. 또한 이 지역에서는 정부가 기대한 대로 중국 수출 산업의 거점이 되었다. 반면 수입도 급증했다. 이 지역을 통해 합법적, 비합법적인 외국 상품이 수입되었는데, 동시에 서방 문화와 이념의 수입 창구도 되었다. 따라서 공산당 내 보수세력에 의해 '자본주의적 문화에 의한 오염'이라는 비판을 받게 되었다.

그러나 등소평으로부터 강택민, 호금도(胡錦濤, 후진타오)에 이르는 개혁파 지도자들은 정치적으로는 일당독재의 공산주의체제를 굳게 견지하면서, 경제적으로는 등소평의 '선부론(先富論)'의 기치를 높이 들고 개혁·개방 노선을 걸어 세계의 대국으로 성장하려 했다. 등소평이 집권하여 개혁·개방 노선을 펴게 된 1979년부터 약 30년 동안 중국의 평균 경제성장률은 9.8%라는 높은 성장을 달성했다. 그동안 중국의 GDP는 약 16배 상승했고, 1인당 GDP도 12배로 상승했다.

중국은 2001년부터 WTO에 가맹하여 무역의 문호도 활짝 열어젖혔다. 그 결과가 '세계의 공장'으로부터 '세계의 시장'으로의 변화이다. 중국은 값싼 인건비를 무기로 하여 '세계의 공장'이라는 청부생산을 시작했으나 국민 경제의 발전으로 연안부뿐 아니라 내륙부에서도 인건비가 올라 구매력이 상승했다. 따라서 세계로부터 상품을 수입하는 나라가 되었다. 12억이라는 소비자가 존재하는 '세계의 시장'은 세계 경제계에 비상한 매력을 주었다. 중국의 대두로 G2라는 용어가 사용되기 시작했다. 미국과 중국이라는 두 나라가 세계의 문제들을 결정하겠다는 발상이다. 국제무역, 국제금융, 지구 온난화 등의 대책에서 중국의 책임 있는 태도를 기대하는 미국이 G2라는 말을 쓰기 시작했지만 책임지기를 꺼리는 중국은 이 발상에 동의하지 않고 있다.

현재 미국은 중국의 최대 수출국이 되었다. 따라서 당연하게 무역 마찰 문제가 등장하기 마련이다. 여기서 환율 문제와 더불어 중국의 미국 국채의 보유 문제, 온실가스의 감축 문제, 인권 문제 등 많은 미·중 간의 마찰이 발생하고 있다.

제21장

현대 동남아시아

1. 베트남전쟁

인도차이나 반도의 코뮤니즘과 베트남전쟁의 배경

제2차 세계대전 후 아시아에서는 한반도에 이어 인도차이나가 냉전체제하에서 열전(熱戰)을 치르는 무대가 되었다. 냉전적 사고를 벗어나지 못하고 있던 미국은 프랑스의 식민 지배로부터 베트남 독립운동을 추진하고 있었던 호치민(胡志明)이 공산당이라는 이유로 이 지역에 대한 군사적 개입을 강행했다. 아시아, 라틴 아메리카, 아프리카에서도 급진주의적 내셔널리즘은 대체로 공산주의와 결합하는 일이 많았다. 그것은 민족해방의 에너지를 증폭시켜 운동의 통합력을 강화시키는 효과를 지니는 것이었으나 반면에 경제, 정치, 사회의 개발을 위한 기본 전략을 왜곡시켜 '독립'이나 '혁명'의 성과를 오히려 파괴하고 민족의 비극을 크게 증폭시키기도 했다.

대전 후 미국의 대부분 지도자는 미국의 독립선언 정신과 또한 미국식으로 이해한 자유와 민주주의 때문에 공산주의자임을 선언하고 있었던 정치 지도자의 운동을 두려워해서 그 운동이 그 나라의 체제뿐 아니라 아시아의 국제정세를 크게 변화시킬까 봐 과도한 간섭을 되풀이했다.

미국의 지도자들은 한 나라에서 공산주의를 신봉하는 민족주의자에 의해 혁명이 성공하면 그 영향으로 같은 현상이 이웃 나라에서도 발생한다는 '도미노 이론'을 긍정적으로 생각했다. 반면 소련이나 중국은 아시아 내셔널리즘을 이용해서 공산주의의 영향력을 증대시킴으로써 아시아에서 그들의 세력권을 확장하고자 한다고 생각했다. 하지만 미국의 지도자들은 아시아에서의 여러 세기에 걸친 제국주의 열강들의 지배가 낳은 경제적 침체가 바로 아시아의 내셔널리즘과 공산주의를 결합시켰다는 역사적 사실을 이해하려 하지 않았다.

미국의 베트남전쟁 참전 배경으로 '산군복합체(産軍複合體)'의 이익을 위한 군수산업의 압력으로 20세기 후반의 미국의 외교정책을 설명하는 일부 학자가 있으나 그것은 마르크스주의 사관의 단순한 경제결정론에 빠질 우려가 있다. 체제의 변화 없이는 정책을 변경할 수 없다는 '체제환원론'은 그 자체 19세기형 사고의 유물이 아닐 수 없다.

인도차이나 반도에는 많은 민족이 혼재하여 정주하고 있었기 때문에 오랜 옛날부터 분쟁이 끊이지 않았다. 오늘날에도 어느 국가든 여러 소수민족을 포함하고 있다. 베트남도 90% 이상 '킨(京)'이라는 베트남인으로 구성되어 있으나 그 외에도 53(종)의 민족이 혼재하여 정주하고 있다. 킨족이 정주하고 있던 북부 베트남은 인도차이나 반도 내에서 고대로부터 중국의 지배를 받던 유일한 지역이었다. 베트남인들은 기원전 2세기 중국의 한(漢)제국 이래 중국 역대왕조의 통치에 대항해서 되풀이하여 민족적 반란을 일으켰다.

베트남은 제2차 세계대전 중 일본에 점령당하기 전에는 캄보디아와 라오스와 함께 '프랑스령 인도차이나'를 구성하고 있었다. '인도차이나(Indochina)'란 인도와 차이나의 중간에 있어 양방의 문명의 영향을 받은 지역이라는 뜻의 유럽인 조어(造語)였다. 벵골 만과 남중국해 사이의 거대한 반도인 인도차이나는 '프랑스령 인도차이나'와 미얀마(구 버마)와 말레이시아와 싱가포르를 포함한 '영국령 인도차이나', 그리고 네덜란드령 인도네시아와 열강의 이해에 끼여 간신히 독립을 유지한 태국으로 구성된다.

인도차이나는 1940년 이후 '남진(南進)'을 단행한 일본에 의해 점령되었다. 그 이후 일본 제국주의가 주장한 '대동아 공영권'의 중추 지역으로 부상했다. 일본이 호칭하는 '대동아전쟁'은 인도차이나를 점령했을 뿐 아니라 필리핀, 오스트레일리아, 알류샨, 하와이에까지 전투를 확산했다. 일본이 점령한 인도차이나에서는 일본군의 무단정치로 경제가 피폐해지고, 연합국과의 전투에 휩쓸려 다수 사망자가 발생했다.

1930년 호치민에 의해 결성된 베트남 공산당은 코민테른의 지시에 의해 곧 인도차이나 공산당으로 개칭되었다. 그들은 프랑스령 인도차이나 3국 전토에 코뮤니즘 운동을 확대하려 했다고 간주된다. 1945년 대전 후 프랑스령 인도차이나가 3국으로 분립된 이후에는 각 민족의 독자성을 중시하는 입장에서 1951년에는 각국의 공산당이 조직되었다. 내셔널리즘과 코뮤니즘이 결합한 인도차이나 공산당 중에도 호치민이 이끄는 베트남 독립동맹(베트민)은 특히 민족주의적 성격이 두드러져 프랑스의 식민지배로부터 독립하기 위해 프랑스와 독립전쟁을 치렀으며 '일본 파쇼의 타도'라는 목표를 위해 일본군에 대한 저항운동을 조직했다. 제2차 세계대전 말기 1945년 3월 일본군은 베트남에 잔존해 있던 프랑스군을 무장 해제하고 쿠엔조의 파오 다이 왕을 옹립하여 베트남 왕국을 수립했다. 하지만 일본의 패배는 이미 확실해져 있었다. 이 틈을 타서 베트남 독립동맹은 총궐기를 계획했다. 8월에 일본군의 항복과 함께 베트민은 하노이, 사이공 등지에서 혁명 권력을 수립했으며, 9월에는 하노이에서 베트남 민주공화국의 독립이 선언되었다.

북부를 지배했던 호치민의 민주공화국에서는 1846년 1월 최초의 총선거가 거행되었다. 총선거에서는 호치민이 지도하는 베트민이 압도적인 지지를 얻었으나 정치적 배려에 따라 일본군의 무장해제를 담당했던 중국 국민당 정부가 지원하는 베트남 국민당이 베트민과 협력하여 연립 정권을 조직했다.

같은 해 3월 베트남 민주공화국 정부와 프랑스 정부 사이에 정전협정을 위한 가(假)협정이 성립되었다. 1952년까지 군사기지를 제외하고 모든 프랑스군이 철수하는 것이 약속되었다. 그러나 프랑스로서는 북부 베트남을 무력으로 지배하기까지의 시간 벌기에 불과했다. 본 협정을 체결하기 위해 교섭이 계속되었으나 진척되지 않았다.

1946년 10월 프랑스군이 북부의 항구 하이퐁에 상륙했으며 11월에는 중국측 국경에 가까운 랑손에서도 프랑스군과 호치민의 공화국군이 충돌했다. 프랑스 함대가 하이퐁을 폭격하여 다수 시민이 살상되었다. '제1차 인도차이나전쟁'이 개시된 것이다. 프랑스 측은 10만의 군대를 투입하여 군사적으로는 우위를 차지한 듯 보였다. 그러나 프랑스군대의 장교와 하사관은 본토인이었으나 일반 병사는 현지에서 징집된 베트남인이었다. 민주공화국 측에서는 농지개혁을 추진하여 농민의 지지를 얻음으로써 프랑스군의 사기를 저하했다. 1954년 5월 프랑스군은 민주공화국근을 배후로부터 공격하기 위해 라오스 국경 근처의 디엔비엔푸를 공격했다. 하지만 반대로 민주공화국군에 포위되어 격전을 치른 후 항복했다.

세계대전 중 독일과의 전쟁에 패배한 프랑스가 최근까지 독일에 지배되었던 형편에서 내셔널리즘에 따라 고양되어 있던 식민지 지배를 실력으로 부활시킨다는 것은 애초부터 시대착오적인 착상이었다. 그러나 미국은 여전히 프랑스를 지원했다. 반공주의적이며 냉전적 사고를 벗어나지 못한 미국은 하노이 민주공화국이 아니고, 1949년 프랑스가 남베트남의 사이공에 옹립한 파오 다이 정부를 승인했다. 또한, 미국은 이 정부에 1950년 6월 이후 군사원조를 제공하고 군사원조고문단을 사이공에 파견했다. 프랑스도 미국의 원조 없이는 베트남과 전쟁 수행이 불가능했었다.

1954년 5월 8일 스위스의 쥬네브에서 인도차이나 4개국(북베트남, 남베트남, 라오스, 캄보디아)과 미국, 영국, 프랑스, 소련, 중국의 9개국에 의한 극동평화회의가 시작되었다. 이 회의에서 함께 제의된 한반도 문제에는 별 성과가 없었으나 인도차이나 문제는 정전을 향한 협의가 진행될 수 있었다. 프랑스의 새 수상으로 취임한 망데스 프랑스는 '1개월 이내 정전'을 공약했다. 한국전쟁에서 물적, 인적으로 큰 손해를 입은 중국은 북베트남에 정전 실현을 위해 압력을 가했다. 7월 7일 미국이 지원하는 고딘디엠이 파오 다이 국왕 산하의 남베트남 수상으로 취임했다. 북베트남은 무력에 의한 통일을 단념하고 남베트남 내부로부터의 변혁을 통해 통일할 가능성에 기대를 걸고 타협의 길을 선택했다. 그리하여 북위 17도선을 경계로 남북 베트남이 군사를 배치하기로 협정을 맺었다. 1956년 7월 전국적 선거가 약속되었다. 그러나 남베트남과 미국은 최종선언에 서명하지 않았다.

1954년 7월 쥬네브 협정에 따라 비록 남북 분단은 남아있었으나 인도차이나 여러 나라의 프랑스로부터 독립은 승인되었다. 그러나 아이젠하워 정권은 프랑스를 대신하여 이 지역에 직접적 개입을 시작했다. 미국의 동기는 일반적인 의미에서의 제국주의(帝國主義)와는 다른 것이었다. 미국은 인도차이나를 식민지로 만들고자 하지는 않았다. 베트남전쟁에 반대운동에 참여했던 사람들은 '미국의 제국주의'라는 비난의 말을 사용하고 있으나 정당한 평가는 아니다. 결과적으로 미국의 끔찍한 우행(寓行)으로 평가된 베트남 참전의 기본적인 원인은 제국주의적 야심이 아니라 서방 지도국가로서의 정치적 영향력 및 군사적 통제력에 대한 지나친 과신과 천진한 민주주의적 열정이었으며, 그로 인한 급진적 공산주의 형태로 표출된 아시아 민족주의에 대한 오판 때문이라고 할 수 있다.

2. 전쟁의 경과

전쟁의 발발

1964년 8월 미국 정부는 "북베트남 연안에서 미국의 구축함이 북베트남군 어뢰정의 공격을 받았다. 미군은 반격하여 적 함정 2척을 격침한 사건이 발생했다. 그 보복으로 미 해군의 항공기가 북베트남을 공격하여 초계함 25척을 파괴했다. 또한 4개 군대의 기지를 공격하여 석유 저장소를 파괴했다."라고 발표했다. 이것이 '제2차 인도지나전쟁', 즉 베트남전쟁의 개시 신호인 '통킹만 사건'이었다.

미국 대통령 존슨은 이 사건을 "북베트남에 의한 공해상의 공공연한 침략"이라고 비난하고, 의회에도 이 공격을 격퇴하기 위한 일체의 필요한 조치를 할 수 있도록 승인해 주기를 요구했다. 1965년 2월부터 북베트남에 대한 '북폭(北爆)'이 시작되었고, 6월부터 남베트남에서 미군과 민족해방전선(NLF, 베트콩) 세력과의 본격적인 전투가 전개되었다. 북베트남에서는 더 많은 정규군을 남에 침투시켜 대항했다. 베트남의 미군은 1965년에는 2만 3,000명이었으나 1969년에는 최고 54만 3,000명에 달했다. 미국에 협력하여 한국군을 비롯하여 필리핀, 태국도 군대를 파견했다.

미군은 전투 능력이 떨어지는 남베트남군을 대신하여 전쟁의 주역을 담당했다. 게릴라전에 대항하기 위해 살상력이 높은 신무기, 나팜탄, 볼폭탄 등이 개발되어 북베트남군과 해방전선의 병사들뿐 아니라 많은 비전투원, 민간인이 희생되었다. 숲을 파괴하는 고엽제가 넓은 범위로 살포되어 전후에도 장애아 출생 등의 심각한 후유증을 남겼다. 미군은 민간인 속에 숨은 게릴라들을 소탕하기 위해 촌락을 태우고 때로는 여성과 어린애를 비롯한 촌민을 학살하는 사건을 일으켰다. 그럼에도 미군은 남베트남을 제압할 수 없었다. 다수 미군이 전쟁의 목적에 의문을 품고 징병을 거부하여 국외로 탈출하거나 전선에서 탈주하는 등 전쟁 반대 운동에 가담했다. 민족해방전선의 병사들은 밀림 속에 땅굴을 파 거점을 마련하고 지상에서 작전을 수행하고 있는 미군 등을 은밀히 사살하는 등 게릴라전을 전개하여 신무기로 무장한 미군을 괴롭혔다. 북베트남 정규군은 라오스와 캄보디아의 산악지대와 밀림 속을 통해 남베트남에 도달하는 병참 보급로(호치민 루트)를 개발하여 병력과 무기를 계속 수송하여 때로는 도시 지역과 미군의 거점을 총공격하곤 했다. 한편 남베트남 내부에서는 지배세력과 군부 사이에 내부대립이 심각해져 정변이 계속되었다. 1967년 9월에는 군부의 쿠엔 반 추가 대통령으로 취임하여 군사정부를 열었다.

미국 내에서도 명분 없는 전쟁을 반대하는 운동이 크게 전개되었다. 각지에서 격렬한 대학 분쟁이 일어났으며, 많은 수의 지식인도 이에 호응하여 정부를 비판했다. 의문과 비판이 고조됨에 따라 베트남전선에서 귀환한 병사들을 보는 눈도 냉담해졌다. 피 냄새가 진동하는 전선에서 죽음의 공포에 직면한 병사들 사이에는 마리화나나 헤로인 등의 마약 상습자가 격증했다. 미국의 경제 상태도 악화되었다. 재정적자가 증가하고 인플레이션이 진행되었기 때문에 미국의 국제 경쟁력이 날이 갈수록 약화되었다. 베트남전쟁에 의한 미국의 대외 지출이 늘어나자 국제수지의 적자가 격증했다. 존슨 대통령은 현지에서의 전쟁의 정체 상태와 국내에서 전쟁 반대 운동의 고조, 그리고 미국의 국제 여론의 악화를 무시할 수 없어 베트남 문제의 '군사적 해결'이 불가능하다는 것을 인정하지 않을 수 없었다.

평화회담과 전쟁의 종결

1968년 5월 파리에서 미국과 북베트남과의 평화회담이 시작되었다. 미국은 북베트남이 남으로의 침략을 포기하면 미군도 베트남으로부터 철수할 것이라고 제안했다. 그러나 북베트남은 미국이야말로 침략자이며, 베트남으로부터 조건 없이 철수함이 마땅하다고 반론했다. 교섭이 난항에 처하자 오히려 미군의 병력은 더욱 증강되었다. 같은 해 10월 존슨은 북위 17도선 이남의 지역을 포함한 미국의 '북폭'을 전면적으로 정지하고, 남베트남 정부 대표와 해방전선의 베트콩 대표도 파리회담에 참가하는 것을 승인한다고 발표했다. '확대 파리회담'은 1969년부터 시작되었다.

1968년 미국의 대통령선거에서 닉슨이 당선되었다. 닉슨은 외교에 관해서는 이념을 떠나 유력한 국가의 세력균형을 이용하여 국가의 안전보장을 취한다는 전통적 현실주의의 '파워폴리틱'의 입장을 지니고 있었다. 닉슨은 같은 생각을 가진 하버드대학 교수 키신저를 안전보장 담당 대통령 특별보좌관으로 기용하고 베트남전쟁을 막후에서 교섭하게 했다. 그러나 베트남전쟁이라는 일대 사건을 정지시키는 일은 용이한 일이 아니었다. 닉슨 정권의 목표는 '명예로운 철수'이었다. 닉슨은 남베트남, 캄보디아, 라오스 등에서 전투를 확대하여, 군사력으로 북베트남을 위협함으로써 교섭의 주도권을 장악하려고 했다. 미국의 '명예'를 위해 일시적으로 전쟁을 격화시키는 전략을 세웠다. 그리하여 닉슨은 북베트남군의 거점과 보급로를 공격한다는 구실로 캄보디아와 라오스에 대한 미군의 폭격을 강화하고 이 지역에 대한 남베트남군의 침공을 지시하고 정치적 간섭을 강화했다.

한편 '명예 있는 철수'를 위한 국제관계 여론을 조성하기 위해 외교적으로 중국에 접근을 시도했다. 닉슨은 1973년 2월 중국을 방문하여 모택동과 주은래와 회담했다. 그 결과로 닉슨은 상해에서 미국과 중국의 공동 성명에 서명했다. '상해 코뮈니케'는 중국의 공식 외교정책이었던 '평화 5원칙'(영토와 주권의 상호존중, 상호불가침, 상호 내정간섭 불간섭, 평등 호혜, 평화공존)을 미국과의 관계에도 적용하며, 양국이 함께 아시아. 태평양 지역에서 패권을 추구하지 않으며, 다른 제3국에 의한 패권 확립에 반대할 것을 그 내용으로 했다.

닉슨과 키신저는 공산 측 진영의 분열을 간파하고, 소련과 대항하기 위해 중국에 접근하려 했으며, 또한 중국과 접근하면서 동시에 소련과의 대화를 진전시킴으로써 양국의 영향력을 이용하여 베트남으로부터의 미군의 철수를 유도하려고 했다. 닉슨은 중국을 방문한 뒤 3개월 후 모스크바를 방문하여 브레즈네프 서기장과도 회담하여 SALT I(전략무기제한교섭의 1단계)에 서명했다.

중국과 소련과의 현실주의 외교의 성과를 배경으로 하여 1973년 1월 미국은 파리에서 베트남과의 평화협정에 서명했다. 1월 23일 키신저 대통령보좌관과 북베트남 대표 스안 토이가 협정에 서명하고, 27일에는 남북 양 베트남 정부와 남베트남의 해방전선(베트콩)과 미국 등 4개국의 외상이 정식 서명했다. 그리하여 미군은 같은 해 3월까지 수천 명의 군사고문단만 남긴 채 베트남에서 철수할 수 있었다. 그러나 북베트남은 맹방인 중국이 미국에 접근하게 된 국제 정세의 압력하에 할 수 없이 평화협정에 서명했으나 통일의 열망을 포기한 것은 아니었다. 그들에게 평화협정이란 철수하는 미국의 체면을 세워주는 것에 불과했다. 북베트남 당국은 미군이 철수한 후 남베트남을 무력으로 해방한다는 방침을 세웠다.

파리교섭에서는 응우옌반티에우 정권을 대신하여 민족민주연합 정권을 수립하자는 북베트남의 주장을 미국과 남베트남 정부가 거부했다. 그 때문에 남북 베트남을 나란히 병존시킬 수 있는 형태의 정치적 해결의 가능성은 사라졌다. 그러나 남베트남은 단독으로 북베트남에 대항할 힘은 없었던 것이다. 1975년 4월 북베트남군이 사이공 시를 점령했다. 미국 대사관은 서둘러 헬리콥터 편으로 사이공 시를 탈출했다. 남북 베트남 통일 과정에서 남베트남 민족해방전선(베트콩)은 아무런 독자적 역할을 하지 못한 채 역사에서 사라졌다. 북이 남을 병합하게 된 것이다. 1976년 4월 남북의 통일선거가 시행되었다. 국명도 '민주공화국'에서 '사회주의공화국'으로 개칭되었으며, 베트남 노동당은 공산당으로 개칭되어 급진주의적 사회주의화 노선을 채용했다. 경제적 혼란과 정치적 억압을 피하고자 남베트남의 많은 국민이 작은 어선을 타고 국외 탈출을 시도했다(보트 피플). 요행으로 이웃 나라에 표착하기도 했으나 난파하거나 해적을 만나 조난한 사람도 많았다. 소련에서의 고르바초프의 등장으로 시작된 소련과 동유럽 사회주의권의 붕괴는 1989년 11월 9일 동서냉전의 상징이었던 베를린 장벽을 무너뜨리면서 그 절정에 이르렀다. 이 사건은 동남아시아의 공산독재체제에도 큰 영향을 끼치게 되었다.

1969년 호치민이 사망한 후 노동당의 레주언이 제1서기로 집권하게 되었는데, 집권 초에 그는 계급 투쟁과 반제국주의 투쟁을 강조하는 경직화된 독재 정책을 채용했다. 그러나 이러한 독재체제는 베트남 국민, 특히 중국계를 중심으로 반발을 사게 되어 1980년대 들어서는 성급한 사회주의화를 수정하는 움직임이 등장했다. 식량 생산의 증가를 위해 국영농장과 협동농장의 토지를 개인에게 빌려주는 '청부경작제도'를 도입했다.

1986년 레주언이 사망한 후 응우옌반린이 서기장으로 선출되었다. 새 서기장 응우옌반린은 개혁파에 한 사람이었고, 과거에 남부 당의 서기를 맡았던 사람이었다. 그는 때마침 사회주의 대변혁이라는 시대적 대세에 영향을 받아 '도이모이(刷新)'라고 칭하는 새로운 정책을 공식으로 채용했다. 시장원리를 대담하게 활용하고, 외국기업의 투자를 적극 받아들였다. 베트남 공산당 제6회 대회에서 '도이모이' 정책이 정식으로 채택되었다. 여기서 시장경제화를 위한 정책을 본격적으로 실시할 것을 주장했다. 체제에 구애받지 않고 여하튼 생산력을 높여 빈곤을 타파하는 것이 선결문제라고 강조했다. 농업을 개선함으로써 식량과 식품을 증산하는 것이 긴급과제였다. 경제개발을 촉진하기 위해 국영기업이나 공영기업 이외에 '자본주의'적 경영과 개인경영을 인정한다는 것을 확인했다. 국제분업과 국제협력에의 적극적인 참가도 결정되었다. 재정지출의 억제와 통화 및 물가의 안정화, 취업 기회의 보장(당시 실업자가 수백만에 이르렀다) 등도 중시되었다. 관료주의와 중앙의존 체질 극복의 필요가 강조되었다.

베트남에서는 경제제도 개선과 함께 언론과 문화 활동의 분야에서의 자유도 어느 정도 확장되었다. 베트남 공산당은 경제면에서 최대의 공여자이기도 했던 소련의 소멸이라는 새로운 사태에 직면해서 더욱더 서측 여러 나라와의 협력 관계를 강화시킬 필요에 몰리게 되었다. 베트남전쟁에서 적(敵)이었던 미국과의 관계도 1993년 이후 급속히 개선되어 미국 기업의 베트남 진출도 늘어났다. 베트남에 군대를 파병하여 싸웠던 한국과의 관계도 완전히 회복되었다. 베트남에서 복수정당제 도입을 요구하는 목소리도 있다. 그러나 베트남 공산당은 아직은 베트남의 민주화에는 신중한 태도를 지니고 있다.

3. '킬링필드', 캄보디아

크메르루주의 캄보디아 통치

캄보디아는 베트남과 라오스와 함께 프랑스의 인도차이나 식민지의 일부였다. 베트남전쟁 중에 북베트남은 남베트남 민족해방전선을 지원하기 위한 병참선 호치민 루트를 캄보디아와 라오스 영내로 우회하여 건설했다. 당시 캄보디아의 국가원수였던 시아누크는 표면적으로는 중립을 표방했지만 실제로는 이웃의 대국 베트남을 적대하지 않을 생각으로 베트남전쟁에서 북베트남과 베트콩 편을 들었다. 남베트남에서 미군에게 쫓긴 베트콩이 캄보디아 영내로 도망할 수 있게 하거나 호치민 루트의 영내 통과를 묵인했다. 나아가 캄보디아 국내 항구에서 베트남을 지원하는 군수품을 하역하여 국내를 통과하여 남베트남의 베트민에 전달하는 것도 묵인했다.

이에 미국의 CIA는 캄보디아 정부군 간부를 매수하여 쿠데타를 일으키게 했다. 1970년 시아누크가 모스크바를 방문하던 중 론 놀 수상이 쿠데타를 일으킨 것이다. 론 놀 정권은 재빨리 미국과 공동으로 캄보디아 영내에 있는 북베트남군과 베트콩을 공격했다. 한편 조국에서 쫓긴 시아누크는 중국 정부의 지원을 받아 북경에서 반(反) 론 롤의 지휘를 하게 되었다. 즉 이제까지 캄보디아 국내에서 그 자신이 탄압하고 있었던 캄보디아 공산당과 손을 잡고 반론 놀 통일전선으로 '캄보디아 민족통일전선'을 결성했다.

캄보디아 농촌 지역에서는 왕족인 시아누크 전하의 인기가 높았으며, 반론 놀 세력의 게릴라 활동은 농민의 지지를 얻어 국내에서 그 세력을 확장하고 있었다. 이때 활동의 중심이 된 세력은 폴 포트가 지도하는 캄보디아 공산당(크메르루주)과 그들을 지지하는 북베트남군이었다. 또한, 미국은 미국군이 베트남으로부터 철수하기 위해서는 캄보디아 영내에 있던 북베트남군의 기지를 파괴할 필요가 있다고 판단하여 캄보디아 동부 지역에 폭격을 되풀이했다. 이 폭격으로 많은 사람이 희생되어 분노한 농촌의 젊은이들이 게릴라 조직에 몸을 던지게 되었다. 결과적으로는 미국이 캄보디아의 공산 게릴라를 육성한 꼴이 되었다. 그 후 캄보디아는 내전에 휘말리게 되었다. 캄보디아 내전에서 50만 명이 사망했고, 100만 명이 넘는 난민이 수도 프놈펜으로 흘러들어와 수도의 인구가 200만 명으로 팽창했다.

1975년 4월 17일 '캄보디아 민족통일전선'의 군대는 프놈펜에 쳐들어와 론 롤 정권이 붕괴했다. '통일전선'의 군대는 폴 포트가 지도하는 크메르루주의 군대였다. 그것은 남베트남이 붕괴하기 겨우 2주 전의 일이었다. 베트남에서는 사이공의 함락 후에도 시민 생활의 변화나 구 정부군 병사들이 체포되는 일이 없었으나 캄보디아는 달랐다. 프놈펜으로부터 도망치지 못하고 잔류해 있었던 논 롤 정권의 병사나 정부 고관들은 전원 죽임을 당했다.

폴 포트의 '킬링필드'

"이제 내전이 끝났다."라고 희망에 젖었던 시민은 폴 포트 군대를 환영했다. 하지만 바로 다음 날부터 시민의 운명은 크게 바뀌게 되었다. 다음날 프놈펜 시민 200만 명은 한 명도 빠짐없이 시내로부터 추방되었다. 입원 중인 환자와 노인, 유아들까지 한 명도 예외가 인정되지 않았고, 시민은 입은 옷 그대로 집에서 쫓겨나게 되었다. 폴 포트는 도시의 주민은 적으로 간주했다. 크메르루주의 게릴라부대가 농촌에서 싸우고 있을 때 농촌을 떠나 도시로 도망친 것 자체를 용서할 수 없었다. 도시로부터 주민을 쫓아버리면 그의 지위를 위협하는 세력은 더 없을 것이며, 그들은 새로운 농업노동력으로 이용될 것이었다. "너희를 살려 두어야 아무런 득이 없다. 너희를 잃어도 아무 손실이 없다."라는 말은 도시에서 쫓겨난 '신주민(新住民)'에 대해 폴 포트의 한 간부가 한 말이다. '신주민' 말살정책이 시작된 것이다.

정권을 장악한 폴 포트는 원시공산제라 할 수 있는 극악한 정책을 시행했다. 화폐가 폐지되고, 국민의 대부분이 불교도였던 나라에서 종교가 금지되고 사원이 파괴되었다. 학교와 병원도 폐지되었다. 모든 국민은 공동농장에 배치되었고, 그 농장의 재산과 수확은 국가의 것이었다. 가족 단위가 해체되어 자식들도 5, 6세가 되면 부모에게서 떨어져 '국가의 자식'으로 교육을 받았다. 연애도 인정되지 않았고, 당이 결정한 상대와 결혼하여 자녀를 낳을 것을 강제했다.

폴 포트 정권의 최대 특징은 '지식인 적시(敵視)정책'이었다. 글자를 쓸 줄 아는 자, 책을 읽을 수 있는 자는 '지식인'이었다. 안경을 썼다는 이유로 '지식인'으로 몰려 살해되었다. 지식인을 발견하기 위해 속임수를 썼는데, 농촌에 온 도시 주민을 모아 놓고 "애들을 위해 학교를 열고 싶은데, 교사 경험이 있는 사람은 손을 들어라."라고 했다. 손을 든 사람들은 곧바로 끌려가 다시는 돌아오지 않았다. 국외 유학생도 말살의 대상이었다. 폴 포트는 정권을 장악한 뒤 국외 유학생들에게 편지를 보내어 "조국을 위해 힘을 빌려 주었으면 좋겠다."라고 설득하며 귀국을 종용했다. 귀국한 유학생들은 공항에서 그대로 연행되어 곧바로 전원 처형되었다. 폴 포트와 그의 친구들도 스스로는 프랑스에 유학했던 '지식인'이었으나, 그들이 통치의 편의를 위해 채택한 '지식인' 말살 정책으로 캄보디아 국내에서는 문맹화가 급속히 확산되었다. 그들은 "세상을 알고 자신 스스로 머리로 생각"하는 인간은 지배체제에 방해될 뿐이라고 생각했다. 거기에는 '육체노동만이 모든 것의 기본'이라는 소박한 원시 공산제 사상이 근저에 깔려 있었다. 예부터 캄보디아는 앙코르와트 등 수준 높은 문화를 자랑하던 자존심이 강한 민족이었다. 크메르 왕조가 쇠퇴한 후에는 자주 이웃 나라 베트남의 침략을 받았다. 인도차이나 반도가 프랑스의 식민지가 된 이후 프랑스는 캄보디아를 직접 지배하지 않고 베트남이 간접 지배하도록 하여 식민지 지배에 대한 불만을 베트남에 돌리려는 노회한 정책을 시행했다.

폴 포트는 이 '반(反)베트남 의식'을 이용하여 베트남이라는 적(敵)을 만들어 자신의 잔인한 통치가 가져온 실정을 뒤집어씌우려고 했다. 이에 베트남이 반격했다. 베트남에는 폴 포트에게 미움을 사서 쫓겨온 캄보디아군의 장교들이 있었다. 이들 장교가 '캄보디아 구국 국민통일전선'(헨 삼린이 의장)을 결성하여 구원을 요청했다. 1978년 12월 '요청을 받은' 베트남군 10만 명이 캄보디아를 침공했다. 베트남군의 본격적인 침공에 대해 폴 포트 군은 상대되지 않았다. 폴 포트의 숙청으로 군의 유능한 중견간부가 부족했으며, 국민은 기아선상에서 고통을 당해 더는 저항할 수도 없었다. 오히려 '이것으로 목숨을 구할 수도 있지 않을까?'라는 생각으로 국민은 정권을 지키려 하지 않았다. 베트남의 침공으로 겨우 2주 만에 폴 포트 정권은 붕괴했다. 3년 8개월간의 폴 포트 정권은 사라진 것이다.

폴 포트 정권의 악행이 만천하에 드러난 것은 그 뒤에 일어났다. 세계 여론이 들끓기 시작했다. 처음에는 베트남의 캄보디아 침공에 대해 허용할 수 없다는 여론이 우세했으나 죄 없는 캄보디아 인민이 대량 살육되었음을 알고 경악했다. 신이주민의 거주지였던 '킬링필드'에서는 어디를 파도 백골이 나오는 비참한 현장이 드러났다. 그것은 '어떤 나라건 내부적으로 반인도적 행위가 대규모로 행해졌을 때 국제사회의 인도적 개입이 허용된다'는 이론의 길을 열게 했다. 베트남군의 침공에 쫓겨 폴 포트는 다시 정글로 도망쳤다. 그는 헨 삼린 정권에 대항해서 북부의 태국 국경 부근에서 게릴라 활동을 시작하고, 왕궁에 유폐시켰던 시아누크를 중국에 피난시켜 다시 통일전선을 조직했다. 이 정권에는 중국과 태국이 지원했다.

베트남군이 침공한 지 11년 후인 1989년 9월 베트남군은 캄보디아로부터 철수했다. 이를 계기로 하여 캄보디아 화평의 기운이 세졌다. 미국의 베이커 국무장관의 제의로 캄보디아 화평계획이 성립되었다. UN이 '캄보디아 잠정통치기구(UNTAC)'를 만들어 이 조직하에서 캄보디아 국내에서 자유선거를 시행하고 새 국가지도자를 선출하는 계획이었다. 캄보디아 내전의 당사자들이 서로 반대하여 저항하곤 했으나, 결국 1991년 10월 파리에서 평화협정을 맺고 캄보디아는 평화를 찾았다. 1993년 5월 캄보디아 국민에 의한 총선거가 시행되었다. 선거결과 새 헌법이 성립되고 시아누크는 다시 국왕이 되었다.

폴 포트파는 일단 선거에 협력하는 자세를 보이면서도 결국 이를 보이콧했다. 그 후에도 국내에서 게릴라 활동을 계속했다. 중국과 태국으로부터의 지원도 끝나고, 동지들이 서로 분열하던 와중에 폴 포트는 1998년 4월 정글에서 병사했다. 누구 하나 간호하는 사람 없는 쓸쓸한 죽음이었다. 잔존 부대도 곧 투항하고 폴 포트파는 괴멸했다. 아직도 내전의 후유증으로 캄보디아에는 대량의 지뢰가 남아있어 이따금 지뢰에 의한 희생자가 발생하고 있다.

4. 미얀마의 독립과 아웅산 수치

미얀마의 애국자 아웅산 장군의 독립운동

미얀마는 1824년부터 영국과의 세 차례의 격렬한 전쟁 끝에 패배하여 1886년부터 영국의 식민지가 되었다. 영국은 미얀마를 점령한 후 버마 연방으로 국명을 정했다. 인도차이나 반도의 서쪽에 있어 북서부는 인도와 방글라데시와 접하고 있으며, 동북부에 라오스와 중국, 동부에 태국과 국경을 맞대고 있다. 민족은 미얀마인이 69%를 차지하고 있으며, 그 외에 카렌족, 샨족 등 모두 135개의 소수민족으로 구성되어 있다. 그리고 국민이 9%는 소승불교 신도이다. 아웅산 장군은 미얀마의 독립투사로서 외국의 지배세력인 영국과 일본에 저항한 무력 항쟁을 통해 미얀마의 독립을 이끌어낸 국부와 같은 존재이다. 이 사람이 미얀마의 군사 정권에 의해 17년간이나 자택에 연금되면서 미얀마의 민주주의를 위해 투쟁한 아웅산 수치의 아버지이다.

아웅산 장군은 미얀마를 식민지 상태로부터 탈출, 독립시키기 위해 어떤 때는 일본과 또 어떤 때는 영국과 손잡는 등 고난의 길을 걸었으나, 독립 직전 암살된 비극의 인물이었다. 먼저 일본의 정보기관은 교착 상태에 빠진 중일전쟁을 타개하기 위해 미국에 의한 장개석 정부에 대한 병참 보급로였던 '버마 루트'를 차단하기 위한 공작으로 미얀마 국내에서 활동하던 독립운동가를 이용할 작정을 했다. 그들은 아웅산을 일본으로 끌고 와서 설득하여 아웅산의 지휘하에 미얀마군 장교 30명을 불러들여 훈련시킨 후 '버마 방위군'을 편성했다. 그리고 그들을 조국에 침투시켜 친일 정권을 수립하고자 획책했다.

제2차 세계대전이 발발하자 영국은 유럽전선에서 독일과 싸우는 데 치중하여 동남아시아 식민지의 통치까지 힘을 쓸 여유가 없었다. '버마 방위군'과 일본군의 미얀마 진격을 처음에 국민은 영국의 지배로부터 해방시켜 줄 것이라 환영했으나 이번에는 미얀마에 대한 일본의 지배가 시작되었다. 미얀마를 점령한 일본군은 헌병대를 통해 미얀마 국민을 엄격히 탄압했다. 미얀마에서는 지금도 학교에서 일본군의 잔악한 탄압에 대해 구체적인 예를 들어 반일 교육을 하고 있다. 게다가 일본군대는 태국-버마 철도를 건설하기 위해 미얀마인과 전쟁포로를 강제동원했다. 그것은 영화 〈콰이강의 다리〉의 무대로 험악하기로 이름난 밀림을 통과하여 강행된 415km의 지난한 건설사업이었다. 이 철도 건설에 동원된 미얀마 노동자의 희생자만 하여도 수만 명, 미얀마 측의 자료에 의하면 8만 명이 사망했다고 추측하고 있다. 연합군의 포로도 이 건설사업에 동원되었다. 일본군이 독립을 약속했기 때문에 일본군과 행동을 같이했으나 그 후 일본의 배반으로 적의를 품게 된 아웅산은 드디어 일본군에 반란을 계획하게 되었다. 임팔 작전의 실패로 큰 타격을 받게 된 일본군의 참상을 목격한 아웅산은 이 기회를 무장봉기의 기회로 보았다.

1945년 3월 아웅산의 지휘로 미얀마의 육군은 일제히 봉기하여 일본군을 괴멸시키게 되었다. 전쟁이 끝나자 이번에는 영국군이 다시 들어왔다. 일본군을 쫓아낸 아웅산은 이번에는 다시 영국과 교섭을 개시하여 1947년 1월, 영국으로부터 미얀마의 독립을 승인받게 되었다. 1947년 7월 19일 오전 10시 새 헌법 제정을 위해 '행정참사회'에 참석한 아웅산에게 정적들이 돌연히 나타나서 총을 난사하여 아웅산은 32세의 젊은 나이에 사망했다.

아웅산 수치의 민주화 투쟁

아웅산 수치는 1945년 6월 19일 아웅산과 그의 아내 킨치 사이에서 세 번째 고명딸로서 태어났다. 짧은 일생 오로지 미얀마의 독립을 위해 헌신했던 아웅산은 국민적 영웅이 되었고, 그의 유족들도 영웅의 유족으로 추앙을 받아 영웅의 유족답게 살아야만 되었다. 아웅산 수치는 한때 아버지의 동료였던 네윈이 일으킨 쿠데타로 조국이 국가사회주의 독재 정권으로 바뀌자 1988년 어머니의 병간호를 위해 조국으로 돌아오기까지 영국에서 망명 생활을 보냈다. 그동안 그녀는 영국 옥스퍼드대학에서 정치와 경제, 철학을 공부했고, 한때 버마 출신의 UN 사무총장 우탄트의 추천으로 뉴욕에 있는 UN에서 근무하기도 했다. 그 뒤 수치는 영국인과 결혼하여 영국에 살았다.

어머니가 쓰러지고 조국이 그를 불러들였다. 당시 미얀마는 26년간 계속된 군부독재에 시달리고 있었다. 독재 권력의 부정부패는 경제파탄을 가져왔다. 미얀마 국민은 폭정과 가난 속에서 질식할 상태에 이르렀다. 1988년 8월 8일 8시 양곤대학 학생들이 거리시위에 나섰다. 8888항쟁이 일어나자 군부는 평화적인 시위대에 총격을 가했다. 시민과 학생, 승려들까지 수천 명의 시위 군중이 군부의 총칼 앞에 쓰러지는 긴박한 사태를 목격한 아웅산 수치는 이제는 자신이 미얀마의 현실을 외면할 수 없다는 사실을 깨달았다. 민중은 국민의 영웅 아웅산의 딸이 군부를 물리치고 새로운 세상을 국민에게 가져다주기를 간절히 소망했다. 8월 15일 아웅산 수치는 군부 정권에 국민의 요구에 응하라고 요구하는 '화평안'을 제안했다. 그리고 8월 26일 희생당한 시위대의 시신이 안치된 양곤의 종합병원 앞에서 몇십만의 군중이 운집한 가운데 민주화를 위한 연설을 했다. 이로써 미얀마 민주화의 상징, 아웅산 수치의 새로운 인생이 시작되었다.

아웅산 수치가 정치 일선에 나서자 미얀마 국민은 열렬히 환호하며 그녀에게 많은 기대를 걸었다. 군부도 국민의 민주화 의지에 어느 정도 양보하는 듯한 제스처를 보였다. 일당 독재를 폐지하고 다당제 정치와 선거를 약속했다. 아웅산 수치는 민주지사들과 함께 민주민족동맹(NLD)을 창설하고 사무총장직을 맡았다. 그녀는 전국을 돌며 새로운 미얀마의 대 희망을 연설하고 군부독재의 종식을 촉구했다. 아웅산 수치를 따르는 미얀마 국민은 더는 총과 칼로 위협하고 몇 개의 당근 정책에 안주하는 다루기 쉬운 사람들이 아니었다. 네윈이 퇴진한 후 신군부의 소마웅은 다시금 군사 쿠데타를 일으키고 그동안 소강상태이었던 시위대에 대해 잔혹한 진압을 다시 시작했다. 1989년 7월부터 정부는 아웅산 수치를 가택 연금시켰다. 아웅산 수치만을 국민과 격리시키면 시위가 사라지고 군사독재가 가능할 것이라고 여긴 것이었다. 그러나 그것은 군부의 커다란 오산이었다. 수도인 양곤이나 대도시 지식층만 자신들을 반대할 뿐 국민 전체는 아직도 군대를 믿고 따른다고 여긴 군사 정권은 8888항쟁 때의 약속을 지킨다는 명목하에 1990년 5월 총선거를 시행했다. 결과는 아웅산 수치가 결성한 민족민주동맹(NLD)이 82%의 지지를 받아 압승했다. 그러나 군부는 명백한 선거결과에 승복하지 않았다. 더욱 강경한 독재정치를 펴서 아웅산 수치를 무기한 자택 연금에 처했다. 2010년 세계적인 비난과 국민의 민주화에 대한 열망을 배경으르 그녀는 드디어 가택연금으로부터 풀려났다.

5. 아시아의 작은 용(龍)들

대만의 경제적 발전

1980년대에 아시아의 신흥공업경제지역으르 한국, 대만, 홍콩, 싱가포르가 등장했다. 이들 국가 또는 지역은 '아시아의 NIES' 또는 '4(마리)의 작은 용'이라 불리었다. '용(龍)'이란 동아시아의 중국 문화권에 속하는 여러 민족이 공유하는 상상의 동물이다. '용'은 영어로 드래곤(dragon)으로 번역되지만, '용'과 드래곤은 기원이 다르다. 중국에서 탄생하여 아시아에 퍼진 전설 속의 '용'은 평시에는 물속에 살다가 때가 되면 기세 좋게 승천한다. 그 '4마리의 작은 용' 중에서 인구와 경제 규모 면에서 가장 큰 것이 한국이었다.

전후의 대만(臺灣)을 살펴보면, 대만은 16~17세기에 걸쳐 스페인과 네덜란드에 지배당하다가 멸망한 명(明)조의 부흥을 목표로 했던 정성공(鄭成功)에 의해 1661년에 정복 통치되었다. 1683년에는 청나라에 지배하에 들어가 복건성과 광동성으로부터 이민이 증가했다. 한(漢)민족은 선주민들을 산지로 쫓아내고 대만의 지배자가 되었다. 1894~1895년 청일전쟁의 결과 대만은 일본에 넘겨져 일본의 식민지가 되었다. 1945년 일본의 패전으로 중화민국에 반환되었다. 하지만 중국 장개석 정권의 부패한 관리들의 오직과 부정행위로 주민의 항의운동이 빈발했다. 1947년 2월 당국의 탄압으로 많은 대만 출신 지식인들이 살해되는 일이 발생했다. 1949년 10월 중화인민공화국이 성립되고 그해 12월 장개석의 정부가 대만으로 피난을 오게 되었다. 대륙에서 공산당에 패배하여 대만에 쫓겨온 후에도 국민당의 부패는 여전히 심했기 때문에 미국도 실망하여 대만이 공산당 지배가 되어도 어쩔 수 없다고 체념하고 있었다. 1950년 한국전쟁이 발발하자 미국은 중국의 대만 침공을 저지하고 대만의 국토회복도 저지하는 정책을 채용했다. 한국전쟁의 결과 아시아에서도 냉전구조가 확립되어, 공산주의 중국에 대항하기 위해 미국은 대만을 지원하게 되었다. 그리하여 중국과 대만의 대립이 냉전구조 속에 편성되어 대만이 존속할 수 있게 된 것이다.

대만으로 쫓겨온 장개석도 이제는 자세를 고쳐 어떻게든 대륙을 회복하려는 정책을 추진하려 했다. 국민당 정부는 통화의 남발에 의한 인플레이션을 방지하고, 농지개혁을 시행하여 농민들의 환심을 사고자 했다. 식민지 시대의 일본 기업을 국유화함으로써 경제개발의 기반으로 이용할 수 있었다. 국민당 정부는 경제성장을 통해 대만인을 안정적으로 통치하고자 획책했다. 그리하여 1960년대 중반부터 정부의 수출지향적 개발전략으로 공업화가 촉진되었다. 그리고 일본을 비롯한 외국 자본을 적극 수용하고, 수출산업에 대해 세제 등 우대조치의 혜택을 주는 '자유수출구역'을 설치했다. 새로운 성장산업은 민간에 맡겨 다양 중소기업이 중요한 역할을 담당하게 했다. 정부주도형 산업 개발을 해 온 우리나라의 산업구조와 다르게 대만의 경우에는 중소공업을 민간에 맡기는 산업구조로 되어 있다. 대만의 공업은 섬유공업 등을 중심으로 하는 산업구조로부터 출발하여 전자기기를 포함한 각종 첨단공업으로 발전했다.

UN에 가맹한 신흥국들 대다수가 북경 정부를 지지하여 대만은 UN에서의 대표권을 빼앗겼다. 미국도 베트남전쟁의 진흙 구덩이에서 벗어나기 위해 정책을 전환하여 1972년에 닉슨이 중국과 국교를 맺음으로써 이에 동조하게 되었다. 이처럼 외교면에서는 대만의 고립화가 진행되었으나, 경제면에서는 대만의 눈부신 성장이 두드러졌다. 중국은 대만의 군사적 병합 대신에 평화적 통일을 주창하게 되었으며, 대만도 대륙과의 경제, 문화, 인적 교류를 중시하게 되었다. 국민의 상호 왕래가 활발해지고, 홍콩을 거쳐 대만의 중국에의 투자가 증대했다.

대만에서도 경제성장에 의한 소득수준의 상승을 배경으로 '민주화'와 '자유화'가 새로운 과제로 제기되었다. 겨우 인구의 12%밖에 안 되는 대륙으로부터의 이주자(外省人)들이 권력의 중추를 지배하고 있었던 반면 국민의 다수인 83%를 점하고 있는 '본성인(本省人)'들은 정치적으로 소외되고 사회적으로도 차별당했다. 대만인들이 휴대해야만 되는 신분증명서에는 성적(省籍)을 표시하는 난이 있었는데, 그것으로 '외성인'인가 '본성인'인가 즉시로 판명되었다. 대륙으로부터 피난하여 쫓겨 온 '외성인'들은 '본성인'들을 차별하여 서로 통혼도 꺼렸다. 중국과 대만이 나누어져 대립하는 구조 속에서 양자는 대조적인 길을 걷게 되었다. 대륙의 중국에서는 모택동의 지도로 '대약진정책'의 실패와 문화혁명의 혼란 등이 계속되어 경제는 정체되고 수백만 명이 아사하는 참상을 겪게 되었다.

한편 대만은 자유무역을 순조롭게 추진하여 경이적인 경제발전을 달성했다. 일본을 비롯한 세계적 컴퓨터 제품의 많은 부품이 대만에서 생산되었다. 1998년까지 국민 한 사람당 소득을 비교하면 대륙이 774달러, 대만이 1만

2,040달러였다. 경제력의 싸움에서 대만은 중국을 이겼던 것이다.

경제적으로는 발전했으나 정치적으로는 비민주적이라는 상태가 오랫동안 계속된 대만은 1976년 독재자 장개석이 사망하자 크게 변하기 시작했다. 장개석 사망 이후에는 장개석의 아들 장경국(蔣經國, 장징궈)이 총통에 취임하면서 차츰 완화된 민주화가 시작되었다. 국민당이 대만으로 쫓겨 오면서 대만에 선포했던 계엄령을 1987년 7월 7일을 기해 해제함과 동시에 자신을 이을 후계자가 될 부총통에 '본성인' 출신 이등휘(李登輝, 리덩후이)를 등용했다. 1988년 장경국 총통이 사망한 후 부총통이었던 이등휘가 총통으로 승격했다. 최초의 '본성인'의 총통이 탄생한 것이다.

이등휘 총통하에서 대만의 민주화가 급격히 전진했다. 정치범을 석방하고, 보도의 자유를 인정하고, 국민당에 반대하는 야당의 존재도 인정했다. 나아가 '국민대회' 개혁을 착수했다. 대만의 의회는 '국민대회'와 '입법원'이 있는데, 입법원은 법률을 제정하는 기구로 선거로 구성되었으나 국민대회는 1947년 대륙에서 선출된 '만년의원'들로 구성되었다. 이제는 대만 정부로서는 대륙에서의 선거를 치를 수 없으므로 이들은 '국회에서 잠만 자는 만년의원'들이었다. 그러나 이 기구는 중화민국의 정통을 잇는 기구로서 헌법의 제정과 개정, 총통과 부총통의 임명이라는 정치의 결정권을 지니는 것으로 되어 있었다. 실제로는 장개석의 독재에 울타리 노릇을 하는 어용기관에 불과했다.

이등휘 총통은 만년의원들을 설득하여 1991년 4월 '임기만료'를 선언시켰다. 그해 12월에 42년간 낮잠만 자던 만년 의원들이 전원 퇴직했다. 그 대신 대만인만의 새로운 선거로 '국민대회'를 선출했으며, 그 의원들의 선거로 이등휘 총통이 정식으로 선출되었다. 이때까지 총통의 선출은 '국민대회'를 통한 간접선거였으나 이등휘 총통은 총통선거를 직접선거로 바꾸었다. 1996년 3월 대만 주민은 직접선거로 그들의 리더 총통을 선출했다. 결과는 이등휘의 압승이었다. 총통의 임기도 4년으로 정해져 2000년 3월에 임기가 끝난 이등휘는 정계를 은퇴하고 야당 민주진보당의 진수편(陳水扁, 천수이볜)이 당선되었다. 야당인 민주진보당은 '본성인'의 염원인 '대만독립'이라는 주장을 전면에 내세우지 않고 복리와 생활 향상을 강조했다. 그러나 중국과 대만의 대립구조는 그 뒤에도 계속되고 있어 중국은 2005년 3월 '국가분열방지법'을 제정하여 대만이 독립을 선언하면 군사적으로 공격한다고 위협하고 있으나 현실적으로 대만은 국가로서 세계의 인정을 받고 있다.

홍콩

인구의 규모는 작지만 홍콩과 싱가포르드 눈부신 경제발전을 이루어 '아시아의 4마리 작은 용'으로 평가되고 있다.

홍콩(香港)은 아시아에서 최후까지 남아있던 영국의 식민지였다. 영국의 식민지로서의 홍콩은 홍콩 섬과 그 대안인 구룡(九龍) 및 신계(新界)의 두 지구를 합한 것이다. 18세기 후반부터 19세기 전반에 걸쳐 영국이 인도에 아편을 팔았기 때문에 청국 정부는 은의 유출을 방지하기 위해 아편수입을 금지했다. 이에 1840년에 '아편전쟁'이 일어났다. 이 전쟁에서 승리한 영국은 청국에 홍콩 섬의 할양을 요구했다. 그 후 1865년 애로호 사건의 결과 영국은 홍콩 섬 건너에 있는 구룡지구를 다시 할양받았다. 청일전쟁 후 청국의 약체화를 틈타 영국은 홍콩과 구룡지구의 물 공급을 확브하기 위해 다시 구룡의 배후지인 신계지구를 99년간 조차(租借)하는 것을 청국으로부터 인정을 받았다.

1949년 10월 중화인민공화국이 건설되자 영국은 미국의 반대에도 1950년 1월 서방 중에서 가장 빨리 새 정부를 승인했다. 한국전쟁과 베트남전쟁으로 동서대립이 첨예화된 아시아에서 홍콩은 그동안 중국과 서방과의 중계기지로서 중요한 역할을 했다. 그러나 미국이 중국에 대해 봉쇄정책을 유지했고, 중소관계가 악화한 1960년대 이후에는 홍콩의 중계무역기지 기능은 떨어져 갔다. 반면 중국으로부터 내전기의 혼란을 피해, 그리고 새 정부가 수립된 이후에도 공산당 지배를 싫어한 많은 난민이 홍콩으로 유입 이주했다. 상해를 비롯한 대륙 각지의 자본가들도 홍콩으로 이주하여 홍콩은 풍부한 인구를 확보하게 되었다. 1945년 일본 점령기의 말기에는 65만 명이었던 홍콩의 인구는 1949년에는 186만 명이 되었다. 중계무역기지로서 축적해 온 자금을 활용하여 홍콩 자체의 공업화에 의한 '가공무역기지'로의 전환이 개시되었다. 정치적 불안이 계속되고 있었던 동남아시아로부터의 화교(華僑) 자본의 유입도 홍콩의 경제발전을 가속했다.

홍콩은 영국 본국이 임명한 총독에 의해 통치되었다. 주민대표가 참가하는 기구는 있었으나 의사 결정기구가 아니라 자문기구에 불과했다. 홍콩에서의 민주주의의 제한은 당장은 통치의 안정을 보증했으며 경제발전을 쉽게 하도록 긍정적인 작용을 했다. 전후에 홍콩은 정치적으로는 영국의 지배를 받았으나 경제적으로는 일본이나 유럽, 미국의 기업에도 개방되어 자유항, 자유도시의 모습을 띠고 있었다. 게다가 영연방의 특혜관세제도 이용할 수 있었다. 게다가 홍콩은 동남아시아의 화교의 자본력과 상업망을 활용하기에 용이했다. 대체로 홍콩 정부는 자유주의적인 경제정책을 채용했다. 수출입은 제한이 없었고, 관세도 일부 주류 등 물품세를 제외하면 제로였다. 노동이나 임금에 대한 규제도 별로 없었다. 게다가 홍콩 정부는 공업용지의 확대, 노동의 질 향상 등 공업보호정책을 시행했다. 1950년대에는 섬유와 잡화 등 경공업이 중심이었으나 1960년대 이후에는 전자기기와 정밀기기, 화학섬유 등 중화학공업도 성장했다. 중계무역기지의 시기로부터 무역금융을 토대로 한 국제금융센터의 기능도 강화되었다. 홍콩은 일본과 싱가포르와 견줄만한 아시아에서 가장 중요한 국제금융시장의 하나가 되었고, 외채시장의 하나로 기능했다.

1984년 12월 중국의 조자양 수상과 영국의 대처 총리는 1997년 7월 1일을 기해 홍콩을 중국에 반환하는 공동선언에 서명했다. 공식으로는 영국이 조차하고 있어서 법적인 반환이 필요한 것은 신계지구밖에는 없었으나 신계지구 수자원 없이는 홍콩 섬과 구룡반도도 유지할 수 없었기 때문에 영국은 일괄 반환을 결정했다. 중국은 반환 후 50년간은 홍콩의 경제체제를 변경함이 없이 '1국가 내에 2체제'를 인정할 것을 약속했다. 홍콩의 공업생산력도 많은 부분이 중국 본토로 이전하여 홍콩은 오히려 국제적 금융업과 서비스 분야로 특화되는 경향을 나타내고 있다.

싱가포르의 경제적 발전

싱가포르는 도시국가적 규모이지만 경제성장이 주목되는 나라이다. 싱가포르는 과거 영국의 식민지였다. 좁은 토지에 인구가 집중해 있고 중국계 사람들이 다수를 차지하고 있다는 점에서 홍콩과 공통점을 가지고 있다. 그러나 홍콩이 자유주의적 경제정책으로 경제발전을 이루었음에 비해 싱가포르에서는 유능한 관료 리콴유(李光耀)를 중심으로 하는 정부에 의한 지도와 관리가 중요 역할을 했다는 점에서 구별된다.

말레이반도에 끝에 있는 싱가포르가 영국의 지배를 받게 된 것은 1819년부터였다. 천재와 전란이 일어날 때마다 중국 본토(청)로부터 많은 난민이 싱가포르에 흘러들어왔다. 19세기 후반부터 말레이반도에서 주석 광산이 대규모로 개발되고, 고무재배도 시작되어 싱가포르는 이들 1차 상품의 수출항으로 번영하기 시작했다. 주석광산의 개발에는 주로 중국인이, 고무나무 개발에는 인도인이 많이 고용되었다. 지금도 말레이시아 국민 속에는 중국계와 인도계 사람들이 많다.

싱가포르는 1963년 영국으로부터 독립하게 된 말레이시아 연방 구성 요소의 하나였으나 1965년 분리하여 독립국이 되었다. 말레이시아는 말레인이 다수를 점하고 있었으며, 싱가포르는 중국인이 다수를 점유하고 있었던 인구 구성상의 차이가 분리 독립의 중요한 원인이 되었다. 싱가포르는 말라카해협으로부터 남중국해로 빠지는 해상교통의 요충지였는바, 리콴유 정부는 적극적인 공업개발정책을 채용하고 홍콩과 같이 국제금융센터로서 발전할 것을 지향하고 있다.

싱가포르가 말레이시아로부터 독립한 후에는 더는 국내시장을 전제로 한 수입대체 산업이 불가능해졌다. 싱가포르는 인구가 300만 전후의 도시국가에 불과했기 때문에 국내시장만을 대상으로 근대적 산업을 발전시키는 것은 불가능했다. 1960년대 후반부터 싱가포르 정부는 '수출지향 전략'을 추구했다. 싱가포르의 경제발전은 당시의 국제적 환경의 도움을 받았다. 1960년대를 통해 선진국의 경제가 성장함에 따라 세계무역도 확대되었다. 미국의 대기업들은 값싼 노동력을 찾아 국외에 생산 거점을 옮기고 '다국적화'하는 경향이 높아졌다. 이러한 경향은 미국으로서는 달러의 유출을 가속해 '통화위기'를 촉진하는 요인이 되었으나, 싱가포르에서는 그것이 오히려 리콴유의 지도로 정부가 주도하는 공업화를 성공하게 하는 요인이 되었다. 싱가포르 정부는 외국 기업의 투자를 적극 받아들였다. 외국 기업으로서도 청렴 지수에서 세계 최고를 달리는 엘리트 공무원을 거느린 리콴유의 정부는 믿을 만했고, 그의 30년에 걸친 장기 통치에도 독재정치에 빠짐이 없이 엄격한 법치와 반공적인 깨끗한 도시국가(Clean City)를 통치의 목표로 하는 리콴유의 싱가포르에 투자하기를 선호했다. 외국 자본의 투자는 당연히 기술 이전을 촉진했다.

1970년대를 통해 싱가포르에서는 전자, 전기기기, 조선, 석유정제 등 중화학공업이 급속히 성장했다. 1980년대에 들어서는 노동력 부족이 표면화되어 임금이 상승했다. 싱가포르 이외의 ASEAN 나라들의 공업화도 진전하여 국제경쟁의 압력도 커졌다. 그리하여 싱가포르 정부는 연구개발형 산업 등의 유치와 육성에 역량을 집중하고, 국제적인 개방정책을 써서 국제금융센터의 기능 강화를 중시했다.

리콴유는 장기적인 안목으로 과감한 사업을 벌인 그의 노력에 힘입어 싱가포르는 세계적 '물류 중심지', '동서양 간 항공교통의 중심지'로 화려하게 변신하게 되었다. 그뿐 아니라 그는 중앙은행 격인 싱가포르 통화청(Monetary Authority of Singapore, MAS)의 조직과 기능을 확대 개편하고 세계 금융기관을 적극 유치하여 싱가포르를 동남아시아의 금융 중심지로 변모하게 했다.

필리핀의 경제적 퇴조

제2차 세계대전 후 아시아 각국의 경제가 다이내믹한 발전을 거듭하는 가운데 필리핀은 ASEAN 가맹국 중 가장 빨리 독립을 달성했다. 공업화도 발전되었으나 정치가 불안하고 경제개발도 실패했기 때문에 정체와 위기가 계속되고 있다. 1960년대까지만 해도 필리핀은 아세안 가맹국 중에서 공업화가 가장 진전되어 있었고, 1인당 국민소득도 높았다. 당시 한국보다 더 발전되어 있었다. 그러나 날이 갈수록 경제적 퇴조가 깊어갔다. 그 원인은 무엇인가?

우선 구조적으로 미국에 의존하는 경제적 특징을 지적할 수 있다. 미국은 필리핀이 독립한 후 협정을 맺어 부흥과 경제성장을 지원하는 정책을 표면에 내세우기는 했으나, 실제로는 미국 기업에 대한 필리핀에서의 규제가 없었기 때문에 주요 경제부문에서 미국 기업에 의한 지배가 계속된 결과로 나타났다.

필리핀의 공업화는 주로 1차 산품의 가공이거나 소비재를 중심으로 하는 경공업 중심이어서 많은 공업제품을 수입에 의존할 수밖에 없었다. 따라서 무역수지의 적자가 확대되었다. 1950년대부터 필리핀 정부는 '수입대체'형의 공업화를 추진하고 있었으나 필리핀의 국내시장이 상대적으로 작았기 때문에 곧 한계에 직면했다. 1960년대에 들어와서 필리핀 정부는 무역 및 환율의 규제를 완화하여 필리핀 통화인 페소의 대 달러 환율을 평가절하함으로써 수출 촉진을 획책했다. 그러나 1차 산품의 수출은 증가했으나 공업제품의 수출은 그다지 증가하지 않았다. 국내 제조업자의 압력에 응해 정부가 관세율을 도리어 인상함으로써 필리핀의 제조업자들은 경쟁이 제한되고 있는 국내용 제조에 안주하여 경쟁이 심한 수출을 위한 생산을 확대하려 하지 않았다. 따라서 공업생산은 정체되었고, 충분한 취업기회를 창출할 수 없었다.

1965년 대통령에 취임한 마르코스는 '수출지향'형의 공업화로의 전환을 시도했다. 1967년에는 투자 장려법이 제정되었고, 투자위원회가 설치되었다. 1969년에는 수출가공법이 제정되고, 1970년에는 수출기업에 대한 우대조치가 강화되었다. 그리하여 1970년대에는 필리핀 공업제품의 수출은 증가하기도 했다. 그러나 의류와 전기, 전자가공 등 위탁가공이 중심이어서 수출이 증가하면 할수록 원재료나 중간 제품의 수입이 늘어나는 구조가 되어 있었다. 게다가 외국으로부터의 투자의 증가는 대외채무의 누적적인 증가를 가져올 뿐이었다. 제2차 석유위기 후 1차 산품의 국제가격이 하락함으로써 필리핀의 무역적자는 확대하여 채무의 부담이 더욱 어려워져 갔다.

1970년대 후반 마르코스는 '11대 공업 프로젝트'를 추진했다. 구리의 제련, 인산 비료 알루미늄의 정련 석유화학, 디젤엔진 시멘트산업의 확장, 코코넛 산업의 합리화 등을 야심적으로 밀어붙이려 했다. 그러나 이와 같은 산업 진흥책은 채무만 급증시켰을 뿐 도중에 실패하고 말았다.

필리핀의 경제적 퇴조를 촉진한 또 하나의 큰 배경은 정치적 불안정에 있었다. 필리핀에서 민주주의가 제도로서는 도입되었으나, 현실에서는 각지에서 세력을 가진 유력한 가족의 대표들이 두 개의 정당에 모여 경쟁하는 네포티즘의 정치 체제에 불과했으며, 광범한 국민을 기반으로 하는 민주정치는 가동되지 못했다. 많은 중요 산업에 대한 미국 기업의 지배와 경제적 정체, 실업과 그에 따른 빈곤 등은 학생, 지식인, 노동자의 반미 반정부 운동을 발전시켰다. 소수의 대토지 소유자와 대다수의 가난한 농민 사이의 소득 격차는 컸다. 1968년에는 필리핀 공산당이 재건되어 1969년부터 '신인민군'에 의한 무장투쟁이 개시되었다. 필리핀 남부의 민다나오 섬에서는 다수파 기독교계 주민과 소수파 이슬람계 주민 사이에 분쟁으로 많은 사상자가 발생하는 사건이 자주 일어났다. 1970~1972년에 걸쳐 각지에서 폭발 사건이 일어났다. 1972년 9월 마르코스는 신인민군의 반란 계획을 적발하여 진압했으며, 민다나오 섬의 분쟁을 이유로 계엄령을 내렸다. 의회가 폐쇄되고, 그는 군의 통수권자 자격으로 입법, 행정, 사법의 3권을 장악했다. 반정부 상원의원을 비롯하여 많은 정치가, 언론인, 학생 활동가, 공산당의 용의자 등이 체포되었다.

계엄령을 내린 마르코스는 민심을 수습하기 위해 농지개혁을 시행했으나 후에는 자작지주는 7헥타르까지의 토지 소유를 인정했다. 1975년에는 모든 지주에게 7헥타르까지 소작지의 보유가 인정되어 개혁은 대폭 후퇴했다. 품종개량과 비료 등을 사용함으로써 수확을 증가고자 한 '녹색혁명(Green Revolution)'도 그 본래의 의도와는 달리 빈부의 격차를 증대시켰다. 자금에 여유가 있는 부유한 농업경영자는 개선된 영농을 채용하여 수확을 높이고 소득을 증가할 수 있었으나 가난한 농민은 고가의 신품종 씨앗을 구매하고, 비룟값을 치르기 위해 채무를 지는 결과를 가져왔다.

1980년대에는 필리핀 정부는 디폴트로 IMF에 구제금융을 요청하게 되었다. IMF는 구제융자 요청을 들어주는 대신에 필리핀 경제구조의 개혁을 요구했다. 결국, 수입 관세의 인하와 수입제한 철폐 등의 조치가 취해졌다. 그 결과 누적채무가 커지고 필리핀의 국제신용이 떨어졌다. 1983년 8월 차기 대통령 후보로 가장 유력했던 베니그노 아키노 전 상원의원이 망명지 미국으로부터 돌아오다가 공항에서 마르코스 정권을 지지하는 군대 상층부의 지시로 사살되었다. 필리핀의 국제적 신용이 다시 흔들리고, 외국 자본의 철수와 국내 자본의 국외 도피가 일어났다.

마르코스 정권은 1981년 1월 계엄령을 해제했으나 독재체제는 여전히 유지되었다. 마르코스의 독재체제하에서 부정부패가 만연했다. 이 부정부패는 필리핀의 경제를 갉아먹는 중요 배경이 되어 가뜩이나 정체된 필리핀 경제를 피폐하게 했다. 마르코스 일가의 부정 축재와 그 부인 이멜다의 호화 사치품 구매에 대한 소문으로 국민의 원성이 높아갔다. 악화된 국민의 여론을 무마하기 위해 1968년 2월 앞당겨 시행한 대통령선거에서 정부는 마르코스의 재선이 확정되었다고 발표했지만, 부정선거라는 국민의 비난이 높아지고 국방상을 비롯한 군의 간부들도 돌아섰다. 그 결과 재검표가 시행되어 베니그노 아키노의 부인 코라손 아키노의 당선이 확정되었다. 마르코스 일가는 하와이로 망명했다.

아키노 정권도 충분히 지도력을 발휘할 수 없어 쿠데타 미수 사건이 빈발했다. 1991년 걸프전쟁은 중동 지역에서의 노동으로 벌어들인 임금의 송금에 크게 의존하고 있던 필리핀 경제에 큰 타격을 가했다. 루손 섬에서 일어난 대지진과 피나투보 산의 분화 등 자연재해도 일어나 타격을 주었다.

1992년 5월의 대통령선거에서는 라모스 전 국방상이 25%의 득표율로 당선되었다. 라모스 정권은 아키노 정권으로부터 인계받은 신인민군과 화평 교섭을 진전시켜 민다나오 섬의 회교도와의 화평 교섭을 하는 중이다. 정치적 안정이 경제개발에 불가결한 전제조건이 되기 때문에 이러한 움직임이 필리핀의 새로운 시대의 기초를 만들 수 있을까 주목을 받고 있다.

제22장

현대 한국의 역사

1. 연합국의 승전과 해방

제2차 세계대전의 종결

1985년 8월 15일 이탈리아와 독일의 패망에 이어 일본의 항복으로 제2차 세계대전은 끝이 났다. 일본의 항복은 우리 민족에 36년간의 오랜 식민지 상태에서 벗어나 해방을 맞이하는 길을 열었다. 일본은 이른바 '대동아 공영권'이라는 허울 좋은 구호 아래 동아시아와 동남아시아의 전 지역과 태평양 지역까지 제국을 확대해 나갔다. 그러나 태평양전쟁에서 패배함으로써 일본의 군국체제는 막을 내리고, 아시아 전역에서의 일본 식민 체제는 해체의 길로 들어섰다.

제2차 세계대전 중이던 1945년 2월 연합국의 지도자들이었던 미국의 루즈벨트, 영국의 처칠, 소련의 스탈린이 얄타에서 회담을 열어 한국을 '적당한 시기'에 독립시키겠다는 카이로회담의 결정을 재확인했다. 이 회담에서 미국은 소련에 태평양전쟁에 참여하라고 요청했다. 소련은 유럽전선에서 막대한 희생을 치른 독일과의 전쟁으로 이미 지쳐 있었고, 또한 일본과는 1941년 중립조약을 맺어 일본의 대외팽창을 묵인하고 있었기 때문에 소극적인 편이었다. 그러나 태평양전선에서 일본과 홀로 싸우고 있었던 루즈벨트 대통령은 일본의 강력한 저항으로 미군의 희생자가 급격히 늘어나자 앞으로 전개될 일본 본토 공격에 따른 희생의 확대에 부담을 느끼고 있었다. 그래서 루즈벨트 대통령은 소련에 가능한 한 이른 시일 내에 대 일본전에 참전하도록 요구했다. 소련은 그러한 미국의 사정을 이용하여 참전에 따른 대가를 약속받을 수 있었다. 그것은 중국에서의 우선적 이권의 획득 등을 의미했다.

한편 일본은 소련과의 화평 교섭에 필사적으로 매달렸다. 1945년 5월 중순 일본의 최고전쟁지도자회의에서는 (1) 소련의 대 일전 참전 저지, (2) 소련의 호의적 중립, (3) 전쟁 종결을 위한 유리한 중재 의뢰 등 세 가지를 소련에 대한 교섭 방침으로 정했다. 나아가 그 대가로 (1) 사할린 남부의 반환, (2) 소련 수역에서의 어업권 포기, (3) 옛 러시아의 세력권이었던 북만주에 있는 몇몇 철도의 할양, (4) 내몽골의 소련 세력범위의 용인, (5) 여순, 대련의 조차권 양도 등을 인정하되, 한반도의 확보 및 만주국의 독립은 인정하라고 요구했다. 일본으로서는 극적인 대폭 양보라 할 수 있는 것으로 이를 바탕으로 6월 초부터 교섭에 들어갔다. 그 사이에 6월 23일에는 오키나와 전투가 일본의 완패로 끝났다. 미국의 승전을 확신하기 시작한 소련 측의 지체로 교섭은 진척되지 않았고 결국 끝장을 보지 못했다.

이미 대일참전을 결정한 스탈린은 포츠담에서 미국으로부터 확실한 합의를 얻어 연합국의 일원이라는 대의명분을 지니면서 태평양전쟁에 당당히 참전하는 것을 노리고 있었다. 그러나 일본 정부는 포츠담선언이 발표되었는데도 소련의 중재를 통한 화평 교섭에 미련을 버리지 못했으며, 다른 한편으로는 본토 결전에 의한 철저한 항전을 주장하는 육군을 비롯한 보수세력들의 눈치를 보았다. 그래서 포츠담선언을 수락하라는 연합국 측의 요구에 대해 신중한 태도를 보이는 동안 '묵살(黙殺)'이라는 정부의 발표가 언론을 통해 흘러나왔다. 이러한 일본 정부의 모호한 대응이 8월 6일의 히로시마(廣島)의 원폭 투하와 이어서 소련의 대일 선전포고로 발전된 것이다.

히로시마에 원자폭탄이 투하되었다는 정보가 모스크바에 전해진 것은 8월 7일 오전이었다. 전승의 열매는 힘으로 따지 않으면 확실하게 맛볼 수 없다는 것을 잘 알고 있었던 스탈린은 그날 오후 즉각 극동 소련군에게 군사작전 발동을 지령했다. 스탈린에게 태평양전쟁 참전은 대단히 이익이 남는 싸움이었다. 두 차례에 걸친 원자폭탄 투하로 사기가 꺾인 일본군과의 본토 결전은 당초 생각한 만큼 희생을 치를 필요가 없었다. 극심한 희생을 치른 유럽전선에 비해 크게 부담이 되지 않았지만, 그 대가는 대일 화평 교섭에서 확인한 대로 막대한 것이기도 했다. 이때는 이미 일본 전국이 미국 공군의 폭격으로 초토화되기 시작했고, 원자폭탄마저 투하되어 일본 정부가 미국에 항복의사를 타진하고 있었던 전쟁의 종결 단계였다. 소련의 대 일본전 참전은 전후 동북아시아 지역에 소련의 영향력을 확대하는 계기가 된 것이다.

8월 9일 오전 0시에 소련군이 만주로 밀려들어 왔다. 그로부터 30분 뒤에는 소련군 전투기가 출격, 니가타 등 동해에 면한 일본의 몇몇 도시와 만주를 잇는 요충지인 함경북도 나진 지역에 수차례 폭격을 가했다. 그다음 날에는 함북 지역 주민의 피난이 시작되었고, 그 때문에 소련과 국경을 접하고 있었던 함경북도는 혼란의 도가니에 빠졌다. 소련군의 한반도 북부 침공은 만주에 주둔해 있었던 관동군(關東軍)이 한반도로 후퇴하는 퇴로를 차단하기 위해 시행된 작전이었으며, 주작전은 만주 침공을 측면에서 지원하려 한 것이었다. 따라서 한반도의 중심 도시인 서울(당시에는 경성임)을 침공하려는 것도 아니고, 후에 한반도 분단의 기점이 된 38도선을 확보하려 한 것도 아니었다.

연합국의 작전계획에 따르면 소련군의 상대는 만주의 관동군이었다. 한반도에는 조선군관구가 설치되어 있었다. 대전 말기인 5월 30일 본토 결전이 현실화되자 한반도는 38도선을 경계로 군사작전구역이 분할되었다. 한반도 전역은 조선군관구였으나 유사시에는 38도 이북의 군사작전은 관동군이 담당하게 되었으며, 이남은 제17방면군의 지휘하에 들어가게 되었다. 패전 직전에 소련군이 침공하자 한반도는 남북으로 군사작전의 담당 지역이 분할되어 38도 이북 소련군과의 전투는 관동군이 담당하게 되었다. 용산에 있었던 조선군

관구사령부는 제17방면군의 지휘하에 들어가 패전 무렵에는 실질적으로 38도선 이남만을 관할하고 있었다. 소련군은 8월 9일부터 무력화된 일본군을 쉽게 밀어붙이면서 한반도의 북부를 점령하기 시작했다. 그리하여 소련군은 8월 12일에는 함흥, 청진, 원산을 점령하고, 24일에는 평양을 점령한 다음 38도선 이남인 개성까지 물밀 듯이 진출했다.

38선의 획정

미군은 소련군보다 한 달이 늦은 9월 6일에야 인천에 상륙했다. 미국은 한반도의 전략적 중요성을 크게 생각하지 않았다. 그것은 한반도와 일본의 식민지 한국 그 자체에 대한 무관심과도 관계가 있었다. 그러므로 소련의 대 일전 참전으로 소련군이 한반도에 진격해도 미군의 대응은 신속하지 않았고, 따라서 소련군이 일거에 한반도 전체를 석권할 우려가 있었다.

소련의 참전 직후 8월 10일 일본으로부터 포츠담선언 수락 의사가 전해지자 번즈회담안이 황급히 작성되고 있었던 워싱턴에서는 그날 밤부터 다음날 새벽까지 미국 정부의 국무, 육군, 해군의 3성 조정위원회(SWNCC)가 개최되었다. 여기서 발포된 일반명령 1호는 일본군의 무장해제를 담당할 연합국의 관할구역을 확정하는 것이었다. 한반도 북단에는 이미 소련군이 진격해 있지만, 미군은 아무 발판을 마련하지 못한 것이 문제가 되었다. 이대로라면 한반도에서 일본군의 무장해제는 소련군이 담당하게 되어 사실상 한반도는 단 며칠밖에 대 일전에 참가하지 않은 소련의 단독 점령하에 놓이게 될 상황이었다.

3년 반 동안 대 일전을 거의 단독으로 수행해 온 미국으로서는 한반도를 미군의 관할구역으로 넣고 싶었지만, 소련에 맞서 한반도에 상륙해서 소련군을 밀어내기란 시간적으로나 능력상 불가능한 것이었다. 한반도 어딘가에 미국과 소련의 경계선을 그어서 최소한의 영향력을 확보하는 것밖에 바랄 수가 없었다. 소련의 한반도 진격과 일본의 항복이라는 긴박한 상황에서 불과 30

분 만에 SWNCC의 회의 초안을 제출하라는 명령을 받은 찰스 본스틸 대령과 딘 러스크 대령은 벽에 걸린 한반도 지도를 보면서 서울을 미군 관할 지역에 포함하면서 한반도를 거의 2등분할 수 있는 북위 38선을 미국과 소련의 경계선으로 정하는 초안을 황급히 작성할 수 있었다. 한국 분단의 운명을 가르는 중대 결정이 이렇게 결정되었다.

한편 미군의 굼뜬 움직임과는 달리 신속하게 움직였던 소련군도 38도선 이남까지 진출하려고 하지는 않았다. 관동군의 퇴로를 차단하려는 것이 본래의 작전계획이었던 소련군은 한반도의 병목에 해당하는 원산과 평양 라인을 확보하는 것이 최우선이었으며, 작전계획에서 벗어나는 서울까지 점령할 의사는 없었기 때문이다. 소련군의 진격은 미국이 걱정한 만큼 신속하지 않았다. 소련은 이러한 타협이 일본 본토 점령체제에서도 이루어질 수 있다고 생각했다. 따라서 미국이 38도선을 미소 양군의 경계선으로 하자고 제안했을 때 스탈린이 흔쾌히 동의한 것도 당연한 일이었다. 스탈린의 최대 목표는 여순과 대련을 포함한 요동반도(遼東半島)였다. 한반도는 연해주에 접한 부분만 확보할 수 있으면 충분했다. 실제로 당시 미국뿐 아니라 소련에도 한반도는 특별히 중시해야 할 지역은 아니었다.

2. 건국(建國)의 과정

'조선건국준비위원회'의 결성

미군은 소련군보다 한 달이 늦은 9월 6일에 인천에 상륙했다. 해방일로부터 그때까지 약 3주일간은 일본 총독부에 의해 행정 및 치안 질서가 계속 유지되고 있었다. 따라서 각종 행정 조직과 관리는 물론 치안, 무역 등도 과거와 같이 일본인들을 중심으로 수행되었다.

일왕이 항복을 천명한 '옥음방송(玉音放送)'이 발표되기 4시간 전 8월 15일 오전 8시, 조선 총독부 정무총감 엔도(遠藤柳作)는 총독부에서 여운형(呂運亨)과 직접 협상을 벌였다. 민족주의자 여운형은 일제강점 아래 국내에서 지하에 잠복해 있던 공산주의자 박헌영과 더불어 총독부로부터 주의할 인물로서 감시를 받고 있었다. 그는 상해로 망명하여 독립운동을 벌인 뒤 귀국하여 경찰에 체포되어 3년간 옥중에 있었고, 출옥 후에 전시임에도 진보적인 언론활동을 계속했으며 총독부의 압력에 굴하지 않았던 그의 태도는 한반도 전역에서 폭넓은 지지를 받고 있었다. 정무총감 엔도는 국내의 여러 독립운동가 중에서 여운형을 주목했다.

총독부에서 열린 두 사람의 회담에서 엔도는 일본의 포츠담선언 수락 사실을 알리고 우리나라 사람들에 의한 자치조직 결성을 요청했다. 엔도는 조선총독부의 행정기구를 여운형을 중심으로 한 조선인 자치조직으로 그대로 이관하여 종전(終戰) 후의 사회적 혼란을 최소한으로 막으려 했다. 독립운동의 기수로서 우리나라 사람들의 신망이 두터웠던 여운형은 생각지도 못한 이 제안을 정치범의 즉시 석방 등의 요구를 교환조건으로 즉석에서 결정하고 받아들였다. 국제정세 분석에 밝았던 그는 단파 라디오를 통해 연합국 측의 정보를 일찍부터 파악하고 있었으며, 일본의 패전이 멀지 않았음을 예상하고 이미 1년 전 8월에 '조선건국동맹'이라는 지하조직을 결성하여 일본 패전 후의 상황에 대비한 준비를 은밀하게 진행하고 있었다.

엔도의 제안을 받아들인 여운형은 8월 15일 '옥음방송'이 발표되자마자 곧바로 서울에서 '조선건국준비위원회'[이하 '건준(建準)'이라 함]를 결성했다. 건준의 위원장은 여운형, 부위원장은 과거 조선일보의 주필로서 계몽가로 평판이 높았던 온건파 민족주의자 안재홍(安在鴻)이 맡았다. 이로써 당시 국내에 있었던 각 계열의 다양한 사상 신조를 지닌 독립운동가를 규합한 정치조직이 탄생하게 되었다.

조선총독부는 건준이 결성된 다음날인 16일 그동안 수용되어 있던 정치범의 석방을 개시했다. 여운형 등은 정오에 그들의 석방을 축하하여 모인 군중 앞에서 건준의 결성 사실을 알리며 열변을 토했다. 오후 3시에는 안재홍이 경성방송국을 통해 건준의 결성과 건준에 의한 치안유지와 정규군의 편성, 식량배급 등의 정책을 발표했다. 신정부 수립 선언이라 볼 수 있는 이 방송은 남북한 전역으로 퍼지고 한반도 민중의 기대와 흥분은 절정에 달했다. 그런 가운데 여운형을 중심으로 한 건준은 독립 후 정통 정부로서의 조건을 갖추어 나갔다. 그러나 한반도 내에서는 8월 16일 이후 우후죽순처럼 각종 정치단체가 결성되어 있었다. 건준은 이러한 단체들을 통합하는 입장이었으나 순식간에 통제 불능 상태에 빠져버렸다. 여운형은 사소한 사상이나 신조, 정치적 입장을 넘어 새 조국 건설을 위해 대동단결을 호소했으나 점차로 열기에 휩싸인 정치운동을 제어할 수 없었다.

정통성(正統性)의 경쟁

유형무형의 정치적 '독립조직'들이 난립하여 제각기 정치적 정통성을 주장하기에 이르자 한반도의 정치적 지형은 통합은커녕 크게 혼란에 빠졌다. 우선 정통성을 주장한 대표적 기구로서 상해에 조직된 '대한민국임시정부'가 있었다. 상해임시정부는 1919년 운동 이후 상해의 프랑스 조계에 성립되었다. 국내에는 만주와 소련령에서 대한국민회의가 세워졌고, 국내 13도 대표의 국민회의를 거쳐 한성 임시정부가 수립되었는데, 상해임시정부의 내무총장 안창호(安昌浩)에 의해 이 세 임시정부를 통합하는 작업이 추진되어 1919년 11월에는 통합 대한민국임시정부의 헌법이 공포되었다. 현행 대한민국의 헌법은 "운동으로 건립된 대한민국임시정부의 법통을 계승한다."라고 하여 이 정부의 정통성을 확인하고 있다. 중일전쟁이 발발하자 중경의 국민정부 산하로 들어가게 되었으며, 미일전쟁이 일어나자 대한민국 임시 정부는 일본에 선전포고를 했다. 중경 임시정부의 주석은 김구(金九)였다. 한편 임정 초대 대통령이면서 내분으로 임정에서 떨어져 나와 미국에서 외교적으로 독립운동에 투신한 노 혁명가 이승만(李承晩)이 있었다. 그 외에는 과거 만주 국경 주변에서 활발하게 게릴라활동을 한 여러 독립운동가가 있었고, 그중 북한 정권을 세운 김일성(金日成)이 있었다. 한편 국내에는 조선공산당을 창건한 박헌영(朴憲永)이 정통성을 주장했다.

9월 8일 총독부로부터 전후 새 정부수립을 제안받은 건준은 여운형의 환영 메시지를 지닌 사절을 인천에 보내 하지 중장에게 면회를 신청했다. 그러나 미군은 그들을 만나려 하지 않았다. 이어서 9월 7일에는 미 태평양 육군 최고 사령관이며 연합군 총사령관 맥아더의 이름으로 '포고령 제1호'가 발표되고, 맥아더의 권한하에 북위 38도선 이하의 한국에 당분간 군정이 시행된다는 포고령이 나왔다. 이 포고령에 따라 여운형이 추구한 '조선인민공화국'의 즉시 수립은 완전히 부정되고 말았다. 항복문서 조인 직후에 하지 중장은 한국인에 대한 성명을 발표했는데, 그 내용은 미군의 정책에 대한 절대복종을 요구하는 것으로 한국의 독립은 그것에 좌우된다는 고압적인 것이었다. 미국은 한국인의 민족주의와 한국인의 정치적 능력을 매우 곡해했고, 통치 능력도 전혀 기대하지 않았다.

건준 내부에 온건파 민족주의자를 대표하는 안재홍은 건준이 좌경화하는 가운데 고립되자 탈퇴하여 조선국민당(朝鮮國民黨)을 조직하고 여운형과 결별했다. 한편 민족자본가를 기반으로 한 송진우(宋鎭禹)는 한국민주당(韓國民主黨)을 조직하고 미 군정에 적극 협력했다. 그리고 10월 10일 군정장관 아놀드가 '조선인민공화국'을 부인하고 해체를 명령함으로써 여운형은 급속하게 정치적 구심력을 상실하게 되었다. 그러나 이를 대신하여 강력한 정치집단으로 등장한 것이 조선공산당이며 그 지도자는 박헌영이었다.

박헌영은 1925년 4월 조선공산당 창설에 참여했으며, 일본 식민지 시대에 전개된 조선 공산주의 운동의 중심적 활동가였다. 세 번이나 체포되고도 전향하지 않았던 그는 전시 중에 공산당의 재건을 도모하면서 지하로 잠적, 광주 인근의 기와공장에서 직공으로 은신하던 중에 8·15 해방을 맞았다. 그는 건준이 막 활동할 무렵에 갑자기 서울에 모습을 드러냈다. 그때까지 그의 경력에서 뒷받침되는 카리스마는 사회주의나 공산주의 활동을 해 온 좌익계 독립운동가들을 끌어들이기에 충분했으며, 건준이 퇴조해 가던 9월 11일에 박헌영은 조선공산당 재건을 선언했다. 이후 남북에 걸쳐 박헌영은 조선공산당의 지도자로서 정치 전반에 등장하게 되었다. 그러나 미 군정 하에서 남한만으로 공산 정권을 수립한다는 건 불가능한 일이었다.

대한민국임시정부 주석인 김구는 미군의 지원으로 조직된 광복군의 대일 참전을 추진하기 위해 서안(西安)에 머무르고 있다가 그곳에서 일본의 항복소식을 듣게 되었다. 그가 자서전 〈백범일지〉에서 고백한 것처럼 허탈감을 감출 수 없었던 것은 조국의 광복이 광복군에 의해 주체적으로 해결될 수 없었기 때문이었다. 무장투쟁파였던 김구가 추구한 것은 주어진 독립이 아니라 스스로 획득한 독립이었다. 즉 한국인이 자신의 힘으로 일본의 식민지 지배로부터 우리나라를 해방시키는 것이었다. 그러나 현실에서는 광복군이 일본과 싸우기 전에 전쟁은 끝나버렸다. 김구 자신으로서도 이 전쟁에서 무엇인가 구체적으로 관여하지 못했다는 사실 때문에 장래 건국 과정에서 발언권이 약화될 것을 우려하지 않을 수 없었다.

김구의 우려는 불행하게도 적중했다. 그러한 사실은 김구가 조국으로 귀국할 때 이미 나타났다. 11월 5일 김구와 부주석 김규식(金奎植) 등 임시정부 인사들은 중경을 떠나서 상해에서 10여 일을 체재한 후에 23일 미 군용기를 타고 조국의 땅을 밟았다. 김구로서는 실로 26년 만의 감격적 귀국이었다. 그러나 이 귀국은 정통성을 가진 임시정부의 주석으로서 입국하고자 한 김구의 희망이 미군에게 받아들여지지 않았고 개인 자격으로 겨우 허락을 받은 것에 불과했다.

대한민국임시정부는 전쟁 종결 후에 한반도에 친(親)중국 정권을 수립하여 동아시아의 안정을 확보하고자 한 장개석과 보조를 맞추어 본부를 중경에 두었으나 미국과 영국의 승인을 받지 못했다. 중국의 영향력이 연합국 내에서 약했던 것도 한 원인이었으나, 그것보다는 임정이 '정부'라고 이름을 붙이긴 했어도 한 번도 통치(統治)의 경험이 없는 독립운동가의 정치단체에 불과했기 때문이다. 독일의 점령으로 망명이 불가피했던 폴란드의 망명정부처럼 한때 나라를 통치했던 국가의 망명기관과는 사정이 전혀 달랐다는 것이 근본적인 원인이었다. 따라서 미·일 개전에 즈음하여 대한민국임시정부가 일본에 '선전포고'를 했다고는 하지만 연합국에는 완전 무시를 당했다. 결국, 김구가 이끄는 임정은 미국에는 항일 게릴라 단체 정도로 인식되었을 뿐이다.

김구의 귀국보다는 한 달 정도 앞선 10월 16일 이승만이 미국에서 귀국했다. 앞으로 살펴보겠지만, 한반도 북부에 진주한 소련군은 소련군에 편입되어 있던 중국공산당 산하 항일 빨치산 출신 장교 김일성을 자신들의 꼭두각시로 발탁하여 1945년 9월에 북한에 데리고 들어와 북한 정권을 수립했다. 바로 이 시기에 이승만은 34년간 미국에 머물고 있었다. 소련이 김일성을 북한으로 데리고 들어온 것과는 반대로 미국의 국무성에 재직 중이었던 진보적 관리들은 이승만의 반공 성향을 견제하여 그의 귀국을 막았다. 이승만의 귀국을 도운 세력은 좌익의 발호에 골머리를 앓고 있던 하지를 비롯한 군정의 관리들이었다. 그들은 이승만에게 호의적이었으며, 반공적인 이승만을 군정의 최대의 협력자로 삼겠다는 계획을 세우고 있었다. 미국으로서는 정체가 불투명한 김구를 상대하기보다는 친미성향의 노 혁명가를 추대하는 것이 훨씬 더 유리하다고 판단했던 것이다.

이승만은 임정의 초대 대통령이었지만, 상해에 머물었던 기간은 겨우 반년 정도에 불과했으며, 그의 독자적 언동이 화근이 되어 1925년에 탄핵 면직되어 사실상 미국에 망명하여 주로 외교적으로 국권회복을 도왔다. 이승만이 떠난 후에 임정을 이끌었던 사람이 김구였다. 따라서 이승만은 아무런 정치기반도 갖지 못한 채 조국으로 돌아왔다.

이승만은 일제강점기 이전인 1896년에 자주독립과 국정 개혁을 주창한 개혁파 관료들이 중심이 되어 설립한 독립협회(獨立協會)에 참가했다. 하지만 수구파에 밀려 투옥되었고, 1904년 출옥 후 미국으로 건너가 하버드대학에 수학하고 프린스턴대학에서 박사학위를 취득하는 등 미국을 주된 활동무대로 삼아 국제무대에서 우리나라 독립을 위해 호소했다. 태평양전쟁 말기에는 '미국의 소리' 단파방송을 통해 고국에 희망의 소식을 직접 전함으로써 그것을 비밀히 청취하던 많은 한국인에게는 상당히 알려진 인물이기도 했다. 그는 국민의 인기와 군정의 후원을 배경으로 송진우가 이끈 한국민주당 등 우파세력의 지지를 얻었다. 10월 23일 그는 '독립촉성중앙협의회(獨立促成中央協議會)'를 조직하여 남한에서의 권력기반을 견고하게 만들었다.

3. 소련군의 북한 진주와 김일성의 등장

민족계와 공산계의 권력투쟁

1945년 9월 9일 조선총독부는 항복문서에 서명했고, 일제의 한국지배는 종지부를 찍게 되었다. 실제로 8월 15일 이후 남한에서는 일본으로부터 미 군정으로 평온하게 권력이 이양되었다. 그러나 북한에서는 기묘한 권력 이양이 진행되었다. 8월 15일이 지났음에도 소련의 진격은 멈추지 않았다. 청진 부근까지 진출한 소련군과의 전투가 중지된 것은 19일이 되어서였다.

북위 38도 이북에서는 16일 이후 한국인의 시위운동과 일제 식민지 통치기관에 대한 점거 등이 빈발했다. 또한, 각지에서는 민족계와 공산계 정치조직들의 움직임도 활발하게 진행되었다. 소련군은 21일에 원산과 함흥에 진주했고, 24일에는 선견대가 비행기로 평양에 들어왔다. 평양도청의 일본 도지사 등은 13일 조만식(曹晩植)에게 전후 처리에 협력을 요청했다. 조만식은 기독교도이며, 인도의 간디 무저항주의에 크게 영향을 받았던 인물이었다. 3·1 독립운동에 참여했다는 이유로 1년간 투옥되었고, 그 후에는 경제적 자립을 지향한 국산품 애용 운동으로 '물산장려운동'을 주도했다. 1932년에는 〈조선일보〉 사장을 지냈고, 창씨개명과 신사참배를 거부하는 등 기독교계 민족주의자로 명성이 높았다. 일본 도지사의 요청을 받은 조만식은 평안남도 치안유지위원회를 결성하고, 정치범 석방을 주도했다. 그 뒤 치안유지위원회는 서울의 건준에 호응하여 '조선건국준비위원회'로 개칭했다. 26일에는 치스챠코프 사령관이 지휘하는 소련군 제24군 본대가 평양에 도착했다. 그리고 소련군 측의 대표와 일본군 사령관 사이에 정전협정이 조인되어 26일 오후에는 일본군의 무장해제가 이루어졌고, 다음날에는 일본군 사령관 등 지휘부가 체포 구금되어 만주로 이송되었다. 모든 종전 절차는 남한의 미군보다 매우 빨리 전광 화석처럼 진행되었다.

일본 도청의 간부들과 소련군 사이의 최초 교섭에서는 일본 측의 행정기구를 유지하고 치안유지에도 공동으로 협조하기로 약속되었으나 소련군의 태도가 갑자기 돌변했다. 26일 오후 8시로부터 일본의 행정기관은 일체 폐지되고 평안도 인민정치위원회에 인계된다는 사실이 갑작스럽게 발표되었다. 그리고 다음날 평양도청의 행정권이 이양되고, 도청 간부들은 모두 체포되었다. 평양도청이 폐지되고 출범한 평양남도 인민정치위원회는 조만식의 건준지부와 조선공산당 평양남도 지구위원회의 합작으로 탄생한 행정조직으로 민족계와 공산계의 균형으로 성립되었다. 당시 소련군이 진주한 38도선 이북은 공산주의자들이 활발한 움직임을 보였지만, 실제로는 건준 계통에 속하는 민족주의자들이 숫자도 많고 영향력도 더 컸다.

인민위원회의 결성과 김일성의 집권

해방 후 북한의 각도(평양남북도, 함경남북도, 황해도, 강원도)에서는 자연 발생적으로 자치조직이 만들어졌는데 이 조직들이 건준의 지방지부가 되었고, 점차로 행정기능도 확충되었다. 그러나 소련군의 진주 후에는 각도마다 인민위원회로 재조직되어 총독부체제의 도청기능을 인수했다. 소련군은 표면적으로는 갑자기 군정을 선포한 남한의 미군과는 달리 조선인에 의한 인민위원회를 행정의 추체로 삼는 분할통치의 방법을 취했다. 하지만 실제로는 각 인민위원회의 인적 구성은 최초에는 민족계와 공산계가 균형을 이루고 있었으나 차츰 공산계가 다수파인 건준계로부터 주도권을 탈취했다. 표면적으로는 조만식이 인민정치위원회의 위원장이 되었으나 공산계가 주도권을 장악하고 있었다. 조만식의 온건 노선은 차츰 소련 점령군에 의해 봉쇄되었고, 그 대신 등장한 인물이 바로 소련군 장교였던 김일성(金日成)이었다. 애초 평안남도 인민정치위원회의 부위원장은 서울의 중앙 조선공산당에서 파견한 현준혁(玄俊赫)이었다. 그러나 위원회가 결성된 지 얼마 지나지 않은 시점인 9월 3일 괴한의 총을 맞고 암살되었다. 공산계 지도자가 부재한 가운데, 김일성은 9월 19일 소련의 수송선을 타고 원산에 상륙한다.

김일성은 10월 14일 '소련해방군 환영 평양시민대회'가 개최된 평양공설운동장에서 처음으로 군중 앞에 모습을 드러냈다. 이야기로 전해 오던 항일의 영웅, 김일성 장군보다 너무나 젊은 김일성의 서툰 연설에 청중들이 실망했다는 것은 유명한 이야기지만, 이미 이 시점에서 소련군은 김일성을 북한의 지도자로서 추대하기로 해 놓고 있었다. 김일성 세력은 박헌영이 이끄는 공인된 조선공산당으로부터 이탈을 꾀하기 시작한다. 10월 23일에는 '조선공산당 북조선분국' 설치가 서울의 조선공산당 중앙위원회에 의해서 승인되었으며 이것이 마침내 '조선노동당'으로 발전해 나갔다.

행정 면에서는 그때까지 연결되지 못하고 있던 각도 인민위원회의 조정기관으로서 '북조선 5도행정국'이 11월 19일에 설치되었다. 그러나 12월에 미·영·소 3국의 외상이 참가한 모스크바 3상 회담에서 과도정부의 수립과 최장 5년간의 신탁정치가 결정되었다. 소련은 이 신탁통치 동안 소련의 특유한 정치공작을 통해 한반도에 통일된 공산 정권 수립을 획책하고자 했다. 그리하여 소련군은 민족계 조만식이 주도한 신탁통치 반대 운동을 저지했고, 이듬해 1946년 2월 8일에는 소련군이 공인한 잠정적 통치 기관으로 '북조선 임시 인민위원회'를 수립하고 김일성이 주석으로 취임하게 되었다. 이렇게 해서 후일 조선민주주의인민공화국의 모체가 탄생하게 된다. 소련은 처음부터 일관되게 정당이나 행정조직도 남한과는 전혀 다른 북한 독자의 노선을 추구했다. 구소련이 해체된 후 공개되어 발견된 문서에 의하면 1945년 9월 20일 스탈린은 제1극동군 사령관에게 다음과 같은 비밀지령을 내렸다. 그는 "북한에 반일적인 민주주의 정당과 조직의 광범한 블록을 기초로 하는 부르주아 민주주의 정권을 확립할 것"을 지시했다. 비록 잠정적이란 꼬리표를 달았으나 북조선 인민위원회는 이 지령에 따라 '광범한 민중의 지지를 받는 정권'이었다. 이 위원회의 이름으로 토지를 무상으로 몰수하여 국유화한 다음 농민에게 경작권(소유권이 아님)을 배분하는 급진적 토지개혁을 시행했다.

이처럼 북한은 토지개혁까지 할 수 있는 단독정부를 먼저 수립하고 공산체제의 건설을 목적으로 사유재산을 몰수하는 등 돌이킬 수 없는 경제개혁을 단행함으로써 남북 분단의 단초를 열게 된 것이다. 그 뒤 1946년 6월 초대 대통령이 된 이승만은 전북 정읍에서 "남한만이라도 임시정부나 혹은 위원회 같은 것을 조직하여 38이북에서 소련이 철수하도록 세계 공론에 호소해야 할 것이다."라고 발언했다. 대한민국의 건국에 비판적인 정치세력들은 지금까지도 이승만의 이 발언이 남한만의 단독정부 수립과 남북 분단의 단서를 연 것으로 비판하고 있다. 그러나 이 발언은 국제적으로는 동서냉전이 깊어 가고, 국내적으로는 북한에서 인민위원회에 의한 단독정부가 실질적으로 수립된 상황에서, 남한에서도 불가피하게 그에 따르는 대응을 하자는 뜻으로 올바르게 해석될 필요가 있다.

4. 신탁통치와 좌우 갈등

신탁통치안의 성립 배경

연합국은 카이로선언에서 일본의 식민지 지배하에 놓여 있던 조선의 해방을 주장했다. 포츠담선언에서도 그 정신을 계승했다. 그러나 전쟁의 종결로 해방과 동시에 독립 국가로 수립될 수 있다는 것은 아니었고, 일정 기간 연합국의 신탁통치를 받을 것으로 결정되었던 것이다. 식민지들이 해방과 동시에 독립한다는 것에 대한 반대에는 세계의 최대의 식민지 제국이었던 영국의 입김이 크게 작용했다. 인도의 식민통치를 중시했던 영국으로서는 식민지의 해방을 슬로건으로 내거는 것은 자살 행위나 다름없기 때문이었다. 그러한 입장은 프랑스나 네덜란드 등도 같은 입장이었고, 다민족 국가였던 소련이나 중국도 국가의 분열이 야기될 수 있었기 때문에 다찬가지 입장이었다. 필리핀을 식민지로 가지고 있으면서 세계대전 발발 전에 필리핀의 독립을 결정한 미국만이 연합국 중에서 이질적이었던 것이다.

연합국 중에서 한반도의 독립에 집착한 나라는 중국이었다. 전후 중국의 안전을 위해 한반도에 독립된 국가가 불가결하다고 생각했던 장개석은 카이로회담에서 한국의 독립을 강력하게 요청했으며 그 결과 카이로선언에 그러한 내용이 포함되었다. 하지만 카이로선언의 초안 단계에서는 "한국의 독립은 가능한 한 이른 시일 내에(at the earliest possible moment)"라는 표현이었으나, 최종 단계에서는 처칠에 의해 수정되어 "적절한 시기에(in due course)"로 크게 후퇴했다. 이 표현은 모스크바에서 열린 미국, 영국, 소련 3국의 외상회의에서 한국의 신탁통치 결정으로 구체화했다. 이러한 결정을 내린 배경에는 정치적, 경제적으로 미성숙한 민족에 대해서는 성급하게 독립시킬 것이 아니라 일정 기간 연합국의 신탁통치하에 정치, 경제적인 토양을 배양한 후에 독립시켜야 한다는 생각이 깔렸었다. 따라서 모스크바 3상 회의에서 한반도의 신탁통치안이 결정된 것은 영국과 미국이 한국의 독립 능력을 저(低)평가했기 때문에 일어난 사태였다.

찬탁과 반탁 운동으로의 여론 분열

이러한 굴욕적인 신탁통치안에 대해 민족주의자를 비롯한 우파들은 반탁운동(反託運動)을 전개했다. 한편 공산주의와 사회주의 세력은 처음에 반탁운동에 동참했으나 정치 공작을 통해 한반도의 적화를 노린 모스크바의 지령에 따라 신탁통치에 찬성으로 돌아섬으로써 파 간의 분열이 결정적이 되었다. 이듬해인 1946년 3월 서울에서 개최된 미소 공동위원회(모스크바 협정으로 설치됨)에서는 신탁정치체제에 모든 정당과 단체의 회의 참가를 주장했던 미국과 3국 외상회의의 결정을 수용하는 정당과 단체만을 참가시켜야 한다는 소련이 격렬히 대립함으로써 아무런 결론을 내지 못한 채 회의가 결렬되고 말았다.

이처럼 냉전체제에 들어간 시기에 개최된 미국과 소련 사이의 미소 공동위원회의는 처음부터 협력의 여지가 적었던 것이다. 미소 공동위원회의가 다시 1947년 5월에 열렸으나 이번에도 아무런 성과가 없었다. 미국은 소련과의 합의를 포기하고 한반도 문제를 UN에 넘겼다.

5. 정부 수립과 국제적 승인

단독정부 구성에 대한 정치적 쟁점

1947년 11월 UN은 한반도에서 인구 비례에 따른 총선거를 하여 통일정부를 수립하며, 이 선거를 감시하기 위해 유엔한국임시위원회(UNTOK)를 파견하기로 결의했다. 1948년 1월부터 이 기구가 발족하여 선거관리업무를 맡았으나 소련이 거부함으로써 위원단이 북한 지역에서 활동할 수 없게 되자 유엔은 선거할 수 있는 지역에서만 우선으로 선거를 통해 정부를 구성하기로 결의했다. 그리하여 1948년 5월 10일 총선거로 제헌의회가 구성되고, 제헌 헌법이 마련됨에 따라 대한민국 정부가 세워질 수 있었다.

한반도 문제가 유엔으로 이관되면서 남한 내의 정치 쟁점도 신탁통치를 둘러싼 찬반에서 단독정부(단정) 수립을 위한 찬반으로 바뀌었다. 그동안 우파는 반탁으로 좌파는 찬탁으로 양분되었지만, 단독정부 문제로 옮아감으로써 우파가 분열하는 모습을 보였다. 이승만과 한국민주당은 단독정부 수립에 찬성이었으나 임시정부 세력은 중도파와 결합하여 통일정부 수립을 위한 운동에 나섰다. 김구와 김규식은 1948년 4월 단독정부를 막고자 평양을 방문했다.

그러나 북한은 이미 김일성을 중심으로 한 별개의 공산주의 정부를 수립하기 위한 준비를 마친 상태였기 때문에 이들의 노력은 아무런 성과를 거두지 못했다.

김구와 김규식은 김일성과 회담하고, 4월 30일에 '남북정당사회단체지도회의의 공동성명'을 발표했다. 이 성명서는 북한의 의도대로 주한미군의 철수를 요구하고, 외국 군대가 철수하더라도 남북 사이에 전쟁은 없다고 확인함으로써 결과적으로는 김구의 일편단심 통일 의도가 김일성의 책략에 넘어가는 결과를 가져왔다. 왜냐하면, 주한미군이 철수한 1년 후 북한군의 남침이 있었기 때문이다.

대한민국 정부 수립

1948년 5월 10일 유엔의 선거관리가 가능한 지역 남한에서만 시행된 총선거는 보통, 평등, 비밀, 직접이라는 4대 원칙이 지켜진 민주적 선거로서 역사상 한국인들이 경험한 최초의 민주주의 정치제도의 실험이었다. 선거는 좌파의 무장반란으로 선거를 제대로 치르지 못한 제주도를 제외하고는 전국적으로 비교적 평온한 분위기 속에서 순조롭게 진행되었다. 선거를 통해 구성된 국회가 가장 먼저 착수한 일은 헌법을 만드는 작업이었다. 5월 31일 헌법을 만들기 위한 제헌국회가 소집되었으며, 초대 극회의장에는 이승만이 선출되었다.

제헌 헌법은 7월 17일 공포되었다. 헌법은 대한민국을 주권이 국민에게 있는 민주공화국으로 규정했다. 그리고 헌법은 모든 국민에게 평등권, 자유권, 재산권, 교육권 등의 기본권을 인정했다. 헌법의 권력 구조는 내각제적 요소가 섞인 대통령 중심제로 결정되었다. 또한, 헌법은 건국 이후의 정치과정을 규정한 몇 가지 중요한 사항을 담았다. 헌법은 "농지는 농민에게 분배한다."라고 규정함으로써 농지개혁의 시행을 기정사실로 했다. 또한 "해방 이전의 악질적인 반민족 행위를 처벌하는 특별법을 제정할 수 있다."라고 규정함으로써 친일파를 처벌할 수 있는 법적 근거를 마련했다.

헌법이 규정한 대통령과 부통령의 선거방식은 국회에 의한 간접선거였다. 국회는 국회 초대 의장이었던 이승만을 대통령으로 선출했다. 이승만 대통령은 이범석(李範奭)을 총리로 한 초대 내각을 구성했다. 한국민주당 세력은 내각 구성에서 적절한 권력을 분배받지 못하자 야당을 자임하기 시작했다. 해방 이후 선거에 이르기까지 정치적 보조를 맞추어 왔던 이승만과 한국민주당은 내각의 구성 단계에서 이해관계가 엇갈려 갈라섰다.

대한민국 정부가 수립된 이후 이승만은 대한민국이 한반도 유일의 합법정부임을 선언하고 국제적 승인을 받기 위해 노력했다. 그 결과 1948년 12월에 유엔은 대한민국을 선거할 수 있었던 지역에서의 합법정부임을 승인했다. 이에 따라 미국을 비롯한 대다수 중요 국가들이 대한민국을 독립국가로 승인함으로써 대한민국은 국제적 승인을 받고 세계 무대로 나설 수 있게 되었다.

건국 초기의 시련

유엔의 결의에 따라 남한에서 정부수립이 기정사실로 되자 남조선 노동당을 중심으로 한 좌파 정치 세력은 '구국투쟁'을 벌여 대한민국 건국 반대투쟁에 나섰다. 그들은 총선을 앞둔 남한에서 파업과 시위, 그리고 방화와 살인 등 혼란을 일으켜 우익 세력의 건국운동을 방해했다. 좌익 공산 세력은 미국을 제국주의 국가로 규정하고, 우익의 건국 세력을 남한을 미국의 식민지로 만들고자 하는 반통일 반민족 세력으로 매도했다.

김일성을 비롯한 공산주의자들은 스스로 '민족주의'라 규정하고, '민주개혁'에 의한 통일을 완수하기 위해 북한 정권을 '민주기지'화하겠다고 주장했다. 나아가 대한민국은 '국토완정(國土完整)'적 차원에서 공산화된 통일로 가야 한다고 공공연하게 주장했다. 그러므로 북한 공산주의를 추종하는 남한의 좌익들은 대한민국의 건국을 위한 선거를 방해하기 위해 선거거부 운동을 펼치고 무장폭동을 벌였다.

전국적으로 펼쳐진 선거파괴투쟁 가운데 가장 전형적인 대규모 폭동이 제주도 사건이었다. 바다를 통해 북한의 침투가 쉬웠던 제주도의 좌익 세력들은 '미군 철수'와 북한의 '인민공화국 만세'를 외치며 대한민국 정부 수립과 총선 반대투쟁을 전개했다. 제주 지역의 공산 좌익 약 1,500여 명은 총과 죽창 등으로 무장하고 총선을 위해 선거인 명부 열람을 진행하던 제주 지역 경찰지서 13곳을 습격했다. 좌익들은 경찰관서와 행정관서들을 장악하고, 경찰, 군인과 그 가족, 그리고 우익 인사들을 무참히 학살했다.

김달산 등 폭동 지도자들은 바다를 통해 북한으로 넘어가 투쟁 방향에 대한 지침을 수령하여 그것을 실천했다. 그들은 "이승만, 김구를 처단하라!"고 외치며 대한민국의 건국을 부정했다. 전투경찰 외에 진압군이 투입되었지만, 좌익 세력들은 한라산을 근거지로 몇 년에 걸쳐 빨치산 투쟁을 전개했다. 진압 과정에서 2만 명에 이르는 인명이 희생되었다. 그 속에는 군과 경찰, 좌익 세력도 있었으나 많은 무고한 민간인들이 희생된 것은 안타까운 일이었다.

1948년 10월에는 제주 지역의 폭동을 진압하기 위해 출동하던 여수, 순천 지역의 육군 제14연대 700여 명의 군인마저 군에 침투한 좌익의 선동으로 반란을 일으켰다. 제주 지역의 폭동이 완전하게 진압되지 않은 상황에서 여순반란에서 체포되지 않은 반란 세력이 지리산 등지를 중심으로 한 '유격구'를 장악하고, 주변 지역으로 확대되어 가자 건국 직후의 정부에 불안정이 계속될 수밖에 없었다. 특히 지리산, 태백산 지역으로 도주한 빨치산 세력들은 6·25 전쟁이 발발하자 인민군과 결합하여 유격투쟁을 통해 후방 지역의 혼란을 가중시켰다. 공산주의 모국이 된 소련과 중국의 공산 정권을 옆에 둔 남한은 산악 지역으로 숨어 들어간 대규모 빨치산과의 투쟁에서 국가 안위를 지키기 위해, 그리고 사회 각층에 깊숙이 침투한 좌파 정치세력에 대처하고자 1948년 12월 국가보안법을 제정했다.

건국 과정에서 제기된 과제

건국을 마련하는 전환기적 계기가 된 식민정치 청산과정으로는 반민족행위 처벌이 있고, 사회경제적으로는 일제의 귀속재산처리와 농지개혁 문제가 있다. 국회는 헌법에 근거하여 1948년 9월 반민족행위처벌법을 만들었고, 그에 따라 반민족행위특별위원회(반민특위)를 설치했다. 반민특위는 1949년 1월부터 친일협의자에 대한 조사활동을 시작하여 같은 해 8월까지 559명을 특별검찰에 송치했다. 그러나 이승만 대통령을 비롯한 우파 집권 세력에는 좌파 세력이 끊임없이 체제를 위협하는 상황에서 친일파 청산보다 내부단결과 공산세력의 청산이 더 급했던 것이 사실이었다.

반민특위가 경찰 간부의 친일행위를 문제로 삼자 경찰이 반민특위의 사무실을 습격하는 등 반발이 노골적이 되었다. 공산당에 의한 사회적 혼란이 극심한 가운데 일본강점기의 경찰력이 지탱해 준 치안이 무너지는 것은 전혀 달갑지 않았다. 이로써 반민특위의 활동은 8월 말이라는 단기에 끝나고 말았다. 그러나 그것이 이 대통령의 기본적 성향이 친일적이었다는 증거가 되는 것은 아닐 것이다. 지주 등 자본가들의 숙청과 함께 진행된 김일성의 친일청산과 비교해서 이승만이 친일청산에 소극적이라는 주장은 무리가 있다. 해방 직후 미 군정은 일제의 관리들을 테크노크라트로 등용시켜 정치적으로 이용했고, 그것을 계승하여 이 대통령이 이들을 정치안정을 위해 계속 관리했다고 보아야 할 것 같다. 외교적으로 이승만은 반일(反日)적이었고, 그러한 반일정책은 이 대통령의 모든 정치에 일관되는 성향이기도 했다.

해방 직후 미군정은 일본이 남기고 간 공장, 회사, 금융기관, 농지, 광산 등의 재산을 미군정의 소유로 귀속시켰다. 미군정은 대한민국 정부가 수립되기 이전에 귀속재산(歸屬財産)의 일부를 처분했다. 1947년 신한공사가 관리하던 농지를 연고 소작농에 불하한 것이 그것이다. 농지 외의 대부분 귀속재산은 1948년 10월 미 군정으로부터 대한민국 정부로 이관되었다.

정부는 1949년 11월 귀속재산처리법을 제정하고 귀속재산을 민간 기업자에게 불하하기 시작했다. 불하 작업은 전쟁으로 잠시 중단되었다가 1951년부터 재개되어 1963년에 완료되었다. 그 사이에 총 30만 건 이상의 귀속재산이 불하되었다. 불하 대금의 납부는 동산은 일시불, 부동산은 15년 분할납부 방식이었다. 전쟁으로 인해 인플레이션이 급격히 진행되던 당시에 장기분할 납부는 커다란 혜택이었다. 이 때문에 한국 자본주의의 구조적 특질인 정부와 민간 기업 사이의 유착 관계가 발생했다. 그러나 초대 정부가 행한 과감한 불하는 국·공영 부분을 대신하여 사적 민간 기업이 시장의 주체로 자리 잡는 데 크게 공헌했다.

농지개혁

건국사업에서 농지개혁은 가장 중요한 위치를 차지한다. 결론적으로 농지개혁은 수백 년 동안 지속된 봉건적 생산관계(지주-소작 관계)를 일거에 혁파했다. 한국전쟁은 농지개혁과 거의 동시에 진행되면서 이러한 파괴 과정을 가속화시켰고, 아울러 한국 사회를 보수화시키는 데 공헌했다.

해방 당시 남한 인구의 7할 이상은 농업에 종사했다. 농민 가운데 순수 자작농은 14%에 불과했고, 자소작(自小作)과 순소작을 합친 소작농이 83%의 절대다수를 차지했다. 전체 농지 중 자작지는 38%에 불과했고, 나머지 63%는 소작지였다. 공업이 제대로 발전하지 못한 농업국가이었던 해방된 한국 사회에서 소작농 문제는 농민의 노동의욕을 떨어뜨리고 봉건적 신분의 불평등과 빈익빈의 대물림을 불러일으키는 요인이 되었다. 그 때문에 이승만 정권에 의해 진행된 농지개혁은 해방 이후 건국사업에서 핵심적 사안으로 부각되었다.

당시 북한에서는 인민민주주의 노선에 따라 농민들을 공산 독재정부에 끌어들이기 위해 이미 1946년 3월부터 '무상몰수, 무상분배'라는 혁명적 방식의 토지 재분배가 시행되었다. 그러나 공산주의 사회에서의 토지몰수와 재분배는 궁극적으로는 토지의 국영화 내지는 협동농장화라는 목표를 향한 일시적 방편으로 시작된 것이다. 그리하여 농민에게 분배된 토지는 토지의 소유권이 아니라(토지국유화 원칙) 단지 토지의 경작권에 불과했다. 그럼에도 토지의 농민 분배라는 선전은 남한 사회에도 영향을 주어 농지개혁을 불가피하게 만들었다.

남한의 농지개혁은 미 군정기에 총 경지의 13%에 달했던 일본인 소유 토지의 불하로 시작되었다. 이에 수반하여 대한민국 정부가 수립된 이후 토지개혁법이 공포되기 전에 이미 전체 소작지 151만 정보 중 45%에 해당하는 68만 정보가 지주와 소작인 사이에 자유로운 계약에 따라 농민 경작자에게 돌아갔다. 그리고 전쟁 직전이었던 1950년 3월의 농지개혁법으로 전체 소작지의 36%에 해당하는 나머지 54만 정보가 다시 소작 농민에게 귀속되었다. 농지개혁은 이승만의 의지에 일관하여 나타나고 있다. 현실정치가(Real politiker)로서 이승만에게는 국민 대다수를 차지하고 있었던 농민을 자신의 지지기반으로 끌어들이기 위해 당시 농민들의 가장 큰 이해관계이자 관심거리였던 농지 문제를 해결해 주는 것이 급선무였던 것이다. 대통령으로 취임한 이후 그는 과거 공산주의자였던 조봉암(曹奉岩)을 초대 농림부 장관에 임명했다. 그는 자기의 친구이자 정치고문인 올리버에게 보낸 편지에서 그 이유를, 평소 농지개혁을 역설해 온 조봉암을 통해 '농민을 장악하기' 위해서라고 밝히고 있다. 또한 공산혁명을 막기 위해서라도 시급히 농지개혁을 해야 한다는 말도 했다. 따라서 이승만이 지주계급을 옹호했기 때문에 농지개혁에는 소극적이라는 수정파들의 해석은 그 근거가 매우 잘못된 것이라고 할 수 있다.

그동안 농지가 실제로 분배된 시점에 대해서 중요한 오해가 계속되었다. 농지개혁법안이 최종 확정되어 정부에 의해 공포된 것은 1950년 3월 10일이었다. 농지분배에 대한 세부 규정과 요령을 담은 농지분배점수제규정(農地分配點數制規程)이 공포된 것은 한국전쟁이 시작되기 이틀 전인 6월 23일이었다. 따라서 많은 학자는 농지 대한 실질적 매수 분배는 전쟁 전에는 이루어질 수 없다고 생각했다. 그것이 현실적으로 이루어진 것은 북한군으로부터 서울을 회복한 그해 가을에야 시행되었다는 것이다. 그러나 국회에서 농림부 장관은 농지개혁은 이미 '1950년 4월 15일에 완료되었다.'라고 답변했다. 그러나 '완료'라는 표현에는 약간 지나친 감이 있으나 농촌경제연구원이 농지개혁사 편찬사업을 통해 정밀하게 추적한 결과, 농지의 분배는 시행령이 공포되기 전에 거의 완료된 것으로 밝혀졌다. 미 군정 시에 일본인 토지 불하 이후 토지 가격은 일정치 않았으나 농민들은 토지 소유권 이전(移轉)에 열을 올리기 시작했으며, 특히 북한의 토지개혁 이후에는 지주들도 초조하게 토지를 농민들에게 이전시키고자 했다. 그리하여 수정파의 해석과는 다르게 전쟁이 발발하기 이전에 80%의 토지가 소작농민에게 유상으로 분배되었다.

농지개혁운동은 한국의 발전에 지대한 영향을 미쳤다. 우선 농지개혁은 신생 한국이 정치적으로 안정되는 데 크게 이바지했다. 당시 정치 갈등의 핵심은 농지 문제였고, 좌파세력은 '무상몰수, 무상분배'의 토지개혁을 주장했다. 그러나 북한이 실시한 토지분배는 무상이기는 하나, 소유권의 분배가 아니라 경작권의 분배에 지나지 않았다. 그런 점에서 한국의 농지개혁이 유상이기는 하나 소유권 자체를 분배한 것과는 큰 차이가 있었다. 그리고 이승만 정부가 서둘러 농지를 분배했기 때문에 자신의 토지를 가지게 된 농민들은 보수화했고, 전쟁 중 북한의 선전공세에도 대한민국 국민의 아이덴티티를 충실히 지켰다.

농지개혁은 조선왕조 시대로부터 식민지시대까지 내려온 지주제를 해체했다. 농촌사회를 지배해 온 지주계급은 농지개혁으로 완전히 해체되었다. 인구 구성 대부분을 이루고 있었던 소작농은 역사상 처음으로 자기의 농지를 소유한 자작농으로 변신했다. 그에 따라 농민들의 생산의욕도 높아져 농업생산이 크게 증가되었다. 농지개혁으로 대다수 농민이 자유롭고 자립적인 경제주체가 되었다. 그리하여 경제적으로는 시장경제(市場經濟)가 발전하고 정치적으로는 자유민주주의(自由民主主義)가 성숙할 수 있는 토양이 마련되었다.

6. 한국전쟁의 발발과 휴전

전쟁의 원인

한국전쟁은 북한의 김일성이 남한을 공산화하기 위해 소련의 스탈린과 중국의 모택동 지원을 받아 남침을 감행함으로써 일어난 전쟁이었다. 대한민국은 전쟁 원인에 대해 공식적으로 이와 같은 태도를 보이고 있으며 이를 정통설이라 한다. 1981년 미국의 커밍스가 〈한국전쟁의 기원〉이라는 책을 써서 이 같은 정통설을 비판하기 시작했다. 이후 한국에서도 그에 동조하는 연구자들이 나타났다. 이들의 주장을 수정설이라 한다.

한국전쟁의 원인에 관해서는 여러 해석의 스펙트럼이 존재해 왔다. 그 책임이 김일성과 소련 측에 있다는 우파적 해석이 존재하는가 하면, 커밍스가 지적한 대로 미 군정이 우파 지향적 정책들, 예컨대 개혁에 대한 억압정책을 펼치고, 친일관료, 경찰, 지주 등의 편에서 군정을 수행했기 때문에 민중의 반란이 일어나 사실상 내전(內戰)과 같은 양상이 전개되었고, 그것이 빨치산 활동이나 38선에서의 크고 작은 충돌로 발전되었다는 주장이었다. 그것이 끝내는 무력적 충돌로 발전한 것이 한국전쟁이라는 것이다. 커밍스는 전쟁의 외적 원인으로는 당시 미국의 국무장관 애치슨이 발표한 성명에서 한국과 대만을 미국의 태평양방위선에서 제외함으로써 북한이 오판하여 남침하도록 유도했다고 해석했다.

이와 같은 내용의 수정설은 지난 20년간 한국의 진보적 지식인 사회에서 적지 않은 영향을 미쳤다. 그러나 현실을 살펴보면, 남한에서의 일반 민중 사이에 내전과 유사한 물리적 충돌이 벌어진 적은 없었다. 다만 공산주의를 지향한 남로당(남조선 노동당) 세력의 정치적 선동과 폭력투쟁이 전개되었을 뿐이다. 38선을 둘러싼 군사적 충돌도 1949년 10월 이후 스탈린의 지시로 더 발생하지는 않았다. 애치슨이 태평양방위선에서 한국과 대만을 제외한 의도는 북한 공세의 유인책으로 볼 수는 없으며, 미군이 직접 주둔한 지역을 나타냈을 뿐이며, 장개석의 본토회복에 대한 강경한 주장과 이승만의 북진론을 견제하고자 한 의도였다는 해석이 제기되고 있다.

1991년 소련이 붕괴한 이후 전쟁을 전후하여 김일성과 스탈린 사이에 오간 몇 통의 기밀문서가 공개되었다. 이에 의하면 전쟁은 명백히 김일성의 수차례에 걸친 제의와 그에 대한 스탈린의 최종 승인과 모택동의 지원 약속으로 주도면밀하게 계획되고 실천된 것이었다. 이 같은 사실이 공개된 비밀문서의 내용으로 명백해지자, 수정설의 실증적 근거는 거의 사라지게 되었다. 이후 수정설은 급격히 그 설득력을 잃게 되었다.

대한민국이 건국된 이후 미군은 1949년 6월 말 495명의 군사고문단만 남기고 남한에서 완전히 철수했다. 38선에서의 북한의 잦은 도발을 겪게 된 이승만 대통령은 북한의 남침을 우려하여 미국에 한미상호방위조약의 체결을 요청했다. 그러나 동북아 지역에서 한국의 군사 전략적 중요성을 낮게 평가한 미국은 이에 응하지 않고 그 대신 한국군의 전투력을 강화하기 위해 한미군사원조협정을 체결했다. 그럼에도 한국전쟁은 한국이 북한의 남침에 대응할 수 있는 군사력을 전혀 갖추지 못한 상태에서 발생했다.

한편 북한은 정부 수립 7개월 전인 1948년 2월에 조선인민군을 창설했다. 1949년 3월 김일성은 소련을 방문하여 스탈린에게 남침을 지원할 가능성을 타진했다. 스탈린은 김일성의 남침 제의를 거부하고 그 대신 대규모의 군사원조를 약속했다. 같은 해 10월 중국에서는 모택동의 공산당 정부가 장개석의 국민당 정부와의 내전에서 승리했다. 이후 동북아 지역의 국제정세가 급변했다. 중국은 북한의 요청에 따라 중공군(中共軍)에 구성되었던 조선족 3개 사단, 약 5만 명을 북한으로 보내어 북한의 군사력 증강에 크게 도움을 주었다. 한편 거대한 중국이 적화(赤化)된 이후 미국은 동북아 전체가 적화될 위험성 때문에 크게 동요되었다. 이 지역에서 한국의 군사 전략적 중요성을 낮게 평가했던 미국이 한반도를 재검토할 필요가 생긴 것이다. 이러한 현실이 미국의 한국전쟁 개입으로 연결되었다.

1950년 1월 스탈린은 과거의 유보적 입장을 바꾸어 김일성의 남침계획을 승인했다. 그 배경을 살펴보면, 1949년 8월에 소련은 핵실험에 성공하여, 미국의 핵 독점체제가 무너졌다. 또한, 그해 10월 중국에서 공산혁명이 성공함으로써 스탈린은 동북아 지역의 정세가 공산주의 국제세력에 유리하게 전개되고 있다고 판단했다. 게다가 애치슨의 미국 태평양방위선 발표에서 한반도가 빠져 있었다는 사실은 김일성과 스탈린이 정세를 오판하는 데에 크게 일조했다. 같은 해 2월 소련과 중국은 상호우호동맹조약을 체결했다. 바로 이때가 중국과 소련 간의 유대가 역사적으로 가장 밀접했던 시기이기도 했다. 이 같은 국제정세의 변화를 배경으로 스탈린은 김일성의 남침과 한반도의 적화통일이 미국과의 냉전에서 소련이 결정적 승기를 잡는 기회가 될 것으로 판단했던 것이다. 스탈린은 김일성의 남침 지원 요청을 수락하면서 스탈린은 중국의 모택동과 협의하여 도움을 받도록 지시했다. 같은 해 5월, 김일성과의 회담에서 모택동은 미국이 전쟁에 개입한다면 중국도 전쟁에 참여할 것을 약속했다. 이후 전쟁이 발발하기까지 소련은 북한에 신형 소련제 탱크를 비롯하여 대규모의 군사원조를 제공했다.

전쟁의 발발과 전개

1950년 6월 25일 일요일 새벽 4시, 38선 전 지역에서 일제히 포사격을 개시한 북한군의 기습 남침이 시작되었다. 30분 후에는 소련제 T-34 탱크를 앞세운 지상부대가 한국군을 공격했다. 그 전날 토요일에는 서울에서 장교클럽의 개소식(開所式)이 있어서 한국군의 간부들은 밤늦도록 술을 마셨고, 장병은 농번기였기 때문에 주말 휴가로 가사를 돕기 위해 귀향한 자가 많았다. 탱크 한 대도 없는 한국군은 제대로 대항할 방도가 없어 후퇴를 거듭하여 3일 후에는 수도 서울이 함락되었다.

한국전쟁이 개시되었다는 애치슨의 보고를 휴가 중인 고향에서 받은 미국의 트루먼 대통령은 "무슨 수를 써서라도 그 개자식(son of a bitch)들을 저지해야만 합니다."라고 격앙된 목소리로 응답했다. 그런 응답을 하는 데 10초도 걸리지 않았다. 트루먼은 다음날 오후 워싱턴의 블레어 하우스에 미국의 최고위급 인사들을 모아 만찬을 겸한 회의를 열었다. 이 회의에서 미국이 물러서야 한다는 주장을 한 사람은 아무도 없었다. 미군의 본격적인 개입이 결정되었다. 유엔 안전보장이사회는 6월 25일 오후에 재빨리 개최되었다. 그 당시 안전보장이사회에서 거부권을 가진 소련은 다행스럽게도 보이콧을 하던 중이었다. 거부권을 가진 상임이사국 중에서 대만이 중국을 대표하고 있었기 때문에 소련은 그것을 대륙의 중국으로 교체해야 한다고 항의하는 의미로 보이콧했던 것이다. 7월 7일에는 유엔군의 창설이 결정되었다. 유엔에 가맹한 각국은 미국이 임명하는 사령관의 지휘하에 부대를 파견하라는 권고가 결정되어 최종적으로는 미국을 포함한 16개국이 군대를 한반도에 파견했다. 트루먼 대통령은 유엔군 사령관에 일본에 주둔하고 있었던 맥아더 원수를 임명했다.

한국전쟁이 시작되었을 때 북한은 '남측이 먼저 공격했기 때문에 반격했을 뿐이다.'라고 발표했다. 한편 한국과 미국은 '북한군의 기습공격'이라고 반론했다. 전쟁이 시작되자마자 북한군이 쾌속으로 진격한 것을 보면 북한 측의 주장은 군사적으로 설득력이 없다. 탱크가 한 대도 없었던 한국이 최신예의 전차 250대를 보유한 북한을 먼저 공격한다는 것은 군사적인 상식으로 생각할 수 없었다. 이 논쟁은 1970년 출판된 소련의 수상 흐루쇼프의 회상록이 공개됨으로써 결착이 지어졌다. 여기서 그는 1949년과 50년에 북한의 김일성이 소련을 방문하여 스탈린 수상으로부터 무력통일 방침에 대해 지지를 받았다고 폭로했기 때문이었다.

김일성은 군사력으로 남한을 '해방'함으로써 한반도의 군사적 통일을 노렸다. 1949년 중국의 모택동은 무력으로 중국 대륙을 통일함으로써 "정권은 총구(銃口)로부터 이루어진다."라는 말을 남겼다. 이것을 본 김일성도 한반도도 중국처럼 무력으로 통일할 수 있다고 생각했다고 볼 수도 있다. 3일 만에 서울을 점령했던 북한군은 쾌속으로 남침을 계속하여 7월 말에는 낙동강까지 진출했다. 더 밀리면 부산까지 북한군에 의해 점령당할 판이었다. 한국군과 유엔군은 낙동강 전선에서 필사적인 방어 작전을 수행했다. 이 낙동강 전선은 북한군을 저지하고 반격의 발판을 마련하기 위한 최후의 방어선이었다. 이후 공군력의 우위를 확보한 유엔군은 북한군에게 심각한 타격을 가하기 시작했다. 유엔군 사령관 맥아더 장군의 구상에 따라 1950년 9월 15일 새벽에 개시된 인천상륙작전은 사기가 꺾인 북한군의 저항을 별로 받지 않고 성공적으로 진행되었다. 인천상륙작전의 성공과 동시에 낙동강 방어선을 지키던 국군과 유엔군의 북진이 시작되었다. 전세는 일거에 유엔군에 유리해졌다.

인천에 상륙한 국군과 유엔군은 9월 28일 서울을 수복했다. 9월 29일 중앙청광장에서 서울 수복 기념식이 거행되었다. 이승만 대통령은 국군 단독으로라도 38선을 돌파하여 북진하라고 지시했다. 10월 3일 한국군 3사단이 38선을 돌파했고, 이어 10월 9일에는 유엔군도 그 뒤를 따르게 되었다. 유엔군의 롤백 작전이 시작된 것이다. 10월 1일 국군 제1사단이 평양을 점령했다. 10월 26일 국군의 선봉 부대는 압록강 변의 초산까지 진격했으며, 동쪽으로는 유엔군이 함경남도 청진까지 점령했다. 10월 30일 이승만 대통령은 평양에 입성하여 평양시민의 환영을 받았다. 국군과 유엔군이 38선을 넘어 북쪽으로 진격하는 롤백 작전이 시작되자 중국의 모택동은 '입술이 없으면 이가 시리다(脣亡齒寒)'라는 격언대로 중국군을 한반도로 출동시켰다. 1950년 10월 말, 북상하고 있던 유엔군은 뿔뿔이 퇴주하고 있던 북한의 인민군과는 분명히 다른 정체불명의 정예부대와 만나 교전했다. 포로를 잡아 심문하자 중국의 인민해방군이라는 것이 판명되었다.

중국의 모택동은 중국 인민해방군을 '의용군'으로 위장하여 한반도에 파병할 것을 결정했다. 사령관은 팽덕회(彭德懷)였다. 중공군의 수는 350만 명이나 되었다. 10월 19일 '의용군'은 압록강을 은밀하게 넘어왔다. 10월 말 중공군은 1차 공세를 펼친 후 또다시 산으로 숨었다. 11월 말부터 시작된 중공군의 2차 공세에 유엔군은 심각한 타격을 받았다. 1951년 1월부터 시작한 중공군의 3차 공세에 밀려 유엔군은 서울을 다시 적에게 내주었다. 그사이에 흥남에서는 10만 명이 넘는 병력과 10만 명이 넘는 민간인을 남으로 미군 군함으로 철수시키는 흥남 철수 작전이 펼쳐졌다.

중공군이 한강 남쪽으로 진격하면서 병참선이 길어졌고, 보급물품을 실은 차량은 유엔군의 우월한 공군력에 의해 파괴되었다. 공군의 열세를 만회하고자 소련의 전투기와 조종사들이 비밀리에 참전했다. 전력을 재정비한 국군과 유엔군은 다시 반격에 나서 서울을 재탈환하고 38선을 중심으로 전선을 고착시키는 데 성공했다. 1951년 7월 초 정전회담이 시작되었고, 이후 전쟁은 지구전의 모습을 띠게 되었다. 정전조약은 1953년 7월 27일에 체결되었다. 오랫동안 지루하게 열린 회담에서는 군사분계선의 설정, 외국 군대의 철수 문제, 정전감시위원회의 설치, 포로송환 문제 등이 중요쟁점으로 부각되었다. 공산측은 외국군대의 즉각적인 철수를 주장했으나 이 문제는 정전협정 체결 후에 개최될 정치회담에서 다루기로 했다. 양측은 비무장지대에서 군사 활동을 감시할 군사정전위원회 설치에 합의했다. 비무장지대는 남방경계선과 북방경계선을 각각 2km로 정하여 폭을 4km로 설정했다. 양측은 정전협정의 준수 여부를 감시할 중립국 감시위원단을 스위스, 스웨덴, 체코슬로바키아, 폴란드 등 4개 국가로 구성했다. 정전회담에서 양측의 의견이 가장 첨예하게 대립한 것은 포로 송환의 문제였다. 이 문제만으로 정전협정은 예상보다 1년이나 넘게 시간을 끌었다.

유엔군의 포로가 된 사람 가운데 북한이나 중국으로 돌아가기를 거부하고 한국이나 대만 등 자유세계에 남기를 희망하는 사람들이 다수 있었는데, 이들을 반공 포로라 불렀다. 유엔군은 포로가 돌아갈 국가를 스스로 선택하는 자발적 송환 원칙을 주장했다. 그와 반대로 공산 측은 포로의 의사와는 관계없이 본국으로 돌려보내야 한다는 강제적인 송환 원칙을 내세웠다. 양측은 장기간 대립 끝에 포로 송환 문제는 귀환을 거부하는 포로를 중립국송환위원회가 심사하는 것으로 결정했다. 이승만 대통령은 반공 포로가 자유진영에 남지 못할 수 있다는 우려 때문에 이 결정에 반대했다. 이 대통령은 1953년 6월 18일 미국의 동의 없이 2만 7,000여 명의 반공 포로를 석방하는 결단을 내림으로써 미국을 압박했다. 이 대통령은 통일국가를 수립하고자 휴전을 반대했고, 필요할 경우 국군 단독으로 북진하겠다는 결의를 보였다. 국회도 대통령의 결의를 지지하여 '휴전 반대 및 북진 통일 결의안'을 채택했다. 이승만 대통령의 이 같은 정책은 잘 계산된 외교 전략이었다.

반공 포로의 석방은 이승만 대통령이 단독으로 무슨 일이라도 저지를 수 있다는 것을 보여준 것이다. 이러한 이 대통령의 행위가 자칫하면 휴전조약을 깨트릴 수도 있다고 경악한 미국의 아이젠하워 대통령은 특사인 로버트슨 국무차관보를 파견했고 1953년 7월 12일 공동성명에서 한미상호방위조약(韓美相互防衛條約) 체결 합의를 약속했다. 7월 14일 한국 정부는 마침내 정전협정을 방해하지 않을 것에 동의했고, 그 후 휴전회담은 급진전하여 2주 만에 휴전협정이 조인되었다.

7. 이승만의 정치 이념과 정책

북진 통일론

이승만의 반공주의는 건국과정에서는 단정론(單政論)으로 나타났다. 이승만은 공산주의의 북한지배가 돌이킬 수 없게 된 현실에서 남한만의 단독정부라도 수립할 필요성을 역설했다. 정부가 수립되자 그의 단정론은 곧바로 북진 통일론으로 바뀌었다. 결국, 이승만은 선 건국, 후 통일의 2단계로 국민국가를 건설하는 구상을 하고 있었다.

이승만의 북진 통일론은 정전(停戰)을 추구한 미국의 정책과 충돌했다. 미국은 여차하면 이승만을 물러나게 하고 싶었으나 이승만 외에 다른 대안을 찾을 수 없었다. 이승만과 경쟁했던 다른 야당 지도자들은 이승만의 반공주의와 북진 통일론처럼 단순 명쾌한 논리로 국민을 통합하고 동원할 능력이 없었다. 이승만은 냉전의 전초기지로서의 한반도에 걸려 있는 이해관계를 미국을 압박할 수 있는 지렛대로 사용하는 외교적 수완에서 당대 어느 정치가보다 탁월했다. 그의 북진 통일론에 밀려 미국은 애초에는 체결할 의사가 없었던 한국과의 상호방위조약을 체결했다.

미국은 동아시아 국제질서를 일본을 중심으로 구상했고, 그 때문에 한반도의 경제적 이해관계를 일본에 따르도록 종용했으나 이 대통령은 일본을 믿지 않았다. 미국은 미국이 제공한 원조 달러로 일본의 소비재를 구매하도록 강권했으나 이 대통령은 미국의 요구를 거부하면서 자립적 국가 경제를 위해 독자적인 공업화 정책을 추구했다. 이승만은 미 군정의 정책을 이어받아 일제 말기의 통제경제를 철폐하고 자유시장경제를 확립해 나아갔다. 1948년 9월에 수립한 경제정책의 기본 방향은 농업과 공업의 균형 발전, 소작제도의 철폐, 사회보장제도 시행, 귀속재산의 정부 인수, 인플레이션의 극복, 미국 경제원조의 적극적 도입 등이었다. 가능한 한 개인의 자유로운 경제활동을 보장하고 지원하는 방침을 택했다.

이승만 정부는 한미 원조협정을 체결하여 미국으로부터 경제 안정과 전쟁으로 파괴된 시설 복구를 위한 원조를 받았다. 한국은행을 설립하고, 금융기관의 공공성 유지와 경영 건실화를 도모했다. 또 북한이 약속했던 전력 공급을 중단하자 미국의 협조를 받아 발전선(發電船)을 도입하여 긴급 송전을 하고, 수력, 화력 발전소를 건설하여 전력 부족에 대비했다. 이상의 이 대통령 정부의 경제정책은 서서히 효과를 발휘하여 1950년 초에는 소비재 공업, 특히 면방직 공업은 이미 일제 말기의 생산 수준을 넘어섰고, 물가도 안정되어 갔다.

이승만 정부의 권위주의 체제

1950년대 정치는 1940년대의 정치적 암살 사건(송진우, 여운형, 장덕수, 김구 등의 암살)에 이어서 계속된 지도자 간의 과도한 분열과 대립을 특징으로 했다. 일찍이 미국의 정치문화에 익숙했던 이승만은 미국정치에 자행되었던 권모술수에 적응하고 있었다. 당시 이승만 대통령은 반대파가 다수를 차지하고 있었던 국회에서 차기 대통령에 재선되기 어려운 상황이었다. 이승만은 야당의 지도자들이 지나치게 미국에 의존적이어서 민족의 지상 과제인 북진 통일을 수행하기에 적합하지 않다고 불신했다. 당시 야당의 지도자들은 미국의 협조를 얻어 정부 형태를 내각책임제로 바꾸기 위한 헌법 개정을 추진했다. 미국 측에서도 정전협정 방침에 비협조적이면서 권위적인 이승만을 다른 지도자로 교체할 의향을 가졌다.

다음 선거에서 이승만이 대통령으로 재선되기 위해서는 대통령의 선출을 국회의 간접 선거에서 국민의 직접 선거로 바꿔야 했다 이러한 위기상황에서 이승만은 1952년 5월 계엄령을 선포하고 헌병을 동원하여 다수 국회의원을 체포, 구금했다. 미국은 완강하게 반발하는 이승만과 야당 간의 정치적 타협을 위한 중재를 주선했다. 그 결과 야당이 반대한 대통령의 직선제에 내각책임제의 요소를 가미한 개헌안이 국회를 통과했다. 아직도 국민 대중의 절대적인 신임을 받고 있던 이승만은 그해 8월 대통령선거에서 무난히 제2대 대통령으로 선출되었다.

이승만의 권위주의적 정치는 1954년 대통령의 연임제한 규정을 철폐하는 개헌안을 국회에서 무리하게 통과시킴으로 더욱 강화되었다(四捨五入改憲). 1956년에 시행된 정·부통령 선거에서도 이승만은 대통령에 무난히 당선되었지만, 부통령 선거에서 이변이 일어났다. 집권 자유당이 지명한 이기붕(李起鵬)이 낙선하고 야당 장면(張勉)이 부통령에 당선되었다. 이로 인해 이미 80세를 넘긴 이 대통령의 후계구도를 둘러싸고 정치적으로 혼란이 야기되었다.

이 선거에서 진보당의 당수 조봉암(曺奉岩)이 출마하여 30%의 지지를 얻었다. 그가 높은 지지를 받은 것은 그의 좌파적 입장을 지지한 것이라기보다 제1야당인 민주당 후보 신익희(申翼熙)가 선거 유세 중에 갑자기 사망하여 그의 표를 흡수할 수 있었기 때문이다. 그 뒤 조봉암은 북한으로부터 자금을 받은 혐의로 사형을 선고받았다. 미국은 조봉암의 사형집행에 반대했으나 그럼에도 1959년 이승만 정부는 조봉암의 사형을 집행했다. 또한, 이승만 정부는 야당과 언론에 대한 통제를 강화할 의도로 강력한 반발을 무릅쓰고 1958년 12월 국회에서 국가보안법을 통과시켰다. 1959년 초에는 평소 정부에 대해 비판적이었던 〈경향신문〉을 폐간했다. 이승만의 권위주의적 정치는 날이 갈수록 강화되어 갔다.

이승만 정부의 장기집권, 독재, 부정부패에 대해 국민의 불만이 높았다. 또한, 정부의 경제정책이 뚜렷한 성과를 거두지 못한 상태에서 1958년부터 미국의 원조가 줄어들자 대규모 실업이 발생하는 등 경제 사정이 악화되었다. 이러한 상황에서 1960년 3월 15일 대통령 선거를 치르게 된 정부와 여당인 자유당은 위기의식을 갖게 되었다. 야당 민주당의 대통령 후보가 유세하던 중 갑자기 사망한 가운데 이승만 정부는 이기붕을 부통령에 당선시키기 위해 부정선거를 자행했다.

이승만과 이기붕이 압도적인 표차로 대통령과 부통령에 당선되었다는 선거결과가 발표되었지만, 국민은 그것을 납득할 수 없었다. 선거 당일 마산에서 부정선거에 항의하여 학생과 시민이 시위를 일으켰다. 4월 11일 마산 시위 도중 실종되었던 김주열 학생의 참혹한 모습의 시체가 발견되자 분노한 마산 시민이 2차 시위를 일으켰다. 시위는 부정선거 규탄에서 정권 타도 투쟁으로 변화하는 모습을 보였다.

8. 4·19 민주혁명과 제2공화국의 성립

4·19 혁명

서울에서는 4월 18일 고려대학교 학생들이 시위 중 폭행당하는 사건이 발생했다. 이튿날 각 대학교 학생들이 궐기하자 시민과 고등학생들도 대거 참여했다. 시위대가 경무대 앞까지 진출하자 경찰이 총격을 가하여 180여 명의 학생과 시민이 사망하고 수많은 부상자가 생겼다. 4월 25일에는 대학교수까지 나서서 부정선거를 규탄하고 학생들을 지지하는 시위를 벌였다. 시위에 나선 교수들은 '학생의 피에 보답하라'라며 이승만의 하야를 요구했다.

정부는 시위대를 진압하고자 계엄령을 선포하고 서울 시내로 군대를 출동시켰다. 그러나 군은 정치적 중립을 지키면서 무력으로 시위대를 진압하지 않았다. 미국은 부정선거를 비난하고 시위대에 대한 강경 진압을 비판하는 입장을 표명했다. 미국은 한국 군부에 정치적 중립을 지키라는 간접적인 신호를 보냈고, 이 대통령에게는 하야하라는 압력을 보냈다. 궁지에 몰린 이승만은 4월 26일 하야를 발표했다. 이로써 이승만 정부는 붕괴했다. 그러나 혁명의 주역들은 그 중심이 대학생들이어서 새로운 정치 조직을 형성하거나 독자적인 정치이념을 창출하지 못했다. 그리하여 혁명의 성과는 결국 야당인 민주당이 차지했다. 그러나 4·19 혁명은 부정에 항거한 학생들의 의거에 국민이 동참함으로써 국민주권과 대의제 민주주의의 기본원리를 재확인한 민주혁명이었다.

9. 민주당 정부의 수립과 5·16 쿠데타

제2공화정의 출범

이승만 대통령 하야 후 구성된 허정(許政) 과도정부는 부정선거를 계획한 정부 각료와 자유당 간부들을 구속했다. 국회는 6월 15일에 내각책임제와 양원제를 골자로 하는 개헌안을 통과시켰다. 양원제는 지역대표성에 따라 구성된 참의원(參議院)과 인구비례에 따라 구성된 민의원(民議院)으로 되어 있었다. 참의원 선거에서는 민주당이 과반 의석을 넘는 31석을 차지했으며, 민의원에서도 175석이라는 압도적 의석을 차지했다. 이승만이라는 개인적 카리스마에 의존했던 자유당은 정치적으로 소멸했다. 사회주의적 체제 변혁을 내세운 혁신정당들도 거의 표를 얻지 못했다.

국회에서 실시한 선거에서는 윤보선(尹潽善)이 대통령으로, 장면(張勉)이 국무총리에 선출됨으로써 제2공화국이 출범했다. 제2공화정은 의원내각제로 국정 운영의 실권은 국무총리인 장면이 장악했다. 집권 민주당은 반공주의를 확고히 하면서 경제 발전을 최우선 과제로 삼겠다는 국정의 기본 방침을 발표했다. 민주당 정부는 장기적인 경제개발계획과 국토개발계획을 수립했다. 그러나 이후 정치적 갈등과 사회적 혼란이 가중되어 민주당은 당초에 의도했던 개발계획을 체계적으로 추진할 기회가 없었다. 사실상 그 뒤 군사 정권에서 시행한 산업화 전략은 대부분 이때 이미 계획이 마련된 것이었다. 또한 외교 면에서도 미국 일변도 외교를 탈피하여 제3세계 등에도 접근하는 등 다원적 외교를 지향했으며, 과거의 북진 통일론에서 벗어나 '평화적 방법에 의한 자유 민주 통일'의 원칙에 따라 국제연합의 결의를 존중한다는 '평화 통일론'으로 통일 정책을 삼았다.

정치적 혼란

혁명으로 새로운 정부가 들어서자 정치, 사회의 모든 문제를 시위를 통해 해결하려는 경향이 생겼다. 초중고 학생뿐만 아니라 심지어는 경찰까지 시위를 벌이는 등 사회 기강이 흔들려 혼란에 빠지기 시작했다. 대학의 학생운동이 과격해지기 시작했고, 국가체제에 기본 이념을 흔드는 통일 문제가 제기되고, 점차 좌파이념 정당에 포섭되기 시작했다. 민주주의적 국가체제의 기본이념을 흔드는 중립적 통일문제를 제기하면서 점차로 좌파이념이 정당에 포섭되기 시작했다. 1961년 민주혁명 1주년을 맞아 대학생과 고등학교 대표까지 참여한 민족통일 학생연맹은 민주당 정부를 통일세력을 탄압하는 정부라고 비난하면서 '가자 북으로! 오라 남으로!'라는 구호를 외치면서 남북학생회담의 개최를 주장했다. 노동조합이 속속 결성되었고 좌파 이념이 노동운동에 깊숙이 침투했다. 좌파 성향의 사회운동은 민주화운동 이후 이완된 국가보안체제를 강화하려는 민주당 정부에 반대하고 미국과의 불평등한 관계개선을 요구하는 정치운동으로 발전했다.

민주당 정부는 이와 같은 정치적 사회적 혼란을 제대로 수습하지 못했다. 이처럼 국정이 혼란을 거듭한 데는 집권 민주당의 내부 갈등에도 큰 원인이 있었다. 민주당 정부는 출범 초부터 장면 총리가 속하는 신파와 대통령 윤보선이 속한 구파로 분열되어 있었다. 입때까지만 해도 경제적으로 우위에 있었던 김일성은 혼란한 남한의 국론을 교란하기 위해 '남북연방제'를 제안하는 등 평화공세를 폈다. 평화공세에 편승하려는 좌파 세력 때문에 국정이 위기에 봉착했다. 군부 쿠데타가 일어날 토양이 정비된 것이다.

박정희 장군의 쿠데타

1961년 5월 16일 박정희 장군을 중심으로 한 군부 세력은 3,600명의 병력을 동원하여 정권을 장악하고 계엄을 선포했다. 은 박정희 장군이 이끈 일부 군부 세력이 헌법 절차를 거쳐 수립된 장면 정부를 불법적으로 전복한 쿠데타였다. 그들은 합법적인 정부를 무력으로 전복했다는 점에서 이후 민주화 세력의 지속적인 비판의 대상이 되었다. 그러한 정치적·도덕적 멍에를 안은 채 군사 정권은 군인 특유의 추진력과 실용주의적 방식으로 경제발전을 추진했다. 그들은 당시 남북이 대립하고 있으며, 경제적으로 북한이 앞섰던 객관적인 현실에서 경제발전이야말로 가장 시급한 국민적 과제임을 잘 인식하고 있었다. 그리하여 한국의 경제는 1961년 이후 35년간 연평균 7~8%의 고도성장을 거듭했다. 그 결과 1961년에 82달러에 불과하던 1인당 국민소득이 1987년에 3,218달러로 급성장했고, 1995년에는 드디어 1만 달러를 초과했다. 이는 세계 자본주의 역사에서도 전례가 드문 현상이었다. 그런 점에서 쿠데타는 한국 근대화 혁명의 출발점이기도 했다.

쿠데타가 성공할 수 있었던 요건은 주한미국대사관과 유엔군이 즉각 저지에 나서지 않았고, 정부를 이끌어갈 책임이 있었던 장면이 수도원으로 피신하고 국군 통수권을 갖고 있던 윤보선 대통령이 민주당 신·구파의 정파적 이해라는 근시안적 생각에서 한국군의 동원을 반대했기 때문에 발생한 사태였다. 하지만 혁명공약에서 정권을 민간에게 이양하겠다던 박정희를 비롯한 군부 세력은 국가재건최고위원회를 조직하고 그것을 혁명 내각으로 하여 군정을 실시했다. 쿠데타가 성공하자 군부는 물리력에 대한 안정적 통제권을 확보하는 일에 착수했다. 정군(整軍) 작업이 벌어져 장군 40명과 약 2,000명의 장교가 쿠데타에 비우호적인 인물로 분류되어 예편되었다. 군에 대한 숙정과는 별개로 사회 전체에 대한 통제력을 강화하고자 쿠데타 세력은 김종필의 주도로 중앙정보부를 창설했다. 중앙정보부는 북한 및 해외 관련 정보를 주로 다루기 위해 만들어졌으나 실제는 반대파에 대한 공작과 사찰 활동을 벌임으로써 정권 안보의 첨병 역할을 수행했다.

군사정부는 갖가지 인기 영합적인 정책을 통해 사회로부터 지지를 유도하고자 했다. 그들은 각종 사회악을 소탕한다는 명분 아래 1만여 명의 폭력배, 4만여 명의 부정공직자, 그리고 50여 명의 부정축재자 등을 체포, 구속 내지는 파직시켰으며, 언론 정화작업을 통해 소수를 제외한 대부분 언론사의 등록을 취소했다. 호화 사치 생활을 금하기 위해 밀수와 외제품의 사용을 단속했으며, 풍기문란을 이유로 카바레나 사창가 등도 폐쇄했다. 기존정당이나 사회단체를 정치혼란과 사회불안을 가중시킨 주범으로 몰아 모두 해산시키는 한편, 혁신정당 관계자, 교원노조 관계자, 노조지도자 등 4,000명을 용공분자로 몰아 구속했다. 이러한 단호한 숙정 조치들은 최초에는 5·16에 대한 호의적 여론을 조성하는 데 일조했다. 그러나 쿠데타 주도 세력이 연루된 갖가지 추문(醜聞)들이 터져 나오면서 초반의 호의적 여론은 급격히 식어갔다. 국민에게는 끊임없이 서로 갈등 반목하면서 정치자금과 관련된 의혹사건(증권 파동, 워커힐 사건, 새 나라 자동차 사건, 빠징코 사건 등 4대 의혹 사건)이나 일으키는 군부가 부패한 '구 정치인'과 하등 다를 바 없게 느껴졌다. 미국은 경제 원조를 지렛

대로 하여 조속히 민간정부로 이행하도록 군사정부에 압력을 가했다. 실제로 쿠데타로 집권한 군사정부는 그 존속이 한시적일 수밖에 없었다. 군사정부는 민간정부로의 이행 시기를 1963년으로 약속했다. 1962년 12월 새로운 민간정부를 수립하기 위한 헌법이 국민투표를 통해 제정되었다.

박정희 국가재건최고회의 의장은 군인으로 복귀하겠다는 애초의 약속을 어기고 민간정부에 참여할 준비를 하여 민주공화당을 창당하고 대통령에 출마했다. 선거유세 과정에서 박정희는 정치이념을 천명했다. 그는 구정치인들이 자유민주주의와 정치적 방종을 혼동하며, 미국에 지나치게 굴종적이라 비판하면서 '자립', '자조', '민족'의 민족적 민주주의를 주창했다. 이 선거에서 박정희는 15만 표라는 근소한 차이로 윤보선에 승리했다. 이어서 치러진 국회의원 선거에서는 여당인 민주공화당이 거의 3분의 2에 해당하는 의석을 차지하여 예상 밖의 대승을 거두었다. 그리하여 박정희 정부는 경제개발을 강력하게 추진할 수 있는 정치적 기반을 확보하게 된 것이다.

10. 박정희 대통령의 경제와 정치

박정희 대통령의 경제개발

군사정부는 1961년 7월 경제정책을 세우고 집행하는 주체로서 경제기획원(經濟企劃院)을 설립했다. 이 기구는 능력 있는 젊은 관료들로 하여금 경기의 단기 변동이나 인허가와 같은 일선 업무로부터 자유로운 입장에서 경제발전의 장기적 방향과 개별정책을 모색하는 기관이었다. 이에 더해 경제기획원은 정부 예산을 편성하는 권한을 가졌고, 이해관계가 다른 정부의 각 부처를 통제하고 조정했으며, 은행의 금융을 통제하고 분배하는 기능을 지니게 되었다.

1962부터 시작된 제1차 경제개발 5개년계획은 이승만 정부와 마찬가지로 수입대체(輸入代替) 공업화에 충실했다. 그러나 박정희는 1963년을 기점으로 수입대체 공업화의 정책을 수출주도(輸出主導) 공업화 정책으로 전환하는 계기를 마련했다. 그해부터 한국은 면직물, 가발, 합판의 수출을 급격히 증가시킬 수 있었다. 미국과 일본 등 선진국에서 노동 집약적 경공업들이 사양사업으로 바뀌자 값싸고 질 좋은 노동력이 풍부한 한국경제가 이상과 같은 분야에서 경쟁력을 갖추게 된 것이다. 박정희 정부는 경공업 제품의 1964년도 수출 목표를 대폭 올려잡는 등 국제시장의 여건 변화에 기민하게 대응했다. 박정희 정부는 정부의 모든 행정 능력을 수출 촉진 방향으로 동원했다. 1965년부터 대통령이 주관하는 수출진흥확대회의가 월 1회로 정례화되었다. 이 회의는 처음에는 소수 관료와 전문가만 참여했으나 점차 민간 기업가와 수출업자 등이 참여했으며, 장려상을 받는 등 관민 합동의 대회의로 발전했다.

수입대체 공업화를 추진한 이승만 정부는 저환율 정책을 고집했다. 기업가가 국산품을 생산할 공장을 짓기 위해 기계와 부품을 수입할 때 기업가의 부담을 줄이기 위해서였다. 환율은 시장 환율과는 30% 정도 저평가되었다. 실세보다 저환율은 수입업자에게는 유리하지만, 수출업자에게는 불리한 것이다. 그 뒤 경제개발의 기본전략을 수출주도형으로 전환하기 시작한 박정희는 1964년 1달러부터는 반대로 고환율 정책을 시행하여 130원 하던 환율을 256원으로 대폭 올린 다음 매년 조금씩 인상해 갔다. 이에 따라 공정환율과 시장환율과의 차이는 점차 사라져 갔다. 그 밖에 박정희 정부는 무역자유화 조치를 하여, 1967년에는 GATT에 가입할 수 있었다. 이로써 한국경제는 세계시장을 상대로 고도성장에 필요한 시장, 원료, 부품 등의 조건들을 확보하게 되었다. 군사정부는 경제발전을 위해 요구되는 자금을 확보하기 위해 가능한 국내자본을 총동원하려 했다. 화폐개혁, 은행의 국유화, 개발금융 기관화 조치, 부정 축재자로부터의 재산 환수 등을 시행했으나 기대한 만큼의 성과를 거두지 못했다.

미국의 원조가 급감하고 있고, 국내자본의 동원에도 한계가 있는 상황에서 이러한 경제 발전 기금의 원천은 자연히 외자도입과 수출 증대로 인한 외화 획득에서 찾아질 수밖에 없었다. 1963년부터 2년 동안은 여러 분야에서 대외 지향적인 외화획득이 모색되었다. 서독에 광부와 간호사의 파견, 브라질 이민선 출발, 선원 수출과 원양 어업 개척, 울산정유공장에 대한 걸프의 투자, 환율 현실화 조치, 외자 도입법의 제정, GATT 가입, 한일국교 정상화 추진, 베트남 파병 등이 모두 이 무렵 일어난 일들이었다. 이 움직임의 백미(白眉)는 역시 한일국교 정상화와 베트남 파병이었다. 두 사건은 당시 정치적으로 큰 쟁점이 되었을 뿐 아니라 한국 경제발전에 크게 공헌하게 되었다.

한일협정의 성립

박정희 정부는 집권 초부터 일본과의 국교정상화에 강한 의욕을 보였다. 일본을 중심으로 하는 지역통합전략을 추구한 미국의 강력한 권유도 있었지만, 무엇보다도 제1차 5개년 계획에 필요한 자금을 일본에서 확보하려는 기대에서였다. 협상 결과 일본 정부는 한국 정부에 경제협력자금의 명분으로 무이자 3억 달러와 유이자 2억 달러의 공공차관을 제공하는 데 합의했으며, 이외에 상업차관 3억 달러를 주선하기로 약속했다. 합해서 8억 달러의 경제협력기금은 1964년 전체 수출액이 1억 1,900만 달러에 불과했던 한국 경제에 적지 않은 도움이 되는 액수였다. 그러나 협상 내용이 알려지자 야당과 대학가에서는 굴욕적인 외교라고 크게 반발했다.

1965년 6월 일본과의 국교정상화를 위한 한일협정(韓日協定)이 마침내 조인되었으며, 그해 8월 국회를 통과했다. 일본과의 국교 정상화에는 개발자금의 애로를 타개하는 것 이상의 의의가 있었다. 회담의 타결은 개발자금의 소요 외자 조달을 가능하게 했을 뿐만 아니라 한 걸음 나아가 한·미·일 3국을 묶는 이른바 '태평양 성장의 트라이앵글 구조'를 가져올 수 있게 했다는 것이다. 그리하여 한국 경제는 일본 시장에서 중간재와 부품을 수입하여 국내의 값싼 고급 노동력으로 가공, 조립하여 미국 시장에 수출하는 생산 및 시장의 국제적 연관을 확보하게 된 것이다.

한국군의 베트남 참전

한일 국교 정상화를 둘러싸고 농성, 시위, 진압, 그리고 계엄령의 발포와 같은 충돌이 반복되고 있는 이면에서 한국군의 베트남 파병 계획이 꾸준히 진척되고 있었다. 1961년 미국을 방문한 박정희는 군사정부에 대한 미국의 지지를 얻는 방안의 하나로 한국군을 베트남에 파견할 용의가 있음을 제안했으나 아직 베트남에 대한 직접적인 군사 개입을 유보하고 있었던 케네디 정부에 의해 받아들여지지 않았다. 1963년 출범한 존슨 정부는 인도차이나에 대한 미국의 더욱 적극적인 개입정책을 고려하기 시작했다. 그리하여 미국은 한국이 기왕에 제출했던 참전 제안을 보다 진지하게 고려하기에 이르렀다. 이후 한국은 미국의 동의와 독려 아래 1964년 9월 22일 의무반과 태권도 교관단 약 140명의 파견을 시작으로 이듬해 3월에는 공병, 수송 등의 비전투 요원 2,000여 명, 그리고 같은 해 10월에는 드디어 채명신 장군을 사령관으로 해병대(청룡부대)와 육군(맹호부대) 2만여 명의 전투병력을 보내기 시작했다. 참전 기간 한국은 약 5만 명의 전투병을 상주시켰으며, 1973년 철수할 때까지 연인원 32만 명 정도를 참전시켰다.

야당과 대학가의 강한 반대에 봉착한 박정희 정부가 정치적으로 불리한 여건에서도 베트남 파병을 강행한 것은 그에 따르는 군사적 이득이 컸기 때문이었다. 한국군의 베트남 파병은 주한 미국군 일부를 베트남으로 이동하려는 미국 정부의 논의를 차단함과 동시에 한국에 대한 미국의 안보 공약을 더욱 확실히 하는 군사적 효과를 발휘했다.

베트남전쟁에 한국군의 파병은 한국군 4,620명이 전사하는 희생을 동반했으나 그들의 희생으로 한국 경제는 적지 않은 이득을 보았다. 박정희 정부는 미국 정부로부터 미국이 베트남에 파견된 한국군이 사용하는 군수물자와 용역은 가능한 한 한국에서 구매하고, 베트남에서 시행되는 건설과 구호 사업에 드는 물자와 용역도 한국에서 구매한다는 다짐을 받았다. 그 결과 베트남으로의 수출이 급증하여 1965~1973년 한국은 베트남과의 무역에서 총 2억 8,300

만 달러의 흑자를 올렸다. 베트남에 파견된 군인과 노동자의 봉급소득과 베트남에 진출한 한국 기업의 사업 수익은 훨씬 더 큰 규모였다. 이들의 총소득은 7억 5,000만 달러에 달했다.

고도 경제성장 정책

한일국교 정상화와 베트남 파병은 해외 자금을 유치함으로써 박정희 정부가 경제개발을 추진하는 데 난관으로 작용했던 투자 재원을 위한 해외 자금을 유치, 확보하는 데 크게 기여했다. 제2차 경제개발 5개년계획부터 작은 나라의 한국경제가 큰 기업을 앞장세워 국경을 넘어 세계수출시장을 지향하는 이른바 '작은 나라 큰 기업' 전략이 모습을 드러내기 시작했다. 합판, 고무, 섬유, 타이어, 합성수지, 시멘트, 판유리 등 기존 경공업을 국제수준으로 규모를 확대하여 수출을 증대키로 했다. 경공업 분야에서 '큰 기업' 육성이 시작된 것이다.

이에 더해 중공업 분야에서도 점차 변화가 일어나고 있었다. 그것은 철강, 화학 및 기계 공업을 키워 수출을 늘릴 발판을 마련하고 산업을 고도화하려는 계획이 추진된 것이다. 포항종합제철의 건설과 울산석유화학단지의 조성은 그 계획의 두 핵심 사업이었다. 중공업에서도 국제 수준으로 키워 세계에 진출하려는 '큰 기업' 전략이 그 기초를 닦기 시작한 것이다. 포항종합제철은 1969년 박 대통령이 대일 청구권 자금의 51%를 투입하겠다는 결단으로 건설을 시작하여 4년 후인 1973년에 생산 능력 103만 톤 규모의 제1기 종합제철소가 탄생했다. 개발도상국 중 어느 나라도 이루지 못한 것을 마침내 성공적으로 이루어내었다. 철강은 '산업의 쌀'이라 불릴 정도로 산업화에는 필수적인 재료이다. 포항제철은 조업 개시 연도부터 경제성 있는 철강을 생산하는 데 성공했을 뿐 아니라 철강 수요가 많은 조선 및 자동차 산업을 동반 성장시킬 수 있는 튼튼한 기초를 갖추게 되었다.

이렇게 건설된 포항제철(POSCO)은 온갖 반대를 무릅쓰고 밀어붙인 박 대통령과 그것을 이루는 데 온갖 노력을 다한 박태준(朴泰俊) 전 포철 회장을 포함한 산업 전사들이 보여준 불굴의 의지 결과였다. 울산석유화학단지도 1970년 착공되어 1973년 12개 공장이 완공되었다. 이 단지의 완공으로 국내의 석유화학제품 수요를 충당했음은 물론 전 세계로 수출할 수 있는 발판을 마련했다. 이 석유 화학을 기초로 하여 금성, 선경, 현대 등 세계적 굴지의 큰 기업들이 탄생했으며, 석유화학 제품은 지금 우리나라의 10대 주력 수출 제품 중 하나가 되었다.

1963년 박정희 대통령이 서독을 방문했을 때 고속도로 아우토반을 인상 깊게 관찰했다. 그리고 산업발전을 위해서 서울과 부산을 잇는 고속도로를 건설할 계획을 세웠다. 이에 대해 야당은 그속도로 건설로 한국경제가 일본 경제에 예속될 가능성이 있다는 우려 등을 이유로 반대했다. 지금 생각하면 터무니없는 주장에 불과하나 당시는 한일 국교정상화 반대운동과 맞물려서 어느 정도 수긍할 수도 있는 이의 제기이기도 했다. 야당의 반대에도 경부고속도로는 1968년 2월에 착공하여 1970년 7월에 단기간에 개통되었다. 경부고속도로는 전국을 일일생활권으로 통합했다. 전국의 시장이 경부고속도로를 통해 서울을 중심으로 한 단일 시장권으로 통합되어 경제발전의 견인차 역할을 하게 되었다.

중화학공업의 육성

박정희 대통령은 1973년 1월 중화학공업 진흥을 선언했다. 중화학공업의 육성 계획은 철강·비철금속·기계·조선·전자·화학 공업을 6대 전략 업종으로 선정하고, 이후 8년간 총 88억 달러의 자금을 투입하여 1981년까지 전체 공업에서 중화학공업의 비중을 51%로 늘려 1인당 국민소득 1,000달러와 수출 100억 달러를 달성한다는 방대한 청사진을 제시했다. 이 계획에 대해서는 그때까지 개발정책의 수립에 핵심적 역할을 담당해 온 경제기획원뿐 아니라 국제통화기금(IMF)과 국제부흥개발은행(IBRD)과 같은 국제기구도 부정적인 견해를 표명했다.

국내외의 반대에 봉착한 박정희는 청와대에 중화학공업 추진위원회를 설치하고 이 계획을 강력하게 추진했다. 이후 중화학공업화의 추진에는 대통령 비서실장 김정렴(金正濂)과 중화학공업기획단 단장 오원철(吳源哲)이 핵심적인 역할을 맡았다. 그들은 새로 건설되는 공장이 국제경쟁력을 갖추기 위해서는 최신기술을 도입하고 공장도 대규모이어야 한다는 원칙을 세웠다. 이러한 원칙에 따라 한 분야에서 한두 민간업체를 선정하여 국제경쟁력을 갖출 수 있도록 공장 부지, 도로, 설비자금 등을 전폭적으로 지원했다. 이 같은 산업정책은 기회의 균등을 요구하는 민주주의 정치제도에서는 시행하기 어려운 일이었다. 그럼에도 이 같은 중화학공업화가 가능했던 이유는 유신독재체제가 모든 기업의 경쟁을 간섭하고 특정 기업을 보호 육성해 주었기 때문이다. 중화학공업화는 우수한 민간기업이 주체가 되어 추진했다. 전체적인 계획을 세운 것은 정부였지만, 실제로 공장을 건설하고 제품을 생산하고 해외시장에서 판로를 개척한 것은 민간기업이었다. 민간기업들은 애초에는 성공 가능성이 의심스러워서 주저했으나 정부의 강력한 정책 의지에 자극을 받아 적극 참여하게 되었다. 이는 박정희 대통령의 강력하고 대담한 리더십이 돋보이는 계기가 되었다.

1973~1974년 국제유가가 4배 이상 급등하는 석유파동이 일어났다. 이는 중화학공업을 막 시작한 한국 경제에 시련을 안겨 주었지만, 중동 건설 붐이라는 선물도 동시에 안겨 주었다. 석유 가격의 상승으로 오일머니가 쌓인 중동 지역에 건설 붐이 일어났고, 이에 한국 기업이 적극 참여하게 되었기 때문이다. 베트남에 진출해 있던 정주영(鄭周永) 등을 오너로 한 한국의 건설업은 베트남전쟁이 종결되자 중동에 진출했다. 중동 건설을 통해 한국 경제는 막대한 외화를 벌어들였고, 그것은 한국의 중화학공업을 성공시키는 자본이 되었다. 더불어 국제시장의 환경을 유리하게 조성해 주었다.

박정희 대통령의 사회정책

고도 경제성장이 개시된 1962년 이래 도시와 농촌 간의 격차가 확대되었다. 1970년대의 박정희 정부는 산업화 과정에서 상대적으로 낙후한 농업과 농촌을 개발하기 위한 정책을 적극 추진했다. 그것을 새마을운동이라 한다. 1970년 10월부터 이듬해 6월까지 정부는 전국의 3만 3,000여 모든 동과 리에 시멘트 355포대씩을 일률적으로 지급하여 자율적으로 환경개선사업에 사용토록 했다. 1971년에는 사업의 실적을 평가하여 성과가 있는 마을에 한정하여 다시 시멘트 500포와 철근 1톤씩을 지원하여 농촌개발을 지원했다.

새마을운동을 추진하면서 정부는 모든 농촌을 일률적으로 지원하지는 않았다. '근면(勤勉), 자조(自助), 협동(協同)'이라는 새마을운동 정신이 표현하듯이 근면하고 협동하면서 스스로 돕는 마을을 선택적으로 지원하고, 그를 통해 마을 간의 경쟁을 유도했다. 농민들은 정부의 차별적인 지원정책에 민감하게 반응하면서 경쟁적으로 농촌개발 투자에 적극 참여했다. 범정부적이며 범국민적인 운동으로 발전해 간 새마을운동은 점차 소득증대 분야, 생산기반조성 분야, 복지후생 분야, 정신개발 분야로 영역을 확대해 갔다. 새마을운동의 성과를 살펴보면 우선 농가 소득의 증가이다. 1971년의 농가 소득은 도시근로자 소득의 79%에 불과했으나 1982년에는 103%로 오히려 도시근로자 소득을 조금 웃돌았다. 마을에 전기가 들어오게 되었으며, 마을 길이 확장되었다. 그리고 식량 증산과 주곡자급을 위한 노력으로 단위면적당 생산량이 세계 최고수준을 기록한 통일벼가 개발되었다.

박정희 정부가 역점을 둔 또 하나의 사업은 산림녹화사업이었다. 해방 이후 북한으로부터 석탄 공급이 끊기면서 연료가 부족해졌고, 사회적 무질서로 인해 도벌이 만연하여 남한의 산림은 급속히 황폐해졌다. 이후 군사정부는 산림녹화에 적극적인 의지를 보여 1961년 12월 산림 행정에 모범이 된 산림법을 공포했다. 산림법은 동, 리의 주민으로 하여금 산림계를 구성할 의무를 부과했고, 산림계에 조림과 산림보호 감독의 책임을 부과했다. 본격적인 산림녹화는 1973년부터 시작된 치산녹화계획을 통해 이루어졌다. 제1차 치산녹화 10개년계획은 1982년까지 100만 헥타르를 조림한다는 목표를 세우고 범정부 사업으로 추진되었다. 담당관청은 원래 농림부의 외청이었는데 녹화계획이 추진되면서 새마을운동과 연계하여 새마을운동의 추진기관인 내무부로 이관되었다. 그 뒤 나무심기운동은 새마을운동의 하나로 전국의 마을, 직장, 단체, 학교가 참여하는 범국민운동으로 전개되었다.

박정희 유신독재체제의 성립

박정희 장군이 주도한 군사 쿠데타는 유신체제를 선포함으로써 한국의 민주주의 정치문화를 크게 후퇴시키는 역할을 했다. 박정희 장군은 1961년 군사 쿠데타를 주도하여 집권에 성공했으며, 민정 이양 후 1963년에 제5대, 1967년에 제6대 대통령에 당선되었다. 앞서 살펴본 대로 이 기간에 야당의 반대를 무릅쓰고 일본과의 국교 정상화, 베트남 파병을 결행했으며, 수출주도 공업화 정책을 추진했다. 1969년에는 장기집권을 위해 대통령 3선을 허용하는 헌법 개정을 강행 추진했다. 박정희 정부에 반대하는 야당과 학생, 재야 세력을 억누르고 국회에서 변칙적으로 개헌안을 통과시켰다. 이후 국민투표를 거쳐 개헌안이 확정되었다. 개정헌법에 따라서 치러진 1971년의 대통령선거에서 박정희는 김대중(金大中) 후보를 누르고 당선되었다. 그러나 두 입후보자 사이의 표 차이는 그리 크지 않았다. 김대중은 상대적으로 소외를 느끼는 도시 서민층을 중심으로 큰 호응을 얻어 박정희를 무섭게 추격하는 양상을 보였다.

1972년 10월 17일 박정희 대통령은 전국에 비상계엄을 선포하여 국회를 해산하고, 모든 정당 및 정치 활동을 중단시킨 다음 헌법개정을 선언했다. 그 이유로는 현재의 국가체제로는 한반도를 둘러싼 국제환경의 변화와 7·4 남북공동성명으로 새롭게 시작된 남북대화에 적절하게 대응할 수 없기 때문이라 했다. 비상 국무회의가 마련한 새로운 헌법은 그해 11월 국민투표를 거쳐 확정되었다. 유신헌법(維新憲法)이라 불린 새 헌법에서 국가의 최고 주권기관은 통일주체국민회의였다. 통일주체국민회의는 조국의 평화적 통일을 추진하기 위한 범국민적 조직체로 규정되었다. 이 회의를 구성하는 대의원은 유권자의 직접선거에 의해 면, 동마다 1인 이상 선출되었다. 통일주체국민회의는 대통령을 선출할 권한을 부여받았다.

한편 입법기관인 국회도 의원의 3분의 1을 대통령이 추천하는 사람으로 임명했다. 그렇게 임명된 국회의원의 모임을 유신정우회라고 했다. 나아가 유신헌법은 대통령에게 국가의 안전보장과 관련하여 중대한 사태가 발생했다고 판단되면 국정 전반에 걸쳐 긴급조치를 발동할 수 있는 권한을 부여했다. 긴급조치의 내용 중에는 법관을 영장 없이도 체포, 구금, 압수, 수색할 수 있는 권한이 포함되었다. 실제로 유신체제가 존속한 7년간 모두 9차례에 걸친 긴급조치가 발동되었다.

유신체제는 어떠한 국가기구의 통제도 받지 않는 절대적 권력을 성립시켰다. 대의민주주의 정치원리는 소멸했으며, 박정희의 종신집권을 사실상 보장했다. 통일주체국민회의라는 어용 기관의 대통령선거에서 박정희의 경쟁자란 있을 수 없었다. 그것은 김영삼(金泳三), 김대중(金大中)으로 대표되는 야당세력의 집요한 민주화 투쟁이 전개되는 배경이 되었다.

유신체제의 종언

처음 1년 정도는 재야의 비판 세력도 파격적으로 진행된 유신체제의 성립 과정에서 침묵했다. 박정희의 경쟁자였던 김대중은 유신 이후 외국에 머물러 일본과 미국에서 유신체제에 저항하는 정치운동을 조직했다. 1973년 8월 일본에 머물던 김대중이 불법적으로 납치되어 국내로 강제로 끌려온 충격적인 사건이 발생했다. 그해 10월 이 사건의 해명을 요구하는 반정부 학생시위가 서울대학에서 일어나 전국 주요 대학으로 확산되었다. 연말에는 재야인사들이 주도한 개헌청원 백만인 서명운동이 전개되었다.

학생과 재야 세력의 저항에 직면하여 박정희 대통령은 1974년 1월 긴급조치 제1호를 발동했다. 중앙정보부와 보안사령부 같은 국가 정보기관들이 통제되지 않은 권력을 행사하며 탄압정책을 자행했다. 유신체제에 저항하는 강도가 높아지게 되자 1975년 5월 긴급조치 9호가 발동되었는데, 이 조치는 유신체제를 비방하는 일체의 행위에 대해 법관의 영장 없이 체포, 구금, 압수, 수색할 수 있게 했다. 유신체제는 1979년에 들어서서 본격적인 위기국면에 접어들었다. 김영삼이 야당 당수로 선출되면서 유신체제에 대결적 태도를 분명히 밝혔다. 8월에 가발공장 YH 무역의 여성 노동자들이 공장 폐업조치에 항의하여 야당 당사에서 농성하다 경찰의 강경한 진압 과정에서 여성 노동자 한 명이 사망하는 비극이 발생했다.

이를 계기로 김영삼은 재야 세력과 연합하여 유신헌법의 개정을 강력히 요구하게 되었는데, 9월에 정부와 여당은 김영삼의 발언을 문제 삼아 야당 당수를 국회에서 제명하는 극단적인 조처를 했다. 그러자 김영삼의 정치적 기반인 부산 지역에서 학생과 일반시민이 주도하는 대규모 시위가 일어났다. 시위는 인근 마산으로 확산했다. 정부는 10월 18일 부산 지역에 계엄령을 선포했으며, 20일에 마산 지역에도 위수령을 발동했다. 마산 시위 현장을 직접 시찰한 중앙정보부 부장 김재규(金載圭)는 민심의 이반으로 유신체제가 한계에 도달했다고 판단했다. 김재규는 10월 26일 궁정동 만찬에서 박정희 대통령을 시해했다. 이로써 박정희의 독재체제는 붕괴했다.

11. 전두환 독재정부의 출범과 민주화운동

전두환의 쿠데타

박정희의 갑작스러운 죽음은 통치권의 공백을 메우고 새로운 체제를 창출해야 한다는 긴박한 정치적 과제를 제기했다. 통치자가 사라진 위기 상황에서 제주도를 제외한 전국에 비상계엄령이 선포되고 국무총리 최규하(崔圭夏)가 기존 헌법에 근거하여 대통령 권한대행에 취임했다. 야당 당수였던 김영삼은 유신헌법을 폐기하고 새 대통령을 뽑자고 제안했으나, 최규하는 유신헌법에 따라 새 대통령을 뽑고 정국을 안정시킨 다음 새로운 헌법을 제정하고 새 정부를 구성한다는 방침을 발표했다.

보안사령관 전두환(全斗煥)을 중심으로 한 신군부는 유신체제를 부정하는 세력에 대해 강한 거부를 느끼고, 12월 12일 박정희 시해 사건을 수사하던 중 정승화 육군참모총장 겸 계엄사령관을 체포하고, 이를 계기로 군의 모든 권한을 장악했다. 그는 최규하 대통령이 제시한 정치일정을 지지했다. 그 일정에 따라 최규하가 유신헌법에 따라 대통령으로 선출되었다. 당시 유신체제에 저항해 온 민주화 세력의 중심은 제도권 야당을 대표하는 김영삼과 연금상태인 김대중이 있었다.

광주민주화운동

1980년 봄 신학기가 시작되자 대학가의 학생운동이 활발히 전개되어 전두환의 신군부가 계엄령을 통해 유신 체제를 연장하려 하는 데 반대하여 대규모의 가두시위를 전개했다. 신군부는 사회 불안을 진정시킨다는 명분을 걸고 비상계엄을 전국으로 확대하고 학생시위를 포함한 일체의 정치활동을 금지하는 강경 조치를 발표했다. 신군부는 김대중을 체포하고 김영삼을 자택에 연금했다.

5월 18일 전라남도 광주시 전남대학교 앞에서 학생, 시민과 계엄군 사이에 충돌이 발생했다. 학생과 시민은 신군부의 김대중 체포에 분노했다. 계엄군으로 파견된 공수부대는 곤봉 등으로 시위대를 무차별 가격하여 다수 사상자가 발생했다. 게다가 지역감정을 부추기는 유언비어가 난무하여 광주 시민을 자극했다. 분노한 시민이 무기고를 탈취하여 무장했다. 열흘간 이어진 시위대와 계엄군 사이의 충돌에서 민간인 166명, 군인 23명, 경찰 4명이 사망했다. 광주 사태는 신군부가 유신체제를 무리하게 존속시키고 부당하게 집권을 추구하려 한 것에 대한 국민의 저항으로서 민주화운동이었다. 이후 미국이 계엄군의 출동을 묵인했다는 주장이 제기되어 반미운동으로까지 전개되었다.

전두환 정부의 성립

신군부는 국가보위비상대책위원회를 조직하여 국가 중요 조직을 장악해 나갔다. 비판적인 언론인, 학자 등을 해직시키고, 언론사 통폐합을 추진했으며, 사회질서를 바로잡는다는 명목으로 폭력배와 파렴치범들을 잡아들여 삼청교육대를 운영하는 등 인권을 짓밟기도 했다. 최규하 대통령이 사퇴한 후 통일주체국민회의와 같은 성격의 대통령선거인단에 의해 전두환이 대통령으로 선출되었다. 한편 전두환 정부의 강압 통치에 맞서 민주화운동이 활발하게 전개되었다. 1984년 야당 정치지도자들은 민주화추진협의회를 구성했다. 1985년 2월 시행된 제12대 국회의원 선거에서 신한민주당이 제1야당이 되었다. 다음 해 1986년 신한민주당과 민주 세력은 직선제 개헌을 위한 천만 명 서명운동을 전개하는 등 민주화의 열망을 크게 고조시켰다. 또한, 학생들도 다양한 방법으로 군부 정권에 저항했다.

전두환 정부의 경제정책의 기본원리는 박정희 정부의 경제개발체제를 계승했다. 방향은 옳았으나 무리한 추진으로 혼란을 자초한 중화학공업 정책을 수정하여 시장논리에 따른 자율화 정책을 시행했다. 그와 더불어 전두환 정부는 중화학공업의 구조조정을 추진했다. 발전 설비 등 중복 투자가 이루어져 수익성이 떨어지는 기업들에 대해 흡수합병이 진행되었다. 사양 산업과 유망 산업을 구분하여, 전자에 대해서는 퇴출을 포함한 합리화 정책을 시행하고 후자에 대해서는 첨단기술의 개발과 국제경쟁력 강화를 위한 지원을 아끼지 않았다. 한국 경제는 정부의 강력한 구조조정과 합리화 정책에 힘입어 1981~1982년에는 6~8%의 성장률을 회복했다. 1987년에는 성장력이 무려 12.3%라는 대호황이 도래했다. 그것은 저(低)달러환율, 저유가, 저금리라는 3저 현상 덕분이었다.

6월 민주화 항쟁과 노태우 정부의 수립

1987년 서울대학교 학생 박종철이 경찰의 물고문으로 사망했다. 정부가 이 사건을 은폐하려다 발각되면서 국민의 반정부 정서가 고조되었다. 그리고 대통령의 직선제 개헌 요구에 대해 정부가 개헌에 반대하는 조치(4·13 호헌 조치)를 발표하자 국민의 불만과 저항이 더욱 강해졌다. 반발이 확산되는 가운데 6월 9일 연세대학교 학생 이한열이 시위 도중 최루탄에 맞아 사망하는 사건이 발생했다.

6월 10일 야당과 재야인사들의 연합기구인 민주헌법쟁취국민운동본부는 박종철 고문 살인, 조작, 은폐 규탄 및 호헌 철폐 국민대회를 전국 18개 도시에서 개최했다. 학생과 시민은 연일 집회와 시위를 개최했다. 서울 도심 집회에서는 이제까지 과격시위와는 일정 거리를 두었던 넥타이를 맨 사무직 직업인마저 참가하는 양상을 띠었다. 민심이 크게 바뀐 증거였다(6월 민주항쟁). 마침내 민주정의당 대표인 노태우가 국민의 민주화 요구를 수용하고 대통령 직선제 개헌을 골자로 하는 시국 수습 방안을 발표했다(6·29 민주화 선언).

1987년 10월 5년 단임과 대통령 직선제를 내용으로 하는 헌법 개정안이 국민투표로 확정되었다. 12월에 치른 대통령선거에서는 노태우 후보가 승리하여 사실상 군사 정권 세력이 재집권했다. 야당이 패배한 것은 김영삼과 김대중이 후보 단일화에 실패했기 때문이었다. 김대중은 좌파세력만으로 평화민주당을 만들어 대통령선거에 출마했다. 1988년 4월 제13대 국회의원 선거에서 민주정의당은 과반수 의석을 확보하지 못했다. 여소야대의 국회에서 전두환의 부정축재, 민주화운동 진압에 대한 진상규명, 언론탄압에 대한 청문회가 열렸다.

1990년 노태우 정부와 과반수 의석 확보에 실패한 민주정의당은 김영삼이 이끄는 통일민주당과 합당하고, 김종필이 이끄는 신민주공화당과 합당하여 정국의 주도권을 잡았다. 노태우 정부 시기에는 1988년 서울올림픽대회를 성공적으로 개최하여 한국의 발전상을 전 세계에 알렸다. 또한, 북방정책을 추진하여 소련을 비롯하여 동유럽 공산국가와 중국과 수교하는 외교적 성과를 이룩했다. 남북한이 동시에 유엔에 가입했다.

12. 문민정부의 수립

김영삼 정권의 수립

1993년 2월 김영삼의 문민정부가 출범했다. 그가 박정희에서 시작된 군사정부를 끝장낼 수 있었던 것은 3당 합당이 낳은 결과라 할 수 있다. 김영삼 정부는 부정부패 척결을 위해 고위 공직자의 재산등록제, 금융실명제 등 개혁정치를 실시했다. 또한 '역사 바로 세우기' 운동을 내세우며 전두환 노태우 등 전직 대통령을 부정축재와 반란죄 혐의로 구속했다. 그리고 군부 내의 정치군인 '하나회'를 제거하여 군부의 정치 개입을 엄단했다. 하지만 1997년에는 경제위기를 맞아 국제통화기금(IMF)의 긴급지원을 받게 되었다.

김대중 정권의 햇볕정책과 노무현·이명박 정권

경제위기 속에서 선거를 통한 여야의 정권 교체가 이루어졌다. 1998년 야당이었던 김대중 정부가 출범했다. 김대중 정부는 경제위기를 극복하기 위해 노사정위원회를 만들고 기업의 구조조정, 외국 자본의 적극적 유치, 부실기업의 정리 등에 힘써 2001년에는 국제통화기금의 관리체제에서 벗어날 수 있었다. 김대중 정부는 대북 화해 협력 정책(햇볕정책)을 추진하여 2000년 평양에서 남북정상회담이 열렸고, 남북공동선언이 발표되었다.

2003년 노무현(盧武鉉) 정부가 출범했다. 노무현 정부는 정경유착의 단절, 권위주의의 청산 등을 추진했다. 또한 과거사 진상 규명을 위해 진실 화해를 위한 과거사 정리 기본법을 제정했다. 미국으로부터 한반도의 전시작전권 환수를 추진했으며, 미국과의 자유무역협정(FTA) 체결 교섭을 시작했다. 그리고 남북화해 분위기 조성을 위해 2007년 남북정상회담을 가졌다.

2007년 제17대 대통령선거에서 야당인 한나라당의 이명박(李明博) 후보가 대통령에 당선되었다. 이로써 10년 만에 다시 선거에 의한 여야의 정권 교체가 이루어졌다. 이명박 정부는 활기찬 시장경제, 성숙한 세계 국가 등을 국정지표로 내걸고 이와 관련된 사업들을 추진했다.

2012년 여당 새누리당(한나라당을 개명)의 박근혜가 대통령에 당선되었다.

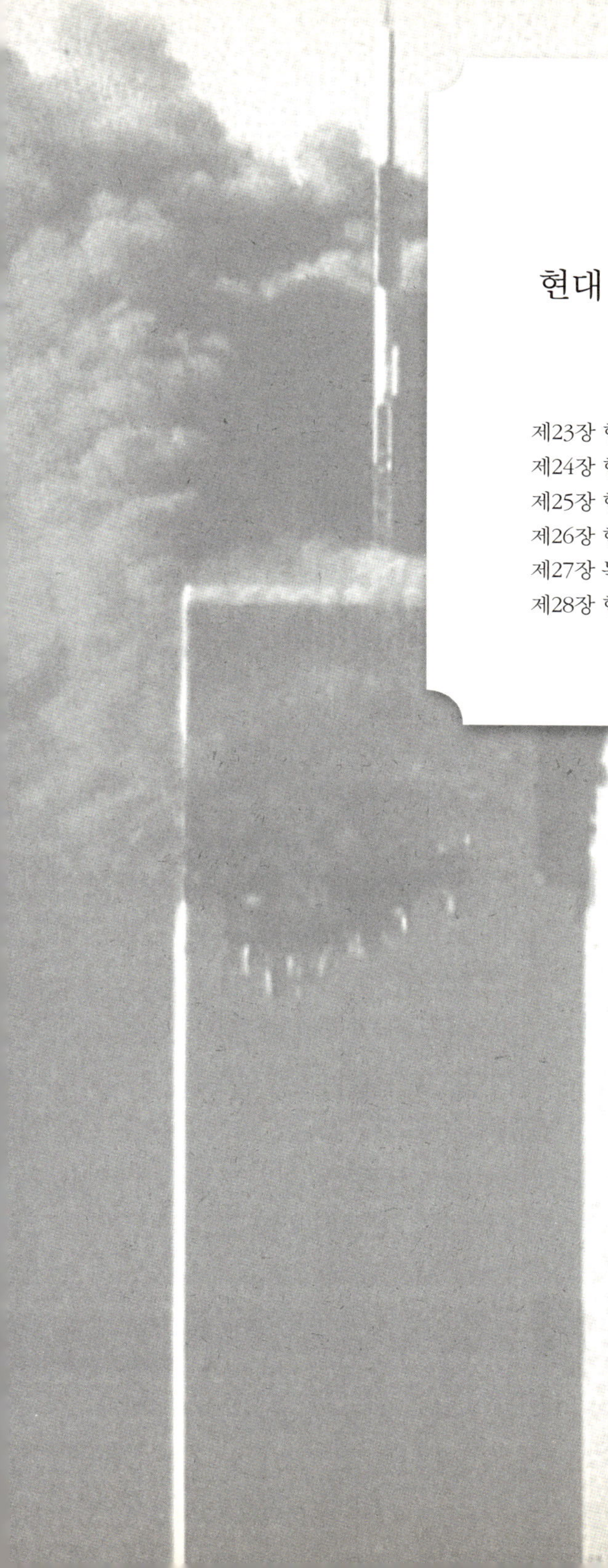

제6부

현대 남북 아메리카와 동서 유럽

제23장

현대 미국

1. 제2차 세계대전 후 미국의 경제적 번영

미국의 경제적 번영

미국은 대전이 끝난 후 1945년부터 역사상 전례 없이 길고 꾸준한 경제성장과 번영을 이룩했다. 그 대내적 배경을 살펴보면 1945년부터 25년간에 걸쳐 미국에서는 자동차를 비롯하여 건설산업, 군수산업의 팽창으로 경제적 번영이 계속되었다는 데 있었다. 그 결과로 전후 25년간 미국의 경제는 연평균 3.5%의 경제적 성장을 이룩했다. 일시적 경기침체도 있었으나, 그 경우에도 국민총생산(GNP)은 거의 줄어들지 않았다. 그것은 1945년의 2,000억 달러에서 1970년에는 1조 억 달러로 늘어났다.

이와 같은 전후 경제적 번영을 가져온 배경으로 지적할 수 있는 것은 '베이비 붐(baby boom)' 현상이 있었다. 전쟁이 끝나자 높아지기 시작한 출산율은 1945~1961년에 역사상 최고로 높아져 소위 '베이비 붐' 세대를 형성시켰으며, 그 후에도 다섯째까지 낳는 가구도 생겨 인구 폭발 현상으로 나타났다. 이처럼 미국인들이 아이를 많이 낳게 된 것은 미래의 미국 경제에 대한 낙관적 전망 때문이었다. 그리고 '베이비 붐'을 일으킨 주역들도 전시에 출산을 꺼려 왔던 도시 중산층인 전문직 종사자, 화이트칼라 직장인, 대학 출신의 지식인 층이었다. '베이비 붐'은 건설, 제조업, 교육 등과 관련된 사업에서 경기 폭발을 일으켰다.

전후에 경제적 번영을 가져오는 데는 세 가지 대내적 요인이 가장 중요하게 작용했다. 첫째는 건축 붐(contrution boom)이었다. 왜냐하면, 새로 태어난 세대가 성장함에 따라다녀야 할 학교, 살아가야 할 주택이 필요했기 때문이다. 그래서 전국에 걸쳐 쇼핑센터, 공장, 사무실, 운동경기장이 새로 세워졌다. 그 공사가 이루어진 곳은 대부분 교외(郊外)였다. 그러나 이와 같은 미국의 교외화(suburbanization) 현상도 둘째 요인인 자동차 생산의 급증이 수반되지 않았다면 불가능했을 것이다. 왜냐하면, 교외에 생겨난 무수한 새 주택단지에서 자동차는 생활필수품이었기 때문이다. 한때 전쟁 기간에는 미국의 민간 자동차 생산은 급격히 감소했다. 자동차 생산이 탱크와 폭격기 등 전쟁 무기 생산 공장으로 전환되었기 때문이다. 그러나 전쟁이 끝난 뒤 1946년부터 차츰 자동차 판매가 증가하기 시작하여 1950년에는 670만 대로 늘었다. 미국인들은 저마다 차를 타고 다시 거리로 쏟아져 나오기 시작했다. 그 결과 자동차 등록대수는 1945년 2,580만 대에서 1970년대는 9,930만 대로 3배 이상 급증했다. 셋째는 대규모 국방비 지출이었다. 1949년 미국의 연간 국방비 지출은 130억 달러가 조금 넘었을 뿐이었다. 그러나 동서 냉전이 심화함에 따라 미국의 '이상(理想)'인 민주주의를 세계적으로 확산하기 위해 '세계의 경찰' 임무를 스스로 담당하고 나선 미국의 국방 예산은 많이 증가했다. 1950년 한국전쟁이 일어나면서 미국의 국방비는 국내의 민간투자를 능가할 정도로 커졌다. 1951년의 미국 국방성의 예산은 무려 220억 달러를 넘었고 1953년에는 그 2배를 넘어 500억 달러로 급증했다. 한국전쟁 이후에도 베트남전쟁, 중동전쟁 등 세계 각지의 전쟁과 분규에 미국은 그들의 민주주의 '이상'을 실현한다는 명목으로 개입했다. 그것을 수행하기 위해 미국 정부는 거액의 국방 예산을 증액하여 군수산업을 키우게 되었다. 특히 핵무기와 '미사일 방위계획' 등을 개발하기 위해서는 거대한 자금의 투자가 요구된다. 미국 국방성의 부속기관인 '국방고등연구소(DARPA)'는 차세대의 군사기술을 연구하고 외부에도 개발을 위탁하고 있다. 연간 예산이 약 20억 달러인 이 연구소에는 국내 여러 기업에서 연구자가 파견되어 연구를 진행하고 있으며, 그들이 개발한 첨단기술은 미국의 민간 기업에서 민생용으로 이전되었다. 최초의 진공관 컴퓨터 에니악(ENIAC)이 개발되어 국방부에 팔렸고, 그것은 '트랜지스터' 발명과 더불어 앞으로 도래할 '컴퓨터 혁명'을 예고하는 것이기도 했다. 군수산업과 국방부가 유착되어 미국의 '군산복합체(軍産複合体)'가 성립되었다. 군수산업이 발달함으로써 대규모의 고용이 창출되고 새롭게 개발된 신무기의 수출(세계 전체 무기 수출의 70% 정도)로 미국의 이익이 극대화되었다.

달러의 세계 제패 – 브레턴우즈 체제

제2차 세계대전이 한창이던 1944년 7월 미국의 북동부의 뉴햄프셔 주의 브레턴우즈라는 작은 마을의 리조트 호텔에서 연합국 44개국의 대표가 모였다. 전쟁으로 큰 혼란에 빠져 있던 국제무역을 전후에 어떻게 다시 세울 것인가, 어떠한 체제로 하면 국제무역이 매끄럽게 진행될 수 있을까? 그 방법을 찾으려는 회의였다.

이 회의에서 결정된 것은 세 가지였다. 첫째는 달러를 '기축통화(基軸通貨)'로 정한 것이다. 세계 각국의 통화를 일정 비율로 의무적으로 달러와 교환하도록 하고, 교환 비율을 정했다. 둘째는 IMF의 창설이었다. 만일 어떤 나라의 외화 준비가 감소하여 수입 대금의 지급이 불가능한 위기에 직면하게 되면 IMF로부터 긴급히 자금을 융통하는 길이 트인 것이다. 셋째는 경제발전을 돕기 위해 장기 자금을 원조하는 세계은행을 설립한 것이다. 브레턴우즈 체제의 최대의 기둥은 달러를 중심으로 하는 국제금융질서의 창출이었다. 세계 각국의 통화는 언제든 일정한 금액의 달러와 교환할 수 있게 되었다. 그 교환비율은 고정되었기 때문에 그것을 '고정환율제'라고 한다. 이에 의해 각국의 통화 가치가 달러로 표시되게 된 것이다. 즉 달러가 세계의 돈의 가치를 결정하는 '돈'이 된 것이다.

세계 각국의 통화는 언제든 달러와 교환할 수 있어 그 가치가 보증되었다. 그러면 달러는 무엇으로 그 가치가 보증될 수 있을까? 그것은 금(金)이었다. 세계 각국의 통화를 미국의 달러와 교환하는 비율을 결정할 수 있는 것은 달러는 언제든 35달러로 금 1온스(28.35그램)와 교환이 가능하다고 정했다. 다시 말하면 세계 각국에서는 가지고 있던 달러를 미국 정부로 가져가면 언제든지 금과 교환될 수 있었던 것이다. 달러는 언제나 금과 교환되는 '태환지폐(兌換紙幣)'이었던 것이다. 따라서 금본위제도는 각국 중앙은행(발권은행)이 가지고 있는 금의 양만큼 지폐를 발행할 수 있다는 시스템이었다. 제1차 세계대전까지 각국은 금본위제도를 채용하고 있었으나, 이는 보유하고 있는 금의 양밖에 통화를 발행할 수 없어 경제발전에 지장을 주는 제도였기 때문에 제2차 세계대전이 시작되기 전에 이미 각국은 금본위제도를 중지했었다.

제2차 세계대전 후 미국은 달러와 교환이 되자 이 달러에 의해 금과 연동을 할 수 있어져 세계적 규모의 금본위제 구조가 다시금 성립되었다. 따라서 각국의 통화는 언제든 달러와 교환을 할 수 있어졌고 달러의 가치는 미국이 보유한 금이 보장해 주는 구조였다. 그리하여 세계 각국은 "여차하면 언제든 금과 교환된다."라고 안심하고 무역의 결제수단으로 달러를 받아들였다. 이렇게 하여 전후 세계에 자유로운 무역이 보증되었다. 그렇게 된 것은 "언제든 금과 교환해 줄 수 있다."라고 선언할 수 있는 정도의 금을 미국이 보유했기 때문이다. 제2차 세계대전 후 세계의 화폐용 금의 60%를 미국 한 나라가 보유하고 있었다. 달러의 압도적 경제력이 달러를 세계의 돈으로 만들었다고 할 수 있다.

제2차 세계대전 전까지는 '세계의 돈'은 산업혁명의 견인차 노릇을 수행했던 영국의 화폐 파운드였다. 그러나 제2차 세계대전으로 영국 경제는 기울기 시작했다. 보유했던 금의 양도 격감하여 대신 미국이 금의 최대 보유국이 되었다. 미국은 이 힘을 이용하여 세계의 경제 패권을 영국으로부터 빼앗고자 했다. 그것이 달러를 '세계의 돈'으로 만들게 된 것이다. 달러가 기축통화가 됨으로써 영국의 세계 경제에서 존재감은 급격히 후퇴했다. 영연방 내에서는 브레턴우즈 체제가 확립된 다음에도 얼마간은 파운드로 무역을 결재했다. 그러나 무역 결재가 다국적이기 때문에 파운드 결재는 얼마 가지 않아 소멸하고, 세계 경제에서 미국의 패권이 확립되었다.

미국의 달러가 기축통화가 되는 것과 동시에 그 제도를 보증하는 조직으로 IMF(국제통화기금)가 탄생했다. 이 '기금'은 가맹국이 자금을 출자하여 가맹국 중에 외화 부족이 발생하면 그 나라에 '변통할 수 있는 융자'를 하는 제도이다. 브레턴우즈 체제는 '고정환율제'이므로 가맹국의 통화는 언제든 일정액의 달러와 교환이 보증되었다. 그 때문에 무역에서 안심하고 그 나라의 통화로서 결재될 수 있었다. 그러나 어떤 나라의 경제 상태가 악화되면 '이 나라의 통화가치가 떨어질지 모르겠다'고 예측하여 그 나라의 통화를 팔고 달러를 사려는 상황이 된다. 그렇게 되면 그 나라의 달러가 급감하게 되고 통화위기가 조성되게 된다. 이런 긴급 사태에 통화위기의 당사국은 IMF 기금에서 융자를 받을 수 있다. IMF의 결정 사항은 이사회에서 결정하고 투표권은 출자액에 따라 결정된다. 미국은 출자액의 25% 이상 투표권이 있어 환율 변경을 거부할 수 있었다. 따라서 IMF에서도 미국은 패권을 장악했다. IMF도 세계은행도 본부는 워싱턴에 두어 언제든 미국 정부와 협의가 될 수 있도록 했다.

1950년 한국전쟁이 발발하자 미국 정부는 전쟁에 필요한 물자를 사들였다. 베트남전쟁에도 미군은 동남아시아에서 많은 전비를 쓰게 된다. 그리하여 대량의 달러가 세계로 점점 확산되었다. 각국은 넘치는 달러로 미국의 국채를 사들였다. 달러를 보유해도 이자가 붙지 않기 때문에 국채를 사들일 수밖에 없었다. 그러나 너무나 많은 달러가 확산되는 현상을 보고 세계 각국은 불신의 눈으로 달러를 보기 시작했고, 금과 달러가 교환될 수 없는 지경에 이르기 전에 미국에 태환을 요구하게 되었다. 1949년 미국 정부가 보유했던 금의 총량은 245억 달러였다. 그것이 1970년에 이르면 111억 달러로 급감했다. 미국은 결국 달러와 금의 교환을 거부하게 되었다. 그것이 '달러 위기'이었다.

1971년 8월 15일 닉슨 대통령은 라디오와 TV 연설을 통해 금과 달러의 교환을 정지한다고 발표했다. '닉슨 쇼크'가 시작되어 세계 경제가 한꺼번에 대혼란에 빠졌다. 그 계기가 된 것은 8월 13일 영국이 30억의 소유 달러를 금과 교환해 주기를 요구했는데, 미국은 더는 그에 응할만한 여유가 없었기 때문이다. 그것은 브레턴우즈 체제를 그 근간으로부터 무너뜨리는 것이었다. 닉슨 대통령은 이러한 중대한 결정을 타국에는 아무런 사전 협의도 없이 돌연 방송으로 발표한 이를테면 국제적 무례를 자행했다. 그러나 성명에서는 미국이 이러한 결정을 하게 된 것은 미국에 책임이 있는 것이 아니라 무역 흑자를 증대하기를 계속한 유럽과 일본에 책임이 있는 것이라고 설명했다. 이와 같은 닉슨 성명의 본질은 달러가 세계의 통화를 지탱한다는 책임을 포기함과 동시에 달러의 절하를 꾀하는 데 있었다.

그 후 세계 각국은 '닉슨 쇼크'를 극복하기 위해 새로운 국제질서의 재구축을 구상했다. 그해 1971년 12월 워싱턴 스미소니언 박물관에서 열린 회의에서 각국이 달러의 평가절하율을 정했다. 이 스미소니언 체제도 오래가지 못하고 다음 해부터는 각국이 변동환율제를 채택하기 시작했다. 즉 세계 각국의 통화는 그때그때 수요와 공급에 따라 통화의 교환 비율이 상하로 바뀌게 되었다. 이것이 '변동환율제'이었다.

미국은 달러를 금과 교환할 수 없다고 선언함으로써 달러를 기축통화로 유지하는 책임을 포기했다. 금과 태환하지 못하는 달러에 이전과 같은 가치는 없다. 그러나 달러를 대체할 수 있는 통화는 없었기 때문에 결국 그 후에도 달러가 기축통화의 역할을 계속하게 되었다.

1985년 9월 플라자 합의로 달러의 10% 정도의 절하가 결의되었다. 당시 미국은 유럽과 일본으로부터 상품이 쏟아져 들어와 미국은 무역적자에 허덕였다. 달러가 떨어지면 그만큼 미국 제품이 외국에서 가격이 내려가고 잘 팔릴 수 있게 되는 것이다. 또한, 달러의 절하로 미국 내에서 수입품의 가격이 올라서 수입품의 매상이 떨어지게 마련이었다. 이에 의해 미국의 방대한 무역

적자를 줄이려는 미국 정부의 요구를 각국이 받아들인 것이다.

변동환율제가 도입된 후 국제금융의 세계도 변했다. 돈이 상품이 된 것이다. 이제까지 브레턴우즈 체제하에서 각국 통화의 교환 비율은 고정되어 있었다. 그러나 변동하게 된 후로는 그 변동을 이용하여 장사가 될 수 있었다. 그런 장사에 이익을 노리는 헤지펀드가 나타나 타국의 경제를 교란시켜 돈을 벌어도 좋다는 비정한 행동이 시작되었다. 1997년부터 99년에 걸쳐 아시아의 통화위기가 발생했다. 태국과 인도네시아, 그리고 한국이 그 대상이 되었다. 한국 국민이 장롱에 숨겨둔 금붙이를 애국심으로 국가에 헌납하여 외채위기를 극복한 일은 세계적인 화제가 되었다. 그것은 국가부도에 몰려 있음에도 기득권을 지키기를 고집해서 시위하는 그리스 사태와 비교될 수 있다.

2. 베트남전쟁과 그 영향

베트남전쟁과 미국의 쇠퇴

베트남전쟁은 미군이 패배한 사상 최초의 유일한 전쟁이었다. 1973년 1월 파리에서 조인된 베트남 화평협정은 형식만으로 판단한다면 미국의 패배를 인정한 것은 아니었다. 남베트남 정부군과 해방 전선(베트콩) 사이에 정전을 결정하면서 더 이상의 병력증강을 금지하는 현상유지를 전제로 미군의 철수가 약속된 것이다. 즉 미국이 지원하고 있던 사이공(현재 호치민 시)의 남베트남 정부는 존속하게 되어 있었다. 그러나 동시에 남베트남 해방 전선과 그 정부의 존재도 인정되었다. 하지만 정전은 약속되었으나 그것이 지켜진다는 보증은 없었다.

베트남전쟁에서의 미국의 패배는 군사적이라기보다는 본질에서 정치적 및 도의적이었다. 미국이 지원한 남베트남 정부는 남베트남 국민의 대다수에게 지지를 받지 못했다. 미국은 "코뮤니즘의 침투를 방지함으로써 인권과 자유와 민주주의를 지킨다"는 대의명분을 걸고 베트남전쟁에 개입했으나 미국이 지원했던 부패한 남베트남 정부의 지배자는 인권이나 자유, 민주주의의 보장 따위에는 전혀 관심도 없는 인물이었다. 이들 타락한 정치가들의 만행에 분노한 학생들의 시위가 일어났고, 베트남인들의 존경을 받던 승려들의 분신자살 등이 민심의 지지를 받았다.

미국에서도 1930년대 루즈벨트 정권 이래의 민주당 정권이 유지했던 도덕적 신뢰가 닉슨의 '워터게이트 사건'으로 한꺼번에 무너졌다. 1972년 6월 워싱턴의 워터게이트 건물에 있던 민주당의 사무실에 연관공(상하수도 시설에 종사하는 노동자)을 가장하여 침입하여 도청기를 설치하려던 7명의 남자가 체포되었다. 이들을 심문하던 중 공화당 닉슨의 재선을 확실히 하고자 한 대통령 주변 인물의 공작이었음이 분명해졌다. 게다가 이 도청사건에 대통령 자신이 개입되었다는 것이 폭로되었다. 닉슨은 케네디와 존슨에 의해 추진된 베트남에의 군사개입에 종지부를 찍고 중국 및 소련과 관계개선을 해서 동서 긴장완화의 기틀을 다지는 데는 성공했다. 그러나 목적이 옳으면 수단도 정당하다는 자세는 이 정권을 통해 한결같이 관철되었다. 공화당 정권은 '도청'이라는 인권 침해를 '현실주의'라는 구실로써 정당화하려 했다.

미국의 언론이 폭로한 워터게이트 사건은 인도차이나 전역의 자유주의 제도를 붕괴시키는 결과를 낳았다. 닉슨의 베트남 철수정책은 다음과 같은 가정에 기초할 때에만 타당한 것이 될 수 있었다. 북베트남이 미국의 의중을 의심하고, 앞으로도 미국이 남베트남 정권에 강력한 지원을 계속할는지 의혹을 품도록 해야 한다는 것이다. 그러나 1974년 미국의 군사적 개입에 대한 의회의 강력한 반대와 워터게이트 사건 후에 미국민의 정부에 대한 불신의 확대로 미국정책에 대한 모호성의 안개가 완전히 걷히고 말았다. 닉슨의 후임자 제럴드 포드는 미국 내의 반전여론 때문에 협정 같은 것에는 아랑곳하지 않고 모든 것을 장악하려는 북베트남의 남침을 막을 수 없었다.

미국의 원조가 끊기면서 1973년부터 군사적 균형은 북베트남 쪽으로 확실히 기울었다. 그 해 말 북베트남은 군사적으로 2 대 1의 우위를 점하게 되었고, 드디어 침공이 시작되었다. 1975년 1월 중부베트남 전역에서 백만 명의 난민이 사이공으로 피신했다. 4월 21일에는 남베트남의 구엔 반 티우 대통령이 사임하고 타이완으로 도망했다. 미국의 해병대의 헬리콥터가 사이공의 미 대사관 지붕에서 미국의 관리와 베트남인 몇 명을 실어 날랐다. 이는 미국 역사상 가장 크고 치욕적인 패배였으며, 남베트남인들에겐 재앙과 같았다. 1976년 4월 북베트남이 주도한 남북 베트남 선거가 벌어져 7월에는 '베트남사회주의공화국'이 선언되었다.

미국 사회의 변화

베트남전쟁에서의 미국의 패배는 미국 사회를 분열시키는 계기가 되었다. 미국에서는 전통적으로 WASP(White, Anglo-Saxon, Protestant)가 정치의 주류를 점해 왔다. WASP은 건국 이래 전형적인 미국인이었다. 18세기에 들어서 아프리카에서 흑인이 노예로서 유입되었고, 19~20세기를 통해 유럽에서 다양한 이민이 유입되었다. 아시아로부터 19세기 철도건설 등에 중국인들이 투입되었다. 그 후 일본인들도 태평양을 건너왔다. 제2차 세계대전 전후에는 유대인들이 망명으로 유입되었으며, 중앙 유럽과 동남 유럽에서 이민이 급증했다. 한국인들도 '미국의 꿈'을 찾아 이민으로 미국으로 건너갔다.

미국 사회는 오랫동안 '인종의 도가니'라고 불리게 되었다. 미국은 다양한 인종적·문화적·역사적 기원을 지닌 사람들을 흡수하여 '인종의 도가니'에 용해해 하나의 국민으로 융합시키는 불가사의한 힘을 가지고 있다는 점을 많은 관찰자가 주목하고 있다. 하지만 이들 다양한 뿌리를 가진 사람들이 만든 국가임에도 세계의 많은 지역에서 보는 것처럼 '다민족국가'처럼 되지는 않았다. 각각의 모국으로부터 지니고 온 문화를 버리지는 않았으나 기본적으로는 공통의 언어(미국 영어)로 대화를 나누며, 공통의 문화를 가지고 있다는 자기인식을 가진 하나의 '민족(Nation)'에 의해 구성되는 국가라는 모습을 나타냈다. 인권과 자유와 민주주의를 강조한 미국 독립선언의 정신은 미국에 건너와 그 땅에 정주하는 사람들에게 미국인이라는 아이덴티티의 확신을 용이하게 했다. 아이덴티티는 자신들이 어떤 존재인가를 알게 되는 자기인식이다. '국가'로서의 또한 역사적으로 집합한 '민족'으로서의 정체성의 공유(共有)가 미국에 건너온 사람들을 '미국인'으로 변하게 했던 것이다.

그러하기는 하나 민족적 뿌리의 차이에 의한 미국 사회의 계층구조 형성은 피할 수 없기도 했다. 아프리카에서 유입된 흑인들은 노예로 출발했고 중국인들은 철도 건설을 위한 노동력 제공자(쿨리, 苦力)로, 일본인은 소작농으로 각각 밑바탕으로부터 생활을 시작하지 않을 수밖에 없었다. 그들은 결코 사회적으로 완전히 평등하지 않았다. 더욱이 경제적 격차는 쉽게 해소되지 않았다. 그러나 미국 이민자들은 사회, 경제적으로 밑바닥에서부터 시작하지 않을 수 없었더라도 사회적 지위를 향상하고 경제적 생활을 개선해 줄 가능성을 믿고 있었다. 아메리카라는 국가, 그리고 아메리카라는 사회는 '동질화'를 목적으로 하는 그들의 노력을 받아 줄 것이라고 그들은 확신하고 있었다. '미국의 꿈'을 품고 그들은 미국에 이민한 것이다. 그러나 유럽에서 이민한 대다수 사람을 제외한 흑인과 기타 소수파가 처하게 된 상황은 다른 것이었다. 그들은 너무나도 오랫동안 미국 사회로부터 소외(疎外)되어 다수파 미국인에 의해 엄격히 차별(差別)되었다. 그들이 하나의 인간의 권리에 눈을 뜨게 되자, 그들은 차별과 소외의 긴 역사에 대해 크게 반동하는 시대로 접어들었다. 그들 중에는 유럽 등지에서 미국으로 넘어왔던 사람들과는 다르게 뿌리(Roots)를 버리고 미국 사회에 '동질화'하지 않고 오히려 루쯔를 중시하여 재발견하여 아예 '이질화' 또는 '이질성의 강조'를 목표로 하는 부류도 출현하여 차별에 저항했다.

미국의 외교가 크게 흔들리고 베트남전쟁에 참전하여 패배하는 우행(寓行)에 휩쓸리게 되었을 때, 미국인들에게는 서방의 지도 국가로서의 미국이라는 확신이 사라졌으며, 그것은 곧 미국 사회의 통합력이 떨어지게 되는 결과를 가져왔다. 베트남전쟁에서는 많은 흑인 병사가 가혹한 전투에 참전하여 전사했다. 그러나 베트남전쟁에서 귀국한 병사들은 고향에서 존경을 받기는커녕 반전여론에 밀려 홀대를 당하는 처지가 되었다.

미국인들에게 미국이라는 국가이념은 무엇인가? 미국인을 하나로 결합할 수 있는 목표는 무엇인가? 이러한 의문들을 제기하면서 미국 사회의 통합력마저 상실하게 되는 지경에 이르렀다. 미국이라는 국가의 아이덴티티 위기는 미국이라는 사회의 통합력의 위기를 가져왔다. 새뮤얼 헌팅턴은 그의 저서 「분단되는 아메리카」에서 "과거 3세기 반에 걸쳐 여러 인종, 민족, 종교를 받아들여 온 WASP 문화와 전통 및 가치관을 미국인들은 다시 재정립할 필요가 있다."라고 하여 미국의 새로운 분열에 대한 위기감을 표현했다.

1970년대 이후에는 서방 여러 나라 가운데 압도적으로 우위에 서 있던 미국의 경제도 '통화의 위기'와 '석유 위기'를 경험하면서 심각한 위기에 직면하게 되었다. 그리하여 경제와 산업의 측면에서 미국은 한국전쟁 후 급속한 경제발전을 이룩한 일본과 경제성장을 향해 이륙을 시작한 아시아의 신흥국과 경제적으로 마찰하는 지경에 이르렀다.

3. 1970년대 이후 미국의 도정(道程)

포드 정권

1974년 워터게이트 사건에 대한 탄핵으로 닉슨이 사임함에 따라 부통령 포드가 대통령에 승격했다. 포드 대통령은 취임 직후 닉슨을 사면하여 의회와 언론의 비판을 받았다. 포드 자신은 청결한 정치가라는 평을 받았는데 이 사면으로 여론이 악화되었다.

포드 대통령은 외교정책으로는 닉슨의 다각적 현실주의를 계승했다. 국무장관으로는 계속해서 키신저에게 외교를 맡겨 1974년에는 한국과 일본을 방문하게 하고, 블라디보스토크에서 브레즈네프 서기장과 회담하여 SALT 2를 협의했다. 1975년에는 유럽의 여러 나라를 방문한 후 이집트의 사다트 대통령을 방문하여 중동에서의 화평을 가능성을 모색했다. 같은 해 말에는 중국을 방문하여 만년의 모택동과 주은래와 회담했다. 귀국 중 하와이에서 '신 태평양 독트린'을 발표하여 중국이 아시아에서 중요한 파트너로서 중시될 것임을 선언했다. 그러나 이 일련의 외교에서 구체적 성과 같은 것을 국민에게 보인 것은 없었다. 경제적 측면에서 포드 정권은 제1차 '석유위기'의 영향에 의한 스태그플레이션으로부터 탈각을 목적으로 한 인플레 극복과 경기확대라는 이중작전을 꾀했으나 바람직한 성공은 하지 못했다.

1975년 7월 포드는 헬싱키에서 열린 유럽안전보장협력회의(CSCE)에 참가하여 사회주의권 여러 나라에서의 인권보장을 요구하는 내용을 담은 '헬싱키 선언'에 서명했다. 하지만 미국에서는 '헬싱키 선언을 통해 소련의 중앙 유럽, 동남 유럽에서의 지배를 용인하는 결과가 된다'고 반대론이 제기되었다. 동서 교류의 촉진은 소련에 곡물과 기술을 제공할 뿐이라는 비판도 있었다. 이러한 태도는 대소 강경파의 포드에 대한 공격의 재료가 되기도 했다.

카터 정권

1977년 1월 지미 카터가 대통령에 취임했다. 다시금 외교에서의 도덕주의, 원칙주의를 요구하는 당시 미국국민의 여론을 배경으로 전 정권과는 정반대되는 내용을 지닌 새로운 기축외교(基軸外交)를 내 걸어 국민의 지지를 받고자 했다. 이러한 카터 정권의 대담하고 새로운 기축외교는 강력한 군사력을 계속 보유하면서 과거의 공산권에 대한 '경쟁의 정책'을 대신하여 '범세계적인 새 질서를 조성하기 위한 정치'를 목표로 했다. 즉 미소관계를 외교의 최우선 과제로 설정하지 않고, 그것보다는 인권이나 경제 문제와 같은 국제적 문제의 해결을 위해 전력을 경주하겠다는 것이다. 그리하여 다시 미국의 도덕주의가 외교에서 의식적으로 다루어지게 된 것이다. 카터는 중동(中東)의 화평을 위한 작은 돌파구를 열었다. 1978년 9월 카터 대통령은 이집트의 사다트 대통령과 이스라엘의 베긴 수상을 미국에 초청하여 캠프 데이비드 산장에서 13일간 회담을 개최하여 양국 평화조약에 관한 합의를 성립시켰다. 카터는 중국과의 국교를 정상화하고(1979년 1월), SALT 2(제2차 핵무기제한조약)에 서명(1979년 6월)하는 등 동서의 긴장완화에 공헌했다. 한편 인권(人權)의 존중을 주장하고 인권을 짓밟는 사회주의권 체제를 비난하고 쿠바의 독재체제를 비난하는 등 대결의 자세도 견지했다.

다른 한편 신형 미사일(트라이덴트)을 탑재할 수 있는 잠수함 건조, MX 미사일(10개의 수소폭탄을 탑재할 수 있는 미사일)의 제조와 배치, 여성을 포함하는 징병제에 찬성하는 등 그를 계승한 레이건 정권의 '강한 미국'을 목표로 하는 정책들을 이미 실천했다. 이처럼 민주당 정권이나 공화당 정권을 가리지 않고 '강한 미국'의 부활을 목표로 하여 소련이나 중국 등 전체주의국가에 대항하여 군사적·정치적 우위를 유지하고자 하는 방향은 베트남 패배 이후 미국의 지배적 여론이었다.

미국의 외교정책을 한층 경화(硬化)시킨 일련의 사건이 발생했다. 1979년 11월 이란의 원리주의의 급진파가 테헤란의 미국대사관을 점령하여 대사관원을 인질로 삼아 미국에 요양 중이던 팔레비 전 국왕의 이란으로의 송환을 요구했다. 게다가 같은 해 12월 소련군이 아프가니스탄에 침공하여 미소의 관계가 악화되었다. 그 결과 미국의회는 SALT 2의 비준을 거부했다. 카터는 소련에 대한 경제 제재와 다음 해에 열기로 예정된 모스크바 올림픽의 보이콧 등을 서방 여러 나라에 호소했다.

1980년 4월 카터의 지령으로 테헤란 미 대사관에서 인질 구출 작전이 전개되었는데, 헬리콥터 고장 등 실수가 속출하여 실패했다. 그리하여 미국군의 장비와 그 조작에 기초가 부실하다는 것이 폭로되었다. 이 사건으로 해서 미국의 위신이 다시금 상처를 입게 되었다. 이란은 카터의 임기가 끝나 후임의 레이건이 대통령에 취임하기 직전 1981년 1월 20일 인질을 석방했다. 1978년 카터 정권이 실시한 대폭의 감세(減稅)는 미국의 인플레이션을 더욱 제고시켰다. 1978년 12월부터 OPEC(석유수출기구)가 원유 가격을 인상하여 '제2차 석유 위기'가 일어났다. 그 결과 격화된 미국의 인플레는 미국 국민에게 카터 정권에 대한 불만을 크게 증대시켰다. 1980년 대통령선거에서 레이건은 인플레 극복 우선을 주창하여 카터 정권을 공격했다.

레이건 정권

레이건 대통령은 '미국의 재생'을 호소하고, '강한 미국'을 주창했다. 소련을 '악의 제국'이라 규탄하고 이에 대비를 위해 군비 증강 노선을 걷기 시작하여 '전략방위구상(Strategic Defense Initiative)'의 개발을 착수했다. SDI는 레이저 광선 등의 에너지 빔을 사용하여 적의 미사일을 미국 본토에 도달하기 전에 파괴함으로써 광역적 방위체제를 확립한다는 구상이었다. 비행하여 오는 미사일을 완전히 파괴할 수 있다면 상대방을 선제공격할 수도 있기 때문에 소련은 SDI 계획에 강한 경계심을 품게 되어 기존의 ABM 제한규정에 위반된다고 비난했다. SDI의 실용화 가능성에 대해서는 애초부터 의문의 목소리가 있었다. 드디어 기술적으로 곤란하다는 것아 분명하게 되어 지상에 배치해 둔 요격 미사일에 의한 전략적 거점의 중점적 방위라는 과거 이미 개발된 방식에 의존하는 실질적인 정책전환으로 회귀했다.

레이건 정권은 군비를 증강하는 한편 민주당의 자유주의자파의 성장정책과 사회보장정책의 결과인 '큰 정부'를 비판하고 대폭의 감세정책을 시행했다. 그러한 정책은 레이건 정권의 경제학이란 의미에서 '레이거노믹스'라고 부르게 되었다. 미국에는 명확한 사회민주주의 목표를 내건 정치적 주체가 존재하지 않았다. 그 때문에 사회보장이나 사회복지의 시책은 불완전했다. 그럼에도 미국의 정치적·경제적 위기가 심화함에 따라 보수세력층에 의해 그것마저 비판을 받게 되었다. 영국의 대처 정권과 같이 레이건 정권도 시장중시(市場重視) 정책을 제창하여 '작은 정부'를 지향했다. 그리하여 '규제 완화'는

1980년대 선진국들의 하나 유행이 되었다.

레이건 정권의 경제정책 담당자들은 감세로 증가한 국민 실소득(조세 및 사회보험료 등 부담을 뺀 남은 소득)의 상당 부분은 저축할 것으로 생각했다. 저축이 민간 기업의 설비 투자에 쓰이면 미국 산업의 국제경쟁력이 강화되고, 생산 활동이 활발해질 것이었다. 그 결과로 소득이 증가하고 조세수입도 증가하여 재정적자도 쉽게 극복될 것이었다. 그러나 현실적으로는 감세에 의한 국민 실소득의 증가에도 불구하고는 국민의 저축은 별로 증가하지 않았고, 소비만 증가했다. 군비증가에 의한 세출의 증가와 국민의 소비증가는 국내수요를 증가시켜 외국으로부터 미국의 수입을 증가시켰다. 결국, 미국 산업의 생산은 기대할 만큼 증가하지 않았다. 군사비를 중심으로 한 세출의 증가와 감세로 조세수입이 감소했기 때문에 재정적자가 많이 증가했다.

재정적자의 증가는 대량의 국채(國債) 발행으로 보충되었다. 국민 저축이 정책 당국이 기대한 대로 증가하지 않고, 국내의 새로운 자금공급이 적은 데 비해 대량의 국채가 발행했기 때문에 자금시장에서의 수요의 초과가 발생했다. 적은 자금을 민간과 정부가 다투어 끌어들이고자 했기 때문에 이자율이 등귀했다. 여유자본이 많은 일본과 유럽, 값싼 제품을 양산하여 '세계의 공장'으로 부상한 중국 등 외국자본의 미국으로의 유입이 증가했다. 이들 나라는 여유 자금 운용을 위해 이자율이 높은 미국의 국채를 사들였다. 그리하여 미국의 재정적자는 이들 나라로부터의 차금으로 메워졌다. 이들 외국자본이 미국 정부의 국채를 뉴욕 증권시장에서 구매하기 위해서는 각각 자국의 통화를 달러로 바꾸지 않으면 안 되었다. 외환시장에서 달러를 사들이자 달러가치는 올라갔다. 달러가치가 절상하면 미국의 수출이 떨어지게 되고 다른 나라의 미국시장으로의 수출은 증가하기 마련이었다.

무역수지와 경상수지는 미국의 대폭의 적자로 귀결되었다. 외환시장의 변동은 보통은 수입 수출의 무역 범위에서 어느 정도의 자동 조절 기능이 기대될 수 있었다. 그러나 자본의 이동이 커지게 되면 경제가 항상 불균형을 시정하거나 확대하는 방향으로 기능할 수 있는 것이 아니었다. 미국의 무역적자는 미국의 저축 부족에도 재정적자를 확대한 결과였다. 그러나 미국은 자국의 통화 달러가 국제화폐로 사용되었기 때문에 다른 나라에서처럼 외화 부족(대외 지불을 위한 유동자금의 부족)에 휘둘리는 일은 없었다. 그러나 무역적자와 경상수지 적자가 쌓이면 달러가 유출되어 외국 정부나 개인이 소유하는 달러가 증가하게 된다. 외국 정부와 기업 개인들은 소유하는 달러를 운용하기 위해 미국의 채권이나 주식, 부동산을 구매한다. 그것은 미국이 외국에 진 채무가 증가하게 된다는 것을 의미한다. 미국은 1980년 초까지는 세계 최대의 채권국이었으나 1980년대 중반에는 세계 최대의 채무국이 되었다. 그리하여 다른 선진국 자본의 큰 부분이 개발도상국의 개발자금으로 사용되지 못하고 미국의 과잉소비와 적자재정을 메우는 데 사용된 것이다.

1960년대 미국의 민주당 정권은 '세계의 지도국가'를 자부하는 미국의 위신을 위해 베트남전쟁에 관여함으로써 오히려 미국의 위신을 크게 떨어지게 했으며, 미국 경제의 몰락을 재촉했다. 1980년대의 공화당 정권은 떨어진 미국의 위신을 회복하기 위해 '강한 미국'이라는 목표를 내걸고 감세를 하면서도 군비확장을 추구하여 오히려 미국 경제의 쇠퇴를 가속시켰다.

레이건 정부는 '강한 달러는 강한 미국의 상징이다.'라고 강변하면서 달러 가치를 지키려 했다. 그러나 달러의 고평가는 미국의 수출을 곤란하게 했으며, 미국 산업의 국제경쟁력을 떨어뜨렸으며, 수입을 급증시켰다. 그리하여 많은 미국의 기업들은 국내 생산을 그만두고 아시아의 NIES나 ASEAN 가맹국들, 멕시코 등지에 생산 거점을 옮겼다. 달러의 고평가는 미국 산업의 '공동화(空洞化)'를 가속시켰다. 달러의 고평가가 미국의 수입을 증가시키고, 미국 기업의 아시아에의 진출을 가속한 것은 역으로 이 시기의 아시아의 경제발전을 가속하고 세계의 경제구조 변동을 가속했다.

레이건 정권도 결국은 달러의 고평가 폐해를 인정할 수밖에 없었으며, 국제적인 경제정책의 협조를 받아들이게 되었다. 달러의 수준은 너무나 높다는 인식이 외환시장 관계자들 사이에도 퍼지게 되었다. 1985년에는 미국의 중앙은행인 연방준비제도의 이사회가 금융 완화정책으로 전환하여 이자율을 떨어뜨리게 된 것을 계기로 달러의 환율은 점차로 하락하기 시작했다.

1985년 9월 뉴욕의 프라자호텔에서 열린 G5(미국, 영국, 프랑스, 서독, 일본 주요 5개국의 재무장관과 중앙은행 총재의 모임)는 '달러 이외의 통화에 달러에 대한 환율이 질서 있게 상승하는 것이 바람직하다', '환율의 적정화를 위해 더욱 밀접하게 협력할 필요가 있다'는 합의에 이르렀다. 달러의 고평가에 관한 확인이었다('플라자 합의'). 그리하여 주요국의 중앙은행이 협조하여 외환시장에서 달러를 파는 개입이 실시되었다. 그러나 달러는 각국 정책 당국의 예상을 벗어날 정도로 떨어져 관계자들은 달러의 폭락을 걱정하게 되었다. 1987년 2월 루브르 궁전에서 열린 G7(G5에 이탈리아와 캐나다를 추가한 것)에서는 '환율이 이 이상 변동하는 것은 바람직하지 않다', '이제까지의 환율변동으로 국제적 불균등이 시정되는 게 기대된다'는 인식에 일치했다('루브르 합의').

하지만 과거 달러의 고평가가 영향을 끼친 결과 달러가 인하되었지만, 미국 산업의 수출 능력은 급속히 증대되지 못했다. 대규모 무역 흑자국이었던 일본과의 무역마찰은 더욱 깊어만 갔다.

4. 냉전의 종식, 제1차 이라크전쟁

냉전의 종식

소련에서는 1985년 3월, 이전 지도자들보다 훨씬 젊고 개혁적인 성향이 짙은 미하일 고르바초프가 공산당 서기장이 되었다. 고르바초프는 당 서기로 취임 첫해에 글라스노스트(glasnost)와 페레스트로이카(perestroika) 정책을 선언했다. 글라스노스트는 반대 의견의 표현을 더욱 폭넓게 허용하는 정치적 개방 운동이었으며, 페레스트로이카는 소비에트체제 내에 민간사업 영역을 허용하는 경제구조 개혁 정책이었다. 이 두 정책 모두 이전 지도자들이 추구했던 노선과 확연히 차이를 보이는 것이었다.

고르바초프는 외교정책으로서 '신사고 외교'를 구상하여 과거 동서냉전의 긴장감을 해결하기 위해 부단히 노력했다. 그는 1986년 가을 아이슬란드의 레이캬비크에서 당시 미국 대통령이었던 레이건과 정상회담을 갖고 상호 군비 규제를 폭넓게 논의했다. 비록 완전 합의에는 이루지 못했으나 양측은 이 회의에서 미국의 중거리미사일의 유럽 배치 제한 등 여러 핵심 사안에서 접근을 보였다.

고르바초프의 '신사고 외교'는 대미협조 노선을 취하고, 핵 군축을 진전시키며, 국외로의 군사원조를 축소하며, 군비확대 정책을 중지함을 목표로 했다. 그렇게 함으로써 군비지출을 경감하고 서방 여러 나라로부터 경제 원조를 획득하고자 했다. 소련은 경제가 정체함에 따라 이제는 미국과의 군비확장 경쟁을 더 계속할 힘이 없었고, 국내 문제에 전념하기 위해서도 국제적으로 긴장 완화가 필요해졌다. 특히 미국이 레이건 대통령하에서 SDI(전략방위구상)을 내놓았을 때 소련은 가장 큰 위기감을 가지게 되었다. SDI는 소련의 핵미사일이 날아오더라도 우주에 미리 비치해 둔 인공위성으로부터 레이저를 발사하여 미사일을 우주공간에서 격추함으로써 미국에는 도달할 수 없도록 하는 계획이었다. 이것이 완성되면 미국은 소련의 공격을 두려워함이 없이 작전을 수행할 수 있게 되어 소련이 결정적으로 불리해지게 되는 것을 소련은 염려했다. 그러한 조건에서 전쟁에 돌입하면 미국이 승리하게 될 것이 분명하다고 소련의 지도자들은 두려워했다. 이를 막기 위해서는 미국과 타협하여 핵미사일을 늘리는 군비확장 경쟁을 끝내야 한다고 생각하게 되었다. 이것이 바로 고르바초프의 '신외교 정책'의 배경이었다. 고르바초프는 미국과의 긴장 완화를 위해 1989년 미국과 대립하고 있었던 쿠바로의 군사원조를 삭감하고, 소련군이 침공하고 있었던 아프가니스탄으로부터 군대를 완전히 철수했다. 그리고 베트남에 종용하여 캄보디아로부터의 철수를 실현시켰다. 1989년 12월 고르바초프는 새로 선출된 미국 대통령 부시와 지중해의 말타 섬에서 회담하여 핵무기의 감축에 합의하고, '냉전의 종결'을 선언했다.

제1차 이라크전쟁

1988년 미국의 대통령선거에서 당선된 공화당의 조지 H. W. 부시(아버지) 정권은 전혀 예상치 못한 외교적 사건들에 직면했다. 동유럽 민주 정권의 등장을 비롯하여 고르바초프와의 '냉전 종결' 선언, 제1차 걸프전, 그리고 소련의 붕괴가 이러한 사건에 해당한다.

1990년 냉전이 빠르게 막을 내리고 있던 상황에서 부시 행정부에 새로운 적이 나타났다. 그해 6월 이라크의 사담 후세인은 쿠웨이트를 합병하기 위해 침공했다. 이라크의 쿠웨이트 침공은 2년 앞서 백만 명 이상 사망자를 낸 이란 이라크 전쟁의 최후 국면이었으며, 그 직접적인 결과이기도 했다. 그것은 동서냉전이라는 하나의 '질서'가 끝났음을 알리는 것이기도 했다. 냉전시대에 만일 이라크가 이와 같은 행동을 일으키면 미국은 '이라크의 행동 배후에는 소련이 있다'고 간주하여 미소의 전면대결로 발전될 수 있었다. 그러나 이번에 소련은 이라크를 지원하지 않았고 오히려 반대로 이라크에 적대적 태도를 나타냈다. 그것을 상징하는 사건으로 미국의 국무장관과 소련의 외상이 공동으로 이라크의 쿠웨이트 침공을 비난했다.

바그다드의 독재자 후세인이 쿠웨이트를 침공한 이유는 간단하다. 이라크 민중의 상식으로는 원래 쿠웨이트를 이라크 일부로 알고 있었다. 영국은 분할통치(Divide et Rule)의 원칙에 따라 메소포타미아에 이라크왕국을 창건할 때 그 일부를 할애하여 쿠웨이트 수장의 토후국으로 만들었다. 더구나 쿠웨이트는 이라크의 걸프 만 출입을 봉쇄하는 위치에 있다. 걸프 만에 접할 수 있는 이라크의 영토는 그야말로 공기 주입구 정도밖에 안 되었다. 나세르가 수에즈운하를 서유럽 열강으로부터 되찾았듯이 영국이 만든 토후국을 탈환하고 석유에 떠 있는 섬 쿠웨이트를 차지하면 이라크는 세계 석유 매장량의 40%를 지배하게 되고, 그 돈으로 세계 제4위의 군대를 보유할 수 있게 되어 중동의 맹주로 활약할 수 있게 되는 것이다.

대통령 부시는 중동에 군대를 파견할 것을 결정하고, 영국과 프랑스에 협력을 호소했다. 다국적군에 참가한 나라는 아랍 합동군을 포함하여 28개국 84만 4,650명이었고, 그중 미군은 53만 2,000명이었다. 군대는 미군 중심으로 편성되었다. 이라크 정부는 별다른 동맹국이 없었다. 다만 소련만이 이라크의 쿠웨이트 철수 조건을 협상하기 위한 중재자 역할을 담당하려 했을 뿐이었다.

미국이 제시한 철수 시한이 다가오면서 부시 행정부는 후세인에 대한 강경 조치를 확정하고 이라크의 철수에 대한 보상 조치 같은 제안을 거부했다. 이란-이라크전쟁 기간 이라크가 중동 지역 내에서 강대국으로 부상하는 데 도움을 주었던 미국은 걸프전쟁을 통해 이번에는 결국 후세인은 부시가 제안한 쿠웨이트 철수 시한을 지키지 않았고, 따라서 미국은 1991년 1월 중순 대규모 공격을 감행했다. 전쟁의 결과는 시작부터 이미 예견된 것이었다. 미군은 공중전에서 압도적 우위를 보였다. 미군이 이끄는 연합군은 한 달에 걸쳐 이라크의 지상군과 도시의 목표물에 폭탄과 미사일 공격을 가했다. 공중공격을 감행한 후 연합군의 지상군은 단시간에 이라크군을 제압했다. 대부분 징집된 이라크군은 맥없이 항복했다. 지상전이 시작되자 후세인은 즉각 부시가 제시한 정전협정에 서명할 채비를 했다. 그리고 3월 3일 정전협정이 이루어지면서 이라크전쟁은 끝을 맺었다.

미군은 시아파가 주도하고 있는 남부 지역에 깊숙이 침투했지만, 수니파 후세인이 장악하고 있는 바그다드까지 진격하지는 않았다. 여기에는 동맹국과의 합의 과정에서 후세인을 제거하지 않는다는 조건이 포함되어 있었고, 이라크의 점령 기간이 장기화함으로써 미국의 군비부담이 커지게 될 것을 우려했기 때문이었다. 더욱이 부시 행정부의 입장에서는 세력이 약해진 후세인이 이라크에서 정권을 유지한다고 해서 나쁠 것도 없다는 생각이었다.

미국은 비행금지 지역을 지정해서 후세인의 공군이 시아파 거주 지역인 북위 33도 이남의 남부 지역과 북위 36도 이북의 쿠르드족 거주 지역을 공격하지 못하도록 조치했지만, 후세인은 탱크 등 중화기를 동원하여 시아파를 무자비하게 진압했다. 북부 지역 쿠르드족의 폭동에 대해서는 독가스를 사용한 비인도적 살육을 감행하여 국제적인 여론의 지탄을 받았다. 부시 행정부의 입장에서 이라크전쟁은 굉장히 성공적이었다. 미국의 많은 관변 측 전문가들은 미군의 해외 파병에 대한 거부감으로서의 '베트남 증후군'을 종식하고자 안달이었다. 이라크전쟁 직후 부시의 지지도는 역대 대통령 지지율 중 최고인 91%를 기록했다. 그러나 이라크전쟁 역시 미국의 전비 부담을 가중시켜 미국의 재정적자를 증대시키게 되었다는 점을 간과할 수는 없다.

5. 9·11 테러 사건과 제2차 이라크전쟁

9·11 테러 사건

2001년 9·11 테러는 미국의 정치계와 미국 국민 모두에게 미국 역사상 가장 큰 충격을 가져다준 사건이었다. 납치범들은 4대의 민항기를 납치해 비행기 자체를 자살 폭탄으로 사용했다. 이 중 두 대는 세계무역센터로 돌진하여 초고층 건물 두 채를 모두 무너뜨렸고, 또 한 대는 미 국방성으로 돌격했다. 나머지 한 대는 워싱턴의 다른 목표 지점(백악관)을 향해 날아가고 있었으나 승객들과 납치범이 조종간을 두고 사투를 벌인 끝에 펜실베이니아의 들판에 추락했다. 이후 미국 정부는 아들 부시 대통령이 명명한 '테러와의 전쟁'을 개시했다. 그 뒤 미국의 정보기관은 테러는 알 카에다(Al Qaeda)로 알려진 강력한 테러리스트 네트워크에 속한 중동 정보원이 계획하고 실행한 것이라고 발표했다.

알 카에다의 지도자 오사마 빈 라덴은 곧 세계에서 가장 악명 높은 인물 중의 한 사람이 되었다. 미국은 아프가니스탄의 호전적인 탈레반(Taliban) 정부가 빈 라덴과 그의 조직을 보호하고 있다고 확신했다. 빈 라덴은 원래 사우디아라비아의 부유한 가정에서 태어났다. 그는 1980년대부터 소련의 지원을 받고 있던 아프가니스탄 정부에 대항하여 이슬람 전사로 활약하게 되었다. 그는 아프가니스탄에서 소련이 물러난 뒤에는 미국을 이슬람의 가장 큰 적으로 여겼다. 제1차 이라크전쟁이 끝난 뒤에도 미국이 사우디아라비아에 미군 병력을 상주시키는 데 그는 크게 분노했다. 또한 그는 미국이 팔레스타인에 적대하는 이스라엘 편을 들어 무기 등을 지원하고 있다고 비난했다. 빈 라덴은 자신의 세계적 조직망을 활용하여 수차례 미국에 대해 치명적 공격을 가했다. 1993년 6명의 사망자와 수십 명의 부상자를 낸 세계무역센터의 폭탄 테러의 배후에는 그가 있었다. 빈 라덴은 또한 1996년 사우디아라비아에서 일어난 미 해병대 막사 폭격 사건, 1998년 케냐와 탄자니아의 미 대사관 폭탄 테러 사건, 그리고 예멘의 항구에 정박 중이던 미 해군 폭파 사건에도 연관되어 있었다.

'테러와의 전쟁'은 크게 두 방향으로 전개되었다. 국제적인 차원에서의 주 목표는 빈 라덴의 체포와 처형이었다. 국내적으로는 미국 내에서 여전히 암약할지 모르는 테러범을 수색하는 일이었다. 테러범을 대비하여 '국토안보부'를 창설하고, 그들의 처벌을 위해 의회는 '애국자법'을 제정했다.

부시 대통령(아들)은 미국이 요구한 빈 라덴의 축출을 탈레반 정권이 거부했기 때문에 아프가니스탄의 공격을 시작했다. 2001년 10월 7일 시작된 전쟁은 두 달이 지나 거의 종료되었다. 미군의 전술은 주로 공군력에 집중되어 미군은 피해를 최소화할 수 있었다. 탈레반을 권좌에서 내모는 일은 생각보다 쉽게 이뤄졌지만 당초에 부시가 가장 큰 목표로 삼았던 빈 라덴의 체포는 실패로 돌아갔다. 빈 라덴의 체포, 사살은 훨씬 뒤 2011년에야 성공할 수 있었다.

부시 정권의 아프가니스탄 침공은 포로 처우에 대한 중요한 문제를 촉발했다. 부시 정부는 아프가니스탄에서 붙잡힌 포로들에게 '적의 전투원'이란 명칭을 붙이고 그들을 전쟁 포로와 구별했다. 그들은 제네바협약에 의한 전쟁 포로의 권리를 박탈당하고, 쿠바의 관타나모 수용소로 이감되어 각종 심리적·물리적 압박을 가하면서 정보를 얻어내는 등 비인도적 대우를 받아 문제가 되었다. 미국은 결국 빈 라덴 체포에는 실패했지만, 그에게 협력했던 탈레반 세력을 축출하는 데는 성공했다. 미군의 침공 이후 아프가니스탄은 내부의 상황이 좋지 않았음에도 미국의 감독하에 첫 번째 민주 선거를 치르고 대통령을 선출했다. 미군은 계속 그곳에 주둔하여 탈레반 잔여세력의 공격을 막는 임무를 계속하고 있다.

제2차 이라크전쟁

아프가니스탄에서 탈레반을 굴복시킨 부시 행정부의 관심은 다시 이라크에 집중되었다. 2002년 1월, 조지 W. 부시 대통령은 상하 양원 의회 합동 연설에서 이라크, 이란, 북한을 싸잡아 '악의 축(axis of evil)'이라고 비판했다. 이들 국가는 모두 반미 정권으로, 그중 이라크는 그의 아버지 부시 정권이 걸프전을 통해 타도하고자 했으나 결과적으로 후세인을 제거하지 못했던 나라였다. 비록 조지 W. 부시가 당시 분명히 언급하지는 않았으나 전 세계의 많은 사람이 이 말을 미국이 조만간 이라크의 후세인 정권을 붕괴시키고자 한다는 의미로 해석했다.

1년 넘게 부시 정권은 천천히 이라크를 침공할 공식적인 이유를 만들기 시작했다. 그것은 몇 개의 주장에 근거를 두었다. 첫째로 그 이유는 이라크가 미국에 적대적인 탈레반 같은 테러 집단을 지원하고 있다는 것이며, 더 중요한 것은 이라크가 핵무기와 생화학적 무기를 포함한 '대량살상무기'를 개발하거나 은닉하고 있다는 것이다. 이러한 주장보다는 미국 여론에서 더 본질적인 주장은 후세인 정권이 인권침해에 책임이 있다는 비난이었다. 마지막을 제외한다면 그중 어느 주장도 정확하지 못한 것으로 드러났다. 당시 이라크가 이미 대량살상무기를 대부분 폐기했다는 증거들이 있었기 때문에 대량살상무기 문제는 기껏해야 부차적인 이유였을 따름이다. 또한 후세인은 내키지는 않았으나 부시 정부가 요구한 사찰 조건을 상당 부분 수용했다.

이러한 정황으로 볼 때 부시 정권이 후세인 정권을 전복하고자 하는 데에는 또 다른 이유가 있을 것이라는 짐작이 가능하다. 가장 설득력이 있는 설명은 후세인의 축출이 중동 지역에서 새로운 정치적 판을 짜려는 계획 일부라는 것이다. 소련이 몰락하고 미국의 세계적 일극 체제가 성립된 새로운 질서 하에서 부통령 딕 체니를 비롯한 국방 및 외교의 고위관리들은 '미국의 새로운 세기를 위한 프로젝트(PNAC)'라는 보수적 싱크탱크를 출범시켰다. 그것은 이미 9·11 이전부터 후세인 축출에 대한 계획이 존재했다는 것을 증명해 준다. 전쟁에 대한 사전 준비로 후세인의 잠재적 위협과 대량살상무기의 사용에 대한 여론 조작이 빗발쳤다. 이러한 여론의 환기를 통해 이라크 정부와 9·11 사이의 연관성에 대한 아무런 증거가 없음에도 부시 대통령은 미국인들이 이 둘을 연결지어 생각하게 하였다. 집권당이었던 후세인의 바스당은 세속적 민족주의를 표방하고 있었으며 빈 라덴이 이끄는 이슬람 근본주의에 매우 큰 반감이 있었다.

이라크 침공의 마지막 난관은 유엔이었다. 미국의 여론은 이라크를 침공하려면 유엔 안전보장이사회의 지지를 받아야 한다는 것이었다. 부시는 파월 국무장관을 유엔에 보내어 후세인이 기존 유엔의 결의를 무시하고 대량살상무기를 축적하고 있다고 주장했다. 그가 증거로 독성 화학물질이 든 용기의 사진을 제시했으나 그것은 이미 후세인의 통제를 벗어난 쿠르드 지역에 있던 한 테러단체 본부에서 찍은 것이었다. 사진과 함께 제시된 다른 증거 자료는 미국의 정보기관이 아니라 영국의 한 대학원생이 작성한 수업용 보고서로 이라크의 대량살상무기의 놀랄 만한 능력을 조사한 자료였다.

유엔 안전보장이사회의 대다수는 파월의 증언을 의심했으며, 영국만이 미국의 입장에 동의했다. 그러나 미국의 언론 보도들은 이라크의 무기 은닉을 선전했다. 그리하여 미국의 전통적 우방이었던 프랑스, 독일, 캐나다 등을 비롯해 전 세계의 많은 나라가 반대하는 가운데서도 부시 대통령은 후세인 축출에 필요했던 미국인들의 지지를 얻어내는 데 성공했다.

2003년 3월 미군은 다시 이라크를 침공했다. 그리고 순식간에 후세인 정권을 붕괴시켰다. 후세인은 그의 고향 근처로 도망했으나 그해 12월에 체포되었다. 2003년 5월 미군이 바그다드를 점령한 직후 조지 W. 부시 대통령은 캘리포니아에서 발진한 항공모함에 극적으로 등장했다. 그는 '임무완수'라고 쓰인 커다란 플래카드 앞에서 미국이 이라크전쟁에서 승리했다고 선언했다. 그 후 여러 달 동안 이라크에서 일어난 사건들은 대통령이 주장이 성급했음을 암시하고 있었다. 미군의 사상자를 줄이기 위해 공중폭격을 중심으로 전개했기 때문에 전쟁 동안에는 최소한 인명 피해로 끝났으나 전후의 혼란으로 그 피해가 늘어났다. 통계에 의하면 미군의 사망자 4,000여 명 중 3,600명이 '임무완수' 이후에 죽었다.

미국 내에서의 전쟁 지지 여론은 그 후 차츰 감소하기 시작했다. 대통령이 최초에 주장했던 대량살상무기의 증거를 찾는 데 점령국들이 실패한 것은 전쟁의 신빙성에 타격을 가했다. 그리고 감옥에서 미군이 이라크 포로에게 가한 고문과 모욕에 대한 보고서가 부시의 외교정책을 근본적으로 재검토하는 배경이 되었다. 미군의 해외 전쟁 개입은 미국의 재정에 심각한 타격으로 다가왔다. 이라크전쟁은 수많은 사상자를 발생시켰을 뿐 아니라 미국 정부에 매달 거의 60억 달러에 가까운 비용을 안겨 주었다.

2005년에 미국의 경상수지 적자(赤字) 규모는 7,000억 달러에 이르렀는데 이는 미국의 GDP의 6%에 달하는 것이었다. 선진공업국 가운데 경제규모에 대비했을 때, 미국처럼 큰 경상수지 적자를 보인 국가는 없었다. 게다가 금리가 낮아지자 미국인들은 구매할 주택을 담보로 하여 낮은 이자의 대출을 받아 쉽게 주택을 구매할 수 있게 되었다. 저금리 정책이 이어지면서 주택시장의 거품도 계속 이어졌다. 물가 인상률을 반영하고도 주택 가격은 계속 지나치게 인상되었다.

미국이 이 정도 규모의 경상수지 적자와 외국 전쟁을 통한 재정 타격을 계속 감당할 수 있었던 커다란 이유는 일본과 중국의 중앙은행이 자국상품의 대미수출을 위해 국제 기축통화인 달러화를 국채 매입 등을 통해 지지해 주었기 때문이다. 미국은 외국의 중앙은행들이 계속해서 달러화를 지지해주는 한에서만 이렇게 막대한 재정 적자와 경상수지 적자 규모를 유지할 수 있었다. 만일 언젠가 외국의 중앙은행들이 국내 수요의 부상으로 미국 소비자에게 자국 상품을 수출할 필요를 느끼지 못하게 된다면 이들은 달러화에 대한 지지를 중단할 것이다. 그렇게 되면 달러화의 가치는 하락할 것이고 그것은 곧 금리의 인상을 초래할 것이며 미국 경제의 쇠퇴가 초래될 것이다.

6. 미국의 금융 대란

주택시장의 거품

부시 재임 기간의 미국 경제는 주식시장의 거품이 붕괴함으로써 침체기에 들어섰다. 미국을 이러한 침체에서 벗어나게 해 준 원동력은 주택시장의 거품이었다. 주식 거품 붕괴 이후 악화한 경제를 회복하기 위해 연방준비제도 이사회는 기준금리를 근래 50년 동안 가장 낮은 수준으로 조정했다. 금리가 낮아지자 미국인들은 구매할 주택을 담보로 하여 낮은 이자의 대출을 받아 쉽게 주택을 구매하게 되었다. 저금리정책이 이어지면서 주택 시장 거품도 계속 높아만 갔다. 부시 재임 기간에 주택시장에 몰려든 대규모 자금은 대출과 주택 건설 붐을 동시에 일으키면서 미국 경제 활성화에 박차를 가했다. 하지만 주식시장의 거품이 붕괴했던 것처럼 주택시장의 거품 또한 붕괴를 피할 수 없었다. 주택시장의 거품은 결국 2006년에 최고조에 달했고 이 거품이 꺼지면서 미국 경제도 함께 가라앉았다.

미국의 주택시장의 거품은 2006년 여름 최고조에 달했다. 당시 주택 가격은 실제보다 70% 이상 고평가되어 있었다. 그해 하반기에 접어들면서 주택 가격은 약하게 하락세를 보이긴 했으나 일부에서는 여전히 가격 상승을 이어가기도 했다. 하지만 거품에 대한 시장의 기대심리는 이미 꺼져 있었다. 이제 더는 주택가격이 끝없이 상승할 것으로 전망할 수 없게 되었다. 이것은 주택 구매자들에게는 신중한 주의를 요구하는 것이었다. 또한, 금융기관들도 더는 무분별한 주택담보대출을 해줄 수 없다는 사실을 의미했다. 거품이 최고조에 달할 때까지 온갖 수단과 방법을 동원해 모기지 증권을 남발했던 은행들은 더는 그러한 비우량모기지(subprime) 상품을 유통시장에서 팔 수 없게 되었다. 이러한 맥락에서 비우량모기지 시장은 급격히 위축되었고, 2006년 말에는 거의 모든 모기지 증권 거래가 사라지게 되었다.

은행의 파산

2008년, 150년 역사의 투자은행 리먼브러더스가 파산하게 되었다. 리먼브러더스의 붕괴는 전 세계의 금융시장을 흔들어놓기에 충분했다. 당시 미국 전역의 주택 가격은 매달 2% 가까이 떨어지고 있었다. 대부분 중산층 가구에는 주택이 유일한 자산이었는데, 급격하게 떨어지는 주택의 자산가치보다 주택담보로 대출한 부채액이 더 커지자 수백만 주택소유자들은 빚더미에 올라서게 되었다.

미국의 경제는 2007년 말부터 깊은 침체기에 접어들었다. 2008년 3월 신망 있는 투자은행이었던 베어스턴스가 위기를 맞았다. 대형 은행이 망한다는 것은 다수의 부실 은행들을 연쇄 부도에 처하게 하는 것으로 간주한 연방준비제도 이사회에서는 베어스턴스의 자산 중 300억 달러의 손실에 대해 공적자금을 지원한다는 조건으로 J. P. 모르간에 헐값으로 인수시켰다. 하지만 그 뒤 2008년 9월 초 패니메이와 프레디맥 두 대형 은행이 잇달아 도산했다. 그러나 파산위기에서도 두 기관은 많은 수익과 배당을 원하는 주주들에 의해 운영되었고, 또한 금융업계의 관습으로 수천만 달러의 연봉을 기대하는 경영진에 의해 경영되었다. 그 결과 두 기관은 여전히 주택시장의 거품의 열기를 부채질하기 원했다. 그들은 주택시장에서의 점유율을 만회하기 위해 수천억 달러의 모기지를 사들이는 최악의 결정을 했다. 이 때문에 두 기관은 엄청난 손실을 보았다.

이 사건은 리먼 브러더스 투자은행 파산의 배경이 되었다. 패니메이와 프레디맥 두 은행이 파산한 결과 리먼 브러더스는 대형은행도 실제로 파산할 수 있다는 사실을 입증하고 말았다. 대형은행에 대출해 주던 리먼 브러더스는 대출의 위험부담이 1년 이상 이어진 금융 혼란으로 더 버틸 여력을 상실하여 파산했다. 리먼 브러더스의 즉각적인 파산의 여파로, 미국의 최대 단기금융투자신탁이었던 리저브프라이머리펀드의 순자산 가치가 1달러 미만으로 떨어졌다. 이는 상상할 수 없었고, 또한 전례가 없었다. 이제 미국에는 국채 말고는 안전하다고 여길 만한 자산이 없게 되었다.

재무부는 대기업들의 단기 자금의 주요 출처였던 단기금융투자신탁에서 자금이 이탈하는 것을 막기 위해 펀드들의 자산을 보장해 주겠다고 발표했다. 또한, 연방준비제도 이사회 의장 버냉키를 위시한 경제 지도자들은 부실은행들을 7,000억 달러의 구제금융자금을 승인해 줄 것을 의회에 요청했다. 이 구제금융법안은 부실 주택 담보 채권 및 기타 대출 채권을 매입함으로써 은행들을 구제하기 위한 것이었다. 이 법안은 미국 대중의 들끓는 반대를 가져왔다. 주택시장의 거품을 주도하고 금융위기를 저질러 놓은 은행들이 인제 와서는 정부를 향해 국민의 혈세를 들여 대출 채권을 매입해 달라고 했기 때문이었다.

연방준비제도 이사회와 재무부, 그리고 연방예금보험공사가 총력을 다해 대형 은행들의 연쇄 도산을 막았음에도 미국의 경제는 2008년 9월부터 2006년 6월까지 사실상 급전직하했다. 이 기간에 매달 평균 70만 개씩 총 600만 개의 일자리가 사라졌다.

7. 미국 정치문화의 변용(變容)

오바마 대통령의 당선

서브프라임 은행 대란 이후에 촉발된 경제적 위기 가운데 2008년 11월 미국 대통령선거가 치러졌다. 경제상황에 대한 우려가 오바마 대통령의 당선에 기여했음은 의심할 여지가 없다. 미국의 최대 투자은행 리먼브러더스가 파산했을 때 오바마의 경쟁 후보자 공화당의 존 메케인은 "미국의 경제는 기본적으로 건전하다."라고 발언하여 자신이 경제지식이 부족하다는 점을 공공연하게 드러낸 바 있었다. 오바마 대통령의 취임 당시 미국 전역에는 경제상황에 대한 커다란 공포가 휩쓸고 있었고, '체인지(change)'를 외치고 출마한 첫 번째 흑인 대통령에 대한 기대가 있었다. 오바마의 지지자들은 과거 루즈벨트 대통령이 대공황을 극복했던 것처럼 오바마 대통령이 새로운 방향의 경제정책을 펼치기를 기대했다. 즉 미국 국민은 오바마에게 '루즈벨트의 재현'을 기대하고 소망했다. 이러한 기대에 부응하여 오바마 대통령은 '그린 뉴딜'을 제안하여 환경기술 등 '깨끗한' 산업을 진흥함으로써 미국의 경제를 부활시키고자 했다. 그러나 그 실적은 미미한 것으로 그쳤고, 국민의 기대는 부질없는 것이 되고 말았다. 오바마의 새 정부의 경제 관료들이 대부분 과거 경제정책 실패에 책임이 있다고 할 수 있는 부시 정부의 각료들로 구성되어 있었기 때문이었다. 따라서 오바마의 경제정책은 부시 정권에서 계승된 정책을 크게 '체인지'하지는 못했다. 오바마 대통령은 의식적으로 눈에 띄는 대형 부양책을 내놓지 않았다. 또한, 금융 영역에서도 극도로 신중한 행보를 보였다. 뱅크오브아메리카와 씨티그룹은 오바마 정부의 특별지원 덕에 가까스로 파산을 면했으며, 전체적으로 부실은행들을 파산시키기보다는 정부의 보조를 활용하여 연명시키는 데 급급했다. 하지만 금융업계의 무분별한 관행으로부터 소비자를 보호하기 위해 금융소비자보호국이 신설된 것은 주목할 점이었다. 그러나 금융업계의 행태는 개혁안 이전과 비교하면 별로 변한 것이 없어 보인다.

버락 오바마의 부친은 아프리카 케냐에서 온 유학생으로, 하와이대학 유학 중 오바마의 백인 모친과 결혼하여 오바마가 태어났다. 하지만 미국에서는 오랫동안 '흑인의 피가 한 방울이라도 섞이면 그 사람은 흑인'이라는 '원드롭 룰'이 존재했기 때문에 그는 '흑인'으로 취급되었다. 미국의 국세조사에서는 인종 항목이 있어 오바마는 스스로 자신을 '흑인(아프리카계 미국인)'이라 정의하곤 했다. 그리하여 오바마는 미국 역사상 '최초의 흑인 대통령'이 되었다.

미국에도 언젠가는 흑인 대통령이 탄생하는 날이 오리라 예상되었지만, 그가 당선되기 불과 몇 년 전만 해도 그것은 먼 장래일 것이라고 여겨지곤 했던 게 사실이다. 2008년 11월 4일 밤 당선이 확실시된 버락 오바마는 출마지인 시카고에서 열린 승리집회에서 감격한 목소리로 다음과 같이 연설했다. "만일, 미국에서 모든 것이 가능하다는 것에 의문을 품거나, 건국의 아버지들 꿈이 살아있다는 것에 의문을 품거나, 미국의 민주주의의 힘에 의문을 품는 사람이 있다면, 나는 이렇게 외치고 싶다. 오늘 밤에 생긴 일이 그 답이라고."

오바마는 대통령 취임연설에서 다음과 같이 표현했다. "60년이 채 안 된 과거에는 하와이 레스토랑에서 식사도 할 수 없었을지도 모르는 부친"과 그런 부친을 가진 아들이 대통령의 연설을 하게 되었다고 자랑했다. 그것은 그동안 마틴 루터 킹 목사가 펼친 흑인 민권 운동과 1988년 민주당의 대선 경선 후보로서 흑인 사회를 뛰어넘는 광범한 지지를 얻은 제시 잭슨의 목사의 선구적인 활약이 낳은 결과이기도 했다. 이처럼 미국은 차별(差別)과 줄기차게 싸워 왔던 것이다. 1955년까지 남부의 어느 주에서는 버스에서 흑인은 백인에게 좌석을 양보해야만 했다. 하지만 미국은 드디어 그러한 과거의 부(負)의 역사를 물리치고 극복했다.

월스트리트 점령 운동

2011년 가을이 되자 경제 논의의 초점은 재정 적자에 대한 비판에서 '월스트리트 점령 운동(occupy wall street)'으로 옮겨갔다. 원래 이 운동은 뉴욕의 월가에서 몇 블록 떨어진 주코티 공원을 점령했던 소수의 시위 군중으로부터 시작되었다. 당시 처음 모였던 사람들은 조직적이지 못했고 분명한 요구사항을 내놓지도 않았다. 하지만 이들은 미국의 경제가 월스트리트에 있는 상위층의 이익을 위해 왜곡되고 있다는 데 동의했다. 이러한 시각은 "우리는 99%다." 라는 시위 구호 속에서 잘 드러났는데 이는 지난 30년 동안 경제성장의 혜택을 거의 누리지 못한 99%와 대부분 혜택을 독차지한 상위 1%를 구별하고자 하는 데 있었다. 뉴욕에 모인 이 소수 시위대가 여러 차례 경찰의 과잉진압을 받는 장면이 TV를 통해 방영됨으로써 이 운동은 미국의 전역에서 주목을 받게 되었다. 이 '점령 운동'은 미국 전역의 크고 작은 도시로 번져 시위 군중은 공원이나 시내 중심가로 몰려나왔으며, 그곳에서 무기한 머무를 채비를 했다. 이들의 공통된 주장은 부유한 1%가 나머지 대다수 사람을 희생시키면서 이익을 독점적으로 누리고 있다는 것이었다.

이러한 메시지는 워싱턴 정가에도 퍼져갔다. 갑자기 정치인과 언론은 지난 30년에 걸쳐 커져 왔던 경제적 불평등을 언급하기 시작했고, 이해 대해 비판하느라고 오바마 대통령의 취임 이후 끈질기게 이어져 온 재정 적자에 대한 비판은 잠시나마 미룰 수밖에 없었다. 오바마 대통령은 부시 정권의 부(負)의 유산으로 심각한 재정 적자 문제를 계승했다. 부시 대통령은 아프가니스탄과 이라크전쟁으로 막대한 재정 적자를 물려주었다.

월스트리트 점령 운동은 재정 적자를 메우기 위해 사회보장제도와 노인 의료보험의 축소를 시행하려는 미국 정부의 '큰 흥정(grand bargain)'의 실현 가능성을 무력화시키는 것이었다. 오바마 대통령과 민주당의 지도부는 많은 국민에게 인기 없는 정책이지만 그러한 사회보장 혜택감축에 따르겠다는 의지를 분명하게 표현하기까지 했으나 부자와 빈자 간에 불평등에 대한 사회적 관심이 새롭게 등장하면서 이러한 정책 방향에 제동이 걸리기 시작했다. 중저소득층에게 꼭 필요한 사회복지제도를 감축하는 것은 분명 99%를 위한 정책이 아니었다. 또한, 야당인 공화당이 재정 적자를 위해 세금을 인상하는 데는 반대할 것이 뻔했다. 결국, 월스트리트 점령운동은 오바마 정권의 최대 골칫거리였던 재정 적자 문제를 해결하기 위한 어떠한 협상안도 통과시킬 수 없게 하는 결과를 가져왔다.

제24장

현대 라틴아메리카

1. 미국의 제국주의와 라틴아메리카

미국의 제국주의

영국과의 독립전쟁을 통해 독립을 성취한 아메리카합중국은 최초에는 동부 13주로 된 연합국이었을 뿐이었으나 그 후 서부 변경(frontier)의 개척을 통해 영토를 확장했다. 서부 개척운동의 배경으로는 독립 당시 유럽에는 악천후가 계속되어 기아현상이 발생했기 때문에 토지가 극도로 쌌던 미 대륙으로 이민이 몰려오게 되었던 것을 들 수 있다. 프랑스와 영국, 스페인으로부터 싼값으로 토지를 매입하고 멕시코로부터 전쟁을 통해 텍사스와 캘리포니아를 병합한 아메리카 연방정부는 그 토지를 값싸게 이민에게 양도했다.

당시 아메리카의 서쪽 확대를 정당화시킨 이론이 '명백한 사명(Manifest Destiny)'이었다. 이는 저널리스트 존 오설리번에 의해 제기된 이론으로 "신(神)으로부터 주어진 대륙 전체를 소유하는 것은 명백한 사명이다."라고 했다. 이는 북미대륙의 동부 13주에 한정되었던 당시의 아메리카가 아닌 대륙 전체가 미국의 소유라고 주장함으로써 서쪽으로 영토를 확장하고 싶었던 당시 사람들의 욕망을 '신으로부터 부여된 신성한 사명'이라는 것으로 미화시키고 정당화시킨 것이었다.

1620년 영국의 국교회에 불만이 있던 청교도들은 종교의 자유를 찾아 신천지에 이동하여 순례자(pilgrim)라 칭했으며 그들이 곧 '건국의 아버지'가 되었다. 그들은 구약성서의 '출애굽기'에서 이스라엘인들이 모세에 인도되어 '약속의 땅' 가나안에 이주한 것처럼 아메리카를 '약속의 땅'인 새로운 이스라엘이라 간주하고, 이 '약속의 땅'을 개척하는 것은 '신으로부터 받은 사명'이라 믿었다.

제1, 2차 세계대전에 전승국이 된 미국은 세계적 패권 국가로 부상했다. 제2차 세계대전으로 미국이 승리함으로써 전쟁터가 된 유럽은 폐허가 되고 미국만이 상처 없이 남게 되었다. 이제 미국의 '명백한 사명'은 미국의 이상(理想)인, '자유와 민주주의'를 세계로 넓히자 라는 사명감으로 변하여 불타기 시작했다. 그리하여 미국은 기독교의 전도 의무처럼 '세계를 미국화'해야 하겠다는 허위의식을 띤 제국주의를 추구하기에 이른 것이다.

라틴아메리카는 흔히 '미국의 뒤뜰(後庭)'이라 불린다. 즉 미국은 라틴아메리카를 자기들의 세력권으로 치부하고, 친미 정권을 수립하고 유지하는 것을 목적으로 했다. '미국의 뒤뜰'을 지키고 영토를 넓히는 방법으로 미국은 1846년, 먼저 멕시코와 전쟁을 하여 텍사스와 캘리포니아를 획득하여 리오그란데 강을 양국의 국경선으로 확정했다. 그리하여 미국은 태평양까지 도달하게 되어 서부의 프론티어가 사라지게 되었다. 대륙의 프론티어가 사라지자 미국은 바다를 건너 서쪽으로는 아시아로, 동해안에서는 카리브 해와 남아메리카에 진출하려 했다.

미국 국내에서는 생산력이 확대되어 공업제품과 남아도는 농산물을 외국으로 수출하려는 국내의 요구도 높아졌다. 개척과 수출 요구로 미국은 세계적 팽창을 계속하게 되었다. 외국 진출을 도모하는 미국은 이번에는 외국에서 전쟁을 시작했다. 최초의 전쟁은 스페인이 그 상대가 되었다.

미대륙의 플로리다 남쪽에는 카리브 해가 있다. 당시 카리브 해는 스페인,

영국, 프랑스 등의 유럽 열강들의 식민지가 된 섬들이 밀집한 이를테면 '유럽의 바다'였다. 미국은 미국의 뒤뜰인 이 바다를 '미국의 바다'로 만들고 싶었다. 그 중 스페인의 식민지 쿠바는 미국에 있어 매력적인 프런티어였다. 당시 쿠바에서는 식민지 지배에 반대하는 쿠바인들의 독립운동이 전개되고 있었다. 영국에 대항하여 독립을 쟁취한 역사를 지닌 미국 국민 여론에서는 스페인의 압정에 대항하여 투쟁하는 쿠바인에 대한 동정이 높아졌다.

미국의 당시 신문이 반(反)스페인 여론을 확산하여, 스페인과 미국은 일촉즉발의 상태까지 긴장이 높아졌다. 1898년 2월 15일 쿠바의 하바나를 방문하고 있던 미국 해군의 군함 '메인호'가 원인 불명 폭발로 침몰했다. 승무원 360명 중 266명이 사망한 대참사가 발생한 것이다. 현재에는 그것이 엔진고장이 원인이라고 보고 있으나 당시에는 '스페인의 기뢰에 의해 폭파되었다'고 발표되어 미국의 여론을 크게 악화시키게 되었다. 미국의 신문은 "메인호를 잊지 마라!"라는 반(反)스페인 캠페인을 시작했다. 침몰로부터 2개월 후 4월 25일 미국 의회는 스페인에 대한 선전포고를 발포하고 '미국-스페인 전쟁'이 시작되었다.

한편 미국은 멀리 태평양 서쪽에 필리핀에도 해군을 파견했다. 당시 필리핀도 스페인의 식민지였기 때문이다. 하지만 미국은 스페인을 축출한 후 필리핀의 독립을 인정치 않고 미국이 대신 식민지를 삼았다. 매킨리 미국 대통령은 "필리핀을 필리핀인에 맡길 수 없는 것은 그들이 자치의 능력이 없어 현재의 스페인 통치보다 더 나쁜 상태인 무정부 상태에 빠질 것이기 때문이다. 남은 길은 필리핀인을 교육하고, 문명화시켜 기독교화하기 위해서는 미국이 필리핀을 통치하는 것이다."라고 변명했다. 여기도 '신으로부터 받은 신성한 사명'에 따라 '미국의 이상'을 세계적으로 확산시킨다는 발상이 나타나고 있다.

스페인과의 전쟁은 겨우 4개월 만에 미국의 압승으로 끝나 미국에서는 이 전쟁을 '화려한 짧은 전쟁'이라 부르게 되었다. 이 전쟁 결과로 미국은 카리브해의 푸에르토리코, 태평양의 괌도도 그들의 영토에 편입시켰다.

한편 쿠바에는 스페인군을 물리친 미군이 주둔했으며 1902년에 가서야 미국은 형식적으로 쿠바의 독립을 인정했다. 하지만 사실상 미국의 식민지 상태가 계속되었으며, 쿠바가 정식으로 독립할 수 있었던 것은 1959년 1월 카스트로에 의한 쿠바혁명이 일어난 뒤였다.

카리브 해에 있어서 미국에 매력적인 나라는 파나마였다. 남북아메리카를 연결하는 중앙아메리카는 대서양과 태평양을 격리하는 회랑이 되고 있다. 그 중에서도 파나마 부근은 가장 좁아 여기에 운하를 파면 대서양과 태평양이 연결될 수 있어 멀리 남아메리카를 돌아가는 선박 운행을 단축할 수 있는 절호의 코스가 될 수 있었다. 그 때문에 프랑스가 먼저 운하 굴착에 착수했지만, 자금 사정 등으로 실패했다. 그 뒤를 미국이 인수하여 운하 굴착 사업을 계승했다. 당시 파나마는 콜롬비아 일부였으나 1903년 파나마 독립파가 궐기한 것을 계기로 '곤봉정책(big stick policy)'을 주창한 루즈벨트 대통령은 '독립 정권 보호'라는 명목으로 해군 군함을 파견했다. 미국의 보호 아래 독립을 달성한 파나마 독립파는 곧바로 미국과 교섭을 시작하여 1904년 미국으로부터 1,000만 달러를 받고 파나마운하 관리권을 영원히 미국에 팔아넘겼다. 그리하여 미국은 운하공사를 계속하여 공사 개시로부터 10년 후 1914년 8월 파나마운하가 개통되기에 이르렀다.

미국은 그 이후에도 라틴아메리카를 자신의 세력권으로 계속 유지하고자 했다. 그 근거가 되는 것이 〈먼로 선언〉이었다. 〈먼로 선언〉은 1823년 12월, 미국의 5대 대통령 제임스 먼로가 의회에 제출한 교서(대통령 방침)에 포함된 외교방침을 의미한다. 1920년대에는 스페인의 식민지였던 라틴아메리카 여러 나라가 일제히 독립운동을 전개했다. 이 틈을 타서 유럽 각국이 개입할 움직임을 보였다. 이에 반발한 미국이 미합중국으로서의 입장을 표명했다. 그 내용은 다음과 같다.

1) 미합중국은 이미 존재하는 유럽의 식민지에 간섭하지 않는다.

2) 합중국은 유럽 여러 나라의 동맹과 전쟁에 관여하지 않는다.

3) 남북 아메리카 대륙은 더는 유럽 열강의 식민지 대상이 되지 않는다.

4) 유럽 여러 나라가 서반구(남북 아메리카)에 자기 자신의 정치제도를 도입

하려는 시도는 평화와 안정을 위협하는 것이다.

결국 "미국은 유럽의 문제에 개입할 의사가 없으니 유럽 여러 나라도 라틴아메리카에 손을 벌리지 마라. 왜냐하면, 남북 아메리카는 미국의 세력권이기 때문이다."라고 선언한 것이다. 〈먼로 선언〉으로 미국은 더는 동쪽 유럽에는 눈을 돌리지 않을 것을 선언함으로써 미국은 남쪽에 라틴아메리카와 서쪽의 태평양 쪽으로 눈을 돌리게 되었다. 1840년대에는 중국까지 접근하여, 그곳에 이미 식민 활동을 하고 있던 영국을 비롯한 유럽 여러 나라에 대해 '문호개방(open door policy)'을 요구하는 등 후발 제국주의적 주장을 펴면서, 무역 활동을 개시했다. 그러한 의미에서 〈먼로 선언〉은 '동반구는 유럽의 것이고, 서반구는 미국의 것'이라고 세계를 두 개의 세력권으로 분할하려는 것이었다. 그러나 이러한 미국의 주장에 동조하지 않고 대적한 나라가 소련으로, 소련은 제2차 세계대전 후 군사적으로 진출한 동유럽과 아시아에 위성국을 세워 미국에 맞섬으로써 동서냉전이 개시되었던 것이다.

동서냉전은 라틴아메리카를 곤란한 상황에 빠뜨렸다. 미국은 제2차 세계대전을 거치면서 초강대국으로 부상했으며, 공산주의의 서반구 침투에 대항해서 서반구 전체에 역사적 패권을 행사하는 데 집중했다. 미국은 라틴아메리카 전체에서 공산주의의 침입에 대항해서 외교적 압력을 행사하고, 경제적 유인책을 제공하고, 비밀첩보 활동을 하거나 몇몇 경우에는 노골적으로 군사력을 써서 간섭하기도 했다.

마르크스 이데올로기는 라틴아메리카에 상당한 호소력을 가졌다. 계급갈등의 해소라는 혁명적 행동의 호소는 이 지역의 사회적 불평등으로 가난에 찌든 노동자와 농민에게 희망을 제공했다. 1920년대에 비록 보수적이었지만 공산주의 정당이 라틴아메리카 여러 나라에 출현했다. 지식인이 중심이 된 공산당은 주로 도시에서 활동하면서 무장봉기보다는 '평화적 권력추구의 길'을 택하는 경향을 보였다. 냉전하에서 브라질, 칠레, 멕시코 공산당은 불법화되었다. 1930년대와 1940년대에 와서 이 지역 공산당은 소련과 가까워지거나 때로는 소련을 추종하게 되었다. 라틴아메리카의 적화에 대한 미국의 개입은 우파 권위주의 정부를 지지하는 방향으로 전개되었다. 권위주의 정부는 반공을 명분으로 정치적 정당성을 주장함으로써 미국의 지지를 받게 되었다.

미국의 '이상(理想)'인 자유와 민주주의를 지킨다는 주장은 드디어 다음과 같은 과정을 거쳐 변질했다. 그것은 미국의 이상을 지키는 것 — 미국을 지키는 것 — 미국의 권익을 지키는 것 — 미국의 진영에 가담하면 독재 국가도 허용한다는 것으로 논리가 전개되었다. 미국의 '이상'을 지킬 것을 목적으로 싸웠던 동서냉전에서는 미국 진영에 속하는 나라라면 그 나라 정치체제가 어떠하던 묻지 않았다. 그러한 미국 외교의 기본적 경향은 우리나라의 군사 정권 시에도 적용되었다. 박정희 군사 쿠데타나 전두환의 독재 정권이 국내의 언론의 자유를 허용하지 않고 독재정치를 펴도 한결같이 지지했던 것이 그 예이다. 미국은 남베트남이나 라틴아메리카의 독재 정권이나 부패한 정권도 '친미 정권'이라면 지지하여 지켜주었다. 이러한 미국의 외교정책은 '선린 정책(good neighborhood policy)'으로 포장되기도 했다. 미국의 라틴아메리카 반공 정책은 미국 정보기관의 도움을 받아 군사 독재 정권을 수립시킴으로써 라틴아메리카의 정치문화를 크게 왜곡시켰다.

미국은 1954년 과테말라의 반정부 세력을 지원하여 사회주의적인 혁명 정권을 붕괴시켰다. 사회주의 정권임을 표방한 카스트로와는 시종 엄격하게 대결했다. 케네디 정권은 1961년 쿠바의 망명자들에 의해 반정부 세력의 피그스 만 상륙작전을 지원했으나 실패했다. 1962년에 카스트로가 소련의 미사일을 쿠바에 배치하도록 한 사건은 미국의 안보에 치명타를 가한 사건이었다. 케네디는 제3차 세계대전을 각오하고 쿠바에 미사일을 싣고 오는 소련의 수송선을 해상에서 봉쇄하여 위기를 넘겼다.

라틴아메리카의 여러 나라는 아시아와 아프리카의 여러 나라와는 달리 18세기 후반 미국의 독립과 프랑스혁명의 영향을 받아 19세기 초 1820년대 대부분 스페인과 포르투갈로부터 독립을 획득했다. 그리하여 19세기 말 라틴아메리카에는 17개의 주권국가와 몰락하는 스페인 제국과 독립전쟁을 치르고 있었던 두 스페인 식민지 쿠바와 푸에르토리코가 있었다.

미국은 독립을 이룬 이후 서부개척운동을 통해 승승장구를 거듭하여 드디어는 서반구내에서 열강으로 대두했다. 그 뒤 미국은 1830년대로부터 1930년대에 이르기까지 서반구에서 헤게모니를 추구했고, 그것은 대체로 성공적이었다. 이때부터 필연적으로 라틴아메리카의 여러 나라는 서반구 내에서 궐기하고 있었던 초대 강국 미국과 대결할 운명에 놓여 있었다.

시간이 흐르면서 라틴아메리카의 지도자들은 미국의 국력 팽창에 대한 대응 방안을 개발했다. 그 첫 번째 선택지는 그들 스스로 통합(統合)을 모색해서 미국에 대항하는 대륙적 세력을 결집한다는 방안이었다. 그 통합의 꿈은 '해방자(El Libertador)' 시몬 볼리바르에 의해 주창되었다. 1815년 작성된 〈자메이카 편지〉에서 그는 스페인계 아메리카를 하나의 신생국으로 묶는 가능성을 피력했다. 그것은 멕시코와 중미, 페루와 볼리비아를 포함하는 남아메리카의 북부, 그리고 더 나아가 남아메리카의 남부, 스페인계 아메리카를 통합하려는 구상이었다.

볼리바르의 구상을 실현하기 위해 1824년 12월 파나마회의, 1847년 리마회의, 1856년, 1865년에 걸쳐 4회 개최되었으나 결국 실패로 끝나고 말았다. 원인은 지역 국가 간의 갈등이 심했기 때문이다. 특히 칠레와 아르헨티나의 갈등은 유명했다. 라틴아메리카 여러 나라는 그 후 미국의 위협에 저항하는 민족주의운동을 전개했다.

패권 국가를 지향한 아르헨티나와 브라질

지리적 위치나 규모, 자원을 통해 다소 동등한 기반에서 미국과 경쟁할 수 있었던 국가는 두 나라 아르헨티나와 브라질뿐이었다.

19세기 후반에 아르헨티나는 스스로 모든 면에서 미국과 비슷한 국가라고 생각했고, 그러므로 미국을 자연스러운 라이벌로 인식했다. 미국이 서부개척을 통해 팽창했다면 아르헨티나는 목장의 개척을 위한 거대한 초원지 '팜파로의 이주(settlement of the Pampa)'를 통해 팽창하여 1920년대 후반에는 세계에서 7위의 부국으로 평가되었다. 남미 대륙에서 오직 백인만 사는 민주국가인 아르헨티나만 남미 전체에 개발의 복음을 전파할 수 있다는 '명백한 운명'을 가지고 있다고 주장했다. 그러나 1940년대 정치적으로는 포퓰리즘의 등장과 함께 팜파스 평원의 농원과 목축장에서 생산되는 1차 농축산업에 의존하던 경제가 쇠퇴함으로써 아르헨티나의 꿈은 사라졌다.

포퓰리스트는 직역하면 '인민주의자'란 의미로 대중적 인기에 의존하는 정치가를 의미한다. 어떤 정치적 이념이나 정책을 제시함이 없이, 다만 국민 대다수 불만을 대변하여 일거의 대량의 찬성표를 획득하여 권력을 장악하려는 정치체제이다. 따라서 이러한 체제는 지속적인 개혁을 통해 안정된 통치를 확립할 수 없었으며, 위기를 이용하여 민족주의를 선동하여 국민의 여론을 조작한 결과 결국은 경제마저도 파산시킨 경우가 많았다.

아르헨티나 현대사의 분수령을 이룬 체제는 후안 페론의 포퓰리즘 체제였다. 그는 1946년 2월 선거에서 노동계급의 전폭적인 지지에 힘입어 대통령에 선출되었다. 페론은 농축산업자를 주축으로 한 기존의 과두지배세력(caudillo 체제, 말에 올라탄 남자라는 뜻)을 약화시키고 노동계급을 정치무대 전면에 끌어들임으로써 노동자 대중의 '영웅'이 되었으나, 전통적 정치세력에는 혼란과 분열을 증폭시킨 대중 선동가에 지나지 않았다. 그의 여배우 출신의 아내 에바 페론으로 이어지는 인기를 노린 무책임하고 방만한 재정지출은 그 결과로 초래된 경제위기의 심각한 상황에 직면하여, 그것을 구실로 대두한 군부 쿠데타에 의해 무너졌다.

1976년 3월 24일 군부 쿠데타가 다시 일어나 '구국의 결단'이라는 이름으로 유례없이 잔혹한 군사 정권을 수립했다. 그 이전에도 5회나 쿠데타가 일어났으나 냉전하에서 남아메리카의 공산화를 견제하기 위해 미국의 CIA 등의 후원하에 일어난 함량이 미달한 정치적 정변이었을 뿐이었다. 이 호르헤 비델라를 중심으로 한 군사통치위원회의 군사 정권(1976~1983)은 자신들만의 자의적 '정의'라는 기준에 의해 수많은 무고한 사람들을 납치, 살해, 그리고 실종자를 만드는 '추악한 전쟁'을 개시했다. 이 과정에서 불순분자로 지목된 활동가는 물론이지만, 그의 가족까지 테러의 대상이 되어 납치, 고문, 암살, 재산의 강탈, 심지어는 영·유아의 탈취 살인이라는 희대의 범죄 행위가 거리낌 없이 자행되었다.

'추악한 전쟁'의 실태는 포클랜드 전쟁(아르헨티나 측의 호칭은 마르비나스 전쟁)의 패배와 함께 재정적 파산에 직면한 군부 통치자들이 물러나고, 라울 알폰신 민선 대통령이 들어선 후 비로소 '실종자 진상 조사 위원회'에 의해 조사되어 〈눈까 마스(nunca mas, '다시는 안 돼'라는 뜻)〉라는 보고서로 공개되었다.

미국과 동격이라는 입장에 입각하여 미국을 모방한 또 다른 나라는 브라질이다. 유럽과의 동맹을 추구한 아르헨티나와는 달리 브라질은 미국과 밀접한 관계를 발전시켰다. 브라질에서는 미국의 힘은 라틴아메리카 주권의 위협이 아니라 이득이 된다는 이론이 제기되었다. 제국주의 열강의 경쟁 속에서 워싱턴은 유럽 대륙으로부터 이 지역을 보호한다는 것이다. 그리하여 브라질은 미국의 모델을 따르고, 상호협력을 통해 자신의 위대함을 확보하려 했다. 브라질의 전설적인 외교관이었던 리우 브랑크의 지도력에 따라 브라질은 아르헨티나, 볼리비아, 페루 등 인접 국가와의 계속된 영토 분쟁에서 브라질의 야망을 표현한 이른바 '현상유지독트린'을 선언했다. 이에 의해 그는 1만 4,500km의 국경선을 그었고, 원시림 등을 포함하여 거의 30만 km^2의 국토 면적을 추가했다. 이처럼 팽창주의적 브라질과 미국이 서로 지원하는 것은 지극히 당연한 일이었다. 브라질의 '위대함(grandeza)의 추구'는 1930년대 세계적 불경기가 닥치자 좌절되었다. 그 뒤에도 계속된 정치적 불안정, 경제적 정체, 그리고 빈곤의 지속은 브라질의 미래에 대한 불확실성과 의구심을 증폭시켰다. 하지만 광대한 자연과 인적자원이 있기 때문에 브라질은 언젠가는 대국이 될 잠재력이 있다는 생각이 아직도 주변에 유행하고 있다.

동서냉전이 시작되자 이미 제2차 세계대전을 지나면서 초대강국으로 부상한 미국은 서반구 전체에 역사적 패권을 구사하고자 전력을 집중했다. 반면에 브라질은 개발도상국의 일원으로 동서냉전에 휩쓸리게 되었다. 1940년대 후반에서 1980년대 후반까지 브라질에 대해 워싱턴은 외교적 압력, 경제적 유인책, 비밀첩보 활동, 그리고 몇몇 경우에는 눈에 띄는 군사적 개입도 마다치 않았다. 그리하여 브라질이 한때 구상했던 광대한 영토 내 패권의 추구도 더는 수용될 수 없었다.

냉전은 브라질에서도 단기적으로 우파 세력이 수혜자로 부상하도록 했다. 1964년 브라질에서는 군부의 골베리 장관이 좌파 경향의 골라르트 정권을 축출했다. 그는 군사정책연구소, 최고전쟁학교의 동료와 함께 미국 고문들의 도움을 받아 국가안보주의를 개발했다. 이 이론은 소련의 '간접 침공'의 가능성과 국내의 봉기, 혁명의 위험을 강조한 것이다. 그는 브라질의 지정학적 중요성을 강조하여 우방국 미국에 더욱 많은 안보적 경제적 요구를 할 수 있다고 주장했다.

냉전을 등에 업고 브라질 장군들은 '법치의 복원'과 '위협받는 민주주의의 제도의 강화'를 기치로 내 걸고 권력을 장악했다. 권력의 장악은 무엇보다 "민중 봉기와 공산주의의 위험을 제거하기 위한 것"이라고 했다. 쿠데타 직후에 법령 제1호를 통해 군사정부는 정치권력을 집중화하고, 국회의 면책특권을 제거했다. 그리고 '혁명 활동'에 관여한 혐의자를 색출했다. 좌익 '청소작전(operacao limpeza)'을 감행한 지 몇 개월 만에 정부는 5만여 명을 체포했다. 무고한 한 공학 교수는 "여론에 잘 알려진 것처럼 실제 공산주의자이고, 정부 파괴자, 선동가다."라는 잘못된 혐의만으로 고발되었다. 한 공무원은 "그의 아버지가 공산당 투사였고, 어릴 때 아버지처럼 되라고 가르침을 받았기 때문에" 유죄 선고를 받기도 했다. 브라질 군사정부의 열렬한 반공 노력에 만족한 워싱턴은 지속해서 이 새로운 동맹군을 보살펴 주곤 했다.

2. 9·11 사태 이후의 라틴아메리카의 좌파 정권

브라질의 룰라 정권

2001년 9월 11일, 이날 자행된 끔찍한 테러에 대응해서 부시 행정부는 '테러와의 글로벌전쟁'을 선언했고, 이는 라틴아메리카에 대한 미국의 정책에도 깊은 영향을 끼치게 되었다. 처음에는 미국에 대한 9·11 테러공격이 남북 아메리카 대륙 사람들에게서 진심 어린 동정심을 널리 불러일으켰다. 하지만 이 사건으로 해서 미국의 대외정책은 그 우선순위가 변경되어 라틴아메리카에서 멀어져 중동 문제가 크게 클로즈업되었다. 이 지역에 대한 미국 정부의 무관심이 점점 더 확실해지자 남미의 지도자들은 분노하고 당황했다. 하지만 그들은 차츰 미국의 무관심이 오히려 자신들이 더 광범위하고 다양한 정책의 대안들을 모색할 기회가 되었다는 것을 깨닫게 되었다.

소위 '핑크빛 조류(pink tide)'가 라틴아메리카의 정치문화 속으로 스며들기 시작했다. 그것은 라틴아메리카 사회에서 반미 정서를 분출시켰다. 그러나 그것은 어떤 뚜렷한 이념을 갖춘 것은 아니었다. 일부 학자들은 이 핑크빛 조류를 정치적 '좌파'[그러나 더욱 과격한 극좌(red)라기보다는 덜 과격한 좌파(pink)]의 대두라고 보았다. 또 다른 학자는 이를 '포퓰리즘'의 한 형태라고 주장하기도 했다.

2002년에 브라질에서 노동당의 창립자이자 명실상부한 좌파정치의 지도자인 룰라 다 시우바가 대통령에 당선되었다. 룰라 대통령은 자수성가한 노동자들의 지도자로 미국의 헤게모니에 총력을 기울여 반대운동을 벌일 것으로 예상했다. 룰라는 4번의 도전 끝에 2002년에 집권한 인물로서 항상 최종 경선에서 근소한 차로 패한 경험을 가졌다. 대선에서 승리하기 위해서는 정치권 밖의 강경한 이념적 노선을 바꾸어 정치권 내로 들어갈 필요가 있었다. 하지만 룰라는 이데올로기의 맹신자가 아니었다. 그의 정치관은 마르크스 이론보다는 상파울루의 금속공장에서 일한 철강노동자의 경험에서 형성된 것이다. 그는 실용적인 정치가였으며 협상을 존중하는 노조지도자로서의 타협방식에 능했다. 그는 위대한 브라질(grandeza Brasileira)의 건설이라는 견지에서 브라질과 미국이 동등한 파트너로 미주 대륙을 공동으로 통치해야 한다는 오랜 생각에 동조하고 있었다. 그는 브라질의 지역 패권을 유지하고자 한 골수 민족주의자였다. 이러한 구상에서 보면 브라질과 미국은 동반자 관계였다. 양국은 긴밀히 협력하여 서반구를 지배한다는 것이다. 미국은 북미를 브라질은 남미를 지배하고 두 지역의 강대국이 상호의 지배와 번영을 증진하며 상호세력을 유지한다는 것이다. 그러나 룰라의 한계는 그가 핑크빛 사회주의자라는 데 있었다. 그는 가난한 사람들의 빈곤 상태를 개선하고, 불평등을 감소하고, 글로벌한 차원에서 사회적 불의의 문제 개선을 역설했다.

룰라는 2003년 취임 직후 미국을 방문하여 조지 부시를 만나 외교적으로는 친미적 제스처를 보였다. 하지만 룰라가 반미적 감정을 품게 된 것은 국제교역 분야에서였다. 주요 농업국인 브라질은 미국의 농업부문에서의 보호무역정책이 브라질의 농업에 끼치는 불이익을 크게 비판했다. 특히 2002년도에 이루어졌던 부시 행정부의 막대한 예산이 투입된 농장법(Farm Bill)은 브라질의 엄청난 손해를 끼쳤다. 룰라는 국제회의 특히 WTO의 석상에서 미국의 무역정책을 공격하여, 미국을 비롯한 선진국들의 농업 보조금 정책의 축소 내지는 철폐를 요구했다. 이러한 그의 반미 태도는 미주를 비롯한 지구촌 국제사회에서 브라질의 지위를 격상시켰다. 브라질의 국익은 개도국의 이익에 거의 부합했다. 또한 룰라의 정책은 브라질의 경제발전에 크게 기여하게 되었다.

칠레의 아옌데 정권과 미국의 정치 개입

남미의 서해안에 4,200km에 걸쳐 뻗어 있는 매우 긴 나라 칠레는 1818년 산 마르틴에 의해 스페인으로부터 독립했다. 산티아고 시민은 산 마르틴을 해방자로 환영하고 그를 칠레 정부의 수반으로 추대했으나, 그는 칠레 독립의 지도자 베르나르도 오이긴스에게 이를 양보했다. 영토 팽창 정책을 써서 영토를 확장하여 1883년에는 칠레는 전체 영토에 3분의 1에 해당하는 북부 지역을 차지했다. 이곳은 구리와 초석이 많이 생산되는 지역이어서 구리와 초석의 수출로 칠레 경제가 번영기를 맞이했다.

칠레는 빈번한 군사 쿠데타에 시달린 다른 라틴아메리카와는 달리, 오랫동안 정치세력들 사이에 타협과 협력의 정치문화가 존재해왔고, 따라서 국민의 민주주의 역량이 강화되어있었다. 때문에 사회주의 정당과 공산주의 정당의 지지를 받는 '인민연합(unidad popular, UP)'이라는 선거연합이 가능했다. 1970년에 아옌데는 '인민연합'을 통해 좌파정치세력들을 결합하여 지지층을 확대함으로써 대통령에 당선될 수 있었다. 아옌데는 선거운동 과정에서 민중연합 정권이 추진할 '40개 정책'을 발표했는데, 이는 앞으로 사회복지를 적극 추진할 것을 역설함으로써 사회 하층계급으로부터 지지를 끌어내는 데 성공했다. 반면, 중도파와 우파정치세력이 분열함으로써 국민당과 기독교민주당은 선거를 앞두고 선거연합에 실패했다. 그 결과 아옌데는 선거를 통한 사회주의 정권을 창출하게 되었다.

집권 후 아옌데 정권은 노동자와 농민을 비롯한 하층 민중들의 적극적인 지지를 바탕으로 구리와 초석 광업을 비롯하여 국가기간산업, 금융업 등을 국유화했다. 특히 구리 산업의 국유화 조치는 실질적으로 보상이 아닌 무상 몰수라는 혁명적 방법으로 진행되었다. 그리고 농지개혁을 추진하여 1,300여 명의 대토지소유자로부터 토지를 몰수해 이를 농민에게 분배했다. 이와 함께 노동자의 임금인상을 통해 소득 재분배 정책을 적극 시행했다. 그러나 아옌데의 급격한 사회주의 개혁정책은 기득권 세력의 엄청난 반발을 가져왔다. 우선 미국 자본이 소유하고 있던 구리 광산의 국유화는 미국의 보복적 경제봉쇄를 가져왔다. 미국의 조작으로 국제 구리 가격이 하락하면서 초기에 호조를 보이던 칠레의 경제상황이 다시 악화되었다. 게다가 아옌데 정권의 사회주의적 정책 추진으로 위기를 느끼고 있던 보수 야당들은 반혁명적 법률제정과 내각에 대한 탄핵 등으로 아옌데 정부의 개혁을 좌절시키려 했다.

산업자본가들 역시 생산을 위한 자본을 투기 자본으로 전환한다든가 상품도 제한적으로 출하시킴으로써 경제적 혼란을 부추겼다. 여기에 중소 규모의 제조업자와 은행원, 의사, 엔지니어, 등 중산계층도 연대파업을 일으켰다. 특히 트럭운수업자의 파업은 식량과 생산 부품의 유통을 불가능하게 하여 산업시설이 마비되고 생활필수품의 유통이 차단되는 큰 혼란을 일으켰다. 그리고 국영 구리광산 노동자들마저 파업을 일으킴으로써 아옌데 정권의 정통성에 심한 손상을 입었다. 이는 구리공장 노동자들의 파업이 아옌데 정권과 노동자 간의 갈등을 노출함과 동시에 믿었던 노동세력의 일부 세력이 보수 야당의 입장에 접근하게 되었다는 것을 상징적으로 보여주는 것이기 때문이다.

한편 미국은 아옌데 정권의 성립을 상당히 우려하기에 이르렀다. 아옌데는 자유롭고 공정한 선거를 통해 집권했다. 미국의 상식으로는 공산주의는 정복이나 전복과 같은 폭력을 통해서만 집권할 수 있다고 생각하고 있었는데, 아옌데는 이러한 부정한 수단을 써서 집권했다고 주장할 아무 근거가 없는 것이 문제였다. 미국은 즉시 키신저가 의장인 국가안보위원회를 소집하여 칠레 국민이 정치적으로 심히 '무책임'하다고 비난하고, 아옌데 사회주의 정권을 무너뜨리는 공작에 착수했다. 미국은 아옌데 정권을 전복시키기 위해 25만 달러의 뇌물기금을 조성했다. 첫째는 칠레 의회에 압력을 가해 새로운 선거를 하여 우파의 프레이를 세워 집권시키는 작업이었고, 둘째는 곧바로 군사쿠데타를 추진하는 것이었다. 제2안은 칠레의 육군참모총장 슈나이더의 완고한 반대에 직면했다. 미국의 CIA는 칠레의 우파단체를 매수하여 슈나이더 장군을 납치하려 했다. 그는 납치에 저항하다 중상을 크게 입어 죽었다. 그는 영웅으로 추대되어 국민의 존경 속에 장례를 치렀다.

이러한 사태의 진전에도 미국은 줄기차게 아옌데 정권을 무너뜨리는 공작을 계속했다. 그 이유는 미국 기업의 보호 때문일 것이다. 미국 기업들은 10억 달러 이상을 칠레에 투자했다. 하지만 더욱 근본적인 이유는 1976년 다음번 선거에서도 아옌데가 자유롭고 공정한 선거에서 다시금 집권함으로써 사회주의가 민주적 수단에 의해 집권하고 통치할 수 있다는 가설을 기정사실화한 것이다. 키신저와 미국을 두렵게 한 것은 칠레를 통한 라틴아메리카의 사회주의화 확산이라는 '도미노 현상'이었다.

1973년 총선에서 보수 야당들과 자본가들은 대통령 탄핵에 필요한 의석 확보에 실패했다. 마침내 이들은 군부에 의한 쿠데타가 아옌데 정권을 붕괴시킬 수 있는 유일한 수단이라고 생각했다. 이런 가운데 피노체트 장군을 비롯한 주요 육군 장교와 우파 퇴역 장군들이 아옌데에 서한을 보내어 계속 사회주의 정책을 시행한다면 군부가 알아서 독자적으로 행동하겠다고 협박했다. 이에 위기에 처한 아옌데는 국민투표를 통해 제헌의회를 구성하기 위한 선거를 제안했다.

피노체트를 비롯한 쿠데타 주모 세력들은 결과가 불확실한 국민투표를 사전에 봉쇄하기 위해 쿠데타 일정을 국민투표보다 시행 발표 직전인 9월 11일로 조정했다. 3군 참모총장과 경찰 국장은 공산 정권에 유린당한 조국을 구하기 위해 나섰다고 선언하면서, 아옌데 대통령은 24시간 이내에 대통령직에서 물러나라는 내용의 성명을 발표했다. 그리고 그날 아침 쿠데타군의 헬리콥터가 대통령 집무실이 있던 대통령 궁 상공을 선회하면서 아옌데의 망명을 요구했다. 아옌데 대통령은 집무실에서 중계한 라디오 방송을 통한 대국민 담화에서 칠레의 노동자들이 요구하기 전에는 절대로 물러나지 않겠다고 밝히면서 '칠레 만세!' '민중 만세!' '노동자 만세!'를 외쳤다. 곧이어 대통령 궁을 향한 쿠데타군의 폭격이 가해졌고, 아옌데 대통령은 40여 명의 지지자와 함께 지하 벙커에서 최후를 맞았다.

1973년 9월 11일 피노체트는 쿠데타로 아옌데 정권을 붕괴시켰다. 그는 정권을 탈취한 뒤 "이 나라에서 나뭇잎 하나도 내 명령 없이는 움직이지 못한다."라고 할 만큼 칠레를 독재적으로 통치했다. 쿠데타 직후 3개월 동안 공산당원을 비롯한 좌익계 인사들을 체포하여 공설운동장에서 사살하는 바람에 그 옆을 흐르는 마포초 강이 피로 붉게 물들었을 정도였다. 그는 대통령 직속으로 악명 높은 비밀경찰 '국가정보국'을 창설하여 이후 3년 동안 자신에 반대하는 반정부 조직을 철저히 소탕했으며, 외국까지 추적하여 암살, 납치를 자행했다. 붙잡힌 정치범에게 강간, 손발톱 뽑기, 불로 지지기, 썩은 음식과 사살한 동료의 인육을 먹이는 등 천인공노할 인권유린을 자행했다.

피노체트는 미국의 시카고대학에 유학했던 '시카고 보이즈'에게 경제정책을 맡겨 아옌데 정권으로부터 몰수당하여 국유화됨으로써 부실에 빠졌던 공기업을 원소유주에게 돌려주고, 농민에게 분배되었던 토지도 지주에게 되돌려주었다. 이들 '시카고 보이즈'들의 합리적 경제정책으로 칠레의 경제 사정은 호전되기 시작했다. 그러나 칠레는 무엇보다도 유구한 민주주의 전통을 가지고 있던 나라였다. 피노체트의 강압 정치에도 반정부 세력의 민주화 요구는 더욱 커져만 갔다. 1989년 12월 피노체트 우파와 좌파 공산당을 배제한 대통령선거에서 중도 17개 야당연합의 단일후보로 아일윈이 당선되었다. 9·11 사태 후 칠레에도 다시 '핑크빛' 정치문화가 재등장했다. 2000년대 대통령선거에서 사회당 후보들이 대통령에 당선되었다. 이 정권하에서 칠레는 한국과 자유무역을 체결했다.

3. 미국의 라틴아메리카 지배체제

라틴아메리카에 대한 미국의 관심 지역은 카리브 해였다. 카리브 해는 일찍부터 스페인, 영국, 프랑스, 네덜란드 등 유럽 열강의 식민지로 구성된 '유럽의 호수(Europian Lake)'였다. 미국 먼로주의가 지향하는 목적은 '미국의 호수(American Lake)'로 만드는 데 있었다. 시어도어 루즈벨트는 그 정당성을 '먼로주의에 대한 루즈벨트의 추론'이라 하여 팽창의 이데올로기로 변명했다.

카스트로 쿠바의 반미정책

미국 본토에서 150km밖에 떨어지지 않은 카리브 해 입구에 있는 쿠바는 라틴아메리카의 미국의 세력권 가운데 미국이 쉽게 다루기 어려운 눈엣가시 같은 존재였다. 1898년 미국-스페인 전쟁으로 미국이 승리함으로써 독립은 인정되었지만, 1902년까지 미국의 군정 하에 놓였다. 미국은 군정 기간 중 쿠바 내 미국인의 생명과 재산을 보호한다는 명목으로 쿠바의 주권을 제한했다. 이러한 내정간섭을 가능하게 한 구실은 '플랫 수정안(Platt Amemdment)'이었다. 이 수정안의 내용을 살펴보면 '미국은 자국민의 생명과 재산을 보호하기 위해 쿠바의 내정에 개입할 수 있다', '쿠바 정부는 쿠바의 독립을 손상할 수 있는 국제관계에 임의로 참여할 수 없다', '미국은 쿠바에 해군 기지를 보유한다', '미 군정의 쿠바 내에서의 모든 활동과 권리들은 정당하며 보호되어야 한다' 등 여러 가지 불평등 조건이 포함되어 있었다. 미국은 이 규정들을 근거로 해서 '연합청과회사(United Fruit Company)'를 비롯한 대기업을 동원하여 쿠바의 경제를 지배해 나갔다.

미국과 유럽의 열강들은 라틴아메리카를 쿠바는 설탕, 베네수엘라는 석유, 칠레는 초석, 페루는 구아노(새의 배설물, 비료로 쓰임), 아르헨티나는 축산물, 브라질은 목재, 중미는 바나나 등 단일작물 재배의 단순한 원료재 생산지로 편성하여 선진국의 소비생활과 생산 활동의 값싼 원료 공급지로 만들고, 공업제품의 시장으로 만들어 경제적 착취를 했다.

1956년 멕시코에서 쿠바의 망명객 카스트로는 체 게바라를 만나 80여 명의 동지와 함께 그란마 호를 타고 쿠바에 상륙, 시에라 마에스트라 산맥을 거점으로 한 게릴라 활동을 시작했다. 1956년 1월에는 드디어 악명 높은 독재자 바티스타를 축출하고 당당하게 수도 아바나에 입성하여 쿠바혁명의 꿈을 이루었다. 카스트로는 혁명에 성공한 뒤 전면적인 농지개혁과 산업의 국유화, 국민소득의 공정한 분배, 교육의 확충 등 급진적인 개혁을 추진했다. 이를 위해 외국인 특히 미국인 소유의 토지와 산업시설을 환수하려 했다. 카스트로는 석유법과 대기업 국유화법을 제정하여 1960년 7월부터 쿠바에 있던 미국인 소유의 기업과 은행들을 모두 국유화했다. 특히 석유 산업의 국유화는 미국과 갈등을 일으켰다. 당시 쿠바의 석유정제 공장들은 베네수엘라산의 원유를 정제하여 주로 미국에 공급하고 있었다. 카스트로는 소련산 원유가 훨씬 싸다는 것을 알고, 쿠바에 있는 석유정제 공장들도 러시아산 석유도 취급해야 한다고 선언했다. 영미계 석유회사들이 이를 거부하자 카스트로는 석유정제 공장의 몰수를 명령했다. 이에 미국은 즉각 쿠바산 설탕 수입의 제한으로 응답했다. 카스트로는 이러한 미국의 조치에 대응하여 미국의 전기회사와 주요 설탕 가공 공장까지도 몰수했다. 그 후 미국인이 소유하던 호텔과 카지노 등 향락 시설까지 몰수하여 1961년까지 쿠바 내 전 산업이 국유화되었다.

카스트로의 급진적인 개혁정책에 미국은 경제제재를 가하기 시작했다. 하지만 쿠바는 소련으로부터 1억 달러의 차관을 받고, 5년간 500만 톤의 설탕을 소련에 수출하기로 했다. 소련의 원조는 미국의 경제적 압력에 직면하여 달러 부족에 처한 카스트로에게 혁명을 지속할 수 있게 하는 중요한 힘이 되었다. 또한, 미국과의 관계 악화는 쿠바의 공산주의화를 가속화시키는 요인으로 작용했다. 이러한 쿠바의 대소련 관계가 피그스 만 사건과 쿠바 미사일 위기의 배경이 된 것이다. 피그스 만 사건은 냉전을 격화시킨 배경이었다.

1962년 10월에 소련은 쿠바에 중거리 미사일을 설치한다는 첩보가 입수되었다. 그것은 미국 본토를 겨냥한 심각한 안보상 위기였다. 케네디 대통령은 소련의 무기 수송선을 해상 봉쇄로 대응했고, 며칠간의 대치 끝에 소련 흐루쇼프는 미사일을 철수하기로 동의했다. 미·소 대치는 핵전쟁 일보 직전까지 악화된 사건이었다. 미사일 위기 이후 케네디 행정부는 1964년 2월 미국인의 쿠바 여행을 금지했으며, 같은 해 7월에는 미국 내 쿠바의 자산을 동결시켰다. 1964년에는 미주기구(OAS)를 통한 다국적 제재안이 발동되었다. 쿠바는 1960~1975년에 소련으로부터 30억 달러의 달하는 군사비를 지원받았다.

1990년대에 들어 소련과 사회주의국가들의 붕괴에 따른 교역의 감소로 쿠바의 경제상황도 급속히 악화되었다. 이를 타개하기 위해 폐지했던 주택,

선박, 농장 등에 대한 세금을 다시 부활 시행하게 되었고, 부분적으로는 자본주의적 생산방식을 도입해 변화를 추구하기도 했다. 이러한 쿠바의 변화에도 카스트로 정권을 붕괴시키겠다는 미국의 정책에는 변함이 없었다. 1992년 쿠바 봉쇄를 위한 '쿠바민주주의법(CDA)'이 입법화되었고, 1996년에는 '쿠바의 자유 및 민주 연대법'이 입법화되어 쿠바에 대한 경제 봉쇄를 확대하려 했다.

카스트로는 1980년과 1994년 두 차례에 걸쳐 카스트로 정부에 등을 돌린 쿠바인들의 대규모 국외 탈출을 허용했다. 1차로 1만 명 이상이 탈출했고, 2차로 12만 5,000명이 쿠바를 탈출하여 미국으로 망명했다. 쿠바 정부는 이들을 범죄자, 약물 중독자, 인간쓰레기들이라고 폄하하고 매도했으나 사실 이들은 단지 사회주의체제하에서는 더는 삶을 지탱할 수 없다고 결심한 평범한 시민일 뿐이었다. 그 후에도 다시 쿠바 탈출 사태가 일어났지만, 이번에는 정치적 난민이라기보다 단지 경제적 어려움으로 일어났다. 그들은 아바나 항이나 부근 해안에서 나무상자나 스티로폼으로 제작된 조악한 배를 타고 결사적으로 미국을 향하여 밀항했는데 그 숫자가 3만 명이나 되었다. 역설적이게도 쿠바 난민 문제로 난처한 처지에 빠진 것은 미국이었다. 카스트로는 쿠바가 수용할 수 없던 반체제 인사들을 처리하게 되었고, 미국은 수십만 명의 골칫거리들을 받아들인 셈이었다.

카스트로는 1959년 아바나에 입성하여 정권을 탈취한 뒤 아이젠하워로부터 열 번이나 백악관의 주인이 바뀌면서 미국의 숱한 압력을 받았지만 이를 잘 버텨냈다. 그는 여러 대내외적인 어려움을 극복하고 쿠바에 많은 발전을 가져왔다. 하지만 1990년 초 소련과 동구권이 몰락하자 쿠바 경제는 극심한 침체를 경험했다. 구소련과 동구권과의 무역이 총무역의 90%를 차지했던 쿠바에 사회주의권의 몰락은 대외무역의 감소에 따른 외화 유입의 격감을 가져왔다. 그 결과 연료, 식량, 의류 등 모든 부문의 물자 부족으로 이어졌다. 이처럼 국민의 생활이 위협받는 수준에 이르자 1993년부터 쿠바는 자본주의 수용에 대한 논의를 벌이기도 했다. 그 후 외화 유입의 증대를 위해 상품과 서비스 공급의 확대, 관광사업을 위시한 외화 획득 산업의 적극적인 육성, 재정지출의 축소, 외국 투자의 적극적인 유치 등을 골자로 하는 쿠바의 신경제정책이 추진되었다. 특히 경제위기 타파를 위한 가장 기본적이며, 시급한 문제인 외화 유입의 증대를 위해 쿠바 정부는 전 국민의 달러 소지를 자유화하여 외국으로부터의 송금을 유도했다. 이렇게 자본주의적 요소를 도입한 쿠바는 1994년에 이르러 경제가 꾸준히 성장했다. 미국 CIA의 암살 시도(쿠바 정보국장은 그 회수가 638번 있었다고 주장했다)에도 49년 동안 권좌에 있던 카스트로는 2008년 공식적으로 은퇴를 선언했다. 2월 28일에는 그의 혁명동지이며 혁명 이후에도 줄곧 '측근'의 핵심 멤버로 주요 정책 결정에 중요한 역할을 한 동생 라울 카스트로가 국가평의회의 의결로서 형의 지위를 계승했다.

라울 카스트로 새 국가평의회 의장은 경제 부문에서 본격적으로 개혁의 색깔을 드러내었다. 일반 국민에게 컴퓨터 등의 가전제품 판매를 허용한 것을 시작으로 사설 택시면허 허가와 임대 형식이지만 개인의 농지 소유도 허용하는 등 경제개방 조치가 잇따라 나왔다. 라울 카스트로는 우선 쿠바 페소화(cup. 내국민용)와 외국환 페소화(cuc. 외국인용)로 나누어 운용하던 이중화폐제도를 단일화할 뜻을 밝혔다. 또한 중요한 변화로서 라울 카스트로는 쿠바 국민의 삶을 지탱하던 '배급카드제'를 폐지할 뜻을 밝혔다. 이 두 정책이 폐지된다면 쿠바도 중국이나 베트남처럼 '사회주의 시장제도' 도입으로 이어질 것이며, 쿠바경제도 개혁과 개방으로 나아갈 것으로 예상할 수 있게 되었다.

니카라과, 그라나다, 파나마, 베네수엘라, 볼리비아

동서냉전의 격화로 인해 동유럽은 소련의 세력권이며, 라틴아메리카는 미국의 세력권이라는 생각이 고착화되었다. 1977년 7월 중미의 니카라과에서는 미국의 기업과 밀접한 관계를 유지하고 있었던 소모사 정권이 부패에 대한 국민의 비판으로 붕괴했다. 이에 대신하여 좌파의 산디니스타 정권이 성립하자 미국은 정권에 반대하는 우파 '콘트라'에 원조를 개시했다. 그와 같은 노골적인 내정간섭을 미국은 태연하게 행했던 것이다. 그리하여 산디니스트 정권은 드디어 붕괴하고 말았다. 1983년 10월 카리브 해의 그라나다에서 친소련파 군사 정권이 수립되자 미국의 레이건 대통령은 곧바로 '그라나다에 거주하는 미국인들의 안전 확보'라는 명목으로 대규모의 군사적 침공을 했다. 미국군은 대번에 군사 정권을 붕괴시키고 친미파의 임시 정권을 수립했다. 다음 해에는 정식 선거를 하여 친미 정권을 확립했다. 1989년 12월 중미의 파나마에서는 파나마운하를 경비하기 위해 주둔하고 있던 미국군이 파나마 병사에 의해 사살되는 사건이 발생했다.

미국의 부시 대통령(父)은 즉시 군사 개입을 했다. 그리하여 파나마를 실질적으로 지배하고 있던 국방장관 노리에가를 체포하여 미국으로 연행하는 사건이 발생했다. '마약의 불법 거래'가 체포의 이유였다. 실제로 노리에가 장군은 마약거래에 연루된 바 있었으나 미국이 자국의 법률 위반을 근거로 다른 주권국가의 각료를 체포하기 위해 군대를 파견한 것은 분명한 내정간섭이었다. 그러나 그것을 저지할 수단을 가진 세력은 국제사회에 없었던 것이다. 미군의 공격으로 파나마 국군은 붕괴했다. 파나마운하의 관리권은 1999년 12월 31일까지 미국으로부터 파나마에 이관되었으나 운하를 관리하고 경비할 능력이 없던 파나마 정부는 관리권을 반환한 후에도 할 수 없이 미군이 운하를 경비하게 했다. 그리하여 미국의 권익에 대단히 중요한 파나마운하는 지금도 미군이 주둔하여 경비를 맡게 되었다. 이것을 파나마의 반미주의자들은 미국의 파나마 '강간'이라고 표현하고 있다.

라틴아메리카 국가들은 식민지 시절부터 대토지소유제와 부의 집중이 계속되었는데, 21세기에 이르러서도 신자유주의(新自由主義) 개혁하에 그 정도가 더욱 심화되었다. 예를 들어 브라질은 상위 3%가 전체 농경지의 60%를 소유하고 있었고, 전체 국민의 44%가 하루 2달러 이하의 저소득층을 이루고 있었다. 이와 같은 빈곤의 악순환으로 이루어진 불평등한 사회구조는 먼로주의로 무장한 미국에 의해 더욱 심화되었다. 미국의 의도대로 라틴아메리카의 산업구조는 바나나와 커피 등 단일작물만을 생산하는 종속적인 구조로 단순화되었다. 특히 1980년대 초 외채위기로 상환불능의 사태를 제대로 대처하지 못했던 군부독재 정권들은 거세지는 민주화 요구에 밀려 권력을 민간정부에 넘겼다. 민간정부들은 이른바 '워싱턴 컨센서스'에 의해 미국의 신자유주의 노선으로 정책을 전환했다. '워싱턴 컨센서스'란 산업 정책으로 정부의 간섭을 배제하는 탈규제화를 비롯해 무역의 자유화 민영화를 주요 골자로 하는 경제 프로그램으로 미국 등의 경제 강국에 유리한 정책이었다. 그 결과로 1995년 멕시코의 페소화의 위기에서 시작하여 2002년 아르헨티나의 외환위기에 이르기까지 라틴아메리카의 경제위기를 가져왔다. 이는 이 프로그램을 주도한 미국과 신자유주의에 대한 거센 저항을 불러왔다.

이러한 배경에서 라틴아메리카에서는 좌파 정권들이 돌풍을 일으키며 등장했다. 라틴아메리카에서의 좌파바람의 첫 출발은 1998년 베네수엘라의 우고 차베스의 등장이었다. 그 후 2003년 5월 아르헨티나의 네스토르 키르치네르, 같은 해 10월 브라질의 룰라 등 좌파 정권이 연이어 등장했다. 2005년 12월에는 볼리비아에서 원주민 출신의 에보 모랄레스가 집권했다. 그는 대통령에 당선되자 석유자원의 국유화를 전격적으로 선언하여 좌파 바람의 상징이 되었다. 2006년 5월 볼리비아의 대통령 모랄레스가 당선된 이후 처음으로 베네수엘라를 방문했다. 모랄레스와 만난 차베스는 그 자리에서 베네수엘라, 쿠바, 볼리비아의 세 좌파 정권을 '선(善)의 축(軸)'으로 정의했다. 그것은 '악의 축'으로서 테러를 지원하는 이란, 이라크, 북한을 정의한 부시의 말을 빗댄 말이었다. 라틴아메리카의 '선의 축' 당사국 세 나라는 정치적, 경제적, 이념적인 협력관계를 매우 구체적으로 공고히 하기로 했다. 미국은 이러한 세 나라의 협력 관계에 큰 우려를 표명했는데, 그것은 기존의 북미자유무역협정(NAFTA)에 이어 미국이 적극 추진하고 있는 미주자유무역지대(FTAA)에 대한 계획에 라틴아메리카 국가들의 참여가 저조하여 그 성사가 불투명한 상태에 머물고 있기 때문이다.

제25장

현대 러시아

1. 스탈린의 사망 후 소련

흐루쇼프의 스탈린 비판

1953년 소련 체제의 창설자 스탈린이 사망했다. 그의 후계자인 흐루쇼프는 3년 후 제20차 공산당대회에서 스탈린을 비판한 비밀보고를 발표했다. 스탈린 시대에 소련에서 어떤 일이 일어났는가를 털어놓은 놀랄만한 내용이었다. 회의에 출석했던 대의원들에게 그 내용을 극비에 부치도록 했으나, 그것은 동유럽 공산당에게 흘러들어 갔고, 그것을 미국의 국무부가 수소문해서 공표하게 된 것이다.

이 비밀보고에서 폭로된 내용은 첫째로 스탈린의 성격에 나타나는 병적일 정도의 깊은 의심이었다. 이 보고에서는 스탈린이 가까운 측근마저 믿지 않았다는 것을 비판했다. 그는 이르는 곳마다 상대방을 '적', '위선자', '스파이'로 몰아 처형하곤 했다. 그는 제한 없는 권력을 가지고 있었기 때문에 주변 사람들을 정신적, 육체적으로 말살시킬 수 있었다. 따라서 누구도 자신의 뜻을 표명할 수 없는 상태가 되었다. 예컨대 당 대회의 대의원 1,956명 중 1,108

명이 체포되었다는 사실이 그것을 증명하고 있다. 이들은 대부분 '인민의 적'이라는 명목에 의해 비밀재판으로 사형 판결을 받았으며, 판결이 나면 곧바로 처형되었다.

스탈린의 생존 중에도 소련 각지에는 스탈린의 동상이 만들어졌고, 연일 스탈린이 얼마나 위대한 인물인가를 선전 보도했다. 1948년에 출판된『스탈린 소전(小傳)』에서는 '가장 위대한 통령', '모든 시대 모든 민족의 최량의 전략가' 등의 미사여구로 스탈린을 치하하여 그를 '우상화'하고 있었다.

공산 정권들의 개인숭배와 일당 독재체제

스탈린에 의해 자행된 우상화 작업을 흐루쇼프는 비밀보고에서 "마르크스 레닌주의와는 관계없는 개인숭배를 극복해야 한다."라고 비판했다. 그러나 개인숭배의 우상화는 스탈린뿐 아니라 사회주의 여러 나라, 이를테면 유고슬라비아의 티토, 루마니아의 차우셰스쿠, 중국의 모택동, 북한의 김일성 등이 모두 그들 자신을 정치지도자로서 우상화하는 경향이 있다. 왜 이렇게 공산주의의 개인숭배가 국제적으로 발생하는가. 그것은 스탈린의 개인 책임이 아니고 사회주의국가의 특유한 정치구조에 그 원인이 있지 않을까 하는 생각을 하지 않을 수 없다. 즉 이들 국가는 공산당의 일당 독재 스타일을 띠고 있다. 명목상으로는 다른 정당이 존재해도 본래의 야당 역할을 하지 못했다. 일당 독재하에서는 모든 것은 당의 지도에 따르게 되어 있다.

이러한 체제 속에는 우리가 이해하는 '3권분립'은 존재할 수 없었다. 검찰이나 재판소 등 '사법'의 독립도 있을 수 없다. 검찰관의 수사는 당의 지도에 따르게 되어 있으며, 재판소의 재판관도 당의 방침에 거역해서 판결할 수 없었다. 또한, 보도기관도 당의 지도를 받아 '사회주의 발전을 위한 보도'만 요구된다. 정치와 사법에 대한 비판보도는 허용되지 않는다. 가끔 행정기관의 부패에 대한 비판보도가 나타나기는 했으나 그것은 당이 '반부패 캠페인'을 실시할 방침이 정부에 의해 결정되었을 때 따른 것일 뿐이다. 이처럼 '보도의 자유'가 없을 때 국민이 알지 못하고 있을 때 모든 것이 결정되고 추진됨으로써 건전한 '국민의 여론'이 형성될 수 없었다.

그러면 당이란 어떻게 운영되는가. 소련은 공산당의 최고의사결정기관은 당 대회였다. 그러나 당 대회는 몇 년에 한 번 개최되었고, 대의원 수도 1,000명 이상이며, 실질적 논의는 이루어지지 못했고 대회는 단지 형식적인 의례일 뿐이었다. 그리하여 당 대회 대신 중앙위원회가 방침을 대행했는데, 이 중앙위원회도 인원이 많았기 때문에 일상적 방침은 정치국(politburo)이라 불리는 극히 소수인 간부가 결정했다. 이 정치국을 통솔하는 사람은 서기장(書記長)이었다. 절대적 권력을 지닌 서기장이 그때그때 정치적 판단을 '대행'하게 된다. 그 결과 당 조직의 꼭대기에 선 인물에 의해 그 나라의 모든 것이 결정되는 것이다. 스탈린이 최고의 지위에 올라서면 그 무엇도 그를 견제할 수 없게 된다. '개인숭배는 마르크스 레닌주의와는 관계가 없다.'라고 항의해도 소용 없다. 게다가 수뇌부의 결정이 계속되면 실무자로서의 중견 간부의 사기는 떨어지게 되어 있다. '판단하는 것은 수뇌부'이기 때문에 그의 지시와 명령을 묵수하는 것만이 그들이 실패하여 비판을 받는 것보다 덜 위험한 것이었다. 그리하여 정치, 경제, 외교의 모든 분야에서 중견간부들의 판단 정지가 일어나게 된다. 일당독재하의 경제가 정체에 빠지는 원인이 여기에 있었다.

소련의 경제체제

소련은 사회주의 경제체제를 1930년대부터 운영해 왔다. 경제관리의 중앙집권적 여러 형태가 소련의 사회주의 건설에서 우선 국가의 공업화와 집단화라는 중요 과업을 해결해 주었으며, 히틀러의 파시즘에 대항했던 전쟁 시의 경제동원에서 큰 역할을 수행했다는 것은 잘 알려진 사실이다. 그러나 그 후에도 중앙집권적 관리를 마치 '마법에 걸린 것'처럼 바라보고, 중앙집권화된 명령 및 지령식 방법의 경제운영을 사회주의 경제제도의 본질적 특성의 유일하고 올바르며 완벽한 표현인 것처럼 받아들인 것은, 모든 것이 변화된 현대에 와서 잘못인 것처럼 간주된다 .

소련이 지향한 경제체제는 다음과 같은 세 가지 '이상(理想)'이 있었다. 첫째로 기업은 개인의 소유물이 아니고 국가의 소유물이 되는 것이다. 따라서 자본가에 의한 노동자의 착취는 사라진다. 둘째로 경제는 계획경제가 된다. 모두 전문가가 계획을 세우고, 그 계획에 따라 상품이 생산, 판매되기 때문에 지나치게 생산되거나, 안 팔려 남거나, 사야 할 물건이 부족할 경우는 없어진다. 자본주의 체제에서처럼 불황이나 공황은 일어날 이유가 없다. 실업자도 없어진다. 셋째로 이윤추구를 위한 생산은 없다. 사회주의적 기업은 이윤을 추구하는 것이 아니라 사회의 이익을 위해 생산한다. 따라서 기업의 비밀은 그 의미가 없어지고, 새로운 지식이나 새 기술은 기업 간에 공유되며, 따라서 경제가 무섭게 발전한다.

소련은 그 '이상'을 실현하기 위해 다음과 같은 '수단(手段)'을 강구했다. 즉 세상의 부(富)는 노동으로 발생한다. 그 때문에 노동자가 사회의 주인공이 되어야 한다. 사회혁명을 일으켜 노동자가 권력을 장악해야 한다. 그러나 자본가는 자신들이 사라질 것을 두려워하여 사회주의를 전복하려 할 것이다. 그것을 방어하기 위해서는 노동자가 독재해야 한다. 그것이 '프롤레타리아 독재'라는 개념이다. 다음으로 노동자 대표기관인 공산당이 모든 권력을 장악하여 자본가를 탄압하고 자본주의의 부활을 막기 위해서는 소련체제를 비판하는 매스컴의 존재는 인정할 수 없다. 그것은 다만 자본가를 기쁘게 할 뿐이기 때문이다. '인민을 위해 보도'하는 보도기관만이 그 존재가 허락될 수 있다. 이렇게 사회주의가 발전되면 사회의 생산능력은 한층 높아지고 가난한 자는 없어지고 모두 잘살게 될 것이다. 결국, 생산력이 더욱 높아지면 누구도 원하는 것을 원하는 만큼 받을 수가 있을 것이다. 그것이 공산주의 사회인 것이다. 그렇게 되면 누구도 삶에 만족하게 되므로 자본주의를 부활하고자 하는 움직임도 사라질 것이다. 그러나 지금은 '과도기'이다. 자본주의국가들의 적의(敵

意) 속에 포위된 사회주의국가인 소련으로서는 불편한 점도 있지만, '이상'의 실현을 위해 참고 노력하자', 이것이 '이상'을 목표로 한 소련의 '수단'이었다.

그러면 소련의 '이상(理想)'에 대해 '현실(現實)'은 어떠했는가.

우선 기업은 국가의 것이기 때문에 노동자 전원은 국영기업의 사원이 되었다. 농민도 '집단농장'의 사원이었다. 일해도 일을 안 해도 급료는 똑같아서 고생해서 다른 사람 이상으로 일할 필요가 없다. 태업해도 급료는 꼬박 틀림없이 나오기 때문에 다른 사람처럼 태업하게 된다. 집단농장에 근무하는 사원들은 아침부터 저녁까지 정해진 일과를 때우면 되는 것이다. 밤중에 서리가 내린 다던가 비바람이 쳐서 농작물이 해를 입더라도 자신의 급료 액수에는 상관이 없다.

다음으로 경제는 계획경제체제였다. 몇천만 개 기업의 생산목표와 국민 전체 소비자의 수요를 어떻게 매치할 수 있을까. 이에 대해서는 위에서 고스플랜(국가계획위원회)이 생산 계획을 짜기 때문에 고용주나 노동자들은 고민할 필요가 없다. 노동자들은 '어차피 위에서 지령이 오기 때문에 중견층과 말단은 골치 아프게 생각할 필요가 없다. 지령이 오는 것을 기다리면 되는 것이다. 따라서 창의적으로 새로운 것에 도전하는 사람은 별로 없다. 그 결과로 예컨대 누구도 원치 않는 변변치 못한 장화가 상점에 가득 진열되어 있지만, 많은 사람이 원하는 멋진 구두는 드물게 생산되어 그러한 물품이 가끔 출하된 상점에는 긴 줄이 늘어서는 게 보통 있는 일이었다.

생산도 사회를 위해 이루어진다. 한 사람 한 사람이 소속되어 있는 기업을 위한 것이 아니다. 그러므로 기업 간에 경쟁도 없다. 국가의 기업이 망할 염려도 없다. 고생해서 신기술을 개발할 필요도 없다. 그것이 스탈린 체제하의 소련경제의 현실이었다.

2. 고르바초프의 개혁

고르바초프의 등장

1985년 3월 11일 소련공산당 정치국원이며, 중앙위원회에서 농업 문제를 담당하던 미하일 고르바초프는 늙고 병든 체르넨코의 뒤를 이어 소련공산당을 이끄는 서기장(書記長)으로 선출되었다. 당시 모스크바의 지도자로서는 색다르게 그는 54세의 젊은 나이였고, 모스크바대학을 나온 인텔리였다.

고르바초프는 정통 당 관료로서 출세의 길을 고속으로 질주해 온 사람 중의 하나였다. 그는 모스크바대학의 학생이던 1952년 소련공산당의 정식 당원이 되었으며, 대학을 졸업한 후에는 스타브로폴로 낙향하여 콤소몰(공산당 청년 조직)에서 일하기 시작하여 1년 만에 고향의 콤소몰의 제1서기가 되었고, 1970년에는 스타브로폴 지방당 제1서기로 선출되었다. 그는 겨우 39세의 나이에 지방당 책임자로서 당의 최고 엘리트 대열에 합류했다.

이어서 1978년에는 모스크바에 진출하여 당 서기국의 농업 문제를 담당하는 서기가 되었으며, 1980년에는 드디어 정치국원이 되었다. 그의 이와 같은 고속 승진은 그가 개혁주의를 숨겼기 때문에 그가 속해 있는 노멘클라투라(소련의 기득권을 지닌 관료층)의 집단적 이익을 충실히 지켜 줄 수 있는 사람으로 비친 것이 사실이었다. 따라서 그가 서기장이 되었을 때 소련 정치에 혁명적 변화를 가져올 인물이라고는 누구도 상상하기 어려웠다. 그러나 혁명적이지는 않더라도 소련에서 어떤 변화가 필요하다는 것은 소련의 일반 인민뿐 아니라 당의 관료들도 이미 느끼고 있었다. 그것은 1980년대 전반에 들어서 소련의 경제성장이 제로에 가까워졌기 때문이었다. 바로 이러한 이유 때문에 브레즈네프의 집권기는 소련에서 '정체기'로 불린다. 침체된 소련의 경제상태에 의해 소련사회에는 불안이 퍼져가고 있었다. '이러한 정세가 계속되면 소련은 쇠퇴에 빠지게 되는 것이 아닐까?'라고 걱정하는 간부들이 늘어나게 되었다. 지도자들 사이에 위기의식이 심화되면서 개혁적인 성향의 젊은 고르바초프가 최고지도자로서 선출될 수 있었다.

페레스트로이카와 글라스노스트

새로이 소련의 지도자로 등장한 고르바초프는 이러한 상황을 개선할 짐을 떠맡게 되었다. 그러나 이러한 개선도 사회주의적 원칙에 근거해야 한다는 것이 당 지도부 모두의 공통된 인식이었다. 고르바초프는 이 과제를 안고 취임 후 첫 공산당 중앙위원회 전체회의를 개최했다. 공산당 제27차 전당대회는 1986년 2월에 소집되었다. 이 회의에서는 아직 개혁의 진정한 출발을 알리려는 의도에서 개최된 것인지는 많은 의문이 든다. 그 정도로 이 회의에서는 봉쇄적인 낡은 사고가 지배적으로 나타났다. 그러나 아직은 페레스트로이카(뜯어고침)를 전략적 개념으로 격상시킨 것은 아니었다.

고르바초프는 위기에 빠진 경제에 초점을 맞추었다. 그러나 고르바초프는 경제회복이 소련 체제 개혁의 핵심적 요소임을 깨닫고 있었으나, 불행히도 한 경제학자의 말처럼 '자신이 도입하고자 하는 개혁의 기본 원리를 이해하지 못했다.' 그는 집권 기간 줄곧 경제를 개선하고자 수많은 시도를 했지만, 그것은 일관된 정책에서 나왔다기보다는 상황의 변화에 따라 그때그때 즉흥적으로 대처한 측면이 훨씬 컸다. 집권 직후 그가 전개한 금주(禁酒) 및 노동 강화 캠페인은 국민에게 그리 인기 있는 것이 되지 못했다. 그는 1985년 5월에 금주운동을 전개했다. 고르바초프는 5년간에 걸쳐 보드카 생산을 10% 줄이고자 했다. 노동자들의 음주는 무단결근과 작업장에서의 안전사고와 같은 노동규율의 해이를 가져와 연 약 800억 루블의 생산 손실을 보아왔다고 주장되었다. 하지만 이 금주운동은 고르바초프를 '오렌지주스 동지'라고 부르는 등 일반 국민의 조소만 받은 채 조용히 끝나고 말았다.

소련의 행정, 명령형 경제체제와 관료주의에 의한 물자의 낭비와 비효율성은 1980년대 경제위기 속에서 더욱 극명하게 드러났다. 경제적 위기가 모든 사람에게 피부로 느껴지면서 소련 국민은 이제 국가와 사회보다는 자신과 자기 가족 등을 챙기는 데 급급해졌다. 게다가 1979년 아프가니스탄 출병은 군수물자 수요와 군비확장으로 소비재 생산을 늘리겠다는 소련 정부의 계획에 차질을 빚어왔다. 이러한 위기상황에서 노보시비르스크 연구소를 중심으로 일련의 개혁파 연구원들이 소련 경제와 정치사회 문제점들을 진단하고 나름대로 대책을 제시했다. 그중 1983년 여름 노보시비르스크 연구소에서 자슬라프스카야 등 경제학자들에 의해 〈노보시비르스크 경제보고서〉가 작성되었다. 이 보고서는 소련의 모든 기업은 모든 면에서 중앙관료기구의 행정 명령형 경제체제에 의해 꼼짝 못하게 얽매어 질식해 버릴 지경에 이르렀다는 분석이었다.

고르바초프는 〈노보시비르스크〉의 선언에 크게 영향을 받았다. 1983년에 열린 제27차 당 대회에서 그는 산업 활동의 '가속화' 전략을 채택했다. 또한, 급여와 상여금을 노동 생산성과 연계하여 노동자들의 노동 의욕을 고취하고자 했다. 이에 더해 생산물의 질을 높이려는 조치를 도입했다. 시험 삼아 1,500개의 공장에 상품의 품질을 감시하는 새로운 시스템을 마련하고 이를 위한 국가 기구까지 구성했다. 하지만 이러한 조치는 이를 꺼리는 노동자들의 저항으로 2년 뒤에는 흐지부지 끝나고 말았다.

소련공산당 제27차 전당대회 이후 몇 가지 조치를 통해 당과 사회적 민주화가 어느 정도 이루어졌다. 당원들이 전통적으로 누려 온 면책특권의 수준이 어느 정도 격하되어서 당원이 재판에서 유죄 판결을 받으면 당으로부터 축출되었다. 부정부패에 대해서도 지속적인 단속이 이루어졌다. 하지만 전반에 걸쳐 볼 때 개혁은 아직은 미온적이었다. 한편으로 고스플랜의 지도를 강조하면서도 개별 기업들의 늘어난 자율을 강조했고, 생산 잉여분에 대한 농민들의 자유처분권도 허락되었다.

고르바초프는 경제개혁뿐만 아니라 점차 공공생활의 모든 측면에서 근본적인 변화가 필요하다고 말하기 시작했다. 1985년이 지나면서 페레스트로이카라는 용어가 공식적으로 더 많이 등장하기 시작했고, 마침내 1986년에는 그것이 단순히 경제의 쇄신만이 아니라 '정치체제와 사회적 관계, 이데올로기적 영역 등 모든 부분에서 페레스트로이카가 필요하다'는 고르바초프의 선언이 발표되었다. 이러한 포괄적인 그의 선언은 고르바초프의 경제개혁이 이제는 소련사회의 다른 모든 부문과 어쩔 수 없이 긴밀하게 연결되었음을 고르바초프 자신도 깨달아 가는 것을 반영하는 것이다.

4월 26일에 발생한 우크라이나의 체르노빌 원자력발전소의 사고는 소련사회의 총체적 개혁의 필요성에 대한 공감을 더욱 확산시켰다. 이 참사는 비밀의 베일에 가려져 있는 소련의 안전관리가 얼마나 형편없는 것인가를 확인시켜 준 사건이었다. 이 비극적인 원자로 사고는 잘못된 설계와 사람들의 실수로 발생했다. 이 참사는 오염된 원자로 부근에 보호 장비를 제대로 갖추지 않은 수천 명의 청소부를 투입한 데서 보듯 수습 과정에서 드러난 심각한 문제 등 그동안 누적되었던 소련 사회의 모든 부정적 측면을 한꺼번에 노출하는 계기가 되었다. 이 사고로 소련 당국은 공식적으로 38명의 사망자가 발생했다고 발표했지만, 현재 방사능에 오염되어 10만 명 이상이 후유증으로 죽거나 상처를 입은 것으로 추정하고 있다. 이 참사를 계기로 소련 당국이 정보를 빨리 공표하지 않았기 때문에 피해가 확대되어 사태를 악화시켰다는 것을 알게 되어 글라스노스트(정보 공개)의 필요성을 통감시켰다. 본격적인 페레스트로이카는 글라스노스트로부터 시작되었다. 관영 TV를 비롯한 모든 매스컴을 통해 그동안 공표가 금지되었던 정보들이 공개되기 시작했고, 이를 토대로 활발한 의견교환과 논쟁이 벌어졌다. 소련의 사회적 문제점과 그 해결책에 관한 토론의 개방을 통해 대중의 창의성을 고양하고, 경제기구를 민주화함으로써 대중을 개혁에 참여시키는 것이 그 목적이었다.

이제까지 감추어졌던 역사와 사회의 어두운 면이 햇볕 아래 드러나기 시작했다. 긍정 일변도로 이루어졌던 과거사에 대한 재평가 작업이 시작되었다. 스탈린 체제 이래의 억압체제에 대한 고발과 비판이 이어졌다. 착취를 일삼던 노멘클라투라(특권 계급)에 대한 격렬한 비판이 가해졌으며, 부정부패, 알코올 중독, 매춘 등의 사회적 병적 증상이 폭로되고 그에 대한 대책들이 제시되었다. 문학, 영화, 드라마의 검열도 폐지되어, 반체제 인사들의 작품도 빛을 보기 시작했으며, 서방 세계의 자유분방한 문화도 수입 보급되기 시작했다. 정부의 공식 입장과 견해를 달리하는 사람들이 느슨한 모임을 형성하기 시작했고, 자유주의적 지식인과 사회주의적 '좌익 반대파'들이 함께 등장해 대중운동을 확산시키기 시작했다.

1987년 11월 2일 고르바초프는 10월 혁명 70주년 기념연설에서 스탈린 시대의 행정 명령형 경제정책과 정치탄압을 비판하면서 의견과 사회활동의 다양성을 뜻하는 '사회주의의 다원성'을 제기했다. 이 언급은 급진주의자를 부추기는 결과를 낳아 이를 계기로 옐친으로 대표되는 급진개혁파가 공개석상에서까지 목소리를 높이기 시작했다.

정치제도 면에서의 페레스트로이카는 소련사회에서 새로운 선거제도의 도입에 중점을 두었다. 1897년 1월에 개최된 중앙위원회 전체회의에서 당의 간부 인사제도에 새로운 지침이 내려졌다. 그것은 페레스트로이카에 대해 저항하고 있는 당 기구에 대한 쇄신을 목표로 한 것이었다. 그때까지 소련에서의 선거란 당이 천거한 단일 후보에 대한 찬반을 묻는 것으로 요식행위에 불과했다. 하지만 1월 중앙전체회의에서는 사회주의적 민주주의의 확대라는 차원에서 각종 노동조직, 기업, 소비에트, 당 등 광범위한 차원에 복수 후보자에 대한 경선제를 도입하기로 한 것이다.

이러한 정치적 변화는 '민주화(demokratizatsiya)'란 용어로 집약되었다. 그것은 완전한 대의제의 도입을 뜻하지는 않았지만, 각종 정치과정에 국민의 참여를 크게 제고시킨 것만은 확실했다. 각 작업장에서는 종업원들이 경영자를 직접 선출하도록 종용이 되었으며, 국가 정치에도 1987년 가을에 지방 소비에트 선거에서 처음으로 복수 후보제가 되었다. 1989년 3월에는 새로 설치된 인민대의원대회 선거에서 1917년 혁명 직후 제헌의회 선거 이래 처음으로 전국적 규모의 민주적 선거가 벌어졌다. 총 2,250명의 대의원 중 1,500명을 국민의 직접 선거로 뽑은 이 선거에서 국민은 선거구가 내세운 복수 후보 가운데 한 사람을 선택했다. 그 결과 일부 선거구에서는 구정치인들이 뚜렷하게 몰락했다.

대회에서는 최고 소비에트를 선출했고, 그 의장으로 고르바초프를 뽑아 이제 고르바초프는 당수뿐만 아니라 소련 대통령직도 겸임하게 되었다. 이런 정치의 민주화 바람을 타고 이해에 따라 이합 집산하는 20여 개의 정당이 출현했다. 고르바초프는 내키지는 않았으나 1990년 3월 공산당의 권력 독점을 포기하고 다당제(多黨制)를 인정하지 않을 수 없었다.

'신사고 외교'

페레스트로이카와 글라스노스트가 내정의 개혁이라 할 수 있다면 '신사고외교(新思考外交)'는 대외정책의 개혁이었다. 그것은 대미협조 노선을 취하며, 핵(核) 군축을 시행하며, 외국에 군사원조와 개입을 축소, 정지하며, 군비확장 경쟁을 중지할 것을 내용으로 했다.

1970년대 말에서부터 80년대에 걸쳐 소련의 외교는 최악으로 치달리고 있었다. 1979년 말 소련의 아프가니스탄 침공은 데탕트(긴장완화)의 위기를 조성하는 것이었다. 또한, 유럽에서의 미군에 의한 퍼싱 미사일의 배치는 소련의 SS20 미사일 배치라는 대응으로 유럽에서 핵전쟁의 위협을 더욱 심화시켰다. 1983년 미국 대통령 레이건에 의해 SDI(戰略防衛構想)이 제시되어 미국과 소련의 군비확장 위기는 더욱 증가했다. 새로운 긴장을 조성한 이 시기를 '신냉전'의 시대라고 불리기도 한다.

1970년대 소련의 브레즈네프 체제의 기본은 소련의 핵전력이 대미대등(對美對等)의 지위를 확보함으로써 그것을 기본으로 대미 관계를 비롯하여 대유럽과의 관계개선을 통해 데탕트를 구축하려는 것이었다. 1972년 닉슨 대통령의 소련 방문, SALT 1(제1차 전략무기 제한협정) 조약의 체결, 그리고 서독에 의한 동방외교가 데탕트 외교의 성공을 보장했다. 유럽의 국경선을 확인한 1975년의 헬싱키 선언은 데탕트의 정점이었다.

데탕트의 외교는 1980년대 초에는 커다란 위기에 직면했다. 무엇보다 중요한 것은 소련의 경제적 어려움에서 왔다. 고르바초프가 밝힌 바처럼 소련의 경제는 80년대 초에는 마이너스 성장에 정체되어 있었다. 따라서 군사력에서의 대미대등의 확보는 미국보다 소규모인 소련의 경제력으로 큰 부담이 아닐 수 없었다. 소련의 군사경제를 연구하는 전문기관들(소련 과학 아카데미의 대외부문 연구소)은 '새로운 사고'의 원형적인 이론들을 발언하기 시작했다. 그 내용은 첫째로 미소 2극론적 발상에서 벗어나 세계가 다극화함을 기본으로 하여, 세계경제가 상호의존한다는 세계관을 채용하게 된 것이다. 미소의 동서관계뿐 아니라 남북관계를 포함하여 대립과 투쟁만이 아니라 '상호의존'이 새로운 국제관계의 계념이 되었다. '새로운 사고'는 이른바 글로벌한 문제들 이를테면 핵전쟁, 에코로지, 제3세계 빈곤 등의 문제는 체제의 차이를 뛰어넘어 협력해야 한다는 생각이었다.

고르바초프의 '신사고외교'의 배경은 미소 간에 치열하게 전개되어 온 핵무기 확산 경쟁을 끝장내고자 하는 데 있었다. 특히 레이건에 의해 제기된 SDI 계획은 소련에 큰 위기감을 조성했다. 그동안 미소 간의 핵무기 경쟁으로 두 나라는 대량의 핵무기를 보유시킴으로써 한쪽이 핵미사일을 발사하면 상대국을 전멸할 수도 있다는 '공포의 균형'으로서의 '핵 억제론'에 기초하에서로 핵무기 증산을 계속했었다. 그런데 SDI란 소련의 핵미사일이 날아와도 공중에 비치해둔 다수 인공위성에서 레이저를 발사하여 그 미사일을 우주공간에서 격파하여 미국 본토에 도달하지 못하게 하는 계획이었다. 이 계획이 완성된다면, 미국은 소련을 두려워할 필요가 없을 것이며 전쟁이 일어나면 미국이 이기고 소련이라는 나라가 지구에서 사라질 것이었다. 그렇게 되지 않기 위해서는 핵무기 경쟁을 끝내야 한다는 생각을 하게 되었던 것이다.

고르바초프는 미국과의 긴장완화를 위해 계속 후속조치를 단행했다. 1989년 쿠바에 대한 원조를 삭감했다. 또한, 아프가니스탄으로부터의 소련군을 완전히 철수시켰다. 또 베트남으로 하여금 캄보디아로부터 철수를 종용했다. 그리고 이제까지 미국과 소련이 세계 각처에서 각각 진영을 만들어 원조를 통해 우방국을 거느려 왔었으나 소련은 이 경쟁을 일방적으로 끝장내었다. 그리하여 1989년 12월에는 미국 대통령 부시와 지중해 말타 섬에서 회담하여 핵무기 감축에 합의하고 '냉전의 종결'을 선언했다. 이에 냉전은 끝났다.

옐친의 등장

고르바초프의 개혁은 현실적으로는 여러 난관에 직면했다. 그는 경제를 활성화하기 위해 개인 기업에 주체성을 부여했다. 위로부터 계획을 강제하는 것으로는 기업경영자들의 능력이 향상될 수 없기 때문이다. 하지만 그 결과는 상품들이 상점으로부터 그 모습을 감추어 버리는 현상을 가져왔다. 기업경영자들에게 자유를 주면 계획 경제체제하에서 싼 임금으로 불만에 차 있던 경영자들은 우선 자신을 포함한 노동자의 급료를 인상했다. 노동자들의 수입이 늘어나면 상품을 지금까지보다 더 구매할 여유가 생겼다. 자본주의 사회라면 수요(需要)가 높아지면 그에 따라 상품 가격이 올라가기 마련이다. 그러나 소련 사회에서는 가격통제가 계속되었기 때문에 상품 가격은 낮게 억제되었다. 노동자들은 여유 있는 수입으로 값이 싼 상품을 사기 위해 아우성치게 된다. 상품이 상점에 나타나면 어느새 긴 줄이 형성되고 곧바로 매출된다. 따라서 소련 국민의 불만은 높아지기만 할 뿐이었다.

게다가 글라스노스트의 결과 차례로 밝혀진 소련의 문제점들이 소련 국민을 놀라게 할 정도였다. 글라스노스트를 통해 얼마나 소련이 부패하고 뒤떨어진 나라인가를 국민은 처음으로 새삼스럽게 알게 되었다. 그것은 또한 나라를 이 지경으로 만든 소련공산당에의 비판으로 연결되었다. 고르바초프는 경제를 자유화시켜서 국민이 자유롭게 의견을 말할 수 있게 함으로써 사회에 새로운 활력이 일어나고 민주화된 공산당이 국민의 지지를 얻어 정권을 유지할 수 있다고 생각했다. 하지만 실제로는 국민이 좋아하는 상품들이 상점에서 사라지고, 과거에 공산당 지배가 어떤 것인가를 알게 된 소련 국민이 공산당

체제 자체에 불만을 지니게 된 것이다.

이러한 소련 국민의 불만을 알게 된 소련공산당의 간부들은 고르바초프의 개혁에 위기감을 갖게 되었다. 고르바초프의 개혁을 그대로 내버려뒀다가는 공산당은 정권을 잃게 될 것이고, 소련이라는 나라도 분열되고 말 것으로 생각했다. 그 결과가 쿠데타였다.

1991년 8월 19일 고르바초프가 여름휴가를 얻어 흑해 연안 크리미아 휴양소에 체재했던 틈을 타서 소련 정부의 고위관료 8명이 '국가비상사태위원회'를 설치했다. 이들은 기자회견을 열고 "고르바초프는 병 때문에 야나예프 부통령이 정권을 인계했다."라고 발표했다. 이들 8명은 야나예프 부통령, 파블로프 수상, 크류치코프 KGB 의장, 야조프 국방상 등 고르바초프 대통령에 의해 선출되어 대통령을 보필하던 간부들이었다. 고르바초프는 측근들에 의해 배반당한 것이다.

고르바초프 측근의 쿠데타 이후 등장한 인물이 옐친이었다. 당시 옐친은 소련을 구성하는 15개의 공화국 중 가장 큰 공화국인 '러시아 공화국'의 대통령이었다. 고르바초프의 개혁이 진행되는 동안 1990년 3월 러시아공화국 의회 선거에서 옐친은 모스크바에서 입후보하여 당선되었다. 그는 소련공산당을 엄격히 비판하여 모스크바 시민의 공감을 얻었다. 그는 전 투표 총수에서 90%의 표를 획득하여 당선되었다. 그는 다시 5월의 의장선거에서 의장으로 당선하여 러시아 공화국의 지도자가 되었다. 또다시 그는 러시아 국민으로부터 직접선거로 선출하는 대통령 직접선거를 신설했는데, 1991년 6월 러시아 공화국만으로 대통령 선거를 하여 러시아공화국 대통령으로 취임했다. 이제까지 소련이나 소련을 구성하고 있던 공화국 단위에서도 지도자가 국민의 직접선거로 선출되는 경우는 없었다. 옐친은 소련공산당 비판을 펼침으로써 모스크바 시민의 지지를 얻어 시민의 직접선거로 선출된 최초의 지도자로서 지위를 굳히게 되었다.

쿠데타가 발생하자 옐친은 러시아 의회 '화이트하우스' 건물 앞에 주차해 있던 전차를 타고 올라가 '쿠데타 반대'를 당당히 주장했다. 옐친의 호소에 호응하여 2만 명의 시민이 화이트하우스 앞에 모였다. 쿠데타 측의 명령을 따르지 않는 군의 전차부대도 달려와서 의회 방위에 참가했다. 화이트하우스 공격을 명받은 특수부대도 그 명령을 거부했다. 소련군의 여러 부대가 모스크바로의 부대 이동을 거부하는 등 쿠데타파의 명령에 복종하지 않았다. 이미 소련 국민은 심지어 당의 간부에 이르기까지 공산독재의 과거로 돌아가고 싶지 않았다. 이러한 상황을 맞아 쿠데타파는 동요했다. 그들은 옐친의 체포를 명령했으나 군은 움직이지 않았고 반대로 그들이 추적당하게 되었다.

쿠데타는 맥없이 실패하고 말았다. 쿠데타를 시작한 8명 중 1명은 자살하고 나머지 7명은 체포되었다. 그런데 이 쿠데타의 실패는 곧 소비에트 연방의 붕괴로 이어졌다. 쿠데타의 실패 뉴스를 듣고 기쁨에 찬 국민은 각지에서 레닌의 동상을 넘어뜨렸다. 소련 건국의 아버지 레닌의 동상을 넘어뜨리면서 국민은 소련체제에 대해 '니예트(no)'를 표현했다. 고르바초프가 시작한 소련의 개혁은 그의 예상보다 더 진전하게 된 것이다. 보수파에 의한 쿠데타는 많은 국민에게는 대부분 국민에게 '과거로 회귀'라는 어두운 예감으로 다가왔고, 그것이 옐친 지지로 폭발했던 것이다.

연금되고 있었던 고르바초프는 옐친의 지시에 따라 파견되었던 러시아공화국 고관 일행에 의해 구출되어 모스크바로 돌아올 수 있었다. 하지만 이 일련의 사건으로 이미 고르바초프와 옐친의 권력관계는 역전되었다.

옐친의 권력장악

옐친은 소련공산당 중앙본부 건물을 봉쇄하고 공산당의 활동 금지를 명령했다. 러시아공화국 속에 있던 소련의 국가재산을 모두 러시아공화국의 소유로 이전했다. 즉 러시아공화국은 소련 일부였지만, 러시아공화국 영토 내에 존재했던 모스크바의 모든 소련의 주요 정부기관과 국가재산이 러시아 공화국에 귀속되었다. 여론의 힘을 배경으로 부상한 옐친은 과거 소련의 재산을 러시아

공화국의 것으로 만들게 된 것이다.

옐친에 의해 구출된 고르바초프는 옐친의 '초법적 행동'에 저항할 수 없었고, 드디어 소련공산당 서기장 직을 사임하고, 당 중앙위원회도 해산당했다. 1,800만 명의 당원을 거느리던 소련공산당이 일순간에 소멸하게 된 것이다. 이것은 보수파의 쿠데타 실패라는 기회에 편승한 옐친의 쿠데타라고 할 수 있다. 소련이 가졌던 국가 재산 대부분을 러시아공화국에 흡수함으로써 소련이라는 나라는 다만 명목적 존재가 되고 말았다. 하지만 비록 명목적 존재이기는 했으나 소련이라는 국가는 존재하고 있었으며 소련의 대통령으로서 고르바초프도 존재했다. 그리하여 옐친은 새로이 손볼 일을 착수했다. '울트라 C'라고 하는 작전이었다.

1991년 12월 8일 옐친은 우크라이나의 크라후츄크 대통령, 벨라루시의 슈스케비치 최고회의의장과 벨라루시의 민스크 교외의 숲의 별장에서 만나 비밀회의를 열었다. 회의 결과 '소련의 해체와 독립국가공동체(CIS)를 창설'할 것을 발표했다. 즉 이제까지 소련을 구성하고 있었던 15개의 공화국 중에서 러시아, 우크라이나, 벨라루시의 3국가만으로 러시아 공화국이 성립되었다. 그 결과 소련이 해체되고 소비에트 연방 대신 '독립국가공동체'라는 조직이 창설되었다. 이 3개국은 모두 슬라브인으로 구성되고 있었으며, 그중에 러시아공화국은 국토면적 대부분을 차지하고 있었다. 비록 규모는 작지만 여러 민족으로 구성된 러시아 서부, 남부의 공화국들의 의견을 고려함이 없이 슬라브계 3개국 지도자 독단으로 국가체제를 변경하기로 했던 것이다. 따라서 이제까지 함께 소련을 구성하고 있었던 다른 공화국들은 불만을 피력했다. 하지만 결과적으로 그 후 소련을 구성하고 있었던 15개의 공화국 중 발트 3국을 제외한 12개 공화국이 독립함으로써 CIS가 창설되었다. 12월 25일에는 모스크바 대통령의 건물이었던 크렘린 궁에서 소련 국기가 강하되고 구 러시아의 3색기가 게양되었다.

소련의 해체

소련이라는 거대한 국가가 돌연히 소멸함으로써 그 뒤에 13개국의 새로운 국가가 탄생했다. 하지만 이 공화국들은 독립국가공동체이기 때문에 그전의 소련과는 달리 하나의 통일된 국가조직은 아니었다. 각각 독립한 국가가 조약을 맺어 협력할 것을 약속한 것이다. 소련은 이제까지 UN의 상임이사국의 지위를 점하고 있었다. 이 지위는 자동으로 러시아공화국이 계승했다. 러시아는 이제 소련 면적의 4분의 3을 점하게 되었다. 러시아공화국은 구 러시아제정을 계승했으며, 구 러시아의 시베리아 개척으로 점령한 광대한 시베리아 영토를 계승했을 뿐 아니라 슬라브인이란 종족적 공동체 의식이 강하게 남아있었기 때문에 그 이후 민족적으로 다양했던 서쪽이나 남부 영토와는 다른 발전을 할 수 있었다. 그리하여 CIS는 거대한 1국가 러시아공화국과 나머지 소국 12개국으로 형성되었다.

소련 각지에 분산하여 보관된 핵무기는 우선 모두 러시아 국내로 이전되었다. 핵무기를 발사하는 버튼도 고르바초프로부터 옐친으로 넘겨졌다. 옐친의 신생 러시아는 그 뒤에도 혼란에 혼란을 계속했다. 그 모습을 당시 미국의 베이커 국무장관은 다음과 같이 서술하고 있다.

> 민주 개혁파의 사람들은 예외 없이 어떻게 시민사회를 건설할 것인가 하는 지식이 없었다. 시장경제에 관한 그들의 견해는 귀를 의심하게 할 정도로 달콤한 전망만 하고 있었다. 공산주의는 자유를 파괴했을 뿐 아니라 어떻게 자유를 실현할 것인가 하는 지식마저 사멸해 버린 느낌이 들었다.

옐친 대통령하에서 러시아는 자본주의 경제체제가 형성되었다. 이제까지 소련에서 상품 가격은 모두 정부에 의해 정해졌다. 러시아 정부는 이를 개정하여 상품 가격을 자유화하여 각 기업이 자유롭게 가격을 결정하도록 했다. 그것은 다음과 같은 생각 때문이었다. 즉 자본주의하에서 상품 가격은 '수요와 공급' 관계로 결정된다는 전제였다. 상품 가격이 높아지면 생산이 늘어나 점차 가격이 내려가게 될 것이다. 그러면 값싼 상품이 풍부하게 나돌게 되리라는 것이다. 그러나 상품 가격이 내려가기는커녕 급격히 인상될 뿐이었다.

자본주의에서는 어떤 상품의 가격이 올라가면 다른 기업들이 같은 상품의 생산을 시작함으로써 상품이 풍부해져 가격이 반드시 내려가기 마련이다. 하지만 그러기 위해서는 같은 상품을 생산, 판매하는 기업이 여럿 존재하여 격렬한 자유경제를 되풀이되어야 함이 전제되어야 한다. 하지만 구소련 시대에는 어떤 특정한 상품을 생산하는 국영기업은 국내에 한 개만 존재하는 것이 고스플란의 지령을 실천하는 데 편리했었다. 러시아에서는 상품 가격이 자유화되면 기업은 생산을 늘리지 않고 가격만 올려 쉽게 돈을 벌고자 했다. 자본주의 경제의 핵심적인 자유경쟁의 원리를 잘못 도입한 러시아는 혼란에 빠질 수밖에 없었다. 경제적 혼란에 편승하여 러시아 마피아의 암약이 활발해졌다. 그 결과 러시아 경제실권의 상당 부분이 마피아에 의해 장악되었다.

2000년 5월 7일 블라디미르 푸틴이 47세의 젊은 나이로 제2대 대통령에 취임했다. 그는 취임연설에서 "러시아는 세계에서도 존경받는 자유주의 경제 체제에 편입되어 번영하고 있다. 이제부터 우리는 풍성하고 강력한 문명국가를 건설해야 한다."라고 국민에게 호소했다. 소련의 해체로 크게 혼란에 빠진 러시아를 개혁하지 못한 채 알코올 중독과 지병으로 쇠약해진 옐친은 젊은 푸틴에게 정권을 내놓고 물러났다.

푸틴 대통령의 취임

소련이 붕괴하고 난 후 광대한 영토를 상속한 러시아공화국의 푸틴 대통령은 '민주적 독재자'로 평을 받기도 한다. 그는 한때 수상으로 물러났다가 재선으로 다시금 대통령에 취임했다. 러시아는 기본적으로는 민주주의 국가가 되었으나 푸틴이 절대적인 정치권력이 있다는 실태가 푸틴에 의한 민주적 독재로 평가되는 이유이다. 러시아에는 아직도 마피아와 관계있는 기업도 존재하며, 서방의 관점으로는 자본주의라고 할 수 없는 경제체제가 계속되고 있다.

하지만 한때 혼란의 극치이었던 경제가 다시 개선되어 러시아경제는 발전하고 있다. 세계적인 원유가격의 상승으로 원유와 천연가스 자원이 풍부한 러시아는 막대한 외화수입으로 경제를 지탱하고 있다. 푸틴 대통령은 에너지 관련 기업들을 재국유화(再國有化)하고, 구소련의 우크라이나, 벨라루시에 대해서도 자원을 무기로 영향력을 유지하고 있다. 하지만 푸틴의 독재 '소련'이 다른 형태의 전제정치로 부활할 수도 있지 않을까 우려된다.

제26장

현대 동유럽

1. 제2차 세계대전 후 소련의 동유럽 점령 정책

소련에 의한 동유럽 위성화(衛星化) 과정

동유럽의 운명은 1945년에 독일군이 패배하면서 결정되었다. 소련의 적군(赤軍)은 연합군의 노르망디 상륙 작전이 성공했을 즈음 1944년 6월에 이미 소련 영토에서 독일군을 완전히 몰아낸 상태였다. 그 뒤 연합군이 독일군의 주력을 서부전선에 묶어버리는 틈을 타서 적군(赤軍)은 11개월 동안 더 격렬한 전투를 통해 독일군을 동유럽으로부터 축출하는 데 성공했다. 동유럽을 '대조국해방전쟁(大祖國解放戰爭)'을 통해 점령한 소련의 적군은 당연하게 그 지역을 소련의 영향하에 둘 것을 염두에 두고 있었다.

스탈린은 소련의 안보를 보장받기 위해서 소련 정부가 전쟁이 끝난 후 동유럽에서 지배적인 영향력을 행사할 것을 고집했다. 하지만 서방에도 동유럽과 관련한 이해관계가 전혀 없었던 것은 아니었다. 나치 독일이 1939년에 폴란드와 체코슬로바키아를 점령한 뒤 영국은 이 나라들의 망명정부 결성을 후원하고 그것들을 런던에 두었다. 영국은 전후 이 망명정부들을 중심으로 두 나라에 전후의 정부를 구성할 채비를 하고자 했다. 하지만 스탈린은 이들 비공산주의 망명정부들이 전후의 폴란드와 체코슬로바키아를 지배하는 것을 용인하지 않았다. 스탈린 자신은 모스크바에 망명해 있던 두 나라의 공산주의자들을 통해 나치가 축출된 이후 이 나라들을 통치하도록 준비하고 있었다.

비록 최초에는 유럽의 분할 문제에 대해 각 강대국 사이에 심각한 의견의 대립이 있었으나 소련군이 점령했던 지역들은 대부분 소련의 위성국(衛星國)이 되었다. 서방의 지도자들도 동유럽 국가 인민들의 고통 따위는 염두에 두지 않는 등 냉소적인 현실주의로 일관했다. 소련군에 의해 점령되었음에도 그 세력권에 포함되지 않았던 지역은 오스트리아뿐이었다. 전후 오스트리아의 중도 연립 정권은 국가의 분단을 회피하기 위해 소련을 상대로 끈질긴 교섭을 했다. 1955년 5월 당시 오스트리아를 분할 점령하고 있던 미국, 영국, 프랑스, 소련 4개국이 오스트리아가 '중립'을 유지하는 조건으로 독립을 인정하는 '국가조약'을 오스트리아 정부와 맺었다. 그리하여 오스트리아는 동·서 어느 진영에도 소속하지 않았으나 실제는 서방 제국들이 공유하는 인권과 자유, 민주주의를 보장을 기본 원칙을 존중하는 통일국가로 재출발하게 되었다.

그 밖에 폴란드, 헝가리, 루마니아, 불가리아, 동부 독일은 공산국가가 되었다. 유고슬라비아와 알바니아는 소련군에 의해 점령되기 전 티토와 호자 등 공산주의자의 지도 아래서 빨치산 활동을 통해 자력으로 나치를 물리쳤다, 그리하여 티토의 유고슬라비아는 곧 스탈린과 대립하게 되었으며, 경제정책으로는 스탈린의 중앙명령형 계획경제체제를 탈피하여 노동자의 자주 관리에 기초를 두고 각 기업을 단위로 하는 분권적인 '시장 사회주의' 경제체제의 구축을 시도했다. 또한, 외교정책으로도 인도와 이집트 등 '비동맹제국'과의 제휴를 두텁게 하려 했다.

소련의 동유럽 정책

소련은 동유럽을 스탈린 체제로 변화시키기를 적극 추진하기 시작했다. 동유럽 여러 나라에서는 1950년대 전반 각국에서 유력했던 공산당 간부들이 서방의 스파이라는 거짓 죄과를 씌워 처형되거나 투옥되었다. 즉 스탈린의 노선에 충실한 공산당 간부들은 동료 공산당원들에 대해 스탈린형의 숙청을 강행했던 것이다. 그들은 혁명을 위해서는 인권이나 자유, 민주주의를 부정하는 체제하에서 공산당 내부 권력투쟁의 희생물이 되었다. 이러한 종류의 비극은 소련 본국에서처럼 위성국에서도 되풀이되었다.

공산당에 의한 엄격한 통제에도 동유럽의 체제는 안정되지 못했다. 국민 사이에는 가족이나 친척, 친한 친구 간에도 당과 국가를 위해서란 명목으로 밀고가 장려되었다. 언론의 자유나 정당을 새로 조직하는 자유를 전혀 인정받지 못했으며, 모든 정치적 경제적 결정권은 아주 극소수의 공산당 간부에 집중되었다. 선거는 있었지만, 공산당이 추천하는 후보에 대한 찬부만이 요구되었고, 비밀투표제가 아니었기 때문에 '아니요.'라는 의사표현이나 기권은 반체제로 간주되곤 했다.

동유럽에 이식된 명령형의 계획경제는 생활 향상을 보장하지 못했다. 넓은 범위에 걸친 국민의 경제적 불만이 자유의 결핍으로 인한 정치적 불만과 결합하여 체제를 동요시키게 되었다. 소련에서는 과거 차르의 전제체제로부터 스탈린의 전제로 이행했고 수십 년에 걸친 가혹한 탄압으로 유력한 비판세력이 될 수 있었던 지식층이 거의 뿌리째 말살되었다. 하지만 동유럽 몇몇 나라의 국민은 비록 짧은 기간이나마 민주주의를 경험했으며 자유롭게 사고할 수 있는 소수의 지식층이 광범한 국민의 공감을 획득하는 기회가 있었다. 또한, 소련에서는 지도자들이 러시아인들의 민족주의적 감정을 조작하여 체제의 현상유지를 위해 이용할 수도 있었으나, 동유럽에서는 이 내셔널리스틱한 감정이 국민 대다수를 소련의 지배에 반대하는 행동으로 결집시키는 역할을 하게 되었다.

동유럽 여러 나라에 대해 미국의 마셜 플랜의 참가를 금지한 소련은 이 지역을 자신의 진영에 묶어 두기 위해 새로운 경제협력기구를 창설할 필요에 직면했다. 동유럽 국가들에는 유럽의 동서분단은 큰 타격이었다. 이제까지 이들 국가는 여러 가지 공업제품이나 농산물을 서방 제국에 수출하고 또 많은 공업제품을 서방 국가들로부터 수입하고 있었다. 다시 말하면 서방 국가와 상호 의존 관계 속에서 경제와 국민 생활을 유지해 왔다.

1949년 1월 소련의 이니시아티브로 경제상호원조회의가 설립되었다. 서방에서는 그 머리글자를 따서 코메콘(Communist Economic Conference, COMECON)이라 호칭했다. 코메콘의 최초 가맹국은 소련, 폴란드, 체코슬로바키아, 헝가리, 루마니아, 불가리아 등 6개국이었다. 그 뒤 1978년까지 알바니아, 동독일, 쿠바, 베트남이 가입했다. 그 밖에도 유고슬라비아, 핀란드, 이라크, 남예멘, 에티오피아 등이 준가맹국, 옵서버국으로 되어 있다.

코메콘은 실제로 소련을 맹주로 하는 종속성이 짙은 기구였다. 이 기구는 소련 위성국들의 석탄이나 우라늄 등을 광물 자원과 기계 등 공업제품을 염가로 소련에 공급하는 것과 함께 원유 등이 소련으로부터 공급함으로써 위성국들의 경제와 정치적 안정을 목표로 삼았다. 하지만 코메콘은 위성국 경제를 소련 경제에 의존시키는 것에 불과했다. 동유럽 여러 나라 사이에는 경제적 격차가 커서 실질적인 통합의 기반은 존재하지 않았다. 서유럽의 경제통합 같은 공동시장으로의 전망이나 통화의 교환성 회복을 위한 노력도 일어나지 않았다. 무역은 인위적으로 설정된 비합리적인 가치체계하에 강제적으로 유지되어 있었고, 국제적으로 교환성이 불확실한 소련의 통화 루블에 의해 결제되었다. 국제적 석유위기를 겪게 된 1975년 이후에는 소련도 원유 공급가격의 대폭적 인상이 불가피해졌다. 그것은 동유럽 국가들의 경제위기를 가속화시켰다.

코민포름과 나토

1949년 9월 스탈린은 동서 양진영의 유럽국가들의 공산당 수뇌를 소집하여 '공산당 및 노동자당 정보국(코민포름, Communist Information Bureau)'을 설립했다. 코민포름을 통해 스탈린은 동유럽제국의 결속을 강화시킴과 동시에 서방 제국의 공산당에게 미국에 대한 투쟁을 지시했다. 서방 제국의 내부로부터 미국과 친미 정권을 공격함으로써 미국에 의한 소련과 동구권 체제에 대한 봉쇄 정책의 완성을 방해하려 했다. 명목상으로는 코민포름은 대전 전의 코민테른(Communist International)과는 달리 지령에 따라 각국 공산당을 움직이는 조직이 아닌 정보와 의견을 교환하는 기관이라 간주했다. 하지만 현실에서는 스탈린의 지시를 따르지 않는 유고슬라비아의 티토 정권을 격렬히 비판하는 등 위성국들에 무장투쟁 노선으로 '민주해방 민중혁명'을 채용하도록 압력을 가했다. 결국, 코민포름은 흐루쇼프 시대에 와서 서방 여러 나라의 불신을 제거하고 '평화공존' 정책을 추진한다는 관점에서 해산되었다.

소련의 동유럽 지배에 대항하기 위해 서방에서도 공동방위를 구축하려는 노력이 시작되었다. 1949년 4월 미국, 영국, 프랑스, 벨기에, 캐나다, 룩셈부르크, 네덜란드, 노르웨이, 포르투갈 등 12개국이 워싱턴에서 북대서양조약에 서명했다. NATO가 발족한 것이다. 그 뒤 서독 그리스, 터키, 스페인이 가맹함으로써 서유럽에 대한 공산당의 침투를 방어하는 군사기구의 역할을 하게 되었다.

소련은 NATO의 성립에 대항하기 위해 군사적으로도 동유럽 국가들과의 결속을 강화시킬 조치를 강구하기 시작했다. 대전 후 처음에 소련은 위성국들과 개별 조약을 통해 서방에 대항하는 방법을 택했다. 하지만 1955년 5월에는 바르샤바에서 소련을 포함하는 위성국 8개국이 우호, 협력을 통한 상호원조 조약에 서명하고, '바르샤바조약 가맹국 통합군사령부'를 창설했다. 가맹국은 소련, 알바니아, 불가리아, 체코슬로바키아, 동부 독일, 헝가리, 폴란드, 루마니아 등 8개국이었다. 이 회의에는 중국도 옵서버로 참가했다. 서방에 대항하는 기구로 출발했지만, 그 후 실제로 역사를 살펴보면 동유럽 국민의 인권과 자유, 민주화운동을 탄압하고, 소련권으로부터 그들의 이탈을 폭력적으로 저지하는 기구로 기능하게 된 것이 사실이다.

스탈린 사후 동유럽의 변화

1953년 3월 스탈린의 사후 흐루쇼프를 비롯한 모스크바의 새로운 지도자들이 전개한 스탈린 격하 운동은 동유럽을 비롯한 전 사회주의권에 심대하고 지속적인 영향을 끼쳤다. 동유럽의 정치문화는 기본적으로 러시아와는 다른 특징을 지니고 있었다. 즉 중앙 유럽과 동남 유럽의 몇몇 국가 국민은 비록 짧은 기간이지만 서유럽형의 민주주의를 경험한 적이 있었다. 그리고 자유롭게 사고할 수 있던 소수 지식층의 견해가 광범한 국민의 공감을 획득할 기회가 있었다. 동유럽에서 자유주의적 운동은 곧바로 민족주의적인 감정으로 구현되었으며, 국민의 대다수가 소련의 지배에 반대하는 행동으로 연결되기 마련이었다. 이에 대해 비관용적인 공산당의 지배는 동유럽 국민의 폭동과 격렬한 형태를 띤 혁명 투쟁을 유발시키곤 했다. 각국의 공산당과 소련은 경찰력과 군사력에 의한 철저한 탄압이라는 노골적인 수단으로 대응했다.

2. 동유럽의 비(非)스탈린화 운동

폴란드의 혁명

스탈린이 사망한 후 동유럽에서는 정책의 변경을 요구하는 행동들이 발생했다. 흐루쇼프에 의해 주도된 스탈린 비판은 공산주의체제의 위신을 회복하기 위한 시행착오로 볼 수 있으나 결과적으로 동유럽 진영 분열의 방아쇠가 되었다. 폴란드도 예외가 아니어서 흐루쇼프의 스탈린 비판 3개월 후 1956년 6월 폴란드 서부의 포즈난(구 독일령, 독일 지명으로는 포젠)의 공장 노동자들이 대우개선을 요구하는 파업을 일으켰다. 가두시위 중 치안부대가 발포함으로써 시위는 폭동으로 발전했다. 여기에 일반 시민도 참가하여 방송국, 재판소, 경찰서, 교도소, 통일노동당 지부, 외국 방송의 수신을 차단하는 발신소 등을 습격했다. 드디어 군대가 출동하여 무력으로 사태를 수습했는데, 정부 발표에 의하면 54명 사망, 300명 이상의 부상자가 발생했다.

포즈난의 폭동은 폴란드를 비롯한 동유럽 인민에 대한 스탈린식 통치의 한계를 극명히 폭로한 사건이었다. 이러한 상황에서 폴란드공산당(통일노동자당)은 비스탈린화의 일환으로 자체적 개혁을 단행하기 시작했다. 그것은 본래의 마르크스-레닌의 사회주의적 구상의 실현을 위해 그에 저해된다고 판단되는 스탈린적 유산을 공산당 내부로부터 척결하자는 움직임이었다. 그러한 개혁에 대해 폴란드 공산당이 선도적인 역할을 담당함으로써 당 스스로에 의한 '위로부터의 개혁운동'이 전개되었다.

폴란드 공산당은 그리하여 국민 생활의 개선, 정치국(Politbureau)의 인사 쇄신, 노동자의 경영참가 등을 채용했다. 이에 대응하여 소련은 군대를 바르샤바에 이동하여 압력을 넣었다. 폴란드 공산당은 이에 굴하지 않고 국민의 지지를 배경으로 개혁파에 속한 고무우카를 당의 제1서기로 선출했다. 소련이 군사력에 의존하여 체제의 붕괴와 이탈을 막아내려 했으나 점차 소련의 통제력은 약화되었다.

1970년 12월 소고기, 빵 등 식료품의 대폭 인상이 발표되었다. (자본주의 사회에서처럼 수요와 공급에 따라 가격이 결정되는 것이 아니고 공산주의 국가에서는 국가가 결정하는 국정가격이었다.) 이에 항의해서 발트 해안의 그다니스크(제1차 세계대전 이전 독일령 단치히)의 조선소 노동자들의 파업이 일어났다. 경찰이 발포하기 시작하자 파업 시위는 폭동으로 발전했다. 그리고 이 폭동은 폴란드 각지로 확산되었다. 그리하여 공산당 제1서기 고무우카는 사임하게 되었다.

후임 키에레크는 경제정책과 대(對) 가톨릭정책 등 전 정부의 잘못된 시책을 재검토하고, 국민 생활의 개선을 약속했다. 키에레크 정권은 경제성장을 촉진하기 위해 서방 여러 나라로부터 기계와 기술, 자금을 적극 도입했다. 하지만 노동자의 임금인상과 농산물의 매상 가격을 인상함으로써 재정적자가 확대되었다. 게다가 '석유위기'에 의한 세계적 인플레이션과 불황, 그리고 소련의 원유 가격 인상 등 충격을 받아 폴란드의 국제수지의 적자와 대외부채가 급증했다. 그리하여 폴란드 정부는 1976년 6월 유제품, 버터, 사탕, 가축 등의 대폭적 가격 인상을 발표했다. 다시 폴란드 각지에서 파업이 일어나고 일부 도시에서는 노동자와 시민의 폭동으로 발전되었다. 폭도들은 당의 지방 본부, 당 간부들의 별장, 상점 등을 방화했다. 당국은 가격 인상을 철회했으며 다수 폭동자는 체포되어 실형을 선고받았다. 이에 지식인들이 항의하여 '노동자방위위원회'를 설립하여 노동자들의 석방과 직장 복귀를 국내외에 호소했다. 서방 여러 나라의 반대가 컸기 때문에 폴란드 최고재판소는 체포된 노동자들을 '집행유예'로 감형, 석방했다. 공산당의 1당 독재권이라 해도 노동자와 지식인들이 단결을 앞에 두고는 독단적 정책을 밀고 나갈 수 없다는 것이 분명해졌다. 이 사태를 통해 당에 의한 '위로부터의 개혁운동'이 반체제 저항세력에 의한 '아래로부터 저항운동'으로 발전하는 계기가 되었다.

1970년대 이후 지식인, 교회세력, 노동자 등의 다양한 사회세력들은 해당 분야에서 꾸준히 사회의 민주화를 위해 노력하게 되었다. 이들 자율적인 사회세력들은 공산 정권이 위기에 봉착했을 때 온 국민의 지지를 받으며 대안적 사회세력으로 급부상할 수 있었던 존재들이었다. 폴란드의 '자주노조운동'은 그 대표적인 사회세력이었다.

1970년 그다니스크의 레닌조선소 파업 이후 많은 파업 참가 노동자 대표들은 '공장 간 파업위원회'를 조직해서 자주노조운동을 주도해 나갔다. 대표자로는 레닌조선소의 전기공 바웬사가 위원장으로 선출되었다. 그다니스크 '공장 간 파업위원회'는 21개의 요구를 제기했다. 내용으로는 당과 고용주로부터 독립된 자주적인 노동조합의 요구, 파업권의 승인, 언론, 출판의 자유 승인, 과거 파업으로 해고된 노동자나 퇴학 학생들의 권리회복, 정치범의 석방,

모든 노동자의 임금 인상, 연금을 받을 수 있는 연령 낮추기 등이 포함되어 있었다.

정부는 부수상을 그다니스크에 파견하여 바웬사를 비롯한 노동자 대표와 교섭에 임했다. 노동자 쪽에는 반체제파 지식인과 가톨릭교회의 대표들이 지원했다. 교섭의 결과 8월 31일에는 정부 대표와 노동자 대표 사이에 '합의협정'이 맺어졌다. 이 '합의협정'에서는 정부가 독립의 자주관리노동조합 설립을 인정하며, 자주관리노동조합에는 파업권과 각종의 경제정책에 대한 발언권을 부여하는 것이 인정되었다. 이제까지의 공산당 독재체제 아래의 노동조합은 정부의 통제와 당의 지배하에 놓여 있던 '어용노조'였다. 노동자를 대표하는 민주적 조직으로 운영되는 예는 하나도 존재하지 않았다. 정부나 당 또는 고용주의 통제를 받지 않는 자주적인 노동자 조직을 정부로부터 승인받았다는 것은 동유럽의 체제하에서는 획기적인 것이었다.

더 나아가 노동자 측에서는 새롭게 조직된 자주관리노동조합은 '사회주의'의 기본적 제도를 벗어남이 없이 생산수단의 사회적 소유라는 원칙과 국가에 있어서 당의 지도적 역할을 승인할 것이 약속되었다. 또한, 소련과의 동맹과 바르샤바조약기구를 견지함으로써 동유럽의 기존 국제동맹 관계를 깨지 않을 것을 약속했다. 정부는 3개월 이내에 검열의 범위를 명확히 하는 법률을 제출할 것과 종교단체에 의한 대중매체의 이용, 특히 가톨릭교회에 의한 일요 미사의 중계를 허용할 것도 약속했다. 전 국민 90%를 점했던 가톨릭 교인들의 요구가 관철된 것이다. 그리고 과거 파업 참가자로서 기업에서 쫓겨난 사람들의 복직과 퇴학당한 학생들의 복학도 승인되었다.

1980년 9월 지역의 조직을 전국적으로 연합하는 조직으로서 자주관리노동조합의 '솔리다리티(連帶)'를 결성하기 위한 회의가 그다니스크에서 열렸다. 이 기구는 중앙집권적인 결정기관이 아닌 조정기관의 성격을 강조하기 위해 '조정기관'이라는 명칭의 기구를 설치하도록 했다. 그 의장에는 그다니스크의 바웬사가 선출되었다.

키에레크는 9월에 사임하고 '합의협정'을 추진한 카니아가 후임 제1서기로 선출되었다. 카니아는 가톨릭교회의 비신스키 추기경과 바웬사와 회담하여 정부를 이끌어갔다. 정부와 당의 통제를 받지 않는 자유로운 노동조합의 승인은 소련을 비롯한 동유럽제국 지도자들에게 큰 충격을 주었다. 1980년 폴란드의 솔리다리티의 출현은 공산당의 통제력 상실을 의미했다. 12월에는 모스크바에서 바르샤바조약기구 수뇌회담이 열렸다. 소련군이 폴란드 국경으로 이동한다는 정보가 서방 언론에 의해 전해지면서 소련의 군사 개입 위험이 커졌다. 폴란드 정부가 긴장하여 강편파인 국방상 야루젤스키가 수상을 겸임하게 되었으며, 1981년 초부터는 바웬사의 솔리다리티의 노동 운동이 다시 격해지기 시작했다. 5월에는 새로운 노동조합법이 성립했는데, 그것은 파업 중의 임금 지급을 비롯한 서방에서도 볼 수 없는 정도의 노동조합에 대한 양보로 일관된 것이었다. 하지만 반체제 세력은 정치적인 책임은 안중에 없이 권리 확장에만 관심을 보였다. 폴란드 경제는 더욱 악화되어 국민 생활도 어려워져 갔다. 솔리다리티의 지도자들도 급진주의에 경도하여 광범한 국민으로부터 격리되어 가는 듯했다. 공산당의 간부들은 사회세력에 양보함으로써 자신들의 권력 유지에만 급급했다.

1981년 9월에는 소련군이 폴란드 국경 부근에서 10만 대군이 참가하는 군사 연습을 하여 압력을 가했다. 10월에는 카니아가 제1서기직에서 물러나고 야루젤스키가 권력을 장악했다. 12월에 그는 강평책을 써서 전국의 솔리다리티 사무소와 거점을 습격해 5,000명이 넘는 간부와 활동가를 구금하고 서류를 압수했다. 그는 TV와 라디오 방송을 통해 전국에 계엄령을 선포하고 '구국군사평의회'를 설치하고 자신이 의장에 취임한다고 발표했다. 그리고 중요한 사실은 동유럽에서 최초로 승인된 솔리다리티 운동이 겨우 1년 만에 비합법화된 것이었다.

고르바초프의 개혁은 폴란드 상황에 변화를 가져왔다. 폴란드 공산당의 제1서기 야루젤스키는 1981년 소련에 의한 군사위협에 직면해서 계엄령을 내렸지만, 고르바초프의 등장 이후 소련의 변화를 살펴보면서 솔리다리티를 포함한 국민과의 대화의 가능성을 조심스럽게 추구하기 시작했다.

1987년 4월 야루젤스키와 고르바초프는 폴란드와 소련 간의 역사 청산이 필요하다는 문서에 서명했다. 그것은 두 나라 국민 간에 오랫동안에 걸친 역사 문제, 이른바 '카틴 숲의 학살' 사건의 해결 없이는 두 나라의 진정한 우호관계의 실현이 있을 수 없다는 역사 인식에서 출발한 것이다. 이 사건은 1939년 폴란드의 동부에 침공한 소련군이 저항하다 항복한 폴란드군 장교 수천 명을 학살한 사건이었다. 폴란드 국민은 망명정부를 지휘할 폴란드군의 재건을 두려워한 소련의 만행이라고 확신했으나 역대의 소련 정부는 이것을 부인했다. 같은 해 7월 고르바초프는 바르샤바를 방문하여 야루젤스키와 회담하고 각국의 역사적 조건의 차이를 무조건 인정하고, 서로 간에 절대적 진리를 주장하지 않기로 한 공동성명을 발표했다. 1990년에 가서야 고르바초프는 '카틴 숲의 학살' 사건에 대해 사죄했다.

내정개혁을 위해서는 폴란드 내상 키시작크가 TV 연설에서 의견이 다른 사회세력 간에 '원탁회의'를 하자고 발표했다. 내상과 솔리다리티를 대표한 바웬사 사이에 대화를 위한 준비회의가 계속되었다. 양자의 대화를 성립하기 위해 가톨릭 지도자의 중개가 중요한 역할을 했다. 폴란드는 전통적으로 가톨릭의 교세가 강했다. 1976년 폴란드계 추기경 보이치와가 교황 요한 바오로 2세로 즉위한 것이 폴란드 가톨릭 세력의 강력함을 나타내는 것이다. 야루젤스키와 바웬사가 공유하고 있던 민족적 자립에 관한 관심은 국민 다수가 신뢰하는 가톨릭을 중개자로 함으로써 대화에 의한 정치변혁을 이루어내는 힘이 되었다.

1989년 1월 정부와 솔리다리티 대표 간에 '원탁회의'가 개시되었다. 선거 방법, 대통령제의 도입, 솔리다리티의 합법화, 대외채무의 처리, 농산물 가격의 자유화, 교육 문제 등 폴란드가 직면하고 있는 광범위한 민주화를 지향하는 문제가 제기되었다. 4월에는 최종합의 문서가 서명되어 솔리다리티는 비로소 공인을 받게 되었다. 마침내 4월에 자유선거가 시행되었으며, 솔리다리티는 의회의 절대다수를 차지했다. 8월에는 집권 공산당이 퇴진하고 솔리다리티가 내각을 구성했다. 소련권에서는 지난 40년간 없었던 비(非)공산당 정부가 처음으로 수립되었으며 바웬사는 대통령으로 선출되었다.

헝가리의 민주화 혁명

제2차 세계대전 직후 헝가리에서는 자유선거가 시행되어 1946년 1월에는 선거에서 57%를 득표한 '소(小)지주당'을 중심으로 공화국이 선포되었다. 대통령과 수상은 '소지주당'이 확보했으나 헝가리 공산당은 소련의 간섭으로 치안담당부서와 내상의 지위를 확보하고 그것을 무기로 삼아 1947년 초까지는 여당 '소지주당' 간부를 연달아 체포하고 수상을 쫓아내었다. 그해 8월 선거에서는 공산당 중심의 정부 블록이 60%를 넘어서 공산 정권이 수립되었다. 그 후 헝가리는 스탈린화의 폐쇄적 공산체제가 강화되었다.

전형적인 스탈린주의자 라코시는 스탈린식의 사회주의 개선을 주장한 임레 나지를 쫓아내고 정권을 쟁취했다. 이웃 폴란드의 '민주화'가 여세를 몰아갈 즈음에도, 헝가리의 '새로운 진로'는 영원히 포기된 것처럼 보였다. 하지만 소련공산당 제20차 대회에서 행한 흐루쇼프의 스탈린 비판은 '자유화'를 추진하는 세력들에게 새로운 희망을 주었다. 관료기구와 당 내부의 반대파는 마음 놓고 즉시 자신들의 조직을 건설하기 시작했다.

헝가리 청년 공산주의자 조직 내의 이른바 '페퇴피(Petöfi) 서클'은 집회를 열어 스탈린 비판을 계속했다. 그들은 스탈린주의를 비롯하여 마르크스 경제학, 교조주의와 언론의 자유 등 광범한 문제들을 토론했던 것이다. 이러한 반당(反黨)적 비판은 차츰 은밀히 확산했다. 여름에서 가을로 넘어서자 정부와 시민 간의 긴장은 더욱 커졌다. 반대파는 대규모 시위를 통해 저항의 뜻을 표하고자 했다. 부다페스트의 '페퇴피' 서클은 축출된 임레 나지를 다시 정부에 합류하라고 요구하게 되었다. 그러나 라코스 정부는 한 치도 물러나려 하지 않았기 때문에 반대파는 할 수 없이 거리로 나설 수밖에 없었다.

10월 23일 학생들의 선동활동으로 부다페스트 거리에 사람들이 집결하여 항의 행진을 시작했다. 거리에는 10만 이상이 되는 시민이 몰려나와 항의 행진을 했으나 최초에는 총이나 무기를 들지 않은 평화적인 것이었다. 행렬의 선두에는 각 공식 단체의 대표들이 들어섰고, 그들이 외치는 빈번한 정치적 요구는 임레 나지를 다시 수상으로 임명하라는 것이었다. 임레 나지는 3년 전에 소련 당국이 수상직에 앉힌 적이 있는 소련에 망명했던 공산당원이었다. 시위 군중은 바로 그 사람에게 정부를 넘기라는 온건한 주장이었을 뿐이었다. 그들은 라코스 정권의 스탈린화 정책을 비판했을 뿐 공산주의를 반대한 것은 아니었다. 임레 나지도 마르크스-레닌의 원칙을 벗어난 스탈린을 비판했을 뿐 공산주의를 완전히 반대한 것은 아니었다. 임레 나지의 조심스러운 주장은 체제를 완전히 변혁하자는 시위 군중의 급진적인 요구와는 일치되지 않았다. 급진적인 새로운 계층이 시위를 장악해 갔다. '소련인들을 몰아내자!' '라코시에게 죽음을!' '자유 · 비밀 선거를 실시하자!' '나지에게 권력을!'이라고 시위 군중의 슬로건도 바뀌어 갔다.

시위 군중이 라코스의 반동적인 라디오 연설에 분격하여 방송국으로 몰려갔다. 군중이 방송국을 에워싸자 방송국을 지키고 있던 치안부대(AVH)가 발포하기 시작했다. 시위는 폭동으로 전개되었다. 시위 군중은 돌과 화염병을 투척했고, 드디어 총을 빼앗아 들고 치안부대와 전투를 벌이기 시작했다. 이 폭동에 놀란 정부는 소련군의 응원을 요청했다. 소련군은 헝가리 부다페스트에 탱크부대를 출동시켰다. 이에 대항하여 헝가리군 일부가 응전하여 시가전이 시작되었다. 헝가리 동란이 일어난 것이다. 혼란을 진정시키기 위해 헝가리 공산당은 일단 추방했던 임레 나지를 수상에 취임시켰다. 더는 개혁을 요구하는 국민의 의사를 무시할 수 없었기 때문이다. 임레 나지 수상은 급진화하는 여론을 업고 평소의 온건한 공산주의자로서의 태도를 바꿨다. 그는 소련군의 철수를 요구했으며, 헝가리에 복수정당제를 도입했다. 나아가 바르샤바 조약으로부터 헝가리의 탈퇴와 헝가리의 중립국화를 선언했다.

여기에 대해 소련은 다시금 탱크로 응답했다. 1956년 11월 4일 소련군은 탱크 2,500대, 장갑차 1,000대의 대부대를 이끌고 헝가리에 출동했다. 이때 임레 나지는 라디오를 통해 다음과 같이 호소했다.

> 여기는 임레 나지 헝가리 수상이다. 오늘 새벽 미명, 소련군 탱크가 공격해 왔다. 헝가리 민주주의를 파괴하려는 의도가 명백하다. 우리나라 군대는 저항하고 있다. 우리 정부는 할 일을 다하고 있다. 이 사실을 헝가리 국민과 세계 각국에 전한다.

헝가리 국민은 수제 화염병으로 탱크에 맞서 응전했으나 소련군 탱크의 무차별 포격으로 저항이 꺾이게 되었다. 이 동란으로 3,000명의 헝가리 국민이 사살되고 20만 명이 서방으로 망명했다. 임레 나지 수상도 그 후 소련군에 체포되어 처형되었다. 그리하여 민주주의를 요구한 헝가리 국민의 희망은 소련군 탱크로 좌절되었고, 국민의 대표인 수상이 처형되고 말았다. 바로 이러한 일이 '스탈린 비판'을 했던 소련 수뇌부에 의해 자행되었던 것이다. 따라서 흐루쇼프의 스탈린 비판은 소련공산당 내부에만 통하는 것으로 '힘으로 인민의 요구를 꺾는다'는 스탈린의 통치방법을 포기한 것은 아니었다. 스탈린 비판 후 소련 국내에서는 국민에 대한 엄격한 통제가 완화되었지만, 공산당의 일당독재에 의한 국민 지배의 본질은 변하지 않고 남아있었다. 변화는 고르바초프 서기장이 등장할 때까지 기다려야 했다.

1956년 헝가리 민주혁명을 소련 진주군과 함께 탄압한 카타르는 집권 후 정치면에서 다소간 관용정책을 채용했다. 경제면에서도 시장의 원리를 활용한 노선으로 전환했다. 1968년 1월부터는 계획이 아니라 시장가격 등의 지표로 경제를 유도하는 '시장사회주의' 실험이 개시되었다. 하지만 무역과 자원공급에 크게 의존하고 있었던 소련이 이에 협력하지 않았다. 게다가 '석유위기' 이후 세계 불황에 의한 수출부진과 소련의 원유 가격 인상으로 큰 타격을 입게 되었다. 개혁은 한때 좌절되었다. 체코슬로바키아 사건으로 충격을 받은 브레즈네프 정권은 헝가리에 강력한 압력을 가하여 경제개혁을 중지시키고자 했다(브레즈네프 독트린). 하지만 경제 개선은 정치체제에 대한 심각한 불신을 다소나마 완화하기 위한 불가피한 조치였다. 1980년 헝가리 정부는 가격 개혁으로 국내 가격을 국제 가격 체제에 접근시키려는 정책을 시행했다. 철저한 시장경제화를 목표로 한 개혁이 추진되었다. 1982년에는 국내 물가를 인상함과 동시에 자국 통화 포린트의 대외 가치를 인하하고 IMF에 가맹했다. 서독을 비롯한 서방국들과의 업무 제휴가 촉진되고 종합상사의 설립도 시도되었다. 그것은 공산당 독재체제라는 한정된 틀 속에서의 시장경제화의 시도였을 뿐이다. 하지만 그것은 '사회주의적 시장경제'의 선례로서 1980년대 중국이나 소련에 영향을 미쳤다.

고르바초프가 제기한 페레스트로이카와 글라스노스트는 동유럽에 파급되었다. 헝가리의 민주혁명은 소련의 군사력에 의해 분쇄되었으나 고르바초프가 등장한 후 헝가리 정부는 신중히 새로운 길을 모색하기 시작했다. 고르바초프는 동유럽에 직접적인 간섭은 피하고 '브레즈네프 독트린'의 폐기를 시사하는 등 동유럽의 자유로운 선택을 존중한다는 자세를 취했다. 고르바초프는 헝가리 개혁파를 격려하고 보수파 정권의 부패와 경직된 공산주의체제를 암묵적으로 비판했다.

카타르 정부는 고르바초프가 집권하기 이전에도 브레즈네프의 압력에 불구하고 경제개혁을 추진했다. 고르바초프 집권 후 헝가리에서는 개혁파 경제 전문가들이 등장하여 자유롭게 경제개혁을 추진했다. 당과 정부의 중추에 많은 개혁적이고 개명한 인재가 육성될 수 있었다. 헝가리가 1989년 동유럽 혁명의 선구자가 된 것은 그러한 배경이 크게 작용했다.

1987년 9월 헝가리 재야의 개혁파 사람들이 '민주포럼'을 결성했다. 2년 반 후 1990년 봄에 시행된 자유선거에서 '민주포럼'은 42%의 의석을 획득하여 제1당이 되고 연립정부의 중핵으로 들어앉았다. '민주포럼'의 결성기념집회에서 공산당의 중앙위원이며, 공산 정권을 지탱하는 '통일전선'의 서기장인 포쥬가이가 다음과 같이 시정연설을 했다. 그는 당과 국가의 관계를 개혁하여 의회의 복권, 정당 등의 결사의 자유, 지방자치의 강화, 소유 형태의 다양화를 포함하는 개혁의 구상을 표명하고, 그를 위한 새 헌법 제정의 필요를 제기했다. 1988년에는 공산당회의에서 카다르가 은퇴했다. 같은 해 12월에는 미국 하버드 출신인 경제전문가 내매드가 약관 40세로 내각수반이 되었다. 내매드 내각은 공산 독재국가로서는 최초로 정당 결사의 자유와 자유선거를 전제로 하는 서유럽형 복수정당제의 길을 열었다.

1989년 2월 공산당 중앙위원회 역사소위원회의 보고서가 발표되었다. 이 보고에서 1956년 헝가리 민주화 항쟁의 역사적 재평가가 이루어졌다. 이 보고서에서 1956년 10월의 시위운동은 '대중봉기'였으며, 소련군이 개입했기 때문에 이 봉기는 대중의 눈으로 보면 일종의 '민족독립전쟁'으로 전화했다고 서술했다. '반혁명'이라고 본 이제까지의 평가가 수정되었던 것이다. 6월과 7월에 걸쳐 헝가리 사건 당시의 수상이었으나 뒤에 처형된 임레 나지의 명예회복이 확정되고, 그의 재(再)매장식이 거행되었다.

1989년 10월에 공산당대회에서는 당명을 '사회당'으로 변경하고 레닌이래 공산당의 공통적 조직 원칙으로서의 '민주집중제'를 폐기했다. 이때 채택된 새 강령은 자유선거로 국민의 의사가 표현되는 복수정당제를 목표로 했으며, 국가의 소유, 사회적 소유, 개인 소유를 인정하고 시장경제로의 이행을 목표로 하며, 유럽으로부터 외국 군대 철수의 하나로 헝가리에 주둔한 소련군의 철수를 요구했다. 새 강령에 '당의 지적 기원은 마르크스주의에 있다.'라는 문구는 남아있었으나 실질적으로 서유럽형 사회민주주의로의 탈피가 선언되었다. 같은 해 10월에 국회에서는 '헝가리인민공화국'을 '헝가리공화국'(헝가리어로는 마자르 공화국)이라 개칭했다.

'프라하의 봄'

세계대전이 종결되자 체코슬로바키아에서는 미·소의 협조로 1945년 4월 4일 국민전선 연립 정권이 성립하여 전후 처리를 담당했다. 12월 말 양군이 철수하면서 다음 해 5월에는 전후 최초로 자유 비밀투표에 의한 총선거가 시행되었다. 여기서는 구 나치 동맹자를 제외한 모든 정치세력이 완전한 자유경쟁하에서 선거를 치러 점령군 소련의 지지를 배경으로 한 공산당이 결국 37.9%의 가장 높은 득표율로서 당 서기장 고트발트를 수상으로 하는 신정권이 탄생했다. 하지만 소련이나 공산당에는 이것은 만족할 만한 승리가 아니었다. 따라서 다음에는 과반수를 획득하자는 구체적 목표가 설정되었으나 체코슬로바키아 과거 의회민주주의 전통의 정치문화 배경 때문에 목표 달성의 가능성은 희박했다. 1947년 6월에 미국 대통령이 제안한 마셜 플랜을 스탈린이 거부함으로써 미소의 대립이 심화되고 냉전이 시작되는 국제적 환경이 조성되자 체코슬로바키아에서도 공산당과 다른 당파 간의 대립이 격화되었다.

이러한 정세를 반영이나 하듯이 1947년 9월에는 비공산당 계열의 각료들에게 폭탄 소포가 우송되는 등의 의혹 사건이 일어났다. 하지만 경찰을 장악한 공산계열에서는 이 사건을 묵살하려고 했다. 그 사이에 비공산당 계열 법무부의 독자적 조사로 어느 공산당 당원이 기소되어 3월 재판이 열리게 되어 있었다. 재판을 앞둔 2월 20일 경찰청의 인사 개편이 이루어지고 비공산당 각료들이 사표를 강요당하는 사건이 발생했다. 2월 25일 베네스 대통령은 공산당의 압력으로 이들의 사표를 수리했고, 공산당의 동조세력으로 구성된 새로운 국민전선의 연립내각이 발족했다('2월 사건'). 이 때문에 체코슬로바키아의 의회민주주의 가능성이 끝나고 공산당의 일원적 지배가 실현되었다. 2월 사건 이후 체코슬로바키아 공산당은 당내 불순분자들을 숙청하여 스탈린주의적 일당지배체제가 확립되었다.

1953년 3월 고트발트 대통령이 급사하자 스탈린주의적 재판의 직접적 책임자였던 노보트니가 당의 실권을 장악하고, 당시 소련에서 전개된 스탈린 비판에도 체코에는 비스탈린 운동이 다른 동유럽보다 오히려 늦어졌다. 그러나 공산권의 우등생인 체코슬로바키아에도 전기(轉機)가 찾아왔다. 즉 1961년 10월 소련공산당 제22차 대회에서 흐루쇼프의 거듭된 스탈린 비판이 압력으로 작용하여 50년대의 숙청에 대한 재심 요청이 높아졌다. 특히 1967년 6월에 개최된 체코슬로바키아의 작가동맹 제14기 회의에서는 노보트니의 반동적 신문법과 이데올로기의 통제에 대한 비판이 쏟아져 나왔다. 이 대회는 문화 및 이데올로기 담당 서기 헨드리치의 현 정부의 모순된 문화정책에 대한 도발적인 축사로 시작되었다. 소련의 반체제 작가 솔제니친의 검열제도 폐지를 요구하는 서한을 낭독하면서 당과의 전면 대결을 선언했고, 나아가 공산당 정권의 권력 방식에 의문을 제기하면서 공산당 일당지배로 일원화된 권력하에서 헌법의 무력함을 비판했다. 이는 그 뒤 〈2천 어 선언〉의 사상적 맹아로 작용했다. 계속된 작가들의 두려움 없는 행동은 다른 사회 계층에도 번져나갔다. 연쇄반응은 10월 31일 학생시위로 나타났다. 시위대를 해산시키기 위해 최루가스가 사용되고 체포된 학생에게는 고문이 가해졌다. 최초 학생시위는 기숙사 생활 조건의 개선이라는 사소한 것이었으나 시위의 강압 진압의 책임을 요구하는 등 정치적인 성격으로 변해 갔다. 이는 국가권력에 대한 공공연한 항의 행동으로서는 체코에서 최초의 것이었다.

공산당 내부에서 보수와 개혁 양파 간의 대결은 연말로 접어들면서 재개되었다. 이 대결은 다음 해 1968년 1월 4일 보수파 노보트니가 해임되고 개혁파 두부체크가 당의 제1서기로 취임하면서 비로소 종료되었다. 당의 새 노선은 '비스탈린화'와 '민주화'의 기치를 내걸며 등장했다. 그러나 두부체크의 새로운 지도부는 매우 신중하게 대처했다. 두부체크는 관례에 따라 '모스크바 방문'을 1개월간 숙고 끝에 1월 29, 30일 양일간 의무적으로 마치었다. 소련을 비롯한 동구권 국가들은 체제 내의 개혁을 제시한 체코슬로바키아 공산당 중앙위원회 1월 총회의 모든 결정사항을 '이해'해 주었다.

'모스크바 방문'으로 자신감을 얻게 된 두부체크는 점차 대담해져 갔다. 2월 22일 '2월 사건' 20주년 기념식장에서 그는 새 노선에 대한 그의 견해를 피력했다. 그는 과거의 개인숭배나 주관주의가 아직 영향을 끼치고 있다고 비판했으며, 그동안의 법질서 파괴와 숙청에 대해서 언급하면서 그들 피해자에 대한 명예회복이 필요하다고 했다. 다음으로 당과 지식인들 사이에 뿌리 깊은 상호 불신을 개선해야 한다고 강조했다. 공산당 지도하에 민주화를 추진하는 당의 '행동강령(行動綱領)'이 제안되었다. 체코슬로바키아에서는 1956년 헝가리와 다르게 공산당 개혁파가 주도하는 점진적인 민주화의 가능성이 제시되었다. 그리하여 두부체크의 새 노선은 단순한 체제 내에서의 개혁이 아닌 '인간의 모습을 띤 사회주의'로써 '현존 사회주의' 노선의 근본을 흔들 우려를 자아내게 되었다. 그의 이러한 견해는 기념식에 참석한 소련의 브레즈네프 서기장과 동유럽 지도자들을 놀라게 했다.

결국, 소련은 체코슬로바키아 공산당의 개혁적 새 노선은 처음에는 '이해'로 받아들였으나 그 전모가 밝혀지자 '우려'를 낳게 되었다. 그때 노보트니의 측근이 노보트니의 실권 회복을 꾀하기 위해 쿠데타를 일으켰으나 실패하는 사건이 발생했다(2월 25일). 이 사건이 계기가 되어 노보트니는 대통령직마저 사임하게 되고 그 자리에 서기장 두부체크의 측근인 스보보타 장군이 취임함으로써 두부체크의 권력은 견제할 수 없을 정도로 막강해졌다. 소련 등의 '우려'는 더욱 커지게 되었다.

3월 4일에는 공산당 이데올로기 위원장 헨드리치가 추방되고 신문 검열이 폐지되었다. 3월 15일에는 공산당이 독점적으로 장악했던 내무장관과 검찰 총장이 해임되어 보수파 노보트니 체제는 일소되었다. 그리하여 체코 대중의 열광적 지지 속에서 해마다 봄에 열리는 음악제의 이름이기도 한 '프라하의 봄'이라 일컫는 민주화운동이 본격적으로 시작되었다.

급기야 6월 26일 '행동강령'을 토대로 한 많은 문화계 인사들이 서명한 〈2천 어 선언〉이 발표되었다. 이 선언은 두부체크의 '행동강령'을 뛰어넘는 급진적인 내용이었으며, 만일 이에 소련이 간섭할 경우 무력으로 저항할 각오까지 내비치는 경고성의 포괄적 문서였다. 〈2천 어 선언〉이 발표된 6월 말부터 군사개입이 시작되기까지 2개월 동안 긴장이 고조되었다. 바르샤바조약군은 이 기간 군사 연습이란 명분으로 은근히 위협을 가하면서 수뇌회담을 잇달아 열었다. 소련, 불가리아, 폴란드, 헝가리 동독 등 5개국은 7월 중순 바르샤바에서 회담하고 체코의 개혁 추진을 반대하는 경고를 발표했다. 그 뒤에도 체코와 소련 사이, 체코와 바르샤바조약국들은 연달아 회담을 열어 타협을 보려 했다. 소련은 타협이 사태를 호전시키지 못하자 마침내 8월 16일 서기국 확대회의를 소집하여 군사개입을 결정했다. 8월 20일 밤부터 다음날까지 바르샤바조약의 5개국 군대 20만이 돌연 체코슬로비아에 침입하고 하룻밤 만에 전 국토를 점령했다.

8월 21일 두부체크와 개혁파 간부들이 소련으로 납치되었다. 다음날 개최된 체코의 제14차 임시 당 대회에서는 군사침입을 강력히 비난하면서 납치된 지도자들을 석방할 것과 두부체크 정부를 지지하는 선언을 채택했다. 다음날에는 1시간 총파업이 있었다. 하지만 소련군의 탄압으로 침입 후 일주일 동안 프라하에서만 수십 명이 살해되고 356명이 부상했다. 10월 중순에는 군사주둔협정이 체결되어 7만 명의 바르샤바조약군의 반(半)영구적 주둔이 합법화되었다. 군사점령과 개혁의 실패는 체코슬로바키아 국민에게 깊은 좌절감과 분노를 가져다주었으며, 외국군의 철수를 요구하는 시위(10~12월), 학생데모(11월), 칼를대학 학생의 항의 분신자살(1969년 1월) 등이 연이어 발생했다. 소련은 사태의 심각성을 느끼고 압력을 더욱 가중했다. 그 결과 1969년 4월에는 두부체크가 서기장을 사임하고 슬로바키아 당 제1서기인 후사크가 그 후계자가 되었다.

후사크는 질서회복과 소련과의 관계 개선을 제1의 과제로 삼고 개혁파를 정부에서 추방하여 '정상화'를 모색했다. 그러나 체코슬로바키아의 '프라하의 봄'의 여진은 아직 꺼진 것은 아니었다. 후사크 제1서기는 소련의 압력하에서 숙청을 추진했다. 1971~1972년에 걸쳐서 개혁 추진파와 현상을 용인하기를 거부하는 수백 명이 체포되고, 정치적 색채가 짙은 부당한 재판이 행해졌다. 서방의 신문이 이것을 크게 보도하고, 민주적인 정당, 인권 단체 등이 격렬히 항의했다. 일부 국가의 공산당마저 체코슬로바키아의 공산당을 비판했다. 체코 당국은 이러한 서방의 반응에 놀라 1974년에는 다수 정치범을 석방했다.

1973년 '프라하의 봄'에 개혁파로서 큰 역할을 했던 전 국회의장 스무르코프스키와 두부체크 등이 쓴 체코슬로바키아의 현상을 비판한 편지가 그들이 억류되었던 소련으로부터 이탈리아 공산당의 출판물을 거쳐 서방 여러 나라에 전해졌다. 그것은 체코슬로바키아에도 흘러들어와 널리 읽히게 되었다. 그 영향으로 1975년부터 체코슬로바키아의 다수의 개혁파 인사들이 서방에 공개서한을 발송했다. 이 서한들은 서방의 광범한 사람들의 시선을 끌었다. 극작가 하벨은 후사크에게 "지금 체코 사회가 안정적으로 보이는 것은 사람들이 공포에 기대고 있는 외견에 지나지 않다."라는 편지를 보냈다. 하벨은 뒤에 가서 1989년 변혁을 겪은 뒤 대통령에 취임한 민주투사이다.

1977년 1월 전 칼를대학 철학교수 파도치카, 극작가 하벨, 전 외상 하이에크 등 3명을 대표로 하는 〈헌장(憲章)77〉이라는 문서가 발표되었다. 여기에 민주인사 242명이 서명했다. 체코 정부가 국제인권조약에 서명했음에도 불구하고 그 후에도 체코 국내에서는 언론 신앙, 집회, 결사의 자유, 법 앞에서의 평등이 부정되고 있었으며, 인권이 현저하게 손상되고 있는 사실을 상세히 밝히는 내용을 담고 있는 문서였다. 이 문서를 국내의 각 기관에 보내기 위해 노상에 나온 사람들은 보안경찰에 의해 즉시 체포되어 문서는 압수되었다. 그 때문에 문서는 서방 여러 나라에만 공표되었다.

'헌장77'에 서명한 사람들에게는 여러 가지로 박해가 가해졌다. 공산당은 '헌장77'의 내용을 국민에게는 숨긴 채 그것이 반동적 운동이라고 비난하는 캠페인을 조직했다. 서방측에서는 여러 분야의 인사들이 '헌장77'을 옹호하고 후사크에 항의했다. 서방의 공산당마저 '헌장77'의 서명자들을 지지하고 체코슬로바키아 정부와 당을 비판했다. 동유럽 제국에서도 소련, 동독, 폴란드, 헝가리, 유고슬라비아에서 수십 명의 지식인이 '헌장77'에 연대하면서 자국 내의 인권 무시를 고발했다. 그리하여 소련과 공산당에 의해 분단되었던 유럽은 비록 지하에서나마 재통합을 위한 고통스러운 걸음을 개시했다.

1985년 고르바초프의 등장은 체코의 개혁파들에게 용기를 더해 주었다. '헌장77' 그룹은 재빨리 그해 8월에 "1968년 개혁을 압살했던 바르샤바조약기구 가맹국의 지도자들도 이제는 좀 더 탄력적인 조치를 강구하고 있다."라는 성명을 발표했다. 1988년 8월 정부의 금지령을 무시하고 소련군 침공 20주년 항의 집회에 모인 시민이 경찰의 탄압을 받아 다수 부상자를 발생시켰다.

또한 10월 프라하에서 열린 제1차 세계대전 후 체코슬로바키아의 독립을 기념하는 집회에는 5,000명의 시민이 참가하여 대규모의 가두시위로 발전했다. 1989년 1월 '헌장77' 그룹의 주도하에 20년 전 군사개입에 반대하여 분신자살한 카를대학 학생을 추도하는 기념집회가 열렸다. 경찰은 최루가스탄과 방수차로 집회를 탄압하면서 반체제 극작가 하벨을 체포했다. 9명의 민주인사가 기소되어 하벨은 징역 9개월의 실형이 선고되었다. 하지만 이 재판에 대해서는 서방측뿐 아니라 동유럽 일부 제국에서도 비판의 소리가 일어났었다. 6월 두부체크는 당 중앙회에 보내는 공개서한에서 '1968년에 저지른 왜곡과 허위'를 중지하고 당의 개혁을 착수해야 한다고 주장했다.

한편 소련에 동조해서 1968년의 '프라하의 봄'을 압살하는 데 협조했던 여러 나라에서도 체코 침공을 반성하는 움직임이 일어났다. 폴란드에서는 6월 선거로 제1당이 된 '연대'가 21년 전 군사개입을 비판하는 결의를 했다. 헝가리에서도 체코슬로바키아 사태에 대한 당과 정부 간부에 의한 비판의 발언이 들려왔다. 고르바초프의 측근은 "고르바초프 자신은 1968년 소련의 행동에 대해 부정적 의견이나 자신의 견해를 공표하면 동맹국인 체코슬로바키아의 지도부가 곤란해질 것을 염려한다"는 의견을 간접적으로 전했다.

1989년 8월 21일 정부의 시위행위 금지령을 무시하고 프라하 중심부 바츨라프 광장에 2,000명으로 추정되는 시민이 모였다. 집회에는 폴란드 '연대'의 국회의원과 헝가리 야당의 활동가 등 외국인도 합세했다. 경찰기동대가 출동하여 수백 명을 검거했으나 사상자를 내는 사건으로는 번지지 않았다. 동독의 호네커를 사임으로 몰아간 10월에는 '헌장77' 등 단체들의 공동 주최로 열린 체코슬로바키아 독립기념일 집회에 지난해의 2배가 넘는 1만 명으로 추측되는 시민이 참가했다. 참가자들은 실권 서기장 야케슈의 퇴진을 외쳤으며 기동대의 탄압으로 다수 체포자가 발생했다. 11월 9일에는 '베를린 벽'이 실질적으로 붕괴된 날이었으나 체코슬로바키아에서는 여전히 공산당의 보수파들이 권력을 장악하고 있었다. 17일에는 프라하에서 제2차 세계대전 중에 독일군에게 학살된 학생들을 추도하는 정부가 공인한 공산당 하부 조직인 청년동맹이 주최한 집회가 개최되었다. 바츨라프 광장은 행진 코스에서 벗어나 있었으나 학생집단 일부가 광장으로 접어들려고 하여 기동대와 충돌하여 143명이 체포되었다. 학생 중 한 명이 사망했다는 소문이 떠돌아 연일 만 단위를 넘는 시민이 참가하는 시위 행렬이 뒤따랐다.

연일 반정부 시위가 되풀이되는 가운데 '시민포럼'이 발족했다. 이 운동의 대표로는 극작가 하벨이 선출되었다. 하벨은 야케슈를 비롯하여 1968년 군사개입에 관여한 당 간부의 사임, '17일 사건'의 조사위원회 설치, 모든 정치범의 석방을 요구했다. 11월 24일 두부체크가 20만 명이라 추정되는 시민이 모인 바츠라프 광장에서 연설했다. 그날 공산당의 긴급총회가 열려, 결국 지도부 전원이 일단 사임하고 새로운 지도부를 선출하기로 했다. 후사크와 야케슈 등 다수의 보수파 지도자들은 재선되지 못했다. 연방의회는 헌법을 개정하여 '공산당의 지도적 역할' 규정을 삭제하고 마르크스-레닌주의에 의한 교육조항을 폐지했다.

12월 초 '시민 포럼'계의 무소속 7명이 각료에 참가했다. 그리하여 자유선거를 치르기 전에 체코슬로바키아의 공산독재체제는 종지부를 찍었다. 12월 4일에는 모스크바에서 열린 최후의 바르샤바조약 수뇌회담에서 1968년 체코슬로바키아에 대한 군사개입이 잘못된 것임을 확인했다. 12월 5일 새로 서기장으로 추대된 우르파네크 서기장은 두부체크 등 추방되었던 당원들의 명예회복을 발표했다. 체코슬로바키아 공산당은 12월 20~21일 임시 당 대회를 개최하여 민주적 정당으로의 탈피를 약속함과 동시에 자유선거 시행과 시장경제로의 이행을 승인했다. 두부체크는 이미 위신이 추락한 공산당으로의 복당을 거부하고, 체코슬로바키아 연방의회에서 의장으로 선출되었다. 12월 29일에 연방의회는 하벨을 대통령으로 선출했다.

1990년에는 헝가리와 폴란드에서도 복수정당제에 의한 의회제와 직접선거에 의한 대통령제가 행해져, 구 공산 세력은 지배적 위치를 상실했다.

티토와 유고슬라비아의 독자 노선

유고슬로비아는 '남슬로비아인의 국가'라는 의미이다. 이 지역은 과거 오스트리아-헝가리제국과 오스만제국의 지배를 받았었다. 이 지역에서의 민족운동은 제1차 세계대전의 발화점이 되었다. 민족의 구성은 상당히 복잡하다. 세르비아인, 크로아티아인, 슬로베니아인, 알바니아인, 마케도니아인, 몬테네그로인 등으로 구성되어 있다. 모두 슬라브계 민족이지만 언어와 문화가 미묘하게 각각 다르다. 종교적으로는 가톨릭교회, '동방정교회'라 일컬어지는 정교도(正教徒)의 각파(이를테면 세르비아교회, 마케도니아교회), 그 외 터키 지배의 결과로 믿게 된 이슬람교가 혼재한다. 전쟁 후에는 슬로베니아, 크로아티아, 몬테네그로, 보스니아, 헬체코비나, 알바니아, 마케도니아, 세르비아와 이에 속한 자치주, 코소보와 보이보지나 등 여러 개의 공화국이 티토의 독재하에 '유고슬라비아 사회주의 공화국 연방'을 구성했다.

제2차 세계대전 직후 성립한 '구(舊) 유고'는 1980년 5월 티토가 사망한 후 민족 대립이 심각해지고 동유럽을 휩쓴 정치 변동을 배경으로 1990~1991년에 걸쳐 분해하기에 이르렀다. '구 유고'는 제2차 세계대전 중에는 나치 독일에 지배되고 있었다. '건국의 아버지'라고 칭송되는 티토는 공산당의 빨치산 부대를 거느리고 독일군과 싸워 유럽에서는 유일하게 자신들만의 힘으로 독일을 격퇴시켜 독립을 쟁취했다. 서유럽이 미국을 비롯한 연합군에 의해 해방되고, 동유럽이 소련군에 의해 해방된 것에 대하여 독자적인 힘으로 해방했다는 점은 유고슬라비아인이 강력한 자존심을 가질 수 있었던 중요한 이유였다.

전후 티토는 애국심과 권위를 배경으로 공산당에 의한 독재 정권을 수립했다. 그러나 '독력으로 나라를 해방했다'는 자부심으로 티토는 다른 동유럽처럼 스탈린의 말을 고분고분히 들으려 하지 않았다. 그리하여 소련과 정면으로 대결하여, 유고는 사회주의 진영에도 자본주의 진영에도 속하지 않는 독자의 길을 걷게 되었다. 이것을 '사회주의 비동맹 노선'이라 한다.

강력한 군대를 지닌 소련과 대립하기 위해 유고인들은 '언제 소련군이 공격해 올지 모른다'는 공포심을 항상 가지고 있었다. 이 공포심이 민족이나 종교의 차이를 뛰어넘어 단결하는 힘이 되었다. 또한 티토의 교묘한 통치술이 한몫했다. 그는 각각의 민족의 권리를 인정하여 '공화국'과 '자치주'를 만들어 상호 대등한 입장에서 '연방'을 형성하는 절묘한 정치적 밸런스의 시스템을 만들었다. '연방제'란 각각의 공화국이 별개의 독립된 나라처럼 대등한 권한을 지니고 있으며, UN에 가맹하는 등의 대외적일 때 '연방'으로 하나의 국가가 되는 것이다. '자치주'란 '유고'의 일부에 속하나 '공화국' 정도의 권한을 지닌다는 단위를 말한다. 각각의 공화국은 독자적 경찰을 지니지만, 군대는 연방군이 되는 것이다.

티토는 독력으로 나치독일을 물리친 경험 때문에 국가안보에 강한 집착을 지녀 '전 인민의 무장'을 추진했다. 성년이 되면 군사훈련을 하고 무기 사용법을 숙지한 다음 자택에 총을 보관하도록 했다. 그리하여 소련군이 공격하면 즉시 전 인민이 전투태세를 갖추도록 했다. 그 때문에 국내에서 민족분쟁이 발생하면 서로 무기를 들고 싸우게 되었다. 제1차 세계대전의 발화점도 유고의 사라예보였다. 그때부터 유고는 '발칸의 화약고'라 칭해졌다. 이 지역에는 잡다한 민족과 종교가 섞여 있어 조그마한 불꽃에도 폭발할 수 있다는 의미이다.

카리스마적 지도자 티토가 1980년 사망하자 유고는 흐트러지게 되었다. 티토 이후 연방을 구성하고 있었던 6개 공화국과 2개 자치주 대표가 1년씩 '연방 대통령'을 맡기로 했다. 하지만 1년의 대통령 임기로는 일을 배우는 중에 교대하지 않을 수 없었고, 따라서 실적을 올릴 수 없었다. 그렇다고 임기를 1년 이상으로 하면 나머지 나라들의 순번이 늦어져 임기연장도 어려웠다. 내치의 어려움에 겹쳐서 국제환경의 격변이 시작되었다. 고르바초프 이래 동유럽 국가들의 개혁 바람이 불어왔다. 공산 독재가 무너지고 복수정당제가 도입되었다. 유고도 1989년 12월 공산당의 일당독재를 폐지했다. 유고 공산당은 분열하여 다양한 민족정당이 난립함으로써 유고의 정치문화가 크게 변했다. 냉전이 종결됨으로써 유고는 더는 소련군의 공격을 걱정할 필요가 없어졌고,

소련의 공격을 대비하여 단결하고 있었던 국민의식도 흐트러지게 되었다. 그리하여 역사적으로 복잡한 민족감정, 종교의식이 출현하여 유고는 분열의 길을 걷게 되었다.

유고 분쟁의 계기가 된 것은 세르비아의 슬로보단 밀로셰비치의 등장이었다. 티토가 사망한 후 세르비아공화국에 속했던 코소보 자치주에서 이슬람교를 믿는 다수파 알바니아계 주민과 소수파에 속한 세르비아계 주민의 분쟁이 벌어졌다. 세르비아 공산당의 간부였던 밀로셰비치는 이 분쟁의 조정역을 맡아 파견되었는데, 그는 세르비아인 주민과 알바니아인 경찰대의 충돌 현장에서 세르비아인의 편을 들어 "알바니아인들의 공격에서 다시는 당신들을 다치지 않게 보호하도록 하겠다."라고 연설했다. 이 연설은 세르비아인들을 기쁘게 했다. 이것을 계기로 세르비아 국내에서 '세르비아인 우선주의'라는 세르비아 민족주의가 불타올랐다. 밀로셰비치는 이 불을 확산시키면서 자신의 권력을 획득하게 되었던 것이다.

1989년 밀로셰비치는 세르비아공화국의 권한을 확대하여 코소보 자치주의 자치권을 빼앗고자 했다. 동시에 코소보의 알바니아인 활동가들을 체포하고 탄압했다. 코소보는 세르비아인에게는 깊은 원한을 지닌 땅이기도 했다. 1389년 오스만 터키 제국은 세르비아 왕국이었던 코소보를 공격했다. '코소보 전투'에서 세르비아가 격파되어 이 땅은 오스만 터키의 지배하에 들어갔다. 오스만 터키는 이슬람교의 국가이므로 이곳에 사는 사람들은 세르비아의 정교회로부터 이슬람교로 개종하게 되었다. 오늘날에도 세르비아 정교를 믿는 세르비아인에게 코소보는 말하자면 순교의 성지(聖地)가 되었다. 하지만 코소보에는 그 뒤 이슬람교도인 알바니아계 주민이 다수파를 형성하여 정주하고 있었다. 세르비아의 민족주의자들은 그것을 참을 수 없었던 것이다.

밀로셰비치의 코소보에 대한 개입을 지켜본 다른 민족들도 동요하기 시작했다. 구 유고가 세르비아인에 의한 일방적 지배국가가 되는 것이 아닐까 두려워한 사람들이 독립을 향해 움직이기 시작했다. 먼저 슬로베니아와 크로아티아가 1991년 6월 독립을 선언했다. 이에 분노한 세르비아인을 주체로 한 신유고연방군(세르비아와 몬테네그로의 두 공화국만으로 구성되었다)이 양국을 공격하여 내전이 시작되었다. 이 내전은 유럽 여러 나라가 조정에 들어가 10월에는 양국은 독립을 성취했다. 나아가 1992년 3월에는 보스니아-헤르체고비나가 독립했다. 그러나 보스니아-헤르체고비나는 연방으로부터 탈퇴를 반대하는 세르비아인들의 세력이 다수를 차지하여 독립을 지지하는 이슬람교도와 크로아티아인과의 내전이 시작되었다. 세르비아인들은 연방군의 지원으로 군사적으로 유리한 싸움을 계속할 수 있었다. 그리하여 보스니아 국내에 세르비아인의 지배 지역을 확장하여 이 지역과 세르비아 공화국을 합체한 '대 세르비아'를 실현하려고 했다.

이것을 이루기 위해 세르비아의 무장 세력이 취한 방법이 '민족 정화(淨化)' 작업이었다. 즉 이슬람교도의 남자는 모두 죽이고 여자는 성폭행해서 세르비아인의 아이를 낳게 한다는 패륜적인 방법이 각지에서 행해졌다. 이슬람교는 낙태를 인정치 않았기 때문에 그렇게 하면 세르비아 핏줄을 받은 아이가 반드시 태어날 것이라는 점을 알고 하는 야만 행위였다. 제2차 세계대전 중 히틀러의 만행을 상기시키는 이러한 사태에 세계가 아연실색했다. 이러한 세르비아의 만행에 국제여론의 비판이 높아졌다. 서유럽을 소련과 동유럽으로부터 방위하기 위해 생긴 NATO가 군사력으로 세르비아의 무장 세력을 견제하기 위해 대규모 공중 폭격을 개시했다. 결국, 미국의 중재로 그해 11월 보스니아 평화협정이 조인되었다.

한편 세르비아 속의 코소보는 세르비아군이 철수한 후 UN의 잠정 통치기구가 관리하고 있으나 이번에는 알바니아인들이 주도권을 장악하여, 세르비아계 주민 다수가 난민이 되고 말았다. 신 유고연방에서도 2006년 6월 몬테네그로가 독립을 선언하여, 구 유고연방은 다시 민족별로 분열되고 말았다. 민족과 종교의 판도라 상자가 열린 것이다.

불가리아, 루마니아, 알바니아의 민주화운동

불가리아는 1954년 이래 지르코프를 중심으로 한 공산당의 독재체제가 계속되어왔다. 하지만 동유럽 개혁의 결과 체제가 동요하기 시작했다. 1988년 11월, 소피아대학에 모인 지식인 100명으르 구성된 '페레스트로이카와 글라스노스트를 지지하는 토론 클럽'이 결성되었다. 이 '토론 클럽' 참가자들은 다음 해 8월 인민의회에 청원서를 보내어 지프코프 정부의 터키계 주민에 대한 정책을 비판했다. 불가리아는 500년간 오스만제국의 지배를 받았던 역사를 가지고 있었고, 전 인구 900만 명 중 약 100만 명이 터키계 인구였다. 지프코프 정부는 터키계 국민의 이슬람 이름을 슬라브 이름으로 바꿀 것을 강제하는 등 탄압과 차별 정책을 폈다. 그 때문에 20만 명이 넘는 터키인들이 국외로 탈출하고 그 외에도 수십만 명이 출국할 결심을 하고 있었다. 이들 터키계 주민은 건설업, 담배 재배, 광업 등의 귀중한 노동력이었으며 이들의 퇴거는 불가리아 경제에 타격을 주는 정책이었다. 지식인들의 청원서는 이것이 불가리아의 경제적·정치적 위기를 가져온다고 비판하고 그것을 시정할 것을 요구하는 한편 누가 이러한 잘못된 정책을 구상했는지 밝히라고 요구했다.

11월 10일 당 중앙위원회에서 지프코프는 서기장과 국가평의회 회장직에서 추방되었다. 후임 무라데노프는 '법의 지배에 의한 근대적 민주국가'를 만들겠다고 했으나 동시에 '사회주의의 강화'와 '당의 지도적 역할의 유지'를 강조하면서 복수정당제와 자유선거의 도입을 지지하지 않았다. 공산당은 지프코프를 추방함으로써 국민의 불신을 누그러뜨린 다음 공산 독재 정권의 연명을 노리고자 한 것이다.

11월 18일 수도 소피아에서 비공개 시민단체들의 호소로 민주화를 요구하는 집회가 열렸다. 5만 명의 사람들이 참가하여 인민의회의 해산과 복수정당제에 의한 자유선거 시행, '당의 지도적 역할'의 포기를 요구했다. 이 정부로부터 공인이 안 된 불법집회는 전국 각지로 확산되었다. 하지만 그것은 개혁으로 직결되지는 못했다.

루마니아에서는 1965년 이래 차우셰스쿠가 당 서기장의 지위를 장악하고, 개인 독재체제를 확립했다. 그는 부인을 제1부 수상에 임명하는 등 연고주의(네포티즘) 체제를 유지했다. 그는 1998년 민주화 혁명 와중에서 사살될 때까지 독재 권력을 유지했다. 그는 소련의 영향으로부터 이탈하여 자주 노선을 취해 미국을 비롯한 서방 제국으로부터 거액의 경제협력을 끌어들이는 데 성공했으나, 자신의 권력을 과신하며 무모한 프로젝트를 위해 자원을 잘못 투자하여 경제성장이 좌절되고 채무만 커졌다. 이에 차우셰스쿠는 채무의 원리상환을 우선하여 국민의 내핍생활을 강제했다.

루마니아에서도 경제위기와 민족 대립의 상승작용이 체제를 위기로 몰아갔다. 루마니아 서부의 트란실바니아 지방은 제1차 세계대전 후 1918년에 오스트리아-헝가리 제국이 붕괴할 때까지 헝가리 왕국이 지배했던 지역이었으며, 1980년대 말까지 150만 명에 이르는 헝가리계 주민이 살고 있었다. 경제위기가 심각해지자 국경을 넘어 헝가리에 망명하는 사람들이 급증했다. 이에 대응하기 위해 헝가리 정부는 난민조약에 가맹했다. 헝가리에 의한 난민조약의 가맹은 후에 '베를린 벽' 붕괴의 계기가 되었다.

알바니아는 유고슬라비아의 티토처럼 독일군에 대항하여 저항운동을 지도한 노동당(공산당)의 엔베르 호자가 1944년 권력을 장악하여 1985년 죽을 때까지 독재 권력을 유지했다. 호자의 알바니아는 1959년에 유고와 국교를 단절하고 소련의 경제적 지원을 받아왔으나, 소련과 중국과의 대립이 표면화되자 그것을 계기로 소련의 영향으로부터 이탈했다. 그것은 흐루쇼프의 탈스탈린 정책이 자신의 독재체제에 위험하다고 느꼈기 때문이다. 게다가 알바니아는 소련을 비판함으로써 중국의 경제적·군사적 협력을 획득할 수가 있었다. 하지만 중국과 미국이 국교를 정상화하자 중국과도 국교를 단절했다. 그리하여 알바니아는 공산권에서도 완전히 고립되고 말았다. 1985년 그가 사망하자 그의 뒤를 이은 아리아 정권은 쇄국정책을 수정하여 유고슬라비아, 불가리아, 서독 등과 국교를 수립했다.

제27장

독일의 통일

1. 전후 점령 정책과 동서 분단

독일의 패전과 연합군의 점령 정책

1945년 5월 7일 독일군의 요델 사령관이 프랑스의 랑스에 주둔해 있던 아이젠하워 장군 사령관실에서 항복문서에 서명했다. 다음날 소련의 강력한 요망으로 독일군 카이텔 장군과 3군 수뇌가 베를린의 칼홀스트에서 소련군이 참가한 가운데 다시금 항복문서에 서명함으로써 유럽에서 제2차 세계대전이 종결되었다. 같은 해 6월 5일 초여름의 긴 하루가 끝나던 무렵 4강 장성들이 폐허가 된 베를린의 한 장소에 모였다. 그들은 바로 베를린을 폐허로 만든, 그리하여 독일의 패망을 가져온 주역들이었다. 그리고 그들은 군인으로서는 최고의 영예인 원수(元帥)에 이른 사람들이었다. 미국의 아이젠하워, 소련의 주코프, 영국의 몽고메리, 프랑스의 라트르 드 타시가 그들이었다. 모두 다소 흥분한 상태였지만 그렇다고 드러내놓고 축배를 드는 분위기는 아니었다. 그들은 베를린조약 문서에 서명했고 그 결과 독일의 분할이 결정되었다. 그리고 '4강'이 전후 독일을 지배할 것이며, 따라서 "독일은 지금부터 이들에 의해 부과될 요구사항에 종속될 것임"을 결정했다. 이로부터 45년에 걸친 독일 분단의 역사가 시작되었다.

4개국은 독일 영역을 4개의 점령 지역으로 나눠서 각각의 통치하에 두었다. 엘베 강 이서(以西)는 미국(남부), 영국(북부), 프랑스(서부)가 점령하고, 엘베 강 이동(以東)은 소련이 점령하되 수도 베를린은 특별지구로서 '베를린 공동 관리에 관한 결의'에 의해 4개국이 나누어 관리하는 것으로 결정했다. 하지만 소련은 베를린 전체를 소련의 영향하에 두려고 했다.

점령 지역은 점령군들이 독자적인 점령 방침으로 관리했다. 소련군 지배 지역에서는 1945년 9월부터 토지개혁이 시행되어 100헥타르 이상의 토지는 몰수되었다. 기간산업의 국유화 조치가 시행되어 소련화가 급격히 전개되었다. 하지만 스탈린의 생각은 단순명료했다. 독일과의 '대(大)조국해방전쟁'에서 막대한 피해를 본 소련으로서는 독일로부터 빼앗을 수 있는 것은 무엇이든 빼앗자는 방침이었다. 패전국인 독일의 전후 부흥에는 전혀 관심이 없었다. 소련 점령 지역에 있었던 독일의 공장에서는 대량의 기계 설비가 강제로 탈취되어 소련으로 운송되었다.

베를린의 봉쇄

전후 베를린 시의회 의원선거가 시행되었다. 선거결과 사회주의통일당(공산당)의 득표율은 20%인 데 반해 반(反)소련의 입장을 표명한 사회민주당은 49%에 달했다. 선출된 시의회 의원들의 선거를 통해 의원에 의한 선거의 결과 사회민주당 소속 시장이 선출되었으나 소련의 지시를 받지 않으려는 시장의 존재를 소련군은 인정하지 않았다. 결국, 베를린 시민 전체가 뽑은 시장은 미, 영, 프의 지배 지역이었던 서부만의 반쪽자리 시장으로 취임할 수밖에 없었다.

소련과 서방이 가장 첨예하게 대립한 문제는 통화 문제였다. 소련 점령군은 독일 지폐의 원판을 조폐청으로부터 압수하여 동부 지역에서 지폐를 대량으로 인쇄 발행했다. 그들 마음대로 지폐를 발행하여 소련이 필요로 하는 물품을 손에 넣기 위해서였다. 지폐를 남발하면 인플레이션이 일어나는 것은 틀림없는 사실임에도 소련은 그런 것에는 개의치 않았다.

이렇게 되면 독일의 경제는 회복될 수 없었다. 미국과 영국은 새로운 화폐를 발행하여 독일의 통화발행권을 통일하고자 했던 것이다. 그리하여 통화의 발행량을 조절하고 인플레이션을 억제하고 독일의 경제를 부흥시키고자 했다. 이에 대해 소련은 수도 베를린 전체를 자신들이 차지하여 베를린 시내에서만이라도 독자적인 통화를 발행하려 했다. 이러한 조치에 반발한 미국과 영국의 점령 당국은 1948년 6월 별개의 통화 발행을 시작했다. 이 통화는 서방이 관리하던 독일 서부 지역은 물론 서베를린에서도 통용될 수 있게 했다. 소련은 이것을 중지시키기 위해 같은 달 미국, 영국, 프랑스가 점령하고 있던 베를린 서부를 봉쇄했다.

베를린은 소련 점령 지역인 엘베 강 동부에 있었다. 따라서 서베를린만 소련 점령 지구 속에 '육지의 고도(孤島)'처럼 떠 있는 형국이었다. 하지만 이제까지 서베를린에는 서방이 점령 지역이었던 서독일 철도가 통하고 있을뿐더러 아우토반도 개방되어 있었다. 그러나 소련은 이들 모두를 통행 정지시킨 것이다. 게다가 소련은 소련 점령 지역에 공급하던 식량과 원료 공급도 정지했다. '육지의 고도'에 대한 아사(餓死) 작전이 개시된 것이다. 대도시인 서베를린에서는 외부로부터의 식량 등 생활필수품을 들여오지 못하면 자급자족으로 시민 생활을 유지할 수 없었다. 약 225만 명의 베를린 시민이 기아 위기를 겪게 되었다. 소련은 이러한 봉쇄의 압력으로 서방측이 항복하리라 생각했다. 그것은 서베를린 시민을 인질로 잡은 협박이었다.

이에 대해 서방측은 맹렬히 반발했다. '서베를린을 구하자!'는 캠페인이 일어나 '하늘에 걸린 다리'를 통한 공수작전이 시작되었다. 225만 명이 거주하는 서베를린 시민이 필요로 하는 모든 물자를 미 공군 수송기로 실어 나르는 계획이었다. 미군은 독일 서부의 세 개 비행장으로부터 서베를린의 두 개

비행장으로 물자들을 피스톤 운송했다. 서베를린 공항 주변의 공터에 철판을 깔아 임시 활주로를 건설하고 임시 항공관제 시스템을 정비하여 대 공수작전을 전개했다. 미 공군은 피크 때에는 수송기를 1분 간격으로 띄우는 작전을 벌여 그 비행 회수가 연 27만 7,000회에 달했다. 그런 한편 무리한 수송작전으로 인한 항공사고도 끊이지 않아 작전 수행 중 전체 65명의 희생자가 나왔다. 하지만 미국은 이 대공수작전을 통해 서베를린 시민을 절대로 버리지 않겠다는 메시지를 보냈던 것이다.

소련의 협박은 실패했다. 서베를린을 봉쇄한 지 11개월 후인 1949년 5월, 소련은 봉쇄를 해제했다. 미 공군의 '하늘에 걸린 다리 작전'도 6월 30일 종료되었다. 이 '베를린 봉쇄작전'으로 그 결과 독일의 서방측 점령 지구의 사람들의 반소. 반공의 감정이 결정적이 되었다. 스탈린은 결국 서베를린과 서독을 잃게 되었다. 소련의 되풀이된 반격으로 미·영·프는 통일된 독일의 건설 계획을 체념하게 되었다. 1949년 5월 미·영·프가 점령했던 '서방측' 독일이 독일연방공화국으로 독립했다. 이에 대항하여 같은 해 10월 소련이 점령했던 동부 독일이 사회주의통일당(독일공산당)의 독재하에 독일민주공화국으로 독립했다. 독일은 결국 분단국가가 된 것이다.

동서로 분단된 독일 중 서독은 마셜 플랜 등 미국의 원조로 순조로운 발전을 했다. 언론의 자유도 보장되었다. 독일연방공화국은 '기본법'(헌법)을 공포함으로써 자유민주주의 국가로서의 틀을 갖추게 되었다. 그다음 달 서방 국가들은 군정(軍政)을 끝내고 군정장관 대신에 '고등판무관(高等辦務官)'을 주재시키기로 했다. 1949년 8월 선거에서 유권자들은 아데나워가 이끄는 기민당(CDU)의 손을 들어 주었고, 그에 따라 소집된 의회에서 단 한 표 차이로 73세의 노 정치가 아데나워가 서독의 초대 대통령으로 선출되었다. 그는 철저한 시장경제주의의 신봉자였다. 게다가 서방과의 연대 및 서방 세력의 신뢰를 사는 것이 무엇보다 심지어 통일 문제보다 중요하다고 생각했다. 이러한 그의 신념은 야당을 비롯한 그의 반대파의 강력한 반발에 직면했다.

CDU 정부는 에어하르트 경제상이 강력하게 추진한 '사회적 시장경제정책'을 통해 경제적으로 번영을 구가하기 되었다. 아데나워 정부는 1950년대까지 인플레이션에 의한 물가 등귀와 고수준의 실업에 시달렸으나 6월 한국전쟁이 발발하자 이에 자극을 받아 세계경제가 전반적으로 활성화됨으로써 이러한 곤란한 상태를 벗어나는 계기가 마련되었다. 서독의 경제성장률은 1950~1954년 8.8%의 성장을 비롯하여 그 후에도 고성장을 계속하여 이른바 '경제기적(經濟奇蹟)'을 이루었다. '라인 강의 기적'이라고도 일컬어지는 이 '경제기적'은 1953년부터는 CDU에 '선거기적'을 가져와서 1957년에는 전후 40년을 통해 처음으로 50.2%의 지지라는 절대다수의 단독정부를 구성했다.

경제정책의 경우와 같이 한국전쟁의 발발은 아데나워 정부의 외교 구상에 전제조건이 되었다. 아데나워는 서독의 서방측으로 재편되는 열쇠는 서방측과의 군사적 통합에 있다고 보았다. 한편 야당과 많은 국민은 전쟁의 체험을 통감하고, 군국주의를 경계했다. 하지만 한국전쟁의 발발이 서독의 정치무대를 변화시켰다. 드디어 서독은 NATO에 가맹하게 되었다. 서방으로 통합을 모색하는 CDU 정부의 재군비정책에 대해 독일사회민주당(SPD)은 자유민주당(FDP), 노동조합 등과 협력하여 반전 무드를 조성하고 시민을 데모에 동원했다. 프로테스탄트 집단이 중심이 된 1955년 재군비를 반대하는 '파울교회운동'과 1957~1958년의 '핵에 의한 죽음과의 투쟁'을 구호로 하는 반(反)핵운동이 그것이다.

독일 기본법의 성격

동독과 서독의 두 개 독일이 성립됨과 동시에 독일의 법적 지위에 대한 논의가 활발해졌다. 이미 독일제국은 소멸했고, 새로운 독일 국가가 성립되었다는 설과 독일제국은 계속해서 존재하며, 서독이 그 정당한 후계자라는 설이 논의되었다. '기본법'에 의하면, 이 점에 관한 서독의 입장은 다음과 같다.

(1) 독일 연방공화국은 독일제국과 동일한(identisch) 국제법적인 주체이다.

독일제국은 1937년 12월 31일 시점에서의 영역 상태로 존속하며, 그것은 독일연방공화국의 영역과 자알 지역, 동독(DDR), 베를린 영역 및 폴란드와 소련에 의해 점령된 영역을 포함하는 것이다. 독일인은 하나의 민족 및 국적만 존재한다. 독일연방공화국의 주권은 사실상 기본법이 적용되는 지역에 한해 미치는 것임에도 독일연방공화국은 유일하고 정당하게 선출된 정부로서 전체 독일을 위해 발언할 수 있는 권리를 지닌다.

(2) 동독은 유사(類似) 국가일 뿐이다. 따라서 동독은 독자적인 국민이나 주권 영역을 지닐 수 없다. 동독은 유효한 국가권력을 행사하고 있으나, 동독 당국은 점령군인 소련군과 긴밀한 관계를 기반으로 독일의 권력이 아닌 점령군의 권력을 행사하는 것에 지나지 않다. 또한, 국가기관도 자유선거로 구성된 것이 아니므로 민주적으로 정당화될 수 없다.

이상에서 요약한 '기본법'에는 서독의 법적 지위에 대한 두 가지 입장이 요약되어 있다.

첫째는 국경의 문제인데, 서독의 입장은 1937년 구 독일제국의 영역 유지를 강조했다. 새로운 국경의 획정은 1945년 8월 2일의 포츠담 협정을 통해 이루어졌다. 유럽 동부전선에서 승리한 소련은 점령군으로서 강제적으로 서쪽으로 국경을 확장하고자 했다. 소련이 소련과 폴란드의 국경선으로 과거 국경보다 서쪽에 있는 이른바 카존 라인에 의한 국경 획정을 주장한 점을 그 근거로 들 수 있다. 이 카존 라인이 폴란드의 새로운 동부 국경으로 획정되는 경우에 당시 폴란드 영역의 40% 이상이 소련 영역에 포함되게 된 것이다. 폴란드에 대한 카존 이동의 영역 상실의 대상으로 소련은 비옥하며 석탄과 철광석 등 지하자원이 풍부한 오데르-나이세 선 이동의 패전국 독일의 영역을 폴란드의 관리하에 두게 했다. 그리하여 폴란드의 영역은 독일의 희생으로 전체가 서쪽으로 확장하게 되었다. 게다가 쾨니스베르크 지역을 포함하는 동프로이센 북부는 소련의 관리하에 놓이게 됨으로써 소련은 단치히만을 통해 발트해로 진출하는 부동항을 손에 넣게 되었다. 한편 폴란드는 단치히 시(그다니스크 시)를 획득했다. 그리하여 폴란드와 소련의 관리하에 속하게 된 독일의 동방영역(Ostgebiete)은 당시 독일 영역의 4분의 1을 점하게 되었다. 서독은 1937년 구 독일제국이 여전히 서독에 계승되고 있음을 주장했으며, 따라서 오데르-나이세 선은 평화조약에 의한 최종적 해결이 이루어지기까지 잠정적인 경계선이라는 입장을 고집했다. 하지만 동방 영역은 시간이 지남에 따라 더욱 강력하게 소련 및 폴란드에 통합되었으며, 서독의 국경 문제에 대한 서독의 강경 노선은 이들 동유럽권 국가와의 원만한 교류를 어렵게 했다. 한편 동독은 이러한 국경을 수용했으며, 그것은 독일 통일의 장애가 되었다.

둘째는 '기본법'을 기초로 서독 정부는 서독이 독일을 대표하는 유일하고 정통적 정부라는 입장에 의해 동독을 승인하는 것은 서독에 대한 비우호적 행위이므로 동독을 승인하는 나라들에 대해 서독이 그에 대응하는 조처를 한다는 뜻을 표명한 것이다. 이러한 정책에 기초하에 서독 정부는 동독을 승인하는 국가들과는 원칙적으로 외교관계를 맺지 않았다. 이 정책은 당시 서독 외무차관의 이름을 따서 '할슈타인 독트린'이라 칭했다. 그 유일한 예외는 소련이었는데, 소련은 1955년 이래 양 독일과 외교관계를 유지했다. 왜냐하면, 소련은 독일 전체에 관계되는 문제에 책임이 있는 전승국의 하나로서 소련과 외교관계를 갖는 것은 독일의 통일 달성과 모순되지 않는다는 것을 당시 서독 정부는 인정했다.

동독의 지위에 대한 이론은 여러 번에 걸쳐 변화했으나 최종적으로는 두 개의 독일 국가의 성립으로 독일제국은 소멸한 것이며, 동독은 다른 국가와 마찬가지로 주권국가이며 독자적인 국제법적 주체라는 입장으로 간주되었다. 종전 후 번영하는 서독과 비교하여 동독은 전쟁 배상으로 공장시설들이 뿌리째 압수되어 소련으로 운반되었기 때문에 전후의 경제재건도 처음부터 시작해야 했다. 언론의 자유도 없었으며, 따라서 나라 전체가 어두운 분위기에 젖어 있었다. 1959년에는 동독 정부가 경제의 집단화 방침을 시행하고자 했다. 이 방침은 소련과 동유럽 사회의 경직된 사회주의 이론에 의한 것으로 생산수단을 가지고 있는 자본가를 근본적으로 절멸시키고, 생산수단을 가지고 있지 않은 노동자의 사회를 세우는 것을 '사회주의 건설'의 기초라고 정의했다.

이 관점에 의하면 농민은 대자본가라고는 말할 수 없으나 토지와 농기구 등 '생산 수단'을 가지고 있기 때문에 쁘띠 부르주아지(소자본가)로 분류되었다. 그 때문에 이들 농민의 토지를 빼앗고 농민들은 집단농장에서 일하도록 했다. 또한, 가족적인 소규모 공장이나 소상인도 '쁘띠 부르주아지'로 분류되어 대규모 공장과 대(大) 종합상점(백화점)으로의 재편이 추진되었다. 선조 대대로 계승된 농지와 공장, 상점을 빼앗긴 사람들은 절망하여 서독으로 탈출을 시작했다.

동서 독일의 경계에는 국경을 따라 철조망이나 지뢰가 설치되어 동독의 국민이 서독으로 탈출하는 일이 결코 쉬운 일이 아니었다. 하지만 동서 베를린에서의 이동은 비교적 간단했다. 동서 베를린 경계를 경비하는 것에는 한계가 있었기 때문에 동독 국민이 서베를린으로 쇄도하기 시작했다. 그리고 일단 서베를린에 들어가면 철도와 고속도로, 항공기를 이용해서 서독으로 탈출할 수 있었다.

1961년에는 이 루트를 통해 동독에서 서독으로 탈출하는 시민이 급증했다. 동서 분단 이래 358만 명이 서독으로 탈출했다. 이들 중에는 의사, 과학자, 기술자 등 지식인, 전문인이 비중이 커서 그 후 동독의 경제발전에 필요한 인재 부족이 심해져 고통받게 되었다. 동독 정부는 이것을 막기 위해 '베를린 벽'을 쌓기 시작했다.

2. 독일 통일의 프로세스

'동서 대화'의 시도

'베를린 벽'이 구축될 당시 서베를린 시장이었던 사회민주당(SPD) 소속의 브란트는 1966년에 성립한 '대연립 정권'에서 외상 겸 부수상을 역임했고, 1969~1974년에 수상이 되었다. 브란트는 소련과 동독과 대결하는 게 아니라 대화로서 평화공존을 강화하면서 독일 통일의 가능성을 추구한다는 기본전략을 추진했다. 이른바 '동방정책(Ostpolitik)'이었다. '동방정책'은 독일이 분단되어 두 개의 독일은 이미 기정사실이 되고 있다는 것과 독일의 동부 국경이 1945년 이후 크게 바뀌게 된 전후의 현상을 인정하고 '화해를 통한 변화'를 추구하려는 정책이었다. 동서냉전의 긴장을 완화한다는 더욱 큰 목적에 비하면 통일의 문제란 부차적인 문제라고 간주한 동독의 입장을 브란트는 수용했다.

이전부터 아데나워 정권은 하나의 국가로서의 동독의 존재를 무시하는 정책을 취하고 있었다. '독일은 하나이며, 서독만이 유일한 독일 정부'라는 것이 기본적 입장이었다. 또한, 서독 정부는 전후 소련에 의해 획정된 동부 국경, 오데르-나이세 선을 인정치 않고, 폴란드령으로 편입된 동부 영토를 반환하라는 주장을 계속했었다. 동유럽 공산권과 통상조약은 맺었으나 정식의 국교는 할슈타인 원칙에 의해 어긋난다고 하여 맺지 않았다. 브란트는 이러한 정책은 동서 독일의 대화를 불가능하게 하고 통일의 길을 오히려 불가능한 것으로 만들 것으로 생각했다.

1967년 브란트는 대 연립 정권의 외상으로서 루마니아와 유고슬라비아와 외교관계를 수립했다. 하지만 바르샤바조약의 가맹국들은 독자 노선을 가고 있던 유고슬라비아와 루마니아를 제외하면 서독이 동독을 승인하지 않는 한 서독과의 국교 정상화 교섭에 응하려 하지 않았다. 서독은 결국 동유럽에서 고립된 입장으로 빠져 버렸다.

1970년 8월 브란트 수상은 소련의 코스킨 수상과 모스크바조약을 맺었다. 그 내용은, 서독의 사민당은 1960년 전반까지는 오데르-나이세 강 이동의 구 영토의 독일 간 분쟁을 처리하는 수단으로 무력을 행사하지 않을 것과 유럽 현상의 국경을 존중할 것을 약속했다. 브란트는 '동방정책'을 채택함으로써 전략을 바꾸어 국경의 현상유지를 확인했다. 그 결과 서독과 폴란드의 국교 회복이 가능하게 되었다. 폴란드 측은 폴란드의 동부 영토를 소련에 빼앗겼기 때문에 구 독일령이었던 서부 지역을 불가결한 자신의 영토로 생각하고 있었을 뿐 아니라 그 지역에는 이미 많은 폴란드인이 살고 있었기 때문에 그 반환을 서독이 계속 주장하는 한 두 나라의 국교정상화는 생각할 수 없었다. 1970년 12월 브란트는 바르샤바를 방문하여 고무우카 정권과 국교정상화를 위한 조약, 바르샤바조약에 서명했다. 이 조약의 서명에 즈음하여 브란트는 바르샤바의 유대인 거주구의 위령비에 헌화하고 빗물에 젖은 맨땅 위에 무릎을 꿇고 사죄했다. 이러한 브란트 수상의 행동은 사전에 예정된 행사가 아니었기 때문에 동행했던 측근들도 놀랐다. 그 인상적 자세는 세계 많은 사람에게 감동을 주었다.

1971년 9월 3일 미국, 영국, 프랑스, 소련 사이에 4개국 협정이 서명되었다. 이 협정은 서독과 서베를린 사이에 원활한 교통과 인적 교류를 확보하려는 것으로 주로 베를린을 둘러싼 정세를 현실적으로 개선하고자 한 것이다. 서독으로서는 베를린에 관한 만족할 만한 합의를 달성하는 것이야말로 소련과 동유럽 나라들과의 관계개선을 추진함에 중요한 내정(內政)적 전제였던 것이다. 그러한 의미에서 4개국 협정은 소련이 추구했던 유럽의 현존 국경선의 현상(status quo)의 확인을 중요 내용으로 한 모스크바, 바르샤바조약과 사실상 궤를 같이하는 것이었다. 이러한 일련의 흐름 속에서 1972년 12월 21일에는 서독과 동독 간에 양 독일 기본조약이 서명되었다. 양 독일 기본조약은 국제정세의 현실을 기반으로 양 독일 간의 협력 관계를 촉진하며, 양 독일의 상호이익을 존중하는 미묘한 균형 관계 위에 체결된 것이다.

그 내용을 살펴보면 동독의 '국가'로서의 지위를 인정하고, 주권 평등이라는 UN의 원칙을 확인하면서 양 독일 간에 국경의 불가침 및 양국의 영토 보전을 확약했다. 하지만 한편 양 독일은 이제까지 체결된 각각의 조약에는 영향을 주지 않고 계속 효력을 지니는 것으로 규정했다.

기본조약은 동독을 원칙적으로 '국가'로서 인정하는 것으로 이제까지의 서독 정부의 대(對) 동독정책을 크게 변화시키는 것이었다. 그 때문에 서독 국내에서 반론과 비판이 대두했으나 1973년 7월 31일 서독 헌법재판소가 기본적으로 서독 정부의 입장을 지지함으로써 일단락되었다. 그것을 요약하면, 양 독일 국가는 제3국과의 관계에서 보통 각각 외교관계를 갖는 국제법적 주체이긴 하지만, 양 독일 국가는 여전히 존속하고 있는 독일제국이라는 국제법적 주체의 각각 일부분 구성하기 때문에 양 독일 상호 간은 보통 국가 관계와는 다른 특별한 관계라고 해석했다. 양 독일 기본조약의 체결은 서독과 동독 모두에 상호관계와 외교관계의 전반에 걸친 중요한 전환점이었다. 이 조약의 체결로 서독은 할슈타인 원칙에 의해 묶여 있던 서독 외교의 행동반경을 넓히는 결과를 가져왔다. 양 독일 국가는 1973년 UN에 동시에 가입했는데 이것도 이 기본 조약의 체결로 가능했던 것이다.

그 후 서독은 체코슬로바키아, 헝가리, 불가리아와 국교를 정상화했다. 동서 양 독일의 관계가 정상화됨으로써 상호 간에 국민의 교류가 증가했다. 동독에서 서독으로 또한 서독으로부터 동독으로의 각각 수백만 명 규모의 국민이 방문했고, 경계를 넘는 전화의 통화 회수도 급증했다. 동독의 국민은 대부분 가정에서 서독의 TV를 시청할 수 있게 되었다. 독일이 통일되는데 서독방송을 동독에서 시청하는 것이 큰 역할을 했다는 것은 잘 알려진 사실이다. 거의 전 동독을 커버하는 서독 TV를 시청할 수 있었던 동독의 국민은 서독의 생활 수준이 얼마나 높은가를 알게 되었고, 서독에 대한 정부의 비판이 거짓말임을 알게 되었다. 동독의 국민은 이렇게 명백한 거짓말하는 동독 정부를 신용할 수 없게 된 것이다. 동서냉전의 긴장이 최고조에 달한 1960년대에 동독의 정부는 서독의 TV 시청을 금지한 적이 있다. 비밀경찰은 이웃들이 밀고하면 포상하고, 학교에서도 학생을 상대로 집에서 보는 TV 프로그램을 점검하기까지 했다. 하지만 소련에서 스탈린의 공포정치가 물러난 다음 이러한 감시기능은 더는 불가능해졌다. 동베를린은 물론 동독 국내 가정에서도 TV 안테나를 서독 TV탑 쪽으로 당당히 맞추기 시작했다.

서독의 대 동독 무역이 '국내교역'이 됨으로써 내수시장을 넓히게 되었으며, 동독의 제품이 서독을 통해 EC 여러 나라에도 팔리게 되었다. 동독에 무역 적자가 발생했을 때에는 서독이 무이자로 융자해 주기도 했다. 이러한 서방과의 경제 교류는 동독의 경제성장을 도와주었다. 하지만 '석유위기' 이후에 세계경제의 불황의 영향으로 동독의 서방에 대한 누적 채무가 증가했다.

이러한 일련의 동향은 양 독일 기본 조약으로부터 17년 후에 '베를린 벽'의 붕괴에 이르는 중요한 일보가 되었다.

유럽안전보장협력회의

'동서의 대화'는 서방과 동유럽 양 진영 모두와 미국과 소련의 대표가 참가하는 큰 회의를 개최하는 이제까지 없었던 시도로 더욱 촉진되었다. 그것은 유럽안전보장협력회의(Conference on Security and Cooperation in Europe, CSCE)였다. 전후 유럽에서 두 초대 강대국 미국과 소련의 참가 없이는 아무것도 유효하게 처리할 수 없었기 때문에 CSCE가 성립하기 위해서는 미국과 소련의 참가는 불가결한 것이었다.

전 유럽의 집단안전보장기구 창설을 위해 한결같이 열의를 보인 나라는 소련이었다. 소련은 전후 중앙 유럽과 동남 유럽에 세력권을 확보한 후 이 지역에 대한 소련의 지배를 서방 국가들에 기정사실로 승인받으면서 유럽의 안정을 유지하기 위해 전 유럽을 포괄하는 집단안정보장조약이 필요하다는 것을 통감하고 그것을 제창했다. 1954년 2월 소련의 모로토브 외상이 4개국 외상회의(미국, 영국, 프랑스, 소련)에서 전 유럽조약안을 제출한 것이 그 최초이다. 1969년 3월 바르샤바조약 가맹국들은 CSCE의 의제를 결정하는 회의의 개최를 서방측에 제의했다. 이에 대해 4월에는 핀란드가 준비회의와 본회의의 주최국이 될 용의가 있다는 뜻을 표했다. 서방의 나라들은 이런 종류의 회의에는 미국과 캐나다의 참가가 필요하다고 주장했다. 1970년 바르샤바조약국 가맹국들이 서방 여러 나라의 요구에 응해 미국과 캐나다의 참가를 승인함과 동시에 사람과 정보의 자유로운 이동을 의제로 하는 것에 동의했다.

1972년 11월부터 6개월에 걸친 예비교섭 후 1973년 7월 헬싱키에서 본 회의가 열렸으며, 1975년 8월 헬싱키 최종의정서가 채택되었다. 참가국은 서측 25개국과 동측 8개국, 미국과 캐나다 등 모두 35개국이었다. 미국은 당시 외교정책의 담당자 키신저가 이런 종류의 회의가 공산권 체제의 현상유지를 서방에 승인하도록 한다는 소련의 전략에 말려들지도 모른다고 하여 소극적으로 접근했다. 유럽제국은 '데탕트'의 분위기를 이용하여 '동서'의 긴장을 완화시키며, 유럽에서의 전쟁의 위험을 제거함과 동시에 동서 대화와 교류를 촉진하는 것이 동측의 인권의 자유와 민주주의를 촉진하고자 하는 개혁파들에게 용기를 북돋울 것이라고 강력히 주장했다. 미국도 이러한 유럽 여러 나라의 요구에 밀려 회의에 참가했다.

독일의 통일 문제는 헬싱키의 최종 의정서를 협상하는 과정에서 제기되었다. 헬싱키 최종 문서는 1970년 서독-소련조약에 사용했던 문구, 즉 현존하는 유럽의 국경은 '불가침'이라는 용어를 사용했다. 하지만 헬무트 슈미트가 이끄는 서독 정부는 국내의 보수파들을 의식하여 통일의 이론적 가능성만이라도 열어 두려고 노력했다. 그는 35개국의 서명국을 설득하여 '자국의 국경은 국제법에 따라 평화적 방법으로, 그리고 합의를 통해 변경될 수 있다.'라고 합의함으로써 통일의 가능성을 열었다. 그로부터 15년 후 헬싱키의정서에 합의된 이 내용이 그렇게 중요해질 것이라고 당시에는 아무도 상상치 못했을 것이다. 소련은 독일의 평화적 통일을 허용하는 문서에 서명한 것이다. 물론 1975년 당시로는 그것은 이론적 의미 이상은 아니었다. 나아가 이 의정서는 모든 국가는 '국제기구에 가입하거나 가입하지 않을 권리, 동맹 당사자가 되거나 되지 않을 권리, 양자 혹은 다자조약에 가입하거나 가입하지 않을 권리, 나아가 중립을 지킬 권리'를 존중한다고 규정했다.

'베를린 벽'의 붕괴

1985년 3월 11일 고르바초프가 새로운 소련공산당 서기장으로 취임했다. 체르넨코 전 서기장의 장례식인 3월 14일에는 서독의 콜 수상이 고르바초프 서기장과 최초로 회담할 기회가 있었고, 서독의 겐셔 외상은 1986년 7월 소련을 방문했다. 방문 후 겐셔 외상은 고르바초프 서기장을 '새로운 유형의 소련 지도자'라고 평가했다. 독소관계는 그 후에도 바이제카 서독 대통령의 소련 방문 등으로 이어졌는데 실질적 회담은 1988년 10월 24일 콜 수상의 소련방문이었다. 이 방문에서 서독은 외상을 비롯한 환경상, 국방상, 농림상 등이 동행하여 두 나라 사이에 다방면에 걸친 실무적 협력 방향을 논의하고 관계의 긴밀화를 다져 나가게 되었다.

1989년 6월 12일 고르바초프가 서독을 방문했다. 고르바초프 서기장이 서독과의 관계 강화를 중시한 배경에는 경제 문제가 있었다. 고르바초프가 정권에 취임한 지 4년이 되어 가고 있었으나 국내 경제상황이 개선되지 않아 소련 시민의 불만이 높아져 가고 있었으며, 국내 개혁을 위해서도 서독과의 경제관계의 강화가 대단히 중요했다. 고르바초프는 서독 방문 중 투자보호협정을 체결하는 등 양국 사이에 경제 시스템을 개선하는 데 전력을 기울였다. 그 밖에도 두 수뇌는 대미 관계, 동유럽 정세, 군비관리, 군축 문제 등의 국제 문제와 양국 사이의 여러 문제에 관해 상세한 의견을 교환했다. 이 회담을 통해 양 수뇌는 깊은 신뢰 관계를 쌓게 되었다. 6월 13일 밤 콜 수상 부처는 고르바초프 서기장 부처와 라인 강변의 수상 방갈로에서 만찬을 들었다. 만찬이 끝난 후 한밤중에 양 수뇌는 유람선에 올라 라인 강을 따라 내려가서 전방의 로렐라이 언덕을 조망하며 양국 관계와 삶에 대한 감상적인 대화를 나누었다. 콜은 그날 밤을 자신에게 있어 획기적인 경험이라고 얘기했으며, 고르바초프도 그렇게 추억했다.

헝가리와 폴란드의 민주화운동은 중앙 유럽의 다른 나라에도 큰 영향을 끼쳤다. 헝가리는 1989년 봄부터 여름에 걸쳐 동독 국민의 서독으로의 대량 이주의 루트가 되어 동독의 공산당 정권을 동요시켰다. 동독에서는 1971년 이래 사회주의통일당(공산당, SED)의 서기장인 호넥커가 권력을 장악하고 있었다. 동유럽 국가 중에서 동독의 경제는 상대적으로 양호한 편이었으나 서독에 비하면 가난했다. 분단국이었기 때문에 동독 국민이나 정부 모두 서독을 의식할 수밖에 없었다. 동독 정부는 교류를 금지하고 정보를 차단하려 했으며 서독의 실태를 비판, 비하하는 선전이 되풀이되었다. 대부분 지역에서 서독의 TV 수신이 가능했으며, 서독의 동방정책을 통한 유화적 교류와 CSCE의 영향으로 서방측 정보가 동독에 도달하는 것을 저지하기가 점점 어려워졌다. '베를린 벽'은 정보의 흐름으로 보면 이미 무너져갔던 것이다.

1988년 5월 헝가리 공산당의 전국협의회에서 카다르가 퇴진한 후 개혁파 네메드의 지도체제가 확립되었다. 1989년 그는 '난민조약'에 가맹신청을 하게 되었는데, 난민의 지위에 관한 이 조약은 1951년 UN이 주최한 회의에서 채택된 것으로 난민의 인권보호와 난민 문제를 해결하기 위한 것이었다. 인권옹호의 관점에서 난민을 박해 하는 나라에 난민을 송환하면 안 된다는 규정이 포함되어 있었다. 네메드가 난민조약 가입을 제안한 것은 직접적으로는 루마니아의 헝가리계 주민의 유입에 대처하기 위한 것이었다. 동쪽 이웃 루마니아에서는 차우셰스쿠의 독재체제하에서 경제위기가 심각했고 서부 트란실바니아 지방의 헝가리계 주민이 국경을 넘어 헝가리로 도망하는 움직임이 강화되어 헝가리 정부의 재정부담이 증대했던 것이다. 네메드 정권은 난민조약에 가맹함으로써 UN의 원조를 요구하려 했다.

한편 헝가리는 개혁, 개방 정책의 하나로 오스트리아 국경의 철조망 등 국경설비를 철거하기 시작했다. 하지만 헝가리 당국의 국경 경비는 계속되었기 때문에 국경을 넘어 오스트리아로 가는 것이 실제로는 용이한 것은 아니었으나 이러한 헝가리의 조치는 동서 간의 벽이 낮아졌다는 심리적 효과를 커지게 하여 동독인들이 헝가리, 오스트리아를 거쳐 서독에 탈출하는 수를 상당히 증가시켰다. 하지만 다수의 동독 시민이 더욱 확실한 길로 선택한 것은 동독 주재 서독대표부나 헝가리, 체코슬로바키아, 폴란드의 서독대사관에 농성하면서 서독 이주를 요청하는 탈출 방법이었다. 8월 중순에는 헝가리에 체류하고 있는 동독 국민이 20만 명에 달했다. 헝가리 정부는 난민조약에 가입하고 있었기 때문에 동독 국민을 불법입국자로서 본국으로 송환하는 일은 허락될 수 없는 일이었고, 또한 그럴 의사도 없었다.

하지만 서독 정부는 위기를 자초할 생각은 없었다. 브란트의 동방정책의 기조에 따르면 일시적인 이익을 얻고자 동서 간의 장기적 우호관계를 희생하는 것은 안 되는 일이었다. 8월 초 서독 정부는 폭주하는 동독 주민의 망명요구에 대해 동방정책의 전례에 따른 조처를 했다. 총리실장은 성명을 통해 망명을 원하는 사람들은 합법적인 이민절차를 받을 때까지 동독에 있으라고 하면서 적어도 재동유럽국가 독일대사관에 숨는 일은 하지 말 것을 호소했다. 그리고 1989년 7월까지 4만 6,000명의 합법적 이주가 허락되었음을 지적했다. 콜 총리는 기자와 만나, 그와 호네커는 '우호적인 정책'을 지속하기를 바란다고 말했다. 하지만 동방정책에 의한 과거의 처방은 이미 더는 듣지 않았다. 게다가 동독의 가족들이 탈출하는 모습이 연일 서독 언론을 장식함으로써 동독 인민들을 자극했다.

8월이 지나면서 콜 정부는 동방정책에 따른 동독난민정책을 서서히 바꾸어 나갔다. 동방정책 목표는 다음과 같이 요약할 수 있었다. (1) 동독인들에게 합법적인 이주를 권하는 동시 동독 정부에 여행에 대한 규제를 완화해 줌으로써 상황을 개선하도록 권고한다. (2) 불가피한 경우에만 난민들을 수용하며, 서독에 이주한 후 살고자 하는 난민은 강제 송환할 수 없다.

그러나 8~9월 동독 주민의 서독으로의 대규모 탈출에 따라 서독 정부는 새로운 정책을 취했다. (1) 동독의 법을 위반하더라도 동독인들이 서방에 도착하도록 도와준다. (2) 동독 정부에 압력을 가해 근본적으로 정치 및 경제 개혁의 하나로 여행 관련법을 개정할 것을 권고한다. (3) 하지만 동독 정부를 공개적으로 난처하게 하거나 자극하는 일은 피하도록 한다. 이들 하나하나가 모두 동방정책의 정신에서 벗어나는 것이었다.

사민당을 비롯한 동방정책의 옹호자들은 정부가 난민을 받아들임으로써 위기를 더욱 악화시키고 있다고 비난했다. 1989년 여름 동안 서독의 진보적 지식인들은 독일 통일을 공식적으로 포기해야 하는지를 둘러싸고 격렬한 토론을 벌였다. 하지만 국제정세의 흐름은 이미 동방정책을 포기하도록 전개되고 있었다. 소련 고르바초프의 개방정책이 낳은 동유럽의 민주화운동은 서독의 보수적 할슈타인 정책으로 인한 외교적 고립체제를 해체했으며, 그 해빙 물결은 동독에도 이미 밀려들어 왔던 것이다. 9월 10일 동독에서 반(反)체제 그룹이 '신포럼(Neues Forum)'이라는 단체를 결성했다. 10월 2일 동독의 제2도시 라이프치히에서 참가자가 만 명이 넘는 민주화 요구 데모가 일어났다. 동독의 복음파교회는 호네커에 서한을 보내어 "대량 출국의 원인은 국민이 기대했던 사회변혁이 거부되었기 때문이다."라고 대화와 개혁을 요구했다. 한편 라이프치히에서는 매주 월요일마다 시위가 일어나 '신포럼'의 합법화 등을 요구했다. 시민은 '고르비'(고르바초프의 애칭)를 외치면서 "우리는 개혁을 위해 국내에서 싸우고자 한다."라고 호소했다.

고르바초프는 10월 7일 베를린을 방문하여 동독지도자들과 회담하면서 동독의 페레스트로이카를 권했다. 여기서 고르바초프는 '뒤늦게 오는 자는 인생에서 벌을 받는다.'라는 러시아의 속담을 인용했다. 호네커는 개혁요구에는 입을 닫으면서 동독의 발전에 대한 말만 늘어놓아 고르바초프의 냉소를 자아내었다. 그 뒤 두 사람은 단독회담을 했는데, 그 내용은 알려지지는 않았으나 고르바초프가 '개혁이냐? 은퇴냐?'라고 압박한 것이 아닌가 관측되었다. 그날 밤 시민 수천 명이 데모를 하고 다시 '고르비'를 외치면서 개혁을 요구했다. 드디어 SED는 10월 10일 정치국 회의를 열어 다음날에는 대화의 필요성과 함께 당 개혁의 필요성을 인정하는 성명을 발표하여 호네커 체제에 반대하는 의사를 밝혔다. 18일에는 호네커의 해직이 결정되었다. 후임 서기장에는 크렌츠가 임명되었고, 11월 8일에는 당 중앙위원회가 지도부를 대폭 교체했다. 크렌츠 서기장은 당과 정부의 분리, 집회, 결사법의 정비, 미디어법의 정비, 비밀투표에 의한 선거법 정비, 시장원리를 도입한 경제개혁 등 민주화 방침을 내어 놓았다. 그러나 출국 수속 완화에 대한 사항은 동서독 전문가위원회 설치를 제안하여 결정하도록 했다. 하지만 그 조치는 사태가 긴급하게 돌아가는 것에 비해 너무 지체되어 다음날 밤에는 극경의 개방이 실현되고 말았다.

정부는 11월 6일에 신여행법을 마련하여 발표했으나 여전히 엄격한 제한을 둔 내용이었기 때문에 SED 내에서도 비판의견이 커서 7일에 인민의회는 그것을 부결했다. 크렌츠는 새 법이 성립될 대까지 잠정규칙을 마련하도록 슈토프 수상에게 지시했다. 9일 중앙위원회의 오후 토의 직전에 슈토프는 잠정 규칙안을 크렌츠에게 건네었다. 크렌츠는 '잠정적'이란 문구를 삭제하고 중앙위원회에서 그 안을 그대로 읽었고 승인을 받았다. 삭제 이유는 '잠정조치'가 되면 그것이 유효한 동안 시민이 국경으로 쇄도할 염려가 있었기 때문이다. 당 정치국원으로 제1서기였으며, 당의 공보관이었던 샤보브스키는 그 규칙안이 각의에서 이미 결정된 것이라고 착각하고 기자회견을 열었다. 기자회견에서 샤보브스키는 동독 국민은 누구던 국경을 건너 출국할 수 있도록 결정했다고 발표했다. '언제부터 실시되느냐?'라는 기자의 질문에 그는 "개인 여행이건 국외 이주건 자유로워졌다. 내가 알고 있는 한 이 결정은 지체하지 않고 즉각 실시된다."라고 대답했다. 이것은 '잘못된 견해'이었다. 당의 방침은 '다음 10일부터 출국을 희망하는 동독 국민은 출국 비자를 신청할 수 있으며, 그 비자가 취득되면 자유로이 출국할 수 있다.'라는 것이었다. 그리고 출국 비자는 경찰에 신청하지 않으면 안 되었다. 그러나 잠정 규칙 안에는 출국 비자의 수속이 필요하다는 것을 빼놓았던 것이다. 또한, 이 서류는 10일부로 되어 있었으나 기자회견은 9일 밤 행해졌다. '즉각'이란 표현은 실제로 다음날 10일부터였던 것이다. 이제까지 동독 국민은 같은 사회주의국가들인 동유럽에는 여행할 수 있었으나 그 이외 국가들에는 자유롭게 나갈 수 없었다. 그 때문에 비자신청만으로 출국할 수 있다는 결정은 충분히 획기적인 조치였으나 샤보브스키 정치국원의 발표를 듣고 있던 내외 기자들은 '동독의 국민은 바로 지금부터 자유롭게 출국할 수 있게 되었다.'라고 받아들였다. 그리하여 이 빅뉴스는 곧바로 속보로 발표되었다.

이 뉴스를 동독 TV가 전했으나 동베를린 시민은 처음에는 별로 움직이려고 하지 않았으나 서독의 제1방송 ARD가 오후 8시 뉴스로 전하게 되자 즉각적으로 동베를린 시민이 움직이기 시작했다. 원래 이 잠정안은 헝가리와 체코슬로바키아를 통해 출국하려는 동독 국민을 상정해서 작성된 것이었으나 국경선에 제일 가까이 접경한 베를린 시민을 직격했다. 베를린을 동서로 분단하는 벽의 검문소 앞으로 동베를린 시민이 즉각 몰려들기 시작했다. '출국의 자유화' 등 보고를 받지 못했던 검문소의 경비병들은 애초 시민의 통과를 거부해 보았으나 '출국은 자유화되었다!'라고 외치면서 밀고 들어오는 큰 무리의 군중에 밀려 밤 11시부터는 검문소를 개방하지 않을 수 없었다. 동베를린 시민은 환호성을 지르며 서베를린에 쇄도해 들어왔다. 베를린 벽 위에는 젊은이들이 벽을 타고 올라가서 춤을 추며 독일 국가인 베토벤 교향곡 9번의 환희의 찬가를 열창하며 독일 국기를 흔드는 광경이 연출되었다. 그중에는 망치로 벽을 부수는 사람도 나타났다. 이제 동독 당국이 이것을 저지한다는 것은 불가능해졌다.

베를린 벽이 붕괴하면서 동독으로부터 연일 2,000명 이상의 동독 국민이 서독으로 도망했다. 동독이라는 국가 자체가 더는 존속할 힘을 상실했다. 하지만 그로부터 1년 가까이 서독이 동독을 흡수하는 과정이 기다리고 있었다.

'통일을 목표로'

세월이 흐르고 통일이 이루어진 오늘날에 돌이켜보았을 때, 베를린 장벽이 무너지자 당장 통일을 성취해야 한다는 압력이 있었고 그 결과 통일이 그대로 이루어진 것처럼 생각할 수도 있다. 그러나 사실은 그것이 아니었다. 통일을 요구하는 구체적 목소리는 그로부터 근 2주가 지난 11월 19일 라이프치히의 항례의 월요데모에서 처음으로 나타났다. 특히 그때 들을 수 있었던 표어는 'Wir sind das Volk.'(우리는 주권자인 인민이다)에서 'Wir sind ein Volk.'(우리는 하나의 민족이다)로 발전되었고, 다시 'Deutschland einig Vaterland.'(통일된 조국 독일)로 서서히 발전했다.

11월 13일 동독의 인민회의는 개혁파로서 시민의 인망이 두터운 모드로우를 수상으로 임명했다. 모드로우 수상은 SED와 독일자유민주당, 기독교민주당 등을 포함하는 연립내각을 형성했다. 그리고 모드로우 수상은 11월 17일 시정방침 연설에서 동독의 민주적인 신생(新生)을 호소했다. 양 독일 관계에서도 '조약공동체(條約共同體)'라는 개념을 표명했다. 여기서 모드로우 수상은 동독이 정치적 개혁을 추진함으로써 동독인민의 자결권이 확보되고, 사회주의국가로서 또 주권국가로서 동독의 정당성이 확보되어야 한다고 주장했다. 또한, 동독의 새로운 현실 때문에 통일에 대한 비현실적이고 위험한 억측은 분명히 부정한다는 취지를 밝혔다. 모드로우 수상은 개혁을 추진함으로써 동독체제를 뜯어고쳐서 서독과는 어디까지나 별개의 주권국가로의 동독의 재건을 목표로 했다. 이 방침은 소련을 비롯해 강국 독일의 출현을 염려하는 이웃 나라들의 기대를 충족시켜 주는 것이기도 했다.

베를린의 벽이 붕괴된 이후 '독일 문제'는 유럽 외교의 최대의 관심사가 되었다. 독일의 통일 문제는 서독의 기본법 규정, 이제까지의 서독의 정책, 4승전국의 권리와 책임 문제 등 여러 문제가 걸려 있었고 독일이 분열된 지 이미 40년이 지났기 때문에 '역사를 거슬러 올라가 바꾼다'는 것은 실제로 상상하기 어려웠다. 동서로 각각 다른 진영에 속하는 양 독일의 통일은 동서관계의 근본적 변화를 의미했다. 서유럽 나라들 사이의 균형이라는 관점에서 보아도 독일의 통일은 경제적으로도 이미 강력해진 독일이 더욱 강력해질 것이기 때문에 유럽 외교를 담당하는 당사자들은 누구도 급격한 현상 변화는 원하지 않았다.

베를린 벽이 붕괴된 후 소련 외무성은 11월 9일 다음과 같은 요지의 성명을 발표했다. (1) 동독에서 일어난 일은 동독의 국내 문제일 뿐이다. 하지만 소련은 동독의 개혁은 환영한다. 그것은 동독의 페레스트로이카이다. (2) 동독이 변한 이후에도 바르샤바조약기구의 일원으로의 의무는 존속한다. (3) 동독은 소련의 전략적 동맹국이다. (4) 독일의 통일은 양 독일이 각각 다른 동맹에 소속되어 있다는 걸 생각하면 현실적인 것이 아니다.

실제로 고르바초프는 콜 수상과 미국의 부시 대통령에게 메시지를 보내어 독일 시민의 데모가 진정될 수 없도록 발전하는 것을 염려하고 베를린 벽의 붕괴 사태에 과잉 반응하지 않도록 조치해 달라고 요청했다. 11월 14일 프라우다 지의 논설에서는 '전후 유럽의 질서 및 CSCE 헬싱키 최종 문서에서 결정된 국경 불가침 원칙의 변경을 요구하는 시도는 대단히 심각한 결과를 초래할 수 있다.'라고 경고함으로써 소련의 여론을 대변했다.

한편 미국은 독일의 통일을 지지했던 종래의 입장을 유지했는데, 다만 독일 통일의 프로세스가 평화적이며, 나아가 독일을 포함한 서방측의 단결을 해치지 않는 것을 중시했다. 한편 미국은 소련의 눈치를 보지 않을 수 없었다. 소련은 동독에 약 37만 명의 군대를 주둔하고 있었으며, '대 조국해방전쟁'에서 큰 희생을 치른 바 있던 나라이기도 했기 때문이다. 소련에 있어서 동독의 '상실'은 실질적으로도 심리적으로도 참기 어려운 타격이었을 것이라고 미국은 분석했다. 이런 고려에서 미국은 베를린 벽의 붕괴에 관해 그것을 환영하면서도 소련을 과도하게 자극하지 않도록 배려했다. 부시는 독일의 통일 문제에 그것이 결국은 불가피하다는 의견에 동의했으나 그것을 추진하면서 '분별 있는 개입'에 치중한다는 입장이었다.

독일의 겐샤 외상은 11월 21일 워싱턴을 방문하여 부시 대통령과 베이커 국무장관과 회담했는데, 이 회의에서 그는 독일인의 자결권(selbst-determination)의 중요성을 강조하면서 동시에 서독은 이후에도 NATO 및 EC의 일원으로서의 입장을 견지할 것이며 절대로 독일의 단독행동(deutscher Alleingang)은 없을 것이라 강조했다. 이 방문으로 겐셔 외상은 서독이 책임 있고, 합리적인 자세로 통일 프로세스를 전개해 나가는 한 미국의 지지를 받을 수 있다는 심증을 얻었다.

영국과 프랑스는 공적 입장으로는 독일의 통일을 기본적으로 지지하는 태도를 취했다. 그러나 이러한 지지는 실제로 독일 통일이 당장 실현되기 어렵다는 전제에서였다는 것을 부정할 수 없다. 그러나 베를린 벽이 무너진 후 독일 문제는 유럽에서 점점 더 강력히 의식되기 시작했다. 유럽 여러 나라는 독일 통일이 유럽의 세력균형을 크게 변화시킬 수 있다고 염려했다. 예컨대 영국의 대처 총리는 9월 모스크바를 방문했을 때 고르바초프를 만나 NATO는 공식적으로는 독일 통일을 지지한다는 태도를 밝혔으나, 영국을 비롯한 관계국들은 실제로는 불안해하고 있다고 하면서 소련의 의향을 떠보았다. 이에 대해 고르바초프는 소련도 독일의 통일을 바람직하게는 생각지 않다고 대답했다. 이에 대처 영국 총리는 가속화되고 있는 독일의 통일을 비롯한 유럽의 정세 진전을 억제해야겠다고 마음먹게 되었다. 그녀는 그렇게 되기 위해서는 동독의 민주화가 조속히 성립하는 것이 필요하다고 생각했다.

프랑스 미테랑 대통령은 11월 18일 EC 의장국의 자격으로 EC 수뇌회담을 열어 베를린 벽 붕괴 이후의 동유럽 정세 특히 동독 문제를 토의했다. 그는 독일 문제에 관한 서독의 의견을 청취함과 동시에 EC 통합을 위한 EC 여러 나라의 의사를 다시금 확인하는 일을 중요하게 생각했다. 미테랑은 역사가로서 독일 통일이 불가피하다는 것을 기본적으로는 인식했으나 독일 통일은 유럽통합의 움직임과 조화되어 전개되어야 한다고 주장했다. 그는 독일 통일이 유럽의 세력균형에 큰 영향을 미칠 것이며 그것은 프랑스는 받아들이기 어려운 국제정세가 된다는 것을 인식하고 있었다. 이같이 미테랑은 공식적으로 독일 통일에 대해 부정적 발언은 피했으나 국경 문제, 특히 동부 국경 오데르-나이세 문제에 대해 독일의 입장을 비판하는 등 완곡하게 통일을 반대했다.

서독 정부는 11월 EC 특별수뇌회담의 시점까지 독일 통일에 대해 서방은 미국이 가장 호의적이었으며, 프랑스와 영국은 분명하게 소극적이었다고 평가했다.

서독 수상 콜의 통일 프로세스

콜 수상은 11월 28일 연방의회의 예산심의 석상에서 〈독일 및 유럽분단을 극복하기 위한 10개 항의 프로세스〉라는 통일을 이루기 위한 10개 조항의 프로그램을 발표했다. 이 프로그램은 콜이 서독의 수상청(首相廳)의 텔칙에게 후일 통일을 대비하여 연설문을 작성하도록 지시하여 나오게 된 것이다. 10개 조항의 제안을 담은 연설문은 최대의 효과를 노려 비밀리에 작성되었다. 야당인 SPD는 물론 연립 여당이었던 FDP와도 협의하지 않고, 미국이나 프랑스와 같은 동맹국에도 사전 설명 없이 진행되었다.

콜 수상은 이 프로그램으로 대내외적으로 독일 문제에 대해 서독이 주도권을 장악하고자 하는 데 중점을 두었다. 따라서 이 연설은 12월 2~3일에 예정된 미국과 소련의 몰타회담 이전에 행해졌으며 12월 8~9일에 예정되었던 EC 수뇌회담 이전에 행해진 것은 그러한 고려의 일환이라 볼 수 있다. 즉 콜 수상은 서방측 동맹국들의 독일 통일에 대한 견제에 대해서 (1) 독일 통일은 서독이 일관하여 추구하고 있는 정치적 목표라는 것, (2) 독일 통일은 어디까지나 평화적 프로세스에 의해 추구되리라는 것, (3) 서방측은 이러한 서독의 정책을 이제까지 지지해 준 것처럼 계속 지지해 줄 것을 다시 확인한다는 의미가 있었다.

10개 제안은 제1항으로부터 5항까지는 양 독일 사이에 단기 및 장기적 협력관계를 논했으며, 6항부터 10항까지는 통일의 프로세스와 전체 유럽과 EC와 CSCE와의 관계 등 통일프로세스의 대외적 측면을 논했다. 전반부에서 콜은 동서독 여행의 자유와 환경보호, 통신시설, 철도 등 기술 분야에서의 협조를 주장했으며, 모드로우가 제안한 '조약공동체'를 국가체제로 보기보다 공동의 문제에 대한 제도적 협력 차원으로 격하시켰으며, 동독에서의 자유선거에 의해 국가연합의 단계를 넘어 양 독일을 합친 연방국가의 형성을 목표로 했다. 후반부에서는 양 독일 관계의 발전을 전체 유럽 동서관계의 발전 프로세스에 포괄하고자 했다. 이 10개 제안에서는 고르바초프 서기장이 콜과의 공동선언 중에 선언한 '유럽 공통의 집'이라 거념을 지지했다. 결국, 콜은 브란트의 동방정책을 포기하고 아데나워 시절의 '힘을 통한 현상 변화'로 회귀하면서도 '전체 유럽의 과정'이니 '평화 질서'니 하는 기존 동방정책의 용어와 개념을 모두 살렸다. 점진적이고 단계적인 과정인 것처럼 보이면서도 결국 모드로우가 제안한 '조약공동체'로서의 국가를 부정하고 최근 부상하기 시작한 '국가연합'의 발상을 넘어 연방 국가에 이르는 통일의 길을 지향하고 있었다. 모든 국가에서 제기된 독일 통일에 대한 우려를 완화시키기 위해 통일의 시기와 목적은 애매한 문구로 가려져 있었지만, 그 궁극적 지향점이 통일이라는 것이 분명해졌다. 이 연설로 통일이라는 추상적 목표와 그것을 달성하기 위한 구체적 과제 사이의 관계가 분명해졌다.

콜 수상의 10개 조항의 제안에 가장 주목할 만한 반응은 소련 고르바초프 서기장에 의한 것이었다. 그는 이 제안을 "이기적인 목표의 추구"라고 경고를 발했으며, "이 쓸데없는 행동과 도발적인 성명으로 현재 진행되고 있는 역사적 변혁에 손상을 줄 수 있는 일은 허용해서는 안 된다."라고 신랄하게 비판했다. 그는 이 문제를 토의하기 위해 CSCE 수뇌회담을 1990년에 앞당겨 개최하자고 제안했다. 이 고르바초프의 제안은 서독의 경계심을 자극했다. 왜냐하면, 독일 문제를 CSCE의 전 유럽 여러 나라와 함께 토의한다는 것은 양 독일의 자결권을 손상할 뿐 아니라 독일 통일 문제를 복잡하게 할 우려가 있었기 때문이다. 소련은 콜 수상의 10개 항 제안에 반대하여 독일 통일은 '현실적 문제가 아니다.'라고 되풀이하여 강조했다. 그러나 소련은 동독을 포기할 수 없었다. 즉 동독은 소련에 있어 전략적 동맹국이며, 바르샤바조약국의 중심적 일원이기 때문에 이것이 뒷받침되기 위해서는 두 개의 독일이라는 주권국가의 존재가 전제되어야 했기 때문이다. 동독 정부도 두 개의 독일 국가의 존재는 국제정치의 실체이며, 통일은 현실적 문제가 아니라는 입장을 강조했다.

한편 미국은 갑작스러운 콜의 연설에 놀라기는 했지만 냉정하게 긍정적으로 받아들였다. 부시는 서독은 통일을 추구함에 미국과 상담하지 않을 수 없다고 생각했기 때문이다. 미국의 베이커 국무장관은 11월 29일 기자단과 미·소의 몰타 양 수뇌회담에 대해 브리핑하는 자리에서 독일 통일 문제를 언급했다. 그는 독일의 통일에서 독일 민족의 자결권이 존중되어야 하고, 통일이 실현되면 통일독일은 NATO에 귀속되어야 하며, 통일은 평화적 단계적으로 이루어져야 하며, 국경 문제는 국경 불가침을 규정한 헬싱키 최종 문서, 즉 CSCE의 규정을 확인하라고 요구했다. 그중 중요한 문제는 통일독일의 NATO 귀속 문제인데, 콜의 10개 항에는 그것이 포함되지 않아 나중에 문제로 부각되었다.

독일 통일의 달성

동독의 정세는 시시각각으로 긴박을 더해갔다. 1990년 1월에 들어서자, 의사, 기술자 등 우수한 젊은이들을 중심으로 하는 동독의 시민이 서독으로 계속 유출됨으로써 동독의 경제가 어려워지고, 동독 지도부의 오직(汚職)이 발각되는 등 동독의 정세가 계속 어려워졌다. 동독의 정세가 긴박해짐에 따라 동독 국가를 유지하고자 하는 동독 정부의 노력도 한계에 도달하여 통일이 빠른 시기에 이루어져야 한다는 분위기가 고조되었다.

1월 30일 모도로우 동독 수상은 모스크바에서 고르바초프 서기장과 회담했다. 그는 귀국 후 기자회견에서 최초로 통일을 전제로 한 발언을 했는데, 그 내용을 살펴보면 우선 '조약공동체'로서의 통일을 거쳐, 다음으로 '국가연합', 최종 단계로는 NATO나 바르샤바조약기구 그 어디에도 속하지 않는 '중립적인 통일'이란 생각을 표명한 것이다. '중립 독일'이란 발상은 제2차 세계대전 후 독일 문제를 둘러싼 동서 사이 줄다리기에서 소련 방침의 연장선에 있는 것으로, 독일을 중립화함으로써 장래에 소련이 그것을 통째로 장악하려는 술책의 일환이었다. 따라서 이 제안은 서방이 수용할 수 없었던 주장이었다. 그러나 모드로우의 '중립적 독일의 통일'이란 주장은 이제까지 독일에서의 두 개 주권국가의 존속만 주장하면서 통일을 부정하던 모드로우 수상이 최초로 독일 통일을 발언하게 되었다는 데 주목을 받았다. 이 발언은 만일 독일의 통일이 불가피하다면 독일의 통일을 동독사민당(SED_ost)이 주도하려고 한 시도라고 분석되기도 했다. 2월 3일 다보스 포럼에서 콜과 만난 모드로우는 동독의 현실을 생산의 저하, 시민의 도덕 저하, 정부의 명령마저 제대로 수행되지 않는 심각한 상황이라는 것은 고백했다. 그는 3월 18일 동독의 총선거가 이러한 심각한 상황을 타개하는 계기가 될 것을 기대하는 듯했다.

모드로우 정권은 사회주의를 기반으로 한 주권국가인 동독을 구축하기 위해 노력했다. 하지만 1990년 초부터 통일을 요구하는 시민의 목소리가 한층 커지고 정치와 경제 및 사회 체제가 동요하는 등 통일은 무엇보다 우선하여 이루어져야 한다는 인식이 높아졌다. 생활 수준이 크게 다른 두 개의 독일 국가가 병존하면서, 동독에서 정치적 자유와 여행 제한의 자유가 확대됨에 따라 동독 주민의 심리적으로 민족적 열망을 달성함과 동시에 될 수 있는 한 빠른 시기에 서독과 동등한 생활 수준을 향유할 수 있게 되기를 바라는 자연적인 감정이 독일 통일의 속도를 한층 빠르게 하는 데 기여했다.

미국도 독일 통일을 위해 고속직행 노선을 선택했다. 미국은 독일의 통일 문제를 CSCE나 EC에서 의논하는 것에는 서독이 반대할 것으로 생각했다. 유럽 전체가 독일 문제를 토의하는 것은 참가 나라들의 의견이 쉽게 합의에 이르지 못할 것이기 때문이었다. 그렇다고 4강국(미국, 영국, 프랑스, 소련의 4전승국)에 맡기는 것도 서독은 반대할 것이다. 독일은 종전 후 독일 문제에 대한 전후 처리에서 4전승국의 결정에 깊은 민족적 불만이 있었다. 비록 패전국 독일이 이 회의를 지켜볼 수는 있었으나 그것은 발언권이 없는 이른바 '고양이 테이블'(강화조약 체결에서 독일이 승전국으로부터 소외당한 모습)에 앉아 참여했어야 했다. 그러나 양 독일만의 논의에 맡기는 것에는 관계국, 특히 소련이 양 독일만으로 추진되는 통일 프로세스를 지지할까 걱정이 되었다. 또한 미국은 서독과 소련 양국에 의해 추진되는 경우에 서방측 전체에 바람직하지 않은 방향으로 두 나라만으로 합의한다는 가능성도 배제하고자 했다. 이상의 고려를 통해 미국은 '4 플러스 2협의(미국, 영국, 프랑스, 소련+동·서독)'라는 통일 방법을 관계국들에 제안했다.

서독은 통일의 내적 측면은 양 독일 국가가 주체적으로 논의할 문제이며, 통일의 대외적 측면은 4국이 참가하여 논의할 문제라는 것으로 받아들였다. 그러나 서독은 이 시스템의 명칭은 '4 플러스 2'가 아니고, 어디까지나 '2 플러스 4'가 되어야 한다고 주장했다. 서독은 독일 문제는 우선 당사자인 양 독일 국가가 주체적으로 논의할 일이며 제2차 세계대전 직후에서처럼 독일인이 독일 문제에 대한 논의의 조연이 되어서는 안 된다는 것을 강조했다. 그것은 서독으로서는 단순히 심리적 문제가 아닌 중요한 정치 문제이었다. 같은 생각에서 서독은 독일 문제의 대외적 측면에 대해 토의하기 위해 전승국이 독일 통일 회의에 쳐들어오는 것이 아니고 양 독일 국가가 4개국을 초대하는 형태로 '2 플러스 4'를 발족시키기를 원했다.

2월 12일 캐나다의 오타와에서 동서 간의 신뢰 양성을 촉진하기 위한 오픈 스카이스 회의가 열렸다. NATO와 바르샤바조약의 대부분 국가가 모인 이 회의에서 양 독일과 미국, 영국, 프랑스, 소련 등 6개국으로 조직된 '2 플러스 4협의'가 합의되어 발표되었다. 그 첫 회합은 3월 18일 동독선거 후에 개최하기로 했다.

통일의 내적 측면

동독의 선거일이 다가옴에 따라 서독의 각 정당은 동독의 각각 자매(姉妹) 정당을 지원하기 위해 선거운동에 적극 뛰어들었다. 콜 수상이 소속한 기독교민주동맹(CDU)은 동독의 카운트파트 결정에 시간이 걸려 가장 뒤늦게 출발했으나 2월 20일 에어푸르트를 시작으로 콜 수상이 직접 나서서 동독 유세를 개시했다. CDU의 동독 측 파트너는 CDU-ost를 중핵으로 한 보수동맹(Allianz für deutschland)으로 결정되었다. 동독 선거는 서독 각 정당으로서는 12월에 치르게 될 연방 선거의 전초전으로 간주되었다. 만일 동독에서 SPD가 주도권을 잡게 된다면 연말 서독 선거의 SPD와 CDU의 싸움에도 영향을 줄 것이라 예상되었기 때문에 콜 수상으로서는 독일 통일을 동독과 협력하면서 원활히 추진하기 위해서도 동독에서 보수동맹이 정권의 주도권을 장악하는 것이 매우 중요했다. 하지만 SPD의 라퐁테뉴 주지사의 인기를 바탕으로 동독에서도 SPD의 예상 득표율은 44%나 되어 압도적인 우세로 나타났고, 보수동맹의 예상 득표율은 20%로 저조했다.

하지만 선거결과는 예상을 깨고 보수동맹이 48.15%를 차지하여 압승했다. 콜 수상으로서는 '꿈같은 성과'라고 평가되었다. 보수동맹의 승리는 다수

동독인이 빠른 통일을 요구하고 있었고 무엇보다 어려워진 경제난에서 벗어나고 싶었기 때문이었다. 그것은 동독 시민이 콜 수상을 신뢰했기에 가능했다. 2월 20일부터 시작된 콜 수상의 동독 유세에는 100만 명의 청중이 몰려들어 그의 인기를 가늠할 수 있었다.

2월에서 3월에 걸쳐 동독에서 선거전이 벌어지고 있는 동안에도 동독에서 서독으로 시민의 이주는 끊이지 않았다. 3월에 들어서는 서독의 각주가 모두 이주민 수용시설이 한계에 달했다. 1990년 이 시점에서 동독 이주민은 14만 5,000명을 넘어서고 있었다. 그러나 동독 이주민의 폭주는 그 원인이 동독인들이 동독 경제의 장래에 대해 밝은 전망을 보이지 못한 데 기인한 것이었다. 그리하여 서독 정부는 동독인들의 서독 이주를 막기 위해서는 이주 절차의 폐지라는 고식적인 수단보다는 본질에서 동독의 경제를 도와주어 그들이 장래에 대해 희망적인 전망을 보이도록 하는 것이 관건이었다.

서독 정부는 이미 2월 7일 통화와 경제, 사회의 동맹을 설립하기 위해 동독과의 직접교섭을 개시하고자 하는 의향을 밝혔지만, 이제 그 일정과 준비를 구체적으로 서두를 필요성을 느꼈다. 이와 관련해서 가장 어려운 문제가 된 것은 서독 마르크와 동독 마르크의 교환 비율의 문제였다. 1990년 1월 1일 이래 교환율은 1DM에 3동독 마르크로 정해 있었는데 콜 수상은 그것을 정치적 이유에서 결정하고자 했다. 그는 동독 선거유세에서 동독 시민의 저축금에 대해서는 1대 1로 교환한다는 약속을 한 것이다. 이 약속은 동독 시민에게 좋은 반향을 얻어 보수층의 지지를 얻는 데 기여했다.

하지만 동독의 경제력은 서독에 비해 크게 떨어졌으며, 동독의 경제 데이터는 충분히 파악되지 못했기 때문에 1대 1의 교환은 인플레이션이나 대량실업을 가져올 염려가 있었다. 특히 연방은행이 3월 29일 급료와 연금에 대해서 1대 2의 교환율을 적용할 것을 제안했기 때문에 교환율의 문제는 점점 더 논란을 부르고 있었다. 동독의 시민은 여름 통화통합을 기대하고 이미 상품 구매와 휴가 계획을 짜놓은 상태였기 때문에 1대 2의 교환율은 동독인들의 꿈을 반감시킨 것을 의미했다. 4월 초 동베를린을 비롯하여 동독의 중요 도시에서 콜 수상의 선거공약 위반을 성토하면서 1대 1 교환을 요구하는 데모가 일어났다.

교환율 이외에도 해결해야 할 과제가 상당히 많았다. 그것은 통화, 경제, 사회 조직을 설립하면서 시장경제의 서독과 계획 경제의 동독이라는 전혀 다른 체제이며, 또한 경제적 실력이 전혀 다른 두 나라 사이의 법제도, 금융, 재정제도, 경제활동 노동조건 등을 조정하는 것을 의미했으며, 지금까지 경험한 바가 없었던 수많은 곤란이 야기되었다. 그러나 양 독일 정부는 정력적으로 협의와 절충을 계속하여 5월 초에는 양 독일 사이에 원칙적인 합의가 달서되어 본에서 〈통화, 경제, 사회동맹의 설립에 관한 조약〉이 서명되기에 이르렀다. 개인의 저축은 나이에 따라서는 상한이 있었으나 원칙적으로 1 대 1의 교환이 인정되었고 임금, 집세, 장학금, 연금 등에 대해서도 1대 1이 정해졌다. 콜 수상은 본 조약 서명을 '독일 민족에는 역사적 순간이며' '독일 통일을 향한 실질적 제1보'라고 평가했다.

서독에서는 통일의 절차를 위한 기본법상의 논의가 있었다. 서독의 기본법 제23조는 2개 항으로 되어 있는데, 제2항은 기본법에 적용되는 서측의 주(州)들을 열거한 제1항에 뒤를 이어 "이 기본법은 독일의 다른 부분(동독 등 서독의 권한이 미치지 않는 지역을 의미)에 관해서는 독일 연방공화국에 가입했을 때(nach deren Breitritt) 그 효력이 발생한다."라고 규정했다. 한편 제146조는 "이 기본법은 독일국민의 자유로운 결정에 기초해서 제정된 새로운 헌법이 발효하게 될 때 그 효력이 상실된다."라고 기본법의 잠정적 성격을 규정했다. 기본법상 통일을 달성하는 데 이 법의 어떤 규정도 적용될 수 있다. 따라서 서독 정부는 제23조에 기초하여 동독을 서독에 흡수 가입할 수도 있었으며, 아니면 제146조를 적용하여 통일독일로서 새로운 헌법을 제정할 것인가를 결정할 수도 있었다.

서독으로서는 어느 것을 선택할까? 그 장단점을 논의했다. 야당(SED)은 통일 독일을 위해서는 마땅히 새로운 헌법의 제정이 필요하다고 주장했으나, 연립여당은 제23조를 적용하는 편이 간편하고 신속히 통일을 실현시킬 수 있다고 주장했다. 야당이 주장한 대로 기본법을 실효(失效)시키고 헌법제정회의를 설치하여 새로운 헌법을 제정한다는 것은 복잡하고 시간이 걸리는 것이며, 헌법회의의 구성 여하에 따라 헌법논의가 다른 방향으로 확산할지도 모른다고 염려했다. 제23조는 1957년 1월 1일 자알란드 주의 서독 편입에도 적용된 과거의 실적이 있었다.

소련은 기본법 23조에 기초한 통일에는 반대했다. 3월 7일 세바르드나제 외상은 '서독 기본법 제23조에 의한 통일은 인정할 수 없다'는 취지의 발언을 했고, 3월 14일에는 소련 외무성이 '4전승국의 권리를 강조하면서 독일 통일과 같은 전 유럽의 명운이 걸린 문제를 서독 기본법으로 해결한다는 것은 있을 수 없다.'라는 성명을 발표했다. 소련 정부는 4월 19일 서독에 다음과 같은 항의 각서를 발표하여 서독에서 논의되고 있는 기본법 제23조에 기초한 통일에 반대했다. (1) 기본법 제23조에 의한 통일은 대등한 주권국가 간의 통일이 아니고 사실상 서독의 동독 병합일 뿐이다. (2) 양 독일 간의 경제, 통화, 사회의 동맹관계도 동독이 이들 분야에서의 주권을 모두 포기하는 것이 전제가 되어 있다. (3) 이러한 시스템에서는 과거 동독이 다른 나라들과 체결한 조약의 이행이 보장되지 않는다. (4) 소련은 동독과 많은 경제협력조약을 맺고 있으며, 동독은 이들 조약에 기초하여 소련에 대해 많은 물자의 공급의무를 지고 있는데, 이들 의무는 앞으로도 이행하지 않으면 안 된다는 등 여러 문제를 제기했다. 하지만 소련이 기본법 제23조에 의한 통일에 반대한 가장 큰 이유는 통일 과정이 점점 더 빨라지는 것에 대한 염려에서 출발했다.

이상의 소련 측의 지적에 대해 콜 수상은 4월 23일 크비진스키 주서독 소련대사에게 그러한 염려는 불필요한 것이라고 하여 이제까지 동독의 소련에 대한 물자공급 의무는 소련이 만족할 만큼의 해결을 볼 것이며, 서독으로서는 이에 머물지 않고 통일이 달성된 후 소련의 장래를 위해 더욱 발전된 경제협력조약을 검토하겠다고 통고하고, 그러한 취지의 내용을 담은 서한을 고르바초프에게 발송했다. 그러나 통일을 기본법적으로 어떻게 달성할 것인가 하는 문제는 그 자체가 독일의 국내 문제라고 선을 그었다. 소련으로서도 통일 프로세스에 대해 더 관여한다는 것은 곤란했다. 5월 18일 양 독일에 의해 서명된 〈통화, 경제, 사회동맹의 설립에 관한 조약〉의 전문에는 "이 동맹의 설립은 기본법 제23조에 의한 통일을 향한 중요 제1보이다."라는 내용을 삽입하여 통일은 제23조에 기초하여 행해지리라는 것을 확실히 못 박았다.

이처럼 통일의 절차가 결정됨으로써 이 기본법의 규정상 통일은 이론적으로 양 독일이 합의만 한다면 언제든 그 실현이 가능해졌다. 서독으로서는 통일의 대외적 측면이 해결되지 않는 한 통일을 실현할 의도는 없었으나 조기 통일을 요구하는 동독 시민의 압력이 점점 더 높아가는 상황 속에서 기본법 제23조와 같은 통일 프로세스의 간편한 틀이 존재했다는 것은 결과적으로 서독의 교섭력을 높이고, 통일의 대외적 측면의 협의를 촉진하는 역할을 했다고 생각된다.

통일의 외적 측면

서독 정부는 통일의 내면적 측면을 처리한 후 통일의 대외적 측면 문제에 대응하기 위해 검토와 준비를 계속했다. 가장 중요한 문제는 소련과의 관계 설정을 어떻게 하느냐는 것이었다. 즉 2월 콜 수상과 고르바초프 서기장이 회담했을 때 고르바초프 서기장은 독일의 통일을 원칙적으로 지지하나 제일 큰 문제는 통일독일과 NATO와의 관계를 어떻게 정리해야 할 것인가를 지적했다. 서독과 서방측이 통일독일은 NATO의 구성원이어야 한다는 주장을 견지하는 데 반해 소련은 통일독일의 NATO 참가를 인정할 수 없다고 했다. 이 문제를 어떻게 해결해야 하는가가 통일의 대외적 측면의 최대 난관이었다.

서독 정부는 이 문제에 관한 한 소련의 입장을 상세히 관찰하고 분석했다. 2월 1일 모드로우 동독 수상은 통일 방안으로서 중립국으로서의 통일이라는 생각을 표명했는데, 이 입장은 소련의 조정을 받은 것이라고 분석되었다. 이 '중립 독일'이라는 주장에 대해 헝가리, 폴란드, 체코슬로바키아 등 동유럽 나라들은 유럽의 안정에 바람직하지 않다고 하여 모두 반대했다. 역사적 경험에 의하면 중립국으로서의 통일독일은 유럽의 안전보장에서 불안정 요인이 될 수밖에 없으므로 독일은 NATO에 머물러 있는 것이 중요하다고 판단했다. 이들 3국은 3월 17일 프라하에서 열린 바르샤바조약기구의 외상회의에서도 이러한 입장을 표명했다. 폴란드 외상은 3월 21일 NATO를 방문하던 중 기자회견에서 독일도 참가한 유럽에서의 새로운 안전보장체제라는 구상을 지지하면서 NATO군과 유럽에 주둔한 미군이 유럽의 안정요인이며, 통일독일은 계속하여 NATO의 멤버가 되어야 한다고 주장했다.

소련은 그 뒤에도 한결같이 통일 독일의 NATO 가맹에 대해 반대했다. 5월 5일 본에서 개최된 제1회 '2 플러스 4'의 협의에서도 소련의 세바르드나제 외상은 독일의 NATO 가맹은 유럽의 세력균형을 크게 해칠 것이며 군사적·전략적 상황을 위협하고, 유럽의 군사적 블록화를 영구화시킬 것이라는 이유를 들어 반대했다. 또한, 독일 통일의 내적 측면과 대외적 측면은 반드시 일치하지 않아도 된다는 생각을 표명했다. 통일의 내적 측면의 문제가 해결된 후에도 독일의 통일이 실현된 후에도 통일독일에 대한 4개 전승국의 권리와 책임의 존속할 것이며, 그것을 NATO에 이양할 수는 없다는 주장이었다. 그러나 세바르드나제 외상의 기자회견 발언 중에 "소련도 독일 통일 프로세스의 속도를 빠르게 진행하려 한다"는 대목이 있었기 때문에 그것이 과거 소련의 주장이었던 통일 지연책이 변화된 것이 아닌가 하는 기대를 갖게 했다.

서독은 법적인 통일이 실현된 후 통일독일은 주권을 완전히 회복하지 않으면 안 되며, 그 주권에 대한 스테이터스를 장래의 것으로 돌린다는 소련의 주장은 받아들일 수 없었다. 겐셔 외상은 5월 10일 연방의회에서 '2 플러스 4 협의'에 대한 보고를 했는데, 통일 문제에 대한 서독의 생각을 설명하면서 '2 플러스 4 협의'의 결과로서 완전한 주권의 회복이 일관된 서독의 목표이라는 것, 그리고 1990년 가을 CSCE 수뇌회담까지 이 통일의 대외적 측면의 문제를 해결한다는 서독의 입장은 변함이 없다는 것을 설명했다. 이처럼 제1회 '2 플러스 4 협의'에서는 독일의 NATO 참가 문제의 귀추는 아직 결정되지 못했다.

1990년에 이르러 소련의 경제 사정이 악화 일로를 더해 갔다. 소련의 물자 부족이 심각해 갔고, 봄부터 자금 사정이 어려워져서, 금융계를 중심으로 여러 가지 나쁜 소문이 돌기 시작했다. 이러한 상황 중에 소련의 경제적 곤란을 상징하는 사건이 발생했다. 제1회 '2 플러스 4 협의' 전날 5월 4일 세바르드나제 외상은 콜 수상과 회담하여 독일 문제에 관한 의견을 교환했는데 회담 최후에 고르바초프의 지시라면서 소련 정부의 서방 민간은행으로부터의 차입에 서독의 정부 보증을 할 수 있겠는가를 타진했다. 독일 통일 문제에 대해서는 통일 독일의 NATO 가입 문제 등 심각한 대립이 해소되지 못했으나 이 타진은 소련이 경제적으로는 서독의 협력을 기대고 있다는 것을 나타내는 것이었다. 서독으로서는 이번 금융 지원 여부에 대한 의사 타진은 지난 1월 긴급 식료품 지원에 이어 소련과의 관계개선의 기회라고 생각했다. 콜 수상은 독일 은행과 드레스덴 은행과 협의하고, 수상청(首相廳)의 대외정책국장 텔칙과 양 은행의 관계자들을 극비리에 모스크바에 파견했다. 그들은 고르바초프 서기장과 루이센코 수상을 만나 200억 DM의 차관에 대한 소련 측의 요구를 받아들였다. 서독 정부는 이것을 독일 문제 해결을 위한 패키지 요소로 이용하기로 했다.

통일독일과 NATO와의 관계에는 독일은 물론이고 미국 정부도 적극적이었다. 미국은 독일 문제에 대해 격한 토론이 예상되는 소련공산당 제28차 당대회 전에 NATO로서의 소련에 대한 메시지를 전달할 수 있도록 가을에 예정되었던 NATO 수뇌회의를 서두르기로 제안했다. 서독으로서는 소련에 대한 금융 지원을 위한 검토가 추진되었다. 서독은 소련이 민간 은행으로부터 조달하는 단기 차관에 대해서 50억 DM까지의 정부 보증을 부여할 용의가 있으며, 장기적 신용제공은 서방 전체의 노력이 필요하며, 이 문제에 관해서는 EC, G7, OECD와 협의할 것이라는 의사를 전달했다. 5월 31일부터는 미국과 소련의 수뇌회담이 워싱턴에서 열려 독일 통일 문제에 대해서도 논의했다. 기자회견에서는 부시 대통령은 '통일독일은 NATO 가맹국이어야 한다.'라고 미국의 입장을 언급한 후 고르바초프 대통령이 이 생각에 동의하지는 않았으나 "동맹의 귀속 문제는 헬싱키 최종 문서에 따라 독일인들이 결정할 문제라는 데 완전히 합의했다."라고 발표했다.

최종 교섭의 타결은 7월 14일부터 16일 사이에 콜 수상의 소련 방문으로 이루어졌다. 이 회담에서 고르바초프 서기장은 통일독일의 NATO 참가를 인정했고 이로써 독일 통일의 대외적 가장 큰 현안이 해결되었다. 그리고 또 하나의 현안 문제인 동부 국경 문제는 7월 17일 파리에서 열린 제3회 '2 플러스 4 협의회'에서 오데르 나이세 강이 국경으로 확정되는 국경 문제가 폴란드가 참가한 가운데 원칙적인 합의가 성립됨으로써 해결되었다. 소련의 급박한 경제 문제에 대한 서독의 원조는 9월 10일 콜 수상과 고르바초프 사이에 전화 회담을 통해 독일이 120억 DM의 지원과 30억 DM의 무이자 차관의 공여하기로 함으로써 드디어 타개되었다. 9월 12일 모스크바에서의 제4회 '2 플러스 4 협의'에서 '2 플러스 4 조약'이 서명되어 독일 통일의 대외적 측면에 대한 합의가 달성되었다.

양 독일 간에는 8월 3일 선거 조약이 서명되었다. 통일 총선거는 12월 2일로 결정되었으나 동독의 정세가 과격한 데모 등으로 긴박해지면서 빠른 통일의 요구에 밀려 나갔다. 더는 기다릴 수도 없어서 동독의회는 8월 23일 새벽, 통일의 구체적 기일을 10월 3일로 하는 결의를 채택하여 그것이 통일의 날로서 결정되었다. 8월 31일 양 독일 간에 통일조약이 서명되었다. 10월 2일 동독의회는 서독 기본법 제23조의 규정에 따라 다음날 3일 서독에 흡수 합병하기로 결의했다. 10월 3일 드디어 독일이 통일되었다.

제28장

현대 서유럽과 유럽통합운동

1. 유럽의 쇠퇴와 복지국가 체제의 성립

전후 유럽의 상대적 쇠퇴

제2차 세계대전으로 유럽의 상대적 지위의 퇴조는 결정적인 현상이었다. 대전 중 유럽은 전쟁의 격전지가 되어 폐허가 되었다. 1945년 무렵에 유럽의 밝은 미래를 예상한다는 것은 불가능한 것이었다. 언젠가 처칠은 "이제 유럽은 어떠한 곳인가?" 자문하면서 "그곳은 잿더미이고 납골당이며 전염병과 증오심을 퍼뜨리는 곳이다."라고 고백한 일이 있었다. 과연 전후 수년 동안 영국인의 삶을 지배한 것은 한마디로 '내핍(耐乏)'이었다.

제2차 세계대전 중에 미국은 직접 격전지가 되는 것을 피한 뒤에, 연합국에 군수품을 공급하는 '민주주의를 위한 병기창'으로서의 임무를 자임했다. 그 때문에 미국은 역사상 미증유로 생산성이 증대되었을 뿐만 아니라 전시 개발을 틈타 항공기, 전자계산기, 석유 화학, 특히 원자력 개발 등의 여러 면에서 현저한 기술혁신이 진행되었다. 그 결과 대전이 종결되는 시점에서는 전 세계의 공업생산액의 62%와 금보유액의 66%가 미국에 집중되었다. 더구나 영국과 소련 등 다른 전승국은 엄청난 인적, 물적인 전쟁 피해를 보았으며, 미국에 대해 거액의 전쟁채무를 지게 되었기 때문에 전후 세계가 미국 중심의 세계체제가 된 것은 어쩌면 필연적이었다.

한편 소련은 제2차 세계대전 직전에 발트 3국을 병합하고, 핀란드와 루마니아 영토의 일부를 탈취했으며, 폴란드의 동부를 지배했었다. 전쟁 후에는 독일이 점령하고 있었던 발트 3국과 폴란드 동부 등을 탈환했을 뿐 아니라 독일군을 밀어내고 점령한 중앙 유럽과 동남유럽의 스탈린에 의한 가혹한 숙청으로부터 간신히 살아남은 공산당원들을 중심으로 한 일당독재체제를 구축하여 위성국가군(衛星國家群)을 수립했다. 이리하여 중앙 유럽과 동남 유럽에 대한 소련의 지배가 확립됨에 따라 전후 유럽 역사를 특징짓는 최대의 요소로서 유럽의 '동서 분단'이 구축되기에 이르렀다.

미국과 소련이 유럽에서 강력한 영향력을 발휘함에 따라 전후 유럽의 쇠퇴는 한층 부각되었다. 전쟁이 종료된 후 유럽 각국은 쇠퇴한 경제 사회의 부응에 전력을 기울이게 되었는데 그중 하나의 시도가 복지국가(福祉國家) 체제 확립의 시도였다.

전후 영국의 정치

전쟁 후 영국 사회보장의 기본적 방향을 제시한 것은 〈베버리지 보고서〉였다. 그는 실업 문제 등의 연구에 몰두했던 경제학자였다. 런던 경제대학의 초대 학장을 지냈던 그는 1944~1945년에 자유당의 하원 의원으로 정계에 투신하여 하원에 설치되었던 사회보장위원회 위원장으로 '베버리지 보고서'를 작성했다. '요람에서 무덤까지'라는 유명한 구호를 남긴 이 보고서는 국가주도의 사회보장제도를 철저하게 분석하여 제시함으로써 영국 노동당의 기본적 이념으로 수용되었다.

미·소와 함께 연합국의 중심적 역할을 수행한 영국에서는 1945년 7월에 실시된 총선거에서 노동당이 보수당을 누르고 승리를 거두었다. 전쟁을 승리로 이끄는 데 주도적 역할을 했기 때문에 국민이 자신을 지지해 줄 것으로 생각하고 있던 보수당의 처칠 수상에게 이 참패는 전혀 뜻밖의 결과였다. 하지만 이것은 전쟁 후 사회 변화를 바라고 있던 영국 국민의 기대를 표현한 것이었다. 이른 시일에 전쟁 전의 상태를 회복했던 제1차 세계대전 때와는 달리, 제2차 세계대전이 끝났을 때 영국 국민은 단순히 전쟁 전 상태로 되돌아가기를 원하지 않았다. 사람들은 더욱 평등하고 더욱 정의로운 새로운 영국에 대한 희망과 기대에 부풀어 있었다. '베버리지 보고서'에 대한 보수당원 처칠의 냉담한 반응을 기억한 일반 국민은 승전의 영웅에 등을 돌리고 '미래를 맞이하자!'라는 구호를 내걸고 애틀리를 수상으로 한 노동당 정권을 선택했다. 이 정권은 석탄, 가스, 항공, 은행, 철강 등의 산업을 국유화하고 포괄적인 국민 보험 제도를 도입했으며, 그 밖에도 '의료의 국유화'라고 할 수 있는 국민의료제도(의사를 공무원으로 채용하여 임금제로 함으로써 의사들의 맹렬한 반대를 받았으나 기본적으로는 모든 국민이 치료받을 기회의 평등화를 지향한 제도)를 완성하는 등 복지국가 체제를 구축했다. 국유화된 산업은 대부분 민간 경영이 어려운 산업이었기 때문에 이러한 개혁으로 영국의 자본주의 체제를 근간에서부터 변화시킬 수는 없었다. 그러나 전후 영국의 어려운 경제 상황에서도 국민의 복지를 전면에 내세운 노동당의 개혁은 폭넓은 지지를 받았다.

영국 경제가 정체된 원인을 '복지국가'의 고복지(高福祉), 고부담형(高負擔型)의 재정구조 때문이라고 보는 견해도 있으나 실제로는 스웨덴이나 서독처럼 전후 일정 기간 고복지, 고부담형의 재정구조를 유지하면서도 높은 경제성장을 이룬 나라도 존재하고 있다. 영국 경제정체의 중요 원인은 노동당 정권이 실시했던 구식 사회주의에 의한 중요 산업의 국유화 때문에 발생한 경영 책임의 불명료화(不明瞭化)와 19세기 후반에 조직된 후 변치 않은 노동조합의 기득권 옹호 또한 노동자의 '연대(連帶)'를 구실로 너무나 빈번히 발생했던 파업을 포함한 노조의 쟁의권 남용 등이 더 중요했던 것이다. 노동당 정권의 노동자 권리행사에 대한 지나친 관용은 사회질서의 이완을 가져왔는데, 산업의 규율을 붕괴시켰고, 생산 효율을 저하하는 원인이 되었다. 이른바 '영국병'이 도지게 된 것이다.

1979년 5월 총선거에서 마거릿 대처의 보수당이 노동당 정권을 누르고 승리했다. 대처 정권은 시장원리를 다시 도입함으로써 영국 경제의 활성화를 주창했다. 대처 정권은 단기적으로는 실업의 증가를 염려하여 인플레이션 억제를 우선했다. 장기적으로는 노동당 정권에 의해 국유화된 산업의 민영화를 추진하고 정부주도의 각종 규제를 완화했으며, 미국과 일본 등 외국 기업을 적극 받아들임으로써 산업에 경쟁 원리를 활성화했다. 또한 고복지, 고부담형의 재정구조를 뜯어고치기 위해 정부가 기업에 부여하던 각종 재정보조를 삭감하고자 했다. 대처는 과거 노동당이 추진했던 영국 경제의 기본 노선을 수정하고자 했다. 이러한 대처의 개혁 시도는 노동당은 물론 보수당 내부에서도 비판이 있었다. 하지만 영국 경제가 처한 상황이 심각했기 때문에 대처는 노동당의 비판에 결연하게 반론을 폈을 뿐 아니라 당내의 반대파를 누르고 그의 신념을 관철했다.

대처는 노동자들의 정당한 요구의 정상적 범위를 넘는 노조의 불법 활동을 엄격히 제한했다. 그는 노동당 정부에 의한 국유재산의 관리와 보호에 안주하고 있었던 좌익적 노동조합 세력에 타격을 가했다. 대처의 정책은 국민의 자조 노력을 강조하고 시장원리의 관철을 요구하기는 했지만, 그렇다고 해서 사회복지제의 근간 자체를 폐기하고자 한 것은 아니었다. 사회보장이나 사회복지제도가 없어지면 사회의 안정이 보장되지 않는다는 것은 오늘날 시장원리 의의를 강조하는 입장의 경제학자들도 인정하지 않을 수 없는 원칙이기도 했다. 대처 정권의 정책은 확립된 복지국가를 기본적 전제로 승인하면서 정책적으로 지나친 점을 시정한다는 명확한 방법론을 견지하고 있었다. 그중 노조의 위법적인 쟁의 행위의 억제와 이념적 이유에서 국유화된 산업을 민영화시키는 것은 정당한 정책이었다.

대처는 외교적인 시련을 극복하기 위해 강경책을 되풀이했다. 1982년 4월에는 남서 대서양의 포클랜드에 상륙, 점령한 아르헨티나군을 상대로 국내 여론의 비판을 무릅쓰고 반격하여 탈환했다. 그리고 비록 완전한 해결을 보지는 못했으나 아일랜드 문제에도 개입했다. 대처는 경제정책의 실적과 포클랜드 전쟁에서의 승리 등을 배경으로 1987년의 총선거에서 보수당을 대승으로 이끌었다. 그는 영국의 유사 이래 처음으로 3선을 한 최초의 수상이 되었다. 그 후 대처는 EU 가입 문제에 지나치게 신중했으며, 지방재정의 개선을 위해 도입한 인두세(자산과 소득과 관계없이 주민에게 균등하게 부과된 세)로 그에 대한 국민의 불만이 커졌다. 1990년 1월 보수당 전당대회에서 대처는 첫째 번 투표로 당수에 당선되지 못해 사임했다. 그 후 47세의 젊은 나이로 메이저가 보수당 정권을 이끌었으나 전반적으로는 두드러진 성과를 올리지 못하고 1997년 선거에서 블레어의 노동당 정권으로 다시 교체되었다.

복지국가의 성립

복지국가 정책을 최초로 시작한 나라는 스웨덴이었다. 스웨덴은 16세기에 덴마크로부터 독립하여 북유럽 전역을 지배하는 대국으로 성장했다. 하지만 1809년 핀란드를 러시아에 빼앗기고 1905년 노르웨이가 분리 독립한 뒤에는 북유럽 변경에 있는 인구 수백만의 소국이 되었다. 하지만 19세기부터 20세기까지 단기간에 걸쳐 경제, 사회, 정치의 근대화를 추진했으며, 전쟁 후에는 복지국가의 선진국으로서 또한 국민소득이 세계에서 높은 나라로서 주목을 받게 되었다.

스웨덴에서도 19세기 후반 급속한 공업화의 진전으로 발생한 열악한 노동조건에 대한 노동자들의 저항운동이 계기가 되어 노동조합이 조직되었다. 1889년에는 사회민주당이 결성되었다. 스웨덴 사회민주노동당도 애초에는 독일의 사회민주당처럼 마르크스주의의 강한 영향을 받았다. 하지만 점진주의적이며 현실주의적인 개혁파가 당의 지도권을 장악함에 따라 마르크스주의와 결별했다. 그리하여 1914년에는 제1원(하원에 상당)의 과반수까지는 못

미쳤으나 제1당이 되었다. 1920년, 1921년, 1924년에는 단기간이었으나 단독 정권을 조직했다. 1932년에 다시 정권을 장악하고 그 후 1976년까지 44년간에 걸쳐 계속 정권을 유지했다. 그동안 주도면밀한 개혁을 추진하여 복지국가를 구축하는 데 성공했다.

1930년대 스웨덴 경제는 세계적인 대불황의 영향을 받아 국민 대다수의 생활이 빈곤 상태에 빠졌다. 정부는 케인즈 이론을 반드시 추종한 것은 아니었으나 공공투자를 통해 수요를 증가시키고 취업 기회를 보장하는 적극적인 정책을 채용했다. 이와 동시에 사회보장과 사회복지를 확충했다. 제2차 세계대전 중에는 독일의 압력에 대응해서 간신히 중립을 유지하여 전쟁에 의한 직접적 피해를 면했다.

스웨덴의 경험은 복지국가의 제도 및 정책들이 경제성장을 저해하지 않는다는 것, 오히려 복지국의 제도와 정책들이 국내 수요의 안정적이며 지속적인 증가를 유도하여 장기적인 경제성장을 가능하게 한다는 것을 확인해 주었다. 또한, 노동자 생활을 위한 안전보장제도를 정비해 줌으로써 산업의 구조변동 충격을 흡수할 수 있는 사회장치의 역할을 할 수 있게 했다. 따라서 대외관계로서는 무역의 자유화에 의한 국제 분업의 재편을 적극 추진하고, 노동과 자본의 생산성을 높여 국민의 소득 수준을 향상할 수 있다는 것을 스웨덴의 경험이 보여주었다. 스웨덴에서는 충분한 실업급여와 충실한 직업훈련제도를 둠으로써 무역의 자유화를 적극 추진할 수 있었고, 국제경쟁력을 가진 산업의 '특화'를 촉진할 수 있었으며, 국제경쟁력이 없는 산업으로부터 국제경쟁력이 있는 산업으로 노동력 등 자원들을 이동할 수 있는 정책을 펼 수 있었다. 그 결과로 스웨덴은 독일을 비롯한 유럽 여러 나라와의 국제 분업의 이익을 살리고 고복지, 고성장의 경제를 실현할 수 있었다. 이처럼 스웨덴 복지국가의 실험은 충실한 복지국가의 제도들(예컨대 사회보장비, 보건, 의료 및 사회복지 등의 사회 서비스의 공급체계)뿐 아니라 복지국가를 만드는 치밀한 정치적 수법에서도 선구적 성격을 지니고 있다.

스웨덴의 사회민주노동당은 충실한 사회보장과 사회복지제도를 국민에게 약속함과 동시에 공평한 사회보험제도가 전제로 하는 국민부담률 상승의 필요를 국민에 제시하여 합의했다. 하지만 1970년대 후반에는 복지국가의 제도적 경직화와 재정의 과도한 비대화를 비판하는 이론이 대두하기도 했다.

유럽 사회주의 변용(變容)

제2차 세계대전 후 서유럽에서 사회주의가 크게 대두했다. 스웨덴에서는 사회민주노동당이 선거를 통해 집권했으며, 영국에서도 노동당이 보수당을 누르고 선거에 승리했다.

프랑스는 대독 레지스탕스 운동의 지도자 드골을 수상으로 하고, 공산당을 포함한 전시거국내각하에서 종전을 맞이했다. 종전 직후 1945년 10월에 있었던 선거에서도 공산당과 사회당이 승리했는데, 이는 복지국가로의 변혁을 원하는 국민의 여론이 표현된 것이었다.

이탈리아는 세계대전 중 독일의 동맹국의 일원이었으나, 1943년 9월에 일찍 항복하여 그 이후 주로 북부 지역에서 레지스탕스 운동이 전개되었다. 레지스탕스 운동 과정에서 영향력을 확대한 공산당이 전후, 프롤레타리아 통일사회당과 함께 연립내각을 구성하여 전후 처리를 담당했다.

사회민주당뿐 아니라 전쟁 후 유럽의 정치 무대에서 활동하게 된 중도의 정당들은 대부분이 복지국가, 즉 완전고용과 사회보장, 충실한 사회복지가 정부의 책임이라고 생각하기에 이르렀다. 이러한 주장은 사회민주당의 득세를 뒷받침해 주었다. 그러나 정권이 사회민주당으로부터 보수정당으로 바뀌는 경우에도 복지국가의 제도들이 크게 후퇴되지는 않았다.

독일사회민주당은 1890년에 창당되었는데 마르크스의 이론적 영향을 강하게 받아 '사회주의 인터내셔널'의 지도적 정당이 되었다. 그러나 독일사회민주당의 이론적 지도자의 한 사람이었던 베른스타인은 마르크스주의의 비현실성을 지적하여 시선을 끌었다. 베른스타인은 자본주의하에서 자본가계급과 노동자계급이라는 2대 계급이 분화될 것이며, 노동자계급은 점점 더 궁핍화될 것이라는 마르크스의 전망은 너무나 단순하고 현실에 들어맞지 않는다는 사실을 지적했다. 이 지적은 마르크스가 주장한 '사회주의혁명'의 기본전략을 수정할 필요를 시사하는 것이었으나 독일사회민주당 간부들은 기존의 노선을 고집했다. 전쟁이 시작되자 독일사회민주당은 '제국주의 전쟁반대'의 주장을 관철하지 못했고, 이에 반발한 좌파가 분열하여 독일공산당이 결성되었다. 1920년대의 바이마르공화국 시대 독일사회민주당은 80만에서 100만의 당원을 지닌 정당으로 성장했으나 자본주의 붕괴에 의한 사회주의혁명의 기회를 기다리는 교조적인 마르크스주의의 경직한 노선에 구속되어 공화국을 지키지 못하고 히틀러의 집권을 허용하고 말았다. 나치시대에는 당의 지도자들은 대부분 망명하거나 체포되어 강제수용소에 보내어졌다. 제2차 세계대전 후 독일은 분단되었고 동독의 사회민주당은 강제적으로 공산당에 합병되었다. 공산당과의 합병에 반대한 사회민주당원은 탄압되었고, 독일사회민주당은 실질적으로 서독만의 정당이 되었다.

전후 1940년 후반에서 1950년 전반에 걸쳐 사회민주당은 독일의 재군비에 반대하는 태도를 보였다. 하지만 '동서냉전'과 동서독의 분열, 소련의 군사적 위협의 증대 등의 현실을 배경으로 '재군비(再軍備) 반대' 노선은 서독 국민 다수의 지지를 받을 수 없었다. 기본 노선을 둘러싼 활발한 당내 논쟁을 겪은 후 1959년 11월 수도 본 근처에 바드 고데스베르크에서 열린 당 대회에서 새로운 강령을 채택하여 사회민주주의 기본 노선이 확립되었다.

'바드 고데스베르크 강령'에 의해 독일의 사회민주당은 마르크스주의적 계급투쟁이론에 기초한 '혁명'을 목표로 하는 '계급정당'이 아니고 넓은 국민을 기반으로 하여 시민으로서의 노동자들이 국가 결정에 공동 참가하는 '국민정당'이어야만 한다는 자체 규정을 확립했다. 그리고 복수의 사상 공존을 승인해야 한다는 것과 국방군이나 가톨릭교회와의 역사적 적대를 극복해야 한다는 것 등을 확인했다. 정치적으로는 인권과 자유와 민주주의를 새롭게 강조하며, 경제적으로는 경쟁적 시장경제를 유지하는 것을 확인했다. 산업의 국유화와 지령적·통제적 '계획경제를 목표로 하는 전통적 사회주의 노선은 부정되었다.

독일사회민주당의 기본 노선 전환은 당의 정권 담당의 길을 열었다. 1966년 12월 '대연립' 정권이 성립에 참가하여 사회민주당의 당수 브란트가 외상에 취임하게 되었다. 그러나 소련과 동독과의 대화를 요구하는 브란트의 외교정책(동방정책)에 대해 보수세력이 공격하여 '대연립'은 곧 붕괴했다. 1969년 10월, 브란트를 수상으로 하는 사회민주당과 자유민주당의 '소연립' 정권이 성립했다. 브란트 내각은 사회보장제도의 내실화를 도모하는 국내 정책을 지속해서 추진했고, 외교정책 면에서는 동유럽 국가와 외교관계를 수립하여 '동방외교'에 적극 나섰다. 마침내 '동방정책'의 결과로 서독은 동독과 외교관계를 열었고, 이것은 1949년 동서독 분열 이래 '두 개의 독일'이 존재한다는 것을 서독으로서는 처음으로 정식으로 인정한 것을 의미했다. 이 정책이 서독 국민의 폭넓은 지지를 얻었다는 것은 1972년 11월 연방의회 선거에서 사회민주당이 승리를 거두었다는 점에서도 알 수 있다.

영국 노동당도 당수 게이츠컬이 당 강령 제4조의 생산, 분배, 교환 수단을 공유화를 목표로 한다는 규정을 수정하려는 시도로서 나타났다. 노동당 전체의 성격을 한층 계급 협조적인 정당으로 만들려고 한 이 시도는 당내 좌파의 강한 반대로 결국 채택되지는 못했다. 그러나 1964년에 정권을 잡은 노동당의 윌슨은 기술혁신을 기반으로 하는 경제의 고도성장을 위해 노동조합의 파업을 규제하는 정책을 제출하는 등 계급 협조적인 정책을 취함으로써 노동당의 계급투쟁 원칙을 수정했다.

유로코뮤니즘

제2차 세계대전 후 프랑스와 이탈리아에서는 공산당이 아직 영향력을 유지하고 있었다. 이들 공산당은 대전 중 레지스탕스 운동의 실적을 배경으로 그 영향력을 가질 수 있게 되었다. 하지만 이탈리아에는 분명한 지침을 가진 사회민주주의의 유력한 정치적 주체가 존재하지 않았다. 이런 사회적 배경은 이들 국가의 정치적 혼란과 정체를 가져온 원인이 되었다.

이탈리아의 노동자들은 전쟁 중에도 파시즘 정권에 대항해서 '빵과 평화와 자유를 달라!'라는 슬로건을 내걸고 궐기했다. 파시즘의 지배하에서 전쟁을 치르는 중에는 '평화'라는 단어를 입에 올리는 것은 대단한 용기가 있어야 하는 것이었다. 그 때문에 토리노 노동자들의 '영웅적 항쟁'은 이탈리아 국민에게 높이 평가되어 많은 호응을 얻게 되었다.

전쟁 후 이탈리아에서 최대정당이 된 것은 데 가스페리가 이끄는 크리스트교민주당이었다. 이탈리아는 1946년 6월 6일 인민투표로 파시즘으로 오염되었던 군주제를 바꾸어 54%의 지지를 얻어 공화국이 되었다. 크리스트교민주당은 무솔리니의 파시즘에 대한 레지스탕스 투쟁으로 이탈리아 국민에게 인기가 있던 공산당을 견제하기 위해 군소정당과 연립정부를 구성함으로써 집권당이 되었다. 데 가스페리 정권은 미국의 자본 지원과 가톨릭교회의 적극적 지지로 1946~1958년에 걸쳐 집권할 수 있었다. 특히 미국의 경제적 원조로 북이탈리아 산업 발달을 촉진했으며, 경제적으로 뒤떨어진 남이탈리아 경제를 활성화했다. 그 결과로 이탈리아의 경제는 번영의 길에 들어서게 되었으며, 유럽국가 중에서 최장기의 경제적 성장을 달성했다.

이탈리아에서 공산당이 다시 세력을 회복하기 시작한 시기는 데 가스페리 정권이 물러난 후의 일이었다. 사회민주주의 전통이 약했던 이탈리아의 정치풍토에서 선명한 공산당만이 여전히 여론의 지지를 받았다. 선거를 통해 공산당은 3분의 1 정도의 득표율을 꾸준히 확보하고 있었으며, 1980년대에는 서유럽 최대의 공산당이 되었다. 하지만 온건한 개혁을 지지했던 소시민에게 지지 폭을 넓힐 필요를 절감했던 도리아티가 이끈 이탈리아의 공산당은 대중에 접근하기 위한 쇄신을 시도했다. 도리아티는 코민테른 시대의 활동가로 스탈린의 숙청에서 간신히 살아남게 된 인물로서 전후 이탈리아 공산당의 당수가 되었다. 그는 스탈린주의를 실질적으로 수정하는 노선을 채택했다. 그는

'새로운 노동 플랜', '반(反)독점 민주개혁', '구조적 개혁'이라는 슬로건으로 그의 정치 노선을 밝혔다. 이탈리아 공산당은 NATO에 대해서도 긍정적 의견을 표명했다. 이와 같은 이탈리아 공산당의 새로운 노선은 코뮤니즘의 조류에 속하면서 실질적으로는 코뮤니즘을 부정하고, 전후의 경제적·정치적 상황에 적응하려 하는 노력의 일환이었다. 하지만 이러한 미온적인 노선 수정만으로 코뮤니즘에 대한 여론의 근본적 불신을 수정하기란 애초부터 불가능한 것이었다. 또한, 공산당 및 용공적인 사회당 이외에 근로자의 이해를 대변할 수 있는 사회민주주의 정당이 존재하지 않은 정치구조하에서는 안정적인 개혁 정권을 구축한다는 것은 불가능했다. 그러나 이탈리아의 공산당(PCI)은 유로코뮤니즘의 원조(元祖)가 되어 다당제, 자유선거, 민권 등을 표방했다.

한편 프랑스 공산당은 그 정치 노선과 조직의 체질 등에 있어서 스탈린주의적 요소가 상당히 강했으며, 전후 초기에는 코민포름을 통해 스탈린의 지시에 따라 미국에 대한 투쟁을 중시하는 노선을 충실히 추구했었다. 그러한 프랑스 공산당도 1956년 헝가리 민주혁명이나 1968년 체코슬로바키아의 민주개혁에 대한 소련군의 탄압, 1969년 소련과 중국과의 국경분쟁 등 코뮤니즘의 위신을 치명적으로 떨어뜨린 국제적 사건이 벌어지자 결국 노선의 수정을 시도하기 시작했다.

1974년 군부를 중심으로 한 무혈 쿠데타로 독재로부터 공화정으로 이행한 포르투갈의 공산당과 1975년 프랑코 총통의 사망으로 입헌 왕정으로 이행한 스페인의 공산당도 탈(脫)스탈린화를 모색했다. 이들은 모두 남유럽 라틴계 공산당의 경우이어서 통칭 남유럽 코뮤니즘 또는 유로코뮤니즘이라 부른다. 그리하여 스웨덴, 덴마크, 벨기에, 그리스, 네덜란드, 서독, 영국의 공산당 및 일본, 멕시코, 오스트레일리아의 공산당 등이 이 유럽 공산주의의 직간접 영향을 받았다. 유로코뮤니즘은 후발 공업국이었던 러시아형(型)도 아니고 그렇다고 저개발국 형이라 할 수 있는 중국형도 아닌 유럽형 또는 선진국형 코뮤니즘을 모색했다. 하지만 어느 나라의 공산당도 1989년 소련 등 공산당의 독재체제가 붕괴하기까지는 공산당이라는 명칭을 유지했으며, 소련과 중국을 포함한 공산권과의 연대를 단절하려 하지 않았다. 공산권이 붕괴한 후 1991년 2월 이탈리아공산당은 '좌익민주당'으로 이름을 바꾸었다.

전후 유럽의 부흥과 사회민주주의

유럽에서의 사회민주주의 정착은 생활의 안정을 보장하고 또한 그를 통해 경제의 성장도 보증했다. 프랑스에서는 1958년 알제리의 독립운동을 둘러싸고 발생한 국내의 위기상황을 극복하기 위해 재차 등장한 드골 아래에서 제5공화국이 성립하게 되었는데 드골은 산업 시설의 근대화를 실현하여 프랑스 자본주의의 고도화를 도모하기 위한 '신경제정책'을 추진했다. 이 정책으로 프랑스의 공업은 순조롭게 성장할 수 있었다. 하지만 이것은 대기업에만 유리했을 뿐 많은 중소기업이 도산하는 결과를 가져왔다. 이 같은 변화는 1950년대부터 추진된 농업의 근대화에서도 찾아볼 수 있다. 그 결과 프랑스 농업의 특징이었던 소농의 우세가 꺾이고 대규모로 농업을 경영하는 농가가 늘어났다.

고도성장은 이탈리아에서 특히 뚜렷하게 이루어졌다. 이탈리아의 GNP는 1950년대부터 급속하게 발전되었는데, 그 가운데서도 1959년부터 1962년에 걸친 기간에는 '기적'이라고 할 정도로 급속한 경제성장이 실현되었다. 이 성장을 지탱해 준 배경에는 섬유 산업 등 전통적 이탈리아의 산업뿐 아니라 제철, 기계, 화학 등 새로운 공업의 발전을 통한 이탈리아 자본주의의 근대화가 자리 잡고 있었다. 이 과정에서 자본의 집중화가 강화되었으며, 농촌에서 도시로 대량 이동이 발생했다.

독일은 '라인 강의 기적'이라 불렸던 경제적 성장이 1950년대와 1960년대 초까지 계속되어 서유럽의 경제 대국으로서의 위치를 확립했다. 독일의 경제성장은 수출의 확대에 크게 의존했는데 다른 서유럽국가들에 비해서 군사비 지출의 부담이 적었던 것이 수출 확대에 큰 도움이 되었다. 그러나 자본의 집중화에는 서독도 예외가 아니어서 사회적 불안은 남아있었다. 반면 산업혁명을 통해 유럽의 선두를 달리던 영국의 경제는 다른 서유럽 국가들보다 뒤처지고 있었다. 비록 기계, 화학 등 새로운 산업을 중심으로 기술혁신을 축으로 하는 경제성장을 추구했으나 대전 이후 영제국의 해체로 인한 국외 시장의 재건에는 미치지 못했다. 국내적으로는 노동쟁의 빈발로 산업 생산력의 차질이 발생했으며, 이러한 영국 경제의 상대적인 정체는 이후에도 계속되어 '영국의 병'은 깊어 갔다.

'68 운동'

복지형 혼합 경제를 통해, 그리고 국제협력을 통해 1960년대의 서유럽 경제 번영과 사회안정을 확립했다는 것은 부정하기 어렵다. 하지만 경제성장은 구조 변동의 원인이 되었고, 새로운 사회 문제를 발생시키고 소수 불만 세력에 의한 반란을 유발하는 배경이 되었다. 서유럽국가들의 경제성장과 사회적 안정이 절대로 확고부동한 것이 아니었다는 점은 1960년대 말에 각지에서 발생한 학생 등의 반란에서도 찾아볼 수 있다. 그 가운데 프랑스 사회의 동요가 한층 격심했다.

프랑스에서는 1968년 3월 낭테르의 파리대학 분교 캠퍼스에서 학생들이 대학의 구태의연한 관리제도와 시험제도에 항의하는 파업이 일어났다. 곧바로 이 운동은 대학제도뿐 아니라 그 배후에 있는 프랑스 사회의 보수성과 정부에 대한 불만으로, 그리고 대외적으로는 베트남 전쟁에 대한 비판 등으로 확산되었다. 5월이 되자 운동의 참가자들도 낭테르의 학생에서 파리대학의 중심 소르본대학으로 확산하여 대학의 거리 라땡 가를 붉게 물들였다. 더 나아가 각지의 대학생과 고교생과 교직원에게까지 확대되었으며, 노동자들도 24시간 총파업으로 학생운동을 지원했다. 운동이 확산되자 개혁에 대한 요구는 대학을 벗어나 드골 대통령의 퇴진 요구로 옮겨갔고, 점차로 노동계급이 운동의 중심이 되었다. 노동자들은 임금 인상과 노동 시간의 단축을 요구하고 각지에서 파업과 공장 점거를 감행했다. 공산당은 이에 편승해서 '전 좌익 인민연합정부'의 수립을 요구했다. 이 상황을 이른바 '5월 혁명'이라고 한다.

이에 대해 드골은 반격에 나섰다. 우선 그는 대학개혁과 노동자의 경영참가 문제 등에 국민의 견해를 묻는 국민투표를 주장했으나, 강력한 비판에 직면하여 의회를 해산하고 총선거를 하는 것으로 방침을 변경했다. 하지만 국민의 심성은 '5월 혁명'이 너무 격렬함에 대해 불안해하여 드골의 편을 들었다. 이처럼 '5월 혁명'은 프랑스 사회를 급속하게 변화시키는 데 실패했다. 그러나 드골의 정치적 권위는 복구되지 못했고 그 결과로 다음 해 69년도에 그는 지방의회와 상원의 개혁을 쟁점으로 하는 국민투표 결과에 실망하여 스스로 퇴진하여 향리로 돌아갔다.

'68년 운동'은 프랑스에서 미국, 유럽 국가들과 한국, 일본 등지의 학생운동으로 확산되었다. 미국에서는 베트남에 미군 파병을 반대하는 반전운동과 흑인의 시민권을 확립하는 운동이 학생운동과 결부되어 발생했다. 학생들의 급진주의 운동은 독재타도 민주화운동과 베트남 전쟁 반대를 비롯한 공해 반대, 원전 건설 반대 등으로 확산되면서 그 일부는 그 투쟁무기로서 마르크스주의, 아나키즘, 모택동 사상 등에 감염되어 과격한 행동으로 휩쓸리기도 했다. 하지만 그 대부분은 일반 국민으로부터 고립되어 소멸하여 갔다.

2. 유럽통합운동의 전개

유럽통합운동의 발생

제2차 세계대전 후 미국의 세계적 지위가 크게 부상하고 유럽이 상대적으로 왜소화해지자 유럽의 통합 구상이 심각히 논의되기에 이르렀다. 쇠퇴하는 유럽을 활성화하기 위해서는 유럽의 국가들이 긴밀하게 협력하고, 더 나아가 통합까지도 목표로 하는 것이 필요하다는 생각은 이미 제1차 세계대전 후 슈펭글러의 영향으로 '유럽의 몰락'이 논의되기 시작했을 때부터 여러 가지 형태로 제기되었다. 더욱이 유럽 여러 나라의 내셔널리즘 폭주 때문에 발생한 제2차대전에 의한 파괴와 살상이 너무 컸으며 유럽의 세계에서의 지위의 저하는 이러한 구상을 촉진했었다는 사실을 그 배경으로 하고 있다. 여기서 주목할 것은 이러한 통합 움직임이 유럽이 동서르 분열된 시기에 나왔기 때문에 그러한 국제환경 속에서 통합은 결국 전 유럽적 규모에서 진행된 것이 아닌 서유럽에 한정된 것이었다는 점이다.

1948년 5월 유럽의 통합에 관심을 지닌 단체들이 헤이그에 모여 '유럽통합운동 국제위원회'란 이름으로 유럽평의회를 열었다. 이 평의회에서 경제적, 정치적 동맹을 호소하는 결의가 채택되었다. 9월에는 프랑스 외상 쉬망과 벨기에 외상 스파크가 유럽의회에 해당하는 '유럽총회'의 설립을 제안했다. 이 총회는 인권 헌장, 사법 재판소를 갖춘 유럽통합안을 제기했다. 이 회의의 결의에 따라 1949년 5월에 만들어진 것이 유럽각료이사회와 자문회의로서의 유럽심의회의였다. 자문적 성격의 이 조직 자체의 힘은 크지 않았지만, 이 심의회의는 유럽통합으로 향하는 정치적 행보가 구체적으로 시작된 것을 의미했다. 그러나 유럽의 국가들은 기존의 국가주권을 유지하려는 의견이 강했고, 일거에 정치적 통합으로 나간다는 것은 어려웠다. 하지만 경제통합의 필요와 그 이익은 구체적이었으며, 이해되기 쉬웠다. 경제적 측면으로의 유럽공동체 운동이 실질적으로 시작된 것이다.

모네 플랜과 마셜 플랜

경제적 유럽통합 과정은 프랑스의 막후의 실력자 장 모네의 구상으로 그 기초가 입안된 것이다. 1946년 말에 완성하여 1947년 1월부터 실시하게 된 모네 플랜(Monnet Plan)은 최초에는 1940년 프랑스의 대독 패전을 계기로 폭로된 프랑스 경제의 '상대적 뒤떨어짐'의 인식을 기초로 석탄, 철강, 전력, 시멘트, 수송, 농업기계 등 공업화를 위한 기초적인 6부문에 대규모의 공공투자를 함으로써 프랑스 경제의 근대화를 추진하려는 계획이었다. 또한, 프랑스는 유럽통합운동을 통해 독일의 힘을 견제하려는 의도를 지니고 있었다. 프로이센, 프랑스 전쟁을 비롯한 제1, 2차 세계대전 등 독일과 큰 전쟁에서 패배의 고배를 마셔 온 프랑스로서는 자국의 평화와 안보의 가장 중요한 위협의 대상이 독일이었던 것이다. 모네 플랜은 이러한 상황에서 모든 에너지원의 기반인 석탄과 탱크, 대포 등 군수산업을 위해 절대적으로 필수불가결한 철 생산을 국제관리에 두자는 이른바 유럽석탄철강공동체(European Coal and Steel Community, ECSC)를 제안했다.

한편 미국 국무장관 마셜은 1947년 6월 전후 유럽의 부흥계획으로 마셜 플랜(Marshall Plan)을 발표했다. 그것은 냉전의 발발에 대응하여 유럽에 침투를 노리는 공산주의를 봉쇄하려는 정책의 하나로 제기되었으나 중요한 것은 그것이 당시 실행 중이었던 프랑스의 근대화 정책, 이른바 모네 플랜과 유럽통합 정책에 어떠한 영향을 주게 되었는가의 문제이다.

마셜 플랜의 입안자는 유럽과 미국의 경제적 격차의 확대 이유와 그것을 축소하려는 방법을 검토했다. 그들은 유럽 경제의 쇠퇴 원인으로 시장의 규모가 너무 작은 다수 국가가 관세와 수량 제한 등의 무역 제한 조치로 시장을 분단했기 때문에 대량생산과 대량소비체제의 출현을 방해했음을 강조했다. 또한, 이 상태를 극복하는 길은 경제통합을 통하여 '대시장(大市場)'을 창출할 필요가 있다고 지적했다. 그들에게 있어서 대량생산체제는 유럽에 풍요로운 사회를 실현하는 근대화의 구체적 목표의 하나였기 때문에 유럽통합에 대한 지지는 유럽의 근대화에 대한 지지의 필연적인 귀결이기도 했다. 공산주의 대한 방어책을 위해서도 유럽을 미국처럼 대량생산과 대량소비에 기초한 '풍요로운 사회'를 만드는 데 있다고 주장했다.

모네 플랜 작성을 주도한 장 모네와 그의 자문 멤버들은 19세기 말부터 계속된 프랑스의 보호주의 체제를 '맬서스주의적 체질'(프랑스 생산의 제한적·수구적 경체 체질)을 배양한 토양으로 간주했으며, 그것을 자유무역체제로 바꿈으로써 경쟁적 환경을 조성하여 경쟁의 자극을 통한 효율과 국제 경쟁력을 제고시키는 것을 목표로 하였다. 플랜을 실시함에 모네는 두 가지 문제를 자각하게 되었다. 하나는 모네 플랜의 수행이 사실상 미국의 원조에 의존하는 조건에 의존되고 있음을 인정하는 것이다. 중공업의 발전을 위해서는 그 최신 설비를 미국으로부터 도입해야 함에도 당시 프랑스는 심각한 달러 부족에 시달리고 있었다. 다른 하나는 독일의 루르 광산으로부터의 질 좋은 석탄과 코크스를 확보할 시스템을 만들어야 한다는 것이었다. 중공업 발전의 열쇠가 되는 강철공업을 발전시키기 위해서는 국내에 충분한 양질의 석탄 자원이 없는 프랑스로서는 수입탄의 안전한 공급 체제를 확립할 필요가 있었다. 이렇게 이중적 의미에서 모네 플랜과 마셜 플랜은 긴밀히 결합하고 있었다.

종전 후에 드골을 위시한 프랑스의 국민적 컨센서스는 과거 역사에서 몇 차례 프랑스를 침략했던 독일의 군사력을 분단을 통해 약화시키는 것이었다. 하지만 미국의 입장에서 볼 때 서독은 대 소련, 유럽 정책에서 매우 중요한 위치를 점하고 있으며, 소련 공세에 맞서 서유럽을 강화시키는 중심지 역할을 할 전망 있는 국가로 간주했다. 루르 탄전의 생산 제한을 포함하여 패전국 서독에 부과되었던 생산 제한 조치들은 점차로 해제되었다. 사실 미국은 1948년부터 승전 점령국 영국과 프랑스가 앞장서서 루르 지역의 탄전을 다른 유럽국들의 석탄·철강 산업과 초국가적으로 통합할 것을 바랐다. 영국은 끝내 이것을 거부했으며, 프랑스는 2년 가까이 이에 응하지 않다가 런던회담에서 미국이 루르 탄전의 생산 제한을 철폐하려 하자 모네의 원안을 1950년 5월 9일 런던 외상 회담 하루 전날 당시 프랑스 외상이었던 쉬망에 의해 발표함으로써 미국의 요구를 전격적으로 수용했다. 쉬망 플랜은 프랑스의 대독일 정책의 맥락을 송두리째 전환하는 것을 의미했다.

유럽석탄강철공동체의 성립

1952년 8월 경제 통합의 최초 절차로 프랑스, 서독, 이탈리아, 네덜란드, 벨기에, 룩셈부르크의 6개국에 의한 '유럽석탄강철공동체(ECSC)'가 성립했다. 프랑스와 독일의 국경지대의 탄광업 및 강철 사업을 국제관리 하에 둠으로써 국제간 분쟁의 씨를 제거함과 동시에 확대된 자유경쟁시장을 창출함으로써 유럽의 경제적 기반을 강화시키는 것이 이 ECSC의 목표였다. ECSC는 석탄, 코크스, 철광석, 강철에 관해 가맹국은 관세, 수입 수량 제한 이중 가격, 보조금, 차별 운임을 철폐하여 공동시장을 형성할 것을 약속했다. 또한 사적(私的) 카르텔을 금지하여 불균형이 발생하면 ECSC가 수급조정을 위한 필요한 조치를 강구하고자 했다.

한편 경제적 통합이 진행되어 감에 따라 군사적 통합도 모색되었다. 그 계기가 된 것은 한국전쟁의 발발이었다. 동아시아에서 발생한 동서 간의 열전이 유럽으로 전이되어 독일이 다시 군사적으로 부활할 것을 우려한 모네는 훗날에야 실현될 수 있을 것으로 예상했던 정치 군사적 통합을 앞당기기로 작정했다. 이 계획은 유럽군 창설안으로 이 계획도 모네가 원안을 만들어 1950년 10월에 프랑스 수상 프레방이 발표했다. 유럽의 공동방위를 위한 유럽군 창설안(European Defence Community, EDC)은 수상의 이름으로 발표되어 프레방 플랜이라 부르는데 프랑스, 서독, 이탈리아, 베네룩스 6개국 정부에 의해 1952년 5월 공동체조약으로 조인되었다. 그러나 서독의 재군비가 이 구도 속에서 진행되는 것을 우려한 프랑스 여론의 반대가 강해 1954년 8월 프랑스 국민회의는 이 조약의 비준을 거부하였고, 마침내 조약은 파기되었다.

유럽경제공동체의 탄생

ECSC에 가맹한 6개국으로 유럽경제 공동시장을 만들려는 구상은 1952년 말에 네덜란드가 제기한 바 있었으나 EDC가 좌절된 뒤 다시 추진하려는 움직임이 적극 전개되었다. 1955년 6월 시실리의 메시나에서 모인 6개국 외상은 관세와 비(非)제한적인 유럽 시장에 대해 결의했고, 그 검토를 위한 위원회를 설립했다. 다만 그 출발 시점에서 이러한 구상이 급속하게 구체화해야 한다고 생각한 사람은 적었으나, 이 위원회가 적극 사업을 추진함으로써 1957년 3월 6개국 대표가 로마에 모여 '유럽경제공동체(European Economic Community, EEC)'와 '유럽원자력공동체(Euratom)'의 성립에 관한 조약에 서명했다. 이들 공동체는 1958년부터 발효되었다. 하지만 실제로 유럽공동체가 작동하기 위해서는 공동체 각국 간에 관세동맹이 완성되어야 했는데, 각국의 이해관계가 실타래처럼 얽혀 있는 관세동맹이 해결되기 위해서는 조약이 발효된 후 12년간의 과도기를 거친 다음, 즉 1969년 말에 완성될 것을 목표로 했다. 그러나 현실적으로는 예측보다 빨리 1967년 7월 관세동맹의 완성이 확인되었다.

EEC는 상품, 인간 교류, 서비스, 자본이 국경을 넘어 자유롭게 이동되는 '공동시장'을 목표로 하고, 경제정책의 '점진적 접근'을 통해 지역적 경제활동을 지속적이고 균형적으로 확대하며, 각국의 생활 수준을 향상하며, 관계국 간의 관계를 보다 긴밀화하는 것을 목적으로 했다. 공동시장의 제1보는 '관세동맹'을 결성하는 일이었다. 가맹국 상호 간의 관세와 기타 무역상의 제한을 철폐함과 동시에 역외(域外) 여러 나라와의 무역에서도 공통의 관세를 설정하고자 하였다.

로마조약으로 유럽경제공동체와 유럽원자력공동체가 출범하면서 유럽 중요 6개국 사이의 통합 기구는 기왕의 유럽석탄철강공동체를 포함하여 모두 세 개로 늘어났다. 각 공동체는 각기 상이한 분야에서 통합의 추진체로 기능했으나 유사한 기능과 성격을 지닌 중복적으로 존재하는 경우가 많아 이들 기구의 통합이 추진되었다. 우선 각국의 의회와 법원의 통합이 이루어졌고,

3공동체의 각료이사회가 통합되고, 각 집행기구가 '유럽집행위원회(European Commission)'로 일원화되었다. 그 결과 1967년 7월 ECSC, EEC, Euratom의 3공동체를 통합한 '유럽공동체(European Community, EC)'를 탄생시키게 된 것이다('로마조약').

유럽통합에 대한 영국의 입장

유럽의 경제 통합은 일직선으로 전개된 것은 아니었다. 영국은 물론 프랑스에서조차 내부적으로는 EC와 같은 초국가적 기관에 역사적으로 뿌리 깊은 국가주권을 양도하는 데 저항하는 움직임이 되풀이하여 일어나 혼란을 주었다. 더욱이 영국은 역사적으로 유럽 대륙과 자기 나라 사이에 일정 거리를 두고자 하는 경향을 강하게 지니고 있었다. 통상 영국인들이 '유럽'이라는 말을 쓸 때 때로는 자국을 포함하지 않은 유럽 대륙을 의식하는 일이 종종 있었다. 그러할 정도로 영국은 국가주권의 존재에 강한 관심을 두고 있었고, 초국가적 성격의 공동체에 참가하는 데에는 신중했다. 게다가 영국은 그것을 통해 '영연방(British Commonwealth)'이나 미국과의 관계가 끊어지게 되지 않을까 염려했다. '영연방'은 영국의 구 식민지 중에서 영국을 중심으로 하는 느슨한 연합체를 유지하는 데 동의한 나라(캐나다, 오스트레일리아, 뉴질랜드)들에 의해 구성된 조직이었으며, 일반적 '연방(連邦)'보다는 훨씬 느슨한 기구이었다. 한편 영국인들은 같은 앵글로-색슨계의 사람들이 국가의 중심세력을 이룬 미국에 대해서는 친근감을 지니고 있어서 다른 유럽 나라들보다는 한층 긴밀한 협력관계를 유지할 수 있다고 생각했다.

영국은 ECSC, EEC에 참가하지 않았다. EC 발족을 결정하는 '로마조약'이 서명되기 직전에 영국은 마셜 플랜을 수용 기구인 OEEC 가맹국 16국을 포함하는 자유무역지역(FTA)의 창설을 제안했다. 이 제안에 의하면 가맹국 상호간의 공업제품에 대한 관세나 수입 수량 제한은 철폐하지만 역외 나라들에 대한 공동관세는 설정하지 않고, 농산물 무역을 비롯한 기타 경제정책은 취급하지 않는 EC에 비교해서는 훨씬 느슨한 협력관계의 제안이었다. 그리하여 정권에 막 복귀한 프랑스 대통령 드골 대통령은 "영국은 EC를 FTA에 흡수하여 해소시키려 한다."라고 하며 FTA에 참가를 거부했다. 1960년 5월 영국, 덴마크, 노르웨이, 스웨덴, 스위스, 오스트리아, 포르투갈의 7개국이 '유럽자유무역연합(EFTA)'을 결성했다.

영국은 EC를 결성한 프랑스와 서독 등 유럽 대륙의 주요 국가로부터 고립됨으로써 받게 되는 불리한 입장이 분명해졌다. 영국은 뒤늦게 되풀이하여 두 차례나 다시 EC에 가맹을 신청하게 되었다. 1981년 8월, 그리고 1987년 5월 영국의 EC 가맹 신청은 프랑스 드골의 반대로 거부되었다. 드골이 영국의 EC 가입을 반대한 이유는 영국의 친미적 태도를 경계했으며, 전통적으로 영국은 유럽의 이해보다는 미국에 너무 치우친 경향을 보였다는 것이 드골의 생각이었다. 그는 자유 진영의 동반자로 미국을 적대적으로 보지는 않았으나 미국이 유럽의 정치에 개입하는 것을 용납할 수 없다는 입장이었다. 특히 영국 총리 맥밀런이 미국의 케네디 대통령과 만나 유럽에 핵 군사력 위주의 다국적군을 구성하겠다는 논의를 한 사실은 드골을 자극했다. 그는 1963년 기자회견에서 영국은 미국의 '트로이의 목마'가 될 것이라 말하며 비토권을 행사하겠다고 발표했다.

드골은 19세기에 태어난 프랑스인답게 통합된 유럽이라는 새로운 이상보다는 민족과 국가라는 원칙에 더욱 충실했던 사람이었음이 틀림없다. 그의 정치사상에서 가장 중요한 화두는 '프랑스의 영광과 프랑스 민족의 위대함'이었다. 프랑스 민족의 주권이나 독립성에 영향을 미칠 수 있는 그 어떤 변화나 경향에 대해서 드골은 단호하게 반대했다. 하지만 유럽의 통합이 프랑스의 영광과 위상의 제고에 도움이 된다면 기꺼이 환영하고 수용할 수 있다는 입장을 취했다.

드골과 유럽통합운동

유럽통합사에서 드골은 반(反)유럽주의나 유럽통합을 비판하는 인물로 평가된다. 특히 민족국가의 주권을 존중했던 드골에 대해 유럽의 연방주의자들은 그가 일관된 반(反)유럽통합운동의 주창자라고 비판했다. 하지만 전체적으로 살펴보면 드골은 두 가지 다른 통합 유럽상을 제시하고 있다. 제1단계로 '유라프리크(Eurafrique)'로서의 유럽통합인데 프랑스의 제국주의를 완전히 불식하지 못한 통합 유럽상이라 할 수 있다. 프랑스는 전쟁 전 북아프리카에 모로코와 튀니지의 보호령을 위시하여 알제리 등을 영유한 식민 제국이었다. 알제리 민족해방전쟁이 막바지에 이른 1968년 일단 사임했던 수상직에 재취임한 드골은 이미 프랑스의 수중에서 떠난 모로코와 튀니지를, 프랑스로부터 해방투쟁을 벌이고 있는 알제리를 '유라프리크' 속에 묶는 유럽을 구상했다. 그것을 위해서는 NATO를 개혁하여 NATO의 북아프리카로의 확대를 주장했다. 그러나 NATO의 개혁은 영·미의 반대를 받게 되었으며, 현실적으로 알제리가 독립을 쟁취하자 그의 유럽상의 현실적 의미는 급속히 소멸하였다. 1959년 드골은 라디오 연설에서 "알제리의 운명은 알제리인 자신들의 '자기결정'에 맡긴다."라고 발표했다. 결과적으로 1961년 1월 알제리 국민투표에서 76%가 독립에 찬성함으로써 독립이 성취되었다.

프랑스제국을 유지하기 위한 '유라프리크' 구상이 현실적으로 소멸한 다음 드골의 선택은 '프랑스와 독일을 중핵으로 하는 서유럽 여러 나라의 통합 유럽상'이었다. 1958년 정권에 복귀한 드골은 ECSC에 가입하지 않은 영국과 6개국 사이에 추진되고 있던 자유무역권(FTA)과의 교섭을 차단한 유럽통행쪽을 선택했다. 그것은 그가 전통적으로 유럽의 대국(大國)인 영국을 유럽에서 제1의 파트너로 선택하기보다는 역사적인 라이벌인 독일과 대륙 유럽을 선택한 것을 의미했다. 통합에 반대했던 드골은 EC가 단순한 경제통합체로 머물면서 초국가적 방향으로 발전하지 않는다면, 이 공동체를 와해시키기보다는 프랑스의 정치력 강화를 위한 도구로 이용할 생각이었다. '유럽인의 유럽

(Europe Europeenne)'으로 요약되는 유럽통합 사상을 가졌던 그는 초국가적 연방제보다는 국가 간의 협력과 연대를 강조하면서 미국의 영향력이 줄어들고, 프랑스의 영향력이 어느 정도까지 확보되는 통합 유럽을 꿈꾸었다.

1961년 2월 드골은 정치적 통합을 구상하여 유럽의 정치적 연합을 위한 '푸세 플랜'을 파리에서 열린 EC 수뇌회담에서 제안했다. 푸세는 프랑스의 덴마크 대사로서 그는 드골이 구상하고 있는 정치적 연합으로서의 구상을 제안했다. 이 구상은 정기적으로 정부 수뇌와 주요 관리들이 모여 EC의 경제 협조에서 다루지 못한 정치적 협조의 실현을 목적으로 했다. 하지만 이 푸세 플랜은 유럽 여러 나라로부터 복잡한 반응을 일으켰다. 첫째로는 푸세 플랜은 확실히 정치적 협조를 목적으로 했다는 점에서는 이제까지 없었던 야심적인 계획임은 틀림없었으나, 연방주의를 주창하는 유럽주의자들이 보기에 이 플랜은 정부간회의(Intergovernmental Conference, IGC)에 기초한 불충분한 것에 불과했다. 둘째로는 푸세 플랜과 NATO의 관계인데, 그것은 NATO를 통해 서유럽의 안전보장을 담당하려 했던 미국의 구도(構圖)를 거부하고, 서유럽 자신의 힘으로 안전보장을 책임진다는 뉘앙스를 풍기는 것이었다. 따라서 푸세 플랜은 냉전 질서의 개편을 통해 미국 의존에서 벗어나 유럽의 자립을 도모함으로써 미·영을 중심으로 하는 대서양동맹을 정면으로 부정하는 것이었다. 푸세 플랜은 이처럼 서로 이해가 갈리는 나라들 사이에 대립으로 타결이 어려워졌으며, 그해 말 프랑스 외무성이 타협안 제출해 보았으나 드골이 교섭을 철회하여 EC 5개국의 반발 때문에 합의에 실패했다.

푸세 플랜이 좌절되자 드골은 독일과 프랑스를 중핵으로 하는 방향으로 본격적 외교 방향 전환을 수정했다. 전술한 정치연합구상이 좌절하기 직전, 1965년 4월 드골은 푸세 플랜의 6개국에서 실현을 체념하고 독일과 프랑스 2개국만으로 그 플랜을 실현할 것을 제의했다. 드골은 아데나워 독일 총리에게 양국 간의 상호 공식 방문을 제안하고, 두 나라 간에 수상과 주요 각료 레벨 사이에 정기회의를 중심으로 한 협의를 제도화했다. 양국은 1962년 9월부터 본격적인 교섭에 들어갔다.

하지만 독·프의 접근은 분명히 양국의 전후 청산과 화해라는 문맥의 모습을 띠지 않을 수 없었다. 따라서 양국 협의에 들어가기 전 1962년 7월과 9월 드골과 아데나워에 의한 상호 공식 방문을 통해 분위기를 조성하여 양국 국민을 향한 많은 교류 행사를 개최했다. 그것은 두 차례에 걸친 세계대전에서 적국이 되어 싸운 프랑스와 독일이 이제부터는 우호국으로 보조를 맞추어 나아가자는 친선 행사가 대부분이었다. 한편 독·프의 접근은 영국과 프랑스의 이반(離反)과 영국과 미국의 접근이라는 움직임과 한 세트로 전개된 것이었다. 즉 같은 시기에 영국의 EC 가입이 드골의 반대로 무산되었고 반면 영국과 미국은 핵 제휴 문제로 긴밀한 관계를 맺은 사실을 무시하고 드골과 아데나워가 어찌하여 이 시기에 급속히 접근하게 되었는가를 설명하기 어렵다.

1963년 1월 23일 파리의 엘리제 궁(대통령 사무실)에서 독일과 프랑스의 우호조약, 엘리제조약이 맺어졌다. 엘리제조약은 정치적 연합에 가깝게 양국 간의 수뇌, 외상, 국방상, 교육상 등의 회담을 정기적으로 개최함으로써 양국 간의 정치적 파트너십을 제도화하는 것이었다. 그리하여 프랑스와 독일이 함께 만들어가는 국민국가를 넘어선 영역의 정치적 결정은 '유럽'이라는 이름의 불가분한 일부가 되었다. 그러나 당시 독일 정부 내에서는 '대서양주의자'와 '유럽주의자' 간의 노선 투쟁이 치열하게 대립하고 있었다. 서독 연방의회는 프랑스와의 우호 조약에 독일과 NATO와의 동맹 관계를 확인하고, 장차 영국의 EC 가입을 보장한다는 전문을 붙이는 조건으로 이를 비준했다. 이에 드골은 분개했다. 프랑스와 독일의 관계는 아데나워가 총리직에서 물러난 후에는 다시 급속도로 냉각되어 갔다. 1964년 드골은 다시 한 번 독일에 접근했다. 그는 서독의 새 총리 에르하르트에게 프랑스-독일 연맹을 제안했으나 거절당했다.

드골에게 남은 마지막 카드는 EC 내에서 프랑스의 경제적 이익을 철저하게 확보하는 일이었다. 그는 1964년 10월 농산물 공동가격의 책정과 이에 필요한 재원 문제에 대해 그해 말까지 EC의 최종적 결정을 요구했다. 공통농업정책(Common Agricultural Policy, CAP)은 EC 성립과 발전을 위해서는 반드시 해결을 보아야 할 과제였다. 공통농업정책은 이미 모네 플랜에서부터 제기된 것으로 농업국 프랑스로서는 유럽 역내의 나라들을 향한 농산물의 수출을 확대함으로써 프랑스의 국제수지의 불균형을 바로잡으며 프랑스의 심각한 달러 부족을 완화하려 하였던 정책이었다. 프랑스는 전통적인 농업국이었으나 영세농이 주를 이루고 있었기 때문에 프랑스는 농산물은 국제경쟁력에서 열세의 입장이었다. 그러나 농산물 생산량은 국내 수요를 채우고 남는 과잉 상태로 외국 수출이 반드시 필요했었다.

ECSC가 성립된 이후 1950년대로부터 공동체 붐이라 할 수 있는 통합 기운이 세져 자발적으로 여러 부문 통합 구상이 일어났다. 1950년에 공통농업공동체(CAP) 구상, 유럽 운수기관 구상이 나왔으며, 1952년에는 유럽 보험공동체 구상이 나타났다. 이들 구상은 유럽정치공동체(EDC) 구상처럼 실현되지는 못했으나 그중 농업공동체 구상은 뒤에 가서 유럽통합에서의 최초의 공동정책이 되는 '공통농업정책'의 기원으로 주목을 받았다.

1962년 1월 14일 EC 6개국은 곡물, 닭고기, 달걀, 돼지고기에 대한 공동시장 조직의 실현을 위한 구체적 규정이 합의되어 공통농업정책이 실현되었다. 이 CAP는 그 근간으로 공통 가격이 설정되어야 하며, 그 농산물의 조달에는 공동체의 특혜가 인정되는 것이 특징이었다. 가격 조정 및 공동체 특혜를 실행하기 위해서는 당연히 재원이 필요해진다. CAP의 또 다른 특징은 이 공동체가 요구되는 재원을 공동체의 가맹국들이 연대하여 부담한다는 것이다. 그것은 전통적인 농업국 프랑스에는 상당히 유리한 조건이었다.

드골의 마지막 카드, 프랑스의 이익추구 공세는 1965년 EC 위원회의 야심적 보고서에 의해서 역공을 받게 되었다. 같은 해 6월 말에 CAP의 재정규정이 실효(失效)함에 따라 동규정의 재발효(再發效)를 결정하는 데 있어서 농업산품의 수출 과징금과 관세로부터 EC의 독자적인 재원을 확립함으로써 농업정책의 재원관리에 유럽의회가 권한을 가지며, 그 권한 행사에는 의회와 위원회의 제휴를 강화시킬 것을 제안했다. 이 제안은 EC를 연방화시켜 EC의 정책결정권을 가맹국으로부터 위원회에 이행하려는 것으로 드골은 간주했다. 또한, 결정은 가맹국의 비토권이 무시되고 다수결로 결정하는 것이었다. 다수결 결의에 거부를 고집한 드골은 CAP의 재발효를 협의하는 이사회의 합의를 거부하여, CAP가 실효하는 7월 1일부로 EC를 비롯한 공동체로부터의 일시적 철퇴를 선언했다.

프랑스의 공동체로부터의 철수를 '공석위기(空席危機)'라고 한다. 이 위기는 EC 조약의 발효로부터 7년이 지나지 않은 아직은 이행기에 있는 유럽통합을 직격한 위기이기도 했다. 드골은 프랑스의 공동체 복귀의 조건으로 이사회에서의 전원 일치의 유지를 요구했다. 공동체의 결정권을 독점하는 이사회의 표결 방식이 다수결이 된다는 것은 국제정치에서의 프랑스 '국민국가'의 중요성을 믿어 의심치 않았던 드골에게는 수용할 수 없었다. 드디어 '공석위기'에 처한 나머지 5개국은 프랑스와의 타협을 협의하고 가맹국에서 '사활적 이익'이 문제가 되는 결의에 대해서는 전원일치로 하는 등 드골의 비토권 주장에 양보했다. 그러나 드골은 1968년 5월 국내 정치적 위기에 의해 결국 권좌에서 물러나게 되었다.

유럽경제통화동맹의 성립 과정

1970년대 초 '통화위기'와 '석유위기'에 의한 세계 경제의 혼란은 전후에 만들어졌던 유럽의 경제·사회 제도를 재검토하는 계기가 되었다. 1971년 2월 유럽공동체의 경제재무상이사회(ECOFIN)는 '경제통화동맹(Economic and Monetary Union, EMU)'의 단계적 실현에 관한 결의를 채택했다. 그 내용을 살펴보면 사람과 물적 재화와 서비스와 자본이 자유로이 이동할 수 있는 지역의 형성, 단일 통화의 창출, 유럽중앙은행(European Central Bank, ECB)의 창출을 포함하는 단일 통화기구의 확립 등을 결정했다. 이 내용은 1991년 마스트리흐트조약에 의해 발족하게 된 '유럽연합(European Union, EU)'에 의해 실제로 구현되었다.

같은 해 5월 미국의 국제수지 악화를 배경으로 달러를 팔고 마르크를 사는 투기가 발생하여 EMU의 전 단계로서의 평가의 고정화, 환율 변동 폭의 축소 계획은 시행할 수 없게 되었다. 게다가 같은 해 8월 미국 대통령 닉슨 성명으로 달러의 금 태환이 정지됨으로써 세계적인 '통화위기'가 발생하여 '통화동맹'의 계획은 우선 중단을 면치 못했다. 그리하여 1971년 12월 각국 통화의 달러기준 환율의 설정(스미소니언 합의)에서 유럽공동체의 가맹국들은 달러 변동 폭을 오히려 확대했으며, 1972년 유럽공동체 가맹국의 중앙은행 총재회의에서는 각국 통화의 달러 변동 폭을 상하로 합계 4.5%까지 확대하고, 가맹국 통화의 상호 간에는 그 변동폭을 2.25%로 축소하도록 하는 스네이크(蛇行) 시스템을 도입했다. 하지만 1973년 2월부터 3월에 걸쳐 다시금 달러를 팔고 마르크를 사는 움직임이 일어나 대(對) 달러 기준 레이트는 그 유지가 더 이상 불가능해져서 변동환율로 이행했다.

1979년 3월에는 '유럽통화제도(European Monetary System, EMS)'가 발족했다. 이제까지와 마찬가지로 가맹국 상호 변동폭을 상하 2.25% 범위로 제한하고 자국의 통화가 이 변동폭의 한계에 달하면 각국의 중앙은행이 무조건으로 개입하는데, 만일 어떤 나라가 경제 사정으로 이 변동폭을 유지할 수 없는 경우에는 상하 합계 12%의 변동 폭의 선택을 인정했다. 또한, 각국 중앙은행의 개입 절차와 그 수순이 규정되었는데 그것을 '환율메커니즘(Exchange Rate Mechanism, ERM)'(환율조정제도)이라 하였다. 이 '환율 메커니즘'을 유지하기 위해 유럽의 공통통화단위로서 '유럽통화안정제도(European Currency Union, ECU)'가 창설되었다. 그것은 가맹국 간 통화의 연대(連帶)를 통해 변동환율을 조정할 수 있는 고정환율제로 바꾸는 것을 목표로 했다. 그것을 '유럽판 브레턴우즈협정'이라 호칭하였다.

유럽공동체는 1970년대의 시련을 극복하고 가맹국을 늘리고 통합을 확대해 나갔다. 1980년대를 통해 그리스(1981), 스페인과 포르투갈(1986)을 가맹시켜 12개국으로 확대되었다. 1989년에 이르러 동유럽 나라들에서 공산당의 지배가 붕괴한 이후에는 이들 나라와 유럽공동체와의 협력협정이 계속 맺어졌다. 한편 그것은 이제까지는 부유한 나라들의 모임이었던 유럽공동체가 유럽의 후진 지역까지 떠맡는다는 것을 의미했다. 유럽 내부의 '남북문제'가 유럽 공동체로 들어오게 된 것이다. 그것은 현재 그리스 재정적자의 발각으로 나타난 통화 유로의 위기의 역사적 배경이 된 것이다.

통합의 재가동

1969년 드골의 퇴진에 이어 집권한 퐁피두 프랑스 대통령은 드골의 국민국가관에 기초했던 유럽통합주의로 인해 위기에 직면했던 유럽통합을 초국가적 성격의 통합운동으로 재가동시키는 움직임을 적극 추진했다. 그는 헤이그 수뇌회담에서 주도권을 발휘하여 통합의 재가동을 리드하여 프랑스는 다시금 유럽통합의 중심적 인물이 되었다.

1969년 12월에 개최된 헤이그 수뇌회담의 가장 주요한 과제는 영국을 비롯한 통합의 확대 문제, 경제통화(EMU) 문제, 유럽의회 구성 문제 등 유럽통합을 위한 기초를 마련하는 일이었다. 마침 독일에서도 브란트의 진보적 정권이 수립되어 통합운동이 본격적으로 가동되기 시작했다. 퐁피두는 대통령에 취임한 후 7월 10일 독일-프랑스의 수뇌회담을 정식으로 표명했다. 이보다 먼저 브란트가 7월 4일 파리를 방문하여 퐁피두와 회담하여 앞으로 열릴 수뇌회담의 방향에 대해 합의했다. 두 나라 정상들은 수뇌회담의 목표를 '완성. 심화. 확대.'로 설정했다. '완성'의 내용은 주로 공통농업정책(CAP)을 위한 지출에 들 공동체의 예산 규칙을 결정하는 일이었으며, '심화'는 초국가적 성격의 공통 정책이나 정책 협조를 농업 이외의 분야에도 실시하여 유럽공동체를 '진정한 경제공동체'로 발전시키는 것을 의미하였다. 특히 기대할 수 있는 분야는 기술, 과학, 에너지, 교통, 회사법, 재정·통화 정책 등이 거론되었다. '확대'는 영국, 덴마크, 노르웨이, 아일랜드 4개국의 가맹을 의미했다.

영국의 EC 가맹

그중에서 영국의 가맹은 근본적 변화를 가져올 수도 있었기 때문에 가맹교섭에 앞서서 가맹조건과 그 결과에 대해 가맹국 사이에 합의의 도출이 필요했다. 하지만 프랑스는 유럽에서 외교적 고립을 타개하기 위해 드골이 줄기차게 거부했던 영국의 통합 참가를 선택하지 않을 수 없었다. 또한, 브란트의 '동방정책'은 소련과 폴란드에 대한 중계국이라는 프랑스외교의 역할을 상실시키는 것이었다. 프랑스는 공식적으로는 브란트의 외교정책에 찬성했으나, 혹시 그 결과 전통적으로 유지되고 있던 독·프의 친선에 의혹을 남기지 않을까 걱정하게 되었다. 독일 이외에 '가까운 파트너'를 가지지 못했던 프랑스로서는 영국에 접근하는 것으로 독일 편중을 수정하게 하고 유럽 외교에 균형을 꾀할 수 있다는 생각이 지배했다.

경제적으로는 독일의 경제력 상승과 '유럽의 경제를 이끄는 앵커'로서의 서독마르크의 강력한 힘은 프랑스를 불안하게 했고, 통합 유럽의 역내 관계의 균형을 다시 요구하는 의견이 대두하게 했다. 20세기 전반까지 프랑스의 최대 경제적 파트너는 영국이었는데 유럽통합이 진전됨에 따라 독일이 최대의 파트너가 되었다. 그리고 수출과 수입은 물론 은행제도나 회사법 등 독일의 경제 모델은 프랑스제도에 영향을 주었다. 1968년 프랑스가 요구했던 마르크 절상 요구를 독일이 무시한 것은 독일의 경제력을 나타내는 상징적 사건이었으며, 그만큼 프랑스의 불안도 높아갔다.

영국의 가맹은 프랑스에 중대한 경제적 효과를 낼 수 있다는 기대를 충족시켜 준다는 것도 간과할 수 없다. 그것은 프랑스 농업에 새로운 판로를 제공함으로써 농업 생산력을 제고(提高)해 줄 것이었다. 나아가 영국 기업과의 경쟁과 협력으로 공업생산력을 강화시켜 줄 것이었다. 퐁피두는 1970년대에 세계가 본격적인 '국제화'와 '기술혁신'의 시대로 접어들었다는 인식을 하고 있었다. 사실상 EC의 성립 후 무역의 발전과 변화는 눈부신 바 있었다. 1960년대 말까지 프랑스는 외국투자의 수용에는 소극적이었으나 퐁피두 시대에는 영국을 비롯한 외국 투자의 수용이 급속히 이루어져 프랑스 기업의 다국적화(多國籍化)가 진전되었다. 퐁피두는 세계가 근본적으로 기술혁신시대로 접어들었음을 인식하고 있었다. 드골 말기로부터 프랑스의 경제 행정기관의 일부는 영국의 첨단 산업과의 교류를 통해 프랑스 산업의 근대화를 촉진할 수 있다는 이유로 영국의 가맹을 지지하는 여론이 대두하고 있었다. 퐁피두도 영·프의 접근을 통해 '공업과 기술이 진보한 유럽을 건설'함으로써 미국 산업에 대항하는 '유럽공업의 거점'을 프랑스에 건설해 보겠다는 야심으로 영국의 EC 가입을 지지하게 되었다. 따라서 영국의 가입은 프랑스의 경제적 근대화와 대국화의 전략의 하나로 승인된 것이다.

유럽연합의 정치적 통합 과정

헤이그 회의는 공동체가 새로운 국제상황 속에서 독자의 역할을 하기 위해서는 정치적 협력을 이루는 것을 목표의 하나로 들었다. 회의의 최종 선언에 의하면 '정치적 통합 분야에서 진전을 이루기 위한 가장 좋은 방법'의 검토를 외상회의에 위임했다. 그것을 받아 기초한 프랑스 외상의 보고에는 프랑스의 위와 같은 입장을 존중하여 정치협력 분야를 대외정책의 정보 교환과 협의에 한정하고, 그 구체적 형태로서 외상회의와 외무성 고관의 정기회의를 제안했다. 정치협력의 문제는 대외정책을 협의할 수 있게 하여 1970년 11월 뮌헨에서의 '유럽안전보장협력회의'의 개최와 1973년의 유럽 '아이덴티티 선언'의 채택으로 결론을 내게 되었다.

또한, 9개국에의 확대에 따라 다수의 파트너국과 유럽위원회는 유럽의회와 유럽위원회의 권한 확대를 요구했다. 하지만 퐁피두는 예산을 컨트롤할 수 있는 권한만은 인정했으나 지출의 발의권은 거부했다. 그는 유럽의회의 직접 선거에도 반대를 표명했다. 1972년 10월 파리 수뇌회의는 퐁피두의 제안을 받아들여 1980년에 '유럽연합(EU)'을 설립하는 목표를 확인했다. 유럽위원회는 '유럽연합'의 구체적 형태로서의 각국 정부로부터 독립적인 인물로 구성되는 '유럽 정부'의 발족을 제안했다. 1973년 12월에 개최되는 코펜하겐 수뇌회의가 이 제안에 따른 최초의 수뇌회담이 될 것이었다.

퐁피두는 공동체의 결정을 주권국가의 통제하에 둘 것을 희망했다. 그 때문에 유럽위원회의 역할은 '연구와 제안'으로 한정되었으며, 유럽의회의 권한은 예산권과 선출 방식에 통해 제한되게 마련이었다. 그에게 있어서는 통합이란 국가가 책임을 갖는 '국가연합' 형태밖에는 없었다. 그 이유의 하나로써 그는 여론을 이유로 들었다. 그에 의하면 여론은 통합이 국익의 희생을 동반한다는 것을 아직 자각하지 못했기 때문에 만일 통합이 한꺼번에 국가적 관행과 이해를 침해하는 초국가적 실체에 결정을 맡기는 것이라면, 여론은 유럽통합에서 등을 돌릴 염려가 있었다. 실제로 여론의 상황은 퐁피두의 점진주의적 통합관을 지지했다. 그런 의미에서 퐁피두는 드골리스트라 할 수 있으며, 통합운동에 본격적 시동을 건 것은 사실이었으나 한계가 있었다.

1973년 12월 14~15일에 열린 코펜하겐 수뇌회의는 원래 퐁피두에게는 정치협력의 기반을 확립하는 것이 그 목표였다. 하지만 때마침 닥쳐온 석유위기와 중동전쟁의 와중에서 유럽이 공통의 입장에 서서 통일된 목소리를 낼 수 없었기 때문에 정치협력의 문제는 쉽사리 해결될 수 없었다. 한편 서독의 브란트 수상은 정치 문제뿐 아니라 경제, 통화 문제도 함께 다루어야 한다고 요구했다. 최종적으로 회담은 주로 국제무대에서 정치협력과 경제적 통화 문제 등 두 가지를 의제로 하여, 후자는 주로 재무상회의와 경제상회의를 별도로 열어서 토의하도록 조치했다.

정치협력에 관해서는 '유럽 아이덴티티의 선언'의 채택이 중요했다. 그것은 1973년 4월에 미국 국무장관 키신저의 뉴욕 연설에 대응한 것이었다. 이 연설에서 키신저는 1973년을 '유럽의 해'라고 하면서 유럽과 미국의 관계를 다시 정의하는 생각을 표명했다. 이 연설은 유럽과 미국의 공통 목표에 기초하여 '새 대서양성명'을 책정할 것을 의도하고 있었다. 그것은 역내 통화협력의 추구를 비롯한 대미 자립의 움직임을 강화하려는 유럽공동체에 대한 견제이기도 했다. 이 연설은 영국의 가맹으로 유럽공동체의 장래에 불안을 품게 된 유럽통합 지지자들에게 그 불안을 더욱 부채질하는 것이기도 했다.

퐁피두는 달러의 위기에 대한 불만으로 1971년부터 경제정책, 외교정책, 문명 모델의 영역에 이르기까지 유럽의 아이덴티티를 확립해야 한다고 호소한 바 있었다. 때마침 키신저의 연설은 유럽공동체 측에 미국과의 차이와 유럽의 개성을 확인할 필요성을 크게 제기하는 계기가 되었다. 퐁피두의 리더십에 의해 코펜하겐 수뇌회의는 유럽의 지성적·정치적·제도적 기반을 전의하기 위해 '유럽 아이덴티티 선언'을 채택했다. 이 선언에 표명된 유럽의 독자성 주장은 통합의 역사상 중요한 의의를 지니고 있다. 유럽의 통합은 1950년대에 개시된 이래, 냉전의 문맥 속에서 서방세계의 방위 수단으로 위치하였기 때문에 미국의 지원으로 추진되었다. 하지만 이 선언이 데탕트라는 새로운 국제관계 속에서 유럽공동체가 미국으로부터의 자립과 유럽의 독자적 역할을 처음으로 공식으로 표명한 점에서 중요한 역사적 전환을 나타내게 된 것이다.

퐁피두 시대 말기에 정체되었던 통합은 1974년 5월 지스카르 데스탕 대통령의 등장과 함께 새로운 단계에 진입했다. 그는 서독의 슈미트 수상과 함께 독·프 친선 커플을 결성했다. 이 '독·프 커플'하에서 우선 유럽이사회(European Council)가 발족했다.

유럽이사회의 제도화의 착상은 모네에 유래했다. 모네는 통합을 추진함에서 정치적 권위의 중요성을 통감하여 '유럽임시정부'의 구상을 하게 되었다. 모네는 1974년 9월 먼저 지스카르와 만나고, 10월에는 슈미트와 만나 수뇌회담 개최의 필요성을 설득했다. 모네의 뜻을 따라 독일과 프랑스 수상은 1974년 12월에 파리에서 수뇌회담을 열어 매년 3회 더 필요한 경우에는 언제나 '유럽이사회'를 개최할 것을 결정했다. 이 회의는 유럽의 여러 정부 간 협력기관의 성격으로 규정되었다. 프랑스는 유럽의회의 직접선거제의 도입에 동의했으며, 동시에 유럽의회 예산권 강화에 반대했던 종래의 주장을 철회했으며, 의회의 예산 거부권과 유럽회의 위원장의 파면권도 부여했다. 또한 전원 일치의 결정을 대단히 중대한 국익에 한정함으로써 각료이사회의 효율이 개선되었다.

1977년 6월 런던 이사회는 지스카르의 제안으로 이사회의 사명으로 다음 세 가지를 확정했다. 즉 가맹국 수뇌의 의견 교환, '유럽의 목소리'의 표명, 다른 공동체 기관에 의해 이미 검토되었던 문제의 해결 등이었다. 그리하여 유럽이사회의 제도화로 강한 정치적 리더십하에서 통합을 추진할 수 있는 조건이 성숙하게 되었다.

파리 이사회의 결정에 따라 1976년 9월 브뤼셀에서 채택된 의정서에 따라 1979년 6월 제1회의 유럽회의의 직접선거가 거행되어 총수 410명의 의원이 탄생했다. 각국의 의원 수 배분에 대해 난항이 있었으나 결국 프랑스, 독일, 이탈리아, 영국 4개국이 균등한 의석을 배분받게 되었다. 투표율은 과반수를 상회하였다. 유럽의회 직접선거의 도입으로 1950년대 이래 엘리트 주도로 의해 추진되었던 통합 프로세스에 처음으로 시민의 목소리를 반영할 기회가 되어 〈시민의 유럽〉이란 길을 타개했다.

유럽연합의 성립 과정에서의 미테랑 대통령과 자크 들로르의 역할

프랑수아 미테랑은 1981~1995년까지 무려 14년간이나 프랑스 역사상 최장의 임기로 대통령으로 집권하면서 유럽통합을 이끌었다. 이상에서 살펴본 대로 1970년대에 유럽공동체는 정치적 면에서 몇 가지 성공적 발전을 이루었다. 그러나 1970년대는 통화위기와 석유파동 등의 경제적 위기로 유럽통합운동이 총체적인 정체를 맞게 되어 '유럽동맥경화증(Eurosclerosis)'이라는 신조어까지 만들어지게 되었다. 프랑스의 입장에서 볼 때 이 시기는 프랑스의 유럽에서의 지위가 상대적으로 저하되고 있었던 시기이기도 했다. 이에 비해 1980년대는 다방면에 걸친 주역들이 등장하여 유럽의 통합운동을 이끌었던 '유럽의 재가동(再稼動)' 시기에 해당하는바 미테랑은 단일유럽의정서와 마스트리흐트조약을 모두 추진한 주역이란 점에서 1950년대의 모네와 쉬망의 창시자적 역할보다 실제로 더 큰 역할을 했는지도 모른다. 그러나 이러한 업적이 사회주의자이었던 미테랑 혼자의 힘에 이루어진 것은 아니었다. 게다가 미테랑은 적어도 집권 초기에는 드골과 마찬가지로 신념에 찬 유럽주의자는 아니었다. 유럽통합을 결실 맺게 한 대부분의 실무 작업은 1985년부터 10여 년간 유럽집행위원장을 맡았던 자크 들로르에 의한 것이었다.

프랑스의 1980년대는 1981년 5월에 선출된 미테랑 대통령의 사회주의 정권의 탄생과 함께 시작했다. 전후 프랑스 사회경제의 발전을 의미하는 '영광의 30년'이 끝났다는 것을 예감하는 가운데 이에 대신해서 새로운 구조개혁이 모색되었고, 그러한 국민의 기대를 담당하여 '프랑스류의 사회주의'를 구가하며 등장한 것이 미테랑 정권이었다. 하지만 문제는 프랑스의 경제적 위기의 탈출을 위한 정책으로서 유효 수요의 창출을 목표로 한 노동 임금의 인상, 노동 시간의 단축, 사회보장 수당의 인상, 국유화 등 사회주의 정책은 인플레이션과 국제수지의 악화를 가져올 뿐이었다.

이제까지 관계가 없다고 인식되었던 프랑스 사회주의와 유럽통합 사이의 문제는 프랑의 환율 문제로 나타났다. 전 정권하에서 시작된 유럽통화제도(EMS)는 고정환율제이어서 환율 평가로부터의 오버쉬드(고평가)는 허용되지 않았다. 프랑화가 역내의 사실상 앵커 통화인 서독 마르크화와의 허용된 차이의 폭 4.5%가 거의 2년간이나 넘고 있었기 때문에 EMS로부터 이탈 압력이 계속해서 프랑화에 걸리고 있었다. 프랑스의 중앙은행은 그때마다 시장에 개입하여 자국의 통화를 사들여 그 가치를 지지할 수밖에 없었다. 프랑화 방위와 인플레를 저지하기 위해 유럽경제정상회의(ECOFIN)를 두 번이나 열어 각국 간의 평가조정과 프랑화의 절하가 결정되었다. 여기서 사회당 정권의 사회주의정책과 유럽통화제도 간의 알력이 노증되었다. 프랑스의 주요 무역 상대국이었던 독일과 영국이 보수정당에 의한 정권의 교대로 긴축정책을 쓰고 있었음에도 프랑스만이 사회주의 정책으로 일관했던 것은 그 유효성이 없었다는 것이 분명해졌다.

미테랑 대통령은 1983년 지방선거에서 사회당이 고전하는 것을 확인한 후 TV를 통해 엄격한 재정 및 금융의 긴축과 내수의 삭감을 선언했다. 이때로부터 미테랑 정권의 중심(重心)은 이미 '사회주의' 정책이 아니고 '유럽통합'에 위치하게 되었다. 이 정책의 전환으로 1980년대 후반에 비록 실업률 개선은 되지 않았으나 임금의 상승이 억제됨으로써 프랑스는 독일에 비해 낮은 인플레를 실현할 수 있었다. 결국, 좌파 리더로서의 이미지를 버리고, 유럽의 정치연합, 공동방위정책, 단일 시장의 보호와 같은 유럽주의자로서의 모습을 보이기 시작했다.

미테랑은 프랑스의 국익은 유럽통합의 진전을 통해 이룰 수 있다고 주장했다. 그는 유럽공동화폐(Euro)를 통해 프랑스의 금융 주권을 확립하겠다고 목표를 설정했다. 특히 1984년 상반기 프랑스가 유럽공동체의 의장국을 맡게 된 기회를 이용하여 1979년부터 유럽통합의 발목을 잡고 있던 영국 대처의 CAP 기여금 반환요구(BBQ) 문제를 해결하고(곡물의 수입을 영연방에 의존하고 있었던 영국으로서는 CAP 기여금은 국가적 손실에 불과했다), 정보산업 발전을 위한 프로그램(ESPRIT)과 미국과 일본에 대항해서 과학연구분야(EUREKA) 지원에 대한 아이디어를 제시했다. 무엇보다 미테랑이 관심을 두고 노력을 집중한 것은 독일의 콜 총리와의 '독·프 커플'을 돈독하게 하려는 외교적 노력이었다. 그의 외교 스타일은 공식적인 다자(多者)회의가 아니고 다른 정부 수반을 개인적으로 만나 입장을 조율하고 설득하는 방식으로 통합 유럽의 기반을 다지는 것이었다.

1984년 5월 미테랑은 유럽의회에서 유럽공동체 기구개혁과 전자기술, 우주개발, 새로운 운수와 문화정책을 완수하기 위해 기여금 인상을 호소했다. 이러한 프랑스의 의장국으로서 제안한 내용은 전혀 독자적인 안은 아니었다. 공통의 외교를 통해서 유럽의 강화를 제안한 겐샤(서독 외상)-콜롬보(이탈리아 외상)의 '유럽 의정서 계획', CAP의 개혁과 공동체 정책 확충을 주창한 〈제2세대의 유럽 보고서〉, 나아가 대폭의 유럽공동체 기구개혁을 주장한 이탈리아 유럽 의원들의 〈유럽연합조약초안〉 등 다수 구상이 누적된 것이다. 이 제안의 에센스는 최초의 의장이었던 콜 서독 수상이 1983년 슈투트가르트 유럽이사회에서 '유럽연합을 위한 엄숙한 선언'에서 이미 언급한 것이었다. 미테랑은 이들의 이니시아티브를 언급하면서 1970년대의 상대적 정체를 타파하려는 목적으로 '유럽통합을 위한 정책의 창(窓)'을 활짝 열었다.

미테랑에 있어서 중요한 문제는 1981년부터 냉각되기 시작한 '독·프 커플'의 부활이었다. 미테랑은 엘리제조약 20주년을 기념하는 1983년 1월 서독 연방의회에서 한 연설에서 핵탄두 탑재가 가능한 미군의 퍼싱 2 미사일의 서독 배치를 정식으로 지지하였다. 이 조치는 반(反)NATO 노선을 고집하던 프랑스 외교 정책의 일대 변화를 의미하는 것이었다. 미테랑의 미사일 배치에 대한 지지성명은 NATO를 중시하던 콜 수상과의 관계 개선에 커다란 계기가 되었다.

1984년 6월 25~26일 파리 교외 퐁텐블루에서 개최된 유럽이사회에서 CAP 기금을 통해 손해를 본 영국의 입장에서 "내 돈 돌려줘!"라는 직설적인 주장(BBQ)을 계속했던 영국의 대처 총리는 미테랑과 콜에 의한 포위망에 직면했다. 특히 영국군이 베를린에 주둔하고 있었으며, 함께 유럽공동체 부과금의 최대의 부담국이었던 영국이 독일의 반대를 당하게 된 것은 그 의미가 컸다. 환부(還付)의 수준에 대해 계속 인상을 고집하는 대처의 요구를 외면하고 65%를 제안한 프랑스 의장 안을 받아들일 것을 재촉한 콜의 입장 때문에 대처는 프랑스 안을 결국 수용(최종안 66%)하게 되었으며, 과거 5년간에 걸쳐 유럽공동체 개혁을 방해하고 있던 영국 예산 문제는 결탁을 보게 되었다. 콜 수상의 동의를 얻어 프랑스의 들로르가 집행위원장이 됨으로써 유럽공동체는 비로소 새로운 도약을 위한 기지개를 켤 수 있게 되었다.

1980년대 후반의 '유럽의 재기동(再稼動)'은 수뇌 사이에 우호관계를 기반으로 한 '독·프 커플'의 구축뿐 아니라 그들의 뒷받침으로 재무상으로부터 1985년 유럽위원장으로 취임하게 된 들로르의 리더십이 발휘한 역할이 컸다. 그는 처음부터 정치인으로 사는 삶을 염두에 두지 않았다. 그의 사회주의적이며 실용적인 심성은 관료층의 네포티즘과 파벌 싸움을 싫어했다. 들로르는 미테랑으로부터의 수상 취임 요청(1992), 당으로부터의 대통령 출마 요청(1994)을 모두 거부하고 파스칼, 라미 등 그의 과거 관료 시절 발견한 우수한 테크노크라트들을 이끌고 유럽 경제의 새로운 글로벌 모델을 모색하는 데 전력하여 투구했다.

들로르의 노력으로 1992년 '하나의 시장, 하나의 화폐'를 내건 마스트리흐트조약이 나오게 되었다. 그의 '1992년 프로그램'은 1992년 마스트리흐트조약으로 이루어지게 되는 성과인 단일 유럽시장, 단일유럽화폐(유로), 유럽연합(EU)의 탄생이 이루어질 때까지 추진되어야 할 정치·경제·사회·문화 전반에 걸친 유럽통합 정책을 의미했다. 미테랑은 들로르에게 다음번 밀라노 유럽이사회에 제출될 보고서의 작성을 지시했는데 그 속에는 기술개발과 영내시장 설립과 함께 통화의 통합을 정식으로 아젠다에 포함할 것을 지시했다.

밀라노 이사회가 열리기 전날 들로르의 보고서를 놓고 프랑스 대통령과 서독 수상 간에 열린 모임에서 수정된 '유럽연합조약'이 양국의 공동 발표문의 형식으로 돌연 발표되었다. 그 내용은 '유럽연방'이라는 초민족적 국가를 졸속으로 실현하고자 한 것이었다. 그것은 퐁텐블루에서 뿌린 씨를 밀라노에서 수확하려는 계획에 찬물을 뿌린 꼴이 되었다. 그 내용을 살펴보면 유럽연합의 사무총장은 정치적으로 임명되며, 공동체를 정부 간 협약(IGC)으로 재편함으로써 한꺼번에 정치통합을 실현한다는 목표였다. 이러한 독일과 프랑스의 제안은 너무나도 야심이 지나치다 하여 밀라노 이사회에서 다른 나라의 반대를 받았다. 새 의장단 이탈리아의 수습으로 새로운 개정조약을 토의할 정부 간 협약을 개최하기로 하였다. 정치적 통합에 앞서서 통화의 통합이라는 구체적인 경제적 통합을 기다려야 했던 것이다.

결국, 이 회의는 유럽의 정치적 통합을 위한 새로운 조약문을 작성할 것을 결정했다. 그 결과물이 '단일유럽의정서(Single European Act, SEA)'로 구체화한다. SEA는 의장국 룩셈부르크에 의해 정리되어 1982년 2월에 조인되었다. 로마조약의 3개 조문을 변경하는 SEA는 1992년 말까지 단일시장을 완성하는 것을 목표로 했다. 그것은 유럽 단일시장을 목적으로 한다는 사실을 명시했을 뿐 아니라 유럽공동체의 정치적 협력으로써 유럽연합의 창설 실현을 최종 목표로 했다. 정치연합을 창설하려는 노력은 1992년에 서명된 유럽연합의 창설 조약인 마스트리흐트조약으로 결실을 보게 되고, 1993년 11월에 공식적으로 유럽연합이 탄생하게 되었다.

정치적 차원에서의 통합은 그 전제로 경제적 차원의 통합계획, 즉 경제통화동맹(EMU) 실현의 필요성을 부각했다. 왜냐하면, 만약 회원국들이 수출을 증진하기 위해 임의로 자국의 화폐가치를 평가절하하면 완전한 단일시장의 효과를 볼 수 없기 때문이다. 실제로 경기 활성화를 위해서는 환율의 조정이 재정 조정책보다 효과적이기 때문에 그러한 환율정책은 상당히 선호되는 정책이기도 했다. 결국, 유럽이사회는 1988년 경제통화동맹 창설 계획을 들로르 위원회에 맡겼다. 마드리드에서 소집된 유럽이사회에서 들로르는 12개국 중앙은행장으로 구성된 들로르위원회를 통해 경제통합의 청사진을 작성하게 되었다. 들로르위원회는 효율적인 경제통합을 위한 공동 의사결정기구의 필요성을 설득시키기 위해 보고서를 작성하였는바, 이 보고서는 모든 회원국이 환율조정기구(ERM)에 가입하여 환율을 안정시키고 재정적자를 축소해 물가를 안정시키는 데 있었다. 다음 단계로는 초국가적 경제기구인 유럽통화기구(European Monetary Institute, EMI)를 설치하고 1999년부터 통화동맹을 시행한다는 점에 합의해서 단일 유럽의 통화로 유로를 탄생시키기로 했다. 마지막으로는 2002년부터 기존의 회원국의 화폐를 폐지하고 유로로 대체하고자 하였다.

하지만 영국은 초국가적 차원의 경제기구인 유럽통화기구를 창설하려는 들로르 위원회 방안에 대해 경계했다. 왜냐하면, 유럽통화기구는 각 회원국의 경제정책을 간섭할 수도 있었기 때문이다. 물론 영국의 대처 총리를 비롯한 보수당조차 단일 유럽시장의 이익 때문에 들로르의 통화동맹 방안의 원칙을 결국 승인했지만 실제로 통화동맹에는 오늘날까지 가입하지 않고 있다.

들로르위원회의 계획에 기초하여 1993년부터 유럽 단일시장이 실현되었으며, 1999년 경제통화동맹이 탄생하면서 유로(Euro)가 도입할 예정이었다. 이러한 유럽의 단일통화를 창조는 유럽의 정치적 통합을 위한 강력한 '디딤돌'이 될 것으로 기대되었다. 경제정책의 수렴과 통화통합을 하기 위해서는 당연히 강력한 앵커가 된 서독 마르크를 지니고 있는 독일의 동의를 받지 않고는 실현될 수 없었다. 하지만 들로르 보고서를 채택하기로 예정된 1986년 마드리드 유럽이사회의 3일 전에 독·프 수뇌회담에서 콜 수상은 통화통합 그 자체에는 찬동의 뜻을 표시하면서도 다음 해 거행될 국내선거에 대한 배려도 있고 해서, 구체적인 스케줄의 확정에는 소극적인 자세로 나왔다. 독일은 통화통합에서 불가결한 통화동맹(EMU)을 설립하기 위한 정부 간 협의(IGC) 소집에도 분명한 동의가 없었다. 그러나 베를린 벽이 붕괴하기 1년 전부터 독일 통일의 가능성을 예기하고 있었던 미테랑으로서는 그 이전에 유럽의 정치적 통합의 가능성을 열어 그 틀 속에 독일을 묶어 놓아야 한다는 것이 무엇보다 최우선의 급무였던 것이다. 미테랑의 생각에서 유럽의 통합은 '독일 문제'와 떼어놓을 수 없었다. 하지만 이러한 미테랑의 행동은 독일에 대한 적의(敵意)에서 출발한 것이 아니라 오히려 유럽통합과 통일 독일 과정의 보조를 맞춤으로써 유럽의 평화와 안정을 유지하면서 연착륙시키려는 데 있었다. 적어도 냉전의 종결 전후 미테랑의 생각은 말하자면 독일 통일이란 '콘서트'를 중단시키기보다 그 '템포'를 관리하고자 하는 데 있었다.

앞의 장에서 살펴본 대로 베를린 벽이 국제사회의 구조적 압력과 베를린 시민의 자유에 대한 열의에 의해서 붕괴된 것은 1989년 11월 9일이었다. 이러한 소용돌이 속에서 콜은 11월 28일 '독일과 유럽의 분단을 극복하기 위한 10개 항 프로그램'을 이웃 국가들과 사전 협의 없이 독단적으로 발표했다. 유럽정치협력에서 합의된 규칙은 중요한 외교적 결정은 EC 회원국과 사전 협의가 필요하다고 요구하고 있었으나 콜은 이 절차를 무시했다. 독일 민족의 이해만을 추구한다고 간주했던 콜의 이 폭탄선언은 서유럽의 큰 파문을 일으켰다. 이에 대해 프랑스 측도 독일에 대해 강한 불신과 불쾌감을 나타내었다. 베를린 벽이 붕괴한 한 달 후 스트라스부르 이사회가 개최되었다. 의장국으로의 프랑스의 방침은 이미 정해져 있었고 이 회의에서는 통화동맹(1990년 7월 개최)과 동유럽 국가들에 대한 지원(유럽부흥은행 EBRD의 설립), 그리고 유럽 시민의 기본적 사회권을 정한 사회헌장을 채택할 것에 합의했다. 1990년 12월

9일 미테랑은 콜에게 통화동맹 창설을 위한 정부 간 회담에 서독이 동의한다는 조건으로 독일 통일에 동의한다는 조건에서 독일의 통일을 허락하겠다고 분명하게 약속했다. 그는 독일의 통일을 승인하는 대가로 콜에게 경제적 통합의 진행 속도를 가속화할 것을 요구했던 것이다.

따라서 경제통합동맹과 유로의 탄생은 독일의 통일과 깊은 관계가 있다. 원칙적으로 경제통합동맹에 찬성했던 콜도 1980년대 중반 경제통화동맹의 창설과 유럽통화의 도입 문제가 거론되었을 때 선뜻 나서기를 주저하고 있었다. 그 이유는 불안정한 화폐를 통용하고 있는 국가도 참여하게 된 EC 체제에서 공동통화 유로를 도입하기 위해서는 서독 마르크(DM)를 포기해야 했는데, 독일은행총재와 대다수의 서독 국민이 이에 반대했기 때문이다. 서독인들은 마르크화야말로 서독 경제성장의 상징이자 서독 경제의 안정적인 구조를 견인하는 데 일등공신이었다고 생각하고 있었다. 1989년 베를린 장벽이 무너지기 전부터 프랑스와 영국은 독일이 부강해져서 다시 한 번 전쟁 야욕을 품지 못하도록 독일의 최강 무기인 마르크화를 박탈하고 그 대가로 독일 통일을 용인하고자 했던 것이다. 그런 의미에서 콜로 하여금 유럽통합을 위해 마르크를 희생 제물로 올리게 한 일등공신은 독일 통일이라 볼 수 있을 것이다.

유럽통합이 비약적으로 진전시키기 위한 조약개정은 각국마다 직접적인 이해가 걸린 고차원적 정치적 교섭에 영향을 주는 것이 보통이다. 독일 측은 조약개정에서 유럽의회의 권한 확대와 유럽중앙은행(ECB)의 독립성을 요구했으며, 나아가 유럽헌법안까지 논의하라고 요구했으나 프랑스는 주로 유로의 실현과 유럽이사회와 의장국의 권한 확대를 우선하려 하였다.

1992년 연방주의적 형태를 요구한 네덜란드 측의 요구를 뿌리치고 유럽공동체(EC)를 기둥으로 하고 공통 외교안전보장조약(Commdn Foreign and Security Policy, CFSP), 사법적 협력(JHA)이라는 연방주의적이 아닌 정부간주의(IGC)라는 세 기둥을 합친 마스트리히트조약이 성립되었다. 이 조약이 유럽통합(EU)의 진정한 모습으로 드러나게 된 것은 유럽경제의 앵커였던 강력한 서독의 마르크를 희생시키고 유로를 탄생시킬 수 있었다는 것이 결정적 계기가 되었다.

유럽연합의 금융위기

2010년 그리스의 재정적자가 발각됨으로써 시작된 유로 통화의 위기는 유럽연합(EU)의 존속 위기까지 영향을 미칠 만큼 심각화되고 있다. EU는 그리스를 구제하기 위해 필사적이 되어 드디어 유럽의 민간은행에 대해 '그리스에 빌려준 돈을 반(半)으로 줄여라.'라고 요청했다. 민간은행의 부담으로 그리스의 차입금을 가볍게 한 것이다. 그렇게 하면 민간은행 경영에도 타격을 주게 된다. 경영이 어려워진 은행에 대해서는 각국 정부가 공적 자금을 투입하여 구제하게 되는 것이다. 그것으로 그리스 정부는 디폴트(채무 불이행)를 선언하지 않고 구제가 성공할 수 있지 않을까. 만일 실패하여 그리스의 디폴트가 현실화된다면 EU는 해체의 위기를 맞게 되는 것이다.

EU는 단일 통화로서 유로를 도입함과 동시에 EU 전체의 금융정책, 즉 돈의 흐름을 조절할 중앙은행으로써 유럽중앙은행을 설립했다. 유럽에 유통되는 단일화폐의 등장으로 유럽 각국은 유럽 역내의 다른 나라에 진출할 때 환율 변동을 걱정할 필요가 없게 되는 것이다. 그리하여 역내 다른 나라에 진출이 쉬워지고 경제의 활성화가 기대되게 되었다. 또한, 단일 통화가 되면 같은 상품 가격의 비교가 쉽게 되어 비싼 가격의 물가가 떨어지게 되는 효과도 기대되는 것이다. 이것으로 격렬한 가격경쟁이 일어나 경제의 활성화에 이어질 것으로 생각했다. 하지만 통화의 발행권은 원래는 각국의 고유한 주권이었다. 그것을 EU에 양도하는 것은 EU가 유럽 각국의 상위에 있는 '초국가기관(超國家機關)'이 되는 것이다.

EU는 12개 국가로 발족한 이래 가맹국을 증가시켜 현재에는 발족 당시로부터 2배 이상 27개국이 참가하게 되었다. 따라서 그 운영에 곤란한 점이 계속 나타났다. 그중에서도 유로의 금융 문제가 운영상 가장 어려운 점이었다. 그 문제는 재정은 각국 단위임에 비해 금융은 EU 전체 관리된다는 점이었다. 이를테면 EC의 유로존(유럽통화동맹국)에 가입하지 않은 나라는 경제가 악화되면 국채(國債)를 발행하여 재정지출을 늘려 경기회복을 도모하게 된다. 동시에 금리를 떨어뜨려 자금을 빌리기 쉽도록 조정할 수 있다. 그리하면 이 나라에서는 외국에서 투자하려 해도 높은 금리는 기대할 수 없으니 외국 투자자금은 탈출하게 된다. 탈출하기 위해서는 그 나라의 통화를 팔고 다른 나라의 통화를 사들일 필요가 있기 때문에 그 나라의 통화가치는 떨어지게 된다. 통화가치가 떨어지면 수출품의 가격이 내려가면서 수출산업이 유리해져서 수출이 늘어나 경제가 차츰 회복될 수 있다. 그러나 EU에 가맹한 나라는 경제가 악화했을 때, 국채를 발행하여 재정지출을 확대할 수는 있으나 통화를 평가절하할 수 없어 재정적자만 증가하게 되는 것이다. 마스트리흐트조약이 나올 때부터 Euro가 재앙을 부를 것이 이미 예견되었다. 엄마(통화정책)는 Euro에 아빠(재정정책)는 회원국 정부로 별거할 경우 아이(Euro)는 중병(국가채무 급증)에 걸릴 위험성이 높아진다는 것이다. 즉 버는 돈보다 쓰는 돈이 더 많아 재정위기에 빠지게 된다는 것이다.

EU의 가맹국 그리스에서는 2009년 총선거가 시행되어 정권이 교체되었는데, 새 정권이 조사해 본 결과 전 정권에서 재정적자의 규모를 조작했다는 것이 판명되었다. 2009년의 재정적자는 GDP와 비교하면 전 정권이 공표한 수차의 3.4배에 달하는 2.7%였다는 것이다. 더구나 2010년 4월에 EU 통계국이 정산해 본 결과 실태는 더욱 심각하여 재정적자는 GDP와 비교하면 13.6에 달하고 있다는 것이 적발되었다. 이렇게 되면 그리스 국채를 신규로 사 줄 곳은 없다. 국채가 팔리지 않는다는 것은 다시는 그리스 국가 예산을 편성할 수 없다는 것을 의미한다. 일반 기업이라면 파산이 닥쳐온 것이다. 그리스는 국가로서 파산 상태에 빠진 것이다. 그리하여 그리스는 EU에 긴급 자금 원조를 요청했다. 이에 대한 EU 각국들의 대답은 "돈을 빌리려면 성의를 보여라. 자력으로 적자재정을 삭감하는 노력을 보여라."라는 것이다.

그리하여 그리스는 긴축재정에 들어갔다. 연금 지급을 삭감하고, 지나치게 많은 공무원 수를 줄이는 등 재정적자를 축소하고자 했으나 긴축재정은 경기를 더욱 악화시켰으며, 세수가 줄어들고 그 결과 적자는 줄어들지 않는 악순환에 빠지곤 했다. 유럽통합의 이상을 목표로 한 EU였으나 재정과 금융이 완전히 하나로 통합되지 않는 한 이러한 불안정 상태는 계속될 수밖에 없다. 그러한 불안의 여파는 재정상태가 불안한 PIIGS 국가에 크게 영향을 미쳤다. PIIGS란 '유럽의 돼지'를 의미하는 약자로 포르투갈, 이탈리아, 아일랜드, 그리스, 스페인의 두문자(頭文字)를 결합한 단어로 재정위기가 심각하여 국가 파산의 위기에 빠진 국가들을 말한다. 이들 남유럽 국가들은 뱁새가 황새를 쫓아가려다가 가랑이가 찢어진 격이 된 것이다.

EC 여러 나라는 그리스의 구제를 위해 모든 방도를 모색했으나 막상 그리스 국민의 다수는 긴축재정으로 생활이 어려워졌다고 항의 행동을 벌이곤 했다. 국제적 구제조치가 성과를 거두지 못하자 '그리스가 어려워지면, 이탈리아도 어려워질 수 있다.'라고 예견한 투자가들이 이번에는 이탈리아 채권을 팔기 시작하여 경제사정이 어려운 이탈리아도 위기에 몰리게 되었다. 그리스가 발행한 국채의 잔고가 약 2,000억 유로였으나 그것을 변제할 수 있는 전망이 없다는 것이 이번 위기의 시작이었다. 그리스를 국가 파산으로 몰고 가면 그리스의 채권을 보유한 독일과 프랑스 등 유럽제국이 어려워지게 마련이다. 그리스가 디폴트(채무 불이행)를 선언하면 그리스의 국채는 휴짓조각이 되어 독일, 프랑스 은행들은 큰 타격을 받을 수밖에 없는 사정인 것이다. 게다가 CDS(빌려준 돈을 돌려받지 못할 때 그 리스크를 다른 사람에게 떠맡기는 제도인 파생 상품)의 발행으로 그 은행 피해가 세계적으로 확산하는 것이 큰 문제로 부상했다. 그리하여 애초에는 보험목적이었던 CDS가 투기 목적으로 팔리게 되었다. 본래는 일반 기업 사이에 발행되었던 CDS가 정부나 정부기관이 발행하는 채권인 '소프린 CDS'이라 하여 선호하는 파생 상품으로 등장했다. 그리하여 그리스 국채를 사들인 독일과 프랑스의 금융기관들이 이 그리스 국채에 보험을 걸어 팔게 되면 그것을 사들인 쪽은 그리스의 국채가 디폴트 되더라도 변제가 될 것임으로 안심하고 '소프린 CDS'를 사 드릴 수 있었다. 하지만 그리스 국채의 CDS를 판 금융기관은 그리스가 디폴트되면 거액의 손해를 볼 수밖에 없었다. 이에 독일과 프랑스의 EU 수뇌들은 그리스의 구제를 위해 필사적이 될 수밖에 없었다.

2011년 10월 27일 유로통화를 사용하는 유로존의 17개국의 수뇌들이 회담을 열고, 유럽의 은행들이 그리스 국체의 원금 50%를 삭감하라고 요구하는데 합의했다. 그리스 국체를 보유한 각국의 은행들은 이 삭감안에 손해를 무릅쓰고 '자발적'으로 협력할 수밖에 없었다. 여기서 '자발적'이란 점이 포인트이다. 자발적인 삭감이라면 디폴트에는 해당하지 않기 때문이다. CDS의 발행자가 원금 전액을 부담할 필요가 없기 때문이다. 즉 '그리스 국채 50% 삭감'을 실현한 숨은 동기는 CDS에 대한 공포였던 것이다. CDS는 일본을 비롯한 동아시아를 포함하여 전 세계적으로 팔려나갔기 때문에 유로의 위기를 세계적 공황으로 발전시키지 않기 위해서는 숨어 있는 지뢰인 CDS 위기를 억제할 필요가 있는 것이다. 이처럼 오늘날의 세계는 보드레스화(Bordless)되어 있으므로 우리는 현대 세계의 더욱 심층적인 역사 이해를 통한 글로벌한 시야를 가질 필요가 절실해진 것이다.

참고문헌

● 현대사 일반

차하순 외 옮김, 마이클 하워드·로저 루이스 외, 『20세기의 역사』(이산, 2000).
노명식 옮김, 톰슨, 『현대 세계사』(탐구당).
이보형 옮김, 한스 갓츠케, 『제2차 대전 후의 세계』(탐구당, 1964).
박성수 옮김, 스튜아드 휴즈, 『서양현대사』(종로서적, 1986).
노명식·이광주 편, 『20세기 현대사』(청람, 1981).
이주영 외 옮김, 로버트 파머, 『서양근대사』(삼지원, 1988).
유재건 옮김, 리히트하임, 『유럽 현대사』(백산서당, 1982).
이희구·정승현 옮김, 폴 존슨, 『세계현대사』(한마음사, 1993).

Derek W. Urwin, *Western Europe since 1945: A Political History*(London: Longman, 1992).
Walter Laqeur, *Europe in Our Time: A History 1945-1992*(New York: Viking, 1992).
David E. Sumler, *A History of Europe in the Twentieth Century*(Illinois: Homewood, 1973).

● 전체주의

김학준 옮김, 샤피로, 『전체주의』(삼성문화재단).
서동만 편역, 『파시즘연구』(거름, 1983).
이진우·박미애 옮김, 한나 아렌트, 『전체주의의 기원』(한길사, 2006).

Carsten, *The Rise of Fascism*(Torchbook).
Brezezinscy, *Totalitarian Dictatorship & Autocracy*(Praeger).
Stephen J. Lee, *The European Ditatorships: 1918-1945*(1987).
Ernst Nolte, *The Three Faces of Fascism*(Mentor).
Woolf, ed., *Europian Fascism*(Vintage).

● 세계대전

나종남·정상형 옮김, 매슈 휴스·윌리암 J. 필포트, 『제1차 세계대전』(생각의 나무, 2008).
김용자 옮김, 앙리 미셸, 『제2차 세계대전』(탐구당, 1986).
우학선, 『제2차 세계대전』(명지출판사, 1987).
김형모 옮김, 마이클 카버, 『1945년 이후의 전쟁』(한원, 1990).

Eckstein, Modris, *Rites of Spring: The Great War and the Birth of the Modern Age* (Mariner Books, 2000).
David Clay Large, Felix Gilbert, *The End of European Era: 1890 to the Present*(W. W. Norton & Company, 2008).
A. J. P. Taylor, *From Sarajevo to Potsdam*(Harcourt).
Issac Deutscher, *The Prophet Armed*(Verso, 2002).
Cyril Falls, *History of the First Seven Battalions: The Royal Irish Rifles (Now the Royal Ulster Rifles) in the Great War*(Naval & Military Press, 2002).
Marc Ferro, *Great War, 1914-1918*(Routledge, 2003).
Fritz Fischer, *Germany's Aims in the First World War*(Lightning Source Inc., 2007).
Paul Fussell, *The Great War and Modern Memory*(Oxford University Press, 2000).
David G. Hermann, *The Arming of Europe and the Making of the First World War* (Princeton University Press, 1997).
James Joll, *The Origins of the First World War*, 2nd ed.(Addison-Wesley, 2004).
Jürgen Kocka, *Facing Total War: German Society 1914-1918.* tr. Barbara Weinberger (Lightning Source Inc., 2006).
E. R. May, *World War and American Isolation, 1914-1917*(Quadrangle).
E. R. May, *The Coming of War, 1917*(Rand McNally).
Steven E. Miller, ed., *Military Strategy and the Origins of the First World War*

(Princeton University Press, 1991).
Joachim Remak, *The Origins of World War I*(Berkshire Studies).
Daniel M. Smith, *The Great Departure, The United States and World War I, 1914-1920*(Wiley).
A. J. P. Taylor, *History of the First World War*(Medallion).
Barbara W. Tuchman, *The Guns of August*(Bantam).

● 현대 서유럽

나종일·송규범 옮김, 『영국의 역사』 상, 하(한울 아카데미).
홍치모·임희완 옮김, E. C. 우드와드, 『영국사 개론』(총신대학교출판부, 1988).
박지향, 『클래식 영국사』(김영사, 2012).
박지향, 『슬픈 아일랜드』(기파랑, 2008).
박지향, 『대처 스타일』(김영사, 2012).
이동윤 옮김, 쟝 뤼끄 살뤼모, 『현대 프랑스 사상』(문학과지성사, 1984).
염홍철 옮김, S. 오도넬, 『남부유럽과 민주화』(한울아카데미, 1989).
허인, 『이탈리아사』(대한교과서주식회사, 1992).
오두영 옮김, 헤르더, 『이탈리아사』(학사원, 1990).
장석영 옮김, 레이몬드 카, 『스페인 현대사』(대한교과서주식회사, 1991).
제등효, 『스페인 내전연구』(형성사, 1990).
강석영 외, 『스페인, 포르투갈사』(대한교과서주식회사, 1987).
김수희 옮김, 게레르, 『스페인 역사』(빛샘, 1993).
이고웅·윤안진, 『스페인 내전연구』(형성사, 1981).
변광수, 『북유럽사』(대한교과서주식회사, 1989).
변광수·구래복·김현옥, 『복지의 나라 스웨덴』(한국외국어대학교출판부, 1993).
이윤영, 『유럽통합법』(나남, 1986).
김경숙 옮김, 자크 들로르, 『거대유럽의 야망』(동아일보사, 1992).
조성을 편역, 『세계대전과 동서냉전: 20세기의 세계』(집현전, 1990).
이후영, 리차드 W. 스티븐슨, 『미-소 데탕트론』(창문각, 1989).
홍순도 옮김, 로트 쉬패트, 『유럽의 꿈』(동아출판사, 1991).
민속홍 옮김, 사피로, 『자유주의』(문명사, 1982).
노명식 옮김, 『자유주의 원리와 역사』(민음사, 1991).

김학준·진석용 옮김, 모리스 뒤베르제, 『서구 민주주의의 두 얼굴』(문학과지성사, 1983).
황주홍 옮김, N. 보비어, 『자유주의와 민주주의』(문학과지성사, 1992).
차기벽·한스 콘, 『민족주의의 본질과 역사』(삼성문화재단).
홍우, 『민족주의론』(일조각 1989).
이재석 옮김, 어네스트 겔러, 『민족과 민족주의』(예하출판사, 1988).
이인호 옮김, 윌킨슨, 『지식인과 저항-유럽 1930-1950』(문학과지성사, 1984).
김득주, 『유로코뮤니즘의 정체』(대왕사, 1991).
배한동, 『유로코뮤니즘연구』(형성출판사, 1987).
배한동 옮김, 로이 가드슨, 『유로코뮤니즘-서구공산주의』(형성출판사, 1986).
윤근식 옮김, 리히터, 『유로공산주의』(일월서각, 1985).
정연주 옮김, 헌트, 『자본주의와 이데올로기』(비봉출판사, 1986).
김윤자 옮김, 미셸 보, 『자본주의의 역사』(창작과비평사, 1987).
이범구 옮김, 만델, 『후기자본주의』(한마당, 1985).
홍훈 옮김, 페소비치, 『자본주의의 해부』(학민사, 1990).

Derek W. Urwin, *Western Europe since 1945: A Political History*, 4th ed.(London: Longman, 1992).
Walter laqueur, *Europe in Our Time: A History 1945-1992*(New York: Viking, 1992).
David E. Sumler, *A History of Europe in the Twentieth Century*(Homewood, Illinois: Dorsey, 1973).
Fran B. Tipton & Robert Aldrich, *An Economic and Social History of Europe from 1939 to the Present*(The Johns Hopkins University Press, 1987).
Gerald A. Dorfman & Peter J. Duignan, eds., *Politics in Western Europe*(Stanford University: Hoover Institution Press, 1991).
R. Dahrendorf, *Reflections on the Revolution in Europe*(Chatto and Windus, 1990).
S. R. Ashton, *In Search of Detente: the Politics of East-West Relations since 1945* (Macmillan, 1989).
Derek W. Urwin, *The Community of Europe: A History of European Integration since 1945*(London: Longman, 1991).
W. Nicoll & T. C. Salmon, *Understanding the European Communities*(Philip Alan, 1990).
I. Barnes & J. Preston, *The European Community*(Longman, 1988).
M. Larkin, *France since the Popular Front*(Oxford University Press, 1988).

V. Wright, *The Government and Politics of France*, 3rd ed.(UnwinHyman, 1989).
A. Sked & C. Cook, *Postwar Britain*, 2nd ed.(Penguin, Harmondsworth, 1986).
D. Child, *Britain since 1945*, 2nd ed.(Methuen, 1986).
A. William ed., *Southern Europe Transformed*(Harper and Row, 1984).
B. Jelavich, *History of the Balkans, Twentieth Century*, vol. 2(Cambridge University Press, 1983).
J. Rupnik, *The Other Europe*(New York, 1989).
Jean-Jacques Becker, *The Great War and the French People*(1985).
J. P. T. Bury, *France 1814-1940*(Perpetua).
David Cannadine, *The Decline and Fall of the British Aristocracy*(1990).
Edward H. Carr, *The Twenty Years' Crisis*(Torchbooks).
Chris Cook, *Social Conditions in Britain between the Wars*(Penguin).
N. Greene, *From Versailles to Vichy*(Crowell).
Alfred F. Havinghurst, *Twentieth Century Britain*(Torchbooks).
W. E. Leuchtenburg, *Perils of Prosperity, 1914-1932*(U. of Chicage Press).
Herman Finer, *Mussolini's Italy*(Universal).
Ivone Kirkpatrick, *Mussolini: A Study of a Demagogue*(Penguin).
Denis Mack Smith, *Mussolini*(1981).
A. W. Salmone, ed., *Italy form the Risorgimento to Fascism*(Anchor).
Gerald Brenan, *The Spanish Labyrinth*(Cambridge).
Raymond Carr, *The Civil War in Spain*(1986).
Maurice Cowling, *The Impact of Hitler: British Politics and British Foreign Policy, 1933-1940*(Phoenix).
Gabriel Jackson, *The Spanish Republic and the Civil War, 1931-1939*(Princeton).
Stanley G. Payne, *Spanish Revolution*(Norton).
Hugh Thomas, *The Spanish Civil War*, rev. ed.(Penguin).

● 독일

오인석 옮김, 헤르만 마우, 『독인현대사』(탐구당).
오인석 옮김, A. J. 니콜스, 『바이마르 공화국과 히틀러』(과학과 인간사, 1980).
오인석, 『바이마르 공화국의 역사』(한울, 1997).

박종일 옮김, 로이 메드레프, 『소비에트의 반체제운동』(수레, 1985).
박형규 옮김, 안드레이 그로미코, 『그로미코 회고록』(문학사상사, 1990).
서울사회과학연구소, 『논쟁 — 페레스트로이카의 정치경제학』(민맥, 1991).
송택구 외, 『현대소련정치학』(형성출판사, 1991).
송택구 옮김, A. 달린 외 『고르바초프 시대』(인간사랑, 1989).
신승권 옮김, 카레르, 『소련제국의 붕괴(육법사, 1985).
안택원, 『소련정치론』(박영사, 1987).
이계희, 『소비에트 정치론』(슬라브연구사, 1986).
이병호, 게일 시히, 『고르바초프-세계를 변화시킨 사나이』(백상, 1991).
이상민, 『소련 관료정치론』(범문사, 1986).
이용필 옮김, D. 레인, 『소련사회의 불평등 구조』(교육과학사, 1983).
임휘철 옮김, 모리스 돕, 『소련경제사』(서민사, 1991).
정성진 옮김, 토니클리프, 『소련 국가자본주의』(책갈피, 1993).
정용길 옮김, 게르트 루케, 『세계를 변화시킨 사람 — 고르바초프』(고려원, 1997).
조정남, 『소련의 민족문제』(교양사, 1988).
최승, 『소비에트 러시아사』(슬라브연구사, 1985).
최종기, 『소련 외교 정책론』(법문사, 1987).
하용출 옮김, 모세 레인, 『고르바초프 현상』(인간사랑, 1990).
정형근 옮김, 존 모리스,『보리스 옐친』(고려원, 1992).
이정희, 『동유럽사』(대한교과서주식회사, 1989).
이태영, 『중구의 역사와 정치』(백산문화, 1993).
연대편집부, 『동구제국의 역사적 형성』(박영사, 1986).
최노석, 『미완의 혁명 — 동구 페레스트로이카의 현주소』(모음사, 1990).
윤덕희 옮김, 자크 루프닉, 『오늘의 동유럽』(문학과지성사, 1990).
편집부 옮김, 『동유럽은 어디로』(신평론, 1990).
김달중 외, 『동구의 정치 경제』(법문사, 1992).
사상과 정치경제연구소, 『동유럽 인민주의의 혁명사』(소나무, 1987).
최동희, 『소련과 동구관계론』(종로서적, 1985).
허문강 옮김, 기 소르망, 『사회주의 종말의 여로』(한국경제신문사, 1991).
편집부 편, 『폴란드 — 독립자치노조와 민주화 투쟁』(형성사, 1984).
이근달 옮김, 엘리아벨, 『동구의 붕괴』(국제언론문화사, 1991).

E. H. Carr, *A History of Soviet Russia*, vol. 6(Penguin).

George F. Kennan, *Russia and the West under Lenin and Stalin*(Mentor).

Mosche Leewin, *The Making of the Soviet System: Essays in the Social History of Interwar Russia*(1985).

Richard Pipes, *The Formation of the Soviet Union: Communism and Nationalism. 1917-1923,* rev. ed.(Atheneum).

Robert C. Tucker, *Stalin as Revolutionary. 1879-1929: A Study in History and Personality* (Vintage).

Ian Bremner & Ray Taras, eds., *New States, New Politics: Building of the Post-Soviet Nations*(Cambridge, 1997).

Arche Brown, *The Gorbachev Factor*(Oxford, 1996).

Arche Brown, Michael Kaser & Gerald S. Smith, eds., *The Cambridge Encyclopaedia of Rusia and the Former Soviet Union*(Cambridge, 1994).

Timothy J. Colton & Robert C. Tucker, *Patterns in Post-Soviet Leadership*(Boulder, Colo., 1995).

Alexander Dallin & Gail Lapidus, eds, *The Soviet System: From Crisis to Collapse.* rev. ed.(Boulder, Colo., 1995).

Andrei Grachev, *Final Days: The Inside Story of the Collapse of the Soviet Union* (Boulder, Colo., 1995).

Alec Nove, *Glasnost in Action: Cultural Renaissance in Russia*(London, 1989).

Pavel Palazchenko, *My Years with Gorbachev and Shevardnadze: The Memory of a Soviet Interpreter*(University Park, Pa., 1997).

David Remnick, *Lenin's Tomb: The Last Days of the Soviet Empire*(London, 1993).

T. H. Rigby, *The Changing Soviet System: Mono-Organizational Socialism from its Origins to Gorbachev's Restructuring*(Aldershot, 1990).

Leonard Schapiro, *The Communist Party of the Soviet Union*, 2nd ed.(London, 1970).

Ronald Gregor Suny, *The Revenge of the Pat: Nationalism, Revolution, and the Collapse of the Soviet Union*(Stanford, Calif., 1993).

William J. Tompson, *Khrushchev: A Political Life*(London, 1995).

Stephen White, Richard Rose & Ian Mcallister, *How Russia Votes*(Chatham, NJ, 1997).

● 미국과 라틴아메리카

이보형, 『미국사 개설』(일조각, 1991).

이보형 편, 『미국사 연구 서설』(일조각, 1984).

이보형 외, 『미국역사의 기본자료』(소나무, 1992).

이보형·홍영백·이주영 옮김, 칼 데글러, 『현대 미국의 성립』(일조각, 1978).

이보형 옮김, D. 부어스틴, 『미국사에 숨은 이야기』(범양사, 1991).

이주영, 『미국사』(대한교과서주식회사, 1994).

이주영, 『미국 경제사 개설』(건국대학교출판부, 1988).

이주영 옮김, 폴 콘킨, 『뉴딜정책』(탐구당, 1977).

이주영 외, 『미국 현대사』(비봉출판사, 1996).

배영수 옮김, 듀보프스키, 『현대 미국 노동운동의 기원』(한울, 1990).

최웅·김봉중, 『미국의 역사』(소나무, 1992).

박무성 옮김, F. 프라이델, 『미국 현대사』(대학문화사, 1985).

박무성 옮김, D. 퍼킨스, 『미국 외교정책사』(범조사).

정만득 편, 『사료 미국사』 1, 2(계명대학교출판부, 1979).

차상철, 『해방 전후 미국의 한반도정책』(지식산업사, 1992).

김종철 옮김, A. 헤일리, 『맬콤 엑스 사상』(창작과 비평사, 1978).

박동욱 옮김, T. 보스꼬, 『마르틴 루터 킹』(대한기독교서회, 1970).

최준석 옮김, D. 브라운, 『나를 운디드니에 묻어다오』(청년사, 1979).

최광렬 옮김, J. K. 갤브레이스, 『미국의 자본주의』(양영각, 1981).

최광렬 옮김, J. K. 갤브레이스, 『어느 자유주의자의 초상』(박영사, 1980).

차기벽 옮김, 아서 슐레진저, 『희망의 정치』(탐구당, 1964).

오병렬 옮김, S. 루벨, 『미국정치의 장래』(일조각, 1958).

김쾌상 옮김, P. 스타인펠스, 『현대 미국 지성사』(현대사상사).

이삼성 옮김, 『미국 외교이념과 베트남전쟁』(범문사, 1991).

민평식 옮김, H. 서비스, 『미국의 월남전 전략』(병학사, 1983).

김유원 옮김, S. 맥도프, 『미국 자본주의의 위기』(일월서각, 1986).

김용림 옮김, 『미국—보수적 정치운명의 사상과 역사』(역사비평사, 1991).

김계수 옮김, D. 뉴섬, 『미국의 인권선언』(탐구당, 1988).

이성형·홍욱헌 옮김, P. 스미스, 『라틴아메리카, 미국, 세계』(까치, 1977).

주종택, 『라틴아메리카의 종속성과 신사회운동』(한국학술정보, 2012).

김기현, 『라틴아메리카의 인종과 정치』(한국학술정보, 2012).

중남미지역원 옮김, 잰 N. 블랙, 『라틴아메리카 문제와 전망』(이담북스, 2012).
박원복 옮김, 리차드 본, 『대통령 길 룰라』(글로연, 2012).
서울대학교 라틴아메리카연구소, 『라틴아메리카의 전환』 상, 하(한울, 2012).
정진상 옮김, 리카르도 라고스, 『피노체트 넘어서기』(삼천리, 2012).
박구병 옮김, C. 까이, R. 그윈, 『변화하는 라틴아메리카』(창비, 2012).

William Chafe, *The Unfinished Century: America since World War II*(New York, 1991).

William Chafe, *The Paradox of Change: American Women in the Twentieth Century*(New York, 1991).

John Gaddis, *Strategies of Containment: A Critical Appraisal of Post-war American National Security Policy*(New York, 1982).

Alonzo Hamby, *Liberalism and its Challengers: From F. D. R. to Bush*(New York, 1992).

George Herring, *America's Longest War: The United States and Vietnam.* 2nd ed.(Philadelphia, 1986).

Landon Jones, *Great Expectations: America and the Baby Boom Generation*(New York, 1980).

Michael Lacey, ed., *Government and Environmental Politics: Essays on Historical Developments since World War Two*(Washington, 1989).

James Patterson, *America's Struggle against Poverty, 1900-1994*(Cambridge, Mass., 1994).

Robert Weisbrot, *Freedom Bound: A History of America's Civil Rights Movement*(New York, 1990).

William H. Beezley & Judith Ewell, eds., *The Human Tradition in Latin America: The Twentieth Century*(Wilmington, Del., 1987).

Leslie Bethell, ed., *The Cambridge History of Latin America*(Cambridge, 1996-1991).

Victor Bulmer-Thomas, *The Economic History of Latin America since Independence*(Cambridge, 1994).

Tulio Halperin Donghi, *The Contemporary History of latin America*(Basingstoke, 1993).

Samuel Flagg Bemis, *The Latin American Policy of the United States: An Historical Interpretation*(New York: Harcourt, Brace and Company, 1943).

Dana G. Munro, *Intervention and Dollar Diplomacy in the Caribbean, 1900-1921*

(Princeton: Princeton University Press, 1964).
Abraham F. Lowenthal, *The Dominican Intervention*(Cambridge, MA: Harvard University Press, 1972).
Paul E. Sigmund, *The Overthrow of Allende and the Politics of Chile, 1964-1976* (Pittsburgh: University of Pittsburgh Press, 1977).

● 중동, 아프리카

김중순, 『이슬람, 그 반역의 역사』(소통, 2013).
정영목 옮김, 디미트리 구타스, 『그리스 사상과 아랍 문명』(글항아리, 2013).
김한영 옮김, 조너선 라이언스, 『이슬람은 어떻게 유럽문명을 바꾸었는가』(책과함께, 2013).
박경혜 옮김, 스테판 버크, 『중동의 역사』(푸른길, 2012).
김용선, 『이슬람사』(명문당, 2012).
곽영완 옮김, 앤드류 망고, 『무스타파 케말 아타튀르크』(애플미디어, 2012).
기독교문서선교회 옮김, W. 올브라이트, 『간추린 이스라엘 역사』(CLC, 2012).
최성권, 『중동의 재조명』(한울, 2012).
중동연구소 옮김, 마크 가브리엘, 『이슬람과 유대인—그 끝나지 않은 전쟁』(이슬람 바로알기, 2011).
정원창 옮김, 후지무라 신, 『중동현대사』(소화, 2007).
김혜성 옮김, 제레미 보엔, 『6일 전쟁』(KODEF 세계전쟁사, 2010).
이순호 옮김, 로저 크롤리 『바다의 제국들—기독교와 이슬람의 지중해 쟁탈전』(책과 함께, 2009).
김정숙 옮김, 이브 라코스트, 『마그레브—북아프리카의 민족과 문명』(한울, 2011).
김상훈, 『아프리카사』(다산에듀, 2011).
이규철, 『북아프리카 문화의 이해』(부산외국어대학교출판부, 2010).
최서연·이주영 옮김, 르몽드 디플로마티크, 『르몽드 세계사』 2(휴머니스트, 2010).
김시혁, 『통아프리카사』(다산메듀, 2010).
임호경 옮김, 도미니크 라피에르, 『검은 밤의 무지개—남아프리카공화국의 역사』(중앙북스, 1920).
김용재, 『포르투갈이 만난 아프티카』(부산외국어대학출판부, 2012).
홍종락, 데스몬트 투투, 『용서없이 미래없다』(홍성사, 2009).

장시기 옮김, 막스 프레즈, 『나는 아프리카인이다』(당대, 2009).

Feroz Ahmad, *The Making of Modern Turkey*(London, 1993).
Dan Horowitz & Moshe Lissak, *Trouble in Utopia: The Overburdened Polity of Israel*(Albany, NY, 1989).
Malcolm Kerr, *The Arab Cold War 1958-1967: A Study of Ideology in Politics*, 2nd ed.(London, 1967).
Salma Khadra, *Modern Arabic Poetry: An Anthology*(New York, 1987).
Giacomo Luciani, ed., *The Arab State*(London, 1990).
Patrick Seale, *Assad: The Struggle for the Middle East*(London, 1988).
Robert Springborg, *Mubarak's Egypt: Fragmentation of the Political Order*(Boulder, Colo., 1989).
Malcolm Yapp, *The Near East since the First World War*(London, 1991).
Rosemary Said Zaman, *The Making of the Modern Gulf States*(London, 1989).
Francois Bayart, *The State in Africa: The Politics of the Belly*(London, 1993).
Bruce Berman & John Losdale, *Unhappy Valley: Conflict in Kenya and Africa*, vol. 2(London, 1992).
Patrick Chabal, *Power in Africa: An Essay in Political Interpretation*(London, 1992).
Steven Feierman, *Peasant Intellectuals: Anthropology and History in Tanzania*(Madison, Wisc., 1990).
Adrian Hastings, *The Church in Africa, 1450-1950*(Oxford, 1994).
John Iliffe, *Africans: The History of a Continent*(Cambridge, 1995).
Richard Werbner, *Tears of the Dead*(Edinburgh, 1991).

● 중국, 일본

민두기, 『중국의 공화혁명』(지식산업사, 1999).
민두기, 『중국국민혁명운동의 구조분석』(지식산업사, 1990).
민두기 옮김, 로이드 이스트만, 『장개석은 왜 패했는가?』(지식산업사, 1986).
김재관·정해용, 로드릭 맥파커, 『중국 현대정치사 1949-2004』(푸른길, 2012).
정지호 옮김, 요시자와 세이 이찌로, 『중국근현대사』 1(삼천리, 2013).
천성림 옮김, 가와시마 신, 『중국근현대사』 2(삼천리, 2013).

손승희 옮김, 이시카와 요시히로, 『중국근현대사』 3(삼천리, 2013).
강진아 옮김, 구보 도루, 『중국근현대사』 4(삼천리, 2013).
김찬영·이광태, 『신장의 역사』(사계절출판사, 2013).
송인재 옮김, 왕단, 『왕단의 중국현대사』(동아시아, 2013).
조윤수·서정희 옮김, 이매뉴얼 쉬, 『근현대중국사』 상, 하(까치글방, 2013).
권기대 옮김, 헨리 키신저, 『헨리 키신저의 중국 이야기』(민음사, 2012).
도야마(遠山茂樹), 『일본현대사』(한울, 1990).
최석완 옮김, 하라다 게이이치, 『청일 러일전쟁』(어문학사, 2012).
이규수 옮김, 나리타 류이치, 『다이쇼 데모크라시』(어문학사, 2012).
박정진 옮김, 야마구치 지로 외, 『일본 전후 정치사』(후마니타스, 2006).
서민교 옮김, 이와나미신서 편집부, 『일본 근현대사를 어떻게 볼 것인가』(어문학사, 2013).
이창휘, 『우리의 눈으로 본 일본제국흥망사』(궁리, 2005).
안소영 옮김, 가토 기요후미, 『대일본제국 붕괴』(바오출판사, 2010).
박현미 옮김, 한도 가즈토시, 『쇼와사』 1, 2(루비박스, 2010).
박진우 외 옮김, 윤건차, 『교착된 사상의 현대사』(창비, 2009).
이규태 옮김, 요시미 요시아키, 『일본군 군대위안부』(소화, 1997).

朝尾直弘 編, 『岩波講座 日本通史』 第20卷(岩波書店).
五白旗頭眞, 『20世紀 日本 3. 占領期』(讀賣新聞社).
五白旗頭眞, 『日本 近代 6. 戰爭-占領-講和』(中央公論).
朝日新聞經濟部, 『昭和經濟50年』(朝日新聞社).
鶴見俊輔, 『戰後日本人의 大衆文化』(岩波書店).
藤原彰 外, 『新版 日本現代史』(大月書店).
每日新聞社, 『20世紀事件史』(每日新聞社).
子安宣邦, 『東亞論: 日本現代思想批判』(吉林人民出版社, 2011).
日本史教育研究會, 『日本歷史 近現代史編 』(山川出版社).
口謙一郎, J. vardaman, 『日本現代史』(IBC Publishing, 2009).

Marie-Claire Bergere, *The Golden Age of the Chinese Bourgeoisie*(Stanford, Calif., 1989).
Phil Billingsley, *Bandits in Republican China*(Stanford, Calif., 1988).
Joseph Esherick, *The Origins of the Boxer Uprising*(Berkeley and Los Angeles, 1987).

Poshek Fu, *Passivity, Resistance, and Collaboration: Intellectual Choices in Occupied Shanghai, 1937-1945*(Stanford, Calif., 1993).

Marilyn Levine, *The Found Generation: Chinese Communists in Europe during the Twenties*(Seattle, 1993).

Kenneth Lieberthal, *Governing China, from Revolution through Reform*(New York, 1995).

Edward McCord, *The Power of the Gun: The Emergence of Modern Chinese Warlordism* (Berkeley and Los Angeles, 1993).

Kenneth Pomeranz, *The Making of a Hinterland: State, Society, and Economy in Inland North China, 1853-1937*(Berkeley and Los Angeles, 1993).

Anthony Saich, *The Origins of the First United Front in China: The Role of Sneevliet (alias maring)*, vol. 2(Leiden, 1991).

Vaclav Smil, *China's Environmental Crisis: An Enquiry into the Limits of National Development*(Armonk, NY, 1993).

Roger Thompson, *China's Local Councils in the Age of Constitutional Reform* (Cambridge, Mass., 1995).

Chow Tse-Tsung, *The May Fourth Movement: Intellectual Revolution in Modern China* (Cambridge, Mass., 1960).

Frederic Wakeman, *Policing Shanghai, 1927-1937*(Berkeley and Los Angeles, 1995).

W. G. Beasley, *Japanese Imperialism, 1894-1945*(Oxford, 1987).

John Dower, *Japan in War and Peace*(New York, 1993).

Peter Duus, *The Abacus and the Sword*(Stanford, Calif., 1995).

Christopher Howe, *The Origins of Modern Japanese Trade Supremacy*(London, 1995).

Akira Iriye, *After Imperialism*(Cambridge, Mass., 1965).

Akira Iriye, *Power and Culture*(Cambridge, Mass., 1981).

Akira Iriye, *The Origins of the Second World War in asia and the Pacific*(London, 1987).

Akira Iriye, *China and Japan in the Global Context*(Cambridge, Mass., 1951).

Marius Jansen, *The Japanese and Sun Yat-sen*(Cambridge, Mass., 1951).

James W. Morley, *The Japanese Thrust into Siberia*(New York, 1957).

● 현대 한국

박지향·김일영·이영훈, 『해방 전후사의 재인식』 1, 2(책세상, 2006).
대한민국국사편찬위원회, 『대한민국사』(탐구당, 1988).
한국사사전편찬회 편, 『한국 근현대사 사전』(가람기획, 1990).
안청시 외, 『한국 현대 정치론』(법문사, 1989).
이수인 엮음, 『한국 현대정치사』(실천문화사, 1989).
송건호, 『한국 현대사론』(한국신학연구소, 1987).
한국사학회, 『한국 현대사의 제문제』 1, 2(을유문화사, 1987).
한국정치연구회, 『한국정치사』(백산서당, 1990).
조순승 외, 『전환기의 한국정치』(박영사, 1989).
한국민중사연구회, 『한국 민중사』 1, 2(풀빛, 1980).
변형윤 외, 『분단사회와 한국사회』 (까치, 1985).
김재홍, 『한국정당과 정치지도자론』(나남, 1992).
김청석 외, 『80년대의 한국사회』(공동체, 1986).
박종운 외, 『80년대의 사회운동 논쟁사』(한길사, 1989).
김영택, 『5·18 광주민중항쟁』(동아일보사, 1990).
이상우, 『비록 박정희시대』 1, 2, 3(중원문화사, 1984).
진덕규 외, 『1950년대의 인식』(한길사, 1981).
서대숙 외, 『한국 현대사의 재조명』(돌배게, 1982).
한상진 외, 『해방 40년의 재인식』(돌배게, 1986).
최창집, 『한국현대사』 1(열음사, 1988).
박세길, 『다시 쓰는 한국 현대사』(돌배게, 1989).
천금성, 『10·26과 12·12 광주사태』(길한문화사, 1988).
일월서각 편집부, 『4·19 혁명(자료집)』(일월서각, 1983).
김삼웅, 『민족·민주·민중선언』(일월서각, 1984).
김삼웅, 『서울의 봄 민주선언』(일월서각, 1987).
조갑제, 『조갑제의 대사건 추적』 1, 2, 3(조선일보사, 1988).
김일영, 『건국과 부국』(기파랑, 2005).

저자 소개

오인석(吳麟錫)

1959년 서울대학교 사범대학 졸업
1965년 서울대학교 대학원 서양사과 박사학위 취득
1970년 서울대학교 서양사과 전임
2002년 서울대학교 정년퇴임, 명예교수 취임
2000~2002년 서울대학교 인문연구소 소장

해외 연수
1971~1973년 일본 문부성 지원으로 동경대학에서 연구
1984~1985년 독일 보쿰대학교 방문교수
1990~1991년 Japan Foundation 초청으로 동경대학에서 연구
1996~1997년 미국 뉴욕주립대학교 알바니대학 방문교수

저서 및 번역서
『바이마르 공화국의 역사』, 『바이마르 공화국 — 격동의 역사』, 『독일문화사대계』, 『독일현대사』, 『바이마르 공화국과 히틀러』, 『국화와 칼』, 『독일국민과 민족주의의 역사』

학술 논문
「18세기 말 독일 급진주의 연구」 외 다수